DIE ZEIT

Literatur-Lexikon

Autoren und Begriffe
in sechs Bänden

Mit dem Besten aus der ZEIT

Band 1
Autoren: Abe Kōbō – Dos Passos

Verlag J. B. Metzler
Stuttgart · Weimar

Bibliografische Information der Deutschen
Nationalbibliothek
Die Deutsche Nationalbibliothek verzeichnet diese
Publikation in der Deutschen Nationalbibliografie;
detaillierte bibliografische Daten sind im Internet
über http://dnb.d-nb.de abrufbar.

Gedruckt auf chlorfrei gebleichtem, säurefreiem
und alterungsbeständigem Papier

ISBN 978-3-476-02287-5

Dieses Werk einschließlich aller seiner Teile ist
urheberrechtlich geschützt. Jede Verwertung
außerhalb der engen Grenzen des Urheberrechtsgesetzes ist ohne Zustimmung des Verlages
unzulässig und strafbar. Das gilt insbesondere für
Vervielfältigungen, Übersetzungen, Mikroverfilmungen und die Einspeicherung und Verarbeitung
in elektronischen Systemen.

© 2008 J. B. Metzler'sche Verlagsbuchhandlung und
Carl Ernst Poeschel Verlag GmbH in Stuttgart
© 2008 Zeitverlag Gerd Bucerius GmbH & Co KG,
Hamburg

www.metzlerverlag.de
info@metzlerverlag.de

Einbandgestaltung: Melanie Weiß – die
Abbildungen zeigen Voltaire, Doris Lessing
(© Interfoto), Thomas Mann (© Interfoto),
James Baldwin, Arundhati Roy (© Interfoto)
Satz: Typomedia GmbH, Scharnhausen
Druck und Bindung: CPI - Ebner & Spiegel, Ulm
Printed in Germany

September 2008

Verlag J. B. Metzler Stuttgart · Weimar

Inhalt

Band 1
Autorinnen und Autoren
Abe Kōbō – Dos Passos   S. 1–556
ZEIT-Aspekte   S. 557–601

Band 2
Autorinnen und Autoren
Dostoevskij – Kästner   S. 1–575
ZEIT-Aspekte   S. 577–602

Band 3
Autorinnen und Autoren
Kateb – Pope   S. 1–572
ZEIT-Aspekte   S. 573–618

Band 4
Autorinnen und Autoren
Pound – Zwerenz   S. 1–609
ZEIT-Aspekte   S. 611–638
Mitarbeiterinnen und Mitarbeiter   S. 639–649

Band 5
Abkürzungen / Benutzerhinweise   S. VII
Begriffe und Definitionen
Abbreviatio – Kyklus   S. 1–460

Band 6
Begriffe und Definitionen
Lai – Zynismus   S. 1–452
Mitarbeiterinnen und Mitarbeiter S. 453
Quellen / Bildquellenverzeichnis S. 454

Abe Kōbō

Geb. 7. 3. 1924 in Tōkyō;
gest. 22. 1. 1993 in Tōkyō

Die deutlichen Anklänge an Themen, Motive und Erzählfiguren aus dem Kanon der abendländisch-westlichen Moderne waren es vermutlich vor allem, die die Rezeption Abe Kōbōs im Ausland förderten. So wurde er gleichermaßen in Ländern des früheren Ostblocks wie in den Vereinigten Staaten, in West- wie in Südeuropa rezipiert und galt vielfach als besonders »internationaler« Autor, dessen Schaffen die Spezifik japanischer Kultur und Geschichte hinter sich gelassen habe, um universale Themen in universaler Sprache zu fiktionalisieren.

Eigenen Aussagen zufolge wurde A. von der Erfahrung der Fremde in der japanisch besetzten Mandschurei geprägt, wo sein Vater als Arzt tätig war und wo er seine ersten 17 Lebensjahre verbrachte. 1940 wurde er auf ein Gymnasium nach Tōkyō geschickt; er studierte von 1943 bis 1948 Medizin an der Universität Tōkyō. Während des Studiums begann er, Lyrik zu schreiben, beschäftigte sich mit dem Surrealismus und liebäugelte ab 1949 mit der Kommunistischen Partei, aus der er nach einem Zerwürfnis 1962 ausgeschlossen wurde. Bereits seine ersten Erzählungen enthalten die immer wiederkehrenden Kernmotive seiner Literatur: das Thema Heimatlosigkeit, das Umherirren, die Suche oder Flucht sowie das Motiv der Verwandlung. So beschreibt die Kurzgeschichte »Akai mayu« (1950; »Der rote Kokon«, 1985) die Verwandlung eines namenlosen Mannes in einen hohlen Kokon, der an einem Bahnübergang liegenbleibt und schließlich in die Spielzeugkiste eines Kindes gerät. Wiederholt wird bei Verwandlungen, etwa in eine Pflanze oder in einen Stock, auf Dantes *Commedia Divina* angespielt. Bereits in A.s erstem Prosawerk, dem 1947 entstandenen Roman *Owarishi michi no shirube ni* (Als Zeichen für den zurückgelegten Weg), klingt das Thema der Flucht bzw. des Umherirrens an: Ein Mann sucht in der Mandschurei seine Heimat, doch ist es ihm weder vergönnt, sein Geburtsland Japan zu erreichen noch eine ›innere‹ Heimat zu finden. Am Ende stehen Gefangenschaft, Entfremdung und Identitätsverlust. Zwar werden in den Deutungen der Werke A.s die Bezüge zur Biographie hervorgehoben, doch dienen die Themen Heimatlosigkeit, Entwurzelung und Suche A. vor allem als Chiffre der modernen Existenz. Fremdheit und Unbehaustheit prägen auch die Werke der 1960er und 1970er Jahre bis hin zu den letzten Erzählwerken, etwa dem postum publizierten Romanfragment *Tobu otoko* (1993; Der Mann, der fliegt). Starke Reminiszenzen an Franz Kafka enthält seine 1951 mit dem renommierten Akutagawa-Preis ausgezeichnete Langerzählung »Kabe – S. Karuma-shi no hanzai« (1951; Die Mauer. Das Verbrechen des Herrn S. Karma), die als eine Art Gegenstück zu Kafkas *Prozeß* gestaltet ist.

Als sein berühmtestes Werk gilt der Roman *Suna no onna* (1962; *Die Frau in den Dünen*, 1967), der in Bildern von großer Suggestivität die Fluchtbewegungen eines entfremdeten Menschen aufzeichnet. Ein Lehrer und passionierter Insektensammler fährt aus der Stadt an die Küste und gerät in eine wüstenartige Gegend, stürzt in ein tiefes Sandloch und findet für die Nacht Aufnahme in einem Haus. Am nächsten Tag wird ihm bewusst, dass er in einer Falle sitzt, denn er muss nun mit seiner

Wirtin in schweißtreibender Mühsal schaufelnd gegen den unablässig herabrieselnden Sand ankämpfen, um von außen mit Wasser und Nahrung versorgt zu werden. Im Laufe einer monatelangen Gefangenschaft wandelt sich langsam seine Perspektive. Sein Interesse an der Welt draußen erlahmt, das Verhältnis zur Frau bleibt ambivalent. Als er schließlich die Gelegenheit zur Flucht erhält, hat diese ihren Reiz verloren. Der Roman endet mit zwei Dokumenten, in denen der seit sieben Jahren Vermisste offiziell für verschollen erklärt wird. Der auch durch die preisgekrönte Verfilmung durch den Regisseur Teshigahara Hiroshi international bekannt gewordene Roman gilt als eines der größten Monumente der japanischen Literatur seit dem Zweiten Weltkrieg.

Suna no onna wird häufig als erster Teil einer Art Trilogie betrachtet, zu der außerdem die Romane *Tanin no kao* (1964; *Das Gesicht des Anderen*, 1971) und *Moetsukita chizu* (1967; *Der verbrannte Stadtplan*, 1993) gezählt werden. *Tanin no kao*, eine Variation zum Thema Identität, besteht aus den Aufzeichnungen eines Ich-Erzählers, gerahmt von einem Brief an seine Frau und einem Brief der Frau an ihn. Der Erzähler ist ein Wissenschaftler, der sich durch sein bei einem chemischen Experiment entstelltes Gesicht aus der Gesellschaft ausgeschlossen fühlt und der mit Hilfe einer nach dem Gesicht eines anderen modellierten Maske seine Frau, die sich von ihm abgewandt hatte, zurückgewinnen möchte. Die Maske entlarvt die Scheinheiligkeit der Gesellschaft, sie bietet auch die Möglichkeit zu einem Neuanfang, der allerdings nicht gelingt. Die Ehefrau, die das Maskenspiel von Anfang an durchschaut hat, teilt ihm mit: »Du brauchst mich gar nicht. Was du brauchst, ist ein Spiegel. Denn jeder andere ist für dich nichts als ein Spiegel, in dem du dein Bild siehst.« Die Kritik würdigte das Werk als brillante existentielle Allegorie, die die fundamentale Einsamkeit des Menschen und seine Unfähigkeit zur Kommunikation beschreibt.

Moetsukita chizu ist experimenteller und lässt sich als Gegenstück zu Michel Butors *L'emploi du temps* lesen. Ein Detektiv berichtet darin von seinem Kampf mit einer großen, anonymen Stadt. Seinen Auftrag, einen seit einem halben Jahr vermissten Angestellten ausfindig zu machen, kann er nicht ausführen. Jede Spur führt in eine Sackgasse, und statt den Fall aufzuklären, wird er selbst in einen Mord verwickelt. Ein Gedächtnisverlust raubt ihm schließlich jede Orientierung. So labyrinthisch die Stadt für den Helden ist, so labyrinthisch ist das Buch für den Leser. Z.B. treten zahlreiche Doppelgänger des Gesuchten auf, die zugleich dem Suchenden ähneln.

Hako otoko (1973; *Der Schachtelmann*, 1992) ist A.s nächste große Parabel in Romanform: Ein Mann wandert ziellos umher und verbirgt seine Identität unter einem großen Karton, den er sich übergestülpt hat und der zugleich seine Behausung bildet. So steht die Schachtel zugleich für Heimatlosigkeit und ist Ersatzheimat; sie begründet die Anonymität und Einsamkeit des Mannes, erlaubt ihm jedoch auch voyeuristische Akte. Die Handlung des Romans löst sich in zahlreiche Parallelgeschichten mit doppelgängerartigen Figuren auf. Eine Grundidee von *Hako otoko*, durch selbstgewählte Isolation Abstand von der Welt zu gewinnen, erinnert stark an die im Denken und der Ästhetik Japans verwurzelte Tradition des Einsiedlertums. Inneres Gleichgewicht scheint der Protagonist jedoch nicht zu erlangen, denn seine Aufzeichnungen zeugen von starker Zerrissenheit. In *Hako otoko* wird erstmals auch der Akt des Schreibens selbst thematisiert. Motivisch scheint der in der futuristischen Alptraumwelt eines Krankenhauses spielende Roman *Mikkai* (1977; Heimliche Begegnungen) an *Hako otoko* anzuknüpfen, zumal dessen letzter Satz lautet: »Ich höre die Sirene eines sich nähernden Krankenwagens.« Die Geschichte nimmt in einer Alltagssituation ihren Ausgang: Eines frühen Morgens erscheint ein Krankenwagen, ein noch friedlich schlummerndes Paar wird aus dem Schlaf gerissen, die Frau abtransportiert. Der verwirrte Mann eilt ihr ins Krankenhaus nach, wo er sie aber nicht ausfindig machen kann. Auf seiner Suche macht er stattdessen absurde und groteske Entdeckungen. Schwarzer Humor und Satire durchziehen die zutiefst pessimistisch getönte Schilderung des Krankenhauses als einer total überwachten, von sexbesessenen Ärzten, Schwestern und Patienten bevölkerten Welt. A.s Affinität zur Science-fiction ist hier deutlich spürbar. Seit den 1950er Jahren verfasste er Prosawerke und Theaterstücke mit futuristischer Thematik, etwa die Erzählung »R 62-gō no hatsumei« (1953; »Die Erfindung des R 62«, 1988) und den Roman *Dai-yon kanpyōki* (1959; *Die vierte Zwischeneiszeit*, 1975), eine kriminalistisch gestaltete Geschichte um einen Wissenschaftler, der eine Maschine für Zukunftsvoraussagen erfunden hat und einem makabren Unternehmen zur Züchtung von Unterwasser-Kiemenmenschen auf die Spur kommt, mit der man einer bevorstehenden globalen Flutkatastrophe begegnen will. Die düstere Untergangsvision griff A. im wichtigsten Erzählwerk der 1980er Jahre, dem Roman *Hakobune Sakuramaru* (1984; Die Arche Sakuramaru) wieder auf.

Im Gesamtwerk A.s nimmt das dramatische Schaffen breiten Raum ein. Häufig dramatisierte er Stoffe seiner Prosawerke. Das titelgebende Stück einer Sammlung von drei auch ins Deutsche übertragenen Einaktern ist *Bō ni natta otoko* (1969; *Der Mann, der zum Stock wurde*, 1969). Im ersten, surrealistischen Stück »Kaban« (»Der Koffer«) versuchen zwei Frauen, einen Koffer zu öffnen, der in Wirklichkeit ein nackter Mann ist. Das zweite Stück bildet eine Art inneren Monolog eines Boxers in seinem letzten Kampf kurz vor dem K.-o.-Schlag. »Der Mann, der zum Stock wurde« ist wie *Tomodachi* (1967; *Freunde*, 1984) die Theaterversion einer zuvor publizierten Erzählungen. In *Tomodachi* geht es wie in der Erzählung »Chinnyūsha« (1952; Die Eindringlinge) um eine Wohnungsbesetzung durch eine achtköpfige Familie, die die rechtmäßigen Bewohner tyrannisiert und schließlich tötet. 1973 gründete A., der selbst die Inszenierungen übernahm, sein eigenes Theaterensemble. Daneben entstanden Hörspiele, Fernsehproduktionen und Essays. Immer wieder wurde er mit Kafka, Samuel Beckett, Albert Camus und Jean Genet verglichen. Nicht zu übersehen ist jedoch auch sein schwarzer Humor, der beispielsweise seinen letzten Roman *Kangarū nōto* (1991; *Die Känguruhhefte*, 1996) auszeichnet. An A.s Werk besticht die Konsequenz und Geschlossenheit seiner Thematik. In der modernen japanischen Literatur nimmt er eine eigenständige und wichtige Position ein, die unter anderem auch für den Nobelpreisträger Ōe Kenzaburō eine wichtige Orientierungsmarke bildete.

Irmela Hijiya-Kirschnereit

Abélard, Pierre
Geb. 1079 in Le Pallet bei Nantes; gest. 21. 4. 1142 im Kloster Saint-Marcel bei Châlon-sur-Saône

Pierre Abélard, einer der bedeutendsten französischen Philosophen und Theologen des Mittelalters – der »erste große moderne Intellektuelle« (Jacques Le Goff) – entstammte dem niederen Adel der Bretagne. Er entschied sich gegen die militärische Laufbahn und studierte Philosophie. Als außerordentlich begabter Student zog er sich den Spitznamen »lécheur de lard« (Specklecker) zu, weil es den Anschein hatte, er nehme die Wissenschaft nicht ernst genug. Daran anknüpfend legte er sich den Beinamen Abélard (von lat. habeo lardus) zu: Er besitze den Speck schon und müsse sich daher beim Studium nicht mehr anstrengen. In der Tat setzte sich A. schon als Student kritisch mit den Ansichten seiner Lehrer auseinander und überwarf sich etwa mit Wilhelm von Champeaux in Paris. Er verließ Paris und unterrichtete Dialektik und Logik in Melun und Corbeil. Auch mit seinem Theologielehrer in Laon, Anselme, überwarf er sich und formulierte eigene theologische und ethische Positionen. 1117 wurde er Lehrer an der Kirche Notre-Dame in Paris, wo ihm der Domherr Fulbert seine 17-jährige Nichte Héloïse als Schülerin anvertraute. Lehrer und Schülerin verliebten sich ineinander. Fulbert erfuhr, dass Héloïse einen Sohn, Astralabius, zur Welt gebrachte hatte, und ließ sich nur durch die Eheschließung (1118) besänftigen, auch wenn er nur widerwillig akzeptierte, dass A. sie geheimhalten wollte. Als Héloïse ins Kloster ging, vermutete Fulbert, dass die Ehe gescheitert sei – so jedenfalls stellt es A. dar – und nahm an A. grausam Rache, indem er ihn entmannen ließ. Von diesen Ereignissen handelt das Werk, mit dem A. in die Literaturgeschichte eingegangen ist: die autobiographische Historia calamitatum (ca. 1130; *Die Leidensgeschichte und der Briefwechsel mit Heloisa*, 2004). In dieser Autobiographie, deren Authentizität zeitweilig in Frage stand, führt A. die wesentlichen Stationen seines Lebens und intellektuellen Werdegangs auf und erzählt vom Liebesverhältnis mit Héloïse. Mit dem Briefwechsel zwischen den beiden begründete sie den Mythos um das Ausnahmepaar.

A. zog sich in die Abtei Saint-Denis zurück und verfasste richtungsweisende Schriften der Logik, Erkenntnistheorie und einer ethisch begründeten Theologie. Sein Versuch, die Trinität rational zu begründen (*De unitate et trinitate divina*, 1118; *Abhandlung über die göttliche Einheit und Dreieinigkeit*, 1989), wurde auf dem Konzil in Soissons 1121 verurteilt und verbrannt. A. gründete das Kloster Paraclet bei Nogent-sur-Seine in der Champagne, das er 1130 den heimatlos gewordenen Nonnen um Héloïse überließ, als er Abt im Kloster Saint-Gildas de Rhuys in der Bretagne wurde. In diese Zeit fällt die Abfassung der Autobiographie und auch der Briefwechsel mit Héloïse.

A. ergriff im Universalienstreit, einer bedeutenden philosophischen Kontroverse seiner Zeit, eine originelle Position, die als »Konzeptualismus« bezeichnet wird. Der Streit entzündete sich an grundsätzlichen Fragen des griechischen Philosophen Porphyrius: Kommen Gattungsbegriffe (Universalien) in der Wirklichkeit vor oder nur in den Gedanken? Und: In welchem Verhältnis steht ein Gattungsbegriff zu den unter ihn gefassten Individuen? Je nachdem, wie die Frage beantwortet wird, ergibt sich eine realistische – hier kommt dem Gattungsbegriff der Vorrang zu – oder eine nominalistische Position – hier ist der Gattungsbegriff nur eine Bezeichnung, und der Vorrang liegt bei dem Individuum. Aus logisch-sprachlichen Gründen wandte sich A. kritisch gegen die realistische Position Wilhelms von Champeaux, nach der allein die (Allgemein-)Begriffe wirklich seien. Er hielt auch zur nominalistischen Position Roscelins Abstand und vertritt die Auffassung, Universalien kommen in der Wirklichkeit nicht vor. Damit sind sie jedoch nicht irrelevant, da sie sprachliche Ausdrücke für wirklich existierende Dinge sind. Sie sind zwar nur Ordnungsbegriffe oder Namen – insofern stand A. dem Nominalismus nahe –, andererseits sind sie auch real, weil sie die Wirklichkeit ordnen helfen. Universalien – so die Pointe seiner Argumentation – seien sogar dann noch sinnvoll, wenn die von ihnen bezeichneten Individuen nicht mehr existieren, denn man könne ja auch dann noch über Rosen reden, wenn es keine mehr gibt.

In *Sic et non* (1121; Ja und Nein) begründete A. das Prinzip, dass man sich davor hüten solle, willkürlich mit theologischen Autoritäten umzugehen. In dieser Perspektive machte er auf Widersprüche zwischen der Bibel und den Kirchenvätern aufmerksam. In dem Werk *Ethica seu scito te ipsum* (ca. 1135; Ethik oder Erkenne Dich selbst) vertrat A. die Meinung, der Mensch sei nicht zur Sünde verdammt, sondern könne sich selbst erkennen und sich aus freiem Willen für oder gegen ein Tun entscheiden. Dieser revolutionäre Gedanke wurde auf dem Konzil von Sens (1140) verurteilt, doch A. blieb seiner kritischen Position treu: In *Dialogus inter philosophum, Judaeum et Christianum* (ca. 1141; *Gespräch eines Philosophen, eines Juden und eines Christen*, 1995) betont er die weitgehende Übereinstimmung zwischen dem antiken, dem jüdischen und dem christlichen Denken.

Werkausgabe: Petri Abelardi Opera Omnia. 2 Bde. Hg. V. Cousin. Paris 1849/1859.

Rolf Lohse

Abraham a Sancta Clara
Geb. 2. 7. 1644 in Kreenheinstetten bei Meßkirch; gest. 1. 12. 1709 in Wien

Johann Wolfgang Goethe behielt recht, als er Friedrich Schiller einen Band mit Schriften von A. zusandte und dazu bemerkte, sie würden ihn »gewiß gleich zu der Kapuzinerpredigt begeistern« (5. 10. 1798). Denn Schiller fand hier das Material, das er brauchte, um den Auftritt des Kapuziners in *Wallensteins Lager* mit Leben zu erfüllen, und er übernahm charakteristische Merkmale von A.s volkstümlichem Predigtstil, die Wortspiele, die Reihungen, die lateinisch-deutsche Mischsprache, die Verbindung von drastischem Ton und höherem Anliegen. So setzte er »Pater Abraham«, diesem »prächtige(n) Original«, mit all seiner »Tollheit« und »Gescheidigkeit« ein Denkmal, das nachhaltiger wirkte als das wesentlich komplexere Werk des Predigers.

A., eigentlich Hans Ulrich Megerle, Gastwirtssohn, war nach dem Besuch der Lateinschule in Meßkirch, des Jesuitengymnasiums in Ingolstadt und des Benediktinergymnasiums in Salzburg 1662 in den Orden der Reformierten Augustiner-Barfüßer eingetreten. Das Noviziat absolvierte er im Kloster Mariabrunn bei Wien, und von da an stand Wien im Mittelpunkt seines Wirkens, wenn er auch gelegentlich Aufgaben an anderen Orten wahrnehmen musste (so war er von 1670 bis 1672 Wallfahrtsprediger im Kloster Taxa bei Augsburg und von 1686 bis 1689 Prior im Grazer Kloster seines Ordens). Nach der Priesterweihe (1668) und seiner Ernennung zum Kaiserlichen Prediger (1677) – Kaiser Ferdinand II. hatte dem Orden die Seelsorge an der kaiserlichen Hofkirche übertragen – machte er »Karriere« in seinem Orden, dem er in hohen seelsorgerischen und administrativen Funktionen diente, zeitweise auch als Vorsteher der deutsch-böhmischen Ordensprovinz.

Vor allem jedoch verstand er sich als Prediger, und sein Werk ist untrennbar mit dieser Funktion verbunden. Das gilt auch für die Schriften, die formal eigene Wege gehen und mit den üblichen literaturwissenschaftlichen Gattungskriterien nur schwer zu erfassen sind. Drucke seiner Predigten erschienen von 1673 an, als er »Vor der gesambten Kayserl. Hoffstatt« eine Lobpredigt auf Markgraf Leopold von Österreich hielt (*Astriacus Austriacus Himmelreichischer Oesterreicher*). Sein Publikum erreichte und faszinierte er durch eine unwiderstehliche Verbindung von Ernst und Komik, von tiefer Frömmigkeit, gezielter Satire und »barocker« Sprachgewalt; dem intendierten moralischen und geistlichen Nutzen dienten auch die zahlreichen Zitate kirchlicher und antiker Autoren, die Gedichteinlagen und die eingeflochtenen exemplarischen Geschichten und Wundererzählungen (»Predigtmärlein«).

Seine bekanntesten Schriften entstanden aus aktuellem Anlass, der Pestepidemie von 1679 und der Belagerung Wiens durch die Türken 1683: *Mercks Wienn* (1680), eine Verbindung von Pestbericht, Predigt und Totentanz (»Es sey gleich morgen oder heut / Sterben müssen alle Leuth«); *Lösch Wienn* (1680), eine Aufforderung an die Wiener, die Seelen ihrer durch die Pest hingerafften Angehörigen durch Gebet und Opfer aus dem Fegefeuer zu erlösen; und *Auff / auff Ihr Christen*, ein Aufruf zum Kampf *wider den Türckischen Bluet-Egel* (1683). Darüber hinaus belebte A. die traditionelle Ständesatire und die Narrenliteratur (z.B. *Wunderlicher Traum Von einem grossen Narren-Nest*, 1703), pflegte den Marienkult und sorgte für erbauliche Unterweisung mit Hilfe von Ars moriendi (Sterbekunst) und moralisierender Emblematik (*Huy! und Pfuy! Der Welt*, 1707). Seine Erfahrungen als Prediger flossen in die großen Handbücher, Exempel- und Predigtsammlungen ein: *Reimb dich Oder Ich ließ dich* (1684), *Grammatica Religiosa* (1691) und als herausragendstes Beispiel dieser Werkgruppe *Judas Der Ertz-Schelm* (4 Teile, 1686–95) – kein epischer Versuch, sondern eine Art Predigthandbuch, das die Lebensgeschichte des Judas als formalen Rahmen benutzt und jede Station, jedes Laster zum Anlass einer warnenden Predigt nimmt, die es nicht verfehlt, die »sittliche Lehrs-Puncten« auf anschauliche Weise zu illustrieren.

Der Beifall, den man seit Klassik und Romantik A.s »Witz für Gestalten und Wörter, seinem humoristischen Dramatisieren« spendet (Jean Paul), darf freilich nicht darüber hinwegtäuschen, dass es sich für den Prediger nur um Mittel zum Zweck handelt, um Elemente einer im Dienst der »allzeit florierenden / regierenden / victorisirenden Catholischen Kirchen« zielstrebig eingesetzten Überredungskunst.

Volker Meid

Abramov, Fëdor
Geb. 29. 2. 1920 in Verkola, Gebiet Archangel'sk/UdSSR;
gest. 14. 5. 1983 in Leningrad

Fëdor Abramov gilt als wichtiger Vertreter der russischen Dorfprosa, die in den 1960er bis 1980er Jahren mit Werken aufgefallen war, in denen das Dorf ungeachtet aller Widersprüche noch einmal als Hort ethischer Werte erschien, von dem eine kathartische Wirkung auf die städtische Zivilisation erhofft wurde. Aufgewachsen in Nordrussland, gewährt A. in seinen Texten nicht nur Einblicke in den entbehrungsreichen Alltag der ländlichen Bevölkerung und in archaisch anmutende Formen ihres Zusammenlebens, sondern reflektiert auch die ihr Bewusstsein prägenden Mythen.

Erste Schreibversuche unternimmt A. schon im Alter von 15 Jahren. Sein Wunsch, eine philologische Ausbildung zu erhalten, macht der Einsatz im Zweiten Weltkrieg zunichte. Zweimal verwundet, scheidet A. aus der Armee aus, wird jedoch aufgrund seiner Fremdsprachenkenntnisse bei der Spionageabwehr beschäftigt. Erst nach 1945 kann er das 1938 begonnene Studium an der Leningrader Universität abschließen. Auf die Promotion über Michail Šolochovs *Podnjataja celina* (1951) folgt eine Anstellung am Lehrstuhl für Sowjetliteratur, dessen Leitung er von 1956 bis 1960 innehat. 1962 beginnt A., seit 1960 Mitglied des Schriftstellerverbandes, freiberuflich zu arbeiten. Von vulgärmarxistischen Positionen (*V bor'be za čistotu marksistsko-leninskogo literaturovedenija*, 1948; Im Kampf für die Reinheit der marxistisch-leninistischen Literaturwissenschaft) verabschiedet sich A. rasch (*Ljudi kolchoznoj derevni v poslevoennoj proze*, 1954; Die Menschen des Kolchos-Dorfes in der Nachkriegsprosa).

An der Forderung nach Aufrichtigkeit (»iskrennost'«), erhoben in der Tauwetterperiode, hält A. dagegen zeitlebens fest, auch wenn dadurch Konflikte mit Zensurbehörden entstehen.

Mit den Erzählungen *Derevjannye koni* (1969; Hölzerne Pferde, 1979), *Pelageja* (1969; *Pelageja* 1978) und *Al'ka* (1977; *Alka*, 1978) wird er zu einem der meistgelesenen Autoren der Sowjetunion. Besondere Anerkennung verschafft ihm der Romanzyklus *Brat'ja i sestry* (1958–78; Brüder und Schwestern, 1976–80), in dem das Leben auf dem Land am Beispiel des Dorfes Pekašino, von der Kriegszeit bis in die Erzählgegenwart hinein, gestaltet wird. Auf den Roman *Brat'ja i sestry* (1958) folgten *Dve zimy i tri leta* (1968; Zwei Winter und drei Sommer) und *Puti Pereput'ja* (1972; Wege und Kreuzwege). Vervollständigt wird der Zyklus mit *Dom* (1978; Das Haus). Obwohl A.s Interesse immer wieder der existentiellen Geworfenheit einfacher Menschen gilt, hält er an der Grundüberzeugung vom sittlich starken und autonom handelnden Individuum fest. In den letzten Lebensjahren erscheinen *Mamonicha* (1972–80), *Trava-Murava* (1955–80, Frisches Gras) und *Babilej* (1981; Das Jubiläum), zu Zyklen zusammengefasste kürzere Texte, deren Gattungsspezifik nicht immer eindeutig zu bestimmen ist. Die postum veröffentlichten *Poezdka v prošloe* (1989; Reise in die Vergangenheit) und *Neuželi po etomu puti projti vsemu čelovečestvu* (2000; Muss denn wirklich die gesamte Menschheit diesen Weg gehen?), ein Reisetagebuch, das Eigenes und Fremdes thematisiert, neigen zur Selbstreflexion. *Čistaja kniga* (unvollendet 2000; Das reine Buch) und die publizistischen Arbeiten der 1980er Jahre sind von direkten Appellen an den Leser durchdrungen. A.s beharrliches Festhalten an einer gesellschaftlich eingreifenden Literatur sowie die ihm eigene Kompromisslosigkeit waren wiederholt Anlass, ihn mit dem Protopopen Avvakum (1620/21–1682) zu vergleichen.

Ute Scholz

Abū l-Farağ al-Iṣfahānī

Geb. 897 in Isfahan/Iran; gest. 972 oder etwas später, wahrscheinl. in Bagdad

Abū l-Farağ al-Iṣfahānī entstammte einer rein arabischen Familie hochrangiger Herkunft in Isfahan. Er kam früh nach Bagdad und studierte dort und in Kufa bei namhaften Lehrern. Durch einen Onkel, der höherer Beamter in Samarra war, erhielt er intimere Informationen über das dortige Hofleben. A. wurde bald selbst höfischer Beamter in Bagdad und gehörte zum Kreis um al-Muhallabī (900–963), Wesir der von 945 bis 1055 in Bagdad regierenden schiitischen Dynastie der Bujiden, neben denen die damaligen Kalifen eine Schattenrolle spielten. In dieser Zeit gehörte in den Kulturmetropolen des arabisch-islamischen Großreichs die Schaffung intellektueller und literarischer Zirkel zum Sozialprestige geistig interessierter Wesire. Aktuelle kulturelle, religiöse, philosophische, poetologische, auch politische und soziale Themen wurden dort freimütig diskutiert. Al-Muhallabī liebte wie A. Musik und Literatur und war selbst Dichter. Nach al-Muhallabīs Tod 963 verschwand A. offensichtlich aus der Öffentlichkeit, sein Todesdatum ist umstritten. A. gehörte der Zaidiyya, einer gemäßigten Richtung der Schia, an, der großen religiös-oppositionellen Richtung im Islam, zu der sich damals und später bedeutende Kulturschaffende bekannten.

Alle Werke A.s sind Kompilationen, wie sie für viele arabische Literaturgattungen über Jahrhunderte typisch waren. Die Autoren sammelten schriftlich und mündlich überlieferte Anekdoten, Erinnerungsberichte, längere Erzählungen und Sprichwörter unter bestimmten Oberthemen, ordneten sie diesen entsprechend an, durchsetzten sie je nach Zielsetzung mit geeigneten Koran- und anderen religiösen Zitaten, hielten sich aber weitgehend mit eigenen Meinungsäußerungen zurück. Doch flochten sie in diese Prosatexte thematisch passende, auch kommentierende oder weitere Aspekte einführende eigene Gedichte oder die anderer ein. In einem meist sehr kunstvoll formulierten Vorwort legten sie ihre Ziele dar, setzten sich mit Vorgängern und oft heftig mit Rivalen auseinander und betonten sowohl die Notwendigkeit als auch die geistige Eigenständigkeit und Neuigkeit ihres Unterfangens. Von den 25 Werken, die A. verfasst haben soll, sind drei erhalten. Das früheste, *Kitāb Maqātīl aṭ-Ṭālibiyyīn wa-Aḫbāruhum* (927; Das Buch der Ermordeten aus der Familie Abū Ṭālibs), ist eine Sammlung von Erzählungen und Erinnerungsberichten über den meist gewaltsamen Tod von Angehörigen der Familie Abū Ṭālibs, Onkel Muḥammads und Vater von ʿAlī Ibn Abī Ṭālib, dem Stammvater der Schiiten. Todesursachen sind Schlachten, Kämpfe, Giftmorde, Kerkerhaft mit Folter, Jagdunfälle, auch Krankheiten. Die Sammlung steht in der Tradition anderer Werke ähnlichen Titels und schiitischer Herkunft, denn das Märtyrerdenken gehört zur Schia seit ihrer Entstehung.

Sozialhistorisch ist es ebenso aufschlussreich wie A.s Buch *Kitāb al-Imāsʾ aš-Šawāhir* (Das Buch der dichtenden Hofsklavinnen), das er auf Wunsch des Wesirs al-Muhallabī schrieb. Ob das *Kitāb al-Ġurabāʾ* (Das Buch der Fremden), eine kleine Sammlung nostalgischer, auch etwas bitterer Gedichte und Erinnerungsberichte über Fremdsein, Entfremdung und Einsamkeit aus verschiedenen Gründen, wirklich von A. stammt oder ihm nur als sein letztes Buch zugeschrieben wird, ist umstritten. Am bedeutendsten ist sein *Kitāb al-Aġānī* (*Das Buch der Lieder*), an dem er 50 Jahre gearbeitet haben soll. Anknüpfend an Sammlungen von Vorgängern, berühmten höfischen Sängern, und diese nach seiner Wahl stark erweiternd und aktualisierend, stellt A. Lieder mit (heute nicht mehr entschlüsselbaren) Angaben zu Melodien bzw. Lautengriffen und Gedichte vor. Anekdoten und Erinnerungsberichte informieren über Entstehungssituationen und Biographisches zu den Dichtern (von etwa 500 n. Chr. an) sowie zu höfischen und städtischen Sängern und Sängerinnen. Wie damals nur in religiösen und historischen Werken üblich, nennt er zur Bestätigung der Echtheit die Quellen in »Überliefererketten«. Ein Lob der Musik (die Muḥammad abgelehnt haben soll) als das Allererfreulichste und Entspannendste für den Menschen überhaupt und zudem militärisch nützlich, sozial und politisch harmonisierend, das einer Debatte über die Musik in Medina, der Stadt Muḥammads, entstammen soll, fügt er zur Vita einer beliebten Sängersklavin des 7. Jahrhunderts in Medina. Das Werk mit 24 Quartbänden in der jüngsten Kairoer Edition ist die wichtigste Quelle zur arabischen Kulturgeschichte von vorislamischer Zeit bis ca. 950. Die offene Darstellung höfischer Freizügigkeit, besonders bei Sängerinnen – begabten, oft extravaganten, schönen, reichen höfischen und städtischen Sklavinnen –, kann heute den Unmut orthodoxer Kreise erregen.

Werkausgabe: Und der Kalif beschenkte ihn reichlich [Auswahl]. Übers. G. Rotter. Tübingen/Basel 1977.

Wiebke Walther

Achebe, Chinua
Geb. 16. 11. 1930 in Ogidi/Nigeria

Mehr als fünf Millionen Exemplare sind von Chinua Achebes Erstlingsroman *Things Fall Apart* (1957; *Okonkwo oder Das Alte stürzt*, 1983) verkauft worden. Er steht vielerorts in Lehrplänen afrikanischer Schulen und Universitäten, und über keinen afrikanischen Autor sind so viele wissenschaftliche Publikationen erschienen. Der Roman handelt vom ersten Kontakt der Igbo mit der Kolonialmacht Großbritannien, vom Beginn des Kolonialismus. Geschrieben hat A. das Werk kurz vor der Unabhängigkeit Nigerias, am Ende der Kolonialzeit. Er hat einen historisch verbürgten Fall des Widerstands gegen das britische Vordringen aufgegriffen. In seiner Fiktionalisierung rückt er das Igbo-Dorf Umuofia in den Mittelpunkt, um die Spannungen zwischen kulturellem Wandel, verkörpert durch Obierika, und konservativem Beharren, verkörpert durch Okonkwo, Inbegriff aller Igbo-Tugenden, zu illustrieren. Okonkwo hat sich als Krieger ausgezeichnet, ist aber durch zwei Tötungsdelikte in einen Konflikt mit seiner Gesellschaft geraten und endet ehrlos durch Selbstmord. Er hat einen Kolonialpolizisten getötet, um sein Dorf zum Aufstand gegen die Briten anzustacheln. An den Anfang des Romans stellt A. den Gründungsmythos Umuofias, der mit dem Sieg über den Geist der Wüstenei die Überwindung des Chaos durch gesellschaftliche Ordnung verdeutlicht. A. zeigt Umuofia als Gemeinwesen, das auf einer klaren Rechtsordnung aufgebaut ist: Erst die Kolonialmacht verwirft diese Ordnung. Unter dem Vorwand, den »Wilden« Zivilisation zu bringen, öffnet sie der Korruption und Willkür die Tür. Okonkwos Selbstmord – ein Verstoß gegen die Erdgöttin – symbolisiert den Zerfall der alten Ordnung. In der Schlusspassage gibt A. dem Distriktverwalter das Wort: Als Beleg seiner zivilisatorischen Mission wird er in seinem Buch über »Die Befriedung der Wilden am Niger« der Geschichte Okonkwos ein kleines Kapitel widmen. In diesem scheinbar belanglosen Wechsel der Erzählperspektive fasst A. die Grundkonstellation postkolonialer Literatur zusammen: Der Diskurs über Afrika wird von den Kolonialisten beherrscht, das Afrikabild ist aus Ignoranz und rassistischer Arroganz verzerrt worden. Bis zu dieser Passage belegt der Roman, dass die Geschichte Afrikas vor Ankunft der Weißen eben nicht »eine endlose Nacht der Barbarei« war, dass die Afrikaner selbst das Wort ergreifen müssen, um das Bild vom »dunklen Kontinent« zu korrigieren. In der Figur des Distriktverwalters stellt A. einen Hauptvertreter des afrikanischen Kolonialromans bloß: Joyce Cary, der ebenfalls Distriktverwalter in Nigeria war. In A.s Augen repräsentiert er die Arroganz und Ignoranz des Autors im Kolonialdienst, der im Gegensatz zum einfühlsamen Künstler der literarischen Tradition des Westens steht.

Things Fall Apart hat die realistische »Achebe School« begründet. Die folgenden Romane *Arrow of God* (1964; *Der Pfeil Gottes*, 1965), *No Longer at Ease* (1960; *Heimkehr in ein fremdes Land*, 1963), *A Man of the People* (1966; *Ein Mann des Volkes*, 1966) und die

Kurzgeschichtensammlung *Girls at War* (1972) führen A.s Projekt der Wortergreifung für eine afrikanische Geschichtsperspektive fort, von der Kolonialzeit in den 1920er Jahren über die Unabhängigkeitsbewegung bis zum ersten Militärputsch und dem Biafra-Krieg. Heute betrachtet die Kritik A.s Erzählwerk differenzierter. Über die rein reaktive Intention des Gegendiskurses (»writing back«) werden A.s Romane als Illustration dessen gelesen, was Theoretiker der Postkolonialität wie Edward Said oder Kwame Anthony Appiah propagieren. Auch A. hat in seinen Essays die literarischen Repräsentationen der Postkolonialität durch theoretische Erwägungen ergänzt. In »The African Writer and the English Language« (1965) stellt er klar, dass die Nationalstaaten Afrikas eine historische Konsequenz des Kolonialismus sind, also die Autoren, die in den Kolonialsprachen schreiben, nur diesem Faktum Rechnung tragen. Aber A. beansprucht für sich, die englische Sprache so zu modifizieren, dass sie seinen Vorstellungen von afrikanischer Expressivität genügt. Damit hat A., der seine Erzähltexte in Englisch, seine Lyrik aber in Igbo schreibt, in dem Streit, in welcher Sprache afrikanische Autoren schreiben sollten, eine pragmatische Position markiert und eine Lanze für sprachliche Experimente mit Varietäten des Englischen gebrochen. A. hat sich zudem mit der Imagologie und den hegemonialen Strukturen des Afrika-Diskurses auseinandergesetzt, wie er über den Kanon der »Great Tradition« perpetuiert wird. Nachdem er Kolonialautoren wie Joyce Cary, Graham Greene und John Buchan auf ihren Platz verwiesen hatte, nahm er sich in »African Literature as Restoration of Celebration« (1991) einen Schlüsseltext dieser Tradition vor, Joseph Conrads *Heart of Darkness* (1899): Er habe lange gebraucht, bis ihm klar wurde, dass er nicht an Bord von Marlows Boot den Kongo aufwärts fahre, sondern einer der Wilden sei, die grimmassierend am Ufer tanzen; Conrad entwerfe ein Bild von Afrika als dem fundamental Anderen, der Antithese zu Europa und zur Zivilisation, als Ort, an dem statt der Intelligenz, Bildung und des Anstands die Bestialität des Menschen vorherrscht. Auch mit seinen Essays hat A. eine neue Tradition begründet, die des Afrikazentrierten kritischen Diskurses. Nach 20-jährigem Schweigen hat A. mit dem Roman *Anthills of the Savannah* (1987; *Termitenhügel in der Savanne*, 1989) nochmals eine Neuorientierung in der afrikanischen Literatur eingeführt: die multiperspektivische Erzählweise. A. beschreibt die Militärregime nach dem Bürgerkrieg von vier verschiedenen Standpunkten. Drei Schüler des Lugard-Gymnasiums repräsentieren drei Entwicklungsmöglichkeiten des unabhängigen Nigerias. Sam, Chef der Militärjunta, steht für die autoritäre Macht. Chris, Sams Informationsminister, vertritt die korrupierte Privilegentia, die überall mitspielt, solange sie persönlich profitieren kann. Ikem, Journalist und Dichter, träumt von einer ›Graswurzel‹-Demokratie, die allein den afrikanischen Humanismus politisch umsetzen könne. Durch ihren Lebensweg und die persönliche Freundschaft miteinander verbunden, werden die drei zu tödlichen Kontrahenten. Ikem wird von Sams Geheimdienst ermordet, Sam fällt einem Putsch zum Opfer, Chris wird auf der Flucht von einem Polizisten erschossen. Die vierte Perspektive ist die von Beatrice, die zwar mit allen drei Männern liiert ist, aber ihre Unabhängigkeit bewahrt und als einzige überlebt. Sie repräsentiert das (Über-)Lebensprinzip in einer von Männern korrumpierten, außer Kontrolle geratenen Gesellschaft. Die feministische Kritik hatte A. wegen seines Frauenbildes in den früheren Romanen heftig kritisiert. *Anthills of the Savannah* zeigt auch darin einen Neuansatz, dass Männerdominanz als destruktiv gekennzeichnet wird und die maßgebliche Bedeutung der Feminität für die Aufrechterhaltung der Humanität betont wird.

Eckhard Breitinger

Achmatova, Anna (eigtl. Gorenko)

Geb. 23. 6. 1889 bei Odessa; gest. 5. 3. 1966 bei Moskau

Seit 1988 trägt ein kleiner Planet auf den Vorschlag zweier russischer Astronautinnen, die ihn entdeckten, Anna Achmatovas Namen: A. hatte ihn als Pseudonym angenommen, weil der Vater ihr nicht gestatten wollte, unter dem Familiennamen zu publizieren. Sie wählte den Namen der tartarischen Großmutter, eine Wahl, die Josif Brodskij, der sie über ihren Tod hinaus verehrte und dessen exzeptionelle Begabung sie früh erkannte, folgendermaßen kommentierte: »Die fünf offenen ›A‹ in Anna Achmatowa hatten eine hypnotische Wirkung und verankerten die Trägerin dieses Namens im Alphabet der russischen Lyrik ganz obenan: Es war gewissermaßen ihre erste gelungene Zeile; einprägsam, weil man sich ihrem Klang nicht entziehen konnte.«

A. wuchs in Carskoe Selo bei St. Petersburg auf, wo Puškin das berühmte Lyzeum besucht und aus dem (auch) er den Ursprungsort der klassischen und modernen russischen Literatur gemacht hatte: Ein Traditionsraum, dem A. lebenslang verpflichtet war. Hier lernte sie 1903 den Gymnasiasten Nikolaj Gumilev kennen, der jahrelang um sie warb, in dessen Dichtung sie für viele Jahre zum Vor-Bild der ambivalent gesehenen ›Eva‹ schlechthin wird. Sie heiraten 1910 und bereisen gemeinsam Westeuropa. A., die sehr früh Gedichte zu schreiben begann, gewann nicht leicht die Anerkennung ihres Dichter-Gatten. Doch als er 1911 mit einem Gefährten eine post-symbolistisch ausgerichtete Dichtergemeinschaft gründete, machte er sie zu deren Sekretär. Gedichte, die sie ihm bei der Rückkehr von einer seiner exotischen Expeditionen vorlas, überzeugten ihn so sehr, dass er deren Publikation betrieb und sie rezensierte. Am Vorabend des Ersten Weltkriegs erschien nach Večer (1912; Der Abend) A.s zweiter Gedichtband Četki (Der Rosenkranz): In unterschiedlichen Variationen präsentiert sich das lyrische Ich als unglücklich Liebende, die alle Stadien des Schmerzes durchschreitet. Dieses literarische Porträt legte auch das biographische Bild A.s (zu ihrer Erbitterung) fest: Autobiographisches wurde aufgespürt, vor allem aber wurde sie auf die Dichterin der Liebe festgelegt. Dabei unterschied sich die frühe A. in ihrer Thematik keinesfalls von dem Schreiben anderer Dichterinnen wie etwa Kuzmina-Karavaeva (1891–1945), die später den Namen ›Mutter Marija‹ erhielt, Nadežda L'vova (1899–1913), Elena Guro (1877–1913) oder Marina Cvetaeva. A. arbeitete nicht gegen deren Œuvre, sie arbeitete mit ihnen intertextuell. Wesentlich an den frühen Gedichten A.s ist ihre einfache, umgangssprachliche Intonation des Liebes-Dialogs, das Erwähnen konkret materieller Alltags-Details und ihre Referentialität. Vorbildlich für sie (einer großen Kennerin der Weltliteratur) war die russische Folklore, aus deren Akustik, Gestik und Einstellung sie ihre Bildlichkeit speiste. Im Ersten Weltkrieg entstanden Gedichte, die eine signifikante Erweiterung des lyrischen Ichs auf eine Identifizierung mit dem Kollektiven, nicht Triumphierenden, sondern Leidenden andeuten. Die Emigration, die sie schmerzlich am Geschick nächster Freunde miterlebte, hat sie für sich rigoros abgelehnt.

Im nachrevolutionären Russland geriet sie in die Position der kulturpolitischen Außenseiterin, die sie stoisch auf sich nahm. Im August 1921 wurde Gumilev, von dem sie bereits seit mehreren Jahren geschieden war, einer antirevolutionären Verschwörung angeklagt und erschossen. Sie begann, sich als Witwe zu stilisieren und damit eine ambivalente Rolle zu übernehmen, deren Herrschaftsanspruch man ironisierte, deren Verantwortlichkeit für die Bewahrung des kulturellen Erbes man freilich geschätzt und als das besondere Merkmal der Gedächtniskultur herausgestellt hat.

A. konnte nach dem Erscheinen ihrer Gedichtbände *Belaja Staja* (1917; Die Weiße Schar), *Anno Domini MCMXXI* (1922) und *Podorožnik* (1921; Der Wegerich) jahrzehntelang nicht publizieren. Erst 1940 erschien wiederum eine Auswahledition *Iz šesti knig* (Aus sechs Büchern). Sie beschäftigte sich mit architektonischen Studien zur Kultur Petersburgs, versuchte, Prätexte des Werkes Puškins zu rekonstruieren, übersetzte (u. a. koreanische Lyrik) und entwarf autobiographische Skizzen. In den 1930er Jahren gerieten sowohl ihr (inoffizieller dritter) Ehemann, der Kunsthistoriker N. Punin, wie auch ihr Sohn Lev Gumilev für viele Jahre ins Lager. Die Gedichte, die sie damals schuf und die sie nur engen Vertrauten wie Lidija Čukovskaja (1907–1996) vorzutragen, aber nicht aufzuschreiben wagte, bildeten später den Zyklus *Rekviem* (Requiem), der erst 1987 veröffentlicht wurde – nach den Worten Brodskijs geschrieben im Ton »beherrschten Entsetzens«. 25 Jahre arbeitete A. an einer Textmontage *Poema bez geroja* (1940; *Poem ohne Held*, 1988) – ihr Abschied von jener Epoche des Jahres 1913, als ihrer Überzeugung nach das 20. Jahrhundert das 19. Jahrhundert ablöste.

Werkausgabe: Poem ohne Held. Poeme und Gedichte in russisch und deutsch. Leipzig 1988.

Johanna Renate Döring-Smirnov

Achternbusch, Herbert
Geb. 23. 11. 1938 in München

Was an A. auffällt, ist seine Verwandtschaft mit Eulenspiegel. In seinem Theaterstück *Gust* (1984) bittet die sterbende Ehefrau Gust um ein »süßes Wort«, und Gust, der Nebenerwerbsimker, stammelt vor sich hin: »Honig«. Das war auch die Antwort Eulenspiegels auf dieselbe Bitte der an seinem Sterbelager sitzenden Mutter. Es sind aber nun nicht nur die Kalauer, von denen Eulenspiegel und Achternbusch ausgiebig Gebrauch machen, sondern es verbindet sie etwas im Kern ihrer Haltung. Die deutschen Bauern wurden mit dem Beginn der Neuzeit auf ihr Land festgenagelt wie der Grünewaldsche Christus ans Kreuz: die meisten von ihnen ging bis ins 19. Jahrhundert in die sog. ›zweite Leibeigenschaft‹. Wenn nun einer in einem Volk, das zu 95% aus Bauern besteht, kein Bauer sein will und auch kein Handwerk lernt, dann ist das schwierig. Till ist der bodenlose Bauer, der seinen Acker verlässt, weil man von ihm nicht mehr leben kann. Er zeigt uns, wie ein Neubau einer städtischen, später bürgerlichen Gesellschaft nicht gelingen kann, wenn die Bauernfrage, d. h. das Verhältnis der Menschen zu ihrem Land, das ist also auch die Frage der nationalen Identität, nicht gelöst ist. So erscheint Eulenspiegel den Städtern und den Herren, und man kann sagen, dass das Misslingen der deutschen Geschichte im 20. Jahrhundert Eulenspiegel bestätigt hat. Und nun kehrt in A., der von bayerischen Bauern abstammt, dieselbe Bodenlosigkeit wieder. Was ihn im Kern mit Eulenspiegel verbindet, ist die Absurdität der Haltung: »Du hast zwar keine Chance, aber nutze sie!« (*Die Atlantikschwimmer*, 1978). Dies ist die Lebenslosung Eulenspiegels und mag auch für A.s Lebens gelten, wenn man manches aus den Ich-Erzählungen für bare Münze nimmt. Bestimmt aber gilt sie für seine Arbeit. »Wenn das schon Dummköpfe sind, denen meine Bücher gefallen, was müssen das erst für Dummköpfe sein, denen sie nicht gefallen« (*Revolten,* 1982). Rückt man seine Bücher, Filme, Theaterstücke und Bilder in die Tradition der Eulenspiegelstreiche, so versteht man sie richtig. Eulenspiegel hat z. B. auf dem Bremer Marktplatz Milch in einen großen Bottich gießen lassen, also Milchmengen gesammelt, mit denen eine mittelalterliche Bauerngesellschaft oder frühe Stadtbewohner auf keinen Fall sinnvoll umgehen konnten. Die Absurdität dieses Bildes können wir heute, zur Zeit europäischer »Milchseen« und »Butterberge«, kaum noch nachempfinden. Die Dinge sind uns tatsächlich so weit über den Kopf gewachsen, dass für unsere Zeit die dem Eulenspiegelschen entsprechenden Absurditäten andere Bilder erfordern. Man erkennt aber im folgenden Beispiel von A. immer noch das Prinzip des grotesken Milchzubers, in dem absurde Harmonie entsteht: »Ursprünglich war ich ein gelernter Flugzeugmaurer. Für 25 Mark in der Stunde habe ich mit Kelle und Wasserwaage Mauern in Flugzeugen hochgezogen. Wie es keinen Treibstoff mehr gegeben hat, habe ich für Kontergankinder Führungen in Atomkraftwerken gemacht. Wenn ich sie was gefragt habe, dann haben sie hier an der Schulter die Finger gehoben. Ich habe ihnen erklärt, dass die Atomkraft den Menschen die Arme erspart« (*Das letzte Loch*, 1981).

Liest man Artikel und Bücher über A., dann fallen immer wieder dieselben Wörter: assoziativ, Aufbegehren, bayrisch, chaotisch, dilettantisch, eigensinnig, individuell, radikal, subjektiv, ungebärdig, utopisch, verwundet, zornig. Zwei Begriffe sind bisher nicht (oder ganz vereinzelt!) genannt worden. Sie haben auch mit Eulenspiegel zu tun: Realismus und Aufklärung. Man kann sagen, dass die Hauptlinie der »Dialekt der Aufklärung«, die Linie des Verstandes, der instrumentellen Vernunft im 20. Jahrhundert, dem Jahrhundert der Verwüstungen, in ihrem Scheitern zu erkennen ist. Jetzt werden die vergessenen, liegengelassenen Nebenlinien interessant. Es gab eine »Aufklärung vor der Aufklärung« des 17. und 18. Jahrhunderts, der die Verengung auf das gerade Denkvermögen des Menschen fremd war. Rabelais, Cervantes, Boccaccio, Shakespeare, um ein paar berühmte Namen zu nennen, hätten den Ursprungssatz der Vernunftaufklärung »Ich denke, also bin ich« vielleicht nicht verstanden und ihn für wenig realistisch, d.h. der Natur des Menschen gemäß gehalten. Von dieser Aufklärung vor und neben der Aufklärung, die auf breiterer, aber ungeordneterer, unübersichtlicherer Grundlage fußt, geht ein starker komischer Impuls aus, der sich in Menschen wie A. und seinen Lesern und Guckern wieder bemerkbar macht. Ihr Hauptprinzip heißt »Aufklärung durch Vernebelung« (Heiner Müller), d.h. sie würden das Gebot »sapere aude!« nie aussprechen, weil sie der Wirkung direkter, linearer, verständiger Kommunikation misstrauten. Von diesem Prinzip leben auch A.s Arbeiten: »Ich möchte aber Filme, die niemand versteht. Früher hat man einen Bachlauf nicht verstanden, heute wird er begradigt, das versteht ein jeder.« »Es geht nicht mehr darum, dieses bürgerliche Verbrechertum zu beweisen, sondern unverschämte Behauptungen in die Welt zu setzen. Die Literatur soll erfinden … Die Erfahrung soll springen, in Erfindungen springen.« Ist es nicht immer noch überraschend, dass Kant in seinem berühmten Aufsatz »Beantwortung der Frage: Was ist Aufklärung?« (1783) als erstes Beispiel von Unmündigkeit die Abhängigkeit vom Buch anführt? »Es ist so bequem, unmündig zu sein. Habe ich ein Buch, das für mich Verstand hat, einen Seelsorger, der für mich Gewissen hat, einen Arzt, der für mich die Diät beurteilt, usw.: so brauche ich mich ja nicht selbst zu bemühen.« Natürlich meint Kant mit dem Buch das damals beherrschende Buch, die Bibel. Aber das Verhältnis der Leser zum Geschriebenen muss sich nicht dadurch ändern, dass an die Stelle der Bibel inzwischen alle möglichen Bücher oder auch Filme, Fernsehen u.a. getreten sind. Auch Bücher wie die von Kant, die in emanzipatorischem Interesse verfasst wurden, können sich gegen die Gewohnheit unmündigen Lesens schlecht wehren. Aus diesem Scheitern zieht A. die Konsequenz, Bücher zu schreiben, die überhaupt keinen Verstand haben und daher auch keinen »für mich« haben können. Das Vertrauen auf den Unsinn (von Erfindung und Erfahrung), Komik, will ein Hemmnis gegen unmündiges Lesen sein, denn unsinnigen Sätzen kann man nicht sklavisch-verständig folgen. »Lachen ist ein guter Ausgangspunkt für Denken.«

Wer an dem Begriff der Erfahrung festhält, kann kein Gegenaufklärer sein. Es kann sich dabei im Ursprung und Kern nur immer um die eigene Erfahrung handeln. Auf die Einsicht der Bedrohung der Welt gründet sich Achternbuschs Realismus. »Ich bin der Erfinder der Individuellen Kunst, Erfinden kann man die leicht, aber durchsetzen!« Die seit dem 18. Jahrhundert benutzten künstlerischen Formen, die alten Behälter der Erfahrung, können die lebendige, also zunächst individuelle Erfahrung der Gegenwart auf keinen Fall mehr fassen: »Wer eine spezielle literarische Form pflegt, mag er auch noch so ideologische Fassadenpflege betreiben, dient dem blockhaften politischen System. Jeder Roman ist eine totale politische Institution.« Die Grundform A.s ist der Assoziationsstrom, der aber als Naturform der Phantasie, nicht als Kunst bezeichnet werden muss. Sein Realismus besteht gerade darin, ein kunstloser Künstler zu sein. Dies zieht die Feindschaft der Bürokratie (*Das Gespenst*, 1983), der Ritter des Kulturbetriebs und der Traditionalisten auf sich. Aber es sichert ihm die Zuneigung der Künstler, und zwar auch solcher, die gar nicht zueinander und zu ihm zu passen scheinen. Sie bemerken, dass hier einer die Wurzeln der Kunst, d. h. nichtentfremdeter Produktivität offen hält, so dass man daran anknüpfen kann.

Zusammenhänge sind oft unterirdisch. Man muss nicht bestreiten, dass A. mit den häufig genannten Kameraden im Geiste (Karl Valentin, Oskar Maria Graf, Charlie Chaplin, Buster Keaton, Marx-Brothers, Jean Paul, auch mit Robert Walser und Franz Kafka) offenkundig vieles verbindet, wenn man auf andere, weniger offenkundige Bezüge hinweist. Dazu gehört z. B. eine geheime Verwandtschaft mit Robert Musil. Für ein dekadentes Lebensgefühl, welches seine Zeit bestimmte, fand Musil folgendes Bild: »Sätze wie dieser schmecken so schlecht wie Brot, auf das Parfüm ausgegossen wurde, so daß man jahrzehntelang mit alledem nichts mehr zu tun haben mag.« In A.s Film *Der Depp* (1982) wird folgendes Gericht serviert: »Das Sauerkraut mit dem Schokoladenherz«. Beide Bilder zeigen einen Weltekel, dessen deutscher komischer Archetyp Eulenspiegel ist, unterscheiden sich aber städtisch (Wien, bürgerlich, ironisch) und ländlich (bayrischer Wald, bäuerlich, komisch). Mit diesem Abscheu gegen die Außenwelt geht fast immer die Sehnsucht nach einem anderen Menschen einher, der die Welt genauso verabscheut: das ist Agathe für den Mann ohne Eigenschaften und Susn in den Büchern A.s. Um das Soziale, eigentlich Asoziale, das Kriegerische in der Liebe möglichst gering zu halten, verkleidet sie sich als Inzest. Susn ist wie Agathe die Schwester: »Der Vater hat dir die Susn in den Kopf gespuckt, sag ich da. Er hat einen Rausch gehabt, und in seinem Kater tröstete er sich mit einer schönen Erfindung, einer Tochter aus seinem Samen!« (*Die Alexanderschlacht*, 1978). Der »letzten« ernsthaften »Liebesgeschichte« Musils folgt die letzte komische. So verstecken sich in A.s Werk, der insofern mitnichten der eigensinnige Eigenbrötler ist, als der er erscheint, Chiffren der deutschen Geistesgeschichte. Das Inzestmotiv lässt sich bis zu Wieland zurückverfolgen. Er wiederbelebt historisch vorhandene Protestenergie gegen die Traumata des geschichtlich Gewordenen: »Denn das Individuum ist der Sinn der Geschichte und ihr Ende zugleich.«

Die Aufmerksamkeit, die den Filmen und Büchern A.s in den 1960er, 70er und teilweise 80er Jahren zuteil geworden ist, bricht infolge der Kommerzialisierung der Filmlandschaft und des konservativen öffentlichen Klimas in den 90ern ab, obwohl A. unverdrossen weiter Filme produziert (bisher knapp 30), Bücher schreibt und Bilder malt. Allein im Jahr 2003 veröffentlichte A. vier Bücher: *Guten Morgen!*, *Schnekidus*, *Liebesbrief* und *Mein Vater heißt Dionysos*. 1993 zeigte die ARD eine Retrospektive seiner Filme, 1994 wird er in die Bayrische Akademie der Schönen Künste aufgenommen. Der kleine österreichische Verlag Bibliothek der Provinz hat inzwischen drei Bände einer Gesamtausgabe A.s herausgebracht.

Werkausgabe: Gesamtausgabe. Bisher 3 Bände. Weitra 2000 ff.

Rainer Stollmann

Ackroyd, Peter
Geb. 5. 10. 1949 in London

Peter Ackroyd, der als experimenteller Lyriker, Essayist, Kulturkritiker, Rezensent, Herausgeber, Biograph und Romanschriftsteller tätig ist, bewältigt in seinen fiktionalen und kritischen Werken die Gratwanderung zwischen publikumswirksamen Bestsellern und mehrfach preisgekrönter Literatur mit Bravour, obwohl die Texte als hermetisch verschrieene postmodern-dekonstruktivistische Thesen auf hohem intellektuellem Niveau reflektieren. Nach A.s Aussage finden sich die Themen und theoretisch-philosophischen Vorannahmen seiner Biographien, Romane und lyrischen Werke bereits in dem Essay *Notes for a New Culture* (1976), dessen Titel auf T. S. Eliots *Notes Towards the Definition of Culture* (1948) anspielt. Dieses literarphilosophische Manifest fasst in polemisch zugespitzter Form die Erkenntnisse des nach dem Abschluss des Clare College in Cambridge (1968–71) durch ein Stipendium ermöglichten Studiums an der Yale University 1971–73 zusammen, wo A. mit den Thesen der sogenannten *Yale Critics* konfrontiert wurde. Der Text deutet die englische Geistesgeschichte als Verfallsgeschichte, da England seit der Restauration den Anschluss an außerinsulare Modernisierungsschübe verpasst habe und sich bis in das 20. Jahrhundert an einem essentialistisch konzipierten *aesthetic humanism* festklammere. Dieser negativ konnotierte ›Humanismus‹ manifestiert sich laut A. vornehmlich in den Konzeptionen von Selbst, Welt und Sprache und ignoriert als modernistisch charakterisierte, sprachzentriert-konstruktivistische Entwürfe von Subjektivität, Realität und Kunst, die A. im Rückgriff auf Theoretiker wie Roland Barthes, Jacques Derrida und Jacques Lacan entwickelt. – Analog zu den Thesen des Essays verwischen sowohl A.s Biographien über Ezra Pound (1980), T.S. Eliot (1984; *T.S. Eliot*, 1988), Charles Dickens (1991), William Blake (1995; *William Blake: Dichter, Maler, Visionär*, 2001) und Thomas More (1998) wie auch seine Romane die ontologische Differenz zwischen Fiktion und Wirklichkeit. In *The Life of Thomas More* z. B. evozieren Anekdoten und Briefe, Dialoge, juristische Dokumente und mittelalterliche Kirchentexte ein in der betonten Selektivität von Daten und Textsorten lebhaftes Bild Londons im Umbruch vom Katholizismus zum Anglikanismus.

Auch A.s Romane stellen häufig das von der (Literatur-)Geschichtsschreibung konstruierte Bild historischer Personen in Frage, wenn z. B. *The Last Testament of Oscar Wilde* (1983; *Das Tagebuch des Oscar Wilde*, 1999) in Tagebuchform die Perspektive des homosexuellen Ästhetizisten Wilde (1854–1900) auf seinen skandalumwitterten gesellschaftlichen Abstieg imaginativ (re-)konstruiert. Besonders ausgeprägt in den magisch-esoterischen Romanen *Hawksmoor* (1985; *Der Fall des Baumeisters*, 1988), *First Light* (1989; *Die Uhr in Gottes Händen*, 1992), *The House of Doctor Dee* (1993) und *Dan Leno and the Limehouse Golem* (1994; *Der Golem von Limehouse*, 1998) wirkt die transhistorisch-mythische Magie von London, dem bevorzugten Handlungsort von A.s Fiktionen, aktiv an der Auflösung fester Identitätsgrenzen mit, indem das seit Urzeiten an diesem Platz konzentrierte Wissen ›Englands‹ zeitübergreifend Charaktere beeinflusst. Bereits A.s erster Roman, *The Great Fire of London* (1982), überlagert historische und fiktionale Wirklichkeiten des 19. und 20. Jahrhunderts, die sich um den viktorianischen Autor Charles Dickens (1812–70) drehen. In *Hawksmoor* unterminiert das okkulte Weltbild des Kirchenarchitekten Nicholas Dyer im 18. Jahrhundert, einer fiktionalen *alter ego*-Figur des historischen Nicholas Hawksmoor (1661–1736), die dem Denken der Aufklärung verpflichteten, rationalistisch-fortschrittsgläubigen Überlegungen des Detektivs Nicholas Hawksmoor im London des 20. Jahrhunderts bei seiner Suche nach dem Mörder von in Dyers Kirchen aufgefundenen Leichen so radikal, dass die Bewusstseinsinhalte von Dyer aus dem 18. Jahrhundert und diejenigen Hawksmoors im 20. Jahrhundert zu verschmelzen scheinen.

Strukturell setzt ein Großteil der Texte in unterschiedlichen Epochen angesiedelte Wirklichkeitsentwürfe relativierend zueinander in Beziehung, um sowohl den Konstruktcharakter der historisch spezifischen Denkformationen als auch die interessengeleitete Nachträglichkeit der historiographischen oder biographischen Deutung aufzudecken. Im Zentrum dieser fiktionalen Dekonstruktion stehen die in *Notes for a New Culture* erwähnten Schlüsselkonzepte des Selbst oder der Identität und der Sprache bzw. der Kunst. Die historiographische Metafiktion *Chatterton* (1987; *Chatterton*, 1990) z. B. verknüpft exemplarische Identitäts- und Kunstkonzepte von historischen und fiktionalen Künstlerfiguren des 18., 19. und 20. Jahrhunderts, um dem Verhältnis von individueller Originalität und intertextuell geprägter Kopie bei der Schöpfung einer personalen Identität wie auch eines Kunstwerkes nachzugehen. *Milton in America* (1996) schreibt das Leben des englischen Dichters John Milton (1608–74) nach dem Sturz Oliver Cromwells fiktional in einer puritanischen Siedlung in Amerika fort und stellt dem exzessiv schriftgläubigen John Milton mit seinem Diener Goosequill einen zwar des Lesens und Schreibens kundigen, jedoch dominant von mündlichen Traditionen geprägten Charakter gegenüber, um die kognitiven Codierungen eines mündlich und eines schriftlich geprägten Bewusstseins hinsichtlich des Selbstbildes, der Kommunikationsformen und der politischen Ethik zu veranschaulichen. Gleichzeitig illustriert der Roman die Besonderheiten der oralen und literalen Kommunikation, indem er Miltons von Goosequill niedergeschriebene – und respektlos kommentierte – Tagebucheinträge, Predigten und (innere) Monologe, aber auch seitenlange, wie Dramentexte notierte Dialogpassagen zwischen Goosequill und seiner Frau wiedergibt. *The Plato Papers* (1999) schließlich befasst sich mit den Bedingungen eines Denkens von Transzendenz und begreift die transzendentale Obdachlosigkeit der (Post-)Moderne als Chance, eine nicht absolut gesetzte Transzendenz zu entdecken – oder zu konstruieren –, die sich an Derridas *différance* orientiert. Das Konzept wird herausgearbeitet über den Protagonisten Plato, der in diesem historiographisch-metafiktionalen Science-fiction-Roman 3705 n. Chr. aus Fragmenten eine Mentalitätsgeschichte der Menschheit zu konstruieren sucht. Platos ›Fehldeutungen‹ verschiedener Quellentexte aus der *Era of Mouldwarp* ca. 1500–2300 n. Chr., die der Leser als Bruchstücke der für das 19. und 20. Jahrhundert bedeutenden antimetaphysischen Wirklichkeitsmodelle von Charles Darwin (1809–82), Karl Marx (1818–83) und Sigmund Freud (1856–1939) erkennt, parodieren einerseits diese Meisterdiskurse selbst, andererseits den Objektivitätsanspruch historiographischer Rekonstruktion. So wird Darwins *On the Origin of Species* als »comic masterpiece« eines Autors namens Dickens kategorisiert, Marx' Werk dem absurden Humor der Marx Brothers zugeordnet und Freud aufgrund seines aus Platos Sicht satirisch reduzierten Menschenbildes als »a great comic genius of his age« namens Fraud gedeutet.

Anna-M. Horatschek

Adonis
Geb. 1930 in Qassabin/Syrien

Der syrisch-libanesische Dichter Adonis zählt zu den herausragenden Vertretern der arabischen Moderne. In seinem Werk hat er die arabische Tradition mit den verschiedenen Strömungen der zeitgenössischen Dichtung zu etwas ganz Neuem verschmolzen. Geboren wurde er als ʿAlī Aḥmad Saʿīd in einem Dorf an der syrischen Mittelmeerküste, er entstammt einer bäuerlichen Familie. Von 1950 bis 1954 studierte er Philosophie in Damaskus, nach dem Militärdienst ging er 1956 nach Beirut, wo er als Lehrer und Journalist arbeitete und sich dem avantgardistischen Kreis um den Dichter Yūsuf al-Khāl anschloss, mit dem er die einflussreiche Literaturzeitschrift *Šiʿr* (Dichtung) gründete. 1962 nahm A. die libanesische Staatsbürgerschaft an. 1968 gründete er die Zeitschrift *Mawāqif* (Standpunkte), 1973 promovierte er an der Université St. Joseph in Beirut, wo er anschließend als Dozent tätig war. Seit 1986 lebt er vorwiegend in Paris.

Seine dichterischen Anfänge waren von den arabischen Modernisten wie Nāzik al-Malāʾika oder Badr Šākir al-Sayyāb bestimmt, die Ende der 1940er Jahre die bis dahin noch weitgehend in den Konventionen ihrer großen Tradition gefangene arabische Lyrik des Neoklassizismus verworfen hatten. Zugleich wurde A. durch die Lektüre französischer Dichter wie Arthur Rimbaud und Charles Baudelaire geprägt. Politisch war er zunächst von den Ideen der 1932 von Anton Saadeh gegründeten Parti Populaire Syrien beeinflusst, die im Kontext der Unabhängigkeitsbestrebungen gegen die französische Mandatsherrschaft einen regionalen Ansatz betonte, im Gegensatz zum panarabischen Nationalismus einerseits und zu den partikularen Nationalismen andererseits. Vor allem die phönizische Mythologie,

etwa der Fruchtbarkeitsmythos um Tammuz bzw. Adonis, wurde von der damaligen Dichtung reaktualisiert und im Sinne eines kulturellen Wiedererstarkens interpretiert. Ende der 1940er Jahre wählte ʿAlī Aḥmad Saʿīd das Pseudonym Adonis.

Seinem ersten Gedichtband *Aurāq fī al-rīḥ* (1958; Blätter im Wind) folgten die größtenteils in Paris entstandenen Gedichte des Bandes *Aġānī Mihyār al-Dimašqī* (1961; Gesänge Mihyars des Damaszeners, 1998), in deren Zentrum der gegen alle Zwänge aufbegehrende Titelheld Mihyar steht, dessen Ungebundenheit und Dynamik den erstarrten Traditionen entgegensteht. Das Thema der Wandelbarkeit – schon sein programmatisches Pseudonym verweist auf die Dialektik von Zerstörung und Erneuerung – steht von Anfang an im Zentrum seiner Werke. Auch in seiner Dissertation *al-Ṯābit wa-l-mutaḥawwil* (3 Bde., 1974–78; Das Statische und das Dynamische) hat A. sich dieses Themas angenommen. Rastlosigkeit und eine als kreativ gedeutete Heimatlosigkeit stellte er gegen das Verharren in überkommenen Gewissheiten. Der immer wieder geforderte und umgesetzte Bruch mit der Vergangenheit darf jedoch nicht mit einer Vergangenheitsvergessenheit gleichgesetzt werden. A. ist es mit seinem Programm im Gegenteil um eine autochthone arabische Moderne zu tun, da er die arabisch-islamische Kultur insgesamt als fortwährende kreative Auseinandersetzung zwischen zu Traditionen geronnenen und diese Traditionen durchkreuzenden und zerstörenden Kräften begreift. Nicht zuletzt der breite Strom der islamischen Mystik mit ihrem stark ausgeprägten antinomistischen Impuls und freigeistige arabische Dichter wie Abū Nuwās (gest. 811) sind die Leitbilder und Kronzeugen seines Projekts, wie er u. a. in seiner *Muqaddima li-l-šiʿr al-ʿarabī* (1971; Einführung in die arabische Dichtung) betont. Darum sieht er die ideale Position des Dichters weniger im kulturellen Mainstream als in der Rolle des Außenseiters. Einen Gegensatz zwischen orientalischer und abendländischer Kultur im Sinne einer strikten Grenzziehung lehnt er ab.

Wie in seiner Dichtung geht A. auch in seinen Essays, etwa in *al-Ṣūfiyya wa-l-surīyālīyya* (1992; Der Sufismus und der Surrealismus) und *al-Naṣṣ al-qurʾānī wa-ʾāfāq al-kitāba* (1993; Der koranische Text und die Horizonte des Schreibens) von einer osmotischen, fließenden Beziehung zwischen den Kulturen aus, von einem offenen Kulturbegriff also, der die Lebendigkeit und Veränderbarkeit betont und sich Festschreibungen widersetzt. Das dreibändige, monumentale und sich auf verschiedenen – typographisch voneinander abgehobenen – Ebenen bewegende *al-Kitāb* (1995–2002; Das Buch) erzählt unter anderem die fiktive Autobiographie des arabischen Dichters al-Mutanabbi (gest. 965) und verweist damit gleich doppelt auf eine Auseinandersetzung mit dem heiligen Buch des Islam: Der Titel ist eine Selbstbezeichnung des Korans, und al-Mutanabbi bedeutet wörtlich »der sich als Prophet ausgibt« und benennt dessen (vorgeblichen) Anspruch, ein dem Koran ebenbürtiges Sprachkunstwerk zu verfassen – eine nach muslimischer Auffassung ungeheuerliche Anmaßung, die direkt in das Spannungsfeld von Religion und Dichtung weist.

Andreas Pflitsch

Ady, Endre
Geb. 22. 11. 1877 in Érmindszent/Ungarn (heute Rumänien);
gest. 27. 1. 1919 in Budapest

In dem programmatischen, auf biblische Symbolfiguren hinweisenden Prolog des Gedichtbandes *Új Versek* (1906; Neue Gedichte) verkündete Endre Ady: »Ich bin ein Sohn von Gog und Magog, klopfe – / O Tore, Mauern! – überall vergeblich an / Und frage euch, und frage euch dennoch, ob man / Wohl unter den Karpaten weinen kann. / Vom Osten bin ich den berühmten Weg gekommen, / Die Lieder Ungarns schallten mir ins Ohr. / Ich frag: Brech ich von Dévény her, vom Westen, / Mit neuen Liedern neuer Zeit hervor?« (Übers. Heinz Kahlau). *Új Versek* markiert die Geburt der modernen ungarischen Lyrik, den Einbruch ›skandalöser‹ westlicher Poetik in die von national-volkstümlicher Auffassung geprägte, offizielle ungarische Literatur. Der triumphale Auftritt A.s führte zur Gründung der wichtigsten literarischen Zeitschrift der ungarischen Moderne *Nyugat* (1908–41; Westen), deren erstes Jahrzehnt im Zeichen A.s stand.

A. kam aus einer verarmten, kleinadeligen Familie, besuchte Gymnasien in Ostungarn und studierte schließlich Rechtswissenschaft in Debrecen. Hier begann er 1898 eine journalistische Tätigkeit. Zwischen 1900 und 1903 arbeitete er in einer geistig anregenden Umgebung bei verschiedenen Nagyvárader (heute Oradea/Rumänien) Blättern. 1903 lernte er die verheiratete, wohlhabende und gebildete Adél Brüll kennen, die großen Einfluss auf ihn ausübte. Die stürmische Liebe zu ihr, der Léda seiner Gedichte, die bis 1912 anhielt, war eine der ergiebigsten Quellen der Lyrik von A. Auf ihr Zureden reiste er 1904 nach Paris, das ihn sofort ungeheuer inspirierte und wohin er mehrfach zurückkehrte. Paris war für A. eine geistige Wildnis, deren unerschöpfliche Impulse er immerfort mit der Öde des ungarischen »Brachlandes« verglich. Gleichzeitig sah sich A. selbst als einen immer wieder emporgeworfenen Stein, der immer wieder auf die Erde, d. h. in seine Heimat, zurückfällt. A. litt an seinem Ungarntum, konnte und wollte es jedoch nicht verleugnen.

Ab Januar 1908 wurde er führender Mitarbeiter der Zeitschrift *Nyugat*, veröffentlichte jährlich einen Gedichtband und wurde zum Idol der Jugend und der progressiven Intelligenz. Die einzelnen Bände sind sorgsam durchdachte, zyklisch strukturierte Kompositionen. Das wichtigste Charakteristikum der subversiven Lyrik A.s ist eine aus typischen Symbolen bestehende, von französischen Vorbildern (Baudelaire, Rimbaud, Verlaine) inspirierte und damals Anstoß erregende persönliche Mythologie. A. spielt in seinen Gedichten mit Rollen und schafft den Mythos eines verwunschenen Prinzen, eines Auserwählten, der seine dichterische Freiheit und eine Art nietzscheanisches Selbstbewusstsein durch schwere Leiden erkauft habe. Ab 1904 war A. todkrank – er litt an Syphilis. Die Problematik des Todes, der Einsamkeit, des *poète maudit* begleiteten ihn bis zum Ende. Sinnliche Ausschweifungen und religiöse Andacht, Selbstliebe und kollektives Verantwortungsbewusstsein vertrugen sich bei ihm sehr wohl, verschmolzen zum Sendungsbewusstsein eines Messias, der sich seiner Mission entziehen und das Kreuz des Dichters abwerfen möchte. Er litt an der Zurückgebliebenheit der ungarischen gesellschaftlichen Verhältnisse, war Visionär einer Revolution, resignierte jedoch nach dem Ausbruch des Ersten Weltkriegs und wegen der Verschlechterung seines Gesundheitszustandes immer mehr. Die ersehnte Revolution von 1918 erlebte er noch.

A.s poetische Welt besteht aus ineinandergreifenden Symbolen und Metaphern, die aus der Bibel, aus der ungarischen Geschichte und Landschaft und der protestantischen Tradition stammen und ein zusammenhängendes Bezugssystem bilden. Sie übte eine ungemein starke Wirkung in Ungarn aus, nahm sogar kultische Züge an. Eine Schule konnte sie jedoch nicht bilden und die ungarischen Lyriker distanzierten sich bald von ihr. Wegen der Schwierigkeiten der Übersetzung ist die deutsche Rezeption spärlich, eine Auswahl der Werke findet sich in *Gedichte* (1977), *Mensch in der Unmenschlichkeit* (1979) und *Prosa* (1999).

Miklós Györffy

Aesop
Vielleicht 6. Jh. v. Chr. in Phrygien

Aesop muss ein trauriger Mann gewesen sein, der es verstand, dem Leben dennoch Weisheit und Scherze abzuringen. Wir wissen nicht viel über ihn, ja womöglich war er völlig Fiktion späterer Geschlechter. Doch die Legende, die schon die Antike selbst um ihn spann, ist so phantasieanregend, dass man es sich nicht vorstellen kann, dass er nicht doch gelebt hat. Plutarch lässt ihn in seinem *Gastmahl der sieben Weisen* als einen wenig ernstzunehmenden, humorvollen, nicht hinreichend würdigen Symposiasten auftreten, der den hohen Herren des ernsten hellenischen

Wissens mit seinen Tiergeschichten und komischen Bemerkungen gelegentlich in die Rede fährt und ansonsten still auf seinem Höckerchen neben dem großen Solon sitzt und zuhört. Entwürdigend genug wird er sogar ein wenig unterhalb von Solon plaziert, so als sei er dessen Diener. Als er einmal zu einer politischen Bemerkung ansetzen will, krault ihn Solon lächelnd am Kopf und meint: »Du verstehst dich wohl trefflich auf die Stimmen der Raben und Krähen, aber nicht so recht auf die der Gottheit [...]« In der Runde dieser echt griechischen Weisen konnte ein A. nicht zu seinem Recht kommen. Auch die nur in Rätseln sprechende Kleobuline, die angebliche Freundin des Thales, hatte neben der Philosophin Melissa Platz zu nehmen.

Was wir von A. wissen, ist uns im Grunde nur durch Legenden und zweifelhafte Berichte überliefert. So soll er ein phrygischer Sklave gewesen sein und einem gewissen Iadmon gedient haben, wie Herodot erzählt (II, 134). Dieser Iadmon lebte auf Samos. Nach einem Volksbuch, das es schon im 6. Jh. v. Chr. gegeben haben muss, das uns aber nur über eine spätantike bzw. mittelalterliche Bearbeitung – den sog. *Aesop-Roman* – zugänglich ist, soll der sonderliche Sklave sogar einem Philosophen namens Xanthos gedient haben, den es aber wohl nie gegeben hat. Schon dieses Volksbuch also, das eine Art erster Sammlung von Volkserzählungen gewesen sein muss, wollte den phrygischen Erzähler bewusst mit dem Typus des ernsten philosophischen Weisen konfrontieren, von dem er sich so unterschied. Für die beginnende Philosophie des 6. und 5. Jh.s bildete sich die argumentierende und Beweise suchende Rede heraus, die griechisch-abendländische Rationalität. Die Fabeln und Geschichten hingegen, die uns unter dem Namen A.s überliefert sind, sind andeutenden und geradezu gleichnishaften Charakters. Stets muss man sich auch erinnern, dass die sog. epimy-

thischen Zusätze – die lehrhaften Sprüche, das *haec fabula docet* – nichts Originales gewesen sein können. Wie uns Aristophanes vermittelt (*Wespen* 1446 ff.), erzählte der legendäre Sklave seine Geschichten ganz unmittelbar in bestimmten Lebensaugenblicken, wo er offenbar dazu herausgefordert war. Anders, so meint man fast, ließ sich die Wahrheit nicht sagen. Die Geschichte, die er nach dem Zeugnis des Aristophanes erzählt haben soll, war übrigens die bekannte Geschichte vom »Adler und Mistkäfer«. A. soll sie zu einem für sein Leben bekannter gewordenen Zeitpunkt vorgetragen haben, als er nämlich nach Delphi kam. Wie das Volksbuch berichtet, sei er später, nachdem er aufgrund seines stechenden Humors vom offenbar verzweifelten Philosophen Xanthos in die Freiheit entlassen worden war, in die Dienste des Königs Kroisos gekommen. Der schickte ihn dann eines Tages nach Delphi, damit er dort dem Gott Apollon einige Opfer überbringe. Er sollte jedoch auch den Bürgern von Delphi selbst Geld zukommen lassen, jedem einzelnen vier Minen. Da weigerte sich A. und meinte, die Delphier würden nur immer auf Kosten anderer leben. Die Delphier zürnten ihm darüber und schoben ihm mit List eine wertvolle Opferschale mit ins Gepäck, um ihn kurz darauf des Religionsfrevels bezichtigen zu können. Der Ahnungslose wurde dann von einem hohen Felsen in den Tod gestürzt.

Doch bevor man sich im Legendären verliert, ist es besser, sich an die Fabeln selbst zu halten, die der kluge Sklave – wenn es ihn denn gegeben hat – hier und da improvisiert hat. Die Wissenschaft streitet dabei bis zum heutigen Tage über Herkunft und Wesen der Fabeln. Stammen die meisten Fabelmotive nicht aus dem Orient? Wir entdecken eine Fülle babylonischer, ägyptischer, ja sogar altindischer Erzählmotive im aesopischen Corpus. Und verlockend bleibt noch immer der Gedanke, dass in der Verschleierung des sprachlichen Ausdrucks, die zweifellos in den vielen Tiergeschichten liegt, der unterdrückte Schrei der Entrechteten zu hören ist. Es fiel auf, dass auch A.s großer römischer Nachfahr Phaedrus ehemals Sklave gewesen war. – Freilich, blickt man auf die große Fülle des unter dem Namen A.s Überlieferten, so stellt man fest, dass das Medium der Tiergeschichten um vieles reichhaltiger ist, als dass wir es auf noch so verlockend einfache Formeln bringen könnten. Das aesopische Corpus enthält vor allem viele Volkserzählungen, die nie vom phrygischen Volksweisen bearbeitet worden sein können. Sie geißeln allgemeine menschliche Laster und Schwächen, verspotten Dummheit, Geiz, Ungeschicklichkeit, Hochmut, Verlogenheit, Feigheit. Jede noch so einfache Kreatur konnte A. dabei zum Exempel dienen: ein Floh, eine Ameise, eine Wespe, ein Frosch, eine Zikade, Säue, Kraniche, Adler, Füchse usw. usw. Der gesamte zoologische Garten wird einmal abgeschritten, um uns Menschenkindern den Spiegel vorzuhalten.

Dabei heißt es übrigens, A.s Lieblingstier sei der Fuchs gewesen. Man mag so vielleicht versuchen, an den verschiedenen Fuchsgeschichten A.s eigenem Charakter nachzuspüren. Doch auch da würde man keine klare Antwort gewinnen. Gewiss triumphiert im »Fuchs und Leoparden« der kluge Fuchs über den schönlingshaften Leoparden. Und im »Fuchs und Affen« hält im rechten Augenblick der Fuchs dem großsprecherischen Affen das geeignete Wort entgegen. Im »Fuchs und Hund« hingegen scheint der Fuchs ganz als der törichte Missetäter, der allzu früh seine heimlichen Absichten kundtut. Und tieftraurig muss die Geschichte »Die Füchse« stimmen: Alle Füchse versammeln sich am Fluss, um Wasser zu trinken. Doch das Wasser schießt schnell an den Dürstenden vorüber. Keiner wagt sich, die Pfoten nass zu machen. Endlich entschließt sich doch einer, in das gefährliche Wasser zu springen, doch es zieht ihn sofort in die Mitte des Flusses. Töricht, wie die anderen sind, begreifen sie nicht, dass der einsame Fuchs in Lebensgefahr ist. Sie sehen nur, dass er jetzt unbegrenzt Wasser trinken kann. Sie rufen ihm zu, dass er doch auch ihnen den Zugang zeigen möge, damit sie ungefährdet trinken könnten. Dem Tode nah, da ihn die Strömung fortreißt, ruft er ihnen zu, dass er dringend etwas nach Milet zu bringen habe, sie möchten nur warten. – So, am ehesten, können wir uns vielleicht den phrygischen Fabelerzähler vorstellen: nah an der Gefahr, dem Tod, der ihm droht, ruft er seinen Gefährten noch einen Scherz zu.

Ob es ihn nun gegeben hat oder nicht: das unter seinem Namen Versammelte, das die antike Welt schon so früh ins Legendenhafte brachte, hat bis zum heutigen Tage gewirkt. Nicht nur die Rhetorenschulen der Spätantike, die die moralisisierenden Zusätze erfanden, die uns bei der Lektüre heute meist etwas aufstoßen, haben sich weiter an den Tiergeschichten des ungewöhnlichen Phrygers erfreut, in dem sie das spontan Erzählte freilich in griffige Moral umsetzten. Die mittelalterliche Predigt bediente sich ebensogern der allegorisch übersetzbaren Tiergeschichten. Besonders Martin Luther, der die Fabeln eigens neu übersetzte, schätzte sie sehr. In unseren Tagen hat etwa Arnolt Bronnen mit seinem Roman *Aisopos* (1956) ein Zeugnis dafür abgelegt, dass die Figur des leidenden und zugleich zum Scherz aufgelegten Sklaven noch immer lebt. In dem Roman ist A. freilich nach sozialistischer Manier der Rebell der Freiheit, der Sklave, der die gesellschaftlichen Ketten sprengen will. Doch wahrscheinlich hat jener sprachgewaltige, phantasiereiche Sklave der frühgriechischen Welt, dem die Legende sogar noch einen Buckel und ein hässliches Angesicht andichtete, nur einfach im fabulierenden Wort selbst die Ketten sprengen wollen und können. Sosehr er ein untypischer Weiser war, weil ihm der grübelnde Ernst fehlte, konnte er doch – wie in ähnlicher Weise vielleicht später Sokrates – mit seiner überlegenen Ironie überzeugen, die sich mitunter mit leichter Schwermut mischte.

Ausgabe: Fabeln der Antike. Hg. H.C. Schnur. Düsseldorf 2004.

Matthias Weglage

Ağaoğlu, Adalet
Geb. 1929 in Nallíhan bei Ankara/Türkei

Adalet Ağaoğlu gilt als eine der bedeutendsten türkischen Gegenwartsautorinnen.

Wie Leyla Erbil, Sevgi Soysal, Nezihe Meriç, Selçuk Füruzan, Sevim Burak, Pınar Kür u.a. gehört A. zu einer Generation von Autorinnen, die seit den 1970er Jahren einen bedeutenden Teil der Avantgarde der türkischen Gegenwartsliteratur bilden. Sie warfen infolge der liberaleren politischen Situation nach dem ersten Militärputsch 1960 in neuer, experimenteller Weise die Frage nach weiblicher Identität auf, und führten dabei in bisher ungekannt offener Weise einen Diskurs über ihre Sexualität. Der kulturelle Konflikt zwischen republikanischer Ideologie und der traditionellen Rolle der türkischen Frau ist bei allen individuellen Verschiedenheiten ein gemeinsames Thema ihrer Werke. A. begann ihre literarische Laufbahn in den späten 1940er Jahren als Autorin von Theaterkritiken, Gedichten und Dramen; bis zu ihrer Kündigung aus Protest gegen Einschränkungen der Sendefreiheit des Radio- und Fernsehsenders TRT war sie Mitarbeiterin des Rundfunks Ankara (1951–70).

Zu ihrem eigentlichen »literarischen Selbst« fand sie nach eigener Aussage in den 1970er Jahren durch die Arbeit an ihrem ersten Roman *Ölmeye Yatmak* (1973; Sich Niederlegen zum Sterben). Unter Nutzung ihrer Erfahrungen als Dramenautorin entwickelte sie eine in der türkischen Romanliteratur bis dahin unbekannte, formal sehr anspruchsvolle, alineare Erzähltechnik aus inneren Monologen und zeitlichen Rückblenden, die sie in ihren folgenden Romanen noch weiter ausbaute und kunstvoll variierte. Der Roman ist der erste Band einer Trilogie, die mit *Bir Düğün Gecesi* (1979; Eine Hochzeitsnacht) und *Hayır* (1987; Nein) ihre Fortsetzung hat: Anhand des Schicksals ihrer Romanheldin, der Universitätsdozentin Aysel, reflektiert sie die wechselvolle soziale und politische Geschichte der Türkei seit den späten 30er Jahren. Die Auseinandersetzung zwischen Individuum und Gesellschaft, A.s Hauptthema, wird in *Ölmeye Yatmak* vor dem Hintergrund weiblicher Identitätssuche dargestellt. Doch distanziert sich A. vom Feminismus ebenso wie von anderen Versuchen, ihr Werk einer ideologischen Richtung zuzuordnen. Der zweite Band der Trilogie, *Bir Düğün Gecesi*, in dem sie mittels der Beschreibung einer luxuriösen Hochzeit in den 1970er Jahren, die bürgerlichen und intellektuellen Kreise in der Türkei kritisiert, die sie für die Lage in den 1960er Jahren und den zweiten Militärputsch 1971 verantwortlich macht, erhielt sie insgesamt drei wichtige Literaturpreise der Türkei. Neben ihrer Romantrilogie veröffentlichte A. zahlreiche weitere Romane. Ihr Roman *Fikrimin İnce Gülü* (1976), der sich mit dem Schicksal eines türkischen Gastarbeiters beschäftigt, wurde 1979 unter dem Titel *Die zarte Rose meiner Sehnsucht* ins Deutsche übersetzt.

Börte Sagaster

Agnon, Samuel Josef
(geb. als Samuel Josef Czaczkes)
Geb. 8. 8. 1888 in Buczacz/Galizien; gest. 17. 2. 1970 in Jerusalem

Seit er sich im Jahr 1966 den Nobelpreis mit Nelly Sachs hatte teilen müssen, hoffte Samuel Josef Agnon, er werde ihn noch einmal allein erhalten. Hinter dem Bescheidenheitsgestus seines öffentlichen Auftretens verbarg sich ein Schriftsteller, der sich seiner einzigartigen Bedeutung für die modernhebräische Literatur bewusst war: In seiner Person und seinem Werk verbinden sich die religiöse und literarische Tradition des orthodoxen und des chasidischen Judentums mit den Gedanken der jüdischen Aufklärung und Kenntnissen der europäischen Literatur.

Der begabte Erstgeborene einer religiösen Familie erhielt neben der traditionellen Bildung Privatunterricht, dichtete hebräisch und jiddisch, begann mit 15 Jahren zu veröffentlichen und wurde auch nach seinem Eintreffen in Palästina 1907 allseits gefördert. Bereits 1908 erschien seine Erzählung *Agunot* (*Agunot*, 1996) – das Pseudonym Agnon, »Gebundener«, machte er 1924 zu seinem Familiennamen –, und 1912 mehrte *We-Haja He-Akov Le-Mischor* (*Und das Krumme wird gerade*, 1918) seinen Ruhm bei dem kleinen modernhebräischen Leserkreis im Land und dem größeren in Europa. Doch keines der beiden Werke beschäftigt sich mit Problemen wie der Einwanderung und dem Aufbau einer neuen Gesellschaft in Palästina oder der Transformation des Diaspora-Juden zum »neuen Hebräer«, sondern sie zeigen – wenngleich *Agunot* in Jerusalem spielt – Menschen, Lebensbedingungen, Religiosität und Konflikte des osteuropäischen Judentums im 19. Jahrhundert. Diesem war A. auch stilistisch verhaftet: Er pflegte den vom rabbinischen Hebräisch geprägten Nussachstil und erzeugte mit der alten Denk- und Redeweise im neuen Kontext auf sanfte Art groteske Effekte.

Von 1913 bis 1924 lebte A. in Deutschland, gründete eine Familie und genoss den Gedankenaustausch mit jüdischen Gelehrten und Dichtern, aber die Themen seiner zahlreichen Erzählungen verharrten beim osteuropäischen Schtetl. Auch die meisten seiner anschließend in Jerusalem entstandenen Werke, ob romantisch oder realistisch, heiter oder melancholisch gestimmt, spielen wie der erste umfangreiche Roman *Ha-Chnassat Kala* (1931; Verheiratung einer Braut) in Osteuropa. Sie zeigen eine überkommene Gesellschaft, sich auflösende Familien, psychische Ablösungsprobleme, unerfüllte Lieben, weltfremde Religiosität und ausweglose Situationen, die Wunder oder Selbstaufgabe erfordern. Den Zerfall der galizischen Gemeinden beschreibt A. nach einem Besuch seines Geburtsorts im Jahr 1930 in dem abgründigen Roman *Oreach Nata Lalun* (1939; *Nur wie ein Gast zur Nacht*, 1964); er endet mit der Rückkehr des Ich-Erzählers nach Palästina, nicht voller zionistischer Hoffnung, sondern voller religiöser Sorge.

Etwa gleichzeitig arbeitete A. am dritten seiner großen Romane, *Tmol Schilschom* (1945; *Gestern, Vorgestern*, 1969), der in Palästina vor dem Ersten Weltkrieg spielt. Er zeigt die Menschen der zweiten Einwanderungswelle als Träumer, Abenteurer, Ignoranten, die Juden des Landes als illusionäre Pioniere und Orthodoxe, Vertreter unvereinbarer Geisteswelten, zu deren Spielball und Opfer der Protagonist wird. In einer Zeit veröffentlicht, da die hebräische Literatur den Kibbuznik und den Untergrundkämpfer propagierte und einen zionistischen Realismus pflegte, fand dieser Roman zunächst ebenso wenig Verständnis wie A.s surreale Erzählungen der 1940er und 50er Jahre. Mit seinen eigenartigen Stoffen und seinem nun altmodischen Hebräisch galt er als Vertreter all dessen, was die Israeli überwinden wollten.

Dank der »neuen Welle« seit den späten 1950er Jahren, der Kenntnisnahme der internationalen Literatur, der Kafka-Rezeption und der Besinnung auf die Kultur der Diaspora in Israel wurde A. zunächst mit seinen wehmütigen, den Romanen literarisch überlegenen Erzählungen neu entdeckt und gewürdigt; es gab sogar Vereinnahmungsversuche von religiöser wie von zionistischer Seite, die jedoch an der Komplexität seiner Werke scheiterten. Zwei postum erschienene Romane bestätigen seine Themen: *Schira* (1971; *Schira*, 1998) spielt unter Einwanderern der 1930er und 40er Jahre in Jerusalem, die zurückgewandt, nicht bei sich, nicht im Land, nicht in ihrer Zeit angekommen, die »gebunden« sind. *B-Chanuto Schel Mar Lublin* (1974; *Herrn Lublins Laden*, 1993), dessen Ich-Erzähler vom jüdischen Leben in Leipzig nach dem Ersten Weltkrieg fabuliert, betrauert das Judentum Europas und bezweifelt eine Zukunft in Palästina. Der letzte neuhebräische Autor der Diaspora, der erste israelische Autor von Weltrang sorgte sich um das Fortleben des jüdischen Erbes in Israel.

Ute Bohmeier

Ai Qing (eigtl. Jiang Haicheng)
Geb. 27. 3. 1910 in Iwu, Zhejiang/China; gest. 5. 5. 1996 in Peking

Bis heute ist die Qualität der Gedichte Ai Qings umstritten; uneingeschränktem Lob steht die völlige Ablehnung vor allem jüngerer chinesischer Lyriker entgegen, die A. vorwerfen, den Unterschied zwischen Lyrik und Prosa verwischt zu haben. Vermutlich ist die Zahl der gelungenen Gedichte aus seiner Feder etwa genausogroß wie die Zahl der misslungenen Propagandareime.

Außerhalb Chinas ist A. wenig bekannt. Am meisten wird er in Frankreich übersetzt, nicht nur, weil er hier zwischen 1929 und 1932 gelebt hat, sondern weil A., der eigentlich Maler werden wollte, bei Charles Baudelaire und Guillaume Apollinaire gelernt hat, moderne Gedichte zu schreiben. Er hat Paul Valéry, Émile Verhaeren und Walt Whitman gelesen, sich mit Sergej Yessenin und Vladimir Majakovskij auseinandergesetzt und, nach seiner Rückkehr sogleich zu sechs Jahren Gefängnis verurteilt, unter deren Einfluss seine ersten Gedichte im Stil der »neuen Poesie« (*xinshi*) geschrieben. Das bekannteste Gedicht dieser Zeit, »Da Yanhe wo de baomu« (1934; Meine Amme Da Yanhe), ist eine 14strophige Liebeserklärung A.s an seine Amme und an die chinesischen Bauern. Als Sohn aus einer Großgrundbesitzerfamilie aus der südlichen Provinz Zhejiang war er gleich nach der Geburt der Amme Da Yanhe übergeben worden; eine Wahrsagerin hatte ihm eine schlechte Zukunft vorausgesagt. Im Gedicht bedankt sich A. bei Da Yanhe und stellt das Leben in Liebe und Geborgenheit, das er bei ihr führen durfte, dem Leben in seiner eigentlichen Familie gegenüber. Damit spricht er ein Problem an, das sein ganzes Leben kennzeichnete und das zumindest als eine Erklärung für die höchst unterschiedliche Qualität und wechselvolle Rezeption seiner Lyrik angesehen werden kann: der Mangel an natürlicher Zugehörigkeit als Quelle seines Schaffens. Immer wieder ringt A. um Anerkennung und Zugehörigkeit, immer wieder wird er zurückgestoßen und ausgegrenzt. Seine Poesie ist das Mittel, die ersehnte Anerkennung zu erhalten, sie ist aber auch der Grund dafür, warum er nicht integriert wird und sich nicht integrieren kann.

A.s Gedichte aus dieser Zeit sind melancholische Hymnen der Suche nach dem Helden des Alltags, den er seinen Lesern als Vorbild präsentiert. Während des Krieges gegen Japan (1937–45) gibt er seiner Bestürzung über die japanische Bedrohung in »Xue luo zai zhongguo de tudi shang« (1938; »Schnee fällt auf China«) Ausdruck und erzählt in »Ta si zai di er ci« (1939; Er stirbt ein zweites Mal) von dem jungen Soldaten, der nach seiner ersten Verwundung ein zweites Mal in die Schlacht geht und dabei sein Leben lässt. In »Chuihaozhe« (1939; »Der Trompeter«) feiert er den einfachen Soldaten, den jüngsten und rangniedrigsten, der zugleich als Vorhut und Signalgeber eine wichtige Funktion übernimmt. Mit diesem eindeutigen Bekenntnis zur von der Kommunistischen Partei propagierten Form des Widerstands gegen Japan wird das Leben für A. in den japanisch besetzten Gebieten unmöglich und in den von der nationalistischen Partei beherrschten Städten schwierig. Obwohl zunächst der Poetengruppe Juli zugehörig, die in Chongqing angesiedelt war, schließt er sich 1941 jenen Intellektuellen an, die sich auf den Weg in die Hauptstadt der von der KPCh beherrschten Gebiete, nach Yanan, machen. Doch dauert es nicht lange, bis A. auch hier wieder die Erfahrung der Ausgrenzung machen muss: Während der Ausrichtungsbewegung wird er kritisiert; Anlass ist ein Essay, in dem er sich kritisch über die Verhältnisse in Yanan äußert. Im Gegensatz zu der ebenfalls in Yanan gehaltenen Rede Mao Zedongs »Über Literatur und Kunst« setzt sich A. ganz im Sinne der Juli-Poeten für die Subjektivität als Ursprung der Poesie sowie für die Unabhängigkeit der Kunst ein und fordert, dass diese auch ohne den Beweis ihrer unmittelbaren Nützlichkeit über ein Existenzrecht verfügen müsse. Nach erfolgter Selbstkritik wird er reintegriert, schreibt nun aber nicht mehr so deutlich von subjektivem Empfinden getrieben, wie dies vor 1942 der Fall war.

Wie viele seiner Kollegen erhält auch A. nach der Machtübernahme durch die Kommunistische Partei ehrenvolle Ämter und darf im Ausland für die junge Volksrepublik werben. Doch schon 1957 trifft es ihn erneut: Wenn auch vorsichtiger geworden, beteiligt sich doch an der von Mao ausgerufenen Hundert-Blumen-Kampagne; in der sich anschließenden »Kampagne gegen die Rechten« wird er verurteilt und nach Xinjiang verbannt, wo er 18 Monate lang Schwerstarbeit leisten muss. In der rauhen nördlichen Region bleibt A. bis 1975, als man ihm, der inzwischen an einer Augenkrankheit leidet, die Rückkehr nach Peking gestattet. Nach seiner Rehabilitierung 1979 erlebt er eine Phase in seinem Schaffen, die ihm sehr viel Anerkennung bringt. Er schreibt eine große Zahl symbolistischer Kurzgedichte, die von seinen Lesern und Hörern enthusiastisch aufgenommen werden. In »Yuhuashi« (1980; Das Fossil) thematisiert er das Schicksal der Intellektuellen seiner Generation, die mit ihrem Enthusiasmus für das Neue von der Revolution missbraucht wurden. Nach über 20 Jahren »rehabilitiert«, sind sie zu Fossilen geworden. A. wendet sich an sie in der Hoffnung, dass sie noch einmal ihre Stimme erheben. In »Jingzi« (1980; Der Spiegel) besingt er die Massen, die jeden Mangel an Redlichkeit und Aufrichtigkeit angeblich sofort entdecken, weshalb der Schriftsteller vor den Spiegel treten und sein Talent vor den Massen auf die Probe stellen muss – A. schreibt für ein intellektuelles Publikum und verwechselt deren Zuspruch mit dem der Massen. Eine weitere Auseinandersetzung bleibt ihm nicht erspart: Diesmal geht es um einen Generationskonflikt unter den Lyrikern. Die jüngere Generation versucht, sich mit einer neuen Art von Gedichten, den »düsteren Gedichten« (*menglongshi*) zu profilieren, die sich weder an die Vorgaben Maos halten noch A.s Grundprinzip der Verständlichkeit aufnehmen. Sie verstecken sich bewusst hinter Mehrdeutigkeiten und grenzen sich vom Propagandaauftrag der Lyrik ab. So sehr sie A. als Lehrer respektieren, so sehr müssen sie sich von ihm absetzen, um der seit Beginn des 20. Jahrhunderts vom Politischen verbrauchten Lyrik neue Kraft und Glaubwürdigkeit zu verleihen. In aller Deutlichkeit attestieren sie A., zu viele schlechte Gedichte geschrieben und seinen Anspruch auf Individualität und Subjektivität nie eingelöst zu haben. A. reagiert voller Wut, wirft seinen Kritikern vor, unverständliche Gedichte zu schreiben und damit das Erbe der »neuen Poesie« zu zerstören. Nur wenn die Massen ein Gedicht verstehen könnten, sei es ein gutes Gedicht – bei dieser schon früh geäußerten Grundauffassung blieb A. bis zuletzt. In den Augen seiner jungen Kritiker tat er damit genau das, wovor er in »Yuhuashi« gewarnt hatte: Er war versteinert, zur Erneuerung unfähig und auf eine traurige Art kleinlich geworden.

Werkausgabe: Auf der Waage der Zeit. Gedichte. Berlin, DDR 1988.

Susanne Weigelin-Schwiedrzik

Aichinger, Ilse
Geb. 1. 11. 1921 in Wien

Ein »zartes, vielgeliebtes Wunderkind« war – so erinnert sich der Kritiker Joachim Kaiser noch 1980 – A. für die Mitglieder der legendären Gruppe 47, als sie (ab 1951) an deren Tagungen teilzunehmen begann und 1952 für die *Spiegelgeschichte* ihren Preis erhielt. Einer aus der Gruppe, der Lyriker und Hörspielautor Günter Eich, wurde A.s Mann. Von ihm, sagt sie nach seinem Tod, habe sie ein Engagement gelernt, das über das politische hinausging, »ein Engagement gegen das ganze Dasein überhaupt«. »Ich lasse mir die Welt nicht bieten«, hat sie ein andermal gesagt und ihren Widerstand gegen politische Systeme, Macht und Machtträger (»die Gekaderten«) immer schon verstanden »nur als Teil eines größeren Widerstandes, dem die Natur nicht natürlich erscheint, für den es den Satz ›weil es so ist‹ nicht gibt«. Der so umfassend und grundsätzlich definierte Widerstand (A.s »biologische Revolte, Anarchie«) schließt ein Schreiben aus, das von einer vorgegebenen Welt und Wirklichkeit ausgeht und einem Programm oder einer Ideologie verpflichtet ist. Und zu keiner Zeit kommt für A. eines in Frage, das nicht den Widerstand in Sprache umsetzt und in ihr aufzeigt: »Sie ist, wenn sie da ist, das Engagement selbst«.

»Ich gebrauche jetzt die besseren Wörter nicht mehr«, beginnt die Titelerzählung des Bandes *Schlechte Wörter* (1976), die eine grimmig-melancholische Demonstration der poetischen Autonomie, ein Plädoyer für die definierende Sprache ist (»Definieren« grenzt an

»Unterhöhlen«), für eine, die den »ausreichenden Devisen« und allen Konventionen apodiktisch entrissen wird. A. hat mehrere poetologische Texte geschrieben. Einer davon, *Meine Sprache und ich* (1978), hat den Titel abgegeben für die Taschenbuchausgabe der gesammelten Erzählungen, 1978; darin findet sich auch *Der Querbalken*, von Wolfgang Hildesheimer als Schlüsseltext der Literatur der Moderne interpretiert. Diese Texte berichten alle erzählerisch, keineswegs theoretisierend, vom schwierigen Umgang mit der Sprache und mit der Welt, die sich in ihr spiegelt.

Ihr erstes Buch, den Roman *Die größere Hoffnung* (1948), begann A. zu schreiben, um darüber zu berichten, »wie es war«. Sie hatte die Jahre des Kriegs und der Naziherrschaft in Wien verlebt und musste als Halbjüdin (vor allem aber ihre jüdische Mutter) ständig mit der Deportation rechnen. Diese dokumentarische, historische, autobiographische Realität wird verwandelt in eine poetische. Einmal dadurch, dass A. weder den Schauplatz noch die Verfolger und die Opfer benennt. Vor allem aber durch eine kühne, expressive Bildersprache, die nicht nur mit

der damals zur Wahrheitsfindung für unverzichtbar gehaltenen »Kahlschlag«-Sprache nichts gemein hat, sondern auch innerhalb von A.s übrigem Werk einzig dasteht. Die Verwandlung überhöht oder schließt den realen Schrecken keineswegs aus, aber sie konfrontiert ihn radikal mit einer durch ihn nicht einzuholenden poetischen Gegenwelt. In dieser Gegenwelt lebt eine Gruppe verfolgter Kinder und Halbwüchsiger spielerisch und – buchstäblich! - spielend den Widerstand und die Verweigerung: Im Kapitel »Das große Spiel« führen sie ein Theaterstück auf; sie spielen es so intensiv, dass ein »Häscher« von der »Geheimen Polizei«, der die Kinder abholen soll, seinen Auftrag vergisst und sich in das Spiel einbeziehen lässt. Die fünfzehnjährige Ellen, die sich der Gruppe angeschlossen hat, obwohl sie »zwei falsche Großeltern zu wenig« habe, kommt dabei zu der Erkenntnis, dass die »große Hoffnung« – auf ein Ausreisevisum nämlich – zu wenig ist. »Nur wer sich selbst das Visum gibt ..., (wird) frei«. Die »größere Hoffnung« aber richtet sie – während sie von einer explodierenden Granate zerrissen wird – auf eine neue Welt des Friedens und der Menschlichkeit.

A.s einziger Roman, obwohl früh in seiner Bedeutung erkannt (»die einzige Antwort von Rang, die unsere Literatur der jüngsten Vergangenheit gegeben hat« – Walter Jens), sei trotzdem bis heute »ein Buch, das geduldig auf uns wartet«, meint Peter Härtling; der Erfolg von A.s frühen Erzählungen habe einer breiten Publikumsresonanz im Wege gestanden. Von Rezeption und Umfang her bilden die Erzählungen tatsächlich das Zentrum ihres Werks. Und manche davon sind Lesebuchklassiker geworden; von den früheren neben der *Spiegelgeschichte* vor allem *Der Gefesselte*, *Die geöffnete Order*, *Das Fenstertheater*, von den späteren *Mein grüner Esel*, *Wo ich wohne* oder *Mein Vater aus Stroh*. Hingegen sind A.s Hörspiele (vier davon gesammelt im Band *Auckland*, 1969) und die Dialoge und Szenen (*Zu keiner Stunde*, 1980) kaum zur Kenntnis genommen worden; in diesen Textgattungen ist A.s Poetik des Schweigens (»Vielleicht schreibe ich, weil ich keine bessere Möglichkeit zu schweigen sehe«), der Leerräume und der ständigen Verlegung der Grenzen der Realität von Zeit und Raum besonders weit getrieben.

In A.s literarischer Entwicklung seit *Die größere Hoffnung* ist eine sprachliche und gedankliche Radikalisierung zwar unverkennbar, aber sie lässt zu keiner Zeit Teile ihres früheren Werks überholt erscheinen. Zu Recht verrät in dem 1978 erschienenen Gedichtband *Verschenkter Rat* keine chronologische Anordnung die bis zu fünfundzwanzig Jahre auseinanderliegende Entstehungszeit der Gedichte. Der andere, der nicht durch Überlieferung und Übereinkunft verstellte Blick auf die Realität ist für die frühe wie die späte Lyrik kennzeichnend. *Nachruf* ist aus diesem freien Blick heraus entstanden. Die Raum- und Zeitlosigkeit, in der die vier lakonischen Imperative gesprochen sind, vermag eine von allen Seiten (religiös, historisch, sozial und politisch) abgesicherte Weltordnung auf den Kopf zu stellen und zu zertrümmern: »Gib mir den Mantel, Martin, / aber geh erst vom Sattel / und laß dein Schwert, wo es ist, / gib mir den ganzen«. Und der Prosatext *Schnee* (aus *Kleist, Moos, Fasane,* 1987) lässt in seinen letzten Zeilen und mittels eines verbindlichen Irrealis' die ganze Schöpfungsgeschichte neu (und humaner) beginnen: »Wenn es zur Zeit der Sintflut geschneit und nicht geregnet hätte, hätte Noah seine selbstsüchtige Arche nichts geholfen. Und das ist nur ein Beispiel«. *Kleist, Moos, Fasane* enthält Texte aus vier Jahrzehnten. An ihnen, vor allem aber an der zu A.s siebzigstem Geburtstag 1991 erschienenen (mustergültig edierten) Taschenbuch-Ausgabe der *Werke* in acht Bänden ist es nochmals zu überprüfen, wie die zu einer Klassikerin der deutschen Gegenwartsliteratur gewordene Autorin zugleich immer eine Avantgardistin geblieben ist, für die die Zeitlosigkeit, in der ihr Schreiben angesiedelt sein will, jedenfalls nicht die geringste Gemeinsamkeit aufweist mit Zeitferne.

Darum war es zwar eine Überraschung, hat aber durchaus seine Logik, dass A. Jahre später als Kolumnistin für die Wiener Tageszeitung *Der Standard* tätig wurde. Seit Oktober 2000 erscheint von ihr jeden Freitag eine Kolumne: eine erste Serie unter dem Titel *Journal des Verschwindens,* die anschließenden Folgen mit den Titeln *Unglaubwürdige Reisen* und *Schattenspiele.* – Die Kolumnen des ersten halben Jahres bilden den Schwerpunkt des Bandes *Film und Verhängnis. Blitzlichter auf ein Leben* (2001). Zusammen mit anderen, weniger an die cineastische Aktualität gebundenen Gelegenheitsarbeiten (im ersten Teil des neuen Buches) offenbaren die Film-Kolumnen eine Autorin mit dem genauen Bewusstsein dafür, dass sie für ein anderes Medium arbeitet und sich nicht ausschließlich an ihre bisherigen Leser wendet, sondern beispielsweise auch an solche, die wie sie selber passionierte und kenntnisreiche Kinogänger sind. Wie A. die Gratwanderung zwischen einer neuen Zugänglichkeit und der unverwechselbar A.schen sprachlichen und gedanklichen Radikalität meistert, das ist in den einzelnen Texten des Bandes *Film und Verhängnis* ebenso wie in den seither wöchentlich publizierten Kolumnen jedesmal von neuem staunens- und bewundernswert.

Werkausgaben: Kurzschlüsse (Prosa). Wien 2001 (mit CD); Werke. Taschenbuchausgabe in acht Bänden. Hg. von Richard Reichensperger. Frankfurt a. M. 1991.

Heinz F. Schafroth

Aidoo, Ama Ata
Geb. 23. 3. 1940 in Abeadzi Kyiakor, Ghana

Ama Ata Aidoo, die sich in ihren Werken mündlicher Traditionen sowie gelegentlicher Einsprengsel aus dem Fanti bedient, war 1982/83 Ghanas Bildungsministerin und hat in Ghana, Simbabwe und den USA gelebt und gelehrt. A. ist eine international geschätzte Vortragsrednerin, Essayistin und Interviewpartnerin. Ihre belletristischen Arbeiten umfassen Theaterstücke, Kurzgeschichtensammlungen für Kinder und Erwachsene, Gedichtbände und Romane. A.s Vielseitigkeit spiegelt sich nicht nur in den verschiedenen Genres, sondern auch in den Themen wider, die sie in ihren Werken verarbeitet. A.s Texte geben der feministischen Tradition Afrikas Ausdruck, die sich weder gegen Männer richtet noch ausschließlich mit Frauen befasst, sondern immer die Gesamtsituation beider Geschlechter und die Auswirkungen jeglicher Diskriminierung im privaten wie politischen Bereich im Auge behält. So erfährt das Mädchen Adjoa in der Geschichte »The Girl Who Can« (in *The Girl Who Can and Other Stories,* 1997), das nicht dem geltenden Schönheitsideal entspricht, aber mit seinen sportlichen Leistungen Großmutter und Mutter beeindruckt, eine Ermutigung, sich nicht festlegen zu lassen, und lernt, die autochthonen Geschlechterrollenzwänge zu hinterfragen. Die Auseinandersetzung mit der Kolonialgeschichte Afrikas, der Beziehung

Ghanas zur britischen Kolonialmacht, den internen prä-, post- und neokolonialen Verhältnissen des Kontinents sowie der Beziehung zwischen AfrikanerInnen und AmerikanerInnen afrikanischer Herkunft wird kritisch beleuchtet. Auch afrikanischer Nationalismus und der damit manchmal zusammenhängende männliche Chauvinismus, die Problematik der Diaspora sowie die westafrikanische Eingebundenheit in verschiedene Religionen und Traditionen werden behandelt. Mit ihrem Roman *Changes: A Love Story* (1991; irreführend übersetzt als *Die Zweitfrau. Eine Liebesgeschichte*, 1998) rückt sie Veränderungen im Leben der Protagonistin Esi und eine im Übergang befindliche Gesellschaft ins Blickfeld, die das (Innen-)Leben von Frauen und Männern beeinflusst, und präsentiert eine Liebesgeschichte, die auch als Liebeserklärung an ihr Land verstanden werden kann. Dies ist insofern der Fall, als die Geschichte weit über den Horizont von Esi und Ali und anderen Paaren hinausweist und deren Umgang mit Gefühlen, den Mitmenschen und der Umwelt sowie den stereotypen LeserInnenerwartungen vom afrikanischen Chauvinisten und von der unterdrückten Afrikanerin ein lebendiges, sensibles Bild entgegensetzt, das die komplizierten Liebesbeziehungen der Hauptpersonen in einen gesellschaftlichen Rahmen setzt.

Pia Thielmann

Aischylos
Geb. 525/24 v. Chr. in Athen;
gest. 456/55 in Gela/Sizilien

Geboren noch zur Zeit der Tyrannenherrschaft, aus dem alten Adelsgeschlecht der Eupatriden stammend, erlebte Aischylos die wichtigsten Ereignisse der athenischen Geschichte des 6. und 5. Jh. v. Chr.: die Reformen des Kleisthenes, die Athen zur Demokratie machten (511/10), die Abwehr der Perser bei Marathon (490), Salamis und Plataiai (480), schließlich im Alter die Reformen des Ephialtes, die den einflussreichen Adelsrat, den Areopag, entmachteten und Athen zur radikalen Demokratie werden ließen (462). A. war ein äußerst erfolgreicher Bühnenautor und stand schon zu Lebzeiten – auch außerhalb Athens – in höchstem Ansehen. Nach seinem Debüt als Dramatiker im Jahre 499 errang er seinen ersten Sieg 484 und belegte danach zwölfmal den ersten Platz im Wettkampf der Tragiker (*agón*). 468 unterlag er – wohl eine Sensation im Theaterleben der Stadt Athen – dem jungen Sophokles, der in diesem Jahr zum ersten Mal am Agon teilnahm. Auf Einladung des Tyrannen Hieron inszenierte er nach 472 in Syrakus die *Perser* und verfasste im Auftrage Hierons ein Festspiel für die im Jahre 476/75 von dem Tyrannen am Fuß des Ätna gegründete Stadt Aitnai, die *Aitnaiai* (*Die Frauen von Aitnai*). Bei einem weiteren Aufenthalt in Sizilien starb A. 456/55 in Gela.

Die in der Antike A. zugeschriebene Zahl von Stücken schwankt zwischen 70 und 90. Erhalten sind sieben Tragödien: die *Perser* (472), die *Sieben gegen Theben* (467), die *Orestie* (458), die einzige erhaltene Trilogie, bestehend aus den Tragödien *Agamemnon*, *Choephoren* (*Weihgußträgerinnen*) und *Eumeniden* (*Die wohlmeinenden Göttinnen*), die *Hiketiden* (vermutlich 463; *Schutzflehenden*) und der wohl nicht von A. stammende *Gefesselte Prometheus*, der aufgrund von stilistischen und dramaturgischen Besonderheiten und inhaltlichen Anspielungen – jedenfalls in der vorliegenden Form – wohl erst aus dem letzten Viertel des 5. Jh.s stammt.

In der Antike wurden A. eine Vielzahl wichtiger Neuerungen in der Gattung Tragödie zugeschrieben: Nach Aristoteles (*Poetik* c. 4, 1449a 15) soll er den zweiten Schauspieler eingeführt haben. Er scheint also aus einem statischen Wechselgespräch oder Wechselgesang zwischen einem Schauspieler und dem Chor erst ein tatsächliches *dráma* im Wortsinn, also Handlung, gemacht zu haben. Als Folge dieser Dramatisierung hat er die Chorpartien reduziert und die gesprochenen Partien zum wichtigsten Bestandteil seiner Stücke gemacht. In der Ausstattung der Bühne und der Schauspieler scheint er große Effekte geliebt zu haben. Seine Inszenierungen hinterließen in Athen bleibenden Eindruck. So ist überliefert, dass das Erscheinen der Furien zu Beginn der *Eumeniden* im Publikum eine ungeheuere Panik verursacht habe. Die besondere Mühe, die sich A. mit den Inszenierungen seiner Stücke als sein eigener Regisseur (*chorodidáskalos*) gegeben hat, spiegelt auch die Nachricht wider, dass er verschiedene Tanzfiguren erfunden und sie mit dem Chor einstudiert habe. In der sprachlichen Gestaltung bevorzugte A. kühne Metaphern und gewagte Wortneubildungen. Die Dunkelheit, die einer derartigen sprachlichen Form anhaftet, aber auch die tragische Größe und das tragische Pathos, die sie ausstrahlt, wurde schon von den Zeitgenossen erkannt – man denke nur an die literaturkritische Komödie *Die Frösche* des Aristophanes (405), in der A. für die erhabene Dunkelheit seiner Sprache verspottet wird. Schließlich kann A. als der Schöpfer der inhaltlich geschlossenen Tetralogie gelten (vier in engem inhaltlichem Zusammenhang stehende Stücke, drei Tragödien und ein Satyrspiel) – einer Kompositionsform, die es ihm ermöglichte, das Schicksal von Generationen in einem übergreifenden, größeren Zusammenhang nachzuvollziehen. Von den in der Antike hochgerühmten Satyrspielen des A. lässt sich auf der Basis der Papyrusfunde und Fragmente leider nur ein grober Eindruck gewinnen.

Nach seinem Tod wurde seinen Stücken als große und im 5. Jh. v. Chr. einmalige Ehre das Privileg der Wiederaufführung eingeräumt. Dies brachte es mit sich, dass A. im Gegensatz zu den anderen Tragikern des 5. Jh.s ständig auf der Bühne präsent war – sowohl für das Publikum als auch für die nachfolgenden Tragikergenerationen, die sich immer an ihrem großen Vorgänger messen lassen mussten. Für die Athener des ausgehenden 5. Jh.s, 50 Jahre nach seinem Tod, war A. der Dichter der glanzvollen Vergangenheit, der Zeit der großen Siege Athens gegen die persische Übermacht. Die hohe Wertschätzung, die A. nach seinem Tod genoss, wird vor allem in der Zeit der Krise der attischen Demokratie – kurz vor der Niederlage gegen die Spartaner und dem Zusammenbruch der athenischen Vormachtstellung (404) – in der 405 aufgeführten Komödie *Die Frösche* des Aristophanes deutlich: Da nach dem Tod des Sophokles und Euripides die tragische Bühne Athens verwaist ist, steigt Dionysos, der Gott des Theaters, persönlich in die Unterwelt und holt A. zurück nach Athen – nicht aufgrund ästhetischer Kriterien, sondern wegen seines politischen Sachverstandes, dessen Athen in der Zeit höchster Gefahr besonders bedürfe (Vv. 1500–4). A. war zum Symbol für eine Zeit geworden, in der die junge Demokratie sich durch den Konsens zwischen den politischen Kräften gegen den persischen Angriff siegreich verteidigt hatte. Diese harmonisierende Tendenz lässt sich besonders deutlich in den *Eumeniden* zeigen. Indem A. die Stadtgöttin Athena den Areopag einsetzen und ihm genau jenen Aufgabenbereich zuweisen lässt, der ihm nach den radikaldemokratischen Reformen des Ephialtes noch geblieben war, nämlich die Blutgerichtsbarkeit, verlagert er eine aktuelle, umstrittene politische Entscheidung in eine mythische Vergangenheit und entzieht sie dadurch dem Disput der Gegenwart. Gleichzeitig verleiht er dem entmachteten Adel als Kompensation des verlorenen Einflusses eine aus dem politischen Alltagsgeschäft herausragende Ehrenstellung. In beschwörendem Ton klingt der Wunsch nach Eintracht im Innern der Stadt in dem Chorlied 976 ff. an: »Nie durchbrause Bürgerkrieg, den kein Leid sättigen kann, diese Stadt; das ist mein Wunsch!«

Kontrapunktisch durchzieht die Stücke des A. die theologische Deutung menschlichen Lebens, Handelns und Leidens. Zwar stehen die Menschen unter einem äußeren Zwang, zumeist dem Fluch, der auf ihrem Geschlecht lastet. Aber trotzdem laden sie mit jeder Handlung, zu der sie sich aus freien Stücken entscheiden, selbst neue Schuld auf sich (*Agamemnon* 1564: »Wer handelt, muss auch leiden.«). Die Verkettung von Schuld, menschlicher Anmaßung (*hýbris*) und Verblendung (*átē*) mit

Sühne und Leid (*páthos*) findet eine sinnvolle Erklärung in der Theodizee, in der das Leid des Menschen als eine harte Erziehung zur vernünftigen Einsicht und Selbstbescheidung (*sōphrosýnē*) gedeutet wird (*Agamemnon* 176 ff.).

Bereits in dem frühesten erhaltenen Stück, den *Persern*, ist diese Weltsicht voll ausgeprägt: Wie schon vor ihm der Tragiker Phrynichos in den *Phönizierinnen* (476) bringt A. die Geschichte der jüngsten Vergangenheit auf die Bühne: die Niederlage der Perser bei Salamis, die er aus der Sicht der Unterlegenen darstellt. Er macht Zeitgeschichte zum Mythos, stellt also die Ereignisse der Gegenwart auf eine Stufe mit der mythischen Vergangenheit und adelt sie damit. Zentrale Szene der Tragödie ist die Totenbeschwörung und Erscheinung (Epiphanie) des Königs Dareios, des Vaters des unglücklichen Xerxes (Vv. 598ff.), der aus unangreifbarer Warte – gleichsam als Gott – eine theologische Deutung der Niederlage des persischen Heeres gibt: Zwar weist auch er wie zuvor der Bote (V. 354), seine Frau Atossa (Vv. 472–724) und der Chor (V. 515) einem unheilvollen Daimon eine gewisse Schuld an der Katastrophe zu (Vv. 739ff.). Letztlich verantwortlich ist jedoch allein sein Sohn und Nachfolger Xerxes. Er hat die den Persern von Gott gesetzten Grenzen, nur zu Lande Macht auszuüben, nicht beachtet, sondern sich angemaßt, Persien auch zur Seemacht zu machen. Dareios fasst seine Erklärung des Unglücks in der Maxime zusammen, die für das gesamte Werk des A. Gültigkeit besitzt (V. 742): »Denn ist ein Mensch selbst zu eifrig, packt ein Gott mit an und trägt zu seinem Fall mit bei.« Auch in den *Sieben gegen Theben,* dem Schlussstück der thebanischen Trilogie, in der A. das Schicksal des thebanischen Herrscherhauses von Laios über Oidipus bis zu den Oidipus-Söhnen Eteokles und Polyneikes über drei Generationen hinweg verfolgt, wird diese Konzeption im Verhalten des Eteokles deutlich: Zwar stehen die Brüder unter dem Fluch ihres Vaters Oidipus (Vv. 739ff.) und dem Verhängnis, das auf ihrem Geschlecht, den Labdakiden, lastet. Trotzdem laden sie neue Schuld auf sich: Polyneikes, indem er mit bewaffneter Macht gegen seine Heimatstadt zieht, Eteokles, indem er sich aus freien Stücken seinem Bruder am siebten Tor entgegenstellt und damit den Bruderkampf unumgänglich macht. Wie in den *Persern* füllt auch in den *Schutzflehenden* die für die Interpretation der Tragödie entscheidende Passage den Mittelteil (Vv. 234–525): Die Töchter des Danaos suchen auf der Flucht vor ihren Vettern, den Aigyptos-Söhnen, die sie gegen ihren Willen zur Ehe zwingen wollen, in Argos Asyl. Da die Danaiden im Falle einer Ablehnung ihres Gesuches mit Selbstmord drohen, sieht sich der argivische König Pelasgos einer ›tragischen‹ Entscheidung ausgesetzt (Vv. 379f., 407–417). Wie er sich auch entscheidet, wird er Leid verursachen und Schuld auf sich laden. Wenn er die Danaos-Töchter aufnimmt, bringt er Krieg über Argos, weist er sie dagegen ab, verletzt er die religiösen Pflichten und lädt zudem Blutschuld auf sich und die Stadt, da sich die Mädchen an dem Altar, an dem sie Zuflucht gesucht haben, umzubringen drohen. Der religiösen Pflicht gehorchend, nimmt er sie in Argos auf, wohl wissend, dass dies zu Krieg und Tod führen wird.

Besonders eindrucksvoll ist das Zusammenspiel von Dramaturgie und Theologie in der *Orestie*, in der A. das Schicksal von zwei Generationen des argivischen Herrscherhauses, der Atriden, verfolgt. Durch die ständige Bezugnahme auf das Schicksal, das auf der Familie des Agamemnon lastet, ist stets auch die Vergangenheit präsent: Bereits der Stammvater Tantalos, dessen Sohn Pelops, schließlich Atreus und Thyestes in der dritten Generation hatten schwere Schuld auf sich geladen, die immer neue Schuld hervorbringen sollte. Atreus' Sohn Agamemnon opfert, dem Spruch des Sehers Kalchas, aber – wie Eteokles in den *Sieben* – auch seinem eigenen Impuls gehorchend (*Agamemnon* 206ff.), seine Tochter Iphigenie in Aulis der Göttin Artemis, um der nach Troja auslaufenden griechischen Flotte günstigen Fahrtwind zu erwirken. Die Tat wird nach zehn Jahren gesühnt: Der siegreiche Feldherr wird zusammen mit der Seherin Kassandra, seinem Anteil an der trojanischen Kriegsbeute, von seiner Frau Klytaimestra und ihrem Geliebten, Aigisth, als Rache für den Tod der Tochter im Bad erschlagen (*Agamemnon* 1343/45). Zwar weigert sich Agamemnon zunächst, den purpurroten Teppich, den Klytaimestra zu Ehren des siegreichen Feldherrn ausgebreitet hat, zu betreten; doch er unterliegt schließlich ihren schmeichelnden Worten und geht auf dem blutroten Teppich in den Palast. Das Requisit wird zum szenischen Symbol des nahen Todes und gleichzeitig zum Zeichen der Überhebung (*hýbris*) Agamemnons, der blind gegen seine eigene, kurz zuvor geäußerte Überzeugung verstößt, auch im Triumph Bescheidenheit walten zu lassen. Zu Agamemnons Blindheit bildet Kassandras Hellsichtigkeit den wirkungsvollen Gegensatz. Dreimal wird sie von Klytaimestra aufgefordert, in den Palast zu kommen, dreimal verharrt sie stumm (Vv. 1035 ff.). Erst danach bricht es aus der Seherin heraus, und in einer Vision – einem vorweggenommenen Botenbericht – sieht sie Agamemnons und ihren eigenen Tod voraus. Gleichzeitig öffnet sie den Blick auf den größeren Zusammenhang, in dem Klytaimestras Mordtat zu sehen ist: den Fluch, der auf dem Atridengeschlecht lastet und durch Freveltaten immer neues Unheil zeugen wird. So wird Klytaimestra – zusammen mit Aigisth – als Sühne für die Ermordung des Gatten von ihrem eigenen Sohn Orest im Auftrag des Gottes Apollon getötet (*Choephoren*). Erst das Schlussstück der Trilogie (*Eumeniden*) bringt die stete Abfolge von Tat und Sühne zu einem Ende. Der von den Erynnien gepeinigte Orest begibt sich auf Rat Apollons nach Athen, wo er von einem eigens dafür eingesetzten Gerichtshof, dem Areopag, freigesprochen wird; die entscheidende, erst Gleichheit herstellende Stimme kommt von der Stadtgöttin Athena (Vv. 711ff.). An die Stelle der Blutrache tritt also eine von den Göttern eingesetzte Gerichtsbarkeit. Allerdings wird Orest nur nach göttlichem Maßstab entsühnt. Nach menschlichem Recht kann für die Ermordung der Mutter kein Freispruch erfolgen.

Die Wertschätzung des A. im 5. Jh. v. Chr. änderte sich grundlegend im 4. Jh., als Euripides der Tragiker *par excellence* wurde und als solcher bis ins 17. Jh. Geltung hatte. Eine produktive Auseinandersetzung der Dramatiker mit A. setzte erst wieder im 19. Jh. ein. Die Form der Trilogie bzw. Tetralogie wurde als dramaturgische Herausforderung erkannt: Charles Leconte des Lisles *Les Erinnyes* (1837) und Alexandre Dumas' *Orestie* (1865) sind erste Versuche, die Atriden-Trilogie insgesamt zu dramatisieren. Zu Beginn des 20. Jh.s fand A. im Zusammenhang mit einer antinaturalistischen Grundstimmung, der Bewunderung eines ›großen Theaters‹ und der Idee des Gesamtkunstwerks, der Verbindung von Wort, Gesang, Musik, Tanz und Bühnenausstattung im Sinne Richard Wagners, seinen Weg zurück auf die Bühne. Wagnerianisch war zum Beispiel die Aufführung des *Agamemnon* im Jahre 1914 in Siracusa in der Übersetzung und unter der Regie von Ettore Romagnoli. Eugene O'Neills *Mourning Becomes Electra* (Uraufführung New York 1931) verweist schon im Untertitel (*A Trilogy*) auf A. als Vorbild: Der Geschlechterfluch, der bei A. auf den Atriden lastet, wird von O'Neill psychologisch umgedeutet. Im Gegensatz zu A. fehlen die Elemente des *páthei máthos* (›durch Leiden lernen‹), der Gnade (*cháris*) und Einsicht (*sōphrosýnē*), so dass eine Entsühnung der Schuldigen wie in den *Eumeniden* des A. nicht möglich ist. Der Einfluss von A.' Dramaturgie auf O'Neill ist in der symbolischen Deutung des Bühnenraums unübersehbar: Das Herrenhaus mit seinen vernagelten Fenstern wird zum szenischen Symbol für Lavinias Gefangenschaft in sich selbst und ihren Erinnerungen, wie der Palast der Atriden in der *Orestie* den Ort der Greueltaten und den auf dem Hause lastenden Fluch dem Zuschauer ständig vor Augen führt. Eine Auseinandersetzung mit der Theologie und Theodizee des A. nimmt auch Gerhart Hauptmann in seiner *Atriden-Tetralogie* vor (1941–1948). Der Mensch ist ein ohnmächtiges Werkzeug in der Hand einer allmächtigen Gottheit. Wie bei O'Neill fehlt jedoch auch bei Hauptmann das Element des Lernens, der Einsicht und der Gnade. In den letzten Jahrzehnten scheint – gerade was seine Bühnenpräsenz angeht – wieder ein größeres Interesse an A. erwacht zu sein. Vor allem die *Orestie* war – oft als theatralisches Experiment – häufig im Theater zu sehen (Siracusa 1960, in der Übersetzung von Pier Paolo Pasolini und unter der Regie von Vittore Gassmann; Berlin, Schaubühne 1980, in der Inszenierung von Peter Stein; London, Olivier Theater 1981, in der Inszenierung von Peter Hall). Gerade die Dramatisierung der Verkettung von Schuld und Sühne und die Darstellung der Folgen der verblendeten Überhebung des Menschen, die – wenn auch Generationen später – ihre Vergeltung nach sich zieht, gewinnen vor dem Hintergrund der Probleme des ausgehenden 20. und des beginnenden 21. Jahrhunderts eine aktuelle Geltung.

Ausgabe: Tragödien. Hg. B. Zimmermann. Zürich/Düsseldorf ⁵1996 [gr.-dt.].

Bernhard Zimmermann

Aizpuriete, Amanda
Geb. 28. 3. 1956 in Jūrmala/Lettland

Amanda Aizpuriete gehört zu der Generation lettischer Lyriker, die zwar von frühester Jugend an dem Einfluss kommunistischer Ideologie ausgesetzt war, sich aber schon bei ihren Debüts weltanschaulich emanzipiert zeigte. Bis 1974 besuchte A. die Schule, von 1974 bis 1979 studierte sie in Rīga zunächst Philologie, dann Geschichte und Philosophie. Von 1980 bis 1984 besuchte sie die Nachdichtungsklasse am Gorkij-Literaturinstitut in Moskau. Als ausgebildete künstlerische Übersetzerin hat sie zahlreiche Werke aus dem Deutschen und Russischen ins Lettische übertragen. A. selbst bezeichnet das Übersetzen als ihren »Brotberuf«, wozu wohl auch die verschiedenen Tätigkeiten zu zählen sind, die sie nach 1988 ausübte (u. a. bei der Zeitung *Avots*). Seit 1999 ist A. Kulturredakteurin bei der Zeitschrift des Umweltschutzvereins, *Vides Vēstis*, und arbeitet v.a. als freie Schriftstellerin und Übersetzerin – der Beruf hat wieder Chancen, nachdem lettischsprachige Literatur nach der z. T. erheblichen Verringerung der Auflagenzahlen zwischen 1991 und 1998 als Folge des neueingeführten freien Marktes inzwischen von verschiedenen Kulturfonds massiv gefördert wird.

Erste Gedichte A.s erschienen vereinzelt seit 1976. 1980 debütierte sie mit der Sammlung *Nāks dārzā māte* (Es wird die Mutter in den Garten kommen). Bis zur Jahrtausendwende erschienen dann die Gedichtbände *Kāpu iela* (1986; Dünenstraße), *Nākamais autobuss* (1990; Der nächste Bus), *Pēdējā vasara* (1995; Der letzte Sommer) und *Bābeles nomalē* (1999; Am Stadtrand von Babel), mit denen A. sich über Lettland hinaus einen Namen machte. Die Gedichte zeichnen sich dadurch aus, dass ihr Bezug zur sichtbaren Welt oft verborgen ist. Der Fokus liegt auf der ›Darstellung‹ irritierender und oft dunkler, frustrierender Erfahrungen. Die Gedichte sind auf den ersten Blick unprätentiös und einfach, doch mitunter sind Wörter und Bilder unvereinbar – der Leser muss die paradoxen Elemente zusammenbringen und sich von der Magie einer phantastischen Textwirklichkeit faszinieren lassen. Sie stammt »aus Tiefen jenseits des Bewußtseins […] und führt zu Erkenntnissen über den Menschen und die Welt, die nur dunkel erahnt werden können, weil ihre Relationen sich jeder rationalen Deutung entziehen« (Friedrich Scholz). Über *Bābeles nomalē* sagt A. in einem Interview: »Es ist auf jeden Fall die Großstadt, wo Leute einander nicht mehr verstehen können. Nach dem Fall des Turms. In den letzten paar Jahren war ich sehr oft in verschiedenen europäischen Städten. Aber ich war noch nicht dort. Das heißt, ich war nicht heimisch in ihnen. […] Bin irgendwo dabei, aber nicht gerade dort, wo alles passiert. Ein bißchen am Rande, wie vielleicht auch in meinem Leben. Früher lebte ich ganz bestimmt in Lettland. Jetzt weiß ich nicht mehr, wo ich lebe« (*Freitag*).

Mit *Bābeles nomalē* ist wohl ein Schaffensabschnitt beendet worden. Nach 2000 erschienen in schneller Folge weitere Editionen, Übersetzungen und Nachdichtungen anderer Autoren sowie der Roman *Nakts peldētāja* (2000; Nachtschwimmerin) und die Gedichtbände *Viršu debesīs* (2003; Im Heidekrauthimmel), *Vēstuļu vējš* (2004; Briefwind) und *Krēsla tevi mīl* (2005; Die Dämmerung liebt dich). In diesen Werken führt A. ihre Dichtung nicht in der früheren Art weiter, aber die formale Gestaltung behält das bekannte Niveau.

Stephan Kessler

Ajtmatov, Čingiz
Geb. 12. 12. 1928 in Kišlar Šeker/ Kirgisien

Čingiz Ajtmatov gilt als »Grüner« und einer der philosophischsten Köpfe unter den russischen Schriftstellern. Seinen nomadischen Vorfahren verdankt er die Verbundenheit mit der Natur und den Respekt vor ihr. Nach der Verhaftung des Vaters Torekul 1937 im Zuge des Stalinterrors wurde A. mit 14 Jahren Sekretär eines Dorfsowjets. Nach dem Zweiten Weltkrieg lernte er den Beruf eines Tierhalters und studierte bis 1953 am Landwirtschaftlichen Institut in Frunse. Nach ersten journalistischen Arbeiten wurde A. 1959 Chefredakteur von *Literaturnaja Kirgizija* (Literarisches Kirgisien) und 1966 in den Obersten Sowjet der UdSSR gewählt. Als Verteidiger des 1974 ausgewiesenen Aleksandr Solženizyn war es für ihn später nur ein kleiner Schritt zum Befürworter der Perestrojka-Politik von Michail Gorbatschow, der ihn zu seinem Berater machte und 1990 als Botschafter nach Luxemburg entsandte. 1995 wurde A. kirgisischer Botschafter in Brüssel. 1977 erhielt er den Kirgisischen Staatspreis, 1991 den Friedrich-Rückert-Preis der Stadt Schweinfurt.

Als Literaturfunktionär verfasste A. zunächst linientreu-didaktische Literatur, in der das Gute gegen das noch Bessere kämpft und zerrissene Helden sich schließlich zu sowjetischen Idealen bekennen, etwa in *Licom k licu* (1958; *Aug in Auge*, 1974, 1989), der Geschichte eines Deserteurs, den seine Frau zunächst versteckt, ihn dann aber den Behörden ausliefert, als er zum Dieb wird. Das hierbei berührte Tabuthema der Desertion führte zu kontroversen Diskussionen. In der Künstlergeschichte *Džamilija* (1958; *Djamila*, 1960, *Dshamilja*, 1988), laut Louis Aragon »die schönste Liebesgeschichte der Welt«, verstößt die Titelfigur mit ihrer Entscheidung für einen von zwei Verehrern gegen die ehernen Sippenregeln für verheiratete Frauen. Später »wandelte sich der frühere Sozialist zu einem ökologisch bewussten Moralisten« (Norbert Franz): Der Roman *Placha* (1986; *Der Richtplatz*, 1987, *Die Richtstatt*, 1987) war einer der meistdiskutierten russischen Romane der Perestrojka-Zeit, auch wegen biblischer Motive, die A. unter dem Einfluss von Dostoevskij und von Michail Bulgakovs *Master i Margarita* verwendete, sowie wegen überdeutlicher Zivilisations- und Kommunismuskritik. *Placha* handelt unter anderem von einer Wölfin, deren Welpen von Menschen getötet werden, und von einem Christen, den Drogenhändler kreuzigen. Die zentrale Szene des Romans jedoch ist eine Begegnung von Pontius Pilatus mit Jesus, der den Schutz der Umwelt als Ausdruck höchster Vernunft gegen Pilatus' Philosophie der Macht verteidigt. Science-fiction-Elemente, in früheren Werken Randmotive, treten in *Tavro Kassandry* (1994; *Das Kassandramal*, 1994) in den Vordergrund: Ungeborene Kinder weigern sich angesichts der bevorstehenden Apokalypse, den Bauch der Mutter zu verlassen; zwei Männer, der »kosmische Mönch« Filofej und der Futurologe Bork, begehen aus Resignation vor den globalen Problemen Selbstmord; den neuen, gentechnisch geschaffenen Menschen wird es nicht geben. *Dialogi* (1994; *Begegnung am Fudschijama*, 1992) ist ein gedankentiefer Disput mit dem japanischen Philosophen Daisaku Ikeda.

Klaus-Peter Walter

Aksënov, Vasilij
Geb. 20. 8. 1932 in Kazan'

Vasilij Aksënov ist der Sohn von Evgenija Ginsburg, die mit *Krutoj maršrut* (1979; *Marschroute eines Lebens*, 1980) zu den Mitbegründerinnen der »Lagerliteratur« zählte. Der studierte und zeitweilig auch praktizierende Mediziner behandelte zunächst unter dem Einfluss von Jerome David Salinger in Erzählungen und Dramen im Geiste der sogenannten »Aufrichtigkeit« den Konflikt zwischen der elterlichen Kriegsgeneration und einer ideologisch meist desinteressierten Jugend, als deren literarische Stimme er galt. 1962 bis 1969 gehörte er zum Redaktionskollegium der Zeitschrift *Junost'* (Jugend). Seine Wahl oft als despektierlich empfundener Themen, seine meist unangepassten Protagonisten und die fortgesetzte Suche nach neuen Formen – Durchbrechen der Chronologie, Perspektivwechsel, Übertreibungen bis zur Groteske usw. – bescherten ihm z. T. polemische Kritiken. Sein Eintreten für den Bürgerrechtler Andrej Sacharov sowie die 1979 zusammen mit Andrej Bitov u. a. herausgegebene und im »Samizdat« (d. h. als unzensierte Abschriften) verbreitete Anthologie *Metropol* (Die Metropole) trug wesentlich zu seiner Ausbürgerung 1980 bei. Seither lebt und publiziert A. in den USA. Im Zuge der Perestrojka wurde er in der UdSSR rehabilitiert. Rief er in der Sowjetzeit als Dissident regelmäßig großes Interesse in Europa hervor, wurde er dort nach seiner Auswanderung als Autor nicht mehr wahrgenommen, wurden seine Bücher nicht mehr übersetzt.

Zatovaennaja bočkotara (1968; *Defizitposten Faßleergut*, 1975) ist ein delirierender Trip durch Russland. Ein LKW-Fahrer nimmt einige skurrile Typen wie z. B. einen Spezialisten für das afrikanische Land Hullygullien in seinem Laster mit, mit dem er eine Ladung Fässer in eine Kreisstadt transportieren soll. Als er nach unzähligen Fehlversuchen und zahlreichen Traumgesichten, an denen diese sowjetische *Roadnovel* reich ist, das Ziel erreicht, sind die Fässer unbrauchbar, sogenannte »Defizitposten«. *Ožog* (1980; *Gebrannt*, 1983), noch in der UdSSR begonnen, ist formal wie inhaltlich eine Hommage an den französischen Surrealisten Guillaume Apollinaire und an Friedrich Nietzsches apollinisches Prinzip der Ekstase. Die fünf Protagonisten sind Künstler jüdischer Herkunft und alle stigmatisiert (»gebrannt«) durch die Erfahrungen der Stalin-Ära. Ihrer Enttäuschung über die mangelnde Freiheit machen sie durch Randale und Alkoholismus Luft. Die unterhaltsame Politsatire *Ostrov Krym* (1981; *Die Insel Krim*, 1986) geht von der Fiktion aus, dass die Halbinsel Krim 1920 vom Festland getrennt wurde und so als eine Art »Taiwan Russlands« (Thomas Rothschild) eine Enklave der »Weißen« (Nichtkommunisten) mit demokratischer Verfassung bilden konnte. Die Sonderstellung wird durch eine Invasion der Roten Armee beendet. Der teilweise autobiographische Roman *Bumažnyj pejzaž* (1982; Papierlandschaft) handelt von einem Ingenieur, der aus Naivität zum Dissidenten wird und nach der Verbannung nach Sibirien in den USA landet, wo sich allerdings vor den Sowjets nicht sicher fühlt. *Skaži isjum* (1985; *Sag Rosine*, 1990 – »skaži isjum« entspricht dem »cheese« beim Fotografieren) stellt in romanhafter Form die Ereignisse um den Almanach *Metropol* nach, der hier die Gestalt eines unzensierten Fotoalbums annimmt.

Klaus-Peter Walter

Akutagawa Ryūnosuke
Geb. 1. 3. 1892 in Tōkyō;
gest. 24. 7. 1927 in Tōkyō

Akutagawa Ryūnosuke gehört zu den wenigen japanischen Schriftstellern seiner Zeit, die schon zu Lebzeiten in westliche Sprachen übersetzt wurden. Kurosawa Akiras 1951 preisgekrönter Film RASHŌMON, der das japanische Kino nach dem Zweiten Weltkrieg schlagartig international berühmt machte, basiert auf zwei Erzählungen des Autors. Auch heute noch zählt A. zu den meistübersetzten Autoren seiner Sprache, was nicht allein auf die Kürze seiner Texte zurückgeführt werden sollte, sondern durchaus als Indiz für deren universalen Reiz genommen werden darf. Berühmt ist A. vor allem wegen der Vielfalt und Vielschichtigkeit seiner literarischen Stoffe und der stilistischen Brillanz seiner historischen Erzählungen, Novellen, Humoresken, satirischen Prosaskizzen und Essays. Er schöpft aus japanischen Volkssagen ebenso wie aus der Bibel und kennt sich hervorragend in der Literatur des ostasiatischen wie des okzidentalen Raums aus.

Nach dem Abschluss des Studiums der englischen Literatur an der Kaiserlichen Universität Tōkyō wird sein erzählerisches Talent früh von seinem großen Schriftstellerkollegen Natsume Sōseki erkannt, und durch einen Vertrag mit einer großen Tageszeitung vermag er den Lebensunterhalt für sich und seine Familie zu sichern. Die satirische Erzählung *Hana* (1916; *Die Nase*, 1927), von der allein fünf verschiedene deutsche Fassungen existieren, begründet seinen Ruhm. Sie pointiert die Geschichte eines buddhistischen Priesters, der mit teils recht schmerzhaften Prozeduren versucht, seine gigantische Nase zu verkleinern. Als ihm dies schließlich gelingt, wird die Nase erst recht zum Gesprächsstoff seiner Umgebung, so dass er sich ihren ursprünglichen Zustand zurückwünscht. Oft lässt sich A. von Werken westlicher Autoren inspirieren. Die Erzählung *Yabu no naka* (1922; *Rashomon*, 1955, *Im Dickicht*, 1964 sowie drei weitere dt. Versionen) beispielsweise – mit *Rashōmon* (1915; *Rajomon*, 1932, und fünf weitere dt. Versionen) Vorlage für den Film Kurosawa Akiras – enthält Anklänge an eine Erzählung von Robert Browning. Täuschung und Selbsttäuschung und die Unmöglichkeit, ein Geschehen auf eine einzige wahre Version festzulegen, sind häufige Themen A.s. Seine Stoffe schöpft der Autor aus einer breiten Palette historischer Quellen. So handeln mehrere Prosaskizzen von Begebenheiten aus Japans »christlichem Jahrhundert« und basieren auf christlichen Schriften des 15. und 16. Jahrhunderts. Andere spielen im Ausland, beispielsweise in China wie *Shūzanzu* (1921; *Das Bild von den Bergen im Herbst*, 1973).

Wiederholt stellt der Autor Künstler ins Zentrum seiner Erzähltexte. *Jigokuhen* (1918; *Die Qualen der Hölle*, 1959, und vier weitere dt. Versionen) thematisiert eine geheime Rivalität zwischen dem stolzen, dämonischen Maler Yoshihide und seinem Fürsten, für den er ein Gemälde eines Höllenbrandes anfertigen soll. Der Künstler besteht darauf, ein echtes Feuer zu sehen, und der Fürst lässt daraufhin einen Wagen mit einer gefesselten Person in Brand setzen. Zu spät merkt Yoshihide, dass seine eigene Tochter in dem Wagen verbrennt. Er vollendet das Bild und geht dann in den Tod. In der Satire *Kappa* (1927; *Der Kappa*, 1934, sowie zwei weitere dt. Versionen), eine Geschichte über Flusskobolde, für die er sich von Anatole France, Samuel Butler und Jonathan Swift inspirieren ließ, kritisiert er die Manipulationen von Staat und Kapital in der modernen Gesellschaft. In den letzten Monaten seines Lebens verfasste A. autobiographische Prosaskizzen, die postum unter dem Titel *Aru ahō no isshō* (1927; *Das Leben eines Narren*, 1997) erschienen sind. Der Band enthält 51 kurze Stücke, die in grob chronologischer Folge einzelne Szenen und Momente eines Künstlerlebens schlaglichtartig beleuchten. A. zeigt sich darin als ein japanischer Intellektueller, der mit Literatur und Kunst mindestens ebenso intensive Erfahrungen verbindet wie mit der ihn umgebenden Realität. A. war nicht zuletzt ein begnadeter Aphoristiker, den es sowohl in Japan als auch im Westen noch zu entdecken gilt. A.s Freitod erregte außergewöhnliches Aufsehen. Sein Tod galt als Fanal des Scheiterns eines weltoffenen, liberalen, individualistischen Geistes. Sein Name ist auch durch den nach ihm benannten, 1935 gestifteten renommierten Literaturpreis lebendig geblieben.

Werkausgabe: Rashomon. Ausgewählte Kurzprosa. Berlin 1975ff.

Irmela Hijiya-Kirschnereit

Alain-Fournier, Henri (eigtl. Henri-Alban Fournier)

Geb. 3. 10. 1886 in La Chapelle-d'Angillon/Cher; gefallen 22. 9. 1914 bei Épargue nahe Verdun/Meuse

Alain-Fournier verfasste nur ein literarisches Werk, das zu seinen Lebzeiten veröffentlicht wurde: *Le Grand Meaulnes* (1913; *Der große Kamerad*, 1930, *Der große Meaulnes*, 2003), gehört seit seinem Erscheinen zu den beliebtesten Romanen der neueren französischen Literatur. Seine sonstigen Schriften, in der Mehrheit vor *Le Grand Meaulnes* entstanden, sind einem breiteren Publikum weitgehend unbekannt geblieben.

A.-F. verbringt seine Kindheit und ersten Schuljahre in der Landschaft der Sologne, wo seine Eltern Dorfschullehrer sind. Diese Atmosphäre findet in *Le Grand Meaulnes* ihren Widerhall. Mit seinem Übergang 1898 an ein Pariser Gymnasium bekommt A.-F.s schulischer Werdegang etwas Unstetes. Er wechselt 1901 von Paris nach Brest, um die Voraussetzungen für den Eintritt in die École Navale, die Seefahrtsschule, zu erlangen: Er will Marine-Offizier werden. 1903 bricht er auch diesen Schulbesuch wieder ab, besteht aber in Bourges das Abitur. Er beschließt, Lehrer zu werden, und geht zur Vorbereitung der Aufnahmeprüfung für die École normale supérieure (ENS) an das Lycée Lakanal in Sceaux bei Paris. Der Besuch dieser Schule und die Nähe zu Paris sind von unschätzbarer Bedeutung: Zum einen lernt er hier Jacques Rivière kennen, mit dem ihn bis zu seinem Tod eine tiefe Freundschaft verbindet und der 1909 A.-F.s jüngere Schwester Isabelle heiratet. Mit Rivière teilt er seine Interessen für Musik, Kunst und vor allem Literatur, gemeinsam setzen sie sich mit den Schriftstellern ihrer Zeit auseinander. Zum anderen begegnet A.-F. im Juni 1905 in Paris Yvonne de Quiévrecourt. Seine Liebe zu ihr bleibt unerwidert; erst 1913 sieht er die dann bereits Verheiratete ein letztes Mal wieder.

Le Grand Meaulnes, etwa 1910 begonnen und 1913 veröffentlicht, ist ein Psychogramm seiner Beziehung zu Yvonne. Die Grenzen zwischen Traum und Realität verschwimmen, wenn der große Meaulnes Yvonne de Galais, der er ein einziges Mal begegnet ist, und das Schloss, den Ort dieser Begegnung, wiederzufinden sucht. Der große Meaulnes muss die schmerzliche Erfahrung machen, dass das, was sich einst in einem traumhaften Rahmen zutrug, später nicht wieder einzufangen ist. Mit *Le Grand Meaulnes* findet A.-F. am Vorabend des Ersten Weltkriegs den Weg für sich und seine ganze Generation zurück in eine heile, von Kindheitserinnerungen und Abenteuern geprägte Welt.

Nach insgesamt drei vergeblichen Anläufen, in die ENS aufgenommen zu werden, leistet A.-F. von 1908 bis 1909 den Militärdienst ab. Ab 1910 zuständig für das Literaturressort der Zeitung *Paris-Journal*, lernt er andere Schriftsteller kennen, etwa Charles Péguy, der ihm eine Stellung als Privatsekretär des Bankiers C. Casimir-Périer vermittelt. Mit dessen Frau, der damals berühmten Schauspielerin Madame Simone, verbindet ihn ein Liebesverhältnis, sein letztes. Noch 1914, vor Ausbruch des Krieges, beginnt A.-F. einen weiteren Roman, *Colombe Blanchet*, der unvollendet bleibt. Unmittelbar bei Kriegsbeginn wird er eingezogen; er fällt kurze Zeit später.

Horst Brandt

Alavi, Bozorg
Geb. 1904 in Teheran; gest. 1997 in Berlin

Seyyed Moǧtabā Bozorg ʿAlawi wurde 1904 als eines von sechs Geschwistern geboren. Sein Vater Ḥāǧ Seyyed Abu'l-Hasan gehörte zu den aufgeklärten Iranern, die für eine Modernisierung ihres Heimatlandes eintraten und 1906 während der Qaǧarenherrschaft für eine Verfassung fochten. Dieser sandte A. 1921 zusammen mit dessen älterem Bruder Morteżā zum Studium nach Deutschland. 1928 kehrte A. nach Iran zurück und war als Lehrer zunächst in Schiras und 1931 an einer deutschen Gewerbeschule in Teheran tätig. Dort fand er Zugang zu einer Künstlergruppe um Sādeq Hedāyat. A.s literarisches Debüt war eine Sammlung von sechs Kurzgeschichten, die zur Zeit der schlimmsten Repression unter Reżā Šāh unter dem Titel *Čāmedān* (1934; Der Koffer) erschien. Bereits darin fällt auf, wie wichtig dem Autor das Seelenleben seiner Gestalten ist. 1937 wurde A. wegen kommunistischer Aktivitäten zu sieben Jahren Gefängnis verurteilt, jedoch 1941 nach der Abdankung Reżā Šāhs vorzeitig entlassen. Er wurde Gründungsmitglied der kommunistischen Tude-(Massen-)Partei und arbeitete an deren Presseorgan *Mardom* (Die Leute) mit. Beim Sturz des demokratisch gewählten Premierministers Moṣaddeq am 19. August 1953 durch einen von der CIA organisierten Putsch hielt er sich zur Entgegennahme des internationalen Friedenspreises in Ungarn auf; er kehrte nicht in seine Heimat zurück. Nach seiner Übersiedlung in die DDR wurde A. Professor für persische Sprache und Literatur an der Humboldt-Universität (1954–69). 1976 trat er aus der Tude-Partei aus. Nach der Islamischen Revolution fuhr er in den Jahren 1979, 1980 und 1993 zu drei kürzeren Besuchen nach Iran, behielt jedoch Berlin als seinen Lebensmittelpunkt bei.

Allen deutschen Kennern des Persischen ist sein Name wegen seiner Beiträge zur deutschen Iranistik vertraut. Zusammen mit Heinrich F.J. Junker schrieb er das wichtigste *Persisch-deutsche Wörterbuch* (1965); gemeinsam mit Manfred Lorenz legte er ein *Lehrbuch der persischen Sprache* (1967) vor. Außerdem ist er Verfasser eines Werks mit dem Titel *Geschichte und Entwicklung der modernen persischen Literatur* (1964) und Herausgeber klassischer und moderner persischer Literatur. Auch nach seiner Emeritierung blieb er aktiv, hielt Vorträge und veröffentlichte zahlreiche Artikel. Daneben war er Vorstandsmitglied der Berliner Sektion der Deutsch-Iranischen Gesellschaft.

Durch seine schriftstellerische Tätigkeit wurde A. zu einem der Begründer der modernen persischen erzählenden Literatur. In Aufbau und Stil erinnert seine Schreibweise an europäische Erzählprosa, vom Inhalt und der Psychologie seiner Gestalten her ist sie jedoch zutiefst iranisch. Dies ist es wohl auch, was seinen Erfolg bei Lesern, Kritikern und jüngeren Autoren erklärt. Nach seiner Entlassung aus dem Gefängnis legte er Bücher vor, in denen er seine Erfahrungen aus der Haft literarisch verarbeitete. Zunächst erschien *Waraqpārehā-ye zendān* (1943; Lose Blätter aus dem Gefängnis), später folgte *Pangāh-o-se nafar* (1952; 53 Personen) – 53 war die Anzahl der politischen Häftlinge, zu denen er gehört hatte. Kurz zuvor hatte er eine Kurzgeschichtensammlung mit dem Titel *Nāmehā wa dāstānhā-ye digar* (1951; Briefe und andere Erzählungen) veröffentlicht und bald darauf den sehr erfolgreichen Roman *Češmhā-yeš* (1953; Ihre Augen, 1959). Dieser weist neben einem kritischen Porträt des kaiserlichen Diktators Rezā Šāh eine spannende Fabel und romantische Züge auf, so dass er nicht nur eine fesselnde Lektüre ist, sondern auch die Gefühle der Leser anspricht. In die Zeit des Exils fällt eine dritte Schaffensphase, in der A. mehrere Schriften über Iran auf Deutsch verfasste, z. B. *Kämpfendes Iran* (1955) sowie *Das Land der Rosen und der Nachtigallen* (1958). 1954/55 entstand in Berlin die auf deutsch geschriebene Novelle »Die weiße Mauer«, die von einer Widerstandsgruppe in den Tagen nach dem Putsch von 1953 berichtet und eindrucksvoll die Atmosphäre der Repression in jener Zeit schildert. In dem unter dem Novellentitel *Die weiße Mauer* erschienenen Sammelband (1960) finden sich außerdem deutsche Übersetzungen einiger Kurzgeschichten. Aber daneben schrieb A. weiter auf Persisch, v.a. den Roman *Salārihā* (1978/79; Die Salaris). Unter dem Titel *Mirzā* (1978/79; Mirsa) publizierte er sechs Kurzgeschichten, die in seinem Heimatland erst in der kurzen Zeitspanne relativer geistiger Freiheit zwischen der Diktatur Moḥammad Rezā Šāhs und der Islamischen Republik Iran erscheinen konnten. Durch sein literarisches Schaffen und sein soziales Engagement ist er zum Vorbild für viele jüngere iranische Schriftsteller geworden. Außerdem übersetzte er aus dem Deutschen, dem Englischen und dem Russischen Autoren wie Friedrich Schiller, J.B. Priestley, George Bernard Shaw und Anton Čechov.

Kurt Scharf

Albee, Edward
Geb. 12. 3. 1928 in Washington, D.C.

Der Anfang von Edward Albees Biographie liest sich wie ein modernes amerikanisches Märchen: Zwei Wochen nach seiner Geburt wird das unerwünschte Kind von einem New Yorker Millionärsehepaar adoptiert und nach dem neuen Großvater, Mitbesitzer einer Kette von Vaudeville-Theatern, benannt. Das Waisenkind wächst so in einem äußerst exklusiven Milieu auf, bis es gegen den Wunsch der Adoptiveltern 1950 in New Yorks Künstlerviertel Greenwich Village umzieht, um eine Karriere als Schriftsteller bzw. – seit den späteren 1950er Jahren – als Dramatiker in Angriff zu nehmen. Der große Erfolg der Uraufführung seines Erstlingswerks *The Zoo Story* (1959; *Die Zoo-Geschichte*, 1962) in West-Berlin (in deutscher Sprache) öffnet A. den Zugang zu den Off-Broadway-Theatern und begründet seinen Aufstieg zu einem der wichtigsten Bühnendichter der amerikanischen Gegenwartsliteratur. Es ist nicht ohne Ironie, dass ausgerechnet A. – in seiner frühen Biographie eine nahezu prototypische Verkörperung des amerikanischen Traums – sich in seinem literarischen Schaffen zu einem der scharfsinnigsten Analytiker und schonungslosesten Kritiker amerikanischer Ideologeme entwickelt hat. Obwohl A. als einziger zeitgenössischer Dramatiker gleich dreimal den renommierten Pulitzer Preis für sich gewinnen konnte, blieb diese Auszeichnung seinem populärsten (und wohl bedeutendsten) Bühnenwerk *Who's Afraid of Virginia Woolf?* (1962; *Wer hat Angst vor Virginia Woolf?*, 1962), das heute weltweit ein unbestrittener Klassiker im Repertoire des modernen Theaters ist, aufgrund einer skandalösen Juryentscheidung verwehrt.

Schon der Einakter *The Zoo Story* konfrontiert den Zuschauer mit Themen, die für A.s gesamtes Œuvre konstitutiv sind: die Sinnsuche in einer postmetaphysischen Welt, die Auflösung einfacher Täter-Opfer-Strukturen, Grausamkeit als Mittel zur Selbsterkenntnis, Destabilisierung von Identität. Anhand des Kontrastes zwischen den Handlungsträgern Jerry und Peter, die sich hinsichtlich ihrer sozialen Stellung (Unterschicht/Mittelklasse), ihres Verhaltens (Nonkonformismus/Konformismus), ihrer Lebensentwürfe (Rebell/amerikanischer Durchschnittsbürger) und ihrer sprachlichen Kompetenz (kreative Sprachgewalt/schematisierte Sprechformeln) deutlich voneinander unterscheiden, inszeniert das Drama eine existentielle Konfrontation, die eine Vielzahl von Deutungsmöglichkeiten eröffnet. So lässt sich die Figur Jerrys beispielsweise entweder sozialkritisch (als Opfer der sozialen Schere, als Produkt urbaner Anonymität oder als Verkörperung einer Gegenwelt zur bornierten Behaglichkeit des Establishments), individualpsychologisch (psychopathologischer und homosexueller Subtext), kollektivpsychologisch (als Peters dunkler Doppelgänger), mythologisch (als »Guide Figure« im Sinne eines Initiationsdramas) oder poetologisch (als Sprachrohr für A.s dramentheoretische Programmatik) interpretieren. Das Zweipersonenstück endet mit einem absurden Kampf um eine Parkbank, die vordergründig für Peters unheilig-heile, kleinbürgerliche Sonntagsruhe steht, hintergründig aber auch ein Symbol für seine Flucht vor einer weiblich dominierten Familie und für seine unterschwelligen ›Territorialinstinkte‹ darstellt. Im Verlauf der Auseinandersetzung spielt Jerry Peter ein Messer zu, in das er sich dann mit selbstmörderischer Entschlossenheit stürzt.

In seinen Stücken ist es A.s erklärtes Ziel, »die unsichtbare vierte Wand« zum Zuschauerraum zu zerstören. Das Ende der *Zoo Story* liefert hierfür ein markantes Beispiel: Jerry stirbt, Peter flüchtet, die Zuschauer werden mit desorientierender Beklemmung aus dem Stück entlassen. Unter Aneignung tragender Prinzipien des »Theaters der Grausamkeit« von Antonin Artaud versucht A., die voyeuristische Behaglichkeit seines Publikums zu unterlaufen, es emotional in das Bühnengeschehen zu involvieren und im günstigsten Fall existentiell zu erschüttern. Wie kaum ein zweiter zeitgenössischer Bühnenautor versucht er somit, das klassische Katharsis-Konzept zu aktualisieren. Der mit dem Titel seines Erstlingswerks evozierte Bildbereich hat deshalb auch eine poetologische Relevanz: Erst das Ausreißen trennender Gitterstäbe, so A.s existentialistische Prämisse, ermöglicht Vitalität und den Ausbruch des Animalischen, was sich auch als eine Chiffre für ein riskantes, aber authentisches Leben in Angst und Freiheit verstehen lässt.

Auf therapeutische Effekte zielt auch der Schluss des Meisterwerks *Who's Afraid of Virginia Woolf?* ab. Ausgangssituation des Stücks ist eine stark alkoholisierte Nachfeier zu einer offiziellen Party an einem kleinen, neuenglischen College, zu der die Gastgeber Martha

(Tochter des College-Präsidenten) und George (Dozent für Geschichte) den jungen Assistenzprofessor für Biologie Nick und dessen Frau Honey eingeladen haben. Wider Willen wird das konsternierte junge Paar zum Zeugen und Instrument eines rücksichtslosen Ehekriegs. Nach der schonungslosen (und verbal brillanten) Inszenierung eines Macht- und Geschlechterkampfs zwischen Martha und George, nach zahllosen Wortfeuerwerken und Schimpftiraden, Vorwürfen und Verletzungen, Beleidigungen und Enthüllungen (allesamt im Kern lang eingeübte, ritualisierte ›Spiele‹) endet das Stück mit einer exorzistischen Szene (»The Exorcism« lautet die Überschrift zum letzten Akt). Im letzten ihrer bitteren Spiele erklärt George den fiktiven Sohn, den sich das Ehepaar erfunden und dessen Leben es seit 21 Jahren mit immer neuen Details ausgeschmückt hat, für tot. Das Drama schließt mit Marthas einsilbig artikulierter Angst vor der Zukunft. Die Ambivalenz dieses Ausgangs lässt es offen, ob das Ende dieser Illusion den Anfang einer neu begründeten Zuneigung zwischen den Eheleuten oder aber mit dem Ende der Spiele auch das Ende der Beziehung markiert. Kein Zweifel hingegen besteht an dem kalkulierten kathartischen Effekt des auf psychoanalytische Techniken rekurrierenden Desillusionierungsprozesses, dem das Publikum unterzogen wird. Bei dem Theaterstück handelt es sich keineswegs nur um eine radikal zugespitzte Version des traditionellen Ehedramas skandinavischer Prägung. Vielmehr lädt ein eng geflochtenes Gewebe aus intertextuellen, zeit- und ideengeschichtlichen Anspielungen zu allegorischen, mythenkritischen und gesellschaftsdiagnostischen Interpretationen ein. So kann der Konflikt zwischen Nick und George auch als eine Rekonfiguration des Gegensatzes zwischen Natur- und Geisteswissenschaft oder zwischen opportunistischem Pragmatismus und ineffizientem Intellektualismus gedeutet werden. Zudem spielen allein schon die Vornamen der beiden Hauptprotagonisten parodistisch auf das erste Präsidentenehepaar der USA an. Wenn das Kind der Washingtons zu Grabe getragen wird, sind weiterführende symbolische Bedeutungen impliziert: der Verlust der Illusion von adamitischer Unschuld, die Sterilität bzw. Impotenz der Kinder des amerikanischen Traums, das Scheitern grandioser Phantasien über geschichtlichen Neuanfang oder apokalyptische Erlösung.

In einigen seiner späteren Werke greift A. erneut auf Konventionen des psychologischen Symbolismus und speziell auf das Figurenpersonal des Familiendramas zurück, um existentielle Grenzerfahrungen in Szene zu setzen, so etwa in *A Delicate Balance* (1966; *Empfindliches Gleichgewicht*, 1967), *All Over* (1971; *Alles vorbei*, 1973), *The Lady from Dubuque* (1980; *Die Dame von Dingsville*, 1982) und in *Three Tall Women* (1991; *Drei große Frauen*, 1992). Insbesondere in den drei letztgenannten Bühnenstücken konfrontiert A. sein Publikum schonungslos und direkt mit gerade im Kontext der amerikanischen Unterhaltungsindustrie tabuisierten Themen wie Krankheit, Alter und Tod. In anderen Stücken wie *Tiny Alice* (1964; *Winzige Alice*, 1967) und *Seascape* (1974; *Seeskapade*, 1975) hingegen widmet sich A. mit der Mischung von Dramenstilen und der Integration von phantastisch-surrealistischen Elementen in ein parabolisches Handlungsgeschehen verstärkt avantgardistischen Experimenten. In A.s Spätwerk nimmt *Three Tall Women*, vielleicht das bitterste seiner Stücke, eine herausragende Position ein. Das Drama stellt die Hauptfigur in drei verschiedenen Phasen ihres Lebens – als A (90-jährig), B (mit 52) und C (im Alter von 26 Jahren) – simultan auf die Bühne. Mit eindringlichen Mitteln und unter völligem Verzicht auf sentimentale oder melodramatische Tonlagen produziert A. einen niederschmetternden Kontrast zwischen dem Verlust an Erinnerung, Kontrolle und Würde im Alter und dem unfundierten, zukunftsgewissen Idealismus der frühen Jahre. Letztlich werden die mythobiographischen Selbststilisierungen eines jeden Lebensalters als verhängnisvolle Selbsttäuschungen demaskiert. Was vordergründig im ersten (naturalistischen) Akt als Identitätsmultiplikation beginnt, endet im zweiten (surrealistischen) Teil in einer Identitätsauflösung, die einer grimmigen, pechschwarzen, nihilistischen Weltsicht Ausdruck verleiht.

Seit dem Welterfolg von *Who's Afraid of Virginia Woolf* wartet die Theaterkritik auf ein zweites unstrittiges Meisterstück aus der Feder A.s, nur um ihm immer wieder das partielle Scheitern zu attestieren. Genau dieser hochgespannte Erwartungsdruck wird selbst zum Gegenstand einiger Werke. Der Zweiakter *The Man Who Had Three Arms* (1983; *Der Mann, der drei Arme hatte*, 1984) gerät so zu einer nur spärlich verschlüsselten, autobiographisch eingefärbten Selbststudie über die unheilvollen Auswirkungen eines zu frühen Erfolgs. Ein braver Familienvater avanciert zu einem allseits bestaunten Weltwunder, nachdem ihm urplötzlich ein dritter Arm gewachsen ist. Nach dem ebenso plötzlichen Verschwinden des Auswuchses kompensiert der Titelheld seine Reduktion auf eine Durchschnittsexistenz mit einsamen Zechtouren und hasserfüllten, aber ohnmächtigen Anklagen, für die er kein Publikum findet. Diese selbstreferentielle Qualität der späten Dramen ist A. insbesondere von der amerikanischen Theaterkritik oft zum Vorwurf gemacht worden. Nicht in der Wahl seiner Themen und Motive, sehr wohl aber in seiner Vorliebe für bestimmte Formen und Strukturen ist A. vermutlich der ›europäischste‹ unter den zeitgenössischen amerikanischen Dramatikern. Vielleicht ist dies auch der Grund, warum die europäische (vor allem die deutsche und französische) Literaturkritik mit seinen späteren Werken tendenziell nachsichtiger verfahren ist. Diesseits wie jenseits des Atlantiks herrscht jedoch weitgehend Einvernehmen darüber, dass es A. mit dem vermutlich einmaligen Geniestreich *Who's Afraid of Virginia Woolf?* gelungen ist, sich einen festen Spitzenplatz in der Geschichte des amerikanischen Dramas zu sichern.

Werner Reinhart

Alexanderroman

Griechische und lateinische Fassungen; Verfasser unbekannt; entstanden 2. Jh. v. Chr. bis 3. Jh. n. Chr.

Angesichts der Überlieferungslage des Alexanderschrifttums drängt sich mit Arno Schmidt (*3 Erzählungen*, 1975) die Frage auf: *Alexander oder was ist Wahrheit*. Keine Persönlichkeit des Altertums erzielte eine annähernd große literarische Wirkung wie Alexander der Große. Nicht die Alexanderhistoriker, sondern der A. wurde, in über 80 Versionen und in annähernd 30 Volkssprachen übersetzt, ab dem 5. Jh. in Europa, im jüdischen und im arabischen Raum verbreitet und somit neben der Bibel zum Volksbuch schlechthin. – Die erste Fassung des griechischen A.s dürfte im 2., spätestens im 1. Jh. v. Chr. in Alexandria entstanden sein. Auf Alexandria lässt der ausführliche Bericht über die Gründungssage der Stadt schließen. Auch andere, aus dem ägyptischen Kulturraum stammende Inhalte legen diese Verbindung nahe. In byzantinischer Zeit wurde fälschlich behauptet, der A. gehe auf Kallisthenes von Olynthos, den Großneffen des Aristoteles und Hofhistoriker Alexanders, zurück. Daher lief das Werk lange unter dem Namen Pseudo-Kallisthenes. Es ist wohl eine Ironie des Schicksals, dass der A. gerade in der Stadt entstand, in der wie in keiner anderen des Mittelmeerraums die Wissenschaft zu Hause war: Denn der A. strebt so gar nicht danach, gesichertes Wissen von oder über Alexander zu vermitteln. Dabei ist bekannt, dass Alexander vom »Empiriker« Aristoteles unterrichtet wurde und dass ein Stab von Wissenschaftlern, unter ihnen die sog. Bematisten (Schrittzähler), d.h. Landvermesser, das Heer Alexander begleitete. Doch nicht Dokumente von Augenzeugen des Alexanderzuges bestimmen den Inhalt des Romans, sondern Fiktion und Imagination.

Bis der griechische A. im 3. Jh. n. Chr. die Gestalt annahm, in der wir ihn lesen, ging er durch viele, ihn (weiter-)formende Hände. Demnach besitzen wir im A. ein Produkt, das wir als Komposition eines (diachron redigierenden) Kollektivs bezeichnen könnten:

Um den Kern einiger Briefe Alexanders (an seine Mutter Olympias; an seinen Lehrer Aristoteles) wird ein Handlungsgeflecht gelegt, das nur lose mit den Briefelementen in Verbindung steht. Die Geschichte von der Geburt Alexanders (als Sohn des letzten Pharaos Nektanebos und nicht des Makedonenkönigs Philippos) bis zu seinem frühen Tod durch ein Giftattentat wird durch zahlreiche Berichte über Eroberungen – die Zerstörung Thebens, der Zug nach Ägypten zum Ammonsorakel, der Sieg über den Perserkönig Dareios und den Inderfürsten Poros – sowie über Länder, Leute, Flora und Fauna Persiens und Indiens erweitert, die sukzessive hinzugefügt wurden. Nachrichten über wundersame Planzen (kürbisgroße Äpfel, Duftharzbäume) und monströse Lebewesen (Kopflose, Giganten mit sägeartigen Armen; menschengesichtige Vögel etc.) illustrieren die Schilderungen fremder Länder. Die Abfolge der geschichtlichen Ereignisse wird auf den Kopf gestellt oder gar durch Unhistorisches, z. B. die Einnahme Roms, ergänzt. Phantastische »Eroberungen« treten hinzu. So ist vom Gang Alexanders ans Ende der Welt zu lesen, von seinem Eindringen in die Tiefen des Ozeans mittels einer »Taucherglocke«, von seiner Fahrt durch die Lüfte, seinem Marsch bis hin zum Land der ewigen Finsternis und dem des Lebensquells. Damit wird verdeutlicht, dass Alexander die Grenzen menschlichen Erkennens zu überschreiten trachtete und einen Anspruch stellte, auf den selbst sein Gefolge nur noch mit Unverständnis antworten konnte. Das Motiv der menschlichen Hybris wurde dann im mittelalterlichen A. in moralisierender Absicht ein zentrales Thema.

Über das Publikum dieser wohl einzigartigen Schöpfung besteht in der Forschung keine einhellige Meinung. Die vorherrschende Ansicht, die Adressaten seien ein des Lesens kundiges, doch literarisch ungebildetes Publikum gewesen, das Unterhaltung wünschte, die ihm neben Erbauung auch die Möglichkeit lieferte, sich mit einer berühmten, idealtypischen Person der Geschichte zu identifizieren, ist nicht unumstritten. Der A. sprach wohl schichtenunabhängig alle an, die sich (mitunter gerade aufgrund von Wohlstand und Saturiertheit) nach Ausflügen ins Reich der Fiktion sehnten. Mit Trivialliteratur im modernen Sinn hat der A. nichts zu tun. Und wer bemängelt, der Roman gehe an den historischen Tatsachen vorbei, der hat das Wesen des Werks nicht begriffen.

Der A. ist in mehreren griechischen Bearbeitungen (Rezensionen) überliefert. Der Text der Handschrift »Lambda« (nach der Rezension »Beta«), die in einem Leidener Codex des 15. Jh.s erhalten ist, zeigt am deutlichsten die so verschiedenen Zutaten: Neben den Elementen des Briefromans verarbeitet diese Rezension Alexanderhistoriker der sog. Vulgatatradition, die den Geschichtsbericht bereits mit legendenhaften Zügen versehen und eine Erzählform wählen, die sich den Erfordernissen der Gattung des Romans annähert. Vor allen anderen Historikern (die meist nur fragmentarisch erhalten sind) wird Kleitarchos benutzt, der die im Hellenismus bevorzugte Form der pathetischen Geschichtsschreibung wählte. Skandale, Klatschgeschichten und packende Ereignisse geben die Kriterien vor, nach denen aus dem reichen Material ausgewählt wird. Der griechische A. nach der Rezension »Alpha« wurde in der Mitte des 4. Jh.s n. Chr. von Iulius Valerius Polemius ins Lateinische übersetzt. Doch nicht diese Übertragung, die Valerius nach dem biographischen Schema Geburt – Taten – Tod anlegte, sondern ein Auszug daraus (die sog. Zacher-Epitome) erlangte im Mittelalter große Beliebtheit. Im lateinischen Schrifttum fanden auch kleinere dem A. verwandte Schriften eine große Leserschaft, so die *Vita Bragmanorum*, die nach Palladios aus dem Griechischen übersetzt und dem Ambrosius zugerechnet wurde. Bei dieser Darstellung der indischen Weisen wird ein Thema berührt, das auch für die Christen Aktualität besaß: das Wesen der Gottesfurcht. – Für eine zweite Schriftengruppe, die fünf Schreiben zwischen Alexander und dem König der Brahmanen Dindimus (= Dandamis) über die Philosophie (*Collatio Alexandri cum Dindimo, rege Bragmanorum de philosophia factis*) zusammenfasst, kennen wir keinen unmittelbaren griechischen Vorläufer.

Alexanders letzte Tage mit dem Testament des Königs, in dem er seinen Nachfolger Perdikkas ernennt, und das *Reisebuch* (*Itinerarium Alexandri*) gehören ebenso zu den Kleinen Alexanderschriften wie die vielbeachtete *Epistula Alexandri ad Aristotelem de itinere suo et de situ Indiae*, die auch im griechischen A. (Rezension »Alpha«) aufscheint. Dieser *Brief Alexanders* über die Expedition nach Indien wurde im Mittelalter besonders häufig gelesen und in viele Sprachen übertragen.

Ausgabe: Der Alexanderroman [mit einer Auswahl von verwandten Texten]. Meisenheim/Glan 1978 [Übers.].

Henriette Harich-Schwarzbauer

Alexandrou, Aris
Geb. 24. 11. 1922 in Petrograd (St. Petersburg); gest. 2. 7. 1978 in Paris

Aris Alexandrou ist ein wichtiger Vertreter der politischen Nachkriegslyrik Griechenlands. Als sich seine Familie in Griechenland niederließ, war A. sechs Jahre alt und konnte kein Griechisch. Später verdiente er seinen Lebensunterhalt unter anderem als Übersetzer vornehmlich russischer Literatur. In den Wirren der deutschen Besatzung (1941–44) und des griechischen Bürgerkriegs (1944–49) engagierte er sich in der Kommunistischen Partei und der Widerstandsbewegung EAM (Nationale Befreiungsfront), doch trat er aus Protest gegen den Ausschluss dreier Freunde bald aus der Partei aus. Die Jahre 1944 bis 1958 verbrachte A. größtenteils als politischer Gefangener in verschiedenen Internierungslagern. Als 1967 die Obristen in Athen die Macht übernahmen, floh er mit seiner Frau ins Pariser Exil, wo er bis zu seinem Tod am Rande des Existenzminimums lebte.

A.s schmales literarisches Werk, das z.T. in Gefängnissen der Verbannungsinseln entstand, besteht aus drei Gedichtsammlungen, einem Roman, einem zu Lebzeiten nicht aufgeführten Drama sowie einer Reihe von Essays. Während die frühen Gedichte *Akomi touti i anixi* (1946; Noch dieser Frühling) von revolutionärem Optimismus gekennzeichnet sind, beleuchtet A.s spätere Dichtung *Agonos grammi* (1952; Unfruchtbare Linie) in einem skeptischen und ironischen Ton Ideologien und Dogmatismus. Er verarbeitet in einigen Gedichten eigene Erfahrungen und dokumentiert lakonisch die Schikanen politischer Repression und ihrer psychischen Folgen für das Individuum. Andere wiederum setzen sich selbstreferentiell mit zwischenmenschlicher Kommunikation, Sprache und Dichtung auseinander. In der letzten Gedichtsammlung *Efthytis odon* (1959; Geradheit der Straßen) nimmt A. Stoffe aus dem Alten Testament und der Antike auf, die er mit subtiler Ironie auf die eigene Gegenwart bezieht. Exemplarisch für A.s Lebensgefühl – von den Rechten wurde er politisch verfolgt, während ihn die Linke des Defätismus bezichtigte – steht sein Vers: »Ich bin ein Verräter für Sparta, für die Heloten bin ich ein Spartaner.«

A.s Roman *To Kivotio* (1975; *Die Kiste*, 2001) entstand 1966 bis 1972 und zählt zu den bedeutendsten Prosawerken der griechischen Nachkriegsliteratur. Vor dem Hintergrund der Endphase des Bürgerkriegs und der Niederlage des linken Lagers schildert ein namenloser Ich-Erzähler den Verlauf einer geheimen Mission kommunistischer Partisanen, die angeblich über den Ausgang der Auseinandersetzungen entscheidet. Die Teilnehmer kommen beim Transport einer Kiste geheimen Inhalts nach und nach zu Tode. Als der Ich-Erzähler als einziger Überlebender am Bestimmungsort ankommt, präsentiert man ihm die Kiste als leer. Der Roman besteht aus 18 Berichten, in denen der Erzähler aus der Isolationshaft einem anonymen Untersuchungsrichter Rechenschaft über die offenbar gescheiterte Operation ablegt. Er erfüllt seinen Vorsatz, die Ereignisse klar und chronologisch darzustellen, nicht. Vielmehr kreist er um dieselben Szenen, dementiert und revidiert das Geschilderte und fügt weitere Details hinzu. Im Schreibprozess scheint er die Ideologie des Parteiapparats zu durchschauen und emanzipiert sich punktuell von Dogmatismus und autoritären Denkmustern. In den Rückblenden auf die Kindheit und die Zeit des Widerstands gegen die Besatzer wird dem Erzähler der eigene Konformismus bewusst. Er zweifelt, ob der Adressat seine Berichte liest, und entwirft nunmehr Textlabyrinthe, die neue Versionen derselben Ereignisse präsentieren und ihren Sinn fortwährend aufheben. A.s vielschichtiger, allegorischer Roman reflektiert – neben der Kritik an der kommunistischen Parteidoktrin und der Selbstanalyse des Protagonisten – das Problem der Bedeutungszuweisung und der Interpretation.

Athanasios Anastasiadis/Sophia Voulgari

Alexis, Willibald
(d. i. Georg Wilhelm Heinrich Häring)
Geb. 29. 6. 1798 in Breslau;
gest. 16. 12. 1871 in Arnstadt

So wie A. die Mark Brandenburg in seinen historischen Romanen dargestellt habe, sei er »eine ganz große Nummer«, schreibt Theodor Fontane 1895 an Heinrich Jacobi. 1872 hatte Fontane den »märkischen Klassiker« A. und seine »vaterländischen Romane« in einem großen Essay zwar ausführlich gewürdigt, aber letztlich resümiert, der Autor – sein Stil sei oft schwerfällig und kaum flüssig lesbar – würde wohl nur wenige Leser ansprechen: Er »*konnte* nicht populär werden und wird es nicht werden«. Urteile wie das Fontanes führten zu dem recht einseitigen Bild eines mittelmäßigen Autors, das sich immer mehr verfestigte: A. als der patriotische Fanatiker, der Preußen und die Hohenzollern-Dynastie verklärt und überschätzt; das umfangreiche Gesamtwerk wurde auf seine acht historischen Romane reduziert, in denen A. die Geschichte Brandenburg-Preußens bearbeitete, womit gleichzeitig andere Teile seines Gesamtwerks fast vollständig aus dem Gedächtnis des Leserpublikums verschwanden. In der Bundesrepublik galt der weitgehend in Vergessenheit geratene A. lange nur noch als Verherrlicher Preußens, in der DDR wurde ihm – begünstigt durch die marxistische Literaturkritik – eine etwas größere Aufmerksamkeit zuteil. Von einzelnen Studien abgesehen, wird A.' umfangreiches, vielschichtiges Werk erst seit einigen Jahren differenzierter betrachtet, neu analysiert, bewertet und der Autor sogar als ein »Bahnbrecher des deutschen Romans« (Anni Carlsson) angesehen. Die sehr schlechte Editionslage von A.' teils weit verstreut erschienenen Werken (u. a. Romane, Novellen, Dramen, Lyrik, autobiographische Schilderungen, Reisebeschreibungen, publizistische und literaturkritische Arbeiten) und Briefen, die noch unzureichend erforschten Lebensumstände und kaum untersuchte Stellung im Literaturbetrieb des 19. Jahrhunderts erschweren weiterhin eine Beschäftigung mit A.

Mit dem 1824 erschienenen Roman *Walladmor*, den A. – wie auch seinen zweiten Roman *Schloß Avalon* (1827) – als die freie Übersetzung eines Werks des berühmten Walter Scott ausgab, gelang ihm sein erster literarischer Erfolg. Der studierte Jurist gab die Beamtenlaufbahn am Berliner Kammergericht auf und widmete sich fortan dem Schreiben. A. verfasste eine kaum zu überblickende Menge an Beiträgen für die bekanntesten Zeitungen und Zeitschriften der Vormärz-Ära und die Zeit der 1848er Revolution (u. a. *Vossische Zeitung, Jahrbücher der Gegenwart* und *Der Freimüthige, oder: Berliner Conversations-Blatt*). Als einflussreicher literarischer ›Großkritiker‹ (u. a. in den *Blättern für literarische Unterhaltung* und im *Morgenblatt für gebildete Leser*) und zeitkritischer Publizist, der für Pressefreiheit eintrat und die Zensur kritisierte, war er eine Macht. Mit beinahe allen Autoren seiner Zeit »hatte er persönlichen oder literarisch vermittelten, freundlichen oder feindlichen Kontakt« (Beutin); A. unterstützte die in- und ausländische Literaturproduktion und förderte die zeitgenössische Literatur, unter anderem Heinrich Heine. Über seine Reisen durch Frankreich, Skandinavien, Süddeutschland, Österreich und Ostpreußen veröffentlichte A. Reiseberichte und Feuilletons (*Herbstreise durch Scandinavien*, 2 Bde., 1828; *Wanderungen im Süden*, 1828; *Wiener Bilder*, 1833). Während A.' Dramen (etwa *Die Sonette*, um 1827; *Aennchen von Tharau*, um 1829; *Der Salzdirektor*, um 1851) – zu ihrer

Zeit zwar nicht völlig erfolglos – schon im 19. Jahrhundert in Vergessenheit gerieten und heute unbekannt und unerforscht sind, erfreute sich ein Gedicht einer größeren Popularität: seine Ballade *Fridericus Rex*, die, so Fontane, schon »ganz und gar zum Volkslied« geworden sei. Großes Interesse brachte A. Kriminalfällen entgegen, die er sammelte, beschrieb und zusammen mit dem Juristen Julius Eduard Hitzig unter dem Titel *Der neue Pitaval. Eine Sammlung der interessantesten Criminalgeschichten aller Länder aus älterer und neuerer Zeit* von 1842 an herausgab (60 Bände, von denen A. 28 verfasste). Er konnte seine juristischen Erfahrungen, psychologischen Kenntnisse und epischen Fähigkeiten einbringen, um Geschichten zu schreiben, die als Grenzform zwischen literarischer Erzählung und quasi-authentischem Fallbericht bzw. Reportage angesiedelt sind.

Die kaum erforschte Novellistik A.' (u. a. *Gesammelte Novellen*, 4 Bde., 1830/31; *Neue Novellen*, 2 Bde., 1836) und vor allem historische Romane stellen den wichtigsten und umfangreichsten Teil seines Œuvres dar. Von Walter Scott beeinflusst, erwarb er sich zwar seinen Ruf als »vaterländischer« Autor mit den acht – mehrbändigen – historischen Romanen über Themen der brandenburgisch-preußischen Geschichte (*Cabanis*, 6 Bde., 1832; *Der Roland von Berlin*, 3 Bde., 1840; *Der falsche Woldemar*, 3 Bde., 1842; *Die Hosen des Herrn von Bredow*, 2 Bde., 1846–1848; *Der Wärwolf*, 3 Bde., 1848; *Ruhe ist die erste Bürgerpflicht, oder Vor fünfzig Jahren*, 5 Bde., 1852; *Isegrimm*, 3 Bde., 1854; *Dorothe*, 3 Bde., 1856), verarbeitete aber auch Themen der französischen Geschichte, wie in *Urban Grandier oder die Besessenen von Loudun* (2 Bde., 1843) einen berühmten französischen Kriminalfall aus dem 17. Jahrhundert. Mit seinen Zeitromanen *Das Haus Düsterweg. Eine Geschichte aus der Gegenwart* (2 Bde., 1835) und *Zwölf Nächte* (3 Bde., 1838) trug er – wie die Jungdeutschen – zur Kritik der Zeit bei. A. gilt heute nicht nur als der neben Tieck wichtigste Autor historischer Romane im Vormärz, sondern auch als der bedeutendste Theoretiker des Genres in dieser Zeit; er hinterließ zwar keine komplexe Theorie, doch die Anmerkungen und Exkurse zum Geschichtsroman, die sich in Vorworten und Zwischenbemerkungen seiner Romane finden, bilden die Bausteine zu A.' Theorie des historischen Romans. Die neuere Forschung spricht A. vom Vorwurf der ›Borussomanie‹ frei, denn der Wahrheitsanspruch, den er an den historischen Roman und an sein eigenes Erzählen stellte, schloss die glorifizierende Darstellung aus. In den frühen 1850er Jahren verließ A. das Berlin der Reaktionszeit und zog in die kleinstaatliche Provinz nach Arnstadt in Thüringen, wo er 1856 und 1860 zwei schwere Schlaganfälle erlitt, die bis zu seinem Tod 1871 ein langes Siechtum zur Folge hatten.

Werkausgaben: Gesammelte Werke. 20 Bde. in 7 Bänden. Berlin 1874; Vaterländische Romane. Hg. von Ludwig Lorenz und Adolf Bartels. 10 Bde. Leipzig 1921–25; Romane und Erzählungen. Gesamtausgabe. 23 Bde. Hg. von Norbert Miller/Markus Bernauer. Hildesheim 1996 ff.

Alexander Reck

Ali, Sabahattin

Geb. 25. 2. 1905 (?) in İğridere/Gümülcine, heute: Komitini/Nordgriechenland; gest. 2. 4. 1948 (?) bei Sazara/Kırklareli

Weder das genaue Geburts- noch das Todesdatum Sabahattin Alis ist bekannt. Sein Leben ist von politischen Umwälzungen geprägt, er geriet immer wieder ins Visier der Obrigkeit, musste mehrmals Haftstrafen verbüßen und wollte im Frühjahr 1948 außer Landes gehen, da die Auseinandersetzungen mit der Justiz ihn zermürbten. Am 16. Juni wurde er an der bulgarischen Grenze tot aufgefunden. Obgleich der mutmaßliche Mörder vor Gericht gestellt und verurteilt wurde, sind die Umstände seines Todes ungeklärt. Der mysteriöse Tod, vor allem aber seine sozialkritischen Romane, Erzählungen und Gedichte haben A. zu einer »Symbolfigur der Linken« (Elisabeth Siedel) in der Türkei gemacht.

Schon A.s Kindheit und Jugend waren turbulent; da die Einsatzorte seines Vaters als Hauptmann bei der Infanterie ständig wechselten, verbrachte er seine Schulzeit unter anderem in Istanbul, Çanakkale und Edremit und trug zeitweise als Straßenverkäufer zum Unterhalt der Familie bei. Nach einer Ausbildung zum Lehrer in Balıkesir und Istanbul unterrichtete er 1927 ein Jahr lang an einer Schule in Yozgat. Mit einem Stipendium für Auslandsaufenthalte ging er für zwei Jahre (1928–30) nach Berlin. Von 1926 an erschienen seine ersten Erzählungen und Gedichte, unter anderem in der damals führenden Literaturzeitschrift *Servet-i-Fünun*. Nach seiner Rückkehr aus Deutschland unterrichtete er zwei Jahre lang in Aydın und Konya Deutsch und wurde 1932 verhaftet, da er im Freundeskreis ein Gedicht rezitiert hatte, mit dem er Atatürk kritisierte. 1933 wurde er amnestiert und wandte sich mit der Bitte um Rehabilitation an die Regierung. Er erhielt die Auflage, ein Lobgedicht auf den »Vater der Türken« zu verfassen, und ließ sich darauf ein: 1934 wurde »Benim Aşkım« (Meine Liebe) in der Zeitschrift *Varlık* (Existenz) veröffentlicht, Verse, mit denen er seine Zuneigung zum Gründer der Republik bekundete. Als Resultat dieser Ergebenheitsadresse, deren satirische Grundierung nicht erkannt wurde, erhielt er Übersetzungsaufträge vom Erziehungsministerium sowie die Genehmigung, in Ankara zu unterrichten. Von da an erschienen sein Lyrikband *Dağlar ve Rüzgâr* (1934; Berge und Wind) und Sammlungen mit Erzählungen, etwa *Değirmen* (1935; Die Mühle), *Kağnı* (1936; Der Ochsenkarren) und *Ses* (1937; Die Stimme). In den Kurzgeschichten und den beiden Romanen *Kuyucaklı Yusuf* (1937; Yusuf aus Kuyucak) und *İçimizdeki Şeytan* (1940; Der Teufel in uns) wird deutlich, wie ernst der Autor sein soziales Engagement nahm. In klarer, ungekünstelter Sprache beschreibt er Menschen, die kaum zu den Privilegierten seiner Zeit zählten, und er beherrscht die Kunst, tragische Konflikte scheinbar emotionslos darzustellen. 1943 kamen Erzählungen, neben anderen *Yeni Dünya* (Neue Welt), und die Novelle *Kürk Mantolu Madonna* (Madonna im Pelz), die z. T. in Berlin spielt, heraus. Nach dem Militärdienst (1941–45) unterrichtete A. am Staatlichen Konservatorium Deutsch und wurde 1946 wieder inhaftiert, als er – mit Aziz Nesin – die satirische Zeitschrift *Marko Paşa* herausgab. In seinem letzten Buch, Märchen und Erzählungen unter dem Titel *Sırça Köşk* (1947; Das Glashaus), wird die »lethargische Stimmung in der Türkei in den letzten Jahren der Einparteienherrschaft« (Petra Kappert) deutlich. A. übertrug unter anderem Lessings *Minna von Barnhelm*, Chamissos *Peter Schlemihls wundersame Geschichte* und Rilkes *Weise von Liebe und Tod des Cornets Christoph Rilke* ins Türkische.

Monika Carbe

Allende, Isabel
Geb. 2. 8. 1942 in Lima

Mit der Chilenin Isabel Allende stellt sich erstmals eine Frau in eine Reihe mit den bislang exklusiv männlichen Autoren der lateinamerikanischen *Boom*-Literatur. Auf ihren fulminanten Erstlingsroman *La casa de los espíritus* (1982; *Das Geisterhaus*, 1984) folgen Bestseller wie *De amor y de sombra* (1984; *Von Liebe und Schatten*, 1987) und *Eva Luna* (1987; *Eva Luna*, 1988), die ihren Ruf als internationale Erfolgsautorin endgültig bestätigen. Einen Teil ihrer Kindheit und Jugend verbringt die 1942 in Lima geborene Tochter einer chilenischen Diplomatenfamilie außerhalb ihrer Heimat. Neben Aufenthalten in Bolivien und im Libanon prägen A. jedoch v.a. die Lebensumstände im großelterlichen Haus in Santiago de Chile. Mit 16 Jahren beendet sie ihre Schulausbildung und beginnt als Journalistin zu arbeiten. Sie heiratet und bekommt zwei Kinder. Dem chilenischen Publikum wird sie durch ihre Arbeit für Fernsehen, Kinder- und Frauenzeitschriften bekannt. Nach dem Militärputsch 1973, bei dem Präsident Salvador Allende, Cousin ihres Vaters, ermordet wird, und der Installierung einer blutigen Gewaltherrschaft unter General Pi-

nochet geht A. 1974 mit ihrer Familie ins venezolanische Exil. Hier entsteht ihr erster Roman.

»Du hast viel zu tun, also hör auf, dich zu bemitleiden, trink Wasser und fang an zu schreiben«, rät in *La casa de los espíritus* die Vision Claras der von Militärschergen gefolterten Enkelin Alba. Schreiben zur Bewältigung schmerzvoller Erinnerungen: das trifft ebenso für die Autorin zu, die den Verlust der Heimat und sozialer Bindungen ebenso verarbeiten will wie das Entsetzen über die in Terror eskalierende Geschichte ihres Landes. Die in Tagebuchform gehaltene Chronik, die am Schicksal einer Familie die gesellschaftliche Entwicklung Chiles im 20. Jh. nachvollzieht, macht A. schlagartig zur weltweit bekanntesten spanischsprachigen Autorin. Man wirft A. jedoch vor, aus ihrem politisch prominenten Namen Kapital zu schlagen und ansonsten die erprobten Rezepte des ›Magischen Realismus‹ – jenes Begriffs von der wunderbaren Wirklichkeit Lateinamerikas bzw. der fabulierenden Wirklichkeitsaneignung, charakteristisch für die Erzählwerke des *Booms* – wenig originell aufzubereiten.

Erweist sich die ›magisch-realistische‹ Etikettierung insgesamt als fragwürdig, die Erzählkunst A.s dagegen als unbestreitbar, so hebt die Dominanz weiblicher Erfahrung und Perspektive in ihren Werken sie deutlich von ihren literarischen Vorgängern ab. *La casa de los espíritus* hat zwar mit dem Familienpatriarchen Esteban Trueba einen männlichen Protagonisten, doch steht diesem typischen Vertreter der chilenischen Oligarchie eine Reihe von Frauen gegenüber, deren Namen – Nívea, Clara, Blanca, Alba – Reinheit und Vorurteilslosigkeit andeuten, und die einen utopischen Gegenentwurf und einen Widerspruch zur männlich-gewalttätigen Welt darstellen. So entzieht sich die hellsichtige Clara dem von kalter Rationalität beherrschten, repressiven System durch Spiritismus und gelegentliche Kommunikationsverweigerung, doch gerade ihre Tagebuchaufzeichnungen helfen ihrer Enkelin letztlich, die Familiengeschichte zu erzählen und so Gewalt und Machtmissbrauch zu überwinden.

Konstant zieht sich das Engagement gegen die Unterdrückung sozialer Randgruppen durch A.s Werke. In *De amor y de sombra* – wie *La casa de los espíritus* erfolgreich verfilmt – klagt sie erneut eindringlich die Greueltaten im diktatorisch regierten Chile an und setzt ihnen als Kontrapunkt die Geschichte einer idealen Liebe entgegen. *Eva Luna*, nach dem Modell der Pikareske den Lebensweg eines Mädchens aus Armut und Analphabetismus hin zur Verfasserin gefeierter Telenovelas schildernd, verweist auf historische Ereignisse in Venezuela, lässt sich symbolisch aber auch als Geschichte des Kontinents lesen: in Eva, Tochter einer im Urwald angeschwemmten Europäerin und eines von einer Schlange gebissenen Indios, vermischen sich zwei der für Lateinamerika repräsentativen Kulturen, nur wird die Geschlechterkonstellation der geläufigen Verschmelzungsmetaphorik – weißer Vater, indianische Mutter – ironisch umgedreht. Selbst zwar mitunter von in populären Genres tradierten Klischees geprägt, relativiert die aus der Perspektive der marginalisierten Protagonistin erzählte Geschichte deutlich die offizielle Version der Machthaber.

Das Erscheinungsjahr *Eva Lunas* markiert auch wichtige Umbrüche im Leben A.s. Sie trennt sich von ihrem Ehemann, verlässt Venezuela und zieht nach Kalifornien, wo sie u. a. an der University of Berkeley einen Kurs über »Creative Writing Long Narrative« leitet. 1988 besucht sie nach 13 Jahren im Exil erstmals wieder Chile; engere Kontakte mit der alten Heimat folgen. In *El plan infinito* (1991; *Der unendliche Plan*, 1992) konfrontiert sie, vom Leben ihres zweiten, US-amerikanischen Ehemannes inspiriert, die dominante Kultur angelsächsischer Prägung mit der Subkultur der Latinos in Kalifornien und verhandelt darüber Themen wie Liebe, Hass, Gewalt, individuelle Willenskraft und kollektives Schicksal neu. An einem männlichen Protagonisten zeigt A. einmal mehr, dass Feminismus als ein auch für Männer befreiend wirkendes Anliegen zu sehen ist, macht der *machismo* doch auch sie zu Opfern.

Mutterschaft wird schließlich zum Movens für A.s autobiographischen Roman *Paula*

(1994; *Paula*, 1995). A. beschreibt darin den Verlauf der Stoffwechselkrankheit, an der ihre nur 28-jährige Tochter 1992 stirbt. Mit dieser Chronik eines sich ankündigenden Todes verknüpft A. ihre eigene Lebensgeschichte, die sie der monatelang im Koma liegenden Paula zu erzählen beginnt. Am Ende steht die schmerzvolle Einsicht, dass Paula nie wieder aufwachen wird. Ihrem Publikum aber liefert A. mit ihrem persönlichsten Werk ein berührendes Zeugnis über Verlust und Tod und – erneut – über die befreiende, heilsame Kraft des Schreibens.

Claudia Leitner

Almada Negreiros, José Sobral de

Geb. 7. 4. 1893 in São Tomé e Principe; gest. 15. 6. 1970 in Lissabon

José de Almada Negreiros gilt neben Fernando Pessoa als eine der herausragenden Figuren des portugiesischen Modernismus und war wichtiges Mitglied der sog. »Geração do Orpheu«. In seiner doppelten Bedeutung als bildender Künstler und Schriftsteller hat er Portugals kulturelle Entwicklung im 20. Jahrhundert maßgeblich beeinflusst.

Der in den Überseekolonien geborene und in Lissabon erzogene A.N. machte zunächst als Illustrator für verschiedene avantgardistische Zeitschriften auf sich aufmerksam und erhielt 1913 seine erste eigene Ausstellung, zu der Pessoa eine Kritik veröffentlichte. Die beiden freundeten sich an und verkehrten in den gleichen Künstlerkreisen, aus denen 1915 die erste Nummer der Zeitschrift *Orpheu* hervorging. Die Zeitschrift erregte einiges Aufsehen und fand entschiedene Kritiker, unter anderem den konservativen, traditionalistischen Schriftsteller Júlio Dantas, der den Erfolg des Blattes scharf verurteilte und dessen Autoren beleidigte. A.N. reagierte auf diesen Angriff noch im selben Jahr mit dem *Manifesto Anti-Dantas e por extenso* (Schriftliches Manifest gegen Dantas), in dem er nicht nur Dantas selbst, sondern eine ganze traditionalistische Generation, die bourgeoise Gellschaft sowie ein insgesamt kulturell stark eingeschränktes Land angriff. Das Manifest erfuhr starke Zustimmung unter den Lissaboner Avantgardisten und schob die Entwicklung einer eigenständigen portugiesischen Moderne in der Literatur und der Kunst an. Es folgten zwei weitere wegweisende Manifeste: das *Manifesto da exposição de Amadeu em Lisboa* (1916; Manifest zur Ausstellung von Amadeu in Lissabon) und das *Ultimatum futurista às gerações portuguesas do século XX* (1917; Futuristisches Ultimatum an die portugiesischen Generationen des 20. Jahrhunderts). Im Dunstkreis der Orpheu-Gruppe wandte sich A.N. verstärkt dem Schreiben zu: Zwischen 1915 und 1917 entstanden die Romane *A engomadeira* (Die Büglerin) und *K4 o quadrado azul* (K4 oder blaues Quadrat), die Erzählung »Saltimbancos« sowie die längeren Gedichte »A céna do ódio«, »Mima Fataxa«, »Litoral« und »As quatro manhãs«, die verstreut zur Publikation gelangten und mit denen A.N. sich an die Spitze der futuristischen Bewegung in Portugal setzte. Alle diese Texte kennzeichnet ein fiebriger, synkopierter Stil mit vielen Exklamationen, der den futuristischen Visionen der Orpheu-Gruppe künstlerischen Ausdruck verleiht. Szenen aus dem Leben in der portugiesischen Hauptstadt Lissabon werden gepaart mit surrealen Anflügen und der immer spürbaren Zurückweisung der portugiesischen Bourgeoisie und ihrer Ideale. »A céna do ódio« entstand beispielsweise während der Mairevolution von 1915 gegen die Diktatur unter Pimenta de Castro; A.N. gibt in dieser fulminanten Symphonie aus schockierenden Gewaltdarstellungen, Passagen, die die Dekadenz der Großstadt entlarven, sowie sexuell expliziter Sprache seinen avantgardistischen Ideen Ausdruck. Nach einem kurzen Aufenthalt in Paris von 1919 bis 1920 schrieb A.N. 1925 den Roman *Nome de guerra* (Deckname), der aber erst 1938 zur Veröffentlichung kommen sollte. Dieser Text wird im Allgemeinen als der erste moderne Roman in portugiesischer Sprache bezeichnet. In einer Mischung aus Bildungsroman und erotischem Roman schildert A.N. hier die geistige Reifung des Protagonisten

Antunes an seinen Erfahrungen im Lissabonner Rotlichtmilieu. Hervorzuheben ist insbesondere die psychologisch ausgereifte Darstellung des Protagonisten und der weiblichen Hauptfigur Judite bei einem auf nur zwei Räume begrenzten Schauplatz sowie die Einbeziehung kosmisch-spiritueller Ideen.

Von 1927 bis 1932 lebte A.N. in Madrid, wo er sich, wie auch nach seiner Rückkehr nach Lissabon, hauptsächlich den bildenden Künsten widmete. Er trat mit vielen Werken, häufig auch im öffentlichen Raum und in Zusammenarbeit mit bekannten Architekten, hervor und erwarb sich den Ruf des bekanntesten und meistgeschätzten portugiesischen Künstlers des 20. Jahrhunderts. Doch A.N. gab das Schreiben auch in seiner zweiten Lebenshälfte niemals vollkommen auf: Mit *Mito-Alegoria-Símbolo, Monólogo autodidacta na oficina da pintura* (1948; Mythos-Allegorie-Symbol. Autodidaktischer Monolog aus dem Künstleratelier) und *Orpheu 1915–1965* (1965) setzt er eine philosophisch-essayistische Tradition innerhalb seines Werkes fort, die bereits 1935 mit der Aufsatzsammlung *Sudoeste* (Südwest) begonnen hatte. 1969 legte er mit einem monumentalen graphischen Gedicht mit dem Titel »Começar«, das er in der Eingangshalle der Fundação Calouste Gulbenkian in Lissabon realisierte, die perfekte Synthese seiner außergewöhnlichen Begabungen vor und setzte seinem Schaffen einen würdigen Schlusspunkt.

Andrea-Eva Smolka

Almqvist, Carl Jonas Love
Geb. 28. 11. 1793 in Stockholm;
gest. 26. 9. 1866 in Bremen

»Der modernste Dichter Schwedens« – unter diesem Titel veröffentlichte die Schriftstellerin und Pädagogin Ellen Key 1894 einen Essay über Carl J.L. Almqvist. Seitdem gehören diese Worte zu den am häufigsten zitierten Äußerungen über den schwedischen Autor, und es waren stets neue Aspekte, mit denen seine Modernität begründet wurde, so etwa gesellschaftskritische Momente, feministische Gesichtspunkte oder die artifizielle Schreibweise. Bereits hierin zeigt sich ein Indiz für die Vielschichtigkeit von A.s Werk, das im Bereich der erzählenden Literatur einerseits den Höhepunkt der schwedischen Romantik bildet, andererseits aber von großer Bedeutung für den Übergang zum Realismus ist.

A. wurde als Sohn eines Kriegskommissars in Stockholm geboren. Durch die Verwandtschaft mütterlicherseits erhielt er eine religiös geprägte Erziehung, die sich stark am Herrnhutismus orientierte. Während seines Studiums in Uppsala (1808–15) befasste sich A. mit Philosophie, Theologie und Geschichte und setzte sich dabei unter anderem mit den Schriften Swedenborgs auseinander. Darüber hinaus beschäftigte er sich intensiv mit der zeitgenössischen und der älteren Literatur. Nach dem Examen war er zunächst als Kanzlist im Kultusministerium in Stockholm angestellt. Angeregt durch Jean-Jacques Rousseaus Naturverständnis unternahm er 1824 den Versuch, ein einfaches Landleben zu führen, der jedoch nach einem Jahr scheiterte. In den folgenden Jahren war er unter anderem als Schulrektor in Stockholm tätig. Da er 1851 in den Verdacht eines Giftmordversuchs geriet, sah A. sich genötigt, das Land zu verlassen; er flüchtete nach Amerika. Ob er tatsächlich schuldig war, konnte bis heute nicht geklärt werden. Erst 1865 kehrte er nach Europa zurück; kurz darauf starb er in Bremen.

A. hat ein außerordentlich vielseitiges Werk hinterlassen, das neben den Romanen und Erzählungen auch Lieder, philosophische Abhandlungen, literatur- und kulturkritische Schriften, journalistische Artikel zur politischen und gesellschaftlichen Situation seiner Zeit und pädagogische Arbeiten umfasst. Inspiriert durch Ideen Schellings und der Brüder Schlegel, fasste er in den 1820er Jahren Pläne für ein organisches Gesamtkunstwerk mit unterschiedlichen Textformen, die einerseits in sich geschlossene Einheiten bilden, andererseits aber doch wechselseitig aufeinander bezogen sein sollten. Diese Pläne mündeten schließlich in dem Werk *Törnrosens bok* (Das Buch der Dornenrose), das ab 1832 in zwei

Versionen erschien und 1851 durch A.s Flucht nach Amerika unterbrochen wurde. Doch auch dort arbeitete A. an Plänen zu dessen Fortsetzung; er beabsichtigte sogar, alle seine Schriften in dem Werk aufgehen zu lassen. »Törnros« ist die schwedische Bezeichnung für die Heckenrose, deren Schlichtheit und Unscheinbarkeit wie auch deren Dornigkeit in verschiedenen Texten metaphorisch ausgelegt wird. Den Beginn von *Törnrosens bok* bildet die Rahmenerzählung *Jaktslottet* (1832; *Das Jagdschloß*, 1925), in der die verschiedenen Erzähler, die zumeist aus der Familie des Schlossherrn Hugo Löwensjerna stammen, in ihren unterschiedlichen Persönlichkeiten vorgestellt werden. Haupterzähler ist der Gast Richard Furumo, der überaus belesen ist und ein abgeschiedenes Leben in der Natur führt. Bereits in der Rahmenerzählung zeigt sich, dass das Konzept des Organischen, bei dem alles mit allem in einer harmonischen Verbindung steht, zugunsten eines ironisch gebrochenen Zusammenspiels in den Hintergrund tritt. Diese Tendenz wird im Verlauf des Werks zunehmend deutlicher. Zu den bedeutendsten Texten aus *Törnrosens bok* gehört der Roman *Drottningens juvelsmycke* (1834; *Der Juwelenschmuck der Königin*, 1927), dessen historischer Hintergrund die Ermordung König Gustavs III. im Jahr 1792 bildet. Hauptperson des Romans ist die phantastisch anmutende Figur Tintomara, die in der Theaterwelt aufgewachsen ist, ihre Gestalt ständig zu wandeln weiß und eine unwiderstehliche Anziehung auf beide Geschlechter ausübt, ohne dabei selbst ein Begehren zu artikulieren. Sie entzieht sich ständig den gesellschaftlichen Konventionen und Machtgefügen, wird jedoch immer wieder in die Machtspiele hineingezogen und schließlich deren Opfer. Als »romantische Fuge« verbindet der Roman verschiedene Formen des Erzählens mit großen Anteilen dramatischer Dialogführung und mit lyrischen Passagen. Sehr wirkungsmächtig war schließlich auch der Roman *Det går an* (1838; *Es geht an*, 1846), in dem die Protagonistin Sara Videbeck in ihrer Beziehung zu dem Unteroffizier Albert für eine freie Ehe ohne offizielle Legitimation eintritt

und entgegen der traditionellen Rollenverteilung auf der Ausübung einer eigenen Berufstätigkeit besteht.

Verschiedentlich wurde der Versuch unternommen, A.s Werk in eine romantische Frühphase und eine realistische Spätphase einzuteilen und dabei das Romantische mit Idealismus und Mystik zu verbinden und den gesellschaftskritischen Momenten des Realismus entgegenzusetzen. Eine scharfe Trennung lässt sich jedoch nicht vornehmen, da einerseits auch in den stärker realistisch orientierten Texten durchaus metaphorische und ironische Darstellungsformen wirksam sind, die die romantische Schreibweise A.s kennzeichnen, während andererseits die romantischen Texte durchaus keinen realitätsfernen Idealismus propagieren und in ihrer sprachbewussten Gestaltung auch ein kulturkritisches Potential in sich bergen.

Dietmar Götsch

Das Altägyptische Totenbuch
Ca. 1600 v. Chr.

Der Begriff ›Totenbuch‹ ist in der frühen ägyptologischen Forschung als Terminus für ein um den Beginn des Neuen Reiches (um 1600 v. Chr.) fassbares Textcorpus der altägyptischen Jenseitsliteratur geprägt worden und hat sich bis heute international durchgesetzt. Es handelt sich hierbei um eine Textsammlung von insgesamt ca. 200 Sprüchen, die sich in Auswahl und variabler Abfolge vom frühen Neuen Reich bis in die Ptolemäerzeit (323–30 v. Chr.) auf großen Leichentüchern, Mumienbinden, auf Grabwänden oder Grabmobiliar, vorzugsweise aber auf Papyrusrollen finden. Inhaltlich geht das Totenbuch auf die königlichen Jenseitstexte des Alten Reiches, die Pyramidentexte, und auf die Sargtexte des Mittleren Reiches zurück, aber auch gänzlich neue Texte wurden konzipiert.

Die altägyptische Bezeichnung für eine Totenbuchrolle war »Sprüche vom Herausgehen am Tage«, was treffend die Hoffnung der Ägypter auf Überwindung des Todes und eine jenseitige Existenz beschreibt. Der physische Tod bedeutete für sie zwar das Ende des irdischen Lebens, aber durchaus nicht das endgültige Ende der Existenz. Er eröffnete vielmehr neue überhöhte Daseinsformen, in denen die Menschen den Göttern gleich göttliche Kräfte und Macht vereinen konnten. So sind im Totenbuch Sprüche über Vorstellungen zu finden, sich an der Seite eines Gottes oder in dessen Gefolge aufzuhalten oder die Gestalt eines Gottes anzunehmen – Sprüche zur Überhöhung und Machtpotenzierung des Verstorbenen. Eine ganze Spruchgruppe, die der sog. Verwandlungssprüche, zielt mit der Verwandlung des Verstorbenen in einen Phönix, eine Schwalbe, einen lebenden Ba-Vogel, eine Lotosblüte, eine Schlange oder ein Krokodil auf die erwünschte Fähigkeit zur ständigen Regeneration (Lotosblüte), zur freien Beweglichkeit im Raum (Ba-Vogel, Schwalbe) oder drückt den Wunsch nach Übernahme von Kräften und Fähigkeiten gefährlicher Wesen (Schlange, Krokodil) aus. Eine Reihe von Sprüchen soll die Jenseitsexistenz des Verstorbenen im kosmischen Kreislauf der Sonne absichern: Als Mitinsasse in der Barke des Sonnengottes Re, der täglich mit seinem Gefolge im Sonnenschiff den Himmel durchfährt, in der Nacht die Unterwelt erhellt und am Morgen verjüngt seine Fahrt erneut aufnimmt, war der Tote im Zyklus der Sonne und ihrer ständigen Regenerierung fest eingebunden. Wie der Sonnengott Re und seine Barke auf ihrer Fahrt durch Feinde bedroht werden, deren Macht es durch Totenbuch-Sprüche zu bannen galt, so musste auch der Verstorbene im Jenseits Gefahren abwehren, die ihm von feindlichen Tieren (Schlangen, Krokodilen, leichenfressenden Käfern), Dämonen oder generell von Feinden der Weltordnung drohten. Die Macht der feindlichen Wächter, die die Tore jenseitiger Regionen mit Messern und Flammen bewachen, konnte nur die Kenntnis und die Nennung ihrer Namen brechen; nur mit diesem Wissen, das die entsprechenden Totenbuch-Sprüche vermittelten, erhielt man Macht über sie. Ebenso wichtig war es für den Verstorbenen, sich durch einen Spruch seines eigenen Namens zu versichern, denn der Name gehörte zur Unverwechselbarkeit seiner Persönlichkeit und verbürgte seine Identität. Allein das Aussprechen des Namens bedeutete für die Ägypter einen schöpferischen Akt, der sie in die reale Existenz heben konnte, ebenso wie der in einigen Sprüchen formulierte Wunsch nach Atemluft, Speise und Trank dies ermöglichen sollte. Die Totenbuch-Sprüche wurden vielfach mit Illustrationen verbunden, entweder als einfache Strichzeichnungen oder farbenprächtig gestaltet, die oft prägnant auf den essentiellen Inhalt des jeweiligen Spruches Bezug nehmen.

Eine im Totenbuch zentrale Idee ist das Totengericht: Der Verstorbene hat Rechenschaft über sein Leben vor einer göttlichen Instanz, dem Totenrichter Osiris, abzulegen, indem er vor ihm einen Katalog von 42 nicht begangenen Sünden aufzählt. Diese umfassen sowohl Kapitalverbrechen, Vergehen gegen die Götter oder den König, Wirtschaftsdelikte und allgemeine Vergehen gegen Mitmenschen als auch solche Verhaltensweisen, die eher als Ausdruck charakterlicher Unzulänglichkeiten erscheinen. Das Herz des Toten, das als Sitz des Verstandes und der Gefühle oder als Substrat der guten wie der schlechten Handlungen eines Menschen galt, wird auf einer Standwaage gegen eine Feder als Symbol der Wahrheit und des Rechts abgewogen. Im Falle eines negativen Ausgangs des Verfahrens sitzt ein gefährliches Mischwesen bereit, den Sünder zu verschlingen und ihn dem endgültigen Tod, der Auflösung seiner Existenz, anheimzugeben. Einem möglichen negativen Ausgang aber beugte man mit einem Spruch vor, der das Herz auf der Waage beschwor, nicht gegen seinen Besitzer auszusagen. Gleichzeitig manipulierte ein göttlicher Wägemeister durch seinen Eingriff in das Gleichgewicht von Herz und Feder jedes etwaige ungünstige Ergebnis: Die Zuweisung des Toten zu den Gerechtfertigten und das erhoffte »Herausgehen am

Tage« sollten durch Text und Illustration für alle Zeiten gesichert bleiben.

Irmtraut Munro

Altenberg, Peter
(d. i. Richard Engländer)
Geb. 9. 3. 1859 in Wien;
gest. 8. 1. 1919 in Wien

A. war der Inbegriff des Wiener Kaffeehausliteraten und Bohemien. Seine Prosaskizzen, seine kulturkritischen Aphorismen und Bilder aus dem Wiener Großstadtalltag nannte er »Extrakte des Lebens« (*Wie ich es sehe*, 1896; *Was der Tag mir zuträgt*, 1900; *Bilderbögen des kleinen Lebens*, 1909). Nach einem abgebrochenen Jura- und Medizinstudium versuchte er sich u. a. als Buchhändler, bis er sich – von Karl Kraus gefördert – als freier Schriftsteller in den Kaffeehäusern einrichtete, dort residierte, arbeitete und lebte. Außer Karl Kraus waren Egon Friedell und der Architekt Adolf Loos seine Mentoren; mit den Literaten des Jungwiener Kreises stand er im engen Kontakt.

A. gilt als Meister der kleinen Form: der Skizze, des Feuilletons, des Aphorismus, der Anekdote. Er komprimierte einen Eindruck in knappster sprachlicher Gestalt, hinter der jedoch stets das erlebende Ich greifbar bleibt: das solipsistische Ich eines sensitiven, nervösen Augenmenschen. Die Sammlung *Wie ich es sehe* (die Betonung liegt auf »sehe«) kann für A.s literarisches Verfahren exemplarisch stehen. Den Augenblick, den flüchtigen Eindruck, die plötzliche Begegnung, die dissoziierte Wirklichkeit holt er mit seiner Ein-Wort- und Ein-Satz-Kunst in die Sprache. Am besten hat er dieses in seiner *Selbstbiographie* (1918) charakterisiert: »Ja, ich liebe das ›abgekürzte Verfahren‹, den *Telegrammstil der Seele!* Ich möchte einen Menschen *in einem Satze* schildern, ein Erlebnis der Seele *auf einer Seite*, eine Landschaft *in einem Worte*! Lege an, Künstler, ziele, triff ins Schwarze! Basta.« Dort hat er auch seine Optik, seinen Kult des Sehens beschrieben: »Mein Leben war der unerhörten Begeisterung für Gottes Kunstwerk ›Frauenleib‹ gewidmet! Mein armseliges Zimmerchen ist fast austapeziert mit Aktstudien von vollendeter Form. … Wenn P. A. erwacht, fällt sein Blick auf die heilige Pracht, und er nimmt die Not und die Bedrängnis des Daseins ergeben hin, da er zwei Augen mitbekommen hat, die heiligste Schönheit der Welt in sich hineinzutrinken! *Auge, Auge, Rothschild-Besitz des Menschen!* … Ich möchte auf meinem Grabsteine die Worte haben: ›Er liebte und sah!‹«

A. war der unschuldigen Huldigungen und Verehrung für das Schöne voll; vor allem den aufblühenden Jungmädchenleib beschrieb er. Bei aller Egozentrik war er fähig, sich ohne Begehren der Frau zu nähern, ein Freund, kein Verführer. Er ging als ästhetischer Solipsist ganz im interesselosen Anschauen seiner schönen Objekte auf. Er bedauerte, dass die freien erotischen Beziehungen durch Konventionen und durch das Machtstreben vereitelt werden.

A. machte das Café Central berühmt, so wie diese Lokalität seine Lebensweise förderte und prägte. Er schrieb zumeist auf Veranlassung, eilig für ein kleines Honorar, das oft schon durch den Vorschuss aufgebraucht war. Zornig konnte er in seinen Aphorismen werden: »Mein Gehirn hat Wichtigeres zu leisten, als darüber nachzudenken, was Bernard Shaw mir zu *verbergen* wünscht, indem er mir es *mitteilt!*« Zuweilen zielte er tiefer: »Musik ist: wie wenn die Seele plötzlich in einer *fremden Sprache* ihre *eigene* spräche!« Sein Erscheinen ließ immer etwas Besonderes erwarten; seine berühmte allnächtliche Odyssee, die Suche nach seiner Wohnung, war polizeinotorisch. Allein dies reichte Egon Friedell schon aus für eine ganze Anthologie von Altenberg-Anekdoten, in denen er seine erinnerbare Gestalt gefunden hat.

Literarisch liegt A.s Bedeutung in seinem »Impressionismus« oder »Pointillismus«, besser: in den spontan wirkenden Skizzen, und in seinem Beitrag zur Geschichte des Wiener Feuilletons. Der Ich-Kult war ihm wie den meisten Kaffeehausliteraten Selbstverständlichkeit. »Mich interessiert an einer Frau *meine* Beziehung zu ihr, nicht *ihre* Beziehung zu mir! ... Der Blick, mit dem sie einen anderen liebenswürdig anschaut, macht *mich, mich allein* unglücklich! Daher gehört dieser Blick *mir, mir* und nicht ihm, dem eitlen Laffen! Mir, mir allein gehört alles, was von ihr kommt, Böses und Gutes, denn *ich, ich* allein empfinde es!«

A. war der klassische Schmarotzer, der in Häusern der Aristokratie ebenso verkehrte wie im Bordell, wenn er nicht gerade im Kaffeehaus war. Als Bohemien und radikaler, doch sanftmütiger Individualist verfolgte er, verfolgten ihn verschiedene Reformideen (natürliche Kleidung, Gesundheitsschuhe). Mit seinem Reformwahn reagierte er auf den Verlust der Wertordnung, auf das, was bei Hermann Broch als »Verlust des Zentralwertes« in der zu Ende gehenden Donaumonarchie diagnostiziert worden war. Seine Exzesse (Alkohol, Schlafmittel) verursachten wiederholt Nervenkrisen und bedurften der klinischen Behandlung. Oder er erholte sich als Nachtschwärmer bei Gelagen von seinen strapaziösen Reformen an Leib und Gliedern. Kaum verwunderlich, dass für ihn Stoffwechselstörungen die einzige Erklärung für die Taten der Bösewichter der Weltliteratur waren. In den späteren Jahren wird das Erlebnis, der einzigartige Eindruck derart stilisiert, dass die Empfindung zum Fetisch wird oder zum beliebigen Reiz verkümmert. Seine Texte wurden nach seinem Tode von Alfred Polgar (*Nachlass*), von Karl Kraus (*Auswahl*) und von Egon Friedell herausgegeben (*Das Altenberg-Buch*, 1922).

Werkausgabe: Ausgewählte Werke in 2 Bänden. München 1979.

Helmut Bachmaier

Amado, Jorge

Geb. 10. 8. 1912 in Itabuna, Bahia/Brasilien; gest. 6. 8. 2001 in Salvador da Bahia

»Wenn ich eine Tugend bewies, so bestand sie darin, mich dem Volk anzunähern, mich mit ihm zu vermischen, das Leben des Volkes zu leben, mich in seine Realität zu integrieren.«

Die Familie Jorge Amados, der als einer der populärsten Schriftsteller Brasiliens gilt, lebte vom Kakaoanbau. A. besuchte von 1924 bis 1926 ein Jesuitenkolleg, war ab 1927 Journalist in Salvador, begann 1931 in Rio de Janeiro ein Jurastudium und trat in die kommunistische Jugendorganisation ein. 1933 wurde sein Buch *Cacau* von der Polizei beschlagnahmt, 1935 wurde er aus politischen Gründen festgenommen. 1937 reiste A. durch Lateinamerika und die USA, die Jahre 1941/42 verbrachte er im Exil in Argentinien und Uruguay, ab 1945 lebte A. mit der Schriftstellerin Zélia Gattai zusammen. Von 1946 bis 1947 war A. Abgeordneter der Kommunistischen Partei Brasiliens, nach deren Verbot er von 1948 bis 1952 im Exil in Paris und Prag lebte, wo er Kontakt zu Intellektuellen wie Pablo Neruda, Jean-Paul Sartre, Pablo Picasso und Anna Seghers hatte. 1956 trat er aus der Kommunistischen Partei aus. 1961 wurde A., der seit 1963 in Salvador lebte, in die Academia Brasileira de Letras aufgenommen, 1987 wurde in Salvador die Stiftung Casa de Jorge Amado gegründet.

A. begann seine schriftstellerische Laufbahn als Angehöriger einer Gruppe von Regionalisten, die durch die Rehabilitierung der Folklore, der mündlichen Tradition, volkstümliche Elemente als Inspirationsquelle in ihre Literatur zu integrieren versuchte. Die Schriftsteller (u. a. José Américo de Almeida, Graciliano Ramos, Rachel de Queiroz und Érico Veríssimo) setzten sich für die Demokratisierung der Kultur ein. A. war 19 Jahre alt, als er den Roman *O país do carnaval* (1931; Land des Karnevals) schrieb, der großen Anklang bei Publikum und Kritik fand. Der Autor erklärte jedoch später, sich für den darin zum Ausdruck kommenden Pessimismus zu schämen, und erlaubte die Übersetzung in andere Sprachen erst 1984. In seiner ersten Werkphase finden sich bei A. marxistisch orientierte Thesen und Einflüsse deterministischer Theorien – sowohl des klimatischen und geographischen Determinismus als auch des evolutionistischen Paradigmas und des Sozialdarwinismus –, die seit 1870 in Brasilien vorherrschten. A. scheint hier mit den gängigen Auffassungen seiner Zeit auch insofern im Einklang zu sein, als er die Rassenvermischung (»miscigenação«) als Grund für die fehlende Entwicklung des Landes ansah. *O país do carnaval* ist das wenig bekannte Debüt eines Schriftstellers, dessen Optimismus später zu seinem Markenzeichen wird. Mit *Cacau* und *Suor* (1933, 1934; *Leute aus Bahia: Im Süden*. Das Mietshaus, 1966), *Jubiabá* (1935; *Jubiabá*, 1950) *Capitães de areia* (1937; *Herren des Strandes*, 1951) und *Terras do sem fim* (1943, *Kakao. Roman aus dem brasilianischen Urwald*, 1951) festigte A. seine Position als engagierter Schriftsteller. *Gabriela, cravo e canela* (1958; *Gabriela*, 1962) wird als Wendepunkt in seinem Werk betrachtet: Die positive kulturelle Utopie der »mestiçagem« (Vermischung der Völker) ersetzt die politische Utopie und die deterministischen Theorien. Der Roman spielt im Jahr 1925 in Ilhéus, zum Zeitpunkt der Kakaoblüte, als es zu einem wirtschaftlichen Aufschwung kam und die Region sich wandelte. Nacib, ein arabischer Einwanderer, engagiert als neue Köchin die Mulattin Gabriela, die auch zu seiner Geliebten wird. Doch Gabriela, ein Naturkind, kann sich der Zivilisation nicht anpassen: Sie will keine Schuhe tragen, sie will Nacib nicht heiraten und sie betrügt ihn. In ihrer Verkörperung der »guten Wilden« ist sie zugleich auch das literarische Stereotyp der Mulattin, die die Nation erzeugende Mutter und das Objekt der Begierde, mit einer Haut wie aus Zimt, nach Nelken duftend, hilfsbereit, musikalisch begabt und eine gute Haushälterin, jedoch verantwortungslos, sinnlich und untreu. *Gabriela* ist A.s erste Veröffentlichung nach dem Bruch mit der Kommunistischen Partei – der Traum, das Volk zu sensibilisieren und das Land durch die Revolution auf den richtigen Weg zu führen, hat sich aufgelöst. Das Buch wurde ein Bestseller und das meistübersetzte Werk A.s (in 29 Sprachen); es wurde zudem mit Sónia Braga und Marcello Mastroianni in den Hauptrollen verfilmt. A. verarbeitete mit Anklängen an die »Kordel«-Literatur (literatura de cordel) – eine beliebte Art der Volksliteratur in Bahia –, mit dem Grotesken, mit Wiederholungen und Übertreibungen, Stilelemente der Volkskultur und der Karnevalisierung. Diese Elemente verwendet er auch in weiteren Romanen wie etwa in *Dona Flor e seus dois maridos* (1966; *Dona Flor und ihre zwei Ehemänner*, 1968), *Tenda dos milagres* (1968; *Werkstatt der Wunder*, 1972), *Teresa Batista cansada de guerra* (1972; *Viva Teresa*, 1975) und *Tieta do Agreste* (1977; *Tieta aus Agreste*, 1979).

Tenda dos milagres ist ein Thesenroman, in dem die Frage nach der Ausbildung der brasilianischen Identität durch den Kampf gegen rassistische Vorurteile gestellt wird. Pedro Archanjo malt in seinem Zelt für Leute, die sich bei ihren Schutzheiligen bedanken wollen. Es sind Wunder auf Bestellung. Er ist ein gutaussehender Mulatte, der die Frauen liebt und den alle Frauen begehren. Seine wirkliche Liebe, die zu Rosa de Oxalá, bleibt aber unerfüllt. Der Roman weist zwei parallele Ebenen auf: Auf der einen wird vom Leben Archanjos in den ersten Jahrzehnten des 20. Jahrhunderts erzählt und von dessen Ideen zur »mestiçagem«. Auf der anderen Ebene schildert A. die Vorbereitung von Feierlichkeiten im Jahr 1968, bei denen der ehemals verfolgte und inzwischen verstorbene Archanjo anlässlich seines 100. Geburtstags zu einem Helden stilisiert wird. Das zentrale Thema des Werks ist die Konfrontation der optimistischen Vision, die in der Figur des Archanjo verkörperten »miscigenação« mit den Anfang des 20. Jahrhunderts verbreiteten rassistischen Theorien, im Roman vertreten durch den Professor Nilo Argolo, demzufolge die Vermischung der Rassen zur Entartung führen würde. Die Frage der nationalen Identität muss hier in der Tradition von Gilberto Freyre verstanden werden – in *Casa-grande & Senzala* (1933), das A. als Ausdruck der »Volljährigkeit der brasilianischen Kultur« bezeichnete, betonte Freyre durch seine Interpretation der Geschichte der Kolonialzeit Brasiliens die Einzigartigkeit des Landes. Mit dem Lusotropikalismus schuf Freyre den Mythos von der friedfertigen Kolonisierung durch die Portugiesen, die auf deren besonderer Veranlagung als hybrides Volk beruhe und deren wesentliches Merkmal die gänzlich vorurteilsfreie Vermischung der Portugiesen mit Indianern und vor allem Afrikanern sei, aus der die moderne brasilianische Gesellschaft hervorging – eine Gesellschaft, in der vollkommene »Rassendemokratie« herrsche, es also keine rassistische Diskriminierung gebe.

Bei A. ist die Apologie der »mestiçagem« auch eine Version des Mythos der Gleichheit der Rassen und beinhaltet die Idee eines brasilianischen Humanismus, der für Sinnlichkeit, religiösen Synkretismus und Karneval steht. Durch seine Romane hat A. das Bild Brasiliens im In- und Ausland stark geprägt. A. erhebt nicht nur den Bundesstaat Bahia zum Mikrokosmos Brasiliens, sondern auch die »bahinidade« zum Sinnbild der brasilianischen Identität.

Carla Gago

Amichai, Jehuda
(geb. als Ludwig Pfeuffer)
Geb. 3. 5. 1924 in Würzburg;
gest. 22. 9. 2000 in Jerusalem

Jehuda Amichai wuchs in der Geborgenheit einer orthodoxen Großfamilie auf und lernte in der jüdischen Schule Hebräisch. Seine Vorfahren waren alteingesessene, geachtete Landjuden, sein Vater, Kaufmann und aktives Gemeindemitglied in Würzburg, war im Ersten Weltkrieg Soldat gewesen. 1935 wanderte die ganze Familie nach Palästina aus und ließ sich zunächst in der landwirtschaftlichen Siedlung Petach Tikwa nieder, wo der Vater eine Synagogengemeinde mit deutschem Ritus und Prediger mitgründete; Hebräisch war nun Umgangssprache, Deutsch die Sprache des Judentums. 1937 zog die Familie nach Jerusalem, A. diente ab 1942 in den Jüdischen Brigaden der Britischen Armee, besiegelte 1946 mit dem Namen Amichai, »Mein Volk lebt«, seine neue, sozialistisch-zionistische Identität, schmuggelte Waffen für die Palmach und kämpfte im Unabhängigkeitskrieg. Danach studierte er Bibelkunde und hebräische Literatur, wurde Lehrer und schließlich Hochschullehrer. Neben zahlreichen Gedichtbänden schrieb er Hörspiele, Prosa und Kinderbücher. Seine Werke wurden in über 30 Sprachen übersetzt, er erhielt verschiedene Literaturpreise und war mehrmals für den Nobelpreis nominiert.

In den 1950er Jahren wandelte sich die Dichtung zur wichtigsten Gattung der hebräischen Literatur. A. gehörte zur Gruppe Likrat um den Dichter und Literaturwissenschaftler Nathan Zach (geb. 1930 in Berlin), der eine neue hebräische Poetik entwickelte. A.s erster Gedichtband *Achschaw U-We-Jamim Acherim* (1955; *Jetzt und in anderen Tagen*) belegte diese, die folgenden entfalteten sie: A. löste die geschlossenen Formen zugunsten freier Verse auf, probierte neue syntaktische Rhythmen, drängte das Pathos mit Ironie, Lakonie und unvermittelten Stimmungswechseln zurück, bezog Wörter und Redeweisen des Alltags ein, stellte sie neben Anspielungen auf die Bibel und die mittelalterliche Dichtung und wählte einen persönlichen Ton. Seine Themen wollten nicht dem Kollektiv dienen, sondern entsprangen der individuellen Erfahrung, die häufig zeitgeschichtlich geprägt war und so das Lebensgefühl seiner Generation traf.

1959 reiste A. in seine Vaterstadt Würzburg. Seine ambivalenten Gefühle verarbeitet er in dem Roman *Lo Me-Achschaw Lo Mi-Kan* (1963; *Nicht von jetzt, nicht von hier*, 1992): Ein Archäologe in Jerusalem träumt in einer Lebenskrise von seiner Kindheitsfreundin, die im KZ ermordet wurde. Er will sie rächen, spaltet sich in mehrere Versionen seiner selbst auf und erzählt von seiner Spurensuche in einer deutschen Stadt namens Weinberg, einer Suche, die sich mit Dreharbeiten vermischt und zunehmend unwirklich wird, während ein Erzähler berichtet, dass er in Jerusalem bleibt, eine Affäre mit einer Amerikanerin hat und schließlich auf eine Mine tritt. Die Bedeutung dieses Romans liegt in seiner Thematik: der Einbeziehung des Vergangenen in die Gegenwart, im Weggehen, um nach Hause zu kommen. Das kompositorische Experiment hingegen ist ebenso wenig gelungen wie die zwischen Trivialität und Pathos schwankende sprachliche Gestaltung. A. hatte bereits in seinen Erzählungen *Ba-Ruach Ha-Nora Ha-Sot* (1961; *Die Nacht der schrecklichen Tänze*, 1990) nicht überzeugt, weil er angestrengt nach Bildern suchte, dabei jedoch das Geheimnisvolle überstrapazierte und sprachlich oft entgleiste.

Seine Beliebtheit in Israel und seinen internationalen Ruhm begründen seine Gedichte. Sie umfassen alle Themen des Alltags – Familie, Liebe und Tod, Jerusalem und die Landschaften Israels, kleine Begegnungen, Beobachtungen, Erinnerungen und Hoffnungen, Stimmungen und Gefühle. Der Lyriker A. ruht in sich als ein liebender und leidender Mensch, der ganz im Leben steht und Halt bietet, weil er ein Kämpfer ist, der auf Frieden setzt, weil er ein längst säkularer Jude ist, der das Judentum liebt. Er schreibt nachdenklich, aber nicht philosophisch, zeitgeschichtlich, aber nicht politisch, immer schlicht, immer in seinem unverwechselbaren persönlichen Ton. Souverän wechselt er die Sprachebenen und verwebt die Umgangssprache mit der mittelalterlichen Dichtung und der Bibel, indem er Assonanzen und die semantische Spanne zwischen klassischem und modernem Hebräisch nutzt. Der Zauber seiner Gedichte liegt in den Bildern, den Analogien, die Beobachtung, Empfindung und Gedanken verknüpfen. *Wie schön sind deine Zelte, Jakob* (1988) ist eine Auswahl aus fünf Gedichtbänden, die zwischen 1971 und 1985 erschienen sind. Ende der 1990er Jahre bemängelte die Kritik, dass A. sich über die Jahrzehnte nicht mehr entwickelte, sondern mit seiner unerschöpflichen Bildwelt einfach aus allem ein Gedicht machte. A. war konservativ geworden, »bewahrend« hinsichtlich der Lyrik, der jüdischen Kultur und der Normalität des Lebens in Israel.

Ute Bohmeier

Amis, [Sir] Kingsley
Geb. 16. 4. 1922 in London;
gest. 22. 10. 1995 in London

Kingsley Amis kann als einer der einflussreichsten *men of letters* im Großbritannien der Nachkriegszeit gelten: Er war erfolgreich als Lyriker, Romancier, Kritiker und Essayist. Nach einem Studium in Oxford, Militärdienst und Lehrtätigkeiten in Swansea, Cambridge und Princeton (1948–63) konnte A. sich schon früh die Freiheit einer ganz auf das Schreiben ausgerichteten Karriere leisten. Zweimal verheiratet, davon 1965–83 mit der Romanautorin Elizabeth Jane Howard, lebte er ab Mitte der 1950er Jahre in London und wurde zugleich Sprachrohr und Kritiker des literarischen Establishment. Sein Debütroman *Lucky Jim* (1954; *Glück für Jim*, 1957) wurde strukturprägend für den neopikaresken Roman und die *campus novel* (Universitätsroman). Seine Lyrikbände standen vom Erstling *Bright November* (1947) bis zu den *Collected Poems 1944–1979* (1979) fest in der Tradition der klaren, schnörkellosen und ›alltagstauglichen‹ Sprache des *Movement*. Neben über 20 Beiträgen zum Kriminal- (*The Anti-Death League*, 1966) und Schauerroman (*The Green Man*, 1969), zur politischen Dystopie (*The Alteration*, 1976) und zum Genre der Kurzgeschichte ist A. v.a. als Herausgeber von Lyrik- (*The New Oxford Book of Light Verse*, 1978; *The Popular Reciter*, 1978) und Science-fiction-Anthologien (*New Maps of Hell*, 1960; *Spectrum*, 1961; *The Golden Age of Science Fiction*, 1981), als selbsternannter Apologet der Detektivliteratur und, unter dem Pseudonym Robert Markham, als Autor von James Bond-Romanen (*The James Bond Dossier*, 1965, *Geheimakte 007: Die Welt des James Bond*, 1986; *Colonel Sun*, 1968, *007 James Bond. Liebesgrüße aus Athen*, 1991) hervorgetreten. Zahlreiche Glossen, Kulturkolumnen und Buchkritiken sowie kritische Studien bzw. Werkausgaben von Gilbert Keith Chesterton (1972), Alfred Lord Tennyson (1973) und Rudyard Kipling (1975) belegen die Produktivität und öffentliche Prominenz A.' ebenso wie seine kontinuierlichen Einmischungen in die politisch-gesellschaftliche

Diskussion, v.a. in den Bänden *Socialism and the Intellectual* (1957), *What Became of Jane Austen and Other Questions* (1970), *On Drink* (1972), *The Folks That Live on the Hill* (1990), *Memoirs* (1990), *The King's English: A Guide to Modern Usage* (postum 1998). – Neben der frühen Kanonisierung von *Lucky Jim* ist die Wirkung A.' durch den Titel eines *Commander of the British Empire* 1981, den *Booker Prize* für seinen Roman *The Old Devils* (1986) sowie den Adelstitel 1990 dokumentiert. Obwohl die Kritik nicht mit Vorwürfen geizte, welche A.' Weg vom *angry young man* zum *grumpy old man* mit schwankenden politischen Allianzen ebenso betreffen wie die xenophobisch-insularen (*I Like It Here*, 1958; *One Fat Englishman*, 1963) bzw. misogyn-machistischen (*Jake's Thing*, 1978; *Stanley and the Women*, 1984) Untertöne seiner Romane, wird er andererseits mit seiner Verkörperung des beinahe stereotypen englischen Gentleman durch Schrulligkeit, radikale Ablehnung von vorgeblicher Kunsthaftigkeit und »arty posturing« als typisch britischer Autor geschätzt. Die weitgehend fehlende technische Finesse seiner Romane, deren Hang zu Situationskomik, Groteske und bisweilen vulgär-umgangssprachlichem Ton, hat jedenfalls eine große Zahl von Lesern nie abgeschreckt, A.' feines Ohr für Dialogwitz und beißende Ironie zu goutieren, bis hin zu seinem letzten Roman, der Satire *The Biographer's Moustache* (1995). Trotz des Vorwurfs, den nahtlosen Übergang vom Bilderstürmer zum Reaktionär vollzogen zu haben, muss A. durchgängig eine intensive moralistisch-demokratische Gesinnung bescheinigt werden.

Werkausgabe: The Letters. Hg. Z. Leader. New York 2001.

Göran Nieragden

Amis, Martin
Geb. 25. 8. 1949 in Oxford

Der enorme Bekanntheitsgrad von Martin Amis, der zu den einflussreichsten zeitgenössischen Autoren Großbritanniens zählt, beruht zu einem Großteil auf seiner Biographie, die er in seinen zum Bestseller avancierten Memoiren *Experience* (2000) medienwirksam inszeniert hat. Besonders das problematische Verhältnis zu seinem berühmten Vater, dem Schriftsteller Kingsley Amis, und sein umstrittenes öffentliches Auftreten haben A. seit dem Erfolg seiner ersten vier, von sexueller Explizität und Gewalt dominierten Romane – *The Rachel Papers* (1973), *Dead Babies* (1975), *Success* (1978) und *Other People: A Mystery Story* (1980; *Die Anderen. Eine mysteriöse Geschichte*, 1997) – den zweifelhaften Ruf des stilsicheren Zynikers, dem Talent und Einfluss in die Wiege gelegt wurden, eingetragen. Seine Essays, die in verschiedenen Sammelbänden veröffentlicht wurden (*Invasion of the Space Invaders*, 1982; *The Moronic Inferno and Other Visits to America*, 1986; *Visiting Mrs. Nabokov and Other Excursions*, 1993; *The War Against Cliché: Essays and Reviews 1971–2000*, 2001), offenbaren dagegen ein humanistisches Weltbild, das sich dezidiert gegen die Entmenschlichung durch den Spätkapitalismus wendet. Diese ethischen Vorstellungen und eine postmoderne Ästhetik in der Tradition von William Burroughs, J.G. Ballard, Anthony Burgess, Joseph Heller und v.a. Saul Bellow und Vladimir Nabokov sind auch charakteristisch für die von einigen seiner Kritiker als pornographische Effekthascherei missverstandenen Bestsellerromane, mit denen A. sich nach 1980 endgültig in der literarischen Szene Großbritanniens etablieren konnte.

Im Gegensatz zum geschichtsrevisionistischen Roman *Time's Arrow* (1991; *Pfeil der Zeit*, 1993) wendet sich A. in den satirischen Romanen *Money: A Suicide Note* (1984; *Gierig*, 1991), *London Fields* (1989; *1999*, 1995) und *The Information* (1995; *Information*, 1996) zeitgenössischen Themen zu: Eifersucht, Gewalt und Pornographie, Macht- und Geldstreben, die Fragmentierung des Individuums, der dehumanisierende Einfluss des Kapitalismus und der Medien- und Popkultur sowie nicht zuletzt die Auswirkungen der nuklearen Bedrohung auf den Menschen, um die sich auch die Kurzgeschichten in *Einstein's Monsters* (1987; *Einsteins Ungeheuer. Träume im Schatten der Bombe, 1987) drehen. Der dystopische Roman *London Fields*, A.' formal anspruchsvollste Inszenierung dieser zeitkritischen Motive, schildert die Suche der suizidalen Nicola Six nach ihrem eigenen Mörder, in deren Verlauf zwei weitere Figuren, der Kleinkriminelle Keith Talent und der kultivierte Guy Clinch, in ein Geflecht von sexuellen und psychischen Intrigen gelockt werden. Der Erzähler Samson Young, der die Geschichte Nicolas mit vielen metafiktionalen Einschüben berichtet, versucht vergebens, die Kontrolle über seine Erzählung zu behalten, und wird letztlich gegen seinen schöpferischen Willen selbst zum Mörder Nicolas. Wie fast alle Werke A.' kontrastiert der Roman groteske Komik mit abgründigem Pessimismus und verbindet zugleich die für den Autor typischen postmodernen Erzählverfahren, allen voran unterschiedliche Formen narrativer Selbstreflexivität, die radikale Unterminierung traditioneller Figurenkonzeptionen, die Kontaminierung ontologischer Ebenen, die experimentelle Transformation von Prätexten und das Doppelgängermotiv. – Seit Mitte der 1990er hat sich die Öffentlichkeit weniger mit den fiktionalen Werken – dem Roman *Night Train* (1997; *Night Train*, 1998) und dem Kurzgeschichtenband *Heavy Water* (1998; *Schweres Wasser und andere Erzählungen*, 2000) – als mit der Person A.' beschäftigt, was auch die Ankündigung, im Zentrum des nächsten Werks werde die 14-jährige Tochter des fiktiven Königs von England, Henry IX, in ein Netz aus Pädophilie und Pornographie geraten, wodurch die Glaubwürdigkeit der Monarchie zutiefst erschüttert werde, nicht änderte. So sorgte *Yellow Dog* (2003; *Yellow Dog*, 2004) bereits vor dessen Veröffentlichung in den Medien Großbritanniens für eine Aufmerksamkeit, die nur wenigen Literaten in England zuteil wird.

Bruno Zerweck

Anakreon

Geb. um 570 v. Chr. in Teos/Ionien;
gest. um 485 v. Chr.

»Die gesamte Dichtung Anakreons handelt von Erotik« (Cicero). Dieses Urteil ist charakteristisch und passt überwiegend für die uns erhaltenen geringen Reste dieses letzten großen Dichters der Monodie, d. h. des lyrischen Einzelvortrags im Gegensatz zur Chorlyrik, der im Altertum zu den neun kanonischen Lyrikern zählte. Die Alexandrinischen Gelehrten (3./2. Jh. v. Chr.) gaben sein Werk in fünf Büchern heraus (drei Bücher Lyrik, je ein Buch Iambik und Elegien). Dass das Werk A.s eine größere Spannweite besaß, als es das spätere Bild des Dichters erkennen lässt, zeigt ein erhaltenes böses Spottgedicht auf einen dekadenten Neureichen (frg. 54 Diehl). Der überwiegende Teil seines erhaltenen Œuvres behandelt jedoch Facetten der Liebe, sowohl zu Frauen, als auch zu schönen Knaben, in meist nur wenige Verse umfassenden Gedichten. Diese waren für den unterhaltenden Vortrag bei Symposien gedacht, welche an den Tyrannenhöfen abgehalten wurden, wo A. tätig war, zuerst bei Polykrates in Samos, dann bei Hipparch von Athen, danach bei den Aleuaden von Larissa. Die Verbindung von distanzierter Leichtigkeit und feinfühliger Schilderung liebender Leidenschaft zeichnen A. vor allen anderen Dichtern aus. So bezeichnet er Wahnsinn und inneren Aufruhr als »die Würfel des Eros« (frg. 34). Hier wird pointiert der Kontrast zwischen dem kindlichen Wesen des Knaben Eros und den durch ihn bewirkten heftigen Gefühlen zum Ausdruck gebracht, was sich später z. B. bei Apollonios Rhodios und Apuleius wiederfindet. Typisch für seine erotische Metaphorik ist das Bild des Thrakerfüllens, das für eine junge Thrakerin steht, welche den »kundigen Reiter« fliehen (frg. 88), wovon Horazens Ode 1,23 angeregt ist. Als erster uns bekannter Dichter bezeichnet A. sich als »trunken vom Eros« (frg. 17). Im Gegensatz zu Sapphos »bittersüßem Eros« kennt A. den Zustand, dass er gleichzeitig liebt und nicht liebt (frg. 79). Er stellt so distanziert das dichte Nebeneinander von Verstörtheit und

Vernunft dar. In dieselbe Richtung gehen Gedichte, wo er seine Verliebtheit in Sprachspielen wie dem Polyptoton (ein Wort in verschiedenen Flexionsformen wiederholend) beschreibt (frg. 3). Generell ist seine Sprache ausgefeilt und oft reich ornamentiert. Ein weiteres Thema ist die Altersklage, welche z. T. mit Selbstironie oder einer Pointe gewürzt ist (frg. 5). Auffallend ist sein ausgeprägtes koloristisches Empfinden, z. B. wenn Eros am angegrauten Bart A.s im Windhauch seiner goldglänzenden Schwingen vorbeifliegt (frg. 53).

In einer weithin charakteristischen Verkennung des Unterschiedes zwischen dem fiktiven dichterischen Ich und der Person des Autors galt A. den Späteren als ewiger Trinker und liebestoller Alter (Seneca; bildende Kunst). Seine elegante und anmutige, fast schwerelose Dichtung regte vom Hellenismus bis in die byzantinische Zeit (14. Jh.) zur Imitation in den sogenannten *Anakreontika* an, die lange Zeit fälschlicherweise A. selbst zugeschrieben wurden. Sechzig von diesen Gedichten sind in einer uns erhaltenen Sammlung vereinigt, wobei ein relativ begrenzter thematischer Bereich der Erotik in reicher sprachlicher und motivischer Variation behandelt wird. Ab dem 16. Jh. finden sich Übersetzungen und Adaptionen dieser Sammlung in zahlreichen modernen europäischen Sprachen. Diese Entwicklung gipfelt in der Anakreontik des 18. Jh.s (Belleau, Goethe u. a.), beeinflusste indirekt aber auch Autoren wie Voltaire und Lord Byron.

Karla Pollmann

Anand, Mulk Raj

Geb. 12. 5. 1905 in Peschawar, [heute] Pakistan; gest. 28. 9. 2004 in Pune/Indien

Die vernehmbarste Stimme der ersten Generation moderner indischer Schriftsteller englischer Sprache ist zweifellos Mulk Raj Anand, dessen seit Mitte der 1930er Jahre veröffentlichten realistischen Romane über die Situation der unterdrückten Bevölkerungsteile Indiens auf das Interesse liberal-radikaler Kreise Englands stießen (wo seine Romane zunächst erschienen) und nach der Unabhängigkeit 1947 auch auf dasjenige indischer Leser, die ihn jedoch oft des Marxismus bezichtigten und seine Werke als ›unindisch‹ z. T. scharf ablehnten. A.s Kritik an der Haltung der Kastengesellschaft gegenüber Unberührbaren in seinem ersten Roman, *Untouchable* (1935; *Der Unberührbare*, 1954), der seither millionenfach aufgelegt, in viele Sprachen übersetzt und zu einem Klassiker *sui generis* avancierte, weitet sich in den rasch folgenden Romanen *Coolie* (1936; *Kuli*, 1953), *Two Leaves and a Bud* (1937; *Zwei Blätter und eine Knospe*, 1958) sowie der sogenannten Lalu-Trilogie aus. Hier prangert er die Ausbeutung der verarmten Bauern durch Land- und Fabrikbesitzer an, verurteilt aber auch das Kolonialregime (was wegen des angeblich pornographischen Inhalts von *Two Leaves and a Bud* zum vorübergehenden Verbot des Buches führte). A.s radikal-sozialkritische Haltung wurzelt in seiner Sensibilität und im *Thirties Movement*, dem er sich während seines langjährigen Aufenthaltes in England (seit Mitte der 1920er Jahre) verbunden fühlte (s. *Conversations in Bloomsbury*, 1981). Literarisch betonte der Autor u. a. den Einfluss von James Joyce. Die Gestaltung des Schicksals seiner meist jungen Protagonisten schlug sich stilistisch in der Verwendung moderner Techniken der Bewusstseinsdarstellung nieder, ohne dass dies mit einem Verzicht auf herkömmliche Verfahren etwa des Erzählerkommentars einherging, was A. den Vorwurf mangelnder künstlerischer Konsequenz eingetragen hat. Sprachliches Experimentieren mit ›indischem‹ Sprachmaterial und wörtlichen Übertragungen aus dem Pandschabi trug ein Übriges dazu bei, ihn des Exotismus zu bezichtigen, mit dem er nichtindische Leser ansprechen wolle. Dem Vorwurf mangelnder Authentizität muss jedoch mit A.s humanistischem Engagement begegnet werden, das den Unterdrückten seiner Gesellschaft zum ersten Mal eine Stimme verlieh. – Seit den 1960er Jahren wandte er sich der Verknüpfung autobiographischer und fiktionaler Erzählmomente zu und verwandte unterschiedliche

Textgattungen (Brief, Tagebuch, Essay) in den vier bislang erschienenen Bänden des Prosazyklus *Seven Ages of Man*, darunter *Confession of a Lover* (1976), *The Bubble* (1984). In ihrem Mittelpunkt steht die Lebensgeschichte Krishans, die sich eng an die A.s anlehnt. Der unvollendete fünfte Band *And So He Plays His Part* enthält dramatische Szenen, vorab als *Little Plays of Mahatma Gandhi* (1991) publiziert. – Neben Romanen und Erzählsammlungen zeichnen zahllose Essays über indische Kunst, Literatur, Politik und Philosophie A. als einen der herausragenden *Indian men of letters* des 20. Jahrhunderts aus, was ihm vielfache nationale und internationale Anerkennung eingetragen hat. Sein humanistisches Weltbild, 1945 in *Apology for Heroism* vorgestellt, prägt nicht nur das literarische und essayistische Werk, sondern auch sein praktisch-sozialengagiertes Wirken.

Dieter Riemenschneider

Anders, Günther
(d. i. Günther Stern)
Geb. 12. 7. 1902 in Breslau;
gest. 17. 12. 1992 in Wien

»Kraft aus dem Ursprung ziehen? ... Aus der Fremde habe ich meine Kräfte gezogen« (*Besuch im Hades*, 1967) – jener Fremde, die nicht nur einen wechselnden geographischen, sondern auch den gesellschaftlichen Ort des während des Nationalsozialismus politisch und rassisch Verfolgten, seit den 1950er Jahren des unerwünschten Warners vor der »atomaren Drohung« meint. Schon 1917 wurde A. in Frankreich als Zwangsmitglied eines paramilitärischen Schülerverbandes mit den Folgen des Ersten Weltkrieges konfrontiert und war als Sohn jüdischer Eltern, des Psychologenpaars Clara und William Stern, antisemitischen Quälereien ausgesetzt. Trotzdem folgte dem Abitur (1920) ein »politikfreies Intermezzo« mit vorwiegend philosophischen und künstlerischen Interessen. Sein Studium der Philosophie, zunächst in Hamburg bei Ernst Cassirer und Eduard Spranger in Berlin, dann u. a. bei Martin Heidegger sowie Edmund Husserl in Freiburg, schloss A. mit einer Dissertation über *Die Rolle der Situationskategorie bei den »Logischen Sätzen«* (Freiburg 1924) ab. Es folgten Seminare und Semester bei Heidegger, Max Scheler, dessen Assistent er wurde, Karl Mannheim und Paul Tillich. Zugleich arbeitete er für den Rundfunk, schrieb an einem Versepos über Berlin und begann seine Tätigkeiten als Journalist und Rezensent bei der kurzlebigen Monatszeitschrift *Das Dreieck*. Neben Gedichten erschien hier bereits 1924 sein Plädoyer für eine *Philosophie der Aktualität*.

In Paris, wo er sich in dieser Zeit öfter aufhielt und u. a. als Kulturkorrespondent für die *Vossische Zeitung* arbeitete, beendete A. sein erstes philosophisches Buch *Über das Haben* (1928). In »sieben Kapitel(n) zur Ontologie der Erkenntnis« sucht A. sich hier von Husserl abzugrenzen. Das Buch enthält auch bereits die für die Folgezeit grundlegende These von der »Unfestgelegtheit des Menschen in seiner Vieldeutigkeit«, die A. erstmals 1929 vor den Kant-Gesellschaften in Hamburg und Frankfurt a. M. in einem Vortrag *Über die Weltfremdheit des Menschen* entfaltete. Dieser Vortrag dokumentiert, wie der früh von der Person und der Philosophie Heideggers beeindruckte A. sich schon bald zu dessen Kritiker wandelte. A. betont hier die »Tat, durch die der Mensch sich letztlich fortwährend definiert, durch die er bei jeder Gelegenheit determiniert, wer er ist«. Der Mensch ist danach auf keine bestimmte Welt und keinen bestimmten Lebensstil festgelegt, da er eine ihm gemäße Welt erst erschaffen, verändern und erhalten muss. Die Frage der philosophischen Anthropologie, »was der Mensch denn eigentlich sei«, erscheint A. »folglich zu Unrecht gestellt«, denn: »Künstlichkeit ist die Natur des Menschen und sein Wesen ist Instabilität«. Jahrzehnte später erläuterte ihm Jean Paul Sartre anlässlich des Russel-Tribunals gegen den Vietnam-Krieg, dass dessen eigene These von der »Verurteilung zur Freiheit« nicht unwesentlich von *Pathologie de la Liberté* beeinflusst worden sei, wie der Titel der französischen Übersetzung des Vortrags über die *Weltfremd-*

heit in der Philosophiezeitschrift *Recherches Philosophiques* (1936/37) lautete.

Auch die literatur- und kunstkritischen Arbeiten der 1930er und 40er Jahre zu Alfred Döblin, Franz Kafka, George Grosz u. a. beherrscht das Thema *Mensch und Welt* (wie ein zusammenfassender Essayband mit Schriften zur Kunst und Literatur von 1984 betitelt sein wird), das A. unter dem Eindruck der politisch-sozialen Krisensituation hier auch als soziologisches Problem begriff. Nach vergeblichen Bemühungen, sich in Frankfurt a. M. bei Paul Tillich mit einer Arbeit zur Musikphilosophie zu habilitieren, konnte A. durch Vermittlung von Bertolt Brecht in verschiedenen Berliner Tageszeitungen als »Knabe für alles« publizieren. In seiner literarischen Produktion der 1940er Jahre setzte A. sich nach der Lektüre von Hitlers *Mein Kampf* (1928) ausschließlich mit dem Faschismus und dem drohenden Krieg auseinander. Dabei bedient er sich unter dem Einfluss von Brechts Fabeln und dessen »Mischung aus Weisheit und Frechheit« vielfältiger Formen, insbesondere des didaktischen Schreibens. So auch in dem 1930/31 begonnenen Roman *Die molussische Katakombe* über die innere Mechanik des Faschismus, aus dem am Tag nach dem Reichstagsbrand (27. 2. 1933) noch ein Vorabdruck im *Berliner Tageblatt* erscheinen konnte. Das Erzählen von Geschichten wird in diesem Roman zur Methode des Überlebens, indem in den fiktiven Gesprächen zweier Häftlinge im molussischen Staatsgefängnis die »für die Fortsetzung des Freiheitskampfes notwendigen Lehren« in Form einer Reihe von politischen Fabeln weitergegeben werden. Von Brecht noch 1933 an den Kiepenheuer-Verlag vermittelt, fiel das Manuskript bei einer Durchsuchung zunächst der Gestapo in die Hände, die diese literarische Analyse totalitärer Systeme aber für eine Sammlung von Südsee-Märchen hielten. Schließlich gelang es A.' Frau, der Philosophin Hannah Arendt, das Manuskript in Sicherheit nach Paris zu bringen, wohin das Ehepaar 1933 ins Exil gehen musste. Durch zweimalige Überarbeitung (1935 in Paris sowie 1938 in New York) erhält der Roman schließlich jene Fassung, deren Veröffentlichung A. erst 1992 mit dem Hinweis zustimmte, dass »heute ... das Buch bestimmt (ist) für alle Opfer der Lüge«. In Frankreich konnte der unbekannte Autor außer der mit dem Novellenpreis der Emigration 1936 ausgezeichneten Novelle *Der Hungermarsch* (1935) nur die Übersetzung seines Vortrags von 1929 veröffentlichen. 1936 trennte sich A. von seiner Frau und ging in die USA, wo Kontakte zu Theodor W. Adorno, Herbert Marcuse, Thomas Mann, Alfred Döblin u. a. bestanden. Neben einem Kapitel seines späteren Kafka-Buches auf der Basis seines Pariser Vortrags gegen eine Kafka-Mode (1934) und einer Polemik gegen Heidegger erschienen nur noch zahlreiche Gedichte in der deutschsprachigen New Yorker Zeitschrift *Aufbau*. Darüber hinaus blieben A. nur die »zahllosen Chancen der Misere« u. a. als Hauslehrer, Fabrikarbeiter in Los Angeles und Mitarbeiter am »Office for War Information« in New York, bis er nach längerer Zeit die Möglichkeit bekam, an der »New York School for Social Research« Vorlesungen über Ästhetik zu halten. 1959 kehrte A. »mit einem Koffer und tausend Manuskripten« als überlebender Jude nach Europa zurück, der sich bei seinem *Besuch im Hades*, d. i. Auschwitz, »am tiefsten geschämt habe, als ›Jude-noch-da-zu-sein‹«; denn »da fühlte ich mich, da ich kein Auschwitzhäftling gewesen war, da ich durch einen Zufall durchgekommen bin, wie ein Deserteur« (*Mein Judentum*). Er lebte seitdem in Wien und hatte mit seiner Streitschrift *Kafka – Pro und contra* (1951) einen ersten anhaltenden literarischen Erfolg. Als Autor philosophischer Erzählungen liefert er Beispiele einer »fröhlichen Philosophie«, in der die Anstrengung der Phantasie die des Begriffs ergänzt, um so die Wirklichkeit einzuholen (*Kosmologische Humoreske*, 1968). Auf allgemeine Beispielhaftigkeit konzentrieren sich die erstmals 1967 veröffentlichten Tagebuchnotizen, indem sie solche exemplarischen Erfahrungen verzeichnen, »die sich auf die Zerstörung unserer Welt und auf die Verwüstung unserer heutigen Existenz beziehen« (Neuaufl. *Tagebücher und Gedichte*, 1985).

Diese Gefahren stehen auch im Zentrum seiner Fabeln *Der Blick vom Turm* (1968). In der Art, wie A. hier die Form der moralischen Erzählung nutzt, um in einer an Gotthold Ephraim Lessing und Brecht erinnernden Sprache, in prägnanter Kürze und verallgemeinernder Verfremdung, z. T. tatsächlicher Geschehnisse, beispielhaft die Zerstörung des Humanen aufzuweisen, zeigt sich A. als »Moralist aus der Tradition der europäischen Aufklärung« (Hans Mayer). Einer breiteren Öffentlichkeit wurde A. weniger durch seine einzigartigen literarischen Werke, als durch seine zeitkritischen Studien bekannt. In ihnen machte A. unter dem Schock der Atombombenabwürfe auf Hiroshima und Nagasaki 1945 als dem »Null einer neuen Zeitordnung« nunmehr die drohende Zerstörung der Humanität und physische Selbstauslöschung der Menschheit zu seinem Hauptthema (*Endzeit und Zeitenwende*, 1972; *Hiroshima ist überall*, 1982) und wird »der wahrscheinlich schärfste und luzideste Kritiker der technischen Welt« (Jean Amery).

Die Ergebnisse seiner sich aus konkreten eigenen Erfahrungen entfaltenden »Gelegenheitsphilosophie« fasst sein philosophisches Hauptwerk *Die Antiquiertheit des Menschen* (Bd. I 1956, Bd. II 1980) zusammen, dem er den Wunsch voranstellte, dass »keine meiner Prognosen recht behalten werde«. Es dokumentiert seine Haltung, die er »Übertreibungen in Richtung Wahrheit« nannte, und bestätigt seine Selbsteinschätzung als »professionellen Panikmacher«, der »das armselige Fürstentum moralischer Postulate« regiert. Dessen weitverzweigte Auseinandersetzungen mit dem technischen Fortschritt und dem daraus resultierenden Totalitarismus der gesellschaftlichen Verhältnisse variieren stets »ein einziges Thema: das der Diskrepanz der Kapazität unserer verschiedenen Vermögen«. Durch sie sieht A. in diesem Werk die Gegenwartssituation des Menschen geprägt, da dieser nun in der Lage ist, mehr Produkte und Effekte herzustellen, als sich vorzustellen und verantworten zu können. Die Kluft, die zwischen der Kapazität der Technik und der Phantasie sowie dem Vermögen des Menschen besteht, sich die Konsequenzen vorzustellen, lässt den Menschen als antiquiert erscheinen.

Er fühlt sich der seelenlosen Vollkommenheit und Perfektion der von ihm selbst geschaffenen Welt der Maschinen und Produkte nicht mehr gewachsen und verliert infolge dieses Gefühls der »prometheischen Scham«, wie es sich beim ersten Atombombenabwurf gezeigt hat, auch die Hemmung vor den katastrophalen Folgen ihres Einsatzes, einer möglichen »Welt ohne Menschen (vielleicht sogar ohne Leben)«.

A. war u. a. als Mitinitiator und -organisator der internationalen Anti-Atombewegung und Juror beim Russel-Tribunal gegen den Vietnam-Krieg bereit, auch öffentlich politisch-praktische Konsequenzen zu ziehen. Daher mag man ihm für seine literarischphilosophischen Schriften im offiziellen Kulturbetrieb erst spät die ihm gebührende Anerkennung gezollt haben (u. a. den Theodor-Adorno-Preis 1987, den Sigmund-Freud-Preis für wissenschaftliche Prosa 1992). Anlässlich seines 100. Geburtstages attestierte man A., dass seine medienphilosophische These von der »Welt als Phantom und Matrize« kein kulturkritisches Ressentiment artikuliere, sondern mit einer »scharfsichtigen ›Wirtschafts-Ontologie‹ der ›Wegwerfgesellschaft‹ verbunden war« (L. Lütkehaus); seine Technikphilosophie habe aufgezeigt, »welche Fragen die fortgeschrittenen Technologien aufwerfen, während allgemein fest daran geglaubt wird, sie seien schon die Antworten« (F. Hartmann). Erneute Aktualität hat mittlerweile auch sein Verdikt vom »Totalitarismus der Geräte« durch die aktuellen Debatten über menschliche Klonversuche erhalten, da sie andeuten, dass die Technik der Ethik Grenzen setzt satt umgekehrt. A. selbst hat bis zu seinem Tode »bei geöffneter Tür philosophiert«, ohne sich politisch vereinnahmen zu lassen. Dies dokumentierten nicht zuletzt seine provozierenden Thesen eines Gesprächs über *Notstand und Notwehr*; an sie schloss sich eine kontrovers und heftig geführte Debatte an (*Gewalt – ja oder nein*, 1987). Denn A. wagte es, angesichts des »Atomstaates« (Robert Jungk), der mit Hiroshima begann und mit Tschernobyl und dessen Folgen dramatisch weiterlebt, die Frage nach Demokratie und Macht, vor allem aber nach dem staatlichen Gewaltmonopol radikal neu zu stellen. Letztlich aber zog A. damit nur die politische Konsequenz aus seiner grundlegenden Einsicht, »erst einmal habe man ein ontologisch Konservativer zu sein, das heißt, dafür zu sorgen, dass die Welt bleibe, damit man sie verändern könne«.

Matthias Schmitz

Andersch, Alfred
Geb. 4. 2. 1914 in München;
gest. 21. 2. 1980 in Berzona

A. entstammt einer Generation, die zu ihrem Selbstbewusstsein gelangte, als die Weimarer Republik bereits deutliche Auflösungserscheinungen zeigte und die Nationalsozialisten ihren Herrschaftsanspruch anzumelden begannen. Diese Generation wuchs inmitten eines dramatischen kulturellen Bruchs auf zwischen einer auf die Individualität ausgerichteten bürgerlichen Welt und der neuen Ideologie der Volksgemeinschaft, die der Auffassung vom souveränen Einzelnen widersprach, ja, seine endgültige und vollständige Vernichtung meinte. Ihre Alternative bestand nicht in innerer Emigration oder Exil, sie musste standhalten mit neuromantischem Blick zurück, mit völlig ungewisser Zukunft. Mit dem Kriegsende 1945 konnte sie nicht, wie die ganz junge Generation der Notabiturienten und Flakhelfer, bei ›Null‹ beginnen. Es blieb ihr auch nicht der Rückgriff auf den spätexpressionistischen Ästhetizismus, die sozialistisch-kommunistische Parteilichkeit, die im Exil überlebt hatte, oder den Kulturkonservatismus, der sich während des Dritten Reichs fast unsichtbar verschanzt hatte. Diese Generation saß ideologisch, sprachlich, literarisch zwischen allen Stühlen. Dies erklärt, weshalb sie sich nach dem Ende des Zweiten Weltkriegs demokratisch engagierte, aber auch dem Existenzialismus anhing, zu politischem Fatalismus neigte und sich den hämischen Vorwurf der Besinnung auf das ›Eigentliche‹ am Menschen einhandelte.

A. ist noch inmitten wilhelminischer Verhältnisse aufgewachsen. Der streng autoritäre, rechtskonservative Vater schickt ihn auf das Wittelsbacher Gymnasium in München, das er wegen schwacher Mathematik- und Griechisch-Leistungen vorzeitig verlassen muss. Von 1928 bis 1930 absolviert er eine Buchhandelslehre; sein Lehrherr Lehmann ist wie A.s Vater Mitglied der ultrakonservativen Thulegesellschaft, die sich im Kampf gegen die Münchner Räterepublik einen Namen gemacht hat, antisemitische Propaganda betreibt und offen die NSDAP unterstützt. Im Anschluss an seine Ausbildung als Buchhändler ist A. – von 1931 bis 1933 – arbeitslos. Er betätigt sich im Kommunistischen Jugendverband und leitet dessen Organisation in Südbayern. Nach dem Reichstagsbrand am 27. Februar 1933 wird er verhaftet und ins Konzentrationslager Dachau gebracht, im Mai entlassen, im Herbst nochmals verhaftet und anschließend unter die Aufsicht der Gestapo gestellt. A. findet Arbeit als Büroangestellter, heiratet Angelika Albert, zieht nach Hamburg, weil er dort, durch die Alberts gefördert, Leiter der Werbeabteilung einer Photopapierfabrik werden kann. 1940 wird er als Bausoldat eingezogen und ist in Frankreich stationiert. Er wird für kurze Zeit aus der Wehrmacht entlassen, setzt seine 1939 in Hamburg begonnenen Schreibversuche fort – die *Kölnische Zeitung* veröffentlicht im April 1944 *Erste Ausfahrt*. A. wird erneut eingezogen und desertiert am 6. Juni 1944 in Süditalien. Er läuft zu den Amerikanern über und wird im August in die USA gebracht. Im Kriegsgefangenenlager Fort Kearney schreibt er zahlreiche Beiträge für den *Ruf*, eine Zeitschrift für die deutschen Kriegsgefangenenlager in den USA, die er 1946 zusammen mit Hans Werner Richter auf deutschem Boden neu herausgeben wird. Nach seiner Enttäuschung an der Kommunistischen Partei trägt ihn nun der Glaube an die »Vier Freiheiten« Franklin D. Roosevelts, an Religionsfreiheit, Redefreiheit, Befreiung von Not und Furcht, in deren Zeichen die Welt nach dem Sieg über Hitler-Deutschland neu geordnet werden soll.

Die Wirklichkeit nach 1945 hat sich als weitaus bescheidener und komplizierter erwiesen. Mit den Augen von Jean-Paul Sartres Orest kehrt A. in die Trümmerlandschaft Deutschlands zurück: »Blutbeschmierte Mauern, Millionen von Fliegen, ein Geruch wie von Schlächterei ... verödete Straßen, ein Gott mit dem Gesicht eines Ermordeten, terrorisierte Larven, die sich in der dunkelsten Ecke ihrer Häuser vor die Brust schlagen. Das war Deutschland.« Sein Glaube an eine Synthese von Freiheit und Sozialismus die sich nicht zuletzt in der Redaktionspolitik des *Ruf* niedergeschlagen hat, zerbricht rasch an den Gegebenheiten des zwischen der Sowjetunion und den westlichen Alliierten ausgebrochenen Kalten Kriegs. Sein Begriff des Engagements, für deutsche Ohren neu, reduziert sich für ihn auf das dem Einzelnen existentiell Mögliche, auf Literatur (*Deutsche Literatur in der Entscheidung*, 1948). Ein biographischer Grund hat bei diesem Konzept den Ausschlag gegeben, A.s Einsicht in das Versagen der Kommunistischen Partei im Widerstand gegen Hitler, gegen den Faschismus, das er später auch als eigene, persönliche Schuld, als Ausweichen vor der Entscheidung zu erkennen gegeben hat: »Ich werfe mir vor, daß ich nicht am spanischen Bürgerkrieg teilgenommen habe. Ich hatte in einem deutschen KZ gesessen, ich war aus ihm entlassen worden, es wäre nicht schwer gewesen, über die deutsche Grenze zu gehen und in den spanischen Krieg zu ziehen. Ich habe eine feine Entschuldigung: ich bin überhaupt nicht auf die Idee gekommen ... daß ich nicht ein einzigesmal daran gedacht habe, es zu tun, ist eigentlich unentschuldbar«. Er ist von Anfang an hellwach bei den Lesungen der Gruppe 47 dabei, die für das neue literarische Selbstverständnis stehen soll, leitet von 1948 bis 1950 das Abendstudio des Senders Frankfurt a. M. und wirkt damit stilbildend für die nachfolgenden literarisch-essayistischen Abend- und Nachtprogramme; er propagiert in seinem Programm – wie später mit dem kritisch-progressiven »radio essay« des Senders Stuttgart von 1955 bis 1958 – nicht nur die junge deutsche Schriftstellergeneration, sondern versucht auch, seine Hörer an die infolge des nationalsozialistischen Kahlschlags weitgehend unbekannten Autoren des westlichen Auslands – amerikanische Realisten wie Hemingway und Faulkner, französische Existentialisten wie Jean-Paul Sartre und Albert Camus – heranzuführen.

1952 erscheint sein autobiographischer Bericht *Die Kirschen der Freiheit*, an dessen Anfang A. das Bild der Münchner Räterevolutionäre gestellt hat, die 1919 vor den Augen des Fünfjährigen durch die Leonrodstraße zur Erschießung geführt worden sind. An dessen Ende steht, als logischer Schlusspunkt einer stets gefährdeten Jugend in Deutschland, A.s Desertion in Etrurien, mit der er in die Arme der freiheitlichen Welt überläuft. A.s beherrschendes Thema der Flucht und der Entscheidung – seinem Buch hat er eine Sentenz André Gides vorangestellt: »Ich baue nur noch auf die Deserteure« – geht einher mit einem Literaturkonzept, bei der sich das Engagement überraschend traditionell ausschließlich an der Intensität des Erzählerischen misst: »Was heißt denn handeln? Ist es nur die Aktion, die mich in eine Beziehung zu anderen setzt? Heißt lesen nicht auch handeln? Oder Nachdenken? Wo beginnt der Prozeß, der zu einem Verhalten führt?«

1957 ist A.s erster Roman *Sansibar oder der letzte Grund* erschienen. Wieder steht mit der Geschichte der Rettung einer Jüdin und eines Kunstwerks, des »Lesenden Klosterschülers« von Ernst Barlach, vor dem drohenden nationalsozialistischen Zugriff, das Thema der Flucht in die Freiheit im Vordergrund und spiegelt zugleich A.s eigene Aussichtslosigkeit, aber auch Unentschlossenheit während des Dritten Reichs: »Man mußte weg sein, aber man mußte irgendwohin kommen. Man durfte es nicht so machen wie Vater, der weggewollt hatte, aber immer nur ziellos auf die offene See hinausgefahren war. Wenn man kein anderes Ziel hatte als die offene See, so mußte man immer wieder zurückkehren. Erst dann ist man weg, dachte der Junge, wenn man hinter der offenen See Land erreicht«.

1958 hat sich A. nach Berzona im Tessin zurückgezogen, seinem Wohnsitz bis zum Tod. Einer der Hauptgründe für die von nun an eingenommene Distanz zur Bundesrepublik und deren Kulturbetrieb mag darin bestanden haben, dass für ihn Franklin D. Roosevelts Vision einer einigen und friedlichen Welt endgültig gescheitert war und in den militanten, reaktionären Tendenzen des neuen demokratischen Staates keine Zukunft mehr zu erkennen war. Es war aber auch eine nachgeholte Emigration, an die A. seit 1937 dachte, weil er mit einer »Halbjüdin« verheiratet war. Die ausschließliche Konzentration auf die Literatur war so nur eine logische und notwendige Konsequenz. Mit der *Roten* erschien 1960 ein Roman, bei dem das Motiv Flucht und Entscheidung nicht mehr zu tragen schien, weil es außerhalb des politischen Erfahrungsraums angesiedelt war und die private Geschichte einer Frau erzählt wird, die in Mailand von ihrem Mann flieht und in Venedig bei einem ehemaligen Spanienkämpfer endet. Es ist A.s umstrittenster Roman, der trotz der versuchten Anlehnung an Stilmittel des italienischen Neorealismus auch heute noch nicht von dem Vorwurf der Oberflächlichkeit freigesprochen ist. A. hat ihn 1972 in einer veränderten Fassung nochmals veröffentlicht. Die Verfilmung durch Helmut Käutner (1962, mit Ruth Leuwerick und Gerd Fröbe in den Hauptrollen) greift noch auf die alte Fassung zurück. Früh hatte A. das neue, alltagspolitische Thema der sich emanzipierenden Frau aufgegriffen.

In den darauffolgenden Jahren veröffentlicht A. Reiseberichte (*Wanderungen im Norden,* mit Photos von Gisela Andersch, seiner Frau seit 1950, einer Malerin), Erzählungen (*Ein Liebhaber des Halbschattens,* 1963) und gesammelte Hörspiele (*Fahrerflucht,* 1965). Mit diesen Veröffentlichungen und dem Essay-Band *Die Blindheit des Kunstwerks* (1965) ist A. beim Sichten und Sichern seiner literarischen Rollen und seines Selbstverständnisses als Schriftsteller. Während sich in diesen Jahren die Literatur in der Bundesrepublik politisiert, schweigt er. Statt dessen macht er mit seinem Roman *Efraim* (1967), der Gestalt des heimatlos gewordenen Juden deutscher Herkunft, aber mit englischem Pass, noch einmal die Fahrt durch die eigene Geschichte und verwirft mit diesem Roman die Unterordnung der Literatur unter politische Zwecke: »Ich mag das Wort Engagement nicht mehr, während das Wort Humanität für mich nichts von seinem Wert eingebüßt hat«; und: »Die Ästhetik des Widerstands ist der Widerstand der Ästhetik«. Diesen rigorosen, auf die Sprache der Literatur konzentrierten Standpunkt hat A. in einer Auseinandersetzung mit Hans Magnus Enzensberger noch einmal vertieft (*Literatur nach dem Tod der Literatur,* 1974), um sich von dem puristischen Verdacht zu befreien, er fröne im Tessin einem verräterischen Eskapismus. Zwei Jahre später hat A. mit seinem Gedicht *artikel 3(3)* eine Debatte über Radikalenerlass, Berufsverbot und Meinungsfreiheit im demokratischen Staat ausgelöst, die den Rückzug A.s in den Elfenbeinturm der Literatur vor aller Augen widerlegt hat.

A., seit 1972 Schweizer Staatsbürger, hat 1974 mit *Winterspelt* einen letzten Roman veröffentlicht. Er greift auf eine Episode im Zweiten Weltkrieg zurück – ein deutscher Major will sein gesamtes Bataillon den Amerikanern übergeben, ein Plan, der an der bereits angelaufenen Ardennenoffensive scheitert, – und zeigt damit ein resignatives Zusammenspiel von ohnmächtiger persönlicher Integrität und der alles zerstörenden »großen Geschichte«. Kurz vor seinem Tod hat A. eine Erzählung abgeschlossen, die er seinem verstorbenen Freund Arno Schmidt – Außenseiter wie er selbst – gewidmet hat: *Vater eines Mörders* (1980). Als wolle er den erzählerischen Kreis schließen, den er beschrieben hat, geht er zurück in seine Jugend und berichtet die Geschichte einer Griechischstunde im Wittelsbacher Gymnasium in München, die vom Vater Heinrich Himmlers, der tatsächlich A.s Griechischlehrer gewesen war, abgehalten wird. Der Satz: »Es ist verdienstvoll, das Land zu loben«, wird in all der Grausamkeit durchexerziert, zu der ein autoritäres Erziehungssystem fähig ist. Der in der Schilderung dieser Unterrichtsstunde zutagetretende Mechanismus von Angst und Unterdrückung gibt eine stimmungsgeladene Antwort auf die Frage, wie es zu den Ereignissen von 1933 hatte kommen können: »Angemerkt sei nur noch, wie des Nachdenkens würdig es doch ist, dass Heinrich Himmler, – und dafür liefert meine Erinnerung den Beweis-, nicht wie der Mensch, dessen Hypnose er erlag, im Lumpenproletariat aufgewachsen ist, sondern in einer Familie aus altem, humanistisch fein gebildetem Bürgertum. Schützt Humanismus denn vor gar nichts? Die Frage ist geeignet, einen in Verzweiflung zu stürzen«.

Werkausgabe: Studienausgabe in 15 Bänden. Zürich 1979.

Bernd Lutz

Andersen, Hans Christian
Geb. 2. 4. 1805 in Odense/Dänemark; gest. 4. 8. 1875 in Kopenhagen

»Mein Leben ist ein schönes Märchen, so reich und glücklich. Wäre mir als Knabe, als ich arm und allein in die Welt hinausging, eine mächtige Fee begegnet und hätte gesagt: ›Wähle deine Laufbahn und dein Ziel, und dann, je nach deiner Geistesentwicklung und wie es der Vernunft gemäß in dieser Welt sein muß, beschütze und führe ich dich!‹ – mein Schicksal hätte nicht glücklicher, klüger und besser geleitet werden können. Meine Lebensgeschichte wird der Welt sagen, was sie mir sagt: Es gibt einen liebevollen Gott, der alles zum Besten führt.« Mit diesen Worten beginnt Hans Christian Andersens Selbstbiographie *Mit Livs Eventyr* (1855), die in kürzerer Form auf deutsch unter dem Titel *Das Märchen meines Lebens ohne Dichtung* bereits 1847 erschien. Zu dieser Zeit hatte A. gerade seine erste »Triumphreise« durch Deutschland, Österreich, Italien, Frankreich und die Schweiz hinter sich (1845–46), auf der ihm überall höchste Anerkennung zuteil wurde. Seine Märchen gehören bis heute zu den meistübersetzten und meistgelesenen Werken der Weltliteratur. Zu Beginn seiner schriftstellerischen Laufbahn galten A.s Ambitionen freilich anderen Bereichen, nämlich dem Drama, der Lyrik, der Reisebeschreibung und dem Roman, während er die ab 1835 erscheinenden Märchen zunächst eher als Nebenprodukte ansah.

Als Sohn eines Schuhmachers wuchs A. unter ärmlichen Bedingungen in Odense auf. Sein Vater starb, als A. elf Jahre alt war. Schon früh zeigte a. eine lebhafte Phantasie, die ihre erste Nahrung in mündlichen Erzählungen der traditionellen Volkskultur, in Märchen und Komödien aus der Büchersammlung des Vaters sowie in Theaterbesuchen fand. Mit 14 Jahren ging er allein nach Kopenhagen, um dort Schauspieler zu werden. Ein Erfolg stellte sich hier jedoch ebenso wenig ein wie bei seinen Bemühungen, sich als Ballettänzer, Sänger und Tragödiendichter zu behaupten. Ein Gönner ermöglichte ihm aber die Ausbildung an einer Lateinschule. Diese allerdings wurde ihm immer mehr zum Alptraum, denn der tyrannische Schulrektor setzte alles daran, A.s Stolz und Selbstbewusstsein zu brechen. Nach seinem Abitur, das er 1828 ablegte, widmete sich A. ganz dem Schreiben; im Jahr darauf veröffentlichte er sein Prosadebüt *Fodrejse fra Holmens Canal til Østpynten af Amager* (1829; *Fußreise von Holmens Kanal bis zur Ostspitze von Amager*). Es handelt sich dabei eher um eine Darstellung kurioser Begegnungen als um eine Reisebeschreibung im eigentlichen Sinne. Zu Beginn des folgenden Jahres erschien sein erster Lyrikband, der mit »Dødningen, et fynsk Folke-Eventyr« (Der Tote, ein fünesches Volksmärchen) zugleich auch seine erste Märchenveröffentlichung enthält.

1831 unternahm A. seine erste Auslandsreise, die ihn nach Deutschland führte. Sein größtes Naturerlebnis, der Harz, ging in die erste echte Reisebeschreibung *Skyggebilleder af en Reise til Harzen* (1831; *Schattenbilder einer Reise in den Harz*, 1836) ein, die in ihrem Stil deutlich den Einfluss Heinrich Heines erkennen lässt. Noch wichtiger als die Naturerfahrung war A. während dieser Reise allerdings die Aufnahme von Beziehungen zu verschiedenen Dichtern, insbesondere zu Ludwig Tieck und Adelbert von Chamisso. Das Reisen wurde fortan zu einem wichtigen Teil seines Lebens. Neben mehrfachen Aufenthalten in Deutschland besuchte

er Italien, England, Frankreich, Schweden, Norwegen, Griechenland, den Balkan und die Türkei sowie Spanien und Portugal. Aufgrund seines geselligen Wesens und seines Witzes schloss er viele Freundschaften und knüpfte weitere Kontakte zu Dichtern, etwa zu Heine, Charles Dickens, Victor Hugo und Alexandre Dumas.

Für A.s schriftstellerische Entwicklung war 1835 von entscheidender Bedeutung. In diesem Jahr erschienen sein erster Roman *Improvisatoren* (*Jugendleben und Träume eines italienischen Dichters*, 1835, später *Der Improvisator*) und seine ersten Märchen. *Improvisatoren* ist durch eine unmittelbar zuvor unternommene Italienreise inspiriert und schildert den Lebensweg des Ich-Erzählers Antonio, der im Armenviertel Roms aufwächst und durch Förderung seiner Talente sowie durch glückliche Fügungen in die kulturell bedeutsamen gesellschaftlichen Kreise aufsteigt. In dieser Handlung liegt ein Grundthema, das auch in den Romanen *De to Baronesser* (1849; *Die zwei Baronessen*, 1848) und *Lykke-Peer* (1870; *Glücks-Peter*, 1871) sowie in vielen Märchen wiederkehrt. Am bekanntesten ist in diesem Zusammenhang das Märchen vom hässlichen Entlein, das vielerlei Schmähungen erdulden muss, bis es sich schließlich in einen Schwan verwandelt. So sehr dieses Thema mit A.s eigener Lebensgeschichte verbunden ist, so verfehlt wäre es, die Werke auf den biographischen Hintergrund zu reduzieren. Es handelt sich vielmehr um durchaus verschiedenartige literarische Gestaltungen, die unterschiedliche kulturkritische Akzente setzen. Zudem gibt es auch negative Varianten des Themas: Der Roman *Kun en Spillemand* (1837; *Nur ein Geiger*, 1838) etwa beschreibt die Geschichte des künstlerischen und gesellschaftlichen Scheiterns eines Musikers und bildet somit ein Gegenstück zu *Improvisatoren*. Die meisterhafte Märchenerzählung *Skyggen* (1847; *Der Schatten*) greift das Thema ebenfalls auf und reflektiert kritisch den gesellschaftlichen und kulturellen Wandel, der sich Mitte des 19. Jahrhunderts in Europa vollzog. Ein Schatten löst sich von seinem Herrn, einem Gelehrten, und macht Bekanntschaft mit der Poesie, die in Gestalt einer Frau erscheint. Ohne die Poesie wirklich zu verstehen, beruft sich der Schatten darauf, alles gesehen zu haben, und setzt an die Stelle kontemplativer Erfahrung ein auf pure Fakten reduziertes Wissen. Er macht Karriere, gelangt zu großem Reichtum und bietet schließlich seinem in finanzielle Not geratenen ehemaligen Herrn an, ihm nunmehr wieder als Schatten zu dienen.

A.s Märchen und Erzählungen, die zweifellos den bedeutendsten Beitrag seines literarischen Werks darstellen, erschienen in kleineren Heften und Sammlungen zwischen 1835 und 1872.

Bei den ersten Märchen wie etwa *Fyrtøiet* (*Das Feuerzeug*) oder *Lille Claus og store Claus* (*Der kleine Klaus und der große Klaus*) handelt es sich noch um Bearbeitungen von Volksmärchen, während die folgenden Märchen zum weitaus größten Teil auf eigenen Erfindungen beruhen. Schon in den Bearbeitungen zeigen sich Eigentümlichkeiten, die A.s Dichtungen von den Volksmärchen abheben. Hierzu gehören vor allem eine Individualisierung der Figuren sowie die Spiegelung von Phänomenen der Gegenwart, so dass sich Wunderbares und Alltägliches häufig durchkreuzen. Die Märchen bieten ein breites Spektrum an teils moralisierenden, teils aber auch humoristischen oder gar satirischen Zügen wie etwa in *Keiserens nye Klæder* (1837; *Des Kaisers neue Kleider*). Obwohl A. den Umgang mit Kindern sehr schätzte, hat er sich stets dagegen gewehrt, dass sein Werk auf den Bereich der Kinderliteratur reduziert wird. Die Besonderheit seiner Märchen liegt in einer Vielschichtigkeit der Bildsprache, die für Kinder nachvollziehbar ist und die zugleich einen gedanklichen Spielraum eröffnet, der über die offenkundige Moral der Märchen häufig weit hinausreicht. Die Gestaltung von Bildern mit metaphorischer Dichte prägen viele von A.s Märchen weitaus nachhaltiger als der Handlungsverlauf, so etwa die kristallene Welt in *Sneedronningen* (1845; *Die Schneekönigin*) oder die Erscheinungen in *Den lille Pige med Svovelstikkerne* (1848; *Das kleine Mädchen mit den Schwefelhölzern*).

Dietmar Götsch

Andersen Nexø, Martin

Geb. 26. 6. 1869 in Kopenhagen;
gest. 1. 6. 1954 in Dresden

Martin Andersen Nexø nimmt als Begründer der in Skandinavien stark ausgeprägten Arbeiterliteratur einen bedeutenden Platz in der Literaturgeschichte ein. Der Autor wurde 1869 in einem der ärmsten Arbeiterviertel Kopenhagens geboren. Im Jahr 1877 zog die Familie nach Bornholm in die Kleinstadt Nexø, deren Namen er seit 1895 als Künstlernamen wählte. Die Schule besuchte A.N. nicht regelmäßig, da er als Hirten- und Stalljunge zur Versorgung der Familie beitragen musste; in Rønne erlernte er das Schusterhandwerk. Lehrer entdeckten schließlich A.N.s Begabung und schickten ihn auf Volkshochschulen, unter anderem nach Askov in Südjütland, wo er später selbst als Lehrer unterrichtete. Aufgrund des Erfolgs seiner ersten Erzählungen und seiner Journalistik konnte sich A.N. 1901 für ein Leben als freier Schriftsteller entscheiden. Er ergriff nicht nur in seinen sozialrealistischen Romanen das Wort für die Arbeiterklasse, sondern war auch politisch tätig. Anfangs skeptisch gegenüber jeglicher politischer Partei, trat er später in die sozialdemokratische und dann in die Kommunistische Partei ein. A.N. verbrachte immer wieder lange Zeit im Ausland, etwa in Russland und Deutschland. Im Zweiten Weltkrieg wurde er 1941 während der deutschen Besetzung in Dänemark als Mitglied der dänischen Kommunistischen Partei verhaftet. 1943 floh er über Schweden in die Sowjetunion. Nach Kriegsende kehrte A.N. zwar zunächst nach Dänemark zurück, verbrachte die letzten Jahre seines Lebens jedoch in der DDR, vor allem in Dresden, wo er bereits 1923 bis 1930 unter deutschen Kommunisten gelebt hatte und wo er nahezu als Heimatschriftsteller verehrt wurde.

A.N. begann sein schriftstellerisches Werk mit Erzählungen und den beiden der Fin-de-siècle-Literatur nahestehenden Romanen *En moder* (1900; *Eine Mutter*, 1923) und *Dryss* (1902; *Überfluß*, 1914), die mit ihren erotisch unsicheren, nihilistischen Helden sehr an Johannes V. Jensens Romane aus den 1890er Jahren erinnern. Der Durchbruch gelang ihm mit dem in vier Teilen erschienenen Roman *Pelle Erobreren* (4 Bde., 1906–10; *Pelle, der Eroberer*, 1912), der in Dänemark, Deutschland und vielen anderen Ländern anfangs in Arbeiterorganen veröffentlicht wurde und A.N. zu Weltruhm verhalf – er ist das nach Hans Christian Andersens Märchen erfolgreichste dänische Werk überhaupt. In diesem Musterbeispiel der Arbeiterliteratur macht A.N. den Arbeiter, bis dahin – wenn überhaupt – lediglich Randfigur in der Literatur, zum Hauptprotagonisten. A.N. schreibt hier über sein eigenes Milieu, zahlreiche persönliche Erfahrungen fließen in den fiktiven Text ein. *Pelle Erobreren* versucht, mit der Geschichte eines einzelnen Menschen eine kollektive Entwicklung darzustellen: Anhand des sozialen Aufstiegs des Arbeitersohnes Pelle zu einem kämpferischen Sozialisten wird der jahrhundertelange Kampf der Unterdrückung des einfachen Volkes und dessen Entwicklung hin zu sozialem Selbstbewusstsein dargestellt. Das Werk bedient sich des traditionellen, auch in Dänemark fest verankerten Genres des Entwicklungsromans, der hier jedoch in Themenwahl und Stil neue Wege einschlägt und den realistischen Roman des 20. Jahrhunderts ankündigt. A.N. selbst gibt im Prolog zum ersten Band  eine poetisch-pathetische Erklärung seiner Absichten: »*Pelle, der Eroberer* sollte ein Buch über den Proletarier sein – also den Menschen selbst – der nackt, nur mit Gesundheit und Appetit ausgestattet, in den Sold des Lebens tritt; über den breiten Marsch des Arbeiters durch die Welt, auf seiner endlosen, halb unbewußten Wanderung zum Licht!« In seinem zweiten Hauptwerk *Ditte Menneskebarn* (5 Bde., 1917–21; *Stine/Ditte Menschenkind*, 1918–23) rückt A.N. die proletarische Frau ins Zentrum. Die Frau, deren Darstellung das traditionelle Frauenbild bedient, verkörpert – hier noch mehr als in den früheren Werken – die Urform des solidarischen, sich aufopfernden Menschen. Der in den Jahren 1945 bis 1947 publizierte Roman *Morten hin Røde* (3 Bde.; *Morten der Rote*, 1950) lässt sich als kommunistische Fortsetzung des Pelle-Romans verstehen.

Werkausgabe: Gesammelte Werke in Einzelausgaben. Berlin 1955–60.

Katarina Yngborn

Anderson, Sherwood
Geb. 13. 9. 1876 in Camden, Ohio; gest. 8. 3. 1941 in Colón, Panama

Sherwood Andersons oftmals in einem umgangssprachlichen Gesprächston gehaltene Geschichten, deren Markenzeichen die scheinbare Einfachheit von Sprache und Form ist – William Faulkner sprach gar von »a fetish of simplicity« –, bezeugen ein besonderes Interesse des Autors am verarmten, kleinstädtischen Milieu Amerikas, dessen nicht zuletzt auch tiefe zwischenmenschliche Isolation er mit seinen Texten aufzubrechen hoffte, wie er in seinen *Memoirs* (1942) schreibt. Es ist das humanistische Anliegen von A.s Erzählkunst, die individuelle ›innere Wahrheit‹ der Figuren, die nur in seltenen Augenblicken der Offenbarung plötzlich aufscheint, zu ergründen und jene zwischenmenschlichen Barrieren zu überwinden, die in vielen seiner Werke durch das leitmotivisch wiederkehrende Bild der von Menschen selbst errichteten ›Mauer des Missverstehens‹ versinnbildlicht werden. In A.s Schriften durchdringen sich die Welt der Fakten und die der Fiktionen so stark, dass Dichtung und Wahrheit dicht beieinander liegen: Während viele seiner Romane und Erzählungen von eigenen Erfahrungen geprägt sind, zeichnen sich seine autobiographischen Schriften durch einen Hang zur Legendenbildung und zur Ästhetisierung der Wirklichkeit aus. »Truth is impossible to me«, konstatiert A. lakonisch in der Einleitung zu *Tar: A Midwest Childhood* (1926) und markiert damit seine Fabulierfreude sowie seine Verachtung gegenüber einem faktenorientierten Realismus. A. geht es in erster Linie darum, mit Hilfe der Einbildungskraft die Oberfläche der faktischen Wirklichkeit zu durchdringen und das Wesentliche im Leben seiner Figuren erzählerisch zu evozieren.

Als A. am Morgen des 28. November 1912 plötzlich seine Familie und seine Arbeit in Elyria, Ohio, verließ, markierte dies nicht bloß einen Wendepunkt in seinem Leben, sondern es sollte auch ein folgenreiches Ereignis für die amerikanische Literaturgeschichte werden. So zumindest wollen es die Legenden, die sich um dieses Ereignis ranken und an denen A. mit seiner Neigung, zentrale Episoden seines Lebens immer wieder neu und anders zu erzählen, einen nicht unerheblichen Anteil hatte. Nach einer trostlosen Jugend in verschiedenen Kleinstädten Ohios, wo er von einem Job zum anderen wechselte und u. a. als Zeitungszusteller, Stalljunge und Landarbeiter tätig war, sowie zwei kurzen Intermezzi als Soldat im Spanisch-Amerikanischen Krieg (1898) und als Student arbeitete sich A. vom Werbetexter zum Direktor einer Versandfirma empor, bis er 1913 nach Chicago ging. Dort war er zwar weiterhin als Werbetexter tätig, begann jedoch zugleich, seine ersten literarischen Werke zu veröffentlichen, und lernte Theodore Dreiser, Carl Sandburg und Floyd Dell kennen. Ebenso wie sie hatte A. maßgeblichen Anteil an der »Chicago Renaissance« und der Entwicklung der Idee eines literarischen Nationalismus. Die noch deutlich in der Tradition des Naturalismus stehenden ersten beiden Romane A.s, *Windy McPherson's Son* (1916) und *Marching Men* (1917), sind stark durch autobiographische Bezüge geprägt. Während sein Erstling anhand eines odysseehaften Prozesses der Selbstfindung des Protagonisten – der auf dem Höhepunkt seiner Karriere auf materiellen Reichtum verzichtet, um die Wahrheit zu finden – den Erfolgsmythos des »American Dream« in Zweifel zieht, idealisiert der zweite Roman das durch Ordnung und Disziplin bestimmte Soldatenleben. Nach vielen Reisen und Aufenthalten in Paris und New Orleans zog sich A. 1927 in eine kleine Stadt in Virginia zurück, wo er fortan als Farmer, Herausgeber zweier Zeitungen und Schriftsteller tätig war, ohne jedoch seine nomadische Existenz je ganz aufzugeben.

Erst im Genre der Short Story fand A. eine literarische Form, in der er seine fragmentarische Wirklichkeitserfahrung und Ästhetik durch neue künstlerische Darstellungsverfahren zum Ausdruck bringen konnte. Der Durchbuch gelang ihm mit dem Kurzgeschichtenzyklus *Winesburg, Ohio: A Group of Tales of Ohio Small Town Life* (1919; *Winesburg, Ohio. Roman um eine kleine Stadt*, 1958). Die in einer fiktiven Kleinstadt im Mittelwesten angesiedelten Erzählungen bezeugen A.s »hunger to see beneath the surface of lives«, wie es in der Widmung an seine Mutter heißt. Im Gegensatz zu den recht konventionell erzählten frühen Romanen setzt A. in diesen Texten seine Einsicht, dass es im Leben keine »plot stories« gebe, durch eine neuartige Erzählkunst um, die impressionistische Skizzen und die Evokation epiphaniegartiger Augenblicke an die Stelle eines linearen und kausal verknüpften Handlungsverlaufs rückt. Wie bereits der ursprünglich für den ganzen Band vorgesehene Titel der Einleitung, »The Book of the Grotesque«, signalisiert, besteht der Zyklus aus Einzelporträts exzentrischer Figuren, die dadurch zu grotesken Gestalten werden, dass sie sich bestimmte ›Wahrheiten‹ zu eigen machen und diese verabsolutieren. Zugleich fungiert das Groteske als innovatives Darstellungsprinzip für die literarische Erkundung wichtiger Augenblicke im Leben vereinsamter, frustrierter, emotional verkümmerter und zu Kommunikation unfähiger Einzelgänger, deren Erfahrungen A. durch eine abschweifende Erzählweise behutsam umkreist. Verknüpft werden die Geschichten u. a. durch die Einheit des Ortes, die Figur des lokalen Zeitungsreporters George Willard, der durch die Begegnungen mit den Bewohnern Winesburgs einen Entwicklungsprozess durchläuft, den übergeordneten Erzähler sowie zahlreiche bildliche, thematische und motivliche Vernetzungen. Die Struktur des Zyklus unterstreicht das unaufgelöste Spannungsverhältnis, das zwischen der Isolation der Figuren und ihrer bis auf wenige Glücksmomente unerfüllt bleibenden Sehnsucht nach Verständigung, Gemeinschaft und Liebe besteht.

Wie viele seiner späteren Kurzgeschichten, die in den Sammlungen *The Triumph of the Egg* (1921; *Das Ei triumphiert*, 1926), *Horses and Men* (1923; *Pferde und Männer*, 1996) und *Death in the Woods* (1933) erschienen, prägt bereits *Winesburg, Ohio* ein Spannungsverhältnis zwischen (fingierter) Mündlichkeit und Schriftlichkeit. A.s Kurzgeschichten werden aus der Sicht von Ich-Erzählern geschildert, deren umgangssprachlicher regionaler Erzählstil den Eindruck mündlicher Rede erweckt. Oftmals steht nicht die Wiedergabe einer äußeren Handlung im Vordergrund der Geschichten, von denen viele zum Genre der »story of initiation« zählen, sondern der Akt des Erzählens selbst, der die Verstehens- und Sinnstiftungsversuche der Erzähler formal reflektiert. Zu den weiteren Merkmalen von A.s Erzählkunst zählen die häufige Durchbrechung der Ereignischronologie, eine starke Profilierung der Erzählinstanzen, eine perspektivisch gebrochene Raum- und Figurendarstellung sowie die Konzentration auf subjektiv bedeutsame Begegnungen und Momente des Erlebens, die sich begrifflicher Fixierung entziehen. Im Mittelpunkt stehen Episoden aus dem Leben durchschnittlicher und gänzlich unheldenhafter Figuren, deren Alltag in der bedrückenden Enge der Kleinstädte des mittleren Westens in teils naturalistischer, teils symbolistisch verdichteter Weise geschildert wird.

Im Vergleich zu seinen Kurzgeschichten schneiden A.s Romane im Urteil der Literaturkritik sehr viel schlechter ab. Viele Kritiker monieren deren lockere Handlungsstruktur, die scheinbare Kunstlosigkeit des Stils, A.s Hang zu Sentimentalität und Eskapismus sowie den Mangel an dramatischer Intensität, differenzierter Figurencharakterisierung und Wirklichkeitstreue. Die normative Forderung nach realistischer Wirklichkeitsdarstellung wird A.s Romanen jedoch insofern nicht gerecht, als sie seiner Ästhetik und unkonventionellen Erzählweise völlig zuwiderläuft. Wenn sich A. in seinem *Notebook* (1926) als »a collector of moments« bezeichnet, oder wenn der Ich-Erzähler in der Kurzgeschichte »In a Strange Town« (1933) bemerkt, das Leben bestehe aus nichts anderem als eigenartigen fragmentarischen Details, so handelt es sich zugleich um Selbstcharakterisierungen von A.s Erzählweise, die treffend als »Ästhetik des Augenblicks und des Details« (Walter Göbel) bezeichnet worden ist. A.s besonderes Interesse galt stets dem Individuellen – sei es der einzelnen Figur oder Kreatur, dem singulären Moment oder dem liebevoll geschilderten Detail – nicht dem Allgemeinen.

Ebenso wie viele seiner Kurzgeschichten setzen sich A.s episodisch strukturierte Romane mit der Bedrohung des natürlichen Lebens durch die Technisierung und Industrialisierung der Welt auseinander. »Time and again I had told the story of the American man crushed and puzzled by the age of the machine«, schreibt er in dem 1931 veröffentlichten nicht-fiktionalen Werk *Perhaps Women*. In dem autobiographisch geprägten historischen Roman *Poor White* (1920; *Der arme Weiße*, 1925), der als sein gelungenster Roman gilt und der die Mythen um Wirtschaftsmagnaten als neue Nationalhelden in ein kritisches Licht rückt, bilanziert A. anhand des Werdegangs des Protagonisten Hugh McVey und des tiefgreifenden Wandels, der die fiktive Kleinstadt Bidwell in Ohio verändert, die sozialen und psychologischen Folgekosten der Industrialisierung und Urbanisierung. Die Romane entwerfen ein düsteres Bild, das die seelische und sinnliche Verkümmerung und Entfremdung des modernen Menschen als Konsequenzen des Siegeszugs der Maschine darstellt. Beeinflusst von Einsichten der Freudschen Psychoanalyse und von D.H. Lawrence, übt A. Kritik an der Überbetonung materieller Werte und an den restriktiven Konventionen der modernen Gesellschaft. Besonders deutlich wird dies in seinen Romanen der 1920er Jahre, *Many Marriages* (1923; *Etliche Ehen*, 1998), einer ästhetizistischen Eloge auf freie Liebe, Schönheit und neue Moralvorstellungen jenseits bürgerlicher Konventionen, und *Dark Laughter* (1925; *Dunkles Lachen*, 1963), dessen zentrales Thema der Kontrast zwischen der ›natürlichen‹ Sinnlichkeit‹ der Schwarzen und der deformierten Emotionalität und Sexualität der Weißen als Folge bigotter Moralvorstellungen und überkommener Geschlechterrollen ist. Trotz ihres nostalgischen Tons sind diese Texte noch immer von erstaunlicher Aktualität. Ebenso wie seine Kurzgeschichten entziehen sich A.s Romane einer eindeutigen Zuordnung, weil sie sich durch eine damals neuartige Verbindung von naturalistischen, symbolistischen und impressionistischen Darstellungsverfahren auszeichnen.

Sowohl seine beiden Gedichtbände *Mid-Americ-an Chants* (1918) und *A New Testament* (1927), in denen der große Einfluss Walt Whitmans und die nicht minder große Bedeutung der Bibel unverkennbar sind, als auch A.s autobiographische Werke (*Tar: Sherwood Anderson's Memoirs*, 1942), seine nicht-fiktionalen und essayistischen Bände (*Hello Towns!*, 1929; *Hello Towns!*, 1956; *Nearer the Grass Roots*, 1929; *Puzzled America*, 1935; *Home Town*, 1940; *Kleinstadt in Amerika*, 1956) sowie seine Romane der 30er Jahre (*Beyond Desire*, 1932, und *Kit Brandon*, 1936) stehen bis heute im langen Schatten von *Winesburg, Ohio*. Als Wegbereiter oder Begründer der modernen Short Story gefeiert und von so unterschiedlichen Autoren wie Gertrude Stein, Thomas Wolfe, Maksim Gor'kij, Virginia Woolf, Bertolt Brecht und Luigi Pirandello bewundert, übte A. mit seinen innovativen Kurzgeschichten einen weitreichenden Einfluss auf viele amerikanische Autoren aus, etwa auf Sinclair Lewis, John Steinbeck und Henry Miller. Sein von Mark Twain, Edgar Lee Masters, naturalistischen Romanautoren und Gertrude Stein beeinflusster Prosastil orientiert sich an der Alltagssprache und wurde wegweisend für Autoren wie Ernest Hemingway und William Faulkner, zu deren wichtigsten Mentoren und Förderern A. zählte, bis die Freundschaft an deren Parodien von A.s Stil zerbrach. Während seine Gedichtbände, Theaterstücke und Hörspiele sowie die große Zahl von Essays, Reportagen, autobiographischen Werken und Briefen weitgehend in Vergessenheit geraten sind, weisen ihn vor allem seine Kurzgeschichtensammlungen und sieben Romane als einen »skeptischen Chronisten« (Jürgen Dierking) der Modernisierung aus. Ungeachtet der hohen Wertschätzung, die *Winesburg, Ohio* genießt, ist A. als Verfasser zeitkritischer Romane, als Essayist und als Autobiograph noch zu entdecken.

Ansgar Nünning

Andrade, Carlos Drummond de
Geb. 31. 10. 1902 in Itabira, Minas Gerais/ Brasilien;
gest. 17. 8. 1987 in Rio de Janeiro

Carlos Drummond de Andrade gehörte zu den bedeutendsten Literaten des 20. Jahrhunderts in Brasilien. Getreu den Worten seines Gedichts »A falta de Érico« (Das Fehlen Éricos), das er anlässlich des Todes des Romanciers Érico Veríssimo verfasste, muss man sagen: »Es fehlt etwas in Brasilien / nach jener Freitagsnacht / Es fehlt der Mann im Büro / der aus der Schreibmaschine / das Schicksal der Menschen holt / Die weise Erklärung der Erde.« Auf Drängen seiner Familie musste A. Pharmazie studieren, arbeitete aber zeit seines Lebens vor allem als Lehrer und freier Journalist.

Obwohl er schon früh in Kontakt mit den Hauptvertretern des Modernismus seines Landes kam, z. B. mit Manuel Bandeira und mit Mário de Andrade, mit dem ihn eine lebenslange Freundschaft verband, entwickelte er, abgesehen von Ähnlichkeiten beim »poema piada« (Witzgedicht), einen eigenen Stil, der sich zunächst durch soziopolitische Sorge auszeichnete, ehe er ab den 1960er Jahren auch konkrete Poesie verfasste. Er selbst teilte seine Themen ein in: der Einzelne, die Heimat, die Familie, Freunde, der soziale Schock, die Entdeckung der Liebe, die Dichtung an sich sowie spielerische Übungen und Sichtweisen der Existenz. In »Mãos dadas« (Hand in Hand, in: *Sentimentos do mundo*, 1940; Gefühle der Welt) erklärte er: »Ich werde nicht der Poet einer überkommenen Welt sein. / Auch werde ich die Welt der Zukunft nicht singen. / Ich bin ans Leben gefesselt und schaue meine Kameraden / [...] / Die Zeit ist meine Materie, die Gegenwart / die Menschen von heute.« Weitere Merkmale seiner Dichtung sind sein feiner Humor und Überraschungseffekte sowie das Thema Todesangst. A. veröffentlichte unter anderem mehr als 20 Gedichtbände, unzählige Chroniken, Erzählungen und politische Kommentare und hinterließ die unvollendete erotische Poesie *O amor natural* (1987; Natürliche Liebe).

1922 setzte mit seinem ersten Gedicht eine Entwicklung ein, die bis zu seinem Tod andauerte und ihn selbst stilistisch nie stillstehen ließ. Streng, trocken, skrupelhaft, mysteriös und unbeugsam mied er die Öffentlichkeit und machte die Dichtung zum Mittelpunkt seines Lebens. 1925 gab er mit Freunden im aufstrebenden Belo Horizonte die Zeitschrift *A Revista* heraus, plante die drei Gedichtbände *Teia de Aranha*, *Os poemas da triste alegria*, *Viagem a Constâncio – minha terra tem palmeiras* (Spinnetz; Gedichte der traurigen Freude; Reise nach Constâncio, meine Heimat ohne Palmen), die er 1930 nur teilweise in *Alguma Poesia* (Einige Dichtungen) publizierte, da er ständig um den Schliff der Sprache bemüht war. Sein erster, sechs Jahre literarisches Schaffen umfassender Band enthält unter anderem das Gedicht »No meio do caminho« (Inmitten des Weges), mit dem er 1928 in der *Revista de Antropofagia* (São Paulo; Zeitschrift der Menschenfresserei) auf einen Schlag berühmt wurde. Es stellt ein Beispiel des brasilianischen Modernismus dar, zeugt aber zugleich von A.s Eigenständigkeit und Schöpfungskraft, in der kurioserweise die Wiederholung und das Spiel mit der Bedeutungsvielfalt der Wörter »Weg« und »Stein« zu phänomenalen Stilmitteln werden, die aus einem einfachen Geschehnis ein dramatisch absurdes Ereignis machen.

In *Alguma Poesia* entwickelt A. eine stark rhythmisch-melodische Schreib- und Klangweise, verarbeitet Einflüsse des Kubismus und schwer zu entziffernde surrealistische Metaphern. Hauptbeispiele seiner modernistischen Schreibweise finden sich außerdem in *A rosa do povo* (1945; Die Rose des Volkes), *Claro enigma* (1951; Helles Rätsel), *Lição das coisas* (1962; Die Lehre des Freundes) und *As impurezas do branco* (1973; Die Unreinheiten des Weißen). In den Gedichtbänden von 1951 und 1962 widmete er sich dem Charakter der Sprache selbst, der Verdichtung und der Essenz des Wortes.

Werkausgabe: Gedichte. Übers. C. Meyer-Clason. Frankfurt a. M. 1982.

Klemens Detering

Andreae, Johann Valentin
Geb. 17. 8. 1586 in Herrenberg/ Württemberg;
gest. 27. 6. 1654 in Stuttgart

»Neun Jahre habe ich nun zu Stuttgart in der Sklaverei zugebracht und nirgends die Regierung weniger regierend, den Rat weniger ratsam, die Gesellschaft weniger gesellschaftlich, die Religion weniger religiös, die Regeln weniger regelmäßig, den Wert weniger wert, die Freundschaft weniger freundschaftlich und meine Wirkungskraft weniger wirksam gefunden.« So schreibt A. 1647 über seine Erfahrungen als Hofprediger in Stuttgart. Aber nicht nur hier sieht er seine Bemühungen verkannt. Seine autobiographischen Schriften sind voll von Klagen über die Widerstände gegen seine Versuche, »die Sache des Christentums und die Unschuld der Sitten mit der Reinigkeit der Lehre« zu vereinigen und ein dem calvinistischen Genfer Modell entsprechendes strenges Sittenregiment durchzusetzen. Doch was an der Wirklichkeit scheiterte, lebte als literarisch-utopisches Programm weiter.

A. stammte aus einer angesehenen lutherischen Theologenfamilie, doch seine eigene Karriere machte zunächst wenig Fortschritte. Sein Studium in Tübingen erstreckte sich über einen langen Zeitraum (von 1602 bis 1607 und von 1613 bis 1614); die nicht ganz freiwillige Unterbrechung – es ist dunkel von einer Affäre mit »Buhlschwestern« (veneres) oder Verleumdung die Rede – nutzte er sowohl zu Reisen in die Schweiz (Genf), nach Frankreich, Österreich und Italien als auch zu privaten wissenschaftlichen und literarischen Studien. 1614 wurde er zum Diakon in Vaihingen/ Enz bestellt, im selben Jahr heiratete er. Dort hatte er zwar Muße für seine literarischen Arbeiten, doch die »Zwietracht der Bürger«, »Sittenverderbnis« und »Beleidigungen« ließen ihm die Berufung zum Superintendenten nach Calw von 1620 bis 1639 wie eine Erlösung erscheinen. Hier kam es jedoch zu Konflikten mit der weltlichen Obrigkeit über die von A. vertretene Kirchenzucht. Außerdem wurde Calw vom Dreißigjährigen Krieg hart getroffen. Plünderung und Einäscherung der Stadt im September 1634 ist Thema der *Threni Calvenses*, der *Calwer Totenklagen* (1635). 1639 wurde er als Hofprediger nach Stuttgart berufen. Die letzten Lebensjahre verbrachte er als Abt in Bebenhausen bei Tübingen (von 1650 bis 1654) und Adelberg bei Göppingen (1654).

Während in den späteren Jahren die Klage über den Zerfall der alten Ordnungen stärker in den Vordergrund tritt, hatte der junge A., von Johann Arndts Vorstellungen von einem praktischen Christentum (*Vier Bücher vom wahren Christentum*, 1605–09) und humanistischen Sozietätsgedanken inspiriert, mit weitausgreifenden Reformkonzepten auf die Krise des lutherischen Glaubens und die Säkularisierungstendenzen der Gesellschaft reagiert. In seinen anonymen Rosenkreuzerschriften propagiert er spielerisch die Idee einer »Allgemeinen und General Reformation, der gantzen weiten Welt« (1614) durch eine esoterische christliche Bruderschaft von Gelehrten (u. a. *Fama fraternitatis*, 1614; *Chymische Hochzeit: Christiani Rosencreütz*, 1616). Die Kehrseite, die Missstände in der zeitgenössischen Gesellschaft im Allgemeinen und der Gelehrtenwelt im Besonderen, beleuchten A.s Satiren (*Menippus*, 1617–18) und seine lateinische Komödie *Turbo* (1616): Hier wird auf die Gefahren verwiesen, die in dem Streben nach Erkenntnis liegen, wenn es nicht in christlichem Geist geschieht. Anders freilich als im Faustbuch (1587) oder in Jacob Bidermanns *Cenodoxus* (1602), wo sich Umkehr als unmöglich herausstellt, führt A. seinen Gelehrten zu Selbsterkenntnis und Reue.

Doch geht es A. nicht in erster Linie um Literatur, sondern um christliche Praxis. Dieser dienen seine pädagogischen und erbaulichen Schriften, und die Fiktion der Rosenkreuzerbruderschaft war das Vorspiel für das

Projekt einer »Christlichen Gesellschaft« (societas christiana), für das er sein Leben lang warb: »Generalreformation« durch eine auf die Praxis gerichtete Verbindung von christlicher Wissenschaft und evangelischer Frömmigkeit. Das Modell einer neuen christlichen Welt stellt die »Christianopolis« dar (*Reipublicae Christianopolitanae Descriptio*, 1619), die Utopie einer »Christenstadt« mit ausgeprägt mathematisch-naturwissenschaftlichen und technischen Zügen.

Werkausgabe: Gesammelte Schriften. In Zusammenarbeit mit Fachgelehrten hg. von Wilhelm Schmidt-Biggemann. Stuttgart-Bad Cannstatt 1994 ff.

Volker Meid

Andres, Stefan
Geb. 26. 6. 1906 in Breitwies bei Trier; gest. 29. 6. 1970 in Rom

Katholischer Schriftsteller, Heimatdichter, Zeitkritiker – vielfältig sind die Etiketten, mit denen A. bedacht wurde. Und alle passen sie, und passen auch wieder nicht. Sein Werk ist vielschichtig, umfangreich und erstreckt sich, obwohl er vor allem als Erzähler im Gedächtnis geblieben ist, auch auf Lyrisches und Dramatisches. Seine Kindheit wurde von dem unerschütterlichen Glauben geprägt, zur geistlichen Laufbahn bestimmt zu sein. Seine Eltern hatten ihn, das jüngste ihrer neun Kinder, »Gott versprochen«. Beeindruckt von seinem tiefgläubigen, gütigen Vater, zog A. diese Bestimmung lange nicht in Zweifel. Von diesen Jahren der ersten Kindheit bis zum Tod seines Vaters (1918) erzählt A. in dem autobiographischen Roman *Der Knabe im Brunnen* (1953). Ohne die Rührseligkeit vieler Kindheitserinnerungen vermittelt er ein Bild jener Jahre, zeigt die unreflektierte, selbstverständliche Frömmigkeit der Welt, in der er aufwuchs. Er brauchte daher lange, bis er Konsequenzen aus seinen Erfahrungen mit den kirchlichen Institutionen zog: 1928, nach dem gescheiterten Noviziat bei den Kapuzinern in Krefeld und abgelegter Abiturprüfung, beschloss er, Germanistik zu studieren. Rückblickend kommentierte A. seine Entscheidung so: »Eine ihrem Äußeren nach geringfügige, indes mich seltsam erschreckende Erfahrung, die ich mit der kirchlichen Bürokratie machte, verlieh mir, ich kann sagen: innerhalb einer halben Stunde, die Erkenntnis, dass ich weder die charakterliche noch die geistige Bauart mitbrachte, um als Mit-Weichensteller innerhalb eines geschlossenen Systems ohne Schaden für meine Seele – und nicht nur für sie! – leben zu können.« Aber trotz z. T. vehementer Kritik an der Organisation Kirche blieb der Katholizismus stets geistiger Bezugspunkt des »christlichen Humanisten«, als den er sich selbst charakterisierte.

Sein Germanistikstudium, später verbunden mit kulturhistorischen Studien, führte ihn zunächst nach Köln, dann nach Jena und Berlin: »Ich hatte kein Ziel, ich schnupperte an den Wissenschaften herum, träumte vorwärts und rückwärts, hatte wenig Geld, aber viel, fast möchte ich sagen: Gottvertrauen«. Zu seiner eigentlichen Bestimmung kam er über das Sprechen, die Lust am Fabulieren, am Erzählen: 1933 erschien sein erster Roman, *Bruder Lucifer*, der – ohne gänzlich autobiographisch zu sein – A.' Erfahrungen seiner Novizenzeit aufgreift. Gleich dieses erste Werk verschaffte ihm eine bescheidene finanzielle Unabhängigkeit; außerdem ermöglichte ihm ein Stipendium der amerikanischen Abraham-Lincoln-Stiftung seine erste große Reise nach Italien. Er gab sein Studium auf, suchte als freier Schriftsteller zu leben. Doch mit dem aufkommenden Nationalsozialismus wurden die Lebensumstände immer unerträglicher, beruflich wie privat. Seine Ablehnung des NS-Regimes war entschieden, in seiner ganzen Persönlichkeit gegründet. Dass er durch die jüdische Abstammung seiner Frau Dorothee Freudiger, mit der er seit 1932 verheiratet war, auch konkret bedroht war, gab ihm allenfalls ein zusätzliches Motiv: »Als wenn ich die Nazis hasste, weil meine Frau nicht arisch ist. Sie sind mir als Bauernsohn, als Christ, als Deutscher, als Humanist und Europäer zuwider wie jede Art von Pestilenz.« So verwundert es nicht, dass sich A. auch als »Mahner« versteht, der »Sand im Getriebe einer unmenschlichen Welt sein wollte« (Christoph F. Lorenz). Und diese Tendenz zeigt sich schon früh in seinen Werken, auch wenn sie keine explizite Kritik an den Verhältnissen in Deutschland enthalten, sondern eher – allerdings durchaus modellhaft – vom Individuum ausgehen, sein Schuldigwerden und seine Wiedereingliederung in »die Ordnung der Welt« zum Thema machen (z. B. *Die Vermummten*, in: *Mosselländische Novellen*, 1937; *Die Hochzeit der Feinde*, 1947 – entstanden vor dem Krieg). Die Novellen *El Greco malt den Großinquisitor* (1936) und *Wir sind Utopia* (1943) dagegen behandeln offen den Konflikt zwischen Geist und Macht und sind von vielen als Widerstandsliteratur verstanden worden.

1937 gelang es A., mit seiner Familie nach Italien überzusiedeln. In Positano überlebte er – in ständiger Geldnot, gefährdet und durch den Tod seiner ältesten Tochter tief betroffen – das Dritte Reich. Als er 1950 nach Deutschland zurückkehrte (Unkel am Rhein), begann die Zeit seiner größten Wirkung, vor allem durch seine Novellen und ihre christlich begründete Kritik am Nationalsozialismus. Diese Thematik prägte auch die Romantrilogie *Die Sintflut* (1949, 1951, 1959), während er sich in den Romanen *Der Mann im Fisch* (1963) und *Die Dumme* (1969) Fragen der Gegenwart zuwandte: der Bedrohung durch die Atombombe bzw. der problematischen gesellschaftlichen Entwicklung in Nachkriegsdeutschland (Ost und West). Inzwischen, 1961, war er jedoch wieder nach Italien zurückgekehrt. Bis zu seinem Tod lebte er in Rom. Mit seinem letzten Roman (*Die Versuchung des Synesios*, postum 1971), den er gerade noch vollenden konnte, bevor er an den Folgen einer Operation starb, kam er noch einmal – in spätantiker Maske – auf eines seiner Grundthemen zurück, die Versuchung durch die Macht und den Widerstand dagegen.

Marianne Meid

Andrić, Ivo
Geb. 9. 10. 1892 in Travnik/Bosnien;
gest. 13. 3. 1975 in Belgrad

Bereits als Gymnasiast schließt sich Ivo Andrić, Sohn katholischer Bosnier, der Jugendbewegung »Mlada Bosna« (Junges Bosnien) in Sarajevo an, die sich kämpferisch für ein freies Bosnien innerhalb eines vereinten südslawischen Staates einsetzt. Erste lyrische Versuche, Kritiken und Übersetzungen veröffentlicht er ab 1911 in der Zeitschrift *Bosanska Vila* (Die bosnische Fee). Das Studium der Geschichte und Slawistik muss A. unterbrechen, als er 1916 für ca. zwei Jahre als politischer Aktivist inhaftiert wird. Von der schweren psychischen Krise dieser Zeit handeln die lyrisch-meditativen Prosatexte *Ex ponto* und *Nemiri* (1918 und 1920; *Ex ponto. Unruhen*, 1988), mit denen er erstmals Aufmerksamkeit erregt. In dieser frühen Schaffensperiode, die 1919 mit dem Beginn der diplomatischen Karriere in Belgrad endet, orientiert A. sich an dem Kreis moderner Lyriker, mit denen er die Anthologie *Hrvatska mlada lirika* (Junge kroatische Lyrik) herausgibt. Seinen Durchbruch erzielt er jedoch erst in den 1920er Jahren als Erzähler, der seine Leser mit besonnener Souveränität in die epische Welt Bosniens führt, in den multiethnischen Mikrokosmos, in dem Okzident und Orient aufeinanderprallen.

Wie A.' Dissertation (1924) zeugt auch seine Prosa von seiner tiefen Verwurzelung in dieser Welt. Neben franziskanischen Chroniken dient ihm die lebendige bosnische Erzählweise als Grundlage einer eigenen Erzählform, die als moderner Realismus bezeichnet wird. Charakteristische Merkmale dieses Stils bilden sich schon in der ersten bedeutenden Erzählung *Put Alije Đerzeleza* (1920; *Die Reise des Alija Djerseles*, 1947) heraus. Die Protagonisten des gleichnamigen Erzählbandes, dem bis 1936 drei weitere folgen, sind gewöhnliche Menschen oder Figuren aus bosnischen Volksüberlieferungen, Legenden oder Mythen. Ihnen ist gemein, dass sie im Widerspruch mit ihrer Umgebung leben und daran scheitern. Ein auktorialer Erzähler, der das bosnische Ambiente durch einen üppigen Gebrauch von türkischen Lehnwörtern ebenso wie durch unterschiedliche, auf die Figuren verteilte Dialekte wiedergibt, beschreibt ihre Lebensgeschichten in bisweilen märchenhaft wirkenden Episoden, die oft mosaikartig miteinander verbunden sind. Wie A. selbst in seiner Dankesrede anlässlich der Verleihung des Nobelpreises (1961) äußert, entspringt seine Prosa dem natürlichen Bedürfnis, durch Erzählen und Erzählungen den Sinn der menschlichen Existenz zu ergründen. Der meist historische Rahmen seiner Geschichten dient dabei dazu, die Allgemeingültigkeit dieser Sinnsuche hervorzuheben, so in dem weltberühmten Roman *Na Drini Ćuprija* (1945; *Die Brücke über die Drina*, 1953), den A. während des Zweiten Weltkriegs in vollkommener Abgeschiedenheit verfasst hat, nachdem er 1941 als Konsul in Berlin zurückgetreten war. Angelpunkt des Romans ist keine romaneske Fabel, sondern die Višegrader Brücke selbst, Verkehrsknoten zwischen Ost und West. Um sie dreht sich von ihrem Baubeginn 1516 bis zu ihrer Sprengung 1914 eine Vielzahl von Einzelschicksalen, die gemeinsam eine Chronik über das generelle Schicksal des Menschen bilden, das trotz der multikulturellen Gesellschaft von der Intoleranz und Verschlossenheit des Menschen selbst bestimmt wird. Im Gegensatz dazu erhebt sich die Brücke zu einem imposanten Symbol der Beständigkeit, das Okzident und Orient friedlich miteinander verbindet. Die Versuche, zwischen diesen Kulturen einen Dialog herzustellen, sind auch Gegenstand des Romans *Travnička hronika* (1945; *Wesire und Konsuln*, 1961), der neben dem Roman *Gospoðica* (1945; *Das Fräulein*, 1958) ebenfalls während des Kriegs entstanden ist. Bei der *Travnička hronika* handelt es sich aber weniger um eine Chronik denn um ein Panorama, in dem sich die absurden Auswirkungen der europäischen Politik von 1806 bis 1814 auf die Diplomatenwelt und Bevölkerung in Travnik abbilden.

Nach seinen literarischen Erfolgen wendet sich A., der nach dem Krieg zunächst in der jugoslawischen Innenpolitik tätig ist, allmählich ganz dem Kulturbetrieb zu. Während dieser Zeit entstehen weitere Erzählungen sowie *Prokleta avlija* (1954; *Der verdammte Hof*, 1957), dessen Schauplatz ein Istanbuler Gefängnis ist, in dem sich ein Christ und ein Türke Geschichten erzählen. Dieser Kurzroman, in dem A. die typisch orientalische Erzählweise, mehrere Geschichten ineinander zu verschachteln, bravourös umsetzt, markiert den letzten Höhepunkt in seinem Werk. Postum erscheinen neben Erzählungen zwei Prosabände und der unvollendete historische Roman *Omer-paša Latas* (1976, *Omer-Pascha Latas*, 1979). Auch sie sind Zeugnisse von A.' Bemühen, den offenen Dialog als das friedenstiftende Element in einer Welt voller Gegensätze, Missverständnisse und Krisen zu definieren.

Werkausgabe: Sämtliche Erzählungen. 3 Bde. München 1962ff.

Dajana Bajković

Andrzejewski, Jerzy
Geb. 19. 8. 1909 in Warschau; gest. 19. 4. 1983 in Warschau

Jerzy Andrzejewski gehört zu den bekanntesten Nachkriegsschriftstellern Polens, er hat zahlreiche Romane, Erzählungen, Essays und tagebuchartige Aufzeichnungen veröffentlicht sowie an mehreren Drehbüchern mitgewirkt. Seine Werke sind in mehr als 30 Sprachen übersetzt worden. Literarische Karriere machte er als christlich-religiöser Schriftsteller mit dem Roman *Ład serca* (1938; *Ordnung des Herzens*, 1970), für den er von der Polnischen Akademie für Literatur ausgezeichnet wurde. Während der deutschen Besatzungszeit, als das Kulturleben Polens offiziell zum Schweigen verurteilt war, beteiligte er sich mit seinem literarischen Schaffen an den Aktivitäten der Warschauer Untergrunduniversität. Die Erzählungen »Przed sądem« (1941; Vor Gericht), »Apel« (1942; »Der Appell«, 1968) und »Wielki Tydzień« (1943; »Die

Karwoche«, 1948), die die Grausamkeit der deutschen Besatzung beschreiben, wurden z. T. in privaten Wohnungen einem kleinen Zuhörerkreis vorgelesen.

A.s erfolgreichster Roman *Popiół i diament* (1948; *Asche und Diamant*, 1960), der 1958 unter der Regie von Andrzej Wajda verfilmt wurde, schildert die bürgerkriegsähnlichen Auseinandersetzungen politischer Gruppierungen in Polen unmittelbar nach dem Ende des Zweiten Weltkriegs. In den späten 1940er und frühen 1950er Jahren verfasste A. – als Wegbereiter der Theorie des sozialistischen Realismus – publizistisch-propagandistische Texte, die im Dienst des Kalten Kriegs standen. Ab Mitte der 1950er Jahre, als nach Stalins Tod eine Liberalisierung des Kulturlebens einsetzte, schrieb er systemkritische Romane und Erzählungen: *Wielki lament papierowej głowy* (1953; *Das große Lamento des papierenen Kopfes*, 1969) und *Złoty lis* (1954; *Der goldene Fuchs*, 1979). A., inzwischen ein erbitterter Gegner des sozialistischen Regimes, trat im November 1957 – wegen der sich erneut verschärfenden repressiven Maßnahmen der Regierung gegenüber der Kulturpolitik – aus der Kommunistischen Partei aus. In den folgenden Jahrzehnten beteiligte er sich an gesellschaftspolitisch oppositionellen Aktionen. So forderte er Meinungsfreiheit, protestierte 1969 gegen die militärische Unterdrückung des Liberalisierungsprozesses in der Tschechoslowakei (Prager Frühling) und war Gründungsmitglied des Komitees für Verteidigung der Arbeiterrechte (KOR), das 1976 als Reaktion auf die brutale Niederschlagung der Arbeiterdemonstrationen ins Leben gerufen wurde. 1977 arbeitete A. als einer der ersten Redakteure bei der inoffiziellen Zeitschrift *Zapis* (Aufzeichnung). Von der Partei mit Publikationsverbot belegt, veröffentlichte er seine Texte in einem Pariser Exilverlag und im Untergrund.

In der Bundesrepublik wurde er bekannt, als Anfang der 1960er Jahre das Interesse für die polnische Gegenwartsliteratur einsetzte: mit *Ciemności kryją ziemię* (1957; *Finsternis bedeckt die Erde*, 1961), *Bramy raju* (1960; *Die Pforten des Paradieses*, 1963), *Idzie skacząc po górach* (1963; *Siehe, er kommt hüpfend über die Berge*, 1966) und *Apelacja* (1968; *Appellation*, 1968). Diese Texte thematisieren den Anspruch totalitärer Systeme, im Besitz der absoluten Wahrheit zu sein, problematisieren den politischen und religiösen Fanatismus und zeigen seine Auswirkungen auf das Verhalten des Individuums, daneben ironisieren sie den kommerzialisierten und versnobten Kulturbetrieb Westeuropas.

Georg Mrugalla

Angelus Silesius (d. i. Johannes Scheffler)
Datum der Taufe 25. 12. 1624 in Breslau; gest. 9. 7. 1677 in Breslau

Johannes A. S., so nannte sich Johannes Scheffler, der Sohn eines nach Breslau übergesiedelten polnischen Adeligen und einer Schlesierin, nach seiner Konversion zum Katholizismus am 12. Juni 1653. Der öffentlich vollzogene Konfessionswechsel war eine Demonstration, ein Zeichen für das Vordringen der Gegenreformation in Schlesien. Öffentliche Aktionen – beispielsweise Schauprozessionen – lösten nun die anfängliche »Untergrundarbeit« der Jesuiten im überwiegend lutherischen Schlesien ab. Auch A. S. beteiligte sich künftig »mit einem Seraphischen Eyfer und resolution im Hertzen« an derartigen Veranstaltungen.

A. S. hatte in Breslau das Elisabethgymnasium absolviert, in Straßburg (von 1643 bis 1644), Leiden (von 1644 bis 1646) und Padua (von 1647 bis 1648) studiert und war als Doktor der Philosophie und der Medizin nach Schlesien zurückgekehrt. Er trat eine Stelle als Hof- und Leibmedicus in Oels an (von 1649 bis 1652), und hier scheint er sich allmählich – angeregt durch die Beschäftigung mit mystischer Literatur und bestärkt durch Schwierigkeiten mit der orthodox-lutherischen Geistlichkeit – an die katholische Kirche angenähert zu haben. Der Böhme-Anhänger Abraham von Franckenberg machte ihn mit der Tradition der deutschen Mystik vertraut und vermittelte die Bekanntschaft mit dem Dichter Daniel Czepko von Reigersfeld: In dessen im 17. Jahrhundert ungedruckten *Sexcenta Monodisticha Sapientum* aus den Jahren 1640 bis 1647 fand A. S. das Vorbild für seine mystische Epigrammatik.

1657 erschienen dann die Früchte dieser Beschäftigung mit der mystischen Tradition und dem epigrammatischen Werk Czepkos, die *Geistreichen Sinn- und Schlußreime*, die seit der erweiterten zweiten Ausgabe von 1675 den Titel *Cherubinischer Wandersmann oder Geist-Reiche Sinn- und Schluß-Reime zur Göttlichen beschaulichkeit anleitende* erhielten. Der Hinweis auf die Cherubim bezieht sich auf die alte Unterscheidung der Engel und deutet an, dass der Versuch, den mystischen Weg zu Gott zu beschreiben, hier in einer intellektuellen, den Verstand ansprechenden Weise unternommen wird. Dem entspricht die »geistreiche« (= spitzfindige) Form des Alexandriner-Epigramms, die eine antithetische, pointierte Sprechweise herausfordert und zu schroffen, paradoxen Feststellungen und Behauptungen führt, mit denen das Unsagbare in Worte gefasst werden soll (»Gott lebt nicht ohne mich. Ich weiß daß ohne mich Gott nicht ein Nu kan leben / Werd' ich zu nicht Er muss von Noth den Geist aufgeben«). Seine Verse enthielten, schreibt er, »vil seltzame paradoxa oder widersinnische Reden ...; welchen man wegen der kurtzen Verfassung leicht einen Verdamlichen Sinn oder böse Meinung könte andichten«.

Sein zweites, 1657 erschienenes Werk ist gänzlich anderer Natur: Dem spekulativen Umkreisen mystischer Vorstellungen im *Cherubinischen Wandersmann* stellt A. S. die *Heilige Seelen-Lust Oder Geistliche Hirten-Lieder der in ihren Jesum verliebten Psyche* zur Seite, die den affektiven Weg zu Gott beschreiben. Es handelt sich um ein Gegenstück zur weltlichen Pastoral- und Liebesdichtung, deren Formen und Motive parodiert und dem geistlichen Zweck nutzbar gemacht werden. Über allem herrscht der Affekt der Liebe, eine durch das Hohelied legitimierte Brautmystik, die sich mit ihrer Transformation überkommener Metaphern weit vorwagt.

Die späteren schriftstellerischen Arbeiten von A. S. sind – sieht man von der *Sinnlichen Beschreibung Der Vier letzten Dinge* (1675) ab – kontroverstheologische Traktate im Dienst der Gegenreformation. Für einige Jahre war der 1661 zum Priester geweihte A. S. offiziell mit gegenreformatorischer Politik befasst – von 1664 bis 1666 als Hofmarschall beim Offizial und Generalvikar von Schlesien, Sebastian von Rostock, der die Rekatholisierung des Landes mit allen Mitteln betrieb –, im Übrigen diente er diesem Ziel auch ohne Amt. Eine Sammlung dieser Schriften – 39 von insgesamt 55 Traktaten – erschien 1677 (*Ecclesiologia Oder Kirchen-Beschreibung*). Als Höhepunkt seiner schriftstellerischen Polemik kann wohl die an den Kaiser gerichtete Schrift *Gerechtfertiger Gewissenszwang oder Erweiß / daß man die Ketzer zum wahren Glauben zwingen könne und solle* (1673) gelten: der Mystiker und Dichter frommer Hirtenlieder als fanatisches Instrument der Gegenreformation.

Werkausgaben: Sämtliche poetische Werke. Hg. von Hans Ludwig Held. 3 Bde. München 31949/52; Sämtliche poetische Werke und eine Auswahl aus seinen Streitschriften. Hg. von Georg Ellinger. 2 Bde. Berlin 1923.

Volker Meid

Anouilh, Jean
Geb. 23. 6. 1910 in Bordeaux;
gest. 3. 10. 1987 in Lausanne

Jean Anouilh verfasste rund 40 Theaterstücke, in denen er in tragischer Zuspitzung oder komödiantischer Ironie die Abgründe der menschlichen Gesellschaft vorführt. Dabei übersteigert er entweder Figuren und Handlung ins Groteske, oder er reduziert die zwischenmenschliche Interaktion auf ihre Basiskonflikte, um unterschiedliche Weltanschauungen und Menschenbilder unvermittelt aufeinanderprallen zu lassen. Elementare menschlich-soziale Konflikte werden schonungslos zur Schau gestellt, nicht ohne zugleich das Publikum zu unterhalten oder auch zu heftigen Reaktionen anzuregen. In Kontakt zum Theater gelangt A., der zunächst ein Jurastudium absolviert und als Werbetexter arbeitet, als er eine Stelle als Sekretär beim Regisseur und Theaterdirektor Louis Jouvet antritt. Durch dessen Inszenierungen lernt A. die Stücke von Jean Giraudoux kennen, die daraufhin seine eigenen Werke stark beeinflussen. Zur Zeit der politischen Säuberung 1944 wird er von dem Dramatiker Armand Salacrou verdächtigt, dem Vichy-Regime nahezustehen; sein Name taucht jedoch auf der schwarzen Liste der »nicht wünschenswerten Schriftsteller« nicht auf. Hingegen setzt sich A. für die Begnadigung des befreundeten, wegen Hochverrats zum Tode verurteilten Literaturkritikers Robert Brasillach ein.

Seine Werke, die A. in Gruppen wie »Pièces noires« (Schwarze Stücke), »Pièces roses« (Rosa Stücke) oder »Pièces brillantes« (Glänzende Stücke) einteilt, zeigen die unversöhnlichen Gegensätze etwa zwischen Ideal und Wirklichkeit, Lebensbejahung und Lebensverneinung sowie die Abgründe einer durch Werteverlust und Unfähigkeit zu Kompromissen geprägten Gesellschaft. Machtapparate und Herrschaftssysteme werden entmythisiert, ihre Repräsentanten entheroisiert. In *Antigone* (1946, UA Paris, 4. 2. 1944; *Antigone*, 1964) zeigt sich die entmythisierende Tendenz insbesondere in der Konzeption der Hauptfiguren Kreon und

Antigone, in denen sich nicht mehr, wie in der sophokleischen Vorlage, göttliche Prinzipien gegenüberstehen, sondern Individuen, die ihre unterschiedlichen Lebensauffassungen vortragen und leben. Für *Antigone* oder *Medée* (1946, UA Brüssel 1948; *Medea*, 1964) konzipiert A. Figuren, die ihrem unabwendbaren, vom Mythos fixierten Schicksal scheinbar ausgeliefert sind. Ihre radikale Kompromisslosigkeit, aufgefasst als uneingeschränkte persönliche Freiheit, führt letztlich zum Tod. A.s Figuren begehren entweder gegen die gesinnungslose, verbesserungswürdige Welt auf, indem sie sich existenziell an die vertretenen Werte binden – wie die kindliche, sich gegen die Welt auflehnende Johanna von Orléans im Drama *L'Alouette* (1953, UA Paris, 14. 10. 1953; *Jeanne oder die Lerche*, 1964) –, oder sie bedienen sich zu ihrem eigenen Vorteil der Strukturen des opportunistischen, machtbegierigen, oberflächlichen Gesellschaftssystems, wie in *L'invitation au château* (1948, UA Paris, 5. 11. 1947; *Einladung ins Schloß*, 1958). Mit seiner Tragödie *Eurydice* (1942, UA Paris 8. 12. 1942; *Eurydike*, 1964) verlegt A. den Orpheus-Mythos ins Milieu der Provinzgesellschaft des 20. Jahrhunderts. Die Liebe des Stehgeigers Orpheus und der Schauspielerin Eurydike scheitert in A.s entmythisierender Fassung an der gegenseitigen Idealisierung und der Unvereinbarkeit von Wirklichkeit und Ideal. Emotionen wie Liebe oder Vertrauen sind in A.s Dramen ebenso wie positive Charaktereigenschaften zumeist doppelbödig angelegt und entziehen sich auf diese Weise dem reinen Ideal.

Seine bevorzugten Darstellungsmittel sind Ironie, Parodie und Groteske, Anachronismen sowie die starke Abstraktion und Kontrastierung der zentralen Konflikte in scharfen Dialogen. Um mehrere Zeitebenen auf der Bühne darzustellen, bedient sich A. der Technik der Rückblende, die er dramaturgisch geschickt in die Haupthandlung einbindet. Ein wichtiges Themen- und Metaphernfeld bildet das Theater: Neben der Wahl des Theaters als Schauplatz und der Ansiedlung der Handlung im Schauspielermilieu inszeniert A. häufig in der Technik des Spiels im Spiel das Theater auf dem Theater, um die Determinierung der Figuren auf ihre literarisch festgeschriebenen Rollen mit vorgeschriebenen Handlungsabläufen vorzuführen. So dient z. B. in der Komödie *L'Hurluberlu ou le réactionnaire amoureux* (1959, UA Paris, 5. 2. 1959; *General Quixote oder der verliebte Reaktionär*, 1959) ein inszeniertes Schauspiel dazu, einem alternden General den eigenen Wirklichkeitsverlust und den Fiktionsgrad seiner Realitätskonstruktion parodistisch vor Augen zu führen.

Werkausgabe: Dramen. 8 Bde. Hg. F. Geiger. München u. a. 1956ff.

Katrin Fischer-Junghölter

Antimachos von Kolophon
Geb. um 444 v. Chr.;
gest. um 380/65 v. Chr.

Antimachos war Grammatiker (Philologe) und Dichter, also Vorläufer des hellenistischen Dichterideals, des *poeta doctus*, der Gelehrsamkeit und Kunst in einer Person verband. Als Dichter gilt er wegen seiner Bildung und seiner eigenen Stilmittel als Erneuerer der Epik und der Elegie. Die *Thēbaís* behandelt den Zug der Sieben gegen Theben in mindestens fünf Büchern. Seine genaue Kenntnis der Homerischen Sprache und Dichtung, sein Hang zu Glossen und Aitien spiegeln sich in den ca. 70 erhaltenen Fragmenten wider. Die *Lýdē* ist ein gelehrtes elegisches Kataloggedicht in mindestens zwei Büchern (ca. 30 Frg.), das in Erinnerung an die geliebte Lyde für ihren tatsächlichen oder nur angeblichen Verlust geschrieben wurde. Es besteht aus mythischen Geschichten, die schmerzhafte – nicht nur die Liebe betreffende – Unglücksfälle behandeln. Als sein Vorgänger ist die *Nanno* des Mimnermos zu nennen; A. selbst ist aber Initiator der gelehrten und erzählenden Elegie, die zahlreiche griechische und römische Nachahmer (u. a. Philetas, Hermesianax; Properz, Ovid) hatte. Als weitere Titel sind bekannt *Ártemis* (mindestens zwei Bücher, ca. 30 Frg.) und *Déltoi* (»Schreibtäfelchen«, ein Frg.), die eventuell eine Sammlung kleiner Gedichte verschiedenen Inhaltes waren. – Als Arbeit des Philologen und Schülers des Stesimbrotos von Thasos A. ist uns eine von ihm edierte, mit Anmerkungen und wohl auch mit Emendationen versehene Homerausgabe bekannt, nach unserem Wissen die einzige vorhellenistische Homeredition.

Da er als Avantgardist in seiner Zeit eine umstrittene Einzelerscheinung war, divergieren die Ansichten über ihn stark, wodurch auch seine enorme Wirkung dokumentiert wird. Seine Dichtungen galten einerseits als erhaben und feierlich, elitär und gelehrt, andererseits als schwülstig und weitschweifig, ungeformt und schwerfällig; sein Ruf als Epiker ist überwiegend positiv. A. gehörte zum alexandrinischen Epiker-Kanon, wurde von Platon, der seinen Schüler Herakleides Pontikos zur Sammlung der Werke des A. veranlasste, wohl wegen der moralischen und erzieherischen Tendenzen in den Dichtungen geschätzt, ebenso von den Neuplatonikern. Er galt oftmals als zweitbester Epiker nach Homer (vgl. Quintilian, Antipater); von Hadrian wurde er sogar präferiert. Lob (Asklepiades, Poseidippos) und Tadel (Kallimachos) finden sich in in seinem Ruf als Elegiker; so urteilt Kallimachos über die *Lyde* seines Antipoden, dass sie grob, nicht fein ausgearbeitet, undeutlich, überladen mit epischen Stilmitteln, schlichtweg zu episch sei. Dieser Tadel des Kallimachos wog anscheinend schwer; spätere Testimonien sehen in A. fast nur noch den Epiker. Einen Auszug der *Lyde* stellte im 2. Jh. v. Chr Agatharchides her, wohl aus Interesse an mythischem Material. A. wurde in der Folgezeit immer weniger gelesen und fast nur noch von Lexikographen und Grammatikern für sprachliche Untersuchungen benutzt.

Frank Pressler

Anton Ulrich, Herzog von Braunschweig-Lüneburg
Geb. 4. 10. 1633 in Hitzacker/
Niedersachsen; gest. 27. 3. 1714
in Salzdahlum bei Wolfenbüttel

»Wann nun«, schreibt Sigmund von Birken, der Nürnberger Poet und Redakteur von A.U.s *Aramena* (1669–1673), über den höfischen Roman, »dergleichen Bücher / der Adel mit nutzen liset / warum solte er sie nit auch mit ruhm schreiben können: Und wer soll sie auch bässer für den Adel schreiben / als eine person / die den Adel beides im geblüt und im gemüte träget?« Der damit angespro-

chene A. U. war der zweite Sohn Herzog Augusts des Jüngeren, der Wolfenbüttel zu einem kulturellen Mittelpunkt machte und seinen Kindern eine anspruchsvolle Erziehung angedeihen ließ (verantwortlich dafür war der Grammatiker Justus Georg Schottelius). An deren Ende stand die Kavalierstour, die A. U. von 1655 bis 1656 über Straßburg nach Paris führte, wo er sich – ständig in Geldnöten – bemühte, sein Herzogtum würdig zu vertreten: »Es gehet mir ietz gar zu elend, da ich etliche wochen ohne geld hie leben mussen, und noch von einem neüen wexel weder höre noch sehe«, klagt er Ende 1655. Doch fehlt es nicht an literarischen Anregungen. Er lernt Madeleine de Scudéry kennen, die berühmte Romanschriftstellerin, und besucht häufig das Theater. Nach der Rückkehr schreibt er anlässlich seiner Hochzeit 1656 sein erstes Bühnenwerk, das *Frühlings-Ballet*. 1659 wird er als »der Siegprangende« Mitglied der »Fruchtbringenden Gesellschaft«. In den Jahren bis etwa 1663 entsteht eine ganze Reihe von Singspielen und Balletten, mit denen A. U. dazu beiträgt, die Geburtstage seines Vaters und andere gesellschaftliche Ereignisse gebührend zu begehen. Dieser Serie von Theaterdichtungen folgt 1665 eine Sammlung *Geistlicher Lieder* (1667 unter dem neuen Titel *ChristFürstliches Davids-Harpfen-Spiel*), deren Grundbestand freilich schon 1655 dem Herzog handschriftlich als Neujahrsgabe dargebracht worden war.

Herzog August starb 1666, sein ältester Sohn Rudolf August wurde regierender Herzog, und A. U. hatte wohl viel Zeit für seine literarischen Pläne. Von 1669 bis 1673 erschienen die fünf Bände seines Romans *Die Durchleuchtige Syrerinn Aramena*, eine labyrinthische Konstruktion, die das Wirken der Vorsehung in einer scheinbar chaotischen Welt sichtbar macht: Der Roman als Abbild der göttlichen Weltordnung, zugleich aber bewusste Standeskunst. War die Handlung der *Aramena* in biblischen Zeiten angesiedelt, so verwendet A. U.s zweiter Roman, *Octavia Römische Geschichte* (1677 ff.), das Rom Neros als Folie für die kombinatorische Romankomposition. Die »Verfolgungen der ersten Christen, in einen Roman gekleidet«, erregten noch »das lebhafteste Interesse« von Johann Wolfgang Goethes »Schöner Seele«. A. U. freilich hatte Schwierigkeiten mit dem Roman. Nach drei Bänden (1677–79) stockte die Arbeit. Sigmund von Birken, der die Manuskripte druckreif gemacht hatte, war 1681 gestorben, außerdem wurde A. U. immer stärker in die Regierungsgeschäfte einbezogen (Mitregent seit 1685) und spielte bald die führende Rolle. Intrigen der drei Welfenherzöge (Hannover, Celle, Wolfenbüttel) um die Vorherrschaft sorgten für Unruhe. Als 1692 Hannover die Kurwürde erhielt, leistete A. U. Widerstand. Das Resultat sah Herzogin Elisabeth Charlotte von Orléans, Liselotte von der Pfalz, richtig voraus: »Der krieg, so die Wolffenbüttelsche herren ahnfangen wollen, kompt mir eben vor alss wenn man in die höhe speit undt dass es einem wider auff die nass felt, denn ich glaube, dass es ihnen selbsten ahm übelsten bekommen wirdt.« 1704, nach dem Tod seines Bruders, übernahm A. U. die alleinige Regentschaft, 1710 trat er zum Katholizismus über. Weitere Bände der *Octavia* erschienen von 1703 an, doch zu einem Ende gelangte der Herzog nicht. In ironischer Distanz schrieb er an Gottfried Wilhelm Leibniz, den er als Wolfenbütteler Bibliothekar gewonnen hatte: »Es ergehet mir mit dieser arbeit, als wan der geist des verfaßers vom Amadis (Ritterroman aus dem 16. Jahrhundert mit über 20 Bänden) in mich gefahren wäre, dass die Octavia anstatt von 6 theilen etliche und zwantzig bekommen solte, maßen ich noch immer hin arbeite und kein ende finden kan« (10. 3. 1713). Es blieb bei 6922 Druckseiten.

Werkausgabe: Werke. Historisch-kritische Ausgabe. Im Auftrag der Herzog August Bibliothek und in Verbindung mit Hans-Henrik Krummacher. Hg. von Rolf Tarot. Stuttgart 1982 ff.

Volker Meid

Anzengruber, Ludwig
Geb. 29. 11. 1839 in Wien;
gest. 10. 12. 1889 in Wien

Als er, während seiner letzten beiden Lebensjahre, von der naturalistischen Avantgarde in Berlin entdeckt wird, erkennt man dort unter den zeitgenössischen Dramatikern nur einen als ihm ebenbürtig an: Henrik Ibsen. Mit Genugtuung nimmt A., der in seiner Heimat bereits als »ausgeschrieben« gilt, den späten Ruhm zur Kenntnis. Auf dessen Höhepunkt mit der viel beachteten Aufführung seiner Volkstragödie *Das vierte Gebot* in der »Freien Bühne« am 2. März 1890 ist er bereits tot. »… erschütternder« als die beiden Schlussakte, schreibt Theodor Fontane, habe bisher »… nichts, auch das Größte mit eingerechnet«, auf ihn gewirkt. Programmatisch hebt seine Rezension abschließend die Bedeutung dieser Premiere und ihres Autors hervor: »Die Vornehmheit hat ihre Tage gehabt; heute geht ein demokratischer Zug auch durch die Kunst.«

Früh verliert A. seinen Vater, einen kleinen Beamten, der nebenbei literarisch dilettierte. Stets an der Armutsgrenze, dabei hartnäckig an die eigene Berufung zum Schriftsteller glaubend, tingelt er nach der Buchhändlerlehre fast neun Jahre lang als »Provinzschauspieler« umher: ein »Zigeunerleben«, das ihn bis nach Ungarn und Kroatien verschlägt. Trotz wiederholter Ablehnung seitens der Bühnen konzipiert er Stück um Stück. Daneben entstehen in dieser »prähistorischen« Phase erste Erzählungen. Kurzzeitig hält er sich durch Schreiben für ein Witzblatt über Wasser. Die endlich erlangte Stelle als Kanzleipraktikant bei der Wiener Polizeidirektion gibt er auf, nachdem er mit *Der Pfarrer von Kirchfeld* (1870) doch noch den nicht mehr für möglich gehaltenen Durchbruch als Dramatiker schafft. Hauptfigur ist ein undoktrinärer Seelsorger, der auf Betreiben seines Grundherrn gemaßregelt wird, für den die »göttliche Weltordnung« auch die Ständehierarchie verbürgt. Im Klima der langjährigen Konfrontation von Staat und Kirche in Österreich begünstigt die Tendenz, mit der der Autor das Thema dramaturgisch effektvoll zuspitzt, den Sensationserfolg dieses »Volksstücks mit Gesang«.

Über den aktuellen Anlass hinaus vertiefen die sich in rascher Folge anschließenden Dialektstücke A.s Anliegen einer kämpferischen »Volksaufklärung« in das Grundsätzliche. Wiederholt zieht er dabei den Unwillen der Zensur auf sich. Im Einklang mit dem Denken Ludwig Feuerbachs steht leitmotivisch der Gegensatz zwischen religiöser Weltverdüsterung und dem Bekenntnis zu einem naturwüchsigen Lebensmut im Mittelpunkt. Tragisch durchgeführt sind die ethischen Verirrungen des Jenseitsglaubens in *Der Meineidbauer* (1871). Einer Religion, die Lebenslügen stiftet und das soziale Verhalten korrumpiert, stellt A. hier das (so die Originalhandschrift) »Evangelium der Menschenfreundlichkeit« einer neuen Zeit gegenüber. Unter lustspielhaftem Vorzeichen beleuchten demgegenüber *Die Kreuzelschreiber* (1872) und *Der Gwissenswurm* (1874) die Befreiung des Menschen von lebensfeindlichen Wahnvorstellungen, die ihn äußerlich unmündig und innerlich unfrei machen. Während der asketische Glaubenseifer in seiner Destruktivität bloßgestellt wird, verhilft lachende Lebenskunst der Daseinsfreude zum Sieg. Weil er Bauern als Beispielfiguren naturwüchsigen menschlichen Handelns für besonders geeignet hält, siedelt A. die Handlungen mit Bedacht gern im ländlichen Milieu an.

Nach der »gewaltigen« Euphorie des Beginns erleidet die Erfolgskurve des Dramatikers jedoch einen empfindlichen Knick. Nahezu alle seiner späteren Stücke – bis zur letzten Premiere 1889 schreibt er insgesamt über zwanzig – verschwinden rasch wieder vom Spielplan. Kurzzeitiges Aufsehen erregt lediglich *Das vierte Gebot* (1877), wo am Beispiel zweier Familien aus dem Wiener Klein- und Besitzbürgertum die zerstörerischen Folgen der patriarchalischen Autorität aufgezeigt werden, zugleich ein Menetekel für die Brüchigkeit der gesellschaftlichen Zustände insgesamt. Das Stück hinterlasse »… einen fast peinigenden Eindruck«, findet die Kritik, eben jener »unbarmherzigen Natürlichkeit« wegen, in der die Berliner Moderne später ein Vorbild der eigenen Ästhetik erkennen wird.

Verbittert registriert A. den wachsenden Amüsierbetrieb auf den Vorstadttheatern; in seiner Korrespondenz häufen sich die Klagen: »Die Bühne ist ein Unterhaltungsort wie ein anderer und derjenige, der es unternimmt, die Leute was anderes als unterhalten zu wollen« – etwa indem er, statt des gängigen »Einschläferns ... Aufklärerei« betreibe, »Sünden und Schwächen erklärende Psychologie« –, »macht sich ihnen nur unnütz und sie lassen ihn daher nicht auf seine Kosten kommen«. Als Erzieher, »welcher der Zeit von der Bühne herab das Wort reden« wollte, fühlt er sich in seiner »großen Aufgabe, der Reformierung des Volksstücks« daher restlos gescheitert. Auf jenes »kleines Häuflein von Gebildeten« nämlich, bei dem er unvermindert Wertschätzung genießt, zielten seine Texte nicht ab: »Wozu, respektive für wen schreibt man dann eigentlich Volksstücke? Die Direktionen verlangen *Kassastücke*, und ein Volk, das sich um die ›Volksstücke‹ bekümmert, gibt es hierorts nicht – also wozu der Liebe Müh?«

Aus dem desillusionierenden Befund zieht A. die Konsequenz, indem er mehr und mehr in die Prosa ausweicht, wo er wenigstens den individuellen Leser zu erreichen hofft. Neben Dorf- und Kalendergeschichten sowie Genrebildern aus dem Wiener Vorstadtleben, die seit 1879 einschließlich einer Nachlassveröffentlichung neun Bände füllen, entstehen die »Dorfromane« *Der Schandfleck* (1877, überarbeitete Fassung: 1884) und *Der Sternsteinhof* (1884). Beide Male wird der Aufstieg einer (entweder durch uneheliche Geburt oder ärmliche Herkunft dazu gemachten) Außenseiterin erzählt, wobei sich der Akzent von der ethischen Bewährung im späteren, ästhetisch überzeugenderen Text auf die darwinistisch unterfütterte Darstellung des Kampfes einer auch in ihrer Skrupellosigkeit Lebenstüchtigeren verlagert. Mit Nachdruck bekundet A. sein Selbstverständnis als »realistischer« Autor, der statt »Verklärung des Lebens« rückhaltlose »Wahrheit« bieten möchte, und so »erscheint er auch revolutionär, und das ist ein Grund mehr, vor ihm zurückzuschrecken«

(*Dorfgänge II*, 1879). Didaktischer Absicht steht derlei prinzipiell nicht im Wege. Beispielhaft verstärkt ist sie in den 1872 bis 1875 entstandenen *Märchen des Steinklopferhanns*, in denen A.s populärste Figur, die bereits in der *Kreuzelschreiber*-Komödie zum Sprachrohr einer weltimmanenten All-Einheits-Intuition wird – »Du ghörst zu dem alln, und dös alls ghört zu dir! Es kann dir nix gschehn!« –, mit der heiteren Abgeklärtheit des besitzlosen Straßenphilosophen ihre Lehren verkündet: redlich und vernünftig, ebenso furchtlos wie der zwischenmenschlichen Solidarität verpflichtet, allein für diese vergängliche Welt zu leben, in welcher der technische zugleich die Chance des sozialen Fortschritts bietet.

Um wenigstens seine dürftigen Lebensumstände abzusichern, arbeitet A. an zahlreichen Zeitungen und Periodika nicht nur als »Kleinproduzent« mit. Er redigiert das illustrierte Familienblatt *Die Heimat*, seit 1884 dann die liberale humoristische Wochenschrift *Figaro*. Als er zwei Jahre später auf Vorschlag Paul Heyses für den verstorbenen Joseph Viktor von Scheffel in das Kapitel des Bayerischen Maximilians-Ordens nachrücken soll, versagt Prinzregent Luitpold nach klerikalen Protesten der Wahl die Bestätigung.

A. altert früh. Die letzten Lebensmonate sind von Krankheiten überschattet. Seine seit langem desolate Ehe bricht endgültig auseinander. Noch auf dem Sterbebett gelten die Gedanken der Arbeit: »Mir fällt nichts ein, ich bin ein armes Hunderl«, notiert er kurz vor seinem Tod verzweifelt. Unweit des Deutschen Volkstheaters in Wien, an das er bei dessen Gründung (1888) noch als Hausautor verpflichtet wurde, setzt man ihm 1905 ein aufwendiges Denkmal. 26 Jahre später, anlässlich der Uraufführung von dessen Volksstück *Geschichten aus dem Wiener Wald*, bezeichnet Alfred Kerr Ödön von Horváth als Fortsetzer A.s unter »heutigen« Bedingungen.

Werkausgabe: Sämtliche Werke. Kritische Ausgabe in 15 Bänden. Hg. von Rudolf Latzke und Otto Rommel. Wien 1921/22, Reprint Nendeln/Liechtenstein 1976.

Hans-Rüdiger Schwab

Apitz, Bruno
Geb. 28. 4. 1900 in Leipzig;
gest. 7. 4. 1979 in Berlin (DDR)

Der DDR-Vorzeigeschriftsteller in Sachen Antifaschismus ist A. Der preisgekrönte Buchenwald-Roman *Nackt unter Wölfen* (1958), der erste internationale Bestsellererfolg der DDR, wird 1963 von Frank Beyer verfilmt, gehört seit 1970 zur Pflichtlektüre in den Schulen und ist mit der These vom sozialistischen Humanismus des Antifaschismus für viele DDR-Literaten (Hedda Zinner, Hasso Grabner, Jurek Becker, Wolfgang Kohlhaas) strukturbildend. Die marxistische Literaturwissenschaft feierte den Roman über die Verherrlichung des Widerstandes des Illegalen Lagerkomitees unter der kommunistischen Partei als Paradebeispiel des sozialistischen Realismus. A. selbst begriff sein gesamtes Werk von den 1920er bis in die 1970er Jahre als Variationen einzig des Themas Antifaschismus, und zwar als ein erzieherisches Programm der literarisch-politischen Bewusstseinsbildung.

Als das zwölfte Kind einer alleinerziehenden Mutter im proletarisierten kleinbürgerlichen Milieu engagiert sich A. bereits als Jugendlicher politisch. Nach dem Besuch der Volksschule (1906–1914) und einer abgebrochenen Lehre als Stempelschneider (1915) hält er als Mitglied des Arbeiterjugendbildungsvereins der SPD und der Liebknecht-Jugend am 16. 8. 1917 vor streikenden Munitionsarbeitern eine pazifistische Rede, weshalb er wegen »Antikriegspropaganda« und »Landesverrat« verhaftet wird. Nach dem Krieg wird er begnadigt und nimmt sogleich an der Novemberrevolution (1918/19) und 1920 am Generalstreik anlässlich des Kapp-Putsches teil.

Seit Anfang der 1920er Jahre, als A. zeitweilig als Buchhändleraushilfe und Schauspieler am Stadttheater Harburg arbeitet, schreibt er satirisch-zeitkritische Gedichte und Dramen, u. a. in der Wochenschrift *Der Drache* und in der KPD-Zeitung *Der Klassenkampf*. Im Frühwerk wie dem Drama *Und was sagt ihr dazu?* (1925 unter dem Pseudonym Bruno Bethelisa) artikuliert er seine Kapitalismuskritik, wobei er den Faschismus als den in das letzte Stadium eingetretenen Kapitalismus interpretiert.

Als A. 1927 in die KPD eintritt, wird er in der Agitprop-Abteilung mit der Herausgabe illegalen Schriftmaterials beauftragt. Bereits 1928 leitet er den Zentralverlag der Roten Hilfe Berlin und ist Mitherausgeber der Zeitschrift *Die Tribüne*. Als Mitglied des Bundes proletarisch-revolutionärer Schriftsteller Deutschlands und als dessen Vorsitzender in Leipzig übernimmt er die Aufgabe, als Schriftsteller direkt in den antifaschistischen Kampf einzugreifen. Er wird Szenarist und Spielleiter der Agitprop-Truppe »Rote Fanfaren«. Deswegen wird A. kurz nach der Machtergreifung Hitlers verhaftet und sitzt in Colditz und Sachsenburg ein. Das verhindert das Erscheinen seines in der *Linkskurve* bereits angekündigten Romans *Fleck und Barb, die Unrasierten*. Nach seiner Entlassung nimmt er die illegale Parteiarbeit wieder auf und wird im Oktober 1934 erneut verhaftet und wegen »Vorbereitung zum Hochverrat« zu zwei Jahren und zehn Monaten Zuchthaus in Waldheim verurteilt.

Als politischer Häftling wird A. dann im November 1937 ins Konzentrationslager Buchenwald überführt. Dort arbeitet er in verschiedenen Arbeitskommandos (Kammerbarackenbau, Pumpenhaus, SS-Kasino-Bau, Zaunkommando Kabelleger). Im Arbeitskommando Bildhauerei entstehen seit 1938 zahlreiche Plastiken und Holzskulpturen, illegale und Auftragsarbeiten für die SS, von denen er im *Buchenwald-Report* (1946) berichtet. A. tritt auch als Conférencier im KZ-Kabarett auf. Er inszeniert Theaterstücke (*Was ihr wollt*), schauspielert, schreibt revueartige Szenen (*Das Lineal*) und vertont Gedichte, u. a. von Karl Schnog (»Na ja«). Im KZ entstehen zudem zahlreiche Gedichte (»Lessing, Shakespeare, Luther«), die Liebesgeschichte der Jüdin Esther zum kommunistischen Kapo Oswald (»Esther«), welche erst 1959 und in einer dem politischen Mythos des Antifaschismus gemäß geglätteten Fassung erscheint, sowie das Konzept für das Drama *Paradies und Gute Erde*, ein der Tradition Bertolt Brechts verpflichtetes satirisches Lehrstück über den politischen Aufstieg von Hitler und Goebbels.

Nach 1945 schreibt A. als Redakteur der *Leipziger Volkszeitung* unter dem Pseudonym »Britz« Berichte vor allem zur Aktivistenbewegung. Das Mitglied der SED wird Verwaltungsdirektor der Städtischen Bühnen in Leipzig (1946) und schreibt als Planpropagandist bei der »Vereinigung volkseigener Betriebe Eisen und Stahl« Stücke für das Betriebstheater (*Der Mörder Polyphag*, 1946; *Das Hohe Lied*, 1948), die er im Großkraftwerk Hirschfelde mit Laienschauspielern inszeniert. Der kulturpolitische »Aktivist der ersten Stunde« schreibt seit 1947 für den Jugendrundfunk (Berliner und Mitteldeutscher Rundfunk) zudem Hörspiele (*In memoriam Carl von Ossietzky, Karl Marx, Der Staat*), in denen er die ideellen Grundlagen des Sozialismus vermittelt. Aufgabe des Dichters ist es seinem Selbstverständnis nach, den ›neuen Menschen‹ als Identifikationsfigur in den Mittelpunkt zu rücken (*Besonders jetzt tu Deine Pflicht*). Im Dienste des Sozialismus rühmt er die Planwirtschaft und die Bodenreform. Darüber hinaus entstehen Theaterstücke, Hörspiele und Filmdrehbücher, die die Gleichberechtigung der Frau zum Thema haben (*Eheleute von heute*, 1951; *Kurs 84 – bitte abfahren*, 1952 und 1955). A., der seit 1951 erster Vorsitzender der Gewerkschaft Kunst und Schrifttum in Leipzig und seit 1952 DEFA-Dramaturg ist, wird 1954 in den Hauptvorstand des Deutschen Schriftstellerverbandes aufgenommen. Doch erst mit *Nackt unter Wölfen* findet er eine größere Leserschaft. 1961 wird er Mitglied des PEN-Zentrums und Leitungsmitglied der SED im Schriftstellerverband.

Bei seiner Westdeutschland-Lesetour 1962 wird A. wegen seiner SED-Mitgliedschaft verhaftet und in die DDR zurückgeführt. Er rechnet in unveröffentlicht gebliebenen Texten der 1960er Jahre (*Butter aus Holland, Krahmann* und *Dieb im eigenen Haus*) mit der westdeutschen Regierung, vor allem mit der großen Koalition, und der Sozialdemokratie ab und verurteilt die Notstandsgesetze. Zugleich begrüßt der linientreue Sozialist, der ein halbes Jahr lang für das Ministerium für Staatssicherheit arbeitet, ohne die in ihn gesetzten Erwartungen zu erfüllen, den Mauerbau als notwendigen Schutzwall gegen die Kriegsbestrebungen Westdeutschlands und rechtfertigt die Schüsse auf Republikflüchtlinge.

Nach dieser Phase der tagespolitischen, überwiegend publizistischen Literatur des Kalten Krieges tritt A. Ende der 1960er Jahre die Flucht in die Vergangenheit an. In Anlehnung an die historischen Epochenromane von Anna Seghers und Hans Marchwitza widmet er sich der Geschichte der Arbeiterbewegung. Sein rechercheaufwendiges und unvollendetes Romanprojekt (*Der Regenbogen*, 1976; *Schwelbrand*, 1984 posthum und fragmentarisch), die Geschichte der Arbeiterfamilie Bahlke vor der Folie der Zeitläufte von 1900 bis in die 1950er Jahre, ist zugleich seine Wunschbiographie, die Entwicklung des sozialistischen Künstlers. A. stirbt 1979 als vielfach geehrter Literat des antifaschistischen Widerstandes, der aber in der Honecker-Ära keine Rolle mehr im DDR-Literaturbetrieb gespielt hat.

Claude D. Conter

Apollinaire, Guillaume (eigtl. Wilhelm Albert Apollinaris de Kostrowitzky)

Geb. 26. 8. 1880 in Rom; gest. 9. 11. 1918 in Paris

Den Grundsatz seiner eigenen Poetik brachte Guillaume Apollinaire mit der Definition des Kubismus in *Les peintres cubistes. Meditations esthétiques* (1913; *Die kubistischen Maler – Ästhetische Betrachtungen*, 1956), der Programmschrift dieser Kunstrichtung, zum Ausdruck: Der Kubismus sei »nicht eine Kunst der Nachahmung, sondern eine Kunst der Vorstellung«. Sie vereinige drei Tugenden: die Reinheit, die Einheit und die Wahrheit. A. zufolge nimmt der Kubismus eine vierte Dimension, nämlich das Unendliche, in das Kunstwerk auf und stilisiert es zum Idealen. Daraus entstehe ein neues Maß an Vollkommenheit, welches dem Gegenstand Proportionen verleihe, die seiner Plastizität selbst entsprechen. Mit der Differenzierung von vier Richtungen, dem wissenschaftlichen, naturhaften, instinktiven und orphischen Kubismus, bestimmt A. eine zentrale Thematik seines Gesamtwerks. Die höchste Vollendung sieht er nämlich im Orphischen realisiert, da es Poesie und strenge Gesetzmäßigkeit vereinige und konkreter Ausdruck des Geistigen sei.

Bereits in *Le bestiaire ou cortège d'Orphée* (1911; *Bestiarium oder Das Gefolge des Orpheus*, 1959) widmete A. vier Gesänge Orpheus, dem Mythos des Sängers, Sehers und Erfinders, der zur Identifikationsgestalt des lyrischen Ich avancierte. Die geheimnisvolle Schöpfung, die Schönheit der Welt, die Härte des Lebens und die Widersprüche der Liebe sind die Themen der Gedichte. In seiner bekanntesten Lyriksammlung *Alcools* (1913; *Alkohol*, 1978) erzeugt A. durch Formlosigkeit und fehlende Interpunktion die Auflösung des eindeutigen Sinnpotentials und ersetzt dieses durch vielfältige Ambivalenzen. Rhythmus und Zäsur der Verse gestalten analog zur Technik der kubistischen Perspektive die Rezeption immanent neu. Auch das Prinzip der Simultaneität wird von der bildenden Kunst auf die Dichtung übertragen. So behandelt das Eröffnungsgedicht »Zone« die Simultantechnik durch die gleichzeitige Präsenz verschiedener Örtlichkeiten und Zeiten im Bewusstsein des lyrischen Ich. Die Modernität dieser Lyrik liegt v.a. in der Umkehrung des traditionellen Verhältnisses von Autor, Leser und Werk. Der Leser wird durch das Fehlen des eindeutigen Sinnangebots zur Sinnzuweisung provoziert und somit in das Gedicht integriert. Auch im Vorwort zu *Les mamelles de Tirésias* (1917; *Die Brüste des Tiresias*, 1987) formulierte A. die Abkehr vom mimetischen Kunstprinzip und damit zugleich die Hinwendung zu einer neuen, von ihm als surreal (»drame surréaliste«) bestimmten Poetik und Theaterpraxis. Hier liegt die Begriffsprägung, die André Breton aufnahm, aber inhaltlich neu gestaltete. A. verstand darunter die Interpretation der Wirklichkeit durch die Phantasie. Als anschauliches Beispiel nennt er die Imitation des Gehens durch die Erfindung des Rades. *Les mamelles de Tirésias* lässt sich nicht über die Handlung, der Verwandlung der frustrierten und nach Emanzipation strebenden Ehefrau Thérèse in den Mann Tirésias, begreifen. Vordergründig etablieren die Ereignisse die Folie für das Trauma der Unter- bzw. Wiederbevölkerung. Der verlassene Ehemann setzt 40090 Kinder in die Welt, selbstverständlich nicht auf natürlichem Wege: Für die Zeugung eines Journalisten etwa sind Zeitungspapier für den Körper, Tinte für das Blut, ein überdimensionaler Federhalter als Rückgrat, Klebstoff für ein Gehirn zum Nichtdenken und eine Schere für die Zunge zum Sabbern nötig. Diese Kinder dienen rein kommerziellen Zwecken, so beläuft sich der Profit für das Buch eines schreibenden Sprösslings auf 200000 Francs und einen Literaturpreis, bestehend aus 20 Kisten Sprengstoff. Das Drama beweist bereits im Prolog seine selbstreflexive Anlage und die eigentliche Intention der Formrevolution. Der Theaterdirektor erklärt dem Publikum frank und frei die poetischen Grundlagen des Spiels und integriert es so in die Inszenierung. Ort der Handlung ist Sansibar, jedoch blendet das Spiel überdeutlich zum Ort der Uraufführung, Paris, über. Weder Ort noch Zeit der Handlung entsprechen im traditionellen Verständnis der aristotelischen Poetik, deren Prinzipien durch verschiedene Nebenhandlungen und -schauplätze aufgelöst werden. Bereits die Bühnenkonkretion des Geschlechtertausches mit dem Davonschweben der Brüste von Thérèse (in Form von Luftballons) betont nachdrücklich das Experiment – hier geht es nicht um eine Handlung im klassischen Sinn. Die Raumkonzeption, eine doppelte Bühne (Mittel- und Ringbühne), setzt den Akzent auf die Aktion und Interaktion mit dem Publikum und greift das formale Theaterkonzept ebenso auf wie der Auftritt eines ›laufenden Kiosks‹. Das Stück ist nicht, wie vielfach formuliert, »absurd«, sondern eine Interpretation der Wirklichkeit durch die Phantasie. Die Abweichung von der konventionellen Funktion der Sprache im herkömmlichen Sprechtheater durch zahlreiche Wortspiele macht die Sprache zur Waffe eines avantgardistischen Kunstverständnisses.

Die Form steht auch in *Calligrammes* (1918; *Kalligramme*, 1953), einer Gedichtsammlung zum Thema Krieg und Frieden, im

Vordergrund. Die bildhaft-kalligraphische Darstellung intensiviert die Aussagen und zwingt den Leser zu einer zweidimensionalen Wahrnehmung und Interpretation mit dem Geist und den Augen. Inhaltlich verweist das Fehlen von Anteilnahme oder Betroffenheit im Angesicht der Kriegsschrecken nachdrücklich auf die Nähe zur futuristischen Tradition, die den Krieg als vitalistisches Prinzip pries. So korrespondiert bereits die typographische Anordnung mit dem von Filippo Tommaso Marinetti im *Manifesto tecnico della letteratura futurista* (1912) propagierten Grundsatz »parole in libertà« (Wörter in Freiheit), aber auch die Thematisierungen der Zivilisationskritik erweisen sich als Gemeinsamkeit. Von den weniger bekannten Prosatexten A.s gilt *L'enchanteur pourrissant* (1909; Der verwesende Zauberer, 1953) als Schlüssel zum Gesamtwerk. Der Text zeichnet sich durch eine hohe Heterogenität aus und führt den Leser in eine sonderbare mythische Welt, in der sich keltische, biblische und antike Tradition miteinander verbinden. Den Stoff entlehnt A. aus dem Merlin-Mythos und der Lanzelot-Sage; mit einer Bibelparodie gestaltet er die Revolte gegen den christlichen Glauben und eine Tragödie im Kampf um die wahre Liebe.

Werkausgabe: Poetische Werke. Hg. G. Henniger. Neuwied 1969.

Angelika Baumgart

Appelfeld, Aharon (geb. als Erwin Appelfeld)

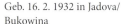

Geb. 16. 2. 1932 in Jadova/ Bukowina

Aharon Appelfelds Großeltern waren chasidische Juden und sprachen jiddisch, die Eltern waren wohlhabend, assimiliert und fühlten sich der deutsch-österreichischen Kultur eng verbunden; seine Muttersprache war Deutsch. 1941 erlebte er die Ermordung der Mutter durch die Deutschen, wurde mit dem Vater ins Ghetto von Czernowitz und ins Konzentrationslager verschleppt, floh und gelangte nach jahrelangem Umherirren 1946 ins Land Israel. Der einst ängstliche, kränkelnde Junge wurde in die Landwirtschaft geschickt und ging zum Militär. Er musste Hebräisch lernen, verlor darüber sein Deutsch und fühlte sich heimatlos, bis ihm das Studium die jiddische und hebräische Literatur von Mendele, Chaim Nachman Bialik, Samuel Josef Agnon und die Vielfalt des Judentums der Diaspora erschloss. Ihre Sprache und ihre Welt halfen ihm, sich selbst zu bewahren und sein jüdisches Erbe in Israel zu entfalten, statt sich oberflächlich neu zu verwurzeln, dabei seine Vergangenheit zu unterdrücken und dadurch gespalten zu bleiben. Als Professor für hebräische und jiddische Literatur in Be'er Schewa gab er das gemeinsame Erbe zweier kultureller Traditionen weiter.

Das jiddisch geprägte Hebräisch jener Autoren, die eine Brücke von der Diaspora ins Land Israel bilden, die Einflüsse anderer europäischer Sprachen und A.s zunächst karger hebräischer Wortschatz gaben seinen Werken einen schlichten, ganz persönlichen Ton. Doch als Bereicherung konnten diese Elemente erst empfunden werden, als die hebräische Lyrik individualistisch wurde und als Ende der 1950er Jahre die Werke von Chaim Josef Brenner (1881–1921), Agnon, Kafka, Sartre und Camus rezipiert wurden. Die Krise des zionistischen Selbstbilds und der Eichmann-Prozess 1960/61, der Verständnis für die Opfer der Shoah hervorrief, bildeten den gesellschaftlichen Hintergrund für seine ersten Veröffentlichungen.

Mit den Erzählbänden, die zwischen 1962 und 1971 erschienen, und dem Roman *Ha-Or We-Ha-Kutonet* (1971; Die Haut und das Hemd) führte A. die Überlebenden als Menschen ein, die verstört, gebrochen, als »neue Hebräer« untauglich, als Unverstandene gemieden und weiterhin »displaced persons« waren. In Europa waren sie nicht einmal um den Preis der Selbstaufgabe integriert worden, sondern hatten die Orientierung in ihrer Kultur, im Raum und in der Zeit verloren, als es im 19. Jahrhundert nicht gelang, Tradition und Aufklärung zu verbinden, als Familien und Gemeinden zerfielen und der Antisemitismus immer wieder auflebte.

Selbstzerstörung durch Assimilation beschreibt A. in *K'Ischon Ha-Ajin* (1973; Wie der Augapfel). In *Tor Ha-Pela'ot* (1978; *Zeit der Wunder*, 1984) erlebt ein Junge, wie die Assimilation nicht schützt, sondern entfremdet; als Mann zu Besuch in der alten Heimat, entzieht er sich den Verwirrten dort und begreift sich als Israeli. *Badenheim, Ir Nofesch* (1979; *Badenheim*, 1982), A.s international berühmtester Roman, zeigt assimilierte Juden, die sich »heimwehkrank« verzehren oder von deutschösterreichischer Kunst als Religionsersatz verblendet sind und der Deportation nichts entgegenzusetzen haben. Immer wieder erzählen seine traumartigen, bildhaften, ruhig und subtil beobachtenden und verstörenden Werke wie *Ha-Pisgah* (1984; Die Zuflucht), *Be-Derech El Erez Ha-Gomeh* (1984; Unterwegs zum Land des Schilfs) oder *Be-Et U-W-Onah Achat* (1985; Zu ein und derselben Zeit) von Reisen in einsame, abgelegene Gegenden, von der vergeblichen Suche nach einer anderen Welt, nach Zugehörigkeit und Freiheit.

A.s drittes großes Thema ist das Überleben in der Shoah, sind Deportation, Lager, sein Umherirren in den Wäldern, seine Begegnungen mit Leidensgenossen. *Zilli, Sippur Chajim* (1983; *Tzili*, 1989) handelt von einem Mädchen, das, im doppelten Sinn zurückgeblieben, sich jahrelang auf dem Land durchschlägt, ihr Judentum und ihre Würde bewahrt und schließlich nach Israel gelangt. Noch näher an seinem eigenen Erleben liegen *Al Kol Ha-Pescha'im* (1989; *Für alle Sünden*, 1993) und *Michre Ha-Kerach* (1997; *Die Eismine*, 2000), dem Vater gewidmet, dem Intellektuellen, der Zwangsarbeit leisten musste. Aber letztlich sind A.s Werke alle den Menschen gewidmet, die zur Hingabe für andere fähig waren – Juden wie Nichtjuden –, die Mitmenschlichkeit verwirklicht und nicht nur das Judentum mit seinen Werten, sondern den Menschen bewahrt haben. In *Sippur Chajim* (1999; *Geschichte eines Lebens*, 2005) spricht er davon, wie sich sein Schreiben, seine Themen und Gestalten aus Erfahrungen entwickelt haben. Er ist ein Überlebender der Shoah, der sein Selbstverständnis nicht auf diese Tatsache beschränkt, der es ablehnt, Erinnerungsbücher oder Holocaust-Romane zu schreiben – ein empfindsamer, weiser jüdischer Israeli, ein großer Schriftsteller, der nicht auf Erlösung, sondern auf den Menschen hofft.

Ute Bohmeier

Aragon, Louis (eigtl. Louis Andrieux)
Geb. 3. 10. 1897 in Paris;
gest. 24. 12. 1982 in Paris

Um ihre bürgerliche Fassade zu wahren, täuschten die Eltern ihren Sohn und ihr Umfeld: Als uneheliches Kind des Parlamentsabgeordneten Louis Andrieux geboren, wuchs Louis Aragon in der Familienpension seiner Mutter auf, die sich als seine Schwester ausgab, während die Großmutter seine Adoptivmutter war und sein Vater sich als Vormund einsetzen ließ. A. studierte Medizin und nahm am Ersten Weltkrieg teil. Die Begegnung mit André Breton 1917 wurde für seine surrealistische Phase wegweisend; mit ihm und Philippe Soupault gab A. die Zeitschrift *Littérature*, das erste Forum der surrealistischen Bewegung, heraus. Weniger theoretisch versiert und provokant als Breton schuf A. mit *Le paysan de Paris* (1926; *Pariser Landleben*, 1969) eines der typischsten Werke des Surrealismus. In dem aus zwei locker verbundenen Hauptteilen bestehenden Roman, der keine lineare Handlung aufweist, sondern aus einer Reihung von Detailbetrachtungen besteht, enthüllt sich im Zufälligen und Ephemeren der poetische Reiz des – in Collagen präsenten – Alltäglichen, wie etwa der Reklame. Platons Ideenlehre und Descartes' Rationalismus dienen als negative erkenntnistheoretische Folien zur Kontrastierung. Die Imagination, deren unbewusste Seite die Surrealisten – unter Berufung auf die Psychoanalyse und bewusstseinserweiternde Techniken – hervorgekehrt hatten, wurde als revolutionäre Kraft angesehen. Sein starker antibourgeoiser und antikapitalistischer Impetus ließ A. wie die meisten Repräsentanten des Surrealismus angesichts des erneuten Erstarkens nationalistischer Gruppierungen in den 1920er Jahren in die Kommunistische Partei Frankreichs eintreten. In der aggressiven Programmschrift *Traité du style* (1928; *Abhandlung über den Stil*, 1987), in der er gegen literarische Traditionen polemisierte, hielt A. noch am Dualismus von Leben und Schreiben fest. Die zunehmende Verbindung von Poetischem und Politischem unterstützte Elsa Triolet, die A. 1928 kennenlernte. Die Intellektuelle jüdisch-russischer Herkunft, die mit dem Futuristen Vladimir Majakovskij verschwägert war, weckte bei A. die Begeisterung für die Sowjetunion und beeinflusste maßgeblich seine ästhetische Neuorientierung. 1930 nahm das Literatenpaar am Kongress revolutionärer Schriftsteller in Charkow teil; das bedingungslose Engagement für den Kommunismus führte 1932 zum Bruch mit Breton. Im Gedichtzyklus *Hourra l'Oural* (1934; *Hurra dem Ural*) verherrlicht A. die Entwicklung der Sowjetunion, die er didaktisch und propagandistisch als nachahmenswertes Modell preist. Mit der Abkehr vom Surrealismus und dem weitgehenden Verzicht auf subjektive Äußerungen ging die Wahl konventionellerer Inhalte und Formen einher.

In der – dem Realismus verpflichteten – Romantetralogie *Le monde réel* (*Die wirkliche Welt*) werden ›falsches Bewusstsein‹, Prozesse der Bewusstwerdung sozialer Widersprüche im marxistischen Sinn und sozialistischer Kampfgeist anhand der Protagonisten veranschaulicht, die komplex genug gezeichnet sind, um nicht zu bloßen Ideenträgern zu geraten. Der erste Band, *Les cloches de Bâle* (1934; *Die Glocken von Basel*, 1936), stellt verschiedene weibliche Lebensentwürfe nebeneinander, der zweite, *Les beaux quartiers* (1936; *Die Viertel der Reichen*, 1952), schildert den Weg eines jungen Mannes aus dem bürgerlichen Milieu zum Sozialismus. Der dritte Band, *Les voyageurs de l'impériale* (1942; *Die Reisenden der Oberklasse*, 1952), handelt von einem orientierungslos vertanen Leben, und der – zur Zeit der deutschen Besatzung Frankreichs verfasste – vierte, *Aurélien* (1944; *Aurélien*, 1952), demonstriert ebenfalls die Gefahr, in Entscheidungsschwäche und resignatives Verhalten zu verfallen.

A. engagierte sich während der Okkupation in der Résistance, was einen häufigen Wechsel seines Aufenthaltsorts und die Trennung von der Partnerin nötig machte. Seine Rückkehr zur Lyrik erfolgte unter dem Druck der politischen Situation, die knappe, eingängige Formen, die die Zensur umgehen konnten oder rasch im Untergrund – auch mündlich – Verbreitung fanden, angemessen erscheinen ließ. A. knüpfte mit seiner – auch theoretisch reflektierten – Erneuerung der Lyrik, besonders der Reimvarianten, an traditionelle liedhafte Formen an. In einer Ereignisdichtung, die auf der Synthese von politischem Engagement und persönlichem Erleben basiert, sind die Übergänge von der patriotischen Liebe zu Frankreich zur Bindung an Elsa fließend, so dass die Vorstellung politischer Freiheit mit der Zukunft an der Seite der Geliebten korrespondiert. Die Gedichte erschienen in der von A. mitbegründeten Zeitschrift *Les lettres françaises* sowie in der von Pierre Seghers herausgegebenen *Poésie*. Nach dem Zweiten Weltkrieg gehörte A. dem Zentralkomitee der KPF an, unterhielt enge Kontakte nach Moskau und erwies sich in einer Zeit, in der Intellektuelle begannen, dem real existierenden Sozialismus mit Skepsis oder Kritik zu begegnen, als dessen orthodoxer Verfechter. Im monumentalen Romanzyklus *Les communistes* (1949–1951; *Die Kommunisten*, 1953–1955) rückte er die Geschichte der Partei in den Vordergrund der Handlung. Erst nach Stalins Tod und dem Anbruch des ›Tauwetters‹ bekam A.s Mythos der Sowjetunion Risse; in dem Lyrikband *Le roman inachevé* (1956; *Der unvollendete Roman*) betont der Dichter subjektives Empfinden – Zweifel und Ungeduld eingeschlossen – angesichts der historischen Entwicklung und versieht in Gedichten wie »La nuit de Moscou« (»Die Moskauer Nacht«) die Hoffnung auf einen umgreifenden Wandel mit einer melancholischen Note. In den folgenden Jahren wandte sich der Erzähler zunehmend vom Realismus ab. Sein poetologisches Prinzip des »Wahr-Lügens«, das dort ansetzt, wo die Berufung auf historische Daten zur Gestaltung einer Fiktion ergänzungsbedürftig erschien, prägte die Werke. Die Literaturkritik nahm den Roman *La semaine sainte* (1958; *Die Karwoche*, 1961), der an der Schwelle der napoleonischen Ära zur Restauration von Pflicht und Neigung sowie von Treue und Verrat handelt – von Themen, die für A. biographisch motivierte Aktualität gewannen –, weitgehend positiv auf. In *La mise à mort* (1965; *Spiegelbilder*, 1968) und dem Spätwerk *Théâtre/Roman* (1974; *Theater/Roman*, 1978) kreist A.s Schreiben um Imagination, Selbstvergewisserung und Identitätsfragen. 1968 erklärte er sich mit der revoltierenden Jugend solidarisch, ohne bei dieser Generation große Sympathie zu erregen, galt er vielen doch als Stalinist; seine Parteigenossen dagegen verärgerte er durch dieses undogmatische Engagement.

In Frankreich ist A. neben Jacques Prévert der populärste und im Chanson meistvertonte Dichter des 20. Jahrhunderts, von dessen Lyrik auch heute noch Impulse zur musikalischen Gestaltung ausgehen.

Michaela Weiß

Archilochos
Geb. um 680 v. Chr. auf Paros;
gest. um 630 v. Chr.

Lange Zeit galt Archilochos, ein Vertreter der ältesten wenigstens noch in Umrissen greifbaren Lyrikergeneration, als Inbegriff dessen, was man »das Erwachen der Persönlichkeit in der frühgriechischen Lyrik« (Bruno Snell) genannt hat. Zwar ist diese Auffassung in der jüngsten Zeit vermehrt der Erkenntnis gewichen, dass die sog. ›archaischen‹ Dichter (von *archḗ*, »Ursprung«) vor allem für *uns* am Anfang stehen. Dennoch genügt bereits ein eher flüchtiger Blick auf die Dichtung des A., um zu verstehen, wie man zu dieser Einschätzung gelangt ist.

Es kommt in der Literatur nicht allzu oft vor, dass liebgewonnene Auffassungen so grundsätzlich in Frage gestellt, überkommene Ideologien so wirkungsvoll demaskiert und menschliche Schwächen so unverhüllt vorgeführt werden wie bei A. Diplomatie und distinguierte Zurückhaltung sind seine Sache nicht, vielmehr dichtet er mit Scharfsinn und Scharfzüngigkeit. Bald legt er eine betont pragmatische Haltung an den Tag, indem er in schnoddrigem Tonfall erzählt, dass er im Kampf seinen Schild zurückgelassen habe, um das nackte Leben zu retten (»Was soll mir jener Schild? Hinweg mit ihm! Ich werde mir einen neuen besorgen, der nicht schlechter ist!«, fr. 5 W). Der Gegenkommentar stammt aus Sparta und lautet: »Mit ihm [dem Schild] oder auf ihm [als Gefallener]!« Bald werden Macht und Reichtum des Gyges (eines Vorgängers des noch heute sprichwörtlich reichen Krösus) mit nonchalanter Geste beiseite geschoben – aus dem Mund eines Handwerkers (fr. 19 W)! Ein andermal wird der aufwendig frisierte stutzerhafte ›Vorzeige-Offizier‹ mit dem Haudegen kontrastiert, der mit seinen zwar krummen Beinen fest auf dem Boden steht und wirklich etwas leistet (fr. 114 W). Aber auch die Mannschaft kriegt ihren Teil ab, wenn nach erfolgreichem Kampf auf einmal alle dabeigewesen sein wollen (fr. 101 W), während den Toten jeweils das Schlimmste zuteil wird (fr. 133 W). In anderen Zusammenhängen werden Respektspersonen unsanft attackiert (»Vater Lykambes, was hast du dir dabei nur gedacht? Wer hat dir den Verstand aus den Angeln gehoben?«, fr. 172 W) und – nicht selten in Form von (wohl nur leicht verschlüsselnden) Fabeln – dem Gelächter der Öffentlichkeit preisgegeben. Ja selbst vor den eigenen Freunden macht der Spott nicht halt (»Singe [o Muse] vom Hornbildner Glaukos« – fr. 117 W, wohl auf die Frisur zu beziehen, vielleicht auch ein obszöner Scherz).

Bei all seiner von Ausdrücklichkeit geprägten Offenheit und bei seiner ganzen Schärfe ist A. weit davon entfernt, ein zänkischer ›Kläffer‹ oder ein Miesmacher mit schlechten Manieren zu sein. Selbst in den wenigen erhaltenen Gedichttrümmern lässt sich unschwer eine umfassende Beherrschung des

Mediums ›Wortkunst‹ erkennen, die sich auf sämtliche Bereiche erstreckt. Entsprechend vielfältig präsentiert sich A.' Dichtung – etwa durch die Vielzahl der verwendeten Versmaße (Distichen, Iambische Trimeter, Trochäische Tetrameter, Epoden) und ganz besonders hinsichtlich der verschiedenen Stilebenen. Auffällig ist dabei nicht zuletzt die Selbstironie, die immer wieder durchscheint und den Angriffen einiges von ihrer Schärfe nimmt.

Erst auf diesem Hintergrund wird verständlich, dass A. – trotz seiner unbequemen Dichtung – von der Mehrheit seines antiken Publikums eine hohe Wertschätzung zuteil geworden ist. Heraklit etwa scheut sich nicht, ihn neben Homer zu stellen, auch wenn er beide aus philosophischen Gründen ablehnt. Anspielungen in den Komödien von Kratinos und Aristophanes lassen annehmen, dass das athenische Theaterpublikum mit A.' literarischer Produktion bestens vertraut ist. Dass erzkonservative Antidemokraten wie Platons Onkel Kritias mit der Expliziertheit eines A. ihre liebe Mühe haben, soll nicht verschwiegen werden, ist aber auch nicht weiter erstaunlich. Insgesamt überwiegt bei Weitem das positive Urteil, das in A. den wortgewaltigen Erfinder und Doyen der Iambographie sieht. Diese älteste noch greifbare Form der Spottliteratur hat in der Persönlichkeit eines A. oder eines Hipponax die Ältere Komödie (Aristophanes) nachhaltig beeinflusst und von dort auf die Literatur insgesamt gewirkt.

Diese Begeisterung für den Dichter A., die etwa auf seiner Heimatinsel Paros in der Errichtung eines Kults zu seinen Ehren gipfelte, hat – angeregt durch die scheinbar so eindeutigen Ich-Aussagen der Gedichte – hinsichtlich der Biographie schon bald ein Netz von Wahrheiten, Halbwahrheiten und Unwahrheiten entstehen lassen, das heute kaum mehr zu durchdringen ist. Das berühmteste Beispiel dürfte die Geschichte von der Verlobung mit der Lykambes-Tochter Neobule sein. Nach vorangegangenem Heiratsversprechen soll A. als Schwiegersohn auf einmal nicht mehr genehm gewesen sein. Lykambes habe die Hochzeit platzen lassen, worauf A. seine schärfste Waffe gezogen und die Familie mit kompromittierenden ›Enthüllungs‹-Gedichten über das Sexualleben der Töchter zum Selbstmord getrieben habe. Dass hier biographistische Lektüre ihre wildesten Blüten getrieben hat (und überdies einem für Iambographen typischen ›Biographie‹-Muster folgt), ist offensichtlich. Wie aber steht es um den Kern der Sache? Selbst der 1974 gefundene Papyrus, der (wohl) die Verführung der jüngeren Schwester Neobules schildert (sog. ›Kölner Epode‹, fr. 196a W), hat insgesamt mehr neue Fragen aufgeworfen, als alte geklärt. – Macht man sich freilich klar, mit welcher Berechnung A. sein Publikum mit Übertreibungen zu provozieren sucht, wird man gerade den Informationen, die die Phantasie der A.-Leser zu allen Zeiten besonders beflügelt haben, mit Skepsis begegnen: Ist A. wirklich das ›Bastardkind‹, das von einer Sklavin mit dem sprechenden Namen Enipo (»die, die tadelt«) stammt? – Wichtiger als die biographische Wahrheit ist ohnehin der rhetorische Gestus, der hinter diesen (Selbst-) ›Enthüllungen‹ steht und mit dem A. sein Dichtungs- und Kunstprogramm realisiert.

Das Bild des Dichters A., der grundsätzlich vor keinem Thema zurückschreckt, seinen Einfällen weitgehend freien Lauf lässt und seinen Witz versprüht, lässt sich bis in die Sprache verfolgen. Hier tritt A. mit einer Reihe von Formulierungen und Beschreibungen hervor, die sich dem Gedächtnis leicht einprägen: Die ironisch auf die Sprache des Epos anspielende Bezeichnung seines Schildes als »tadellose Wehr« (*éntos amómēton*, fr. 5 W); die umwerfend anschauliche Beschreibung des Liebesverlangens (*érōs*), das von unten das Herz ergreift und sich an diesem festklammert wie Odysseus am Bauch des Widders (fr. 191 W; Od. 9, 433); oder das zu dieser Zeit völlig singuläre Bild des dichterischen Inspirationsblitzes: »Wie ich es doch verstehe, den Dithyrambos, das Lied des Herrn Dionysos, schön anzustimmen, wenn mein Geist vom Wein ›zusammengeblitzt‹ ist!« (fr. 120 W).

Dass ein messerscharfer Geist wie A. den Sprung über die ›Dunklen Jahrhunderte‹ hinweg auch deshalb nicht geschafft hat, weil beflissene Schulmeister um die ordentliche Erziehung ihrer Alumnen fürchteten und ihn aus dem Lektürekanon kippten, ist nur eine der zahlreichen Ironien der Überlieferungsgeschichte.

René Nünlist

Arden, John
Geb. 26. 10. 1930 in Barnsley, Yorkshire

Die Werke des unbequem-engagierten, historisch-politische wie anglo-irische und kirchengeschichtliche Themen bevorzugenden Dramatikers John Arden sind aus der britischen Bühnengeschichte der Jahre 1956–72 schwerlich wegzudenken, in die Geschichte der Jahrzehnte danach aber schwerlich noch hineinzudenken. Kaum ein englischer Dramatiker hat die dramaturgischen wie politischen *avatars* der Epoche so intensiv nachvollzogen, kaum einer ist ihnen so radikal zum Opfer gefallen. – A., der bereits als Edinburgher Architekturstudent zu schreiben anfing, gehört zu den vom Royal Court Theatre *off-West-End* entdeckten Nachkriegstalenten. Dort wurde 1959 das mit leicht abgewandelten Brechtschen Mitteln operierende *Serjeant Musgrave's Dance* (*Der Tanz des Sergeanten Musgrave*, 1965) uraufgeführt, das zweifelsohne herausragende pazifistische Stück zwischen Willis Halls *The Long and the Short and the Tall* (1958) und Peter Brooks fulminantem *US* (1966). 1963 folgte *The Workhouse Donkey* (*Der Packesel*, 1965), eine bühnenwirksame Farce des kommunalpolitischen Filzes im englischen Nordosten. Der beiden Stücken inhärente Konflikt zwischen Ordnung und Anarchie prägt auch das bemerkenswerte Historiendrama zur Magna Charta, *Left-Handed Liberty* (1965), und wird zum Lebensthema. – Etwa 1960 setzt eine Kooperation mit der irischen Dramatikerin und späteren Ehefrau Margaretta D'Arcy ein, die mehrere bereits vorhandene Tendenzen verstärkt: ein tiefes Interesse für das bühnenerweiternde ›vital theatre‹, ein Experimentieren mit Workshop-Ansätzen sowie den Versuch, das Theaterpublikum neu zu erfinden. Das selbstreflexive, metatheatralische Hörspiel *The Bagman* (1970) zeigt einen Dramatiker, der mit den Möglichkeiten seines Mediums und seiner sozialen Rolle hadert. In den irischen Themen gewidmeten Werken *The Ballygombeen Bequest* (1972; *Das Erbe von Ballygombeen*, 1976), *The Non-Stop Connolly Show* (1975) und *Vandaleur's Folly* (1980) haben die Kräfte der Ordnung nicht den stärkeren Part. – Für den jung gefeierten, aber nie kassenerfolgsverwöhnten A. wird die ideologische Luft dünner, die jüngeren *poètes engagés* bzw. *enragés* laufen ihm den Rang ab, die neuen finanziellen Sachzwänge sind seiner Dramaturgie nicht förderlich. Es erfolgt eine Verlagerung des Interesses auf das Hörspiel, wo er mit dem das Irland der spannungsreichen 1630er Jahre evozierenden *Pearl* (1980), dem der Frühgeschichte des Christentums nachgehenden *Whose is the Kingdom?* (1988) sowie dem *public-school*-Drama *Woe Alas, the Fatal Cash-Box* (1999) Spätererfolge feiern darf. Ein erster Roman, *Silence Among the Weapons*, sowie der historische Roman *Books of Bale* (1988) erweitern zwar A.s Gattungs-, nicht aber seine Themenpalette. – A. ist dezidiert *homme de théâtre*. Seine Stücke sind eher zum Gesehen- als zum Gelesenwerden. Nicht die Sprache steht im Mittelpunkt, sondern ein die vorhandenen Mittel ausschöpfendes Bühnengeschehen. Erstere kommt in A.s Œuvre generell etwas kurz, wirkt spröde, kantig, wobei die Stoffe ihm leicht zu Lehrstücken gerinnen. Wer aber *Sergeant Musgrave's Dance* in einer gelungenen Aufführung erlebt hat, hat unvergesslich erfahren, wie episches Theater über sich hinauszuwachsen und -weisen vermag.

Werkausgabe: Plays. 2 Bde. London 1994.

Richard Humphrey

Arenas, Reinaldo
Geb. 16. 7. 1943 in der Provinz Oriente/Kuba; gest. 7. 12. 1990 in New York

Das Ineinanderfließen von Realität und Fiktion trifft auf das Leben wie auf das Werk des im ländlichen Osten Kubas in ärmlichen Verhältnissen aufgewachsenen Reinaldo

Arenas zu. Nach dem Sieg der Revolution 1959 erhält A. ein Stipendium, um Buchhaltung zu studieren, und geht 1962 nach Havanna, wo er seine literarische Laufbahn beginnt. Seine Abkehr von der Revolution beginnt, als während der 1960er Jahre Homosexuelle verfolgt wurden. A.' daraufhin dezidiert anticastristische Haltung findet Eingang in seine Texte und führt zu Zensur und Repression. Unter einem Vorwand angeklagt, wird er verhaftet und verbringt die Jahre 1973 bis 1976 im Gefängnis und in einem Umerziehungslager für Homosexuelle. Mit einem Publikationsverbot belegt, lebt A. während der darauffolgenden Zeit unter miserablen Lebensumständen in Havanna, beständig bemüht, seine Werke außer Landes zu schaffen. 1980 gelingt ihm während des Mariel-Exodus die Flucht in die USA. In New York schreibt und publiziert er weiter. Er erkrankt an Aids und stirbt 1990 durch Freitod.

Teils unter schwierigsten Bedingungen veröffentlicht A. etliche Romane und Erzählungen, aber auch Gedichte, Essays sowie Theaterstücke und journalistische Beiträge. Fast durchgängige Gemeinsamkeiten seiner Werke sind eine der offiziellen Geschichtsschreibung konträre zyklische Struktur, der barocke, bis ins Karnevaleske hineinreichende Sprachgestus und der teils stark autobiographische Charakter. Wie in seinem Leben sind auch in seinen Werken sexuelle und politische Repression häufig miteinander verbunden. A.' Kindheitserzählung *Celestino antes del alba* (1967), später umbenannt in *Cantando en el pozo*, bringt dem Autor eine lobende Erwähnung während eines nationalen Literaturwettbewerbs (Concurso Nacional de Novela Cirilo Villaverde) ein. In *El mundo alucinante* (1969; *Wahnwitzige Welt*, 1982) erzählt A. die Abenteuer des Servando Teresa de Mier, eines Dominikanerpaters, der im 18. Jahrhundert in Mexiko gelebt hat, und stilisiert ihn zum Rebellen wider die spanische Kolonialmacht. Aufgrund inhaltlicher wie formaler Gemeinsamkeiten können die beiden Romane gemeinsam mit *El palacio de las blanquísimas mofetas* (1980; *Der Palast der blütenweißen Stinktiere*, 1977), *Otra vez el mar* (1982) und *Arturo, la estrella más brillante* (1984; »Arturo, der hellste Stern«, in: *Rosa*, 1996) als Werkeinheit gelesen werden.

Es folgen diverse Gedichtbände (*El central*, 1981; *Leprosorio*, 1990, und *Voluntad de vivir manifestándose*, 1989) sowie eine Sammlung experimenteller Theaterstücke (*Persecusión*, 1986). A.' Erzählungen sind in den Bänden *Con los ojos cerrados* (1972), *Termina el desfile* (1981) und *Adiós a mamá* (1995) zusammengefasst. Bei den späten Romanen wie *El color del verano* (1991) und *El asalto* (1991) handelt es sich wie bei der fiktiv anmutenden Autobiographie *Antes que anochezca* (1992; *Bevor es Nacht wird*, 1993) um eine großartige, mal pikareske, mal deutlich verbitterte Abrechnung mit dem Regime Fidel Castros. A.' Texte wurden in zahlreiche Sprachen übersetzt. Die Verfilmung seiner Lebenserinnerungen (durch Julian Schnabel, 2000) mit Javier Bardem in der Hauptrolle brachte den Autor noch einmal einem breiten Publikum nahe.

Jörg Köbke

Arendt, Erich
Geb. 15. 4. 1903 in Neuruppin; gest. 25. 9. 1984 in Wilhelmshorst bei Berlin

Als A. als schon alter Mann einmal darüber nachdachte, wie eine Sammlung seiner Lieblingsgedichte aussehen könne, da war er sich dessen sicher, dass in ihr ein Schlachtgedicht von August Stramm und Johann Wolfgang Goethes *Willkommen und Abschied* stehen müssten. Damit sind Energien bezeichnet, die A.s ganzes langes Leben inspiriert haben: Kampf und Leiderfahrung auf der einen, die Macht des Eros auf der anderen Seite. Aber auch poetische Orientierungen sind damit angedeutet: A.s erstes Vorbild war der 1915 gefallene frühexpressionistische Lyriker August Stramm, dessen abgehackte, aufs äußerste verknappte Verse der antinaturalistischen, aktivistischen und gestischen Lyrikauffassung des jungen Poeten vollkommen entsprachen. Und Goethes Gedicht war ihm auch deshalb wichtig, weil er in der Wie-Vermeidung seiner ersten Strophen vorweggenommenen Expressionismus sah. So ist es nur folgerichtig, dass A.s erste Gedichte in den Jahren von 1925 bis 1928 in Herwarth Waldens Zeitschrift *Der Sturm* erschienen.

Mit der Stadt seiner Geburt, immerhin die Stadt Theodor Fontanes, Karl Schinkels und der berühmten Bilderbögen, und seiner eher dürftigen Kindheit und Jugend (der Vater war Schulhausmeister, die Mutter Waschfrau), verband A. wenig. 1926 kam er, der eine Lehrerausbildung absolviert hatte, in die Metropole Berlin, wo er bis 1930 an einer aus sozialistischem Reformgeist hervorgegangenen sog. »Lebensgemeinschaftsschule« in Neukölln Zeichen- und Literaturunterricht erteilte. Bald war er Mitglied der KPD und ab 1928 auch im »Bund proletarisch-revolutionärer Schriftsteller« (BPRS), dessen rein operative, politisch-instrumentelle Literaturdoktrin – für A. in der Person Johannes R. Bechers einschüchternd und abschreckend verkörpert – ihm jedoch völlig fremd blieb. Erst im Spanischen Bürgerkrieg, in dem er, wie er selbst sagte, »als Antifaschist, nicht als Funktionär gefordert wurde«, befreite sich seine Poesie wieder vom Diktat einer politischen Räson. A., der fließend spanisch sprach und als Reporter und Bibliothekar einer »fliegenden Bücherei« für Soldaten tätig war, fand hier zum Spezifischen seiner Lyrik: dem Gedicht als imaginativer Historiographie, als »Geschichtsschreibung von der Leidseite, von der Erleidensseite« (A.). Diese Tendenz verstärkte sich noch in der Lyrik des kolumbianischen Exils, wo A. zusammen mit seiner Lebensgefährtin Katja Hayek-A. die Jahre 1942 bis 1950 (nach abenteuerlicher Flucht) verbrachte. Während er sein Leben mühsam als Nachhilfelehrer und Pralinenverkäufer fristete, entstanden Gedichte, die die verbreitete Zeit- und Ortlosigkeit der Exillyrik konterkarieren, indem sie die so elementare wie fremde Natur- und Menschenwelt mit offenen Sinnen in sich aufnehmen und mit dem »rebellischen Auge des Dichters« (Saint-John Perse) durchdringen. 1951, nach A.s Rückkehr in die DDR (Berlin, zeitweise Hiddensee), kann dann endlich sein erster Gedichtband *Trug doch die Nacht den Albatros* mit den Versen aus Frankreich, Kolumbien usw. erscheinen; 1952 kommt die *Bergwindballade*, A.s gesammelte Lyrik aus dem Spanischen Bürgerkrieg, heraus. Die ernüchternden Erfahrungen der ersten DDR-Jahre sind in den Bänden *Gesang der sieben Inseln* (1957) und *Flug-Oden* (1959) – Gedankengedichte über den »ikarischen Flug« des Menschen und seine zwieschlächtige Vernunfttätigkeit – aufbewahrt. Eine entscheidende biographische wie poetische Zäsur bedeuten A.s Griechenlandaufenthalte zu Beginn der 1960er Jahre – eigentlich Auftragsreisen für einen Kunstverlag. In der Folge entstanden nicht nur schöne Essays über griechische Landschaften, Baukunst und Plastik, sondern vor allem der Lyrikband *Ägäis* (1967), mit dem sich A. endgültig in die vordere Reihe der europäischen Avantgardepoesie hineingeschrieben hat. Freilich: Landschaft und antiker Mythos wirken nicht nur belebend, die Sinne öffnen, sondern sie bieten sich auch an, in ihnen die im Erleiden steckengebliebene Geschichte der menschlichen Gattung zu chiffrieren. Zu dieser Leidensgeschichte zählt A. zunehmend auch die Realgeschichte des Sozialismus – in der Sowjetunion, in der Tschechoslowakei, im eignen Land. Wichtige Gedichte auch der späteren Bände (*Feuerhalm*, 1973; *Memento und Bild*, 1976; *Zeitsaum*, 1978; *entgrenzen*, 1981) sprechen davon. Der Verdüsterung des Geschichtsbildes entsprechend erfährt A.s späte Lyrik eine nun auch sprachliche Tendenz zur Reduktion bis hin zum Verstummen, die ihm in der DDR als hermetische »Wort-Alchimie« angelastet worden ist. Parallelen zu Paul Celan (dem A. freundschaftlich verbunden war) sind unübersehbar, freilich nicht durchgängig. – Die westliche Literaturkritik hat A. erst seit einem Sammelband bei Rowohlt (1966) zögernd zur Kenntnis genommen. A.s Leistung als Übersetzer, vor allem aus dem Spanischen (Alberti, Aleixandre, Asturias, Guillén, Hernández, Neruda, Vallejo, Gongora), und der damit verbundene Einfluss auf die jungen Poeten der DDR bis hin zur Prenzlauer-Berg-Szene ist mittlerweile anerkannt.

Werkausgaben: Kritische Werkausgabe. Hg. von Manfred Schlösser. Bd. 1: Gedichte 1925–1959. Bd. 2: Gedichte 1969–1982. Berlin 2003; Menschen sind Worttiere. Texte und Bilder. Hg. von der Kurt-Tucholsky-Gedenkstätte Schloß Rheinsberg, bearbeitet von Peter Böthig. Potsdam 2003.

Wolfgang Emmerich

Aretino, Pietro
Geb. 20. 4. 1492 in Arezzo; gest. 21. 10. 1556 in Venedig

»Der Göttliche, die schwere / Monarchengeißel, Peter Aretin« (Ariost) – vor allem als gefürchteter satirischer und polemischer Autor von Streitschriften, aber auch als pornographischer und gleichzeitig religiöser Schriftsteller, als Moralprediger und Unzüchtiger war Pietro Aretino unter seinen Zeitgenossen bekannt. Geboren 1492 in Arezzo als Sohn einer bürgerlichen Frau und eines unbekannten Schusters, erhielt er eine Malerausbildung in Perugia, wo er auch die ersten poetischen Werke im petrarkistischen Stil verfasste (*Opera nova del Fecundissimo Giovene Pietro Pictore Arretino*, 1512). 1517 nach Rom gezogen, versuchte A. 1521, den Papstkandidaten Giulio de' Medici zu unterstützen, indem er u. a. einige »pasquinate« schrieb – scharf satirische Schriften, die an die Statue von Pasquino angeschlagen und als politisches Kampfmittel eingesetzt wurden. Die Wahl Adrians VI. brachte A. schließlich eine zweijährige Verbannung aus Rom. Erst als 1523 Giulio de' Medici (Clemens VII.) den Papstthron bestieg, durfte A. in die Stadt zurückkehren und am päpstlichen Hof verkehren, wo er eine zunehmende Abneigung gegen den literarischen Klassizismus von Adel und Klerus entwickelte. Die Kritik an der am Hof herrschenden Heuchelei, Scheinheiligkeit und Dummheit gipfelte in der Komödie *La cortigiana* (1525, neu bearb. 1534; Die Kurtisane). Das Erscheinen der *Sonetti lussuriosi* (1524; *Die sinnlichen Sonette*, 1982), die A. zu den erotischen Gravierungen des Malers Marcantonio Raimondi geschrieben hatte und die dessen Bilder mit einer äußerst realistischen, obszönen Sprache kommentieren, führte zu einem heftigen Konflikt mit dem päpstlichen Datar Gian Matteo Giberti, der 1525 einen Mörder beauftragte, A. zu töten. A. entging dem Mordversuch, musste aber 1526 Rom verlassen. Nach einem Aufenthalt in Mantua zog er 1527 endgültig in die Republik Venedig, wo er eine neue Freiheit genoss, mit Künstlern wie Tizian und Iacopo Sansovino verkehrte, die Gönnerschaft und Unterstützung von Fürsten und Königen gewann und sich als deren einflussreicher Ratgeber bzw. kritischer Gegner etablierte. In Venedig verfasste A. die meisten seiner Werke: die Komödien *Il Marescalco* (1534; Der Reitknecht), die zweite Fassung der *Cortigiana* (1534), *Talanta* (1542; Talanta), *Lo Ipocrito* (1542; Der Heuchler), *Il Filosofo* (1546; Der Philosoph), die Tragödie *La Orazia* (1546; Die Horatier), die Dialoge *Ragionamenti* (1534 und 1536; *Die Gespräche des göttlichen Pietro Aretino*, 1903) und *Ragionamento delle corti* (1538; Gespräch über die Höfe), vier unvollendete Ritterepen, religiöse Schriften, Gedichte und zahllose Briefe, die in den sechs Büchern der *Lettere* ab 1538 veröffentlicht wurden. 1556 starb er an den Folgen eines Schlaganfalls.

Die überarbeitete Version von *La cortigiana* unterscheidet sich von der ersten durch die größere Distanz zur römischen Welt und das Lob Venedigs, das als positiver Gegenpol zum korrupten Rom dargestellt wird. Die zwei Bände der *Ragionamenti*, in je drei Tage geteilt, wurden weltbekannt als pornographisches Meisterwerk. In den ersten drei Tagen wird das Leben der Nonnen, der Ehefrauen und der Prostituierten beschrieben, wobei Letztere als die ehrlicheren und somit unverdorbeneren erscheinen. Im zweiten Teil unterrichtet Nanna ihre Tochter Pippa zynisch und ernüchternd darüber, wie man als Kurtisane in einer Welt zurechtkommt, die mehr Schein als Sein ist; sie warnt sie vor den männlichen Tücken und bringt ihr die Kunst der Schmeichelei bei. Kennzeichnend für A.s Schreiben ist die Vielseitigkeit der Motive und des Stils, von den ›ernsten‹, rhetorisch ausgefeilten Schriften bis hin zur sprachlichen Kreativität der satirischen und komischen Werke. Vor allem als freizügiger Autor tritt A. in die

Literaturgeschichte ein: Nach seinem Tod wurden seine Texte auf den Index gesetzt, kursierten aber jahrhundertelang als Geheimschriften.

Werkausgaben: Die sinnlichen Sonette. München 1982. – Die Gespräche des göttlichen Pietro Aretino. Frankfurt a. M. 1999.

Tatiana Bisanti

Arghezi, Tudor (eigtl. Ion Theodorescu)
Geb. 23. 5. 1880 in Bukarest;
gest. 14. 7. 1967 in Bukarest

»Argesis« ist der archaische Name des Flusses Argeș, der in den Südkarpaten entspringt und in die Donau mündet – eines Flusses, der für die rumänische Kultur von Bedeutung ist, da im Argeș-Tal die älteste Stadt in der Walachei gegründet und das früheste Dokument der rumänischen Sprache gefunden wurde. Aus dem alten Namen dieses legendenumwobenen Flusses bildete sich Ion Theodorescu das Pseudonym Tudor Arghezi, mit dem er ein Bekenntnis zur rumänischen Geschichte ebenso wie zur rumänischen Sprache ablegte. Nachdem er mehrere Jahre als Mönch in einem orthodoxen Kloster gelebt hatte, reiste A. 1905 nach Paris, dann nach Genf und schließlich nach Italien, bevor er 1912 nach Bukarest zurückkehrte und eine rege publizistische Tätigkeit aufnahm. In Zeitungen und Zeitschriften veröffentlichte er Theaterkritiken, Gedichte, Novellen, politische Pamphlete. Unter der Beschuldigung, an einer von der deutschen Besatzung herausgegebenen Zeitschrift in Bukarest mitgearbeitet zu haben, wurde er 1919 zu einer einjährigen Gefängnisstrafe verurteilt. Nachdem er 1927 einen ersten Gedichtband *Cuvinte potrivite* (*Angemessene Wörter*), unter dem Einfluss französischer Lyrik – v.a. Charles Baudelaires, den er ins Rumänische übersetzt hatte –, und 1929 einen ersten Prosaband *Icoane de lemn* (*Holzikonen*) veröffentlicht hatte, begann A., in lyrischer und narrativer Form autobiographische Elemente zu verarbeiten.

So stellt er in dem Roman *Poarta neagra* (1930, *Das schwarze Tor*) das Gefängnis als Mikrokosmos dar, in dem alle gesellschaftlichen und intellektuellen Schichten vertreten sind und dieselben verkommenen Regeln von politischer Willkür, Machtmissbrauch und Gewalt gelten wie in der Welt außerhalb des schwarzen Tores. Der naturalistischen Gesellschaftsschilderung unterlegt A. eine sozialkritische Nuance, während er zwischen einem sarkastischen und einem ironischen Erzählton wechselt und zu den Figuren stets eine narrative Distanz bewahrt. Auch in dem Gedichtzyklus *Flori de mucegai* (1931; *Schimmelblumen*) greift er auf die Gefängniserfahrung zurück, wobei die lyrische Stimmung wiederum durch kühle Ironie verbrämt ist. Mit dem Roman *Ochii maicii Domnului* (1934; *Die Augen der Mutter Gottes*), in dem er einen romantischen Handlungsrahmen mit religiös-mystischem Inhalt füllt und Elemente des psychologischen Romans verwendet, avancierte er zu einem der renommiertesten Dichter seiner Generation. Populär aber wurde er durch Kindergedichte. Kinderbücher hat A. während seiner gesamten Schaffenszeit geschrieben, und sein Gedicht »Zdreanță« (»Lumpi«) über einen schlauen Hund, dem die Herrin abgewöhnt, frischgelegte Eier zu stehlen und zu fressen, ist in Rumänien seit den 1950er Jahren in den Lesebüchern für Erstklässler abgedruckt.

Seine Popularität schützte A. aber nicht vor politischer Verfolgung durch die deutschfreundliche Regierung während des Zweiten Weltkriegs; wegen seiner kritischen Pamphlete in Tageszeitungen wurde er zu Zwangsarbeit verurteilt. Nach 1944 wurde er als Nationaldichter gefeiert und fand auch außerhalb Rumäniens Anerkennung als Lyriker, der die existentielle Spannung zwischen Gottsuche und Todesbewusstsein zu artikulieren verstand. Seine Gedichte wurden von namhaften ausländischen Dichtern übersetzt, so von Salvatore Quasimodo ins Italienische und von Anna Achmatova ins Russische. A. eröffnete der rumänischen Lyrik neue sprachliche Möglichkeiten, indem er Archaismen und Regionalismen mit alltagssprachlichen Ausdrücken zu einer der Moderne angemessenen poetischen Diktion kombinierte. Als ein kanonisches Werk der rumänischen Moderne gilt der Gedichtzyklus *Cîntarea omului* (1956; *Gesang vom Menschen*), in dem A. in einem ebenso poetischen wie belehrenden Ton die Entwicklungsgeschichte der Menschheit evoziert und rationalistisches sowie existentialistisches Gedankengut in Sprachbildern von großer Suggestivkraft formuliert. Trotz ihres pathetischen Optimismus sind diese Gedichte Teil einer lyrischen Mythologie, die bis zu dem späten Band *Noaptea* (1967; *Die Nacht*) reicht und in der A. die Selbstfindung des Menschen als Rettung vor dem bedrohenden Nichts entworfen hat.

Werkausgaben: Gedichte. Auswahl und Übers. A. Margul-Sperber. Wien 1961. – Ketzerbeichte. Übers. H. Kahlau. Berlin 1968.

Stefana Sabin

Ariost, Ludovico

Geb. 8. 9. 1474 in Reggio Emilia/Italien; gest. 6. 7. 1533 in Ferrara

Ludovico Ariost war als Kind nach Ferrara gekommen, und als Ferrareser hat er sich später immer bezeichnet. 1503 trat er in den Dienst des Kardinals Ippolito d'Este ein, doch waren ihm insbesondere die Reisen lästig, bei denen er den Kardinal begleiten musste und die ihn aus der Stadt führten. Als der Kardinal nach Budapest versetzt wurde, verzichtete A. lieber auf seine Anstellung, als ihn zu begleiten. Dass er die Stadt nicht verlassen wollte, hatte aber sicher auch mit einer Frau, Alessandra Benucci, zu tun, die er 1527 nach langer heimlicher Beziehung heiratete. Vor allem war es jedoch das geistige Ambiente Ferraras, das er nicht entbehren wollte. Denn unter der Herrschaft von Alfonso d'Este, dem Bruder des Kardinals, war Ferrara am Anfang des 16.

Jahrhunderts ein Zentrum der Künste. A. war mit Dosso Dossi und Tizian befreundet – Tizian war es auch, der das berühmteste Porträt des Dichters malte.

Mit Oden, Sonetten und mit Lustspielen wie *La Cassaria* (1508; *Die Kästchenkomödie*), *I suppositi* (1509; *Die Unterschobenen*) oder *Il negromante* (1520; *Der Geisterbeschwörer*) hatte sich A. schon einen Namen gemacht; das 1516 erschienene Versepos *Orlando Furioso* (*Der Rasende Roland*, erste dt. Teilübersetzung 1632, dann 1808) machte ihn jedoch weit über die Grenzen Ferraras hinaus bekannt. Die Geschichte des Ritters Roland hatte schon Matteo Bojardo in *Orlando innamorato* (1494; *Der verliebte Roland*) erzählt; dessen unvollendet gebliebenes Werk wurde zur unmittelbaren Vorlage für A., der Rolands Abenteuer an der Seite Kaiser Karls des Großen im Krieg gegen den Sarazenen Agramante und seinen Liebeswahn – seine Geliebte Angelika hatte er am Hof Karls kennengelernt – in 40 Gesängen gestaltet. A. kombiniert Episoden aus antiken Fabeln mit solchen aus der Artussage und mit Motiven der Karls-Epik zu einem Handlungsgewirr, in dem das Heldentum ironisiert und mit der mittelalterlichen Ritterliteratur endgültig gebrochen wird. »Die Frauen, die Ritter, die Waffen, die Liebe / Sing ich [...]«, beginnt in homerischem Metrum das Epos, das Friedrich Schlegel als Inbegriff romantischer Ironie galt und das er als »widerspenstigen Klassiker« bezeichnete. Der *Orlando Furioso* wurde außerhalb Italiens wenig bekannt und selten ins Deutsche übersetzt, zuletzt 1908. In Italien dagegen gehört *Orlando* zum Kanon und wird immer wieder neu ediert und auch literarisch verarbeitet. Italo Calvino übersetzte 1970 den *Orlando* in eine muntere Erzählung, in die er die Verse A.s als Zitate einwebte, und erschloss dem Renaissance-Klassiker eine moderne Leserschaft.

Zu Lebzeiten war A. so berühmt, dass sogar Banditen – so will es eine Anekdote – seine Verse kannten und ihm, statt ihn auszurauben, sicheres Geleit in die Stadt gaben. 1521 erschien eine zweite, überarbeitete Auflage des *Orlando*, aber der Ruhm reichte nicht aus, sich 1522 der Ernennung zum Gouverneur von

Garfagnata durch den Grafen d'Este zu widersetzen. Drei Jahre konnte A. nicht in Ferrara leben. Bei seiner Rückkehr konnte er sich ein Haus in Stadtnähe kaufen, das er nach eigenen Plänen umgestalten ließ und in das er am Michaelistag 1532 einzog. Hier bereitete er die dritte Auflage des *Orlando Furioso* vor, die, um sechs Gesänge ergänzt, 1532 erschien. Nur wenige Monate danach starb A.

Stefana Sabin

Aristophanes
Geb. um 450 v. Chr. in Athen;
gest. nach 385 v. Chr.

Der Dichter »war immer der Meinung, / man müsse zuerst an dem Ruder stehen, bevor man ans Steuer sich setze, / dann müsse man noch auf dem Vordeck erst dienen und achten des Windes, / bis zu lenken das Schiff auf eigene Hand man vermöge«. Mit diesen Versen lässt in den *Rittern* (Vv. 541–544) Aristophanes den Chorführer in nautischer Metaphorik seine Karriere als Komödiendichter beschreiben: Die untergeordnete Arbeit des Ruderers entspricht der ersten Etappe seines Schaffens, als er mit anderen, etablierten Autoren zusammenarbeitete und ihnen zuarbeitete, indem er zum Beispiel einzelne Szenen für ihre Stücke verfasste. In den *Wespen* (Vv 1018–1020) spricht er ganz offen aus, dass er anfangs »nur insgeheim als Gehilfe von anderen Poeten / […] / und versteckt in den Bäuchen von anderen Spaß produzierte«. Die zweite Etappe wird durch die *Daitales* (*Die Schmausbrüder*) des Jahres 427 eingeleitet, sein erstes eigenes Stück, das er jedoch wie die *Babylonier* des Jahres 426 und die *Acharner* des Jahres 425 nicht selbst inszenierte, sondern die Regie einem gewissen Kallistratos übertrug, bis er sich schließlich im Jahre 424 nach den Lehrjahren in der Lage fühlte, ›das Schiff selbst zu steuern‹, das heißt, für sein Stück (*Ritter*) die volle Verantwortung als Dichter und Regisseur (*chorodidáskalos*) zu übernehmen. Schon als junger Autor feierte A. große Erfolge auf der komischen Bühne. Auf einen zweiten Platz mit seinem Erstlingswerk, den *Daitales* (nicht erhalten) im Jahre 427, folgten drei Siege in Folge mit den *Babyloniern* (nicht erhalten), *Acharnern* und *Rittern* (426–424). Diese Erfolge lassen sich in ihrer Tragweite erst dann richtig einschätzen, wenn man berücksichtigt, dass die komische Bühne in Athen von nur wenigen angesehenen, älteren Dichtern dominiert wurde. Umso größer war seine Enttäuschung, als er mit den von ihm selbst hoch eingeschätzten *Wolken* (423) in der Gunst des Publikums durchfiel und nur den dritten Rang im Wettstreit der Komödiendichter (*agón*) belegte.

A. erlebte in seiner Jugend den kulturellen und politischen Höhepunkt Athens unter Perikles, als etablierter Komödiendichter musste er den langsamen Zerfall des Nährbodens seiner Gattung, der attischen Demokratie, unter den Nachfolgern des Perikles in den Jahren des Peloponnesischen Krieges bis zum endgültigen Zusammenbruch der Polis im Jahre 404 mitansehen, seine letzten Lebensjahre schließlich fallen in die Zeit der Restaurationsbemühungen der Demokraten und des allmählichen Wiederaufschwungs Athens in den 90er Jahren des 4. Jh.s A. ist damit der einzige der großen Dramatiker der klassischen Zeit, der das Epochenjahr 404 überlebte – Euripides verstarb 406, Sophokles 405 –, und seine letzten drei Komödien, *Frösche, Ekklesiazusen* und *Plutos*, sind eindrucksvolle Zeugnisse einerseits des Bewusstseins, dass eine bedeutende Phase athenischer Dichtung ihren Endpunkt erreicht hat, und andererseits des einschneidenden Wandels, den die Gattung Komödie nach 404 vor dem Hintergrund der neuen politischen und sozialen Verhältnisse nach dem Ende der Vormachtstellung Athens durchlief.

Antike Quellen weisen A. 46 Titel zu. Elf Stücke sind auf dem Weg der handschriftlichen Überlieferung ganz erhalten, von den verlorenen Komödien besitzen wir immerhin 924 mehr oder weniger umfangreiche Fragmente. Bei der Datierung befinden wir uns – ganz im Gegensatz zu den Tragödien des Sophokles und Euripides – auf sicherem Boden: *Acharner* (425), *Ritter* (424), *Wolken* (423), *Wespen* (422), *Frieden* (421), *Vögel* (414),

Aristophanes

Thesmophoriazusen (411; *Die Frauen, die das Thesmophorenfest begehen*), *Lysistrate* (411), *Frösche* (405), *Ekklesiazusen* (393–391, Datierung umstritten; *Die Frauen in der Volksversammlung*), *Plutos* (388; *Der Reichtum*). In den meisten Fällen sind wir auch über die Plazierungen des A. im komischen Agon informiert, so dass wir in der Lage sind, seine Karriere als athenischer Bühnenautor zu überblicken.

Die Stücke des A. werden vielfach als ›politische Komödien‹ bezeichnet. Diese Charakterisierung trifft jedoch nur dann zu, wenn man ›politisch‹ nicht vor dem Hintergrund des modernen, durch Brecht geprägten Theaters, sondern in einem umfassenderen, dem Gebrauch zur Zeit des A. entsprechenden Sinne versteht. Politisch sind die Komödien nach diesem Verständnis, da sie Themen, die das Gemeinwesen (*pólis*) betreffen, zum Inhalt haben. Die politischen Zustände und militärischen Ereignisse sowie die intellektuelle Auseinandersetzung im Athen jener Jahre sind der Boden, in dem die Komödien ihre Wurzeln haben. Aus der Kritik an den Zuständen in der Stadt erwächst dem Protagonisten eine Idee, wie man der Misere Abhilfe schaffen könnte. Mit Unterstützung des Chores oder gegen dessen Widerstand setzt er dann im Verlauf des Stückes seinen Plan oft in phantastischer und märchenhafter Weise in die Tat um. Im zweiten Teil der Komödien wird in einer Reihe von Szenen vorgeführt, wie der komische Held die Früchte seines Vorhabens genießt und wie er unliebsame Störenfriede – oft unerfreuliche Typen des öffentlichen Lebens wie Politiker, Denunzianten, Schmarotzer und Intellektuelle – mit Leichtigkeit davonjagt.

A. bedient sich bei der Gestaltung seiner Komödien vor allem zweier komischer Techniken. Entweder entwickelt der Protagonist einen utopischen Gegenentwurf zu den desolaten Zuständen im Gemeinwesen (*Acharner*, *Vögel*), oder er führt eine völlige Umkehrung der normalen Verhältnisse herbei: die Frauen entmachten die Männer (*Lysistrate*, *Ekklesiazusen*), die Jungen die Alten (*Wespen*, in gewisser Weise auch in den *Wolken*).

Der politische Hintergrund von neun der elf erhaltenen Komödien des A. ist der sich über 27 Jahre hinziehende Krieg, den Athen mit Sparta und seinen Verbündeten ausfocht (Peloponnesischer Krieg, 431–404). Die verschiedenen Phasen des Kriegs, die militärischen und politischen Unternehmungen werden im Spiegel der Komödien aufgefangen, das Wirken der Politiker findet in ihnen – komisch verzerrt und kritisch durchleuchtet – einen unmittelbaren Widerhall. Von gleicher Bedeutung wie die politische und militärische Geschichte ist die intellektuelle Revolution, die von der Sophistik ausging – jener Bewegung, deren Hauptvertreter wie Gorgias, Antiphon und Protagoras das Ziel hatten, junge Männer gegen Honorar zu erfolgreichen Politikern zu machen, indem sie ihnen die Kunst beizubringen versprachen, durch die Gewalt ihrer Rede den Zuhörern jede Sache plausibel zu machen, ob sie nun wahr oder falsch sei. – Der Krieg führte mehr und mehr zu einer Verwilderung der Sitten. Unter dem Zwang der Umstände wurden immer häufiger die bisher üblichen und respektierten Normen des demokratischen Zusammenlebens missachtet. Die Sophisten lieferten die Argumente und die rhetorische Technik, um diese um sich greifende Missachtung der Tradition zu legitimieren. Theorien wie das Recht des Stärkeren, wie sie etwa der Sophist Antiphon oder Kallikles im *Gorgias* Platons vertritt, führten im politischen Alltag dazu, dass einzelne wie Alkibiades sich nicht mehr an die demokratischen Spielregeln gebunden fühlten. Je mehr sich die militärischen Misserfolge häuften, desto größere Risse bekam der demokratische Grundkonsens. Der oligarchische Putsch von 411 – als Reaktion auf die fehlgeschlagene Sizilische Expedition – und das kurzfristige Terrorregime der 30 Tyrannen nach der Niederlage Athens im Jahre 404 sind deutlicher Ausdruck der geistigen und politischen Krise, in die die Polis in den 27 Kriegsjahren geraten war.

Vor diesem politischen Hintergrund ist es nicht erstaunlich, dass Krieg und Frieden immer wieder im Zentrum der Aristophanischen Komödie stehen. Die *Acharner* (425), der *Frieden* (421) und die *Lysistrate* (411) setzen sich unmittelbar mit dem Krieg und seinen Folgen für Athen auseinander und spiegeln in der unterschiedlichen Art der Behandlung des Themas die verschiedenen Phasen des Krieges wider. In den *Acharnern* errichtet der Bauer Dikaiopolis, der die Nase vom Krieg und der Uneinsichtigkeit der Politiker voll hat, für sich und seine Familie einen utopischen privaten Friedensraum mitten in den Wirren des Kriegs, den er mit bäuerischer Schläue gegen alle möglichen Eindringlinge verteidigt. In der *Lysistrate* zwingen die Frauen aller am Krieg beteiligten griechischen Staaten ihre Männer durch einen Sexstreik dazu, zur Vernunft und zu einem Friedensschluss zu kommen. Anders ist die Behandlung von Krieg und Frieden im *Frieden* angelegt: In diesem Stück nimmt A. – gleichsam in der Art eines Festspiels – vorweg, was kurz nach der Aufführung des Stücks Wirklichkeit werden sollte: der Abschluss eines Friedensvertrages zwischen Athen und Sparta. Der utopische Grundzug der *Acharner* ist in den *Vögeln* weiterentwickelt. Zwei Athener, Peisetairos und Euelpides, verlassen aus Überdruss über die in Athen herrschende Hektik, vor allem die Gerichtsbesessenheit ihrer Landsleute, die Heimat, um in den Wolken, bei den Vögeln, einen Ort der Ruhe zu finden. Doch die Athener Natur lässt sich nicht so ohne weiteres abschütteln. Bei den Vögeln angekommen, erkennen sie die hervorragende strategische Lage des Vogelreichs zwischen den Menschen und Göttern. Peisetairos – ganz Sophist – überzeugt mit seiner Sprachgewalt und Spitzfindigkeit die Vögel, in Wolkenkuckucksheim ein Imperium zu gründen, das Menschen wie Götter beherrschen werde. Der Plan gelingt: Peisetairos schwingt sich zum Herrscher der Vögel auf und löst am Ende gar Zeus als Weltenherrscher ab. Auf der Oberfläche triumphiert die athenische Durchsetzungskraft. Aber sich göttliche Macht anzumaßen, ja, sogar die Götter zu entmachten und eine Göttin zu heiraten, ist nach dem Verständnis des 5. Jh.s religiöser Frevel (*hýbris*), so dass die imperialistischen Pläne des Peisetairos vor diesem Hintergrund einen schalen Beigeschmack bekommen. Und dies in dem Jahr, in dem die Athener, von der Rhetorik eines Alkibiades geblendet, unter großer Euphorie ihren Expansionsdrang nach Sizilien richteten – und bitter scheiterten!

Eng mit dem Thema ›Krieg und Frieden‹ ist die Auseinandersetzung mit den führenden Politikern und Strategen der Kriegsjahre verbunden. Spott auf Politiker und Generäle der derbsten Art findet man in alle erhaltenen Komödien eingestreut. In den *Rittern* macht A. dieses Motiv zum Sujet der Komödie: Er bringt den athenischen Staat als Haushalt des Herrn Demos (»Volk«) auf die Bühne, die Politiker Nikias, Demosthenes und Kleon sind Sklaven, die um die Gunst ihres Herrn buhlen. In einem burlesken Wettlauf der Schmeicheleien setzt sich ein neuer Mann, ein Wursthändler, beim Herrn Demos durch und verdrängt den bisherigen Lieblingssklaven Kleon aus seiner führenden Rolle. Der Teufel wird durch Beelzebub vertrieben! Die Kritik an den führenden Politikern in den frühen Komödien ersetzt A. in den beiden Stücken des 4. Jh.s (*Ekklesiazusen, Plutos*) durch eine allgemeiner angelegte Analyse der Gesellschaft und des menschlichen Zusammenlebens. In den *Ekklesiazusen* fassen die Frauen, angeführt von Praxagora, den Plan, als Männer verkleidet in die Volksversammlung zu gelangen und dort den Entschluss durchzusetzen, dass ihnen alle Macht im Staat übertragen werde – der Staat sei durch die Männerwirtschaft völlig ruiniert. Der Plan gelingt, und die Frauen erlassen ein kommunistisches Programm völliger Gleichheit. Das Scheitern dieses wohlgemeinten Vorhabens wird im zweiten Teil der Komödie in mehreren Szenen vorgeführt. Der gute Bürger gibt, dem Erlass gehorchend, sein Vermögen ab, der Schlauberger wartet zunächst noch ab, ob sich die Frauen tatsächlich an der Macht halten. Die sexuelle Freizügigkeit wird ad absurdum geführt, indem sich alte Frauen um einen jungen Mann schlagen, der zu seiner Freundin will. Die Theorie scheitert in der Praxis an der menschlichen Natur.

Viele Stücke prägt das durch den Kriegszustand und die Sophistik hervorgerufene Krisenbewusstsein. Da die Grundlage der sog. Alten Komödie des 5. Jh.s die funktionierende attische Demokratie ist, führen Änderungen im bürgerlichen Zusammenleben oder gar

Krisen der Demokratie zu Reaktionen in der komischen Dichtung. Leitmotivisch durchzieht die Komödien des A. die Frage, wie es zur Krise der Polis kommen konnte. Den Hauptschuldigen sieht die Komödie in der Sophistik und in den durch die Sophistik beeinflussten Kreisen. Die einzelnen Komödien des A. fächern die verschiedenen Bereiche des öffentlichen Lebens auf – Politik, Erziehung, Dichtung, Musik und Wissenschaften –, in denen die Sophisten ihren nach A.' Überzeugung verderblichen Einfluss ausübten. In den *Wolken* schickt der attische Kleinbürger Strepsiades, da er der von seinem Sohn gemachten Schulden nicht mehr Herr werden kann, seinen Sprössling in die ›Denkerei‹ des Erzsophisten Sokrates, wo er die Argumentationskünste lernen soll, um die Gläubiger loszuwerden. Doch die schlechte Absicht kehrt sich gegen ihn selbst. Am Ende beweist ihm sein Sohn, dass er das Recht habe, Vater und Mutter zu verprügeln, so dass der Alte in seiner Verzweiflung zur Gewalt greift und das Haus des Sokrates in Brand steckt.

Den verderblichen Einfluss der Sophistik im Bereich der Dichtung prangert A. in den literaturkritischen Komödien *Thesmophoriazusen* und *Frösche* an. Im Zentrum der Kritik steht vor allem die durch die Sophistik beeinflusste Tragödie des Euripides. Um dem Publikum zu gefallen, ziehe der Tragiker ständig die erhabene Gattung Tragödie in den Schmutz. Er bringe von schändlichen Leidenschaften getriebene Frauen wie Medea oder Phaidra oder in Lumpen gehüllte Helden wie Telephos auf die Bühne, und es komme ihm mehr auf die Bühnenwirksamkeit eines Stückes, mehr auf die Form und den spielerischen Umgang mit ihr als auf den Inhalt an. Vor allem die Parodien der Arien und Chorlieder des Euripides in den *Fröschen* (Vv. 1309ff., 1331ff.) zeigen in grotesk übersteigerter Form diese Diskrepanz zwischen Form und Inhalt: Der Text wird immer mehr zu einem sinnentleerten Klangkörper, der den Stars der tragischen Bühne Gelegenheit bietet, ihr Können in Bravourarien unter Beweis zu stellen.

Nach dem Zusammenbruch der demokratischen Polis im Jahre 404 fehlte der politischen Komödie der Nährboden; dies umso mehr, nachdem die überschaubare Polis des 5. Jh.s durch den Flächenstaat Alexanders d. Gr. abgelöst wurde. Die beiden letzten Komödien des A., die im Verhältnis zu den Komödien des 5. Jh.s weniger gezielt politische Entwicklungen aufs Korn nehmen und mehr allgemeinmenschliche Probleme in den Mittelpunkt stellen, verweisen schon darauf, wie sich die Komödie weiterentwickeln sollte: Politische werden durch private Themen abgelöst. Diese sind in verschiedene Epochen und Kulturkreise ohne Schwierigkeiten übertragbar. So beeinflussen denn auch Menander und die sog. Neue Komödie durch die Vermittlung der Römer Plautus und Terenz das europäische Lustspiel bis in die Gegenwart hinein, bis zum modernen Boulevard-Theater oder zur Hollywood-Komödie des 20. Jh.s, während A. erst wieder am Ende des 20. Jh.s auf der Bühne zu sehen ist – bezeichnenderweise mit seinen allgemeineren, phantastischen Stücken wie der *Lysistrate* oder den *Vögeln*.

Ausgabe: Sämtliche Komödien. Zürich ²1968.

Bernhard Zimmermann

Aristoteles
Geb. 384 v. Chr. in Stagira;
gest. 322 v. Chr. in Chalkis auf Euboia

Als vor zweieinhalb Jahrtausenden in Griechenland philosophisches Denken einsetzte, hatte es sich mit dem dort bestehenden Weltbild des Mythos auseinanderzusetzen. Das Gesetz, dem das Denken folgte, hieß im einen Fall Mythos und im anderen Logos. Das Denken wollte im einen wie im anderen Fall die Welt erfassen, wie sie war. Logisches Denken wurde von den Vorsokratikern, von Sokrates und Platon vorbereitet, ist aber in der Philosophengeschichte mit dem Namen Aristoteles verbunden. Die von ihm begründete Logik ist bis zum 19. Jh., als mit Johann Gottlob Frege die moderne Logik begann, nicht entscheidend weiterentwickelt worden. Sein Werk ist uns in der um 30 v. Chr. entstandenen Ausgabe des Andronikos, dem zehnten

Nachfolger des A., im Wesentlichen erhalten. Anders steht es mit seinen biographischen Daten, denn im Griechenland des A. war der Einzelne nur interessant, wenn er als politisch Handelnder in die Geschicke des Staates eingriff. Das Interesse an der Biographie des A. erwachte erst einige Generationen nach seinem Tod, als das erhalten gebliebene Material bereits dürftig war. Deshalb wissen wir heute nur wenig über seine Lebensgeschichte. Martin Heidegger soll seine Vorlesungen über A. mit den Worten begonnen haben: »A. wurde geboren, arbeitete und starb.« Von größerer Tragweite als die Biographie ist seine Wirkung auf die Entwicklung des abendländischen Denkens. Sein Einfluss ist so entscheidend, dass man sich fragen muss: Wie wäre sie ohne A. verlaufen? Die Philosophie nach A. nennt man bis in die neueste Neuzeit Metaphysik, als deren Begründer er und Platon gelten.

Zunächst aber noch einmal zur Logik des A., deren Regeln unser Denken bis heute bestimmen. Der Grundsatz der Logik findet sich im dritten Kapitel des vierten Buches des Aristotelischen Hauptwerkes, der *Metaphysik* – die *Metaphysik* trat erst in der Ausgabe des Andronikos als einheitliches Werk auf, im hellenistischen Schriftenkatalog aus dem 3. Jh. v. Chr. ist sie nicht aufgeführt; vieles spricht dafür, dass Teile der *Metaphysik* zuerst in anderen Schriften des A. verstreut waren. A. sah zwei mögliche Arten von Täuschung und damit zwei Möglichkeiten, die Wahrheit zu verfehlen: Man könne sich über die akzidentellen Eigenschaften einer Sache täuschen, und man könne bei Aussagen über das Wesen einer Sache der Täuschung erliegen. Mit dem »Satz vom Widerspruch«, dem Grundsatz der Logik, sollte eine Täuschung in beiden Fällen ausgeschlossen sein. Er lautet: »Daß nämlich dasselbe demselben in derselben Beziehung […] unmöglich zugleich zukommen und nicht zukommen kann, das ist das sicherste unter allen Prinzipien; denn es paßt darauf die angegebene Bestimmung, da es unmöglich ist, daß jemand annehme, dasselbe sei und sei nicht.« In der Anwendung dieses Satzes deutet sich eine Differenz zu seinem Lehrer Platon an, zu dem er vom Land in die Stadt Athen kam und dessen hervorragender Schüler er von 367 bis 347 v. Chr. war. Dem A. galt ein und dasselbe Prinzip für die zufälligen oder nicht-wesentlichen Eigenschaften einer Sache ebenso wie für das Wesen einer Sache. Für Platon gab es nur die Identität oder Nicht-Identität von Aussage und Wesen. A. dagegen differenzierte die verschiedenen Bestimmungen einer Sache und ordnete diese Bestimmungen in einer Kategorientafel. Er gilt als Entdecker der Kategorien und Schöpfer einer Kategorientafel, an die Immanuel Kant in seiner *Kritik der reinen Vernunft* anknüpfte.

Hinsichtlich der akzidentellen Eigenschaften lässt sich sehr schnell die Anwendung des »Satzes vom Widerspruch« erklären. Ich kann in Bezug auf einen bestimmten Baum, den ich im Blick habe, nicht behaupten, dass er gleichzeitig blüht und nicht blüht. Das ist eine gegensätzliche Behauptung: dasselbe und nicht dasselbe in derselben Beziehung (blühen), bezogen auf dieselbe Sache (Baum). In anderer Beziehung kann ich natürlich noch Bestimmungen hinzufügen, beispielsweise, dass der Stamm dieses Baumes grün ist. Wenn wir diesen Grundsatz in Bezug auf die akzidentellen Eigenschaften beachten, können wir widersprüchliche Aussagen analysieren. Was bedeutet dieser Grundsatz aber für das Wesen einer Sache? Was ist überhaupt das Wesen einer Sache?

Die Welt stellte sich dem frühgriechischen Philosophen als eine Vielfalt dessen dar, was stets in Bewegung und in Veränderung ist. Die Frage war: Was ist das Bleibende am sich Verändernden, das dem Chaos die harmonische Ordnung gibt, die ja bleibt, obwohl alles stets entsteht, besteht und vergeht? Die griechischen Denker nach ihnen und die gesamte spätere Metaphysik suchten nach dem einheitlichen Wesen von allem, was ist, und nach dem Wesen des Einzelseienden. Zunächst: Was ist das Wesen einer Sache? Das Wesen der Sache sehen wir der Sache nicht an. Wir sehen den

Baum blühen und teilen es mit. Diese Mitteilung ist so lange wahr, wie der Baum auch tatsächlich blüht. Das Blühen geht aber über in ein Nichtblühen. Was aber den Baum zum Baum macht – unabhängig davon, ob er blüht oder nicht blüht, ob er Blätter trägt oder kahl ist –, das wissen wir nicht. Deshalb suchen wir nach dem Wesen des Baumes. Wir suchen nach dem, was etwas ist. Wenn wir das Wesen von dem Einzelseienden abziehen, dann ist es nicht mehr das gemeinte, bestimmte Einzelseiende. Platon nennt das Wesen *idéa*. Die Ideen oder Wesen bilden in seiner Philosophie das Reich der wahren Wirklichkeit. Das, was sich den menschlichen Sinnen zeigt, ist ein unvollkommenes Abbild der wahren Wirklichkeit. Es muss streng getrennt werden vom unvergänglichen und ewigen Reich der Ideen. Soll dieses nicht mit hineingezogen werden in die Bewegung des Entstehens und Vergehens, darf es nicht mit den vergänglichen Dingen in Berührung kommen. Kann das sein? Es wurde gesagt, dass der Baum nicht mehr der Baum ist, wenn man von ihm das Wesen, das Baumhafte, abzieht. Muss er dann nicht mit seinem Wesen in Verbindung stehen? Diese Frage stellt Parmenides dem Sokrates in dem Platonischen Dialog *Parmenides*. Sokrates gibt dort verschiedene Möglichkeiten an, wie die Ideen mit den Einzeldingen in Verbindung stehen könnten. Die Möglichkeit der Teilhabe der Ideen an den Einzeldingen wird verworfen. Die Ideen können nicht zu einem Teil in den Einzeldingen anwesend sein, weil die Ideen unteilbar sind. Ganz kann die Idee auch nicht im Einzelding enthalten sein, denn dann wäre sie gänzlich von sich selbst getrennt. Es gibt noch weitere Vorschläge in dem Dialog, die aber – abgesehen von der komplexen Platonischen Dialektik – ebenso als unzulänglich verworfen werden.

An diese schwierige Problematik, die nicht nur die Problematik des mittelalterlichen Universalienstreites ist, sondern der gesamten Metaphysik, knüpfte A. an. Wir kommen damit zum Kerngedanken seiner Philosophie, den A. in Abgrenzung zu Platon entwickelte. Schon zu dessen Lebzeiten kam es zu Auseinandersetzungen zwischen A. und seinem Lehrer, so dass Platon sagte: »A. hat gegen mich ausgeschlagen, wie es junge Füllen gegen die eigene Mutter tun.« Schon die Lebensweise des A. war den Platonikern fremd. Er war weltzugewandter und den Genüssen des Lebens gegenüber viel offener. In seinem Auftreten unterschied er sich bereits von der »grimmigen Askese« und »aufdringlichen Tugendhaftigkeit mancher Platoniker« (Olaf Gigon). Der Konflikt mit den Platonikern trat aber erst nach Platons Tod offen zutage. Nicht A. als der beste Schüler Platons wurde sein Nachfolger, sondern Speusippos. Verärgert verließ A. Athen und schloss eine enge Freundschaft mit Hermeias von Atarneus, dessen Nichte oder Schwester Pythias er heiratete. Nach dem Tod des Hermeias hatte A. Verbindung zu den Königen von Makedonien. Wie ein Ehrendekret vermuten lässt, setzte er sich bei König Philipp für die Interessen Athens ein. Im Jahr 342 v. Chr. wird A. als Erzieher von König Philipps Sohn Alexander (später »der Große«) an den makedonischen Hof berufen. Nach dieser Zeit löste er sich endgültig von der Schule Platons und gründete in Athen, wohin er 335 v. Chr. zurückgekehrt war, eine eigene Schule, die *Lykeíon*, bald darauf *Perípatos* genannt wurde.

Den Kerngedanken des A. aufzunehmen, ist nicht nur darin begründet, ihn von seinem Lehrer Platon abgrenzen zu können. Darüber hinaus ist zu sehen, dass A., insbesondere im Mittelalter, gänzlich missverstanden worden ist. Man kann aus der Kategorienschrift den ersten Satz des fünften Kapitels eliminieren und behauptet, dass A. das Einzelne als das in erster Linie Wesentliche angesprochen habe; dies war die Basis für Nominalismus und Empirismus. Tatsächlich verhält es sich bei A. anders, zumal komplexer. Nehmen wir den Gedanken Platons wieder auf, an den A. anknüpft. Gesucht wird in der Metaphysik nach dem Wesen des Einzelseienden und danach, wie das Wesen mit dem Einzelseienden in Verbindung steht. Was ist nun der Wesensbestimmung fähig? Ist es das Allgemeine? Das Allgemeine hat im Logos stets den Vorrang, deshalb müssen wir diese Frage stellen. Folgen wir der Philosophie von A., dann ist es völlig ungereimt zu sagen, das Allgemeine sei das Wesen. Kein Allgemeines vermag für sich Wesen von etwas zu sein, denn das Wesen bedarf des Einzelnen, damit es in Erscheinung treten kann. Andererseits hat das Einzelne von seinem Wesen her und durch dieses hindurch erst seine Existenz. Das Wesen ist das, was das Einzelne zu dem macht, was es ist. Das ist der Kerngedanke der Philosophie des A., dass das Einzelne von seinem Wesen her und durch dieses hindurch erst seine Anwesenheit hat und umgekehrt das Wesen nur als Wesen des Einzelnen, oder in Identität mit ihm, in Erscheinung treten kann. Das Einzelne kann in der Philosophie des A. jedoch auch nicht der Wesensumgrenzung fähig sein, weil das Einzelne entsteht und vergeht. Das Wesen, nach dem er sucht, ist aber etwas, das immer Bestand hat und keiner Veränderung unterworfen ist. Das Wesen kann nur als Wesen des Einzelnen und in Identität mit dem einzelnen in Erscheinung treten. Aufgrund dieser Bestimmung muss es ein unveränderliches Einzelseiendes geben, das – wie gesagt – meta-physisch sein muss, denn alles physische Seiende ist veränderlich. Was ist nun dieses gesuchte Seiende? Zunächst: Es gehört zum Kernbestand der Philosophie des A., dass das Wesen einer Sache zugleich Grund und Ursache eines Einzelseienden ist. Dabei ist Grund aber nicht als Anfangsgrund zu verstehen, der nur das Entstehen des Einzelseienden bewirkt und dann fortfällt, sondern er ist immer bei der Sache. Das Einzelseiende ist nicht mehr dieses Einzelseiende, wenn sein Wesen, das ihm Grund und Bestand gibt, entfällt.

Es gibt nach A. eine höchste Ursache für alles, was ist, die demnach das höchste Wesen sein muss. Da alles, was ist, stets in Bewegung und dadurch dem Entstehen und Vergehen unterworfen ist, muss es etwas geben, das diesem Prozess des Entstehens und Vergehens nicht unterworfen ist: Wäre dieser ewige Beweger selbst in Bewegung, so wäre er der Veränderung unterworfen. Schon deshalb muss er unbewegt sein. Wie kann das sein? Muss man nicht, um etwas in Bewegung zu halten, sich selbst bewegen? Nein, denn A. geht davon aus, dass der ewige Beweger bewegt, wie das Geliebte den Liebenden bewegt: Der Liebende will mit dem Geliebten in Verbindung sein. Darum strebt er zum Geliebten hin. So hält das Geliebte den Liebenden in Bewegung. Da die Bewegung nie aufhört, ist die Bewegungsursache reine Wirklichkeit und immerseiende Gegenwart. Sie ist in Wirklichkeit, was alle physischen Dinge nur der Möglichkeit nach sind. Die physischen Dinge bewegen sich dorthin, wo der metaphysische Beweger schon immer ist. Dieser metaphysische Beweger ist Gott. – Der menschliche Geist kann, muss aber nicht denken. Menschliches Denken wird unterbrochen durch Schlaf oder Traum. Das göttliche Denken ist immerwährendes Denken und somit Beweger des menschlichen Denkens. Man kann aber nicht nichts denken. Denken hat immer einen Inhalt. Erst dadurch, dass das Denken das Gedachte denkt, wird das Denken zum Denken. Auch das Denken selbst kann zum Gegenstand des Denkens werden. In diesem Sinne werden Denken und Gedachtes eins. Was beim Menschen möglich ist, ist im göttlichen Denken wirklich. Dieses muss sich stets selbst denken, denn das Denken wird vom Gedachten bestimmt. Würde das göttliche Denken etwas Nichtiges denken, dann wäre es nicht mehr das höchste und würdigste Denken. Als solches aber kann es immer nur sich selbst als das Höchste und Würdigste denken. Diese Identität ist reines Denken und reine Wahrheit. Das Wahrste ist die Ursache von allem Wahren, oder das wahre göttliche Denken ist die Ursache wahren menschlichen Denkens.

Wir kommen zurück zu der möglichen Täuschung im menschlichen Denken. Das Erblicken des Wesens kann im menschlichen Denken ausbleiben, was die zweite Art der eingangs angesprochenen Täuschung ist: Ich täusche mich über eine Sache bezüglich ihrer selbst, indem ich sie mit einer anderen verwechsele. Die Banalisierung dieser Wahrheitstheorie des A. hat im Mittelalter Karriere gemacht, und sie besteht heute noch als Korrespondenztheorie, die Wahrheit definiert als Übereinstimmung des Denkens mit seinem Gegenstand. Die mittelalterlichen Scholastiker machten daraus die *adaequatio rei et intellectus*. Wie sehr sich das von dem ursprünglich von A. Gedachten unterscheidet, lässt sich nach dem oben Dargestellten ermessen. Ebenso ist der Gedanke vom ewigen Beweger für Gottesbeweise missbraucht worden.

Es gehört zum Anfang der Wirkungsgeschichte des A., dass er zunächst gar keine Wirkung hatte. Nach dem Tod Alexanders des Großen übersiedelte A. nach Chalkis auf Euboia. Die Gründe für die Emigration wissen wir nicht. Manche Biographien sprechen davon, dass man A. Verrat vorwarf, als sich die Stadt Athen dem makedonischen Einfluss entzog. Da sei jeder verdächtig gewesen, der Verbindung zu den Makedoniern gehabt habe. Kurz nachdem A. emigriert war, starb er mit 63 Jahren im Exil. Die von A. selbst publizierten Schriften – es handelte sich fast ausnahmslos um Dialoge – sind nicht erhalten. Die aufgeführten einheitlichen Grundgedanken der Philosophie von A. sind die Basis für ein überwältigendes Werk, und sie finden sich überall dort wieder. A. war der Begründer der Biologie und Psychologie. Seine Poetik gilt nach wie vor als das Fundament der modernen Dramentheorie. A. war Politologe, umfangreiche Schriften aus dem Bereich der Ethik sind überliefert. Der eingangs erwähnte Andronikos hat dieses umfangreiche Werk in den noch erhaltenen Stücken systematisch geordnet und verzeichnet. In seinem Verzeichnis finden wir als erste Abteilung die Schriften zur Logik. Das erste Buch dieser sechs Schriften – auch unter dem Namen *Organon* bekannt – ist die *Kategorienlehre (Categoriae)*, von der bereits die Rede war. Das zweite Buch (*De interpretatione*) ist die *Lehre vom Satz*; hier werden zunächst die Bestandteile eines Satzes erörtert, dann der einfache assertorische Satz und abschließend die komplexeren Sätze. Das dritte Buch (*Analytica priora; Erste Analytik bzw. Analytik A*) des *Organon* behandelt die logischen Schlüsse von zwei Aussagen auf eine dritte (Syllogismen). Das vierte Buch (*Analytica posteriora; Zweite Analytik bzw. Analytik B*) – es entwickelt die Lehre vom Beweis – wird mit Recht als erste Wissenschaftstheorie des Abendlandes bezeichnet. Es gibt nach A. verschiedene Arten von Wissenschaften. Hier geht es um die beweisende Wissenschaft. Es wird oft behauptet, dass die neuzeitliche Auffassung von Wissenschaft sich von der des A. unterscheidet: A. leite aus ersten Prinzipien ab, im Gegensatz zur neuzeitlichen Erfahrungswissenschaft, die auf Erkenntnissen aus Experimenten basiere. Das rein deduktive Verfahren würde jedoch den Grundsätzen von A. widersprechen, denn er hat ja darum gerungen, den Zusammenhang von Einzelseiendem mit dem Wesen zu ergründen. Dieses Bemühen des A. findet sich ebenso auf dem Gebiet wissenschaftlicher Erkenntnis wieder. Im 18. Kapitel des ersten Buches der *Analytica posteriora* wird die Dialektik von Induktion und Deduktion dargestellt. Der Gedanke dieser Dialektik ist zentral für die gesamte Wissenschaftstheorie des A.

Die *Topica* – das fünfte Buch der Logik – wird von einigen Autoren als Vorläufer der Hegelschen Dialektik bezeichnet. Diese Sichtweise kann man wohl nur eingeschränkt vertreten, denn wichtiger Vorläufer der Hegelschen Dialektik war auch der Platonische *Parmenides*, in dem Inhalt und Methode miteinander verbunden sind im Gegensatz zur Schrift des A., die reine Methodenlehre ist. In der *Topica* zeigt A. das Verfahren, mit dem man durch Frage und Antwort den Beweis für die Wahrheit einer von zwei kontradiktorischen Behauptungen oder Meinungen führt.

Das sechste Buch, *Sophistici elenchi*, die *Sophistischen Widerlegungen*, gibt der ganzen Logik einen abgerundeten Schluss. Das Instrumentarium der formalen Logik ist nach Auffassung des A. eine Hilfe, gesicherte und wahre Aussagen über die Welt machen zu können. Es gibt aber nach seiner Erkenntnis Menschen, die logische Fehler machen, und Menschen, die bewusst die Logik einsetzen, nicht um zu überzeugen, sondern um zu überreden und in einem Disput den Sieg davonzutragen. Letzteres warf A. den Sophisten vor. Ihre Denkfehler, die durch bewusst falschen Einsatz der Logik machten, müssen laut A. aufgedeckt werden. Darum heißt das letzte Buch des *Organon* auch *Sophistische Widerlegungen*. In diesem Buch werden dreizehn mögliche Denkfehler, davon sechs im sprachlichen Bereich und sieben durch falsches Schließen, aufgewiesen.

Die zweite Abteilung im Verzeichnis des Andronikos umfasst die naturwissenschaftlichen Schriften. Diese umfangreichste Abteilung eröffnet die bekannte, aus acht Büchern bestehende *Physik*, die auch die Analyse der Zeit enthält. Sie ist den anderen Schriften vorangestellt, weil sie allgemeine Ausführungen über die *phýsis* enthält. Ihr folgen Bücher mit Themen, von denen einige nur beispielhaft genannt seien: *De caelo* (*Über das Weltganze*), *Meteorologica*, *De anima* (*Über die Seele*), *De somnia et vigilia* (*Über das Schlafen und Wachen*), *De insomniis* (*Über Träume*), *Historia animalium* (*Tierkunde*), *De respiratione* (*Über das Atmen*). In der dritten Abteilung folgen die Schriften zur Ethik, Politik und Ökonomie. A. geht von einem nie in Frage gestellten, ausgeprägten Zusammenhang von Ethik und Politik aus. Die Ethik ist die Basis der Politik, wie es am Ende der *Ethica Nicomachea* (*Nikomachischen Ethik*) heißt. Andererseits ist die Tugend der Bürger das Anliegen der Polis, wie uns die Pädagogik in der *Politica* zeigt. Diese Einheit von Politik und Moral ist uns seit Thomas Hobbes und Niccolò Machiavelli fremd geworden.

Die vierte Abteilung enthält die *Rhetorica* und die *Poetica*. Besonders die *Poetica* steht bei A. im Dienst einer moralischen Erziehung. Mittels der Tragödie müsse der Mensch die richtigen Gefühle empfinden lernen. Eine solche Interpretation der *Poetica* ist nur auf dem Hintergrund der Ausführungen in den *Politica*, d. h. letztlich der *Ethica* möglich.

In der *Nikomachischen Ethik* wird darüber hinaus der enge Zusammenhang von vernünftiger Erkenntnis und Moral deutlich gemacht. Der vernunftbegabte und der nicht vernunftbegabte Seelenteil müssen stets zusammenwirken. Aber auch der Vorrang der Weisheit wird hier deutlich gemacht. Darum haben die Ausführungen der *Metaphysica*, die eigentlich keiner der Abteilungen zugeordnet werden kann, und der Logik solch zentrale Bedeutung für das gesamte Werk des A.

Schon in der Antike fragte man sich, woher denn A. all das wusste, was in seinen Werken niedergelegt ist. Nicht nur in der Antike, sondern heute noch steht man voller Bewunderung vor dem kenntnisreichsten aller Philosophen. »Dieser Kenntnisreichtum ist alles andere als selbstverständlich. Er scheint entweder ausgedehnte und zielbewusste Forschungsreisen oder ein jahrelanges planmäßiges Durcharbeiten einer reichen Spezialliteratur oder die Hilfe eines Stabes von Assistenten vorauszusetzen – oder gar alle drei Möglichkeiten gleichzeitig. Wie es sich historisch wirklich verhalten hat, wissen wir nicht« (Gigon).

Werkausgabe: Werke in Einzelausgaben. Hg. H. Flashar. Berlin 1956ff.

Detlef Horster

Armah, Ayi Kwei
Geb. 10. 10. 1939 in Sekondi-Takoradi, Ghana

Ayi Kwei Armah gehört zu den kontroversesten Autoren Afrikas. A. hat sich immer geweigert, am Literaturbetrieb teilzunehmen. Interviewgierige Kritiker hat er als »The Lazy School of African Criticism« (1985) beschimpft. Gerade weil A. seine Lebensführung als Privatsache ansieht, sein Erleben sich aber in seinem Œuvre niedergeschlagen hat, ist über die autobiographischen Hintergründe seines ethischen Radikalismus spekuliert worden. A.s Lebensweg drängte zu den Brennpunkten der politischen Bewegungen. Er studierte Soziologie in Harvard während des *Civil Rights Movement*. Über das revolutionäre Algerien kehrte er nach Ghana zurück, fühlte sich als Drehbuchautor durch die Zensur düpiert, arbeitete für *Jeune Afrique* im revolutionären Paris von 1968, ging an die Columbia University während der Black Panther-Zeit und schließlich nach Tansania, wo sich die linken Intellektuellen versammelten. Selber zur Elite Afrikas gehörig, wurde A. zum schärfsten Kritiker der Meinungsführer in den postkolonialen Ländern. In »One Writer's Education« (1985), der einzigen Äußerung zur eigenen Person, begründet er seine Rolle als Schriftsteller mit der Intention, »die am wenigsten parasitäre Option zu leben … Dabei fühle ich mich wie die Spore eines Pilzes, die noch nicht weiß, ob sie jemals Penicillin produzieren werde.« Dieses Bild aus der Medizin beschreibt die Verpflichtung des Künstlers zum Heilen.

Mit dem Roman *The Beautyful Ones Are Not Yet Born* (1968; *Die Schönen sind noch nicht geboren*, 1971) hat sich A. unter dem Einfluss von Frantz Fanon und Albert Camus von der realistischen »Achebe School« abgewandt. Vor dem realen Hintergrund von Kwame Nkrumahs Ghana setzt A. eine fundamentalkritische Allegorie in Szene. Die Hauptfigur, »der Mann«, verweigert sich der Korruption und wird in den Niedergang des Landes gezogen, während seine früheren Freunde aus dem wirtschaftlichen Ruin Profit schlagen, auch wenn sie dazu durch eine Kloake kriechen müssen (das Schlusstableau). A. initiiert das Genre der »novel of disillusionment« in Afrika. *The Beautiful Ones* fand bei der Kritik allerdings ein geteiltes Echo. Im Westen pries man den Stil und die intellektuelle Integrität, in Afrika kritisierte man das Fehlen einer afrikanischen Perspektive und die Kritik am Projekt der Unabhängigkeit, wo doch gerade jetzt positive Visionen erforderlich waren. – Mit den beiden historischen Romanen *The Healers* und *Two Thousand Seasons* (beide 1979) hat A. nochmals Neuland erschlossen. Er setzt die Geschichtsrevision Cheik Anta Diops in eine fiktionale Struktur um und schreibt Geschichte von unten im doppelten Sinne: die Geschichte der Opfer der großen Politik, aber auch die Geschichte der Opfer des Kolonialismus. Er entwirft eine Langzeitgeschichte, fragmentiert Chronologie und Erzählstruktur und pointiert die afrikanische Perspektive so, dass ihm Rassismus vorgeworfen wurde. A.s Vision ist die eines afrikanischen »Weges«, bei dessen Beschreiten die westlichen Geisteshaltungen therapiert werden müssen. Das Bild vom Autor, der ein literarisches Antibiotikum gegen Geschichts- und Traditionslosigkeit produziert, wird hier realisiert.

Eckhard Breitinger

Arndt, Ernst Moritz
Geb. 26. 12. 1769 in Groß Schoritz auf Rügen; gest. 29. 1. 1860 in Bonn

Gleich zu Beginn seiner langen schriftstellerischen Laufbahn bringt A. das seltene Kunststück zuwege, mit einem Buch verändernd in die politische Wirklichkeit einzugreifen. Zum Abschluss seiner diskontinuierlich verlaufenen Ausbildung ist er, nach dem Studium der Theologie in Greifswald und Jena, als Hauslehrer auf Wittow tätig, »ganz von dem Entschlusse« abgekommen, »ein Geistlicher zu werden« und bricht, »fast wie Bruder Sorgenlos, … ohne bestimmte Richtung und Ziel, ohne Vorbereitungen und Vorarbeiten« zu einer eineinhalbjährigen »abenteuerlichen« Reise durch mehrere europäische Länder auf, von der er 1799 mit geschärftem gesellschaftlichen Problembewusstsein in seine Heimat zurückkehrt. Vier Jahre später legt er, inzwischen Dozent für Geschichte und Philologie an der Universität Greifswald, den *Versuch einer Geschichte der Leibeigenschaft in Pommern und Rügen* vor. Seine Parteinahme gegen die rücksichtslose Ausbeutung der Hörigen macht ihm zwar die »Edelleute« und »junkerisch gesinnten Großpächter« zu Feinden, »welche schrien, ich sei ein Leuteverderber und Bauernaufhetzer«, trägt andererseits aber zur Beseitigung der Leibeigenschaft in den beiden seinerzeit schwedischen Gebieten bei: »Wenn dem so ist, so hat der Mann recht«, soll König Gustav IV. Adolf nach der Lektüre der Schrift geäußert haben, in der ihm der unter »förmlicher Anklage« stehende Verfasser die wichtigsten Stellen eigens unterstrich.

A., der seinen Stolz nie verhehlt, »ganz tief unten an der Erde« geboren zu sein – als Sohn eines »Freigelassenen«, der sich rasch zum »unabhängigen und angesehenen stralsundischen Gutspächter« emporgearbeitet hatte – bleibt zeitlebens ein mutiger »politisch schreibender und handeln müssender Mensch«, dessen Werk überwiegend zeitkritisch und appellativ ausgerichtet ist. Die gewichtigste Ausnahme davon stellen seine *Märchen und Jugenderinnerungen* (1818/1843) dar. Das durchgehende soziale Engagement für

»die Kleinen und Armen im Volke«, die »Bauern, Handwerker und Arbeiter«, wird im Verlauf der Auseinandersetzung mit der napoleonischen Expansion allerdings von der Propagierung einer zur religiösen Pflicht erhobenen Liebe zum »heiligen Vaterland« überlagert. Hierbei verbindet sich das Eintreten für die nationale Freiheit und Einheit mit dem militanten Hass auf »die Franzosen, … die hinterlistigen und treulosen Reichsfeinde seit Jahrhunderten«, sowie mit einer Vorstellung von den »großen« Deutschen als dem »ersten, edelsten Volk Europas«. Derlei konnte später von den nationalsozialistischen Rassenideologen leicht als eigene Vorgeschichte beansprucht werden.

Nach der Niederlage Preußens 1806 weicht A. vor dem französischen Heer nach Schweden aus, wo er sich schon kurz zuvor zu wissenschaftlichen Studien aufgehalten hatte. Im gleichen Jahr erscheint der erste Band von *Geist der Zeit*: eine aufsehenerregende Diagnose des deutschen Niedergangs, für den die Aufklärung und der Absolutismus verantwortlich gemacht werden. 1809 kehrt er nach Deutschland zurück und findet in Berlin Kontakt zu den patriotischen Kreisen. Aus Opportunitätsgründen aus seiner Professur entlassen, reist er 1812, einem Ruf des dort als Berater der antinapoleonischen Allianz tätigen Freiherrn vom Stein folgend, nach St. Petersburg. Als Privatsekretär des Reformministers seit Anfang des darauffolgenden Jahres wieder in Deutschland, agitiert der wirkmächtige Publizist und Lyriker, dessen »grade« und »grobe« Sprache bewusst an Martin Luther anknüpft, zugunsten einer breiten Mobilisierung der Freiheitsbewegung. Mit Forderungen »aus dem Munde und im Namen des deutschen Volkes an seine Fürsten« greift er unmittelbar nach dem militärischen Sieg auch in die Diskussion um die politische Neugestaltung Deutschlands ein.

Von der Unsinnigkeit jeder Restauration überzeugt, gerät A. nach dem Erscheinen des vierten Bandes von *Geist der Zeit* (1818), in dem er unter Rekurs auf die national-, verfassungs- und volksstaatlichen Ziele der Befreiungskriege mit der wiederhergestellten »Willkür« scharf abrechnet, in das Schussfeld der einsetzenden Demagogenverfolgung. Unter Belassung der Hälfte seiner Einkünfte wird er im November 1820 ohne ordentlichen Prozess von seiner Geschichts-Professur an der Universität Bonn suspendiert, die er zwei Jahre zuvor zum Dank für seine – so der preußische Staatskanzler Hardenberg – »trefflichen … Gesinnungen zur Zeit der Not« erhalten hatte.

Erst 1840, mit der Thronbesteigung Friedrich Wilhelms IV., erfolgt A.s Rehabilitierung. Seine Vorlesungen hält er bis ins 84. Lebensjahr. Als ältester Abgeordneter wird er 1848 in die erste deutsche Nationalversammlung gewählt, wo er, »ein gutes altes deutsches Gewissen« und Feind aller »republikanischen oder gar kommunistischen Glückseligkeits- und Freiheitsträume«, zwar »vieles« verändert, »aber nicht alles … und nicht alles plötzlich neu« wünscht sowie im Sinne des rechten Zentrums für »die auf edler, freiheitlicher Grundlage ruhende Monarchie« unter preußischer Führung eintritt. Die Feiern zum 90. Geburtstag des unvermindert produktiven Autors zeigen, elf Jahre vor der Reichsgründung, die breite Resonanz dieser Idee.

Werkausgabe: Sämtliche Werke. 14 Bde. Leipzig/Magdeburg 1892–1909.

Hans-Rüdiger Schwab

Arnim, Achim von
Geb. 26. 1. 1781 in Berlin;
gest. 21. 1. 1831 in Wiepersdorf

»Von Rechts wegen sollte dieses Büchlein in jedem Hause … am Fenster, unterm Spiegel, oder wo sonst Gesang- und Kochbücher zu liegen pflegen, zu finden sein, um aufgeschlagen zu werden in jedem Augenblick der Stimmung oder Unstimmung.« Johann Wolfgang Goethe stand 1806 mit seiner Begeisterung über den gerade erschienenen ersten Band von *Des Knaben Wunderhorn* nicht allein. Diese Sammlung »alter deutscher Lieder« beeinflusste nachhaltig die Liedichtung der deutschen Romantik und wirkte noch auf die

nachfolgenden Balladendichter (Joseph Freiherr von Eichendorff, Ludwig Uhland, Eduard Mörike, Heinrich Heine, Theodor Storm). Wie kaum ein anderes Werk ist das *Wunderhorn* Ergebnis einer Freundschaft zwischen zwei Menschen, den Schriftstellern Clemens Brentano und A., die sich zum ersten Male 1801 als Studenten an der Universität Göttingen begegnen. Beide haben gleichartige künstlerische Neigungen und Interessen entwickelt, in jungen Jahren Zugang zum Kreis der Frühromantiker gefunden; aus enger Geistesverwandtschaft erwächst langanhaltende Freundschaft, die Spuren im dichterischen Werk beider Autoren hinterlässt. A., altem brandenburgischen Adel entstammend, wächst als Halbwaise bei der Großmutter in Berlin auf, da der Vater zunächst als preußischer Diplomat unterwegs ist, dann die Leitung der Berliner Oper übernimmt und sich später nur um die Bewirtschaftung des eigenen Gutes in der Uckermark kümmert. Der »trübe gepreßten Luft einer zwangvollen Kinderstube« entzieht sich A. durch die Flucht in »allerlei Gelehrsamkeit«, beschäftigt sich besonders mit deutscher und Weltgeschichte sowie aufklärerischer Philosophie, erwirbt Kenntnisse und bildet Neigungen aus, die später zur Grundlage seines erzählerischen und dramatischen Werkes werden. 1798 beginnt A. in Halle Jurisprudenz zu studieren, interessiert sich aber mehr für Naturwissenschaften und romantische Naturphilosophie. Als häufiger Gast im Hause des bekannten Komponisten Johann F. Reichardt auf dem Giebichstein trifft er mit Ludwig Tieck und anderen bekannten Autoren der Frühromantik zusammen. Als A. im Jahr 1800 nach Göttingen geht, sind ihm die Künste schon wichtiger als die Wissenschaften, arbeitet er bereits, angeregt von Goethes *Werther*, an seinem ersten Roman, *Hollins Liebesleben* (1802). Gespräche mit Goethe selbst wie mit anderen Dichtern bestärken ihn in seiner Hinwendung zur Poesie. 1802 besucht A. in Frankfurt a. M. den Freund Clemens Brentano, an dessen Schwester Bettine (der späteren romantischen Schriftstellerin Bettina von A.) ihn bald ein herzliches, dauerhaftes Verhältnis bindet, das 1811 zur Eheschließung führt. A., dessen Wesen etwas »wohltuend Beschwichtigendes« hat (Eichendorff), unternimmt mit dem lebhaften Brentano im Juni 1802 von Frankfurt a. M. aus eine Rheinfahrt, die für die schriftstellerische Arbeit der kommenden Jahre zum Schlüsselerlebnis wird. In der lebensprallen Atmosphäre eines Marktschiffes fühlen sich die beiden als »fahrende Spielmänner«, werden »im Gesange der Schiffer von tausend Anklängen der Poesie berauscht«, erliegen der Faszination des Volksliedes. A. sucht jetzt mündlich Überliefertes, sammelt Bücher und Flugschriften mit volkstümlichen Liedern, trägt auf einer großangelegten Bildungsreise, die ihn durch die Schweiz, Frankreich, England führt, weiteres Material zusammen. Nach mehrjähriger Sammelarbeit beschließen die Freunde die Herausgabe eines »wohlfeilen Volksliederbuches«, von dem 1805 der erste Band erscheint. Mit *Des Knaben Wunderhorn* wollte A. aber weniger eine authentische Textsammlung bieten, sondern vielmehr ein »Denkmal deutschen Geistes« errichten. Stärker als Brentano neigt A. zur Neubearbeitung, dichtet Texte willkürlich um, passt sie dem Zeitgeschmack an, um so mit »alten deutschen Liedern« ein Bollwerk aufzubauen gegen das »gewaltsame Vordringen neuer Zeit und ihrer Gesinnung«, wozu für A. besonders der Geist der Französischen Revolution gehört. Als Beitrag zur Entwicklung eines »vaterländischen« Bewusstseins sollen die gesammelten Volkslieder eine gemeinsame kulturelle Basis schaffen und damit auch politische Einigkeit ausdrücken. Anders als die Frühromantiker begeistern sich Brentano und A., die zwischen 1805 und 1808 in Heidelberg einen Zirkel gleichgesinnter Freunde und Autoren um sich scharen (Johann Joseph von Görres, Philipp Otto Runge, Eichendorff, Justinus Kerner, Ludwig Tieck), nicht aus ästhetischen, sondern aus nationalistischen Gründen für die altdeutsche Kunst und das Mittelalter. In seiner *Zeitung für Einsiedler* (als Buch: *Tröst-Einsamkeit*, 1808) bringt A., neben den zur »Heidelberger Romantik« gerechneten Autoren, altdeutsche Prosa, um über politisch Trennendes hinweg das »gemeinsam Volksmäßige« bewusst zu machen. Die nationale Gesinnung jüngerer deutscher Autoren erhält durch Napoleons Eroberungskriege in diesen Jahren Auftrieb; durch die Niederlage Preußens bei Jena und Auerstedt (1806) fühlt sich auch A. betroffen und verfasst vaterländische Lieder für das Militär. Zu Beginn der Befreiungskriege lässt er sich 1813 sogar zum Hauptmann eines preußischen Landsturmbataillons machen. In Berlin beteiligt sich A. 1811 an der Gründung der »Christlich-Deutschen Tischgesellschaft«, einem privaten, patriotischen Gesprächskreis von Bildungsbürgern, Kaufleuten und Adligen mit unterschiedlichsten Vorstellungen über die politische Erneuerung Preußens. A. stellt zwar selbst auch die Legitimität des Geburtsadels in Frage, verklärt aber in seinen Dichtungen vergangene, hierarchisch gegliederte feudale Gesellschaftsstrukturen. Sein unvollendet gebliebener Roman *Die Kronenwächter* (1817) idealisiert einen »von Gott Begnadeten«, der »alle Deutschen zu einem großen friedlichen gemeinsamen Leben vereinigen wird«. Durch die Fülle anschaulichen historischen Materials aus dem 16. Jahrhundert wird diese ansonsten etwas »verworrene« Geschichte einer Geheimgesellschaft, welche die Krone des künftigen Kaisers schützt, zu einem der ersten bemerkenswerten deutschen historischen Romane. Seine mit zunehmendem Alter konservativer werdende Weltsicht verschließt A. aber nicht den Blick für die grundlegenden gesellschaftlichen Entwicklungen seiner Zeit. In seiner vielschichtigen Novelle *Die Majoratsherren* (1820) widerspiegeln sich gleichermaßen Untergang und Verfall einer überlebten Feudalgesellschaft wie die kritisch betrachtete Herausbildung kapitalistischer Wirtschaftsverhältnisse. Etwas resignierend wegen ausbleibender Verkaufserfolge zieht sich A. 1814 auf sein Gut nach Wiepersdorf zurück, lebt vorwiegend als Gärtner und Landwirt, schreibt daneben für Zeitungen und Unterhaltungsjournale. Mit dem *Wunderhorn* und seinen Novellensammlungen (*Der Wintergarten*, 1809; *Isabella von Ägypten, Karl des Fünften erste Jugendliebe*, 1812) hat sich A. zwar »ein Renommee unter Literaten« erworben, ist aber »im Volk … ganz unbekannt« (Heinrich Heine) geblieben, obwohl er »so schön und golden wie weder Tieck noch Novalis« zu träumen versteht (Georg Herwegh). Mit seiner überquellenden Phantasie (die Goethe mit einem Fass vergleicht, »wo der Böttcher vergessen hat, die Reifen fest zu schlagen, da läuft's denn auf allen Seiten heraus«) nimmt A. Bilder, Motive und Erzählweisen vorweg, die später bei anderen Autoren und in trivialisierter Form publikumswirksam werden.

Werkausgabe: Werke und Briefwechsel. Historisch-kritische Ausgabe (Weimarer Ausgabe). In Zusammenarbeit mit der Stiftung Weimarer Klassik. Hg. von Roswitha Burwick, Lothar Ehrlich u. a. Tübingen 2000 ff.

Horst Heidtmann

Arnim, Bettine von
Geb. 4. 4. 1785 in Frankfurt a. M.;
gest. 20. 1. 1859 in Berlin

Den Zeitgenossen gibt ihre (wie die einen sagen) »wunderbare Natur«, ihr (so die anderen) »wunderliches Wesen« Rätsel auf; in jedem Falle aber strahlt von A. eine ungewöhnliche Faszination aus. Als Verkörperung »ganz ewig gärender Poesie«, ein »herumirrlichtelierender Kobold«, dabei ausgestattet mit »blendendem Verstand« und »grenzenloser Herzensgüte«, sorgt sie für Gesprächsstoff. Aufgrund ihrer Familiengeschichte findet die Tochter eines der wohlhabendsten Frankfurter Kaufleute von früh an Kontakt zu ästhetisch interessierten Kreisen: zunächst im Offenbacher Haus ihrer Großmutter Sophie von La Roche, einer vielgelesenen Schriftstellerin des späten 18. Jahrhunderts, wo sie

nach vierjähriger Erziehung im Ursulinenkloster Fritzlar ab 1797 aufwächst; dann durch Vermittlung ihres Bruders Clemens Brentano, welchem innerhalb der romantischen Geselligkeit eine zentrale Rolle zukommt, und schließlich (von 1808 bis 1810) in München und Landshut, dem Sitz der bayerischen Landesuniversität, an der ihr Schwager Friedrich Karl von Savigny zeitweise lehrt. Schon hier machen Anekdoten über ihre »märchenhafte Erscheinung« und ihr erstaunliches Temperament, über ihre »kecken jungenhaften Manieren« und ihren »satirischen Mutwillen« die Runde, die später in verschiedenen Variationen wiederkehren: »Unter dem Tisch ist sie öfter zu finden wie drauf«, weiß man etwa zu berichten, »auf dem Stuhl niemals«. Oder: »Sie hüpfte trällernd durchs Zimmer, spielte mit einem Apfel Fangeball, voltigierte kühnlich über einen Sessel, versteckte meiner Mutter das Strickzeug, warf mich beim Tee mit Brotkügelchen und machte einen Heidenlärm«. Auch: »Sie legt sich aus ihrer Loge auf die nächste in der anderen sitzende Mannsperson und spricht: Bettina muss sich anlehnen, Bettina ist müde«. Eine andere Beobachterin sucht immer neue Umschreibungen, um sich des irritierenden Phänomens zu vergewissern: »das Sprunghafte, Wirbliche, Flatterhafte, Funkensprühende, Feuerwerkige, Explodierende, Enthusiastische, Exzentrische, Elektrisierende, Kokett-Geistreiche, Jungherzig-Frisch und Erfrischende«. Die so Charakterisierte hingegen fragt mit dem ihr von Kindheit an eigenen Selbstbewusstsein bündig: »Warum nennt man überspannt, was nicht der Gemeinheit, den gewohnten Vorurteilen sich fügt?«

Dieses »närrische« Image (wie sie es gelegentlich nennt) verhilft ihr noch zu einem willkommenen Freiraum vor der Zensur, als sie 1843 in der Schrift *Dies Buch gehört dem König* mit der gleichen »rücksichtslosen Ungeniertheit«, die sie der Konvention gegenüber an den Tag legt, die gesellschaftlichen Verhältnisse beleuchtet. »Traurig genug«, schreibt Karl Gutzkow (einer der bekanntesten Zeugen für die Zustimmung, die A. mit ihren Veröffentlichungen im Vormärz gerade bei den jungen Intellektuellen sucht und findet), »dass nur ein Weib das sagen durfte, was jeden Mann hinter Schloß und Riegel würde gebracht haben«, und »wunderbar« zugleich, »dass eine Frau, der man die ›Wunderlichkeit‹ um ihres Genies und ihrer … Stellung willen nachsieht, aufsteht und eine Kritik … veröffentlicht, wie sie vor ihr Tausende gedacht, aber nicht einer so resolut, so heroisch, so reformatorisch-großartig ausgesprochen hat«. In der für A.s Stil typischen Form dialektgefärbter, metaphernreicher und assoziativ-abschweifender Betrachtungen der »Frau Rat«, Mutter des von ihr geradezu kultisch verehrten Johann Wolfgang von Goethe (die sie vor deren Tod 1808 oft besucht hatte), appelliert das *Königsbuch* an Friedrich Wilhelm IV. von Preußen. Lange in Illusionen befangen, glaubt sie ihn dazu willens und fähig, sich als Vordenker, Erzieher und Wohltäter seines zur Mündigkeit berufenen Volkes an die Spitze einer liberalen und sozialen Reformbewegung zu setzen und die in der Ära des Absolutismus »verlorenen Rechte der Menschheit« wiederherzustellen – auch für Minderheiten wie die Juden oder die aufgrund mangelnder Fürsorge der Gesellschaft straffällig Gewordenen.

Mit dem Folgeprojekt, einer großen Dokumentation der wachsenden sozialen Verelendung und ihrer Ursachen, überschreitet A. dann aber doch die Toleranzschwelle. Mitte Mai 1844 ruft sie in einigen Zeitungen dazu auf, ihr Informationsmaterial über das frühindustrielle Massenelend zuzusenden. Als knapp drei Wochen später der von preußischen Truppen innerhalb kurzer Zeit niedergeschlagene Aufstand der schlesischen Weber ausbricht, wirft ihr der Innenminister vor, »die Leute gehetzt, ihnen Hoffnungen geweckt« zu haben. »Den Hungrigen helfen wollen, heißt jetzt Aufruhr predigen«, zitiert A., die durch ihre Pflege Cholerakranker während der Epidemie von 1831 erstmals mit den frühen Berliner Elendsvierteln in Berührung gekommen war, resigniert aus einer Zuschrift: »Mein Armenbuch habe ich einstweilen abgebrochen, denn der Druck würde hier nicht gestattet werden«. (Erst 1962 erfolgt die Veröffentlichung ihrer Vorarbeiten.) Obgleich nun die Schikanen zunehmen, lässt sich (so der Mann ihrer Freundin Rahel Varnhagen) die »tapfere Frau …, in dieser Zeit die einzig wahrhafte und freie Stimme«, dadurch nicht einschüchtern. Ihre Abendgesellschaften bleiben Treffpunkte »demokratischer« Oppositioneller. Auch ihre Hilfe für in Not Geratene oder politisch Verfolgte setzt sie fort. Für verurteilte Revolutionäre im In- und Ausland versucht sie die Begnadigung zu erwirken. Ihre Denkschrift gegen die gewaltsame preußische Intervention von 1848 fordert für Polen das Recht auf Selbstbestimmung und »Volkssouveränität«. Vier Jahre später jedoch findet ihre Fortsetzung des *Königsbuchs (Gespräche mit Dämonen)* bereits keine Resonanz mehr.

Von 1811 bis 1831 ist A. mit Achim von Arnim verheiratet. Der Erziehung der sieben Kinder wegen und weil ihr Mann sich mehr und mehr von jener städtischen Geselligkeit absondert, die sie liebt, kehrt sie von Gut Wiepersdorf später nach Berlin zurück, wo das Paar schon während der ersten drei Ehejahre gelebt hatte. Erst mit 50 Jahren tritt sie als Schriftstellerin an die Öffentlichkeit und wird sofort berühmt. *Goethes Briefwechsel mit einem Kinde* (1835) ist die erste ihrer drei frei bearbeiteten und von eigenen Erfindungen durchsetzten Korrespondenzen (deshalb besser: Briefromane), mit denen sie am Beispiel lebensprägender Begegnungen – es folgen *Die Günderode* (1840) und *Clemens Brentanos Frühlingskranz* (1844) – in umgekehrter Chronologie ihre eigene Entwicklungsgeschichte bis zur Ehe aufarbeitet und zugleich die Ideen der Ära des romantischen Aufbruchs an die Gegenwart vermitteln will. Zugleich spiegelt sich in den Berichten über ihre Herkunft das eigene Selbstverständnis: »So wie der Großvater möcht ich sein, dem alle Menschen gleich waren, … dem nie eine Sache gleichgültig war …; ich glaub …, daß man auf dem Großvater seine Weise die tiefste Philosophie erwerbe, nämlich … die Vereinigung der tiefsten geistigen Erkenntnis mit dem tätigen Leben.« Gerade in diesem Bestreben aber liegt der anhaltende Reiz dieser temperamentvollen Frau begründet.

Werkausgabe: Werke und Briefe. 4 Bde. Hg. von Walter Schmitz und Sibylle von Steinsdorff. Frankfurt a. M. 1986 ff.

Hans-Rüdiger Schwab

Arp, Hans
Geb. 16. 9. 1886 in Straßburg;
gest. 7. 6. 1966 in Basel

Während ringsum in Europa der Krieg tobte, drängelten sich am 5. Februar 1916 in einer Zürcher Kneipe die Gäste, um der Eröffnung des »Cabaret Voltaire« beizuwohnen. Eine Bewegung nahm hier ihren Anfang, die in den nächsten Jahren unter dem Begriff DADA die Kunstwelt aufhorchen machte. Zum Gründerkreis von Malern und Dichtern verschiedener Nationalität gehörte auch der Elsässer A. »Wir suchten eine elementare Kunst, die den Menschen vom Wahnsinn der Zeit heilen und eine neue Ordnung, die das Gleichgewicht zwischen Himmel und Hölle herstellen sollte«, erinnerte er sich später. Die Soirées der Zürcher Dadaisten waren vor allem literarische Demonstrationen. Auch A. trug mit seinen ersten DADA-Texten, die er »Arpaden« und »Wolkenpumpen« nannte, dazu bei. Eines der bekanntesten Gedichte wurde *kaspar ist tot*, parodistische Zeitenklage und programmatisches Unsinnsgedicht in einem. A. war 1914 aus Paris gekommen, wo er nach dem Besuch der Kunstgewerbeschule Straßburg (1904) und der Weimarer Kunstakademie (1905/1906) die Académie Julian besucht hatte. Nach Kriegsausbruch war es für ihn dort schwierig geworden: »Ich wußte nie, wohin ich als Elsässer gehörte; ich habe das immer als sehr schmerzlich empfunden«, klagte er später. Damit mag in gewisser Weise die melancholische Grundstimmung zusammenhängen, die noch durch die skurrilsten Bildkombinationen seiner Texte durchschimmert und einen Gutteil ihres Reizes ausmacht. In jedem Fall war die Zweisprachigkeit, die Nähe und zugleich die Distanz zu zwei »Mutter«-Sprachen enthält, keine schlechte Voraussetzung für die Spielwelten von DADA. Der erste Impuls für dadaistische Schreibversuche ist für A. sicher die Absetzung von der eigenen neuromantisch-symbolistischen Vergangenheit und ihre Erledigung durch die Preisgabe an die Lächerlichkeit gewesen. Als typische Doppelbegabung ist bei A. seine literarische Entwicklung schwer von seiner bildnerischen abtrennbar. Viele Erfahrungen aus dem »anderen« Bereich prägten das Schreiben. Hierzu gehörte sicherlich die Erprobung des Spielprinzips »Zufall«, das zu spezifisch bildnerischen, aber eben auch sprachlichen Ergebnissen automatisierter Niederschriften führte. Dazu gehörte ebenfalls ein gewisses aktionistisches Beharren auf der Vorläufigkeit aller künstlerischer Arbeit. Die literarischen Texte aus dem Ersten Weltkrieg sind zumeist in vielerlei Varianten überliefert; A. betonte geradezu ihre Instabilität und ließ sie darum auch erst verhältnismäßig spät durch autorisierte Publikationen fixieren: *Die Wolkenpumpe* (1920) und *Der Vogel selbdritt* (1920), *7 Arpaden* (1923) und *Der Pyramidenrock* (1924), *Weißt du schwarzt du* (1930). A. nahm an vielen happeningartigen DADA-Veranstaltungen teil, zunächst in Zürich, dann, nach der Auflösung dieses Zentrums, in Berlin, Hannover, Köln und anderen europäischen Städten. A.s Name erschien oft im Zusammenhang mit denen anderer Dadaisten (Max Ernst, Kurt Schwitters, Tristan Tzara, Richard Huelsenbeck, Walter Serner). Simultantexte, in denen man mit Einfällen und Assoziationen »konzertierte«, waren eine beliebte dadaistische Produktionsform. Als die DADA-Bewegung auch in Deutschland zu Ende ging, zog es den Elsässer wieder nach Paris, wo er Anschluss an die Surrealisten fand. A. publizierte in den folgenden Jahren verstärkt auch in französischer Sprache. Er heiratete seine Lebensgefährtin Sophie Taeuber (1922). Durch den Tod der Mutter (1930) zerbrach die dadaistische Leichtigkeit und Farbigkeit der frühen Produktionen. Mit *Träume vom Tod und Leben* (1932) drang ein schwermütig-elegischer Ton in die Texte ein; er fängt sich aber wieder in einer Schreibphase konstruktivistischer Experimente (*Muscheln und Schirme*, 1939). Aber die leidvollen Erfahrungen der Flucht vor den Nazis, zunächst nach Südfrankreich, dann in die Schweiz, vor allem der Tod Sophies (1943) verstärkten die düstere Melancholie, die sich auch in den Gedichten dieser Zeit niederschlug *(Die ungewisse Welt*; *Sophie*; *Der vierblättrige Stern*; *Die Engelsschrift*; *Blatt um Feder um Blatt)*. Eine Wendung zum Religiösen kam im Alterswerk hinzu (*Sinnende Flammen*, 1961). Nach dem Kriege lebte A. abwechselnd in Frankreich und in der Schweiz, reiste viel (Amerika, Griechenland, Ägypten) und konnte noch autorisierend an der Werkausgabe seiner Gedichte (1963 ff.) mitwirken. In der Erinnerung an die eigene DADA-Jugend *(Dadaland, Dada war kein Rüpelspiel)* beharrte A., anders als manche DADA-Zeitgenossen, auf den konstruktiven Beitrag, den DADA über die bloße Destruktion des Tradierten hinaus geleistet habe. Was damals die Suche nach der »elementaren Kunst« war, kehrte später im Werk A.s in verschiedenen Varianten (etwa: »konkret«, »abstrakt«) immer wieder. Es ist – mal spielerischer, mal grüblerischer – Ausdruck jener lebenslangen Suche nach einer sinnfälligen Ordnung durch die Kunst in einer chaotischen Welt.

Werkausgabe: Gesammelte Gedichte. Hg. von Margarete Arp-Hagenbach und Peter Schifferli. 3 Bde. Zürich/ Wiesbaden 1963, 1974, 1983.

Horst Ohde

Arrabal, Fernando (eigtl. Fernando Arrebal Terán)

Geb. 11. 8. 1932 in Melilla/Spanisch-Marokko

Die Kindheit und Jugend Fernando Arrabals in Ciudad Rodrigo und Madrid war von der Erfahrung der ideologischen Spaltung seiner Familie unter der Franco-Diktatur geprägt. Davon erzählt A. in dem autobiographischen Roman *Baal Babylone* (frz. 1959; sp. 1973; *Baal Babylon*, 1964). Während seines Jurastudiums in Madrid entstanden die ersten Theaterstücke. 1955 emigrierte A. nach Frankreich, wo er mit wichtigen Künstlern der Pariser Kulturszene Freundschaften unterhielt, so etwa mit André Breton oder Roland Topor, mit dem er 1962 die »Panische Bewegung« gründete.

Der spanische Dramatiker wurde zu einem der führenden Repräsentanten der intellektuellen Opposition gegen das Franco-Regime. Er verfasste über 50 Theaterstücke, mehrere Romane, Lyrik, politische und kunsttheoretische Schriften und wirkte auch als Filmregisseur. Die Themen seiner international erfolgreichen Stücke sind unter anderem die unheilvolle Allianz von Kirche, Familie und Gesellschaft sowie das sadomasochistische Verhältnis der Geschlechter. A.s Konzeption des »panischen Theaters« meint eine energiegeladene Zeremonie, eine Mischung aus Happening und Welttheater, von Tragödie und Farce, von poetischer Verfeinerung und zugleich vulgärer Geschmacksverfehlung. Die Grenzen des vorherrschenden Wirklichkeitsbildes werden durchbrochen und erweitert um Magie, Erotik, Traum, Angst- und Gewaltphantasien. Die dabei entstehende phantastische Bildwelt wird häufig in den Zusammenhang mit dem Surrealismus gestellt. Die auf Schockwirkungen zielende »Ästhetik des Obszönen« konvergiert jedoch nicht unbedingt mit dem Surrealismus, dem es um die Schaffung eines neuen Wertemusters geht, das in dem Zusammenspiel von äußerer Wirklichkeit und psychischer Verarbeitung die Basis von Kunst und Leben sieht. Für A. ist das Theater »ein Fest voller Frevel und Verehrung, der Erotik und der Mystik, bei dem getötet und das Leben gefeiert wird«. Das Drama *Pique-nique en campagne* (1952; *Picknick im Felde*, 1960) legt die Absurdität von kriegerischer Aggression offen, entwirft aber kein Gegenmodell. Als sich zwei Soldaten der verfeindeten Armeen anfreunden, bricht die Katastrophe über sie herein. A.s bekanntestes Stück, *L'architecte et l'empereur d'Assyrie* (1966; *Der Architekt und der Kaiser von Assyrien*, 1967), spielt auf einer einsamen Insel, die nur der Architekt bewohnt und auf die es den Überlebenden eines Flugzeugabsturzes verschlägt, den Kaiser von Assyrien. Die beiden spielen verschiedene Rollen gegenseitiger Unter- und Überordnung durch, schließlich bringt der Kaiser den Architekten dazu, ihn hinzurichten und zu verspeisen, wobei es zu einer Persönlichkeitsübertragung kommt. Als erneut ein Flugzeug abstürzt und ein Überlebender auf die Insel kommt, beginnt das Spiel von vorne.

Verglichen mit *Baal Babylone* sind die späteren Romane weniger an der Wirklichkeit orientiert. Der Roman *La piedra iluminada* (1985; frz. *La reverdie*, 1985, und *La tueuse du jardin d'hiver*, 1994; *Der erleuchtete Stein*) erzählt die Geschichte einer jungen Frau, die isoliert im Wintergarten des Hauses ihres Vaters lebt und ihre Liebhaber im Moment des Orgasmus tötet. Der Roman *La torre herida por el rayo* (1983; *Hohe Türme trifft der Blitz*, 1986) erhielt den Premio Nadal. Zu A.s lyrischen Werken zählen solche, die der seltenen Spezies der Insektendichtung angehören.

Werkausgabe: Schwarzes Theater. Neuwied 1963.

Rolf Lohse

Artaud, Antonin
Geb. 4. 9. 1896 in Marseille;
gest. 4. 3. 1948 in Ivry-sur-Seine

Die »Poesie [ist] in dem Maß anarchisch [...], in dem sie alle Beziehungen zwischen Gegenständen untereinander und von Formen zu ihren Bedeutungen wieder in Frage stellt«. Der Gedanke der Auflehnung gegen die etablierte Ordnung durchzieht das Gesamtwerk von Antonin Artaud. Die Textsammlung *Le théâtre et son double* (1938; *Das Theater und sein Double*, 1969) vereinigt die zentralen Schriften, die zu den einflussreichsten Konzepten der Theaterästhetik des 20. Jahrhunderts gehören. Die Sammlung ist einerseits Poetik und andererseits Polemik gegen das etablierte, psychologische Theater. Im Manifest »Théâtre de la cruauté« (»Theater der Grausamkeit«) bestimmte A. das Anliegen seines Programms als radikale Abkehr vom Dramentext durch die Hin-

wendung zur magischen und rituellen Inszenierung einer ursprünglichen Theaterpraxis. Dabei stellte er dem abendländischen das orientalische Theater mit der Absicht gegenüber, die Prostitution des Theaters durch die abendländische Tradition mit der orientalischen Idee des reinen Theaters zu konfrontieren. Das Reine zeige sich in der Abkehr vom Dialog des Geschriebenen und Gesprochenen, das nicht auf die Bühne, sondern ins Buch gehöre. Die Bühne sei dahingegen ein körperlicher Ort, der die Sinne befriedigen solle und nicht den Intellekt. In der konkreten, körperlichen Sprache von Sprachbildern und Bewegungen liege indes der ideale Ausdruck, der letztlich die Ersetzung der Sprachpoesie durch eine »Raumpoesie« ermögliche und virtuos auf der Klaviatur der Ausdrucksmittel der Bühne und ihren ironischen Verbindungen spiele. Dies sei einzig und allein das Werk der Inszenierung, die sich auf allen Bewusstseinsebenen und allen Sinnen als »tätige Metaphysik« entfalte. Das Verwirklichen dieser Metaphysik der artikulierten Sprache liege in der Regression zum magischen Ursprung der Sprache selbst als religiöse und rituelle Beschwörung.

Zu den radikalen Neuerungen A.s gehört die Kommunikation mit dem Universellen der Metaphysik in Verbindung mit dem Konzept der Poesie des Raums. A. verstand Metaphysik als eigentliche Verwirklichung der Poesie, deren Basis Imagination und Anarchie ihm als probates Mittel gegen Logos und Psychologie galt und zur Erneuerung des Lebens durch Magie und Ritual führen sollte. Zentralbegriff dieses Theaters war die »Grausamkeit« als eine Regression zur Vitalität des kollektiven Ursprungs. Die eingesetzten Mittel sollten eine Unmittelbarkeit des Theatergeschehens für die Zuschauer erzeugen, die nicht mehr wie im traditionellen Theater von der Aktion getrennt, sondern geradezu körperlich mit hineingezogen, eine Affektreinigung erfahren sollten. Die Aufnahme der antiken Katharsis zur Kanalisation und Reinigung von den zivilisatorischen Neurosen folgt dabei nicht den traditionellen, moralischen oder didaktischen Intentionen, sondern zielt auf eine rein körperliche Wirkung ab. Der Einzug der Metaphysik über die Haut in die Köpfe der Menschen kann als eines der Hauptanliegen des Schauspielers, Regisseurs, Theatertheoretikers und Autors angesehen werden.

Eine Konkretion erfährt die Theorie jedoch erst in der Praxis. A. versuchte mit zwei Theatergründungen – dem Théâtre Alfred Jarry (1929) und dem Théâtre de la cruauté (1933) –, kommerziell und künstlerisch erfolglos, eine praktische Umsetzung seiner Theorie. Von 1920 bis 1924 verbanden künstlerisches und gesellschaftliches Engagement A. eng mit der Bewegung des Surrealismus. Zahllose Streitigkeiten mit André Breton führten zu seinem Ausschluss aus der Gruppe und zum Kunstprojekt des Einzelgängers A. Seine Manifeste können auch jenseits der Anleitung zum Theatermachen und dem Rezept zur Revolutionierung der Theaterpraxis verstanden werden, nämlich als radikaler theoretischer und poetischer Versuch der Standortbestimmung des modernen Theaters. Einflussreich wurde seine Theaterkonzeption für die nachfolgenden Generationen von Dramatikern wie Eugène Ionesco, Samuel Beckett und Jean Genet sowie Regisseuren wie Peter Brook und Jerzy Grotowski.

Werkausgabe: Werke in Einzelausgaben. 8 Bde. München 1990ff.

Angelika Baumgart

Artmann, Hans Carl
Geb. 12. 6. 1921 in Wien;
gest. 4. 12. 2000 in Wien

»Ich kam auf einem baum (oder in einem baum) der gemarkung Kurthal nahe dem weiler St. Achaz im walde zur welt … Ich bin das kind aus der verbindung einer wildente und eines kuckucks und verbrachte meine jugend in den lichten laubwildernissen der buche und der linde.« Wo er nun geboren ist, bereitet den Lexikographen, obwohl doch St. Achaz gewiss auf keiner Karte zu finden ist, Kopfzerbrechen. Wo er sich nach Jahren in Wien (1945–60), Stockholm (1961), Berlin (1962/65/68), Lund

und Malmö (1963–65) sowie Graz (1966–67) aufhielt, lässt sich nur mit der Angabe »wohnhaft in Salzburg« (seit 1972), aber nicht sesshaft, umgehen. Wie viele der alphabetisch reihbaren Sprachen – Arabisch, Bretonisch, Chaldäisch ... – er wirklich beherrschte, konnte nur er allein wissen: Dänisch, Englisch, Französisch, Gälisch, Italienisch, Jiddisch, Niederländisch, Schwedisch, Spanisch ausgenommen, weil er aus diesen nachweislich übersetzte, Piktisch oder Dacisch ebenso, weil er diese erfand. Wie oft er verheiratet war? »Ich weiß es nicht mehr«, gab er 1973 zur Auskunft, »ich glaube dreimal.«

A. ist das einzige Kind eines Schuhmachers und dessen Ehefrau, wuchs im Arbeiter- und Vorstadtmilieu von Wien-Breitensee auf, besuchte die Hauptschule und verteilte dort als Vierzehnjähriger seine ersten, unter dem Pseudonym John Hamilton handgeschriebenen Detektivgeschichten. 1940 zur Wehrmacht eingezogen, in Russland verwundet, in amerikanische Kriegsgefangenschaft geraten, kehrte er 1945 in seine Geburtsstadt zurück. A. wurde der poetische Kopf der Avantgarde, die sich 1949 im »Art-Club« und dann in der »Wiener Gruppe« zusammenfand. Zu dieser zählte man ihn bis 1960 neben Friedrich Achleitner, Konrad Bayer, Gerhard Rühm, Oswald Wiener (so Gerhard Rühm 1967), obwohl es sie, so er selbst 1973, gar nicht gab. Nachweislich fand im August 1953 jene »poetische demonstration« statt, die vom Goethe-Denkmal zur Illusionsbahn im Prater führen sollte, im Menschenauflauf aber vorzeitig steckenblieb und der Öffentlichkeit zum ersten Mal A.s *Acht-Punkte-Proklamation des poetischen Actes* (1953) dokumentierte: »Es gibt einen Satz, der unangreifbar ist, nämlich der, dass man Dichter sein kann, ohne auch nur irgendjemals ein Wort geschrieben oder gesprochen zu haben. Vorbedingung ist aber der mehr oder minder gefühlte Wunsch, poetisch handeln zu wollen.« Zum gelebten poetischen Akt gehören Masken und Rollen, denn »er ist die Pose in ihrer edelsten Form«: der Dichter belegte auf einer seiner vielen Reisen – nach Frankreich, Belgien, Holland, Italien, Spanien, Irland – zwei Schlafwagenbetten, weil »junge, unabhängige, englische Gentlemen« solches tun, oder tauchte mit dem deerstalking-hat des Sherlock Holmes, mit Monokel und Chrysantheme auf. Die Pose gehörte schließlich zum poetischen Akt des Schreibens, denn Leben und Schreiben, »das kann man nicht trennen«. A. war der »churfürstliche Sylbenstecher«, dichtete im Sprachkostüm des Barock (u. a. *Von den Husaren und anderen Seiltänzern*, 1959; *Von einem Husaren, der seine guldine Uhr in einem Teich oder Weiher verloren, sie aber nachhero nicht wiedergefunden hat*, 1990) und in der Tracht des Wiener Dialekts (u. a. *med ana schwoazzn dintn*, 1958 sein erster großer Erfolg), benutzte nordische Stoffe (*Die Heimholung des Hammers*, 1977) und japanische Formen (*Nachtwindsucher. Haiku, Holzschnitte*, 1998), bediente sich der gängigen Grusel- und Horror-Requisiten (u. a. *dracula dracula*, 1966) und verfügte über Kasperltheater und soap opera, pop art und comic strip. Er übersetzte/adaptierte (auch das kann man kaum trennen) jiddische Sprichwörter und lappische Mythen und blieb dabei unverkennbar »H. C. Artmann, den man auch John Adderley Bancroft alias Lord Lister alias David Blennerhast alias Mortimer Grizzleywood de Vere & c. & c. nennt!«

Der »wahrscheinlich einzige wesentliche *Dichter* ..., den die deutsche Literatur nach 1945 hervorgebracht hat« (Peter O. Chotjewitz), der 1955 »mit allem nachdruck gegen das makabre kasperltheater« der Gründung des österreichischen Bundesheeres protestierte, Polizisten nicht nur beleidigte, sondern sich auch mit ihnen prügelte (u. a. 1970 zu vier Monaten Gefängnis auf Bewährung verurteilt), wurde seit dem Großen Österreichischen Staatspreis von 1974 mit zahlreichen Ehrungen ausgezeichnet, nach dem Georg-Büchner-Preis (1997) und dem Johann-Nestroy-Ring der Stadt Wien (1997) zuletzt mit dem Literaturpreis des Landes Steiermark (1999).

Ernst Kretschmer

Ashbery, John [Lawrence]
Geb. 28. 7. 1927 in Rochester, New York

Bereits in den 1970er Jahren kürt der einflussreiche Lyrikkritiker Harold Bloom John Ashbery zu einem der wichtigsten amerikanischen Dichter der Gegenwart, obgleich das Lesepublikum heute wie damals darin übereinstimmt, dass sich viele seiner Gedichte auch nach mehrfacher Lektüre einem endgültigen Verständnis entziehen. Während die einen das Innovative seiner Texte hervorheben, die durch referentielle Offenheit und Improvisation das Fragmentarische unserer heutigen Existenz widerspiegeln, werfen ihm die anderen deren angebliche ›Dunkelheit‹ vor. A. gehört zweifelsohne zur literarischen Avantgarde, und den Kontext seiner Arbeit bilden die Experimente der modernen und zeitgenössischen Musik, Kunst und Literatur. Inzwischen ist A.s Einfluss auf die zeitgenössische Lyrikszene in den Vereinigten Staaten so groß geworden, dass eine 1995 erschienene Aufsatzsammlung den Titel *The Tribe of John: Ashbery and Contemporary Poetry* trägt.

Über das Leben A.s ist nur wenig zu erfahren. Er wurde auf einer Farm in der Nähe von Rochester, New York, geboren und verbrachte dort, wie er selbst sagt, eine einsame und isolierte Kindheit. Nach seinem literaturwissenschaftlichen Studium lernte er 1950 Frank O'Hara kennen, der mit ihm und Kenneth Koch, James Schuyler und Barbara Guest zur New York School of Poetry gerechnet wird, die sich seit den 1950er Jahren parallel zur New York School of Painting entwickelte. Die schnell wechselnden und unkontrollierbaren Eindrücke von New York und dessen künstlerische Atmosphäre in den frühen 50er Jahren übten einen starken Einfluss auf A.s Entwicklung als Lyriker aus. Wichtige Anregungen kamen aus der Malerei der abstrakten Expressionisten Willem de Kooning, Franz Kline und Jackson Pollock, während in der Musik Anton von Webern, John Cage und Ferrucio Bussoni für ihn richtungsweisend waren. Wie die anderen New York Poets orientierte sich A. zunächst an französischen experimentellen Poeten wie Raymond Roussel, über den er eine Dissertation begann, und Pierre Reverdy, den er übersetzte.

Von 1951 bis 1955 arbeitete A. als Werbetexter in New York, bevor er 1955 mit einem Fulbright Stipendium nach Paris ging, wo er zehn Jahre lang lebte und für die europäische Ausgabe der *New York Tribune* und für *Art International* Kunstkritiken schrieb. Nach seiner Rückkehr nach New York 1965 arbeitete er für *Art News* (bis 1972), später auch als Kunstkritiker für das *New York Magazine* und *Newsweek*. Die Malerei interessierte ihn von Jugend an und bildete stets einen deutlichen Bezugspunkt für seine Dichtung: Wörter versuche er, abstrakt zu verwenden, so wie Künstler die Farbe benutzen. Ab 1974 unterrichtete A. »Creative Writing« am Brooklyn College, und seit den frühen 90er Jahren ist er Professor am Bard College. Elliot Carters Vertonung seines Gedichts »Syringa« wurde 1978 in New York mit großem Erfolg uraufgeführt.

Schon mit seinem zweiten Lyrikband, *Some Trees* (1956), erregte A. Aufmerksamkeit. Wir lernen hier einen sehr zurückhaltenden Dichter kennen, dessen Stimme unpersönlich und distanziert erscheint, der aber bereits seine Meisterschaft in der Beherrschung poetischer Formen, wie beispielsweise der des Sonetts und der extrem formalisierten Sestine, erkennen lässt. Der nächste Gedichtband, *The Tennis Court Oath* (1962), ist bis heute sein umstrittenster geblieben. Sein Strukturprinzip ist die Collage, das Nebeneinander von Nicht-Zusammengehörigem, die Reihung. Später sah A. diese Gedichte jedoch als Ausdruck eines automatischen Schreibens an, das ihn nicht mehr interessiere. Mit dem nächsten Band, *The Double Dream of Spring* (1970), fand er dann zu einer Form, die in den folgenden Büchern zwar weiterentwickelt und variiert, jedoch nicht mehr grundsätzlich revidiert wurde. Diese Dichtung bringt die ›Erfahrung der Erfahrung‹ zur Sprache. Es handelt sich um eine zeitgenössisch radikalisierte Version von Bewusstseinslyrik, die sowohl erkenntnistheoretische Dimensionen wie auch die Sprachlichkeit menschlicher Weltverhältnisse auslotet und *in actu* vorführt. Die Gedichte werden zu Aufzeichnungen mentaler

Prozesse, zu »mentalen Selbstporträts«, wie Joachim Sartorius schreibt.

Der künstlerische Durchbruch gelang A. mit *Self-Portrait in a Convex Mirror* (1975; *Selbstporträt im konvexen Spiegel*, 1980), für das er 1976 gleichzeitig den Pulitzer Preis, den National Book Award und den National Book Critics Circle Award erhielt. Das Titelgedicht dieses Bandes, dem das 1524 geschaffene Selbstporträt des manieristischen Malers Francesco Parmigianino zugrundeliegt und welches das meistdiskutierte und -anthologisierte Langgedicht A.s ist, verbindet Kunstkritik mit epistemologischen Reflexionen des lyrischen Ichs: »But your eyes proclaim / That everything is surface. The surface is what's there / And nothing can exist except what's there«.

A. beschreibt die Verfahrensweise seiner Dichtung als ein »generalized transcript of what's really going on in our minds all day long«. Deshalb spricht in seinen Gedichten kein Ich mehr, das einen festen Identitätskern besitzt, vielmehr sind in den Zäsuren, Auslassungen und Sprüngen des Textes immer auch andere Stimmen zu hören. Seine Position gegenüber der Welt beschreibt A. als »on the outside looking out«, als »a kind of fence-sitting / Raised to the level of an esthetic ideal«, wie es in dem Gedicht »Soonest Mended« heißt. Die grundlegende Haltung von A.s poetischem Denken ist die Skepsis. Damit korrespondieren formale Mittel wie flottierende Personalpronomen und metonymische Verweisungszusammenhänge, die den Bezug auf eine konkrete Wirklichkeit bewusst in der Schwebe halten. So entsteht eine Vielstimmigkeit, die den Erlebnisraum des Gedichts für die Erfahrungen ganz unterschiedlicher Rezipienten öffnet. Dennoch ist in A.s Gedichten immer noch der Wunsch nach einem übergreifenden Wissen zu spüren. Harold Bloom sieht ihn daher als einen spätgeborenen Romantiker an und stellt ihn in eine Ahnenreihe mit Ralph Waldo Emerson, Walt Whitman und vor allem mit Wallace Stevens, als dessen einzigen legitimen Erben er ihn betrachtet.

Obwohl A. direkte politische Aussagen in der Lyrik ablehnt und sich auch in seinen *Three Poems* (1972) gegen ideologische Positionen wendet, lässt sich seine Lyrik vor dem Hintergrund der amerikanischen Gegenwartskultur doch als zumindest implizit politisch lesen. So spricht er beispielsweise in »Soonest Mended« von »the loose / Meaning, untidy and simple like a threshing floor«, welche unserem Denken und aller Kommunikation zugrundeliegt. Anstatt also Konflikte und soziale Missstände direkt anzuprangern, zieht er es vor, die Formen alltäglichen Verhaltens darzustellen sowie Denk- und Sprachkonventionen selbst aufzubrechen und dadurch die Formen der Vernunft und der Sprache, auf denen Ideologien gründen, in Frage zu stellen. Dabei unterwandern die Gedichte öffentliche Diskurse, Klischees und populäre Romanzen mit literarischen Anspielungen, die als Versatzstücke in einem von der Massen- und Konsumkultur konditionierten Bewusstsein in Erscheinung treten.

Weitere Gedichtbände A.s sind *Houseboat Days* (1977) und *As We Know* (1979), in dem das fast 90seitige Gedicht »Litany« enthalten ist. Es ist in zwei Spalten verfasst, »to be read as simultaneous but independent monologues«. In der Radikalität der Inszenierung von Simultaneität erinnert es an Jacques Derridas *Glas*. Danach erschienen *Shadow Train: Fifty Lyrics* (1981), *A Wave* (1984; *Eine Welle. Gedichte 1979–1987*, 1988), *Selected Poems* (1985), *April Galleons* (1987), *Flow Chart* (1991), *Hotel Lautréamont* (1992; *Hotel Lautréamont*, 1995), *And the Stars Were Shining* (1994; *Und es blitzten die Sterne*, 1997), *Can You Hear, Bird* (1995) und *Wakefulness* (1998). In dem Langgedicht *Flow Chart* tritt A. in einen spielerischen Dialog mit seinen Kritikern ein. Darüber hinaus hat er einige Theaterstücke (*Three Plays*, 1978) und einen Band mit gesammelten Kunstkritiken (*Reported Sightings*, 1989) sowie, zusammen mit James Schuyler, den Roman *A Nest of Ninnies* (1969; *Ein Haufen Idioten*, 1990) publiziert.

Werkausgabe: Selected Poems. New York 1985.

Ulfried Reichardt

Assis, Joaquim Maria Machado de
Geb. 21. 6. 1839 in Rio de Janeiro;
gest. 29. 9. 1908 in Rio de Janeiro

Joaquim Maria Machado de Assis gilt als einer der wichtigsten Vertreter der brasilianischen Literatur. Sein afrobrasilianischer Vater war Anstreicher, seine Mutter, eine Portugiesin von den Azoren, arbeitete als Wäscherin und starb sehr früh. A. besuchte nur die Grundschule; er arbeitete als Drucker, Korrektor und Journalist. Mit 16 Jahren veröffentlichte er sein erstes Gedicht, 1864 erschien sein erster Gedichtband *Crisálidas* (Kokons). 1869 heiratete er die aus einer angesehenen portugiesischen Intellektuellenfamilie stammende Carolina Augusta de Novais. Ab 1873 war A. Beamter im Ministerium, 1889 wurde er zum Direktor für Handel im Ministerium für Landwirtschaft, Handel und öffentliche Arbeiten ernannt. 1896 war er Mitbegründer und im Jahr darauf Präsident der Academia Brasileira de Letras. A. schrieb insgesamt neun Romane und über 200 Erzählungen, außerdem Gedichte, Dramen und literaturtheoretische Abhandlungen. Als aus ärmlichen Verhältnissen stammender Mulatte kämpfte A. zeitlebens um literarische und soziale Anerkennung.

A.' Werk wird im Allgemeinen in zwei Teile gegliedert: in eine erste romantische und eine zweite, heute als wichtiger angesehene realistische Schaffensphase. Literarische Anerkennung erwarb sich A. mit *Memórias póstumas de Brás Cubas* (1881; *Die nachträglichen Memoiren des Brás Cubas*, 1950), das als Beginn der realistischen Periode gilt. Kennzeichnend für die Werke dieser Phase sind deren Antihelden, die stark humoristische bzw. ironische Prägung, Bitterkeit, Melancholie und Skepsis sowie eine unterschwellige soziale Kritik. In dem fiktiv-autobiographischen Schelmenroman *Memórias póstumas de Brás Cubas* blickt die Titelfigur aus dem Jenseits illusionslos auf ihr Leben zurück. *Quincas Borba* (1891; *Quincas Borba*, 1982) ist ein Roman über einen Mann, der wahnsinnig wird oder vielleicht schon immer wahnsinnig gewesen ist. *Dom Casmurro* (1899; *Dom Casmurro*, 1951) verbindet drei Erzählebenen: die Schilderung verschiedener Stadien der Liebe zwischen Bentinho (Bento Santiago/Dom Casmurro), dem Ich-Erzähler, und seiner Ehefrau Capitu; eine Detektivgeschichte, in der Bentinho versucht, Indizien für die Untreue Capitus zu finden; schließlich der Versuch des Erzählers Bentinho, sich selbst und den Leser von der Schuld Capitus zu überzeugen. In seinem Werk spiegelt A. den Pessimismus wider, der sich in Brasilien nach der Erlangung der Unabhängigkeit (1822) ausbreitete. Die Hoffnung auf Veränderungen hatte sich nicht erfüllt, es blieb nur die Erkenntnis, dass an der alten patriarchalischen Ordnung festgehalten wurde.

A. interessierte sich für die abendländische literarische Tradition – für die portugiesische, französische, englische und deutsche Literatur – und strebte nach Universalität: »Was man vom Schriftsteller vor allem fordern muss, ist eine gewisse Sensibilität, die ihn zum Menschen seiner Zeit und seines Landes macht – und zwar auch dann, wenn er von Dingen schreibt, die von seiner Zeit und seinem Land weit entfernt sind.« A. betonte seine Autonomie und grenzte sich von der damals neuen Ästhetik des Realismus ab. Trotz der realistischen Züge seiner Werke kann man A. bereits zur Tradition der klassischen Moderne zählen. Bezeichnend für seine Erzählweise sind das Nebeneinander des Ernsthaften und des Komischen, die große psychologische Komplexität der Figuren – mit einem seiner Zeit vorgreifenden intuitiven Sinn für das Unbewusste –, das Fragmentarische der Prosa, die Verarbeitung von Erinnerungen in der Erzählung in *flash-back* und *stream of consciousness* – sowie die Infragestellung der Instanz des Erzählers, der auf den Leser höchst unzuverlässig und parteiisch wirkt – weit entfernt von der früheren Autorität des allwissenden Erzählers. A. war auch ein Meister der Kurzgeschichte, die er als eine eigenständige Gattung betrachtete. Zu seinen wichtigsten Bänden mit Kurzgeschichten zählen *Papéis avulsos* (1882; Angehäufte Papiere), *Histórias sem data* (1884; Geschichten ohne Datum), *Várias histórias* (1895; Verschiedene Geschichten) und *Páginas recolhidas* (1899; Gesammelte Seiten).

Carla Gago

Aston, Louise, geb. Hoche
Geb. 26. 11. 1814 in Gröningen bei Halberstadt; gest. 21. 12. 1871 in Wangen/Allgäu

Bei ihren Zeitgenossen stand A. in dem Ruf, den Höhepunkt des damaligen feministischen Radikalismus zu verkörpern. Dass sie sich vorwiegend im Umkreis revolutionär gesinnter Journalisten aufhielt, Männerkleidung bevorzugte, öffentlich Zigarren rauchte und ihr Liebesleben nach dem Prinzip des ›variatio delectat‹ gestaltete, machte sie der Obrigkeit offenbar besonders verdächtig. Jedenfalls wurde sie, noch bevor sie auch nur eine Zeile veröffentlicht hatte, 1846 als »staatsgefährliche Person« aus Berlin gewiesen, weil sie »Ideen geäußert, und ins Leben rufen wolle, welche für die bürgerliche Ruhe und Ordnung gefährlich seien« (*Meine Emancipation, Verweisung und Rechtfertigung*, 1846).

Diese Berliner Ausweisung gab für A. den Anstoß, sich an die Öffentlichkeit zu wenden. Ihre in Brüssel verlegte Emanzipationsschrift, die »die schlagendsten Belege für die Unterdrückung des Weibes von seiten jeglicher Gewalt aufwies« (Anneke), kann als der erste deutsche feministische Beitrag zur Verteidigung der Frauenrechte gelten. »Wir Frauen«, heißt es dort programmatisch, »verlangen jetzt von der neuen Zeit ein neues Recht; nach dem versunkenen Glauben des Mittelalters Anteil an der Freiheit dieses Jahrhunderts; nach der zerrissenen Charta des Himmels einen Freiheitsbrief für die Erde!«

Was Männer von Spinoza bis Hegel, Schleiermacher und David Friedrich Strauß längst geäußert hatten, nämlich den Zweifel an einem persönlichen Gott und den Willen, schon »hier auf Erden glücklich zu sein«, das wurde bei einer Frau zum staatsgefährdenden Frevel.

Ihr geschiedener Ehemann, der englische Fabrikant Samuel Aston, verweigerte ihr wegen ihres vermeintlichen sittenwidrigen Lebensstils selbst die gerichtlich zuerkannte bescheidene Jahresrente. ›Frei‹ geworden stellte sich A. ganz auf die Seite der 48-Revolutionäre. Und so brach sie selbstbewusst mit in den schleswig-holsteinischen Krieg auf und ging als blonde Barrikadenkämpferin in die Zeitgeschichte ein.

Im Vergleich zu der Mehrzahl der Vormärzautorinnen hat A. ein eher schmales Werk hinterlassen: Zwei Lyrikbände (*Wilde Rosen*, 1846; *Freischärler-Reminiscenzen*, 1849), drei Romane (*Aus dem Leben einer Frau*, 1847; *Lydia*, 1849; *Revolution und Contrerevolution*, 1849), eine Streitschrift (*Meine Emancipation, Verweisung und Rechtfertigung*, 1846) und eine über den ersten Jahrgang nicht hinausgekommene Zeitschrift (*Der Freischärler*, 1848). In all ihren Schriften geht es in erster Linie um das Thema der freien Liebe, der weiblichen Selbstbestimmung und der sozialen Gerechtigkeit.

Nach der gescheiterten 48-Revolution versiegt A.s literarische Schaffenskraft. Sie, die von allen Vormärzautorinnen am entschiedensten für eine Neuordnung der Gesellschaft plädiert hatte, ist seit 1849 schriftstellerisch nicht mehr hervorgetreten.

Renate Möhrmann

Asturias, Miguel Ángel
Geb. 19. 10. 1899 in Ciudad de Guatemala; gest. 9. 6. 1974 in Madrid

Miguel Ángel Asturias war zeitlebens ein Reisender. Ob als Journalist, Diplomat oder auf ausgedehnten Vortragsreisen, ob freiwillig oder auf der Flucht vor sich überschlagenden politischen Ereignissen – wirklich auf Dauer bleiben konnte er nirgendwo. Neben seinem Geburtsland Guatemala zählten zu den Stationen seines Lebens England, Spanien, Mexiko, Argentinien, El Salvador, Italien und, prägend wie kein zweites seiner Wahlheimatländer, Frankreich. 1924 kam A. nach Paris. Zuvor hatte er sich über Jahre in der guatemaltekischen Studentenbewegung engagiert. Nach der Übernahme der Macht durch eine Militärregierung war er von seinen bürgerlich-liberal gesinnten Eltern nach Europa geschickt worden, um drohenden Problemen zu entgehen. Bezeichnenderweise kam er hier, und nicht etwa in Guatemala, erstmals in Kontakt mit den sein späteres Werk kennzeichnenden Mythologien der mesoamerikanischen Ureinwohner. Er besuchte Museen und anthropologische Vorlesungen an der Sorbonne und erhielt schließlich die Möglichkeit, an einer Übersetzung des *Popol Vuh*, des Buches der präkolumbischen Mythen der Maya, mitzuarbeiten. Er hatte sich schon früher mit der Situation der indigenen Bevölkerungsteile Mittelamerikas beschäftigt: Seine Dissertation aus dem Jahr 1923 trug den Titel *El problema social del indio* (Die soziale Problematik des Indio). Noch ganz unter dem Einfluss der europäischen Wissenschaften des 19. Jahrhunderts widmete er sich darin unter positivistisch-rassenbezogenen Vorzeichen einer Betrachtung der miserablen Lage der ›degenerierten‹ indianischen Ureinwohner. Die Erkenntnisse, die er sich nun in Paris über deren mythologische Vorstellungswelten aneignete, ließen eben jenen indigenen Teil der guatemaltekischen Bevölkerung zum integralen Bezugspunkt der Suche nach einer eigenen lateinamerikanischen Identität werden. Sie fanden ihren Ausdruck in A.' erstem Erzählband *Leyendas de Guatemala* (1930; *Legenden aus Guatemala*, 1960), in dem schon frühe Spuren des lateinamerikanischen magischen Realismus enthalten sind. Ein weiterer bedeutsamer Faktor für Inhalt und Stil der hier enthaltenen Kurzgeschichten oder »histoires-rêves-poèmes«, wie Paul Valéry sie bezeichnete, sind die ästhetischen Konzepte des Surrealismus, die A. in Frankreich kennenlernte.

Auch sein erster Roman *El señor presidente* (1946; *Der Herr Präsident*, 1957) entstand größtenteils zu dieser Zeit in Paris. A. versuchte sich hier an der Verarbeitung der Erfahrungen mit der Diktatur Manuel Estrada Cabreras, die seine Kindheit, Schul- und Studienzeit prägte. Zentrales Motiv ist die alles beherrschende Angst, die das diktatorische System stützt und sowohl die Gesellschaft lähmt als auch die Entwicklung zwischenmenschlicher Beziehungen stört. In hyperrealistischer Schreibweise werden groteske, entmenschlichte Figuren gezeichnet, die sich durch eine von Gewalt, Willkür und Amoralität geprägte Welt schlagen. A. legte mit diesem Werk den Prototyp des lateinamerikanischen Diktatorenromans vor. Mit *Hombres de maíz* (1949; *Die Maismänner*, 1956) kehrte er wieder zur Thematik der indigenen Mythologie zurück. Während A. in den *Leyendas* noch bemüht ist, durch Erklärungen ins indianische Weltverständnis einzuführen, liegt ihm hier vielmehr daran, kausal orientierte Erzählstrukturen und Lesegewohnheiten aufzubrechen und rationale, abendländische Erkenntnismodalitäten ins Leere laufen zu lassen. Zusammengehalten wird die sich in Fragmente auflösende Struktur des Romans von der Geschichte um den Widerstand einer indianischen Dorfgemeinschaft gegen die Rodungsmethoden mestizischer Maispflanzer. Für die sog. »Bananentrilogie« wurde A. 1967 mit dem Nobelpreis für Literatur ausgezeichnet. Sie besteht aus den Romanen *Viento fuerte* (1949; *Sturm*, 1967), *El papa verde* (1954; *Der grüne Papst*, 1967) und *Los ojos de los enterrados* (1960; *Die Augen der Begrabenen*, 1971) und ist ein deutlicher Ausdruck von A.' Selbstverständnis als sozial und politisch engagiertem Schriftsteller. Das ästhetische Experiment und die mythologische Komponente treten hier in den Hintergrund. Es geht vielmehr die direkte Denunziation der imperialistischen Bestrebungen Nordamerikas und seiner Konzerne, z. B. der United Fruit Company, und deren die mittelamerikanischen Volkswirtschaften beherrschenden Monopolstellungen.

Die Kritik an neokolonialen Machtverhältnissen, vor allem aber das Hervorheben der Bedeutung der indigenen Kulturen und die Entwicklung einer zwar von europäischen Avantgardeströmungen geprägten, aber dennoch genuin lateinamerikanischen literarischen Stimme ließen A. zum einflussreichsten guatemaltekischen Schriftsteller des 20. Jahrhunderts werden.

Klaus Elmar Schmidt

ᶜAṭṭār

Geb. 1142 (?) in Nischapur/Iran; gest. 1220 (?) in Mekka (?)

Er gilt neben Rumi als der größte mystische Dichter persischer Sprache, auch wenn er, so sein eigenes Zeugnis, kein Sufi gewesen sei, sondern nur wie ein solcher gelebt habe. Dies ist wohl als Hinweis darauf zu verstehen, dass er keinem Orden angehörte. Vom Leben des Farido'd-Din Abu Ḥamid Moḥammad ebn-e Abi Bakr Ebrāhim ᶜAṭṭār, wie sein vollständiger Name lautet, ist wenig bekannt; und selbst dieses wenige ist unsicher. Die Angaben zu seinem Geburtsjahr schwanken zwischen 1119 und 1150, die zu seinem Todesjahr zwischen 1193 und 1234. Eine Version über seinen Tod lautet, er sei gestorben, wie er gelebt habe – bei dem Versuch, anderen seine Weisheit zu vermitteln: Als die Truppen des Dschingis Chan Iran erobert hätten, sei er von einem der mongolischen Krieger gefangengenommen worden. Jemand habe diesem tausend Silbermünzen Lösegeld für ihn angeboten, doch ᶜA. habe ihm geraten, das Angebot abzulehnen, da er sicherlich einen besseren Preis erzielen könne. Als dann kurz darauf ein anderer ein Bündel Stroh für den Dichter geboten habe, habe dieser gemeint, das sei der richtige Preis für ihn, mehr sei er nicht wert. Wütend habe ihn der Soldat daraufhin erschlagen. Nach einer anderen Überlieferung ist ᶜA., wegen seiner Sympathien für die Schiiten oder auch wegen seiner unorthodoxen Dichtungen von sunnitischen Fanatikern verfolgt, nach Mekka geflohen und dort gestorben.

Den Beinamen ᶜA. (Drogist) erhielt er wohl, weil er, wie er selbst im *Moṣibat-nāme* (Buch des Leidens) berichtet, als junger Mann in der Drogerie seines Vaters arbeitete. Nach dessen Tod betrieb er sie weiter, bis er durch die Begegnung mit einem Derwisch zum Sufismus bekehrt wurde und ein Wanderleben aufnahm, das ihn in verschiedene Städte Irans, der arabischen sowie der turksprachigen Welt und nach Indien führte, um bei verschiedenen Sufilehrern zu studieren. Danach kehrte er in seine Heimat zurück, wo er seine Drogerie wiedereröffnete.

Auch hinsichtlich des Umfangs seines Werks besteht Unsicherheit. Nach einer Quelle soll er 190 Bücher mit insgesamt ca. 100.000 Versen geschrieben haben, nach anderen hat er 114 Bücher verfasst, also genausoviele, wie der Koran Suren enthält. Realistischer ist die Annahme, aus seiner Feder stammten neun bis vierzehn Werke. Übermittelt sind das *Asrār-nāme* (Buch der Geheimnisse) – eine in zweiundzwanzig Abschnitte gegliederte, mehr als 3300 Beyt (Doppelverse) umfassende philosophisch-religiöse Dichtung, die wegen ihres Gedankenreichtums und ihres Tiefgangs zu den beeindruckendsten Werken der persisch-islamischen Mystik gehört – und das *Elāhi-nāme* (Gottesbuch) – ebenfalls eine mystische Dichtung, worin ᶜA. einem König, der seinen Söhnen den Verzicht auf weltliche Güter und irdische Wünsche wie Reichtum, Ruhm, Zauberkraft und erotisches Glück predigt, das Ideal der Entsagung in den Mund legt. Begleitet wird diese Kernerzählung von über 280 eingeschalteten Anekdoten, von denen die drei Berichte über persische Dichter für die Literaturgeschichte besonders wertvoll sind. Als ᶜA.s Hauptwerk gilt das *Manṭeqoʼṭ-ṭeyr* (Die Sprache der Vögel) – ein mystisches Maṣnawi (Sinngedicht), das aus 45 Maqālāt (Gesprächen) genannten längeren Abschnitten und einer Ḫāteme (Schlusswort) besteht und fast 4500 Beyt umfasst; darin wird die beschwerliche und gefährliche Reise der vom Wiedehopf, dem Boten Salomos, eingeladenen und geführten Vögel durch die sieben Täler des Suchens, der Liebe, der Erkenntnis, der Bedürfnislosigkeit, der Einheit, der Verwirrung und der höchsten Stufe der geistigen Vervollkommnung in der Lehre der Sufis, *fanā* (Selbstentäußerung) erzählt. Nur 30 Vögel erreichen das Ziel: sich selbst. Auch das erwähnte Sinngedicht *Moṣibat-nāme* vermittelt die Botschaft der Sufis: Ein Suchender begibt sich auf Rat eines Pir (weiser Alter) auf die Reise in die höheren Welten; er kommt zu den Engeln, den Propheten und schließlich zu Muḥammad, der ihn in das Geheimnis der *fanā* einweiht – durch Letzteres sucht der Dichter wohl die Versöhnung mit der Orthodoxie. Zu ᶜA.s Werk zählen weiterhin die

Tazkerāto᾽l oulijā᾽ (Biographien der geistlichen Führer) – eine bald nach ʿA.s Rückkehr nach Nischapur verfasste Prosadichtung, die das Leben von 97 muslimischen Heiligen und Sufi-Meistern beschreibt und eine Quelle von unschätzbarem Wert für die Geschichte des Sufismus darstellt.

Die schlichte Sprache des Autors und seine dichterische Phantasie sicherten ihm eine große Wirkung beim einfachen Volk; dieses scheint er als sein Zielpublikum betrachtet zu haben. Nirgends findet sich bei ihm das für seine Zeit so typische Lob der Fürsten oder das Buhlen um die Gunst der höfischen Gesellschaft. Stattdessen kritisierte er wie kein anderer in seiner Zeit die Lasterhaftigkeit der Reichen und Mächtigen.

Kurt Scharf

Atwood, Margaret [Eleanor]
Geb. 18. 11. 1939 in Ottawa, Kanada

»There was a great advantage to being a Canadian back in 1956, the year I started writing in a manner I then considered serious: there was no heritage of intimidating geniuses looming above you as you wrote […]. There were a few Canadian writers then, but with their usual modesty the Canadians hid them from view, and you had to dig for them at the very backs of bookstores, among the maple syrup cookbooks and the autumn scenery. All that has now changed.« Was Margaret Atwood hier anlässlich einer der zahlreichen Preisverleihungen (etwa dem Booker Prize 2000) übergeht, ist, dass sie selbst wie niemand sonst zu der bemerkenswerten »Canadian Renaissance« seit den 1960er Jahren, die Kanada auf die literarische Weltkarte setzte, beigetragen hat. Mit ihren äußerst vielseitigen Talenten, die sich in einem umfangreichen Gesamtwerk niederschlagen, ihrer intellektuellen und sprachlichen Brillanz, ihrem kanadischen (literarischen) Nationalismus und zugleich global-politischen Bewusstsein, ihrer Gabe zur humorvoll ansprechenden, komplexen Tiefenschärfe und ihrer medienkompatiblen Persönlichkeit, die ihre zahlreichen öffentlichen Auftritte zu einem Ereignis werden lässt, ist A. die unbestritten bedeutendste und auch öffentlichkeitswirksamste Repräsentantin der kanadischen Literatur und eine der faszinierendsten zeitgenössischen Schriftstellerinnen überhaupt.

Zu A.s Œuvre gehören über ein Dutzend Lyriksammlungen, von denen *Eating Fire: Selected Poetry 1965–1995* (1998) eine breit gefächerte Auswahl bietet; diverse Romane, darunter *Surfacing* (1972; *Der lange Traum*, 1979), *Lady Oracle* (1976; *Lady Orakel*, 1984) und *The Blind Assassin* (2000; *Der blinde Mörder*, 2000); mehrere Kurzprosasammlungen, darunter *Wilderness Tips* (1991; *Tips für die Wildnis*, 1991); ferner wichtige literatur- und kulturkritische Werke wie *Survival: A Thematic Guide to Canadian Literature* (1972), *Second Words: Selected Critical Prose* (1982), *Strange Things: The Malevolent North in Canadian Literature* (1995) und *Negotiating with the Dead: A Writer on Writing* (2002). Obwohl A. wiederholt die Gattungsgrenzen weitet – etwa in *Murder in the Dark: Short Fictions and Prose Poems* (1983; *Die Giftmischer*, 1985) oder *Good Bones* (1992; *Gute Knochen*, 1995) – und sowohl in ihrer Kurzprosa als auch in ihren Romanen erzählerisch experimentiert, ist A.s Erzählwerk der Tradition des psychologischen Realismus zuzuordnen, die postmodernistischer Wertindifferenz ablehnend gegenübersteht: A. ist eine politisch (auch geschlechterpolitisch) engagierte Schriftstellerin, die Literatur nicht zuletzt in einem didaktisch-moralischen Sinne als Sozialkritik versteht (»If we cease to judge this world, we may find ourselves, very quickly, in one which is infinitely worse«). Ihr immer wieder auf die Geschlechterdifferenzen verweisendes Werk, das häufig die systembedingte, gleichwohl persönlich charakterisierte Situation weiblicher Figuren in den Mittelpunkt rückt (»to take the capital W off woman«), ist Konsequenz ihres mit großer intellektueller Schärfe betriebenen radikalen Humanismus: ein bis auf die Wurzeln zurück- und durchdenkender engagierter Humanismus, der zwangsläufig die hergebrachte Rolle der Frau als abgeleitet-zweitrangig konstatieren muss, radikalisiert etwa in der patronymischen Namengebung (»Offred«) in *The Handmaid's Tale* (1985; *Der Report der Magd*, 1987). Doch A. wendet sich auch gegen Auswüchse der Frauenbewegung (vgl. die Bücherverbrennung in *The Handmaid's Tale*) und entmystifiziert den Mythos der opferbereiten, friedfertigen Frau besonders in ihrem späteren Erzählwerk: *Cat's Eye* (1988; *Katzenauge*, 1989), *The Robber Bride* (1993; *Die Räuberbraut*, 1994), *Alias Grace* (1996; *Alias Grace*, 1996). A. zeigt die psychologischen und sozialen Gesetze und Ambivalenzen von Vereinnahmung, Diskriminierung, Opfermentalität, Machtausübung, Auflehnung und Neubestimmung auf, wiederholt auch von überlieferten bzw. volksliterarischen Erzählungen ausgehend, die sie aufschlussreich und virtuos um- bzw. neuschreibt, z. B. in »The Little Red Hen Tells All« (1994). A.s Gesamtwerk demonstriert, wie höchster ästhetischer Anspruch, eine außergewöhnliche sprachliche und imaginative Kraft und unmittelbar zeitbezogene sozialpolitische Relevanz (etwa in Themen wie Ökologie und Multikulturalismus) aufrüttelnde Werke hervorbringen können, die national wie international große Breitenwirkung erzielt haben und gleichzeitig bereichernde ›Pflichtlektüre‹ für eine (akademische) Beschäftigung mit kanadischer Literatur und Kultur darstellen.

Werkausgabe: Selected Stories. London 1996.

Reingard M. Nischik

Aub, Max

Geb. 2. 6. 1903 in Paris;
gest. 27. 7. 1972 in Mexiko-Stadt

»Wie sehr hat es mir geschadet, von nirgendwo zu sein! Daß ich so heiße wie ich heiße«, schrieb Max Aub am 2. 8. 1945 in sein Tagebuch. A., dessen Werk »zu den beunruhigendsten unserer Epoche« (Liliana Weinberg) gehört, wuchs in einer Familie assimilierter Juden in Paris auf, die bei Ausbruch des Ersten Weltkriegs Frankreich verlassen musste: Die Mutter war Französin, der Vater aber Deutscher. Ihr Fluchtort: Valencia. A., der nach eigener Aussage nie etwas anderes als Schriftsteller sein wollte, machte sich die fremde Sprache zu eigen, er schrieb fortan nur auf spanisch. Als Vertreter der väterlichen Schmuckwarenfirma lernte A. verschiedenartige Menschen und sprachliche Eigenarten kennen, Wissen und Anregungen gewährten ihm sowohl seine mannigfaltigen Lektüren als auch die Teilnahme an literarischen und politischen Gesprächs- und Diskussionsrunden in Cafés, die das intellektuelle Leben im Spanien der 1920er und 30er Jahre prägten. Das wichtigste Ereignis in A.s Leben war der Spanische Bürgerkrieg (1936–39); als engagierter Republikaner übernahm er verschiedene Aufgaben im kulturellen Bereich. Bereits vor 1936 hatte er begonnen, die einflussreiche Avantgarde-Theorie Ortega y Gassets, »Die Entmenschlichung der Kunst«, in Frage zu stellen. 1936 galt A.s Einstellung als Intellektueller ganz der Verantwortung gegenüber dem Menschen und den aktuellen Ereignissen. In Paris beauftragte er Picasso im Namen der republikanischen Regierung, ein Gemälde für den spanischen Pavillon der Weltausstellung 1937 zu malen. So entstand *Guernica*, dessen erste Interpretation aus A.s Feder stammt. Sie enthält eine Auseinandersetzung mit dem für A. zentralen Begriff des Realismus in der Kunst und der Literatur. Vor dem sich abzeichnenden Sieg Francos floh A. im Januar 1939 nach Paris, wo er 1940 fälschlicherweise als Kommunist angezeigt wurde. Es folgten drei Jahre in französischen Gefängnissen und Konzentrationslagern (Le Vernet, Südfrankreich, und Djelfa, Algerien), bis ihm Ende 1942 die Flucht nach Mexiko gelang. Dort schrieb er für die Presse, lehrte Filmtheorie und Theatergeschichte an der Staatlichen Autonomen Universität Mexikos und leitete deren Radiosender. 1966/67 baute er das Institut für Iberoamerikanische

Studien an der Hebräischen Universität Jerusalem auf und unterrichtete spanische und lateinamerikanische Literatur. Erst 1969 erhielt er die Einreiseerlaubnis in Spanien; dem aufreibenden Besuch nach 30 Jahren Abwesenheit widmete er ein aufsehenerregendes Buch: *La gallina ciega. Diario de un viaje* (1971; Das blinde Huhn/Blindekuh. Tagebuch einer Reise).

Zeugnis abzulegen, die Welt schreibend zu verstehen, war A.s kreativer Wille. Der Bürgerkrieg, die Welt der Konzentrationslager, Exil und Vertreibung beschäftigten ihn immer wieder. A. gelang es, aus der traumatischen Situation des Exils eine einzigartige schöpferische Kraft zu ziehen. Der künstlerische Prozess, die Notwendigkeit, jede Kunstart frei von politischer Ideologie zu halten, sind weitere Motive, die A.s Werk durchziehen. Der Mensch steht im Zentrum allen Geschehens, aus verschiedenen Gesichtspunkten betrachtet, oft in seinen tiefsten Abgründen, zerrüttet und in eigenen Widersprüchen verfangen dargestellt, doch selten ohne einen Hoffnungsschimmer. Eine lakonische Sprache, eine Neigung zum Staccato und ein düsterer Humor kennzeichnen A.s Stil. Sein vielseitiges Œuvre umfasst ca. 40 Stücke aller Art, von denen nur wenige aufgeführt worden sind, z. B. *San Juan. Tragedia* (1939/1998), das Drama jüdischer Flüchtlinge auf einem Frachter, die umsonst darauf warten, in einen Hafen einlaufen zu können; einen Film (mit André Malraux): SIERRA DE TERUEL/L'ESPOIR (1938–40); elf Romane, u. a. sein Hauptwerk *El laberinto mágico* (6 Bde., 1944–68; *Das Magische Labyrinth*, 1999–2003), ein vielstimmiges Panorama der Gesellschaft während des Spanischen Bürgerkriegs; *Las buenas intenciones* (1954; *Die besten Absichten*, 1996) und *Jusep Torres Campalans* (1958; *Jusep Torres Campalans*, 1997), die unglaubliche Geschichte vom Leben und Werk eines fiktiven kubistischen Malers; fünf Gedichtsammlungen, *Diario de Djelfa* (1944/1970; *Das Djelfaer Tagebuch*), *Antología traducida* (1963/1972; Antologie aus Übersetzungen – in Wirklichkeit eigene Gedichte), *Imposible Sinaí* (1982; Unmöglicher Sinai); *La gallina ciega* und *Conversaciones con Luis Buñuel* (1985; *Die Erotik und andere Gespenster. Nicht abreißende Gespräche mit Luis Buñuel*, 1992, 2003); eine Vielzahl von Erzählungen; zahlreiche Essays, u. a. über Heine (2000), zu dem er sich hingezogen fühlte; Briefe; Tagebücher und unzählige journalistische Arbeiten. Einige der Erzählungen gehören zu Meisterwerken der Gattung, so z. B. »Fábula verde« (1932, Grüne Fabel), eine poetisch humorvolle, dem Surrealismus nahe Geschichte über das Heranwachsen einer jungen Frau, oder »El Cojo« (1937; »Der Klumpfuß«, 1960), über das politische Erwachen eines andalusischen Bauern mitten im Bürgerkrieg, erzählt in dichten, einprägsamen Bildern. Besondere Erwähnung verdient »El Manuscrito Cuervo. Historia de Jacobo« (1950; »Das Rabenmanuskript«, 1997), ein als wissenschaftliche Studie von einem Raben namens Jakob verfasster Text über das Verhalten der Menschen im Konzentrationslager.

Werkausgabe: Das Magische Labyrinth. 6 Bde. Frankfurt a. M./Berlin 1999–2003.

Mercedes Figueras

Auden, W[ystan] H[ugh]

Geb. 21. 2. 1907 in York; gest. 28. 9. 1973 in Wien

W. H. Auden entstammte einem gutbürgerlichen, konservativen und speziell durch die Mutter streng religiös geprägten Elternhaus, entwickelte sich allerdings während seines Studiums in Oxford und besonders infolge seines Berlinaufenthalts (1928/29) zu einem politisch hellwachen Kritiker des politischen Establishments und der kapitalistischen Wirtschaftsweise. Anfang der 1930er Jahre glaubte er vorübergehend, die bürgerlich-kapitalistische Gesellschaft habe endgültig abgewirtschaftet und Dichter sowie Intellektuelle müssten versuchen, auf die politischen und gesellschaftlichen Entwicklungen nachhaltig Einfluss zu nehmen. Die Ausbreitung des Faschismus und der Ausgang des Spanischen Bürgerkriegs, verbunden mit der Einsicht in die Ohnmacht des Einzelnen, lehrten ihn indes, dass die gesellschaftliche Verantwortung des Dichters nicht durch das Verfassen propagandistischer Gedichte eingelöst werden kann. Der radikale Verzicht auf jegliche Einflussnahme durch ein Gedicht, der u. a. in dem vielzitierten Satz »poetry makes nothing happen« aus »In Memory of W. B. Yeats« (1939) seinen Niederschlag fand, und die allmähliche Rückkehr zur anglikanischen Kirche bewirkten eine nachhaltige Änderung des Themen- und Formenbestandes seiner Lyrik. Gereimte und strophische Gedichte, die es auch vorher schon gab, bildeten in seinem Werk fortan die Norm. Das heißt freilich nicht, dass A. nunmehr ›traditionell‹ gedichtet habe. Bilder, Rhythmus und andere Stilmittel boten ihm genügend Möglichkeiten, kritisch, proteisch und zeitgemäß zugleich zu bleiben.

Wer sich A.s Werk unvorbereitet nähert, ist zunächst einmal verwirrt ob der schier überbordenden Fülle an Formen und Themen, Stimmen und Stilen. Da ist kaum eine poetische Tradition, die er nicht aufgegriffen und erneuert hätte. Aber da sind auch kaum zeitgenössische Entwicklungen und Experimente, die er nicht sich anzuverwandeln versucht hätte. Sonett und Sestina, Terzine und *rhyme royal* finden sich ebenso wie *light* und *comic*, *free* und *syllabic verse*. Die unvergleichliche Virtuosität dieses Autors verstellt leicht den Blick dafür, dass sich hinter den vielen gegensätzlichen Eindrücken bei genauerem Zusehen doch eine unverwechselbare poetische Identität verbirgt. A.s besonderer Tonfall verdichtet sich in drei Hauptkomponenten: in virtuoser Formbeherrschung, die sich schon früh in seinen Juvenilia als Imitationsfähigkeit zeigt; in einem antiromantischen Affekt, der sich die traditionelle Selbstaussprache versagt und stattdessen zur Diagnose sowohl der Gesellschaft als auch des Einzelnen ansetzt; und in dem spielerischen Einsatz von sehr unterschiedlichen Befunden wissenschaftlicher Theorien. A. war ein unermüdlicher Leser und Rezensent, der sich z. B. erstaunlich gut mit Darwin, Freud, Marx und Kierkegaard auskannte. Deren Theoreme spielen in frühen wie späteren Gedichten eine große Rolle, teils nacheinander, teils nebeneinander, und dienen v. a. als Diagnoseinstrumente. Es ging ihm sowohl darum zu durchschauen, welchen Zwängen eine Gesellschaft als ganze unterliegt, als auch um die Diagnose dessen, worunter der Einzelne leidet. Insofern ist A. also zweifelsfrei ein gesellschaftskritischer Dichter. Die Kritik wird allerdings kaum je *expressis verbis* vorgetragen, sondern parabolisch und indirekt aufbereitet, denn: Die wichtigste Erfahrung, mit der A. wie alle modernen Dichter zurechtkommen musste, ist die, dass Sprache zur Scheidemünze geworden ist. Er leitete daraus eine poetologische Maxime ab, deren Formulierung zwar aus den 1940er Jahren stammt, die aber sein Dichten von Anfang an leitete: »[A] naive rhetoric, one that is not confessedly ›theatrical‹, is now impossible in poetry.« Das weist darauf hin, dass man seine Gedichte nicht wörtlich nehmen darf, sondern Doppelbödigkeit in Rechnung stellen muss. Deshalb lässt sich A.s Eigenart v. a. an seinen poetischen Strategien festmachen, von denen hier zwei kurz erläutert werden sollen. Da ist zum einen (besonders im Frühwerk) die ›Rollenlyrik‹. Viele seiner Sprecher lässt A. sich als Ideologen gerieren, die Sprache absichtsvoll einsetzen, um den Zuhörer in ihrem Sinne zu beeinflussen. »Doom is dark« (1932) z. B., eines der berühmtesten Wanderer-Gedichte, das den Aufbruch verdammt und die Heimkehr propagiert, ist ein wirkungsvoller Appell an archaische Ängste, der sich als Einschüchterungsversuch der Daheimgebliebenen verstehen lässt. Zum anderen entwickelt A. schon in den 1930er Jahren einen Kunstgriff dialektischer Ironie, der später zu einer zentralen Verfahrensweise avanciert und in immer neuen Varianten auftritt. Man könnte von ›ironischer Selbstaufhebung‹ sprechen. A. arbeitet dabei mit Sprechern, die am Ende eine banale oder triviale Einsicht als der Weisheit letzten Schluss präsentieren und dadurch den Leser zu einer Revision veranlassen. Die Schlusszeile des Gedichts »First

Things First« (1957) bietet ein treffendes Beispiel:»Thousands have lived without love, not one without water.« Als Summe dessen, was im Leben wichtig ist, kommt diese Maxime nicht in Betracht. Sie lenkt vielmehr den Blick zurück auf das, was im Gedicht scheinbar lächerlich gemacht wird: die Erfahrung der Liebe. Es ist kein Zufall, dass diese poetischen Verfahren den Leser nicht zur Identifikation einladen, sondern sein Mitdenken stimulieren. Denn das geheime Thema, das sich wie ein roter Faden durch A.s sämtliche Aktivitäten hindurchzieht, ist die Frage nach den Überlebenschancen des Individuums in einer immer mehr dem Kollektiven zuneigenden Massengesellschaft. Die Frage mag durch die Wiederherstellung der Demokratien politisch entschärft worden sein, moralisch und ästhetisch blieb sie aber virulent.

Die durchaus gerechtfertigte Unterteilung des Gesamtwerks in zwei Phasen wird häufig mit A.s Übersiedelung in die USA (1939) in Verbindung gebracht. Die Abkehr von politisch engagierter Lyrik und die Hinwendung zu privaten, meditativen und religiösen Themen, untermauert durch eine veränderte Auffassung von der Rolle des Dichters, der nicht mehr zu Entscheidungen aufzurufen beansprucht, sondern sich bescheiden zu einem »game of knowledge« bekennt, darf indessen nicht übersehen lassen, dass die Kontinuitäten größer sind als die Brüche und dass viele der seit den 1940er Jahren geschaffenen Werke den frühen Gedichten nicht nur ebenbürtig sind, sondern sie häufig an sprachlicher Dichte und Komplexität übertreffen. Das gilt v.a. für *The Sea and the Mirror* (1944), das wichtigste der »Longer Poems«, für die Zyklen *Horae Canonicae* (1955) und *Thanksgiving for a Habitat* (1965), aber auch für Einzelgedichte wie »In Praise of Limestone« (1948) oder »The Shield of Achilles« (1952). – Der Stückeschreiber A. ist v.a. als Kollaborateur tätig geworden. Drei Stücke hat er in Zusammenarbeit mit Christopher Isherwood verfasst. Erstaunlicherweise wirken diese Stücke, obwohl eminent zeitbezogen, keineswegs museal. Das gilt insbesondere für die satirisch vorgetragene Kritik an autoritären Strukturen und Charakteren, für den teils witzig, teils sarkastisch, mal kabarettistisch-obenhin, mal schwermütig-tiefsinnig geführten Nachweis eines die ganze Gesellschaft beherrschenden Konformitätsdrucks. Funktion und Entfaltungsmöglichkeiten des Individuums in einer zum Totalitarismus tendierenden Gesellschaft sind es auch, die alle Stücke thematisch verklammern. Die *quest*-artige Suche nach persönlicher Identität und Integrität, welche die zentralen Figuren motiviert, spannt sich von Alan Norman (*The Dog Beneath the Skin*, 1935), dem wohl infolge seiner großen Naivität die Emanzipation gelingt, bis hin zu Michael Ransom (*The Ascent of F6*, 1936), der sich als zu egozentrisch erweist und folglich scheitert.

A. ist seiner gesellschaftskritischen Einstellung bis zuletzt treu geblieben. Seine programmatische Forderung »To build the Just City« (*Spain*, 1937) war zwar ursprünglich auf eine Überwindung der bürgerlich-kapitalistischen Gesellschaft gemünzt und wurde später nur mehr als Anspruch an den individuellen Leser aufrechterhalten, der in einem Gedicht einen ›Vorschein‹ dessen erfahren soll, was die Menschheit auf der Erde zu verwirklichen versäumt hat:»Every good poem is very nearly a Utopia.« Dennoch hat sich die Schärfe seiner vernichtenden Diagnose eher noch zugespitzt. 1966 schrieb er:»I think a great many of us are haunted by the feeling that our society, and by ours I don't mean just the United States or Europe, but our whole world-wide technological civilization, whether officially labelled capitalist, socialist or communist, is going to go smash, and probably deserves to.«

Werkausgaben: Collected Shorter Poems 1927–1957. London 1966. – Collected Longer Poems. London 1968. – Collected Poems. Hg. E. Mendelson. London 1991 [1976]. – The Complete Works. Hg. E. Mendelson. Princeton, NJ 1988ff.

Günther Jarfe

Auerbach, Berthold
Geb. 28. 2. 1812 in Nordstetten/Horb a. N.; gest. 8. 2. 1882 in Cannes

Zwei Monate auf dem Hohenasperg – dem württembergischen Staatsgefängnis – zwangen 1837 sein Leben in eine neue Richtung. Bis dahin hatte A., in einem schwäbischen Dorf aufgewachsen, das erst durch Napoleon an Württemberg gekommen war, immer eine öffentliche Anstellung erstrebt. Der Enkel eines Rabbiners, dessen Familie aus Prag ins vorderösterreichische Nordstetten eingewandert war, hatte die Talmudschule in Hechingen besucht und schließlich das Abitur in Stuttgart gemacht, damit alle Formalitäten erfüllt waren, um im Land etwas werden zu können, vielleicht ebenfalls Rabbiner. In Tübingen war er der einzige Student der jüdischen Theologie, wurde jedoch schon 1833 als »Burschenschafter«, d. h. Mitglied einer als hochverräterisch und staatsgefährdend geltenden studentischen Verbindung, die mit den neuen liberalen Ideen sympathisierte, von der Universität gewiesen und unter Polizeiaufsicht gestellt. Gnadenhalber durfte er bis zu seiner Verurteilung im »ausländischen« Heidelberg weiterstudieren.

Schon 1833 hatte er sein Stipendium verloren und musste sich seither durch Schreiben das Studium verdienen: So entstanden u. a. eine *Geschichte Friedrichs des Großen* (1834, vorsichtigerweise noch unter einem Pseudonym veröffentlicht) und ein *Spinoza*-Roman (1837). Nach der Verurteilung war an ein Weiterkommen in Württemberg nicht zu denken, so blieb nur das »Ausland« und der mühsame Weg eines freiberuflichen Schriftstellers. 1840 wanderte er nach Bonn, von 1841 bis 1845 war er als Kalenderredakteur in Karlsruhe tätig. Die *Schwarzwälder Dorfgeschichten* – zunächst von mehreren Verlegern zurückgewiesen – brachten 1843 den Durchbruch zum Erfolg; sie trugen auch dazu bei, dass die »Dorfgeschichte« eine gängige Gattung wurde. Fast über Nacht damit in Deutschland berühmt und gelesen, wurde A. auch schnell in andere Sprachen übersetzt und war bald eine europäische Berühmtheit. Seither erschienen bis zu seinem Tode unzählige, kleine und große, zur Anekdote verkürzte oder zum Roman sich dehnende »Dorfgeschichten«; eine der bekanntesten ist der liebenswürdig-sentimentale Roman *Barfüßele* (1856). A. war nun längst einer der meistgelesenen Autoren, und der Verleger Johann Georg Cotta, der ihn noch 1842 abgelehnt hatte, brachte 1857 seine *Gesammelten Schriften* heraus, schon jetzt zwanzig Bände.

A. ist populär und ein begehrter Gast in den bürgerlichen Salons der Städte; Breslau, Frankfurt, Wien, Dresden, Berlin sind wesentliche Lebensstationen, eine Breslauerin wird seine erste, eine Wienerin die zweite Frau. Nach seinen Erfahrungen mit dem württembergischen Staat ist A. vorsichtig; zwar kommentiert er die Ereignisse im Gefolge der 48er Revolution noch als Liberaler (»Welch traurige Wendung nehmen die Dinge im Schwarzwald«), jedoch unter Ausschluss der Öffentlichkeit nur brieflich. Im Übrigen passt er sich an; auch die Entstehung des Deutschen Reichs findet seine Zustimmung und erregt sein Nationalgefühl. Seine Erzählungen kommen dem Zeitgeschmack entgegen und bevorzugen einfache und überschaubare Konflikte. *Diethelm von Buchenberg* (1853) ist als Kriminalgeschichte mit sozialkritischem Einschlag schon eine Randerscheinung; *Die Frau des Geschworenen* (1861) zeigt liberal-volksbildnerische Tendenzen in der Form der Kalendergeschichte, die A. in der Tradition des von Johann Peter Hebel geprägten Volkskalenders vielfältig nachahmte und trivialisierte; das *Barfüßele* aber ist Musterbeispiel für seine Darstellung einer kaum bedrohten dörflichen Idylle, welche in krassem Gegensatz zur industriellen Revolution und ihren sozialen Auswirkungen eine fast exotisch anmutende heile Welt biedermeierlich erzählt.

Die Gefahren seiner Schriftstellerei sieht A. später selbst: »Oft überfällt mich's mit Schrecken, ob ich nicht mir und der Welt Illusionen gemacht« (1877). Und eben darin ist auch die Art seiner Wirkung und Nachwirkung begründet: überschätzt zu Lebzeiten, rasch unterschätzt nach seinem Tod, durch den Hitler-Faschismus mühelos ins Vergessen gestoßen. Aus dem heutigen Abstand kann der Realismus, der auch noch trivialen, gedanklich naiven und nostalgisch-schönen Geschichten innewohnt und auf genaue Weise ein Stück Welt von Damals vergegenwärtigt, wieder gesehen werden, sowie die eigentümliche Symbiose, aus der ihr Autor kam und diese Welt darstellte: »Ich bin Deutscher, und nichts anderes könnte ich sein; ich bin ein Schwabe, und nichts anderes möchte ich sein; ich bin ein Jud – und das hat die rechte Mischung gegeben.«

Ludwig Dietz

Augustin, Ernst
Geb. 31. 10. 1927 in Hirschberg [heute poln. Jelenia Góra], Riesengebirge

Barock, burlesk, phantastisch, bisweilen gargantuesk und zugleich an der Moderne geschult erscheint die Erzählkunst eines Autors, dessen vergleichsweise schmales Werk aus neun Romanen, einigen Feuilletons und wenigen Erzählungen besteht. Schon sein Debüt, der Roman *Der Kopf* (1962), trug dem Autor die Anerkennung der Literaturkritik (Günter Blöcker, Joachim Kaiser) und den Hermann-Hesse-Preis ein. *Der Kopf* sei »Entwicklungsroman und Utopie, Abenteuergeschichte und Humoreske, expressionistisches Labyrinth und Robinsonade«, schrieb Hans Magnus Enzensberger in seiner Rezension im *Spiegel*.

A.s Erstling erinnerte die Kritik an Kafka und Benn, weil er die existentielle Bedrohtheit der dargestellten Welt als Gleichnis erzählte. Die vorangestellte »Fabel« formuliert die Grundidee des ›konstruktivistischen‹ Romans: »Türmann lebte wirklich / er lebte zwischen Gastürmen und Mietshäusern / und ging in einem Strom von Wirklichkeit spazieren / zu Hause aber in seiner Kommode / hielt er sich einen Sandkasten mit kleinen Gastürmen und / Mietshäusern / und in diesem Sandkasten / lebte ein Mann namens Asam, der dort in einem Strom von / Wirklichkeit spazieren ging / der aber zu Hause in einer sehr kleinen Kommode gleichfalls einen Sandkasten / hatte, in welcher ein Mann zwischen Gastürmen und Miets-/ häusern spazieren ging / überzeugt, daß es ihn wirklich gäbe.«

Türmann ist Protagonist einer in sich verschachtelten, wahnhaft selbstbezüglichen Welt, deren Untergang A. im ersten Teil inszeniert, um im zweiten und dritten die Überlebenden zu schildern, die sich – wie Türmanns gedachte Figur Asam – in katakombenartigen Gewölben eingerichtet haben oder in apokalyptischen Wüstenlandschaften Wegezölle erheben. Dabei erzählen die drei Teilbücher des Romans – »Die Katastrophe«, »Der Keller« und »Der Turm« – zwar von Untergang und Tod, lassen gleichzeitig aber offen, was sich davon ›tatsächlich‹ und was sich nur ›im Kopf‹ ereignet. Am Ende steht Türmann, Demiurg und Geschöpf in einer Person, wieder auf seinem Balkon: Der Kreis ist geschlossen, die reale Welt kann wieder ins Phantastische kippen, die Katastrophe sich erneut ereignen. Diesmal nähert sie sich mit einem »großen Körper« und »Saugnäpfen« und hinterläßt einen Hauch von Sciencefiction.

Der Gleichnis-Charakter der ›Fabel‹ als Ausdruck erzählerischer Varietät ist ein bestimmendes Merkmal aller Romane A.s, denn sie rechnen ausnahmslos mit der Unwahrscheinlichkeit der Existenz und stellen ergo ihre Erzählbarkeit unter Vorbehalt – dass es wirklich gebe, dass sie erkennbar sei und dass sie darstellbar sei. Dieser (dreifache) Vorbehalt wirkt sich jedoch nicht als Hemmnis des Erzählens aus, sondern als Befreiung von Zwängen des Faktischen oder auch nur Wahrscheinlichen. Er legitimiert die Stiftung symbolischer Repräsentanz des Wirklichen in dem Bemühen, Unsichtbares sichtbar zu machen und Abgründe der Seele oder namenlose Existenzängste zu erzählen, die durch Varietät zwar nicht fasslicher werden, aber doch anschaulicher.

A.s Autorschaft bezieht ihre besondere Farbigkeit nicht primär aus seinem Berufsleben, auch wenn seine Ausbildung zum Facharzt für Psychiatrie und seine Stationen als Leiter eines Krankenhauses in Afghanistan (1958–1961) und als Nervenarzt in München ihre Spuren in seinem Werk hinterlassen haben, genau wie seine Kindheit in Schweidnitz und Schwerin, das Medizinstudium in den 1950er Jahren in Rostock und Berlin und die Promotion über »Das elementare Zeichnen bei den Schizophrenen«. Prägender noch dürften seine Lektüren, seine Reisen und seine gelebten Leben in den USA, in England und Mittelamerika gewesen sein. Seine Arbeit als psychiatrischer Gutachter in München ließ ihm die Zeit, diese Erfahrungen literarisch umzusetzen und dabei auch seine Leserbiographie zu aktivieren. So war es Anfang der 1960er Jahre der *Nouveau roman*, der den Autor faszinierte und die Erzählweise seines zweiten Romans, *Das Badehaus* (1963), wesentlich mitbestimmte. Als Protagonist fungiert hier der Verwandlungskünstler Eddy, der als Holländer verkleidet erst die eigene Frau verführt und dann drei Anläufe nimmt, um als David Haferkorn einem (falschen) Vater den (falschen) Sohn wiederzugeben. Während aber der *Nouveau roman* mit Umstellungen auf der *Discours*-Ebene arbeitet, variiert A. Versatzstücke der *Histoire*, um aus der Zeit- und Ereignisfolge traditionellen Erzählens auszubrechen. Am Ende bleibt offen, was schon zu Beginn fraglich war: Ob das Vexier- und Figurenspiel die Geschichte vom verlorenen Sohn positiv enden oder aber scheitern lässt.

Varietas delectat – dieser Grundsatz gilt besonders für A.s Erzählerfiguren, die vor der doppelten Herausforderung stehen, Demiurgen und zugleich Zeitzeugen zu sein, wie beispielsweise der namenlose Weltenbummler des surrealen Historiengemäldes *Mahmud der Schlächter* (1992; Neuausg. 2003 u. d. T. *Mahmud der Bastard*), der »an der Wahrheit nicht ausschließlich interessiert« ist, sondern den ausgedehnten Phantasiereisen seiner Kindheit folgen will, wenn er Mahmud von Ghazni, den reichsten Fürsten des Altertums, auf dessen Pfaden begleitet. Dieser überzog einst Indien mit Tod und Verheerung, hielt bei Hanuman, dem Affengott, um die Hand der Prinzessin Nahmini an – und wurde am Ende heiliggesprochen.

Mahmuds Leben böte Stoff für »sieben mal sieben mal sieben solcher Geschichten«, aber A. bevorzugt die Triade als Prinzip schöpferischer Varietät: Drei Erzähldurchgänge benötigt er, um in seinem Roman *Mamma* (1970) mit den Lebensläufen der Drillinge Kulle, Stani und Beffchen eine Welt des 19. Jahrhunderts untergehen zu lassen und das übermächtige Prinzip ›Mamma‹ zu installieren – als Lebens- und Sterbensprinzip, das sich im gleichnishaften ›Vorspiel‹ schon in seiner ganzen Grausamkeit offenbart, denn Mutter Niemann gibt und nimmt, ist Eros und Thanatos, Gebärende und Eiserne Jungfer zugleich. Von drei Brüdern, ehemaligen Kampffliegern der US-Luftwaffe, und damit von drei Lebensläufen erzählt auch A.s Roman *Der amerikanische Traum* (1989). Eddy, Marko und Bag haben seit dem Kriegsjahr 1944 einen halbwüchsigen Mecklenburger auf dem Gewissen, den sie, trotz all seiner »ungeheuerlichen nicht gelebten Möglichkeiten« als lebende Zielscheibe benutzten. Durch Hawk Steen (lautmalerisch für ›Augustin‹) aber, den ›Geist‹ der Erzählung, bekommt der Junge die Chance zur Revanche. Und er nutzt sie wie ein Kind, dessen Phantasie durch Abenteuer-Lektüren angefeuert ist. Drei Wünsche hat der Psychotherapeut Almond Gray in A.s Roman *Eastend* (1982) frei, nachdem ihm der Zauberer Bannister aus der Patsche geholfen hat: Er will ein Haus, Anerkennung als Therapeut – und seine Frau zurück, die er vor Jahren in einem Selbsterfahrungskurs verlor.

Der Helfer als Verführer – diese Doppelrolle gestaltet A. noch in zwei weiteren Romanen und stiftet damit eine therapeutische Trilogie: Als sein wichtigster Roman gilt dabei *Raumlicht. Der Fall Evelyne B.* (1976), ein Doppelroman, zugleich (fiktive) Autobiographie und Krankengeschichte und der Versuch, die Schizophrenie als Angst zu begreifen, »möglicherweise nicht zu existieren«. Um die Schizophrenie zu therapieren, richtet sich der Ich-Erzähler, ein Psychiater in München, spezielle Praxisräume – Erfahrungsräume – ein, die das namenlose Angstempfinden seiner Patientin Evelyne eindämmen helfen sollen. Am Ende der geglückten Behandlung heiratet er die junge Frau – »sicherlich der Mindestsatz, den der Psychiater leisten sollte«. Die

Schule der Nackten (2003) schließlich führt erneut in den Raum existentieller Angst, ausgelöst durch sexuelle Nötigung in der Kindheit. Alexander, ein Historiker Anfang 60, nimmt sich dabei der deutlich jüngeren Heilgymnastin Juliane an und befreit sie aus den Fängen des Tantra-Therapeuten Pradhi Rama. Auch dieser Roman führt, wie jedes Buch A.s, in Mikrogeschichten hinein, die zu Seelenlandschaften ausphantasiert werden.

Lutz Hagestedt

Augustinus
Geb. 13. 11. 354 n. Chr. in Souk-Ahras/Algerien; gest. 28. 8. 430 n. Chr. in Annaba/Algerien

In der römischen Provinz Africa, als Kind des paganen Beamten Patricius und der Christin Monnica, wird Augustinus geboren. Kindheit und Jugend auf dem Land scheinen hart gewesen zu sein. Was er später davon erzählt, wirft ein ernüchterndes Licht auf die zeitgenössische Realität eines Heranwachsenden. Schwierig und für seine Entwicklung prägend ist das Verhältnis zu seiner Mutter, einer willensstarken Persönlichkeit von großer Strenge und tiefer Religiosität, die auf die Bekehrung ihres Mannes und mehr noch ihres Sohnes alle Energien lenkt. Karthago, wo A. vier Jahre lang Rhetorik studiert, wird für ihn zur Befreiung aus der Enge von Familie und Provinz. Die Begegnung mit der Philosophie bestärkt ihn in der Kritik am Glauben seiner Mutter, besonders an der »Mythenhaftigkeit« der Bibel. Er wendet sich dem Manichäismus zu, jener einflussreichen spätantiken gnostisch-synkretistischen Religion, welche ihren Anhängern den Weg weisen will zur Befreiung der Seele aus der irdischen Finsternis. Ihr radikal dualistisches Weltbild wird sein Denken ein Jahrzehnt lang beherrschen. Nach Abschluss seiner Ausbildung unterrichtet A. in Karthago sieben Jahre lang Rhetorik. Fast 30-jährig wagt er gegen den heftigen Widerstand Monnicas den Aufbruch nach Italien. 383/84 lehrt er in Rom. Später, gefördert von Symmachus, dem Kopf der paganen Aristokratie Roms, der in dem jungen Manichäer ein ideales Werkzeug seiner antikirchlichen Interessen vermutet, tritt er in Mailand die höchste Stelle an, die ein Rhetoriker in jenen Tagen erreichen kann: Er wird kaiserlicher Redner am Hof. Dem Manichäismus inzwischen entfremdet – in späteren Jahren wird innerhalb der lateinischen Kirche A. zum entschiedensten Gegner der Manichäer –, stößt er hier auf die *platonici*, einen Kreis Intellektueller, die eine Renaissance plotinischen Denkens unter christlichen Vorzeichen anstreben. Und er erlebt den Mailänder Bischof Ambrosius, einen machtbewussten hochgebildeten Politiker von bemerkenswerter rhetorischer Begabung. In dessen Predigten lernt er die allegorische Bibelinterpretation kennen, welche in der Tradition Philons die Texte des Alten und Neuen Testaments (neu-)platonisch ausdeutet und aufwertet. Diese Synthese von Neuplatonismus und Christentum beeindruckt A. nachhaltig. Er fühlt sich hin- und hergerissen zwischen der Möglichkeit einer politischen Karriere und dem neuentdeckten Ideal eines christlichen Lebens der Philosophie. Nicht die intellektuelle Botschaft von Christentum und Neuplatonismus stellt ihn vor Schwierigkeiten, sondern die mit ihr verbundene moralische Forderung. Als erste Vorleistung auf das Leben des weltlichen Rückzugs trennt er sich von seiner Lebensgefährtin, mit der er 15 Jahre zusammenlebte und einen Sohn hatte. Der Knoten löst sich schließlich im Sommer 386, in seiner ›Bekehrung‹. Das Ereignis selbst, verdeckt von dem Jahre später verfassten berühmten Bericht der *Confessiones* (*Bekenntnisse*), der kaum als authentisch anzusehen ist, lässt sich nur noch in Umrissen rekonstruieren. Was die *Bekenntnisse* dramatisch als abrupten Bruch inszenieren, ist Ergebnis einer langwierigen Entscheidung zugunsten der christlichen Phi-

losophie und eines Verzichts auf das weltliche Leben. Den folgenden Winter verbringt A. mit Mutter, Sohn und wenigen Freunden auf Cassiciacum, einem Landgut am Comer See, wo sie ein neuplatonisch-christliches Leben intensiver Diskussionen führen. Diese finden ihren Niederschlag in vier dort verfassten Dialogen, besonders den *Soliloquia* (*Selbstgespräche*) und *De ordine* (*Über die Ordnung*), die uns das zuverlässigste Zeugnis vom Denken des Neubekehrten geben. In der Osternacht 387 werden A. und sein Sohn von Ambrosius getauft. Bald danach beschließt er die Rückkehr in die Provinz Africa. Auf dem Weg dorthin, in Ostia, stirbt die Mutter. In seiner Vaterstadt Thagaste gründet er mit Freunden eine kleine philosophisch-asketische Gemeinschaft. Drei Jahre später drängt die Gemeinde von Hippo Regius, der nach Karthago größten Hafenstadt dieser Provinz, den Durchreisenden, sich zum Priester weihen zu lassen und als rechte Hand ihres Bischofs bei ihnen zu bleiben. A. fügt sich schweren Herzens; das Leben ungestörten Philosophierens sieht er unwiderruflich verloren.

Die Ordination, vor allem aber die Bischofsweihe werden der eigentliche Wendepunkt seines Lebens. Eine intensive Beschäftigung mit der Bibel tritt nun neben die philosophischen Forschungen; die christliche Botschaft gewinnt gegenüber dem (Neu-)Platonismus zunehmend eigene Kontur. Bedeutendste Frucht jener Zeit der Umorientierung sind seine *Bekenntnisse*. Diese in ein Gebet zu Gott gekleidete introspektive Autobiographie stilisiert seinen persönlichen Lebensweg zum Paradigma einer ewigen Wahrheit – der Unruhe der menschlichen Seele, die durch den Fall Adams ihre ursprüngliche Harmonie verloren hat, bis zu ihrer Heimkehr zu Gott: »Zu Dir hin hast Du uns geschaffen, und ruhelos ist unser Herz, bis es ruht in Dir.« Mit der Entdeckung eines jenseits des Ich zu suchenden Sinns und Ziels des Menschen verabschiedet sich A. vom Autonomie-Gedanken des idealistischen klassischen Menschenbildes.

Verborgen in den *Bekenntnissen*, im 11. Buch, findet sich eine der bemerkenswertesten Abhandlungen der gesamten spätantiken Philosophie: A.' Diskussion der Zeit. Die Vergangenheit existiert »nicht mehr«, die Zukunft »noch nicht«. Die Gegenwart selbst, jener flüchtige Moment zwischen einem zweifachen Nichts, löst sich ins Nichts auf. Die reale Zeit hat kein Maß, keine Dauer, kein Sein. Was also ist Zeit? A. sieht sie als einen Prozess der menschlichen Psyche. Das Bewusstsein (*memoria*) nimmt die Welt wahr – es erfasst den Strom atomisierter Gegenwart in Form von Bildern (*imagines*) und speichert diese im Gedächtnis. Über den unmittelbaren »Anblick« der Gegenwart hinaus verfügt das Bewusstsein so über eine (im Moment der Gegenwart zugängliche) »erinnerte« Vergangenheit und eine »imaginierte« Zukunft – Vergangenheit, Gegenwart und Zukunft sind im Bewusstsein gegenwärtig. Kein bewegtes Abbild der Ewigkeit (Platon), keine objektiv-physikalische Größe (Aristoteles), keine metaphysische Entfaltung des Seins (Plotin) ist A.' Zeit. Er entwickelt einen psychologischen Zeitbegriff. Zeit ist unlösbar verbunden mit der Existenz rationalen Bewusstseins. Sie wird zum mentalen Prozess, der Wahrnehmung und Erkenntnis (chronologisch) ordnet, verarbeitet und präsent hält; sie ist die »innere Gegenwart« aller Erfahrung. A. entdeckt den subjektiven Charakter der Zeit.

In die Gemeinde von Hippo und in die africanische Amtskirche wächst A. schnell hinein. Der Bischof von Karthago und Primas Africas, Aurelius, fördert ihn entschieden; die Zusammenarbeit der beiden begründet die langjährige Führungsrolle der africanischen Kirche im lateinischen Westen. A. engagiert sich besonders in einer Angelegenheit, welche die Gemeinde Africas seit einem Jahrhundert spaltet: dem aus dem Streit um das Verhalten des Klerus während der Christenverfolgungen entstandenen donatistischen Schisma. Er organisiert mehrere africanische Konzile, die eine gemeinsame Haltung des katholischen Klerus gegenüber den Donatisten festschreiben sollen. Der Idee staatlicher Gewaltanwendung gegenüber den Donatisten, in einer Zeit, die einen Höhepunkt kaiserlicher Gesetzgebung gegen Nicht-Christen und ›Häretiker‹

markiert, steht A. anfangs reserviert gegenüber. Als aber der staatliche Druck auf die Donatisten zu zahlreichen Übertritten führt, beginnt er seine Meinung zu modifizieren: Die nur äußerliche Strenge offenbart sich als ›heilsam‹, vermag sie doch die Gemaßregelten zurückzuführen zum Heil. Er verteidigt nun Zwangsmittel gegen ›Häretiker‹, wobei seine Theologie der »väterlichen Zurechtweisung« nicht nur der restriktiven Reichspolitik die theoretische Legitimation liefert, sondern letztlich zu einem der ersten Schritte wird auf dem Weg hin zu der von Thomas von Aquin unternommenen theologischen Rechtfertigung der Inquisition.

Die Einnahme Roms durch Alarichs Goten 410 schlägt ungeheure Wellen im Reich. Der Fall der Stadt, die seit Konstantin und dessen Theologen Eusebios weite Teile der Kirche als Verwirklicherin und Verwirklichung der Heilsbotschaft begreifen, bringt die Vertreter der christlichen Reichsideologie in ärgste Verlegenheit und liefert den immer noch einflussreichen Gegnern der Christen willkommene Argumente. Die hier entflammte Diskussion wird A. zum Anlass, ein lange durchdachtes Problem zu behandeln: Gottes Wirken in der Geschichte. In 15-jähriger Arbeit schreibt er die letzte große Apologie der frühen Kirche: *De Civitate Dei* (*Über den Gottesstaat*). In ihr entwirft A. eine Geschichtstheologie, welche die profane Geschichte einbettet in den eschatologischen Bogen der Heilsgeschichte. Unser ursprüngliches Sein, das Paradies, ist geschichtslos. Geschichte entsteht erst mit dem Sündenfall des Menschen. Unsere geschichtliche Existenz ist Ausdruck und Resultat des Verlusts dieses ursprünglichen Ideals; wir sind verurteilt zum Aufenthalt in der Fremde, dem Ort der Selbst- und Gottesentfremdung: der Geschichte. Das Paradies auf der einen, Gericht, Erlösung und Verdammnis auf der anderen Seite bilden die eschatologischen Brückenköpfe der Geschichte. Wie der Mensch selbst, gewinnt auch die Geschichte allein aus diesen Bezugspunkten jenseits der Geschichte Sinn und Ziel. Das christliche Gegenstück zu Platons *Staat* formuliert einen merklichen Rückzug aus der politischen und historischen Theorie; die transzendente Bestimmung der Geschichte macht die Reflexion geschichtsimmanenter Probleme entbehrlich. Die so gewonnene Distanz zur Realgeschichte eröffnet A. aber auch ein unabhängigeres Urteil. Vor dem Hintergrund seiner Betrachtungen zum egozentrischen Denken und Handeln der – gefallenen – Menschen und zum enormen Konfliktpotential jeder staatlichen Ordnung übt er vernichtende Kritik am römischen Imperialismus. Doch weiß er, in einer die Forschung bis heute verwirrenden Ambivalenz, dem römischen Staat auch Gutes abzugewinnen: Dieser etabliert eine Ordnung institutioneller Gewalt, die das Chaos unkontrollierter Gewalt in Schach hält. Solche Ordnungsleistung schafft den Rahmen, innerhalb dessen die Kirche ihre Interessen verfolgen kann, weshalb für A. die Christen auch zu Recht am Staat ›teilnehmen‹ – als Steuerzahler, Soldaten, Politiker. Auf eschatologischer Ebene freilich klammert er Rom aus der Heilsgeschichte aus: Einen römischen ›Gottesstaat‹ kann es nicht geben – Rom, historisch relativ und theologisch neutral, bleibt im Raum des Profanen. A.' Absage an die eusebianische Reichstheologie lockert theoretisch die Bindung der Kirche an den spätantiken Staat; gleichzeitig formulieren seine Zugeständnisse an dessen Ordnung ein Toleranzedikt, das in der Rezeptionsgeschichte des Textes die größten Wirkungen zeitigen wird.

Als folgenreich erweist sich auch ein anderes Thema, das ihn in jenen Jahren beschäftigt. Aufmerksam geworden auf Äußerungen des britischen Mönchs Pelagius, der eine moralische Erneuerung der Kirche zu fördern sucht, sieht A. das Menetekel einer drohenden neuen Häresie aufflammen. Mit der Härte, die er in der Verfolgung der Donatisten gewonnen hat, initiiert er gegen Pelagius und dessen Anhänger eine Kampagne bis dahin in der Kirche unbekannter Intoleranz und Unerbittlichkeit. Besonders die Schriften des jungen süditalischen Bischofs Julian von Eclanum, eines entschiedenen Parteigängers des Pelagius, der gerne die philosophischen Argumente des jungen A. gegen die Gnadenlehre des alten ausspielt, lassen A.' Position von Entgegnung zu Entgegnung sich verhärten. Die Radikalität seiner in dieser Auseinandersetzung formulierten ›Theologie der Gnade‹ weckt selbst in konservativen Kirchenkreisen Unbehagen; bei aller Wirkmächtigkeit – von Thomas bis Luther – ist die Version, die sich in den kommenden Jahrzehnten und Jahrhunderten durchsetzen wird, beträchtlich gemäßigter. Der A. des pelagianischen Streits lässt den klassischen Gedanken, die Glückseligkeit sei zu erlangen durch ein Leben in Weisheit und Tugend, weit hinter sich. Was der Mensch Gutes tut und erfährt, ist allein Werk Gottes, Ausdruck seiner Gnade. Diesen Gedanken begründet er auf zwei Ebenen: psychologisch mit der Unfreiheit des menschlichen Willens, theologisch mit der Ursünde Adams. Ursprünglich besitzt der Mensch Willensfreiheit – als Vermögen einer grundsätzlichen Entscheidung zum Guten. Sucht er nun das Gute in der »Selbstliebe«, das heißt in einer eigenen, die göttliche ignorierenden Ordnung, wird sein Wille zum Gefangenen schlechter Gewohnheiten, endlich zum Opfer der unkontrollierbaren Triebe: Der selbst zu verantwortende falsche Gebrauch der Willensfreiheit bewirkt deren Verlust. Diesem Sündig-Werden des Einzelnen geht das Sündig-Gewordensein der gesamten Menschheit in Adam voraus. Die Schuld des Repräsentanten der Menschheit wird zur Schuld der Menschheit; sein Missbrauch menschlicher Freiheit verdirbt die freie Natur *aller* Menschen. Diese Schuld wird von Generation zu Generation vererbt – A. ist der eigentliche Schöpfer der Idee der Erbsünde –, und zwar durch die Sexualität. Diese ist gleichermaßen Ursache, Motor und Transportmittel der Erbsünde, wie auch deren Strafe – den Menschen auferlegt für den Ungehorsam Adams, zeigt sie sich (als permanente Herausforderung jeder moralischen Anstrengung) selbst ungehorsam. Von seiner gesamten Disposition her ist der Mensch also prädestiniert zum Schlechten, die Menschheit bestimmt zur Verdammnis. Vor ihr bewahrt allein das bewusste Eingreifen Gottes eine kleine Zahl Erwählter – als Beweis seiner Barmherzigkeit. Beweis seiner Gerechtigkeit ist der verdiente Untergang der Masse. Der Gottesbegriff, der hier deutlich wird, bleibt in der Theologie der frühen Kirche ohne Parallele. Eine willkürliche Prädestination ersetzt den Gedanken eines gerechten göttlichen Handelns, Gott wird zum spätantiken Autokrator, der den Großteil seiner Schöpfung in den Abgrund seiner Gerechtigkeit stürzen lässt. So betrachtet, macht dieser radikale Bruch mit den klassischen Konzepten auch Sinn: Diese entsprechen nicht mehr den Lebenserfahrungen der Spätantike.

A. designiert einen Nachfolger und sichtet seinen reichen literarischen Nachlass. Ergebnis dieser Arbeit sind die in der antiken Literatur einzigartigen *Retractationes*, ein kommentierender chronologischer Werkkatalog, dessen erklärte Absicht das Offenlegen seiner geistigen Entwicklung ist und deren Kritik aus der Optik der eigenen späten Position. A. ist der erste abendländische Denker, der seinen Weg bewusst als Entwicklung erkennt.

Die Ereignisse der Völkerwanderung greifen nach Africa. Geiserichs Vandalen landen in Mauretanien und rücken nach Osten vor. Die römische Ordnung in Africa bricht zusammen; nacheinander fallen alle Städte in die Hände der Germanen. Vom Winter 429/30 an belagern sie Hippo. Die Belagerung, die über ein Jahr dauert, macht das Leben in der Stadt unerträglich. A. verzweifelt angesichts der aussichtslosen Lage, und er erkrankt schwer. Possidius, der lange Jahre an A.' Seite gelebt hat, gibt von jenen letzten Tagen einen eindringlichen Bericht: Der greise Bischof, vom Fieber auf sein Lager gefesselt, verbringt sie in strenger Einsamkeit (nur der Arzt sieht ihn regelmäßig); an der Wand neben seinem Lager hängen die vier Bußpsalmen Davids; immer wieder liest er sie, und, so Possidius, er weint Tag und Nacht, zehn Tage lang.

Ausgaben: Bekenntnisse. Hg. K. Flasch/B. Mojsisch. Stuttgart 1989. – Gottesstaat. Hg. W. Thimme. 2 Bde. Zürich 1955.

Peter Habermehl

Ausländer, Rose

Geb. 11. 5. 1901 in Czernowitz/Bukowina; gest. 3. 1. 1988 in Düsseldorf

Die Familie Rosalie Scherzers, so ihr Geburtsname, gehörte zur Minderheit des deutschsprachigen jüdischen Beamtentums. Nach dem Anschluss der Bukowina an Rumänien verarmte die Familie, A. musste nach dem Tod ihres Vaters ihr Philosophiestudium abbrechen und emigrierte 1921 nach New York. Nach einer glücklichen und behüteten Kindheit war sie nun ganz auf sich gestellt; die 1923 mit dem Studienfreund Ignaz Ausländer geschlossene Ehe hielt gerade drei Jahre. Sie arbeitete als Bankangestellte »unter dem lieblosen Herzschlag der Uhren«; ihrer eigentlichen Neigung, dem Schreiben, widmete sie sich nach den Bürostunden. Schon in Czernowitz hatte sie Gedichte verfasst, die allerdings noch wenig eigenständig waren. Stark beeinflusst von so widersprüchlichen Richtungen wie der Neuromantik und dem Expressionismus, lesen sich einige ihrer frühen Werke manchmal wie unfreiwillige Parodien. A. selbst mag dies später so empfunden haben: Ihren von Alfred Margul-Sperber 1939 zusammengestellten Gedichtband *Der Regenbogen* erklärte sie in ihrer autobiographischen Notiz *Alles kann Motiv sein* (1971) für verschollen, eindeutig in der Absicht, sich davon zu distanzieren. Erst mit dem Gedichtzyklus *New York* (1926/27) fand sie zu eigener Sprache und Form. Wenn auch die Nähe zum Expressionismus noch spürbar ist, so weisen diese Gedichte doch in der Darstellung von Härte und sozialer Misere einerseits und von menschlicher Schönheit und der kargen Poesie der Großstadt andererseits einen ausgeprägten Realismus im Stil der Neuen Sachlichkeit auf, den auch ihre späteren Gedichte über New York zeigen.

Während dieser New Yorker Jahre hatte sie u. a. Kontakt zu einem Kreis von Anhängern des jüdisch-spinozistischen Philosophen Constantin Brunner, dessen Werk sie schon in Czernowitz studiert hatte und das z. T. ihre Gedichte beeinflusste, vor allem in der Ablehnung eines personalen Gottesbildes. So war sie in New York zwar nicht isoliert, aber dennoch hat die Erfahrung des Exils, des »in der Fremde daheim«, ihr Werk ebenso geprägt wie die Erkenntnis, dass die Heimat zur Fremde geworden war. 1931 kehrte A. nach Czernowitz zurück, um ihre kranke Mutter zu pflegen. Von 1941 bis 1944 war sie im Ghetto von Cernowitz, das letzte Jahr in einem Kellerversteck. »Wir zum Tode verurteilten Juden waren unsagbar trostbedürftig. Und während wir den Tod erwarteten, wohnten manche von uns in Traumworten – unser traumatisches Heim in der Heimatlosigkeit. Schreiben war Leben. Überleben.« So charakterisierte A. die Rolle des Schreibens in diesen Jahren als Überlebenshilfe, als Mittel zur Bewältigung einer übermächtigen, grausamen Realität. Der in dieser Zeit entstandene Gedichtzyklus *Ghettomotive* ist dementsprechend von der Form her überwiegend traditionell: ästhetische Kriterien, literaturwissenschaftliche Diskussionen waren unwichtig geworden in einem Leben in permanenter Angst und Bedrohung, in ständiger Nähe zum Tod.

»Was … über uns hereinbrach, war ungereimt, so alpdruckhaft beklemmend, daß – erst in der Nachwirkung, im nachträglich voll erlittenen Schock – der Reim in die Brüche ging. Blumenworte welkten. Auch viele Eigenschaftswörter waren fragwürdig geworden in einer mechanisierten Welt.« So begründete A. ihr dichterisches Schweigen zu Beginn ihres zweiten USA-Aufenthaltes (1946 bis 1964). Danach schrieb sie längere Zeit Gedichte nur in englischer Sprache, und erst 1956 kehrte sie zum Deutschen zurück: »Mysteriös, wie sie erschienen war, verschwand die englische Muse. Kein äußerer Anlaß bewirkte die Rückkehr zur Muttersprache. Geheimnis des Unterbewußtseins.« 1957 traf sie Paul Celan, den sie im Czernowitzer Ghetto kennengelernt hatte, in Paris wieder. Er machte sie mit den Strömungen der deutschen Nachkriegslyrik vertraut.

Von 1961 an widmete A. sich ganz dem Schreiben; ihren Angestelltenberuf hatte sie krankheitshalber aufgegeben. 1964 kehrte sie nach Europa zurück. Die erste Station war Wien, 1965 zog sie nach Düsseldorf. Im selben

Jahr erschien auch ihr Gedichtband *Blinder Sommer*, das Ergebnis einer minuziösen Arbeitstechnik: Prosaskizzen wurden in Verse umgearbeitet, Alltagserfahrungen, Gedanken und Gefühle zum einen genau wiedergegeben, zum anderen poetisch überhöht. Neben der Realität wird die Sprache ein immer wichtigeres Motiv. Der Sprache kam immer mehr Ersatzfunktion für die erlittenen Verluste zu: »Mein Vaterland ist tot / sie haben es begraben / im Feuer / Ich lebe / in meinem Mutterland / Wort (*Mutterland*, 1978). So wurde das dichterische Wort selbst zunehmend zum Gegenstand ihres lyrischen Sprechens, ohne dass das metasprachliche Thema die anderen, konkreteren, verdrängt hätte: »Meine bevorzugten Themen? Alles. Das Eine und das Einzelne. Kosmisches, Zeitkritik, Landschaften, Sachen, Menschen, Stimmungen, Sprache –.« Diese Vielfalt, die mit einer epigrammatischen Verknappung der Sprache einherging, fand ihren Niederschlag in zahlreichen Gedichten. Zwischen 1974 und 1987 veröffentlichte sie fast jährlich einen Band (*Im Atemhaus wohnen*, 1980; *Mein Atem heißt jetzt*, 1981; *Mein Venedig versinkt nicht*, 1982 usw.). Ihr Werk fand, spät, öffentliche Anerkennung. 1980 erhielt sie den Gandersheimer Literaturpreis, 1984 den Literaturpreis der Bayerischen Akademie der Schönen Künste.

Werkausgabe: Gesammelte Werke. Hg. von Helmut Braun. 8 Bde. Frankfurt a. M. 1984–90.

Marianne Meid

Austen, Jane
Geb. 16. 12. 1775 in Steventon, Hampshire; gest. 18. 7. 1817 in Winchester, Hampshire

Jane Austen vollbrachte mit ihrer Entwicklung des figurengebundenen Erzählens (*point-of-view narration*) am Beginn des 19. Jahrhunderts eine der bedeutendsten Innovationen in der Geschichte des Romans. Sie wurde früh von Walter Scott wegen ihrer realistischen Darstellung gelobt, aber Charlotte Brontë z. B. vermisste Gefühle und Leidenschaften in ihrem Werk. Seit dem späten 19. Jahrhundert gehört sie zu den Klassikern, zur ›great tradition‹ (F.R. Leavis). In neuerer Zeit hat sich die feministische Literaturkritik intensiv mit A. auseinandergesetzt, und auch Vertreter kulturgeschichtlicher Ansätze haben sich ihrem Werk zugewandt. Die A. immer wieder zugesprochene Zugehörigkeit zu einem spezifisch englischen kulturellen Kontext – her *Englishness* – hat ihre weltweite Popularität nicht verhindert. – A. war das jüngste Kind eines Pfarrhauses in Steventon. Sie erhielt ihre Erziehung im Wesentlichen durch ihren Vater, George Austen, der sie zum Lesen ermunterte und ihre schriftstellerische Neigung unterstützte. Große äußere Ereignisse fehlen in A.s Leben. Die Familie zog 1801 nach Bath, nach dem Tod des Vaters 1806 nach Southampton und 1809 zurück nach Hampshire (Chawton). Aufschluss über ihr Leben und ihr Literaturverständnis bieten ihre Briefe, die allerdings von ihrer Schwester Cassandra einer Zensur unterworfen wurden.

Schon in ihrer Jugend setzte sich A. in komischen Texten mit Gattungen und Formen des Romans auseinander, z. B. in *Love and Friendship* (1790), einer Parodie auf die Gattung des Briefromans sowie auf die Übertreibungen und stilistischen Affektiertheiten des sentimentalen Genres. Die kreative Auseinandersetzung mit populären Romangattungen, speziell mit den sentimentalen Liebesromanen (*romances*) und den Schauerromanen (*gothic novels*), lebt in A.s Romanwerk fort, besonders deutlich in dem 1797/98 geschriebenen, aber erst 1818 postum veröffentlichten Roman *Northanger Abbey* (*Die Abtei von Northanger*, 1948), dessen Protagonistin Catherine Morland sich auf dem Weg zur Selbst- und Wirklichkeitserkenntnis – ein Ziel aller Heldinnen A.s – von den Denkklischees aus Ann Radcliffes Schauerroman *The Mysteries of Udolpho* (1794) lösen muss. A.s Romanwerk besteht aus fünf vollendeten Texten, denen ihr

einziger Briefroman, *Lady Susan* (1793–94; *Lady Susan*, 1992), und das Fragment *The Watsons* (1804–07; *Die Watsons*, 1978) vorausgingen. Ihr letzter Roman, *Sanditon* (1817; *Sanditon*, 1980), der in seiner realistischen Darstellung neue Wege zu weisen scheint, blieb Fragment. In allen Romanen A.s ist die Handlung auf das Ziel der Eheschließung der Protagonistin ausgerichtet (*marriage plot*). Das glückliche Ende (*happy ending*) ist allerdings vielfach leicht ironisiert, da es zu den Versatzstücken der von A. kritisierten Liebesromane (*romances*) gehört. Das Hauptinteresse gilt den komplexen moralischen, ökonomischen und gesellschaftlichen Problemen, die sich auf dem Weg zur Ehe stellen. Kontrastierende Nebenhandlungen stellen andersartige Liebesbeziehungen dar.

A.s erster vollständiger Roman ist *Sense and Sensibility* (1811; *Vernunft und Gefühl*, 1984), der auf eine in Briefform geschriebene Fassung mit dem Titel *Elinor and Marianne* aus dem Jahre 1795 zurückgeht. Den beiden gegensätzlichen Begriffen im Titel des Romans – *sense* (Vernunft) und *sensibility* (Gefühl) – entsprechen in einer Tradition antinomischer Präsentation des späten 18. Jahrhunderts die beiden Hauptfiguren, Elinor Dashwood, die das vernunftgemäße, auf Schicklichkeit (*decorum*) ausgerichtet Verhalten repräsentiert, und ihre Schwester Marianne, die die Position des Gefühls (*feeling*) und der Phantasie (*fancy*, *imagination*) vertritt. Diese beiden Standorte werden am Beispiel der Liebesschicksale der beiden Schwestern expliziert: Elinors zumindest nach außen hin kontrolliertem Umgang mit den Enttäuschungen und dem letztendlichen Glück ihrer Liebe zu dem angehenden Geistlichen Edward Ferrars und Mariannes gesellschaftliche Normen missachtendem, exzessiv emotionalem Verhalten in ihrer romantischen Liebe zu Willoughby, der sich als ein charakterloser Verführer – in der Tradition von Richardsons Lovelace (*Clarissa*) und Fanny Burneys Willoughby (*Evelina*) – erweist. *Sense and Sensibility* privilegiert den Standort Elinors, aus deren Sicht auch das Schicksal Mariannes dargestellt wird. Komplexität ergibt sich daraus, dass Elinor mehr an Empfindung für ihre Schwester aufbringt als für sich selbst. Mariannes die sozialen Normen durchbrechende Verteidigung ihrer von Mrs. Ferrars beleidigten Schwester ist ein erzählerischer Höhepunkt. Mariannes Ehe mit Colonel Brandon erscheint durch die tätige Liebe des Mannes und die zur Selbsterkenntnis führende Entwicklung in der jungen Frau als ein glaubwürdiges glückliches Ende. Charakteristisch für A. ist die Art, wie die Handlung des Romans aus der durch das Erbrecht benachteiligten Lage einer Witwe, die nur Töchter hat, hergeleitet wird. Sozialkritik drückt sich in der satirischen Darstellung von Nebenfiguren aus, die Missgunst (Mrs. John Dashwood), Raffgier (Mr. John Dashwood), soziale Arroganz (Mrs. Ferrars) und weibliches Intrigantentum (Lucy Steele) bloßstellen.

Die Ausgangslage von *Pride and Prejudice* (1813; *Stolz und Vorurteil*, 1830) ist, der des ersten Romans vergleichbar, die ungesicherte Existenz der Familie Bennet mit ihren fünf Töchtern, da nach dem Erbrecht ihr Landsitz in Hertfordshire an den nächsten männlichen Verwandten fällt (Primogenitur). Elizabeth Bennet hat es in der Hand, ihre Familie zu retten, aber sie lehnt den Heiratsantrag des Erben, ihres Cousins Mr. Collins, ab. Auch den Antrag Mr. Darcys, Eigentümer eines großen Herrensitzes in Derbyshire, weist sie zurück, weil sie ihn des Hochmuts verdächtigt. Elizabeth lässt sich doch, anders als ihre Freundin Charlotte Lucas, nicht auf eine Versorgungsehe ein und geht doch am Ende, von ihren Vorurteilen befreit und zur Selbsterkenntnis gelangt, durch die Annahme von Darcys zweitem Antrag eine höchst vorteilhafte Ehe ein. Der Roman präsentiert ein ganzes Spektrum von Einstellungen zur Liebe, von der spontanen Liebe der ältesten Bennet-Tochter Jane bis zur ungezügelten Sinnlichkeit der jüngeren Lydia, die zum willigen Opfer eines Verführers wird. Mit Nebenfiguren wie dem Pfarrer Mr. Collins wird, anders als in *Sense and Sensibility*, Sozialkritik eher komisch als satirisch artikuliert. Kritik an der Aristokratie drückt sich in Elizabeths Zurückweisung von Lady Catherine de Bourghs arrogantem Versuch der Verhinderung einer Ehe zwischen Elizabeth und ihrem Neffen Darcy aus. Diese Szene ist ein Beispiel für die Dialogkunst des Romans.

In *Mansfield Park* (1814; *Mansfield Park*, 1968), A.s ernstestem Werk, dominiert die Perspektive der weiblichen Hauptfigur Fanny Price in einer Weise, die Henry James' Standpunkttechnik vorwegnimmt. Als Außenseiterin beobachtet Fanny die Geschehnisse auf dem Herrensitz Mansfield Park rigoros moralisch wertend: die Verirrungen und moralischen Verfehlungen, in welche die beiden Söhne von Sir Thomas Bertram – Tom und Edmund – und die beiden Töchter – Maria und Julia – involviert sind. Diese spitzen sich während einer Geschäftsreise des Hausherren nach Antigua in Westindien zu, als eine von Fanny missbilligte Aufführung von Kotzebues *Kind der Liebe* (1791) inszeniert wird. In dem moralischen Chaos beweist nur Fanny Integrität und Stabilität. Das zeigt sich z. B. darin, dass sie, wie es so gut wie alle Heldinnen A.s einmal tun, einen scheinbar vorteilhaften Heiratsantrag ablehnt, hier den des reichen Nachbarssohns Henry Crawford. Das *happy ending*, Fannys Verbindung mit Edmund Bertram, der als zweiter Sohn der Familie Geistlicher geworden ist, stellt A. mit charakteristischer Ironie dar.

A.s erzählerisches Meisterstück ist *Emma* (1816; *Emma*, 1961). Die Heldin Emma Woodhouse ist eine selbsternannte Ehestifterin, die sich bei ihren Eheanbahnungsversuchen moralisch sehr fragwürdig verhält. Zuerst versucht sie mit viel Arroganz, der naiven Harriet Smith ihren Liebhaber, einen einfachen Bauern, mies zu machen und sie mit dem Vikar des Dorfes Highbury, Mr. Elton, zu verkuppeln. Dieses Projekt scheitert kläglich, als nämlich der Pfarrer ihr, Emma, selbst einen Heiratsantrag macht. Immer wieder zerbrechen ihre ehestifterischen Illusionen an der Wirklichkeit, und sie nimmt sich vor, sich zu bessern, wird aber stets rückfällig. Ihr letztes Projekt führt Emma in eine tiefe Krise. Sie versucht, Harriet für den oberflächlichen Frank Churchill, einen reichen Erben, zu interessieren, muss aber erfahren, dass Frank heimlich verlobt ist. Als Harriet gesteht, dass sie in

Wahrheit Mr. Knightley, einen langjährigen Freund der Familie Woodhouse, als Ehemann im Auge hat, wird Emma bewusst, dass sie selbst Mr. Knightley liebt. Durch ihre Einbildungskraft steht Emma in der Tradition von Charlotte Lennox' weiblicher Quijote-Figur Arabella in *The Female Quixote* (1752). A. führt den Leser in einer perfektionierten *point-of-view*-Technik durch das Mittel der erlebten Rede (freie indirekte Gedankenwiedergabe) ganz nahe an das Bewusstsein ihrer Heldin heran und hält ihn durch das Mittel der Ironie zugleich in einer Distanz. Eine weitere Innovation liegt in der Handlungsdarstellung. Von Emmas ehestifterischen Unternehmungen erfährt kaum eine andere Figur des Romans. Sie bleiben weitgehend auf das Bewusstsein der Protagonistin beschränkt, eine vor A. nicht bekannte Verinnerlichung der Handlung, die auf den Bewusstseinsroman vorausdeutet. Gleichzeitig kommt es in diesem Werk mit einer Heldin, deren Denken über weite Strecken von sozialem Vorurteil und Snobismus gekennzeichnet ist, zu einer höchst differenzierten und nuancierten Wertung moralischer Sachverhalte, z. B. in dem Box-Hill-Kapitel, als Emma sich Miss Bates, einer sozial benachteiligten Frau, gegenüber zu einer verletzenden Bemerkung hinreißen lässt, ein Geschehen, das scheinbar beiläufig präsentiert und von den anderen Romanfiguren nicht kommentiert wird. Umso größer ist Emmas Bestürzung, als ihr Mr. Knightley am Schluss des Kapitels heftige Vorwürfe macht. Hier zeigt sich A.s Kunst der Entwicklung von Sozialkritik aus der Darstellung alltäglicher Situationen. Unter den vielfach komisch und satirisch dargestellten Nebenfiguren, wie etwa Mrs. Elton, hebt sich die bereits genannte Miss Bates heraus, deren Redefluss durch die Assoziationstechnik auf den Bewusstseinsstrom der modernen Erzählkunst verweist.

Persuasion (1817; *Überredung*, 1822), A.s Roman mit den stärksten politischen Implikationen, variiert den für die Autorin charakteristischen *marriage plot* bedeutsam. Nachdem Anne Elliot sieben Jahre zuvor die Verlobung mit dem mittellosen Marineoffizier Wentworth auf Druck ihrer aristokratisch-snobistischen Familie gelöst hatte, kehrt dieser nach dem Krieg als gemachter Mann in die Nähe ihres Landsitzes Kellynch Hall in Somersetshire zurück. Es kommt zu einem allmählichen Wiederaufleben der Liebe der beiden ehemaligen Verlobten. Während dieses Prozesses gelangt die Protagonistin, die sensibelste Frauenfigur, die A. je geschaffen hat, zu einer totalen sozialmoralischen Neuorientierung: Die Wertvorstellungen einer (dekadenten) Aristokratie, verkörpert durch ihren Vater, den eitlen alten Baronet Sir Walter Elliot, werden durch ein neues individualisiertes bürgerliches Lebenskonzept ersetzt, das vertreten ist durch die Angehörigen der Navy, Admiral Croft mit seiner Frau und Captain Harville. Die narrative Standpunkttechnik erhält in diesem Roman eine besonders intensive Ausprägung. Da im Fall einer moralisch untadeligen Protagonistin wie Anne Elliot, anders als bei Emma Woodhouse, Ironie gegenstandslos ist, wird der Leser im Ablauf des Romans immer näher an das Bewusstsein der Hauptfigur geführt, so dass es quasi zu einer Identifikation von Figuren-, Erzähler- und Lesersicht kommt. Eine der künstlerischen Errungenschaften des Romans liegt in der Darstellung nonverbaler Kommunikation. A., die im Gegensatz etwa zu Charles Dickens nicht an der äußeren Erscheinung (und Kleidung) ihrer Figuren interessiert ist, bekundet dennoch eine im Vergleich zu früheren Autoren gesteigerte Sensibilität für körperliches Verhalten wie Mienenspiel, Blickkontakt, Beobachtung und Bewegung sowie für das Verhältnis von Ferne und Nähe von Figuren im Raum.

Man hat A. gelegentlich mangelndes Interesse an den großen politischen Fragen ihrer Zeit vorgeworfen oder, besonders in den letzten Jahren, das von ihr ausgeblendete oder höchstens angedeutete Politische ins Zentrum der Interpretation gerückt. Aber die Erwähnung der geschäftlichen Reise von Sir Thomas Bertram nach Antigua in Westindien etwa wird bei A. nicht zum Ansatz einer Kolonialismuskritik. Sie bleibt politisch eine blinde Stelle. Die Abwesenheit des Hausherrn dient als Katalysator für die destruktiven moralischen Tendenzen in der Gesellschaft von Mansfield Park. In A.s Beschränkung auf drei oder vier Familien im Bereich der landsitzenden Gentlemen liegt ihre Stärke. Das Phänomen, dass Ehen in A.s Romanen nicht selten unter (wenn auch nicht blutsmäßig verbundenen) Verwandten geschlossen werden, ist nicht auf ein etwaiges Interesse der Autorin an inzestuösen Beziehungen zurückzuführen, sondern auf ihre Orientierung an dem sozialen Kleinbereich von nur einigen wenigen Familien, den sie unter Berücksichtigung der sozio-ökonomischen Basis von Liebesbeziehungen mit großer Sensibilität und vielfach auch mit Ironie darstellt. Ihr innovativer Beitrag zur Romangeschichte liegt in der Ausbildung der *point-of-view*-Technik, die weibliches Bewusstsein privilegiert und eine subtile psychologische Analyse ermöglicht. Zugleich führt A. die Dialogisierungstendenz der Gattung fort, die sich im 18. Jahrhundert v.a. bei weiblichen Romanciers wie Charlotte Lennox und Fanny Burney zeigt.

Werkausgabe: The Novels. Hg. R.W. Chapman. Oxford/ London 1975 [1923].

Wolfgang G. Müller

Auster, Paul
Geb. 3. 2. 1947 in Newark, New Jersey

»It was a wrong number that started it«, so beginnt der erste von Paul Auster unter seinem Namen veröffentlichte Roman. Und so sollte es auch weitergehen: Zufälle, Unfälle und Abfälle, wohin man in A.s Werken auch blickt. Kaum ein amerikanischer Autor der Gegenwart widmet sich mit solcher Intensität der Planlosigkeit menschlichen Seins. Literarisch begonnen hat A. aber unter einem anderen Namen: Der Roman *Squeeze Play* (1978; *Aus für den Champion*, 1994), eine Detektivgeschichte, wird zunächst unter dem Pseudonym Paul Benjamin veröffentlicht. Zuvor hatte sich der New Yorker jüdisch-deutsch-osteuropäischer Abstammung vor allem als Übersetzer, Kommentator und Herausgeber französischer Lyrik betätigt. Bemerkenswert sind vor allem die Mallarmé-Übersetzungen und die Sammlung moderner und postmoderner französischer Gedichte im *Random House Book of 20th Century French Poetry* (1984). Es folgten eigene Gedichte und Essays, die während A.s Studium an der Columbia University und während des anschließenden fünfjährigen Frankreich-Aufenthalts entstanden. Retrospektiv lassen sich bereits in diesen Texten *in nuce* zentrale Anliegen A.s identifizieren, die sich leitmotivisch durch die Gesamtheit seines Romanwerks ziehen: Scheitern, Verlust, Entfremdung, Leben als prekärer Zustand permanenter Krisis, Konstruktion von Realität, Bewusstsein und Sprache.

In *The Invention of Solitude* (1982; *Die Erfindung der Einsamkeit*, 1993), einer *mémoire*, widmet sich A., ausgehend vom plötzlichen Tod seines Vaters, in zwei sehr unterschiedlichen Abschnitten der Problematik und Bedeutung der Beziehung von Vater und Sohn. Die experimentellen Romane *City of Glass* (1985; *Stadt aus Glas*), *Ghosts* (1986; *Schlagschatten*) und *The Locked Room* (1986; *Hinter verschlossenen Türen*), 1987 als *New York Trilogy* (*New York-Trilogie*, 1989) zusammengefasst, verhelfen dem Autor zum Durchbruch. Sie faszinieren durch strukturelle Originalität und sprachliche Nüchternheit und sind erste meisterhafte Beispiele des später zur eigenen Poetik erhobenen funktionalen Prinzips A.s: Auf der Basis einer etablierten Romanform entfaltet sich in kürzester Zeit ein reflektives, metafiktionales Spiegelkabinett, welches permanent Lesererwartungen weckt, um diese kurz darauf zu zerstreuen oder drastisch zu brüskieren. Im Falle der *New York Trilogy* dient der Detektivroman als Vorlage. In jedem der Romane folgt der Erkenntniszuwachs des Lesers dem eines »private eye« (oder »I«, Ausgangspunkt eines der zahlreichen und mehrfach suggestiven Wortspiele A.s), eines Privatdetektivs nach dem Vorbild eines Sam Spade oder Philip Marlowe, eines einsamen, desillusionierten Einzelgängers am Rande der eigenen Existenz. New York ist nicht nur Schauplatz dieser Romane, sondern scheinbar unerschöpflicher Raum der Vorstellung und Assoziation des Flaneurs, ebenso opakes wie arbiträres Zeicheninventar, in dem Protagonist und Leser gleichermaßen bald jegliche Orientierung einbüßen. Das literarische Verweispotential reicht von Edgar Allan Poe über Walt Whitman, Franz Kafka, Raymond Chandler, Jean-Paul Sartre und Samuel Beckett bis zu Jean Baudrillard und Thomas Pynchon. Der Text selbst wird hier zum urbanen Irrgarten ohne Ausweg oder Zentrum, der Lesevorgang läuft mit der narrativen Bewegung oft zurück zum Ausgangspunkt, jede Vorstellung linearer Handlung wird *ad absurdum* geführt.

Technisch anspruchsvoll, hochsymbolisch und mit mehr oder minder offenen intertextuellen Referenzen, Wortspielen, Verdopplungen, Inversionen, allegorischen und kryptischen Elementen geradezu gespickt sind auch alle weiteren fiktionalen Werke A.s, die zunächst mit *In the Country of Last Things* (1987; *Im Land der letzten Dinge*, 1989) und *Moon Palace* (1989; *Mond über Manhattan*, 1990) in großen Teilen an New York City als Hauptschauplatz festhalten. Im ersten Falle ist nur anhand einiger Hinweise festzustellen, dass es sich bei der im Roman dargestellten postapokalyptischen Ruinenstadt um Manhattan handelt. Der dystopische Briefroman thematisiert wiederum Suche, Identität, Zerstörung und Wiedererfindung von Sprache und Text, Wirklichkeit und Sinn. In *Moon Palace* tritt zusätzlich die Vater-Sohn-Thematik in den Vordergrund. Mit leichtem, für A. gleichwohl ungewöhnlich deutlichem zeit-, kultur- und sozialkritischem Unterton und einigen autobiographischen Details gestaltet der Schriftsteller in diesem pikaresken Bildungsroman das unruhige Dasein des heranwachsenden, scheiternden, sterbenden, erretteten und stets suchenden Marco Stanley Fogg. Seine Reise ist die von schmerzlichem Verlust und unverhofftem Wiedererlangen geprägte, von Zufall getriebene ziellose Bewegung über den nordamerikanischen Kontinent. Ausgehend von der kontrastiven Darstellung von Enge und Weite, Bindung und Einsamkeit, Hunger und Überfluss, Freiheit und Sicherheit, Chaos und Ordnung, Vorbestimmung und Zufall, Natur und Kultur reflektiert diese Suche zentrale Themen nicht nur menschlichen Lebens, sondern auch spezifisch amerikanischer Identität. Zyklische, motivisch regelmäßig wiederkehrende Konstante im Roman ist einzig das Bild des Mondes, Projektionsfläche für zahlreiche Interpretationen und vermutete Intentionalität.

Als literarisches »road movie« ist *The Music of Chance* (1990; *Die Musik des Zufalls*, 1992) bezeichnet worden. In der Tat zeigt der Roman das diesem Genre gemäße Bild zweier Antihelden, zweier marginaler Gestalten, die der Zufall zusammenführt. Die Reise ohne Ziel nach dem Zusammenbruch von Ehe und Familie wird zum Symptom innerer Rast- und Haltlosigkeit des Aussteigers Jim Nashe und des bankrotten Zockers Jack Pozzi. Abermals bietet sich dem Leser eine aktionsreiche Handlung mit doppeltem Boden. Über das Motiv des schicksalsentscheidenden Spiels (Lotterie, Poker) wird die Zufälligkeit von Verlust und Gewinn verdeutlicht, anhand der *City of the World*-Miniatur der Herren Flower und Stone werden Solipsismus, Streben nach Kontrolle und Modellcharakter jeder menschlichen Vorstellung von Wirklichkeit thematisiert. *Leviathan* (1992; *Leviathan*, 1994), der Bericht eines Schriftstellers über seinen verstorbenen Freund und Kollegen, bietet eine weitere Verarbeitung der Identitätsthematik mit deutlich persönlich gefärbten Aspekten. Die Tatsache, dass das Buch A.s Freund Don DeLillo gewidmet ist, hat zu der vielfach geäußerten Spekulation geführt, es handle sich um eine Reflexion über diese Freundschaft: Der Erzähler Peter Aaron teilt A.s Initialen, er heiratet Iris, Anagramm des Vornamens von A.s Frau Siri Hustvedt, die selbst durch die Romane *The Blindfold* (1992; *Die unsichtbare Frau*, 1993), *The Enchantment of Lily Dahl* (1996; *Die Verzauberung der Lily Dahl*, 1997) und *What I Loved* (2003; *Was ich liebte*, 2003) einem größeren Publikum bekannt ist. Nachdem schon *The Music of Chance* und *Leviathan* deutlich unwahrscheinliche und kuriose Wendungen der Handlung enthalten, jedoch wie *Moon Palace* weitgehend traditionell erzählt werden, betritt A. spätestens mit *Mr Vertigo* (1994; *Mr. Vertigo*, 1996) den Bereich des Phantastischen. Die Initiationsgeschichte des Walter Clairborne Rawley, der das Fliegen erlernt und verlernt, gilt als Parabel über den Umgang mit widrigen Umständen, dieses Mal mit Anspielungen auf die jüdisch-amerikanische literarische Tradition; der »luftmensch« oder Überlebenskünstler ist hier ein etablierter Typus. Im 1999 erschienenen Roman *Timbuktu* (*Timbuktu*, 1999) überrascht A. den Leser erneut, nun durch die Erzählperspektive eines Hundes, der über sein Leben mit seinem Besitzer Willy G. Christmas, dessen Tod und sein weiteres Schicksal berichtet. *Timbuktu* entwickelt strukturell, motivisch und thematisch aus früheren Werken bekannte Elemente A.s (Verlust, Suche, Identität, Text im Text, Traum und Tod), ist jedoch auch diesseits der zu vermutenden (und noch weitgehend unerforschten), in der Ambiguität von Namen, Orten und Wortspielen verborgenen Bezugssysteme als weiteres Plädoyer für ein allen Widrigkeiten trotzendes, tapferes und unverzagtes Leben interpretiert worden. Der im Titel angelegte Verweis auf den zweiten Brief des Paulus an Timotheus (»*Tim-book-two*«) mag dies unterstreichen.

Erwähnung verdienen auch A.s Filme. *Smoke* (1995) und *Blue in the Face* (1995) wurden von Wayne Wang verfilmt, während in dem Filmwerk *Lulu on the Bridge* (1998) der Autor selbst Regie führte. Als »ruhiges Erzählkino« gewertet, zeigen *Smoke* und *Blue in the Face* Geschichten aus Brooklyn, A.s Wohnort. *Lulu on the Bridge*, eine Adaption der Pandora-Thematik, stellt sich als eher beunruhigende phantastische Parabel um die Vergänglichkeit von Liebe und Leben, die Unmöglichkeit der Erkenntnis von Identität, Illusion und Wirklichkeit dar.

Während sich A. in Europa, insbesondere in Frankreich, Deutschland und Skandinavien wachsender Beliebtheit und wissenschaftlicher wie kritischer Rezeption erfreut, bleibt er in den USA ein Insider-Tip. Lediglich an Universitäten und Colleges finden sich enthusiastische Leser. Die Kritik ist in der Bewertung seines literarischen Schaffens indes geteilt. Ein häufig geäußerter Vorwurf unterstellt ihm gewollte, überzogen experimentelle Konstruktion sowie ostentative Zurschaustellung von

Intellekt und Belesenheit. Andererseits ist vielfach die sprachliche Ausdruckskraft und die »Lesbarkeit« seiner Romane hervorgehoben worden, die häufig allegorisch in aller Einfachheit jene zentralen Probleme der Postmoderne und Dekonstruktion vor Augen führen, über die Foucault, Derrida und Lacan viel Tinte verloren haben.

Christian Berkemeier

Ayckbourn, Alan [Sir]
Geb. 12. 4. 1939 in London

Alan Ayckbourn ist der erfolgreichste englische Komödienschreiber im gegenwärtigen Großbritannien. Er ist Fellow of the Royal Society of Arts, wurde 1987 zum *Commander of the Order of the British Empire* (CBE) ernannt und als erster Dramatiker nach Terence Rattigan in den Adelsstand erhoben. Nach 1963 hat A. über 60 Stücke geschrieben, die in aller Regel zunächst im Stephen Joseph Theatre in Scarborough, Yorkshire, von ihm selbst inszeniert und danach im Londoner West End oder im Royal National Theatre auf die Bühne gebracht wurden. Der Dramatiker A. hat von Anfang an in Symbiose mit dem Regisseur A. gelebt. Er begann seine Karriere als Stage Manager und Schauspieler in der *touring company* von Sir Donald Wolfit, arbeitete als Drama Producer bei der BBC in Leeds, war Mitbegründer des Victoria Theatre in Stoke-on-Trent, kehrte dann nach Scarborough zurück und übernahm nach dem Tod von Stephen Joseph als dessen Nachfolger das dortige Theater. Dieses ist ein *theatre in the round* und bietet vielfältige Möglichkeiten für Experimente. Als A. gegen Ende der 1990er Jahre ein neues Domizil in Scarborough bezog, wurde zusätzlich zu The Round ein weiterer Handlungsraum, The McCarthy, eingerichtet.

Seinen überaus großen Erfolg als Dramatiker verdankt A. zum einen den praktischen Erfahrungen, die er in langjähriger Arbeit in diesem Theater gesammelt hat, v.a. aber der Vielfalt eigener Ideen und seiner Fähigkeit, bühnenwirksame Mittel geschickt zu nutzen.

In *Taking Steps* (1979; *Treppauf-Treppab*, 1980) begreifen die Zuschauer erst nach einer Weile, dass sie sich das sonderbare Durcheinander von Möbeln und Treppenstufen auf drei verschiedenen Etagen vorstellen müssen. In *The Norman Conquests* (1973; *Normans Eroberungen*, 1975) werden dieselben Ereignisse aus drei nebeneinanderliegenden Zimmern und Gärten gesehen. In *Sisterly Feelings* (1979; *Geschwisterliche Gefühle*, 1994) entscheidet zu Beginn jeder Aufführung der Wurf einer Münze, welche der vier für den weiteren Ablauf möglichen Versionen das Publikum am jeweiligen Abend sieht. Bisweilen lässt A. die Figuren sozusagen in den Köpfen anderer entstehen, so aus dem verzerrten Blickwinkel der Frau eines Pfarrers in *Woman In Mind* (1985; *In Gedanken*, 1986) oder im konstruierten Hirn eines Roboters in *Henceforward* (1987; *Ab jetzt*, 1989). Nicht selten wirken sogenannte *offstage characters*, die niemals auf der Bühne zu sehen sind, als Katalysatoren auf das Geschehen ein, wie in *Absurd Person Singular* (1972; *Frohe Feste*, 1974).

A.s erklärtes Ziel ist es, die Zuschauer so zu unterhalten, dass sie auf ihren Sitzen zwei bis drei Stunden ausharren, ohne sich zu langweilen. Doch unter der Tünche der Unterhaltung kommt zum Vorschein, was die Menschen zutiefst bedrängt und bedrückt. Seine Stücke leben von der Koexistenz komischer und ernster Elemente. Als kritischer Beobachter unserer Zeit will A. die Menschen lachend zum Nachdenken bringen. Komödien sind für ihn zur rechten Zeit unterbrochene Tragödien. Die frühen Stücke, mit betont englisch-klassenspezifischen Nuancen, behandeln das Mit- und Gegeneinander der Menschen in der englischen *middle class*, so *Relatively Speaking* (1967; *Halbe Wahrheiten*, 1967), *How the Other Half Loves* (1969; *Die bessere Hälfte*, 1971) und *Absurd Person Singular*. In den 1980er und 90er Jahren schrieb A. Komödien und Farcen, die auch in zahlreichen anderen Ländern auf großes Interesse stießen und in 35 Sprachen übersetzt wurden. *Way Upstream* (1981; *Stromaufwärts*, 1984) leitete eine Phase ein, in der A. andere Akzente setzte. Diese von Kritikern als »Stück zur Lage der Nation« apostrophierte politische Allegorie ruft zur Mäßigung und Verantwortung auf. Die Figuren spiegeln verderbliche Einflüsse auf die – nicht nur englische – moderne Gesellschaft, wie Dekadenz und kapitalistische Arroganz. Spätere Stücke, z. B. *A Small Family Business* (1987; *Familiengeschäfte*, 1988) und *Henceforward*, werden häufig von Kritikern in Abgrenzung von den vorherigen ›leichten‹ als ›dunkle‹ Komödien bezeichnet, wiewohl beide Elemente von Beginn an, zwar in unterschiedlicher Verteilung, in A.s Bühnenstücken zu finden sind. Diese Kombination tritt in einer weiteren Phase besonders deutlich zutage, die im Laufe der 1990er Jahre beginnt und für die *Wildest Dreams* (1991; *Unsere kühnsten Träume*, 1995), *Time of My Life* (1992; *Glückliche Zeiten*, 1994) und *Comic Potential* (1998; *Ein komisches Talent*, 2000) eindrucksvolle Beispiele sind. So ist *Comic Potential* eine schwarze Komödie über die mögliche Entwicklung des Lebens im 21. Jahrhundert, in dem die Computer nicht nur die Wissensaneignung und das Gedächtnis der Menschen unterstützen, sondern auch deren Emotionen in Beschlag nehmen. Ort des Geschehens ist ein Fernsehstudio, in dem die Schauspieler durch sogenannte *Actoiden*, roboterartige Puppen, ersetzt werden, die von einem Kontrollzentrum so programmiert sind, dass sie Rollen in den täglich immer wieder neu zu produzierenden Seifenopern spielen können.

Innovative Ansätze im dramatischen Schaffen A.s in den 1990er Jahren sind die zunehmende Bedeutung der Frauenfiguren, die Auseinandersetzung mit den technologischen Errungenschaften der Gegenwart, die Einbeziehung des Todes (lange Zeit ein Tabu für Komödien) sowie das gewachsene Interesse an Musicals, wie *Dreams from a Summerhouse* (1992; *Träumereien um ein Sommerhaus*, 1996), und an Stücken für Kinder. A.s bekannteste Kinderstücke sind *Mr. A's Amazing Maze Plays* (1988; *Das Rätsel der gestohlenen Stimmen*, 1991), *Invisible Friends* (1989; *Unsichtbare Freunde*, 1991) und *The Boy Who Fell into a Book* (1998; *Vom Jungen, der in ein Buch fiel*, 2000). Der Autor wendet sich mit diesen Stücken nicht nur an Jugendliche, sondern auch an Eltern, die mit ihren Kindern die Aufführungen gemeinsam besuchen und aus unterschiedlichen Perspektiven wahrnehmen können. *House & Garden* (2000; *Haus & Garten*, 2002) erwies sich als ein markanter Höhepunkt in A.s dramatischem Schaffen. Hier handelt es sich um zwei eigenständige Stücke, die sich gegenseitig ergänzen. Sie beginnen und enden gleichzeitig auf zwei Bühnen in demselben Theater. Die Akteure (nicht weniger als 20) pendeln zwischen den Bühnen hin und her; sie verlassen die eine rechtzeitig, bevor sie als dieselben Charaktere auf der anderen ihren Auftritt haben. In *House* versucht die graue Eminenz des Premierministers den Hausherrn davon zu überzeugen, bei der nächsten Parlamentswahl zu kandidieren, um dann Vorsitzender des Ausschusses zur Überprüfung des moralischen Lebenswandels der Abgeordneten zu werden. In *Garden* geht es um die Vorbereitung für ein ländliches Fest. Beide Stücke zusammen sind eine Komödie über mangelnde Kommunikation. A. entfaltet eine Welt voller Unaufrichtigkeit, Egoismus und Betrug – doch so, dass die Zuschauer darüber lachen können. Dramaturgisch gesehen ist *House & Garden* sozusagen ein Schmelztiegel von Konzepten, die A. schon in früheren Stücken verwendet hat: Wesentliches geschieht *off-stage*, vieles bleibt der Vorstellungskraft der Zuschauer überlassen, Farce und Komödie gehen ineinander über. Jedes der beiden Stücke kann für sich gesehen werden oder beide in beliebiger Reihenfolge hintereinander.

Werkausgaben: Three Plays. London 1977. – Joking Apart, Ten Times Table, Just Between Ourselves. London 1979. – Sisterly Feelings & Taking Steps. London 1981.

Albert-Reiner Glaap

B

Bâ, Amadou Hampâté
Geb. um 1900 in Bandiagara/Mali; gest. 15. 5. 1991 in Abidjan/Elfenbeinküste

»Wenn in Afrika ein Greis stirbt, verbrennt eine Bibliothek.« Allein mit diesem Satz sicherte sich der Historiker, Politiker und Literat Amadou Hampâté Bâ aus Mali einen Platz in der Bibliothek der Weltliteratur. Der vormals in der französischen Kolonialverwaltung als Sekretär und Dolmetscher angestellte B. widmete sich zeitlebens der Aufzeichnung mündlich überlieferten Wissens in der gesamten Region des französischsprachigen Westafrika. Dienstreisen nach Burkina Faso, Elfenbeinküste, Ghana, Guinea, Niger, Senegal und Mauretanien nutzte B. immer, um auch Geschichten zu sammeln. Auf diese Weise sicherte er nicht nur Sprichwörter, Initiationserzählungen, Märchen, Fabeln und die Poesie der Fulbe, sondern er rekonstruierte mit Hilfe der mündlichen Überlieferung (Oratur) auch die Geschichte des Fulbe-Reichs des Stadtstaats von Massina. Damit belegte B. seine Auffassung, dass die mündlichen Überlieferungen als Archive der Geschichte Afrikas genutzt werden können. Bereits seine ersten Veröffentlichungen *Poésie peule du Macina* (1950; Dichtung der Fulbe von Massina) und *L'empire peul du Macina* (1955/1962; Das Fulbereich von Massina) legen von dieser ethnographischen Tätigkeit Zeugnis ab. Parallel dazu widmete sich der spätere Direktor von Forschungseinrichtungen in immer wieder überarbeiteten und dabei erweiterten religionswissenschaftlichen Essays wie *Les religions traditionelles africaines* (1972; Die traditionellen afrikanischen Religionen) oder *Vie et enseignement de Tierno Bokar, le sage de Bandiagara* (1957/1980; Leben und Lehren des Tierno Bokar, des Weisen von Bandiagara) dem animistischen Glauben und den Lehren islamischer Bruderschaften im westlichen Afrika und arbeitete als Kulturberater der UNESCO.

Das wohl bekannteste literarische Werk B.s ist der Schelmenroman *L'étrange destin de Wangrin ou Les roueries d'un interprète africain* (1973; *Wangrins seltsames Schicksal oder Die listigen Ränke eines afrikanischen Dolmetschers*, 1986), den der Autor im hohen Alter schrieb. Es ist die autobiographisch gefärbte Geschichte eines Dolmetschers in der französischen Kolonialverwaltung, der seine Position an der Schnittstelle der Macht geschickt für sich ausnutzt und dabei zu Reichtum kommt. Wangrin verlässt den Staatsdienst und vermag als Kaufmann sogar den großen französischen Handelsgesellschaften die Stirn zu bieten. Zugleich macht er sich mit großzügigen Geschenken bei der Bevölkerung beliebt. Als er jedoch seine oppositionelle Haltung aufgibt und den europäischen Lebensstil zu imitieren beginnt, nimmt sein Schicksal eine Wende: Er wird von einem befreundeten, habgierigen Paar aus Europa um seinen gesamten Besitz gebracht, so dass er in Armut stirbt. Die Handlung transportiert daneben Berichte von Misshandlungen afrikanischer Bediensteter durch die Kolonialbeamten, bezeugt die Ignoranz der Kolonialisten gegenüber den Afrikanern und unterstreicht die Bedeutung der Beteiligung lokaler Behördenvertreter bei der Installierung der kolonialen Herrschaft Frankreichs in Westafrika.

Das Hauptwerk des Autors ist die vierbändige Autobiographie, deren vollständige Publikation – nach der Veröffentlichung zweier Bände noch zu Lebzeiten B.s – postum von dem in Paris ansässigen Fonds Amadou Hampâté Bâ erarbeitet wurde. Die beiden ersten Teile *Amkoullel, L'enfant peul* (1991; *Jäger des Wortes*, 1993) und *Oui, mon commandant!* (1994; *Oui, mon commandant!*, 1997) sind indes weitaus mehr als bloße Autobiographien. Sie liefern eine umfassende Beschreibung der Geschichte Westafrikas von der Mitte des 19. Jahrhunderts bis in die 1930er Jahre. Nicht nur schildert B. anhand seiner Familiengeschichte den Fall des Fulbe-Reichs von Massina, sondern auch Aufstieg und Niedergang der Herrschaft der Tukulor, die der französischen Invasion unterliegen. Er zeigt, wie sich die Kolonialmacht verfestigt und wie der Erste Weltkrieg auch die Menschen in Afrika betraf. Spuren aus B.s literaturhistorischer Arbeit finden sich in *Oui, mon commandant!* wieder, etwa das Sammeln von Oratur, die Begegnung mit dem Prediger Tierno Bokar, aber auch Berichte von der kolonialistischen Unterwerfung mit Hilfe von Zwangsarbeit oder sexueller Ausbeutung. Ebenso schildert B. die Auseinandersetzung zwischen katholischer Mission und Islam, dessen Ausübung verboten war und von den Kolonialbehörden zeitweise als Akt des Widerstands verfolgt wurde.

Die Memoiren B.s stellen eine unschätzbare Informationsquelle über die Sozialgeschichte im französisch besetzten Westafrika dar. Sie berichten über Gesellschaftsstruktur und Weltanschauung der Volksgruppen der Bambara, Dogon, Fulbe, Tuareg, Tukulor und Mossi, sind aber nicht nur als ethnographische Quelle lesbar, sondern auch als distanziert zu Papier gebrachter, reichhaltiger Lebensbericht. Besonders ansprechend ist der ruhige, anschauliche, humorvolle und versöhnliche Erzählstil, der diese mehrbändige Autobiographie zu einem literarischen Meisterwerk macht.

Manfred Loimeier

Ba Jin
(eigtl. Li Yaotang bzw. Li Feigan)
Geb. 25. 11. 1904 in Chengdu, Provinz Sichuan/China;
gest. 17. 10. 2005 in Shanghai

Ba Jin ist einer der ganz wenigen Vertreter der kulturellen Erneuerungsbewegung des 4. Mai 1919, der mit seinem Werk die Geschichte der chinesischen Literatur des 20. Jahrhunderts geprägt hat. Innerhalb und außerhalb Chinas wird er als Doyen der chinesischen Literatur und moralische Instanz der chinesischen Nation betrachtet. Im deutschen Sprachraum sind vor allem drei seiner wichtigsten Erzählwerke bekannt, das frühe Werk *Jia* (1931; *Das Haus des Mandarins*, 1953, *Die Familie*, 1980) und die Romane *Qi yuan* (1944; *Garten der Ruhe*, 1954) und *Han ye* (*Kalte Nächte*, 1981). In allen drei Werken steht das Schicksal der Intellektuellen im Mittelpunkt der Darstellung. In *Jia* beschreibt B. am Beispiel des Umgangs dreier Brüder mit der Herausforderung der Moderne die unausweichliche Auflösung des traditionellen Familiensystems und die damit einhergehenden Schmerzen und Enttäuschungen. In *Qi yuan* setzt sich B. mit der Rolle des Schriftstellers auseinander und zeichnet in seinem Protagonisten einen von Selbstzweifeln gequälten Dichter, der sich nur schwer zum Schreiben motivieren und dennoch nicht davon lassen kann. *Han ye*, der vielleicht beste unter den übersetzten Romanen, entwickelt vor dem Hintergrund der letzten Kriegsjahre die Geschichte einer modernen chinesischen Kleinfamilie, deren Glück die Mutter des Ehemanns als Vertreterin der Tradition verhindert. Als die Menschen auf der Straße angesichts der Sieges über Japan jubeln, verstirbt der Protagonist an den Folgen einer Tuberkulose.

1904 in Sichuan geboren, wendet sich B., als Mitglied einer traditionellen Gelehrtenfamilie konfuzianisch geprägt, im Alter von etwa 16 Jahren anarchistischem Gedankengut zu. Unter dem Eindruck der neuen Kulturbewegung (1915–21) beginnt er seine publizistische Tätigkeit mit der Übersetzung von Biographien und Texten führender Anarchisten –

eine »Jugendsünde«, die ihm im weiteren Verlauf seines Lebens immer wieder vorgehalten wurde und die während der Kulturrevolution (1966–76) als Begründung für die Verfolgungen durch Rotgardisten und die Shanghaier Linke diente. Auch wenn B. 1954 öffentlich die Abkehr vom Anarchismus bekannte und in der damals veröffentlichten Version seiner gesammelten Werke alle Anspielungen auf den Anarchismus tilgte, scheint diese frühe Orientierung seine Haltung nachhaltig geprägt zu haben. Dies gilt nicht nur für die zahlreichen Romane, die er in der Zeit vor der kommunistischen Machtergreifung schrieb, sondern auch für die wiederholten kritischen und selbstkritischen Einlassungen, die er nach 1949 veröffentlichte und die insbesondere sein Alterswerk bestimmen, das er nach seiner Rehabilitierung 1977 in Form von Aphorismen unter dem Titel *Suixianglu* (1979/80; *Gedanken unter der Zeit*, 1985) publizierte. Seinen Künstlernamen, den er aus der ersten Silbe der chinesischen Version von Bakunin und der letzten Silbe von Kropotkin zusammengesetzt haben soll, hat er jedenfalls nie abgelegt.

Als B. seinen ersten Roman schrieb, befand er sich in Frankreich. Eigentlich habe er nur aus Einsamkeit angefangen zu schreiben, bekannte er später, er habe seinem Bruder berichten wollen, was er gerade dachte. Deshalb habe er sich auch nie Gedanken über die Form des Romans gemacht und seine Geschichten so geschrieben, wie sie ihm eingefallen seien. Dabei bedient B. sich der modernen chinesischen Umgangssprache in einer Form, die stark durch seine Tätigkeit als Übersetzer und seine Auseinandersetzung mit englischen Übersetzungen sowie mit der französischen und russischen realistischen Literatur geprägt war. Aus Sichuan stammend, war ihm der zur Hochsprache erklärte nordchinesische Dialekt fremd. Er griff grammatikalisch auf Formen zurück, die er in den Übersetzungen fand, Formen, welche die Übersetzer »geschaffen« hatten, um im Chinesischen unübliche Ausdrucksweisen darstellen zu können. Das frühe Werk B.s gilt deshalb unter Kennern als sprachlich weit weniger gelungen als etwa die Romane von Zeitgenossen wie Lu Xun oder

Lao She. Trotzdem hat er mit den zahlreichen Romanen, die vor 1949 erschienen, die Wünsche und Hoffnungen der Jugend genauso wie deren Qualen und Enttäuschungen so treffend zum Ausdruck gebracht, dass er als deren anarchistischer Kritiker der Kommunistischen Partei mehr Unterstützer beschert hat als ihre eigene Propaganda es tat. Dafür und für seine entschiedene Ablehnung des Guomindang-Regimes wurde B. nach Gründung der VR China belohnt, indem die Partei ihn mit ehrenvollen Ämtern ausstattete und ihn auf zahlreiche Missionen ins Ausland schickte. Wie viele seiner weniger bekannten Kollegen verbrachte er mehrere Monate unter den Soldaten der chinesischen Freiwilligen-Armee an der Front des Koreakrieges, doch blieben sie ihm, so B. später, fremd; erst viele Jahre später wagte er zu bekennen, dass er nur über Intellektuelle und nicht, wie Mao Zedong es verlangt hatte, über Arbeiter und Bauern schreiben könne. Nach seiner Rehabilitierung 1977 hat B. sich insbesondere mit seiner kulturpolitischen Funktion in einer Radikalität auseinandergesetzt, mit der er unter den chinesischen Intellektuellen seiner Zeit alleine steht. Er verwies nicht auf den Druck des maoistischen Regimes, um zu erklären, warum er in den ersten Jahren nach Gründung der VR China verdiente Kollegen in Übereinstimmung mit der Partei öffentlich kritisiert hatte. Als derjenige, der sie alle überlebte, schrieb er spätestens bei ihrem Tod einen Nachruf, in dem er sich öffentlich bei ihnen und ihren Familien entschuldigte. Auch hat er sich der Frage gestellt, warum er nicht in der Lage gewesen sei, den Maoismus zu einem früheren Zeitpunkt zu durchschauen. Dies wird schon in einem Erinnerungstext über seine Frau deutlich. Sie war 1972, während der Kulturrevolution, an Krebs gestorben. Weil B. als Konterrevolutionär gebrandmarkt worden war, wurde ihr keine medizinische Versorgung zuteil; als sie bereits im Sterben lag, durfte B., zur ›Umerziehung‹ aufs Land geschickt, nur kurzfristig nach Shanghai zurückkehren. Im Gegensatz zu vielen, die ihre Erinnerungen an die Kulturrevolution in sich vergruben, nutzte B. seine Stellung als Vorsitzender des Schriftstellerverbandes und des chinesischen PEN-Clubs, um Partei und Gesellschaft an ihre Verantwortung zu erinnern. 1986, zehn Jahre nach dem offiziellen Ende der Kulturrevolution, rief er dazu auf, den »zehn Jahren des Chaos« ein Museum zu widmen. Sein Aufruf blieb zwar bisher ungehört, in virtueller Form aber ist das Museum als Diskussions- und Erinnerungsforum längst entstanden.

Die letzten Jahre seines Lebens verbrachte B. damit, sein Werk neu zu ordnen und zur Publikation vorzubereiten, wobei er großen Wert darauf legte, dass seine Romane und Essays in ihrer ursprünglichen Form und vollständig aufgenommen wurden. Dazu kommentierte er, die Durchsicht seiner Werke habe ergeben, dass er 60 Jahre damit verschwendet habe, Seite um Seite mit chinesischen Zeichen zu füllen. Selbst an der Zusammenstellung seiner gesammelten Werke beteiligt zu sein, erscheine ihm deshalb als eine grausame Strafe.

Susanne Weigelin-Schwiedrzik

Bâ, Mariama

Geb. 1929 in Dakar/Senegal;
gest. 18. 8. 1981 in Dakar/Senegal

»Die irreversiblen Tendenzen zur Befreiung der Frau, die die Welt bewegen, lassen mich nicht gleichgültig. [...] Die sozialen Zwänge werfen immer alles wieder durcheinander, und der männliche Egoismus leistet Widerstand.« So beschreibt Ramatoulaye, die Protagonistin in Mariama Bâs Roman *Une si longue lettre* (1979; *Ein so langer Brief*, 1983) für den sie 1980 mit dem NOMA-Preis für afrikanische Literatur ausgezeichnet wurde, ihre Einstellung zu Fragen ihrer Gesellschaft. Als Tochter eines führenden senegalesischen Politikers besuchte B. französische Schulen. Lehrerin, Mutter von neun Kindern und Ehefrau eines Abgeordneten und Ministers, begann sie schon während ihrer Ausbildung, Aufsätze zu schreiben. Später, als sie aktiv in der senegalesischen Frauenbewegung mitwirkte, ermutigten Freunde sie, schriftstellerisch tätig zu werden. In ihren Romanen *Une si longue lettre* und *Le chant écarlate* (1981; *Der scharlachrote Gesang*, 1984) lässt B. den Leser das emotionale Leben ihrer Charaktere spüren und die Probleme nachvollziehen, auf die diese im Laufe ihres Lebens stoßen. So wurde ihr erstes Buch, ein Briefroman, als ›Schrei aus dem Herzen‹ einer Frau angesehen. Die verwitwete Protagonistin Ramatoulaye hält Rückblick auf 30 Jahre Ehe. In den letzten fünf Jahren war sie von ihrem Mann getrennt, da er eine zweite, wesentlich jüngere Frau geheiratet hatte. Die polygame Situation stellt für B. ein Problem dar, das Frau und Mann betrifft. So kann sich eine Frau wie Ramatoulaye eine Ehe ohne Liebe und Treue nicht vorstellen. In einer einfachen, bilderreichen und lebendigen Sprache zeigt B., wie Ramatoulaye neues Selbstbewusstsein gewinnt. Sie spricht von den Gefühlen und Gedanken einer Mutter, von Frauen, die sich anderen Frauen gegenüber öffnen, und von denen, die sich Gedanken über soziale und politische Aspekte ihrer Gesellschaft machen.

Auch im zweiten Roman von B. wird das Phänomen untersucht, dass Frauen wissentlich das Glück einer anderen in einer von Männern dominierten Welt sabotieren. In *Le chant écarlate* thematisiert B. die Problematik einer gemischtrassigen Ehe. Die Französin Mireille heiratet den Senegalesen Ousmane. Beide stoßen bei ihrer Rückkehr in den Senegal auf kulturelle Probleme, die ihre Beziehung in Frage stellen. Sie wollen ihrer eigenen Kultur treu bleiben, was bei Ousmane dazu führt, dass er als Mohammedaner eine zweite Frau, die Senegalesin Ouleymatou, heiratet; bei Mireille führt dies zur Selbstzerstörung. Als sie die Briefe liest, die Ousmane ihr während ihrer Verlobungszeit geschrieben hat, wird sie wahnsinnig und tötet den gemeinsamen Sohn. Das Konzept, die Schranken von Kultur und Rasse durch Liebe zu überwinden, erscheint als gescheitert.

Ulrike Schuerkens

Babel', Isaak

Geb. 13. 7. 1894 in Odessa/Ukraine; gest. 27. 1. 1940 in Moskau (in Haft)

Der in den Traditionen des Talmud und der Bibel erzogene Sohn eines jüdischen Kaufmanns Isaak Babel' ging 1915 nach dem Abschluss der Kiever Finanz- und Handelsschule nach Petersburg und veröffentlichte dort seine ersten Texte. 1917 wurde er eingezogen, nach Ende des Krieges und der Oktoberrevolution arbeitete er u. a. im Kommissariat für Volksbildung und nahm 1920 als Kriegskorrespondent in der 1. Reiterarmee General Budennyjs am Russisch-Polnischen Krieg teil. Seine Tagebuchaufzeichnungen aus dieser Zeit dienten als Grundlage für einen Zyklus von Kurzgeschichten, die er 1923 bis 1925 in verschiedenen Zeitschriften veröffentlichte und die ihn schlagartig berühmt machten, auch aufgrund der heftigen öffentlichen Reaktionen: General Budennyj verwahrte sich entschieden gegen B.s Darstellung seiner Armee. 1926 erschienen die Geschichten gesammelt unter dem Titel *Konarmija* (*Die Reiterarmee*, 1926).

Konarmija, das bedeutendste Werk B.s, umfasste in der ersten Buchausgabe 34 zu einem dichten Zyklus komponierte Geschichten. Es folgten bis 1933 sieben, z. T. revidierte Auflagen, in denen aufgrund politisch motivierter Anpassung an die Verhältnisse nicht nur einzelne Wörter, Namen und Passagen geändert werden mussten, sondern der Band zuletzt auch um eine weitere Erzählung, »Argamak«, ergänzt wurde. Dies ersetzte den bis dahin offen bleibenden Schluss des Erzählzyklus durch einen geschlossenen und damit eindeutigeren.

Konarmija wird häufig als Roman bezeichnet und seine einzelnen Erzählungen bzw. Novellen als Kapitel; B. selbst hat sein Werk während der Entstehungsphase dreimal als »poéma v proze« (Poem/Epos in Prosa) beschrieben. Die dichte Komposition des Ganzen – die vielfältige Verflechtung der Geschichten durch immer wiederkehrende Leitmotive, z. T. dieselben Figuren, deren an einer Stelle begonnene Geschichten an anderer fortgesetzt werden, und v.a. die dominierende Perspektive des Ich-Erzählers Ljutov – spricht für die Zuordnung zum Roman. Der als einziger in fast allen Geschichten erscheinende Ljutov bewegt sich mit der Reiterarmee auf ihren Marschrouten im feindlichen Polen durch die Gebiete Galiziens, Wolhyniens und Podoliens. *Konarmija* entwickelt das Thema des Zusammenbruchs der alten Welt und des Zusammenpralls der Religionen und Kulturen im osteuropäischen Raum: Die Rote Reiterarmee tritt als Vertreter der sozialistischen Oktoberrevolution den Polen (und den Truppen der Weißen) als Repräsentanten der alten feudal-aristokratischen Welt gegenüber, sie trifft in ihren Zügen auf orthodoxe Landbevölkerung und jüdische Kleinstädter, sie besteht aus Kosaken, die zum großen Teil Analphabeten bäuerlicher Herkunft, orthodox und antisemitisch erzogen sind und sich dem Erzähler als Kraftmenschen präsentieren, die das Handwerk des Tötens beherrschen und zur Aufopferung des eigenen Lebens ebenso bereit sind wie zum blutrünstigen Mord. In dieser Truppe ist der Intellektuelle Ljutov ein kaum zu integrierender Fremdkörper. Aber auch unter den chassidischen Juden der Kriegsgebiete, bei denen er sich bisweilen von der Reiterarmee erholt, ist er ein Fremder, obwohl sie ihm näher stehen: Sie repräsentieren gebildete, aber körperlich schwache und kranke Menschen, prädestiniert dazu, Opfer der Kosaken und Polen zu werden. Diese spannungsreiche Welt aus sich vielfach überlagernden Oppositionen (Alte Welt vs. Neue Welt, Kosaken vs. Juden, Intellektuelle vs. Analphabeten, Orthodoxe vs. Katholiken usw.) wird in *Konarmija* aus verschiedenen Perspektiven als ein Mosaik zusammengesetzt: Die meisten der 34 Geschichten werden aus der Sicht Ljutovs, des Korrespondenten der Zeitung »Krasnyj kavalerist« (Roter Kavallerist), präsentiert, der deutlich Züge des Autors selbst trägt, der Ereignisse der Schlachten und des Lagerlebens schildert, Ge-

schichten einzelner Kosaken und die seiner eigenen schwierigen Auseinandersetzungen mit Kosaken und Juden erzählt. Die Erzählweise ist der »ornamentalen Prosa« zugeordnet worden, einer »hybriden Struktur, die sich in der Interferenz poetischer und prosaischer Konstruktion herstellt« (Wolf Schmid).

Eine zweite Sammlung von vier Erzählungen, die bereits 1921 bis 1924 entstanden und zeitgleich mit den *Konarmija*-Geschichten in Zeitungen und Zeitschriften veröffentlicht wurden, fokussiert das Stadtleben von Odessa im jüdischen Viertel Moldavanka. Sie enthalten grotesk-schaurige Episoden aus dem Leben des Gangsterfürsten Benja Krik, geschildert in dem spezifischen Jargon der Odessaer Juden und der Gaunersprache. Die in *Konarmija* als gebildet und weise, zugleich aber als erbärmlich schwache, passive Opfer fremder Gewalt gezeichneten Juden treten hier in der Rolle der Täter auf, die ihr Leben selbstbewusst gestalten. 1931 erschienen die Geschichten in Russland gesammelt unter dem Titel *Odesskie rasskazy* (*Geschichten aus Odessa*, 1926). Weitere Kurzgeschichten B.s (er hat insgesamt ca. 80 geschrieben) greifen weitgehend autobiographische Motive auf.

Nach 1926, im sich verschärfenden politischen Klima der Sowjetunion und der immer lauteren Forderung nach ideologisch parteigetreuen Texten, wandte sich B. zunehmend Film und Theater zu; er arbeitete in der Regie mit und schrieb Drehbücher. 1927 erschien sein erstes Stück *Zakat* (*Sonnenuntergang*, 1970), das thematisch an die *Odesskie rasskazy* anknüpft und die Vorgeschichte des Gauners Benja Krik als Emanzipationsgeschichte des Sohnes vom übermächtigen jüdischen Vater erzählt. 1935 entwarf B. im zweiten Stück *Marija* (*Maria*, 1970) das Schicksal einer Adelsfamilie in der frühen Sowjetunion. 1936 erschien sein bis 1957 letzter Band ausgewählter Erzählungen in der Sowjetunion. Bis 1939 ein anerkannter, wenn auch nicht unangefochtener Autor, der inzwischen maßgeblich an der Verfilmung der Romane Maksim Gor'kijs beteiligt war, wurde er am 16. 5. 1939 überraschend verhaftet, in der Folge zum Tode verurteilt und hingerichtet. Seine Manuskripte wurden beschlagnahmt, seine Bücher verboten, sein Name aus Lexika, Literaturgeschichten und anderen Publikationen gestrichen. Nach Stalins Tod wurde das Urteil am 18. 12. 1954 von einem Militärgericht revidiert und B. damit wieder ›rehablitiert‹. 1957 erschien in der Sowjetunion wieder ein erster (noch stark zensierter) Auswahlband. Seit der Perestrojka kann das Werk B.s auch in Russland wieder unzensiert gedruckt werden.

Werkausgaben: Werke. 2 Bde. Hg. F. Mierau. Berlin, DDR 1973. – Die Reiterarmee. Hg. P. Urban. Berlin 1994.

Ulrike Jekutsch

Bachmann, Ingeborg
Geb. 25. 6. 1926 in Klagenfurt; gest. 17. 10. 1973 in Rom

Vom schrillen Missklang einer politischen Katastrophe wurde sie als Elfjährige geweckt. Adolf Hitler ließ Mitte März 1938 deutsche Truppen in Österreich einmarschieren und vollzog damit den Anschluss an das Deutsche Reich: »Es hat einen bestimmten Moment gegeben, der hat meine Kindheit zertrümmert. Der Einmarsch von Hitlers Truppen in Klagenfurt. Es war so etwas Entsetzliches, daß mit diesem Tag meine Erinnerung anfängt: Durch einen zu frühen Schmerz, wie ich ihn in dieser Stärke vielleicht überhaupt nicht mehr hatte … Diese ungeheuerliche Brutalität, die spürbar war, dieses Brüllen, Singen und Marschieren – das Aufkommen meiner ersten Todesangst.« Diese Todesangst hat ihr Leben und ihr Werk gezeichnet – der Roman *Malina* von 1971 aus dem unvollendet gebliebenen Zyklus *Todesarten* und ihr qualvoller Tod bezeugen es.

Sie ist zusammen mit zwei Geschwistern im kleinbürgerlichen Haushalt eines Lehrers und späteren Hauptschuldirektors in Klagenfurt aufgewachsen, besuchte die Volksschule, das Bundesrealgymnasium, schließlich die Oberschule für Mädchen, wo sie 1944 die Matura ablegte. Im Wintersemester 1945/46 begann sie das Studium der Philosophie, das sie mit den Nebenfächern Psychologie und Germanistik 1950 in Wien abschloss, mit einer Dissertation über *Die kritische Aufnahme der Existentialphilosophie Martin Heideggers*. Zu schreiben hat sie begonnen »in einem Alter, in dem man Grimms Märchen liest«; 1948/49 werden erste Gedichte von ihr veröffentlicht. Anfang 1951 liest sie in London bei einer Veranstaltung der »Anglo-Austrian Society« aus ihren Gedichten vor, 1952 folgt die Ursendung ihres Hörspiels *Ein Geschäft mit Träumen* durch den Wiener Sender Rot/Weiß/Rot, bei dem sie inzwischen als Redakteurin angestellt ist. Noch im selben Jahr wird ihr Gedichtzyklus *Ausfahrt* veröffentlicht, erhält sie eine erste Einladung von Hans Werner Richter, während der Niendorfer Tagung der Gruppe 47 zu lesen. Inmitten einer männlichen Schriftstellergeneration, die, kaum älter, verhärtet, verzweifelt gerade den vielfältigen Schrecken und Todesgefahren des Dritten Reichs entkommen ist, haben ihre im Namen der Liebe ausgesprochenen Untergangs- und Auferstehungsvisionen – zunächst unsicher vorgetragen – einen bleibenden Eindruck hinterlassen. Hier wagte jemand, mutig und unbeirrt, wenngleich voller Zweifel, in weit ausgreifenden kosmischen, antikisierenden, biblischen Gebärden von der Verletzbarkeit und der Heilung des menschlichen Herzens zu sprechen: »Reigen – die Liebe hält manchmal/im Löschen der Augen ein,/und wir sehen in ihre eignen/erloschenen Augen hinein./ … /Wir haben die toten Augen/gesehn und vergessen nie./Die Liebe währt am längsten/und sie erkennt uns nie.« Diese Signatur der Gebrochenheit, mit der sie zurück und nach vorn blickt, trägt ihr ein Jahr später den Preis der Gruppe 47 ein, als ihr erster großer Gedichtband *Die gestundete Zeit* erscheint. Die bis dahin unerhörte Radikalität der Liebe spricht auch aus ihrem zweiten Gedichtband *Anrufung des Großen Bären*, den sie 1956 veröffentlicht. Mit der ihr eigenen Geste des Warnens und der prophetischen Vorausschau, der Beschwörung der Natur und der Liebe als dem letzten Halt des Menschen, der in »gestundeter Zeit« lebt, schreibt sie ihr eigenes Kapitel in der Lyrikgeschichte der 1950er Jahre. Als geistige Landschaft, als seelische Heimat benennt sie den Süden, den sie erstmals 1952 mit ihrer Schwester Isolde bereist hat, als »erstgeborenes Land«, in dem ihr »Leben zufiel«; was sie daran faszinierte, war der unmerkliche, träumerische Übergang vom Topographischen zum Mythischen, der ihrer Sehnsucht nach Betäubung vollkommen entsprach. In einer Notiz zu dem Gedicht *In Apulien* (1955) hat sie dieses Übergängige bezeichnet: »Natürlich war ich in Apulien; aber *In Apulien* ist etwas anderes, löst das Land auf in Landschaft und führt sie zurück auf das Land, das gemeint ist. Es gibt wunderschöne Namen für die Ursprungsländer, die versunkenen und die erträumten, Atlantis oder Orplid … Ich bin nicht sicher, ob es noch in Apulien oder schon in Lukanien war, als ich aus dem Zugfenster sah, in einen Olivenhain, auf einen riesigen Mohnteppich, der bis an den Horizont lief. In einem solchen Moment zündet man sich eine Zigarette an, oder man drückt sich an die Waggonwand, weil einer vorbei will; vielleicht war es aber auch nicht dieser unbedachte Moment, sondern der, in dem *In Apulien* geschrieben wurde. Der Prozess besteht aus vielen Faktoren, aus Schreiben, Denken mit einer fortschreitenden Konzentration, die wieder in Schreiben mündet.«

1952 während der Niendorfer Tagung der Gruppe 47 hat sie den gleichaltrigen Komponisten Hans Werner Henze kennengelernt und sich in ihn verliebt. Sie schreibt Opernlibretti für ihn (*Der Prinz von Homburg*, 1958; *Der junge Lord*, 1964 u. a. m.) und sucht mit ihrer Liebe zu Henze einen Ausweg aus der Verzweiflung an der Sprache, die sie bis zum gefühlsgeladenen Verstummen treibt: »daß wir mit unserer Sprache verspielt haben, weil sie kein Wort enthält, auf das es ankommt«. In ihrer an Heinrich von Kleist erinnernden Unbedingtheit des Gefühls scheitert sie an Henze, wie später, von 1958 bis 1962, an Max Frisch, der seine ebenso bedrohte wie verletzte Eitelkeit als Schriftsteller in *Montauk* (1975) dokumentiert hat. Dass eine Frau nicht nur schrieb, was sie dachte und empfand, sondern damit radikal ernstzumachen suchte, war für die zünftige – selbst die schreibende – Männerwelt der 1950er und 60er Jahre offensichtlich ein Schritt, auf den sie nicht vorbereitet war.

Die B. hat seit 1953, von kurzen Unterbrechungen abgesehen (Berlin, München, Zürich), in Italien, vornehmlich in Rom, gelebt. Sie ist viel gereist, hat übersetzt, u. a. die hermetischen, vielschichtigen Gedichte von Guiseppe Ungaretti, hat das Drama *Herrschaftshaus* des Engländers Thomas Wolfe für den Hörfunk bearbeitet, Essays und Hörspiele (*Der gute Gott von Manhattan*, 1958) geschrieben. Im Wintersemester 1959/60 ist sie die erste Gastdozentin auf dem soeben geschaffenen Poetiklehrstuhl der Universität Frankfurt a. M. und hält eine Vorlesung über die Probleme zeitgenössischer Dichtung, die sie in Anlehnung an den von ihr hochgeschätzten Robert Musil in der Behauptung von »Literatur als Utopie« gipfeln lässt: »Es gilt weiterzuschreiben. Wir werden uns weiterplagen müssen mit diesem Wort Literatur und mit der Literatur, dem, was sie ist und was wir meinen, das sie sei, und der Verdruß wird noch oft groß sein über die Unverläßlichkeit unserer kritischen Instrumente, über das Netz, aus dem sie immer schlüpfen wird. Aber seien wir froh, daß sie uns zuletzt entgeht, um unsertwillen, damit sie lebendig bleibt und unser Leben sich mit dem ihren verbindet in Stunden, wo wir mit ihr den Atem tauschen.« Dieser entschlossene Appell an die Sache der Literatur erscheint zwiespältig, wenn man die Bestandsaufnahme betrachtet, welche die B. von den rückschrittlich-fortschrittlichen 1950er Jahren macht: »In der Nachgeburt der Schrecken/ Sucht das Geschmeiß nach neuer Nahrung.« Es ist das lang anhaltende Entsetzen, das sie an dieser scheinbar unangebrachten Stelle wieder einholt, ein seit dem Schicksalsjahr 1938 im Zeichen der Liebe zurückgedrängter Zorn, eine bewusst kleingehaltene Trauer, die sich angesichts der Wirklichkeit, in der das Leben der B. zu leben ist, immer deutlicher mit den Momenten der Angst und des Ekels verbindet. Zwar hält sie diesem tödlichen Gefühl der Vereinzelung und Vereinsamung bis zuletzt eine utopische Entgrenzungssehnsucht und eine bisweilen klassisch-antike Feier des Irdischen entgegen: »nichts Schönres unter der Sonne/als unter der Sonne zu sein«, doch zeichnet sich mit ihrem Erzählungsband von 1961, *Das dreißigste Jahr*, ein Rückzug aus der »Utopia« des Gedichts und ein Schritt auf eine neue Menschlichkeit hin ab, die jenseits des »Reichs der Männer und jenseits des Reichs der Frauen« liegt. Sie hat damit eine neue, weibliche Form des Schreibens gefunden, deren Richtung zwar bis heute erahnt wird, unter anderem durch Christa Wolf, aber bei Weitem nicht konsequent begangen worden ist. Hatten in der Erzählung *Unter Mördern und Irren* (1961) die Frage nach dem Sinn von Opfer und Widerstand und in der gleichnamigen Titelschichte des *Dreißigsten Jahrs* die Folgenlosigkeit des persönlichen Widerstands im Mittelpunkt gestanden, so war die B. jetzt noch einen Schritt weitergegangen: Ihre letzten Endes versöhnlichen, beschwichtigenden Rufe schienen aus einer anderen Welt zu kommen, waren kaum noch zu verstehen, kaum noch zu befolgen.

Danach hat die B. lange Jahre geschwiegen, es folgten Zeiten ausgedehnter Reisen und öffentlicher Ehrungen (Hörspielpreis der Kriegsblinden 1961; Georg-Büchner-Preis 1964; Großer Österreichischer Staatspreis für Literatur 1968). Nach nahezu zehn Jahren veröffentlicht sie 1971 ihren Roman *Malina*, mit dem sie den Zyklus *Todesarten* eröffnen will. Zwar glaubt sie in diesem im wesentlichen autobiographischen Roman noch an den Tag, »an dem werden die Menschen schwarzgoldene Augen haben, sie werden die Schönheit sehen, sie werden vom Schmutz befreit sein und von jeder Last«, aber sie rechnet auch in einem exakt-bedrängenden Seelendiagramm mit der faschistischen Vaterwelt ab, der sie entstammt und die sie noch heute lebendig glaubt: »Ich wollte zeigen, daß unsere Gesellschaft so krank ist, daß sie auch das Individuum krank macht. Man sagt, es stirbt. Doch das ist nicht wahr: Jeder von uns wird letzten Endes ermordet. Diese Wahrheit nebelt man in der Regel ein und nur bei einer Bluttat sprechen die Zeitungen davon. Das weibliche Ich meines Buches wird fortwährend in vielen ›Todesarten‹ ermordet. Doch fragt niemand, wo dieses Töten beginnt. Auch die Kriege sind in meinen Augen nur die Konsequenz dieser verborgenen Verbrechen.« Mit diesem Roman, bei dem sie sich von ihrem Vater/Geliebten in die »Größte Gaskammer der Welt« eingeschlossen fühlt, sollten als Fortsetzung des Versuchs, »sich selbst zur Sprache zu bringen«, nach dem Erzählungsband *Simultan* von 1972 *Der Fall Franza* und *Requiem für Fanny Goldmann* erscheinen. Der Tod hat diese Absicht vereitelt. Sie ist der offiziellen Version nach an den Folgen eines »Brandunfalls« gestorben. Demnach nahm sie in der Nacht auf den 26. September 1973 zunächst ein Beruhigungsmittel, dann legte sie sich mit einer brennenden Zigarette ins Bett. Sie schlief ein, Bett und Nachthemd fingen Feuer – als sie aufschreckte, war ihre Haut in großen Flächen verbrannt – jede Hilfe kam zu spät. Als hätte sie das Bezwingende, Geheimnisvoll-Konsequente ihrer Dichtung in das eigene Sterben – auch dieses noch gestaltend – hinüberretten und damit bewahrheiten wollen, lässt sie ihren Roman *Malina* enden: »Schritte, immerzu Malinas Schritte, leiser die Schritte, leiseste Schritte. Ein Stillstehen. Kein Alarm, keine Sirenen. Es kommt niemand zu Hilfe. Der Rettungswagen nicht und nicht die Polizei. Es ist eine sehr alte, eine sehr starke Wand, aus der niemand fallen kann, die niemand aufbrechen kann, aus der nie mehr etwas laut werden kann.«

Malina blieb der einzige Text des *Todesarten*-Projekts, der zu Lebzeiten der B. erschien. Seinen Ausgang hatte das Projekt – damit zurücklenkend auf B.s kindheitliche Erlebnisse 1938 auf den Straßen Klagenfurts – vermutlich von einem Essay Theodor W. Adornos genommen, *Was bedeutet: Aufarbeitung der Vergangenheit* (1959), der sich mit dem Nachleben des Nationalsozialismus im sozialpsychischen Haushalt der neuen demokratischen Staats- und Gesellschaftsformationen nach 1945 befasste und skeptisch anmeldete, dass mit 1945 nicht schlagartig alles vorbei gewesen sein könne, der »neuen« Demokratie und dem »neuen« Menschen gründlich misstrauend. Unser »alltäglicher Faschismus«, die kleinen, verborgenen, sich tagtäglich ereignenden Verbrechen sollten im *Todesarten*-Projekt ihren erzählerischen Ort finden. Vermutlich 1962 in der Klausur ihrer Wohnung im schweizerischen Uetikon am See begonnen, sollte es sich zusammensetzen aus *Ein Ort für Zufälle* (geschrieben 1964/65), *Das Buch Franza* (1965/66), *Requiem für Fanny Goldmann* (1966), *Wienerinnen* (1967/68), den *Simultan*-Erzählungen (1967/68–72) und *Gier* (1970 ff.). Als Buchausgabe erschien der *Todesarten*-Zyklus, aus dem Nachlass herausgegeben, erst 1995.

Werkausgabe: Todesarten-Projekt. Kritische Ausgabe. 4 Bde in 5 Bden. Unter Leitung von Robert Pichl hg. von Monika Albrecht und Dirk Göttsche. München/Zürich 1995; Werke. Hg. von Christine Koschel. 4 Bde. München/Zürich 1978.

Bernd Lutz

Bacon, Francis
Geb. 22. 1. 1561 in London;
gest. 9. 4. 1626 in Highgate bei London

Eigentlich war Francis Bacon Jurist und Politiker. Nach 20 erfolglosen Jahren unter Elizabeth I stieg er unter James I spät, aber schier unaufhaltsam bis zum Lordkanzler (1618) auf; noch heute leidet sein Ruf unter den gelegentlich fragwürdigen Verhaltensweisen, zu denen ihn die Verfolgung seiner Interessen zwang. Zugleich war er als unermüdlicher Schriftsteller und Denker der letzte Polyhistor. Sein philosophisches, besonders sein wissenschafts*politisches* Programm könnte ehrgeiziger nicht sein: Nichts Geringeres strebt er an als eine »vollständige Erneuerung der Wissenschaften und Künste, überhaupt der ganzen menschlichen Gelehrsamkeit«. Mit seiner ra-

dikalen Infragestellung des Gewesenen läutet B. den Paradigmenwechsel ein, der bis heute nachwirkt: Dem (materiellen) Wohl der Menschheit hat Philosophie zu dienen, und der Schlüssel dazu ist die Erkenntnis der Naturgesetze; nur insofern der Mensch um sie weiß und ihnen gehorcht, kann er über die Natur gebieten – »Wissen ist Macht«. Anstelle des argumentativ-dialektischen *sic et non* fordert B. praxisorientierte, auf tätiges Handeln ausgerichtete, (säkularisierte) empirische Wissenschaft, Beobachtung und Experiment. Der aristotelisch-scholastischen Denktradition spricht er aufgrund ihrer syllogistischen, deduktiven Logik rundheraus die Fähigkeit ab, verlässliche wissenschaftliche Resultate zu erzielen – seine erkenntniskritische Untersuchung typischer Vorurteile und Irrtümer, die der Erkenntnis im Wege stehen, ist als »Idolenlehre« berühmt geworden – und hält ihr im ersten Teil seiner *Instauratio Magna*, dem *Novum Organum* (1620; *Neues Organon*, 1793), einer Replik auf das *Organon* des Aristoteles, die neue Methode der Induktion, der »Interpretation der Natur« entgegen. – Als er 60-jährig über eine Korruptionsaffäre stürzt, beginnen die produktivsten Jahre seines Lebens. Unter zahlreichen anderen Schriften entstehen die *History of the Reign of King Henry VII* (1622) und die stark überarbeitete dritte und endgültige Fassung der *Essays* (1625, zuerst 1597; *Essays*, 1946), mit deren sentenzenhaftem, nüchternem *plain style* und deren didaktischer Vermittlung privaten und politischen Sozialverhaltens er die Tradition des englischen moralphilosophischen *formal essay* begründet. Die Arbeit an der *Instauratio* setzt er mit *De Dignitate et Augmentis Scientarium* (1623) fort, einer latinisierten Fassung von *Of the Proficiency and Advance ment of Learning* (1605; *Über die Würde und den Fortgang der Wissenschaften*, 1783), seiner Untersuchung der menschlichen Geisteskräfte *memoria*, *imaginatio* und *ratio* und darauf basierenden Klassifikation der Wissenschaften. Seine Rolle sah B. als die eines »Architekten« oder »Wegweisers«, und den Abschluss des Reformwerkes hat er explizit der Nachwelt überantwortet. Hinter seinen wissenschaftlichen Ideen steht eine gesellschaftliche Vision, die er im nachgelassenen utopischen Fragment *New-Atlantis* (1627; *Neu-Atlantis*, 1890) ins Bild gesetzt hat. Darin ist *Salomon's House*, eine unabhängige, nach den Gesetzen der Induktion arbeitende Forschungsakademie, die auch als Vorbild für die *Royal Society* diente, das Zentrum einer Gesellschaft, die durch wissenschaftlich-technologischen Fortschritt den Wohlstand der Menschheit verwirklicht.

Werkausgabe: The Works of Francis Bacon. Hg. J. Sped-ding et al. 14 Bde. London 1857–74, Stuttgart 1961–63.

Jan Schnitker

Balde, Jacob
Geb. 4. 1. 1604 in Ensisheim/Elsass; gest. 9. 8. 1668 in Neuburg a.d. Donau

»Jetzt erwacht unser Landsmann aus seinem lateinischen Grabe«, so charakterisierte Johann Gottfried Herder nicht unzutreffend seine Übertragungen von Gedichten B.s in seiner *Terpsichore* (1795–96). Was jedoch in den folgenden Jahrhunderten die Rezeption erschwerte, die lateinische Sprache, war im 17. Jahrhundert kein Hindernis. B. galt – Protestanten und Katholiken zugleich – als einer der großen Poeten der neulateinischen Tradition, die im 17. Jahrhundert erst allmählich ihrem Ende entgegenging und an der auch die primär deutsch dichtenden Zeitgenossen B.s noch teilhatten.

B. stammte aus dem damals vorderösterreichischen Elsass, und obwohl er nach seiner Aufnahme in den Jesuitenorden (1624) seine Heimat nicht wiedersah, betonte er stets die Bindung an das Elsass und empfand sich als habsburgischer Elsässer im Exil: Dass er auf bayerischem Boden altern müsse (»In Bavara tellure senescam«), dieser Gedanke bewegt ihn in einer Ode, die nicht ohne Grund *Melancholia* überschrieben ist.

Als er 1622 von der bischöflich-straßburgischen Universität Molsheim nach Ingolstadt wechselte, wollte er zunächst nur dem Krieg ausweichen und sein juristisches Studium fortsetzen, das ihn – in der Nachfolge seines Vaters – auf eine Beamtenstelle in der vorderösterreichischen Verwaltung vorbereiten sollte. Es gibt romantische Legenden über die Motive für den Eintritt in den Jesuitenorden – von unerwiderter Liebe zu einer Bäckerstochter und nächtlichem Glockenläuten ist die Rede –, jedenfalls machte er nun die üblichen Ausbildungsstadien durch (Noviziat, Studium, Unterrichtstätigkeit, erneutes Studium), wurde 1633 zum Priester geweiht und übernahm 1635 eine Professur für Rhetorik in Ingolstadt. Hier wurde auch seine Tragödie *Iephtias* 1637 aufgeführt (Druck 1654). Im selben Jahr wechselte er an das Münchener Gymnasium und wurde sogleich fest an den Hof Maximilians I. gebunden: seit 1637 als Prinzenerzieher, ein Jahr später auch als Hofprediger und schließlich 1640 – gegen seinen Willen – als Hofhistoriograph. Es waren schwierige Jahre, in deren Verlauf er immer stärker den Konflikt zwischen ungeliebtem Amt und Poesie empfand, und doch die dichterisch fruchtbarsten seines Lebens. Hier entstanden nach einem oft gedruckten *Poema de vanitate mundi* (1638), einem satirischen Lob der Mageren (1638) und einem deutschen *Ehrenpreiß ... Mariae* (1640) seine großen Lyriksammlungen, Vermischte Gedichte (*Sylvarum libri IX*, 1643–46) und Oden und Epoden (*Lyricorum libri IV. Epodon liber unus*, 1643): Zeugnisse einer Horaz-Nachahmung, die zugleich von Distanzierung – von Horaz als Epikuräer – und Verwandtschaft sprechen, Verwandtschaft vor allem mit der Wandlungsfähigkeit, der Proteusnatur des römischen Dichters, die B. in einer Ode charakterisiert (»Paradox. Er ahmt manchmal Horaz nach, ohne ihn nachzuahmen«). B. verfügt als »Dichterproteus« nicht nur über eine Vielfalt von Themen – Persönliches, Politisches und nicht zuletzt Religiöses (Mariendichtung) –, sondern auch über die Gabe der ironischen Distanzierung, die es ihm ermöglicht, seine innere Unabhängigkeit angesichts des politischen Drucks, dem er ausgesetzt ist, zu behaupten. »Es ist nicht meine Sache, mich auf die unreinen Küsse der Fama einzulassen, Goldblech zu verarbeiten und mich mit hochmütigen Larven abzuplagen

oder übermäßige Lobsprüche noch zu potenzieren«, heißt es in einer Ode. Kein Wunder, dass er als Hofhistoriograph scheiterte. 1650 verließ er München. Über Landshut und Amberg gelangte er schließlich 1654 an den Hof in Neuburg an der Donau, wo er bis zu seinem Tod als Hofgeistlicher wirkte. Seine innere Unabhängigkeit führte auch zu Schwierigkeiten mit den Ordenszensoren. Das wurde deutlich, als er sich nach seinen Münchener Erfahrungen stärker der Satire zuwandte und der Orden darüber wachte, ob er nicht gegen die Würde seines Standes verstoße. Eine Satire auf die Zensoren wurde von diesen gar nicht erst freigegeben.

Werkausgabe: Opera poetica omnia. Neudruck der Ausgabe München 1729. Hg. von Wilhelm Kühlmann und Hermann Wiegand. 8 Bde. Frankfurt a. M. 1990.

Volker Meid

Baldwin, James [Arthur]
Geb. 2. 8. 1924 in New York;
gest. 1. 12. 1987 in St. Paul-de-Vence/ Frankreich

Die Trauerfeier für James Baldwin in der Kathedrale von St. John the Divine in New York am 8. Dezember 1987 war ein Ereignis, das eine Vielzahl von Künstlern, Intellektuellen und Politikern der gesamten afro-amerikanischen Gemeinschaft vereinte und die Bedeutung eines Mannes vor Augen führte, der nicht nur im unmittelbaren Bereich der Literatur Beachtung gefunden hatte. B. verstand sich spätestens seit seinem Essay *The Fire Next Time* (1963; *Hundert Jahre Freiheit ohne Gleichberechtigung*, 1964), der ihn weltberühmt machen sollte, als Sprecher seiner Volksgruppe und Vermittler zwischen Schwarz und Weiß.

Als unehelicher Sohn geboren, litt er zeitlebens an seinem Hass gegenüber seinem machtbewussten Stiefvater Davis, einem Prediger. B. wurde sogar zu dessen ungeliebtem Rivalen, als er mit 14 Jahren als Jungprediger einer Pfingstgemeinde einigen Erfolg hatte.

Nach drei Jahren gab B. das Predigen auf – er fand, dass er bei Lichte besehen seine Gemeinde betrog – und wandte sich vom kirchlichen Milieu ab. Sowohl die Auseinandersetzung mit seinen familiären Verhältnissen als auch der Kampf dieser Jahre gegen Rassismus und Diskriminierung aufgrund seiner Homosexualität blieben für B. Themen, auf die seine literarischen Werke Zeit seines Lebens fixiert bleiben sollten. Unter den wichtigen Personen, die den jungen B. förderten, war Richard Wright, den er 1944 traf und der ihm ein Jahr später ein Harper & Brothers Eugene F. Saxton Stipendium besorgte. Eine kritische Stellungnahme Wrights zu B.s erstem längeren Manuskript trübte die Beziehungen aber nachhaltig, zumal B. wohl mehr als nur eine Vater-Sohn-Beziehung zu Wright anstrebte. Das Zerwürfnis wurde endgültig mit der Veröffentlichung zweier Essays B.s, »Everybody's Protest Novel« und »Many Thousand Gone« (1949 bzw. 1951 in Partisan Review erschienen). B., einer der brillantesten amerikanischen Essayisten des 20. Jahrhunderts, setzte sich im ersten Text mit Harriet Beecher Stowes Roman Uncle Tom's Cabin und Wrights erfolgreichem naturalistischen Roman Native Son auseinander, wobei er Stowes Titelhelden und Wrights Bigger Thomas als komplementäre Figuren auffasst und dieser Art von Protestliteratur unterstellt, an unerwünschten gesellschaftlichen Bedingungen nichts zu ändern. Der Bruch wurde endgültig, als B. in »Many Thousand Gone« dem als empfindlich bekannten Wright vorwarf, mit seinem Antihelden, einem Doppelmörder aus dem Chicagoer Ghetto der South Side, die schlimmsten Vorurteile der Weißen über schwarze Männer bestätigt und die Gleichwertigkeit der Schwarzen allgemein in Frage gestellt zu haben. Ein dreiteiliger Essay mit dem provozierenden Titel »Alas, Poor Richard!« aus dem Jahr 1961 befasst sich weniger mit dem verstorbenen Wright als mit B.s

eigener Suche nach einer politisch und ethnisch kohärenten Ästhetik und Identität.

Während sich B. in der zweiten Hälfte der 1940er Jahre als Rezensent und Essayist in maßgeblichen Zeitschriften einen Namen machte, ließ sein erster Roman auf sich warten. B. war im November 1948 eigenen Angaben entsprechend nach Frankreich gereist, weil er den Rassismus in New York und New Jersey nicht mehr aushielt. Sein langjähriger Schweizer Freund Lucien Happersberger lud ihn 1951 in sein Bergdorf ein, wo B. auch seinen ersten Roman Go Tell It on the Mountain (1953; Gehe hin und verkünde es vom Berge, 1966) abschloss. Es ist wohl unter seinen Romanen das vollkommenste Werk geblieben. Der Roman erzählt einerseits die Geschichte der religiösen Berufung des 14-jährigen John Grimes in einer Harlemer Pfingstgemeinde, die gegen den Willen seines tyrannischen Stiefvaters Gabriel erfolgt. Zum anderen ist Go Tell It on the Mountain eine komplexe Familiensaga, die paradigmatisch für die Religiosität und die Beziehungsstruktur vieler afro-amerikanischer Familien gelesen werden muss. B. setzt eine religiös eingefärbte Sprache der schwarzen Kirchenkultur ein, um die nicht ohne Hindernisse erfolgende Hinwendung Johns zum Glauben vor versammelter Gemeinde zu beschreiben. Am Ende wird er, unterstützt von seinem eigentlichen Lehrer Elisha, dem er zärtliche Gefühle entgegenbringt, als Auserwählter Gottes bestätigt, was der Text durch seine ausgeprägte Lichtsymbolik an dieser Stelle vermittelt. Das religiöse Erwachen Johns verläuft parallel zu seinem sexuellen Heranreifen. Die drei als ›Gebete‹ bezeichneten Meditationen seiner Tante Florence, seines Stiefvaters Gabriel und seiner Mutter Elizabeth stellen eine äußerst ironisch gehandhabte, bittere Aufarbeitung der Vorgeschichte dar. In diesen Meditationen tritt wenig Frömmigkeit zutage, stattdessen beherrschen Hass, Enttäuschung, Erdulden und Machtansprüche (bei Gabriel) das Innenleben dieser Vertreter der älteren, in der »great migration« aus dem Süden in den Norden gewanderten Generation. So erfahren die Leser quasi simultan von einer komplexen Vergangenheit und einer von ihr wesentlich bestimmten Gegenwart. Die formal streng strukturierte Handlung steht in ironischem Kontrast zur Macht der Gefühle.

Während in *Go Tell It on the Mountain* die Welt der Weißen eher marginal erscheint, bekommt in B.s erfolgreichstem, 1962 erschienen Roman *Another Country* (*Eine andere Welt*, 1965), dessen freier Sprachduktus an die Beats erinnert, das soziale Umfeld und die soziale Interaktion zwischen Rassen und Geschlechtern mehr Gewicht. Nach dem frühen Selbstmord des schwarzen Jazzmusikers Rufus Scott arbeiten die Menschen, mit denen er verkehrte, ihre Schuldgefühle ab. Die Auseinandersetzung mit Rassismus und Homophobie verleihen dem Roman eine politische Dimension, die *Go Tell It on the Mountain* nicht besitzt und die auf zahlreiche polemische Essays verweist, die B. während der 1960er Jahre schreiben sollte.

Ende des 20. Jahrhunderts haben die sogenannten »Queer Studies«, d. h. der Zweig der Literaturwissenschaft, der sich mit Homosexualität und ihrer Ästhetik auseinandersetzt, B. für sich entdeckt. Der Fokus liegt dabei auf B.s Roman *Giovanni's Room* (*Giovannis Zimmer*, 1963), der 1956 herauskam und einen Skandal verursachte. Die Darstellung der gleichgeschlechtlichen Liebe zwischen einem weißen Amerikaner und einem armen Italo-Amerikaner, der schließlich zum Tode verurteilt wird, war trotz der offensichtlichen symbolischen Überhöhung eine Herausforderung für Kritik und Leserschaft. Häufig übersehen wurde bei diesem stringent gestalteten Text die an dem innerlich zerrissenen, gehemmten, letztlich feigen Amerikaner David festgemachte Zivilisations- und Kulturkritik und B.s lebenslang vertretene Forderung nach Akzeptanz von Differenz. Letztlich war B. ein Apologet von Gerechtigkeit und ein Fürsprecher der Liebe über alle geschlechtlichen und ethnischen Grenzen hinweg. Diese Haltung prägte auch sein Engagement innerhalb der Bürgerrechtsbewegung und erklärt Eldridge Cleavers Ablehnung B.s als kompromissbereitem Onkel Tom in *Soul on Ice*, einem Text, der zugleich einen Seitenhieb auf B.s Homosexualität enthält.

Von B.s Romanen nach *Another Country* hat am ehesten sein letzter großer Text, *Just above My Head* (1979; *Zum Greifen nah*, 1981) Bestand. Es ist ein reichlich pessimistisches, von dem für B. charakteristischen Pathos gekennzeichnetes Fazit des alternden Autors zu seinen großen Themen: Gerechtigkeit, Rassenbeziehungen, Identität, Homosexualität. Dennoch verweist der Text durch seine Betonung der Relevanz von Familie und Liebe auf einen möglichen Rettungsanker in einem die Menschen bedrohenden Meer des Zerfalls und der Zerstörung.

Werkausgabe: Collected Essays. New York 1998.

Wolfgang Binder

Balzac, Honoré de
Geb. 20. 5. 1799 in Tours;
gest. 18. 8. 1850 in Paris

Mit geschickten Landspekulationen war Bernard-François Balssa wohlhabend geworden, und er hatte es verstanden, aus dem erworbenen Wohlstand zuerst berufliches und dann auch soziales Kapital zu schlagen: Er wurde zuerst Notariatsgehilfe in Tours, dann Beamter in Paris. Den proletarischen Namen Balssa tauschte er gegen den phonetisch vornehmeren Namen Balzac ein und fügte sogar die Adelspartikel »de« hinzu, nachdem ihm ein Sohn geboren wurde: Honoré de Balzac kommt am 20. Mai 1799 in Tours zur Welt. Der ehrgeizige Vater sieht eine Laufbahn im Staatsdienst für ihn vor, schickt ihn deshalb auf das renommierte Internat Vendôme, das von Oratorianern geführt wird. Nach einer physischen und psychischen Krise wechselt B. auf das Gymnasium nach Tours und schließlich, nachdem die Familie 1814 nach Paris gezogen ist, auf das Lycée Charlemagne in Paris, wo er 1816 das Abitur be-

steht und sich anschließend, den Wünschen der Familie entsprechend, an der Sorbonne für Jura einschreibt. Als er 1819 »bachelier en droit« wird, hat sich die finanzielle Lage der Familie so verschlechtert, dass er unter Druck gesetzt wird, eine Stelle in einer Kanzlei anzunehmen und selbst Geld zu verdienen.

Doch hat er schon kleine philosophische Essays geschrieben und in den vergangenen Jahren mehr Romane als juristische Abhandlungen gelesen und glaubt, selbst schreiben zu können. Er erbittet – erbettelt – sich von der Familie zeitlichen Aufschub und bekommt schließlich eine Bewährungsfrist von zwei Jahren: Wenn er sich bis dahin nicht als Schriftsteller etabliert hat, muss er in die Kanzlei. Er zieht in eine kleine Mansardenwohnung und fängt zu schreiben an: Die Tragödie *Cromwell*, ein Versdrama in fünf Akten, mit dem er ein Racine werden will, ist sein erster Misserfolg, mehrere folgen. In den Briefen an seine Schwester wechselt seine Laune zwischen jugendlichem Übermut und tiefer Verzweiflung; mal träumt er sich als Sophokles, mal will er eingesehen haben, »wie wenig Talent« er besitzt. Aber aufgeben will er nicht. »Wenn ich eine Stellung annehme, bin ich verloren.« Er will keinem Beruf nachgehen, weil er eine Berufung hat – nur worin genau sie besteht, weiß er selbst noch nicht. Unter immer größerem Druck seitens der Familie und in seinen hochfliegenden Zielen durch die ersten Misserfolge gebremst, lässt sich B. 1821 auf eine geschäftliche Verbindung mit Auguste le Poitevin de l'Egreville ein, einer schillernden Persönlichkeit mit guten Beziehungen. Dieser schlägt B. eine Aufgabenteilung vor: Der eine schreibt, der andere vertreibt das Produkt. Es geht nicht um ›Literatur‹, sondern darum, die große Nachfrage der zeitgenössischen Leserschaft an Kolportage-, Abenteuer- und Liebesromanen zu befriedigen. Es sei ein »Teufelspakt«, wird Stefan Zweig in seiner B.-Biographie schreiben, denn B. verkauft nicht nur seine schriftstellerische Energie, sondern verdirbt sich unwiederbringlich das Sprachgefühl.

In seinem Drang, von der Familie loszukommen, »s'indépendiser«, wie er es nennt, legt B. los: Seite um Seite, Roman um Roman entspringt seiner Phantasie und seiner Feder. *Tartaros ou Le retour du bannissement* (Tartaros oder Die Rückkehr aus der Verbannung), *Jean-Louis ou La fille trouvée* (Jean Louis oder Die wiedergefundene Tochter) oder *L'Héritière de Birague* (Die Erbin von Birague) – Schundromane, deren Sprache ebenso weitschweifig ist wie deren Handlung und die er selbst als »regelrechte literarische Schweinerei« bezeichnet. Und neben dieser billigen literarischen Massenware schreibt er politische Pamphlete, satirische Skizzen, historische Übersichten, Werbetexte, Feuilletons, Kritiken – alles auf Bestellung, gegen Honorar, schnell heruntergeschmiert. Eine Geschichte der Jesuiten, ein Wörterbuch der Pariser Ladenschilder, dazu sogenannte »codes«, eine Art Selbsthilfebücher, die damals in Mode waren: »Wie man eine Krawatte bindet« oder gar »Vollständiges Handbuch der Höflichkeit«: Zehntausende von Seiten schreibt er zwischen 1821 und 1829, die er unter Pseudonym veröffentlicht und deren Autorschaft er später bestreitet.

Trotz dieser unermüdlichen Schreibarbeit erlangt B. nicht jene finanzielle Unabhängigkeit, um »an ordentlichen Werken arbeiten« zu können. Das liegt nicht nur an der Bescheidenheit der Honorare, sondern ebenso an seinem verschwenderischen Lebensstil und auch an der Naivität, mit der er sich immer wieder in Geschäfte verstrickt, die ihn unweigerlich ruinieren. Er will die gesammelten Werke französischer Klassiker in einem Band herausgeben – eine Art »Pléiade«-Edition –, und als diese Unternehmung fehlschlägt, versucht er, billige Romanausgaben zu vertreiben. Ende der 1820er Jahre, nach einem Jahrzehnt ununterbrochener schriftstellerischer Knochenarbeit hat B. weder Ruhm noch Reichtum erlangt, sondern bloß Schulden angehäuft. Aber die Eskapaden in die Realität der Geschäftswelt, die ihm die Bedeutung des Geldes in der kapitalistischen Gesellschaft schmerzhaft bewusst machen, sind zugleich die Urerfahrung seiner dichterischen Existenz: Die Dramen, die sich um die Einlösung eines Wechsels abspielen können, die Komödien, die um einen Schuldschein entstehen können, die Tricks und Machenschaften, die den Alltag der kleinen Läden und der großen Geldinstitute bestimmen – darin findet er schließlich jenes Thema, an dem er sich aus der Gosse der Literatur in ihren edelsten Salon emporschreibt.

Der erste Roman, den er mit seinem Namen zeichnet, erscheint 1829: *Les Chouans* (*Die Königstreuen*) ist ein historischer Roman über den Aufstand der königstreuen Bretonen nach der Revolution 1799. Der Einfluss von Walter Scott ist in der fiktionalen Bearbeitung der historischen Vorlage erkennbar, aber die subtile Ausarbeitung der gesellschaftlichen Beziehungen zeigt schon das neue Verständnis für Figuren und für die Handlungen, in denen sie verstrickt werden. Der Roman wird zwar kein Erfolg, aber von nun an gilt B. als Dichter. Als eines der Selbsthilfebücher, *La physiologie du marriage* (Die Physiologie der Ehe), einen gewissen Skandalerfolg erlebt und Geld einbringt, beginnt er ein mondänes Leben zu führen. Er richtet sich eine pompöse Wohnung ein, stellt Hausdiener ein, bestellt sich eine Kutsche. Er verkehrt in vornehmen Kreisen, in denen er immer neue Geliebte findet, und in künstlerischen Kreisen, in denen er mit Gioacchino Rossini und Hector Berlioz, Eugène Delacroix und Benjamin Constant, George Sand und Frédéric Chopin, Stendhal, Eugène Sue, Victor Hugo und Alexander Dumas père Freundschaft schließt. Und er schreibt. Sein Kaffeekonsum wird in Paris ebenso sprichwörtlich wie sein Tintenverbrauch.

Mit derselben Energie, mit der er früher Schund verfasst hat, zeichnet er nun Bilder des gesellschaftlichen und geschäftlichen Verkehrs, die seinen Weg in die Weltliteratur pflastern. Die Julirevolution von 1830 lenkt seine Aufmerksamkeit auf die Politik, und er überlegt gar, sich in die Deputiertenkammer wählen zu lassen. Um schnell zu Geld zu kommen, spielt er mit dem Gedanken, eine reiche Witwe, die Baronne Deurbroucq, oder eine reiche Erbin, Eléonore de Trumilly, zu heiraten. Schließlich muss er sich immer wieder auf das Schreiben zurückbesinnen und produziert Zeitungsartikel, Feuilletons, Kommentare, Kritiken, Erzählungen, Novellen, Romane.

Als 1831 der Roman *La peau de chagrin* (*Das Chagrinleder*, 1841) erscheint, erlebt B. zum ersten Mal, was wirklicher Erfolg heißt: Die Symbiose aus kritischem Lob und buchhändlerischem Absatz. Dieser Roman katapultiert ihn »in den ersten Rang unserer Erzähler«, heißt es in einer Pariser Rezension, und sogar der alte Goethe ist davon beeindruckt: »Es ist ein vortreffliches Werk neuester Art«, notiert er am 11. Oktober 1831, »welches sich jedoch dadurch auszeichnet, daß es sich zwischen dem Möglichen und Unerträglichen mit Energie und Geschmack hin und herbewegt, und das Wunderbare als Mittel, die merkwürdigsten Gesinnungen und Vorkommenheiten sehr konsequent zu brauchen weiß, worüber sich im einzelnen viel Gutes würde sagen lassen.« Die Geschichte des Raphael de Valentin, der sich dank des Chagrinleders alle Wünsche um den Preis seines Lebens erfüllen kann, wird nach einer ausgearbeiteten Symmetrie zwischen der Todessehnsucht am Anfang und der Todesangst am Ende erzählt. Die Einflechtung phantastischer Elemente in die realistische Darstellung und die weltschmerzliche Stimmung entsprechen dem Geschmack der Zeit, während die Direktheit, mit der das gesellschaftliche Treiben quer durch alle Schichten und die Lebenswirklichkeit der Großstadt beschrieben werden, B.s literarisches Ziel ankündigt: den Roman zum Bild(nis) der ganzen Gesellschaft zu machen.

Unterdessen gerät B. in immer neue geschäftliche und romantische Abenteuer, macht immer neue Schulden, schreibt immer weiter. Seine Romane und Novellen werden in Zeitschriften vorabgedruckt, dann als Bücher vertrieben; während er schon an einem neuen Werk schreibt, korrigiert er die Fahnen eines anderen. Die Korrespondenz B.s mit seinen Verlegern, Geliebten und Gläubigern könnte als eine Art Parallelwerk zum literarischen Werk gelten. Mit einem Leserbrief, der vom anderen Ende Europas, aus Russland, kommt und die »l'Étrangère«, diese Fremde, gezeichnet ist, fängt die romantischste, ja regelrecht romanhafte Affäre seines Lebens an, eine leidenschaftliche Liebesbeziehung mit der Gräfin Éveline Hanska, der »Fremden«, die sich fast ausschließlich in Briefen abspielt und erst kurz vor seinem Tod mit der Heirat ihren Höhepunkt und zugleich ihr Ende erfährt. Diese reale und doch phantasierte Beziehung entspricht B.s eigener Lebens- und Werkauffassung: Wie kein anderer Schriftsteller, stellt Marcel Proust überrascht fest, setzt B. »die Ereignisse des Lebens und diejenigen der Literatur auf derselben Ebene«. B.s erotische, soziale und literarische Anstrengungen sind nicht voneinander zu trennen, sondern Teile desselben Ziels: Er will reich und berühmt werden. Er ist selbst der Emporkömmling, den er als bedeutendsten Charaktertyp der Gesellschaft erkennt und schließlich zur Hauptfigur seiner fiktiven Welt macht. »Ich habe eine wunderbare Idee. Ich werde ein Genie sein«, schreibt B. 1833 an seine Schwester Laure: Er will dieselben Figuren von Roman zu Roman immer wieder aufnehmen, ihnen mal Haupt-, mal Nebenrollen zuweisen und sie in immer neue Handlungen miteinander verwickeln. Die Idee der wiederkehrenden Figuren realisiert er zum erstenmal im Roman *Le père Goriot* (1834/35; *Vater Goriot*, 1835), in dem Gestalten aus *La peau de chagrin* vorkommen, und sie macht sein Romanschaffen tatsächlich zu einem einzigartigen literarischen Monument. Denn in den Romanen und Novellen, in denen dieselben Figuren wiederkehren, malt B. ein umfassendes Gemälde der französischen Gesellschaft zwischen 1800 und der Revolution von 1848. Die Figuren modelliert er nach realen Gestalten, setzt die Handlungen in einen zeitgeschichtlichen Rahmen, verarbeitet philosophische und ästhetische Debatten seiner Epoche, zeichnet ein panoramisches Stadtporträt von Paris und macht so die sozialen, politischen, kulturellen und wirtschaftlichen Umwälzungen und die untergründigen Zusammenhänge nachvollziehbar. In den Lebensläufen seiner Figuren konfrontiert er die Gegensätze einer Gesellschaft, die vom Gesetz der Wirtschaft regiert wird und die eben dadurch in permanentem Wandel begriffen ist. Darin liegt B.s Modernität und seine Aktualität: Schein und Sein gehen ständig ineinander über. Bauern werden Bürger, Bürger verdrängen die Aristokraten aus ihren angestammten Machtzentren, Aristokraten verelenden. Es ist der Aufsteiger, den B. mit immer neuen charakterlichen Details porträtiert, indem er die Verschiebung der sozialen Schichten als Folge der ökonomischen Verhältnisse zeigt. Wo der romantische Held ein Herz hatte, trägt B.s Held seinen Geldbeutel. Wie das private Interesse politische und kulturelle Haltungen zersetzt; wie die kühle Höflichkeit der Salons zu der eisigen Tüchtigkeit der Kontore wird – kurz: wie das geschäftliche Geschick eine neue Weltordnung schafft, ist sein Thema. Seine Romane sind nicht realistisch, weil sie die Wirklichkeit abbilden, sondern weil sie in ihrer allumfassenden Vielfalt eine eigene Welt bilden.

Um dieser totalen Wirklichkeitserfassung erzähltechnisch gerecht zu werden, wechselt B. zwischen »récit« und »discours« und macht den Roman zu der gattungsunspezifischen Mischung, zu der er seitdem geworden ist. Beschreibung, Reflexion, Essay, Briefform, Gedichte (mal Selbstzitate, mal Verszitate anderer, mal Originalgedichte befreundeter Autoren) werden in eine Handlung integriert, in der alle Einzelheiten in ihrer Genauigkeit ›realistisch‹ sind. Wenn es um Musik geht, wie in *Gambara* (1837; *Gambara*, 1845), lässt sich B. von Komponisten ganze Partituren erklären; wenn es um Kunst geht, wie in *Le chef-d'œuvre inconnu* (1931; »Das unbekannte Meisterwerk«, 1925), übernimmt er Ansichten bekannter Maler; die Typologie der Pariser Bevölkerung ist psychologisch ebenso subtil wie die Topographie von Paris geographisch stimmig ist; die Salongespräche der Figuren sind ebenso oberflächlich wie die ästhetischen Auseinandersetzungen zwischen seinen Künstlergestalten philosophisch sind; die Geschäftsleute sind genauso glaubwürdig wie die Banditen.

Was B.s Welt so einzigartig macht, ist ihre völlige Übereinstimmung mit der Wirklichkeit, die sie gleichzeitig aushöhlt. Dabei ist B. kein sozialkritischer Schriftsteller im modernen Sinn, eher ein soziologischer Schriftsteller, der die Gesellschaft nicht entlarven, sondern sie erzählend analysieren will. »Deviner la réalité«, die Wahrheit erraten, ist B.s erklärtes Ziel. So setzt sich in der Literatur die Wirklichkeit der Welt gegen die politischen und gesellschaftlichen Sympathien des Autors durch. Friedrich Engels erkannte darin den »größten Triumph des Realismus«, und Wolf Lepenies bezeichnete B.s Werk als »beispielhaft für alle Soziologen«. Denn das Individuum ist bei B. immer auch Exponent einer Gruppe, einer Schicht, eben jenes überdimensionierten Organismus, der Gesellschaft heißt.

Längst schreibt B. keine Romane mehr, sondern eine erzählte Geschichte Frankreichs in der ersten Hälfte des 19. Jahrhunderts: »Die Geschichte und die Kritik der Gesellschaft, die Analyse ihrer Übel und die Erörterung ihrer Prinzipien« erklärt er zu seinem »unermeßlichen Plan«, und als er 1842 einen Vertrag über die Ausgabe der bis dahin erschienenen Bücher abschließt, nennt er sein Werk, mit selbstbewusster Anspielung an Dante, »La comédie humaine«, »Die menschliche Komödie«. Es soll »eine vollständige Geschichte« werden, »deren jedes Kapitel ein Roman und jeder Roman eine Zeitgeschichte« ist. Die historische und geographische Verankerung dieser fiktiven Welt gewährt ihr eine ort- und zeitlose Gültigkeit. B. hat nicht »allein den Menschen des 19. Jahrhunderts erschaffen«, erkannte Hugo Friedrich, »sondern den Menschen im Ganzen seiner Wirklichkeit, die immer nur in der Verhaftung an eine Zeit und an einen Boden lebens- und äußerungsfähig und greifbar wird«.

Etwa 90 Romane mit etwa 3000 Figuren wird die »Comédie humaine« am Ende umfassen – eine ungeheuerliche schriftstellerische Leistung, die B. in nur 20 Jahren erbringt. »Ich habe in einem Zug siebzehn Blatt geschrieben«, berichtet er einmal der »Fremden«; und nachdem er die Summe aufzählt, die er in Paris schuldet, schreibt er: »Woher nehmen? Aus meinem Tintenfaß.« Mit unermüdlich rasender Feder und in ständiger Geldnot verfasst er journalistische Stücke, versucht sich als Dramatiker, betätigt sich als Kritiker und flicht immer weiter am literarischen Gewebe der »menschlichen Komödie«. Mit jedem Roman wird der großangelegte epische Entwurf deutlicher, wird erkennbar, dass die Einheit des Werks seine »Allheit« ist (Ernst Robert Curtius). Der Vielschichtigkeit des Stoffes entspricht eine Sprache, die alle Register durchläuft – geschwollen, sentimental, philosophisch, konkret – und von metaphorischer Wucht getragen ist. Form und Inhalt der »menschlichen Komödie« werden den Symbolismus und den Naturalismus prägen und für jeden erzählerischen Versuch, die Gesellschaft zu erfassen, neue Maßstäbe setzen. Von Flaubert über Proust bis zu Claude Simon und Michel Butor haben sich alle französischen Erzähler an B. gerieben. Aber auch Theodor Fontane, Henry James und Ivan Turgenev gewannen ihm neue epische Darstellungsmöglichkeiten ab, und in Walter Benjamins »Passagen« ist B.s Parisbeschreibung stets gegenwärtig.

Als er im Winter 1848 in die Ukraine zu seiner schon längst verwitweten »Fremden« fährt, ist B., noch nicht einmal 50 Jahre alt, ein schwer kranker Mann. Auf dem Landsitz seiner Geliebten verbringt B. das unproduktivste Jahr seines Lebens, während in Paris die Zweite Republik ausgerufen wird und die Akademie ihn wieder einmal übergeht. Nachdem er endlich sein romantisches Ziel erreicht und im März 1850 die Gräfin Hanska heiratet, tritt er die Reise zurück nach Paris an. Er stirbt dort am 18. August 1850. Nur einige Schritte von jener Stelle entfernt, an der Rastignac am Ende von *Le père Goriot* seine Herausforderung an Paris »Jetzt zu uns beiden!« gerufen hatte, wird B. am 21. März auf dem Friedhof von Père-Lachaise beigesetzt. Der Sarg wird von Hugo, Sainte-Beuve, Alexandre Dumas père und dem damaligen Innenminister getragen, und am Grab hält Hugo eine berühmt gewordene Rede, in der er B. zum »revolutionären Dichter« erklärt. Am Tag darauf stürmen die Gläubiger B.s Haus.

Werkausgaben: Die Menschliche Komödie. 20 Bde. Hg. E. Wesemann. Frankfurt a. M. 1996. – Die Menschliche Komödie. 12 Bde. Hg. E. Sander, München 1998. – Die Menschliche Komödie. 40 Bde. Zürich 1998. – Briefe an die Fremde. Auswahl, Hg. U. Momm/G. Gensberger. Frankfurt a. M. 1999.

Stefana Sabin

Bang, Herman
Geb. 20. 4. 1857 Adserballe/Dänemark; gest. 29. 1. 1912 Ogden, Utah

Herman Bang gilt zusammen mit Jens Peter Jacobsen als Hauptvertreter der impressionistischen Erzählkunst in Dänemark, die er jedoch im Unterschied zu diesem nicht nur als Verfasser von Romanen und Novellen etablierte, sondern auch theoretisch reflektierte: Der Wert eines impressionistischen Werkes »beruht auf der Tiefe alles dessen, was nicht gesagt wird«. Zu dieser Auffassung gelangte B. vor allem durch die Abgrenzung gegenüber dem Naturalismus, der in Dänemark infolge der Bewegung des ›modernen Durchbruchs‹ Verbreitung gefunden hatte und der für ihn wie für Jacobsen den zentralen Ausgangspunkt seiner literarischen Entwicklung bildete. B.s Kritik galt insbesondere einer Auffassung von Literatur als einem direkten Beitrag zur aktuellen politischen Problemdebatte. Dem Anspruch erschöpfender Objektivität, wie sie die Monumentalwerke Émile Zolas suggerieren, setzte er das Konzept einer szenisch-dramatischen Erzählkomposition entgegen. Die »Bindeglieder der Analyse« – moralisierende und psychologisierende Einschaltungen eines allwissenden Erzählers – lehnte er ab. Dies bedeutet aber keineswegs, dass es ihm lediglich um die Präsentation einer Oberfläche, einer aus Bildern und Worten beliebig zusammengefügten Außenansicht der Wirklichkeit ging. Ausgewählte Handlungen und Aussagen seiner Charaktere sollten als repräsentative Wirklichkeitsfragmente für sich selbst sprechen und als »Gucklöcher« auf das dahinterliegende Seelenleben dienen.

Erst nach einigen Jahren gelang es B., der als Schauspieler scheiterte und in seiner journalistischen Tätigkeit zunächst weit erfolgreicher war als bei seinen dichterischen Versuchen, das von ihm vertretene Ideal eines ›malenden Stils‹ in eine neuartige Erzählweise umzusetzen, deren eigenständiges Profil selbst im Vergleich zu seinen wichtigsten Vorbildern Gustave Flaubert, Jacobsen, Ivan Turgenev und Jonas Lie deutlich wurde. Noch ganz im Zeichen der Vererbungs- und Degenerationsthematik stand der als Vorläufer der *Buddenbrooks* geltende Roman *Haabløse Slægter* (1880; *Hoffnungslose Geschlechter*, 1900). Auch die Eliminierung des moralisierenden Erzählerkommentars wurde erst in den folgenden Romanen und Novellen realisiert. Der Vollendung des dramatisch-szenischen Stils näherte sich B. in den Sammlungen *Excentriske Noveller* (1885; *Exzentrische Novellen*, 1905) und *Stille Eksistenser* (1886; *Stille Existenzen*). Als Musterbeispiel der aus einzelnen Momentaufnahmen zusammengefügten Illustration komplexer Problemzusammenhänge gilt der in *Stille Eksistenser* enthaltene Roman *Ved Vejen* (1886; *Am Wege*, 1887). In repräsentativen Ausschnitten, gleichsam kameratechnisch realisiert, entfaltet sich vor dem Leser die enge Lebenswelt der Stationsvorsteherfrau Katinka Bai, deren auf charakterlicher Ähnlichkeit beruhende Liebe zu einem anderen Mann weniger den moralischen Zwängen ihres bürgerlich-provinziellen Milieus als der eigenen resignativen Grundhaltung zum Opfer fällt.

Die schon hier stark ausgeprägte Bedeutung zahlreicher Nebenpersonen, die allein durch ihre entlarvenden Verhaltensweisen und Aussagen einen Einblick in den gesellschaftlichen Kontext gewähren, erweitert sich in dem Kollektivroman *Stuk* (1887; *Zusammenbruch*, 1913, *Stuck*, 2005) zum farbkräftigen Panorama der Kopenhagener Gründerjahre. Eingebettet in Massenszenerien und plastische Impressionen des Großstadtlebens, wird das Scheitern eines ambitionierten Theaterprojekts geschildert, Sinnbild der fassadenhaft-trügerischen Aufbruchstimmung nach der traumatischen Niederlage Dänemarks im Deutsch-Dänischen Krieg von 1864. Dennoch sind es insbesondere die »stillen Existenzen«, die nach außen hin wenig spektakulären Schicksale einzelner, meist weiblicher Personen, denen B. in seinen Werken eine Sprache verleiht, wie etwa in dem Roman *Tine*

(1889; *Tine*, 1903). Deutlicher noch als in *Stuk* bildet hier die nationale Katastrophe des Jahres 1864 den überpersönlichen Bezugsrahmen für eine individuelle Leidensgeschichte. Die desillusionierende Niederlage wird zum Symbol der Resignation des einzelnen Menschen angesichts einer von Triebhaftigkeit, Gewalt und Verständnislosigkeit beherrschten Weltordnung. Ein literarisches Gegengewicht zu dem als unausweichlich geschilderten Prozess der Entfremdung und Vereinzelung, dem auch Ida Brandt, die Protagonistin des Romans *Ludvigsbakke* (1896; *Ludwigshöhe*, 1908) unterworfen ist, stellen lediglich die in B.s Werken immer wieder anzutreffenden Rückblenden in die Zeit der Kindheit dar. Dass diese keineswegs nur aus nostalgisch verklärender Perspektive gezeichnet wird, verdeutlichen die als Kontrastskizzen angelegten Erinnerungsschriften *Det hvide hus* (1898; *Das weiße Haus*, 1901) und *Det graa Hus* (1901; *Das graue Haus*, 1909).

Der auf einer seiner zahlreichen Vortragsreisen verstorbene Autor, der sich aufgrund seiner Homosexualität öffentlichen Anfeindungen ausgesetzt sah und sein Leben im ruhelosen Wechsel von Flucht und Rückkehr verbrachte, begriff sich selbst, gemäß dem Titel seines letzten Romans (*De uden Fædreland*, 1906; *Die Vaterlandslosen*, 1912), als »vaterlandslos«, nicht allein im Hinblick auf das ambivalente Verhältnis zu seiner dänischen Heimat, sondern auch in einem umfassenderen, Zwischenmenschliches und Existentielles einschließenden Sinne. In eigentümlicher Weise hat sich das Fremdsein des Nichtverstandenen, das in fast allen seinen Werken aufscheint, über seinen Tod hinaus fortgesetzt. Die Auflagen der zumeist verspäteten Übersetzungen ins Deutsche wurden von anderen (ihm nicht immer ebenbürtigen) skandinavischen Autoren weit übertroffen, und Dichterkollegen, die sich – wie Thomas Mann durch das Gefühl einer »tiefen Verwandtschaft« – von B. inspiriert fühlten, blieben die Ausnahme.

Werkausgaben: Gesammelte Werke. 6 Bde. Berlin 1926/27. – Werke in drei Bänden. München 1982. – Ausgewählte Werke in drei Bänden. Rostock 1982.

Ulrike-Christine Sander

Banville, John
Geb. 8. 12. 1945 in Wexford/Irland

John Banville, seit 1988 Literaturredakteur bei der *Irish Times*, gilt als einer der bedeutendsten zeitgenössischen irischen Prosaautoren. Sein Erzählwerk zeichnet sich durch außergewöhnliche thematische und gestalterische Geschlossenheit aus und knüpft an internationale literarische Tendenzen an, was auch an einer Vielzahl intertextueller Anspielungen (etwa auf Marcel Proust, Henry James, Rainer Maria Rilke, Vladimir Nabokov) zum Ausdruck kommt. B. hat zudem Adaptionen zweier Dramen von Kleist vorgelegt und einige Drehbücher verfasst, darunter auch das für die Verfilmung seines Kurzromans *The Newton Letter* (1982). Sein Erzählwerk ist in hohem Maße von den Themenkomplexen ›Schuld und Sühne‹ und ›Wirklichkeitsauffassung‹ bzw. dem Thema des künstlerischen Schaffensprozesses durchdrungen.

In seinem Erstlingswerk, *Long Lankin* (1970), einer Sammlung von neun Kurzgeschichten und der Novelle »The Possessed«, finden sich Charaktere, die allesamt in der privaten Hölle eines besonderen Schuldbewusstseins gefangen sind. Ihre zwischenmenschlichen Beziehungen werden dabei von einer intervenierenden ›Long-Lankin‹-*persona* (der alt-schottischen Ballade »Lamkin« entlehnt) aufgebrochen. Die Gliederung der Geschichten nach Kindheit, Jugend, Reife und dem Bereich des öffentlichen Lebens erinnert an James Joyces *Dubliners* (1914). – *Nightspawn* (1971) ist eine der wenigen irischen postmodern anmutenden Metafiktionen. Der Roman parodiert die literarischen Konventionen des Thrillers und reflektiert zugleich das zeitlose Verlangen des Künstlers, die Dinge in ihrem Wesen auszudrücken, Schönheit und Wahrheit festzuhalten. Wie häufig bei Samuel Beckett treibt sich auch B.s Erzähler unentwegt an; doch er versagt, wie letztlich jeder Künstler, weil sich Schönheit und Wahrheit seinem Bemühen entziehen. – *Birchwood* (1973) verfolgt ein vergleichbares thematisches Anliegen. Oberflächlich handelt es sich um einen *big-house*-Roman, die Geschichte einer Herrenhausfamilie. Eigentlich ist aber der Erzähler, Gabriel Godkin, im Gefolge von Prousts Marcel in *À la recherche du temps perdu* darum bemüht, seine Vergangenheit in der Form eines Erzählwerks zu ergründen, und zu diesem Zwecke testet er eine Reihe narrativer Gattungen (pikaresker Roman, gotischer Roman, *big-house*-Roman usw.) auf deren Brauchbarkeit. Am Ende muss er sich sein Scheitern eingestehen. Der »rosy grail« (rosige Gral), Symbol für Schönheit und Wahrheit, entzieht sich seinem Zugriff. Godkin akzeptiert schließlich sein Unvermögen, wissend: »Wovon man nicht sprechen kann, darüber muß man schweigen« (Ludwig Wittgenstein).

Doctor Copernicus (1976; *Doktor Copernicus*, 1999), *Kepler* (1981; *Kepler*, 1997), *The Newton Letter* und *Mefisto* (1986) bilden B.s ›Wissenschafts‹-Tetralogie, die sich thematisch der Methode annimmt, mit der das wissenschaftliche Bewusstsein die Welt zu erklären sucht. Den Hauptfiguren der Romane ist gemein, dass sie alle vereinheitlichende gedankliche Systeme aufstellen, die zwar von überwältigender Geschlossenheit und Schönheit sind, aber eigentlich keinen Wahrheitsgehalt beanspruchen dürfen. Jede der Hauptgestalten ist schließlich gezwungen sich einzugestehen, dem Leben zugunsten der wissenschaftlichen Betätigung aus dem Wege gegangen zu sein, kurz: ihre Menschlichkeit verwirkt zu haben. – *The Book of Evidence* (1989; *Das Buch der Beweise*, 1991), *Ghosts* (1993; *Geister*, 2000) und *Athena* (1995; *Athena*, 1996) machen B.s ›Künstler‹-Trilogie aus, indem sie der Frage nachgehen, wie die künstlerische Vorstellungskraft die Wirklichkeit zu bewältigen versteht. Im ersten Roman verfasst Freddie Montgomery sein »Buch der Beweise« zur Rechtfertigung seines Mordes an einem Dienstmädchen. Er habe die junge Frau töten können, weil sie für ihn nicht wirklich *lebendig* gewesen sei, behauptet er. Freddie transfiguriert sein Leben und das seines Opfers, indem er beide mittels Versatzstücken aus Film, Kunst und Literatur einfängt. Er gewinnt eine Einsicht in die unüberbrückbare Kluft zwischen der Welt der Kunst und der Welt des Alltags und verspürt den »unvermeidlichen Imperativ«, die getötete Frau wieder zum Leben zu erwecken, eine Aufgabe, der er sich in *Ghosts* stellt. Auf einer Insel der Reue (die an Shakespeares *The Tempest* und Defoes *Robinson Crusoe* erinnert) bemüht sich Freddie, eine fiktionale Geschichte um eine Schar schiffbrüchiger Vergnügungsreisender zu spinnen, die ein paar Stunden dort verweilen müssen. Eine kleine Welt entsteht, gekennzeichnet vom Zustand des Nicht-wirklich-Daseins, des In-der-Schwebe-Befindlichen, kurz: die ›Geister‹-Welt der Kunst, der italienischen *commedia dell'arte* und der *fêtes-galantes*-Gemälde von Jean-Antoine Watteau, die Welt der Romanze und Pastorale. Freddie verspürt, keine Gegenwart zu besitzen. Ohne Gegenwart gibt es kein Sein, und so muss er sich gleichsam selbst neu erschaffen, ehe er »die Rückgabe eines Lebens« zu bewerkstelligen vermag. Er strebt nach purem Sein, das jedoch nur in der autonomen Welt der Kunst zu erreichen ist. Allerdings beschwört er ein Arkadien herauf, in dem der große Gott Pan tot ist. Das Goldene Zeitalter Watteaus ist an eine Welt des Zufalls und Chaos verlorengegangen. In *Athena* bringt Freddie schließlich eine junge Frau, »A.«, in einer Kopfgeburt – wie Zeus seine Tochter Athena – zur Welt, wobei sich A. nach einer erotischen Beziehung am Ende von ihm freimacht. Tatsächlich aber geht es in *Athena* um das Wesen von Kunst. Nicht nur die acht Gemälde mit Szenen aus der griechischen Mythologie (die Namen ihrer Maler: Anagramme von ›John Banville‹), die Freddie zu begutachten hat, sind Fälschungen, das Ganze wird aufs Subtilste als Fiktion entlarvt. Kunst ist nichts als Fälschung, der Künstler ein gerissener Schwindler.

The Untouchable (1997; *Der Unberührbare*, 1997) vereint erneut manche für B. charakteristische Themen (Verrat, Schuld, Sühne, Doppelleben) und gestalterische Strategien (Spiel mit dem Leser, Ich-Erzählung). Im Format eines Spionagethrillers dienen die Lebenserinnerungen Victor Maskells (auf der Basis biographischer Details des Lyrikers Louis MacNeice und des Doppelagenten Anthony Blunt) dazu, nach einem Leben der Verstellung wie bei der Restaurierung eines Gemäldes die Schmutzschichten abzutragen, um »das Ding an sich« freizulegen und als das zu erkennen, was es ist: »Meine Seele. Mein Selbst.« *Eclipse* (2000; *Sonnenfinsternis*, 2002) wird thematisch von einem vergleichbaren Bemühen um Selbstfindung getragen. Der Schauspieler Alexander Cleave nimmt nach einem Bühnendebakel in seinem elterlichen Haus Zuflucht und sucht, Vergangenheit und Gegenwart gegeneinander abwägend, nach dem Sinn seines Lebens. Der Roman verrät B.s Beschäftigung mit Kleist anhand diverser Anspielungen auf *Amphitryon* und »Über das Marionettentheater«. B. mag in seinen letzten Werken nicht immer der Gefahr der thematischen Wiederholung entronnen sein, indes hat er sich stets als brillanter Denker und exzellenter Prosastilist erwiesen.

Rüdiger Imhof

Baratynskij, Evgenij (auch Boratynskij)

Geb. 2. 3. 1800 auf dem Landgut Mara im Gouvernement Tambov/Russland; gest. 11. 7. 1844 in Neapel

Unter den Dichtern der russischen Romantik nimmt Evgenij Baratynskij einen hervorragenden Platz ein. Zu den biographischen Wegmarken, die auch für sein lyrisches Werk bedeutsam wurden, zählen der frühe Verlust des Vaters (1810), der Ausschluss aus dem Pagenkorps wegen eines Vergehens (1816), die als Verbannung empfundene Militärzeit in Finnland (1820–24) und das Scheitern der Dekabristen (1824), mit denen er freundschaftlich verbunden war. Im Dichterkreis um Aleksandr Puškin wurde er sehr geschätzt, familiäre Verhältnisse erlaubten es ihm jedoch nicht, regelmäßig am literarischen Leben St. Petersburgs teilzunehmen. 1843 begab sich B. auf eine Auslandsreise, auf der er nach kurzer Krankheit verstarb. Als 1835 eine erste Buchausgabe unter dem Titel *Stichotvorenija* (Gedichte) erschien, war er durch Veröffentlichungen in Zeitschriften bereits gut bekannt. Aufmerksamkeit hatte er unter anderem durch seine Verserzählung »Ėda. Finljandskaja povest'« (1826; Eda. Eine finnische Erzählung) erregt, in der ein finnisches Bauernmädchen, das von einem russischen Husaren verführt wird, am Kummer zerbricht, als dieser wieder in den Krieg zieht. Die als rauh und eher düster geschilderte Landschaft Kareliens bildet einen Kontrapunkt zur Kaukasus-Exotik der frühen Verserzählungen Puškins; das seit Nikolaj Karamzins Novelle »Bednaja Liza« (1792; Die arme Lisa) geläufige Handlungsmotiv wird beinahe nüchtern ausgearbeitet, ohne die sentimentalen oder irrationalen Untertöne der Vor- und Frühromantik. Von den weiteren Verserzählungen ist insbesondere die als tragische Dreiecksgeschichte konzipierte und durch längere Dialogpassagen zur dramatischen Gattung tendierende »Cyganka« (1830/31; Die Zigeunerin) zu erwähnen. In Verstechnik, Strophik, Bildsprache usw. verfolgte B. eine strenge Ästhetik, die bereits vom Zeitgeist der späten 1830er Jahre nicht mehr goutiert wurde. Sein Dichterkonzept variiert folglich die Pose stolzer Einsamkeit, die von manchen seiner Zeitgenossen eingenommen wurde, hin zum melancholischen Rückzug aus einer Welt, die mit ihrem Rationalismus und Materialismus für den Dichter keinen Platz mehr lässt. Entsprechend ist eine elegische Grundstimmung kennzeichnend für die 1842 unter dem Titel *Sumerki* (Dämmerung) erschienene zweite Gedichtsammlung. Sie enthält das bereits 1835 entstandene Gedicht »Poslednij poėt« (»Der letzte Dichter«), einen Abgesang auf die Dichtkunst, die vom technischen Fortschritt, von Wissenschaftsgläubigkeit und Nützlichkeitsdenken verdrängt wird. Der Dichter steht nicht mehr über der Menge, wie es Puškin sah, er steht auf verlorenem Posten. So ist B.s Ideal nicht zufällig in einem Nachrufgedicht formuliert: in »Na smert' Gëte« (1833; »Auf den Tod Goethes«), das in vollendet ausgewogener Form einen schöpferischen Geist würdigt, der die gesamte Fülle des Lebens durchmessen hat. Für B.s metaphysische Begründung der Kunst hatte die zunehmend an sozialen Fragen interessierte Literaturkritik kein Verständnis mehr, so dass die Resonanz auf seine Dichtung verhalten ausfiel und er für Jahrzehnte kaum Beachtung fand. Seine Wiederentdeckung um 1900 ist den ihm in mancher Hinsicht geistesverwandten Symbolisten zu verdanken.

Werkausgabe: Abenddämmerung. Ausgewählte Gedichte. Russisch und deutsch. Hg. L. Udolph. Dresden 2000.

Frank Göbler

Barlach, Ernst
Geb. 2. 1. 1870 in Wedel/Holstein; gest. 24. 10. 1938 in Rostock

B. war keine jener Begabungen, die neben dem Schreiben auch malen oder zeichnen; er hat als Bildhauer und Graphiker wie als Dramatiker Werke geschaffen, die zum wichtigsten Bestand der Kunst und Literatur ihrer Zeit gehören. Er fing früh zu schreiben und zu gestalten an, doch erst nach einer Russlandreise im Jahr 1906 hatte der 36-Jährige das Gefühl, seinen eigenen Weg gefunden zu haben. Sowohl das *Russische Tagebuch* wie *Eine Steppenfahrt* (beide 1906/07 entstanden) zeigen einen neuen Zugriff zur Wirklichkeit, die Sprache wie der Zeichenstift werden von nun an eigenwillig und souverän gehandhabt. Zum Drama drängten B. keine Theatererlebnisse.

Er bezeichnete sich des Öfteren als »bühnenfremd« und besuchte nur eine einzige Aufführung eines eigenen Stückes. Der Bildhauer stand wie unter einem Zwang, seine in der Plastik stummen Figuren auch in Dialogen zu gestalten: »Ich gestehe, daß mir wohl der dramatische Dialog bei der Arbeit zu sehr genügt hat, daß ich die Handlung vernachlässigt habe.« Er hatte das Gefühl, »nur ratend und tastend ins Blinde hinein (zu) arbeiten«. Seine Dramen sind keine Allegorien, die sich ohne Rest auflösen lassen. Dabei geht es stets um das Verhältnis des Menschen zu Gott, das als elementar empfunden wird: »Wir sind den Elementen anheimgegeben, und sie suchen unser Elementares und wissen damit umzuspringen, daß wir tanzen oder starren.« Dabei unterscheidet B. zwischen dem »Schöpfer alles Seins«, dem Absoluten, der »menschlich unfaßbar« bleibt, und dem Gott, den die Menschen nach sich selbst bilden. Der Mensch ist ein »verarmtes und ins Elend geratenes Nebenglied aus besserem Hause«, ein »armer Vetter«. B.s erstes Drama, *Der tote Tag*, erschien 1912 und wurde 1919 uraufgeführt. Das in urtümlich-mythischen Zeiten angesiedelte Stück handelt vom Kampf der erdschweren Mutter mit dem geistigen Vatergott. Im gleichen Jahr erlebte *Der arme Vetter* seine Uraufführung. 1921 folgten *Die echten Sedemunds*, deren innere Handlung in einem Wirbel aus Jahrmarktstrubel und Friedhofsgroteske fast untergeht. Sein erfolgreichstes Stück war *Die Sündflut* (1924). Nur in äußeren Dingen hält sich B. an die biblische Erzählung. Noah ist zwar der gehorsame Diener Gottes, aber sein Gott ist der von den Menschen erdachte. Der absolute Gott wird vom heroisch untergehenden Calan geahnt, vom Atheisten also. Wieder in die Kleinstadt führt *Der blaue Boll*, der 1930 in Berlin in der Inszenierung von Jürgen Fehling und mit Heinrich George als Boll eine gefeierte Aufführung erlebte. Eines der führenden Motive B.s wird hier zum Leitmotiv: Der Mensch lebt, um sich zu wandeln, um zu werden. Im historischen Gewand erscheint dieses Motiv noch einmal in dem erst aus dem Nachlass herausgegebenen *Der Graf von Ratzeburg*. Der Titelheld und der Knecht Offerus wollen dem höchsten Herren dienen, der Knecht erreicht als Christofferus sein Ziel, der Graf kann erst im Tod sagen: »Gott hat mich.« B. wusste: »Der Norden scheint die Gefahr zu haben, daß man statt tief einmal grundlos wird.« Er ist ihr wohl zweimal erlegen, in Stücken, die zeitkritisch angelegt waren. *Der Findling* (1919) versucht, in einem Mysterienspiel den Ausweg aus der Zeitnot zu zeigen. Ähnliches will auch *Die gute Zeit* (1929). Beiden Stücken fehlt das, was B.s beste Dramen auszeichnet: ihre feste Verknüpfung mit der Realität, ihre landschaftliche Gebundenheit.

B. hat viele seiner Figuren nach Menschen seiner Umgebung gezeichnet. Sein Leben verlief in zwei sehr unterschiedlichen Abschnitten. Der Arztsohn erlebte eine kleinstädtische Jugend, besuchte anschließend die Kunstgewerbeschule in Hamburg und die Akademie in Dresden, war auf der Akademie Julien in Paris, gab ein wenig erfolgreiches Gastspiel als Lehrer an der Keramikfachschule in Höhr, lebte nach der entscheidenden Russlandreise von 1906 bis 1909 in Berlin. Nachdem ihm eine Reise nach Florenz gezeigt hatte, wie wenig ihm die Kunst der italienischen Renaissance zu sagen hatte, ließ er sich 1910 in Güstrow nieder. Es hat nicht an Versuchen gefehlt, ihn zu einer Übersiedlung nach Berlin zu bewegen; auch Ehrungen blieben nicht aus: 1919 Berliner, 1925 Münchner Akademie, 1924 Kleistpreis, 1933 Ritter des Ordens Pour le mérite. Aber B. blieb der Kleinstadt mit ihrem bescheidenen Leben, dem niederdeutschen Sprachraum und seiner Landschaft treu. Im Plattdeutschen, das er gelegentlich verwendete, sah er eine »naivsaftige, hartmäulige, allem Menschlichen und Ungelehrten passende Sprache«. Auch die hochdeutschen Dialoge sind oft nicht leicht zu verstehen, weil sie eine Vertrautheit mit Menschen und Umgebung voraussetzen, wie sie nur im kleinstädtischen Bereich vorkommt. Das hat B.s Regisseure immer wieder dazu verführt, ihn mystisch-raunend anstatt realistisch und saftig zu inszenieren, zum großen Kummer des Künstlers. Von B.s Prosa fällt zuerst das sehr dichte *Ein selbsterzähltes Leben* (1928) auf. Zwei Romane blieben Fragment und erschienen erst nach 1945. Der frühere, *Seespeck*, gibt ein pralles Bild eines bohemienhaften Lebens in der Provinz; Höhepunkt ist die Schilderung des Dichters Theodor Däubler (»verirrter Herr aus einer höheren Existenzform, aus übermenschlichem Bereich«), den B. während seines Rom-Aufenthalts kennengelernt hatte. Das zweite Romanfragment, *Der gestohlene Mond*, ist in Stil und Aufbau von Jean Paul beeinflusst, vor allem das Doppelgängermotiv erinnert an ihn.

Nach der Machtergreifung durch die Nationalsozialisten wurde B. als »ostisch« angefeindet. Zunächst wurden seine Denkmäler entfernt, dann wurden seine Plastiken in der Ausstellung »Entartete Kunst« (zuerst München 1937) gebrandmarkt, schließlich die Aufführung seiner Stücke verboten. B., der sich in den letzten Jahren seines Lebens immer mehr von der Außenwelt abgekapselt hatte, hielt dieser schleichenden Verfemung nicht stand und starb als gebrochener Mann.

Walter Schmähling

Barnes, Djuna [Chappell]
Geb. 12. 6. 1892 in Cornwall-on-Hudson, New York; gest. 18. 6. 1982 in New York

Lange Zeit galt Djuna Barnes nach einem von ihr selbst verbreiteten Bonmot als die »berühmteste Unbekannte« der modernen Literatur. Obschon B. durch das gesteigerte Interesse an feministischer und lesbischer Literatur im letzten Drittel des 20. Jahrhunderts eine Art Kultstatus erreichte, wandte sie sich noch zu Lebzeiten gegen eine derartige Aufwertung und einseitige Vereinnahmung. Im Einklang mit ihrer stets nonkonformistischen künstlerischen Praxis forderte B. für sich, dass sie keiner bestimmten gesellschaftlichen oder literarischen Richtung zugeordnet werden solle. Ihr Stilreichtum und ihre Meisterschaft in verschiedenen Metiers haben darüber hinaus dafür gesorgt, dass sich die Werke der Magazinjournalistin, Illustratorin und Malerin B. einer vorschnellen Klassifizierung entziehen. Dennoch blieb Lob von allerhöchster Stelle in ihrer Karriere nicht aus: James Joyce, T.S. Eliot, Marianne Moore, Dylan Thomas und Samuel Beckett gehörten zu ihren großen Bewunderern. Für ihren deutschen Übersetzer, den Literaten Wolfgang Hildesheimer, war ihr von Eliot herausgegebenes und eingeleitetes Hauptwerk *Nightwood* (1936; *Nachtgewächs*, 1959), das »größte fiktionale Werk unseres Jahrhunderts«.

B.' besondere Betonung ihrer Einzigartigkeit und Unabhängigkeit lässt sich leichter verstehen, wenn man sich die prägenden Erfahrungen ihrer Kindheit und Jugend vor Au-

gen hält. B. wuchs außerhalb der vorherrschenden Gesellschaftsnormen im abgelegenen Ferienort Cornwall-on-Hudson, New York, auf. Sie besuchte keine Schule, da sie von ihrem Vater und ihrer Großmutter unterrichtet und musisch gefördert wurde. Eine noch weitaus prägendere Erfahrung als diese von der exzentrischen Familie praktizierte Abgrenzung von viktorianischen Gepflogenheiten war jedoch die sexuelle Nötigung, die B. durch ihren Vater erfahren musste. Auch wenn die genauen Umstände nicht ganz geklärt sind, so ist doch unstrittig, dass B.' Vater, ein psychisch labiler Libertin, der zeitweise zusammen mit Liebhaberin und Frau auf einer Farm lebte, seiner Tochter durch erzwungenen Geschlechtsverkehr großen körperlichen und seelischen Schaden zufügte. Diese Verletzungen konnten auch die späteren Beziehungen der bisexuellen B. nicht wiedergutmachen – weder die Heirat mit dem Theaterkritiker Courtenay Lemon noch die große, qualvolle Liebe zur Bildhauerin Thelma Wood. 17-jährig floh die künstlerisch hochbegabte B. von der Farm des Vaters und ging an eine New Yorker Kunstschule, das Pratt Institute. Bald darauf arbeitete B., deren Schüchternheit und Scheu im Umgang mit der fremden Welt nun die Form der Arroganz annahm, als Gesellschaftsreporterin im Greenwich Village. Gefürchtet wegen ihrer Scharfzüngigkeit und Schlagfertigkeit – aber trotzdem geschätzt und beliebt wegen ihrer ausgeprägten Beobachtungsgabe – berichtete sie aus der New Yorker Boheme und führte Interviews mit bekannten Zeitgenossen, wie etwa dem Galeristen Alfred Stieglitz, dem Varietéveranstalter Florenz Ziegfeld oder der Gewerkschaftsführerin Mother Jones. Um als Reporterin auf das Leiden von hungerstreikenden Wahlrechtsaktivistinnen aufmerksam zu machen, schloss sie sich in spektakulärer Art und Weise selbst dem Protest an. In den 1920er Jahren setzte B. ihre Karriere als Gesellschaftsjournalistin im Umfeld von Sylvia Beach und James Joyce in Paris fort. Auf das Ende der Beziehung mit Thelma Wood in den frühen 1930er Jahren folgte eine Zeit mit schweren Alkoholproblemen und Nervenzusammenbrüchen. Aufnahme fand die nun erfolglose Journalistin und Künstlerin bei ihrer Freundin und Förderin, der exzentrischen Millionärin Peggy Guggenheim auf deren Sommerresidenz in Devonshire, England. 1940 zog sich B. nach Amerika in eine kleine Wohnung im Greenwich Village zurück. Dort lebte sie die nächsten 40 Jahre fast unbeachtet von der Öffentlichkeit und starb 1982 wenige Tage nach ihrem 90. Geburtstag.

B.' Werk ist geprägt durch die große Vielfalt der von ihr beherrschten Genres und Stilrichtungen. Sie schrieb Gedichte, die sie selbst illustrierte, fertigte Einakter für die Provincetown Players und verfasste Erzählungen, die sie dann 1923 als Sammlung unter dem Titel *A Book* (*Leidenschaft*, 1986) veröffentlichte. 1928 erschien ihre Persiflage *Ladies Almanac* (*Ladies Almanach*, 1985), die mit intimen Details aus dem lesbischen Salon von N. Barney gespickt war. 1928 folgte die satirische Pikareske *Ryder* (*Ryder*, 1986). Ihr Hauptwerk *Nightwood* entstand in Devonshire in den frühen 30er Jahren. Der Liebesroman ist in jeder Hinsicht innovativ und unkonventionell. Er entwirft in assoziativ gereihten Episoden eine turbulente, unglückliche lesbische Dreiecksbeziehung, wobei die im Zentrum stehende Robin Vote als moderne Medusa das Leben ihrer Geliebten zerstört. Doch der stilistisch an einer düsteren, barocken Bildlichkeit orientierte Roman ist keineswegs eine einseitige Anklage oder ironische Verherrlichung der Dekadenz ihrer Zeit. Mittels wilder Metaphern und alptraumartig inszenierter Tableaus wird dem Leser das Lieben und Leiden der Menschen und die Nachtseiten einer als grotesk empfundenen Existenz unerbittlich vor Augen geführt. Nach dem geringen Erfolg von *Nightwood* trat die von Nervenproblemen und Schreibunfähigkeit geplagte B. erst 1958 mit dem parabelhaften Versdrama *Antiphon* (*Antiphon*, 1972) wieder künstlerisch hervor; doch auch dieses Werk blieb ohne nennenswerte Reaktion. Bis zu ihrem Tod arbeitete B. weiter an Gedichten, konnte aber nur insgesamt drei davon veröffentlichen.

Trotz des neugewonnenen Kultstatus gilt es auch heute noch, die »berühmteste Unbekannte« zu entdecken. In ihrem Meisterwerk

Nightwood schafft sie eine Stilrichtung, die in einzigartiger und immer noch aktueller Manier die große Zerissenheit eines Jahrhunderts der Extreme aufzeigt. Der Romananfang ist der vielleicht beste Einstieg für eine Entdeckungsreise in die Kunst B.', da er die absichtsvoll gestaltete Paradoxie des Werks direkt vor Augen führt. Anziehend in der sinnlichen Prägnanz der Bilder, abstoßend in der menschenverachtenden Gefühlskälte der Handlungen, führt er mit einer als Schlacht inszenierten Geburt ins Zentrum ihres Schaffens: »Early in 1880, in spite of a well-founded suspicion as to the advisability of perpetuating that race which has the sanction of the Lord and the disapproval of the people, Hedvig Volkbein, a Viennese woman of great strength and military beauty [...] gave birth, at the age of forty-five, to an only child, a son, seven days after her physician predicted that she would be taken. / Turning upon this field, which shook to the clatter of morning horses in the street beyond, with the gross splendour of a general saluting the flag, she named him Felix, thrust him from her, and died«.

Gerd Hurm

Baroja y Nessi, Pío
Geb. 28. 12. 1872 in San Sebastián/ Spanien; gest. 30. 10. 1956 in Madrid

Der produktivste spanische Romancier des frühen 20. Jahrhunderts beginnt seine intellektuelle Laufbahn in Madrid mit dem Studium der Medizin, das er 1893 mit einer Dissertation über den Schmerz abschließt. Die anschließende Tätigkeit als Arzt in der nordspanischen Provinz erweist sich als unbefriedigend und lässt ihn schon bald seinen Beruf aufgeben. Er kehrt nach Madrid zurück, wo er zeitweise die Bäckerei seiner Tante übernimmt und erste für sein Gesamtwerk bereits programmatische Erzählungen verfasst, die 1900 unter dem Titel *Vidas sombrías* (Düstere Lebensgeschichten) erscheinen. Mit dem rasch zunehmenden Erfolg widmet er sich ausschließlich der Schriftstellerei. B. bleibt zeitlebens unverheiratet und führt ein einzelgängerisches Leben zwischen Madrid und seiner baskischen Heimat, unterbrochen von Reisen nach Paris, London, durch Italien, die Schweiz, Deutschland und Skandinavien. 1935 wird er in die Real Academia Española gewählt. Die Bürgerkriegsjahre 1936 bis 1940 verbringt er in Frankreich.

»Warum weinen die Menschen, wenn sie geboren werden? Mag es daran liegen, dass das Nichts, aus dem sie kommen, süßer ist als das Leben, das sich ihnen zeigt?« B.s über 70 meist in Trilogien zusammengefasste Romane und Novellen bejahen größtenteils diese Frage. Sie sind bevölkert von einer unüberschaubaren Zahl von Figuren, deren Leben von der Unfähigkeit zu Solidarität, von Zynismus und sozialdarwinistischem »Lebenskampf«, wie der signifikante Titel einer der Trilogien lautet (*La lucha por la vida*, 1904/05), beherrscht wird und sich u. a. als Illustration des Kulturpessimismus Schopenhauers verstehen lässt. Das erzählerische Zentrum bildet zumeist eine unstete, z. T. an die Tradition des Schelms oder Abenteurers angelehnte Hauptfigur, die sich auf der Suche nach wirtschaftlichem Erfolg, persönlichem Glück oder philosophischer Erkenntnis befindet und dabei verschiedene Regionen und Milieus durchläuft. Sie liefern den Rahmen für ein Sittenbild sowie eine zeittypische Kritik des rückständigen spanischen Bildungssystems, der Kirche, der Korruption und des Einflusses lokaler Machthaber (Kazikentum, *caciquismo*). Es entspricht dem grundsätzlichen Skeptizismus des Autors, der seine Position eher negativ – er gilt u. a. als antiklerikal, antisemitisch, misogyn und anarchistisch – als in Bezug auf eine klar umrissene Ideologie bestimmte, dass die Texte kaum positive Gegenmodelle skizzieren. Allenfalls ein Bekenntnis zur »acción« ist hier erkennbar, ein an den Vitalismus Nietzsches angelehntes Ideal des Handelns als Zweck an sich, das der typisch spanischen *abulia* (Trägheit) entgegenwirken sollte und das Leitmotiv des 22 historische Romane umfassenden Zyklus *Memorias de un hombre de acción* (1913–25; Lebenserinnerungen eines Mannes der Tat) bildet.

El árbol de la ciencia (1911; *Der Baum der*

Erkenntnis, 1963), auch nach B.s eigenem Empfinden sein wohl bester Roman, kann dafür als Beispiel dienen. Er erzählt die autobiographisch inspirierte Lebensgeschichte von Andrés Hurtado, angefangen bei der Kindheit, dem Tod der Mutter und später des Bruders, über das Studium der Medizin und die Tätigkeit als Landarzt bis hin zur Heirat in Madrid, zur Totgeburt des ersten Kindes, zum Tod der Frau und zum Selbstmord. Die an jedem Schauplatz und in allen Milieus erneuerte Suche nach menschlicher Solidarität und einer Perspektive für das am Boden liegende Land – der Roman reflektiert u. a. die Niederlage im Kuba-Krieg von 1898, mit der Spanien als Weltmacht abtritt – scheitert stets an der Trägheit und dem irrational-instinkthaften Verhalten der Mitmenschen, zuletzt exemplifiziert am Kinderwunsch von Andrés' Frau, der in die von ihm prognostizierte Katastrophe führt. Die begleitende metaphysische Reflexion der Erlebnisse im Dialog mit dem gelehrten, aber zynischen Onkel Iturrioz führt zu keinem Ergebnis außer der typisch spätmodernen Einsicht in die Abhängigkeit der Wahrheit vom jeweiligen praktischen Interesse. Andrés' ›acción‹ scheitert, verleiht ihm aber die Würde eines ›Vorreiters‹. In diesem wie in anderen Texten vertritt B. das Ideal größtmöglicher stilistischer Schlichtheit sowie das Konzept eines ›offenen Romans‹, das eine Vielfalt der Themen und Textsorten (philosophischer Dialog, Psychogramm, Utopie, naturalistische Milieustudie) ebenso umfasst wie eine bewusst sprunghafte Erzählweise ohne vorab erkennbaren Plan und Zielführung. Der zeitgenössische Vorwurf der Fragmentarisierung und ästhetischen Beliebigkeit erscheint aus heutiger Sicht gerade als Indiz einer Vermittlerrolle, die dem Roman nicht nur in Spanien den Weg vom Realismus in das 20. Jahrhundert gewiesen hat.

Frank Reiser

Barth, John [Simmons]
Geb. 27. 5. 1930 in Cambridge, Maryland

Obwohl John Barth bereits vier Romane verfasst hatte – unter ihnen die realistischen Romane mit existentialistischen Ambitionen *The Floating Opera* (1956; *Die schwimmende Oper*, 2001) und *The End of the Road* (1958; *Ich bin Jake Horner, glaube ich*, 1983) sowie der Mammut-Roman *The Sot-Weed Factor* (1960; *Der Tabakhändler*, 1968), der die Stilformen eines Schelmenromans des 18. Jahrhunderts parodiert –, machte er erst mit seinem Essay »The Literature of Exhaustion« (1967) in akademischen Zirkeln Furore. In dem Essay, der als erstes Manifest der literarischen Postmoderne gilt, beschreibt der Essayist B., was der Autor B. bereits erkannt hatte: das Potential, das sich gerade in den als »ausgelaugt« und »erschöpft« empfundenen Stil- und Erzählformen der Vergangenheit verbirgt. Während der Medien- und Kulturkritiker Marshall McLuhan durch den unaufhaltsamen Siegeszug der elektronischen Medien die gesamte Schriftkultur in Frage gestellt sieht und der Literaturwissenschaftler Leslie Fiedler das »Ende des Romans« voraussagt, stellt B. sich inmitten dieser apokalyptischen Grundstimmung eine zentrale Frage: Kann ein Schriftsteller in der zweiten Hälfte des 20. Jahrhunderts noch inhaltliche und/oder formelle Innovationen in der Literatur bewirken oder sind die Möglichkeiten jeglicher Neuerung gänzlich ausgeschöpft? Die positive Antwort liefert er sogleich mit: Die Überwindung der Krise gelingt laut B. durch die parodierende Aufarbeitung des Althergebrachten. Diese paradoxe Form der Innovation findet sowohl in der Sammlung von Kurzgeschichten *Lost in the Funhouse. Ficton for Print, Tape, Live Voice* (1968; *Ambrose im Juxhaus. Fiktionen für den Druck, das Tonband und die menschliche Stimme*, 1973) als auch in *Chimera* (1972) ihren gelungensten literarischen Ausdruck. Die Konventionen des Entwicklungs- und Künstlerromans werden am augenfälligsten in der ersten Erzählung von *Lost in the Funhouse,* »Night Sea Journey«, *ad absurdum* geführt. Thematisiert werden aus der Erzählperspektive eines Spermiums die Befruchtung einer weiblichen Eizelle und die Schwierigkeiten, die es bei dieser strapaziösen, von millionenfacher Konkurrenz bedrohten Schwimmerei zu bestehen gilt. Das euphorische »›Love! Love! Love!‹«, mit dem sich das Spermium am Ende der beschwerlichen Reise auf die Eizelle stürzt, ist mit Bedacht Molly Blooms letzten Worten aus James Joyces *Ulysses* nachempfunden. So ist auch die anschließende Entwicklung der Eizelle zum Protagonisten mit literarischen Ambitionen, Ambrose Mensch, in vielen Punkten eine ironisierende Bearbeitung des Joyce-Helden Stephen Dedalus in *A Portrait of the Artist as a Young Man*. Denn statt Ambrose in seinen künstlerischen Bemühungen allmählich zur Entfaltung zu verhelfen, wird er – das Subjekt – schließlich radikal ausgeblendet. Die Konsequenz dieser Entwicklung wird in der vorletzten Erzählung,»Menelaiad« deutlich: Jeglicher Sinn ist nur noch als vielfach entlehntes, abgenutztes Zitat in einer unendlichen Kette von Anführungszeichen möglich. Am Ende kann auf Wörter gänzlich verzichtet werden; übrig bleiben nur die Anführungszeichen. Die Abkehr von traditionellen Erzählformen hat in letzter Konsequenz – neben den Charakteren – auch den Autor verstummen lassen.

Doch bereits im nächsten Werk, *Chimera*, löst B. sich aus dieser selbstverordneten narrativen Zwangsjacke. Das aus drei Novellen bestehende Erzählwerk ist leichter zugänglich, ohne dabei literarisch anspruchsloser zu sein. Statt auf literarische Konventionen der westlichen (modernen) Literatur zurückzugreifen, begibt sich B. auf parodierende Streifzüge durch die arabische Märchensammlung *1001 Nacht* und die griechische Mythologie. In der ersten Erzählung,»Dunyazadiad«, findet sich ein im 20. Jahrhundert an der amerikanischen Ostküste residierender amerikanischer Schriftsteller mit Schreibblockade urplötzlich in Gesellschaft der mythologischen Erzählerin Scheherazade und deren jüngerer Schwester Dunyazade. Es kommt zu einer schicksalhaften und für beide Parteien wahrhaft erlösenden Begegnung: Während der amerikanische»Flaschengeist« (das fast kahlköpfige, mit Brille ausgestattete Alter ego von B.) der prototypischen Erzählerin Scheherazade ihm bekannten Märchen aus der arabischen Märchensammlung erzählt und sie somit vor dem sicheren Tod durch ihren Gebieter Shahryar rettet, gewinnt er durch die»story of the story of her stories« selbst neue Inspiration und ist endlich in der Lage, den lähmenden »writer's block« abzuschütteln. Nicht nur in »Dunyazadiad« spielt die Verbindung von Erotik und Erzähltem eine zentrale Rolle (mehrmals wird auf die Assoziation »pen-penis« hingewiesen), auch die griechischen Helden in den zwei nachfolgenden Novellen, »Perseid« und »Bellerophoniad«, sind von Sorgen um ihre Virilität und ihren sinkenden Heldenstatus geplagt. Statt – wie aus den griechischen Sagen gewohnt – Helden im besten ›Heldenalter‹ begegnen dem Leser mit Perseus und Bellerophon zwei Durchschnittsmänner, die schwer an ihrer »midlife crisis« zu tragen haben.

Mit *Lost in the Funhouse* und *Chimera* etabliert sich B. als führender postmoderner Autor in der amerikanischen Literatur; sein späteres Romanwerk, u. a. der Briefroman *Letters* (1979) sowie *The Last Voyage of Somebody the Sailor* (1991) demonstrieren dagegen eher die Ratlosigkeit eines Autors angesichts seiner eigenen literarischen Postulate. Nicht nur die Möglichkeiten einer erneuten Parodie der literarischen Konventionen des 18. und 20. Jahrhunderts endgültig ausgereizt, auch die Autors konstanter Dialog mit den ›Helden‹ seiner früheren Romane, die jetzt als Autoren selbst immer wieder belehrend in die Geschehnisse eingreifen und versuchen, ihr literarisches Programm gegen den Widerspruch anderer zu verankern, ist längst nicht mehr Avantgarde. Obwohl das Miteinbeziehen des eigenen Werks noch einmal eindrucksvoll das doppelte Prinzip der Erschöpfung und ihres kreativen ›Wieder-Auflandens‹ belegt und somit die Endlosbedeutung des Moebius-Bandes (welches zum Ausschneiden *Lost in the Funhouse* vorangestellt ist) literarisch bestätigt, wirkt sein »story-within-the-story«-Stil in den Romanen der 80er und beginnenden 90er Jahre letztlich ›erschöpft‹ und ›erschöpfend‹. Der Erzählband *On With the Story* (1996) greift noch einmal die eher realistische Erzählform seiner ersten Romane auf, rekapituliert aber letztendlich nur B.s zentrale Themen: vielfach ineinander verflochtene Erzählungen erkunden in postmoderner (und autobiographischer) Manier die komplexen Beziehungen eines Autors zu seinem Werk, seinen Protagonisten, seiner eigenen Erzählhaltung. B. bestätigt mit dieser Sammlung noch einmal seinen Ruf eines schwerelos-witzigen Erzählers *par excellence*; den Ruf des wundersamen Erneuerers der amerikanischen Erzähltradition dürfte er indes verspielt haben.

Maria Moss

Barthelme, Donald
Geb. 7. 4. 1931 in Philadelphia, Pennsylvania; gest. 23. 7. 1989 in Houston, Texas

»Fragments are the only forms I trust«, heißt es in einer frühen Kurzgeschichte Donald Barthelmes. Fragmentarisch muten denn auch viele seiner Texte an. Zusammengesetzt aus oft kleinsten Textbausteinen mit einmontierten Bildern unterschiedlichster Art und Herkunft, präsentieren sich sowohl die weit über hundert Kurzgeschichten als auch die vier Romane dem Leser als Text-Bild-Montagen. Die Nähe zur Collagetechnik in der bildenden Kunst lässt sich aus B.s Biographie erklären. Als Sohn eines Architekten, der nach Bauhausmanier arbeitete, und einer Literaturwissenschaftlerin wuchs er in einem kunstsinnigen, vom Modernismus geprägten Umfeld auf. Am Contemporary Arts Museum in Houston, Texas, begann B.s berufliche Laufbahn, ehe sie ihn 1962 nach New York führte, in eine Stadt, die für seine unverwechselbare Handschrift verantwortlich zeichnen sollte. Der Zeitschrift *The New Yorker* zeitlebens verbunden, favorisierte er – deren Vorlieben entsprechend – vor allem die Form des kurzen, intellektuell pointierten Erzählens. Ihr sollte er auch seine größten künstlerischen Erfolge verdanken. Mit seinem frühen Essay »After Joyce« (1964) markiert er seine Distanz zum Modernismus der Vätergeneration. An die Stelle von James Joyce und anderen Repräsentanten der Moderne treten jetzt Autoren wie Samuel Beckett oder Kenneth Koch, die B. exemplarisch für eine post-modernistische Schreibweise nennt. Während es Beckett in seinen Texten gelingt, alten Ideenballast abzuwerfen und sich auf absolut Notwendiges zu beschränken, fasziniert Koch durch sein munteres Spiel mit den Versatzstücken sowohl der Hoch- wie der Populärkultur. Reduktionismus und Spiel gehören auch bei B. zu den Markenzeichen seines Schreibens.

Der erste Roman B.s, *Snow White* (1967; *Schneewittchen*, 1968), und *City Life* (1970; *City Life*, 1972), eine Sammlung kurzer Texte, thematisieren und realisieren ästhetisch eindrücklich die Erlebnisweisen im urbanen Ambiente New Yorks. Dreck und Abfall stehen dabei ebenso im Zentrum wie der mediale Wort- und Bildermüll auf den Werbewänden und in den Printprodukten. Die vervielfältigten Zeichen entleeren sich im Akt der Reproduktion, werden stumpf und degenerieren zu bloßem Lärm, dem B. allerdings mit seiner besonderen Schreibweise zu Leibe zu rücken versucht. Er saugt den Straßen-, Sperr- und Wortmüll gleichsam in seinen Sätzen auf, verschiebt und verrückt bei der Textbildung ein wenig die Zusammenhänge, deplaziert und collagiert die aufgelesenen Fragmente und verwandelt so die *objets trouvés* regelrecht in *objets d'art*. Maler wie Max Ernst, Robert Rauschenberg, Kurt Schwitters oder Wladimir Tatlin dienen B. mit ihrer Malweise dabei als Orientierung.

Snow White, ein nicht nur aus typographisch sehr unterschiedlichen Minibausteinen collagierter Text, basiert auf einer doppelten Vorlage. Sowohl das Märchen der Gebrüder Grimm als auch die Walt-Disney-Verfilmung werden zu Bild- und Ideenspendern. Die Märchenvorlage verliert bei B. jedoch ihre Aura der ›heilen Welt‹ und wirkt in der urbanen Gegenkulturszene der 1960er Jahre deplaziert. Schneewittchen, als Figur eine Art populärkultureller Bildverschnitt, lebt frustriert mit den sieben Zwergen in einer *ménage à huit* zusammen und sehnt sich insgeheim nach einem

Märchenprinzen, der sie aus ihrem Kleinbürgeralltag erlöst. Ihre Sehnsucht freilich bleibt unerfüllt, denn in Verkehrung des Märchenmotivs stirbt der Prinz an einem vergifteten Apfel.

The Dead Father (1975; Der tote Vater, 1977) setzt sich ebenfalls aus einer Vielzahl verschiedener Vaterbilder zusammen, die vom biblischen Vatergott über den byzantinischen Pantokrator bis zu jenem in Franz Kafkas *Brief an den Vater* reichen. Die Vaterherrschaft dämmert in B.s Roman jedoch ihrem Ende entgegen. Von den Kindern wird die monströse und erdrückende Vaterfigur gleichsam zu Grabe geschleppt, um bei lebendigem Leib verscharrt zu werden. Auf allegorischer Ebene liest sich der Vatermord als das Ende des dominanten Vaterdiskurses, wodurch alternative Diskursformen erst ermöglicht werden. Diese Formen sind nicht mehr monologisch von einer Figur beherrscht, sondern dialogisch konzipiert und werden insbesondere von den beiden Töchtern praktiziert. In der Textsammlung *Great Days* (1979) und in dem Roman *Paradise* (1986; *Paradiesische Zustände*, 1989), in dem die Figurenkonstellation von *Snow White* insofern modifiziert wird, als nun ein Mann mittleren Alters drei hübsche junge Frauen zufriedenstellen soll, experimentiert B. weiter mit dieser Dialogform, die er nun zum Polylog erweitert. Bei allen Veränderungen in den Darstellungsweisen ist B. sich in einem Punkt treu geblieben. Sein ›Protagonist‹ bleibt die Sprache, die er auf unverwechselbare Art und Weise in seinem Werk verwendet. Mit einem feinen Ohr für ihre Besonderheiten hat B. sie eingefangen und ist so zu einem prototypischen Autor des Medien- und Informationszeitalters geworden.

Werkausgaben: Not-Knowing: The Essays and Interviews of Donald Barthelme. New York 1997. – Forty Stories. New York 1987. – Sixty Stories. New York 1981.

Joseph C. Schöpp

Barthes, Roland
Geb. 12. 11. 1915 in Cherbourg;
gest. 26. 3. 1980 in Paris

Roland Barthes erlangte einen internationalen Ruf als einflussreicher Zeichentheoretiker, Philosoph, Kultur- und Theaterkritiker sowie Mitglied der Gruppe Tel Quel. Nach zahlreichen Unterbrechungen seiner Karriere aufgrund wiederkehrender Erkrankungen an TBC erhielt er 1977 auf Vorschlag Michel Foucaults einen Lehrstuhl für Literatursemiologie am Collège de France in Paris. Der Tod und die Liebe in der Kultur sind zentrale Themen in B.' Œuvre, das sich in drei Abschnitte gliedern lässt: Die erste Werkphase gilt der Semiologie, der Zeichentheorie, die ihm zur Erforschung der Bedeutungsgenese verschiedenster Diskurse dient. Im Folgenden beschäftigt sich B. mit der Systematisierung und Deutung ganzer Lebenswelten wie der Mode – ein Versuch, von dem er sich in der dritten Schaffensphase radikal abwendet. B. öffnet nunmehr die Bedeutung des Begriffs »Text«, der fortan nicht mehr nur ein geschriebenes Produkt bezeichnet, sondern vielmehr auch die Rezeption des Lebens umfasst, das man in die *écriture*, die Schreibweise des geschriebenen Textes, zu inkorporieren versucht. Der Leser ist an der Bedeutungsgenese des Textes maßgeblich beteiligt.

Die Arbeiten der ersten Phase umfassen u. a. die Abhandlungen *Le degré zéro de l'écriture* (1953; *Am Nullpunkt der Literatur*, 1982) und *Mythologies* (1957; *Mythen des Alltags*, 1964). Letztere liefert eine strukturalistische Methode zur Untersuchung von Ideologiebildung und Sinnkonstitution in der Alltagswelt. Untersucht werden die Mythen des aktuellen Franzosentums, das in seiner historisch-politischen Dimension von der Bourgeoisie des 19. Jahrhunderts geprägt ist. Anhand von ›typisch französischen‹ Alltagsphänomenen – z. B. dem Citroën, Steak Frites und dem *Guide Bleu* – entlarvt B. das Franzosentum als einen zweischichtigen Mythos, der in seiner Komplexität den historisch-politischen Ursprung negiert und bestimmte Alltagsphänomene als natürlich französisch darstellt. Diese Form der

Kritik an der Pseudo-Natur der kulturellen Identität wird in der zweiten Phase noch weiter systematisiert. B.' wissenschaftliche Ambitionen sind in *Le système de la mode* (1967; *Die Sprache der Mode*, 1985) weitaus prägnanter formuliert als in den vorherigen Texten. B. versucht hier, das Zeichensystem der Mode und seine Bedeutungen in der Gesellschaft komplett zu analysieren. Zu den Werken dieser Phase zählt auch *Éléments de la sémiologie* (1964/65; *Elemente der Semiologie*, 1983), das Einblick in B.' noch stark von den strukturalistischen Ideen Ferdinand de Saussures und von Claude Lévis-Strauss' geprägte Methodik gewährt.

Mit dem bahnbrechenden Essay »The Death of the Author« (1967; »Der Tod des Autors«, 2000) wendet sich B. jedoch von diesen Ideen ab und gibt der Vielseitigkeit der Sinnkonstitution und der Polyvalenz des Textes den Vorrang. Die Autorität des Autors im kreativen Prozess wird hier unterminiert und auf die Leser/innen übertragen. Der Essay leitet in B.' dritte Werkphase über, in der er den Begriff des »Textes« weiterhin abseits des Strukturalismus zu definieren sucht. So sind sein Buch über Japan *L'empire des signes* (1970; *Das Reich der Zeichen*, 1981) sowie *S/Z* (1970; *S/Z*, 1976), *Le plaisir du texte* (1973; *Die Lust am Text*, 1974), *Fragments d'un discours amoureux* (1977; *Fragmente einer Sprache der Liebe*, 1984) und *La chambre claire. Note sur la photographie* (1980; *Die helle Kammer. Bemerkung zur Photographie*, 1985) z.T. gekennzeichnet von Aphorismen und einer persönlichen Faszination, einer, wie B. selbst sagt, »(Woll-)Lust« an der jeweiligen Materie.

Sein letztes Buch *La chambre claire* ist paradigmatisch für B.' Entwicklung vom strengen Semiologen zu einem Autor, der jeder dogmatischen Lehrmeinung misstraut. Während er im ersten Teil versucht, den Wesenskern der Photographie als »Text« systematisch zu ergründen, erkennt er im zweiten Teil die Unmöglichkeit, ja sogar die Unsinnigkeit dieses Unterfangens an. Am Beispiel einer frühen Photographie seiner verstorbenen Mutter erklärt B., dass das sog. »Punctum« der Photographie, in dem er das Wesen der Mutter wiederzufinden glaubt, maßgeblich von seinem eigenen Körper in seiner Beziehung zu der Mutter geprägt ist. Ebenso wie die *écriture* der Texte ist das Wesen der Photographie untrennbar mit dem Körper des Betrachters verbunden. In letzter Konsequenz stellt B. auch die Beziehung zwischen Photographie und Tod her. Das »ça-a-été«, das »es-ist-so-gewesen« des photographischen Sujets führt ihm die Vergänglichkeit seines eigenen Körpers vor Augen. Kurz nach Beendigung des Buches, das auch einen Versuch der Bewältigung seines Schmerzes über den Verlust der Mutter darstellt, stirbt B. an den Folgen eines Autounfalls.

Miriam Havemann

Bashō (Matsuo Bashō)

Geb. 1644 in Ueno, Provinz Iga/Japan; gest. 1694 in Ōsaka

Unter dem selbstgewählten Dichternamen Bashō (»Bananenstaude«) ist der bedeutendste »haikai«- und Haiku-Dichter kanonisiert worden. Er stammt aus einer Samurai-Familie, studierte in Kyōto klassische Waka- bzw. Tanka-Dichtung sowie die ursprünglich humoristische Gedichtgattung des »haikai«, eine Kettendichtung mit zunächst vorwiegend parodistischen Zügen. Der Terminus ›Haiku‹, mit dem B. vor allem außerhalb Japans in Verbindung gebracht wird, ist erst Ende des 19. Jahrhunderts als Zusammenziehung von »haikai no hokku« (= Erstgedicht einer »haikai«-Sequenz) geprägt worden. Doch war die als Haiku bekannte Gedichtform mit dem aus 5-7-5 Moren bzw. Silben bestehenden Versschema bereits im 16. Jahrhundert populär.

Nach seiner Übersiedlung nach Edo, dem heutigen Tōkyō, im Jahre 1672 gewann B., der bis 1681 eine Vielzahl von Dichternamen trug, zunehmend Anerkennung bei Gedichtveranstaltungen und Wettbewerben, so dass er sich als »haikai«-Meister und Lehrer etablieren konnte. Eine Ehe ist er nie eingegangen, auch wenn er in jungen Jahren einen Sohn zeugte. Er schlug sich zeitweise als Hilfsmedikus und in anderen Stellungen durch, doch ermöglichte ihm eine wachsende Zahl von Freunden und Gönnern ein bescheidenes Leben als Dichter. Nach Studien der taoistischen Philosophie und dem Aufenthalt in einem Zen-Kloster sowie aus der Erfahrung eines ganz der Poesie gewidmeten Lebens entwickelte er den klassischen »haikai«-Stil der mystisch-intuitiven Anverwandlung aller Bereiche der Erscheinungswelt. Berühmt ist seine Naturlyrik, mit der er an Vorbilder wie den Wandermönch Saigyō (1118–90) anknüpft: »Auf einem dürren Ast / ließ sich eine Krähe nieder – / Herbstabend ...« Verinnerlichung, Freude am Schlichten und Herben und Einswerden mit der Natur kennzeichnen sein Schaffen. Zu seinen bekanntesten Versen gehört das »Froschgedicht«, das in unendlich vielen Abwandlungen in zahlreichen Weltsprachen nachgedichtet und parodiert wurde: »Alter Teich – / Ein Frosch springt hinein / Das Geräusch des Wassers.« Auch die kleinen Freuden und Leiden im Leben von Bauern und Pilgern sind Gegenstand seiner von feinem Humor durchzogenen Lyrik: »Frühherbstliche Nacht: Einer steht auf, Flöhe aus seinem Hemd zu schütteln ...«

Im letzten Jahrzehnt seines Lebens unternahm B. fünf große Reisen. Die Eindrücke seiner Wanderungen legte er jeweils in Reisetagebüchern, sogenannten »haibun«-Prosatexten mit eingestreuten »hokku« bzw. Haiku, nieder. Von Freunden und Schülern begleitet, suchte er 1684/85 seine Heimat Ueno, Yoshino und Nagoya auf und verfasste anschließend *Nozarashi kikō*, den »Bericht über eine Reise aus Edo in die Heimat Ueno«. Als bedeutendster Text dieser Art gilt *Oku no hosomichi* (»Auf schmalen Pfaden durchs Hinterland«), Aufzeichnungen über seine Wanderung nach Nordost-Japan im Jahr 1689. B. scheint seine Reisenotizen mehrmals bearbeitet und erst im Todesjahr in der überlieferten Form aus der Hand gegeben zu haben. In Begleitung seines Schülers Kawai Sora wanderte er 1689/90 die fast 2400 km lange Strecke von Edo über Nikkō und Sendai ans Japanische Meer und längs der Küste bis zum Biwa-See bei Kyōto, wobei er als hochangesehener Dichter zumeist bei lokalen Gönnern einkehren konnte. Er schildert Begegnungen, Reflexionen, Eindrücke verschiedener Art in unterschiedlicher Kürze, wobei die ansatzweise rhythmisierte Prosa in Haiku kulminiert, die in epigrammatischer Prägnanz Bilder von großer Ausdruckskraft entwerfen. Die Haiku dieses Werkes gelten als exemplarische Muster des B.-Stils (»shōfū«), der gern als »echter Haikai-Stil« gedeutet wird. Wichtiger als Begegnungen mit Menschen waren B. die »dichterischen Orte«, d. h. die in der Lyrik traditionell besungenen schönen Landschaften und berühmten historischen Schauplätze (»meisho«).

B. leitete auch Dichtertreffen, bei denen Kettengedichte verfasst wurden, die man anschließend veröffentlichte. Zu den bekanntesten Sammlungen dieser Art zählt *Sarumino* (1691; *Das Affenmäntelchen*, 1994), von zwei Lieblingsschülern B.s, Kyorai und Bonchō, unter der strengen Aufsicht des Meisters zusammengestellt, eine der sieben Anthologien der B.-Schule. Das Werk enthält sowohl Haiku als auch »kasen« (36-morige Kettengedichte) sowie Haikai-Prosa. B. starb 1694 in Ōsaka auf einer Reise, die ihn bis Nagasaki führen sollte.

Mit B. erreichte die Gattung des Haiku als gemeinschaftlich situierte Äußerung im Kontext von Dichterzirkeln ihre höchste Blüte – in einem äußerst vielgestaltigen Geflecht von verschiedenen Traditionssträngen (einschließlich der klassischen chinesischen Dichtung von Li Bo und Du Fu), die sich gegenseitig befruchten und durchdringen. Mit seinen Haiku prägte B. die japanische Literatur nachhaltig. Seine Neuentdeckung der Natur darf als Grundlage des häufig reklamierten besonderen japanischen Naturgefühls gelten. Mit seiner onomatopoetisch durchtränkten Sprache erzeugt er eine gleichsam surrealistische Wirkung. Ihm vor allem ist die Entfaltung der neuen Gattung Haiku zu verdanken, die bis in die Gegenwart populär und produktiv ist.

Werkausgabe: Auf schmalen Pfaden durchs Hinterland. Übers. G.S. Dombrady. Mainz 1985.

Irmela Hijiya-Kirschnereit

Bassani, Giorgio

Geb. 4. 3. 1916 in Bologna;
gest. 13. 4. 2000 in Rom

Giorgio Bassani entstammte einer jüdischen Familie aus Ferrara. Diese Stadt, in der er seine Jugend verbrachte, und seine Herkunft wurden die beiden zentralen und immer wiederkehrenden Themen seiner Werke. Bezeichnenderweise sammelte er sein gesamtes literarisches Werk in einem einzigen Band mit dem Titel *Il romanzo di Ferrara* (1974; Roman von Ferrara). Nach dem Abitur studierte B. in Bologna italienische Literaturwissenschaft, pendelte jedoch mit dem Zug zwischen den beiden Städten. Mit der Entscheidung für sein Studium brach er mit der Familientradition: Sowohl sein Vater als auch sein Großvater waren Ärzte gewesen. Sein erster Roman *Una città di pianura* (1940; Eine Stadt auf dem flachen Land) erschien aufgrund der Rassengesetze unter dem Pseudonym Giacomo Marchi; seine literarischen Vorbilder werden schon in diesem ersten Werk deutlich: Marcel Proust und Henry James, aber auch Benedetto Croce, dessen Bekanntschaft er während des Studiums machte. 1943, kurz vor Mussolinis Sturz, wurde B. wegen seiner aktiven Teilnahme an der antifaschistischen Bewegung verhaftet; von da an beeinflussten seine persönlichen Erlebnisse immer mehr seine Werke, die z. T. Reflexionen über Einsamkeit, Ausgrenzung, Gefangenschaft und Tod darstellen.

Nach dem Krieg zog B. mit seiner Frau nach Rom, wo er einen Gedichtband mit dem Titel *Storie dei poveri amanti e altri versi* (1945; Geschichten armer Liebesleute) veröffentlichte und sich sein Leben langsam wieder normalisierte – seine gesamte Familie war deportiert und ermordet worden. In den 1950er Jahren arbeitete B. mit Pier Paolo Pasolini, Vasco Pratolini, Age e Scarpelli an Filmprojekten. Seine produktivste Schaffensphase begann mit dem Roman *Gli occhiali d'oro* (1958; *Die Brille mit dem Goldrand*, 1985), dessen ruhiger Ton und fließende Prosa charakteristisch für B.s Stil werden. Die Geschichte spielt teilweise im Zug von Bologna nach Ferrara, auf der Strecke, die B. während seines Studiums täglich befuhr. Der Roman schockierte wegen seines Inhalts: Der wohlhabende Arzt Athos Fadigati wird der Homosexualität verdächtigt; die Rolle, die ihm seine Mitbürger zuschreiben, übernimmt er nach und nach, bis er sich schließlich das Leben nimmt. Als die Zeitschrift *Botteghe Oscure*, für die B. als Autor gearbeitet hatte, eingestellt wurde, begann er, beim Feltrinelli Verlag zu arbeiten. Seine Fähigkeiten als Lektor bewies er mit der Befürwortung und Unterstützung der Veröffentlichung von Tomasi di Lampedusas *Il gattopardo* (1958). Mit *Il gattopardo* und mit B.s *Il giardino dei Finzi Contini* (1962; *Die Gärten der Finzi Contini*, 1963) erlebte Italien einen wahren Boom des Romans. Ab den 1970er Jahren schrieb B. keine neuen Werke mehr, sondern widmete sich der Neufassung und Überarbeitung seiner bisherigen Publikationen.

Insgesamt zeichnet sich B.s Schaffen durch eine eher geringe Produktivität aus; unter seinen wenigen Werken ist *Il giardino dei Finzi Contini* sicherlich – auch dank der Verfilmung durch Vittorio De Sica 1970 – sein berühmtestes, aber auch sein gelungenstes. Der Roman spielt in Ferrara; in der Behandlung von Themen wie Krieg, Rassismus, Judenverfolgung, Gefangenschaft usw. ist der autobiographische Bezug unverkennbar. Die Freundschaft zwischen der Hauptperson und Micòl, einem hübschen und faszinierenden Mädchen, spielt sich im Garten von Micòls Familie, den wohlhabenden Finzi Contini, ab. Der Garten wird zum Zentrum der Geschichte vierer Freunde. Die idyllische Stimmung aber wird zunächst von der Wirklichkeit des Krieges getrübt und dann von den damit einhergehenden Veränderungen zerstört. Micòls Familie wird 1943 nach Deutschland deportiert, keiner der Finzi Contini kehrt jemals zurück; nur Alberto, Micòls Bruder, bleibt das KZ erspart, er stirbt kurz vor der Deportation an einer Krankheit.

Die produktive Phase B.s schließt eine Sammlung mehrmals überarbeiteter Erzählungen ein: *Cinque storie ferraresi* (1960; *Ferrareser Geschichten*, 1964), in denen vor allem die Jahre des Faschismus in Ferrara dargestellt werden. Neben den Romanen veröffentlichte B. auch drei bemerkenswerte Gedichtbände.

1945 die *Storie dei poveri amanti e altri versi*, 1947 *Te lucis ante* (Du leuchtest voran) und 1982 *In rima e senza* (Mit und ohne Reim). Eine Auswahl seiner Gedichte erschien 1991 in deutscher Übersetzung (*In einem alten italienischen Garten*). In der erst 1998 veröffentlichen Schrift *In risposta (VII)* (In Antwort) zieht B. eine Bilanz seiner literarischen Tätigkeit und begründet die Notwendigkeit, jede Seite immer wieder neu zu schreiben, mit dem Anspruch, durch sein Werk die ganze Wahrheit zu sagen: »Ho scritto e riscritto allo scopo di dire, attraverso l'opera mia, la verità. Tutta la verità.«

Alessia Angiolini

Bataille, Georges
Geb. 10. 9. 1897 in Billom/Frankreich; gest. 8. 7. 1962 in Paris

Georges Batailles Kindheit war von der Syphiliserkrankung seines Vaters überschattet, dessen körperlichen und geistigen Verfall er aus unmittelbarer Nähe miterlebte und der bleibende Eindrücke hinterließ, die auch das Werk des Autors reflektiert. Nach dem Studium der Buchwissenschaft wurde B. Bibliothekar an der Bibliothèque Nationale; später versuchte er, von seiner schriftstellerischen Tätigkeit zu leben, was ihm allerdings der geringe Absatz seiner Schriften nicht erlaubte, so dass er – trotz seiner von der Tuberkulose angeschlagenen Gesundheit – eine Stelle als Konservator zuerst in Carpentras, dann in Orléans antrat. Er stand dem Surrealismus nahe, bis André Breton ihn attackierte, und in Existentialistenkreisen polemisierte Jean-Paul Sartre gegen seinen »Mystizismus«. Der Besuch der Hegel-Vorlesungen Alexandre Kojèves prägte B.s Denken vor dem Zweiten Weltkrieg. In der Nachkriegszeit wandte er sich wie viele französische Intellektuelle seiner Generation Nietzsche zu. B. gab die Zeitschriften *Documents*, *Acéphale* und später die – bis heute bestehende – *Critique* heraus. Besonders die Avantgardezeitschrift *Acéphale* zeigte mit ihrem antifaschistischen Kurs die politische Dimension von B.s Philosophie, die oft verkürzt als Verherrlichung des Bösen in der Tradition des Marquis de Sade und als Pornographie rezipiert wurde. Das Collège de Sociologie, eine zusammen mit Roger Caillois, Michel Leiris und Jules Monnerot gegründete Gruppe, die sich der Diskussion der Rolle des Heiligen – in ihren Augen Ausgangsmoment jeder Gesellschaft – widmete, geriet mit seinem praxisbezogenen Interesse einer Religionsstiftung, die im Dienste eines radikalen politischen Wandels stehen sollte, in den 1930er Jahren in gefährliche Nähe zu den Irrationalismen der Faschisten. In B.s soziologischem und ethnologischem Ansatz stehen sich das Heilige und die ökonomische Organisation des Lebens in einer durch Tabus reglementierten Gemeinschaft gegenüber. In seiner ganzheitlichen Lebensphilosophie, die die Abgründe und die Zerrissenheit der menschlichen Existenz subjektkritisch aufzeigt, verband er wissenschaftliches Erkenntnisstreben mit einem obszön-intimen Stil, greifen philosophische Abhandlung und literarische Form – Romane und Erzählungen, die oft unter einem Pseudonym erschienen – ineinander. Letzteren liegt zumeist eine in ihrer Linearität und Perspektive gebrochene Handlung zugrunde, die den Eindruck des Fragmentarischen erzeugt.

Gemäß B.s Philosophie der Überschreitung, in der das Tabu und sein Bruch zum zentralen Parameter der Betrachtung sowohl des Subjekts als auch der Gesellschaft erhoben wurde, sind die Inhalte zumeist erotisch, blasphemisch und sadomasochistisch. Im Gegensatz zu Sades und auch Jean Genets mythomanischen Helden des Bösen sind seine Protagonisten jedoch unheroische in ihrer Identität bizarr gespaltene Gestalten. Die Erzählungen *Histoire de l'œil* (1928; *Die Geschichte des Auges*, 1972), *Madame Edwarda* (1941; *Madame Edwarda*, 1972), *Le petit* (1943; *Der Kleine*, 1972), *Ma mère* (1966; *Meine Mutter*, 1972) und *Le mort* (1967; *Der Tote*, 1972) bilden mit den Romanen *L'abbé C.* (1950; *Abbé C.*, 1966) und *Le bleu du ciel* (1957; *Das Blau des Himmels*, 1967) den Kern des fiktionalen Werks. Unter den essayistisch-philosophischen

Schriften des Autors markieren *L'expérience intérieure* (1943; *Die innere Erfahrung*, 1953), *La part maudite* (1949; *Der verfemte Teil*, 1975) und *L'érotisme* (1957; *Der heilige Eros*, 1963) entscheidende Etappen der Konzeptualisierung von Subjektivität und von deren Konstitutionsbedingungen: Von der Lösung der Erfahrung aus der sie verdinglichenden Kommunikation über die Akzentuierung der Verausgabung als der unreduzierbaren Kehrseite der kapitalistischen Produktionsweise zur Thematisierung des Erlebens von unbewusster Kontinuität im Tod und in der Sexualität wagte sich B. an die Erkundung der Grenzen des Bewusstseins. Souveränität erlangt nach ihm das Individuum in der selbstbestimmten ekstatischen Verausgabung, in der es sich – zumindest zeitweise – der Unterwerfung unter den Primat der Nützlichkeit entzieht. Die Strukturalisten und Poststrukturalisten beriefen sich in ihrer Demontage des Subjektbegriffs auf B. als einen ihrer Vorläufer. Michel Foucault verfasste ein Vorwort zur Gesamtausgabe, und die avantgardistische Tel Quel-Gruppe rühmte B. als skandalösen Revolutionär.

Michaela Weiß

Baudelaire, Charles
Geb. 9. 4. 1821 in Paris;
gest. 31. 8. 1867 in Paris

Der als Begründer der modernen Poesie geltende Bohémien und Flaneur Charles Baudelaire wächst in der Metropole Paris auf, die ihm mit ihrer vielschichtigen Gesellschaft die Anregungen für seine Großstadt-Dichtung liefert. Als B.s Mutter nach dem Tod seines Vaters erneut heiratet und die Familiensituation durch den eifersüchtigen, vom Tod des Vaters schmerzlich getroffenen Sohn zunehmend schwieriger wird, schickt sie ihn ins Internat. Nach dem Abitur kehrt B. in rebellischer Verfassung nach Paris zurück, fest entschlossen, sich einer bürgerlichen Existenz mit geregelter Berufsausübung zu entziehen. Auch die von den Eltern verordnete Seereise, die ihn 1841 nach Mauritius und Réunion führt, vermag den Abtrünnigen nicht zu bekehren; unterwegs verfasst er Gedichte, die später in die berühmte Sammlung *Les fleurs du mal* (1857; *Die Blumen des Bösen*, 1975) eingehen. Zurück in Paris arbeitet B. als Kunst- und Literaturkritiker für Zeitungen, verschuldet sich aber aufgrund seines ausschweifenden Lebensstils trotz einer Erbschaft, die ihn zunächst finanziell unabhängig gemacht hatte. Regelmäßiger Opium- und Haschischkonsum sowie der Kontakt mit Prostituierten kommen ihn finanziell und gesundheitlich teuer zu stehen. Während eines Theaterabends lernt B. die Mulattin Jeanne Duval kennen, mit der er bis zu seinem Tod verbunden bleibt, auch wenn er zwischenzeitlich immer wieder andere Verbindungen eingeht. Sein bewusster Verzicht auf soziale Integration veranlasst die Mutter, ihn 1844 unter Vormundschaft zu stellen. B. verleiht seiner antibürgerlichen Haltung erneut Ausdruck, als er sich aktiv an den Barrikadenkämpfen der Februarrevolution von 1848 beteiligt, motiviert durch die Hoffnung, bei dieser Gelegenheit den verhassten Stiefvater General Aupick zu erschießen. Bereits 1847 schreibt B. die Honoré de Balzac nachempfundene Novelle *La Fanfarlo* (1847; *Die Fanfarlo*, 1983) über einen dichtenden Pariser Dandy, der in einer Dreiecksbeziehung intervenieren soll, um den bürgerlichen Ehemann aus den Armen einer Tänzerin zu befreien. Als 1857 die *Fleurs du mal* erscheinen, kommt es zum Prozess. B. wird vorgeworfen, mit seiner Lyrik gegen die Moral zu verstoßen. Daraufhin werden sechs Gedichte aus der Sammlung entfernt. Vergeblich bemüht sich der Dichter 1861, Mitglied der Académie française zu werden. Gesundheitlich angeschlagen durch übermäßigen Drogenkonsum sowie eine nie ausgeheilte Syphilis, reist er in der Absicht, literarische Vorträge zu halten, um seine finanzielle Not zu lindern, nach Belgien, wo er 1866 einen Zusammenbruch erleidet. Aufgrund schwerer Gehirnschädigungen, einer halbseitigen Läh-

mung und Sprachstörungen verbringt B. die Zeit bis zu seinem Tod in einer Pariser Klinik. In Auseinandersetzung mit Autoren wie Edgar Allan Poe und E.T.A. Hoffmann, deren Werk er übersetzt, der Musik Richard Wagners sowie der Malerei Eugène Delacroix', den Karikaturen Constantin Guys und der zeitgenössischen Mode entwickelt B. eine Ästhetik der Modernität, deren Anliegen es ist, durch das schockartige Aufeinanderprallen dissonanter Bilder und ambivalenter Inhalte auch im Alltäglichen, Banalen und Hässlichen Schönheit aufscheinen zu lassen. B. versteht Modernität als künstlerische Bestrebung, das Ewige und Schöne aus der flüchtigen und banalen Alltagsrealität zu extrahieren. Das Flüchtige einer Empfindung oder eines sinnlichen Eindrucks bildet den maßgeblichen Erfahrungsinhalt des modernen Subjekts, insbesondere im Raum der industrialisierten Großstadt. Sie stellt den Erfahrungsraum des Flaneurs als idealtypischen Künstler bereit, dem es ästhetischen Genuss bereitet, sich in den Menschenmassen als passiver Beobachter treiben zu lassen. In den Gedichten B.s blickt das lyrische Ich aus der Perspektive des Flaneurs auf seine Umgebung, um in alltäglichen Szenerien erhabene, ästhetische Verhältnisse und Wirkungen aufzuspüren, die in synästhetischen, dissonanten und ambivalenten Bildern ihren sprachlichen Ausdruck finden. Selbst ein am Straßenrand verfaulender Kadaver gerät in »Une charogne« (»Ein Aas«) zum ästhetischen Objekt. B. setzt seine Ästhetik des Hässlichen in Bildern des moralischen Werteverfalls sowie Schilderungen anonymer, kalter Großstadtträume um.

Seine die moderne Lyrik maßgeblich beeinflussende Sammlung Les fleurs du mal, die zunächst unter dem Titel »Les Lesbiennes« (Die Lesbierinnen) oder »Les limbes« (Die Vorhöfe der Hölle) erscheinen sollte, umfasst neben dem Eröffnungsgedicht »Au lecteur« (»An den Leser«) die Unterabteilungen »Spleen et idéal« (»Spleen und Ideal«), »Tableaux parisiens« (»Pariser Bilder«), »Le vin« (»Der Wein«), »Les fleurs du mal«, »Révolte« (»Revolte«) und »La mort« (»Der Tod«). Den Rahmen bildet die elementare »Spannung zwischen Satanismus und Idealität« (Hugo Friedrich). B. versteht den Menschen als ein durch den Sündenfall selbstverschuldet zu Verderbnis, Verbrechen und Sittenlosigkeit verdammtes Wesen, das sich dem Ideal immer nur vergeblich annähern, es aber nicht erreichen kann. Bereits in »Au lecteur« heißt es: »Der Teufel hält die Fäden, die uns bewegen!« Das Ideal findet im gleichnamigen Gedicht seine Bestimmung in der Schönheit der Kunst, die durch Gewährsmänner wie William Shakespeare, Aischylos und Michelangelo aufgerufen wird. Im Gedicht »La beauté« (»Die Schönheit«) wird das Bestreben der Künstler, Schönheit mit den zur Verfügung stehenden künstlerischen Mitteln zu bannen, als Utopie entlarvt, die dem vergeblichen Streben nach dem Ideal entspricht.

Die in der Massengesellschaft allgegenwärtige Empfindung des Spleen schildert B. in einer Gruppe gleichnamiger Gedichte als melancholische Stimmung der Langeweile, des Selbstverdrusses und der lähmenden Teilnahmslosigkeit. Zu selbstquälerischer Verdammnis und Todessehnsucht steigert sich der Spleen in den folgenden Gedichten, er findet in der titelgebenden Figur im Gedicht »L'héautontimorouménos« (»Der Selbsthenker«) sein Sinnbild. In den »Tableaux parisiens« hingegen schildert B. die Stadt als ambivalenten Ort urbaner Hässlichkeit, an dem das Schöne gelegentlich blitzartig aufscheint. Die lüsternen, grotesk entstellten Körper von Bettlern, Prostituierten und Alten bevölkern die Straßen der Metropole, die im »Rêve parisien« (»Pariser Traum«) der kalten Schreckenslandschaft einer anorganischen, arkadischen Traumstadt gegenübergestellt wird. Deren erhabene Metall- und Kristallarchitektur erweist sich letztlich als flüchtiger Traumgegenstand, als der Schlafende erwacht und zurückkehrt in eine »kläglich träg und kalte Welt«. Im Gedicht »À une passante« (»An eine, die vorüberging«) gestaltet B. in verdichteter Form das von ihm zur ästhetischen Kategorie erhobene Prinzip des Flüchtigen: Das lyrische Ich flaniert durch die Straßen einer Frau, mit der Hand den Saum ihres Kleides anhebend, vorübergeht. Ihr sichtbar werdendes Bein avanciert in der Perspektive des Flaneurs zum skulpturalen Kunstobjekt. Sein aufkeimendes Begehren wird jäh erstickt, als die Frau so schnell wieder in der Masse verschwindet, wie sie aufgetaucht ist: »Ein Blitz ... und dann die Nacht! – Flüchtige Schönheit, von / deren Blick ich plötzlich neu geboren war, soll ich dich in der / Ewigkeit erst wiedersehen?«

Der Zyklus »Le vin« bezieht sich thematisch auf den Essay *Les paradis artificiels* (1869; *Die künstlichen Paradiese*, 1991), in dem B. die Sinneserfahrungen und Ausnahmezustände des Geistes beim Haschisch- und Opiumgenuss schildert, wobei er unterschiedliche Rauschzustände unterscheidet. Dem Anfangsstadium des Rausches billigt er den Vergleich mit der dichterischen Erfahrung zu, die im finalen Stadium erfolgende Selbstapotheose verurteilt er hingegen als unmoralische Selbsttäuschung. Die Ambivalenz einer trügerischen Weltflucht im ekstatischen Zustand des Rausches bildet die Hauptspannung von »Le vin«. Die Unterabteilungen »Les fleurs du mal« und »Révolte« thematisieren menschliches Grauen, Verzweiflung und Zerstörung sowie ästhetische und religiöse Vorstellungsinhalte, so dass die dichotomische Spannung zwischen den Polen des Guten bzw. Schönen und dem Satanischen, Hässlichen ihre größtmögliche Ausreizung erfährt. »La mort« beschreibt verschiedene Todessituationen, bevor die Sammlung mit dem Gedicht »Le voyage« (»Die Reise«) schließt, das menschliche Sehnsüchte und Hoffnungen schildert und dem der spleenhaften Langeweile der Großstadt entfliehenden Reisenden als Ausweg lediglich den Neues und Unbekanntes verheißenden Tod bietet. Die parallel zu den *Fleurs du mal* entstandenen Prosagedichte *Le spleen de Paris* (1869; *Der Spleen von Paris*, 1985) geben in banal-bizarren Bildern die dissonante Welterfahrung im Großstadtmilieu, vor allem aus der Perspektive des isolierten, von der Masse entfremdeten Künstlers wieder, wobei B. durch Stilmischungen, die Ambivalenz der Bilder und sprachlicher Musikalität in der neuartigen Form des Prosagedichts eine poetische Wirkung von hoher Evokationskraft erzielt.

Werkausgabe: Sämtliche Werke/Briefe in acht Bänden. Hg. F. Kemp u. C. Pichois. München/Wien 1975.

Katrin Fischer-Junghölter

Beaumarchais, Pierre Augustin Caron de

Geb. 24. 1. 1731 in Paris;
gest. 17. 5. 1799 in Paris

Als ein universell begabter und geschäftstüchtiger Mann betätigte sich Pierre Augustin Caron de Beaumarchais in seinem abenteuerlichen Leben auf höchst unterschiedlichen Gebieten. Nachdem er das väterliche Handwerk des Uhrmachers erlernt hatte, erfand er eine technische Neuerung und ließ sich deren Urheberschaft auch nicht vom königlichen Uhrmacher streitig machen. Durch Heirat und Geschäfte schnell zu Geld gelangt, erwarb er öffentliche Ämter und den Adelstitel. Als Musiklehrer unterrichtete er die Töchter Ludwigs XV.; er war königlicher Geheimdiplomat mit Auslandsmissionen und organisierte Waffenlieferungen für die amerikanischen Aufständischen gegen England. Überdies gründete er eine Dramatikergewerkschaft und edierte Voltaires Werke. Seinen Ruf und sein Vermögen büßte er erst während der Französischen Revolution ein, als er bei der Beschaffung von 60 000 Gewehren aus Holland als Waffenschieber denunziert, inhaftiert und später für die Ware haftbar gemacht wurde. Nach der Rückkehr aus einem Exil in Hamburg vermochte B. im postrevolutionären Paris nicht mehr Fuß zu fassen. Als ein streitbarer Geist, der sich gegen Unrecht stets mit allen Mitteln zur Wehr setzte, rief er mit seinen Prozessen, Polemiken und geschäftlichen Unternehmungen kontroverse Reaktionen hervor.

Facettenreich wie sein Leben ist auch B.' dramatische Produktion, deren Beginn von privat inszenierten ›Paraden‹, farcenhaften Stücken mit Commedia dell'arte-Elementen, einer derben Sprache sowie einer Portion Schlüpfrigkeit geprägt ist. Ambitionierter war sein an Diderots Dramenreform anknüpfender Versuch, das bürgerliche Schauspiel als mittlere Bühnengattung zwischen Tragödie und Komödie zu etablieren. 1767 ließ er mit Erfolg in der Comédie Française sein Stück *Eugénie* (*Eugenie*, 1768) aufführen, das auf larmoyante Weise vom Schicksal einer verführten und verlassenen Frau handelt. Dazu verfasste er ein Vorwort, das die theoretischen Grundlagen der neuen Gattung liefern sollte. Sein bis heute andauernder Ruhm als größter Komödienautor der Epoche gründet jedoch auf der Rückkehr zum traditionellen Lustspiel. In *La précaution inutile, ou Le barbier de Séville* (UA 1775; *Der Barbier von Sevilla*, 1776), das er nach einer wenig erfolgreichen Erstaufführung auf vier Akte verkürzte, griff er auf Motive, Personenkonstellationen und komische Effekte des 17. Jahrhunderts zurück. Der Titelheld Figaro stellt sich in den Dienst des Grafen Almaviva, um dem ältlichen Bartholo dessen junges Mündel auszuspannen. Den Verkleidungen, Verwechslungen und Figaros überschäumender Intrigenkunst verdankt diese Buffo-Komödie ihre nach wie vor unverminderte Publikumswirkung. Zwar ist das Verhältnis zwischen Herr und Diener noch vollkommen konventionell gestaltet, doch verfügt Figaro als Angehöriger des dritten Standes über Tugenden wie Schlauheit und Tüchtigkeit, mit denen er dem eher passiven Grafen zum Triumph über Bartholo verhilft, der als fortschrittsfeindlicher, tyrannischer Bürger ein Objekt der Komik ist.

Sechs Jahre lang musste B. gegen Verbote kämpfen, bis 1784 die Fortsetzung *La folle journée, ou Le mariage de Figaro* (*Der tolle Tag oder Figaros Hochzeit*, 1785) uraufgeführt werden konnte, denn schon früh erahnte man die politische Brisanz des Stücks. Das Verhältnis der Figuren untereinander hat sich grundlegend gewandelt: Der Graf ist seiner Gattin überdrüssig und stellt Figaros zukünftiger Frau nach, von der er das ›ius primae noctis‹, das überkommene Adelsprivileg der ersten Nacht, einfordert. Figaros anklagender Monolog über die Vorrechte der Geburt, seine von der Gräfin unterstützte erfolgreiche Auflehnung gegen herrschaftliche Willkür und die öffentliche Demütigung des Grafen verleihen dem Stück vorrevolutionäre Züge, die Danton später zu der zugespitzten Formulierung veranlassten, Figaro habe den Adel gestürzt (»Figaro a tué la noblesse«). Die aus Verkleidungen, Verwechslungen und Lauschszenen resultierende Situationskomik verdeckt nicht die massive Gesellschaftskritik, die B. durch den Bruch mit einer literarischen Konvention verstärkt, indem er den Komödiendiener Figaro gegen die Interessen seines Herrn das Recht auf ein eigenes privates Glück einfordern und – in einer für die Komödie ebenfalls neuartigen Massenszene – auch durchsetzen lässt, da sich die Untertanen geschlossen gegen den Grafen stellen.

Ein während der Revolution verfasstes drittes Figaro-Stück fand bei der Premiere wenig Beachtung und wirkt nach *Le mariage de Figaro* geradezu restaurativ: Mit dem bürgerlichen Rührstück *L'autre Tartuffe, ou La mère coupable* (UA 1792; *Die Schuld der Mutter oder ein zweiter Tartuffe*, 1795) wandte sich der offenbar desillusionierte B. von der Komödie ab; er konfrontiert darin die im Pariser Exil lebenden Almavivas mit ihrer Vergangenheit. Nur Figaros selbstloses Eingreifen bewahrt sie vor den erpresserischen Machenschaften des skrupellosen Bégearss, in dem B. die Schattenseiten der Revolution zeichnet. In diesem verbürgerlichten, in Würde gealterten Figaro ist jedoch nicht mehr der selbstbewusste Komödiendiener zu erkennen, der zu den großen Figuren der Weltliteratur und – dank Rossinis *Il barbiere di Siviglia* (1816) und Da Ponte/ Mozarts *Le nozze di Figaro* (1786) – auch der Operngeschichte zählt.

Wilhelm Graeber

Beauvoir, Simone de

Geb. 9. 1. 1908 in Paris;
gest. 14. 4. 1986 in Paris

Simone de Beauvoir ist bis heute eine provokative Autorin, kontrovers diskutierte Feministin, umstrittene Philosophin. Ihr Werk ist vielfältig: Romane, Memoiren, philosophische Essays, Reiseberichte, Zeitungsartikel, Tagebücher, Briefe – insgesamt eine ›engagierte

Literatur‹, in der sie Wissenschaft, Philosophie und Fiktion mit der eigenen Lebenserfahrung verbindet und auf Bewusstmachung und Veränderung der gesellschaftlichen Situation hinwirkt. Bahnbrechend war vor allem *Le deuxième sexe* (1949; *Das andere Geschlecht*, 1951), ein Essay, der früh zum Klassiker des Feminismus und zum Standardwerk in der Frauenliteratur wurde. Auf über 1200 Seiten hat B. eine universelle Standortbestimmung der Frauen unternommen und ihre jahrhundertelange Abhängigkeit von der männlichen Vorherrschaft analysiert. Detaillierte Untersuchungen biologischer, psychischer, anthroposophischer und sozio-ökonomischer Fakten, geschichtlicher Bilder und *Mythen* sowie der einzelnen Stadien des weiblichen Lebens (*Gelebte Erfahrung*) führten zu dem Begriff des »anderen Geschlechts«, zu der Einsicht in den geschichtlichen Status der Frau als zweiter, zweitrangiger, als Objekt, zu der wichtigen Erkenntnis auch, dass ihre Marginalisierung nicht natur-, sondern kulturbedingt sei (»man wird nicht als Frau geboren, man wird dazu gemacht«). B.s Leistung besteht darin, einerseits die historischen Prozesse so akribisch nachgezeichnet zu haben, dass das weibliche Geschlecht bzw. der Körper der Frau als eine vom jeweiligen geschichtlichen Kontext festgeschriebene »Situation« erkennbar wurde; konstruktivistische und gender-Theorien (Judith Butler) knüpfen an diese Erkenntnisse an. Andererseits versucht sie, indem sie den existentialistischen Begriff der (absoluten) Freiheit (des Menschen) auf die »Situation Frau« transformiert, ihr dennoch (Selbst-) Verantwortung und Selbstbestimmung zu übertragen.

Das umfangreiche Memoirenwerk B.s (*Mémoires d'une jeune fille rangée*, 1958; *Memoiren einer Tochter aus gutem Hause*, 1960; *La force de l'âge*, 1960; *In den besten Jahren*, 1961; *La force des choses*, 1963; *Der Lauf der Dinge*, 1966; *Tout compte fait*, 1972; *Alles in allem*, 1974) ist Ausdruck der Persönlichkeitssuche und -findung einer willensstarken, vitalen, scharfsinnigen und einfühlsamen Frau. Kennzeichnend sind unbedingte Aufrichtigkeit, beharrliches Streben nach Selbsterkenntnis und Erkenntnis, das Fehlen jeder Selbststilisierung und jedes Pathos. Voraussetzung für dieses Leben-Schreiben war die Befreiung aus allen Fesseln, die ein bürgerliches Elternhaus und eine strenge, katholische Erziehung der Musterschülerin auferlegt hatten. Mit dem Philosophie-Studium an der Sorbonne, der Begegnung mit Jean-Paul Sartre, der ab 1929 unwiderruflich zu ihrem Leben gehörte, mit der Bekanntschaft zahlreicher Pariser Literaten (Lévi-Strauss, Merleau-Ponty, Lanzmann, Bost) schlägt die »Tochter aus gutem Hause« konsequent den Weg zur Intellektuellen und Schriftstellerin ein, um sich nach 1943 vollends dem Schreiben, einem aktiven gesellschaftlichen Leben und der Frauenbewegung zu widmen.

Im fiktionalen Text beschreibt B. die Welt in ihrer Komplexität, mit ihren Widersprüchen und (scheinbaren) Ausweglosigkeiten. Die Romane (z. B. *L'Invitée*, 1943; *Sie kam und blieb*, 1953; *Tous les hommes sont mortels*, 1946; *Alle Menschen sind sterblich*, 1949; *Le sang des autres*, 1945; *Das Blut der anderen*, 1963) und Erzählungen (z. B. *Une mort très douce*, 1964; *Ein sanfter Tod*, 1965; *Les belles images*, 1966; *Die Welt der schönen Bilder*, 1968; *La femme rompue*, 1967; *Eine gebrochene Frau*, 1969) befassen sich auf der Grundlage der existentialistischen Philosophie mit der Stellung der Frau in der Gesellschaft, den Beziehungen zwischen den Geschlechtern, existentiellen Ängsten, dem Altern, dem Tod: insgesamt mit den Möglichkeiten der »freien Wahl« und »freier Handlungen« innerhalb einer bestimmten »Situation«. *Les Mandarins* (1954; *Die Mandarins von Paris*, 1955), ihr bedeutendster Roman (Prix Goncourt), kann als Thesen- und Schlüsselroman einer für B. »fieberhaften und enttäuschenden Nachkriegsgeschichte« gelesen werden. – B.s Tagebuchaufzeichnungen, Reiseberichte sowie die nach ihrem Tode veröffentlichten *Briefe* (an Sartre und den »transatlantischen« Geliebten Nelson Algren) sind mit protokollierender Detailfreude geführt und erreichen – wie auch ihre wissenschaftlichen Essays – einen bisweilen erbarmungslos anmutenden Grad an Nüchternheit und Sachlichkeit. B. war an bürgerlichen Maßstäben nicht zu messen. Mit ihrer nichts beschönigenden Wahrheitssuche hat sie eine schonungslos entlarvende Schreibweise entwickelt und mit gesellschaftlichen Tabus radikal gebrochen, sich damit aber auch manchem Skandal ausgesetzt. – Am Beginn des 21. Jahrhunderts ist ihr Rang als eine der größten feministischen Theoretikerinnen unbestritten. So hat sie mit ihrem Werk nicht nur (zusammen mit Sartre und Albert Camus) die Hauptthemen des Existentialismus literarisch popularisiert, in den unterschiedlichsten Genres ein vielseitiges Talent bewiesen, als intellektuelle Leitfigur innerhalb des Feminismus hat sie auch eine umfangreiche Emanzipationsliteratur bis hin zur internationalen sex- und gender-Diskussion ausgelöst. Andererseits sehen Gynozentristinnen sowie jüngere Differenz-Theoretikerinnen in ihr eine phallozentristische Denkerin mit einer starken Orientierung an männlichen Werten, an Sartres bzw. Maurice Merleau Pontys Existentialismus, westlichem Rationalismus und Eurozentrismus. Dagegen ist zu halten, dass sie den Existentialismus nicht einfach übernommen hat. Der »absolute Selbstentwurf« relativiert sich bei ihr an der »historischen Situation« der Frauen, denen sie (als »Zweite« bzw. »Andere«) nur begrenzte Spielräume autonomen Handelns und Denkens einräumt – ohne sie wiederum als reines Konstrukt (sozialer und kultureller Diskurse) zu begreifen. Vielleicht ist B.s Position am besten mit dem Begriff eines zwischen Existentialismus und Konstruktivismus vermittelnden Feminismus zu erfassen.

Renate Kroll

Becher, Johannes R(obert)
Geb. 22. 5. 1891 in München;
gest. 11. 10. 1958 in Berlin

In der DDR galt er lange als »der größte deutsche Dichter der neuesten Zeit«. Walter Ulbricht meinte 1958, »daß die Hauptstraße der neueren deutschen Dichtung von Goethe und Hölderlin zu B. und durch ihn durch weiterführt«; westliche Kritiker sahen in ihm meist nur den »literarischen Apparatschik«. Dabei war für B. der Weg zum »Staatsdichter« und erstem Kulturminister der DDR (1954 bis 1958) keineswegs vorgezeichnet: Er wächst in behüteter großbürgerlicher Umgebung auf, lehnt sich gegen die strenge chauvinistische Erziehung des Vaters, eines Oberlandesgerichtspräsidenten, dadurch auf, dass er »der ›Katholische‹ innerhalb der protestantischen Familie« wird. Religiöse Sehnsüchte nach der Harmonie des »ewigen Tags« artikulieren sich in ersten Gedichten nach dem Vorbild Charles Baudelaires, Arthur Rimbauds, Richard Dehmels. Früh bemerkt B. die sozialen Widersprüche des wilhelminischen Deutschlands; in der Großstadt Berlin, wo er 1911/12 ein Studium beginnt, empören ihn das »schändliche Königreich Armut«, Krankheit und Tod in den Arbeitervierteln. Mit Gedichten über den »süßen Geruch der Verwesung«, mit lyrischen Disharmonien (*Verfall und Triumph*, 1914) will B. gegen soziale Ungerechtigkeit protestieren; die Zerstörung sprachlicher Konventionen soll den Leser wachrütteln: »Hah Syntax Explodier! … Zerpressen! Stopp! Entdehnen!« Mit religiösem Pathos, utopischen und anarchistischen Träumen von Freiheit wird B. zu einem der Wortführer und wichtigsten Autoren auf dem linken Flügel des Expressionismus. Zunächst ist es vor allem gefühlsbestimmter Protest, der zum Widerspruch gegen den wilhelminischen Obrigkeitsstaat und nach Ausbruch des Ersten Weltkrieges zu bewusster Kriegsgegnerschaft, 1918 in den Spartakusbund und 1919 in die KPD führt. B. sucht nach neuen gesellschaftlichen Idealen und versucht, sich von seiner bürgerlichen Herkunft und dem Elternhaus zu lösen, was erkennbar die Themen seiner Gedichte beeinflusst (Vatermord in *Nach Tag*). Obwohl B. als einer der ersten deutschen Dichter nach der Oktoberrevolution die junge Sowjetrepublik hymnisch verklärt (»heiliges Reich«), leidet er selbst nach der gescheiterten deutschen Novemberrevolution an Depressionen, fühlt sich weltanschaulich verunsichert und gerät in zeitweilige Drogenabhängigkeit. Entscheidend wird für B. die Lektüre von Maxim Gorki, Wladimir Iljitsch Lenin, Karl Marx, die ihm hilft, sich endgültig von seiner bürgerlichen Vergangenheit zu befreien und seine Orientierung innerhalb der marxistischen Arbeiterbewegung zu finden. Diesen Loslösungsprozess, der sich letztlich wie ein roter Faden durch das gesamte Lebenswerk zieht, beschreibt B. später ausführlich in seiner wichtigsten Prosaarbeit, dem Roman *Abschied. Einer deutschen Tragödie erster Teil. 1900–1914* (1940), der autobiographisch geprägten Geschichte vom jungen Staatsanwaltsohn Hans Peter Gastl, der sich vom unentschlossenen Suchenden zum »standhaften« Menschen an der Seite der Arbeiterklasse entwickelt, sich 1914 gegen den Krieg entscheidet und damit »Abschied« von seiner bisherigen Klassenzugehörigkeit nimmt. B. selbst stürzt sich 1923 in die politische Alltagsarbeit der KPD: in Berlin schließt er sich der Parteizelle in der Klopstockstraße 26 an, wo er »eigentlich erst so recht zum Sozialisten erzogen« wird. Er übersetzt Wladimir Majakowski, schreibt revolutionär-agitierende Gedichte (*Der Leichnam auf dem Thron*, 1924) und Antikriegsprosa, wie den düster-visionären, sofort nach Erscheinen verbotenen Roman über einen zukünftigen imperialistischen Giftgaskrieg, *Levisite oder Der einzig gerechte Krieg* (1926). Als Mitbegründer (1928) und erster Vorsitzender des »Bundes proletarischrevolutionärer Schriftsteller« (BPRS) sowie Herausgeber von dessen Zeitschrift *Linkskurve* plädiert B. in Reden und programmatischen Artikeln für die Leninschen Prinzipien einer parteilichen Literatur (»Werdet Klassenkämpfer: Gebraucht eure Kunst als Waffe«) und kritisiert linksbürgerliche Autoren wie Heinrich Mann. Von der Tendenz zu Proletkult und Sektierertum sind die Dichtungen und theoretischen Arbeiten dieser Jahre nicht frei. Wie der mit ihm befreundete ungarische Literaturtheoretiker Georg Lukács orientiert sich B. an den Höhenpunkten der bürgerlich-realistischen Literatur als den »wahren Vorbildern« bei der Entwicklung der Theorie des Sozialistischen Realismus, die auf Jahrzehnte den formalen Spielraum kommunistischer Autoren eingrenzt:»Formenspielereien lenken nur ab vom Inhalt«. Durch die Ablehnung des »Avantgardistentums« beschränkt B. auch die eigenen literarischen Mittel, in seinem freirhythmischen Poem auf den ersten sowjetischen Fünfjahrplan, *Der große Plan* (1931), wie in den im sowjetischen Exil entstehenden lyrischen *Dank an Stalingrad* (1943) und dramatischen Darstellungen des Kriegsgeschehens (*Winterschlacht*, 1942), in denen sich Hoffnungen auf eine Wende in der deutschen Geschichte artikulieren. Als Mitglied im »Nationalkomitee Freies Deutschland« und im Zentralkomitee der KPD beteiligt sich B. an den kulturpolitischen Planungen für das Nachkriegsdeutschland, in das er bereits im Juni 1945 zurückkehrt. Seine Freude über die wiedergewonnene Heimat gibt B., der trotz politischer Verklärung der Sowjetunion in zehn Jahren Exil nicht die russische Sprache lernt, im Gedichtband *Heimkehr* (1946) Ausdruck. Für eine »demokratische Sammlungsbewegung der Intelligenz«, ein antifaschistisches Volksfrontbündnis, das er mit dem »Kulturbund zur demokratischen Erneuerung Deutschlands« (dessen Präsident B. von 1945 bis 1957 ist), agitiert er zunächst auch in den Westzonen. Im Zuge der sich abzeichnenden Teilung Deutschlands und des beginnenden Kalten Krieges engagiert sich der Kommunist B. als Politiker und Dichter für den Aufbau der DDR, richtet Oden an die Jugend (»Wir wollen Lernende und Vorbild sein«), besingt hymnisch menschliche Schöpferkraft, technischen Fortschritt sowie die Staats- und Parteiführer der DDR, deren Nationalhymne (*Auferstanden aus Ruinen*) er 1949 zusammen mit Hanns Eisler schreibt. Obwohl sich B. als vielfacher Funktionsträger und Minister den tagespolitischen und langfristigen Zielen der SED verpflichtet fühlt und Kritik daran als »Revisionismus« zurückweist, erhofft er sich in späten literaturtheoretischen Visionen eine »Literaturgesellschaft« mit einer Vielfalt sich gegenseitig durchdringender und befruchtender Gattungen und Genres, beginnt formales Neuerertum differenzierter zu bewerten (*Das poetische Prinzip*, 1957), und hinsichtlich des von ihm seit 1920 als »überlebt« abgelehnten Expressionismus gewinnt er vor seinem Tod noch die Überzeugung, dass »man ... eines Tages auf diese Versuche wieder zurückkommen« wird.

Horst Heidtmann

Bechstein, Ludwig
Geb. 24. 11. 1801 in Weimar; gest. 14. 5. 1860 in Meiningen

Es ist schon ein bemerkenswerter Umstand, dass der Gymnasiallehrer Johann Karl August Musäus und der Meininger Hofrat Ludwig Bechstein beide dem damals exakt 6265 Einwohner zählenden thüringischen Residenzstädtchen Weimar entstammen: Sie sind die Verfasser der neben und nach den Kinder- und Hausmärchen der Brüder Grimm erfolgreichsten und verbreitetsten Märchensammlungen. Louis Clairant Hubert B., später Ludwig genannt, kommt am 24. November 1801 als unehelicher Sohn eines französischen Emigranten in Weimar zur Welt. Am selben Tag wird Herder in den Adelsstand erhoben; Mitte November etabliert sich im Haus am Frauenplan das gesellige Mittwochs-Kränzchen (»Cour d'amour«), in dem die Hofdame Louise von Göchhausen eine zentrale Rolle spielt. Der früh verwaiste B. wird mit neun Jahren von seinem Onkel, dem Forstwissenschaftler und Vogelkundler Dr. Johann Matthäus B., der bei Meiningen lebt, adoptiert. Damit beginnt B.s guter Stern aufzugehen. Er kann das Meininger Lyzeum besuchen; es folgt eine Apothekerlehre in Arnstadt. 1823 gibt B. eine erste Sammlung Thüringischer Sagen heraus; sozusagen das Präludium seiner späteren Haupttätigkeit. Seine Sonettenkränze machen den kunstsinnigen Herzog Bernhard von Sachsen-Meiningen auf den jungen Literaten aufmerksam; er fördert ihn mit einem Stipendium, das B. ein dreijähriges Studium der Geschichte und Literatur in Leipzig und München ermöglicht. In München verkehrt er im Kreis der dortigen Literaten (Franz Graf von Pocci, Helmina de Chezy, Siegfried Maßmann u. a.). Inzwischen hat er 1829 seine *Mährchenbilder und Erzählungen* und Gedichte im historisierenden Stil des Biedermeiers unter dem Titel *Die Haimons-Kinder* (1830) publiziert. Der Herzog behält ihn im Auge, stellt ihn in Meiningen als Bibliothekar an. B. gründet den Hennebergischen altertumsforschenden Verein; er avanciert zum Archivar und später zum Hofrat. Bis auf zwei größere Reisen nach Brüssel und Paris 1835 und nach Oberitalien 1855 verbringt er sein Leben in der kleinen Residenz.

B. entspricht genau dem Bild des spätromantisch-biedermeierlichen schriftstellernden deutschen Gelehrten: Neben seinen historisierenden (»altertumsforschenden«) Schriften, Aufsätzen und Beiträgen, seinen zahlreichen Thüringer Wander- und Heimatbüchern steht ein heute vergessenes umfangreiches literarisches Werk in den traditionellen Genres (Lyrik, Erzählungen, sogar Romane). B. teilt das Schicksal vieler Schriftsteller des 19. Jahrhunderts, die zu ihrer Zeit sogar Bestsellerautoren waren, heute aber fast ganz vergessen sind (z. B. Karl Simrock, Viktor von Scheffel, Justinus Kerner, Gustav Schwab u. a. m.). 1845 erscheint das Werk B.s, das als einziges bis heute überlebt hat: *Das Deutsche Märchenbuch*; drei Jahre später bereits in der 7. Auflage; 1855 folgt sein *Neues deutsches Märchenbuch*. Doch erst die erweiterte, von Ludwig Richter illustrierte Ausgabe von 1857 wird zum beliebtesten deutschen Märchenbuch in der zweiten Hälfte des 19. Jahrhunderts, weit vor den Brüdern Grimm. Für heutige Ausgaben steht die 13. Auflage (die 2. von L. Richter illustrierte) bei Georg Wigand in Leipzig Pate. Im Vergleich zu den Märchen der Brüder Grimm wirken B.s Märchen kunstmäßiger, gelehrter, »im Hintergrund ist der Erzählende immer präsent«. Seine Märchen sind nicht mehr Erzählstoff aus erster Hand, sondern Zeugnisse philologischer Spurensuche bei anderen Autoren, es handelt sich oftmals um Überarbeitungen »vorgefundener Stoffe« und z. T. von B. neu erzählte Märchen, auch der Brüder Grimm. Viele entstammen seiner Thüringer Heimat; einige dürften auch heute jedem Märchenleser vertraut sein (*Frau Holle*; *Das Märchen von den sieben Schwaben*; *Die sieben Raben*; *Mann und Frau im Essigkrug*). Neben den Märchen hat nur noch sein Thüringer Sagenbuch von 1858 überlebt, eine Auswahl aus mehr als tausend Sagen. Zu seinem 200. Geburtstag hat ihn Meiningen gefeiert durch Märchenwettbewerbe, eine Festschrift und ein Bechstein-Lesebuch; seine Geburtsstadt hat eine Straße nach ihm benannt, ein 1992 entdeckter Planetoid trägt seinen Namen.

Werkausgabe: Sämtliche Märchen. Vollständige Ausgabe der Märchen B.s nach der Ausgabe letzter Hand unter Berücksichtigung der Erstdrucke. 2 Bde. Hg. und Nachwort von Walter Scherf. München 1988.

Karl Hotz

Becker, Jurek
Geb. 30. 9. 1937 in Lodz;
gest. 14. 3. 1997 in Sieseby/Schleswig-Holstein

Bis zum achten Lebensjahr musste B. seine Kindheit im Ghetto von Lodz und in deutschen Konzentrationslagern verbringen. Nach der Befreiung fand er seinen Vater wieder, der in Auschwitz überlebt hatte und nun mit seinem Sohn in Deutschland blieb, unter anderem, weil er den deutschen Antisemitismus für erledigt hielt, beim polnischen war er sich weniger sicher. B. betonte, er sei wie andere Kinder in der DDR aufgewachsen, habe kaum markante Erinnerungen an Ghetto und Lager gehabt und habe auch als Atheist keinen Grund gesehen, sich als Jude zu fühlen. Diese Klarstellung beruhte auf B.s Abneigung gegen Festlegungen und die darauf gegründeten Erwartungen. Er sah die Befindlichkeiten und Empfindungen von Juden als allgemein menschliche; dass er diese dann an Juden am ehesten darstellen konnte, war eine andere Sache.

Immer wieder werden in B.s Werk auf der Grundlage von zunehmend einfachen, meist auf B.s Biographie bezogenen Handlungen drängende moralische Fragen erörtert. Dabei verstärkt sich die Tendenz zum parabelhaften Erzählen. B. bekannte sich zu seiner Faszination durch Franz Kafka. Das Komplexe der Problematik wird jeweils dadurch sichtbar, dass B.s Erzähler sehr vielfältig und erfindungsreich dazu eingesetzt werden, die Handlungen durchsichtig zu machen. Besonders eindrucksvoll geschieht das in B.s erstem Roman *Jakob der Lügner* (1969) und in den Erzählungen in dem Band *Nach der ersten Zukunft* (1980). So erklärt es sich, dass der autobiographische Ansatz im Stofflichen sich immer mehr verflüchtigt, je genauer man liest.

Die Polarität zwischen Vorurteilen – eigenen oder fremden – und der Flexibilität, der einzelne braucht, um sich und seine Meinungen zu ändern, damit er als er selbst überleben kann, hat B. nicht nur im Hinblick auf die Macht des Vergangenen über die Gegenwart beschäftigt, wie in *Jakob der Lügner* (1968), *Der Boxer* (1976) oder *Bronsteins Kinder* (1986), sondern auch im Hinblick auf Zwänge, die aus der Gegenwart wirkten, wie in *Irreführung der Behörden* (1973) und *Schlaflose Tage* (1978). Hier bezieht B. den Stoff aus Erfahrungen, die er als junger Schriftsteller in der DDR machte. Als einer derjenigen, die gegen Wolf Biermanns Ausbürgerung protestiert hatten, ging er nach Westberlin. Die Vielschichtigkeit auch der dort entstandenen Bücher ergibt sich daraus, dass sie außer den ideologisch verfestigten auch solche Vorurteile in Frage stellen, die manchmal den Widerstand gegen die Zwänge motivieren. Dazu dient vor allem der subtile, meist zwiespältige Humor, der alle Romane und Erzählungen B.s auszeichnet.

Es ist nicht leicht, die in diesem kritischen Prozess mit jedem Werk neu ansetzende Selbstbefragung B.s mitzuvollziehen. Das liegt an den Verhältnissen, gegen die er die Absicht seines Erzählens behauptet: als Katalysator in einem Prozess der Erkenntnis zu dienen, die Mut zum Handeln macht. Wie schwer ihm das manchmal fiel, zeigt der Roman *Aller Welt*

Freund (1982), in dem es um die Fähigkeit des Einzelnen geht, der Fahrt in den allgemeinen, scheinbar unausweichlichen Untergang, auf der viele sich damals erschreckt sahen, noch Lebenswillen entgegenzusetzen. In der zweiten Hälfte der 1980er Jahre hat B. dann doch wieder – diesmal auf breiter Basis – versucht, Freude am Widerstand zu wecken: Er schrieb die Drehbücher der Fernsehserie *Liebling – Kreuzberg*. Rechtsanwalt Liebling, gespielt von Manfred Krug, B.s Freund aus gemeinsamer DDR-Vergangenheit, ist der in jeder Hinsicht menschliche Anwalt der Übervorteilten. Er bekämpft die Gemeinheiten, denen sie ausgesetzt sind, mit Mut, List und Phantasie. Die Streitfälle sind alltäglich – das alles lud zur Identifikation ein. Der juristische Sachverstand ließ die Geschichten authentisch erscheinen, ohne ihren enormen Unterhaltungswert zu beeinträchtigen. Zwar konnten die Zuschauer den Sendungen kaum entnehmen, wie sie ohne einen Liebling zu ihrem Recht kommen, aber dafür waren sie glückliche Zeugen der Siege, die das Gute davontrug. Ob Liebling den Widerstandswillen seines Publikums durch sein sympathisches Beispiel stärkte oder ob er mit dem unangebrachten Vertrauen in eine doch nur fiktive Gerechtigkeit den status quo stabilisierte, bleibt offen. Unbestritten ist, dass B. die notorisch abstumpfende Wirkung der üblichen Fernseh-Serie in ihr erfreuliches Gegenteil verkehrt hat.

In *Warnung vor dem Schriftsteller* (1990), seinen Frankfurter Poetik-Vorlesungen, spricht B. von seinen Berufserfahrungen in Ost- und Westdeutschland. Weil ihn am Schriftsteller vor allem dessen Auseinandersetzung mit seiner Gesellschaft interessiert, kommt es zu einer vergleichenden Kritik wesentlicher Charakteristika der beiden deutschen Nachkriegsgesellschaften kurz vor deren Ende. Die dritte Vorlesung ist auf die Zukunft bezogen: In dem Streit, ob die Nicht-Leser oder die Schriftsteller an der Bedeutungslosigkeit und den miserablen Aussichten der Literatur schuld sind, den B. rücksichtslos mit sich führt, ohne ihn zu entscheiden, wird klar, dass weder die einen noch die andern ihre Lage erkennen und durch Handeln verändern wollen. Weil die Möglichkeit, auf unserem Planeten zu existieren, erkennbar und rapide abnimmt, habe mit dem Fatalismus eine ungehemmte Vergnügungssucht um sich gegriffen; die Literatur sei Teil der Unterhaltungsindustrie geworden.

Die Bestätigung dafür schien B. selbst mit seinem letzten Roman *Amanda herzlos* (1992) zu liefern, an dem die Kritik vor allem den Unterhaltungswert und den Humor lobte. Sie könnte sich jedoch getäuscht haben; möglicherweise hat *sie* die Bestätigung geliefert. Denn das Porträt der Protagonistin in den unterschiedlichen Perspektiven der drei männlichen Liebhaber und Erzähler zeugt jenseits der lässigen, humorvollen Erzählweisen von einer abgründigen Einsamkeit im Verhältnis der Menschen zueinander. Damit würde sich der Roman in B.s Gesamtwerk fügen. Aller Zukunftsoptimismus, aller Widerstandswille, alles Vertrauen in die menschliche Vernunft, aller Humor, alle Freundlichkeit und alle Hoffnung sind darin von einer Gefahr wie von einem Abgrund umgeben und bedroht; davon gehen Angst, Unsicherheit und Lähmung aus, die immer wieder neu zu überwinden sind.

Heinz Wetzel

Beckett, Samuel [Barclay]
Geb. 13. 4. 1906 in Dublin; gest. 22. 12. 1989 in Paris

Samuel Beckett kann von seiner Biographie, den Zielsetzungen seines Werks und seinen künstlerischen Verfahren als Modellfall eines Grenzgängers zwischen Kulturen, Sprachen und Disziplinen gelten. Seine Werke schöpfen aus den Traditionen der Literatur, der Philosophie, der Kunst und der Musik vieler europäischer Länder, zumal Italiens, Frankreichs, Irlands, Englands und auch Deutschlands. B.s Werke sind Weltliteratur im doppelten Sinne, insofern sie aus der Literatur der Welt schöpfen und als Literatur für die Welt verfasst sind. Dies gilt besonders für das Drama, dessen wichtigster Neuerer B. im

20. Jahrhundert wurde. In seinem mittleren und späten Werk wandte sich B. den modernen Medien zu, dem Hörspiel (*All that Fall*, 1957; *Alle, die da fallen*, 1957), dem Film (*Film*, 1965) und dem Fernsehen: *Eh Joe* (1966; *He, Joe*, 1968), *Ghost Trio* (1977; *Geister-Trio*, 1978), ›*... but the clouds ...*‹ (1977; ›*...nur noch Gewölk*‹, 1978), *Quad* (1982; *Quadrat*, 1986) und *Nacht und Träume* (1983; *Nacht und Träume*, 1986). Nicht nur wurden viele seiner Theaterstücke – auch in Deutschland – von ihm selbst inszeniert, seine Arbeiten für Film und Fernsehen wurden von ihm selbst oder unter seiner Mitwirkung ins Bild gesetzt. B.s Biographie liefert ebenfalls einen Hinweis auf sein Grenzgängertum. Er bereiste Deutschland zwischen 1929 und 1936 mehrfach und entschied sich in jungen Jahren für das Land seiner hugenottischen Vorfahren, Frankreich, wo er zunächst zwei Jahre an der Ecole Normale Supérieure in Paris unterrichtete. B.s protestantischer, relativ wohlsituierter Familienhintergrund der *Ascendency* (der anglo-irischen Führungsschicht) bedeutete – im Gegensatz etwa zu James Joyce – eine geringe Vertrautheit mit der katholischen Mehrheit Irlands. Die Erfahrung der Fremdheit und der Entwurzelung gehörte seit Jonathan Swift zu den erkenntnisleitenden Erfahrungen der irischen *Ascendency*. B.s Mehrsprachigkeit und Transkulturalität führen dazu, dass sowohl die englischsprachige als auch die französischsprachige Literaturkritik seine Werke als ihren legitimen Gegenstand beansprucht.

Drei Fakten erlauben eine Strukturierung der über 50-jährigen Schaffensgeschichte des öffentlichkeitsscheuen Autors, der 1969 nur widerstrebend den Nobelpreis für Literatur annahm. Die Tatsache, dass B. Literaturdozent war, wie auch sein freiwilliges Exil in Frankreich, erhärtet die These, dass vieles in seinem Werk als parodistische Auseinandersetzung mit der abendländischen Literatur zu verstehen ist: Die Stücke etwa reflektieren nicht zuletzt die Rezeption des aristotelischen Dramas im französischen Klassizismus. Sodann erweist sich James Joyce, der bedeutendste Erzähler der Moderne (dessen Nähe B. in Paris suchte), gleichzeitig als Vor- und Gegenbild. Die Welthaltigkeit des Werks von Joyce, etwa der Anspielungsreichtum und die sprachliche Vielschichtigkeit, war der Endpunkt einer Entwicklung, die B. unmöglich fortführen konnte: Bereits seine frühesten, noch ›irischen‹ Werke, seine Sammlung von zehn Kurzgeschichten über den irischen Antihelden Belacqua mit dem enigmatischen Titel *More Pricks Than Kicks* (1934; *Mehr Prügel als Flügel*, 1989) ebenso wie sein erster Roman, *Murphy* (1938; *Murphy*, 1959), sind Antworten auf Joyces noch relativ realistische Frühwerke *Dubliners* (1914) und *A Portrait of the Artist as a Young Man* (1916). Schließlich aktivierte B. in der Hinwendung zum Drama zugleich die gattungsgemäße Modalität des Visuellen. Damit setzt B. die große Wiederentdeckung dieser Dimension des Dramas am Beginn des 20. Jahrhunderts fort.

Die Neigung zum Visuellen in der Kunst gehört zu den ausgeprägten Vorlieben B.s. Als passionierter Museumsbesucher mit einem detailgenauen Gedächtnis galt sein Interesse gleichermaßen den Alten Meistern und der modernen Malerei; mit Malern wie Jack B. Yeats, Bram und Geer van Velde war er persönlich befreundet; und wenn er der Kunstkritik skeptisch gegenüberstand, verfasste er doch selber vier kunstkritische Aufsätze. Die »Gesetze des Sehens«, wie sie nicht nur die Kunst, sondern auch die Kunstkritik und die Gestaltpsychologie thematisierten, gehören zu den maßgeblichen Einflüssen auf B.s Arbeiten für die Bühne, die Leinwand und den Bildschirm. Während der Psychotherapie, der sich B. 1935 in London unterzog, beschäftigte er sich mit der psychologischen Fachliteratur der Zeit.

Die umfangreiche B.-Forschung konzentrierte sich zunächst auf philosophische Konzepte wie Absurdität, Existentialismus und Sinnsuche in seinen Dramen, die seiner thea ter- und dramenspezifischen Erneuerungsleistung kaum gerecht werden konnte. Diese wird auf der Basis der inzwischen veröffentlichten Regietagebücher stärker berücksichtigt. Schwerpunktuntersuchungen v.a. zum späten Drama thematisieren die Wiederentdeckung der Bildlichkeit und die Parodiestruktur. Auch die Beziehung B.s zu Deutschland und seiner Kultur (von der ein umfangreiches Reisetagebuch zeugt) und sein Verhältnis zum Zeitgeschehen (über das sein zusammen mit seiner Frau Suzanne Deschevaux-Dumesnil aktives Engagement in der Résistance Aufschluss gibt) bieten sich der Forschung an.

Zu B.s Vorbildern gehören Dramatiker der Irischen Renaissance wie John Millington Synge und Sean O'Casey, deren indigene Thematik er in seinen Stücken abstrahiert. Strukturell gibt es auffällige Affinitäten zum Drama von Eugene O'Neill und Tennessee Williams. Das Grundmuster der nicht erfüllten Heilserwartung verbindet deren Stücke mit B.s *Waiting for Godot*. Charakteristisch für B.s Dramenkonzept sind die Dekonstruktion jeglicher Form aristotelischer Dramatik, die Aufgabe der Handlungsorientierung und die Verlagerung des Schwerpunktes auf Situation und Figurenkonstellation, Tendenzen in der Tradition der *commedia dell'arte*, der *music hall*, des Zirkus usw. Mit der Begründung des situativen Dramas übte B. großen Einfluss auf zeitgenössische Dramatiker wie Harold Pinter, Edward Albee und Tom Stoppard aus. Sein dramatisches Werk begann B. mit *En attendant Godot* (1952) als Entlastung während der Arbeit an seinem erzählerischen Hauptwerk, der »Trilogie«. Die englische Übersetzung seines ersten Stücks – *Waiting for Godot* (1954; *Warten auf Godot*, 1953) wie der Trilogie – *Molloy* (1955; *Molloy*, 1954), *Malone Dies* (1956; *Malone stirbt*, 1958), *The Unnamable* (1958; *Der Namenlose*, 1959) – besorgte der Autor selbst. Sein dramatisches Spätwerk – *Not I* (1972; *Nicht ich*, 1974), *That Time* (1976; *Damals*, 1976), *Footfalls* (1976; *Tritte*, 1976) – ist sehr viel schlichter und kürzer als das Frühwerk – neben *Waiting for Godot* vor allem *Endgame* (1958; *Endspiel*, 1957) – und bevorzugt wieder die Einfachheit und das größere Sprachspielpotential des Englischen. B.s Dramen sind zunehmend gattungs- und medienreflektorisch und lenken mit Witz und Humor den Zuschauer auf seine eigenen Wahrnehmungsgewohnheiten zurück. Sie setzten sich auf philosophischer Basis variationsreich mit der Gattungstradition auseinander.

In *Waiting for Godot* wird das Warten gegen das Handeln gestellt und damit auch der christliche Gegensatz von *vita activa* und *vita contemplativa* aufgegriffen. Bereits dieses Stück ist deutlich dramen- und theaterreflektorisch und keineswegs pessimistisch; vielmehr gilt die Aussage Vladimirs gegenüber Estragon beim gemeinsamen Warten, dass die Errettung eines der beiden neben Christus gekreuzigten Schächer einen passablen Prozentsatz ausmacht. Nicht umsonst trägt das Stück den Untertitel *A Tragicomedy*: Glück und Unglück, Lachen und Weinen, Optimismus und Pessimismus halten sich wie hier auch sonst in B.s Werk die Waage. Der Name bezieht sich auch auf Godeau, den Adressaten einer Abhandlung über die klassizistischen Regeln der Einheit der Zeit. Das aristotelische Drama, ebenso wie die Sprachen von Wissenschaft und Philosophie, werden hier parodiert. Die stereotypen Verhaltensmuster und die Figurenkonstellation sind wie in den weiteren Dramen B.s kontrastiv und komplementär angelegt. Das dialektische Muster von Herr und Knecht, das in diesem Stück aufscheint, wird in *Endgame* zum strukturierenden Prinzip der Beziehung von Clov und Hamm. Die zentrale Metapher von *Endgame* ist die des Schachspiels (die Bezeichnung für den Springer im Schachspiel, *knight*, hat ursprünglich die Bedeutung ›Knecht‹). Clov, der seinen Herrn Hamm bedient, bewegt sich mit vorgegebenen abgehackten Bewegungen in nur zwei Richtungen auf den Brettern (*board* als Schachbrett und Bühne, die die Welt bedeuten). Seine Bewegungen betonen die Räumlichkeit der Bühne und erfolgen analog zu denen der Schachfigur. Das archetypisch karge Bühnenbild ist vielfach symbolisch gedeutet worden als das Innere des Schädels mit Augen gleich Fenstern, als Stück ein eschatologisches Drama der Endzeit. Im virtuellen System der

Gattungen, die B.s Dramen jeweils thematisieren, diskutiert es die Zeit als dramatische Kategorie: *kairos*, der hervorgehobene Moment des Dramas, wird durch die gleichmäßig verlaufende Zeit, *chronos*, ersetzt. Das Stück ist auch historisches Drama, insofern es die (verhinderte) Heilsgeschichte in einer invertierten Weihnachtsgeschichte darstellt. Zugleich thematisiert es in den Eltern, die in Mülltonnen stecken und zu einem Säuglingszustand zurückgekehrt sind, eine Generationengeschichte. Dieses oft als besonders pessimistisch eingeschätzte Drama muss im Zusammenhang mit *Happy Days* (1961; *Glückliche Tage*, 1962) gesehen werden, das als Gegenentwurf zum Pessimismus den unverwüstlichen Optimismus des Menschen darstellt, verkörpert in Winnie, die immer tiefer im Sandhaufen – der Metapher für die verrinnende Zeit – versinkt und dennoch unbeirrt von »another happy day« schwärmt.

Not I thematisiert als dritte dramatische Kategorie die Figurenidentität, die erst im Rezipientenbewusstsein entsteht. Die Modalität des Dramas als Visualität wird im Homophon »I« / »eye« angedeutet. Beides, das *Nacheinander* und das *Nebeneinander* in der Kommunikation zwischen MOUTH und AUDITOR, die sich in allen drei Dimensionen der Bühne vollzieht, sind Bestandteil des Dramas. Wortzwang und Sprachlosigkeit, ebenso wie *chronos* und *kairos*, gehören zu diesem Drama, das den Zuschauer unentrinnbar und schmerzhaft *pity* und *fear* und *catharsis* erleben lässt. Die Rückkehr zu einer existentiellen Erfahrung ist sicherlich eine der stärksten Wirkungen von B.s Drama über die Thematisierung der Kategorien von Raum und Zeit hinaus. *That Time*, ein anderes Stück der fragmentarisierten, extrem reduzierten Körper, ebenso wie *Footfalls*, wurde von B. selbst als »brother to *Not I*« bezeichnet. Die Metapher des Lebens als Band in *Krapp's Last Tape* (1958; *Das letzte Band*, 1960) wird immer wieder, auch in B.s Fernsehstücken, aufgegriffen. Vieles bleibt der Ergänzungstätigkeit des Zuschauers überlassen, dem Räumliches aus dem Nichts entsteht. Extrem abstrakt und doch unmittelbar und konkret ist das späte Drama B.s. Eines der letzten Werke, *Nacht und Träume*, ist von bewegender Unmittelbarkeit in der Frage der Erlösung des Menschen, dem eine Hand im Traum aus dem Nichts Trost und Labung spendet.

B.s Erzählprosa wird am besten über sein in Englisch geschriebenes Frühwerk zugänglich. *Murphy* präsentiert bereits einen komischen Gegenentwurf zur Teleologie in den zen-buddhistischen Neigungen von Professor Neary. *More Pricks Than Kicks*, das sprachlich noch sehr welthaltig ist, verwendet die Dubliner Topographie im Sinne von Joyce nur noch parodistisch, und auch die Sinnsuche Belacquas (»looking for a sign«) endet profan in Anblick des großen Bovril Sign. Nach dem Roman *Watt* (1953; *Watt*, 1970) schreibt B. auf Französisch, um »stillos« zu sein. B.s Roman-Trilogie kann nur noch als totale Reduktion verstanden werden. B. fordert von der modernen Literatur das, was die Malerei und die Musik bereits geleistet haben, die Auflösung der Materialität. Er sieht in Joyces *Finnegans Wake* (1939) die »Apotheose des Worts« und betrachtet es als seine eigene Aufgabe, den »Schleier« der eigenen Sprache zu zerreißen. Die Romane der Trilogie – *Molloy, Malone meurt, L'Innomable* (1947–53) – stellen in Verbindung mit *Comment c'est* (1961; *Wie es ist*, 1961) bzw. *How It Is* (1964) darin einen Zusammenhang her, dass sie verschiedene Stadien der Selbstbetrachtung und der Erinnerungs- und Erzählfähigkeit des Ichs aufgreifen. Die Selbstreflexivität und die Unmöglichkeit des Erkennens und des Erzählens wird paradoxerweise im Erzählen selbst zum Gegenstand. Der dritte Teil der Trilogie, *The Unnamable*, ist im Rückblick aus dem Tod erzählt. Der Tod als Bestandteil des Lebens, ebenso wie die Zusammenbindung des Sakrosankten mit dem Profanen, ist bereits in den frühen Kurzgeschichten (»Love and Lethe«) als *Eros* und *Thanatos* gestaltet; ähnlich das säkularisierte Ritual etwa der Mahlzeit als Messeparodie und des Hummers als Christus (»Dante and the Lobster«). Zentrale abendländische Vorstellungsmuster wie die Dreigliedrigkeit und die Klimax von der Hölle über das Fegefeuer zum Himmel (Dantes *Divina Commedia*) klingen früh an und kehren als archetypische Referenzmuster wieder. Diese Formen fungieren als Restrituale einer tiefen, nicht mehr religiös motivierten Humanität. B.s früheste Veröffentlichungen waren Gedichte (*Whoroscope*, 1930), und seine letzten erzählerischen – *Company* (1980; *Gesellschaft*, 1981; *Worstward Ho* (1983; *Aufs Schlimmste zu*, 1989), *Ill Seen, Ill Said* (1982; *Schlecht gesehen, schlecht gesagt*, 1983) – ebenso wie seine letzten dramatischen Werke haben die Dichte von Lyrik. B.s Spätwerk verlangt von seinem Leser und dem Zuschauer der Stücke die Rezeption der Modalitäten der Schriftlichkeit wie der Mündlichkeit, des Visuellen wie des Auditiven. B.s Werke machen auf immer neue Weise existentiell und ästhetisch betroffen; sich dieser Betroffenheit zu entziehen ist unmöglich.

Werkausgaben: The Complete Dramatic Works. London 1986. – Gesammelte Werke in Einzelbänden. Hg. E. Top-hoven/K. Birkenhauer. 11 Bde. Frankfurt a.M. 1995.

Therese Fischer-Seidel

Beckford, William
Geb. 29. 9. 1759 in Fonthill;
gest. 2. 5. 1844 in Bath

William Beckford wird hauptsächlich erinnert als Autor von *Vathek, An Arabian Tale* (1786), eine Erzählung, die das Schicksal des Kalifen Vathek und seine faustische Suche nach Einsicht in die Geheimnisse des Ursprungs der Welt in den unterirdischen Hallen von Eblis in phantastisch orientalisierender Ausstattung entfaltet. Zauberei und Magie, atemberaubend schöne Jungfrauen und unglücklich Liebende bevölkern diese Geschichte, Gut und Böse präsentieren sich in extremer Gestalt. Mehr noch als die Mode des Schauerromans pointiert diese Geschichte und ihre Rezeption das wachsende Bedürfnis des Lesepublikums im späten 18. Jahrhundert nach Überschreitung der Grenzen der Erfahrungswelt und nach Exkursionen ins Phantastische und Exotische. Der Orient wurde auf diese Weise zur Chiffre eines geheimnisumwitterten Raumes, in dem die Phantasie sich ausleben konnte. B. hat nach seiner eigenen Aussage diesen Text in drei Tagen und zwei Nächten im Alter von 22 Jahren im Anschluss an eine mit ausschweifender Phantasie arrangierte Weihnachtsparty mit engen Freunden auf französisch geschrieben und das Manuskript einem befreundeten Pfarrer zur Übersetzung gegeben, der dieses Vertrauen missbrauchte und seine Übersetzung ohne B.s Einverständnis publizierte. B. hat daraufhin zur Sicherung seiner Autorenschaft den französischen Originaltext publiziert.

B., Sohn eines steinreichen, einflussreichen Ratsherren, Parlamentsabgeordneten und zweimaligen Lord Mayor von London, genoss eine Erziehung durch private Tutoren, die ihm große Spielräume bei der Verfolgung seiner persönlichen Neigungen ließen. Insbesondere sein Tutor und späterer enger Freund Alexander Cozens förderte B.s Interessen am Exotischen. Hochbegabt lernte B. eine Reihe von Fremdsprachen, darunter auch Arabisch, und vertiefte sich in die Geschichte und Literatur der europäischen und außereuropäischen Kulturen. Im Alter von 21 Jahren trat er das väterliche Erbe an, nutzte aber seine Stellung als ›reichster Sohn Englands‹ nicht für eine politische Karriere, sondern zur Erfüllung seiner Träume von einer realitätsfernen Phantasiewelt. Dazu schuf er sich in Fonthill eine Bühne, auf der er und seine gleichgesinnten Freunde dies mit unvorstellbarem Luxus und Aufwand ausagierten. Wohl auch um die zirkulierenden Gerüchte über seine homoerotischen Neigungen und sein überschwängliches Interesse an seinem Cousin William Courtnay Lügen zu strafen, heiratete er 1783. Aus dieser Ehe gingen zwei Töchter hervor; bei der Geburt der zweiten Tochter starb seine Frau. B.s Hoffnung auf eine »Peerage« zerschlug sich, als er in einen Skandal um William Courtnay verwickelt wurde. Er ging daraufhin 1787 nach Portugal, wo er enge Beziehungen zum Hochadel und Hof des Landes aufbaute. Aus seinen Portugalaufenthalten sind zwei Reisebücher hervorgegangen, die 1783 veröffentlichten und 1843 überarbeiteten *Dreams, Waking Thoughts, and Incidents* sowie die *Recollections of an Excur-*

sion to the Monasteries of Alcobaça and Batalha von 1835. Beide Werke gehören zur interessantesten Reiseliteratur ihrer Zeit. 1796 und 1797 demonstrierte B. seine Begabung für das Groteske und die Satire durch die Veröffentlichung zweier Romane – *Modern Novel Writing* und *Azemia* –, in denen nicht nur die rapide um sich greifende Mode sentimentaler Geschichten mit grotesker Überzeichnung ad absurdum geführt wird, sondern auch – radikaler als in Laurence Sternes *Tristram Shandy* (1759–67) – mit den Grundlagen des Realismus im aufklärerischen Roman abgerechnet wird. B. starb im Alter von 84 Jahren in Bath, wohin er sich zurückgezogen hatte, nachdem er einen großen Teil seines Vermögens für den Umbau und die Ausstattung von Fonthill und für seinen aufwendigen Lebensstil ausgegeben hatte.

Werkausgaben: The Travel-Diaries of William Beckford of Fonthill. Hg. G. Chapman. 2 Bde. Cambridge 1928. – Modern Novel Writing and Azemia. Hg. H.M. Levy. Gainesville 1970.

Jürgen Schlaeger

Bécquer, Gustavo Adolfo (eigtl. G. A. Domínguez Bastida)

Geb. 17. 2. 1836 in Sevilla; gest. 22. 12. 1870 in Madrid

Gustavo Adolfo Bécquer ist einer der herausragenden Lyriker und Erzähler der spanischen Romantik. Viele seiner Gedichte gehören heute zum literarischen Allgemeingut gebildeter Spanier und wurden vielfältig nachgeahmt und parodiert. B., Sohn des Malers José Domínguez Bécquer, dessen Pseudonym er später übernimmt, wächst nach dem frühen Tod der Eltern bei seiner Patin auf, in deren Bibliothek er die romantische Literatur Europas kennenlernt. Mit 14 Jahren beginnt er selbst zu malen, gibt aber bald der Literatur den Vorzug. 1854 zieht B. gegen den Widerstand der Familie und nahezu mittellos nach Madrid mit dem Plan, die dortige literarische Szene zu erobern. Der Misserfolg seiner Gedichte und die prekäre materielle Lage lassen seine Euphorie rasch schwinden. Er arbeitet für diverse Zeitungen als Literaturkritiker und Übersetzer, schreibt *zarzuelas* (volkstümliche Singspiele) für das Boulevardtheater und publiziert 1857 den ersten Band seiner *Historia de los templos de España* (Geschichte der Tempel Spaniens), der das einzige zu Lebzeiten veröffentlichte Buch bleiben sollte – die übrigen Werke werden 1871 postum von Freunden publiziert. Anfang 1858 erkrankt B. schwer an Tuberkulose, ein Leiden, von dem er sich zeitlebens nicht völlig erholt. In den 1860er Jahren konsolidiert sich die materielle Lage: Er arbeitet wieder als Journalist, 1869 sogar als Chefredakteur der *Ilustración de Madrid*, sowie von 1866 bis zur Revolution von 1868 als staatlicher Zensor von Romanen. Die 1861 geschlossene Ehe zerbricht kurz nach Geburt des dritten Sohnes. Die Gründe für B.s frühen Tod sind ungeklärt.

Das erzählerische Werk besteht im Wesentlichen aus 25 Kurzgeschichten, die unter dem Titel *Leyendas* (*Legenden*) veröffentlicht wurden und von volkstümlichen historischen *romanceros*, aber auch zeitgenössischen Modellen (etwa E.T.A. Hoffmann) beeinflusst sind. Ihre Inhalte reichen von orientalischen Stoffen über (para-)religiöse Themen und Hexerei bis zu aktuellen Sujets, die als ›unerhörte Begebenheit‹ im Stil der Schauerromantik – dabei aber mit einem mitunter sehr modernen Blick für psychologische Phänomene wie Angst- und Wahnzustände sowie abnorme Wahrnehmungen – dargeboten werden. Die Handlung erscheint durch eine wiederkehrende Rahmenstruktur (Einleitung zu Ursprung und Authentizität der meist mündlich überlieferten Geschichte, Erzählung, ›Moral‹) sowie kalkulierte Fiktionsbrüche mitunter ironisch distanziert. Lange stand B.s modellbildende Prosa im Schatten des lyrischen Werks, der *Rimas* (*Reime*), eines Zyklus von 76 Gedichten unterschiedlicher Länge, meist aus assonierend gereimten 7- oder 11silbigen

Versen, die in gattungstypischer Weise Aspekte eines meist unerfüllten Liebesbegehrens behandeln. Literarhistorisch sind sie wie die *Leyendas* als Bindeglied zwischen Spätromantik und Modernismus bedeutsam. Die romantischen, bei Eichendorff, Heine und Byron entlehnten Themen verarbeitet B. in einer – im Gegensatz etwa zu Espronceda – gänzlich unpathetischen, leicht und häufig sehr volkstümlich erscheinenden Sprache. Programmatisch sind hier die Verse des Eingangsgedichts («Ich weiß ein Lied, mächtig und fremd […] will's schreiben und zähmen / die niedrig-widerspenstige Menschensprache / mit Worten aus / Seufzern und Lachen, Farben und Klang«), denn sie bekunden nicht nur dichterisches Selbstbewusstsein, sondern fordern eine Gefühlsausdruck, Visuelles und Musik aufnehmende Sprache, die das romantische Problem einer Darstellung des Unaussprechlichen aufgreift, zugleich aber auf die Synästhesien des Symbolismus (Baudelaires *Correspondances*) verweist. Die Avantgardisten der Generation von 1927 erkennen in dem zu seiner Zeit gering geschätzten B. ihren Vorläufer.

Werkausgabe: Reime. Legenden. 2 Bde. Hg. O. Hauser. Leipzig 1913f.

Frank Reiser

Beer, Johann
Geb. 28. 2. (oder 28. 3.) 1655 in St. Georgen/ Oberösterreich; gest. 6. 8. 1700 in Weißenfels

»Anno 1655 den 28sten Martii styli novi bin Ich zu St: Geörgen in Oberösterreich, unweit vom Attersee gelegen, auf die Welt gebohren. Mein Vater«, so fährt B. in seinen autobiographischen Aufzeichnungen fort, »so daselbst ein Gastwirth war, zog hernach wegen der Religion nacher Regenspurg«: B.s Familie – er schreibt sich auch »Bähr« – gehört zu den zahlreichen Protestanten, die angesichts einer rigoros durchgeführten gegenreformatorischen Religionspolitik die österreichischen Erblande verließen. Dies geschah 1670; vorher hatte der junge B. Klosterschulen und die Lateinschule in Passau besucht. Nachdem er seine Ausbildung am Gymnasium poeticum in Regensburg beendet hatte (1676), ging er – mit einem Stipendium des Rates der Stadt – zum Theologiestudium nach Leipzig, doch das war wohl seine Sache nicht: Einige Monate später, im Herbst 1676, trat er als Altist in die Hofkapelle des Herzogs von Sachsen-Weißenfels ein. Hier machte er Karriere als Hofmusikus: 1685 wurde er zum Konzertmeister ernannt. Doch er verstand sich nicht allein als ausübender Musiker, wie seine *Musicalischen Discurse* (entstanden 1690, gedr. 1719) über das zeitgenössische Musikleben und die soziale Stellung des Musikers zeigen. 1697 erhielt er überdies das Amt des Hofbibliothekars. Seine Vielseitigkeit ließ ihn zu einem beliebten Mitglied der Hofgesellschaft werden. Dass er neben diesen Verpflichtungen zwischen 1677 und 1685 etwa zwanzig Romane schrieb, hielt er (wohl aus Gründen der Reputation) geheim. Unter seinem eigenen Namen erschienen nur *Deutsche Epigrammata* (1691), ein Passionsoratorium (1695) und einige musikalische Schriften. Erst Richard Alewyn hat 1932 die unter verschiedenen Pseudonymen (u. a. Jan Rebhu, Wolffgang von Willenhag, Alamodus Pickelhering, Amandus de Braterimo, Expertus Rupertus Ländler) veröffentlichten Romane als Werk eines Autors erkannt, eines fabulierfreudigen Erzähltalents, das sich mit Hans Jacob Christoph von Grimmelshausen vergleichen lässt.

B. beginnt als Nachfolger Grimmelshausens und versteht sich wie dieser als satirischer Schriftsteller. So verfasst er eine Reihe von Pikaroromanen, von denen einige schon im Titel an den *Simplicissimus Teutsch* erinnern (*Der Simplicianische Welt-Kucker*, 1677–79; *Jucundi Jucundissimi Wunderliche Lebens-Beschreibung*, 1680). Daneben entstehen – und das verweist auf die Opposition der satirischen Romanciers zum höfischen Roman – parodistisch gehaltene Ritterromane und -erzählungen – *Ritter Hopffen-Sack von der Speck-Seiten* (1678), *Printz Adimantus* (1678) und *Ritter Spiridon aus Perusina* (1679) –, alle voll »von Ritterlichen und wundersamen Begebenheiten / mit Abentheuren / Gespensten /

Schlössern / Capellen / Thürmen und dergleichen / so vorhero nirgendswo gehöret worden«. Auf die Welt der Kleinbürger dagegen zielt eine Reihe von Satiren und unerfreulichen antifeministischen Schriften, die äußerlich an Christian Weises »politischen Roman« anknüpfen, ohne allerdings dessen anspruchsvolles Bildungsprogramm aufzunehmen (z. B. *Der Politische Feuermäuer-Kehrer*, 1682). Dagegen leistet B. mit dem Doppelroman *Teutsche Winternächte* (1682) und *Die kurtzweiligen Sommer-Täge* (1683) einen eigenständigen Beitrag zum Roman des 17. Jahrhunderts; seine lebendige Schilderung einer (fiktiven) oberösterreichischen Adelswelt bedeutet zugleich den Abschied von der asketischen Weltinterpretation gegenreformatorisch geprägter Pikaroromane.

Am 28. Juli 1700 nahm B. mit »ihro Durchl.« an einem Vogelschießen teil, wobei »dem Haubtmann Barthen seine Kugel-Flinthe unvorsichtiger Weise« losging und B. »auf das allergefährlichste verwundet« wurde. Er starb nach »unsäglichen schmertzen« – so seine eigenen Aufzeichnungen vom 29. und 30. Juli – wenige Tage später.

Werkausgabe: Sämtliche Werke. Hg. von Ferdinand van Ingen und Hans-Gert Roloff. Bern 1981 ff.

Volker Meid

Behan, Brendan
Geb. 9. 2. 1923 in Dublin;
gest. 20. 3. 1964 in Dublin

1956 trat das irische Rauhbein Brendan Behan betrunken in einem Fernsehinterview der BBC auf. Die englische Öffentlichkeit fand darin eine Reinkarnation des *stage Irishman* (Bühneniren). B. sollte der Aufmerksamkeit der Medien nicht mehr entgehen und den Verlockungen des schnellen Ruhms schließlich ganz erliegen. Der Erwartungsdruck der Öffentlichkeit trat in Wechselwirkung mit B.s zunehmender Alkoholabhängigkeit. Für seine Kreativität bedeutete dies, dass er das Schreiben oft zugunsten öffentlicher Selbstinszenierungen vernachlässigte. Die Voraussetzungen hierzu waren in B.s sozialer Herkunft angelegt. Aufgewachsen in einer städtisch-proletarischen Umgebung, die eine *oral culture* besonderer Art pflegte, verfügte er über einen Fundus an Geschichten, Anekdoten, Witzen und Liedern und vertrat er eine radikale republikanische Gesinnung.

B.s große Dramen – *The Quare Fellow* (1956; *Der Mann von morgen früh*, 1959), *The Hostage* (1958; *Die Geisel*, 1961) und *Richard's Cork Leg* (1972; *Richards Korkbein*, 1973) – zeichnen sich durch ihren Revuecharakter aus: Auffällige Merkmale sind die witzig-frechen Dialoge und Song-Einlagen. Gleich, ob es um die letzte Nacht vor der Hinrichtung im Gefängnis, um eine britische Geisel in einem irischen Bordell oder um die bizarren Vorgänge auf einem Friedhof geht, immer ist es B. ein Anliegen, mit der Konstellation der dramatischen Figuren verschiedene ideologische Positionen auf witzige Weise gegeneinander auszuspielen – mit dem Ziel der Entlarvung von Fanatismus und ideologischer Borniertheit. Trotz der Verknüpfung mit Motiven des Sterbens und des Todes überwiegt der Ausdruck einer wenn auch grotesken Feier des Lebens und der Lebensfreude. – In B.s Œuvre hinterließ die Konzentration auf *performances* in mehrfacher Hinsicht Spuren. Da er immer mehr die Kontrolle über die Konzeption seiner Texte verlor, blieb einiges Fragment, wurde anderes von Lektoren oder Theaterpraktikern (Rae Jeffs, Joan Littlewood, Alan Simpson) in eine endgültige Form gebracht.

Dem extrovertierten Charakter des öffentlichen Rollenspiels entsprechend umfasst B.s Prosaschaffen zahlreiche autobiographische Texte. Aus diesen ragt *Borstal Boy* (1958; *Borstal Boy*, 1963) als streng durchkomponierte romanhafte Autobiographie heraus. Das Buch beginnt mit der Verhaftung des 16-jährigen B. zu Beginn seiner ›privaten‹ Terrorkampagne als IRA-Kurier. Der Leser begleitet den Ich-Erzähler von der Untersuchungshaft in Liverpool in ein Reformgefängnis für Jugendliche (*Borstal*) in Suffolk. Anhand der Sozialisation und Identitätserkundung der autobiographischen Figur im Mikrokosmos der Gefängnisanstalten vollzieht B. hier – ähnlich wie in seinen Stücken – eine philanthropisch-humorvolle Relativierung von Stereotypen und ideologischen Ansprüchen. *Confessions of an Irish Rebel* (1965; *Bekenntnisse eines irischen Rebellen*, 1978) ist – mit deutlich weniger erzählerischer Kohärenz – die Fortsetzung von B.s Lebensgeschichte nach seiner Entlassung aus dem Borstal und seiner Deportation nach Irland.

Werkausgaben: The Complete Plays. London 1978. – Stücke. Berlin 1977.

Werner Huber

Behn, Aphra
Getauft 14. 12. 1640 in Wye, Kent; gest. 16. 4. 1689 in London

Obwohl die ›unvergleichliche Astrea‹, wie Aphra Behn von Vita Sackville-West genannt wurde, die erste englische Berufsschriftstellerin war, gibt ihr abenteuerliches Leben ihren Biographen Rätsel auf. Ihr Todesdatum sowie die Tatsache, dass ihre Grabstätte in der Westminster Abbey zu finden ist, gehören zu den wenigen nachprüfbaren Fakten ihrer Lebensgeschichte, die den Stoff eines spannenden Romans abgeben könnte. Als erste Engländerin, die sich für das Recht der Frauen auf freie Meinungsäußerung einsetzte, durchbrach B. die Geschlechtsstereotypen ihrer Zeit. – Während über B.s Herkunft, ihr Geburtsdatum und ihre Kindheit und Jugend nach wie vor gerätselt wird, gilt es als erwiesen, dass sie im Alter von 23 Jahren mit ihrer Familie nach Surinam reiste, wo sie aber nur wenige Monate blieb. Nach ihrer Rückkehr heiratete sie einen Kaufmann namens Behn, der bald danach verstarb. Angesichts der skeptischen Darstellung von Liebesbeziehungen in ihren Dramen verwundert es nicht, dass B.s Neigung, das Experiment einer weiteren Ehe einzugehen, ebenso gering gewesen zu sein scheint wie ihre Bereitschaft, sich als ›ausgehaltene Frau‹ in die Abhängigkeit eines reichen Liebhabers zu begeben. Als mittellose Witwe dazu gezwungen, selbst für ihren Lebensunterhalt aufzukommen, ging B. zunächst im Auftrag der englischen Krone als Spionin nach Antwerpen. Ab 1670 gelang es ihr, ihren Lebensunterhalt als Schriftstellerin zu verdienen und sich bis zu ihrem Tod von männlichen Gönnern weitgehend unabhängig zu machen.

B.s vielseitiges Œuvre umfasst neben 17 Dramen etwa ein Dutzend Prosaerzählungen, einige Gedichtsammlungen und Übersetzungen. Ihre Komödien gehörten zu den meistgespielten Stücken der Restaurationszeit. Das breite Spektrum von B.s lyrischem Werk reicht von pastoraler Dichtung über Balladen und feierliche Oden bis hin zu freizügiger erotischer Liebeslyrik, die weiblichen Erfahrungen und Sichtweisen Ausdruck verleiht. Mit ihrem umfangreichen Prosawerk, das bis heute im Schatten ihres bekanntesten Romans *Oroonoko: or, The Royal Slave. A True History* (1688; *Oroonoko oder die Geschichte vom königlichen Sklaven*, 1990) steht, und mit ihrer Verwendung von Erzählerinnen gehört B. zu den Wegbereiterinnen für die Entwicklung weiblichen Erzählens und für den Aufstieg des Romans, der lange zu Unrecht allein männlichen Autoren zugeschrieben wurde. *Oroonoko*, eines der frühesten literarischen Dokumente, in denen die Sklaverei in einem kritischen Licht erscheint, weist B. als Verfechterin des Grundrechts auf Freiheit aus. Seine große Popularität verdankte der Roman, in dem das Bild des ›Edlen Wilden‹ erstmals literarisch ausgestaltet wurde, v.a. der Faszination, die von der Idealisierung von Naturvölkern ausging. Aufgrund ihres Fortsetzungsromans *Loveletters Between a Nobleman and His Sister* (1684–87), dem ersten umfangreichen und multiperspektivisch erzählten Briefroman der englischen Literatur, gilt B. auch als Mitbegründerin des Briefromans.

Als erfolgreiche Dramatikerin wurde B. zum Vorbild einer Generation von Autorinnen, die unter der Bezeichnung *female wits* in die Literaturgeschichte eingegangen sind. Gleich mit der Aufführung ihres ersten Theaterstücks, *The Forc'd Marriage; or, the Jealous Bridegroom* (1670), gelang es ihr als erster Frau, sich einen festen Platz im florierenden Theatergeschäft zu erkämpfen und damit eine neue Einkommensquelle zu sichern. Ihre Prologe und Epiloge zeigen, wie sehr sich B. im klaren darüber war, dass sie damit gegen das etablierte Weiblichkeitsideal und das *modesty*-Gebot verstieß, das von einer Frau Bescheidenheit und sittsame Zurückhaltung verlangte. Als erfolgreiche Dramatikerin sah sich B. zunächst Anfeindungen ausgesetzt, gegen die sie sich jedoch zur Wehr zu setzen verstand. Ihre wiederholte Verwendung von Handelsmetaphorik verweist auf B.s Auffassung von Literaturproduktion als gesellschaftlicher Arbeit, die allein nach der Qualität der ›Ware‹ zu beurteilen sei. Daraus leitete sie ihre Forderungen ab, Literatur nach geschlechtsunabhängigen Maßstäben zu bewerten, Autoren und Autorinnen gleiche Rechte zuzugestehen und ihnen dasselbe Maß an Anerkennung zuteil werden zu lassen, wenn sie vergleichbar gute literarische Produkte anzubieten hätten. – In ihren mit farcenhaften Elementen durchsetzten Intrigenkomödien griff B. mit der Darstellung sexueller Libertinage und der Konzentration auf Liebe, Werbung und Ehe jene Themen auf, die dem Geschmack des überwiegend adligen Theaterpublikums entsprachen. Obwohl sie schon aus finanziellen Gründen gezwungen war, sich am damaligen Publikumsgeschmack zu orientieren, scheute sie sich nicht, gesellschaftliche Missstände aus feministischer Perspektive zu kritisieren. Zielscheibe der Kritik in vielen ihrer Stücke – etwa in zwei ihrer bekanntesten Komödien, *The Rover* (1677; *Der Pirat oder Edle im Exil*, 1991) und *The Lucky Chance* (1686), die beide 1984 mit Erfolg in London wiederaufgeführt wurden – ist die damals weitverbreitete Praxis der arrangierten Konvenienzehe. Indem B. das Geschehen aus der Perspektive weiblicher Figuren schildert und die Konsequenzen zeigt, die eine erzwungene Heirat für die betroffenen Frauen hatte, stellt sie ein beliebtes Thema deutlich kritischer dar als ihre männlichen Autorenkollegen.

Obgleich B.s Arbeitseifer ungebrochen war und sie alles schrieb, wofür ein Markt vorhanden war, lebte sie in den 1680er Jahren am Rande des Existenzminimums. Zudem waren die letzten Jahre ihres wechselvollen Lebens von Krankheit und Schicksalsschlägen überschattet. – Obwohl B. zu den produktivsten und vielseitigsten Autoren der Restaurationszeit gehört, blieb ihr die ihr gebührende Anerkennung lange versagt. Nachdem sie ebenso wie viele andere Autorinnen, deren Werke zu ihrer Zeit weit verbreitet waren, in Vergessenheit geraten war, trug Virginia Woolfs literaturkritisches Engagement wesentlich dazu bei, diese Schriftstellerinnen aus der Anonymität herauszuholen. In ihrem Essay *A Room of One's Own* (1929) rief Woolf allen Frauen in Erinnerung, dass B. ihnen Entfaltungsmöglichkeiten in einem Bereich eröffnet hatte, der ihnen bis dahin verschlossen gewesen war: »Alle Frauen zusammen sollten Blumen auf das Grab von Aphra Behn streuen, […] denn sie war es, die ihnen das Recht einbrachte, zu sagen, was sie denken.«

Werkausgaben: The Works of Aphra Behn. Hg. M. Sum-mers. 6 Bde. London 1915. – The Works of Aphra Behn. Hg. J. Todd. 7 Bde. London 1992–96.

Vera Nünning/Ansgar Nünning

Bei Dao

Geb. 2. 8. 1949 in Peking

Von den verschiedenen Pseudonymen, unter denen Zhao Zhenkai seit Ende der 1970er Jahre zu publizieren begann, ist einzig Bei Dao (Insel im Norden) verblieben. Mit diesem Namen wird nicht nur die kulturelle, sondern auch die politische Erneuerung Chinas verbunden, weshalb die Behörden in Peking dem Dichter und Essayisten von Anfang an Schwierigkeiten bereitet haben. B. hat mit seiner Literaturzeitschrift *Today* den ersten Pekinger Frühling (1978–80) mit eingeleitet.

Er unterstützte die seit 1979 praktizierte Öffnungspolitik, forderte jedoch neben den »Vier Modernisierungen« eine fünfte, nämlich die der Politik. Entsprechend wurden und werden viele Werke B.s politisch gelesen, sein Name allein scheint schon Programm zu sein. Auch während des zweiten Pekinger Frühlings von 1989 dienten seine Verse zur Unterstützung der Demokratiebewegung. Damals befand sich B. in Berlin und durfte nach der Niederschlagung der Studentenbewegung am 4. Juni auf dem Platz des Himmlischen Friedens nicht mehr nach China zurückreisen. Bevor er sich 1994 in den USA niederlassen konnte, reiste er, mit einem Stipendium versehen, durch Europa. Heute lebt er hauptsächlich in Davis nahe Sacramento/Kalifornien und verdient sich seinen Lebensunterhalt überwiegend durch den Unterricht im Fach »creative writing« an amerikanischen Hochschulen. Er ist amerikanischer Staatsbürger und durfte in den vergangenen Jahren, wenn die »Öffentliche Sicherheit« die Genehmigung erteilte, für vier Wochen im Jahr in die VR China einreisen. In Peking unterhält er eine Zweitwohnung, die er mit seiner zweiten Frau sowie Kind und Mutter teilt.

B. ist hauptsächlich für seine Lyrik bekannt und immer wieder für den Literaturnobelpreis vorgeschlagen worden. Er hat jedoch zu Beginn seiner Karriere auch sehr erfolgreiche Erzählungen wie *Bodong* (1985; *Gezeiten*, 1990) geschrieben und sich nach 1989 auf die Essayistik verlegt. Chinesischsprachige Tageszeitungen ermöglichten ihm durch die Publikation seiner Essays, im Exil zusätzlich Geld zu verdienen. Deshalb hat die Lyrik immer mehr zurückstehen müssen, ist es zu Beginn der 2000er Jahre zeitweise gar zu einem poetischen Verstummen gekommen. Das Werk B.s lässt sich grob in zwei Perioden einteilen. Die erste Periode umfasst die Jahre 1978 bis 1989. In dieser Zeit stehen die Kritik an der Kulturrevolution (1966–76) und die Frage nach einer Demokratisierung der chinesischen Gesellschaft im Mittelpunkt. Die zweite Periode umfasst die Jahre von 1989 bis zur Gegenwart. Die zwangsweise Exilierung hat den Charakter des Werkes verändert. Das Leben im Exil wird zum vordringlichen Gegenstand der Lyrik und die Begegnung mit Literaten und Kulturen im Ausland zum Sujet der Essays. Auch der Ton ändert sich. Während die Texte der 1970er und 80er Jahre von dem Wir einer aufmüpfigen Generation geprägt sind und dabei eine eher einheitliche Stimme zu erkennen geben, lässt sich in den Gedichten und den Essays seit den 1990er Jahren eine Zweiteilung zwischen lyrischem Ich und prosaischem Beobachter feststellen. Das Ich reflektiert über die Gefährdung der Muttersprache im Exil und über die Schwierigkeit politischer Veränderung in der alten Heimat. Den Essays dagegen fehlt der Ausdruck von Verzweiflung, sie sind im Gegenteil oftmals von einem feinen Humor geprägt.

B. ist über die Begegnung mit der spanischen Moderne während der Kulturrevolution zum Dichter geworden. In einer Zeit, in der die Lektüre der meisten Bücher verboten war, las er, durch den familiären Hintergrund privilegiert, in chinesischer Übersetzung z. B. die Gedichte von Federico García Lorca. Das führte unter anderem dazu, dass die von ihm begründete Schule Menglong Shipai als die chinesische Variante des spanischen Hermetismus bzw. *modernismo* verstanden werden kann. »Menglong« wird oft mit »obskur« wiedergegeben und die Schule als die der »obskuren Dichter« bezeichnet. Besser übertrüge man das Binom »menglong«, das eigentlich die Verschwommenheit des Mondes meint, jedoch mit »hermetisch«, um damit auch der aus Spanien übernommenen Technik der Juxtaposition Rechnung zu tragen. Trotz aller Dunkelheit, die die Literaturkritik B. besonders in der Kampagne wider »geistige Verschmutzung« 1983/84 vorwarf, hat die Lektüre weder die Befürworter noch die Gegner an der Erkenntnis der politischen Brisanz mancher Gedichte zu hindern vermocht. Daher sah sich B. oftmals zur Umdatierung seiner Werke gezwungen, um überhaupt publizieren zu können. So scheinen manche seiner berühmten Verse während der Kulturrevolution geschrieben zu sein, sind aber in Wahrheit als kritische Auseinandersetzung mit der Gegenwart zu verstehen. Dies gilt z. B. für das 1980 verfasste Gedicht »Proklamation«, das dem 1975 hingerichteten Yu Luoke gewidmet ist. B. datierte die Abfassungszeit auf die Kulturrevolution zurück, das letzte Verspaar »Ein blutroter Morgen schickt sich an / aus dem Gestirn von Einschußlöchern zu treten« hätte andernfalls leicht als Kritik an der Gegenwart verstanden werden können. Manche Einschätzungen von B. haben Schule gemacht, manche Verse sind zu geflügelten Worten geworden. Dazu gehören seine Sicht von China als Sonnenstaat im Sinne von Tommaso Campanella (1568–1639) und der Doppelvers »Infam lautet das Passwort der Infamen, / Erhaben ist das Epitaph der Ehrwürdigen« am Anfang des vielfach kritisierten Gedichts »Die Antwort«. Es diente bis 1989 den Demonstranten auf der Straße zur Anklage gegen Korruption und Willkür. Wenn auch der lyrische Ton im Exil nach 1989 ein anderer wird, so lässt sich dem verwendeten Vokabular immer noch ein politischer Unterton entnehmen. Beliebte Bilder zum Ausdruck von Macht und Ohnmacht sind z. B. Orkan, Finsternis, Wahrheit, Ozean. Es ist daher nicht nur der literarische Aspekt, der B. viele Auszeichnungen eingebracht hat, sondern auch der politische. Gleichsam als unbeugsamer Sprecher eines anderen China hat er sich auch 2005 in Bremerhaven beim Empfang des Jeanette-Schocken-Preises würdigen lassen.

Wolfgang Kubin

Belli, Gioconda
Geb. 7. 12. 1948 in Managua/Nicaragua

»Oh, Nicaragua,/du bist mein Mann/mit dem Mädchennamen!« Mit diesen Gedichtzeilen aus dem Exil in Costa Rica, wohin die Dichterin 1975 nach der Teilnahme an einem Attentatsversuch der Sandinistischen Befreiungsfront gegen die Somoza-Diktatur floh, verknüpfte Gioconda Belli politisches Bekenntnis und weibliches Begehren. Sie setzte damit ungewohnte Akzente im literarischen Diskurs Mittelamerikas. Neben Vidaluz Meneses (1944), Michèle Najlis (1946), Daisy Zamora (1950) und Rosario Murillo (1951) griff sie in Nicaragua seit Mitte der 1970er Jahre provokativ in die aufkommende Debatte um eine ›pluralistische Volkskultur‹ ein, in der sich die Beschreibung sozialer Verhältnisse und künstlerische Erneuerung ineinander verschränken sollten. Heute gilt sie vor allem in Europa als bekannteste Vertreterin einer hochpolitisierten und in Frauenfragen engagierten Literatur.

Nach einem Studium für Werbung und Design in Philadelphia kam die aus reichem Elternhaus stammende B. in Managua rasch in Kontakt mit den Sandinisten. Ende der 1960er Jahre schrieb B. die ersten Gedichte, in denen sie einen Zusammenhang zwischen politischem Widerstand und Befreiung der Frau postulierte. Die (erotische) Beziehung zum geliebten Mann wurde dichterisch zum Modell für zwischenmenschliche Beziehungen überhaupt. Als Mitglied der Gruppe »Gradas« (Stufen) trug B. Anfang der 1970er Jahre ihre Gedichte auf Kirchenstufen vor, um sich vor der Nationalgarde schnell ins Kircheninnere zurückziehen zu können. Die Universitätszeitschrift *Ventana* und die Literaturbeilage der Tageszeitung *La Prensa* wurden ebenfalls Foren, auf denen sie gegen bürgerliche Weiblichkeitsbeschränkungen rebellierte. 1974 erschien B.s erster Gedichtband *Sobre la grama* (Auf dem Rasen). Für ihren zweiten Gedichtband *Línea de fuego* (Feuerlinie, 1981) erhielt sie 1978 den Premio Casa de las Américas/Havanna. Nach dem Sieg der sandinistischen Revolution arbeitete B. im Planungsministerium der Regierung. Sie vertrat weiterhin einen ›literarischen Nationalismus‹, geriet aber mit der nun staatlich geförderten Volkskultur in Konflikt. Nach Auffassung der Generation um den Dichterminister Ernesto Cardenal sollte Literatur die Außenwelt beschreiben (›exteriorismo‹), B. dagegen wollte sie mit metaphern- und allegoriereicher Sprache interpretieren, sie so zur Veränderung freigeben.

Mit *Die bewohnte Frau* (*La mujer habitada*, 1989) legte B. 1988 ihren ersten Roman vor. Aufgrund des in Nicaragua schwach ausgebildeten Verlags- und Vertriebswesens zuerst in Deutschland erschienen, ist er in einem Land mit fehlender Romantradition der erste Roman über den sandinistischen Befreiungskampf, zudem aus kämpferischer weiblicher Perspektive. Am Beispiel der Hauptfigur Lavinia, einer auslandserfahrenen Architektin, verbindet B. mit erkennbar autobiographischem Rückgriff individuelle mit kollektiver Sinnsuche. Weibliche Emanzipation wird zusammen mit dem politischen Aufbruch möglich und bedingt diesen sogar. In die zeitgenössische Geschichte ist über die Figur der indianischen Itzá die 500 Jahre alte Geschichte des weiblichen Widerstands gegen die Kolonisatoren verflochten. Der Roman wurde vielfach als ins Weibliche gewendeter Heldenroman gelesen, stieg zum Lieblingsbuch der europäischen Solidaritätsbewegung auf und bescherte der Autorin in Deutschland rasch hohe Auflagen. In ihrem zweiten Roman *Tochter des Vulkans* (1990; *Sofía de los presagios*, 1990) verlegt die Autorin die Handlung in die Zeit nach der Revolution. Deren Errungenschaften sind jedoch nicht bis in die Köpfe der Menschen vorgedrungen. Sofía, Tochter von Zigeunern, vollzieht eine individuelle Emanzipation. Der Roman verweist ins Mythisch-Märchenhafte und markiert so zeitlich parallel zur Wahlniederlage der Sandinisten literarisch einen Rückzug ins Private.

Ihr ›idealistisches‹ Engagement gegen eine Literatur der Hoffnungslosigkeit versuchte B. mit ihrem dritten Roman, *Waslala* (1996), einzulösen, in dem sie globale Themen wie Müllverbringung und Nuklearverseuchung mit der individuellen Suche einer emanzipierten jungen Frau nach ihrer Mutter verbindet.

Gabriele Küppers

Bellman, Carl Michael
Geb. 4. 2. 1740 in Stockholm;
gest. 11. 2. 1795 in Stockholm

»Ich bin ein Heide: Herze, Mund und Kräfte / huldigen dem Weingott. / Arm und versoffen / Kehle stets offen / hab ich doch auch was! / Noch im Verderben, / geht es ans Sterben, / füll ich mir mein Glas / und in der letzten Stund / bleibt das Glas am Mund.« Diese Zeilen vereinen vieles vom Charakter und dem Lebensgefühl der Lieder, durch die Carl Michael Bellman zu einem der beliebtesten Dichter Schwedens geworden ist. Ausgesprochen werden sie von Fredman, einer literarischen Figur mit realhistorischem Hintergrund, nach der auch die beiden Hauptwerke B.s benannt sind: *Fredmans epistlar* (1790; *Fredmans Episteln*, 1909) und *Fredmans sånger* (1791; u. a. in *Bellman-Brevier*, 1909, *Fredmans Episteln* und *Fredmans Lieder*, 1970). Beide Liedsammlungen handeln vom Wein und von der sinnlichen Liebe und bringen dabei sowohl im konkreten als auch im übertragenen Sinne das Wechselspiel von Lebensdurst, rauschhafter Erfüllung und Selbstverzehrung zum Ausdruck. Zur Besonderheit von B.s Liedern gehört die Verschränkung von Lebensfreude und einer Todesnähe, der keinerlei Heilsgewissheit, sondern lediglich die Fülle des Vergänglichen, und sei es auch des letzten Augenblicks entgegengesetzt wird.

Als ältester Sohn einer Beamtenfamilie wuchs B. in Stockholm auf und erhielt durch Hauslehrer Fremdsprachenunterricht in Deutsch, Englisch, Französisch und Italienisch sowie Unterricht in der Verslehre. Nach einem kurzen Studium in Uppsala nahm er 1759 eine Stellung bei der Reichsbank an. Bereits zwischen seinem 17. und 20. Lebensjahr veröffentlichte er erste Texte. Es handelt sich hierbei um Schriften zur Moral und Religion sowie um religiöse und satirische Lyrik, die jedoch noch nichts von der späteren Dichtung erahnen lässt. Wegen hoher Schulden musste er 1763 nach Norwegen fliehen. Ein Jahr später kehrte er zurück, arbeitete zunächst in einem Manufakturkontor, dann bei der Generalzolldirektion und erhielt 1776 eine Stellung als Sekretär bei der Nummernlotterie. Im folgenden Jahr heiratete er die 15 Jahre jüngere Lovisa Grönlund. Nach seiner Rückkehr nach Stockholm nahm B. regen Anteil am gesellschaftlichen Leben ganz unterschiedlicher Bevölkerungsschichten. In dieser Zeit fand er auch zu einer neuen literarischen Ausdrucksweise. Er schrieb Bibelparodien und knüpfte an die Tradition des Trinkliedes an, die er durch Einbeziehung mythischer und religiöser Motive in ihren Ausdrucksmöglichkeiten entschieden erweiterte.

B.s Kunst bestand vor allem darin, verschiedene Stile wie etwa die des französischen Vaudeville, der damals beliebten bukolischen Dichtung, der Alltagssprache und der biblischen Verkündigung miteinander zu verbinden, wechselseitig zu brechen und gegeneinander auszuspielen. Die neue Form der Dichtung ermöglichte es ihm, sein Talent als Sänger und Schauspieler zu entfalten, da es sich vornehmlich um Lieder und Rollengedichte handelte. 1766 gründete er den Bacchus-Orden, der eine Travestie auf die zu jener Zeit verbreiteten Ritterorden mit ihren feierlichen Zeremonien darstellte. Bedingung für den Beitritt war, mindestens zweimal sinnlos betrunken im Rinnstein gelegen zu haben. Der Bacchus-Orden war freilich eine reine Erfindung, die B. die Möglichkeit bot, seine Phantasiewelt zu entfalten. Diese gewann schließlich dadurch konkrete Gestalt, dass er für seine Lieder einen festen Bestand an profilierten Figuren herausbildete. Bereits Ende der 1760er Jahre entwarf er Pläne zu einer Sammlung von Liedern, in denen die Figur Fredman im Sinne einer Bibelparodie als Apostel durch die Kneipen zieht, um die Offenbarung des Weingottes Bacchus zu verkünden. Benannt ist die Figur nach dem Uhrmacher Jean Fredman (1712–67), der in die Stellung des königlichen Hofuhrmachers aufstieg und zu hohem Ansehen gelangte, dann jedoch der Trunksucht verfiel und schließlich in völliger Armut starb. In den Liedern tritt Fredman als darstellender Vermittler auf, der nicht nur dem Weingott huldigt, sondern auch andere Figuren anspricht und auf diese Weise eine Szenerie entwirft. Die meisten Lieder, die schließlich in die Sammlungen *Fredmans Episteln* und *Fredmans Lieder* eingegangen sind, stammen aus den 1770er Jahren. Fredman selbst tritt dabei zunehmend in den Hintergrund, um weiteren Figuren, meist bürgerlichen Randexistenzen mit der Vorliebe für einen ausschweifenden Lebenswandel, einen größeren Entfaltungsspielraum zu geben. Neben Korporal Mollberg, Movitz und Vater Berg ist vor allem Ulla Winblad, die weibliche Hauptfigur, zu nennen, die dem Kneipenmilieu angehört, zugleich jedoch auch als Nymphe im Dienste der Venus oder gar als Venus selbst in Erscheinung tritt.

Bereits zu Lebzeiten erfuhren B.s Dichtungen eine breite Anerkennung, die nicht zuletzt auch König Gustav III. teilte. Die Anerkennung und eine seit 1775 von Gustav III. gewährte Pension konnten freilich nicht verhindern, dass sich B. aufgrund seines freigebigen Lebenswandels bis zu seinem Tod in finanziellen Schwierigkeiten befand. Er starb 1795 an Schwindsucht.

Dietmar Götsch

Bello, Andrés
Geb. 29. 11. 1781 in Caracas/Venezuela; gest. 15. 10. 1865 in Santiago de Chile

Das Etikett eines Universalgelehrten haftet Andrés Bello nicht zu Unrecht an. Als erster verfasste er eine eigene Grammatik des amerikanischen Spanisch und öffnete als Übersetzer aus vier Sprachen Lateinamerika der Weltliteratur. Sein Leben fiel in die Zeit des Umbruchs der letzten Kolonialjahre und Unabhängigkeitskriege bis zur Nationbildung in den jungen Staaten Amerikas, für die er sich als Gesetzgeber, Diplomat, Philosoph, Pädagoge, Schriftsteller und Philologe einsetzte. Gleich zwei Staaten – Venezuela und Chile – beanspruchen sein intellektuelles Erbe.

B. wächst in Caracas im damaligen Vizekönigreich Neu-Granada auf und studiert dort Jura, Medizin und *Letras*. Ab 1800 entstehen erste eigene Dichtungen. Neben seiner Karriere (1802–10) in der Kolonialverwaltung ist er als Journalist tätig. B.s Bekanntschaften mit Simón Bolívar und Alexander v. Humboldt, den er durch seine Übersetzungen für die spanische Welt zugänglich macht, beeinflussen seinen weiteren Lebensweg. Als Sekretär Bolívars reist er 1810 im Auftrag der venezolanischen Junta nach London, um Gelder und Waffen für den Unabhängigkeitskampf einzuwerben. Die Dauer des Krieges verhindert eine baldige Rückkehr. Bis 1829 lebt er in London, wo er eine Familie gründet und in bescheidenen Verhältnissen lebt. B. agiert im Umfeld europäischer und südamerikanischer Liberaler und ist diplomatisch für mehrere lateinamerikanische Gesandtschaften (Chile, Kolumbien) tätig. B. wird Mitbegründer der *Sociedad de Americanos* und Mitherausgeber zweier kurzlebiger Zeitschriften, der *Biblioteca Americana* (1823) und des *Repertorio Americano* (1826–27). In London veröffentlicht er auch seine bedeutendsten Gedichte, die *Silvas americanas*.

1829 geht er nach Chile und wird chilenischer Staatsbürger. Als Pädagoge, Politiker und Beamter nimmt er aktiv am Aufbau nationaler Institutionen teil: Er ist Chefredakteur der Zeitschrift *El Araucano* (1830–53) und gründet in Santiago die Universidad de Chile (1842). Von 1837 bis zu seinem Lebensende ist er Senator unter mehreren konservativen Regierungen und arbeitet maßgeblich am chilenischen Bürgerlichen Gesetzbuch (1855) mit.

B.s umfangreiches Werk – die Gesamtausgabe umfasst 26 Bände – widersetzt sich der leichten Kategorisierung. Hauptwerk ist die *Gramática castellana destinada al uso de los americanos* (1847), die die eigenständige Norm eines amerikanischen Spanisch fundiert. Er verfasste unter anderem Schriften zum Völkerrecht (*Principios de derecho internacional*, 1832), zu Sprache und Literatur (*Principios de ortología y métrica*, 1835; *Historia de la literatura*, 1850) und als philosophisches Hauptwerk die *Filosofía del entendimiento* (1881; Philosophie des Verstehens).

Das im engeren Sinn literarische Schaffen B.s konzentriert sich auf die in loser Folge veröffentlichte Lyrik. Hier stehen im Vordergrund die *Silvas americanas*, Reihengedichte von Elf- und Siebensilbern, die das Loblied der Neuen Welt singen. Die wichtigsten *Silvas* sind »Alocución a la poesía« (1823, »Ansprache an die Poesie«) und »A la agricultura de la zona tórrida« (1826, »Über den Ackerbau der heißen Zone«), mit denen B. die spanischamerikanische Gegenwart im Rückgriff auf klassische Vorbilder dichterisch überhöht. Beide blieben Fragmente eines nicht vollendeten Epos *América*. Als epischer Dichter wird B. in Chile zum Vorläufer Pablo Nerudas und Gabriela Mistrals.

Mit den *Silvas* verknüpft B. ein poetisches und politisches Programm spanischamerikanischer Unabhängigkeit. Die »Alocución« verbindet die Lobpreisung der unerforschten, der dichterischen Muse offenstehenden Natur mit der Würdigung der Unabhängigkeitshelden sowie der (groß-)kolumbianischen Nation, in deren Diensten B. damals stand. Spanischamerika als Hort der Freiheit und der Erneuerung wird als literarischer Kontinent beansprucht und angesichts europäischer Dekadenz zur Heimstatt der Poesie ausgerufen. In »Agricultura« erweitert sich das vergilische Lob des Ackerbaus zu einer Hymne auf das Leben in den Tropen, der »heißen Zone«. B. entwirft kein nostalgisches Idyll, sondern eine agrarische Gesellschaftsutopie, die auf amerikanische Quellen wie die *Rusticatio mexicana* Rafael Landívars (1731–93) zurückgreift. Den größten Teil seines Lyrikwerkes verfasste B. in Chile, darunter »El incendio de la compañía« (1841; Der Brand der Jesuitenkirche), eine Elegie auf den Brand einer Jesuitenkirche in Santiago, sowie Übersetzungen antiker (Horaz, Plautus) und zeitgenössischer (Byron, Lamartine) Dichter.

Das Urteil der Nachwelt über B.s Lebenswerk fällt unterschiedlich aus. Seine polemischen Diskussionen mit dem Romantiker Sarmiento lassen ihn heute literarisch als traditionsbewussten Klassizisten erscheinen. Politisch ein Visionär, war er später loyaler Staatsdiener eines autoritären Regimes. Die Kolonialvergangenheit bewertet B. differenzierter als viele Zeitgenossen. Insgesamt durchzieht sein Wirken eine moderat liberale Reformorientierung, die ihren Verfechter zu einem paradigmatischen Vertreter der jungen amerikanischen Republiken macht.

Burkhard Pohl

Bellow, Saul

Geb. 10. 6. 1915 in Lachine (bei Montreal), Kanada; gest. 5. 4. 2005 in Brookline, Massachusetts

Saul Bellow ist Amerikas literarisches Sprachrohr der Moderne *par excellence*. Seine Karriere währt mehr als sechs Jahrzehnte, länger als die irgendeines seiner schreibenden Zeitgenossen. Bereits 1976 für sein Lebenswerk mit dem Literaturnobelpreis geehrt, fällt doch der gewichtigere Teil seines Gesamtwerks in die Zeit danach. Von der ersten Erzählung »Two Morning Monologues« (1941) bis zum Roman *Ravelstein* (2000; *Ravelstein*, 2000) spannt sich ein thematisch und stilistisch bemerkenswert homogenes Œuvre von Erzählungen, Romanen, Theaterstücken, Reiseberichten und Essays. B. ist eine amerikanische Ikone jenes Jahrhunderts, das sein Werk prägt und in dem sich gleichzeitig die Vielfältigkeit der Nation spiegelt, zu der der Autor doch immer eine distanzierte Beziehung gepflegt hat. Die Ambiguität dieser Beziehung äußert sich in mehrfacher Hinsicht. Trotz seiner Bedeutung genießt B. nicht die ungeteilte Anerkennung, die seinen Nobelpreis-Vorgängern William Faulkner, Ernest Hemingway und John Steinbeck zuteil geworden ist. Ebenso wenig ist er zur literarischen Kultfigur Amerikas geworden wie etwa Norman Mailer oder Philip Roth, mit denen er häufig in einem Atemzug genannt wird. B. ist ein zurückgezogener Beobachter der amerikanischen Kulturszene, für ihn ist kreative Distanz wichtiger als die Nähe zum kulturellen Pulsschlag der Nation. Als prominentester jüdisch-amerikanischer Autor neben Philip Roth und Bernard Malamud gekennzeichnet, lehnt er gleichwohl die Kategorisierung als ›Bindestrich-Amerikaner‹ ab. Als derjenige seiner Zunft, der die philosophischen, religiösen und ethischen Traditionen der Alten und Neuen Welt literarisch am intensivsten umgewälzt hat, will er sich nicht als »Humanist«, »Moralist« oder »Transzendentalist« vereinnahmt wissen. Dennoch ist sein Urteil zu Politik, Wissenschaft und Kunst gefragt. So ist sein literarisches Schaffen auch ein ständiger begleitender Kommentar über den sozialen Verfall Amerikas und über die Aufgabe der Kunst, einem solchen Verfall Widerstand entgegenzusetzen. Die vielen Ehrungen, die B. erhalten hat, lassen vermuten, dass sein Verhältnis zur Leserschaft und zur Kritik eher harmonisch verlaufen ist. Doch ganz im Gegenteil: Es gibt kein Werk, nicht einmal die einhellig als Höhepunkte seines Schaffens anerkannten Romane *The Adventures of Augie March* (1953; *Die Abenteuer des Augie March*, 1956) und *Herzog* (1964; *Herzog*, 1965), das auf einhellig positive Resonanz gestoßen wäre. Wird er einerseits als »meisterhafter Erzähler« gepriesen, so muss er sich andererseits vorhalten lassen, immer wieder dieselben Geschichten in neuem Gewand zu erzählen. Sein ›Markenzeichen‹, das kryptische offene Ende eines Romans, wird sehr unterschiedlich bewertet. Es bleibt unklar, ob B. ein ›affirmativer‹ oder ›negativistischer‹ Denker ist. Ebenso wenig gibt es eine allein gültige Antwort, ob das jüdische oder das amerikanische Element die stärkeren Impulse in seinen Werken setzt. Auch die Frage, ob B., dessen Protagonisten – mit einer Ausnahme allesamt männlichen Geschlechts – ihrem Autor wie aus dem Gesicht geschnitten sind, seine eigene Biographie und Befindlichkeit fiktional inszeniert, ist immer offen geblieben. Nur in zwei Punkten sind die Meinungen einhellig: Kein anderer Autor setzt sich so intensiv mit den geistigen Strömungen des 20. Jahrhunderts auseinander wie B., und keiner seiner Zeitgenossen kann auf einen so breiten Fundus historischer und philosophischer Bezüge zurückgreifen wie er. Hinzu kommt, dass B. das Handwerk des Erzählens mit einer Intensität pflegt, die eher für Autoren des 19. Jahrhunderts charakteristisch ist: Er hat ein ebenso hochentwickeltes Gespür für die Wirkung sprachlicher Ambiguität wie für den nuancierten Entwurf von Charakterporträts.

B. wird 1915 im vielsprachigen Immigrantenmilieu eines Montrealer Arbeiterviertels geboren. Seine Eltern, kurz zuvor aus Russland emigriert, siedeln nach Chicago über, wo B. seine Kindheit und Jugend im Umfeld dreier Einflüsse verlebt: jüdische Tradition, europäisches Kulturerbe und das bunte Leben Chicagos mit seinen jugendlichen Straßengangs, aber auch seinen zahlreichen Bibliotheken und Museen. Bevor B. die Schule verlässt, spricht er Französisch, Englisch und Jiddisch; außerdem kann er Deutsch und Hebräisch lesen. Er studiert in den 30er Jahren Anthropologie, Philosophie und Literatur, lehrt dann später selbst Literatur und kreatives Schreiben an der Universität und arbeitet als Journalist, sowohl in Chicago als auch in New York. Trotz zweier früher Romane bleibt B. bis nach dem Krieg relativ unbekannt. Mit The Adventures of Augie March ändert sich diese Situation 1953 allerdings schlagartig. Dieser »klassische amerikanische Roman des 20. Jahrhunderts« nimmt rasch die Position ein, die Mark Twains The Adventures of Huckleberry Finn für das 19. Jahrhundert zugewiesen worden ist. B. kann sich fortan als freier Schriftsteller in New York und später in Chicago etablieren, wo er bis in die 90er Jahre an der Universität lehrt. 80-jährig siedelt er nach Boston über. Auch wenn B. primär als Romancier bekannt ist, darf sein ebenso reiches Œuvre an Kurzgeschichten nicht vergessen werden, jenem ureigensten amerikanischen Genre, das er zeitlebens gepflegt hat.

Der Einblick, den B. uns durch sein Werk in sein Denken gewährt, zeigt die fortwährende Sorge des Weltbürgers um die Zivilisation, um den Erhalt der Wertestruktur und der sozialen Verantwortung in einer Gesellschaft, die sich dem Moloch von Macht und Gewinn verschrieben hat. Insbesondere die Entindividualisierung des Menschen in einer zunehmend technologisierten Gesellschaft veranlasst B., Gegenbilder zu entwerfen. Für ihn hat Kunst die Aufgabe, die Welt im Gleichgewicht zu halten, humanisierend zu wirken. In seinem ersten Tagebuch-Roman, *Dangling Man* (1944; *Mann in der Schwebe*, 1969), der die Sinnsuche eines jungen Amerikaners angesichts seiner Einberufung zum Militärdienst im Zweiten Weltkrieg zum Inhalt hat, zeigt B. dies anhand der Metapher der aus der Balance geratenen Menschheit. In seinem zweiten Roman, *The Victim* (1947; *Das Opfer*, 1966), wählt er das Doppelgängermotiv im Kontext von Antisemitismus und Entindividualisierung, wo Täter und Opfer verschmelzen. Beide Romane sind, so B. selbst, seine Gesellenstücke, mit denen er beweisen will, dass er mindestens so gut erzählen kann wie seine Vorbilder Lev Tolstoj und Fedor M. Dostoevskij. Erst mit *Augie March* findet B. seinen eigenen epischen Stil. Hier lässt B. in der Figur eines wachsamen (»Augie«) jugendlichen Erzählers, der mit allen Wassern jüdischer Chuzpe gewaschen ist und vor Selbstvertrauen nur so strotzt, ein Amerikanertum von grenzenlosem Charisma besingen: »I am an American, Chicago born [...] and go at things as I have taught myself, free-style, and will make the record in my own way: first to knock, first admitted.« Affirmativ und expansiv sind die Bilder von Amerika, die B. hier seinen jugendlichen Schlemihl entwerfen lässt. Mit seiner Lust am Erzählen löst B. den sprachlichen Reduktionismus der 40er Jahre aus dem eisigen Griff Ernest Hemingways, durch *Augie March* findet das Nachkriegsamerika seine Stimme: B. nennt Augie einen Columbus unserer Tage, »a Columbus of the near-at-hand«, unbelastet durch die Vergangenheit und frei von Zukunftsängsten.

Mit der Novelle *Seize the Day* (1956; *Das Geschäft des Lebens*, 1962; verfilmt 1986), die das Nachkriegsamerika in die Nähe von T.S. Eliots *Waste Land* rückt und Anklänge an Arthur Millers *Death of a Salesman* zeigt, beschreibt B. den verkümmerten Seelenzustand eines am Mammon klebenden Amerika, in dem sein Möchtegern-Held Tommy Wilhelm zerbricht. Insbesondere die satirisch-subversiven und von Situationskomik durchdrungenen Spiegelung der hehren Ideale Wilhelms durch seinen Lehrmeister, den »reality instructor« Tamkin, scheint es B., diesem eher klassischen Thema eine zeitnahe Unmittelbarkeit zu verleihen, die *Seize the Day* auch heute noch als Klassiker im Kanon der zeitgenössischen amerikanischen Literatur ausweist.

Mit *Henderson, the Rain King* (1959; *Der Regenkönig*, 1960) kündigt B. endgültig das Ende des amerikanischen Realismus an. Eugene Henderson (die Initialen E.H. sind als Seitenhieb auf Hemingway zu verstehen), ehemals Schweinefarmer in Iowa, folgt seiner inneren Stimme (»I want, I want!«) ins dunkle Herz Afrikas, um sich dort von eingeborenen Gurus therapieren zu lassen. Als vermeintlich neuer Mensch, aber immer noch wirrer Weltverbesserer, kehrt er nach Amerika zurück. Diese mit Witz und Fantasie erzählte Parodie einer (vermeintlichen) Selbstfindung ist eine ins Pikareske gewandelte Erweiterung des Bildungsromans, dessen Grundmuster auch in *Herzog* verankert ist. *Herzog* ist neben *The Dean's December* (1982; *Der Dezember des Dekans*, 1982) B.s am stärksten autobiographisch eingefärbter Roman. Zugleich ist er B.s Credo vom Ethos der Unbeugsamkeit des menschlichen Intellekts angesichts des moralischen Verfalls Amerikas. Der jüdische Intellektuelle Moses Herzog (der eponyme Name verweist auf die Immensität der ihm zugewiesenen Rolle), ist ein bedeutender Romantikforscher und ausgewiesener Kenner der europäischen Philosophie von Kant bis Kierkegaard. Zugleich ist er ein miserabler Liebhaber und Vater. Verlassen, erfolglos und entfremdet, begibt sich Herzog auf eine chaotische Odyssee durch den Moloch Amerika, eine Reise, die ihn zu den eigenen Wurzeln jüdischer Menschlichkeit ebenso zurückführt wie hin zu einem – deutlich an Heidegger orientierten – Ethos von Humanität in der Akzeptanz unvollkommener Individualität.

Zu solchem verhaltenen Optimismus wird sich B. später nur noch selten bekennen. Bereits in *Mr. Sammler's Planet* (1969; *Mr. Sammlers Planet*, 1971) sind deutliche konservativ-kritische Töne bestimmend. Im Zentrum des Romans steht der Holocaust-Überlebende Artur Sammler, ein Amerikaner wider Willen, der aus dem gesellschaftlichen Abseits die Wirren der 1960er Jahre schonungslos kommentiert. Ein doppelt Entfremdeter, sehnt auch Sammler sich wie Herzog nach der schützenden Hülle der Humanität und findet sie erst angesichts des bevorstehenden Todes eines engen Freundes im Mitleid und Mit-Leiden für den anderen. Auch im nachfolgenden *Humboldt's Gift* (1975; *Humboldts Vermächtnis*, 1976) nimmt der Verlauf der Dinge ein von nur verhaltenem Hoffen bestimmtes Ende. Der Blick auf die Wirklichkeit, die sich »behind the veil of Maia« verbirgt, ist uns durch das »moronic inferno« Amerikas als Ersatzwirklichkeit verstellt. In diesem großen philosophischen Entwurf über Realität und Transzendenz zeigt B. – mit humorvollem, oft witzigem Unterton –, dass der Mensch aus dem Tiefschlaf der Selbstentfremdung nur im Angesicht des Todes erwacht. Ähnlich geht B. in *The Dean's December* vor, welches den Ost-West-Konflikt aus der doppelten Perspektive der beiden ›Totenstädte‹ Chicago und Bukarest beleuchtet. Wie Artur Sammler findet sich auch Albert Corde (»cord« – Herz) als Beobachter unfreiwillig ins Zentrum politischer, wirtschaftlicher und sozialer Desintegration gestellt. Der Vergleich der politischen Systeme wird an den Städten Chicago und Bukarest festgemacht. Beide stehen für todgeweihte Systeme, sowohl das von Rassenunruhen überhitzte, explosive Amerika (»the ordeal of desire«) als auch das unter machtpolitischer Eiseskälte erstarrende Rumänien (»the ordeal of privation«). Wie schon in *Humboldt's Gift* ist für B. die Lösung solcher gesellschaftlicher Konflikte nur auf individueller Ebene denkbar. Der ungetrübte individuelle Blick auf die Wirklichkeit, die sich hinter dem Schein der »schönen neuen Welt« verbirgt, darf nicht von Untergangsszenarien verstellt werden: »In the greatest confusion of our age there is still an open channel to the soul ... and it is our business to keep it open«, sagt B. mit Blick auf die Aufgabe des Künstlers.

Trotz der oft weit ausladenden philosophischen Diskurse, mit denen der Romancier B. seine bunt ausstaffierten Situationsschilderungen Amerikas anreichert, hat der Autor zeitlebens eine Vorliebe für die Kürze des Erzählens bekundet und in meisterhaften Erzählungen wie »The Old System« (1967; »Das alte System«, 1980) oder »A Silver Dish« (1979; »Eine silberne Schale«, 1980) bewiesen. Artur Sammlers Diktum »Short views, for God's sake!« gilt nicht erst für den späten B., der die Novelle für sich wiederentdeckt hat. Sein gesamtes erzählerisches Œuvre, von den ersten Sketchen aus den 1940er Jahren bis hin zu den szenisch dichten Charakterstudien der jüngsten Schaffensphase, bezeugt, was B. schon 1987 sagte: Am Ausgang des 20. Jahrhunderts braucht die Welt nicht mehr die große Synthese des Romans (»grand modernist summations«), die Kürze zählt. B. zeigt auch weiterhin eine Meisterschaft in diesem Genre, ob in *A Theft* (1989; *Ein Diebstahl*, 1991), in *The Bellarosa Connection* (1989; *Bellarosa Connection*, 1992) oder etwa in »Something to Remember Me By« (1990; *Damit Du Dich an mich erinnerst*, 1993), einer autobiographisch eingefärbten Vignette über die Initiation eines jungen Mannes in den Unterschied von Eros und Agape, in der Kritiker bereits vorschnell B.s Abschied von der literarischen Bühne vermutet haben. Aber sowohl die Novelle *The Actual* (1997; *Die einzig Wahre*, 1998) als auch der Roman *Ravelstein* zeigen, dass B. seine Hand am Puls der amerikanischen Gegenwart hatte.

Gerhard Bach

Belyj, Andrej
(eigtl. Boris Bugaev)
Geb. 26. 10. 1880 in Moskau; gest. 8. 1. 1934 in Moskau

Als eine »kühne Revolte aus dem Willen zu einer neuen Kultur« charakterisiert Andrej Belyj sein umfangreiches Werk aus Romanen, Kurzprosa, »Poemen«, Gedichten, Programm- und Streitschriften, philosophischen Traktaten, Kritiken, literaturwissenschaftlichen Studien und Erinnerungen, das ihn als einen der innovativsten und vielseitigsten russischen Schriftsteller des 20. Jahrhunderts ausweist. Schon sein literarisches Debüt zeugt von der inhaltlichen Komplexität und formalen Dynamik, die B.s Schaffen insgesamt auszeichnen. Der rhythmusbegeisterte Student der Naturwissenschaften verfasst auf einem Pferd reitend ein Werk auf der Grenze zwischen Lyrik und Prosa: die erste seiner vier *Symphonien*, die den ›Zusammenklang‹ der ihn faszinierenden Erscheinungen aus Religion, Philosophie, Naturwissenschaft und Kunst (u. a. biblische Apokalypse, *Upanishaden*, griechische Mythologie, europäisches Volksmärchen, Schopenhauer, Kant, Nietzsche, Solov'ev) als Komposition eines ›höheren‹ Bewusstseins symbolisiert (*Simfonija. 2-aja, dramatičeskaja*, 1902; *Die zweite Symphonie, die dramatische*, 1995 – die drei anderen Symphonien erschienen 1904–08). Mit seinem »kosmischen Empfinden« (Nikolaj Berdjaev) und der apokalyptischen Vision vom Untergang der alten Welt ist B. den Mythopoeten der zweiten Symbolistengeneration mit Aleksandr Blok und Vjačeslav Ivanov verwandt. So findet sein erster Lyrikband *Zoloto v lazuri* (1904; Gold im Azur) allgemeine Anerkennung, die ihm den Zugang zu den Moskauer und Petersburger Dichterkreisen eröffnet. Sein esoterischer Anspruch »Theurgie – das sind Rhythmen der Verwandlung: in uns« bringt ihn in engen Kontakt mit der parareligiösen »Kommune« im Kreis um Dmitrij Merežkovskij. B. erhält eine gewichtige Stimme in dem von Valerij Brjusov herausgegebenen Symbolistenorgan *Vesy* und avanciert in der Folgezeit zum einflussreichen Theoretiker und Kritiker. Doch schnell folgt die Enttäuschung über die mangelnde Einigkeit der russischen Symbolisten, die sich ab 1906 in Grundsatzdebatten über weltanschauliche Prämissen aufreiben. Angesichts der politischen Ereignisse (Russisch-japanischer Krieg, Revolution von 1905) geraten sowohl die ›Dekadenten‹ als auch die ›Mystiker‹ zunehmend unter Rechtfertigungsdruck. Zu den gesellschaftlichen Problemen kommen B.s persönliche Verstrickungen: Zwei Dreiecksverhältnisse schüren die Rivalität mit Blok und Brjusov, die wiederum Spuren im *žiznetvorčestvo* (Kunst-Leben) hinterlässt, z. B. in den Gedichtbänden *Pepel* (1909; Asche)

und *Urna* (1909; Urne). Sammelbände mit Aufsätzen aus dieser Zeit erschienen 1910 bzw. 1911: *Simvolizm* (Symbolismus) und *Arabeski* (Arabesken), von denen Ersterer mit seinem beeindruckenden Anmerkungsapparat den außergewöhnlichen Bildungshorizont dieses *poeta doctus* dokumentiert und – im Aufsatz »Emblematika smysla« (Emblematik des Sinns) – die Tragweite von B.s Symbolverständnis verdeutlicht.

Weltweite Beachtung fand B.s Hauptwerk, der Roman *Peterburg* (1916; *Petersburg*), der mehrfach umgearbeitet (1912–1913, dt. 2001; 1914, dt. 1919; 1922, dt. 1959) und dessen Technik mit dem *stream of consciousness* bei James Joyce verglichen wurde. Er ist der zweite Teil der von B. geplanten, aber nicht vollendeten Trilogie über die Polarität der westlichen und östlichen Kulturmodelle. Wie sein Vorgänger *Serebrjanyj golub'* (1909, *Die silberne Taube*, 1912) bildet er die Fortsetzung der *Symphonien*, des »zerebralen Spiels« im Bewusstsein der Hauptfigur auf der Basis einer leitmotivisch und lautmalerisch ›ornamentalisierten‹ Prosa. Ihren Höhepunkt findet diese Technik in dem autobiographischen Roman *Kotik Letaev* (1917; *Kotik Letaev*, 1993), der das Weltempfinden eines dreijährigen Kindes als Erinnerungsprozess des 35-jährigen Schreibers schildert. »Waren die ersten großen Romane ideologisch und ›geschichtsphilosophisch‹ bestimmt, die beiden autobiographischen – psychologisch, so sind ›Moskva‹ (1924–26; Moskau) und ›Maski‹ (1933; Masken) experimentelle Werke mit unzähligen Wortspielen, Neologismen, Euphonien«, versuchte Dmitrij Tschižewskij analytisch zu trennen, was B. programmatisch in allen Prosawerken vereinte.

Der Autor, der sich zeit seines Lebens unverstanden fühlte und glaubte, mit seiner paradoxalen Losung »Symbolismus plus Kritizismus« als »inkonsequenter Prinzipienreiter« angesehen zu werden, versuchte 1928 rückblickend in *Počemu ja stal simvolistom i počemu ne perestal im byt' vo vsech fazach moego idejnogo i chudožestvennogo razvitija* (zu Lebzeiten unveröffentl., vollst. in: *Simvolizm kak miroponimanie*, 1994; *Ich, ein Symbolist*, 1987) den Vorwurf zu entkräften, er habe mit seinem Bekenntnis zur Anthroposophie seine früheren Überzeugungen ›verraten‹. Denn hier fand er die seinem prozessorientierten Verständnis von »Erkennen als Schaffen« analoge Sichtweise, der er bis zuletzt treu bleibt. Im Akt der Symbolisierung wird eine Rolle, eine Maske gewählt und zugleich in der Polyphonie konkurrierender Masken relativiert. Jedes neue Projekt ist zugleich Experiment und Initiation, mit dem der Schriftsteller B. das »Ich« Boris Bugaevs gleichermaßen zu »entbergen« wie zu verbergen sucht. So hat auch das Pseudonym symbolischen Charakter, denn Schriftstellerei ist nur eine der möglichen Ausdrucksformen der »selbsterkennenden Seele«. Bezeichnenderweise unterzeichnete der Autor z. B. Zeitschriftenbeiträge mit »Alpha«, »Beta« usw., um zu zeigen, dass es sich um eine lineare Abfolge von Momentaufnahmen handelt, die den Methodenpluralismus einer Person vorstellen, damit aber nur um eine der »Objektivationen«, die dem »Individuum« zu einem »Ich« verhelfen. So sucht man auch in B.s geistesgeschichtlichen Erinnerungsbänden, die in den 1920er und 30er Jahren entstehen, vergeblich nach Boris Bugaev, den Marina Cvetaeva, die ihm im ›russischen‹ Berlin begegnete, einen »gefangenen Geist« nannte, da ihm ›Welt‹ immer nur in einer seiner aktuellen Projektionen gegeben ist. Nach seiner Rückkehr in die Sowjetunion lebt B. zurückgezogen bei Moskau und schreibt an einer großangelegten Studie über Nikolaj Gogol' (*Masterstvo Gogolja*, 1934; Die Kunst Gogol's), die neben *Glossolalija*. *Poéma o zvuke* (1922; dt. 2005), einer Untersuchung über die Lautgestalt, und den Versstudien im Band *Simvolizm* zu den originellsten und lehrreichsten literaturtheoretischen Arbeiten des frühen 20. Jahrhunderts gehört, die Formalisten wie Roman Jakobson maßgeblich beeinflussten. »Jegliche Kunst ist symbolisch, wenn Künstler höchste und tiefste Einsicht in ihr Schaffen gewinnen«, resümiert B. 1928. Wenn Schriftsteller Erkenntnisse über das (Hand-)Werk ihrer Vorbilder vermitteln können, entsteht ein kreativer Impuls, der – wie im Fall B.s – den Philologismus der russischen Literatur im 20. Jahrhundert begründet hat.

B. hat den Mythos vom »Silbernen Zeitalter« der russischen Kultur in allen seinen Facetten – den literarischen Experimenten von Symbolismus bis Avantgarde, dem philosophischen Fragen und esoterischen Antworten, dem wissenschaftsbeflissenen Erforschen aller Bereiche des Lebens und dem kulturologischen Ausdeuten der epochalen Umbrüche – wie kein anderer kultiviert und mit seinen lebendigen Memoiren erst eigentlich erschaffen.

Jessica Lehmann

Ben Jelloun, Tahar
Geb. 21. 12. 1944 in Fes/Marokko

Der Algerienkrieg 1954 bis 1962 sowie die Niederschlagung der Studentenunruhen 1965 durch die marokkanische Monarchie waren es, die die politische Bewusstseinsbildung des in Paris lebenden marokkanischen Schriftstellers Tahar Ben Jelloun auslösten. Neben dem Votum gegen Fremdenfeindlichkeit, Rassismus, Intoleranz und religiösen Fundamentalismus ist sein Werk von einer feinsinnigen, poetischen und bilderreichen Sprache geprägt sowie von einer Erzählweise, die das mündliche Arabisch aufgreift und durch die Verschachtelung von Handlungssträngen die klassische arabische Literatur zitiert. Obwohl B.J. das Französische zu seiner Literatursprache wählte und mit Anspielungen und Verweisen auch auf die französische Literatur arbeitet, ist sein literarisches Schaffen zur arabischen Literatur zu zählen.

B.J.s erste Veröffentlichungen waren Gedichte, deren Metaphern später in seinen Romanen wieder auftauchen. Vor allen Dingen ist es der Baum, dessen Wurzeln und Blätter für Vergangenheit und Zukunft sowie für Erinnerung und Vision stehen. Zu den Gedichtbänden *Hommes sous le linceul de silence* (1971; Menschen unter dem Leichentuch des Schweigens), *Cicatrices du soleil* (1972; Narben der Sonne, 1979), *Grains de peau*, *Asilah ... mémoire d'enfance* (1974; Körner der Haut), *Les amandiers sont morts de leurs blessures* (1976; Die Mandelbäume sind verblutet, 1979) und *À l'insu du souvenir* (1980; Im Unwissen der Erinnerung) kamen bald Romane wie *Harrouda* (1973; Harrouda, 1985), *La réclusion solitaire* (1976; Die Einzelhaft) und *Moha le fou, Moha le sage* (1978; Der Gedächtnisbaum, 1989). Dazwischen erschien B.J.s Dissertation *La plus haute des solitudes* (1977; Die tiefste der Einsamkeiten, 1986). Sie dokumentiert seine Auseinandersetzung mit der Immigrationsthematik, die sich auch in einer Vielzahl seiner Romane findet, etwa in *La réclusion solitaire*, *Les yeux baissés* (1991; Mit gesenktem Blick, 1992) und *Les raisins de la galère* (1996; Die Früchte der Galeere).

In seinem ersten Roman *Harrouda* thematisiert B.J. eine Kindheit in Marokko vor der Unabhängigkeit. Koranschule und Bad gelten als Foren der sozialen Ordnung, Vögel und ein Fest signalisieren Freiheit und die erwachende Sexualität, während zuletzt wieder die Brutalität der Ordnungsmacht für Repression steht. Unter dem Einfluss von Surrealismus und Symbolismus, verbunden mit der Ablehnung linearen Erzählens, lässt sich keine eindeutige Handlung ausmachen – sie scheint nur imaginiert zu sein. Das gilt auch für *Moha le fou, Moha le sage*: Darin wird die Kritik an einer repressiven Gesellschaftsordnung durch die Stimme eines in einem Baum lebenden Narren ausgedrückt. Ein Porträt Marokkos bietet der Roman *La prière de l'absent* (1981; Das Gebet für den Abwesenden, 1990), in dem zwei Vagabunden ein Kind zu einem Grabmal bringen sollen – ihre Reise spiegelt einen Querschnitt der Bevölkerung des Landes, wobei die Persönlichkeiten aller Protagonisten Metamorphosen durchlaufen. *L'écrivain public* (1983; Der öffentliche Schreiber, 1987) bezeichnete B.J. als seine Autobiographie; er erörtert darin die Möglichkeiten des Schreibens. In *L'enfant de*

sable (1985; *Sohn ihres Vaters*, 1986) legt B.J. am Beispiel eines Mädchens, das wie ein Junge erzogen wird, ein Spiel mit Geschlechterrollen an, das er in *La nuit sacrée* (1987; *Die Nacht der Unschuld*, 1988) fortführt. *La nuit sacrée* wurde mit dem Prix Goncourt ausgezeichnet und stellte den internationalen Durchbruch für den Autor dar. Mit dem Kurzroman *Jour de silence à Tanger* (1990; *Tag der Stille in Tanger*, 1991) präsentierte er, selbst Vater geworden, erstmals eine Vaterfigur, die er in den Essays *Le racisme expliqué à ma fille* (1997; *Papa, was ist ein Fremder?*, 1999) und *L'islam expliqué aux enfants* (2002; *Papa, was ist der Islam?*, 2002) erneut aufgriff. Die traditionelle Rollenverteilung zwischen den Geschlechtern kehrte B.J. im Roman *L'homme rompu* (1994; *Der korrumpierte Mann*, 1995) um. Ein Büroangestellter lässt sich von seiner unzufriedenen Ehefrau zur Korruption hinreißen und beginnt zuletzt ein Liebesverhältnis. B.J. zeichnet den Mann als Opfer, die Ehefrau als Anstifterin. Neu ist, dass B.J. die Handlung chronologisch und realistisch erzählt und auf die Verschachtelung von Zeitstufen ebenso verzichtet wie auf mehrere verschränkte, polyphon erzählte Handlungsstränge. Bereits zwei Jahre vor *L'homme rompu* hatte B.J. erstmals einen Erzählungsband veröffentlicht. *L'ange aveugle* (1992; *Der blinde Engel*, 1994) beruht auf einer Reportagereise durch Italien und thematisiert die Präsenz der Mafia. *Le premier amour est toujours le dernier* (1995; *Die erste Liebe ist immer die letzte*, 1997), ein weiterer Erzählungsband, versammelt ältere Arbeiten, die das Leben zwischen der arabischen und der europäischen Welt zum Gegenstand haben.

Mit *La nuit de l'erreur* (1997, *Zina oder Die Nacht des Irrtums*, 1999) folgte ein Roman, der die phantasmagorische Erzählweise früherer Romane aufweist und erneut eine Frau in den Mittelpunkt stellt. Er spielt im Marokko der 1950er Jahre und verfolgt mit der Hauptfigur Zina eine Geschichte des Widerstands. B.J. kehrt hier zu seiner zyklischen Erzählform zurück und variiert Zinas Erzählung immer wieder neu. Als Kinderbuch publizierte B.J. mit *L'auberge des pauvres* (1997; *Die Schule der Armen*, 2002) eine gegen Kinderarbeit gerichtete Erzählung. Dem marokkanischen Gefangenenlager Tazmamart ist der Roman *Cette aveuglante absence de lumière* (2000; *Das Schweigen des Lichts*, 2001) gewidmet. B.J. greift darin die Inhaftierung von Offizieren auf, die 1971 eines Putsches gegen den König beschuldigt worden waren. Der Roman löste in Frankreich eine öffentliche Debatte aus; Kritiker warfen dem Schriftsteller vor, zu dem Ereignis zu lange geschwiegen zu haben und sich fremder Erfahrungen zu bedienen. 2004 wurde B.J. für dieses Buch der Impac-Award verliehen, der – nach dem Nobelpreis – am zweithöchsten dotierte Literaturpreis. In seinem Roman *Le dernier ami* (2004; *Der letzte Freund*, 2004) schildert B.J. die Freundschaft zwischen zwei Männern, die sich wiederum im Marokko der Nachkriegszeit entwickelt. B. J. hat auch ein Theaterstück, *La fiancée de l'eau* (1984; Die Verlobte des Wassers), geschrieben sowie die Drehbücher zu den Filmen Autopsie d'un mensonge (2002, Autopsie einer Lüge) und Voyage au Maroc de Tahar Ben Jelloun. Mémoire d'en face (1996; Tahar Ben Jellouns Reise nach Marokko).

B.J. hat sich als Schriftsteller zwischen zwei Kulturen etabliert. Diese Position lotet er auch im Verhältnis von Mann und Frau aus sowie in den Beziehungen zwischen Einheimischen und Einwanderern und zwischen Kindern und Erwachsenen. Dem liegt immer die Frage nach Macht und Ohnmacht, nach Herrschaft und Widerstand, nach Identität und ihrer Wandelbarkeit zugrunde. Nicht minder wesentlich im Werk B.J.s – etwa im Erzählungsband *Amours sorcières* (2003; Hexenlieben) – sind Erotik und Sexualität als gegen eine rigide Gesellschaftsordnung gerichtete Kräfte, die reglementiert werden, deren Entfesselung aber eine gesellschaftliche Befreiung bewirken könnte.

Manfred Loimeier

Bender, Hans
Geb. 1. 7. 1919 in Mühlhausen/Kraichgau

»In meiner Generation gab es keine Emigranten; die Deserteure waren Ausnahmen.

Befehle und Kommandos bestimmten unsere Marschrouten ... Wir hatten auf Draht zu sein, ›geistig und körperlich‹. Wir hatten zu gehorchen und zu sterben. (Wem es zu pathetisch klingt, der möge die Gefallenenliste meiner Generation nachlesen!) Alles, was die Jugend zur schönen Jugend macht, wurde uns weggenommen«. Dass B. gerade in einigen der reizvollsten seiner Geschichten (*Das wiegende Haus*, 1961) – die Beschreibungen des literarisch sonst kaum präsenten dörflichen Milieus der 1920er Jahre mit sensiblem Einfühlungsvermögen für die seelische und geistige Situation Heranwachsender verbinden – das »glückliche«, jedoch keineswegs »nur verklärt« gesehene »Kapitel« der eigenen Kindheit vergegenwärtigt, hat diesen Verlust zur Voraussetzung. Die allgemeine »Sehnsucht, den unwiederholbaren Anfang des Lebens wachzuhalten und zu bewahren«, sowie die Absicht, nach dem Vorbild der großen »Erzähler, die ich ... schätzte«, seine eigene »regionale Atmosphäre« darzustellen, kommen hinzu. Entscheidend ist freilich ihre Funktion als »Gegensatz zu dem«, was auf das Abitur im Internat Sasbach folgt: »Von der Schulbank zum Arbeitsdienst, vom Arbeitsdienst zum Militär« – mit dem Intermezzo zweier Trimester Germanistik und einiger anderer Fächer während des ersten Kriegsjahres in Erlangen: »1939 habe ich die Uniform angezogen. 1949 bin ich aus russischer Gefangenschaft zurückgekommen, also von 20 bis 30 habe ich in einer Welt gelebt, in der ich eigentlich nicht leben wollte«. B. begreift diese Biographie als eine Verpflichtung: Indem er, »stellvertretend für meine Generation«, von seinen Erfahrungen erzählt, will er dazu beitragen, »diejenigen, die heute jung sind, vor einer ebenso uniformen wie bedrohten Jugend zu bewahren«.

Der »sogenannte Spätheimkehrer«, der sein Studium in Heidelberg, »an der meinem Heimatdorf nächstgelegenen Universität«, halbherzig wiederaufnimmt und zunächst als Mitarbeiter beim Rundfunk sowie als Kinopächter »nebenher Geld verdient«, tritt zunächst mit Gedichten hervor (*Fremde soll vorüber sein*, 1951), macht sich dann jedoch vor allem aufgrund seiner präzisen realistischen Prosa rasch einen Namen. Die um »Objektivität« und Distanz bemühte Fähigkeit zur Beobachtung, welche ihn auszeichnet, führt B. selbst auf frühe Anregungen im elterlichen Gasthaus zurück. Seine bevorzugte Gattung ist die »demokratische«, durch »Tonfall«, »Haltung« und »Wirkungsabsicht« der unmittelbar vorangegangenen Literatur entgegengesetzte Kurzgeschichte – am vollständigsten bisher im Rahmen der Werkauswahl *Worte, Bilder, Menschen* (1969) gesammelt –, deren unterschiedliche Formmuster er meisterhaft beherrscht und deren Theorie zwei seiner vielbeachteten Essays zum Gegenstand haben. Dem lebensgeschichtlichen Gewicht entsprechend, nehmen Themen des Kriegs und der Gefangenschaft, von der auch sein zweiter Roman, *Wunschkost* (1959), un-»geschönt« handelt, großen Raum ein. Andere, so gleichfalls sein erster kurzer Roman *Eine Sache wie die Liebe* (1954), spielen in der »Besatzungszeit« oder während der »selbstzufriedenen« Prosperität der Wiederaufbauphase in der Bundesrepublik.

»Von Anfang an« hat B. den »Wunsch, nicht nur selber zu schreiben ..., sondern auch anderen zur Veröffentlichung zu verhelfen«. Dieses »aufregende Steckenpferd« gerät zum Glücksfall für die deutsche Nachkriegsliteratur. Über die ihm gegründeten *Konturen. Blätter für junge Dichtung* (1952/53) lernt er Walter Höllerer kennen, mit dem zusammen er ein Jahr später das erste Heft der *Akzente* vorlegt. Bis 1980 (davon zwischen 1968 und 1975 alleinverantwortlich), gibt er die profilierteste literarische Zeitschrift der Bundesrepublik heraus: »Sie hat in meiner zweiten Lebenshälfte die Hauptrolle gespielt«. Seit Juni 1959 in Köln ansässig, vier Jahre lang leitender Redakteur bei zwei Zeitungen (kurzzeitig auch Verlagslektor in München), wird der eminent belesene Kritiker und Anthologist zu einem wichtigen Repräsentanten des literarischen Lebens. Als solcher genießt B., dessen Geschichten in zahlreichen Übersetzungen vorliegen, auch im Ausland hohes Ansehen, wie Vortragsreisen von der Türkei bis Neuseeland und eine Gastdozentur in Austin/Texas unterstreichen.

Selbst stets ein für innovative Strömungen offener Förderer gerade junger Autoren, findet er, nicht ohne Bezug auf die »mit dem Lebensalter« wachsende »Schwierigkeit zu schreiben«, in den 1970er Jahren zu einer neuen Form, der »Aufzeichnung« (*Einer von ihnen*, 1979; *Wie die Linien meiner Hand*, 1999). Gerade in diesen lakonischen Wahrnehmungskonzentraten vermag sich die lebensgeschichtlich vermittelte Grundposition des Autors zu spiegeln: »Besser skeptisch als konform«.

Komplementär zu einer Auswahl autobiographischer Texte (*Postkarten aus Rom*, 1989) runden sich die Erzählungen des Bandes *Bruderherz* (1987) zu einem poetischen Lebenszyklus von der Kindheit bis ins Alter. Eindrucksvoll stellt B. hier einmal mehr seine Kunst der psychologischen Tiefenschärfe unter Beweis.

Hans-Rüdiger Schwab

Benet, Juan
Geb. 7. 10. 1927 in Madrid
gest. 5. 1. 1993 in Madrid.

Juan Benet, dessen Werk trotz zahlreicher Übersetzungen in mehrere europäische Sprachen außerhalb Spaniens weitgehend unbekannt ist, zählt zu den bedeutendsten spanischen Romanciers in der zweiten Hälfte des 20. Jahrhunderts. Der hauptberuflich als Ingenieur tätige Schriftsteller entstammte einer liberal gesinnten Familie, die im Spanischen Bürgerkrieg (1936–1939) zwischen die Fronten geriet. Trotz der Kriegswirren genoss B. eine solide Schulausbildung, an die sich eine Studienkarriere an der staatlichen Hochschule für Straßen- und Wasserbau anschloss. Bis in die späten 1980er Jahre leitete B. in Nordspanien den Bau zahlreicher Tunnel-, Kanal- und Staudammprojekte zur Wasser- und Energieversorgung des infrastrukturell um Jahrzehnte zurückgefallenen Landes.

Dem Alter nach gehört B. den Autoren der »generación del 50« an, doch publizierte er nach einem kurzen Debüt – dem Theaterstück *Max* (1954) – kaum wahrgenommene Schriftsteller mehrere Jahre nicht mehr und wird daher erst für die Neuorientierung des spanischen Romans in den 1960er Jahren in Anspruch genommen. Bei aller Abneigung gegen das Franco-Regime teilte B. wohl schon davor nicht die literarischen Vorstellungen seiner Kollegen, die sich überwiegend der Ästhetik des Neorealismus verpflichtet fühlten. Früher als sie suchte er über Marcel Proust, Franz Kafka und William Faulkner Anknüpfungspunkte an die seit dem Bürgerkrieg unterbrochene Tradition der Moderne.

B.s Werk umfasst zehn Romane, 36 Erzählungen, vier Theaterstücke, ungezählte Artikel, Rezensionen und Kolumnen in Tagespresse und Kulturzeitschriften sowie eine stattliche Zahl literatur- und kunsttheoretischer Schriften. Ein erster Erzählband *Nunca llegarás a nada* (*Du wirst es zu nichts bringen*, 1992) erschien 1961. Doch erst mit den Romanen *Volverás a Región* (1967; *Du wirst nach Region zurückkehren*) und *Una meditación* (1969; *Eine Meditation*) gelang B. der Durchbruch. Höchste Anerkennung fand er bei einer Gruppe von Avantgardeverlegern und -schriftstellern (Carlos Barral, Javier Marías, Félix de Azúa, Pere Gimferrer etc.), die nach Wegen aus der Ästhetik der realistischen »novela social« suchten. Heute gelten B.s frühe Werke neben denen Juan Goytisolos und Miguel Delibes' als Meilensteine der sich erneuernden Literatur der späten Franco-Ära und sind neben den Bürgerkriegsromanen *Saúl ante Samuel* (1980; *Saul vor Samuel*) und *Herrumbrosas lanzas I-III* (1983–1986; *Rostige Lanzen I*, 1991) sowie einigen Erzählungen (*Una leyenda: Numa*, 1978; *Numa – eine Sage*, 1989; *Sub rosa*, 1973; *Sub rosa*) zu (post-)modernen Klassikern der spanischen Literatur geworden.

Mit Ausnahme des Luther-Romans *El caballero de Sajonia* (1991; *Der Ritter von Sachsen*) und einiger Erzählungen ist die Handlung des sich zyklisch ver(un)vollständigenden Erzählkosmos B.s in einer im Niedergang begriffenen und unzugänglichen fiktiven Gebirgsgegend im Norden Spaniens angesiedelt, die den Namen »Región« (Region, Gegend) trägt. Diese symbolische Repräsentation gesellschaftlicher Verfasstheit erhält durch Bezüge auf biblische und antike Stoffe eine zeitliche und semantische Tiefendimension, die weit über den Epochenrahmen (Spanischer Bürgerkrieg und Nachkriegszeit) hinausreicht. Der Rahmen dient lediglich als Folie, vor der die tragischen Verstrickungen des Menschen in den Widersprüchen zwischen verstandesmäßigen Ansprüchen, Leidenschaften und deren Unterdrückung immer wieder neu entworfen werden. Themen sind u. a. das Problem der sexuellen Begierde und (Nicht-)Erfüllung, der Macht und ihres unabwendbaren Missbrauchs, der Anmaßung des menschlichen Verstandes sowie des mitunter quälenden Fortwirkens von Vergangenheit im Gedächtnis einer paralysierten Gegenwart. So besteht *Saúl ante Samuel* aus dem zwischen zwei Wimpernschlägen hervorquellenden großen Meer aus Erinnerungen eines dem Krieg Entronnenen, in dessen Zentrum ein auf den Bruderkrieg weisender Familienmord steht. In *Volverás a Región* sucht die nach Región zurückgekehrte Protagonistin vergeblich nach den verlorenen Versprechungen ihrer Jugend. *Una leyenda: Numa* inszeniert dagegen mit der Figur eines um den Verstand gekommenen Flüchtlings in den Bergen die existentielle Verlassenheit des Menschen unter der Herrschaft des Logos nach der Überwindung einer Zeit der grausamen Geborgenheit im Mythos.

Stets wird rationaler Unergründbarkeit die Aussicht auf Ahnung mythologischer Zonen gegenübergestellt. Vor diesem Hintergrund wird B.s Forderung verständlich, der Roman habe mehr zu verbergen als aufzuzeigen und könne daher nicht ›realistisch‹ sein. In der Theorie hatte er diese Auffassung schon seit 1966 in mehreren brillanten Essays skizziert. Nach der Wahl eines gewichtigen Stoffes aus den Schattenbereichen der menschlichen Weltwahrnehmung – so B. – müsse ein Schriftsteller von Rang seinem Anspruch mit der höchstmöglichen Stilebene begegnen, die sich in der späten Moderne allerdings nur in Form fragmentarischen Schreibens verwirklichen lasse. In der Tat zeichnet sich die Prosa B.s durch einen hermetisch bis zur Unentschlüsselbarkeit fragmentierten Duktus aus. Seine handlungsarmen und technisch virtuosen Antiromane wollen jedoch nicht allein herkömmliche Erzählweisen in Frage stellen. Im ironischen Spiel von Selbstzerstörung und -schöpfung verweisen sie auch auf die suggestiven Möglichkeiten des Erzählens jenseits referentieller Benennbarkeit.

Die bislang wenig beachteten Theaterstücke korrespondieren zum Teil mit Themen, die auch in den Romanen erscheinen, wenngleich der getragene Ton hier der Groteske des absurden Theaters weicht. *Anastas o el origen de la constitución* (1970, verfasst 1958) steht in der Tradition der modernen Farce im Stile eines Alfred Jarry, während *Agonía confutans* (1970, verfasst 1966) eine komplexe Parodie grundlegender Dramenkonventionen darstellt. Die absurde Dialogführung des Theaters findet sich auch in den Gesprächspassagen der Romane *En la penumbra* (1989; Im Halbschatten, 1991) oder *La otra casa de Mazón* (1973; Das andere Haus von Mazón) wieder.

Gunnar Nilsson

Benjamin, Walter
Geb. 15. 7. 1892 in Berlin;
gest. 26. 9. 1940 in Port-Bou/Pyrenäen

Aus einer großbürgerlichen Familie stammend, schien sich für B. spätestens mit der hervorragenden Dissertation über den *Begriff der Kunstkritik in der deutschen Romantik*, die er während des Ersten Weltkrieges in der Schweiz verfasst hatte, das Tor zu einer Universitätskarriere weit zu öffnen. Von der akademischen Welt zunächst jedoch unbeachtet, wurde Hugo von Hofmannsthal zu B.s Fürsprecher, ihm verdankte er den Druck seines Aufsatzes über *Goethes Wahlverwandtschaften* (1924/1925). Zum Sommersemester 1923 war B. nach Frankfurt am Main gegangen, um sich an der dortigen Universität mit ei-

ner Studie über das barocke Trauerspiel zu habilitieren. Obwohl »diese Arbeit … zu den bedeutendsten und bahnbrechendsten Habilitationsschriften gehört, die je einer philosophischen Fakultät vorgelegen haben« (Gershom Scholem), wurde sie abgelehnt. Nach der gescheiterten Habilitation versuchte B., sich als Literaturkritiker in der Zeitungs- und Zeitschriftenlandschaft der Weimarer Republik zu etablieren. Als adäquate Form wissenschaftlichen und literarischen Verstehens war Kritik für ihn philosophisches und ästhetisches Programm, das er in einigen der einflussreichsten Foren seiner Zeit auch umsetzen konnte. Ein finanzielles Auskommen sicherte ihm diese Tätigkeit gleichwohl nicht.

Zu den raren Glücksfällen in seinem an beruflichen und privaten Rückschlägen reichen Leben zählte für B. die Freundschaft mit Bertolt Brecht, mit dem er seit 1929 in vertrauter Weise verkehrte. Sie entfremdete ihn dem langjährigen Freund Scholem, der 1923 nach Palästina ausgewandert war und seitdem versuchte, auch B. dazu zu bewegen. Ebenso skeptisch beobachteten die Vertreter des Institutes für Sozialforschung – B. hatte Theodor W. Adorno in Frankfurt kennengelernt – diese Freundschaft, da Brecht den Freund auf »vulgärmarxistische« Abwege zu führen schien. 1933 flüchtete B. nach Paris. Nachdem seine Bemühungen, sich dort als Übersetzer zu etablieren, erfolglos geblieben waren, bot ihm das Institut für Sozialforschung den einzigen ›materiellen und moralischen Halt‹. In diesem Rahmen entstand sein wichtiger kunsttheoretischer Aufsatz *Das Kunstwerk im Zeitalter seiner technischen Reproduzierbarkeit*. Hier und in anderen Aufsätzen konstatiert B., dass sich sowohl das Erscheinungsbild von Kunstwerken in Abhängigkeit von ihren Darstellungs- und den Wahrnehmungsformen gewandelt habe als auch die künstlerische Funktion selbst. In der Gegenwart werde die Erzählung, die ursprünglich mündlich tradiert wurde, durch die journalistische Information abgelöst. Während der Erzähler aus der Erfahrung berichte, seien die neuen Mitteilungsformen bar jeden Erfahrungsgehaltes. Brecht wurde für B. zum Sachwalter einer neuen epischen Form, die sich an den technischen Kommunikationsmedien orientiere und anstelle der Erfahrung politische Erkenntnisse vermittle.

B. setzte sich nicht nur theoretisch mit dem Erzählen auseinander, er war selbst ein passionierter Erzähler, so zum Beispiel in den Anekdoten, mit denen er die Briefe seiner Anthologie *Deutsche Menschen* rahmte, den Denkbildern der *Einbahnstraße*, den erzählenden *Städtebildern*, dem Reisetagebuch der Moskaureise und den unzähligen Prosaminiaturen. Die von B. konstatierte Krise der Erfahrung, die in seinem theoretischen Postulat vom Verlust der Aura als einmaliger Erscheinung einer Ferne, so nah sie auch sein möge, ihren Niederschlag fand, hat ihre Kehrseite in der Schilderung der lebensweltlichen Erfahrungen einer *Berliner Kindheit um neunzehnhundert*. Das Kind, von dem der Autor erzählt, sieht aus der Loggia in den Hof, es lässt die Bilder im Kaiserpanorama an sich vorüberziehen, überblickt den Tiergarten und schaut zur Siegessäule auf. Im Sehen gibt sich das Kind ganz der Großstadt hin. Der historische Erfahrungswert, den B. hier gestaltete, wurde zum utopischen Moment, das B. zufolge dem Vergangenen innewohne (Peter Szondi).

Im *Moskauer Tagebuch* hielt B. das Urteil des Theaterregisseurs Bernhard Reich über seine literarischen Versuche fest: »Am Abend hatten Reich und ich ein langes Gespräch über meine Schriftstellerei und über den Weg, den sie in Zukunft einzuschlagen habe. Er meinte, ich entließe meine Sachen in einem zu späten Stadium. In dem gleichen Zusammenhang formulierte er sehr zutreffend, in der großen Schriftstellerei sei das Verhältnis der Satzanzahl überhaupt zur Menge schlagender, prägnanter, formulierter Sätze wie 1:30, bei mir wie 1:2.« Nicht nur in der Prosa war B. ein moderner Minimalist, auch in seinen theoretischen Essays verkürzte er nicht selten philosophische Gedankengänge auf bildmächtige Aphorismen. Trotz des bereits in den 1970er Jahren unternommenen Versuches, B. als »dichterischen Denker« zu würdigen (Hannah Arendt), wurde er erst in den letzten Jahren als Literat entdeckt. In der jüngsten Forschung wird die Attraktivität von B.s Schriften auf den aphoristischen Zug seines Denkens zurückgeführt, der eine Ergänzung des ursprünglichen Zusammenhangs fordert. Für das ästhetische Verfahren, das B. sowohl bei seiner Prosa als auch bei der philosophischen Interpretation kultureller Phänomene anwendete, wurde das Schlagwort »Konstruktiver Fragmentarismus« (Detlev Schöttker) geprägt. Dieses Verfahren war zugleich Ausdruck der Beziehungen, die B. mit den künstlerischen Strömungen seiner Zeit verband: Dadaismus, Futurismus, Surrealismus und Konstruktivismus. Demgegenüber umfasste der Gegenstandsbereich seines Werks das 19. Jahrhundert: Nach den idealistischen Ausführungen zur deutschen Romantik widmete er sich Charles Baudelaire, einem »Künstler in Zeiten des Hochkapitalismus«, um letztendlich in dem Fragment gebliebenen Passagen-Werk bei den Pariser Passagen zu verweilen, die für den Materialisten exemplarisch den Geist dieses Jahrhunderts, seine »Urgeschichte«, verkörperten, da sich aus ihnen kollektive Vorstellungen ablesen lassen. Auf den Surrealismus ging B.s Versuch zurück, »das Bild der Geschichte in den unscheinbarsten Fixierungen des Daseins, seinen Abfällen«, festzuhalten.

Im Juni 1940 floh B. vor den deutschen Truppen nach Südfrankreich und versuchte, illegal über die Pyrenäen nach Spanien einzureisen. Da er in dem spanischen Grenzort Port Bou von den Behörden gefasst wurde und nach Frankreich überstellt werden sollte, nahm er sich am 26. September 1940 das Leben. Sein Essay über *Goethes Wahlverwandtschaften* endet mit dem Satz: »Nur um der Hoffnungslosen willen ist uns die Hoffnung gegeben.«

Werkausgabe: Gesammelte Schriften. Hg. von Rolf Tiedemann und Hermann Schweppenhäuser. Frankfurt a. M. 1972 ff.; Gesammelte Briefe. Hg. von Christoph Gödde und Henri Lonitz. Frankfurt a. M. 1995 ff.

Uta Beiküfner

Benn, Gottfried
Geb. 2. 5. 1886 in Mansfeld/Westpriegnitz; gest. 7. 7. 1956 in Berlin

Spät, 1951 erst, ehrt man den eben noch politisch »unerwünschten Autor« mit dem Georg-Büchner-Preis, ihm verliehen, »der, streng und wahrhaftig gegen sich selbst, in kühnem Aufbruch seine Form gegen die wandelbare Zeit setzte und …, durch Irren und Leiden reifend, dem dichterischen Wort in Vers und Prosa eine neue Welt des Ausdrucks erschloß«, so die Urkunde. 1952 folgt das Bundesverdienstkreuz I. Klasse, postum der Große Kunstpreis des Landes Nordrhein-Westfalen. Mit den *Statischen Gedichten* (1949) hatte eine sensationelle und suggestive Rezeption begonnen, und zwar ganz unter dem Vorzeichen »Sprachmagie«, durch die der provozierende Protest seiner expressionistischen Lyrik (*Morgue*, 1912; *Söhne*, 1913; *Fleisch*, 1917) und der erkenntniskritische und analytische Rang seiner Reflexionsprosa (*Gehirne*, 1916; *Diesterweg*, 1918) sowie seiner dramatischen Skizzen (*Etappe, Ithaka, Der Vermessungsdirigent*, 1919) lange übertönt wurde. B. nannte den unverhofften Ruhm ironisch sein »Comeback« und hielt an der Einheit seines Gesamtwerks fest: »Es zieht sich doch eine Linie von: Die Krone der Schöpfung, das Schwein der Mensch bis zu den letzten Siegel: ›im Dunkel leben, im Dunkeln tun, was wir können‹« (an F. W. Oelze, 6. 8. 1952).« Fünfzehn Jahre lang von den Nazis als Schwein, von den Kommunisten als Trottel, von den Demokraten als geistig Prostituierter, von den Emigranten als Renegat, von den Religiösen als pathologischer Nihilist öffentlich bezeichnet« (*Berliner Brief*, 1948), fiel ihm die Rückkehr in die Öffentlichkeit nicht leicht und machte es den Nachgeborenen schwer, zwischen intellektueller Faszination und ideologiekritischem Unbehagen zu unterscheiden. Dies gilt auch dort, wo B.s exis-

tentielle Rücksichtslosigkeit, seine distanzierte selbstherrliche Gestik, seine leidenschaftliche Ablehnung alles Bürgerlichen, seine Auffassung, dass das Alltägliche und dessen Gegenwelt, die der dichterischen Bildlichkeit, einander ausschließen, sein philosophisches, auf den Grund gehendes Vokabular, für eine völlig vergangene Erlebnis- und Begriffswelt gehalten wird, nämlich für die »Fortsetzung des deutschen Idealismus mit anderen Mitteln« (Peter Rühmkorf). In Person, Werk und »Wirkung wider Willen« ist B. eine exemplarische Erscheinung, weniger des geschichts- und perspektivelos gewordenen Bürgertums, als vielmehr musterhaft für das Krisenbewusstsein der Moderne überhaupt. In Sellin (Neumark) als Sohn der Erzieherin Caroline B., geb. Jequier aus der romanischen Schweiz, und des preußischen Pfarrherrn Gustav B. aufgewachsen, hat er die prägende Sozialisationsphase nie verleugnet: »Gewiß habe ich die Atmosphäre meines Vaterhauses bis heute nicht verloren: in dem *Fanatismus zur Transzendenz ...* ins Artistische abgewendet, als Philosophie, als Metaphysik der Kunst« (*Dichterglaube*, 1931). Der autoritäre und orthodoxe Vater hindert ihn, der qualvoll an Krebs sterbenden Mutter beizustehen. 1922 stirbt Edith Osterloh, seine erste Frau; 1929 stürzt sich die Schauspielerin Lili Breda, mit der er befreundet ist, in den Tod; Herta von Wedemeyer, die er 1938 ehelicht, nimmt sich aus Angst vor den Russen das Leben – subtil nur zugegebene Erschütterungen. Denn die »Ereignislosigkeit« seiner biographischen Existenz spielte B. stets gegen die Weite seines »lyrischen Ich« aus. In Berlin hat er bis auf wenige Jahre sein Leben zugebracht, als abgebrochener Theologe an der Militärärztlichen Akademie (»Kälte des Denkens, Nüchternheit ... vor allem aber die tiefe Skepsis, die Stil schafft, wuchs hier«), als Psychiater an der Charité, dann als Serologe und Pathologe in Charlottenburg, ab 1917 als Facharzt für Haut- und Geschlechtskrankheiten. Im Rückblick schien ihm seine Existenz »ohne diese Wendung zu Medizin und Biologie undenkbar« (*Lebensweg eines Intellektualisten*, 1934). Eine Wende für B. wird 1932 die Berufung in die Preußische Akademie der Künste.

»Die Wahl war damals eine außerordentliche Ehre«, berichtet er in *Doppelleben*, 1950. Gedanklich der konservativen Revolution nahe und wegen seiner esoterischen Kunstauffassung (*Über die Rolle des Schriftstellers in dieser Zeit*, 1929; *Können Dichter die Welt ändern?*, 1930; *Eine Geburtstagsrede und ihre Folgen*, 1931) von den Linksintellektuellen scharf kritisiert, lässt sich B. in seiner neuen Rolle zur Legitimation der nationalsozialistischen Machtergreifung (*Der neue Staat und die Intellektuellen*, 1933) und zu groben Anwürfen gegen die »literarischen Emigranten« im Rundfunk hinreißen. Bald enttäuscht, entschließt sich B. zur »aristokratischen Form der Emigrierung« (an Ina Seidel, 12. 12. 1934), bevor er 1936 im *Völkischen Beobachter* und im *Schwarzen Korps* infam beleidigt und existenzgefährdend beschimpft wird. Wie schon während des Ersten Weltkriegs in Brüssel tut er Dienst als Militärarzt, zuletzt, von 1943 bis zur Kapitulation, in Landsberg a. d. Warthe, wo der *Roman des Phänotyp. Landsberger Fragment* (1944) entstand. Halt und anspruchsvollen Gedankenaustausch bietet ihm seit 1932 die Korrespondenz mit dem Bremer Importkaufmann Dr. Oelze, dem er bis 1956 rund 700 Briefe schickt. Im Winter 1933 war B. vom NS-Ärztebund von der Liste attestberechtigter Ärzte gestrichen worden, 1938 kamen der Ausschluss aus der Reichsschrifttumskammer und das Schreibverbot. B. war zeitlebens ein introvertierter Einzelgänger, der sich sogenannten Geselligkeiten gern entzog, schwierig im Umgang und häufig schroff. Distanz auch kennzeichnet seine Beziehung zu den Weggefährten und Freunden: Zu Klabund, den er seit der Gymnasialzeit in Frankfurt a. O. oder kannte, zu den Bekannten aus dem »Café des Westens«, später zu Carl und Thea Sternheim, zu Paul Hindemith, mit dem er 1931 ein Oratorium (*Das Unaufhörliche*) schuf, zu Oskar Loerke in der Zeit des Terrors, zu seinem Verleger Max Niedermayer, nach 1950 auch zu Ernst Jünger, Ernst Robert Curtius, Max Bense, Friedrich Sieburg und Max Rychner. Zu europäischem Ansehen gelangte B. am Ende doch noch: 1952 ist er deutscher Vertreter auf der »Biennale Internationale de Poésie« in Knokke (Belgien).

Ein Vortrag in Marburg über *Probleme der Lyrik* (1951) wirkt auf die Generation der jungen Lyriker und in der Germanistik nachhaltig. Doch auf die Pseudokultur des Wiederaufbaus reagiert B.s späte Lyrik (*Fragmente*, 1951; *Destillationen*, 1953; *Aprèslude*, 1955) eher melancholisch. B.s Œuvre ist Konfession und Reflexion eines »späten Menschen«, des *modernen Ich* (1920), das der heteronomen Erfahrungswelt und dem Nihilismus der Denkstile noch einmal die »Form als Sein« entgegenstellt. Im Bewusstsein von Untergang und Verlust leistet er poetischen Widerstand als Lebens- und Überlebenskampf wider den Materialismus, den Wissenschaftspositivismus, den Fortschrittsoptimismus, den Kapitalismus wie den Sowjetkommunismus. Alle schriftstellerischen Möglichkeiten der Demontage und Destruktion, des Zynismus und der Lakonik hat er versucht, Pessimismus in der Nachfolge Arthur Schopenhauers als »seelisches Prinzip« und das Artistenevangelium nach Friedrich Nietzsche zu verkünden – als Denkformen intellektueller Redlichkeit. Eine *Ausdruckswelt* (1949), singulär und exklusiv gemeint, sollte die »Substanz« der abendländischen Kultur wenigstens in mystischer Partizipation oder als inneren Traumvorgang bewahren. Platonismus, Neuplatonismus, säkularisierte Restposten des Christentums, Biologismen und z. T. abenteuerliche neuro-physiologische und genetische Thesen sind das intellektuelle Äquivalent einer hinreißenden, ästhetisch versierten Montage- und Argumentationstechnik, in der B. die Assoziationsfülle der Worte und Wortfolgen freisetzt, das Zeichenpotential aus Philosophie, antiker Mythologie, Fremdsprachen, Medizin, Technik und Jargon der Gosse raffiniert verwendet. Von der »Ästhetik des Häßlichen« seiner Anfänge bis zum elegischen Altersparlando wird im Werk B.s eine strukturelle Kontinuität sichtbar. Häufig folgt der aggressiven Herausforderung durch benannte Unerträglichkeiten der Realität die Regression in künstliche Gebilde, die nicht selten Selbstdestruktion und gnadenlose Kritik dieses Rückzugsverhaltens nach sich zieht. Dies ist eine eigentliche gestische Konstanz, die sich bei B. nicht nur im Wechsel zwischen Provokation der Öffentlichkeit und radikalem Rückzug in die autonome Einbildungskraft wiederholt, sondern als Textstruktur nachweisbar ist. Er ist der provozierte Provokateur, dessen Ausflüchte in Rausch und lustvolle Entgrenzungen oder in Form und Zucht eine den eigenen Narzissmus kränkende Wirklichkeit auszuschließen versuchen. Das Doppelleben des *Ptolemäers* (1949) steht für B.s verzweifelten Versuch, das Krisenbewusstsein der Moderne als Existenzform auszuhalten: »Wir lebten etwas anderes, als wir waren, wir schrieben etwas anderes, als wir dachten, wir dachten etwas anderes, als wir erwarteten, und was übrigbleibt, ist etwas anderes, als wir vorhatten.« Verführung durch Bilderflut, Sublimation sozialer Defekte durch Kunst ist B.s Absicht. Zeitverhaftet dagegen scheint sein Geschichts- und Kunstbegriff, der die »Phantasiewelt« des Dr. B. zuweilen auf die enge Welt der »Männerphantasien« reduziert. Die Modernität seines Werks liegt im Versuch, von den Inhalten und der Sprachfunktion zum »reinen« Ausdruck zu gelangen. Fragwürdig geblieben sind die denkerische Selbststilisierung und die notorisch verfochtene These vom »asozialen«, d. h. moralfreien »Wesen« der Kunst. Seiner Tochter Nele schrieb dieser Fanatiker des gesteigerten, des »provozierten Lebens« definitiv: »Immer wieder erlaube ich mir auf zwei Sentenzen von mir zu verweisen, die lang zurückliegen, ein Vers: ›schweigend strömt die Äone‹, und ein Prosasatz: – ›du stehst für Reiche, nicht zu deuten in denen es keine Siege gibt‹. Ich könnte einen dritten hinzufügen: ›es gibt Dinge, die verdienen, daß man niemanden von ihnen überzeugt.‹ So, nun hast du den schillernden G. B.« (4. 12. 1947).

Werkausgaben: Sämtliche Werke. Stuttgarter Ausgabe. In Verbindung mit Ilse Benn hg. von Gerhard Schuster (Bde. I–V) und Holger Hof (Bde. VI–VII/2). Stuttgart 1986–2003; Briefe. Bd. I-II/2. Hg. von Harald Steinhagen und Jürgen Schröder. Wiesbaden/München 1977–1980; Bd. III. Hg. von Ann C. Fehn. Wiesbaden/ München 1978; Bd. IV. Hg. von Marguerite V. Schlüter. Stuttgart 1986; Bd. V. Hg von M. V. Schlüter. Stuttgart 1992; Bd. VI. Hg. von Bernd Witte. Stuttgart 2002.

Michael Stark

Bense, Max Otto
Geb. 7. 2. 1910 in Straßburg;
gest. 29. 4. 1990 in Stuttgart

Nach der Ausweisung der Deutschen aus dem Elsass lebte B. mit seinen Eltern ab 1920 in Köln. Während der Schulzeit begann er, literarische Texte zu verfassen und schloss sich der Rheinischen Gruppe um den Kölner Literaten und Buchhändler Goswin P. Gath an.

Seine zwischen Philosophie, Mathematik, Physik, Geologie, Literatur und Malerei oszillierenden Interessen sind bereits in den zahlreichen Publikationen der 1930er Jahre erkennbar. Als Mitarbeiter der *Kölnischen Zeitung* und des Kölner Rundfunks verfasste er zahlreiche Rezensionen, kleine Betrachtungen, Berichte, Skizzen, Nachrufe, Essays usw., z. B.: »Die Wendung zum Symbol«, »Überwindung der Lebensangst«, »Geist und Gestalt«, »Von der Wahrheit im Aphorismus«, »Das Gesetz in der Schönheit«, »Über die Phantasie«, »Umgang mit Philosophen«.

Sein erstes Buch *Raum und Ich* (1934) brachte ihm die Anerkennung des von ihm bewunderten Gottfried Benn ein. In der Nachfolge Nietzsches angesiedelt, enthält es im Kern alle Themen, die ihn während seines weiteren Lebens beschäftigen sollten; treffend nannte er es sein »Quellwerk«. Es folgten philosophische, geistesgeschichtliche und kulturpolitische Bücher wie: *Aufstand des Geistes* (1935), *Anti-Klages oder Von der Würde des Menschen* (1937), *Die abendländische Leidenschaft* (1938), *Sören Kierkegaard – Leben im Geist* (1942), *Umgang mit Philosophen* (1947), *Von der Verborgenheit des Geistes* (1948), *Technische Existenz* (1949), *Plakatwelt* (1952), *Rationalismus und Sensibilität* (1956), *Modelle* (1961), *Experimentelle Schreibweisen* (1964), *Brasilianische Intelligenz* (1965).

Nach der Promotion mit der Dissertation *Quantenmechanik und Daseinsrelativität* war er von 1938 bis 1939 als Physiker bei der I. G. Bayer in Leverkusen tätig. Im Juni 1939 zur Luftwaffe eingezogen, arbeitete er ab 1942 als Physiker im Labor Dr. Hollmann in Berlin und Georgenthal/ Thüringen, wo er nach Kriegsende fünf Monate lang als Bürgermeister wirkte. Ab Oktober 1945 Kurator der Universität Jena, habilitierte er sich 1946 mit *Geistesgeschichte der Mathematik* (1. Band 1946, 2. Band 1949) und wurde zum Professor ernannt. Nach der Flucht in den Westen hielt er 1948 als stellvertretender Präsident des »Rheinischen Kulturinstituts« Vorträge und arbeitete für Zeitungen und Rundfunksender. 1949 wurde er an die Technische Hochschule (später Universität) Stuttgart berufen, wo er bis zu seiner Emeritierung 1978 den Lehrstuhl für Philosophie und Wissenschaftstheorie innehatte.

B. verteidigte sein allgemeines philosophisches Anliegen als »Existentiellen Rationalismus«. Neben Büchern und Abhandlungen zur Geistesgeschichte der Mathematik, zu Technik- und Naturphilosophie sind jedoch die ästhetischen und semiotischen Schriften wie z. B.: *Aesthetica. Einführung in die neue Ästhetik* (1965, 21982) *Semiotik. Allgemeine Theorie der Zeichen* (1967), *Die Unwahrscheinlichkeit des Ästhetischen und die semiotische Konzeption der Kunst* (1979) für sein Gesamtwerk bestimmend. Seine Offenheit für alles Neue machte ihn Anfang der 1960er Jahre zum Anwalt der aufkommenden Computer-Poesie und -Graphik.

Mit *bestandteile des vorüber. dünnschliffe mischtexte montagen* (1961) beginnen neue Reflexionen über das Material des Schriftstellers: Wörter, Sätze, Textformen usw. In *Grignan-Serie. Beschreibung einer Landschaft* (1960) und *Entwurf einer Rheinlandschaft* (1962) treten sie mit Beschreibungen und Erinnerungen vermischt auf. Die Auflösung und Zusammensetzung des Sprachmaterials wird auch in *vielleicht zunächst wirklich nur. monolog der terry jo im mercey hospital* (1963), *Die präzisen Vergnügen* (1964) und *Die Zerstörung des Durstes durch Wasser. Einer Liebesgeschichte zufälliges Textereignis* (1967) vorgestellt. Was in *Rationalismus und Sensibilität* (1956) theoretisch analysiert wurde, begegnet hier in Form literarischen Ausdrucks: eine Mischung aus Sinnlichkeit, Vernunft und Kritik. Als 1981 sein erster Gedichtband *Zentrales und Occasionelles* erscheint, notiert Ludwig Harig in einer Besprechung: »Ich habe niemanden kennengelernt, der ein so radikales Wörterwesen wäre wie Max Bense.«Das Buch vereinigt verschiedene poetische Formen: rhythmische Prosa, konkrete Poesie, gereimte Gedichte und metaphysische Reflexionen.

Als Herausgeber der Zeitschrift *augenblick. zeitschrift für tendenz und experiment* (1955–1960) nahm B. kritisch Stellung zu Literatur, Kunst und Politik, was ihm nicht nur Freunde einbrachte. 1960 gründete er mit Elisabeth Walther die *edition rot*, um eigene und fremde Texte publizieren zu können. Die Polemik gegen Dogmen, die er in *augenblick* begonnen hatte, übersetzte er später auch in poetische Formen, wie in »Selbst-Porträt mit Sacharow für Helmut Mader« (*Das graue Rot der Poesie*, 1983): »Ich brauche keine langen Märsche / der Dogmatiker für mich, / die Frieden sagen und Gefängnis meinen / … Das denkende Wesen gegen das gläubige, / Prinzip Forschung gegen Prinzip Hoffnung, / das Urteil der Schlußfigur gegen Nomenklatura.«

B. bezeichnete sich selbst als »engagierten Schriftsteller«, der die Auseinandersetzung nicht scheute und in Kauf nahm, dass nach Erscheinen der Bücher *Descartes und die Folgen* (1955), *Ein Geräusch in der Straße* (1960), *Ungehorsam der Ideen* (1965, 21966) und *Artistik und Engagement* (1970) wegen seines Atheismus immer wieder seine Absetzung als Hochschullehrer gefordert wurde. Seine Kritik an der konventionellen Verwendung der Sprache und sein Plädoyer für eine neue experimentelle Schreibweise in *Theorie der Texte* (1962) sollten zugleich eine allgemeine Neuorientierung ermöglichen. Aus diesen Überlegungen entstanden auch die Hörspiele *Monolog der Terry Jo* (zusammen mit Ludwig Harig) und *Metro Babylon*. Seine Kritik galt außerdem den herkömmlichen hermeneutischen Methoden der Literaturwissenschaft, denen er eine Informations- und Zeichenästhetik entgegenstellte (*Literaturmetaphysik*, 1952, und *Aesthetica*, 4 Bde. 1954–1960, u. a.). In der von ihm herausgegebenen internationalen Vierteljahresschrift für Semiotik und Ästhetik *Semiosis* (1976–1990) publizierten Wissenschaftler aus vielen Ländern.

Seit *Raum und Ich* war für ihn auch die Todesreflexion ein wichtiges Thema. Ein Beispiel ist dafür sein Gedicht »Letzte Implikation. Wenn dann, / noch nicht / vielleicht bald / oder später / doch sicher zweifellos / wird es sein, / und warum / auch nicht? / Wenn der Gedanke endet, / gehe ich auch.« (*Das graue Rot der Poesie*, 1983). Inhalte der Gedichtbände *Kosmos Atheos* (1985), *Nacht-Euklidische Verstecke* (1988) und des Prosafragments *Der Mann, an den ich denke* (1991) sind Erinnerungen und Reflexionen in poetischer Form. Für den Philosophen B. ist auch der Mond nicht nur ein Himmelskörper: »Poesie ist die Notwehr der Wörter / gegen ihre Verachtung und ihr Vergessen, / Entzücken des Mondes gegen die Kälte« (*Nacht-Euklidische Verstecke*). Seine Selbsteinschätzung formulierte in *Poetische Abstraktionen* (1990): »Es war nicht immer der heiße Traum der Poesie, den er im Sinne hatte, wenn er schrieb. – Es war auch der kalte Weg der saturierten Prosa, der seine Argumentation und ihr Problem gewann und seine Ängste unterlief.«

Werkausgabe: Ausgewählte Schriften in 4 Bänden. Hg. von Elisabeth Walther. Stuttgart/Weimar 1997–98.

Elisabeth Walther

Beowulf
7. bis 9. Jahrhundert

Der *Beowulf*, das erste große Gedicht der englischen Literatur, ist in einer Handschrift, die um das Jahr 1000 entstanden ist, vollständig überliefert und umfasst 3182 stabende Langzeilen. Im Manuskript waren ursprünglich fünf altenglische Werke zusammengefasst, drei davon sind erhalten, zwei bereits 1563 verlorengegangen. 1731 beschädigte ein Feuer das Manuskript schwer. Die verbrannten Ränder begannen abzubröckeln, so dass die beiden Transkriptionen, die G.J. Thorkelin 1786/87 anfertigte, heute von immensem Wert sind. 1810 erhielt der Beowulf seinen Namen nach dem Protagonisten, 1815 wurde er zuerst ediert. Entstehungsort und -zeit der Geschichte liegen im Dunkeln. Linguistische Untersuchungen haben gezeigt, dass alle fünf in der Handschrift gesammelten Texte Vorläufer hatten. Die Form der skandinavischen Namen und eine historische Episode aus dem Jahr 521, in welcher der Gaute Hygelac von den Friesen getötet wird, Überlegungen hinsichtlich der Besiedlungs- und Eroberungsgeschichte Großbritanniens und auch bezüglich der christlichen Einflüsse geben Indizien, lassen aber keine genauere Festsetzung der Entstehungszeit als die Datierung zwischen 650 und 850 zu. Die im *Beowulf* vorkommenden Dialekte sind nicht klar und einheitlich identifizierbar, es könnte sich auch um einen poetischen Dialekt handeln, der bewusst archaische und regionale Formen vermischt.

Das Gedicht erzählt zwei Episoden aus dem Leben des Beowulf, die die Eckpunkte seines Heldendaseins, seinen Aufstieg und seinen Tod darstellen. Der alte Dänenkönig Hroðgar hat die Prunkhalle Heorot bauen lassen, wird dort nun aber allnächtlich vom Ungeheuer Grendel überfallen, wobei immer wieder Gefolgsleute Hroðgars ihr Leben lassen müssen. Diese Kunde erreicht die Gauten, und Beowulf macht sich auf, in der Fremde Ruhm und Ehre zu erkämpfen. Er tötet Grendel mit bloßer Hand, doch die Freude wird schnell getrübt: In der folgenden Nacht erscheint Grendels Mutter und rächt ihren Sohn, indem sie Hroðgars liebsten Krieger verschleppt und tötet. Beowulf erklärt sich sofort bereit, sich auch ihr entgegenzustellen. Es folgt ein heftiger Kampf am Grund eines Sees, in dem das Ungeheuer lebt. Beowulf kann nur knapp die Oberhand behalten. Er wird als Held gefeiert, und Hroðgar hält eine Lobrede auf Beowulf, in der er auch vor den Gefahren des Übermuts warnt. Heimgekehrt, erhält Beowulf von seinem Onkel Hygelac, dem König der Gauten, Schwert, Besitz und Rang – nachdem Beowulf in seiner Jugend verspottet wurde, hat er sich nun endgültig Ansehen erstritten.

Der zweite Teil des Gedichts spielt weit später: Hygelac und sein Sohn Heardred sind tot, Beowulf ist schon seit über 50 Jahren König der Gauten. Da ein Drache das Land verheert, bricht Beowulf mit elf Männern auf, will das Untier dann aber allein stellen. Außer dem jungen Kämpfer Wiglaf fliehen alle seine Gefolgsmänner, als der Kampf schlecht für ihn steht. Gemeinsam können Beowulf und Wiglaf den Drachen töten; Beowulf wird aber tödlich verletzt. Im Sterben bekundet Beowulf seine Freude über den für sein Gefolge erkämpften Hort und gibt Wiglaf seinen letzten Willen bekannt. Am Ende stehen Totenklage und die Bestattung Beowulfs.

Beowulf scheint ein Vorzeigeheld von überragendem Mut, ein idealer angelsächsischer Kriegeraristokrat und Anführer zu sein; es stellt sich jedoch die Frage, ob er nicht zu weit geht: Das höchste Ziel des Heldenlebens besteht darin, Ruhm zu erlangen, doch ist an Beowulfs Verhalten unterschwellige Kritik bemerkbar. Von den vier Tugenden des Königtums lässt er eine vermissen: Er besitzt *sapientia*, *fortitudo* und *justitia*, nicht aber *temperantia*. So kämpft er am Ende allein gegen den Drachen, verrät ein Übermaß an heroischem Stolz und missachtet Hroðgars Warnung, die an zentraler Stelle im Gedicht steht.

Die Figur des Beowulf ist vermutlich eine Erfindung des Dichters, die meisten anderen Charaktere sind dagegen in früheren Legenden auffindbar. Der *Beowulf*-Stoff gehört nicht zu den prominenten Teilen der germanischen Sagenwelt, doch gibt es zahlreiche Hinweise auf Gemeinsamkeiten etwa mit der *Edda*, der *Völsunga saga* und der *Grettis saga*. Historisch adäquat sind u. a. die elaborierten Beschreibungen von Waffen, Rüstungen, Schiffen, Hallen und Beerdigungsritualen, sie korrespondieren mit archäologischen Funden aus dem 7. Jahrhundert in England und Skandinavien. Der Wortschatz des *Beowulf* ist gewaltig; insgesamt finden sich in wenig mehr als 3000 Versen über 4000 Vokabeln, darunter z. B. allein mehr als 30 verschiedene Begriffe für ›König‹. Der Dichter zeigt sich höchst einfallsreich; eine Reihe von Wörtern ist allein im *Beowulf* belegt. Es wird viel mit Variationen gespielt, d.h. eingeführte Begrifflichkeiten werden in Parallelismen mehrfach anders ausgedrückt, dabei wird häufig ein neuer Aspekt ins Licht gerückt, wodurch einerseits das narrative Tempo gesenkt, andererseits einschlägigen Begriffen Emphase verliehen wird. Der Vortragscharakter des *Beowulf* zeigt sich auch an zahlreichen Vorausdeutungen, Rückblenden, Wiederholungen und Zusammenfassungen. Die mündliche Tradition hinter dem Gedicht ist germanisch und pagan, der niedergeschriebene Text christlich geprägt. Germanische und christliche Tradition kommen mithin im *Beowulf* zusammen. Die erzählten Geschehnisse lagen schon zur Zeit des Dichters in der Vergangenheit, trotz der damals zumindest beginnenden Christianisierung sind die Charaktere heidnisch geblieben. Ursache aller Dinge ist die Vorsehung, das Schicksal spielt eine überragende Rolle, trotzdem behalten die Menschen Handlungs- und Willensfreiheit.

Ausgabe: Beowulf. Hg. H.W. Chickering. New York 1977.

Stephan Naguschewski

Bergengruen, Werner
Geb. 16. 9. 1892 in Riga;
gest. 4. 9. 1964 in Baden-Baden

Mitte Oktober 1937 erhält B. die offizielle Bestätigung seiner Entfernung aus der Reichsschrifttumskammer des Hitler-Staates zugestellt. »Anlaß, ihn als politisch unzuverlässig anzusehen«, hatte er davor schon genug geboten. In einem »dringlich« angeforderten Gutachten des »Gaupersonalamtes« München/ »Hauptstelle für politische Beurteilungen« heißt es: »Weder er noch seine Kinder sind Mitglied einer Gliederung. Der deutsche Gruß ›Heil Hitler‹ wird weder von ihm noch von seiner Familie angewendet ... Eine NS-Presse bezieht er soweit bekannt ebenfalls nicht ... Bemerkt sei noch, daß B ... konfessionell stark gebunden ist.«

Auch literarisch manifestiert sich seine Distanz zu den Machthabern. Mit den symbolisch verschlüsselten Romanen *Der Großtyrann und das Gericht* (1935) und *Am Himmel wie auf Erden* (1940) – für den sein Verlag (wie für andere Werke nach dem Schreibverbot) eine Sondergenehmigung erwirkt, die aber ein knappes Jahr später widerrufen wird – sowie mit dem anonym veröffentlichten, von der Gestapo beanstandeten Gedichtzyklus *Der ewige Kaiser* (1937) zählt B. zu den wenigen in Deutschland verbliebenen Vertretern einer – so Heinrich Böll – »ganz eindeutig antifaschistischen« Literatur. Seine regimekritischen Gedichte kursieren in Abschriften.

Grundlegend für diesen mutigen Widerstand ist B.s Bekenntnis zu einem »Konservatismus« des »alten Wahren«, zu den »fundamentalen Gegebenheiten des Daseins, an denen der Mensch sich inmitten aller Schwankungen immer wieder zu orientieren vermag«. Dieses entschiedene Traditionsbewußtsein ist von den Erfahrungen seiner Herkunft nicht zu trennen: »nun gehöre ich«, resümiert der 67-Jährige seine spätzeitliche Selbstdeutung (die, ironisch gebrochen, auch in seinen interessantesten Nachkriegsroman, *Der letzte Rittmeister* [1952] eingegangen ist), »wohl in manchem Betracht zu den Letzten – den letzten einer verfallenden Zeit, den Cidevants, den byvschie ljudi (gewesenen Leuten), den letzten Balten, den letzten Kaiserlichen oder Königlichen, den letzten Parteigängern der Freiheit« – verstanden als Behauptung von Individualität gegen den neuzeitlichen Prozeß der alle Lebensbereiche ergreifenden Mechanisierung, Normierung und Nivellierung –, »ja in einem bestimmten Sinne vielleicht gar zu den letzten Dichtern«, denen für ihn das »Offenbarmachen ... ewiger Ordnungen« aufgegeben ist. Geboren wird B. in dem damals zum Zarenreich gehörenden lettischen Metropole Riga als Sohn eines Arztes. Seine Familie zählt zu der »zahlenmäßig geringen, in jedem anderen Betracht aber ausschlaggebenden deutschen Oberschicht von aristokratisch patrizischer Artung, durch Jahrhunderte gewohnt, herrenmäßig sich zu behaupten«. Nach der Gymnasialzeit (in Lübeck und Marburg) befasst er sich während des Studiums (in Marburg, München und Berlin), finanziell der Notwendigkeit einer Berufswahl enthoben, sieben Semester hindurch mit verschiedenen Fächern, ohne zu einem Abschluss zu gelangen. Beim Ausbruch des Ersten Weltkriegs meldet er sich freiwillig zur deutschen Armee und tritt dann »in die Stoßtruppe der Baltischen Landwehr ein, die … den Kampf gegen die Rote Armee führte«. Zu Beginn der 1920er Jahre leitet er zwei Zeitschriften über Themen des deutschen Ostens. Seit dem Erscheinen seiner ersten literarischen Versuche 1922/23 arbeitet B. (zunächst knapp eineinhalb Jahrzehnte lang in Berlin) als freier Schriftsteller. Sein rasch wachsendes Œuvre besteht aus mehreren Romanen und einer unübersehbaren Zahl von Novellen (am bekanntesten geworden ist *Die drei Falken*, 1937), die, seinem Willen zur Darstellung des Prototypisch-Überzeitlichen gemäß, an klassische Formmuster anknüpfen und ganz überwiegend in der Vergangenheit angesiedelt sind. Hinzu kommen Gedichtbände, Reiseglossen, autobiographische Schriften sowie Übersetzungen der großen russischen Realisten. Das Werk ist durchgehend von der Strömung des sich auf ontologische »Unwandelbarkeiten« berufenden Widerspruchs zur Moderne nach dem Ersten Weltkrieg geprägt.

Seine Konversion zum Katholizismus 1936, dem Jahr seines Umzugs nach Solln bei München, definiert B. retrospektiv als Ergebnis einer »langsamen, organischen« Entwicklung. Im Herbst 1942 fällt das Wohnhaus einem Bombenangriff zum Opfer. Die Familie siedelt nach Tirol, vier Jahre später nach Zürich und 1958 schließlich nach Baden-Baden über, der Geburtsstadt seines engen Freundes Reinhold Schneider.

Nach dem Zweiten Weltkrieg genießt B. in der Bundesrepublik zunächst den Ruf eines repräsentativen Dichters. Mit den Übersetzungen beläuft sich seine Gesamtauflage auf mehrere Millionen. Während er, im Hinblick auf einzelne Arbeiten nicht ohne Grund, beansprucht, »Tröster« und »Beunruhiger« zugleich zu sein, vermögen seine Veröffentlichungen indes zunehmend nurmehr die erste Funktion zu beglaubigen. *Die heile Welt* – so der Titel einer Gedichtsammlung von 1950, die sich freilich auf eine metaphysische Gewissheit bezieht und die deutsche Schuld keineswegs ausblendet –, wird zum Schlagwort eines mit der Verdrängung der Vergangenheit einhergehenden gesellschaftlichen Einverständnisses. Außerdem beschleunigen die stilistische »Unzeitgemäßheit« des hochdekorierten und bei offiziellen Anlässen von Staat wie Kirche gern eingeladenen Dichters, ferner die Widersprüchlichkeit seiner »elitären« Kulturkritik, den Resonanzverlust B.s unter den Intellektuellen. Einerseits beklagt er die Veränderung der »Welt … bis zur gänzlichen Unwiedererkennbarkeit … infolge des Aufkommens der Technik« und des »Kapitalismus«, auf der anderen Seite verspottet er die seinem unbedingten Lebensvertrauen zuwiderlaufende Furcht »vor Kriegen, … vor der Vergiftung der Luft und des Wassers, die von den noch unbewältigten Abfallprodukten der Industrie bewirkt wird, und … vor den Auswirkungen der Atomenergie« als »albern« (1958). Innerkirchlich bleibt der trotz seiner Definition des Glaubens als existentiellem »Sprung über den eigenen Schatten« von den Zweifeln und Nöten der Moderne unangefochtene Christ den Reformen des Zweiten Vatikanischen Konzils gegenüber misstrauisch.

Hans-Rüdiger Schwab

Berger, John [Peter]
Geb. 5. 11. 1926 in Stoke Newington, London

John Berger gehört als Maler, Kunst- und Kulturkritiker, Dramen-, Drehbuch- und Romanautor zu den bedeutendsten Grenzgängern der europäischen Gegenwartskultur. Das vielfältige literarische Schaffen zu den Themen Sexualität, Emigration und alternative Lebensformen, kunsttheoretische Überlegungen zur Photographie und zum Verhältnis von Sehen und Erzählen sowie sozial- und kulturkritische Beiträge zum Arbeitsalltag, zur Urbanität und zur Konsumgesellschaft haben in Europa und den USA breite, wenn auch differenzierte Aufnahme gefunden. – Nach Kunststudien in London in den 1940er Jahren erteilte der aus einer Offiziersfamilie stammende B. privaten Mal- und Zeichenunterricht, da ihm der kommerzielle Erfolg als Maler versagt blieb. Über den Rundfunk fand er Anfang der 1950er Jahre den Weg zur Kunstkritik und profilierte sich mit Artikeln für den *New Statesman* und andere Zeitschriften bald als führender marxistischer Kunstkritiker Großbritanniens, ohne jedoch der KP anzugehören. Vertraut mit anarchistischem und sozialistischem Gedankengut, propagierte B. unter dem theoretischen Einfluss von Frederik Antal, einem Freund Georg Lukács', und Antonio Gramsci den *Sozialistischen Realismus* (*Permanent Red*, 1960). B.s Emanzipation von dessen orthodoxen Elementen beförderte ein stärker sozialhistorisch geprägtes Kunst- und Kulturverständnis und brachte ihn schließlich in Gegensatz zur offiziellen sozialistischen Kulturpolitik. Als erster literarischer Text erschien der autobiographische Roman *A Painter of Our Time* (1958), gefolgt von *The Foot of Clive* (1962) und *Corker's Freedom* (1964) – zwei sozialkritische Querschnitte der englischen Nachkriegsgesellschaft. B.s Kubismusstudien der 1960er Jahre regten ihn zur Hybridisierung von visuellen Künsten und literarischen Texten an. Die Experimente kulminierten im mit dem *Booker Prize* ausgezeichneten Roman *G.* (1972; *G.*, 1990), in dem ein anglo-italienischer Nonkonformist durch seine sexuelle und moralische Selbstverwirklichung bürgerliche Wertvorstellungen am Vorabend des Ersten Weltkriegs herausfordert. Parallel dazu erkundete B. gemeinsam mit dem Photographen Jean Mohr visuelle Ausdrucksmöglichkeiten, woraus sozial engagierte Bild-Text-Studien über einen englischen Landarzt (*A Fortunate Man*, 1967) und Gastarbeiterschicksale in Europa (*A Seventh Man*, 1975) sowie der experimentelle Erzählbildband *Another Way of Telling* (1982) erwachsen sind. In diesem Kontext stehen auch der aus der gleichnamigen populären BBC-Fernsehreihe entstandene Essayband *Ways of Seeing* (1972; *Sehen. Das Bild der Welt in der Bilderwelt*, 1974) über die Visualisierung der modernen Alltagswelt sowie der in Zusammenarbeit mit dem Cinéasten Alain Tanner produzierte Film *Jonah, Who Will Be 25 in the Year 2000* (1976). B., der Ende der 1950er Jahre unter dem Eindruck des Kalten Kriegs England verließ, bereiste in der Folgezeit Europa, bevor er sich in den 1970er Jahren in einem französischen Alpendorf niederließ. Aus der Nähe zur ländlichen Kultur erwuchs das literarische Interesse an der bäuerlichen Lebensweise als Alternative zur Massengesellschaft, was in der Trilogie *Into Their Labours* (1979–90) literarisch gestaltet ist. Experimentierte B. in den 1980–90er Jahren in Zusammenarbeit mit Nella Bielski verstärkt mit dramatischen Formen, so wandte er sich danach unter Aufgriff spekulativ-mystischer Elemente philosophischen Fragestellungen des modernen Menschen zu.

Stefan Welz

Bernanos, Georges
Geb. 20. 2. 1888 in Paris;
gest. 5. 7. 1948 in Neuilly

Georges Bernanos zählt neben Paul Claudel, Charles Péguy und François Mauriac zu den bedeutendsten französischen Autoren des literarischen ›renouveau catholique‹, der Ende des 19. und in der ersten Hälfte des 20. Jahrhunderts auf eine Erneuerung des katholischen Glaubens abzielte. Das konservative familiäre Umfeld wie auch die Ausbildung durch jesuitische Lehrer legten bei B. die Grundlagen für ein von Katholizismus und anti-parlamentarischem Monarchismus geprägtes Weltbild. Von 1906 bis 1913 studierte er in Paris Jura und Literaturwissenschaft, arbeitete im Anschluss daran als Journalist, dann als Versicherungsinspektor, um ab 1926 rein schriftstellerisch tätig zu sein.

In seinen Studienjahren schloss sich B. den militanten Royalisten der »Camelots du roi« an, ebenso der rechtsextremen Action française, der er nach dem Ersten Weltkrieg jedoch einen Mangel an Radikalität vorwarf. 1934 verließ er das republikanische Frankreich und siedelte nach Mallorca über, weitere längere Auslandsaufenthalte in Paraguay und Brasilien (1938–45) sowie in Tunesien (1947–48) folgten. Dennoch blieb B. in Essays und Pamphleten als scharfer Kritiker der Politik der ›Nationalen Einigung‹, der Kriegsverbrechen der Franquisten oder des Münchener Abkommens präsent (v.a. in *Les grands cime-*

tières sous la lune, 1938; *Die großen Friedhöfe unter dem Mond*, 1938). Den korrumpierten Idealen der Nationalisten, der Lauheit der katholischen Kirche sowie der allgemeinen Geltungssucht und dem Profitstreben seiner Zeitgenossen setzte er sein spezifisches Ehrgefühl, christliche Demut und Nächstenliebe entgegen.

Die literarische Bedeutung von B. beruht auf Romanen, die zumeist den in der Seele wütenden Kampf zwischen Gut und Böse bzw. eine spirituelle Suche ins Werk setzen. Der Durchbruch gelang ihm mit *Sous le soleil de Satan* (1926; *Die Sonne Satans*, 1927), worin sich die Geschichte der verstoßenen und zur Mörderin gewordenen Mouchette mit jener des sich auf asketischer Gottessuche befindenden Kaplans Donsissan verschränkt. Die *Nouvelle histoire de Mouchette* (1937; *Die neue Geschichte der Mouchette*, 1951) greift später das Thema der tragischen Einsamkeit einer Selbstmörderin erneut auf.

Die zentrale Gestalt des Priesters kehrt im *Journal d'un curé de campagne* (1936; *Tagebuch eines Landpfarrers*, 1936) wieder, das die Mühen eines Seelsorgers um ein wahres Christentum jenseits der erstarrten Kirche beschreibt und für das B. den Prix du roman der Académie française erhielt. Ein an Düsternis nicht zu überbietendes Bild hoffnungsloser Gottesferne zeichnet *Monsieur Ouine* (1943; vollst. Fassung: 1955; *Die tote Gemeinde*, 1962). Im Drama *Dialogue des Carmélites* (1949; *Die begnadete Angst*, 1951) hingegen findet die junge Nonne Blanche im Angesicht der revolutionären Schreckensherrschaft die innere Größe, mit ihren Mitschwestern auf dem Schafott das Martyrium zu erleiden.

Trotz seiner literarischen Erfolge, die einerseits auf konventionellen Formen, zugleich aber auf einprägsamen Charakteren und stilistischer Brillanz beruhen, blieb B. bis zuletzt ein Nonkonformist, der vier Mal die Aufnahme in die Ehrenlegion und ebenso den Sitz in der Académie française zurückwies.

Maximilian Gröne

Bernhard, Thomas
Geb. 9. 2. 1931 in Heerlen/Niederlande; gest. 12. 2. 1989 in Gmunden/ Oberösterreich

Preisgekrönt und verleumdet, verehrt und geschmäht – die anhaltend widersprüchlichen, z. T. heftigen Reaktionen auf Werk und Person B.s mag er selbst als eines jener Missverständnisse angesehen haben, die er unter Menschen einzig für möglich hielt: »Ich spreche die Sprache, die nur ich allein verstehe, sonst niemand, wie jeder nur seine eigene Sprache versteht; und die glauben, sie verstünden, sind Dummköpfe und Scharlatane.« Die Unaufhebbarkeit des Missverstehens als tieferer Grund und treibende Kraft seines Sprechens und Schreibens hat bei B. ihren Ursprung nicht zuletzt in der Prägung durch »zwei brauchbare Schulen natürlich: das Alleinsein, das Abgeschnittensein, das Nichtdabeisein einerseits, dann das fortgesetzte Mißtrauen andererseits«. Ihre Spur geht bis in die Kindheit und Jugendzeit zurück, deren existentiellen und zeitgeschichtlichen Hintergrund B. in seinen autobiographischen, gleichwohl seine Realitätserfahrungen mit gewollter Selbststilisierung und -inszenierung kunstvoll mischenden Erinnerungsbüchern eindrucksvoll beschrieben hat (*Die Ursache*, 1975; *Der Keller*, 1975; *Der Atem*, 1978; *Die Kälte*, 1981; *Ein Kind*, 1982).

In einem Heim für ledige Mütter, dem holländischen Klosterspital Heerlen, wird B. als unehelicher Sohn der Tochter des österreichischen Schriftstellers Johannes Freumbichler geboren. Die ersten Monate seines Lebens muss B. in verschiedenen provisorischen Unterkünften in Rotterdam und Umgebung verbringen, weshalb sich B. später häufiger als »Kind des Meeres, nicht der Berge« bezeichnete. Nachdem B. seine frühe Kindheit im Anschluss an diesen »Meeresaufenthalt« bei den Großeltern mütterlicherseits in Wien und Seekirchen am Wallersee verbracht hat, erlebt er »die schönsten Jahre« im oberbayerischen Traunstein. Ohne dass er seinen österreichischen Vater, einen 1940 »in Frankfurt an der Oder an den Kriegswirren zugrundegegangen(en)« Tischler, je gesehen hätte, wird in dieser Zeit für B. der geliebte Großvater zur prägenden Gestalt. Gegen die Haltung der Schule und für die Kunst fördert Johannes Freumbichler, der selbst »schon in frühester Jugend dieser sogenannten Normalität entflohen war«, früh B.s musische Begabung und bemüht sich um eine vielfältige »Belehrung, die glücklich machte«. »Aber neben dem Großvater immer wieder – man ist allein« (*Drei Tage*, 1971). So auch mit dem plötzlichen eigenen Entschluss, die 1943 begonnenen Salzburger Internatsjahre abzubrechen, um u. a. eine Kaufmannslehre aufzunehmen (1947). Bei der Arbeit im feuchten Keller holt sich B. eine schwere Rippenfellentzündung und wird derart lungenkrank, dass er schon »die letzte Ölung« erhält. Doch nachdem er bereits 1949 den Tod des Großvaters als Abschluss »meine(r) erste(n) Existenz« erlebt hatte und ein Jahr darauf auch seine Mutter starb, entscheidet sich B. gegen den Tod: »ich wollte leben, und zwar mein Leben leben«. Nunmehr entdeckt B., der sein Leben in jungen Jahren später als einen »Gang durch die Hölle« charakterisierte, für sich als Form des Überlebens wie als einzig mögliche Lebensform überhaupt das Schreiben. »In der Lungenheilstätte Grafenhof begann ich, immer den Tod vor Augen, zu schreiben. Daran wurde ich vielleicht wiederhergestellt« (*Lebenslauf*, 1954). Das literarische Frühwerk der 1950er Jahre bestimmt nach Art und Umfang B.s lyrische Produktion (vgl. *Gesammelte Gedichte*, 1991). Bereits in seiner ersten Buchveröffentlichung des Gedichtbands *Auf der Erde und in der Hölle* (1957) sah C. Zuckmayer »vielleicht die größte Entdeckung, die ich in den letzten zehn Jahren in unserer Literatur gemacht habe«. Doch der Prosaautor und Dramatiker B. ließ nach der letzten Veröffentlichung von Originalgedichten (1963) seine Lyrik allenfalls als den Ausdruck seiner damaligen Gemütsverfassung gelten, bis er in den 1980er Jahren Neuauflagen und Veröffentlichungen auch bisher ungedruckter Gedichte (*Ave Vergil*, 1981) zustimmte. Auch sie bestätigen, dass B.s Gedichte bereits alle bevorzugten Themen der späteren Werke (wie Tod, Krankheit, Erkenntniszweifel, Verfall u. a.) enthalten, doch verbindet sich noch die Sinnsuche und Sprachform dieser Lyrik des primär bildhaften Ausdrucks mit einer religiös-christlichen Erfahrung und Haltung. Dies hängt weniger mit dem durchscheinenden Grundmuster der Lyrik von Georg Trakl als der intensiven Auseinandersetzung mit dem religiösmetaphysischen Konzept Blaise Pascals zusammen, in der B. die persönlichen und zeitgeschichtlichen Krisen zu verarbeiten sucht. Daher nimmt das Frühwerk, das auch die Psalmform nicht ausschließt, seinen Ausgang von »einem ungemein starken moralischen Anspruch an Kunst und Künstlertum …, der auf Positivität zielt« (Manfred Mixner).

Neben drei Gedichtbänden, kurzen Bühnenspielen und einer vertonten Kammeroper entstehen fünf Sätze für Ballett, Stimmen und Orchester mit dem Titel *die rosen der einöde* (1959). Zunächst arbeitet B. jedoch unmittelbar nach seiner Heilung über Vermittlung Carl Zuckmayers als Journalist beim Salzburger *Demokratischen Volksblatt*, für das er 1952 bis 55 an die 250 Artikel schreibt. Eine »journalistische Scherbenwelt« (H. Höller), die neben regionalen Kulturberichten vor allem Gerichtsreportagen enthält, in denen B. später »ein unschätzbares Kapital (sieht). Ich glaube, da liegen die Wurzeln.« B. der bereits in der Schul- und Lehrzeit Musik- und Schauspielunterricht nahm und zunächst Opersänger werden wollte, beginnt 1955 am »Mozarteum« in Salzburg ein Schauspiel- und Regiestudium (1955–1957). Rückblickend charakterisierte B. diese Entscheidung als »Flucht zum Menschen …, »damit ich mich nicht isolier'«, doch hat diese Theaterarbeit vor allem »sein Sensorium für die Stimme, das Sprechen, die ästhetischen Möglichkeiten des szenischen Raums geschärft« (H. Höller). Eine Abschlussarbeit über Brecht und Artaud hat es wohl entgegen B.s eigenen stilisierenden biographischen Auskünften zum Debütroman (1963) nicht gegeben (M. Fialik). Nach der ›mit Erfolg‹ bestandenen Bühnenreifeprüfung (1957) betätigt sich B. bereits als freier Schriftsteller. Die frühen Prosa-Skizzen, Miniaturen, Aphorismen und Kurz-Erzählungen werden aber erst dreißig Jahre später als B.s letztes Buch erscheinen (*In der Höhe. Rettungsversuch, Unsinn*, 1989). Der eigentliche Durchbruch als Prosaautor gelingt B. 1963 mit dem Roman *Frost*. Ihm schließen sich in rascher Folge so bedeutende Prosawerke wie *Amras* (1964), *Verstörung* (1967) oder *Watten. Ein Nachlaß* (1969) an, bis mit den Romanen *Das Kalkwerk* 1970) und *Korrektur* (1975) ein vorläufiger künstlerischer Endpunkt der Prosa erreicht wird. Mit ihr hat B. »einen eigenen Tonfall in die deutsche Sprache gebracht« (W. Schmied) und wird vielfach für sie geehrt (u. a. Bremer Literaturpreis 1964, Georg-Büchner-Preis 1970). Bereits *Frost* offenbart B.s endgültigen Bruch mit der Illusion einer möglichen heilen (zumindest heilbaren) Welt. Seine Literatur scheint nunmehr gleich der Poesie des Malers Strauch in *Frost* »immer nur aus der Mitte ihres einzigen Gedankens, der ganz ihr gehört, erfunden«. Denn im Grunde variieren seine Werke seither alle nur den einen, gleichzeitig ihre objektive Grenze bezeichnenden Gedanken der absoluten Sinnlosigkeit der menschlichen Existenz in einer restlos sinnentleerten Welt: »Wir sind (und das ist Geschichte und das ist der Geisteszustand der Geschichte): die Angst, die Körper- und Geistesangst und die Todesangst als das Schöpferische.« Der Erschütterung dieser Erfahrung sich auszuliefern und gleichzeitig ihr einen »ebenso unbedingten und rücksichtslosen Kunstwillen als Selbstbehauptungs- und Existenzwillen« (Herbert Gamper) entgegenzustellen, macht die in sich widersprüchliche Grundbewegung seiner Sprachkunstwerke aus. Ihre Protagonisten sehen sich nicht nur der Drohung einer feindlichen gesellschaftlichen Umwelt, sondern zugleich den grausamen »Vorgängen äußerer und innerer Natur« ausgeliefert – denn es ist die ganz unromantisch gedeutete »lebenslänglich unbegreifliche und unverständliche Natur, die Menschen zusammenstößt mit Gewalt, mit allen Mitteln, damit diese Menschen sich zerstören und vernichten, umbringen, zugrunde richten, auslöschen«. Dieser Naturgeschichte ausgeliefert, erscheint B.s »Geistesmenschen« einzig »der Verstand als chirurgisches Instrument« der Bewahrung persönlicher Integrität. Doch statt zur Rettung führt sie ihr künstlerisches (*Frost*) oder wissenschaftliches (*Das Kalkwerk*) Ringen um absolute Erkenntnis in die Selbstvernichtung. Diese aber entfaltet B.s Prosa der »schlimmsten Genauigkeit« (Ingeborg Bachmann), für deren Kompositions- und Sprachkunst das große Erzählwerk *Auslöschung* (1986) nochmals ein überzeugendes Beispiel liefert, als historische Konsequenz einer nicht nur geistig, sondern auch wissenschaftlich und politisch »zerbröckelnden Welt« (Ingeborg Bachmann) europäischer Traditionen und Utopien. Die abgelegenen Wohnorte, verbunden mit dem Verlust menschlicher Kontakte und unterschiedlicher Formen des Wahnsinns, sind räumliche und psychosoziale Chiffren eines beziehungslosen Individualismus, der sich formal in einer gebrochenen Erzählweise (»Ich bin ein Geschichtenzerstörer«) und monologischen Sprechform virtuos aus- und darstellt.

Im stetig fortentwickelten Prosawerk zum eigentlichen Handlungsmoment geworden, bestimmt die innere Dynamik der monologisierenden Rede auch B.s Theaterstücke. Mit ihnen tritt der Prosaist B. erstmals 1970 (*Ein Fest für Boris*), seit 1975 dann vorwiegend – neben seinen autobiographischen Arbeiten – mit unverkennbar eigenem Profil auch als Dramatiker hervor. Insbesondere für seine Salzburger Stücke (*Der Ignorant und der Wahnsinnige*, 1972; *Macht der Gewohnheit*, 1974) gilt, dass »aus der Sprache, langsam ... sich mein Drama entfaltet«. B., der seit 1955 in bewusster Distanz zum Kulturbetrieb vorwiegend in seinem »Denkkerker«, einem Vierkanthof in Ohlsdorf/Oberösterreich, lebte, liebte und sein Theaterpublikum mit immer neuen, z. T. rüden Attacken gegen Kultur, Kirche und Politik(er) zu provozieren. Seine Dramen weisen aktuelle Bezüge zum Terrorismus (*Der Präsident*) oder zur Filbinger-Affäre (*Vor dem Ruhestand*) auf, wie B. in *Heldenplatz* (1988) u. a. zur möglichen Gefahr faschistischer Tendenzen im heutigen Österreich Stellung nahm. Doch der künstlerischen Qualität solcher Stücke kam dabei nicht immer die Lust des »eingefleischten Österreichers« (Rolf Hochhuth) an der skandalträchtigen Provokation zugute – vor allem der Provokation jenes »österreichischen Staates«, gegen dessen »Einmischung« und »Annäherung … meine Person und meine Arbeit betreffend in aller Zukunft« der schwerkranke B. sich kurz vor seinem Tod noch in seinem Testament glaubte »verwahren« zu müssen. Er starb am 12. Februar, dem Todestag Immanuel Kants. Im Testament verbot B. jede zukünftige Veröffentlichung oder Aufführung seiner Werke in Österreich bis zum Erlöschen des Urheberrechts. Dies war nochmals ein »gelungener dramatischer Coup«, der nach B.s Tod »ein landesweites Drama juristischer Winkelzüge und moralischer Debatten auslöste, die wiederum die ganze Gesellschaft aktivierte« (G. Honegger), aber mittlerweile erfolgreich umgangen werden konnte. Entgegen allem Anschein offenbaren seine eher aktuell ausgerichteten Dramen auch, dass eingreifend-analytische »Politik … Bernhards Sache nicht« war (M. Merschmeier). Letztlich variieren die Dramen nur die Negativität von B.s Gesellschafts-, Menschen- und Weltbild, betonen aber stärker die komischen Aspekte seines »philosophischen Lachprogramms«. Wenn sie auch nicht immer der »Monotonie einer selbstzufriedenen Kunstwelt« (Bernhard Sorg) entgehen, erscheinen sie als gleichwohl notwendiger Bestandteil von B.s Gesamtwerk mit seinen grausamen »Bücher(n) über die letzten Dinge, über die Misere des Menschen, nicht das Miserable, sondern die Verstörung, in der jeder sich befindet« (Ingeborg Bachmann).

Werkausgabe: Werke in 15 Bänden. Hg. von Wendelin Schmidt-Dengler und Martin Huber. Frankfurt a. M. 2003 ff.

Matthias Schmitz

Bessa-Luís, Agustina
Geb. 15. 10. 1922 in Vila Meã, Amarante/Portugal

Maria Agustina Ferreira Teixeira Bessa-Luís stammt aus einer Familie von Landbesitzern aus Nordportugal, der Region, in der sie auch die Handlung vieler ihrer Romane ansiedelt. Seit der Veröffentlichung von *Mundo fechado* (1948; Geschlossene Welt) und *Os Super-Homens* (1950), vor allem aber seit *A Sibila* (1953; *Die Sibylle*, 1987), mit dem sie den literarischen Durchbruch erreichte, hat sich B.-L. in der portugiesischen Literatur des 20. Jahrhunderts einen Platz in der vordersten Reihe errungen. Sie ist eine der wortgewaltigsten und produktivsten Autorinnen Portugals und beglückt seit *A Sibila* ihr zahlreiches Publikum fast jedes Jahr mit einem Roman oder einer Sammlung von Erzählungen. Daneben verfasste sie Theaterstücke und literaturkritische Arbeiten. Von ihren in Portugal überaus erfolgreichen, mehrfach preisgekrönten Romanen wurden viele in andere Sprachen, zwei auch ins Deutsche übersetzt. Neben ihrer schriftstellerischen Tätigkeit übernahm die in Porto lebende Autorin zeitweilig auch andere kulturelle Aufgaben: sie fungierte als Chefredakteurin der Zeitung *O Primeiro de Janeiro* und leitete das Nationaltheater *Dona Maria II*.

In B.-L.s umfangreichem Romanwerk lassen sich bei aller Vielfalt auch einige signifikative Konstanten bzw. Tendenzen ausmachen. *A Sibila* steht stellvertretend für einen von ihr intensiv kultivierten Romantyp und verdeutlicht in ihrem Werk häufig anzutreffende Charakteristika. Das Buch liefert, ausgehend von der Geschichte der Hauptfigur Quina, wegen ihrer magischen Kräfte auch »Sibila« genannt, eine detaillierte Analyse des nordportugiesischen Landlebens und der Strukturen einer bürgerlich-ländlichen Gesellschaft, deren bäuerliche Wurzeln noch immer Denken und Leben prägen. Damit schließt B.-L. an die schon im 19. Jahrhundert durch Autoren wie ihr Vorbild Camilo Castelo Branco oder Júlio Dinis zu großer Blüte geführte Tradition des regionalistischen Romans in der Form der Familiensaga an, rückt aber klar ab von den neorealistischen Strömungen der 1950er Jahre. Soziales und Politisches ist in *A Sibila* zwar präsent, wird jedoch zugunsten der symbolischen, poetischen Beschreibung einer geschlossenen Welt und der eher assoziativen als rationalistisch-analytischen Durchleuchtung der Figuren und ihrer psychischen Strukturen in den Hintergrund gerückt. Deutlich wird nicht nur B.-L.s Vorliebe für psychologisch komplexe weibliche Hauptfiguren, deren Verhalten und Empfinden in seiner ganzen Widersprüchlichkeit thematisiert wird, sondern auch der Stellenwert matriarchaler Strukturen in der ländlichen Gesellschaft, das Insistieren auf der Unvereinbarkeit von männlicher und weiblicher Mentalität.

Wie in *A Sibila* wird in mehreren weiteren Romanen der geschlossene, naturgeprägte und sinnlich erfahrbare Raum der Handlung in eine mythisch-zeitlose Dimension gerückt: dabei kann die geschriebene Welt metaphorisch für die Menschheit als Ganzes stehen. Dieser Tendenz zu einer symbolischen Kosmovision entspricht ein assoziativ-evokativer, oft dunkler Stil mit ausufernden Beschreibungen und komplexer Syntax. Auch Erzähltechnik und Romanstrukturen lassen sich als Konsequenz einer Weltsicht deuten, die jede Erfahrung gleichzeitig als relativ und unerschöpflich begreift. Es dominieren traditionelle Elemente; komplex strukturierte Handlungsgerüste werden aber öfters in Einzelepisoden zersplittert, mehrfach perspektiviert und durch Wiederholungen und Auslassungen dezentriert, was den Eindruck des Fragmentarischen, Inkohärenten und Unabgeschlossenen vermittelt.

Seit den 1970er Jahren treten aktuelle soziale, historische, politische Themen in den Vordergrund. Während des *Estado Novo* (1933–74) noch auf klarer Distanz zur Politik, beschäftigt sich B.-L. seit der Nelkenrevolution (1974) vermehrt mit der Deutung politischer Prozesse, ohne jedoch selbst ins Geschehen einzugreifen. Im Gegensatz etwa zu ihrer Kollegin Natália Correia steht sie für einen christlich geprägten, aufgeklärt-kritischen Konservativismus, dem es eher ums Verstehen als ums Verändern zu tun ist. Dies zeigt sich etwa, wenn die Autorin in *As Pessoas Felizes* (1975) den historischen, politischen und sozialen Prozess beschreibt, der zur Revolution führte, oder in *Crónica do Cruzado Osb.* (1976), *As Fúrias* (1977), *O Mosteiro* (1980) und *Os Meninos de Ouro* (1983) scharfsinnige Reflexionen zum postrevolutionären Portugal liefert.

Tobias Brandenberger

Beti, Mongo (eigtl. Alexandre Biyidi Awala)
Geb. 30. 6. 1932 in Akométam/Kamerun; gest. 7. 10. 2001 in Yaoundé

Rebellion und Kritik sind die Elemente der Literatur des kamerunischen Schriftstellers Mongo Beti, der sich sein dauerhaftestes Pseudonym nach seiner Volksgruppe der Beti gab. Den ersten Roman *Ville cruelle* (1954; *Die grausame Stadt*, 1963) publizierte er noch unter dem Künstlernamen Eza Boto, unter dem er auch seine erste Erzählung *Sans haine et sans amour* (1953; Ohne Hass und ohne Liebe) veröffentlicht hatte. *Ville cruelle* ist einer der afrikanischen Romane des Vorabends der Unabhängigkeiten, die einen Bruch thematisieren – einen Bruch nicht nur mit der kolonialen Welt der Weißen, sondern auch mit der vertrauten Welt Afrikas. Die Stadt steht in *Ville cruelle* für neue Lebensweisen – sowohl im negativen Sinne, weil der junge Protagonist dort den Ertrag seiner Kakaoernte verliert, aber auch im positiven Sinne: als Ort des Handels und als Tor zur Welt. Während *Ville cruelle* noch die unbeholfenen Züge eines Erstlings trägt, gelang dem Autor mit dem zweiten Roman *Le pauvre christ de Bomba* (1956; *Der arme Christ von Bomba*, 1980) ein sensationeller internationaler Erfolg. In Kamerun allerdings wurde *Le pauvre christ de Bomba* verboten, weil B. – noch während der französischen Kolonialherrschaft – darin eine schonungslose Kritik an der katholischen Mission vorbrachte. Pater Drumont, die Hauptfigur des Romans, muss erkennen, dass seine Bekehrungsversuche gescheitert sind und dass das Konzept der Missionierung zum Scheitern verurteilt ist, weil es den Menschen in Afrika nicht gerecht wird.

Als Initiationsroman, in dem wiederum die Stadt eine entscheidende Rolle spielt, präsentiert sich *Mission terminée* (1957; *Besuch in Kala*, 1963). Ein Junge soll die davongelaufene Frau seines Cousins ins Dorf zurückbringen – und erfüllt diesen Auftrag auch. Er kommt aber verändert zurück, als junger Mann, der die Stadt gesehen hat und die Tyrannei seines Vaters zu ertragen nicht mehr bereit ist. In einem humorvollen Ton, der dieses Buch prägt, vermittelt B. so auch eine politische Botschaft. Sie ist im nächsten Roman *Le roi miraculé* (1958; *Tam-Tam für den König*, 1959) noch deutlicher wahrnehmbar, etwa in der Figur eines hohen Kolonialbeamten, der vor der Ausbreitung des Kommunismus warnt.

Mit dem Umzug B.s von Kamerun nach Frankreich, wo er als Lehrer arbeitete, setzte eine lange Schreibpause ein. Erst zwölf Jahre später publizierte B., dessen Werke sehr früh auch in deutscher Übersetzung erschienen, mit *Main basse sur le Cameroun* (1972; Die Plünderung Kameruns) einen weiteren Roman, der sich als Mischung aus Dokumentation, Kommentar und Pamphlet gegen die neokoloniale Regierung in Kamerun richtet und unmittelbar nach Erscheinen für fünf Jahre verboten wurde. Nicht minder engagiert äußerte sich B. in dem Roman *Remember Ruben* (1974; Gedenke Rubens) über den ermordeten kamerunischen Oppositionspolitiker Ruben Um Nyobé, dessen Idealen von Freiheit und Gerechtigkeit B. auch im Roman *La ruine presque cocasse d'un polichinelle – Remember Ruben 2* (1979; *Sturz einer Marionette*, 1982) und in dem Essay *Lettre ouverte aux Camerounais* (1986; Offener Brief an die Kameruner) ein Denkmal setzte.

Zwischen den Ruben-Büchern erschien der Roman *Perpétue et l'habitude du malheur* (1974; *Perpétue und die Gewöhnung ans Unglück*, 1977), in dem B. das Schicksal eines zwangsverheirateten Mädchens schildert, dessen Hoffnung auf Liebe und Zärtlichkeit enttäuscht wird, was schließlich zu ihrem Tod führt. Eine Frau steht auch im Mittelpunkt von *Les deux mères de Guillaume Ismaël Dzewatama, futur camionneur* (1983) und *La revanche de Guillaume Ismaël Dzewatama* (1984), die B. ab 1981 in der von ihm herausgegebenen Zeitschrift *Peuples Noirs – Peuples Africains* in Fortsetzungen veröffentlichte. In einer Komposition aus Dialogen, Reflexionen und Berichten räsoniert die weibliche Hauptfigur über die Korruptheit und Unfähigkeit neokolonialer Regimes in Afrika. 1991 kehrte B. erstmals wieder nach Kamerun zurück, was sich zum einen in dem Essay *La France contre l'Afrique* (1993; Frankreich gegen Afrika) niederschlug und zum anderen in einem wiederum regimekritischen Roman, *L'histoire du fou* (1994; Die Geschichte des Verrückten). In Yaoundé eröffnete B. eine Buchhandlung; seine Kritik an totalitären Zuständen formulierte er in Form eines Kriminalromans: *Trop de soleil tue l'amour* (1999; *Sonne Liebe Tod*, 2000), der Bestechlichkeit, Mord in Regierungskreisen und die Scheindemokratie verurteilt – gleichwohl ist dieser letzte Roman B.s als unterhaltsame Satire mit erotischen Motiven und einer Atmosphäre des Jazz gestaltet.

Manfred Loimeier

Bhagavadgītā

Die *Bhagavadgītā* (Gesang des Erhabenen), kurz auch *Gītā* genannt, ist ein Teil des Epos *Mahābhārata*, wobei von einer späteren Einschaltung ausgegangen werden kann. Die *Gītā* ist wie das *Mahābhārata* in Sanskrit geschrieben und enthält 700 Verse, die in 18 Kapitel gegliedert sind. Der heute vorliegende Text ist das Ergebnis eines langen und vielschichtigen Entstehungsprozesses, zu dem erstmals aus dem 7. bis 8. Jahrhundert Kommentare und Interpretationen überliefert sind. Seit dem 19. Jahrhundert spielt die *Gītā* verstärkt eine Rolle im Prozess der Findung einer Hindu-Identität, wobei sie auch zur Vereinnahmung durch nationalistisch orientierte Kräfte kommt, die sie als einen für alle Hindus verbindlichen Text etablieren wollen. Dies war sie zumindest nicht in der vormodernen Zeit, wo

Bhagavadgītā

sie schon aufgrund der Sprachbarriere von vielen religiösen Bewegungen, die sich der jeweiligen Regionalsprachen bedienten, selten rezipiert wurde. Die Gītā enthält eine Vielzahl von philosophischen Konzepten und religiösen Lehren, ist aber kein ausschließlich religiöser Text, sondern diskutiert im Kontext des großen Krieges, den das Mahābhārata schildert, auch Aspekte von Königtum und Herrschaft. Es geht neben Fragen der rechten Erkenntnis auch um Fragen des rechten Handelns; ihre oft unbestimmten Aussagen etwa zu Moral, Ethik und Gottesvorstellung ermöglichen ein breites Feld von Interpretationen.

Die Gītā ist ein Dialog zwischen Arjuna, einem der fünf Pāṇḍavas, und Kṛṣṇa, seinem Wagenlenker und König der Yādavas. Die große Schlacht zwischen den miteinander verwandten Familien der Kauravas und Pāṇḍavas um die Herrschaft soll beginnen, da befallen Arjuna Zweifel über die Rechtmäßigkeit seines Tuns. Denn Krieg zu führen hieße, seine Verwandten, Lehrer, Gefährten und Freunde im Kampf zu töten. In dieser dramatischen Situation kommt es zu dem langen Dialog. Die Ausgangsfrage ist eine moralische und politische: die nach dem rechten Handeln eines Kṣatriyas (Krieger und König), nach dem Verhältnis von Kula-Dharma (der Verpflichtung gegenüber seiner Sippe) und Rāja-Dharma (der Pflicht des Herrschers). Arjuna fühlt sich vor die Wahl gestellt, entweder seine Angehörigen zu beschützen oder als König sein legitimes Erbe anzutreten, das ihm von seinen Cousins, den Kauravas, bestritten wird. Da er befürchtet, dass mit der Vernichtung der Familie dem Übel schlechthin – der Vernachlässigung der Ahnen, der Verderbtheit der Frauen und der Vermischung der sozialen Schichten – die Tür geöffnet wird, die Gier nach Herrschaft und Glück ihm dagegen als schlechte Motive erscheinen, möchte er auf den Kampf verzichten. Kṛṣṇa schilt ihn zunächst der Verzagtheit und Unmännlichkeit, ermahnt ihn zum Kampf und argumentiert mit der Unsterblichkeit der Seele, die er mit dem Leib nicht töten kann. Es gibt für ihn nur die Möglichkeit, im Kampf zu fallen und in den Himmel zu gelangen oder auf Erden zu herrschen.

Diese Argumentation verbleibt im Rahmen des Kṣatriya-Ethos, wobei im Verlauf der Diskussion die Frage nach der Berechtigung des Verwandtenmordes an Bedeutung verliert.

Kern des weiteren Dialoges bleibt die Frage nach der Art und Weise des Handelns, die nun mit Hilfe verschiedener philosophischer und religiöser Konzepte z. T. widersprüchliche Antworten findet. Grundsätzlich wird das Handeln gegenüber dem Nicht-Handeln oder der Weltflucht vorgezogen. Wichtige Qualität des Handelns ist die schwierige Beherrschung des eigenen Begehrens, das die Klarheit des Erkennens mindert und Zweifel zur Folge hat. Mittels verschiedener Formen des Yoga ist ein Handeln erlernbar, das in Gleichmut und ohne Fixierung auf Ergebnisse geschieht. Dennoch misst sich richtiges Handeln einerseits an der Sorge um die Erhaltung der Welt und ihrer sozialen Ordnung und andererseits an dem Wissen und an der Hingabe zu dem einen Gott – hier Kṛṣṇa –, die zur Erlösung führt. Ein naturphilosophisches Konzept zur Begründung des Handelns wird zunehmend durch ein theistisches Gotteskonzept verdrängt, der mühsame Weg der Erkenntnis durch die Möglichkeit göttlicher Gnade für den, der sich in seiner gesamten Lebensführung dem Gott hingibt (Bhakti). Kṛṣṇas Allmacht und herrschaftliche Gestalt wird zum Modell für den König auf Erden, der sich durch Selbstbeherrschung im Handeln qualifiziert.

Die Bhagavadgītā gehört zu den ersten Texten, die von westlichen Indologen in europäische Sprachen übersetzt wurden. Moderne Intellektuelle und Politiker Indiens wie Tilak, Aurobindo, Gandhi und Radhakrishnan fanden in der Gītā einerseits Begründungen für den Kampf gegen die ungerechte Kolonialherrschaft, andererseits eine besondere spirituelle Botschaft. Letzteres wird von spirituellen Bewegungen im Westen aufgegriffen, z. B. der Hare Kṛṣṇa-Bewegung, die Vervollkommnung durch Erlangung des Kṛṣṇa-Bewusstseins anstrebt.

Ausgabe: Die Bhagavadgītā. Hg. K. Mylius. Leipzig 1980.

Melitta Waligora

Bialik, Chaim Nachman
Geb. 9. 1. 1873 in Radi, Wolhynien/Ukraine; gest. 4. 7. 1934 in Wien

Ganz Israel kennt Chaim Nachman Bialiks Kindergedichte und das von ihm mit herausgegebene *Sefer Ha-Aggadah* (1908–11; Buch der Legenden), weiß von seinen Verdiensten um die Literatur, seinem internationalen Einsatz für jüdische Belange, doch das bahnbrechende Werk des verehrten »Nationaldichters« galt lange als überholt. Nicht nur ist es im aschkenasischen Hebräisch Mittel- und Osteuropas verfasst, dessen Klang und Rhythmus nicht dem des sefardischen Neuhebräisch Israels entsprechen, und war bei B.s Einwanderung 1924 längst abgeschlossen; nicht nur waren seine lyrische Empfindsamkeit und pathetische Sprachgewalt unzeitgemäß, auch seine Themen waren nicht aktuell: Den Niedergang, die Nöte, Werte, Sehnsüchte der religiösen Juden Osteuropas zwischen 1890 und 1910, das Elend der Diaspora und die Hoffnung auf geistige Erneuerung im »Land Israel« beschrieb er nicht im Hinblick auf den politischen Zionismus, sondern auf den verdrängten Kulturzionismus von Achad Ha-Am (1856–1927).

B. wurde in einer verarmten Familie geboren und nach dem Tod des Vaters 1880 dem strikt religiösen Großvater in Schitomir übergeben, der dem schwärmerischen Kind Zugang zu jüdischer Philosophie und Aufklärung gewährte. Er besuchte den Cheder, die jüdische Kinderschule, dann das Lehrhaus und ging 1890 in Erwartung eines aufklärerischen Talmudstudiums auf die Jeschiva, die Talmudschule, in Woloschin/Litauen, fand sich jedoch in starre Tradition gezwängt und wandte sich der russischen und hebräischen, später auch der deutschen Dichtung zu. 1891 stieß er zum Kreis um Achad Ha-Am und Mendele Mocher Sefarim (1835–1917) in Odessa, dem kulturellen und zionistischen Zentrum Osteuropas, veröffentlichte seinen ersten Artikel über das Land Israel als neues geistiges Zentrum und sein erstes Gedicht der Zionssehnsucht, »El Ha-Zippor« (1891/92; »An den Vogel«, 1911). Statt des pädagogisch aufgeladenen, zitatreichen Melizastils der Aufklärer schrieb er ein geschmeidigeres rabbinisches Hebräisch.

Nach der Rückkehr in die Kleinstadt Schitomir verfasste B., bedrückt vom Stillstand, »Bi-Tschuvati« (1892; Bei meiner Rückkehr). Er heiratete, arbeitete im Holzhandel und schrieb Gedichte voll Sehnsucht nach Unabhängigkeit und dem Land Israel. »Ha-Matmid« (1894/95; »Der Matmid«, 1911) handelt von dem Konflikt zwischen Berufung und Selbstaufgabe zugunsten des Studiums auf der einen und Aufbegehren und Lebensgenuss auf der anderen Seite. 1897 bis 1900 ging B. als Lehrer in die polnische Provinz; es entstanden Gedichte der Entfremdung und prophetischen Klage. Seit 1901 sein erster Gedichtband erschien – mit dem lichten Kindheitsgedicht »Sohar« (Glanz) und den elegischen »Schire Ha-Choref« (»Winterlieder«, 1935) –, wurde er als »Dichter der jüdischen Wiedergeburt« gefeiert. Das grandiose Prosagedicht »Mete Midbar« (1902; »Die Toten der Wüste«, 1911) über die Toten des Exodus, die manchmal erwachen und Befreiung fordern, verkündet stolzen jüdischen Kampfgeist. Entsprechend war sein Zorn, als er nach dem Pogrom in Kischinew 1903 dort Zeugen befragte: Er schrieb das große Gedicht »Be-Ir Ha-Harega« (1903/04; »In der Stadt des Würgens«, 1935) – auch in einer jiddischen Version, »In Schchite-Stot« (1922), damit es nicht nur die aufgeklärte Minderheit erreichte. Darin zeigt Gott selbst dem Menschensohn den Ort des Massakers und beklagt bitter sein Volk, das sich angstvoll unterwirft statt zu rächen und das ins Religionsgesetz flieht. Das Jahr 1904 verbrachte B. als Literaturredakteur der Zeitschrift *Ha-Schiloach* in Warschau, wo hellere Gedichte, Liebesgedichte entstanden. 1905 kehrte er nach Odessa zurück und schuf das expressive, rätselhafte Prosagedicht »Megillat Ha-Esch« (1905; »Die Flammenrolle«, 1935), das von der Tempelzerstörung als kosmischer Katastrophe handelt und von Hoffnung und Verzweiflung, Lebenshunger und Verzicht, Erlösung und tödlichem Eros geprägt ist. Das autobiographische Prosagedicht »Safiach« (1908–19; »Spätling«, ab 1912) thematisiert die eigene innere Spaltung.

B. schrieb auch Erzählungen, *Arie Ba'al Guf* (1895; Arie, Herr des Körpers), *Me-Achore Ha-Geder* (1901; Hinter dem Zaun), jiddische Gedichte, *Vun Za'ar und Zorn* (1906; Von Sorge und Zorn), Essays zu Sprache und Literatur (*Essays*, 1925), gab mittelalterliche hebräische Dichtung heraus, übersetzte unter anderem 1923 *Wilhelm Tell* und war 1905 Mitgründer des Moria-, später Dvir-Verlags. 1909 hatte er Palästina besucht und war nach Odessa zurückgekehrt; 1921 durfte er nach Deutschland ausreisen, erkannte aber, dass es keine Rückkehr, keine integrative Zukunft in Europa mehr geben konnte, und zog 1924 nach Tel Aviv.

Ute Bohmeier

Die Bibel (Altes Testament/ Neues Testament)

Das griechische Wort »biblos« bezeichnet nach der phönizischen Hafenstadt Byblos das seit dem 6. Jahrhundert v. Chr. von dort exportierte, aus Papyrus hergestellte Schreibmaterial sowie das beschriebene Blatt und die Buchrolle. Seit dem 4. Jahrhundert n. Chr. ist die Pluralform des Diminutivs, »ta biblia« (die Büchlein), Terminus technicus für die kanonischen Schriften des Christentums. Das deutsche Wort »die Bibel« beruht auf dem mittellateinischen »biblia«, das den griechischen Plural »biblia« als femininen Singular auffasst.

Die der christlichen vorangehende jüdische *Bibel* enthält die 39 hebräischen Schriften des *Alten Testaments* (AT), das als Grunddokument der jüdischen Religion die Bezeichnungen *Hebräische Bibel* oder *Tenach* bzw. *Tanach* trägt. Letztere ist ein Akrostichon aus den Anfangsbuchstaben der drei Teile des jüdischen Kanons: *Thora* (»Weisung«, »Lehre«: die fünf Bücher Mose), *Nevi'im* (vordere und hintere »Propheten«: die Bücher Josua bis 2. Könige und Jesaja bis Maleachi) und *Ketuvim* (die übrigen »Schriften«: Psalmen bis 2. Chronik).

Analog zum jüdischen Kanon (»Richtschnur«, »Regel«) bildete sich in der christlichen Kirche des 2./3. Jahrhunderts n. Chr. ein Kanon von 27 Schriften heraus, die als apostolisch, d. h. auf die Apostel Jesu Christi zurückgehend, galten. Das *Neue Testament* (NT) umfasst die vier *Evangelien* (»Frohbotschaften«) nach Matthäus, Markus, Lukas und Johannes sowie die Apostelgeschichte, die Briefe des Paulus, den Hebräerbrief sowie die »katholischen« Briefe, die wegen fehlender Adressatenangaben als »an die ganze Welt« gerichtet galten, und die *Apokalypse* des Johannes (»Offenbarung«) der erwarteten Ereignisse am Ende aller Geschichte).

Die Alte Kirche hat nicht die *Hebräische Bibel* rezipiert, sondern deren seit dem 3. Jahrhundert v. Chr. in Ägypten entstandene griechische Version, die *Septuaginta* (Abkürzung LXX: siebzig, nach der angeblichen Zahl der Übersetzer). Die LXX umfasst über den hebräischen Kanon hinaus weitere hebräisch oder griechisch abgefasste Schriften (u. a. Geschichtsbücher [1.-4. Makkabäer], das Weisheitsbuch Jesus Sirach, die Novellen Judit und Tobit), die als *Apokryphen* (»verborgene« [Schriften]) oder deuterokanonische Bücher im Zuge der lateinischen Bibelübersetzung des Hieronymus (Ende 4. Jh. n. Chr.) teilweise in die katholische *Bibel*, die sog. *Vulgata* (»allgemein gebräuchliche« Ausgabe), gelangten. Martin Luther legte seiner deutschen Übersetzung (1522–34) das griechische NT sowie die *Hebräische Bibel* zugrunde und akzeptierte als AT nur deren Schriften.

Der AT und NT verbindende lateinische Begriff »testamentum« ist Äquivalent für das griechische Wort »diatheke« (eigtl. Vertrag, Vermächtnis), das wiederum für das hebräische »berit« steht. Letzteres bezeichnet den »Bund«, den der Gott Israels nach dem Zeugnis der *Thora* (2. Mose 24) am Berg Sinai durch Mose mit den Stämmen Israels schloss. Der Begriff »Neues Testament« (1. Korintherbrief 11, 25) verweist analog auf den »Neuen Bund«, den Gott auf Golgatha (Schädel[stätte]) mit allen Menschen eingegangen ist, die an Jesus als den von ihm zur Rettung der Welt gesandten Christus glauben. Von hierher erschließt sich als Mitte beider Testamente das durch die Initiative Gottes begründete personale Verhältnis zwischen Gott und den Menschen, die sich aufgrund ihrer theologischen Deutung von Schöpfung, Geschichte und deren erwarteter Vollendung als Volk dieses Gottes verstehen.

Die Verfasser der (im AT oft über Jahrhunderte hinweg fortgeschriebenen) biblischen Bücher sind Menschen aus den Gemeinden des Alten und Neuen Bundes, die meist anonym bleiben, d. h. ganz hinter ihrer Sammlung von normativer religiöser Tradition zurücktreten. Weil diese Bücher die menschliche Existenz in den Horizont des geglaubten Gottes Israels stellen, besitzt die *Bibel* einen Doppelcharakter: Als *historisches* Buch beschreibt sie einerseits den Ursprung und die Geschichte der Stämme Israels (AT), andererseits das Leben und Wirken Jesu Christi und die Ausbreitung der Botschaft von ihm im ganzen Römischen Reich (NT). Als *theologisches* Buch beansprucht die *Bibel*, Offenbarung (Selbstmitteilung) des einen universalen Gottes zu sein, der seinen auf Rettung aller Menschen zielenden Willen kundtut. Die *Bibel* ist unter diesem Aspekt Dokument des göttlichen Heilshandelns an der Welt und trägt deshalb auch den Titel *Heilige Schrift*.

Die historisch-menschliche Gestalt der biblischen Schriften und ihr göttlicher Anspruch sind untrennbar, weil die Kundgabe göttlichen Willens sich stets als konkrete geschichtliche Erfahrung von Menschen vollzieht. Das prägt die einzelnen Texte bzw. Stoffe der *Bibel* auch im Detail: Das AT eröffnet eine Urgeschichte (1. Mose 1-11), die die Entstehung und Verfasstheit des Menschen behandelt (Schöpfung, Verlust des Paradieses, Brudermord, Sintflut, Sprachverwirrung) und aus deren Perspektive die daran anschließende Ursprungssage Israels als Spezialfall der gesamten Menschheitsgeschichte erscheint. 1. Mose 12-36, 38 führt das Volk Israel genealogisch auf Erzelternpaare zurück (Abraham und Sara, Jakob und Rebekka, Jakob und Lea/Rahel), die zu Trägern der göttlichen Verheißungen von Landbesitz und Nachkommen werden. Die Josefsnovelle (Gen 37-50) verbindet die Elterntraditionen mit der vom Sklavendasein des sich mehrenden Volkes in Ägypten. Die wundersame Errettung der unter Führung des Mose fliehenden Israeliten vor dem ägyptischen Heer (2. Mose 14) wird zur grundlegenden Erfahrung Israels als zur Freiheit berufenes Volk Gottes, der Israel am Sinai an sich bindet und ihm die *Thora* als Bundessatzung auferlegt (2. Mose 20 [*Dekalog*] bis 4. Mose 10). Die anschließenden Geschichtsbücher Josua bis 2. Könige entwerfen eine Geschichte Israels von der Eroberung Kanaans bis zu dem als religiöse Katastrophe erlebten Verlust der Eigenstaatlichkeit (587 v. Chr., Beginn des babylonischen Exils) aus einer theologischen Perspektive, die sich an der Wiederholung der *Thora* in 5. Mose (Deuteronomium) orientiert (darum auch als deuteronomistisches Geschichtswerk bezeichnet). Das chronistische Geschichtswerk (1.-2. Chronik, Esra, Nehemia) wiederholt diesen Geschichtsabriss und führt ihn bis in die persische Zeit (Bau des Zweiten Tempels) fort.

Im Hintergrund dieser Geschichtsentwürfe steht die vielfältige religiöse Tradition Israels, die sich in den übrigen Teilen des AT niederschlägt: Seit der assyrischen Bedrohung im 8. Jahrhundert v. Chr. werden die geschichtsdeutenden Worte und Zeichenhandlungen der Propheten aufgezeichnet (Beginn der Schriftprophetie mit Amos, Hosea und Jesaja, die später zur Bewältigung der Exilsituation beitragen. Die weisheitliche Tradition Israels (Sprüche Salomos: Lehre von einem dem Tun des Menschen entsprechenden Ergehen) gerät durch das Exil in eine Krise (Buch Hiob: Problem der Theodizee) und kann später sogar einem griechisch beeinflussten Skeptizismus weichen (Prediger Salomo). Die poetische Tradition Israels ist vor allem in Hohenlied (Liebeslyrik) und im Buch der Psalmen gesammelt, deren wichtigste Gattungen nebeneinander das des Klageliedes und des Gotteshymnus sind. Das Erbe von Prophetie und Weisheit tritt schließlich die Apokalyptik an, die im pseudonymen Buch Daniel (2. Jh. v. Chr.) auf das von Gott gesetzte Ende der Weltgeschichte vorausblickt.

Im Zentrum der Geschichtsbücher des NT steht Jesus von Nazareth, der von seinen Anhängern als der in Israel erwartete »Christus«

Gottes (hebr. »Messias«, d. h. der »Gesalbte« in der Tradition der Könige Israels) geglaubt und verkündigt wird. Die vier Evangelien (Markus, Matthäus und Lukas sind literarisch voneinander abhängig und lassen sich in Form einer Synopse [Zusammenschau] parallel lesen, daher »Synoptiker«) stellen das Wirken Jesu in seinen Worten und Taten mit je eigenen Akzentuierungen dar; gemeinsam laufen sie auf die Darstellung seines Leidens und Sterbens am Kreuz zu, das durch die jeweils abschließende Botschaft von Jesu Auferweckung von den Toten seine entscheidende heilsgeschichtliche Wende erfährt. Die Apostelgeschichte des Lukas schildert die allen Widerständen zum Trotz sich durch Leitung des göttlichen Geistes verbreitende Auferstehungsbotschaft als Rettungstat Gottes für alle Menschen; sie setzt in Jerusalem ein und schließt in Rom als dem Zentrum der antiken Welt. Älteste christliche Dokumente sind die Briefe des Paulus (ca. 50–56 n. Chr.), in denen er unter anderem seine intensiv rezipierte Rechtfertigungslehre entwirft (Briefe an die Galater und Römer). Die nachpaulinischen Briefe behandeln Probleme der frühchristlichen Gemeinden (Abgrenzung von Irrlehren, Gemeindeordnung, Aktualisierung von Christologie und Eschatologie), die durch die Verzögerung der »Parusie« Christi entstanden – seiner erneuten irdischen »Gegenwart« zum Weltgericht, die auch in der Apokalypse des Johannes Endpunkt aller christlichen Zukunftserwartung ist.

Der Einfluss der *Bibel* auf die Zivilisation und Kultur nicht nur des Juden- und Christentums wird an Intensität und Dauer von keinem anderen Werk der Weltliteratur übertroffen. Ihre Wirkung umspannt viele Lebensbereiche und erstreckt sich auf alle Gebiete geistiger Beschäftigung, insbesondere auf Theologie (u. a. Entwicklung einer historisch-kritischen Bibelwissenschaft seit der Aufklärung), Philosophie und die Künste. Der an die Christen ergangene Missionsauftrag (Matthäusevangelium 28, 16-20) führte zur Verbreitung der *Bibel* unter allen Völkern. Ihre Übersetzung gab Anlass zur ersten schriftlichen Fixierung vieler bis dahin nur mündlich tradierter Nationalsprachen – ein Vorgang von jeweils enormer Bedeutung. Dieser wirkungsgeschichtliche Aspekt erklärt, warum die *Bibel* in vielen Kulturen als »das Buch« schlechthin verstanden wurde und wird.

Ausgaben: Biblia Hebraica Stuttgartensia. Hg. K. Elliger/W. Rudolph. Stuttgart 1967–77. – Septuaginta. Hg. A. Rahlfs. Stuttgart 1935. – Novum Testamentum Graece. Hg. B. und K. Aland u. a. Stuttgart ^{27}1993. – Übersetzungen (am verbreitetsten): Die Bibel nach der Übersetzung Martin Luthers (zuletzt revidiert 1984); Die Zürcher Bibel (reformiert; zuletzt revidiert 1954, Neurevision in Arbeit); sog. Einheitsübersetzung (katholisch; 1979/80 abgeschlossen).

Jürgen Wehnert

Bichsel, Peter
Geb. 4. 3. 1935 in Luzern

»Ich hatte«, erinnert sich B., »einen 5./6. Klasslehrer, der meine Aufsätze liebte und schätzte, trotz meiner Handschrift und meiner Kleckse – er hat mein Talent unter dem Schutt meiner Legasthenie, unter dem Schutt meiner Linkshändigkeit für mich ein für allemal entdeckt«. Als ein Medium »befreiender«, identitätsstiftender Veränderung ist daher »lernen, das habe ich … festgestellt, … an und für sich schön«. Da diese Offenheit im Vorgang des Erzählens aufscheint, geht es ihm darum, dessen »selten gewordene« »humane Tradition« fortzusetzen: »Solange es noch Geschichten gibt, so lange gibt es noch Möglichkeiten« und selbst angesichts der »neuen Form der Ausweglosigkeit … in der zweiten Hälfte des zwanzigsten Jahrhunderts« »vielleicht noch … einen kleinen Hauch von Hoffnung«.

Der »Geschichtenerzähler« ist »subversiv«, weil er gegen eine fortschreitende Sprachlosigkeit und die zu Lasten der »Menschlichkeit« erfolgende Fixierung auf das »Bruttosozialprodukt« an »die unbestimmte Sehnsucht« nach einem »sinnvollen« Leben erinnert. Eine auf »Repräsentation« ausgerichtete Kunst des »Bildungsbürgertums« vermag solche »emanzipatorischen« Anstöße hingegen nicht mehr zu vermitteln. B. ist daher jede elitäre Selbstdarstellung fremd: er legt vielmehr Wert darauf, als Schriftsteller »antastbar« zu bleiben. Die »Kneipe«, die »Beiz« gilt ihm als eine Nische für die zu erlernende Fähigkeit, »in Geschichten (zu) leben«, für die Versöhnung von »Kultur und Alltag«, von »Zusammensein« und Mitteilung, die »eine friedliche Gesellschaft« charakterisiert.

Wenn B. sich einen »sehr schulmeisterlichen Autor« nennt – eine Sammlung seiner Reden und Aufsätze trägt den bezeichnenden Titel *Schulmeistereien* (1985) –, verweist er damit allerdings nicht nur auf den undoktrinär fragenden und erklärenden, an die Nachdenklichkeit des Lesers appellierenden Grundzug seines Schreibens, sondern zugleich auf einen wichtigen Abschnitt seiner Biographie. Als 16-Jähriger wechselt der Handwerkersohn – »Meine Eltern waren einfache Leute ... Bücher hatten wir zu Hause keine« – von der Bezirksschule Olten auf das Volksschullehrerseminar Solothurn über. 1955 wird er »patentiert« und unterrichtet danach in zwei kleinen Ortschaften der näheren Umgebung. Mit seiner ersten schmalen Buchveröffentlichung, *Eigentlich möchte Frau Blum den Milchmann kennenlernen* (1964), 21 aus frühen lyrischen Versuchen herausgewachsenen Prosaminiaturen über den Stillstand des kleinbürgerlichen Milieus in der Tradition Robert Walsers, gelingt ihm sofort ein spektakulärer Erfolg, den fünf Jahre später die *Kindergeschichten* (1969) wiederholen, während der 1967 erschienene Roman *Die Jahreszeiten*, der das Scheitern sprachlicher Wirklichkeitserfassung thematisiert, kontrovers aufgenommen worden war.

Nach einem kurzen Intermezzo an der Kunstgewerbeschule Zürich, gibt B., seit 1968 in Bellach wohnhaft, den »gern« ausgeübten Lehrerberuf endgültig zugunsten einer freien Schriftstellerexistenz auf. Als Rundfunkautor und Kolumnist verschiedener Zeitungen versucht er bewusst ein breiteres Publikum zu erreichen. Zu den bis in die Gegenwart hinein wiederkehrenden Themen zählt dabei die Kritik an den gesellschaftlichen Zuständen seiner Heimat (*Des Schweizers Schweiz*, 1969 [erweitert 1989]; *Die Totaldemokraten*, 1998), mit der er sich teils heftige Anfeindungen zuzieht.

Seit der Rückkehr vom Aufenthalt als »writer in residence« am Oberlin College/Ohio 1972, dem später weitere Gastdozenturen in den USA, Australien und Wales folgen, engagiert sich B., der früh der sozialdemokratischen Partei beigetreten war, verstärkt in der politischen Basisarbeit. Längere Zeit hindurch ist er als Berater für den Bundesrat Willi Ritschard tätig. Aus Protest gegen eine populistische Wahlwerbung, die er als Zeichen wachsender »Beliebigkeit« der Linken deutet, kehrt er 1995 der SPS den Rücken.

Nach zehnjähriger Pause meldet sich der nach eigener, freilich nicht ganz zutreffender Einschätzung »sehr faule Schriftsteller« und »Wenigschreiber« erst 1979 wieder auf dem Buchmarkt zurück. Die *Geschichten zur falschen Zeit* werden bis 2003 (*Doktor Schleyers isabellenfarbige Winterschule*) durch fünf weitere Bände mit Kolumnen fortgeschrieben. Auf dieses Genre, in dem Alltagsbeobachtung und poetischer Einspruch gegen die Zeitläufte sich kreuzen, legt der Autor besonderen Wert: »Nichts fällt mir so schwer wie Kolumnen, aber sie sind mir das Wichtigste.«

Sprachlich und kompositorisch aufwendiger als B.s frühe Prosa sind die Erzählungen im Band *Der Busant. Von Trinkern, Polizisten und der schönen Magelone* (1985). Dass der Autor gleichwohl auch in der Zeit des von ihm prognostizierten Wiedererstarkens einer erlesenen Ästhetik des »Salons« an seinem einfachen »narrativen« Konzept festhält, über das er in seinen Poetik-Vorlesungen (*Der Leser. Das Erzählen*) an der Universität Frankfurt a. M. Anfang 1982 gesprochen hatte, belegt die spätere Sammlung von Geschichten *Zur Stadt Paris* (1993) noch deutlicher. Auch mit dem schmalen Roman *Cherubin Hammer und Cherubin Hammer* (1999), der (als geheime Kontrafaktur zu Jean Pauls *Flegeljahren*) in einen Haupt- und einen Fußnotentext aufgeteilt ist, führt B. sein großes Thema der existentiellen Notwendigkeit des Erzählens angesichts der Trauer »über die Endlichkeit« des Daseins weiter. »In einer Welt des Schweigens«, heißt es dort in diesem Sinne, »bleiben die Sätze stehen.«

Hans-Rüdiger Schwab

Bidermann, Jacob
Geb. 1578 in Ehingen bei Ulm; gest. 20. 8. 1639 in Rom

Die Zeitgenossen, wenn sie nicht gerade Zeugen von Aufführungen seiner Stücke an einem Jesuitengymnasium waren, kannten ihn wohl vor allem als neulateinischen lyrischen und epischen Dichter: Epigramme (1620), ein Herodes-Epos (1622), Heldenbriefe (1630) und die satirischen Prosastücke mit dem Titel *Utopia* (1640, entstanden 1602) lagen lange vor seinen Dramen im Druck vor. Erst Jahrzehnte nach seinem Tod erschien eine Sammlung seiner Stücke (*Ludi theatrales sacri*, 1666). Allerdings war schon 1635 sein bekanntestes Drama, *Cenodoxus*, von Joachim Meichel ins Deutsche übersetzt worden, durchaus eine Ausnahme und eine Anerkennung des besonderen Ranges der »Comoedi / von einem verdambten Doctor zu Pariß«.

Das Jesuitendrama stand im Dienst der Gegenreformation. Verteidigung des wahren Glaubens, Widerlegung der Ketzer, Bekehrung der Abgefallenen, das waren die Ziele, die sich der Orden gesetzt hatte und die seine Dichtung und ihren hohen Stellenwert im Ausbildungsprogramm der jesuitischen Gymnasien legitimierten. Die Dramen, die wir kennen – nur eine geringe Zahl aus der großen Produktion kam zum Druck –, wurden, stets in lateinischer Sprache, für die öffentlichen Aufführungen am Ende des Schuljahres geschrieben, wenn sie nicht, wie die Wiener *ludi caesarei* des Nicolaus von Avancini, als höfisch-repräsentative Festspiele konzipiert waren.

Anders als Avancini, der das religiöse Anliegen um eine politische Dimension erweiterte und die Darstellung der triumphierenden Kirche mit einer Verherrlichung des österreichischen Herrscherhauses verband, sah B. die »Welt« – und damit auch die Welt der Politik – mit äußerst skeptischen Augen. Für ihn, mit dem die Jesuitendramatik ihren ersten Höhepunkt erreicht, steht die Angst um das Seelenheil im Mittelpunkt. Gefahr droht durch eine falsche Einstellung gegenüber der Welt, gefordert ist die Absage an die Welt und ihre – durchaus auch geistigen – Versuchungen.

B. trat 1594 in den Orden ein. Er hatte das Jesuitengymnasium in Augsburg besucht und folgte nun dem im Jesuitenorden üblichen Ausbildungsweg, der ihn von Landsberg (Noviziat) nach Ingolstadt (Studium der Philosophie), Augsburg (Unterrichtstätigkeit) und wieder Ingolstadt (Theologiestudium) führte. Anschließend lehrte er in München von 1606 bis 1614 Poesie und Rhetorik und in Dillingen von 1615 bis 1625 Philosophie und Theologie, bis er 1625 als Bücherzensor des Ordens nach Rom berufen wurde. Seine dramatische Produktion ist eng mit seiner Lehrtätigkeit verbunden. 1602 wurde in Augsburg sein erstes Stück, *Cenodoxus*, aufgeführt, die Geschichte eines hochmütigen und scheinheiligen Doktors der Rechte, ein Tendenzstück gegen die Antike und den Humanismus, gegen die Emanzipation des Individuums. Allegorische Darstellungsweisen in der Tradition der Moralitäten *(Jedermann)* verdeutlichen die Lehre. Bis 1619 folgen elf weitere Stücke, die freilich nicht alle erhalten sind. *Belisarius* (1607) zeigt Aufstieg und Fall eines großen Feldherrn, ein beliebter Vorwurf. *Philemon Martyr* (1615–17) bringt die wunderbare Wandlung eines heidnischen Mimen zum christlichen Märtyrer auf die Bühne. Andere Stücke machen mit vorbildlichen Eremitengestalten deutlich, wo das wahre Heil liegt: in der Abkehr von der Welt und der Hinwendung zu Gott (*Macarius Romanus*, 1613; *Joannes Calybita*, 1618; *Josaphatus*, 1619).

Von der wünschenswerten Wirkung derartiger Theaterkunst berichtet die Vorrede zu den *Ludi theatrales*: Eine Münchener *Cenodoxus*-Aufführung wird heraufbeschworen, die »eine so große Bewegung wahrer Frömmigkeit hervorrief«, dass eine Anzahl vornehmer Bürger, »von heilsamer Furcht vor dem die Taten der Menschen so streng richtenden Gott erschüttert«, sich zu den Ignatianischen Exerzitien zurückgezogen habe, »worauf bei den meisten eine wunderbare Bekehrung folgte«.

Werkausgabe: Ludi theatrales 1666. Hg. von Rolf Tarot. 2 Bde. Tübingen 1967.

Volker Meid

Biermann, Wolf
Geb. 15. 11. 1936 in Hamburg

B. ist der bedeutendste deutsche »poètechanteur«. Seine frühen Gegner in der DDR, die »Monopolbürokraten« und »Büroelephanten« mit ihren »Schwammfressen«, fürchteten sich vor der Propagierung seines »sexuellen Freistils« und seiner »rücksichtslosen Schimpferei«, hinter denen sie eine »Doktrin« vermuteten, welche die führende Rolle der SED in Frage stellte. Daher denunzierten sie seine »sogenannten Gedichte« (Erich Honecker) als »pornographisch und antikommunistisch« (Klaus Höpcke), umgaben ihn mit einem Netz von Stasispitzeln und belegten ihn auf dem 11. Plenum des ZK der SED im Jahre 1965 mit einem Auftrittsverbot.

Eigentlich trafen diese Schikanen einen der ihren. Denn in einer Hamburger kommunistischen Arbeiterfamilie aufgewachsen, war die DDR für ihn ursprünglich der Staat, der mit den Mördern seines jüdischen Vaters endgültig abgerechnet und begonnen hatte, den alten politischen Träumen staatliche Formen zu geben. Daher war es für den Sechzehnjährigen durchaus folgerichtig, dass er in dieses »bessere Deutschland« übersiedelte, nach dem Abitur an der Ostberliner Humboldt-Universität studierte (1955–57 Politische Ökonomie, 1959–63 Philosophie) und am Berliner Ensemble, dem Theater Brechts, bei Besson, Wekwerth und Engel das Regiehandwerk lernte (1957–59).

Ironischerweise mögen es gerade die »Monopolbürokraten« selbst gewesen sein, die ihn auf seinen Weg als äußerst unbequemen politischen Liedermacher gestoßen haben, denn durch das Verbot seines Stückes *Berliner Brautgang* und die Schließung des Berliner Arbeiter- und Studententheaters (bat) im Jahr 1963, das er noch als Student zwei Jahre vorher gegründet hatte, verwehrten sie ihm die geliebte Arbeit am Theater. So produzierte er, bestärkt von Hanns Eisler, seine provokanten Gedichte und Lieder. Selbst das Auftrittsverbot konnte nicht mehr ändern, dass er in beiden deutschen Staaten populär wurde, denn Tonbänder seiner Lieder zirkulierten illegal in der DDR, die 1965 in Westberlin erschienene *Drahtharfe* wurde der bis dahin bestverkaufte Lyrikband seit 1945 (Reich-Ranicki), und seine erste Schallplatte, »Wolf Biermann (Ost) zu Gast bei Wolfgang Neuß (West)«, fand nicht nur im Westen großes Gehör.

Nachdem er über zehn Jahre lang nur im Freundeskreis auftreten konnte, bürgerte die SED-Führung ihn wegen »feindseligen Auftretens« anlässlich eines Konzerts in Köln aus. Diese Aktion provozierte zum ersten Mal eine öffentliche Protestaktion von Intellektuellen, Künstlern und Studenten, von denen in den folgenden Jahren ein großer Teil die DDR verließ, und löste eine Legitimationskrise aus, von der sich die DDR bis zu ihrem Untergang nicht mehr erholen sollte.

In der Bundesrepublik wurde Biermann von der neuen, nicht an Moskau orientierten Linken anfangs begeistert empfangen, versprach man sich doch eine Einigung der Sozialisten unter seinem und Dutschkes Banner (»Lied vom roten Stein der Weisen«). Das erwies sich aber als eine falsche Hoffnung. Zwar nahm er in den folgenden Jahren an vielen spektakulären Aktionen der bundesrepublikanischen Linken teil, es wurde aber zunehmend klarer, dass er sich gerade mit ihnen in einem »Clinch« befand. Schließlich wurde er »müde an seinen Linken«, weil es eine große Kälte unter ihnen gab, die die Welt wärmer machen wollen (»Der Sturz des Dädalus«).

Obwohl er schließlich das »Unglaubliche« begriff, dass der Kommunismus längst tot war und die Luft verpestete (»Duftmarke setzen«), kam der endgültige Zerfall der DDR für ihn genauso überraschend wie für seine »treuen Feinde vom Politbüro«. Allerdings brachte ihm das Verschwinden des realen Sozialismus kein neues Exil, wie er in seinem Gedicht »A Paris« (1980) prophezeit hatte, wohl aber neue Energien und Möglichkeiten, sich in die politischen Auseinandersetzungen nach dem Fall der Berliner Mauer einzumischen. Die in *Klartexte im Getümmel* (1990), *Über das Geld und andere Herzensdinge* (1991), *Über Deutschland unter Deutschen* (2002) gesammelten Essays sind gewichtige Wortmeldungen zur deutschen Einheit, dem Umgang mit dem

Erbe der DDR, dem Nato-Einsatz gegen den Genozid im Kosovo und den beiden Golfkriegen u. a.

Von Anfang an betätigte sich B. auch als Übersetzer – von ihm im ursprünglichen Sinne verstanden als »Fürsprecher«, »Erklärer und »Ausleger« (*Wie man Verse macht und Lieder*) – verschiedener wahlverwandter Autoren wie Julij Daniel, Bulat Okudshava, Dylan Thomas und Jacques Prévert. Besonders hervorzuheben sind seine kraftvollen, poetischen Übersetzungen von Jizchak Katzenelsons großem Epos *Dos lied vunem ojsgehargetn jidischn volk* (*Großer Gesang vom ausgerotteten Jüdischen Volk*, 1994) und Bob Dylans *Eleven Outlined Epitaphs* (*Elf Entwürfe für meinen Grabgesang*, 2003).

B. hat sich auch immer wieder poetologisch geäußert, am umfangreichsten in *Wie man Verse macht und Lieder* (1997), das auf einer in den Jahren 1993 bis 95 an der Heinrich-Heine-Universität Düsseldorf gehaltenen Vorlesungsreihe basiert. Insgesamt bezieht sein künstlerisches Schaffen sehr viel Kraft aus der gesuchten Nähe zu Komponisten und Dichtern wie Johann Sebastian Bach, François Villon, Friedrich Hölderlin, Robert Schumann, Franz Schubert, Jean-Pierre de Béranger, Heinrich Heine, Bertolt Brecht, Arnold Schönberg und Hanns Eisler, dessen dialektische Weltsicht mit ihrer künstlerischen Entsprechung, der kontrastierenden Gestaltung von Text, Musik und Vortrag, er für seine Lieder produktiv machte: »Denn, wenn ich Musik zum Text schreibe, schreibe ich sie eigentlich gegen den Text, renne gegen an, suche den Kontrapunkt« (»Vorworte«).

B. ist verschiedentlich für sein künstlerisches und politisches Wirken ausgezeichnet worden. 1989 erhielt er den Hölderlin-Preis, 1991 den Büchner- und den Mörike-Preis, 1993 den Heinrich-Heine-Preis der Landeshauptstadt Düsseldorf, 1997 den Nationalpreis der deutschen Nationalstiftung und im Jahre 2001 den Heinz-Galinski-Preis.

Wolfgang Müller

Bioy Casares, Adolfo

Geb. 15. 9. 1914 in Buenos Aires/Argentinien; gest. 18. 3. 1999 in Buenos Aires/Argentinien

Zu lange stand Adolfo Bioy Casares vor allem in der europäischen und deutschen Rezeption im Schatten seines Freundes Jorge Luís Borges. Wie dieser gehört B., mit Julio Cortázar, Victoria und Silvina Ocampo, einer Generation von argentinischen Autoren an, die das Phantastische als literarische Gattung erneuern und so dessen Voraussetzungen grundlegend verändern. In der literarischen Tradition ist das Phantastische ein Effekt, der sich aus dem Gegensatz zwischen Wirklichkeit und Fiktion, Wahrheit und Trugbild ergibt. Für B. ist es hingegen Ausgangspunkt für metaphysische Spekulationen, derer sich (zumeist) ein Ich-Erzähler über seine ihm rätselhaft anmutende Existenz hingibt. Da diese in der Moderne nicht mehr auf einem allen Individuen gemeinsamen Glauben beruht, sondern von einer potentiellen Offenheit geprägt ist, kann auch das Phantastische nicht mehr aus Wundern erklärt werden, die Zeugnis eines allmächtigen Schöpfergottes sind. Vielmehr ist der Mensch nun in einer Welt eingeschlossen, deren Wirklichkeit wie ein Experiment, ein ständiges Erproben neuer Risiken und Gefährdungen, anmutet. Sie enthüllt ihm neuartige Mirakel, wie sie nur seinesgleichen ersinnen können.

In ihrer Erzählstruktur gleichen sich die phantastischen Romane B.s dieser radikalen Immanenz menschlichen Daseins an. In ihnen schwindet die Trennung von Traum und Wirklichkeit, um das Phantastische als alltägliche Wahrheit, das scheinbar Belanglose aber als das eigentlich Absonderliche hervortreten zu lassen. Wie die von Menschenhand gemachten Phantasmen keines äußeren Beistands bedürfen; so können auch B.s Erzählungen auf äußere Referenzen verzichten. Sie konstituieren, wie B. in Anlehnung an Borges berühmtes Vorwort zu B.s Roman *La invención de Morel* (1940; *Morels Erfindung*, 1975) vermerkt, ein in sich geschlossenes Universum, das völlig stimmig strukturiert ist (*La invención y la trama. Obras escogidas*, 2002) und damit die Autonomie der immanenten Welt logisch (re)konstruiert.

Seinen Freund und Lehrer Borges hatte B. 1932 im Haus der Essayistin und Literaturkritikerin Victoria Ocampo kennengelernt. Borges und die Schriftstellerin Silvina Ocampo, die 1940 B.s Frau wird, bringen B. bald zu der Einsicht, sein Studium der Rechtswissenschaften und der Philosophie abzubrechen und sich als freier Schriftsteller zu betätigen. Zwei Jahre lebt er zurückgezogen auf dem väterlichen Gut in der Provinz, wo er sich mit der Kultur der Gauchos vertraut macht, die ihn noch Jahrzehnte später (*Memoria sobre la pampa y los gauchos*, 1970) beschäftigt. Mit Borges ist er 1936 Gründer der Zeitschrift *Destiempos*, die allerdings nur kurze Zeit erscheint, und Herausgeber der Kriminalroman-Reihe *El séptimo círculo*. Auch Erzählungen, wie etwa die Kriminalgeschichte *Seis problemas para don Isidro Parodi* (1942; *Sechs Aufgaben für Don Isidro Parodi*, 1983), sind literarische Arbeiten, die beide Autoren unter gemeinsamen Pseudonymen wie H. Bustos Domecq oder B. Suárez Lynch herausgeben. Anders als zahlreiche Schriftstellerkollegen sieht sich B. in den Jahren der Militärdiktatur zwischen 1976 und 1983 nicht dazu veranlasst zu emigrieren. Zunehmende Anerkennung wird ihm zunächst 1975 im eigenen Land (Großer Ehrenpreis der Argentinischen Schriftstellervereinigung), dann aber auch international zuteil, so 1981 mit seiner Aufnahme in die französische Ehrenlegion und 1990 mit dem begehrten Cervantes-Preis.

Die literarische Reputation verdankt B. vor allem jenem Romanwerk, das erzählerischen Vorbildern wie *La invención de Morel* und der von Borges herausgegebenen *Antología de la literatura fantástica* (1940) folgt. In immer neuen und originellen Variationen werden in diesen Texten existentielle Grundfragen des modernen Menschen aufgeworfen, ohne dass der Erzähler dabei vollends in den Duktus einer philosophischen Erzählung verfällt. Die in Fieberträumen oder Wunschphantasien eingetauchten Handlungen erinnern in ihrer Erzähltechnik zugleich an die klassischen Abenteuerromane Daniel Defoes und Robert Luis Stevensons, an negativ-utopische Romane im Stile Philip K. Dicks und an Detektivgeschichten, die sich am *film noir* orientieren. Sind es in *La invención de Morel* die auf ewig in mehrdimensionalen Filmprojektionen festgehaltenen Besucher einer Insel, deren Körper hingegen längst den verhängnisvollen Experimenten eines besessenen Photographen zum Opfer gefallen sind, so wird die sinnliche Wahrnehmung der Strafgefangenen in *Plan de evasión* (1945; *Fluchtplan*, 1977) mit Hilfe optischer Veränderungen und chirurgischer Eingriffe getrübt: Der Sinn der Freiheit kommt ihnen abhanden. Wie in diesen beiden Romanen wird auch in *Dormir al sol* (1973; *Schlaf in der Sonne*, 1976) in dem eng gesetzten Projektionsrahmen des erzählenden Ichs berichtet, hier über die beklemmenden Metamorphosen des Alltags des Erzählers in Buenos Aires: Im Körper seiner Frau steckt eine Seele, die einem anderen Menschen entnommen worden ist. *Diario de la guerra del cerdo* (1969; *Der Schweinekrieg*, 1971) ist zwar kein phantastischer Roman, wohl aber eine unwirklich erscheinende Geschichte, in der sich die organisierte Gewalt junger Banden gegen die alten Leute eines Hauptstadtviertels entlädt. Wie weitere Romane, etwa *El sueño de los héroes* (1954; *Der Traum der Helden*, 1977), fügt sich *Diario de la guerra del cerdo* aufgrund seiner strukturellen Geschlossenheit zu einem sich ständig wandelnden Mosaik zusammen, dessen Einzelteile sich in der Lektüre verändern und den Leser zu immer neuen Interpretationen aufrufen.

Kian-Harald Karimi

Birken, Sigmund von

Geb. 5. 5. 1626 in Wildstein bei Eger/Böhmen; gest. 12. 6. 1681 in Nürnberg

»Den von Ferrando 22 diß [dieses Monats] verehrten Hasen verzerrt. Wein 12 V [Kreuzer]. Span[ischen] Wein gar ausgetrunken. ... U[xor]i die diesen Tag gut gewesen, die 12 F[lorin] Monatsgeld aufgezehlt«, heißt es unter dem 31. Januar 1669 in B.s Tagebuch. B.s

Alltag ist – eine Ausnahme im 17. Jahrhundert – über zwanzig Jahre seines Lebens von 1660 bis 1679 außergewöhnlich gut dokumentiert. Die Tagebücher geben Auskunft über Ausgaben und Einnahmen (in Form von Geld oder Geschenken), das Leben zu Hause, die häufigen Ehestreitigkeiten, Krankheiten, seinen gesellschaftlichen Verkehr, seinen Bier- und Weinkonsum, die Kirchen- und Theaterbesuche, über Briefverkehr, Lektüre, dichterische Produktion und Korrekturarbeiten. Die Eintragungen über seine Tätigkeit als Korrektor oder Lektor erklären auch, wie sich ein Schriftsteller des 17. Jahrhunderts ohne Amt und Vermögen, von einer günstigen Heirat abgesehen, ökonomisch behaupten konnte. So häufen sich Notizen wie »Aramenen 2 u. 3. Druckbogen corrig. An Guelfis den 7 Bogen corrigirt. An Aramenen 8 Bl. revidirt«. Sie verweisen zum einen auf die gut bezahlte Zusammenarbeit mit Anton Ulrich, Herzog zu Braunschweig und Lüneburg, dessen Romane er für den Druck einrichtete (*Aramena*, 1669 ff., *Octavia*, 1677 ff.), zum anderen auf seine Arbeiten als höfischer Auftragsdichter.

Dass es so kam, hatte B., latinisiert Betulius, neben seinen Fähigkeiten auch einigen glücklichen Umständen zu verdanken. B.s Vater, lutherischer Pfarrer, wurde 1629 mit seiner Familie aus Böhmen vertrieben und ließ sich in Nürnberg nieder. Hier absolvierte B. die Lateinschule, studierte dann Theologie und Jura in Jena (1643/44), bis er das Studium aus finanziellen Gründen abbrechen musste. Durch Vermittlung Georg Philipp Harsdörffers erhielt er, Justus Georg Schottelius unterstellt, eine Stelle als Prinzenerzieher am Hof in Wolfenbüttel (1645/46); die Verbindung mit dem damals 13-jährigen Anton Ulrich bestand bis zu B.s Tod und trug auch dazu bei, dass er sich als eine Art Spezialist für höfisch-dynastische Lobdichtungen etablieren konnte. Zunächst fand er jedoch nach seiner Rückkehr nach Nürnberg (1648) nur ein eher bescheidenes Auskommen als Korrektor, Hauslehrer und Gelegenheitsdichter, bis seine finanzielle Situation nach Nobilitierung (1655) und Aufnahme in die »Fruchtbringende Gesellschaft« (1658) durch die Anfertigung gut honorierter repräsentativer historiographisch-panegyrischer Auftragsschriften für die Höfe Brandenburg-Bayreuth, Dresden, Wien und Wolfenbüttel (und durch die Heirat mit einer wohlhabenden Witwe) entschieden verbesserte. Diese Werke tragen Titel wie *Ostländischer Lorbeerhäyn / Ein Ehrengedicht* (1657), *Der Donau-Strand mit Allen seinen Ein- und Zuflüssen / angelegenen Königreichen* (1664), *Spiegel der Ehren des ... Ertzhauses Oesterreich oder Ausführliche Geschicht-Schrift* (1668), *HochFürstlicher Brandenburgischer Ulysses* (1668), *Guelfis oder NiderSächsischer Lorbeerhayn* (1669) oder *Chur- und Fürstlicher Sächsischer Helden-Saal* (1677).

Am Anfang von B.s Schaffens steht jedoch die *Fortsetzung Der Pegnitz-Schäferey* (1645), sein Beitrag zum *Pegnesischen Schäfergedicht* (1644) Harsdörffers und Johann Klajs, die Gründungsurkunde des »Pegnesischen Blumenordens«, dessen Leitung er 1662 übernahm und den er zu einem kulturellen Zentrum der Stadt machte. Die Schäferdichtung blieb eine bevorzugte Gattung B.s, sei es in Form der Schäferei (*Pegnesis*, 1673–79; *Norische Parnaß*, 1677) oder des Schäferspiels (*Krieges- und Friedensbildung; in einer ... öffentlich vorgetragenen Rede / aufgestellet* / Nebenst einer Schäferey, 1649; *Margenis oder Das vergnügte bekriegte und wiederbefriedigte Teutschland*, 1679). Neben den Schäferspielen schrieb er zahlreiche weitere Texte für die Bühne (Fest- und Singspiele, Ballette) sowie zahllose geistliche und weltliche Gelegenheitsgedichte.

Frucht des offenbar uneingeschränkten Vertrauens, das Anton Ulrich in B. setzte, ist auch die große »Vor-Ansprache«, mit der B. 1669 den ersten Band der *Aramena* einleitete: eines der bedeutsamsten Dokumente der Romantheorie des 17. Jahrhunderts in Deutschland. So enthält denn auch seine *Teutsche Rede-bind- und Dicht-Kunst* (1679) als erste deutsche Poetik einen Abschnitt über den Roman, eine Gattung, der die Legitimation durch die antike und humanistische Poetik fehlte. Im Übrigen zeigt seine Dichtungslehre, ganz im Einklang mit seinem geistlichen Liedschaffen und seinen Erbauungsschriften, einen betont christlich moralisierenden Charakter. So opponiert er gegen die in der neuen humanistischen Kunstdichtung übliche Verwendung des heidnischen Götterapparats und fordert die Dramatiker auf, bei allegorischen Darstellungen anstatt heidnischer »Götzen« »Göttliche Eigenschaften / Tugenden und Laster / auch Flüße / Länder und Städte / in Frauen Gestalt / oder als gute und böse Engel / Genii und Knaben« erscheinen und wieder verschwinden zu lassen. Die Schäferei *Der Norische Parnaß* zieht dann die Konsequenz: Der griechische Parnass – luziferisches Gegenstück zum biblischen Musenberg Sion – ist durch einen einheimischen »Musen-Berg« zu ersetzen: »Kein Heide diesen grüßt / ¦ kein Türke: Himmel-auf lernt sehen hier ein Christ.«

Werkausgabe: Werke und Korrespondenz. Hg. von Klaus Garber u. a. Tübingen 1988 ff.

Volker Meid

Bishop, Elizabeth

Geb. 8. 2. 1911 in Worcester, Massachusetts;
gest. 6. 10. 1979 in Boston, Massachusetts

Als Elizabeth Bishop 1976 als erster Frau und erster Amerikanerin der Books Abroad/Neustadt Award zugesprochen wird, sagt sie in der für sie typischen, bescheidenen und zurückhaltend persönlichen Dankesansprache – in Anspielung auf eines ihrer Gedichte – über sich: »all my life I have lived and behaved very much like that Sandpiper – just running along the edges of different countries and continents, ›looking for something‹«. Ihre Rast- und Ruhelosigkeit und die damit verbundene Heimatlosigkeit kennzeichnen ihr Leben; die Beschäftigung mit Landschaften und Geographie durchzieht ihr gesamtes Werk. Wie der Strandläufer in ihrem Gedicht sowohl den fokussierten Blick auf kleinste Details richtet als auch über den ganzen Atlantik zu schauen vermag, so wechselt auch die Perspektive der Dichterin immer wieder von der minutiösen Beobachtung und Beschreibung zum weitschweifenden visuellen Erfassen ganzer Landschaften und Küstenstriche. Wie der Vogel ihres Gedichts unter Millionen verschiedenfarbiger Sandkörnern ›etwas‹ sucht, so war auch B. selbst ständig auf der Suche nach ›etwas‹, nach einer Heimat, nach Menschen, denen sie sich anvertrauen konnte, nach Verlegern, nach neuen Geldquellen, nach einer genuinen Stimme, aber wohl am meisten auf der Suche nach ihrem Selbstverständnis als Dichterin.

Nach einer unglücklichen, vom frühen Tod der Eltern, von Krankheit und Einsamkeit geprägten Kindheit in Kanada und Neuengland lässt sich B. nach dem Studium am Vassar College 1934 mit dem unbestimmten Ziel, Dichterin zu werden, in New York nieder. Durch ihre Kontakte zu Marianne Moore, die zeitlebens eine wichtige Freundin und Mentorin für B. bleibt, erhält sie Zugang zur literarischen Welt New Yorks. Nicht nur bedingt durch ihre regelmäßigen Asthmaanfälle und ihren zunehmenden Alkoholismus, sondern auch aufgrund ihrer massiven Selbstzweifel als Künstlerin, die ihre Gedichte für zu apolitisch, zu unmodern und schlichtweg unwichtig hält, flieht sie immer wieder aus New York auf ausgedehnte Reisen durch Europa, nach Mexiko und nach Key West. Obwohl einzelne Gedichte regelmäßig in literarischen Zeitschriften wie *New Yorker*, *Poetry* oder *Partisan Review* erscheinen, gelingt es ihr erst 1946, einen Verleger für ihren ersten Gedichtband *North & South* zu finden. Der hier vorherrschende lyrische Gestus scheint gänzlich unberührt von den stilistischen Experimenten der Modernisten, von deren Forderung nach Innovation und von T.S. Eliots Theorie des »objective correlative«. Deutlich wird jedoch B.s Begeisterung für den englischen Dichter Gerard Manley Hopkins. Ihre Gedichte sind häufig in dem gefederten Rhythmus des »sprung rhythm« geschrieben und gehen meist von der konkreten Beobachtung eines Einzeldings in seiner Individualität aus, was Hopkins »inscape« nannte. Diese geschaute Individualität wird besonders in B.s berühmtem Gedicht »The Fish« deutlich. Das lyrische Ich hat einen riesigen Fisch gefangen und betrachtet ihn. Die folgende Akkumulierung genaustens beobachteter Einzelheiten (diese Beobachtungsgabe nannte Robert Lowell später B.s »famous eye«) führt bei der Sprecherin des Gedichts schließlich zu einem epiphanischen Erlebnis. Sie sieht, welche Angriffe der Fisch in der Vergangenheit schon überlebt hat, erkennt seinen starken Willen und lässt ihn daraufhin frei.

Viele Gedichte dieses ersten Bandes beschäftigen sich mit konkreten Orten und Begebenheiten, sind klar und direkt im Ton. Eine zweite Gruppe thematisiert hingegen obskure, imaginäre Welten. Dazu gehören traumartige, introspektive und teilweise hermetische Texte wie »The Man-Moth« und »The Weed« (das George Herberts »Love Unknown« zum Vorbild hat), in denen zerrissene, verzweifelte Gestalten auftauchen, die in ihrem Kampf gefangen sind, einen Platz in der Welt zu finden.

Wenn auch B.s Leben nie völlig frei war von persönlichen Krisen, so sind die Jahre zwischen 1952 und 1965 doch durch eine gewisse Ruhe und Stabilität gekennzeichnet. B. findet in Petrópolis, Brasilien, eine neue Heimat und in Lota de Macedo Soares eine Freundin, Vertraute und Lebensgefährtin. Trotz ihres zurückgezogenen Lebens wird ihr zweiter Gedichtband, *A Cold Spring*, der 1954 zusammen mit einer Neuauflage von *North & South* erscheint, von der Kritik viel beachtet und erhält 1956 den Pulitzer Preis. In diesem Band, wie auch in ihrem nächsten, *Questions of Travel* (1965), und in einigen der in diesen Jahren entstandenen Kurzgeschichten kehrt sie an Orte ihrer Kindheit zurück. Sie beschreibt die bedrohte Schönheit von »Cape Breton«, erinnert sich in »Manners« an ihren Großvater und erwähnt zum ersten Mal in »First Death in Nova Scotia« ihre Mutter. Die meisten der Gedichte nehmen jedoch Menschen, Orte und Erlebnisse in Brasilien zum Ausgangspunkt. Es gelingt der Dichterin, durch ihre genauen Beschreibungen ein farbiges Bild von Brasilien zu entwerfen, mit all seinen Gerüchen, der überbordenden Natur, seinen Tieren und seinen durch die Mischung aus katholischer, indianischer und afrikanischer Tradition geprägten Menschen. Unmerklich zieht sie den Leser nicht nur in den Bann dieser faszinierenden, fremden Welt, sondern führt ihn auch behutsam durch ihre ganz persönlichen Gedanken und Projektionen. Dieser Wechsel zwischen realistischer anmutender Impression und Introspektion geschieht fließend und ohne Warnung und macht den großen Reiz ihrer Lyrik aus.

Der Ton dieser Gedichte weist bereits auf ihr Spätwerk voraus. Die Initiation zu dieser neuen, viel persönlicheren Dichtung vollzieht sich im Titelgedicht »In the Waiting Room« ihrer letzten Sammlung *Geography III* (1976). B. beschreibt, wie sie als Sechsjährige bei einem Arztbesuch ihrer Tante im Wartezimmer sitzt, Zeitschriften durchblättert und sich ganz plötzlich ihrer selbst bewusst wird: »But I felt: you are an *I*, / you are an *Elizabeth*«. Auch wenn ihr literarischer Ton sehr viel offener wird und sie sich zumindest geographisch der amerikanischen Literaturszene wieder annähert – sie verlässt Brasilien 1965, nimmt Lehraufträge an der University of Washington, Seattle, und an der Harvard University an, lebt zeitweise in San Francisco und New York –, so kann sie sich weder mit der Dichtung der »Beat Generation« noch mit der der »confessional poets« identifizieren. Kunst sei den Preis, den man für diese bedingungslosen Offenbarungen zahlen müsse, nicht wert, äußert sie gegenüber Robert Lowell. Die letzten Jahre ihres Lebens sind wieder von großen Krisen geprägt, aber auch von B.s zunehmender Bekanntheit und Anerkennung: Sie erhält u.a. 1970 den National Book Award und 1978 wird ihr das hochdotierte Guggenheim Fellowship zugesprochen. Durch dieses Stipendium hoffte sie, endlich von ihren finanziellen Sorgen befreit zu sein und nicht mehr lehren zu müssen (eine Tätigkeit, die stets mit großen Selbstzweifeln verbunden gewesen war und ihr kaum Raum zum Schreiben ließ). Ihre Pläne konnte sie nicht mehr verwirklichen. Sie starb am 6. Oktober 1979.

Das Œuvre B.s umfasst außer den erwähnten Gedichtbänden Übersetzungen aus dem Spanischen und Portugiesischen, Kurzgeschichten, einige journalistische Arbeiten und eine Vielzahl von Briefen. Eine echte Auseinandersetzung mit ihrem Leben und Werk fand erst postum statt. Dazu hatte B. selbst beigetragen. Sie wollte nicht, dass man ihr Privatleben zum öffentlichen Eigentum machen würde, sie stilisierte sich nicht zur Kultfigur, sie wollte keiner Dichterschule zugeordnet werden, sie verfasste keine Poetik und äußerte sich nur selten zur Dichtung ihrer Zeitgenossen. Sie schrieb einfach nur Gedichte. Bescheidenheit war für sie nicht nur der höchste moralische Wert, sondern auch das oberste poetische Prinzip.

Werkausgaben: Complete Poems. London 1991. – The Collected Prose. Hg. R. Giroux. New York 1984. – One Art: Letters. Hg. R. Giroux. London 1994.

Kristina Kalb

Bitov, Andrej
Geb. 27. 5. 1937 in Leningrad

Der Architektensohn Andrej Bitov war zunächst Geologe und schreibt seit 1963 hauptberuflich Drehbücher, Erzählungen, Essays, Reiseberichte und Kritiken. Obwohl kein Dissident, bekam er 1979 in der UdSSR Schwierigkeiten wegen seiner Mitherausgeberschaft am Almanach *Metropol* (Die Metropole, zus. mit Vasilij Aksënov) und wegen seines Hauptwerks *Puškinskij dom* (1978; *Das Puschkinhaus*, 1983), das in der UdSSR erst 1987 vollständig erschien. Der äußerst handlungsarme Roman *Puškinskij dom* spannt einen Zeitbogen von der Stalin-Ära bis zum sog. »Tauwetter« (Entstalinisierung) unter Chruschtschow und ist im Sinne des Literaturtheoretikers Michail Bachtin ein polyphoner Roman voller literarischer Anspielungen und Zitate, verwoben mit B.s eigener ironischer Stimme. B. ist »bei Dostojewskij und Nabokow in die Schule gegangen, ohne darüber zum Epigonen zu werden« (Helen von Ssachno). Die Überschriften der einzelnen Romankapitel zitieren zwar bekannte Titel Ivan Turgenevs und Michail Lermontovs, doch ist der Gesamtstil B.s so neuartig, dass Rezensenten sich bei seiner Beschreibung oft neuer Wortschöpfungen bedienen.

In einer Art Rahmenhandlung wird der Literaturwissenschaftler Lëva Odoevcev, ein Träumer aristokratischer Herkunft, in seinem Arbeitszimmer im Puškinhaus mit Puškins Duellpistole erschossen, ersteht aber im Epilog wieder auf. Offen bleibt, ob er von der Hand seines mephistophelischen Gegenspielers Mitišajev oder von eigener Hand gestorben ist. In einer zentralen Passage der Haupthandlung stellt der aus dem Lager zurückgekehrte Großvater Modest Lëvas zornig die Frage nach der Verantwortung derer, die nicht durch den Archipel Gulag gegangen sind, aber von ihm profitieren. Modests Sohn nämlich hatte sich in der Stalinzeit aus Opportunismus vom Vater losgesagt, und Enkel Lëva hatte durch die Übernahme des väterlichen Lehrstuhls Schuld auf sich geladen. Ein Teil des Romans, der aus der Erzählung »Neljubimaja Al'bina« (in: *Die ungeliebte Albina*, 1982) hervorging, beschreibt die komplizierten Liebesbeziehungen des Protagonisten zu drei Frauen, darunter Al'bina. Immer neue Handlungsvarianten werden durchgespielt, die wahr oder falsch sein können. Dennoch »leben wir, die russischen Leser, im Puschkinhaus. Niemand kann uns nehmen. Es ist unser Erbe. Der Boden. Die Heimat. Die Sprache« (Raissa Orlowa-Kopelew). Der Erzählband *Vyčitanie zajca* (1993; *Puschkins Hase*, 1999) ist eine weitere Hommage an die Literatur der von B. über alles geschätzten Puškin-Zeit. Sein Liebesroman *Rol'* (1980; *Die Rolle*, 1990) handelt von der launischen Assja, die den wesentlich jüngeren Aleksej wegen eines reichen älteren Mannes verlässt. Aleksej kann ein wohlgeordnetes Leben aufbauen, wird aber nie glücklich. Die in *Uroki Armenii* (1972; *Armenische Lektionen*, 1989) und *Gruzinskij al'bom* (1996; *Georgisches Album*. *Auf der Suche nach Heimat*, 2003) geschilderten Kaukasusreisen dienen der Selbstsuche des Autors und dem Aufsuchen von Orten des Schreibens (z. B. Puškins). *Vkus* (1990; *Geschmack*, 2004) ist der stille Monolog eines Bahnreisenden. Weil er hier wie in vielen anderen Werken der Gefahr der Beliebigkeit nicht entgeht, wurde B. von Wolfgang Kasack ein »Mangel an Konzentration beim Schreiben« vorgeworfen. Der mehrfach preisgekrönte Autor löste Anatolij Rybakov als

Vorsitzenden des russischen PEN-Zentrums ab.

Klaus-Peter Walter

Blake, William
Geb. 28. 11. 1757 in London; gest. 12. 8. 1827 in London

Der Visionär, Dichter, Maler und Graveur William Blake, eine Generation vor der ›ersten Generation‹ romantischer Dichter (William Wordsworth, Samuel Taylor Coleridge, Robert Southey) geboren, wird in vielen Literaturgeschichten noch zur Vorromantik gezählt. Dieser chronologischen Zuordnung widerspricht jedoch, dass der erklärte Systemfeind schon alle diversen Denkansätze der Vorromantik mit fast paradoxer Logik synthetisierte und in den ›radikalen‹ Kreisen Londons an die jungen ›Radikalen‹ (Anhänger der Ideale der Französischen Revolution) Wordsworth und Coleridge weitergab. So war B. der erste eigentliche englische Hochromantiker.

Die Ereignislosigkeit von B.s Leben sowie seine geringe (und bis zu seinem Tode noch schwindende) Bekanntheit stehen im Gegensatz zu seinem umfassenden Denken und genialen Werk. Der Sohn eines nonkonformistischen Londoner Strumpfwarenhändlers machte ohne formale Schulbildung eine Kupferstecherlehre, wurde Student der Bildenden Künste an der Royal Academy, lernte andere Künstler wie John Flaxman und Johann Heinrich Füßli alias Fuseli kennen und geriet zunehmend in revolutionäre Kreise um den Londoner Buchhändler Joseph Johnson. Dort traf er bekannte politisch systemkritische bis revolutionäre Literaten, u. a. den jungen Wordsworth, William Godwin und Mary Wollstonecraft. Doch während der radikale Rationalist Godwin den Ursprung von Tyrannei und Ungleichheit in der Verwirrung der Köpfe durch Imagination diagnostizierte, erstellte der radikale Idealist B. im Rückgriff auf Thomas Hobbes' und John Lockes Definitionen den entgegengesetzten Befund: *reason* als die trennende Fähigkeit des menschlichen Geistes habe die materielle Abbildwelt aus der alleinheitlichen ideellen Urbildwelt abgespalten und zersplittert, *imagination* als seine konträre, ineinsbildende (›esemplastische‹) Fähigkeit vermöge sie in Antizipation notwendiger Heilsgeschichte wieder zusammenzufügen. Dies erklärt B.s häretisch antinomistische Aphorismensammlung *The Marriage of Heaven and Hell* (1790–93; *Die Hochzeit von Himmel und Hölle*, 1987) wie auch sein Anklagegedicht gegen die rechtliche Absonderung von Frauen und Sklaven, *Visions of the Daughters of Albion* (1793). Besonders der Kreis um Johnson wurde durch die Geheimpolizei von George III überwacht, was B. lebenslangen Ärger bescherte. Die Radikalen ermöglichten B. die Veröffentlichung seiner ersten Gedichtsammlung, *Poetical Sketches* (1783), sowie 1784 die Eröffnung eines eigenen Druck- und Buchladens. Hier entstanden B.s erste illustrierte Gedichtbände, von ihm selbst in Kupferplatten radiert oder gestochen, v.a. die *Songs of Innocence* (1789), später ergänzt durch die *Songs of Experience* (1794; *Lieder der Unschuld und Erfahrung*, 1958). In der einfachen Sprache, die schon der Primitivismus der Vorromantik wider die poetische Diktion der Klassizisten mobilisiert hatte, stellte B. hier Gedichte mit verschiedenen kindlichen und erwachsenen Sprechern als These und Antithese einander gegenüber. So drücken *Songs of Innocence* wie »The Lamb« und »The Chimney Sweeper« kindliche Reminiszenzphantasien des Paradieses aus, welche von den Illustrationen noch mehr als von den Texten selbst als unrealistisch entlarvt werden: Die Lämmer, selbst das Christuslamm, sind Schlachttiere; der Schornsteinfegerknabe ist ein Opfer industrieller Ausbeutung. Die jeweiligen Gegengedichte, hier etwa »The Tyger« und »The Chimney Sweeper«, machen dem Menschen dann den Verlust des Paradieses zur brutalen Gewissheit. Der Tiger, Schutztier des Grenzsetzers und Vernunfttyrannen Urizen (*oúros* + *reason*), schüchtert den menschlichen Geist ein mit der »fearful symmetry« der Reduktion von Natur auf restriktive Gesetze; und der Schornsteinfegerknabe wird Betrugsopfer einer Religion von

Schwindelpriestern, die als Helfershelfer der Tyrannen und Ausbeuter falschen Trost in Gehorsam predigen. Die *Songs* enthalten schon im Kern B.s später entfaltete gnostische und antinomistische Weltanschauung sowie seinen Neuplatonismus und Swedenborgianismus. Hinzu kommt B.s Kenntnis hinduistischer Philosophie durch die Vermittlung von Sir William Jones. Die ursprüngliche ideelle All-Einheit kannte unsere Vernunftunterscheidungen (Jenseits und Diesseits, Geist und Materie, Himmel und Hölle, Mann und Frau, Herrscher und Untertan, Heiliges und Profanes, Licht und Dunkel, Wärme und Kälte usw.), also John Keats' »schism«, nicht. Der Weltenschöpfer war nach gnostischer Lehre nicht die gütige Urgottheit, sondern ein *spiritus malignus* oder Demiurg, B.s Urizen. B. stellt ihn bildlich wechselnd dar als eisgrauen alten Mann mit starren linearen Zügen, mal als zirkelbewaffneten Weltenplaner, mal getarnt als gütiger Vater, mal als unter seinem eigenen Joch leidender Gefangener, ein abschreckendes *mixtum compositum* aus Jehovah, Zeus, König George III und Sir Isaac Newton. Sein Beiname »ancient of days« markierte ihn doppelt als sterblich, im Unterschied zu den »Eternals«. B.s Bezeichnung der All-Einheit in Wiedereinsbildung von Monotheismus und Polytheismus. In einer ersten Fallstufe splitterte der Demiurg aus der Ewigkeit ein räumlich und zeitlich begrenztes *parádeisos* ab (These: Paradies). In einer zweiten Fallstufe splitterte daraus dann unsere Welt, fragmentiert durch Sozialhierarchien und zusätzlich durch die Industrielle Revolution (Antithese: Verlorenes Paradies). Doch selbst dann erinnerten sich die Menschen in kulturell verschieden verbilderten Mythen ihrer Heimat der Ideenwelt, zumal sie (nach Emanuel Swedenborgs Lehre) Fragmente des Göttlichen wie das Feuer und die Liebe mitgebracht hatten, siehe B.s *Song of Innocence* »The Divine Image«. Um ihre Herrschaft zu etablieren und die Lebensdauer ihrer sterblichen Welt zu verlängern, zerstörten die Tyrannen mit Hilfe von Priesterschwindlern diese frei fließende *anámnēsis*, indem sie Heilsmythen zu heilsgeschichtlichen ›Wahrheiten‹ erklärten und in dogmatische Religionen und eherne Gesetzestafeln (Bibel, Koran usw.) hämmerten. So wurde ›wahrer‹ Glauben wider Häresie gepredigt und die verdummte Menschheit in sinnlose Religionskriege gestürzt; dagegen steht *All Religions Are One*. Die Versklavung liegt somit in des Menschen »mind-forg'd manacles« (*Songs of Experience*: »London«). Doch alles Geschaffene drängt mit soteriologischer Notwendigkeit zu seinem Ursprung zurück, und B. wähnte im Einklang mit den anderen ›positiven‹ Romantikern (dem jungen Wordsworth und Coleridge, Percy Bysshe Shelley, Keats, Novalis usw.) ein unmittelbar bevorstehendes Millennium (Synthese: ›Paradise Regained‹) entsprechend dem biblischen Mythos von Offenbarung 20 und dem antiken Mythos der Rückkehr des Goldenen Zeitalters. Schließlich werde auch dieses Paradies zurückkehren müssen in seine ur-alleinheitliche Heimat der Ideenwelt, wie in den Mythen von Offenbarung 21 (Himmlisches Jerusalem) und von der Rückkehr des Odysseus nach Ithaka.

Schon in den *Songs of Innocence and Experience* ist diese idealistisch-dialektische Vision, in typisch B.scher Verachtung der klassizistischen Dekorumsregel, mit brutal realistischer Sozialkritik gepaart, so in der Anklage des Schmutzes und der Prostitution Londons (»London«) oder der Verbiegung kindlicher Seelen durch erzieherische und religiöse Restriktion (»The Garden of Love«, »The Nurse's Song«). Dabei posiert B. selbst als – wie das Kind dem Ursprung nahestehender – romantischer Prophetendichter, berufen in seiner Kunst die in Ignoranz verirrten erwachsenen Menschen an ihre mythischen Reminiszenzen an ihre Herkunft und Bestimmung zu gemahnen: »Hear the voice of the bard, Who present, past, and future sees –«.

B. weigerte sich, dafür eines der Dogmen skriptural festgehämmerten Mythologien zu übernehmen. Stattdessen suchte er die fließenden Reminiszenzen in sich selbst und schuf seine eigenen stets wechselnden Mythen: »I must create a system, or be enslaved by another man's« (*Jerusalem*). Dies gilt für alle seine prophetischen Bücher, angefangen von *The*

First Book of Urizen (1794, B.s Gegenentwurf zu Genesis), wie auch für seine Gemälde (Öl- und Wasserfarben) und Illustrationen (Stiche und Radierungen), mit denen er auch Texte anderer Dichter (John Milton, Edward Young usw.) im Sinne seines Antinomismus radikal umlas. B.s Texte und Illustrationen sollten wegen ihrer gegenseitigen Erhellung parallel gelesen werden, jedoch ohne Erwartung einer exakten Entsprechung von Textseite und Illustration. In Ablehnung aller Symmetrie hat B. sie asynchron angeordnet, so dass die Illustrationen in den verschiedenen Visionen des Falls und Heilsgeschehens falsche Erwartungen korrigieren, Rückschläge oder Fortschritte vorwegnehmen. Es lassen sich bei aller Varianz der freiphantastischen Namen und Handlungen einige Konstanten feststellen, da B. in Text wie Bild gezwungen war, urizenisches Diesseits und alleinheitliches Jenseits kontrastiv zu veranschaulichen. So steht ewiges Feuer gegen schmelzendes Eis, wobei die in Ägypten imaginierten ersten Priesterschwindler, die ihre Tyrannis in den symmetrischen Steinformen der Pyramiden sichtbar werden ließen, asketisch urizenisches Eis zu Tugend und ewiges leidenschaftliches Feuer zu Sünde pervertierten. Doch das Restfeuer ist nie auslöschbar, selbst nicht in ehernen Kugeln und platonischen Höhlen und im Fell des urizenischen Schutztigers »burning bright« (»The Tyger«). Weitere Restriktion und Sterilität assoziierenden Zentralbilder B.s sind Steine, Eisen, Netze, Fesseln, enge Kleider und Schuppenpanzer, Dornengestrüpp, Stöcke und Krücken, Räume und Gefäße, Zirkel und andere symmetrische Formgebilde, sämtliche zerstörbar. Zerstörung aber ist Antithese zur Synthese. In *Vala, or, The Four Zoas* (1795–1804) werden Weizenkorn und Traube zerquetscht, um sich zum »bread and wine of ages« zu erhöhen (B.s Variante der Eucharistie), im Zuge der Wiederherstellung des in vier generische Fähigkeiten gespaltenen »Eternal Man«. Anders wieder in B.s sperrigstem visionären Epos, *Jerusalem* (1804–20), wo der Riese Albion (England) fallen und leiden muss, um schließlich wieder mit seiner Emanation (weiblichen Abspaltung) Jerusalem vereint und zu »Eternal Life« erweckt zu werden (B.s Variante der Anglo-Israel-Lehre, siehe das ebenfalls oft mit »Jerusalem« betitelte vielzitierte Einleitungsgedicht zu *Milton*, 1804–08; *Milton*, 1995).

Werkausgaben: The Complete Poems. Hg. W.H. Stevenson. London 1989 [Harlow 1971]. – The Complete Graphic Work. Hg. D. Bindman. London 1978. – Werke. Hg. G. Klotz. Berlin 1958.

Rolf Lessenich

Blaman, Anna (eigtl. Johanna Petronella Vrugt)

Geb. 31. 1. 1905 in Rotterdam; gest. 13. 7. 1960 in Rotterdam

»Dies ist die Geschichte einer ersten Liebe. Der unglücklich verliebte Junge darin ist ein Mädchen, ein anämisches Mädchen von zehn Jahren. Sie trägt eine Brille und ihr offenstehender Mund weist auf eine adenöse Veranlagung.« So hat Anna Blaman in ihrer 1939 anonym veröffentlichten Erzählung »Een autobiografie« (in: *Droom in oorlogstijd*, 1985) ein Mädchen beschrieben, das sich in ein anderes Mädchen verliebt und seine erste traumatische Erfahrung als lesbische Frau macht. Das Porträt des Mädchens ist nicht nur wegen seines Themas ein bemerkenswerter Text, der bei Erscheinen ein gesellschaftliches Tabu brach – vielmehr enthält es auch den psychopoetischen Schlüssel zu B.s Schreibweise. So wie das Mädchen seine homosexuelle Veranlagung erst durch die Spiegelung in der stereotypen Vorstellung eines verliebten Jungen offenbart, so erfasst B. ihre Charaktere auch in ihren späteren, unter Pseudonym veröffentlichten Werken mit Hilfe einer Spiegeltechnik. B.s Personen erfahren sich nicht direkt, sondern nur als unbestimmtes Subjekt zwischen einem gesellschaftlichen Ideal, dem sie nicht entsprechen, und einem Selbstbild, das sie verfehlen. Um diesen doppelten Mangel zu verbergen, maskieren sie sich. Sie fingieren die Identität, die sie nicht haben.

Als Maskerade lässt sich schon das Pseudonym verstehen, das B., die bis zu ihrem – mit

35 Jahren relativ späten – literarischen Debüt Französischlehrerin in Rotterdam war, als Schriftstellerin benutzte. Der Name Anna Blaman wiederholt die Initialen von B.s Lebensgefährtin und definiert die Rolle, die B. sich selbst – als Mann von Al(ie) B(osch) – in der Beziehung zuschrieb. So entspricht er der Konstellation der zurückgespiegelten Identität, die B. auch als Erzählprinzip benutzt und am eindrucksvollsten in ihrem 1948 erschienenen Schlüsselroman *Eenzaam avontuur* (*Einsames Abenteuer*, 1988) verwirklicht hat. Darin projiziert B. die Trennung von ihrer Geliebten in die Geschichte des Krimiautors Bart Kosta, der von seiner Freundin Alida verlassen wird, während er an einem Roman über den Detektiv King schreibt, der sich in die Giftmörderin Juliette verliebt und durch die Liebe zu einem Dichter wird, der Juliette symbolisch umbringt, indem er nicht nur das Herz, das sie ihm geschenkt hat, sondern auch den Text, den er über sie geschrieben hat, vernichtet. So wie der Mann in B.s Romanen ohne die Frau, die er als sein Geschöpf betrachtet, nicht leben kann, erfährt der Schriftsteller sich selbst angesichts seines Textes als nichtig. Das »einsame Abenteuer« endet damit, dass King über den unendlichen Ozean wie durch eine surreale, von der Wirklichkeit enthobene Landschaft rudert. Er überlässt sich, so kann man die Szene deuten, seiner Urangst vor dem Nichts.

B.s literarische Figuren sind melancholische Helden der Selbstverfehlung. Das betrifft sowohl die Frauen als auch die Männer, die sich – wie in *Vrouw en vriend* (1941; Frau und Freund), *Ontmoeting met Selma* (1943; Begegnung mit Selma), *De kruisvaarder* (1950; Der Kreuzfahrer), *Op leven en dood* (1954; *Auf Leben und Tod*, 1990) – an flüchtigen Orten wie Cafés, Pensionen, Häfen und Konzertsälen begegnen und sich in ihren Glückserwartungen und Liebessehnsüchten regelmäßig enttäuschen. B.s Figuren verfehlen sich vordergründig, weil ihre Liebe nicht erwidert wird:»Kosta sucht Alide, Alide sucht den unbekannten Andern, Yolande sucht auf ihre Weise Kosta, und ich suche Alide. Aber in Wahrheit bleibt man immerzu allein.« (*Einsames Abenteuer*) Untergründig erfüllt sich ihre Liebeserwartung aber auch deshalb nicht, weil ihnen die Sprache fehlt, um ihrem Begehren und ihrer Imagination Ausdruck zu geben. »Selbst im eigenen Haus« sind sie »still und verlegen« (*In naam der wet*, 1985; Im Namen des Gesetzes).

B., die das im Vergleich zum weltstädtischen Amsterdam als provinziell geltende Rotterdam nie für längere Zeit verlassen hat, hat auch als Dramaturgin gearbeitet und war Autorin der vom französischen Existentialismus beeinflussten Literaturzeitschrift *Criterium*. Mit dem Titel ihres letzten, unvollendeten Romans *De verliezers* (1960; Die Verlierer), in dem sie vehement für den Liebes- und Geltungsanspruch der Kleinen und Minderwertigen eintritt, bezieht sie sich direkt auf Albert Camus, der seine Arbeit als Schriftsteller programmatisch als »être avec les victimes« (mit den Opfern sein) beschrieben hat.

B. wurde zweimal (1949 und 1956) mit dem Literaturpreis der Stadt Amsterdam ausgezeichnet und erhielt 1957 den P.C. Hooft-Preis. Zeit ihres Lebens von schwacher Gesundheit, ist sie 1960 an einer Herzembolie gestorben. Heute ist das Homosexuellen-Archiv in Leeuwarden nach ihr benannt. Zu ihrem 100. Geburtstag hat die Theatergruppe Mevrouw Jansen 2005 das Musikstück *Blaman, de musical* aufgeführt.

Barbara Lersch-Schumacher

Blandiana, Ana (eigtl. Otilia-Valeria Rusan, geb. Coman)

Geb. 25. 3. 1942 in Timișoara/Rumänien

Die Lyrikerin und Prosaschriftstellerin Ana Blandiana ist eine der herausragendsten Personen in der zeitgenössischen rumänischen Literatur. Ihr Schreiben richtet sich gegen politische Willkür und staatliche Gewalt, mit denen sie früh konfrontiert wird. Während der Säuberungsaktionen ab 1959 wird ihr Vater, ein orthodoxer Geistlicher, zu einer fünfjährigen Haft verurteilt. In den 1970er Jahren erlebt B. den wachsenden Staatsterror und die

Verschärfung der Zensur, die in den 1980er Jahren ihren Höhepunkt erreichen. B. debütiert 1959, in der Zeitschrift *Tribuna* mit dem Gedicht »Originalitate« (Originalität). Als »Tochter eines Volksfeindes« ohne »gesunde soziale Abstammung« erhält sie daraufhin ein Publikationsverbot. Erst drei Jahre nach ihrer gegen den Widerstand der Partei geschlossenen Ehe mit Romulus Rusan (geb. 1935) und nach Interventionen auf höchster Regierungsebene darf sie studieren und ihre ersten Gedichtbände veröffentlichen: *Persoana întâia plural* (1964; Erste Person Mehrzahl) und *Călcâiul vulnerabil* (1966; Die Achillesferse).

Das kulturelle »Tauwetter« (1965–70) nach der Machtübernahme Ceaușescus bietet den Kulturschaffenden Reiseerleichterungen (B. besucht 1968 Paris und Prag), lässt totgeschwiegene Autoren wieder zu, lockert das strikte Gebot, dem Modell des sozialistischen Realismus zu folgen. Aus der Verbindung rumänischer Literatur traditioneller Prägung der Zwischenkriegsjahre (u. a. Lucian Blaga, 1885–1961) und westlicher Literatur erhalten die Autoren der »Generația '60« (ein loser Zusammenschluss von Literaten) – wie Nichita Stănescu (1933–85), Marin Sorescu (1936–96) oder B. – neue Impulse. In den Gedichten spricht sich B. für eine Poesie aus, die frei von politisch aufgezwungenen rhetorischen Floskeln und akklamatorischen Inhalten ist. In direkter, fast metaphernfreier Sprache reflektiert sie das Individuelle im Kollektiven und den reinen, unschuldigen Zustand der Kindheit, die Geborgenheit des Schlafes, des Traums. Dessen Symbol, das Ei, ist in ihrer frühen Lyrik ein wiederkehrendes Motiv. Ihre Werke, von den Kritikern gefeiert, werden mit den wichtigsten rumänischen Literaturpreisen gewürdigt.

Die »Kleine Kulturrevolution« (1971–74) löst das »Tauwetter« durch eine Re-Ideologisierungskampagne ab. Vor allem oppositionelle Intellektuelle, wie Mircea Dinescu (1950), Ileana Măoläoncioiu (1940), Ion Negoițescu (1921–93), sollen stärker in den Dienst der Partei eingebunden werden. Mit zunehmendem Staatsterror verschärfen sich auch die kritischen Töne in B.s Texten; ihre Publikation wird zunehmend schwieriger. So wird der Novellenband *Cele patru anotimpuri* (1977; Die vier Jahreszeiten) wegen »antisozialer Tendenzen« abgelehnt, die phantastischen Erzählungen *Proiecte de trecut* (1982; Kopie eines Alptraums*, 1988) erscheinen nur dank des ausländischen Interesses an B. 1984 veröffentlicht B. in der Zeitschrift *Amfiteatru* vier Gedichte, die sich gegen die Mechanismen des Terrors wenden. Sie thematisieren die Instrumentalisierung des Menschen, die Ideologisierung der Kinder und die Reduzierung von Frauen auf Gebärmaschinen (»Cruciada copiilor«, *Der Kinderkreuzzug*). Mit einfachen Versen versucht B., die allzu geduldigen Rumänen wachzurütteln. B.s Botschaft heißt Widerspruch und Mut; sie erhält erneut Publikationsverbot. B., durch zeit- und gesellschaftskritische Glossen in verschiedenen Zeitschriften
und durch Radio Free Europe/München auch in Europa bekannt, genießt aber ein so großes Ansehen, dass das Verbot aufgehoben wird.

Mitte 1988 wird sie zur »Unperson« erklärt. Ihre Werke stehen auf dem Index, sie wird observiert. Auslöser hierfür war der Straßenkater Arpagic (Steckzwiebel), Hauptfigur in einem Gedichtband für Kinder, der deutliche Züge des diktatorischen Staatsoberhauptes trägt. In dieser Zeit schreibt sie an dem Roman *Sertarul cu aplauze* (*Die Applausmaschine*, 1993), der 1992 erscheint. Es ist eine phantastisch anmutende Geschichte über die Mechanismen, die zur Gleichschaltung der Menschen führen sollen. Den einzigen Ausweg bietet die Flucht. Im Dezember 1989, nach dem Sturz Ceaușescus, wird B. in die Übergangsregierung gewählt. B. widmet sich heute der politischen Arbeit innerhalb der von ihr 1990 gegründeten außerparlamentarischen Oppositionsbewegung *Alianța civică* (Bürgerallianz).

Ilse Saynovits

Blasco Ibáñez, Vicente
Geb. 29. 1. 1867 in Valencia/Spanien;
gest. 28. 1. 1928 in Menton/Frankreich

Der Essayist, Romancier und Autor von Kurzgeschichten Vicente Blasco Ibáñez war der meistübersetzte und -gelesene europäische Schriftsteller seiner Zeit. 1924 wurde er bei einer Umfrage der *International Book Revue* in New York nach H.G. Wells als zweiter auf der Liste der populärsten Autoren in den USA, Großbritannien und Australien genannt. Seine frühe Neigung zur Schriftstellerei – seinen ersten Roman schrieb B. bereits im Alter von 14 Jahren – stellte kein Hindernis dar, nicht auch auf anderen Gebieten aktiv zu werden. B. studierte Rechtswissenschaften in Valencia und war eine Zeitlang Sekretär des Schriftstellers Manuel Fernández y González. Im Dienst der republikanischen Partei war er mehrfach in Krawalle verwickelt, wurde zu Duellen herausgefordert und in 30 Fällen ins Gefängnis geworfen. Um einer Inhaftierung zu entgehen, floh er 1889 nach Paris und 1895 nach Italien. B. war ein beliebter Politiker und wurde siebenmal als Abgeordneter für die Partido Republicano gewählt, zog sich aber 1909 aus dem politischen Leben zurück und bereiste anschließend Frankreich und Amerika, bis er sich an der Côte d'Azur niederließ, wo er 1928 starb.

Sein Ruf als Schriftsteller ging über seine Popularität als Politiker noch hinaus; heute wird er als ein Meister des spanischen Realismus und, zusammen mit Emilia Pardo Bazán und Leopoldo Alas (Clarín), als einer der wichtigsten Kurzgeschichtenverfasser seiner Zeit angesehen. Seine Romane, von kräftiger, direkter Sprache geprägt, sind vom Autor selbst in vier Perioden unterteilt worden: Die erste umfasst regionalistische Werke in valencianischem Milieu, die, wie *La barraca* (1898; *Die Scholle*, 1932), den bäuerlichen Kampf ums Überleben oder, wie *Cañas y barro* (1902; *Sumpffieber*, 1929), das Leben der armen Fischer an der valencianischen Küste schildern. Die zweite Phase umfasst die sog. »novelas de tesis«, die zur Lösung damaliger sozialer Probleme auch Gewaltanwendung legitimierten, wie u. a. *El intruso* (1904; *Der Eindringling*, 1930) und *Sangre y arena* (1908; *Die Arena*, 1927, *Blutige Arena*, 1988). Für die dritte Periode fand B. während einer Reise nach Amerika und besonders bei einem Aufenthalt in Argentinien, wo er sich erfolglos als Siedler niederzulassen versuchte, Inspiration. Die interessantesten Werke dieser Periode sind *La tierra de todos* (1912; *Die Erde von allen*) und *Los argonautas* (1914; *Die Argonauten*) über die spanische Einwanderung in Südamerika. Während des Ersten Weltkriegs ergriff B. Partei für die Alliierten, was sich in den Werken der vierten Periode widerspiegelt. Aus dieser Zeit stammen z. B. *Los cuatro jinetes del Apocalipsis* (1916; *Die apokalyptischen Reiter*, 1922), ein Roman über das Schicksal einer argentinischen Familie auf beiden Seiten des Atlantiks, und *Mare Nostrum* (1918), ein germanophobes Werk über die Aktivitäten der deutschen Kriegsmarine im Mittelmeerraum, dessen Verfilmung (MARE NOSTRUM, 1926; Regie: Rex Ingram) B. weltweit bekannt machte. Eine zusätzliche Gruppe umfasst spätere Werke wie z. B. *El papa del mar* (1925; *Der Papst des Meeres*) und die fiktionalisierte Biographie Christoph Kolumbus' *En busca del gran Khan* (1929; *Die Suche nach dem Grosz-Khan*, 1934).

Werkausgabe: Gesammelte Romane. 2 Bde. Hg. O. A. von Bebber. Zürich 1927–1928.

Patricio Pron

Blass, Ernst
Geb. 17. 10. 1890 in Berlin;
gest. 23. 1. 1939 in Berlin

»Die Straßen komme ich entlang geweht«, diese Verszeile steht für den Lyriker B. Es gehört zu den Eigentümlichkeiten des deutschen Expressionismus, dass zahlreiche seiner Autoren lediglich durch ein Gedicht, eine Strophe oder gar nur eine einzige Verszeile in die Literaturgeschichte eingingen. Dies gilt für Jakob van Hoddis' »Weltende« ebenso wie für Alfred Lichtensteins »Die Dämmerung«, Paul Boldts »Junge Pferde! Junge Pferde!« oder Friedrich

Wilhelm Wagners »Jungfrauen platzen männertoll«.

Der promovierte Jurist B. begann als Bankangestellter, wurde Journalist, gab zwischen 1914 und 1921 die Zeitschrift *Die Argonauten* heraus, arbeitete Mitte der 1920er Jahre als Lektor bei Paul Cassirer und übersetzte. Vor allem aber war B. Lyriker. »Die Straßen komme ich entlang geweht« stammt aus dem Sonett »An Gladys«, einer grotesken Idylle, in der das lyrische Ich, ein Dichter im nächtlichen Berlin, heimwärts zieht. Er träumt von der Liebe. Oder vom Laster? Auf alle Fälle empfindet er sich als Außenseiter: »So seltsam bin ich, der die Nacht durchgeht, / Den schwarzen Hut auf meinem Dichterhaupt. / Die Straßen komme ich entlang geweht. / Mit weichem Glücke bin ich ganz belaubt.«

»An Gladys« ist die literarische Umsetzung des poetischen Konzepts, das B. 1912 seinem ersten Lyrikband vorangesetzt hat und das zu den wichtigsten theoretischen Dokumenten frühexpressionistischer Lyrik zählt. Zwei Jahre vor Beginn des Ersten Weltkrieges wird darin eine künftige Dichtung postuliert, deren Aufgabe es sei, »für das Fortschreiten der Menschheit morastlosen Boden« zu suchen, – Lyrik, die um die »große Schönheit« weiß, welche darin liegt, »für die Klärung der irdischen Phänomene zu sorgen«. Trotz der Reize der »herrlichen Weltwildnis« bekennt sich B. zu sinnenfroher Erkenntnis: »Ich weiß indes, daß der Wille zur bewußten Erfassung des Umliegenden ein recht reicher Lustquell ist.«

Der Dichter als ›Erkennender‹, dem das Banale dennoch vertraut ist: »das Wissen um das Flache des Lebens, das Klebrige, das Alltägliche, das Stimmungslose, das Idiotische, die Schmach, die Miesheit«. Das Alltägliche sollte nach B. Gegenstand der Kunst sein, keinesfalls dürfen die Mittel künstlerischer Darstellung jedoch alltäglich sein; kein Rückfall in den Naturalismus der 1890er Jahre, aber auch eine klare Absage an den Ästhetizismus der Jahrhundertwende. Die neue Dichtung, wie sie B. im Herbst 1912 forderte, sollte eine kunstvolle Synthese sein aus Realismus und Idealismus: »Der kommende Lyriker wird kritisch sein. Er wird träumerische Regungen in sich nicht niederdrücken.« Adäquates Stilmittel, das an Kurt Hillers *Ziel*-Setzung orientierte Konzept literarisch umzusetzen, war für B., ähnlich wie für seine Schriftstellerkollegen Jakob van Hoddis, Alfred Lichtenstein, Ferdinand Hardekopf oder Georg Heym, die Groteske – Ludwig Meidners trunkene Großstadtstraßen, seine verzerrten Dirnen- und Kaffeehausszenerien finden bei ihm ihre literarische Entsprechung.

Bevor in den 1920er Jahren Erich Kästner und Kurt Tucholsky, Otto Dix und Georg Grosz Berlins »Symphonie einer Stadt« neu komponierten, war aus den Gedichten von B. der Rhythmus von Großstadt in neuen Tönen zu vernehmen – im Verkehrslärm, zwischen Straßenbahnen und Autobussen, Polizisten, Dirnen und Fremden: Liebende und Dichter, die sich an Jahreszeiten, Stimmungen und Gestirnen erfreuen oder an der Welt verzweifeln.

B. verkehrte in Berliner Bohèmelokalen, in Kurt Hillers »Neuem Club« und im »Neopathetischen Cabarett«. Seine Gedichte erschienen in den wichtigsten expressionistischen Zeitschriften und Anthologien. »Nehmen Se jrotesk – det hebt Ihnen« – mit dieser Parole wurde B. zu einem der wegweisenden Dichter des Frühexpressionismus, dennoch: Auf dem Höhepunkt deutscher Kriegsbegeisterung und einer langanhaltenden persönlichen Krise, deren physische Symptome B. möglicherweise vor dem Schicksal vieler seiner Freunde und Kollegen bewahrten, wandte sich der Vierundzwanzigjährige vom Stil seines ersten Gedichtbandes radikal ab. Die Großstadt als lyrischer Ort trat zurück, das kurz zuvor noch propagierte Alltägliche – die Influenza, der bunte Cocktail, das Kokain und die »Wunderdirnen, schneeig und erkrankt« – wich Referenzen an Klassik, Romantik, Rilke und George. B. zog sich zurück. Kaum eine Verszeile seiner drei letzten Lyriksammlungen *Die Gedichte von Trennung und Licht* (1915), *Die Gedichte von Sommer und Tod* (1918) und *Der offene Strom* (1921) erinnert an seine literarischen Anfänge. Diese Hinwendung zum an Stefan George bewundernden »Rein-Künstlerischen« setzte bei B. bereits mit der von ihm herausgegebenen literarisch-philosophischen Zeitschrift *Die Argonauten* ein. An die Stelle von Sinnlichkeit traten ›reine‹, formstrenge Kunst und poetischer Eskapismus. Wo sich einst rote Haare in nächtlichen Bars gespiegelt hatten, verlor sich B. nun in düsteren, ahnungsvollen Versen. Sowohl mit den beiden in Kurt Wolffs Reihe *Der Jüngste Tag* erschienenen Bänden als auch mit der Ernst Bloch gewidmeten Lyriksammlung *Der offene Strom* sank B. formal wie thematisch weit hinter seine literarischen Anfänge in die Ästhetik des Fin de siècle zurück. Aus deutscher Provinz nach Berlin zurückgekehrt, fand der Lyriker auch literarisch noch einmal *Gen Haus*: »Verworrenes Café, farbig Gewitter! / Musik und Dirnen, und die Pauke tollt! / Die Whiskey's! Diese Angostura bitter, / Die man schon trinkt, bevor man sie gewollt –«. Trotz einiger recht schöner, liedhafter Gedichte konnte B., während des ›Dritten Reiches‹ verarmt und nahezu blind, nie mehr zur lyrischen Dynamik seiner Gedichte aus *Die Straßen komme ich entlang geweht* zurückfinden. Sie blieben bis heute zurecht sein literarisches Signet.

Werkausgabe: Die Straßen komme ich entlang geweht. Sämtliche Gedichte. München 1980.

Michael Bauer

Blei, Franz
Geb. 18. 1. 1871 in Wien; gest. 10. 7. 1942 Westbury/Long Island (USA)

Im Gespräch meinte Franz Kafka um 1920, B. sei »riesig gescheit und witzig. Es ist immer lustig, wenn wir mit ihm zusammenkommen. Die Weltliteratur defiliert in Unterhosen an unserem Tisch vorbei. Franz Blei ist viel gescheiter und größer als das, was er schreibt, … ein nach Deutschland verirrter orientalischer Märchenerzähler.« Dies war anlässlich des *Bestiarium Literaricum / das ist: / Genaue Beschreibung / Derer Tiere / Des literarischen / Deutschlands / verfertigt / von / Dr. Peregrin Steinhövel* (1920) gesagt, dem ersten Druck von B.s bis heute bekanntestem Buch, in dem er seine Zeitgenossen als »Litera-Tiere« vorstellt; so etwa »die Fackelkraus« (Karl Kraus), die »wegen ihrer unreinen Geburt stets wutgeschwollen und eine Anti-Natur« sei, »weil sie aus dem Kot dessen geboren ist, den sie vernichten will«. Er kannte sie nämlich alle, sogar persönlich und keineswegs nur die deutschen Literaten, die er hier beschreibt. Ein »Erzkritiker« (Albert Paris Gütersloh) ist er, aus Literatur und Künsten nicht wegzudenken; denn mit außergewöhnlicher Witterung begabt, hat er, oft als erster, entdeckt und gefördert: Rudolf Borchardt, Hermann Broch, Carl Einstein, Franz Kafka, Robert Musil, Max Scheler, René Schickele, Ernst Stadler, Carl Sternheim, Robert Walser, Franz Werfel u. v. a. m. Er wusste angehende Schriftsteller auf den ihnen angemessenen eigenen Weg zu setzen, schon entwickelte im Wagnis unzeitgemäßer Eigenart oder Modernität zu bestärken, mit seiner gesellschaftlich-kritischen Fähigkeit Verbindungen herzustellen, die sich durchweg als konstitutiv und schöpferisch für die jüngste deutsche Literatur erwiesen. So meinte Musil z. B. »Sternheim ist nicht nur eine Entdeckung, sondern geradezu ein Erziehungsprodukt B.s gewesen« (1931), oder Gütersloh für seinen Fall: »Dir schulde ich das Wissen um das Maß der Dichtung, Dir die entbundene Zunge« (1939). Immer ist B. da, wo sich Dichter und Künstler zusammentun – in Cafés, Freundeskreisen, Verlagen, Zeitschriften, Theatern; in Wien, Prag, Berlin, Leipzig, München, Zürich – und dann natürlich auch dort, wo sich Kapital findet, das für sie aktiviert werden könnte.

Dabei beschränkte er sich nicht auf den deutschsprachigen Teil Europas. Nach Herkunft Schlesier, nach Schulbildung (im Kloster Melk und in Wien) Österreicher, studierte und promovierte er in Genf und Zürich, lebte drei Jahre in den USA und in Paris. Trotz dann festem Wohnsitz in München (1901–11, 1920–23) wegen Berlin (1911–14, 1923–33) bleibt er polyglott und Internationalist und entdeckt so, d. h. besucht, erwirbt Rechte, übersetzt, publiziert, propagiert, für die Deutschen: Maurice Barrès, Charles Baudelaire, Aubrey Vincent Beardsley, William Beckford (ohne den Einsteins *Bebuquin* undenkbar ist), Gilbert Keith

Chesterton, Paul Claudel, André Gide, Octave Mirbeau (der Kafka Motive für seine *Strafkolonie* gab), Charles Péguy, Marcel Schwob, André Suarès, Walt Whitman (dessen Langverse die Expressionisten aufgreifen), den Kubismus Georges Braques und Pablo Picassos usw. B.s letztes Buch *Zeitgenössische Bildnisse* (1940) entwirft immerhin fast 80 Porträts aus dem riesigen Kreis der persönlichen Begegnungen (von Ferdinand Bruckner über Wladimir Iljitsch Lenin, Tommaso Marinetti, Gustav Klimt, Walter Rathenau und Miguel de Unamuno bis Oscar Wilde), ein paar Dutzend weitere stehen in der *Erzählung eines Lebens* (1930): geistreiche Essays allesamt, die in meist absichtsvoll-einseitiger Beleuchtung Situationen und Persönlichkeiten überraschend transparent machen.

Instrumente seines Wirkens waren Zeitschriften, die er in reicher Zahl herausgab (die berüchtigtsten: *Amethyst*, *Opale*; die berühmtesten: *Hyperion*, *Die Weißen Blätter*, *Summa*, *Die Rettung*), die Beratung von Verlegern (Hans v. Weber, Kurt Wolff, E.-E. Schwabach u. a.) und nicht zuletzt die Anregung zu Zeitschriften- und Verlagsgründungen und Übersetzungen. Seine wahrhaft vielseitigen Tätigkeiten – auch als Schauspieler und Regisseur, bei Film und Oper (*Nusch-Nuschi* für Paul Hindemith, 1921) – sind aus dem kulturellen Geschehen zwischen 1900 und 1933 nicht wegzudenken.

Gewiss ist B. überdies ein beachtlicher Literat, nicht nur wegen der Anzahl seiner Bücher, darunter ein halbes Hundert kulturhistorischen Inhalts. Immer wieder handeln sie von Frauen und der Bedeutung des Erotischen (*Frauen und Abenteurer*, 1927; *Glanz und Elend berühmter Frauen*, 1927; *Die Göttliche Garbo*, 1930; *Formen der Liebe*, 1930). Aber auch die glänzende Biographie *Talleyrand* ist dabei. Wilhelminische Prüderie hätte wiederholt seine Publikationen gern als Pornographie verboten; er wusste sich jedoch stets zu wehren und sei es mit der Fiktion, es handle sich um nicht-öffentliche Privatdrucke; folgerichtig erschien denn auch eine Reihe seiner Veröffentlichungen pseudonym oder anonym (wie etwa die Streitschrift über *Unsittliche Literatur und Deutsche Republik*, 1921), so dass der genaue Umfang seines Werks bis heute nicht feststeht.

Er selbst hat damit immer seine gesellschaftliche Haltung verbunden: den Austritt aus der Kirche, die frühe Bekanntschaft mit Bebel und die Mitarbeit in der Sozialdemokratie Victor Adlers, das Studium der Sozialökonomie, seine Rekatholisierung und sein Kommunist-Sein (1919: »Es lebe der Kommunismus und die heilige katholische Kirche«), die erklärte Nazi-Gegnerschaft. So kam 1933 nur die Flucht aus Berlin in Frage, zunächst nach Mallorca, mit Beginn des Spanischen Bürgerkriegs nach Wien, 1938 nach Italien, 1939 nach Frankreich, endlich in die USA. Hier – fern aller lebendigen Möglichkeiten zu Kunst und Literatur – starb er 1941. Jahrzehntelang vergessen, hat ihm die Erkenntnis, welchen Wert ihm Größte zumaßen, inzwischen ein Nachleben in deren Schatten gesichert.

Werkausgaben: Schriften in Auswahl. Mit einem Nachwort von A. P. Gütersloh. München 1960; Vermischte Schriften (Das frühe Werk). 6 Bde. München 1911/12.

Ludwig Dietz

Blixen, Karen (geb. Dinesen, Pseudonym Isak Dinesen)

Geb. 17. 4. 1885 in Rungsted/Dänemark; gest. 7. 9. 1962 in Rungstedlund/ Dänemark

Karen Blixen wird oft im Zusammenhang mit den bekannten dänischen Autoren Hans Christian Andersen und Søren Kierkegaard genannt. In der literarischen Tradition Dänemarks steht sie etwas isoliert, vielleicht, weil sie den größten Teil ihres Werks zuerst auf englisch schrieb und später ins Dänische übersetzte. Das übrige dänische Werk bekommt dadurch den Charakter einer erweiterten Lesung des englischen Originals. Die weibliche Thematik, welche die Möglichkeit einer Berührung mit der dänischen Frauenbewegung hätte bedeuten können, wird in den Erzählungen vielfach durch den Einsatz des »point of view« der männlichen Gestalten überdeckt.

B. wurde in einen Konflikt zwischen Aristokratie und Bürgertum hineingeboren; der Vater Wilhelm Dinesen stammte aus dem Gutsherrenadel, die Mutter gehörte dem Kopenhagener Großhandelsstand an. Indem sie vorbehaltlos die Partei des Vaters ergriff, der nach seinem Freitod (1895) als Vaterfigur sämtliche Möglichkeiten eines freien Lebens verkörperte, lehnte sie die Welt der Mutter als moralische und religiöse Instanz ab. Als Offizier hatte der Vater mehrfach an Kriegen teilgenommen und u. a. in den Wäldern Wisconsins zwei Jahre unter Indianern gelebt. B. bekam die Gelegenheit, solch ein Pionierleben ebenso auszuprobieren, als sie 1914 den schwedischen Adligen Bror Blixen heiratete und mit Hilfe finanzieller Mittel der Verwandten eine Kaffeefarm in Kenia kaufte. Bis 1931 lebte B. in Afrika, unterbrochen durch mehrere Aufenthalte in Dänemark. Diese Zeit hat sie 1937 in *Out of Africa* (*Den afrikanske Farm; Afrika – dunkel lockende Welt*, 1938) geschildert. Dieser als Selbstbiographie erscheinende Text steht vielfach in Kontrast zu den Briefen jener Zeit (*Breve fra Afrika*, 1978), die nach ihrem Tod veröffentlicht wurden.

Ihre Begegnung mit Afrika und das Verhältnis zu den Eingeborenen, das sie ihre »beiden Liebesbeziehungen« nannte, brachten ihr eine historisch-mythologische Sicht; zugleich lebte sie als Europäerin ein modernes Leben. Um 1926 begann sie, jene Geschichten aufzuzeichnen, die sie dem englischen Adligen und Großwildjäger Denys Finch-Hatton, ihrer »zweiten großen Liebe«, widmete. Nach dem Konkurs der Kaffeeplantage und Finch-Hattons Tod (1931) wurden die Geschichten ihre Existenzgrundlage. 1934 wurden sie unter dem Titel *Seven Gothic Tales* in Amerika mit großem Erfolg aufgenommen. Die Rezeption der dänischen Übersetzung ein Jahr später verlief dagegen sehr kontrovers. Während *Seven Gothic Tales* phantastische Erzählungen sind, ist die Sammlung *Winter's Tales* (1942; *Wintererzählungen*, 1942) viel stärker sowohl in der dänischen Landschaft verwurzelt als auch der literarischen Tradition Dänemarks verpflichtet. Man kann durchaus von Anleihen sprechen, denn B. wählt u. a. die »patchwork«-Methode. B.s Erzählungen rücken wichtige Fragestellungen des 19. Jahrhunderts ins Bewusstsein und verhalten sich zugleich kritisch dazu. So bezieht sich B. zum einen auf die klassische Gattung der Novelle, zum anderen versucht sie, diese von innen her zu sprengen.

Während der deutschen Besatzung Dänemarks schrieb sie unter dem Pseudonym Pierre Andrézel den Roman *Gengældelsens veje* (1944; *Wege der Vergeltung*), dessen Autorschaft sie nur zögernd zugab. Gern verbarg B. sich hinter Pseudonymen, so dass ihre Bücher unter den Namen Isak Dinesen oder Tania Blixen erschienen. Ähnlich ihrer Protagonistin in der Erzählung »Die Träume« versuchte sie, in verschiedenen Personen zu schreiben und zu leben.

Nachwirkungen einer Erkrankung an Syphilis, mit der sie sich 1914 infiziert hatte, belasteten sie Zeit ihres Lebens, so dass B. mehrfach im Krankenhaus behandelt werden musste. Es erschienen daher nur noch zwei Sammlungen von Erzählungen: *Last Tales* (1957; *Letzte Erzählungen*, 1985) und *Anecdotes of Destiny* (1957; *Schicksalsanekdoten*, 1960), gefolgt von einigen Essays, darunter die berühmte »Baaltale med fjorten Aars Forsinkelse«, die eine Bilanz der Frauenbewegung enthält.

Bo Hakon Jørgensen

Blok, Aleksandr

Geb. 28. 11. 1880 in Šachmatovo bei St. Petersburg;
gest. 7. 8. 1921 in Petrograd (St. Petersburg)

»Im Anfang war die Musik«, so formulierte Aleksandr Blok, der bekannteste Lyriker des russischen Symbolismus, sein dichte-

risches Credo, das zum einen auf das Johannes-Evangelium und zum anderen implizit auf Paul Verlaines »Art poétique« (»De la musique avant toute chose [...]«), einen für die russischen Symbolisten zentralen Prätext, verweist. Bereits im Alter von sechs Jahren inspirierte B. die Lyrik der Romantiker (Puškin, Žukovskij, Polonskij) aufgrund ihrer Musikalität zu eigenen Versen. Etwa zehn Jahre später erwachte sein Interesse für das Theater; in einer Shakespeare-Inszenierung trat er gemeinsam mit seiner späteren Frau Ljubov' Dmitrievna Mendeleeva auf: Er spielte den Part des Hamlet, sie den der Ophelia. Unter dem Eindruck dieser Erfahrung entstand B.s erster, auf Michail Lermontov Bezug nehmender Gedichtzyklus *Ante Lucem*, dessen Grundthematik das verlorene Paradies ist. Ab 1901 beschäftigte sich B. intensiv mit Vladimir Solov'evs philosophisch geprägter Lyrik und vertiefte sein Interesse für den Zusammenhang zwischen Musik und Dichtung. 1902 schloss er sich dem Kreis um Zinaida Gippius und Dmitrij Merežkovskij an, in dessen Literaturzeitschrift *Novyj put'* (Der Neue Weg) er Gedichte veröffentlichte; ein Jahr später setzte sein intensiver künstlerischer Austausch mit dem Literaturästhetiker und Lyriker Andrej Belyj ein. Zu B.s wichtigsten Vorbildern gehörte auch Valerij Brjusov, v.a. aufgrund des zyklischen Kompositionsschemas und der verstechnischen Präzision seiner Gedichte. Um 1901 entdeckte B. außerdem die Dämon-Bilder des symbolistischen Malers Michail Vrubel' und entwickelte das Leitmotiv der Farbe Violett für seine Lyrik.

Zu dieser Zeit begann er die Arbeit an dem Zyklus *Stichi o Prekrasnoj dame* (1904; *Verse von der Schönsten Dame*, 1947), in dem eine apokalyptische Endzeitstimmung beschrieben wird. Die seine frühe Lyrik kennzeichnende, vornehmlich durch Solov'evs Literaturästhetik vermittelte Thematik des »Ewig-Weiblichen« wird in den Dramen *Balagančik* (1906; *Die Schaubude*, 1947) und *Neznakomka* (1906; *Die Unbekannte*, 1947) fortgeführt. Ihre intertextuellen Bezüge führen über Polonskij und Shelley bis zu Goethe. In dem durch die Schauspielerin Natal'ja Volochova inspirierten Gedichtzyklus *Snežnaja maska* (1907; *Die Schneemaske*, 1947) fand B. endgültig zu seinem eigenen lyrischen Stil. Sein Dichtungskonzept legte er in literaturästhetischen Essays wie z. B. »O lirike« (»Über Lyrik«) dar: In Anlehnung an das von Nietzsche postulierte dionysische Prinzip der Kunst entwickelte er das Motiv des Rausches als Symbol für die Dichtung. Ab 1908 arbeitete B. an den Gedichtzyklen *Karmen* (1914; *Carmen*, 1947), *Strašnyj mir* (1916; *Schreckliche Welt*, 1947) und *Arfy i skripki* (1916; *Harfen und Geigen*, 1978). Daneben verfasste er seine bedeutendsten Verserzählungen: In *Vozmezdie* (1913; *Die Vergeltung*, 1978) verarbeitete er einerseits den Gedanken einer musikalischen Weltordnung und andererseits das Dämon-Motiv. In *Solov'inyj sad* (1914/15; *Der Nachtigallengarten*, 1978) gestaltete er die antiken orientalischen Motive des Gartens (als Symbol für die kosmische Ordnung) und der Nachtigall (als Sinnbild der Liebe, der Sehnsucht und des Schmerzes). Diese Motive verweisen gleichzeitig auf die russische und europäische Spätromantik (Afanasij Fet, Heinrich Heine). Der Gedichtzyklus *Karmen* und die Verserzählung *Solov'inyj sad* sind durch das zentrale Thema der Liebe als Ablenkung vom Weg der Pflicht miteinander verbunden. Darüber hinaus verarbeitete B. in *Solov'inyj sad* das biblische Thema der Vertreibung aus dem Paradies der Ursünde, so dass sich ein Rückbezug zu seinem frühen Zyklus *Ante Lucem* ergibt. Die Oktoberrevolution von 1917 bejahte B. zunächst; in einem Tagebucheintrag bezeichnete B. sie sogar als »musikalische Woge«. Wenig später folgte allerdings eine tiefe Enttäuschung. B.s unmittelbare Reaktion auf die politischen Ereignisse stellt seine von Paul Celan ins Deutsche übertragene Verserzählung *Dvenadcat'* (1918; *Die Zwölf*, 1958) dar, in der die Apostel durch Rotarmisten substituiert werden, mit denen Christus geht. Bedeutung für die in der russischen Lyrik auf den Symbolismus folgende Strömung des Akmeismus (insbesondere für Anna Achmatova), aber z. B. auch für Boris Pasternak und Marina Cvetaeva, erlangte B. aufgrund seiner ausgeprägten Lautinstrumentierung und experimentellen Rhythmik.

Werkausgaben: Gesammelte Dichtungen. Hg. J. v. Guenther. München 1947. – Ausgewählte Werke. 3 Bde. Hg. F. Mierau. München 1978. – Gedichte. Hg. A. Wanner. Frankfurt a. M. 1990.

Christine Fischer

Blyton, Enid
Geb. 11. 8. 1897 in London; gest. 28. 11. 1968 in London

Mit einem Œuvre von ca. 4000 Kurzgeschichten und über 700 Büchern, die zum Ende des 20. Jahrhunderts eine Gesamtauflage von über 500 Millionen weltweit erreicht haben, ist Enid Blyton vermutlich die produktivste und erfolgreichste Kinderbuchautorin aller Zeiten. Obwohl vorwiegend in den 1940er und 50er Jahren entstanden und von Kritikern immer wieder geschmäht und verdammt, werden ihre Bücher noch immer in aller Welt gelesen. – Nach einer pädagogischen Ausbildung nach den Prinzipien Friedrich Fröbels arbeitete B. mehrere Jahre in der Kindererziehung, bevor ihr Erfolg es ihr ermöglichte, ganz vom Schreiben zu leben. Viele ihrer Bücher entstanden als Serien, mit einem festen Stamm von Protagonisten und nicht weniger fixen Handlungsmustern – was ihre unglaubliche Produktivität (zeitweise 30–50 Bücher pro Jahr) freilich nicht vollständig erklären kann. Besonders populär wurden Serien, in denen Gruppen von Kindern in den Ferien an verschiedenen, meist entlegenen Orten auf dem Lande Abenteuer erleben: so z. B. die »Famous Five«-Serie, die mit *Five on a Treasure Island* (1942; *Fünf Freunde erforschen die Schatzinsel*, o. J. [ca. 1954]) begann und bis 1963 auf 21 Bände angewachsen war. Eine weitere Gruppe bilden Schulgeschichten, z. B. die »St. Clare's«-Serie (1941–45) und die »Malory Towers«-Serie (1946–51). In Deutschland wurden sie in den 1960er Jahren als »Hanni und Nanni«- bzw. »Dolly-Schulabenteuer auf der Burg«-Serie eingeführt. Weniger erfolgreich waren hierzulande die Geschichten für jüngere Kinder um eine Holzpuppe namens Noddy. Der erste Band, *Noddy Goes to Toyland*, erschien 1949 (*Nicki fährt ins Spielzeugland*, 1956); bis 1964 folgten 23 weitere Bände. Mit beträchtlichem Geschäftssinn sicherte B. ihre Popularität durch eigene Zeitschriften, Fanclubs sowie Fernseh- und Bühnenversionen ab. Vor allem nach B.s Tod entwickelte der Markt jedoch Eigendynamik: Serien wurden unter ihrem Namen fortgeschrieben und Übersetzungen und Neuauflagen mit z. T. drastischen Veränderungen hergestellt.

Während der Erfolg bei Lesern zwischen acht und zwölf über die letzten 50 Jahre offenbar uneingeschränkt angehalten hat, war die kritische Rezeption bei Erwachsenen zeittypischen Ansichten und Vorurteilen unterworfen. In den 1920er und 30er Jahren schätzte man B. sowohl als Pädagogin wie auch als Autorin; erst in den darauffolgenden Jahrzehnten trat sie als Bestseller-Autorin auf dem Kinderbuchmarkt in Erscheinung und wurde zunehmend wegen ihrer angeblich allzu einfachen und klischeehaften Sprache kritisiert. Hierzu gesellten sich in den 1960er und 70er Jahren Angriffe gegen den ideologischen Gehalt ihrer Bücher: Sie propagierten von einer bürgerlichen Position aus Klassenvorurteile und seien überdies rassistisch und sexistisch. Dieses Negativbild wird zunehmend von neueren Arbeiten relativiert, die darauf hinweisen, dass B.s Geschichten ähnlich wie Märchen grundlegende Bedürfnisse befriedigen sowie das Lesen und zugleich eine kritische Haltung gegenüber ideologischen Klischees fördern – was, wie empirische Untersuchungen nahelegen, vom heutigen jugendlichen Publikum sehr wohl wahrgenommen werde.

Dieter Petzold

Boal, Augusto
Geb. 16. 3. 1931 in Rio de Janeiro

Augusto Boal, einer der weltweit einflussreichsten Theaterautoren des 20. Jahrhunderts, studierte, nachdem er zunächst eine Ausbildung zum Chemiker absolviert hatte, Dramaturgie und Theaterwissenschaften an der Columbia University von New York, unter anderem bei John Gassner. Auf Vermittlung Sábato Magaldis kam er 1956 als künstlerischer Leiter des Teatro de Arena nach São Paulo. Seine 15-jährige Arbeit an dieser Bühne stellt einen Meilenstein in der Theaterlandschaft Brasiliens dar. Neben der anfänglichen Inszenierung internationaler Größen von John Steinbeck bis Bertolt Brecht, der Förderung von Werken und Autoren, die sich mit der brasilianischen Wirklichkeit auseinandersetzten, und der Arbeit mit auf den brasilianischen Kontext angewandten Klassikern ging es B. dabei zunehmend um die Aufhebung der seit Aristoteles bestehenden Trennung von Bühne und Publikum. Ein erster Schritt dazu gelang mit der Einführung der Figur des ›Jokers‹ in den in Zusammenarbeit mit Gianfrancesco Guarnieri geschriebenen Musicals *Arena conta Zumbi* (1965; *Zumbi*, 1985) und *Arena conta Tiradentes* (1967; Arena erzählt Tiradentes).

Durch verschärfte Repressionen seitens des Militärregimes sah sich B. ab 1968 gezwungen, weitgehend auf alternative Formen des Theaters zurückzugreifen. Es entstand zunächst das sog. »Zeitungstheater«, bei dem das Publikum lernt, Zeitungsnotizen gegen den Strich und zwischen den Zeilen zu lesen und szenisch darzustellen. Nach B.s vorübergehender Verhaftung und Folterung 1971 und dem Weggang des Ensembles ins Exil, kamen mit den Erfahrungen des Auslands weitere Konzepte hinzu, wie die des in Argentinien entwickelten »Unsichtbaren Theaters«, des im Rahmen eines peruanischen Alphabetisierungsprojekts entstandenen »Forumtheaters« und des »Statuentheaters«, bei dem der Dialog zwischen den indigenen Bevölkerungen Lateinamerikas und den Nachfahren der spanischen Kolonisatoren in den betreffenden Ländern befördert werden soll. Zusammengefasst und systematisiert wurden diese Formen in *Teatro do oprimido e outras poéticas políticas* (1975; *Theater der Unterdrückten*, 1979) und *Técnicas latino-americanas de teatro popular* (1979; Lateinamerikanische Techniken des Volkstheaters). Hauptziel des »Theaters der Unterdrückten« war und ist, die Kluft zwischen Bühne und Publikum zu überwinden, d. h. den Zuschauer aus seiner passiven Rolle zu befreien und ihn zum Subjekt, zum Akteur und Veränderer der dramatischen Handlung zu machen. Ergänzt wurde die Theorie durch die in *200 exercícios e jogos para ator e não ator com vontade de dizer algo através do teatro* (1977; 200 Übungen und Spiele für Schauspieler und Nichtschauspieler mit dem Willen, etwas durch das Theater auszusagen) dargestellten praktischen Übungen. Neben der Theaterarbeit blieb B. weiterhin als Autor tätig. *Murro em ponta de faca* (1978; *Mit der Faust ins offene Messer*, 1981), sein wohl bekanntestes Stück, verarbeitet die Erfahrungen des Exils dramaturgisch.

Nach seiner Rückkehr nach Brasilien gründete B. 1989 das Centro do Teatro do Oprimido von Rio de Janeiro und setzte sich in *O Arco-Íris do Desejo: Método boal de teatro e terapia* (1990; *Regenbogen der Wünsche. Methoden aus Theater und Therapie*, 1999) mit den europäischen Perspektiven seines Konzeptes auseinander. Durch zahlreiche Workshops bzw. die Gründung von Zentren im In- und Ausland wurden Multiplikatoren geschaffen, durch die das »Theater der Unterdrückten« in mehr als 70 Ländern präsent ist. Dabei erneuerte sich die Theorie beständig. Jüngere Formen sind etwa das im Zusammenhang mit B.s Mandat von 1993 bis 1996 im Stadtrat von Rio de Janeiro entstandene »Legislative Theater« und das noch in der Entwicklung befindliche »Teatro subjuntivo« (Subjunktives Theater). Über seine Theaterstücke und die Theatertheorie hinaus veröffentlichte B. unter anderen den Roman *O suicida com medo da morte* (1992; Der Selbstmörder mit Angst vor dem Tod), die Sammlung von Chroniken *Aqui ninguém é burro: Graças e desgraças da vida carioca* (1996; Hier ist niemand ein Esel. Witz und Elend des Alltags in Rio de Janeiro) und seine Autobiographie *Hamlet e o filho do dadeiro: Memórias imaginadas* (2000; Hamlet und der Sohn des Bäckers. Imaginierte Memoiren).

Markus Lasch

Bobrowski, Johannes
Geb. 9. 4. 1917 in Tilsit;
gest. 2. 9. 1965 in Berlin

»Zu schreiben habe ich begonnen am Ilmensee 1941, über russische Landschaft, aber als Fremder, als Deutscher. Daraus ist ein Thema geworden, ungefähr: die Deutschen und der europäische Osten. Weil ich um die Memel herum aufgewachsen bin, wo Polen, Litauer, Russen, Deutsche miteinander lebten, unter ihnen allen die Judenheit. Eine lange Geschichte aus Unglück und Verschuldung, seit den Tagen des deutschen Ordens, die meinem Volk zu Buch steht. Wohl nicht zu tilgen und zu sühnen, aber eine Hoffnung wert und einen redlichen Versuch in deutschen Gedichten. Zu Hilfe habe ich einen Zuchtmeister: Klopstock.« Diese so bündig klingende Äußerung B.s von 1961 über sich selbst sagt viel und doch nicht alles über einen Lyriker und Prosaisten, der dem literarischen Establishment hierzulande anfangs »provinziell«, »entlegen« und »antiquarisch« vorkam. Gewiss, das Projekt von B.s Leben war der »Sarmatische Diwan« (Sarmatien nannten die römischen Geschichtsschreiber den Siedlungsraum der Slawen), und doch wäre es fatal, den Dichter B. nur über sein Thema begreifen zu wollen.

Aufgewachsen war der Sohn eines Eisenbahnbeamten im memelländischen Tilsit nahe der litauischen Grenze, später in einem nicht weit entfernten Dorf bei Rastenburg. 1928 zog die Familie in die Kantstadt Königsberg um, wo B. das humanistische Gymnasium besuchte. Er nahm Unterricht in Harmonielehre, lernte die Orgel spielen und studierte nach dem Abitur 1937 Kunstgeschichte. Der Militärpflichtdienst, ebenfalls noch in Königsberg, schloss sich an. 1939 wurde B. Gefreiter eines Nachrichtenregiments. Zuerst wurde er in Frankreich, dann am Ilmensee und an anderen Stellen der Ostfront eingesetzt. Seine ersten acht Gedichte wurden, auf Empfehlung von Ina Seidel, 1943/44 in die Zeitschrift *Das Innere Reich* aufgenommen. Von 1945 bis 1949 war B. (wie Franz Fühmann, Georg Maurer u. v. a.) in sowjetischer Kriegsgefangenschaft, die er als Bergarbeiter in Nowoschachtinsk bei Rostow (Donezbecken) verbrachte. Seit 1949 lebte er in Friedrichshagen bei Ostberlin im Kreise einer großen Familie, zunächst als Lektor des Altberliner Verlags Lucie Groszer, ab 1959 als Lektor für Belletristik im Union-Verlag.

B. selbst hat den eigentlichen Anfang seines Dichtens auf die frühen 1950er Jahre datiert. Peter Huchel – die Begegnung mit ihm zählt zu den wichtigsten in B.s Leben – hatte 1955 in *Sinn und Form* fünf Gedichte des scheinbaren Debütanten abgedruckt, darunter die *Pruzzische Elegie*, doch bis zur ersten Buchveröffentlichung vergingen noch Jahre. Vor allem Christoph Meckel, dem jüngeren Poetenfreund, ist es zu danken, dass schließlich 1961 der erste Lyrikband *Sarmatische Zeit* in einem westdeutschen Verlag erschien, der den Durchbruch für B. bedeutete. Leser und Kritiker (1962 erhielt B. den Preis der Gruppe 47) begannen zu begreifen, wie wichtig diese Gedichte waren, welche die »Blutspur« der Geschichte aufnahmen über den vermeintlichen Umweg der Natur und Landschaft, in die diese Spur eingesenkt war. Was so entstand, waren keine »reinen« Naturgedichte à la Wilhelm Lehmann, vielmehr wurde die Natur als lebendiges, geschichtsträchtiges Gegenüber angesprochen. B. hatte noch – anders als Paul Celan, dessen Gedichte ihn zeitlebens irritierten – ein »ungebrochenes Vertrauen zur Wirksamkeit des … Verses, der wahrscheinlich wieder mehr Zauberspruch, Beschwörungsformel wird werden müssen«. Seine Sprache war und blieb – wiederum anders als die Celans – »ungeflügelt«, relativ einfach in der Art der gesprochenen Sprache, auch in den nachfolgenden Bänden *Schattenland Ströme* (1962) und *Wetterzeichen* (1967 aus dem Nachlass). Freilich: B.s poetisches Sprechen mit seinen inversiven Brechungen der gängigen syntaktischen Abfolge war, nach dem Vorbild Friedrich Gottlieb Klopstocks, »der Leidenschaften Ausdruck, welcher dahin mit dem Rithmus strömet« – und als solches eben nicht »einfach«.

Prosa zu schreiben, hatte B. ursprünglich nicht geplant. Nach Abschluss der ersten beiden Lyrikbände merkte er jedoch, dass noch so viele Charaktere, Situationen und Ereignisse Sarmatiens im »großen Hof seines Gedächtnisses« (Augustinus) aufbewahrt waren, welche die Gedichtform gesprengt hätten, so dass der Gebrauch der Prosa unumgänglich wurde. Zum gleichen Thema, aber in einer ganz anderen, verzögernden, nachfragenden, bedenklichen Sprache (die mancher für altfränkisch-betulich hielt) entstanden jetzt binnen kurzer Zeit die Romane *Levins Mühle*. *34 Sätze über meinen Großvater* (1964) und *Litauische Claviere* (1966) sowie die Erzählungsbände *Boehlendorff und Mäusefest* (1965) und *Der Mahner* (1968 aus dem Nachlass). Am Tag nach dem Manuskriptabschluss der *Litauischen Claviere* Ende August 1965 wurde B., der in seinen letzten Jahren ein hektisches, vom Literaturbetrieb in West und Ost stark beanspruchtes Leben führte, in eine Ostberliner Klinik eingeliefert; fünf Wochen später starb er an den Folgen eines Blinddarm-Durchbruchs. Der erlebte Ruhm des Dichters B., der als der »letzte Präsident des Neuen Friedrichshagener Dichterkreises« mit den »schönen Nilpferdaugen« (so der vielleicht engste Freund Günter Bruno Fuchs) von vielen geliebt und von vielen ausgenutzt wurde, hatte keine fünf Jahre gedauert.

Werkausgabe: Gesammelte Werke in 6 Bänden. Hg. von Eberhard Haufe. Stuttgart 21998/99.

Wolfgang Emmerich

Boccaccio, Giovanni
Geb. Juni oder Juli 1313 in Paris oder Certaldo bei Florenz; gest. 21. 12. 1375 in Florenz

Da er der uneheliche Sohn eines wohlhabenden Kaufmanns war, ist Giovanni Boccaccios Geburtsort nicht verbürgt; jedenfalls wuchs er in Florenz auf und ging als Lehrling einer Bank nach Neapel, wo er jedoch kanonisches Recht zu studieren begann. Während des Studiums las er die klassische lateinische Literatur und die volkssprachlichen französischen und italienischen Literaturen ebenso wie das Werk Petracas und begann selbst zu schreiben – auf Latein und in der Volkssprache Italienisch. In *Il Filocolo* (1336; Der Filocolo) erzählt er die damals verbreitete mittelalterliche Liebesgeschichte von Florio und Biancofiore neu und reichert die phantastische Handlung mit antiken, christlichen und höfischen Elementen an. In diesem wie in anderen frühen Romanen ist die Geliebte des Erzählers jene Fiametta, in der man die historische Maria d'Aquino zu erkennen meint, die – mit wechselnden literarischen Attributen versehen – sein Frühwerk durchwandert. Ihr widmete er das Versepos *Il Filostrato* (1337–39; Der Filostrato), in dem er wiederum auf einen mittelalterlichen Stoff zurückgriff, den französischen *Trojaroman*, der von der unglücklichen Liebe Troilos zu Griseida während der Belagerung Trojas handelt. Indem er den Stoff frei bearbeitet und die Figuren nicht mehr der Göttergewalt, sondern ihrer eigenen Willensentscheidung unterwirft, löst sich B. vom mittelalterlichen Menschenbild. So kündigte das Werk den Humanismus an, während die satirisch übersteigerten Gesellschaftsbeschreibungen auf den Realismus von B.s novellistischem Werk vorausweisen. Von literaturhistorischer Bedeutung ist *Il Filostrato* auch deshalb, weil es Geoffrey Chaucer als unmittelbare Vorlage für sein Versepos *Troylus and Cryseyde* diente, auf das wiederum Shakespeare mit seinem Drama *Troylus and Cresseida* zurückgriff.

In Florenz, wohin er um 1341 zurückkehrte, schrieb B. u. a. auf Latein eine biographische Studie über Petrarca, mit dem ihn eine lebenslange Freundschaft verband. Nach Aufenthalten in Ravenna und Forlì ließ er sich wieder in Florenz nieder, wo er die Pestepidemie von 1348 überlebte. Die Flucht vor der Pest bildet die Rahmenhandlung der Novellen, die er zwischen 1349 und 1351 schrieb und in *Il Decamerone* (1470; *Das Dekameron*, 1471) sammelte. *Il Decamerone*, in dem B. Motive antiker Legenden, mittelalterlicher Schwankliteratur und toskanischer Volkserzählungen verarbeitet, besteht aus »hundert Geschichten«, die sich sieben Frauen und drei Männer, die von der Pest aufs Land geflohen sind, im Lauf von zehn Tagen erzählen. Der Titel der Sammlung ist eine Wortbildung aus dem griechischen »deka« (zehn) und »hemera« (Tag) und weist auf die zyklische Struktur der Novellensammlung hin. An jedem der zehn Tage erzählen die Figuren eine Geschichte zu einem vorgegebenen Thema: Geschichten über Reisen und über Streiche, Liebes- und Ehegeschichten, Abenteuer- und Wundergeschichten. Diese Vielfalt erlaubt es, eine Vielzahl von Figuren aus allen sozialen Schichten auftreten zu lassen. In grotesken Anekdoten einerseits und naturalistischen Beschreibungen andererseits wird die Welt der einfachen Leute in ihrer Buntheit vorgeführt. Die realistisch-ironischen Milieuschilderungen richten sich an »edle Frauen und Jungfrauen«, also an diejenigen, die der Zeit entsprechend kein Latein beherrschten: Programmatisch wählte B. die Volkssprache, Italienisch, als sein literarisches Medium. Die langen, verwinkelten Sätze ahmen den lebhaften Rhythmus des mündlichen Vortrags nach. B. hat die stilistische Strenge des Mittelalters aufgebrochen – sein *Decamerone* ist das erste Beispiel für Kunstprosa im nachantiken Europa, und als solches wurde es schon in der Renaissance gewürdigt, während die Romantiker in ihm eine »menschliche Komödie« sahen, die der dantesken »göttlichen Komödie« ebenbürtig sei.

Sein Spätwerk schließlich, zu dem historiographische und moralistische Abhandlungen auf Latein, ein geographisches Nachschlagewerk und eine Dante-Biographie gehören, machte B. zu einem Frühhumanisten. Er war es auch, der die Tradition der »lectura Dantis«, der öffentlichen Dantelesung, begründete: Als er nach einer diplomatischen Laufbahn, die ihn nach Padua, an den päpstlichen Hof nach Avignon und schließlich nach Rom geführt hatte, nach Florenz zurückkehrte, erhielt er 1373 den städtischen Auftrag, in der Kirche Santo Stefano di Badia öffentlich sowohl aus als auch über Dantes *Commedia Divina* vorzutragen. Aus Gesundheitsgründen setzte er die Lesereihe beim XVII. Gesang aus und zog sich nach Certaldo zurück, wo er nach langer Krankheit starb.

Ausgabe: Das Dekameron. Übers. R. Macchi. Berlin 1999.

Stefana Sabin

Bodmer, Johann Jakob
Geb. 19. 7. 1698 in Greifensee/Kanton Zürich; gest. 2. 1. 1783 in Zürich

Breitinger, Johann Jakob
Geb. 1. 3. 1701 in Zürich; gest. 13. 12. 1776 in Zürich

Wie Castor und Pollux, die Zwillinge der antiken Mythologie, werden die beiden Schweizer Schriftsteller stets in einem Atemzug genannt. Anders aber als das Dioskurenpaar, das sich abwechselnd im Olymp und im Hades aufhalten durfte, um nicht getrennt zu werden, haben B. und B. nur im Schattenreich literarhistorischer Fußnoten Asyl gefunden – eine Gesamtausgabe ihrer Schriften gibt es bis auf den heutigen Tag nicht. Als Anreger und Wegbereiter sind sie jedoch aus der deutschsprachigen Literatur des 18. Jahrhunderts nicht wegzudenken.

Der vielseitigere und beweglichere Geist war ohne Zweifel B. Der aus einem Schweizer

Pfarrhaus stammende und zunächst auch für den Pfarrerberuf bestimmte junge Mann interessierte sich für Poesie und Geschichte mehr als für Theologie; seine Ausbildung erhielt er am Collegium Carolinum, der traditionsreichen Zürcher Gelehrtenschule. Wichtiger als die dort erworbene klassische Bildung wurde für ihn die Freundschaft mit seinem Studiengenossen Br. und anderen Mitschülern, die lebenslang zu seinem Zürcher Literatenkreis gehören sollten. Auch an der Kaufmannslehre fand B. keinen Gefallen: die Ausbeute von zwei Reisen, die er als Zwanzigjähriger auftragsgemäß nach Lyon und Lugano unternahm, bestand nicht in geschäftlichen Erfolgen, sondern in neuen literarischen Erfahrungen, insbesondere in der Bekanntschaft mit der englischen Poesie und Publizistik. Wieder in Zürich, begründete B. zusammen mit Br. und anderen Freunden den Literatenkreis »Gesellschaft der Mahler«, der von 1721 bis 1723 die moralische Wochenschrift *Die Discourse der Mahlern* herausgab. Dem Vorbild von Joseph Addisons *Spectator* verpflichtet, enthielt dieses Journal neben moralischen und politischen Kommentaren zum Zeitgeschehen vor allem kritische Beiträge zur Literatur und Kunst. Zwischen 1735 und 1741 folgte, ebenfalls als Gemeinschaftswerk, die *Helvetische Bibliothek*, eine Reihe von Beiträgen zur eidgenössischen Geschichte mit patriotisch-republikanischem Akzent. 1725 wurde B. zum Professor für helvetische Geschichte am Zürcher Carolinum berufen, in ein Amt, das er bis ins hohe Alter ausübte. Seit 1737 saß er auch als Mitglied im Großen Rat von Zürich. Forschungen zur Zürcher Stadtgeschichte, Übersetzungen und Editionen, darunter eine bedeutsame deutsche Ausgabe von John Miltons *Paradise Lost* (1732; verbesserte Fassung 1769), zahlreiche Dramen und epische Dichtungen meist biblischen Inhalts, die zu Recht heute vergessen sind, und nicht zuletzt philologische Pionierleistungen wie die Herausgabe mittelalterlicher Poesie (Manessische Handschrift, Nibelungenlied) zeigen einen für seine Zeit erstaunlich weiten Horizont publizistischer Tätigkeit. Die größte Wirkung erzielte B. jedoch durch seine ästhetisch-kritischen Schriften. Friedrich Gottlieb Klopstock, Christoph Martin Wieland, Johann Kaspar Lavater und der junge Johann Wolfgang Goethe suchten seine Bekanntschaft, weil sie in ihm einen Erneuerer der erstarrten Kunst- und Literaturszene der Frühaufklärung zu finden hofften.

Noch weniger aufsehenerregend, noch stärker in provinziellen Bahnen als B.s Biographie verläuft die Lebensgeschichte Br.s. Der aus einer angesehenen Zürcher Handwerkerfamilie stammende Br. absolvierte ebenfalls die Karriereschule des Carolinum und übernahm im gleichen Jahr wie Bodmer am selben Institut ein geistliches Lehramt. Hebraistik, Logik und Rhetorik, griechische Literatur waren seine späteren Lehrfächer. Konservativer in seinen politischen Anschauungen als B. die lateinische Sprache neben der deutschen noch fleißig benutzte, war Br. dennoch eine treibende Kraft in jener fast unmerklichen Umwälzung des ästhetischen Denkens, mit der erst die nachfolgende Schriftstellergeneration ernst machte. In Goethes Urteil scheint Br. wegen seiner Solidität sogar höher zu rangieren als dessen Mitstreiter: »Bodmer, so viel er sich auch bemüht, ist theoretisch und praktisch zeitlebens ein Kind geblieben. Breitinger war ein tüchtiger, gelehrter, einsichtsvoller Mann, dem, als er sich recht umsah, die sämtlichen Erfordernisse einer Dichtung nicht entgingen.« Die höfliche Beurteilung bezog sich auf B.s poetologisches Hauptwerk, die 1740 veröffentlichte *Critische Dichtkunst*, die Goethe gleichwohl als einen »ermüdenden Irrgarten« disqualifizierte.

Ihren bescheidenen, aber wichtigen Platz

in der Geschichte der deutschsprachigen Literatur haben »die Schweizer«, wie sie kurzerhand genannt wurden, vor allem dadurch erworben, dass sie als Erste gegen die allmächtig scheinende Literaturdoktrin Johann Christoph Gottscheds polemisierten. Seit Beginn der 1740er Jahre machten sie mit nie ermüdender Energie Front gegen die auf Regeln und Mustern beruhende Poetik des Leipziger Literaturpapstes. Schon im Titel einer Schrift wie B.s *Critischer Abhandlung von dem Wunderbaren in der Poesie* (1740) wird kenntlich, worum es ging: Dass Naturnachahmung mehr als die Befolgung kodifizierter Regeln, dass Subjektivität die Triebkraft dichterischer Produktivität sei, stand für B. und Br. nicht im Widerspruch zum Geist der Aufklärung, dem sie sich verpflichtet fühlten. Dem Vorbild des französischen Rationalismus, der auch die Affekt-Lehren ihrer Zeit beherrschte, hielten sie das Beispiel des englischen Sensualismus entgegen, der mit Johann Joachim Winckelmann einsetzenden Antikenseligkeit die Beispiele der europäischen Poesie des Mittelalters. Der mit Christoph Martin Wieland beginnende Shakespeare-Kult, die bei den Romantikern kulminierende Verehrung des Mittelalters, Sturm und Drang und Geniezeit, haben in diesem Neuansatz ihre Wurzeln. Über die undankbare Rolle der Vordenker und Vorbereiter sind die »Schweizer« im Gedenken der Nachwelt trotzdem nicht hinausgelangt.

Dietrich Kreidt

Böhme, Jacob
Geb. 1575 in Alt-Seidenberg bei Görlitz; gest. 17. 11. 1624 in Görlitz

Dass studierte protestantische Theologen erbauliche Bücher für ein möglichst breites – und das heißt: nicht humanistisch gebildetes – Publikum schrieben, gehörte in der Frühen Neuzeit zu ihrem seelsorgerischen Auftrag. Nicht vorgesehen war freilich, dass sich nicht schulmäßig ausgebildete Visionäre in die Belange der Theologie einmischten, insbesondere wenn sie Ansichten äußerten, die der lutherischen Orthodoxie verdächtig sein mussten. Dies war der Fall bei B., dessen Werk sich aber trotz aller Unterdrückungsmaßnahmen behauptete und einen tiefgreifenden Einfluss auf eine Reihe von Schriftstellern und unorthodoxen religiösen Denkern des 17. und 18. Jahrhunderts ausübte. Dabei führte der Weg durch die Vermittlung seiner schlesischen Anhänger – Abraham von Franckenberg ist an erster Stelle zu nennen – zunächst nach Holland und England. Im freieren Amsterdam erschienen die meisten seiner Texte im Druck, darunter die erste Gesamtausgabe in 15 Teilen (*Alle Theosophische Wercken*, 1682). Von dort aus wirkte B.s Werk wieder zurück nach Deutschland.

B. stammte aus einer offenbar recht wohlhabenden Bauernfamilie, erlernte aber wegen seiner schwachen Gesundheit das Schuhmacherhandwerk. Als Meister erwarb er 1599 das Bürgerrecht und Hausbesitz in Görlitz; später verlegte er sich durchaus erfolgreich auf die Spekulation mit Garn und Leder und verschaffte sich dadurch eine gewisse materielle Unabhängigkeit. Bereits um 1600 hatte er eine Vision, durch die ihm, wie er in einem Brief schrieb, plötzlich »die Pforte eröffnet worden« sei: »Denn ich sah und erkannte das Wesen aller Wesen, den Grund und Urgrund. Item die Geburt der HL. Dreifaltigkeit, das Herkommen und den Urstand dieser Welt und aller Kreaturen durch die Göttliche Weisheit.« Mit diesem Erlebnis ging B. zwölf Jahre um, bis ihm die »Auswickelung«, die Umsetzung des Geschauten in Sprache, möglich wurde. Wie ein »Platzregen« – »was er trifft, das trifft er« – kamen ihm die Bilder. So entstand 1612 sein erstes Werk, *Aurora, oder Morgenröthe im Aufgang*, das bald in mehreren Kopien zirkulierte und heftige Angriffe der lutherisch-orthodoxen Geistlichkeit auslöste. Der Görlitzer Pastor Primarius Gregor Richter wandte sich 1615 an den Rat der Stadt, der B. daraufhin ermahnte, »von solchen Sachen abzustehen«. Das Manuskript wurde konfisziert, B. selbst als ›Enthusiast‹ gebrandmarkt, einem Glaubensverhör unterzogen und mit Schreibverbot belegt.

Böhme erhebt den Anspruch, durch göttliche Gnade« »den Grund und Ungrund« der Schöpfung, ihr ganzes »Wesen in Bösen und Guten« und die Auflösung der Widersprüche in einer übergreifenden Einheit geschaut und erkannt zu haben. Das mystische Erlebnis weitet sich zu einem Versuch, die ganze Schöpfung zu beschreiben und zu deuten. So entsteht, nicht zuletzt angeregt durch die Frage nach der Herkunft des Bösen in der Welt, ein umfassender, sprachmächtiger Schöpfungsmythos, in dem sich mystische Erfahrungen mit alchimistisch-paracelsischen Vorstellungen verbinden: »Die Wurtzel oder Mutter der Philosophia, Astrologia und Theologia« nennt B. selbstbewusst seine erste Schrift im Untertitel. Die Reaktion der Geistlichkeit war nicht unverständlich: Theologisch wurzelt B.s Schaffen zwar in lutherischen Glaubenskonzepten (»sola fide«, »theologia crucis«); die Institution der Kirche allerdings, die »Maur-Kirchen«, gilt ihm als erkenntnisfeindlich. Die wahre, »unsere rechte Kirche« ist Christus, heißt es wie bei Sebastian Franck und den Spiritualisten. Und B. hatte Kontakte zu den verschiedenen religiösen Gruppen im Grenzgebiet zwischen dem lutherischen Sachsen und den habsburgischen katholischen Gebieten, aber auch zu humanistischen Gelehrten und Ärzten der Stadt. Er war nicht der arme, einsame schlesische Sucher, sondern lebte in einer Umgebung, in der die Gedankenwelt verschiedener spiritualistischer Strömungen und der Kabbala, der Alchimie und des Paracelsismus entscheidend die Diskussion bestimmte.

B. führte die Ansätze der *Aurora* in einer Reihe großer Schriften weiter; seit 1618 ignorierte er das Schreibverbot. Zu diesen ebenfalls nur handschriftlich verbreiteten Werken zählen u. a. *Die Beschreibung der drei Prinzipien göttlichen Wesens* (1619), *De signatura rerum* (1622), *Mysterium Magnum, Oder Erklärung über das Erste Buch Mosis* (1622/23), *Von der Gnadenwahl* (1623) und *Quaestiones theosophicae, oder Betrachtung Göttlicher Offenbarung* (1624). Die Veröffentlichung des *Wegs zu Christo* (1624), des einzigen zu seinen Lebzeiten gedruckten Werkes, führte zu erneuten Untersuchungen. B. nahm daher eine Einladung an den Dresdener Hof an, die aber zu keinen Ergebnissen führte.

Unmittelbare, direkte Wirkung ging vor allem von B.s naturmystischen Vorstellungen aus, die sich in seiner von Paracelsus beeinflussten Signaturenlehre und dem daraus folgenden Konzept von der »Natur-Sprache« konkretisierten. Sie sind niedergelegt in der Schrift *De signatura rerum, oder Von der Geburt und Bezeichnung aller Wesen* (1622). B. versteht die Schöpfung als ein Sich-Offenbaren des göttlichen Wesens. Gott hat in der Schöpfung Spuren, ›Signaturen‹, hinterlassen, die gelesen werden wollen und dank der Erkenntniskraft des Menschen im Zustand der Erleuchtung auch gelesen werden können. Jedes »Ding in der Natur … offenbaret seine innerliche Gestalt auch äusserlich«, und der Mensch, »ein gantz bilde Gottes oder deß Wesens aller Wesen«, kann den »verborgenen Geist« erkennen und die Signaturen entschlüsseln, die sich »an der äusserlichen Gestaltniß aller Creaturen«, aber auch »an ihrem ausgehenden Hall, Stimme und Sprache« zeigen. Das ist die Grundlage von B.s spekulativer Lehre von der »Natur-Sprache«, einer Sprache, »daraus iedes Ding aus seiner Eigenschaft redet, und sich immer selber offenbaret«. Unter den Dichtern des deutschen Barock sind insbesondere Daniel Czepko, Angelus Silesius, Johann Klaj und Quirinus Kuhlmann diesen Vorstellungen verpflichtet.

Werkausgaben: Sämtliche Schriften. Faksimile-Neudruck der Ausgabe von 1730 in 11 Bänden. Hg. von Will-Erich Peuckert. Stuttgart 1955–61; Die Urschriften. Hg. von Werner Buddecke. 2 Bde. Stuttgart-Bad Cannstatt 1963–66; Werke. Hg. von Ferdinand van Ingen. Frankfurt a. M. 1997.

Volker Meid

Boileau-Despréaux, Nicolas
Geb. 1. 11. 1636 in Paris;
gest. 13. 3. 1711 in Paris

Nicolas Boileau, der sich später den adelig klingenden Namen Despréaux gab, gehört zu den bedeutendsten Vertretern der französischen Klassik, obwohl er nicht die anhaltende Popularität seiner berühmten Zeitgenossen Corneille, Molière oder Racine erreicht hat. Bekannt ist er heute v.a. durch seine literaturtheoretischen Schriften, die für das gesamte 18. Jahrhundert einen wichtigen Reizpunkt der poetologischen Diskussion bildeten.

B. stammte aus bürgerlichen Verhältnissen und war früh finanziell unabhängig, da ihm sein Vater ein bedeutendes Vermögen vererbte. So konnte er sich ganz der Literatur widmen und reüssierte ab Anfang der 1660er Jahre in adeligen Pariser Kreisen mit geistreichen, an der antiken Tradition orientierten Verssatiren. Nachdem er sich damit allerdings einige literarische Feinde gemacht hatte, wechselte er 1668 das Genre und wandte sich der moralisierenden und philosophierenden Versepistel zu. In diese Zeit fällt auch der Beginn seiner literarischen Hauptbeschäftigung der nächsten Jahre: In verschiedenen Schriften verteidigte B. das Vorbild der antiken Literatur gegen den Vorrang des Französischen und einer christlich-nationalen Epik. Insbesondere die in vier Gesängen verfasste *Art poétique* (1674; *Die Dichtkunst*, 1745) sollte Epoche machen. In Auseinandersetzung mit der zeitgenössischen Literatur versuchte B., die poetischen und ästhetischen Vorgaben der antiken Literatur und Poetik für seine Zeit zu aktualisieren und unter das Diktat der ›Ewigen Vernunft‹ zu stellen. Aus der Vernunft sollten sich alle anderen für die Literaturproduktion bedeutsamen Leitprinzipien wie Wahrheit, Schönheit, Mäßigung, richtiges Urteil und Tugend ergeben. Neben solchen allgemeinen Bestimmungen formulierte B. in seiner Poetik viele Vorgaben für die konkrete literarische Praxis. So sei Literatur nur dann Literatur, wenn sie in Versen abgefasst sei; jeder Autor habe sich dabei strikt an die Vorschriften der Wahrscheinlichkeit (*vraisemblance*) und Schicklichkeit (*bienséance*) zu halten. Genaue Versbau- und Gattungsvorschriften sowie Bemerkungen gegen eine allzu strenge Regelbefolgung finden sich ebenfalls in seiner Poetik. Am Ende des Textes entwirft B. eine auf der Dichtkunst beruhende Kulturtheorie: Nach einer langen Zeit des Verfalls solle mittels des richtigen Gebrauchs poetologischer und ästhetischer Prinzipien nicht nur die Literatur, sondern auch die Kultur seiner Zeit, d. h. die französische, in ein neues, der Antike ebenbürtiges Goldenes Zeitalter geführt werden. B.s *Art poétique* ist kein originelles Werk, da sich fast alle Gedanken bereits in früheren Poetiken finden. Gleichwohl aber bringt seine Dichtungstheorie die literarischen Auffassungen seines Zeitalters exemplarisch zum Ausdruck und gibt ihnen eine definitive Gestalt.

Nach 1674 ließ B.s schriftstellerische Produktion nach. 1677 wurde er gemeinsam mit Racine zum Historiographen von Ludwig XIV. ernannt und 1684 in die Académie française gewählt. Am 27. 1. 1687 hatte er nochmals einen großen Auftritt, als Charles Perrault während einer Sitzung der Académie seine Eloge *Le siècle de Louis le Grand* (*Das Zeitalter Ludwigs des Großen*) vortrug. Perrault polemisierte scharf gegen die Antikeverehrer und pries das gegenwärtige Zeitalter mit all seinen technischen und kulturellen Errungenschaften. Nach dem Vortrag wies B. Perraults Argumente empört zurück, und ein Streit, der bereits Jahre geschwelt hatte, erreichte seinen ersten Höhepunkt. Dieser Streit sollte als »Querelle des anciens et des modernes« die poetologischen Diskussionen des 18. Jahrhunderts maßgeblich mitbestimmen.

Werkausgabe: Die Dichtkunst. L'art poétique. Hg. R. Schober. Halle/S. 1968.

Uwe Lindemann

Bolaño, Roberto

Geb. 27. 4. 1953 in Santiago de Chile; gest. 15. 7. 2003 in Barcelona

Erst in den letzten Jahren seines Lebens wurde Roberto Bolaño zum »einflußreichsten und meistbewunderten spanischsprachigen Schriftsteller seiner Generation« (Susan Sontag), nachdem er lange selbst zu dem Typ Autor gehörte, aus dessen Sicht viele seiner Texte erzählt werden: B.s Helden sind verkannte, rast- und mittellose Literaten, die sich mit kriminalistischem Spürsinn in verschiedenen

Teilen der Welt auf die Suche nach anderen verschollenen Dichtern machen, wie in seinen großen Romanen *Los detectives salvajes* (1998; *Die wilden Detektive*, 2002) und *2666* (2004).

Im Alter von 16 Jahren brach B. die Schule ab, um sich ganz dem Schreiben zu widmen, seine ersten Werke wurden aber erst 27 Jahre später publiziert: 1996 zog er die Aufmerksamkeit der spanischen Literaturkritik mit *La literatura nazi en América* (*Die Naziliteratur in Amerika*, 1998) auf sich, einer Sammlung fiktiver Schriftstellerbiographien, die so skurril wie authentisch wirken und die Beziehung von Kunst und Macht untersuchen – ein Thema mehrerer weiterer Romane B.s. Sein Spiel mit der Grenze zwischen Realität und Fiktion erinnert an Jorge Luis Borges, wobei B.s politische Haltung mit den faschistischen Äußerungen des literarischen Vorbilds nichts gemein hat. B. wuchs in Chile und in Mexiko auf, erlebte als Trotzkist und Allende-Anhänger 1973 den Putsch Pinochets in Chile, wurde festgenommen und wieder freigelassen, verließ das Land und verbrachte nach dem Ende der Franco-Diktatur den Rest seines Lebens in Spanien. Lange Jahre lebte er von Gelegenheitsjobs als Tellerwäscher, Kellner, Hafenarbeiter, Nachtwächter und Erntehelfer. Seit 1996 publizierte er in rascher Folge sein umfangreiches literarisches Werk, dessen letzte Texte er bereits im Wissen um eine schwere Leberkrankheit schrieb, an der er 2003 nach einer Operation starb.

B.s Werk umfasst vier Lyrikbände, drei Bände mit Kurzgeschichten, zehn Romane und einige Essays und ist trotz der verschiedenen Genres thematisch und stilistisch homogen. Seine Texte erzählen von gesellschaftlichen Außenseitern, oft Lateinamerikanern im Exil, darunter immer wieder Frauen, die in den Diktaturen gefoltert wurden und später an »Traurigkeit« sterben. Neben der allgegenwärtigen Gewalt ist auch ein hintergründiger Humor präsent, der Distanz schafft und sich gelegentlich in literarischen Spielereien mit intertextuellen Bezügen zu den Werken fiktiver und realer Schriftsteller verliert. Als Lyriker hat sich B. gern selbst in der Tradition der ›Anti-Gedichte‹ von Nicanor Parra gesehen, und der Einfluss seiner lyrischen Sprache auf die Erzählungen und Romane B.s ist offensichtlich. Sein lyrisches Werk besteht aus meist langen, in freien Versen gehaltenen Prosagedichten, die die Themen des erzählerischen Werks vorwegnehmen: B. hat die Erfahrungen des Utopieverlusts, der Repression und des Exils bearbeitet, die seine Generation geprägt haben. Seine Romane sind oft kaleidoskopartig als Mischung aus verschiedenen Genres gebaut: Besonders präsent sind der Kriminal- und der Künstlerroman, aber auch Elemente aus Schelmenroman, Versepos oder Film finden wiederholt Verwendung und entwerfen das Bild einer fragmentierten Realität. Mit der Verleihung des Premio Rómulo Gallegos 1999 für *Los detectives salvajes* wurde B. die lange verdiente Anerkennung der spanischsprachigen Literaturwelt zuteil. Das Verhältnis zu seinem Heimatland Chile blieb, auch durch sein provokantes Auftreten in der Öffentlichkeit und seine scharfe Kritik an den Verhältnissen nach der Pinochet-Diktatur, Zeit seines Lebens schwierig.

Leonie Meyer-Krentler

Böll, Heinrich
Geb. 21. 12. 1917 in Köln; gest. 16. 7. 1985 in Langenbroich

Auf dem Schriftstellerkongress 1974 in Jerusalem hat B., damals Präsident des internationalen PEN, das 20. Jahrhundert ein »Jahrhundert der Vertriebenen und der Gefangenen« genannt. Vertriebenheit ist für B. die Grunderfahrung unserer Zeit, ihr vor allem sei die Universalität von Leiden und Elend zu verdanken. Der Gegensatz von Heimat und Vertriebenheit ist B.s großes Thema, das er von Werk zu Werk fortschreibt – das Fehlen regionaler, sozialer und sprachlicher Identität gilt ihm als Konstante, die historischen Ursachen des Heimatverlustes variieren. Die Topographie von B.s Prosa bleibt an seine rheinländische Herkunft gebunden, Heimat aber ist für ihn kein geographischer Begriff. Sie bildet sich durch die Existenz einer Humanität stiftenden Ordnung, die sich im praktischen Leben einer Gemeinschaft bewährt, die, wie es 1964 in den Frankfurter Vorlesungen heißt, »Nachbarschaft, Vertrauen« ermöglicht. Das Glück solcher sozialen Gebundenheit hat B. zweimal erfahren können, in Interviews weist er darauf immer wieder hin: in seiner Kindheit und Jugend und in der Zeit der ersten Nachkriegsjahre. Aus der Erinnerung daran bezieht er die psychische Energie, die Möglichkeit einer humanen Gemeinschaftsordnung auch in Zeiten zu verteidigen, in denen er sich in Deutschland wie ein Fremder fühlt: heimatlos in der eigenen Heimat. »Trostlos« ist deshalb seine Literatur nie, »aber immer untröstlich« – so B. 1966 in der Wuppertaler Rede über Die Freiheit der Kunst.

B. wird als achtes Kind des Schreinermeisters Viktor Böll und seiner zweiten Frau Maria geboren. Der Vater ist beruflich zunächst außerordentlich erfolgreich, er eröffnet ein »Atelier für kirchliche Kunst«, bezieht 1923 ein villenähnliches Haus in einem Kölner Vorort und sorgt liebevoll für die Ausbildung seiner Kinder – ein »Kafka-Erlebnis« hat B. nach eigener Aussage nie gehabt. Er charakterisiert seine Kindheit als »relativ heil«, »sehr frei und verspielt«. Die Bedrohung dieser heilen Welt wird ab dem Jahr 1930 spürbar, als die Weltwirtschaftskrise Deutschland erreicht. Viktor Bölls Firma geht bankrott, die Familie muss das große Haus aufgeben und lebt danach in ständiger finanzieller Not. Die damalige Lebensform kennzeichnet B. in der Erinnerung 1976 als »proletarisch«, »eine Art Anarchismus«, »Antibürgerlichkeit«, gibt ihr damit Attribute, die er auch für die Gemeinschaftsutopien seiner Romane in Anspruch nimmt. B.s Biograph Klaus Schröter hat freilich mit Recht auf die Problematik dieses Selbstverständnisses hingewiesen, was die faktische Klassenzugehörigkeit und das soziale Verhalten der Familie zu dieser Zeit betrifft. Der Vater bezieht

immerhin noch Einnahmen aus einem Miethaus, die Kinder werden – so B. – »klassisch-katholisch« erzogen, aufs Gymnasium geschickt und mit dem Kanon bürgerlicher und zeitgenössischer katholischer Literatur vertraut gemacht. B.s Favoriten heißen nicht Bert Brecht, Kurt Tucholsky oder Heinrich Mann, sondern Friedrich Hölderlin, Heinrich von Kleist, Paul Claudel oder Gilbert Chesterton. Die damalige Lektüre Leon Bloys, der franziskanisch zwischen dem »Mangel an Notwendigem« und dem »Mangel an Überflüssigem« unterscheidet, die Teilhabe des jungen B. auch am Argwohn der Autoren des Renouveau catholique gegenüber kirchlichen Institutionen, den das Reichskonkordat 1933 zwischen dem Hitlerstaat und dem Vatikan bestätigt, werden seine Prosa später entscheidend beeinflussen, ebenso auch die Erfahrung, dass sich die Familie in den 1930er Jahren solidarisch verhält, Halt bietet und staatlichem Zugriff Widerstand leistet in einer Zeit der ökonomischen und politischen Krise. B. wird diese Erfahrung literarisch und privat – im Umgang später mit seinen eigenen Kindern – tradieren. Familienloyalität als Freiheitsform wird ein Faktor seines utopischen Denkens. B. hat das Glück, dass sowohl die Eltern wie auch die Lehrer seiner Schule antifaschistisch gesonnen sind. Ein besonders guter Schüler ist er nicht, wiederholt auch auf dem Gymnasium eine Klasse, besteht 1937 das Abitur und fängt eine Lehre als Buchhändler in Bonn an, die er im Jahr darauf abbricht. Im Sommersemester 1939 schreibt sich B. für Germanistik und klassische Philologie an der Universität Köln ein. Der Kriegsausbruch zerstört nicht nur seine Studienpläne, sondern die Heimat seiner Kindheit und Jugend, er setzt der Geborgenheit in der Familie zeitweilig ein Ende. B. leistet den Kriegsdienst in Frankreich, in der Sowjetunion, in Rumänien, Ungarn und im Rheinland. Kurz vor Kriegsende entfernt er sich

unerlaubt von der Truppe und versteckt sich bei seiner Frau Annemarie, einer gebürtigen Çech aus Pilsen, Lehrerin von Beruf, die er im März 1943 geheiratet hat. Aus Angst vor Entdeckung kehrt er mit gefälschten Papieren in die Wehrmacht zurück und gerät in Kriegsgefangenschaft, aus der er im September 1945 entlassen wird. Im Oktober desselben Jahres stirbt sein erstes Kind. Zurück in Köln geht es B. sehr elend. Zwei Jahre fast ist er unfähig, ein neues Leben zu beginnen. Seine Frau ernährt die Familie, sie gibt erst 1951/52, als die Söhne Raimund, René und Vincent geboren sind, den Schuldienst auf, arbeitet in der Folge, manchmal mit ihrem Mann, als Übersetzerin aus dem Englischen, u. a. der Werke J. David Salingers oder Patrick Whites. B. schlägt sich in diesen Jahren mit Gelegenheitsarbeiten durch und beginnt zu schreiben. Als ihm Nicolas Born und Jürgen Manthey 1977 die politische Inaktivität seiner Generation nach Kriegsende vorwerfen, antwortet er: »die Tatsache, besetzt zu sein, ... hatte natürlich etwas Befreiendes und etwas Verantwortungsloses ... Wir waren doch alle müde, wir waren krank, wir waren kaputt, jahrelang im Gefangenenlager, nicht als Entschuldigung ist das zu verstehen, sondern als realistische Feststellung der Situation.« Das Eingeständnis B.s, dass der aufrichtigen Hoffnung auf die Möglichkeit eines selbstbestimmten Neuaufbaus der deutschen Gesellschaft das Faktum des physischen und psychischen, moralischen und politischen Bankrotts entgegenstand, und vor allem die Herrschaft der Alliierten, verdient Anerkennung; die erste Nachkriegsgeneration musste sich, wollte sie ihren Ideen leben, aus dem Gebiet der Politik auf das der Literatur begeben. Ihre Angehörigen – neben B. u. a. Alfred Andersch, Hans Werner Richter, Wolfdietrich Schnurre oder Walter Kolbenhoff – nennen sich das »junge Deutschland«, sie grenzen sich von der ästhetizistischen Literatur der »inneren Emigranten« der Nazijahre ebenso ab wie von der Literatur der Exilierten, welchen die Erfahrung von Diktatur und Krieg fehlt. Ihr Programm ist festgehalten in der Zeitschrift *Der Ruf*, dem publizistischen Vorläufer der »Gruppe 47«, der bedeutendsten deutschen Autorenvereinigung nach 1945. Es soll dazu dienen, die Wiederkehr des Faschismus zu verhindern. Seine Hauptpunkte werden zu Invarianten von B.s Poetik: der »totale Ideologieverdacht«, die Ablehnung aller Welt- und Daseinsorientierungen, die mit dem Anspruch auf den Besitz absoluter Wahrheit auftreten, zugunsten einer Ethik des Humanen, die ihren Wert in der Praxis beweisen muss. Die Angst vor der Irrationalität der Masse, die dem Nationalsozialismus zur Herrschaft verhalf, begründet die Rückforderung der Freiheits- und Kritikrechte des Einzelnen wie auch das Elitedenken dieser skeptischen Generation: Gesellschaftlicher Fortschritt wird mit Nonkonformismus zusammengedacht. Das politische Konzept bleibt vage, einen humanen Sozialismus stellt man sich vor, Kapitalakkumulation und individueller Besitztrieb gelten als amoralisch. Das Moralische ist zugleich ein literarisches Programm, gefordert wird eine Literatur, in der Ethik und Ästhetik, wie B. es eineinhalb Jahrzehnte später in den *Frankfurter Vorlesungen*, seinem theoretischen Hauptwerk, wiederholt, »kongruent« sind, eine Literatur, die engagiert, realistisch und antikalligraphisch, d. h. hier auch: einem breiten Publikum verständlich, zu sein hat. Die Zeit der »Trümmerliteratur«, die für B. so schwierige Phase der ersten Nachkriegsjahre, stellt sich in der Erinnerung doch als eine glückliche Zeit der Besitzlosigkeit, Gleichheit und Brüderlichkeit dar, als das Wissen um die lebensnotwendigen Bedürfnisse noch allgemein ist. Mit der Währungsreform 1948 beginnt, was B. mit Erschrecken feststellt: die Rückkehr des bürgerlichen Besitzdenkens, die »Gleichschaltung« der Menschen in einer totalen Konsumgesellschaft. Dass die moralischen Forderungen der »jungen Generation« von der bundesdeutschen Gesellschaft nicht eingelöst worden sind, könnte erklären, warum B. am Konzept des *Ruf* zeit seines Schreibens festgehalten hat. Seine Literatur bewegt sich, so B. Anfang der 1960er Jahre, zwischen den Polen »Verzweiflung und Verantwortung«, weil aus Deutschland keine Heimat wird, statt sozialer Gebundenheit eine

Mentalität des »Hast Du was, dann bist Du was« herrscht.
1951, mit dem Preis der Gruppe 47 für die satirische Geschichte *Die schwarzen Schafe*, beginnt B.s Aufstieg als Schriftsteller. Der Sammelband *Wanderer, kommst du nach Spa* ... ist schon 1950 erschienen, und als Erzähler von short stories, welche die Sinnlosigkeit des Krieges wie die positiven Erfahrungen von Menschlichkeit in der Kriegs- und Nachkriegszeit thematisieren, wird er in den 1950er Jahren bekannt. Die Konzeption von Familien- und Epochenromanen – der erste *Und sagte kein einziges Wort* stammt aus dem Jahr 1953; hervorzuheben sind vor allem *Billard um halbzehn* (1959), *Ansichten eines Clowns* (1963) und *Gruppenbild mit Dame* (1971) – verhilft B. dazu, in den Worten Jochen Vogts, »zu einem authentischen Geschichts-Erzähler unserer Nachkriegsepoche« zu werden. Das Themenspektrum erweitert sich: Gegen die Wirtschaftswundereuphorie und die »Unfähigkeit zu trauern«, gegen die politische Restauration und die Verbindung von kirchlichem und staatlichem Machtinteresse im »Milieukatholizismus« schreibt B. an, ein »schwarzes Schaf«, ein »Nestbeschmutzer« wie die nonkonformistischen Helden seiner Romane, die private Verweigerungsformen gegen gesellschaftliche Zwänge erproben, was anfangs, wie das Beispiel des Clowns Hans Schnier zeigt, von B. nur als eine Narrenmöglichkeit gedacht wird. Wo Inhumanität herrscht, erfordert das Engagement für das Humane die Darstellung dessen, was in der bundesrepublikanischen Gesellschaft zum »Abfall« und was ihr »abfällig« geworden ist, wie B. es nennt. In *Ende einer Dienstfahrt* (1966) und *Gruppenbild mit Dame* vermittelt er die Hoffnung, dass unter der Voraussetzung der »Einigkeit der Einzelgänger« Residuen natürlicher Menschlichkeit Bestand haben könnten. Historiograph deutscher Geschichte ist B. auch als Essayist. In der Werkausgabe umfassen seine Aufsätze und Reden mehrere Bände, trotzdem ist seine Bedeutung hier noch nicht angemessen erkannt worden und vergleichbar wohl nur mit der Pier Paolo Pasolinis für die italienische Gesellschaft. Beider Zeitkritik ist urchristlich-konservativ: Die Zerstörung neutestamentlicher Werte wie Wahrheits-, Nächsten- und Friedensliebe durch den verborgenen Totalitarismus der Konsum- und Mediengesellschaft klagen sie an, ungeschützt und dem Hass der veröffentlichten Meinung ausgesetzt. B., durch sein Engagement für die sozialliberale Regierung Willy Brandts der rechten Presse schon anstößig, wird von ihr an den Pranger gestellt, als er 1972 für eine sachliche Berichterstattung der Bild-Zeitung über die Baader-Meinhof-Gruppe plädiert; im Zuge einer Terroristenfahndung durchsucht daraufhin die Polizei sogar B.s Landhaus in der Eifel. B.s Antwort auf die Bedrohung individueller Freiheit durch die Gewalt der Massenmedien und der Staatsüberwachung ist die Novelle *Die verlorene Ehre der Katharina Blum* (1974). Zur operativen Literatur der 1970er und 80er Jahre gehören auch die *Berichte zur Gesinnungslage der Nation* (1975) oder der Dokumentationsband *Bild-Bonn-Boenisch* (1984). Ungeachtet aller persönlichen Angriffe und politischer Schwarzweißmalerei, so nimmt der in der Sowjetunion beliebteste deutsche Erzähler Alexander Solschenizyn oder Lew Kopelew bei sich auf und dennoch wird ihm von der Presse mangelnde Solidarität mit den Dissidenten vorgeworfen, setzt sich B. weiterhin für Minderheiten und Außenseiter der bundesdeutschen Gesellschaft ein, für die Zigeunerstämme Sinti und Roma, für Hausbesetzer und Kernkraftgegner, für die Umweltschutz- und die Friedensbewegung.

1967 mit dem Büchner-Preis und 1972 mit dem Nobelpreis für Literatur ausgezeichnet, ist Deutschlands im In- und Ausland meistgelesener zeitgenössischer Autor in der Literaturkritik immer noch umstritten. Anachronistischen Moralismus und schlichte Positivität wirft man ihm ebenso wie kleinbürgerlichen Provinzialismus oder die Nichtbeherrschung der formalen Errungenschaften des modernen Romans, wobei man meist übersieht, dass der Ton des »sermo humilis« und die thematische Beschränkung auf die »Poesie des Alltags« von B. bewusst gewählt sind und er sich in der Nobelvorlesung mit Recht in eine »internationale Bewegung« einer gegenklassischen, gegenidealistischen Literatur einordnen darf, die sich für »ganze Provinzen von Gedemütigten, für menschlichen Abfall erklärten« zuständig erachtet. Ausnahmen bestätigen freilich die Regel der B.-Kritik. Folgende Sätze Theodor W. Adornos wären ein würdiger Nachruf für den Autor, es handelt sich freilich um eine Festgabe zu B.s fünfzigsten Geburtstag, und Adorno hat sie mit *Keine Würdigung* überschrieben: »Böll ist einer der erfolgreichsten deutschen Prosaschriftsteller seiner Generation, von internationalem Ruf. Er gilt zugleich, seit seinen Anfängen, als fortschrittlich … Und er ist aktiver, praktizierender Katholik. Die Konstellation dieser nicht leicht versöhnbaren Momente hätte ihn vorbestimmt zum offiziellen deutschen Dichter, zu dem, was man repräsentativ nennt … Mit einer in Deutschland wahrhaft beispiellosen Freiheit hat er den Stand des Ungedeckten und Einsamen dem jubelnden Einverständnis vorgezogen, das schmähliches Mißverständnis wäre … Es hätte nur einer Geste, nur eines unmerklichen Tons sogenannter Positivität bedurft, und er wäre der poeta laureatus geworden.«

Werkausgaben: Werke. Kölner Ausgabe. 27 Bde. Hg. von Arpad Bernáth u. a. Köln 2002 ff.; Werke. 10 Bde. Hg. von Bernd Balzer. Köln 1978.

Günter Blamberger

Bond, Edward
Geb. 18. 7. 1934 in Holloway, London

»In our time only socialism can produce art«, bringt der englische Dramatiker Edward Bond sein Kunstverständnis polemisch auf den Punkt. Theater ist für B. demnach nur als sozialkritisches Medium denkbar, in dem sich selbst ästhetische Überlegungen als politisch determiniert erweisen. Hinter der über mehr als 40 Jahre unveränderten marxistischen Ausrichtung seiner Stücke verbirgt sich allerdings eine erstaunliche Dynamik, die sich in einer auffallenden stilistischen und thematischen Vielfältigkeit manifestiert und die eigentliche Faszination der Dramen des unermüdlichen Autodidakten B. ausmacht. B. schlug sich nach einer schon früh abgebrochenen Schullaufbahn mit diversen Gelegenheitsarbeiten durch, bis er 1953 zum Militär eingezogen und in Wien stationiert wurde. Seine negativen Erfahrungen in der Armee gaben den Anstoß zu systemkritischer literarischer Aktivität. Eine ernsthafte Auseinandersetzung mit dem Theater erfolgte allerdings erst Jahre später über die Writers' Group des Royal Court Theatre, der B. schon wenige Monate nach ihrer Gründung im Januar 1958 angehörte. Das Royal Court war es schließlich auch, das B.s erste abendfüllende Stücke, *The Pope's Wedding* (1962; *Die Hochzeit des Papstes*, 1971) und *Saved* (1965; *Gerettet*, 1966), auf die Bühne brachte und B.s Etablierung in der englischen Theaterszene maßgeblich förderte.

Durch extreme Szenen in seinen frühen Stücken, wie etwa die Steinigung eines Babys in *Saved* oder kannibalistische Exzesse in *Early Morning* (1968; *Trauer zu früh*, 1969), wurde B. zunächst fast ausschließlich mit der schockierenden Darstellung unmotivierter Gewalt in Verbindung gebracht. »I write about violence as naturally as Jane Austen wrote about manners«, erklärt der Dramatiker im Vorwort zu *Lear* (1971; *Lear*, 1972), wobei er allerdings seine *aggro-effects* – so bezeichnet B. die schockartige Wirkung gewaltgeladener Szenen auf das Publikum – zunehmend in einen ideologisch-sozialkritischen Rahmen stellt. In den auf *Saved* folgenden Stücken geht der Autor verstärkt dazu über, die Ursachen der dargestellten Aggressionsakte dramatisch zu explizieren und für das Publikum nachvollziehbar zu machen. Während sich das Miteinbeziehen sozialpolitischer Hintergründe in den beiden Künstlerdramen *Bingo* (1973; *Bingo*, 1976) – über das Leben Shakespeares – und *The Fool* (1975; *Der Irre*, 1977) – über das Leben John Clares – als eine der Bühnenwirksamkeit der Stücke kaum abträgliche Rezeptionshilfe erweist, gerät die Diskussion dieser Hintergründe in *The Bundle* (1978; *Das Bündel*, 1979) und v.a. in *The Worlds* (1979; *Die Welten*, 1987) zur unverhüllten Didaxe. Das Vorherrschen epischer und auch lyrischer Darstellungsformen mit starker Tendenz zur expliziten Rezeptionslenkung findet sich in den 1980er Jahren nur noch in der Trilogie *The War Plays* (1985; *Kriegsstücke*, 1988). In anderen Dramen der 1980er, allen voran in *Restoration* (1981; *Restauration*, 1987) und *Summer* (1982; *Sommer*, 1983), findet B. dagegen zu einer gelungenen Symbiose von z. T. episch vermittelter sozialkritischer Botschaft, Komik und dramatischer Spannung. Komische Elemente dienen in B.s Dramatik fast ausschließlich dazu, mittels Kontrasten die schockierende Wirkung beklemmender Szenen zu verstärken. Dies gilt selbst für B.s ›Komödien‹ im engeren Sinne, *Restoration* und *The Sea* (1973; *Die See*, 1973), die beide an Konventionen der Gesellschaftskomödie anknüpfen. In *Restoration* experimentiert der von Brecht beeinflusste Dramatiker zusätzlich mit der Integration des Liedes als dialektischer Folie zum dramatischen Geschehen, einer Technik, die auch in einigen anderen Dramen B.s bemüht wird. Der Neuinterpretation klassischer Vorlagen widmet sich B. in *Lear* und *The Woman* (1978; *Die Frau*, 1979), das der archetypischen Geschichte um den Fall Trojas eine neue Deutung gibt.

B.s Produktivität und Kreativität bleiben auch in den 1990er Jahren ungebrochen. Von den in dieser Dekade entstandenen Werken ist v.a. das Stück *Coffee* (1997) zu erwähnen, in dem B. – wie schon in zahlreichen früheren Dramen – intensiv mit Techniken der Groteske und des Theaters des Absurden operiert, um die Irrationalität einer bei B. stets als veränderbar gezeigten Welt zu dramatisieren. B.s Theater ist somit trotz des häufigen Spiels mit Darstellungsweisen des Surrealen und Absurden ein *Rational Theatre*, wie der Autor im Vorwort zu *Plays Two* (1978) deutlich macht, ein Theater, das der modernen Gesellschaft ihr schizophrenes Dasein in heilsamer Weise vor Augen führen soll. *Coffee*, das sich auf das Massaker von Babi Yar (1941) bezieht, zählt zu den schockierendsten Stücken B.s: Wie in *At the Inland Sea* (1995), einem Jugenddrama für Big Brum, eine *theatre-in-education company*, lässt B. in *Coffee* den Holocaust abrupt und direkt über ein friedliches Alltagsszenario des ausgehenden 20. Jahrhunderts hereinbrechen und aktualisiert damit die beklemmende Relevanz historischer Ereignisse für die Gegenwart. *Eleven Vests* (1997), *The Children* (2000) und *Have I None* (2000) bezeugen B.s anhaltendes Interesse am britischen Jugendtheater. Zugleich spiegeln die Aufführungsorte von B.s Stücken in den Jahren 2000/01 (*The Sea* in Wien, *Lear* und *The Crime of the Twenty-First Century* in Paris, *Olly's Prison* in Straßburg, *In the Company of Men* in Mailand, *Summer* in Barcelona und *Saved* in New York) die steigende Internationalität des Dramatikers, der sich vom *mainstream British theatre* aber weitgehend zurückgezogen hat. Zumal die Entwicklungen an den etablierten Londoner Theatern betrachtet der kritische Autor mit großer Skepsis, weshalb 2001 die einzige Londoner ›Aufführung‹ eine Lesung des Stückes *Lear* im neuen Globe war. B., der mit *Blow Up!* (1966) und *Olly's Prison* (1993; *Ollys Gefängnis*, 1994) auch als Drehbuchautor hervorgetreten ist, hat immer wieder versucht, das Verständnis seiner Werke durch weit ausholende Vorworte, theoretische Anmerkungen und den Dramen beigefügte Prosatexte zu erhöhen. Erst mit *The Hidden Plot* (2000) allerdings legt B. erstmals eine ausführliche Darstellung seiner theoretischen Überlegungen zum Theater vor und festigt damit einmal mehr seine Bedeutung innerhalb des modernen englischen Dramas.

Werkausgaben: Plays 1–6. London 1977–98. – Gesammelte Stücke. 2 Bde. Frankfurt a.M. 1987.

Maria Löschnigg

Bonnefoy, Yves
Geb. 24. 6. 1923 in Tours/Frankreich

Yves Bonnefoy ist einer der bedeutendsten französischen Lyriker der Gegenwart. Zahlreiche seiner Gedichte weisen eine traditionelle metrische und syntaktische Struktur auf und knüpfen somit insbesondere an die Literarästhetik Baudelaires und der Symbolisten an. Hinter der Fassade dieser Einfügung in kanonische Muster der literarischen Tradition stellt B. jedoch die grundsätzliche Frage nach den Möglichkeiten und Grenzen einer poetischen Sprache.

B. verbringt seine Kindheit und Jugend in Tours, wo er ab 1934 das Lycée Descartes besucht und besonderes Interesse für mathematische und philosophische Fragestellungen entwickelt. Die Ferien verbringt er regelmäßig bei seinen Großeltern in Südfrankreich. So kommt es zur Gegenüberstellung von Norden und Süden, die als Gedankenfigur in B.s literarischem Œuvre von Bedeutung ist. Nach dem Abitur und einem mathematischen Propädeutikum in Poitiers schreibt er sich 1943 als Mathematikstudent in Paris ein, wendet sich jedoch rasch der Literatur zu. Er wohnt mehrere Jahre in einem Hotel unweit der Kathedrale Notre-Dame und erhält Zugang zu avantgardistischen Zirkeln, unter anderem auch zu den Treffen der Surrealisten, die sich um André Breton scharen. Bereits 1947 kommt es zum Bruch mit Breton und den orthodoxen Surrealisten, da B. deren okkultistische Interessen nicht teilt. Nach einem Licence-Examen in Philosophie und mehreren längeren Reisen ins europäische Ausland veröffentlicht er 1953 seine erste Gedichtsammlung *Du mouvement et de l'immobilité de Douve* (Douve in Bewegung und reglos), die von der Kritik begeistert aufgenommen wird. Die Gedichte sind geprägt von einer dialektischen Grundstruktur: Anwesenheit und Abwesenheit erscheinen als Pole, zwischen denen die sprachliche Bewegung zu vermitteln versucht. Douve ist die tote Geliebte des lyrischen Ichs, die ihm zur Muse wird und durch deren Anregung Reflexionen über die Endlichkeit und den Tod in Gang gesetzt werden. Alles sinnlich Erfahrbare verdankt seine Faszination dem Tod, der stets als Horizont der Erfahrung fungiert.

Im »Zusammentreffen von Dichtung und ranggleicher Reflexion über Dichtung« konnte bereits Hugo Friedrich in seinen Ausführungen zur Struktur der modernen Lyrik ein wesentliches identitätsstiftendes Element einer literarischen Moderne sehen. Bei B. greifen poetische Praxis und poetologische Reflexion in diesem Sinne eng ineinander: So erscheint nach dem zweiten Gedichtzyklus *Hier régnant désert* (1958; Herrschaft des Gestern: Wüste,

1969) der Band *L'improbable* (1959; *Das Unwahrscheinliche oder die Kunst*, 1994), der mehrere Aufsätze zur Literatur- und Kunstgeschichte versammelt und das eigene poetische Schaffen vor dem Hintergrund der literarischen Tradition reflektiert. Der Dialog mit den bildenden Künsten ist für B. bereits seit den 1960er Jahren von Bedeutung und bestimmt nicht nur das literartheoretisch-essayistische Werk, sondern findet auch in die poetische Praxis Eingang, so etwa in mehreren Projekten mit Antoni Tàpies und besonders eindrucksvoll in dem Band *Quatre pas dans l'intraduisible* (1991; Vier Wege ins Unübersetzbare), der Illustrationen von Pierre Alechinsky enthält. In seinen Vorlesungen am Collège de France, wo er nach Gastprofessuren in Genf, Nizza und Aix-en-Provence ab 1981 lehrt, befasst sich B. eingehend mit dem bildnerischen Schaffen von Alberto Giacometti. Im Schatten der Gedichte und der poetologischen Reflexion ist seit 1972 ein zwar nicht umfangreiches, aber durchaus bemerkenswertes Korpus an Prosatexten erschienen, das B. unter dem Titel *Récits en rêves* (1987; *Berichte im Traum*, 1990) veröffentlicht. B. experimentiert hier mit der Hybridform einer poetischen Prosa, durch die eindringliche Landschaftsbilder entstehen.

Werkausgabe: Beschriebener Stein und andere Gedichte. Übers. F. Kemp. München 2004.

Florian Henke

Bontempelli, Massimo
Geb. 12. 5. 1878 in Como/Italien;
gest. 21. 7. 1960 in Rom

Massimo Bontempelli prägt, neben Luigi Pirandello, die italienische Literatur der 1920er und 1930er Jahre. Zunächst schreibt er hauptsächlich Gedichte. Nach seiner Heimkehr aus dem Ersten Weltkrieg will er die Literatur neu erfinden, inhaltlich-formal revolutionieren. Er wendet sich dem Faschismus zu, in dem er eine Modernisierungskraft zu erkennen glaubt. Seine Erneuerungsgedanken lassen ihn auch zu einem Anhänger des Futurismus werden, der 1909 durch das *Futuristische Manifest* von Filippo Tommaso Marinetti ins Leben gerufen und theoretisch untermauert wurde und den technischen Fortschritt verherrlicht. Thematisch stehen die lärmende Großstadt, Geschwindigkeit/Beschleunigung sowie der ›neue Mensch‹ im Mittelpunkt futuristischer Literatur, die »die Befreiung der Worte« proklamiert und auffordert, alles bisher Dagewesene zu vergessen. So schreibt B. in *La vita intensa* (1919; *Das intensive Leben*, 1991) programmatisch: »Ja, für wen und warum schreibe ich dann diesen Roman? Ich schreibe ihn für die Nachwelt. Ich schreibe ihn, um den europäischen Roman zu erneuern.« *La vita intensa* ist die Parodie eines Fortsetzungsromans. Zehn Kurzromane schildern Erlebnisse des Ich-Erzählers, wobei die bisher gültigen, vertrauten Erzählkonventionen und -regeln außer Kraft gesetzt werden. Schließlich verweigern die Figuren dem Autor gar die weitere Mitarbeit, so dass er den Roman nicht zu Ende schreiben kann. In diesem Spiel mit realem Autor und fiktiven Figuren nimmt B. Pirandellos Theaterstück *Sei personaggi in cerca d'autore* (1921) vorweg bzw. erinnert an dessen bereits 1915 erschienene Erzählung *Colloquii coi personaggi*. Wie Pirandello überträgt B. seine literarischen Experimente auf das Theater. *La vita operosa* (1919; *Das geschäftige Leben*, 1992) ist ein weiterer futuristischer Großstadtroman, eine Satire auf die bürgerliche Gesellschaft Mailands und ihre Sucht nach Ruhm und Geld.

In den folgenden Jahren entwickelt B. den neoklassizistischen »realismo magico«, auch »Novecentismo« genannt. Diese metaphysische Literatur evoziert die frühen Bilder de Chiricos, will das Surreale, Unwirkliche im Alltagsleben aufdecken. Ihre ästhetischen, auf einer Verquickung von Tradition und Avantgarde beruhenden Prinzipien legt B. in »Justification« in der ersten Nummer der Zeitschrift '900 dar, die er zusammen mit Curzio Malaparte 1926 gründet. Ein Beispiel für den »magischen Realismus« ist *Il figlio di due madri* (1929; *Sohn zweier Mütter*, 1930): 1900, Rom, eine gutbürgerliche Familie. Der siebenjährige Mario meint, Sohn einer anderen Mutter zu sein, die ihren Sohn am Tag von Marios Geburt verlor. Diese andere Mutter glaubt an ein Wunder und nimmt den »Wiedergeborenen« dankbar an. Beide Mütter erheben nun Anspruch auf den Jungen. Der traditionelle Mythos der unerschütterlichen Mutterliebe paart sich in dieser märchenhaften Chronik mit dem Infragestellen der Familie – in einer Zeit, in der das faschistische Regime diese als sakrosankt propagiert.

B. leitet ab 1933 mit Pier Maria Bardi die Architekturzeitschrift *Quadrante*. 1938 lehnt er eine Universitätsprofessur ab und wird aus der faschistischen Partei ausgeschlossen sowie mit einem Schreibverbot belegt, da er als Anhänger von Stracittà, der Gegenbewegung zum Regionalismus der italienischen Blut-und-Boden-Variante Strapaese, für eine europäische Kultur eintritt. Nach dem Zweiten Weltkrieg wendet er sich den Kommunisten zu; seine Aufstellung als Kandidat der Fronte popolare 1948 wird aufgrund seiner faschistischen Vergangenheit zurückgezogen.

Sabine Witt

Boon, Louis Paul
Geb. 15. 3. 1912 in Aalst in Ostflandern/Belgien; gest. 10. 5. 1979 in Erembodegem

Unter den flämischen Schriftstellern des 20. Jahrhunderts ist Louis Paul Boon der vielseitigste, unabhängigste und modernste. Zwar ist das Werk B.s, der zeitlebens in der flandrischen Provinz wohnte und auch nicht reiste, eng mit der Geschichte Flanderns und der flämischen Volksliteratur verbunden. Doch studierte B. als junger Anstreicher nebenbei an der Kunstakademie seiner Geburtsstadt und las sich als Autodidakt in die Literatur des europäischen Naturalismus (Buysse, Zola, Dostoevskij) ein. In seinen Romanen und Erzählungen experimentierte er auch mit den Genres und Schreibtechniken der literarischen Moderne. B. hat über die Geschichte der niederländischen Geusen (*Het geuzenboek*, 1979) ebenso geschrieben wie über den Zweiten Weltkrieg (*Mijn kleine oorlog*, 1946; *Mein kleiner Krieg, 1988) und die Geschichte der Arbeiterbewegung in Belgien (*Fabriekstad Aalst*, 1971; *Pieter Daens*, 1972; *Het jaar 1901*, 1977).

Und wiederholt hat er ›typisch flämische‹ Gattungen wie die mittelalterliche Schelmen- oder Eulenspiegelliteratur (*De bende van Jan de Lichte*, 1957; Jan de Lichte und seine Bande, 1987; *De zoon van Jan de Lichte*, 1961; Jan de Lichtes Sohn; *De zwarte hand*, 1976; Die schwarze Hand) sowie die Fabeldichtungen über Reineke Fuchs (*Wapenbroeders*, 1955; Waffenbrüder) aufgegriffen. Dabei behandelt er die vorgefundenen Muster aber nicht nur inhaltlich als einen Spiegel der Gegenwart, sondern modernisiert sie außerdem formal. B. hat den Bewusstseinsstrom in die niederländische Literatur eingeführt (*Kapellekensbaan*, 1953; *Eine Straße in Termuren*, 1970, *Ein Mädchen aus Ter-Muren*, 1986, *Der Kapellekensweg*, 2002) und mit Stilmitteln wie dem Perspektivwechsel (*Menuet*, 1955; *Menuett*, 1975), dem dokumentarischen Zitat (*Fabrikstad Aalst*, *Pieter Daens, Jan de Lichte*), der surrealistischen Überzeichnung (*De paradijsvogel*, 1958; *Der Paradiesvogel*, 1993; *Vaarwel krokodil*, 1959; Lebwohl, Krokodil; *Het nieuwe onkruid*, 1964; Das neue Unkraut und der Montage (*De Kleine Eva uit de Kromme Bijlstraat*, 1956; Die kleine Eva aus der Krummbeilstraße) gearbeitet. Weil er sich dabei auch über die Grenzen zwischen den verschiedenen ›Ismen‹ der ästhetischen Moderne hinwegsetzte und sich sowohl bei Expressionismus und Surrealismus als auch bei Konstruktivismus und Dadaismus nach Belieben bediente, gilt er in neueren literaturwissenschaftlichen Deutungen auch als früher Vertreter der Postmoderne.

B., der nach dem Zweiten Weltkrieg der Kommunistischen Partei Belgiens beitrat und als Redakteur, Reporter und Kolumnist – dessen *Boontjes* bis in die 1970er Jahre erschienen – für kommunistische und sozialistische Zeitungen wie *De Rode Vaan*, *Front*, *De Zweep* (Die Peitsche) und *Vooruit* sowie später für *Het Parool* arbeitete, verstand sich als politischer und zeitkritischer Autor. Seine Absicht war es, die Geschichte Flanderns aus der Perspektive der Arbeiter, Bauern und kleinen Leute darzustellen. Dabei teilte er das Pathos des Sozialismus nur mit Einschränkungen. Je älter B. wurde, umso stärker kritisierte er die Arbeiterbewegung wegen ihres Dogmatismus, ihres Materialismus und ihrer latenten Gewaltsamkeit als Bestandteil einer dekadenten Gesellschaft. In Ansätzen zeigt sich eine solch desillusionierte und kulturpessimistische Sicht schon im 1942 erschienenen Debütroman *De voorstad groeit* (1942; Die Vorstadt wächst). Die Kriegserzählung, die formal vom (Stumm)film beeinflusst ist und die Momentaufnahmen mit Blenden und überraschenden Schnitten zu einer Szenenfolge arrangiert, handelt vom Leben zweier Arbeitergenerationen in einer flandrischen Vorstadt. Obwohl die Stadt wächst, bleibt das soziale Elend in ihr unverändert und werden die Träume ihrer Bewohner allesamt enttäuscht. Darunter leiden Philanthropen wie der revolutionäre Dichter Jean und der gelähmte Maler Bernard, in denen B. die eigene Doppelexistenz als Maler und Schriftsteller reflektiert: »Neben ihm, hinter, vor, mitten in ihnen gibt es etwas Sinnloses und Zweckloses, etwas gräßlich Leeres und Hohles: das Leben.«

Während in *De voorstad groeit* ein melancholischer Ton vorherrscht und die Anteilnahme des Autors an seinen Protagonisten Teil der Handlung ist, behandelt das Romandiptychon *Kapellekensbaan* und *Zomer te Ter-Muren* (1957; Sommer in Ter-Muren, 1986) das gleiche Thema aus der unpersönlichen Perspektive des ›Zeitgeistes‹, der im Text mittels grotesker Geister und sarkastischer Stimmen Gestalt annimmt. Sie betreiben ein unerbittliches Zerstörungswerk, dem die Ordnungen, Träume, Ideale und Utopien der Bewohner der *Kapellekensbaan* zum Opfer fallen. Das – dekonstruktivistische – Verfahren, nach dem dies geschieht, veranschaulicht schon die Entstehungsgeschichte des Romans, der ursprünglich »Madame Odile« heißen sollte und dessen Manuskript B. 1945 zerrissen, aber nicht vernichtet hat. Vielmehr hat er aus den Schnipseln des verworfenen Textes eine neue Fassung hergestellt. Sie setzt sich aus Hunderten, kaleidoskopisch miteinander verbundenen Textfragmenten zusammen, in denen Darstellungsebenen, Gattungen und Erzählperspektiven wechseln und aus denen sich erst bei fortlaufender Lektüre zwei Leiterzählungen herauskristallisieren. Aufgrund seiner Scharfsinnigkeit und seiner Komplexität hat man das apokalyptische Gesellschaftsbild, das B. in *Kapellekensbaan* zeichnet, mit Multatulis *Max Havelaar*, Tolstojs *Vojna i mir* und *Die letzten Tage der Menschheit* von Karl Kraus verglichen.

In seinem Buch über den katholischen Arbeiterführer Pieter Daens hat B., wie er selbst sagt, die Kapellekensbaan in der Form eines dokumentarischen Romans neu erzählt. In *De paradijsvogel* und *Het nieuwe onkruid* hat er seine Kulturkritik auf Oberflächenphänomene wie den durch die Medien inszenierten Starrummel und die von der (katholischen) Kirche geförderte Doppelmoral bezogen. Anfang der 1970er Jahre verabschiedete sich B. offiziell von der Literatur, um wieder mehr als bildender Künstler zu arbeiten. Dabei entstanden surrealistische Zeichnungen und Skulpturen, die an Paul Delvaux, René Magritte oder Félicien Rops erinnern, aber auch vom selbstkritischen und ironischen Werkverständnis Marcel Duchamps' beeinflusst sind. Daneben hat B. dennoch weiter geschrieben, unter anderem autobiographische Texte (*Verscheurde jeugd*, 1975; Zerrissene Jugend; *Eros en de eenzame man*, 1980; Eros und der einsame Mann), die zeigen, dass er sich die schwermütige und nihilistische Sichtweise, die er als Schriftsteller und Historiograph vertritt, auch persönlich zu eigen gemacht hat.

Wegen seiner freizügigen Darstellung der Sexualität, seiner politisch linken Einstellung und seiner kritischen Haltung zur Kirche hat B. seine ersten Romane in den Niederlanden veröffentlicht und wurde von der belgischen Öffentlichkeit erst anerkannt, nachdem ihm 1966 der Constantijn Huygens-Preis zuerkannt worden war. 1953 wurde B. zum Ehrenmitglied der Maatschappij van Nederlandse Letterkunde ernannt. 1972 schlugen die großen niederländischen und flämischen Literaturverbände ihn als Kandidaten für den Nobelpreis vor. B.s Roman *De paradijsvogel* war die Vorlage für die 1966 uraufgeführte Oper *Labyrint*. Zwei seiner Romane wurden verfilmt (Menuet, 1982; Daens, 1992). Nach B.s Tod wurden 1979 die Louis Paul Boon-Gesellschaft gegründet und der H(onest) A(rts)M(ovement)-Preis in Louis Paul Boon-Preis umbenannt.

Barbara Lersch-Schumacher

Borchardt, Rudolf
Geb. 9. 6. 1877 in Königsberg;
gest. 10. 1. 1945 in Trins am Brenner

»Ich bin 25 Jahre alt, evangelisch reformierter Konfession. Doktor der Philosophie. Ich habe an den Universitäten Berlin, Oxford, Bonn und Göttingen klassische Philologie und Archäologie studiert und bereite mich auf die Habilitation für diese Disziplin vor. Mein freies selbständiges und disponibles Vermögen beträgt im Augenblicke rund 820000 Mark. Ich bin … von meiner Familie pekuniär unabhängig. Meine Konstitution ist gesund … Mein Vater ist, seit er sich von der Leitung seiner eigenen Bankhäuser zurückgezogen hat, Aufsichtsrat in einer Anzahl von industriellen und Bankinstituten. Meine Mutter … stammt aus einer jüdischen Familie.« So beschreibt B. Herkunft, Ausbildung und Vermögensverhältnisse in einem Heiratsantrag, den er an den Vater des Mädchens richtet, dabei Wirklichkeit und Einbildung zu einer höheren Wahrheit mischend, wie es sich für einen Dichter gehört, der höchste Ansprüche stellt. Tatsache ist, dass er »durch die Fülle lebendiger Gedanken« sofort die Aufmerksamkeit seines Göttinger Professors gefunden, sein Examen glänzend bestanden und allerbeste weitere Aussichten hatte. Aber zum Doktorexamen war es nicht gekommen; ein skandalöses Duell hatte einen seelischen und körperlichen Zusammenbruch ausgelöst und eine längere Kur nötig gemacht. Auch die Vermögensverhältnisse sind, obschon B. zeitlebens über ererbten materiellen Rückhalt verfügte, kaum realistisch benannt. Fiktionen werden hier Realitäten, die nicht mit dem Maßstab platter Wirklichkeit gemessen werden dürfen. Dies gilt für B.s Dichtungen, jedoch nicht minder für seine dem Tagesgeschehen gewidmeten Äußerungen: Nicht einmal sie sind Kopien der Welt, sondern autonome Schöpfungen innerhalb dieser Welt. Der Kuraufenthalt in Bad Nassau hatte B. mit einer jungen Dame zusammengebracht, die alles in ihm zu den höchsten Erwartungen und Leistungen steigerte. Alle bis dahin entwickelten dichterischen Vorstellungen sammelt und ordnet er nun um das Bild, das er sich von diesem Mädchen macht (das übrigens seine Leidenschaft nicht erwiderte und nicht daran dachte, ihn zu heiraten). Das entstandene *Buch Vivien* ist eine der großartigsten Dichtungen B.s geblieben, zu Lebzeiten nur aufgelöst und in überarbeiteter Form in den *Jugendgedichten* (1913), erst postum in den ursprünglichen Fassungen (*Vivian*, 1985) veröffentlicht.

Diese Gedichte sind frischestes, unmittelbar Sprache gewordenes Erlebnis und gleichwohl von hohem Kunstverstand gebildet. Mit der natürlichsten Gebärde äußert sich B. in schwierigen festen Formen, später (*Vermischte Gedichte*, 1924; *Die Schöpfung aus Liebe*, 1929) ebenso souverän in seltenen griechischen und romanischen Mustern, doch z. B. auch in einer Weiterentwicklung der goetheschen Hymne. Obwohl B. nicht ohne Stefan Georges spracherneuernde Leistung zu denken ist, steht er von Anfang an als ein selbständiger Meister da, außerhalb des Kreises um George, nur Hugo von Hofmannsthal vergleichbar, mit dem ihn eine jahrelange für beide produktive Freundschaft verbinden wird. Schon die frühesten Dichtungen umschreiben damit den Ort, den B. immer mehr ausfüllt: eine »schöpferische Restauration« im Anschluss an Johann Gottfried Herder und die – unvollendet gebliebene – Romantik. Dass er damit in scharfem Gegensatz zu breiteren Zeitströmungen steht, kümmert ihn nicht, Publikumsverständnis ist für ihn kein Qualitätskriterium. Ob zeitweise gerühmt oder völlig unbeachtet, er behauptet seinen Platz unbeirrt; vom rigorosen Standpunkt des »konservativen Revolutionärs« aus ist der vielgelobte Literaturhistoriker Friedrich Gundolf aus Georges Kreis »ein rechtes Literaturbübchen« (1910) oder Bert Brecht »ein talentloser Dialogisierer von ödem Radau« (1928); er wagt 1928 auch zu fragen: »Was ist von der giftig schillernden Seifenblase der ›expressionistischen Literatur‹ übrig, als ein Tropfen schmutziges Wasser?«

Von 1902 bis 1944 lebt B. mit kleinen Unterbrechungen in Italien: Die Toscana wird seine Heimat. Ihr dankt er die Entdeckung des Mittelalters, das ihn zu außerordentlichen Leistungen reizt. In *Pisa, Ein Versuch* (1935) wird die Geschichte der Stadt dargestellt als Summe einer neuen Wissenschaft – der »mittelalterlichen Altertumswissenschaft« –, welche Kunst-, Kultur-, Sprach-, Literatur-, Wissenschafts- und politische Geschichte in eines fasst. B. vereinzelt seine Gegenstände und Interessen nicht zu Fachwissen und entfernt sie voneinander, sondern hält sie eng zusammen – »auf Rufweite« – und vergegenwärtigt sie in einer unmittelbaren, eben dichterischen Hervorbringung, womit er sie zugleich der ausdörrenden Luft der Wissenschaft entzieht. In demselben Komplex gehören u. a. die Schriften über die altrömische und toscanische *Villa* (1907), *Volterra* (1935), über Dante Alighieri und Dante Gabriel Rosetti. Längst beherrscht er aufgrund der ihm eigenen »Gleichdenkung« literarischer, kultureller und politischer Vorgänge« (Hofmannsthal) auch das archaisierend historische Übersetzen. Ob Verdeutschungen antiker, mittelalterlicher oder neuzeitlicher Literaturdenkmäler – sie alle sind Dokumente des »ungewöhnlichsten Geistes« (Franz Blei, 1913) und einer einsamen Höhe der Kunst des Übersetzens (z. B. *Dante deutsch*, 1923; *Die großen Trobadors*, 1924; *Swinburne*, 1919).

Schon als Student hatte B. sich an Hofmannsthal gewandt, dieser ihn eingeladen und an Alfred Walter Heymel und Rudolf Alexander Schröder für die *Insel* (die Keimzelle des Insel-Verlags) vermittelt. Hier kommt er auch in Berührung mit Franz Blei, einer der grauen Eminenzen der deutschen Literatur, der ihm wiederholt zu Veröffentlichungen seiner unpopulären Produktion verhilft. Mit Hofmannsthal verbindet ihn eine nicht konfliktfreie Freundschaft, die 1911/12 in einem Aufenthalt in B.s Villa bei Lucca gipfelt. Immer steht Hofmannsthal in der Mitte seines Interesses für Dichtung und das Dichterische, doch trotz zahlreicher Essays und Reden über Hofmannsthal wird die früh geplante Monographie nie verwirklicht. Mit Schröder bleibt B. lebenslang befreundet und übt nicht geringen Einfluss auf dessen Werk aus; nach einer in England geschlossenen, später gescheiterten Ehe wird 1920 eine Nichte Schröders seine zweite Frau. Gemeinsam mit Schröder und Hofmannsthal gab er 1909 das Jahrbuch für Dichtung *Hesperus* und von 1922 bis 1927 die Zeitschrift *Neue deutsche Beiträge* heraus.

1914 meldete sich B. sofort als Kriegsfreiwilliger; zunächst ist er als Infanterist, dann im Generalstab tätig. Nach dem Krieg kommt er nur noch als Redner in das so verwandelte, seinem Denken und seinen Ansprüchen immer weniger gemäße Deutsche Reich. Aber er hört nicht auf, mit Reden und Essays, selbst mit Erzählungen (*Das hoffnungslose Geschlecht*, 1929; *Vereinigung durch den Feind hindurch*, 1937) für die als notwendig erkannte Wiederherstellung der Traditionen zu kämpfen, für eine *schöpferische Restauration* (so der Titel einer Rede 1927). Er musste indessen erfahren, dass seine Auffassungen »im Namen des politischen Geistes und des Geistes überhaupt« von der Realität vernichtet wurden. In der Rede *Führung* (1931) verkündete er als Ideal, »Nation und Partei in einem Höheren zu verschmelzen«, ohne dabei Programm und Wirklichkeit der NSDAP zu beachten, wurde deshalb von den Gegnern der Nazis missverstanden und angefeindet, aber auch von diesen 1933 als »Jude« – der sich als Preuße fühlte – verfemt und aus der Nation ausgestoßen. Die Toscana wurde nun Asyl und schützte ihn bis zum Herbst 1944, als er mit seiner Familie zwangsweise von der Gestapo hinter die Reichsgrenze nach Innsbruck gebracht wurde. Er konnte zwar nach Trins flüchten, starb hier jedoch an einem Schlaganfall.

»Das Eigentümliche und zugleich Gefährliche« sei – so notierte Hofmannsthal 1923 –, dass sich in B. »eine philologisch-historische Begabung höchsten Ranges, wie sie kaum einmal im Jahrhundert auftaucht, mit einer dichterischen Sendung verschwistert«. B. ist einer der wenigen großen »gelehrten Dichter« des 20. Jahrhunderts, vielleicht sein größter Poeta doctus.

Werkausgaben: Gesammelte Briefe. Hg. von Gerhard Schuster und Hans Zimmermann. München/Wien 1995 ff.; Gesammelte Werke in Einzelbänden. 14 Bde. Stuttgart 1955–1990.

Ludwig Dietz

Borchert, Wolfgang
Geb. 20. 5. 1921 in Hamburg;
gest. 20. 11. 1947 in Basel

B.s Hörspiel- und Dramenfassung von *Draußen vor der Tür*, in ganzen acht Tagen im Herbst 1946 als ein Vermächtnis der unbequemen Fragen an die deutschnationale Vätergeneration auf dem Totenbett geschrieben, führte zu einer langanhaltenden B.-Mode. Es war geradezu eine akustische Signatur der frühen Nachkriegszeit: die in den Ruinen der Trümmerzeit verhallenden letzten Fragen des Stücks, »Wo ist denn der alte Mann, der sich Gott nennt? Warum redet er denn nicht! … Gibt denn keiner, keiner Antwort???«, trafen bei allem Anklang an Ernst Tollers *Hinkemann* und Bertolt Brechts *Trommeln in der Nacht* mit ihrem unideologischen, existentiellen Pazifismus den Nerv einer Zeit der Heimkehrer und hungernd Überlebenden. B.s eigene, traurig kurze Biographie verlieh den allsonntäglich im Rundfunk und auf den Bühnen widerhallenden Fragen nach der Kriegsverantwortung das moralische Gewicht der reinen Stimme des Opfers; der Versuch seiner Figur Beckmann, die Verantwortung des kleinen, antifaschistischen Landsers für elf Kriegstote seinem vorgesetzten Offizier zurückzugeben, traf nicht nur die Gesinnungslage der frühen Gruppe 47 (die sich ihren Namen in dem Monat gab, als B. starb, und sich mit Alfred Andersch und Heinrich Böll sogleich auf ihn berief), er bot vielen Mitläufern »eine wunderbare, wenn auch uneingelöste Entlastung« an (Reinhard Baumgart). Wie brisant sein Pazifismus dennoch blieb und bleibt, erwies sich in den frühen 1950er Jahren der neuen Bundeswehr, als kräftig ins Dritte Reich verstrickte konservative Kritiker wie Hans Egon Holthusen das Stück als »sauren Kitsch« zu entschärfen versuchten.

Schon früh konnte es der einzige Sohn eines eher farblosen Volksschullehrers und der ihn stärker prägenden Mecklenburger Heimatschriftstellerin Hertha Borchert in der Hitlerjugend nicht mehr aushalten, auch wenn eine bündische Lagerfeuerromantik seinem frühen Hang zu Rainer Maria Rilke, Georg Trakl und existentieller Naturstimmung entgegenkam. Schon die Kleidung verriet den Bohemien und Nonkonformisten: rote Pompons statt der Krawatte, die vom Hut geschnittene Krempe, das exzentrisch geschnittene lange Haar bedeuteten in einer Zeit unterdrückter Individualität Gefahr. Die starke Mutterbindung bringt auch eine Scheu gegenüber anderen Bindungen an Frauen mit sich, ein unruhiges Wechseln der Partnerinnen, die Suche nach Verständnis bei Älteren, den Künstler in B. fördernden Frauen wie Aline Bußmann (die Freundin der Mutter, deren Mann, der Anwalt Hager, B. später erfolgreich verteidigte). Bis zum Abitur hält er nicht durch, geht zwei Jahre vor dem Abschluss als Lehrling in den Buchhandel, besucht dann heimlich die Schauspielschule Helmuth Gmelins und besteht im März 1941 die Prüfung vor der Reichstheaterkammer, gefolgt von drei glücklichen Monaten bei der Lüneburger Wanderbühne »Landesbühne Osthannover«, wo er Rollen in Volkskomödien übernimmt. Zwischen dem fünfzehnten und dem zwanzigsten Lebensjahr sind unzählige mittelmäßige Gedichte und drei Theaterstücke entstanden, so *Yorick, der Narr!* (1938), nachdem B. Gustav Gründgens als Hamlet erlebt hatte, *Granvella. Der schwarze Kardinal* (1940) zum Abfall der Niederlande unter Philipp II., und eine skurrile Komödie mit dem Titel *Käse. Die Komödie des Menschen* (1939). In der Figurengestaltung wird B.s Nietzsche-Lektüre, besonders von *Zarathustra*, deutlich. Zu B.s Gefängnisleiden und der angeborenen Leberkrankheit, die, lange nicht diagnostiziert, durch Haft und Fronteinsatz im russischen Winter 1941/1942 und den Fußmarsch von Frankfurt nach Hamburg bei Kriegsende zur unheilbaren Organschwäche wird – wäre es nicht gekommen, wenn B. nicht immer wieder Pech mit Gesinnungsschnüfflern und Denunzianten gehabt hätte, mit subalternen Vorgesetzten und übertrieben pflichttreuen nationalsozialistischen Briefkontrolleuren. Es beginnt während der Buchhandelslehre mit der merkwürdig anmutenden Beschwerde einer Kollegin, die von »Rieke-Liebe« schwärmende Ode B.s beweise Homosexualität; als sich das Opus als Hommage an Rainer Maria Rilke erweist, hat der 19-Jährige die erste dunkle Nacht in einem Gestapo-Keller hinter sich und wird in seiner Nazi-Verachtung bestärkt. Die vielen Briefe, die er aus Kaserne und Lazarett schrieb, wurden sämtlich geöffnet und auf Verdächtiges hin überprüft. Als er im Januar 1942 im Raum Klin-Kalinin eine Handverletzung davontrug, war eine »Schmutzige Denunziation« (Peter Rühmkorf) die Folge. B. habe sich die Verwundung selbst beigebracht. Im Juli 1942, in Nürnberger Untersuchungshaft, wartet er bei Androhung der Todesstrafe sechs Wochen lang auf sein Verfahren. B.s innere Wandlung vom Komödianten, der von einer Laune in die andere fällt, vom exzentrischen Bürgerschreck zum ernsten, ja hasserfüllten Gegner des kruden Kommiss und Militarismus vollzieht sich in dieser Nürnberger Zelle, die er in seiner ersten gelungenen Erzählung *Die Hundeblume* (Januar 1946) festgehalten hat. Der Schluss der Erzählung ist, aus der biographischen Situation erklärlich, von außerordentlichen Bildern der Verwandlung – in einen braunen Balinesen – und des Todes beherrscht. Dieser Anklang an das pessimistisch-romantische Credo seiner expressionistischen Vorgänger erscheint in dem kurz darauf geschriebenen Stück *Draußen vor der Tür* nochmals, wenn die lebensbejahende innere Gegenstimme Beckmanns, der »Andere«, am Ende verstummt: »In einer dehumanisierten und von allem Geist verlassenen Welt tauchen bezeichnenderweise als Ideal und Glücksvorstellung nicht die Freiheit, nicht Individualität und Persönlichkeitssteigerung auf, sondern der Rückzug ins Vorzivilisierte und – schließlich – die Schmerz- und Namenlosigkeit des Todes« (Peter Rühmkorf).

Auch wenn man B. am Ende begnadigte, dann doch wieder zu Gefängnis wegen Staatsgefährdung (aufgrund privater Protestbriefe) verurteilte und schließlich wieder, nach verkürzter Haft, der zynischen »Frontbewährung« überließ, seine Gesundheit war unrettbar erschüttert. Nach der Winterschlacht bei Toropez wurde B. mit Fußerfrierungen und Fleckfieberverdacht im Januar 1943 ins Seuchenlazarett Smolensk eingeliefert. Mitte 1943, nach scheinbarer Rekonvaleszenz in Elend (Harz), kommt B. krank vor Heimweh und nicht mehr »frontdiensttauglich« nach Hamburg und tritt in der zerstörten Stadt im »Bronzekeller« mit Chansons à la Ringelnatz auf. Nun entstanden pazifistische Gedichte wie »Brief aus Rußland« (Sept. 1943). Doch der Leidensweg wiederholt sich noch einmal; kurz vor der Abkommandierung an ein Fronttheater kommt es wegen einer Goebbels-Persiflage in der Kaserne zu erneuter Denunziation; er wird ins Gefängnis gesteckt, diesmal bis September 1944 in Berlin-Moabit, jedem der zahllosen Fliegerangriffe schutzlos ausgesetzt. Bis zu einer letzten »Frontbewährung« im Frühjahr 1945 bei Frankfurt a. M., wo die Franzosen B. gefangennehmen; er kann fliehen und wandert zu Fuß die 600 Kilometer nach Hamburg zurück; fiebernd und geschwächt muss er sich vorkommen, wie eine »Marionette« des Systems, erfüllt von einem »schönen, klaren Nihilismus«.

Noch einmal Kabarett im Herbst 1945, noch ein Versuch zur Theatergründung und Mitarbeit an Helmuth Gmelins *Nathan*-Inszenierung, dann zwingt ihn das Leberleiden endgültig ins Bett. Alle verbleibende Lebenskraft bäumt sich im Schreiben auf. *Draußen vor der Tür* begründet mit der Hörspielsendung durch Ernst Schnabel im NWDR am 13. 2. 1947 und der Uraufführung in den Hamburger Kammerspielen (mit Hans Quest als Beckmann) B.s Ruhm. Er stirbt nach einem kurzen Basler Krankenhausaufenthalt, den ihm die Verleger Henry Goverts und Carl Oprecht ermöglichten, am 20. November 1947, einen Tag vor der Uraufführung des Heimkehrer- und Antikriegsdramas. Das Stück lebt, als expressionistisches Stationendrama und »morality play«, aus der Titelmetapher: »Draußen« der heimkehrende, hungrige, bindungslose, schuldbewusste Soldat, »drinnen« die reuelosen Offiziere und Kriegsgewinnler.

Alfred Andersch hat vermutet, Ernst Schnabel bestätigt und Manfred Durzak nachgewiesen, wie rasch und virtuos sich B.s bleibende Leistung in der Kurzgeschichte an den amerikanischen Autoren der »Lost generation« und den Klassikern der Gattung, wie O. Henry, orientierte. Es entstanden exemplarische Seismogramme der Trümmerzeit mit ihrer Schuldverdrängung, ihren Hungerproblemen, dem wölfischen Überlebensdrang und der dennoch unverhofft aufblühenden Mitmenschlichkeit inmitten der Ruinen. Einen der letzten Glücksmomente erlebte B. durch den bewundernden Brief, den ihm Carl Zuckmayer wenige Tage vor dem Tod schrieb: »Die Stärke Ihrer Sachen ist, man hätte sie auch aus dem Papierkorb in irgendeinem überfüllten Bahnhofs-Wartesaal herausklauben können, sie wirken nicht wie ›Gedrucktes‹, sie begegnen uns, wie uns die Gesichter der Leute oder ihre Schatten in den zerbombten Städten begegnen.«

Werkausgabe: Das Gesamtwerk. Hamburg 1998.
Internationale Wolfgang-Borchert-Gesellschaft. Jahreshefte 1–15 (1988–2003, mit Brief- und Einzeleditionen aus dem Nachlass).

Volker Wehdeking

Borges, Jorge Luis
Geb. 24. 8. 1899 in Buenos Aires; gest. 14. 6. 1986 in Genf

Der Dichter, Essayist und Autor von Kurzgeschichten Jorge Luis Borges ging bereits Mitte der 1930er Jahre als einer der Vorreiter der Postmoderne in die Literaturgeschichte ein. Populär wurde er hauptsächlich aufgrund seiner Kurzgeschichten, jedoch sind seine Essays grundlegend für das Verständnis seiner labyrinthisch-phantastischen Geschichten und kulturkritischen Gedichte.

B. wuchs als Kind einer englisch-argentinischen Familie des Bildungsbürgertums in einem Arbeiterviertel in Buenos Aires und in Genf auf. Nach Beendigung seiner Schulzeit in Genf zog er die Schriftstellerei dem Studium vor, doch zeugen seine Texte auch von einer intensiven philosophischen Lektüre und reflektieren B.' Gedanken über seine eigene Existenz und die des Menschen allgemein. Künstlerische Einflüsse stammen besonders in den frühen Gedichten von der europäischen Avantgarde, insbesondere von den deutschen Expressionisten und den spanischen Ultraisten. Das Hauptanliegen des Ultraismus war die »Erneuerung der Metaphern« (E.E. Behle) und die Minimierung von anekdotischen Inhalten. So wird Bedeutung fast ausschließlich durch die Metapher generiert mit dem Ziel, eine neue Wahrnehmung der Realität zu schärfen. B. hat sich jedoch kurz nach seiner Rückkehr nach Argentinien 1921 von den Ultraisten entfernt und sich zunächst nationalen und schließlich allgemeineren Themen wie Zeit, Raum, Einsamkeit, Identität und der Beschaffenheit von Realität und Objekten gewidmet.

Mit Gedichtbänden wie *El hacedor* (1960; *Borges und ich*, 1982), *El otro, el mismo* (1969; *Der Andere, der Selbe*, 1980), *Elogio de la sombra* (1969; *Lob des Schattens*, 1980), *El oro de los tigres* (1972; *Das Gold des Tigers*, 1980), *La rosa profunda* (1975; *Die tiefe Rose*, 1980) und *La moneda de hierro* (1976; *Die eiserne Münze*, 1980) entwickelte B. sich zu einem metaphysischen Dichter des »pensativo sentir« (»des denkenden Fühlens«, Donald L. Shaw). Eine Ausnahme bildet *Para las seis curedas* (1965; *Für die sechs Saiten*, 1982), ein Band mit folkloreartigen Gedichten. Trotz der Distanzierung von der radikalen ultraistischen Poetik ziehen sich die Beschäftigung mit der Metapher als Grundwerkzeug der Dichtung und mit der räumlichen und zeitlichen Realität wie ein roter Faden durch B.' Werk. Seine eigene Poetik hat B. in zahlreichen Essays transparent gemacht.

B.' Kurzgeschichten werden häufig durch einen fiktionalen Ich-Erzähler präsentiert, dessen Erfahrung der Außenwelt als Projektion der Innenwelt zu verstehen ist, in der die alltäglichen Kategorien von Raum und Zeit keine Gültigkeit mehr besitzen. Nicht zuletzt um Leser/innen die artifizielle Begrenztheit ihres Realitätsverständnisses vor Augen zu führen, entsteht so ein oft labyrinthisch-kryptisches Bild der Landschaften und Räume, in denen sich die Charaktere bewegen.

Bereits B.' 1935 veröffentlichte Geschichte »El acercamiento a Almotasim« (»Der Weg zu Almotasim«, 1992) führt den Absolutheitsanspruch von Realität mit einer endlosen, metaphysisch-religiösen Suche nach dem Absoluten ad absurdum. Doch erst »Pierre Menard, autor del Quijote« (1939; »Pierre Menard, Autor des Quijote«, 1992), 1944 in dem Kurzgeschichtenband *Ficciones* (*Fiktionen*, 1992) publiziert, markiert den Beginn von B.' literarischer Reife. Die Kurzgeschichten aus den späten 1930er und den 1940er Jahren bedeuten eine historische Wende für die argentinische Literatur. Sie erörtern die Möglichkeit einer alternativen Realität ohne Grenzen und Sicherheiten, in der Ereignisse durch Zufälle oder durch nicht zu ergründende Muster gelenkt werden. Als Konsequenz werden Sprache und Literatur, selbst immer wieder in B.' Geschichten thematisiert, nicht mehr als adäquate Mittel angesehen, um diese Realität zu repräsentieren. Die Beschaffenheit und Bedeutung der beschriebenen Welten liegt häufig in der Struktur der Erzählungen und in Metaphern verborgen, die sowohl Spiegel als auch kreisförmige Labyrinthe umfassen. Obgleich der Mensch in diesen Geschichten immer danach strebt, das Rätsel zu lösen und das Absolute zu finden, sollte er aber eine distanzierte Position, wie des »humorvollen Skeptizismus« (Donald L. Shaw) einnehmen.

»El jardin de senderos que bifurcan« (1944; »Der Garten der Pfade, die sich verzweigen«, 1992) stellt eine Art Prototyp unter B.' Kurzgeschichten dar. Sie behandelt auf der Folie einer Spionagegeschichte das Schicksal des chinesischen Agenten Yu Tsun, der im Ersten Weltkrieg die Information über einen britischen

Bombenangriff auf die belgische Stadt Albert nach Berlin übermitteln soll. Um diese Mission zu erfüllen, tötet er einen englischen Sinologen namens Stephen Albert und lässt so den Deutschen indirekt den Namen der Stadt zukommen. Vorher zeigt sich jedoch, dass Albert den Schlüssel zu dem jahrhundertealten Geheimnis um einen Roman besaß, den Yu Tsuns Urgroßvater konzipierte. Darin geht es um ein großes labyrinthisches Rätsel, bei dessen metaphorischer ›Durchquerung‹ der Leser die Beschreibung der Parallelität der Zeit entschlüsseln soll. Anstatt verschiedene Episoden aneinanderzureihen, hat Yu Tsuns Urgroßvater in seinem Roman verschiedene Ausgänge einer einzigen Episode ad infinitum darzustellen versucht und somit die Vorstellung von Zeit als kausal verknüpftes Kontinuum von Momenten als bloße Illusion entlarvt. Der einzig wahre Augenblick, so Yu Tsuns Erkenntnis, ist der jetzige, die Vergangenheit und die Zukunft sind nur Teil der allgemeinen Illusion über die Zeit. Da auch die Geschichte des Mordes an Stephen Albert bereits von dem Protagonisten des Romans erlebt wird, ist auch die Erzählzeit nicht nur kein Kontinuum, sondern vielmehr eine zirkulare Repetition einzelner Momente. Die Zirkularität und das Labyrinthische der Zeit werden mannigfaltig in B.' Landschaftsbildern und Räumen gespiegelt. Es gibt kein Element in seinen Geschichten, das nicht essentiell mit diesem zentralen Thema in Verbindung steht. Form und Inhalt stehen, wie bereits bei den Ultraisten, in einer funktionellen Interaktion miteinander. Die Geschichten verzichten jedoch nicht auf realistische Elemente und sind somit nicht nur konzeptuell gelungen, sondern auch als inspirierende, quasi-realistische Erzählungen, die beständig die »Was-wäre-wenn-Frage« an die Leser/innen stellen.

In gleicher Manier, dabei aber jeweils von unverkennbarer Originalität, fragen »Tlön, Uqbar, Orbis Tertius« (1944; »Tlön, Uqbar, Orbis Tertius«, 1992), »El immortal« (1949; »Der Unsterbliche«, 2000), »Funes el memorioso« (1944; »Das unerbittliche Gedächtnis«, 1981), »El Aleph« (1949; »Das Aleph«, 2000) und »La otra muerte« (1949; »Der andere Tod«, 2000) nach der Möglichkeit einer philosophisch idealistischen Wahrheit, nach der Möglichkeit der Unsterblichkeit, der absoluten Erinnerung oder aber der Simultaneität von Wahrnehmung. Viele Geschichten sind Allegorien der *conditio humana*, so etwa »La Biblioteca de Babel« (1944; »Die Bibliothek von Babel«, 1992) und »La casa de Asterión« (1949; »Das Haus des Asterion«, 2000), in denen die Absolutheit der Konzepte von Realität und Fiktion in Frage gestellt werden.

B.' Essays geben zum großen Teil Aufschluss sowohl über seine Entwicklung als Literat als auch über die Bedeutung seiner für den Leser oft labyrinthisch wirkenden Texte. Besonders zu erwähnen ist der Essay »Nueva refutación del tiempo« (1944; »Eine neue Widerlegung der Zeit«, 2003). Bereits in seinen früheren Essaysammlungen wie *Inquisitiones* (1925; *Inquisitionen*, 1981) und *El idioma de los argentios* (1928; *Die Sprache der Argentinier*, 1981) ist B. auf das Thema der Zeit zu sprechen gekommen, doch erst in »Nueva refutación del tiempo« expliziert er detaillierter seine Zurückweisung der Zeit, so wie sie von der Philosophie seit Kant Einzug in das Bewusstsein der Menschen gehalten hat, und eröffnet damit seinen Leser/innen einen besseren Zugang zu seinen Geschichten. Zeit im Sinne der Aufklärung ist nicht nur als Abstraktum zu betrachten, vielmehr ist die kausale Verknüpfung von Momenten der Zeit konstitutiv für die Wahrnehmung der eigenen Persönlichkeit und für das Verständnis von Realität: Realität wird immer als temporale Kette von Ursachen und Wirkungen wahrgenommen. In »Nueva refutación del tiempo« kommt B. von einer wahrnehmungsabhängigen Realität (George Berkeley) über die Relativität der menschlichen Identität (David Hume) und die allgemeine Illusion von Kontinuität zu einer radikalen Zurückweisung von ›Zeit‹. Denn ohne Kontinuität, so B., kann es keine Vergangenheit oder Zukunft außerhalb der menschlichen Phantasie geben. Doch gibt B. zu, dass die Art und Weise, wie Sprache und Intellekt funktionieren, den Menschen dazu zwingt, diese Illusion zu kreieren. Daher liegt für B. auch der Schlüssel zur Erkenntnis von

Wahrheit in einer transgressiven Phantasie. Nicht umsonst ist er in die Literaturgeschichte als einer der bedeutendsten Autoren phantastischer Literatur eingegangen, der maßgeblich zur Revision nicht nur der Literatur Argentiniens und Südamerikas beigetragen hat, sondern auch zu der der Moderne, was ihn zu einem Vorreiter der Postmoderne der zweiten Hälfte des 20. Jahrhunderts macht.

Werkausgabe: Gesammelte Werke. 12 Bde. Hg. C. Meyer-Clason. München 1980–2004.

Miriam Havemann

Born, Nicolas
Geb. 31. 12. 1937 in Duisburg; gest. 7. 12. 1979 in Hamburg

»Zusammen halten wir uns/eine Weile/ über Wasser/noch ein paar Atemzüge/dann ist es wieder still./Das waren wir« (*Das Auge des Entdeckers*, 1972). Hinweise auf Vergehen und Sehnsucht nach menschlicher Nähe, die hoffnungslos vom Todesmotiv umschlungen wird, finden sich lange vor B.s Tod in seinen Texten. Sie fallen stärker ins Auge, weil B. so jung – an Lungenkrebs – starb. Die Trauer um diesen Toten war groß. Sie galt einem Lyriker und Romancier, der »immer Betroffener, nie Unbeteiligter« (Günter Kunert) war, ein »Fremdgänger« (Günter Grass) und »Querdenker« (Martin Lüdke/Delf Schmidt) von »liebenswerter Menschlichkeit« (Hans Maria Ledig-Rowohlt). B. war »immer auf der Suche nach einem richtigen, authentischen Leben« (Dieter Wellershoff); er wusste, dass das nicht nur ein individuelles Problem war, sondern ein allgemeines. Früh erklärte er dieses utopische Suchspiel zum literarischen Programm. Auch das wurde an ihm bewundert.

Der Autodidakt – B. lebte nach der Volksschule und der Lehre als Chemograph in Essen, bevor er 1965 nach Berlin zog – debütierte mit dem Gemeinschaftswerk *Das Gästehaus* (1964/65). Der Text entstand in Walter Höllerers »Literarischem Colloquium«. Die erste eigene Veröffentlichung folgte mit dem Roman *Der zweite Tag* (1965). B. beschreibt darin Ereignisse und Assoziationen während einer Reise. Der Erzähler nimmt Wirklichkeit distanziert, doch in subjektiver Optik auf. Das Ziel ist »nicht die Erreichung und Bewältigung eines fiktiven Erlebnisses, sondern des sich immer von neuem konstituierenden Jetzt« (Martin Grzimek). Der Einfluss von Wellershoff und seiner »Kölner Schule« des Neuen Realismus, der in den 1960er Jahren für eine »phänomenologisch orientierte Schreibweise« und eine Literatur von Daseinsmodellen in »Simulationsräumen« plädierte, ist unverkennbar. Als Rudiment ist er noch in B.s *Wo mir der Kopf steht* (1974) vorfindbar. Das Romandebüt *Der zweite Tag* blieb weitgehend unbeachtet, es brachte ihm aber ein Stipendium des Landes Nordrhein-Westfalen ein.

Nach diesem Frühwerk veröffentlichte B. über eine längere Zeit hinweg keine größere Prosa-Arbeit mehr. In der Lyrik, zunächst mit *Marktlage* (1967), fand er eine adäquate Form, seine literarische Haltung zu konkretisieren. B. rückt rigoros »von allen Bedeutungsträgern« ab, »weg von Dekor, Schminke und Parfüm« (Klappentext). Er setzt auf alltägliche Sachbestände, unartifizielle Sprache und subjektive Augenblicksempfindung. Die Lebenswirklichkeit der Bundesrepublik, die er auch als politischer Schriftsteller wahrnahm – B. formulierte zusammen mit Peter Schneider und Klaus Roehler die erste Protestresolution gegen die Berichterstattung der Springer-Presse –, wird in diesen Durchgangsgedichten stenogrammartig und lakonisch auf Fakten reduziert. *Marktlage* erschien zu einer Zeit, als die neue politische Linke ihre »Kunst-ist-tot«-These zu formulieren begann. Der gegenüber Kollektivräuschen und abstrakten Solidaritäten zunehmend skeptische B., der im Sommer 1965 für Willy Brandt und die SPD Wahlkampf machte, nach Bildung der Großen Koalition 1966 allerdings aus der Partei austrat, schrieb bereits am Band *Wo mir der Kopf steht* (1970). Diese subtilen Aufzeichnungen eines zeitgenössischen Bewusstseins sind Antworten auf die orthodoxen Kultur- und Bilderstürmer. Zwar heißt es zur ästhetischen Wirksamkeit von Literatur: »Kein Gedicht bewirkt eine meßbare Änderung der Gesellschaft, aber

Gedichte können, wenn sie sich an die Wahrheit halten, subversiv sein.« Doch von »Agitprop« oder »Kampftexten« kann hier keine Rede sein.

Eine Präzisierung dieser Position brachte *Das Auge des Entdeckers*. Auf Einladung der Universität Iowa ging B. 1969/70 nach Amerika, wo er durch die Konfrontation mit der Beatgeneration und Schriftstellern wie Charles Bukowski und Ron Padgett zu einer radikaleren, aber auch formstrengeren und assoziationsreicher argumentierenden Sprache fand. Das schlägt sich in der Gedichtsammlung *Das Auge des Entdeckers* nieder. B. distanziert sich darin vom gesellschaftskritischen Autor, weil dieser auf die Misere abonniert sei und zum kritischen Partner der Macht werde. Er fordert, »unsere besseren Möglichkeiten« besser darzustellen, denn Literatur habe »die Realität mit Hilfe von Utopien erst einmal als die gräßliche Bescherung sichtbar zu machen, die sie tatsächlich« sei. B. stößt sich jetzt weniger an den Alltagsdetails – darin den schönen Gedichten in *Keiner für sich, alle für niemand* (1978) ähnlich –, vielmehr revolutioniert er (gelassener als etwa sein Zeitgenosse Rolf Dieter Brinkmann, mit dem er 1972/73 als Villa-Massimo-Stipendiat in Rom weilte) die eingestanzten Wahrnehmungen, entdeckt seinen inneren Kontinent und setzt ihn in Beziehung zu einer verwalteten Welt, in deren System er nicht mehr vorgesehen ist.

Das Auge des Entdeckers bringt dem Lyriker B. den Durchbruch. Den Romancier profiliert *Die erdabgewandte Seite der Geschichte* (1976). Der Roman spielt Ende der 1960er Jahre im studentisch bewegten Berlin. Er behandelt die unmöglich gewordene Liebe zwischen einer Schallplattenverkäuferin und einem Schriftsteller; ein weiterer Erzählstrang gilt den Bemühungen des »ausgebrannten Lebensprofis« um seine Tochter. Der Schriftsteller ist der sensible Erzähler dieses so komplizierten wie exemplarischen Prozesses. B. setzt damit die in den Gedichten begonnene »subjektive Monographie« (Heinrich Vormweg) fort. Die selbstfinderische Suche nach »den besten menschlichen Substanzen, nämlich de[n] Gefühl[en], Gedanken und der Fähigkeit zur Vernunft« (Klappentext), verläuft bis zu Erschöpfung resignativ. Die Kritik würdigte den Roman als »literarisches Ereignis« (Marcel Reich-Ranicki), als »das bis jetzt radikalste Beispiel des Trends der ›Neuen Innerlichkeit‹« (Peter Handke); konstatierte aber auch ein »Pathos des Selbst-Leidens« (Wolfram Schütte) und monierte den Verzicht auf ein »strukturelles Gegengewicht« (Ralf Schnell) zur verengten Erzählperspektive. Mit seiner »Geschichte« traf B., der auch als Essayist (*Die Welt der Maschine*, 1980) und Mitherausgeber in Erscheinung trat (*Literaturmagazin* Nr. 3/6–12, 1975–1980) und somit zum Mentor einer Gruppe politisch links stehender Autoren avancierte, einen Nerv des inneren Zustands der durch den RAF-Terrorismus verunsicherten Bundesrepublik. 1974 zog B. nach Dannenberg und engagierte sich, vor allem nach der Krebs-Diagnose, gegen das Zwischenlager Gorleben. Der Schriftsteller wurde für viele zur Symbolfigur des Widerstandes gegen den Atomstaat.

Die »Deutsche Eiszeit«, den »Krieg in Libanon« (Michael Krüger), »Selbstentferntheit« und »Vergeblichkeitsgefühle« beklagt der – von Volker Schlöndorff 1981 mit Bruno Ganz und Hanna Schygulla in den Hauptrollen verfilmte – Roman *Die Fälschung* (1979). Der todgeweihte B. beschreibt einen Journalisten bei der Arbeit in Beirut und Damur. Sein Antiheld Georg Laschen, Stellvertreter einer ganzen Generation, ist seelisch krank geworden an seiner Berufsrolle und der Gleichgültigkeit seiner Umwelt für das Grauen. Auf dem Höhepunkt der Krise mustert er seine Existenz als Fälschung aus, als »Dabeisein ohne Dasein«. Theodor W. Adornos Satz, es gäbe kein richtiges Leben im falschen, ist die knappste Formel für die »Untröstlichkeit des Bornschen Romans« (Reinhard Baumgart) – vielleicht sogar für dieses kurze Schriftstellerleben. B. vermied in der *Fälschung* alles modische »Design des Untergangs« (Stegers); er vertraute wiederum dem der eigenen Wahrnehmung. Diese Konsequenz hält das Buch, womöglich das Œuvre B.s aktuell.

Ob es sich dem Sog des Vergessens entziehen kann? Posthume Buchpublikationen wie die von Ralf Junkereit herausgegebenen Erzählungen B.s *Täterskizzen* (1983/1987), die Auswahl seiner Gedichte durch Handke (*Gedichte*, 1990) oder die Gründung der Born-Stiftung (in Lüchow) halten seinen Namen im Gespräch. Auch die Umbenennung des niedersächsischen Literaturpreises in »Nicolas-Born«-Preis (seit 2000) trägt dazu bei. Eine Werkausgabe steht allerdings noch aus.

Waltraut Liebl-Kopitzki

Börne, Ludwig
Geb. 6. 5. 1786 in Frankfurt a. M.;
gest. 12. 2. 1837 in Paris

Niemand habe ihm die Erfüllung seiner Pflicht so erschwert »als dieser einzige Mann in fünf Monaten«, schrieb der entnervte Zensor der Freien Stadt Frankfurt a. M. 1819 über den jungen und noch unbekannten Publizisten B. und dessen Zeitschrift *Die Wage* (1818 ff.). Eine derartige – wenn auch zwangsläufig negativ ausgedrückte – Anerkennung ist durchaus keine Ironie: B. hat sich zeit seines Lebens als ein »Zeit-Schriftsteller« verstanden, der – wie er selbst formulierte – nicht »Geschichtsschreiber, sondern Geschichtstreiber« ist. *Die Wage* kündigte er als ein »Tagebuch der Zeit« an, die »das bürgerliche Leben, die Wissenschaft und die Kunst, vorzüglich aber die heilige Einheit jener drei« besprechen werde. Dieses politisch-publizistische-literarische Programm sollte den auf Mobilisierung der öffentlichen Meinung zielenden B. von nun ab notwendig und unablässig in Konflikt mit der Zensur bringen (vgl. B.s eigene Darstellung *Denkwürdigkeiten der Frankfurter Zensur*, 1819). Diese Zensur, neu kodifiziert in den sogen. »Karlsbader Beschlüssen« von 1819, wurde von da ab bis in die 1940er Jahre ständig verschärft. Sie war der genuine Ausdruck jenes repressiven »Metternichschen Systems«, das die von B. unterstützten demokratischen Forderungen nach politischer Freiheit und bald auch nach sozialer Gerechtigkeit bereits im Stadium ihrer Publizierung unterdrücken sollte. Dennoch: Die Zensur hat den operativen Schriftsteller B. nicht bezwingen können, aber er auch nicht sie. Die beim Fall der Zensur 1848 von Heinrich Heine ironisch ausgedrückte Klage, er könne nun nicht mehr schreiben, hätte B. allerdings nie geteilt, denn er wollte immer direkt sprechen, wenn er nur gedurft hätte.

Als nach 1819 das direkte Schreiben nicht mehr möglich war, ging B. in seinen literatur- und theaterkritischen Beiträgen (gesammelt in *Dramaturgische Blätter*, 1829) zur indirekt formulierten Zeitkritik über, deren Stil in dialektischer Weise von der Zensur geprägt war (vgl. *Bemerkungen über Sprache und Stil*, 1829). Erst die Pariser Julirevolution von 1830 und ihre den politischen Liberalismus ermutigenden Folgen für Deutschland befreiten B. von dieser Schreibweise, die er zwar meisterhaft beherrschte und die ihn berühmt gemacht hatte, der er aber immer weniger Wirkung zutraute. Indem er von nun an festen Wohnsitz in Paris nahm, beendete er, der von früh an lungenleidend und kränklich war, das unstete Wanderleben zwischen Frankfurt a. M., Stuttgart, Berlin und Paris. Er setzte damit seine politische Hoffnung, wie viele Liberale in dieser Zeit, auf das »moralische Klima von Paris«, das – wie er am 17. 9. 1830 schrieb – ihm schon immer wohl getan habe und nun erst recht helfen würde. Die Hoffnung sollte trügen. Als kritischer Beobachter des Fortgangs der Julirevolution legte er in den *Briefen aus Paris* (begonnen im Herbst 1830, erschienen 1831–33) ein Zeugnis seiner neuen Erfahrungen ab, die ihn politisch vom gemäßigten Liberalen zum radikalen Republikaner werden ließen. Das wegen seines Umfanges von über zwanzig Druckbogen von der Vorzensur befreite Werk wurde gleichwohl nachträglich verboten, was seine Verbreitung jedoch nicht verhindern konnte. Dass diese Briefe, in denen B. »als einer der ersten deutschen Schriftsteller mit der ganzen Kraft messianischer Überzeugung die Selbstverständlichkeit der Menschenrechte, die revolutionäre Würde des dritten und des vierten Standes und die moralische Notwendigkeit einer egalitären Gesetzgebung gegen die Machthaber und gegen die Zweifler ausgesprochen« hat (M. Schneider), ursprünglich und in ihren ersten Teilen zunächst als private Briefe an eine Frau, die von ihm geliebte Jeannette Wohl, verfasst worden sind, sollte nicht unerwähnt sein. Die von vielen deutschen Liberalen geäußerte Ablehnung der *Briefe aus Paris* veränderte B.s schriftstellerische Zielsetzung. Hatte er schon im 58. Brief aus Paris betont: »Die Zeiten der Theorien sind vorüber, die Zeit der Praxis ist gekommen. Ich will nicht schreiben mehr, ich will kämpfen«, so unterstützte er als prominenter Schriftsteller durch seine Teilnahme am Hambacher Fest 1832 die größte antifeudale Demonstration im Vormärz. In Paris engagierte B. sich in der politischen Arbeit emigrierter deutscher Intellektueller und Handwerker, die mit ihren Aktivitäten im »Deutschen Volksverein« über die bisher von ihm angesprochene (bildungs-)bürgerliche Öffentlichkeit hinaus auf eine plebejische Öffentlichkeit zielten, für die die Literatur jakobinisch funktionalisiert werden sollte. B. berührt sich hier durchaus mit dem jungen Georg Büchner des *Hessischen Landboten* von 1834, bleibt aber als Republikaner, der den »citoyen« gegenüber dem »bourgeois« verteidigt und vor einem »Krieg der Armen gegen die Reichen« warnt, trotz aller Radikalität in den Grenzen des frühen Liberalismus. Dem entspricht auch seine Auffassung von der politischen Funktion der Literatur. B. trennte scharf zwischen einem publizistischen Zeitschriftstellertum mit dezidierter politischer Tendenz und einer ästhetischen Kunst, die von Politik nicht bestimmt sein durfte. Für B. hatte die operative Prosa den Vorrang, solange die politische Freiheit nicht errungen war; erst dann war »Dichtung« im Sinne seines Kunstideals (wieder) möglich.

B., aufgewachsen im Frankfurter Ghetto unter dem Namen Juda Löw Baruch, bis er 1818 den Namen Ludwig Börne annahm, ohne dadurch den antisemitischen Beschimpfungen seiner Kritiker zu entgehen, hat sich nachdrücklich für die Emanzipation der Juden eingesetzt. Diese war ihm Teil einer politischen Emanzipation der Deutschen, die sie vom borniertem Nationalismus zu einem freiheitlichen Patriotismus führen sollte, den er in der französischen Nation schon verkörpert sah (vgl. insbesondere *Menzel der Franzosenfresser*, 1837, sowie B.s Pariser Zeitschrift *La Balance*). B.s Ethos des »Zeit-Schriftstellers« ließ ihn zu einem scharfen Kritiker Johann Wolfgang von Goethes, den Heinrich Heine 1830 ein »Zeitablehnungsgenie« genannt hatte, und der reaktionär gewordenen Romantiker werden, denen er schon in seiner *Denkrede* (1826) Jean Paul als Alternative gegenüberstellte. Sein moralisch begründetes politisches Engagement ließ ihn aber auch in wachsendem Maße an dem »Künstlerjuden« (Thomas Mann) Heinrich Heine Kritik üben, die dieser in *Über Ludwig Börne* 1840 gnadenlos zurückgab. Die Dissoziation zwischen diesen beiden bedeutenden oppositionellen Schriftstellern der Metternich-Zeit ist auch als eine Dissoziation von sozialer und ästhetischer Funktion der Literatur zu verstehen, die im Vormärz ebensowenig überwunden werden konnte wie später etwa in den Literaturdebatten der ausgehenden Weimarer Republik angesichts des Faschismus.

Werkausgaben: Sämtliche Schriften. Hg. von Inge und Peter Rippmann. 5 Bde. Düsseldorf 1964/68, Reprint Dreieich 1977; Briefe aus Paris. Hg. von Alfred Estermann. Frankfurt a. M. 1986.

Peter Stein

Boudjedra, Rachid
Geb. 5. 9. 1941 in Aïn-Beida/Algerien

Der algerische Schriftsteller Rachid Boudjedra stammt aus einer Berberfamilie und erlebte damit Unterdrückung sowohl innerhalb Algeriens als auch im Verhältnis des Landes zu Frankreich. Ende der 1970er Jahre war er als Berater für das Kultusministerium tätig. In seinem Werk kritisiert er die hierarchisch-patriarchale Gesellschaftsstruktur seiner Heimat und auch die arabische Literatur, die er als körperlos bezeichnet. Im Gegensatz dazu betont B. Körperlichkeit und Sexualität, deren Verdrängung mit der Erniedrigung von Frauen einhergehe. Als Gegner eines fundamentalistischen Islamismus und als engagierter Menschenrechtler wurde B. 1983 mit einer Fatwa belegt.

Seiner ersten Veröffentlichung, dem Gedichtband *Pour ne plus rêver* (1965; Um nicht mehr zu träumen) ließ B. den Roman *La répudiation* (1969; *Die Verstoßung*, 1991) folgen. Aus der Sicht des jugendlichen Helden schildert er darin einen despotischen Vater, der seine Ehefrau verstößt und sich ein pubertierendes Mädchen zur Frau nimmt. Der Roman ist als Parabel auf ein diktatorisch geführtes Land zu lesen. Tod und Sexualität als Ausdruck der Unterdrückung finden sich in B.s Roman *L'insolation* (1972; *Sonnenstich*), erzählt aus der Sicht des in eine psychiatrische Klinik eingewiesenen Mehdi, der einst bei einer Vergewaltigung gezeugt wurde. Zwischen beiden Romanen veröffentlichte B. die Essaybände *La vie quotidienne en Algérie* (1971; Das Alltagsleben in Algerien) und *Naissance du cinéma algérien* (1971; Geburt des algerischen Kinos). B.s Interesse am Kino manifestiert sich auch in Filmdrehbüchern wie *Chronique des années de braise* (1975; Chronik der Jahre der Glut), *Ali au pays des mirages* (1980; Ali im Wunderland), *Nahla* (1981; Nahla), *Les doigts dans l'engrenage* (1982; Die Finger im Getriebe) und *La compromission* (1988; Die Kompromittierung). Für das Fernsehen verfasste B. *Appartement pour une femme seule* (1985; Appartement für eine alleinstehende Frau). Für sein Filmschaffen wurde er bei Festivals in Cannes, Karthago und Moskau ausgezeichnet. Auch für das Theater schrieb B., z. B. *Mines de rien* (1995; Mit unauffälliger Miene).

Nach *L'insolation* publizierte B. den Bericht *Journal palestinien* (1972; *Das Palästina-Tagebuch*, 1991). Eine Zäsur stellt der Roman *Topographie idéale pour une agression caractérisée* (1975; *Ideale Topographie für eine offenkundige Aggression*, 1978) dar, der reale Übergriffe auf nordafrikanische Gastarbeiter in Frankreich aufgreift. Die Hauptfigur, ein Algerier, verirrt sich in den Unterführungen der Pariser Métro und wird dort von Rechtsradikalen gejagt und getötet. B. arbeitet nicht nur mit einer reichen Metaphorik, sondern auch mit Zitaten von Homer und Dante sowie aus der Werbung. In den Mittelpunkt des Romans

L'Escargot entêté (1977; *Die hartnäckige Schnecke*, 1993) stellt er einen Repräsentanten der Macht: Besessen von seiner Herrschaftsideologie verliert der Machthaber seine Identität – ein Motiv, das B. in *Les 1001 années de la nostalgie* (1979; *Die 1001 Jahre der Sehnsucht*, 1999) weiter ausführte. In diesem Roman verschwimmen die Identitäten der Figuren so sehr, dass die Lektüre überaus schwierig ist. Die Rahmenhandlung, in der B. die Geschichte eines algerischen Dorfes schildert, in dem amerikanische Filmleute ein Kinoprojekt realisieren wollen, steht für Identitätsverlust und kulturelle Kolonialisierung. Dem Befreiungskrieg, einem wichtigen Thema der maghrebinischen Literatur, wandte sich B. im Roman *Le vainqueur de coupe* (1981; *Der Pokalsieger*, 1989) zu. Ihm widmete er auch seinen ersten zuerst auf arabisch veröffentlichten Roman, der aber bald auch in französischer Sprache erschien: *At-tafakkuh* (1981; *Le démantèlement*, 1982; *Die Zerfaserung*, 1997). Zusammen mit *At-tafakkuh* und *Maʿrakat az-zukāk* (1986; *La prise de Gibraltar*, 1987; *Die Eroberung von Gibraltar*, 1994) bildet *Al-marṯ* (1984; *La macération*, 1984; *Die Auflösung*, 1996) eine Trilogie historischer Romane. In *Al-marṯ* kehrt ein Schriftsteller zur Beerdigung seines Vaters nach Hause zurück. Im Rückblick wird er sich darüber klar, wie sehr die Gesetze der Gemeinschaft das Handeln des Einzelnen bestimmen und wie wichtig es ist, sich aus den Regeln der erweiterten Familie zu lösen, um eine auch gesellschaftliche Entwicklung zu ermöglichen. In *Maʿrakat az-zukāk* untersucht B. die Wechselbeziehungen zwischen Erobern und Erobertwerden. Nach dem Gedichtband *Likaḥ* (1983; *Greffe*, 1984; *Befruchtung*, 1991) lieferte B. mit dem Roman *Lailīyāt imraʾtin arīq* (1985; *La pluie*, 1987; *Der Regen*, 1992) das Psychogramm einer Ärztin, die ihren Solipsismus auf den Schock über ihre erste Menstruation zurückführt.

In seiner Prosa folgt B. der Methode der Wiederholung und Variation gleichbleibender Themen. Er dekonstruiert (Geschichts-)Mythen und ideologische Geflechte. Diese Entflechtung prägt auch seinen Stil, der von der Verschränkung mehrerer Erzählebenen und einem zyklischen Schreibprozess geprägt ist und auf der labyrinthischen Demontage linearen Erzählens beruht. Statt chronologischem Realismus kennzeichnet assoziativer Psychologismus die Literatur B.s. Seine Bücher lassen sich jeweils als Neugestaltung eines immer gleichen Romans lesen. Dieses Vorgehen zeigt sich besonders im Roman *Faudā l-ʾašyā* (1990; *Le désordre des choses*, 1991; *Die Unordnung der Dinge*, 1995), in dem B. über Ehebruch und die sozialen Unruhen von 1988 in Algerien schreibt und dabei auf ganze Textpassagen aus früheren Romanen zurückgreift. Mit dem Pamphlet *FIS de la haine* (1992; *Prinzip Haß*, 1993) antwortet er auf den Abbruch des algerischen Demokratisierungsprozesses und den islamistischen Terror. In *Timimoun* (1994; *Timimoun*, 1996) erzählt er von einen Mann um die 40, der sich zum ersten Mal verliebt und eine ernüchternde Lebensbilanz zieht. Die Wüste, in der der Roman spielt, steht für die Leere. In den *Lettres algériennes* (1995; Algerische Briefe) schildert der Autor das Leben eines Paares zwischen der Angst vor Extremisten und dem Mut zum Widerstand. B. greift dieses Thema in *La vie à l'endroit* (1997; Das Leben auf der Stelle) erneut auf und stellt dabei einen Mann in den Mittelpunkt, der sich mit seiner französischen Frau vor dem Terror verstecken muss. *Fascination* (2000; *Fluchten*, 2001), ein Familienroman, führt den Protagonisten, einen früheren Widerstandskämpfer, nach Constantine, Tunis, Moskau, Peking, Hanoi, Barcelona, Algier und Paris – seine Identitätslosigkeit wird durch die Ortswechsel angedeutet. Als Liebeserklärung an seine Heimat schrieb B. als Auftragsarbeit *Cinq fragments du désert* (2001; Fünf Fragmente der Wüste), beruhend auf der Lyrik von Saint-John Perse. Zum dritten Mal nach *Lettres algériennes* und *La vie à l'endroit* thematisiert B. in *Les funérailles* (2003; Die Beerdigungen) – im Stil eines Kriminalromans und auf Fakten beruhend – anhand eines Polizistenpaars den Anti-Terrorkampf in Algerien von 1995 bis 2000. Obwohl das Sterben im Zentrum des Romans steht, ist *Les funérailles* der erste Roman B.s mit einem Happy-End.

Manfred Loimeier

Bowles, Paul

Geb. 30. 12. 1910 in New York; gest. 18. 11. 1999 in Tanger, Marokko

Das Hinaustreten aus gewohnter Geborgenheit in eine fremde, lockende, aber auch erbarmungslose Welt bildet ein Grundmotiv der Romane und Kurzgeschichten von Paul Bowles. Auch im Lebensweg des 1910 in New York geborenen Schriftstellers und Komponisten scheint sich dieses Motiv zu wiederholen. Wie kaum ein anderer moderner amerikanischer Autor verkörpert B. den Typus des Schriftstellers im selbstgewählten Exil, der über das Eintauchen in die kulturellen Traditionen, die Musik und die Geschichte einer fernen Region die eigene Herkunft erkundet. Bereits 1929 traf B. erstmals mit zentralen Personen der in Paris lebenden amerikanischen Künstler- und Schriftstelleravantgarde zusammen. Besonders die frühe Bekanntschaft mit Gertrude Stein habe sich nachhaltig auf sein musikalisches und literarisches Schaffen ausgewirkt, schreibt er in seiner Autobiographie *Without Stopping* (1972; *Rastlos*, 1990). Nach ausgedehnten Reisen durch Zentralamerika und Asien wurde B. in den späten 1940er Jahren mit seiner Ehefrau, der Schriftstellerin Jane Bowles (1917–1973), in Marokko ansässig. Die nordafrikanische Wahlheimat bildet auch den Schauplatz von vier seiner fünf Romane und eines Großteils seiner zahlreichen Kurzgeschichten. In unterschiedlichen Variationen spielen seine Prosatexte das Thema des Kulturkontakts durch und werfen dabei Licht auf die kulturellen Konflikte der Region. Vom französischen Existentialismus beeinflusst, stellt B. die Konfrontation mit der Fremdheit und Magie anderer Welten immer als Auseinandersetzung mit der eigenen Identität und den Prinzipien moderner Zivilisation dar.

B.' erfolgreichster und bekanntester Roman *The Sheltering Sky* (1949; *Himmel über der Wüste*, 1952) zeichnet in für den Autor charakteristischer bildhafter und zugleich symbolträchtiger Sprache die Sahara als Ort metaphysischer Sinnsuche und Offenbarung. Die Spannungen im psychologisch komplexen Dreiecksverhältnis des wohlhabenden Ehepaars Moresby und ihres ebenfalls amerikanischen Begleiters steigern sich mit der zunehmend entbehrungsreichen Reise in die Weiten der nordafrikanischen Wüste. Angetrieben von den Sehnsüchten eines unerfüllten Daseins und einer rastlosen Suche nach unverdorbener und zivilisationsentrückter Harmonie, drängt der Ästhet Moresby die Gruppe in immer entlegenere Ortschaften, erkrankt schließlich an Typhus und scheitert so physisch an der Naturgewalt der Sahara. Nach Moresbys Tod flüchtet seine Ehefrau Kit, von Schuldgefühlen geplagt und psychisch zerrüttet, in die Sandwüste. Sie wird von einer arabischen Händlerkarawane gerettet, weiter in die Wüste verschleppt und in einen Harem aufgenommen. Fern jedes europäischen Einflusses, des Arabischen nicht mächtig, gibt sich Kit, in einen Raum eingesperrt, apathisch der Sinnlichkeit hin. Der fremden Welt ausgeliefert, alles Vertrauten beraubt, droht ihr der völlige Verlust des Zeit- und Realitätsgefühls. In diesem Zustand bietet ihr einzig noch der Himmel über der Wüste Schutz (»Sheltering Sky«) – ein immer wiederkehrendes Sinnbild des existentiellen Ausgeliefertseins. In einem Augenblick lichter Gegenwärtigkeit gelingt Kit die Flucht. Sie wird an die Küste gebracht, wo sie ihre Heimreise antreten soll. Zum Anfangspunkt ihrer Reise in die Sahara (und damit der Romanhandlung) zurückgekehrt, flüchtet sie in die Menge der Einheimischen, wo der Erzähler sie aus den Augen verliert. Der Roman ist als Ausdruck der moralischen und geistigen Krise nach dem Zweiten Weltkrieg verstanden worden. Wie auch bei den späteren Prosatexten B.' klingen in dem ansonsten modernistisch komponierten Roman Elemente der unheilverkündenden Symbolik des Schauerromans und exotisierender Reiseliteratur an.

B.' zweiter Roman, *Let It Come Down* (1952; *So mag er fallen*, 1953), schildert den fatalen Versuch eines New Yorker Bankangestellten, in Marokko ein neues, von zivilisatorischen Zwängen befreites Leben zu beginnen. Während der Arbeit an diesem Werk experimentierte B. mit Drogen, auch um die Darstellung der Selbstzerstörung des Romanprotagonisten authentischer gestalten zu können. In *The Spider's House* (1955; *Das Haus der Spinne*, 1959) nehmen die kulturellen Traditionen und die Kolonialgeschichte Marokkos deutlichere Konturen an und rücken in den Mittelpunkt des Geschehens. Der Erzähler verfolgt die Gedankenwelt und das Verhalten zweier Protagonisten während antikolonialer Aufstände in Marokko. Die Perspektive eines amerikanischen Schriftstellers wird der eines jungen Moslems gegenübergestellt, der sich zwischen Tradition und Moderne zu orientieren versucht. Der Roman verdeutlicht so das gestiegene Interesse des Autors an den politischen, moralischen und kulturellen Konflikten Nordafrikas. B. hat auch zeitgenössische marokkanische Literatur übersetzt und Erzählungen von zum Teil illiteraten Marokkanern (u. a. Mohammed Mrabet) transkribiert und ins Englische übertragen. Dazu gehören *The Lemon* (1969; *El Limón*, 1989) und *M'Hashish* (1969; *M'Haschisch. Geschichten aus Marokko*, 1987). Über sein literarisches Schaffen hinaus wurde er als Komponist besonders von Bühnenmusik (u. a. für Stücke von Tennessee Williams) bekannt. Der Roman *The Sheltering Sky* wurde 1990 von Bernardo Bertolucci verfilmt.

Markus Heide

Boye, Karin
Geb. 26. 10. 1900 in Göteborg;
gest. (Freitod) 24. 4. 1941 in Alingsås/Älvsborg

Die Hoffnung auf eine neue Welt, die sich der Protagonist im Schlusssatz des wohl bekanntesten Romans von Karin Boye, der Dystopie *Kallocain* (1940; *Kallocain*, 1947), trotz aller gegenteiligen Erfahrungen »nicht aus der Seele reißen kann«, kommt sowohl in ihren lyrischen als auch in ihren Prosatexten immer wieder zum Ausdruck. Die Suche nach Wegen in eine bessere Zukunft, die konsequente Bereitschaft, Positionen kritisch zu befragen und das große Engagement für soziale Gerechtigkeit markieren auch die Biographie der Autorin, die von Jugend an die Utopie einer gerechteren Welt verfolgt und diese in ihren Texten in der Hoffnung auf (Er-)Lösung formulierte. Dabei kollidieren notwendig, deutlich nicht nur in *Kallocain*, sondern auch im experimentellen – autobiographischen – Entwicklungsroman *Kris* (1934; *Krisis*, 1985) und in der Lyrik, die Außen- und die Innenwelt: hier die Macht der Konventionen und des Staates, dort die Seele, die Wünsche und Träume. Treten diese in der düsteren Zukunftsvision *Kallocain* mit Hilfe der vom Wissenschaftler Leo Kall erfundenen Wahrheitsdroge »*Kall-l(e)o-*cain«, die die innersten Gedanken der scheinbar gehorsamen Bürger eines diktatorischen Staatsapparates offenbart, ans Licht, so dringen im Leben und Schreiben der Autorin die verborgenen Wünsche mittels der Psychoanalyse, der sich B. 1932 in Berlin unterzog, an die Oberfläche. Auf der anderen Seite bestimmen auch die politischen Ereignisse ihre Schriften und ihr Verständnis von der Aufgabe der Kunst: Hitlers Machtergreifung und die Gefahren des Nationalsozialismus sind in ihren Texten als Schreckensbilder der modernen Diktatur präsent. Neben der ausdrücklichen Hinwendung zum Innenleben und der Thematisierung der Zerrissenheit des Einzelnen steht – ungeachtet aller Zweifel an den Möglichkeiten der Literatur, die Welt zu verändern – der aufklärerische Anspruch als Movens für das Schreiben.

Der Blick auf B.s Biographie zeigt die Entwicklung einer weiblichen Intellektuellen, die die geistigen und politischen Bewegungen insbesondere der 1930er Jahre kritisch reflektiert und als Lyrikerin, Prosaistin und Journalistin thematisiert. Sie debütiert 1922 mit der Gedichtsammlung *Moln* (Wolke), in der 1979 aus dem Nachlass veröffentlichten Anthologie *Månsång* (Mondlied) sind weitere Jugendgedichte enthalten, die auf einen sehr frühen Beginn der lyrischen Produktion hinweisen. Prinzipiell ist die literarische Entwicklung zunächst an der Lyrik festzumachen. Es erscheinen zwei weitere Gedichtbände: 1924 *Gömda land* (Verstecktes Land) und 1927 *Härdarna* (Die heimischen Herde), bis 1931 mit *Astarte* (*Astarte*, 1949) der erste Roman Boyes herauskommt, gefolgt in den kommenden Jahren von weiteren Romanen – *Merit vaknar* (1933; Merit erwacht); *Kris*; *För lite* (1936; Zu wenig) –, Skizzen und Novellen – *Uppgörelser*, 1934 (Auseinandersetzungen); *Ur funktion* (1940; Außer Funktion).

Schon zu Schulzeiten und während des Studiums in Uppsala (1921–26) durchlebt B. eine starke Glaubenskrise. Sie wendet sich vom Christentum und seinen etablierten Wert- und Moralvorstellungen ab und schließt sich 1927 der internationalen kulturkritischen und linksradikalen Gruppe *Clarté* an. Bei der gleichnamigen Zeitschrift arbeitet sie in den kommenden vier Jahren als Redakteurin. Von 1929 bis 1931 ist sie mit dem *Clarté*-Mitglied Leif Björk verheiratet. Sie unternimmt mit der Gruppe eine Studienreise in die Sowjetunion, die als Zukunftsmodell gesehen wird. Für B. ist diese Reise jedoch eher ernüchternd. 1931 verlässt sie *Clarté*. In Stockholm gründet sie mit befreundeten Künstlern und Intellektuellen im selben Jahr die modernistische Zeitschrift *Spektrum* (1931–33). Hier trifft sie auf namhafte Vertreter der neuen schwedischen Literatur, u. a. Gunnar Ekelöf (1907–68) und Harry Martinson (1904–78). Sie führt selbst wichtige Texte und Ideen der Moderne ein: zusammen mit Erik Mesterton (1903–2004) überträgt sie T.S. Eliots *The Waste Land* aus dem Jahr 1922 ins Schwedische. Daneben sind es vor allem Nietzsches kulturkritische Schriften, insbesondere die Vorstellung von der »Umwertung aller Werte«, mit denen sie sich auseinandersetzt.

In ihren Beiträgen in der Zeitschrift *Spektrum* greift B. die Forderungen des Modernismus auf und diskutiert das Spannungsverhältnis von vorgegebener – grammatikalischer – Ordnung und individuellem Wahrnehmen. In dem im *Spektrum* 1931 veröffentlichten Artikel »Språket bortom logiken« (Die Sprache jenseits der Logik) bekennt sie sich explizit zu den Möglichkeiten des Modernismus, die Wirklichkeiten jenseits der konventionellen Sprache zum Ausdruck zu bringen. Der Gedichtband *För trädets skull* (Der Bäume wegen), der 1935 nach einer langen Phase von Prosatexten als letzter zu ihren Lebzeiten erscheint, setzt diese modernistischen Postulate überzeugend um und führt die Diskrepanz zwischen der sachlichen Beschreibung einer vorgefundenen Welt und dem subjektiven Erleben der Natur – auch der menschlichen – eindringlich vor Augen. Einige ihrer berühmtesten Gedichte sind in dieser Anthologie zu finden: »Ja visst gör det ont« (Sicher tut es weh), »Bön till solen« (Gebet an die Sonne) und »Min hud är full av fjärilar« (Meine Haut ist voller Schmetterlinge). Erotisches Verlangen, Mystisches und Versatzstücke der als unzureichend empfundenen Weltdeutungsmuster treten hier nebeneinander. In die Zeit der Veröffentlichung von *För trädets skull* fällt auch die Bekanntschaft mit der Schriftstellerin und Frauenrechtlerin Elin Wägner (1882–1949), mit der sie der Einsatz für die Rechte und die Bildungsmöglichkeiten von Frauen und die Utopie einer neuen, ideologie- und autoritätsfreien Welt verbindet.

1941, kurz nach dem Tod ihrer Lebensgefährtin Anita Nathorst, setzt B. ihrem Leben selbst ein Ende. Die letzten Gedichte, zum Teil Liebesgedichte an die verstorbene Freundin, erscheinen postum noch im selben Jahr unter dem Titel *De sju dödssynderna* (Die sieben Todsünden). Konstituierend auch für diese letzten Texte ist die Bewegung zwischen Modernismus und literarischer Tradition aus einer spezifisch weiblichen Perspektive, die Boye neben ihrem Vorbild Edith Södergran (1892–1923) als herausragende Vertreterin der Avantgarde in Schweden auszeichnet.

Karin Hoff

Bradford, William

Geb. 19. 3. 1590 in Austerfield/England; gest. 9. 5. 1657 in Plymouth, Massachusetts

Wenige Figuren der frühen neuenglischen Kolonialgeschichte des 17. Jahrhunderts haben bis heute eine ähnlich prominente Position in der amerikanischen Nationalmythologie und Folklore behaupten können wie William Bradford. Weitgehend unbeschädigt von den Kontroversen um die puritanische Vergangenheit Amerikas bleibt B. als Prototyp des gottesfürchtigen, allein seinem Gewissen und Drang nach Glaubensfreiheit folgenden »pilgrim father« im kulturellen Gedächtnis verankert. Cotton Mather hatte ihn schon in *Magnalia Christi Americana* (1702) als den »Moses der Plymouth Colony«, d. h. als Führer seines Volkes in der Wildnis charakterisiert; die frührepublikanische und nationale Ikonographie des 19. Jahrhunderts stilisierte ihn zu einem freiheitsliebenden, prinzipientreuen, dem Gemeinwohl verpflichteten Patriarchen.

B. wurde in eine Familie kleiner, unabhängiger Landbesitzer geboren, war jedoch nach dem Tod beider Eltern bald auf sich selbst gestellt. Seine intellektuelle Entwicklung wurde geprägt durch sein autodidaktisches Studium der Bibel, seine Lektüre von John Foxes *Book of Martyrs* (1563) und seine frühe Begegnung mit dem Gedankengut nonkonformistischer Kritiker der Church of England in dem Prediger Richard Clyfton. B. wurde Mitglied der Gemeinde von Scrooby, die sich unter der geistlichen Führung von William Brewster und John Robinson zu einem Zentrum des Separatismus, des zu Beginn des 17. Jahrhunderts wohl radikalsten Flügels der puritanischen Reformationsbewegung in England, entwickelte. Nach urchristlichem Vorbild und bestimmt von der Bundestheologie und Prädestinationslehre Johannes Calvins betonten die Separatisten die Rechtmäßigkeit und Gottgefälligkeit des Zusammenschlusses auserwählter Gläubiger (»saints«) zu unabhängigen, lokalen Gemeinden. Die Flucht der Scrooby-Gemeinde nach Holland im Jahre 1609 und das mehrjährige Exil in Leiden war für B. die logische Folge des Konflikts mit der Church of England und vor Gott und den Menschen durch das Ziel der Bewahrung der reinen protestantischen Lehre legitimiert. Als B. mit den Separatisten von Leiden nach Neuengland auswanderte und nach der Überfahrt an Bord der Mayflower im Dezember 1620 im Hafen des heutigen Plymouth an Land ging, verschmolz individueller Lebensweg und kollektive Geschichte bald zu einer bis in die Gründungs- und Nationalmythen der Vereinigten Staaten hineinwirkenden »pilgrim saga«.

B.s historiographisches Hauptwerk, *Of Plymouth Plantation, 1620–1647* (ca. 1630–1650; erschienen 1856), erwuchs konkreten ideologischen Beweggründen und politischen Kontexten und ist in seiner Bedeutung als Meisterwerk der amerikanischen Kolonialliteratur unumstritten. B. begann mit der Niederschrift unmittelbar nach der Ankunft der Puritaner unter John Winthrop in Boston im Jahre 1630; es scheint, dass er nach der Gründung der rasch zum Machtzentrum in Neuengland aufsteigenden Massachusetts Bay Colony die Notwendigkeit sah, die historische Mission und religiös-kulturelle Identität der ersten Ansiedlung im heutigen Massachusetts für die Nachwelt zu bewahren. *Of Plymouth Plantation* gliedert sich in zwei Bücher, wobei das erste in zehn Kapiteln und in narrativer Form die Reformation als manichäischen Kampf zwischen Gut und Böse interpretiert und ausführlich die Leidensgeschichte der Scrooby-Gemeinde bis zur Auswanderung in die Neue Welt schildert. Den Höhe- und Endpunkt der heilsgeschichtlich-typologisch strukturierten, streckenweise melodramatisch-sentimental komponierten Erzählung bildet die Ankunft im ›Gelobten Land‹. Das zweite Buch, das im Wesentlichen in den 1640er Jahren und wohl als Rechtfertigung der Kolonie im Kontext der puritanischen Machtübernahme in England entstand, setzt symbolhaft mit dem Abdruck des »Mayflower Compact« ein. In den Kapiteln 11 bis 36 berichtet B. in Form von Annalen und wahrscheinlich auf der Grundlage seines *Letter Book* über die schwierige Anfangszeit, über die politische, ökonomische und religiöse Entwicklung der Kolonie sowie über die wiederholten inneren und äußeren Krisen in Plymouth und Neuengland insgesamt. Historische Ereignisse und alltägliche Begebenheiten werden gleichermaßen als emblematische Manifestation von Gottes Wirken in der Geschichte dargeboten. Wird die Erzählung des ersten Buches trotz der im Text festgehaltenen Sorgen und Ängste der verfolgten Auswanderer von unerschüttertem Vertrauen in eine göttliche Vorsehung getragen, so treten im Verlaufe des zweiten Buches durchaus auch Widersprüchlichkeiten, Anklänge eines Gefühls von Verzweiflung sowie vereinzelt sogar Ironie zutage. Obwohl B. in einer Vorrede das Ideal des »plain style« propagiert, offenbart *Of Plymouth Plantation* einen literarischen Gestaltungswillen, der in dem früheren, B. zumindest teilweise zugeschriebenen Werk *Mourt's Relation* (1622) so noch nicht erkennbar ist. Der volle Text von B.s Geschichte wurde zwar erst 1856 publiziert, doch diente das Manuskript nahezu allen Historiographen des 17. und 18. Jahrhunderts, von Nathaniel Morton, William Hubbard und Cotton Mather bis zu Thomas Prince und Thomas Hutchinson, als wichtige Quelle für ihre eigenen Darstellungen der neuenglischen Kolonialgeschichte. Im Zusammenhang mit den neuenglandzentrierten Vergangenheitskonstruktionen der frühen amerikanischen Republik und der Verehrung der »pilgrim fathers« als Vorväter der USA erlangte B.s Darstellung im 19. Jahrhundert ikonenhaften Status. Neben *Of Plymouth Plantation* verfasste B. eine Reihe von politisch und theologisch motivierten, didaktischen Gedichten und Dialogen, deren ästhetische Qualität hinter ihrem kulturell dokumentarischen Wert zurückbleibt. Als Zeugnisse für B.s literarische Interessen, seine Gelehrsamkeit und sein Verständnis von Literatur als kulturell und politisch wirksamem Diskurs in der neuenglischen

»culture of the word« verdienen jedoch auch diese Texte Aufmerksamkeit.

Werkausgaben: The Collected Verse. Hg. M.G. Runyan. St. Paul 1974. – Mourt's Relation: A Journal of the Pilgrims at Plymouth. Hg. D.B. Heath. Boston 1963. – Of Plymouth Plantation. Hg. S.E. Morison. New York 1952. – Governor William Bradford's Letter Book. Boston 1906.

Udo Hebel

Brandys, Kazimierz
Geb. 27. 10. 1916 in Łódz/Polen; gest. 11. 3. 2000 in Nanterre bei Paris

Kazimierz Brandys' Werdegang als Schriftsteller kann stellvertretend stehen für viele polnische Autoren, nicht nur seiner Generation. Er gehört zu jenen Intellektuellen, die sich aktiv am soziokulturellen Leben beteiligt und mit ihrer literarischen Produktion auf Veränderungen des gesellschaftspolitischen Kontexts reagiert haben. Debütiert hat er mit dem Roman *Drewniany koń* (1946; Das Holzpferd), der die politische Rolle der polnischen Intelligenz vor Ausbruch des Zweiten Weltkriegs kritisch beleuchtet. Nach der im Januar 1949 verkündeten Theorie des sozialistischen Realismus als der offiziellen Leitlinie der Kulturpolitik verfasste B. den Roman *Obywatele* (1954; Die Bürger), der als Musterbeispiel für die Umsetzung der Theorie gepriesen wurde. Die oktroyierte Kulturpolitik hatte in Polen jedoch wenig Erfolg. Die ehemaligen Apologeten des sozialistischen Realismus, unter ihnen auch B., wurden zu erbitterten Gegnern der dirigistischen Kulturpolitik. Dies schlug sich in ihren Werken nieder, etwa in B.' *Obrona Grenady* (1956; Die Verteidigung Granadas, 1959), *Matka Królów* (1957; Die Mutter der Könige, 1959).

Die *Listy do Pani Z* (1958–62; Briefe an Frau Z, 1965) sind an eine fiktive Adressatin gerichtet. Der Verfasser reflektiert in seinen Briefen über philosophische, politische und kulturelle Themen. Die deutsche Geschichte stellt für ihn ein Paradoxon dar, da aus ihr sowohl bedeutende Kunsthistoriker, erfolgreiche Militärführer wie auch grausame Diktatoren hervorgegangen sind. In den Erzählungen des Bandes *Romantyczność* (1960; Das Romantische) und im Roman *Rondo* (1982; *Rondo*, 1988) versuchte B., existentialistische Einsichten mit den Thesen des Marxismus von der gesellschaftlichen Bestimmung des Bewusstseins zu verbinden.

B. nahm als ebenso kreativer wie politisch engagierter Schriftsteller in der zweiten Hälfte der 1970er Jahre eine offen oppositionelle Haltung gegenüber der Kulturpolitik seines Landes ein. In dem Roman *Nierzeczywistość* (1978; Die Unwirklichkeit) wird die Verzerrung der Bedeutung von Begriffen wie Freiheit, Weltanschauung und Mensch im totalitären System gezeigt. Die vierbändigen tagebuchartigen Aufzeichnungen *Miesiące* (1981–87; Auswahl in *Warschauer Tagebuch*, 1984) sind eine Art Selbstgespräche über tagespolitische Ereignisse, über B.' schriftstellerische Tätigkeit und persönliches Befinden. Den größten Teil dieser Aufzeichnungen verfasste B. im Exil in Frankreich, wohin er nach der Verhängung des Kriegsrechts in Polen am 13. 12. 1981 ging. Der 1989 einsetzende Demokratisierungsprozess und der Übergang vom Einparteiensystem zum bürgerlichen Rechtsstaat führte zu einer Wandlung auch des literarischen Lebens. Zu der Auseinandersetzung mit der Gesellschaft und den traditionellen Mythen der eigenen Nation gesellten sich Themen, die in der ehemaligen Volksrepublik tabuisiert waren: So widmet sich B. in der Essaysammlung *Charaktery i pisma* (1991; Die Charaktere und die Schriften) beispielsweise dem Thema Homosexualität. Obwohl sich im Laufe des langen Schaffensprozesses eine Wandlung in B.' Selbstverständnis als Schriftsteller vollzogen hat, zeigt er in seinen Romanen und Erzählungen, tagebuchartigen Notizen und essayistischen Schriften, dass er stets – auch im Exil – tief in der polnischen literarischen Tradition verankert war.

Georg Mrugalla

Brant, Sebastian
Geb. 1457 oder 1458 in Straßburg; gest. 10. 5. 1521 in Straßburg

Er beargwöhnte das Produkt Buch, bezweifelte den Nutzen seiner Verbreitung durch den Druck, verspottete den Umgang seiner Zeitgenossen mit Büchern und erlebte, wie sein Hauptwerk, *Das Narrenschiff* (1494), zum Erfolg in seiner Zeit wurde, zum ersten ›Bestseller‹ deutscher Sprache. Sein Zeitgenosse, der Abt Johannes Trithemius, würdigte es als »divina satyra«, göttliche Satire, und somit als Seitenstück zur *Divina Commedia* Dante Alighieris. Mitte des 19. Jahrhunderts gestand der Literaturhistoriker Friedrich Zarncke: »Ich kenne kein zweites Werk, das so phänomenartig aufgetreten, so durchgreifend und so weitverbreitet seinen Einfluß geäußert hätte, wenigstens bis dahin nicht, und namentlich nicht ein deutsches.« Soll heißen: Es bewirkte etwas, nämlich in Bezug auf Buchproduktion und Bücher, es wurde gekauft, übersetzt (am stärksten beachtet: die 1497 in Basel erschienene, von B. selbst überwachte lateinische Version von Jacob Locher, *Stultifera Navis*), nachgeahmt (zog einen Kometenschweif weiterer Narrenbücher hinter sich her; bald schon, 1512, Thomas Murners ebenbürtige *Narrenbeschwörung*), wurde vielfach aufgelegt, bearbeitet, verhunzt, nachgedruckt und (im 20. Jahrhundert) filmisch adaptiert. Aber war dies die vom Dichter beabsichtigte Wirkung?

Er hatte sich das Buch gedacht »zu Nutz und heilsamer Lehre, Vermahnung und Erfolgung (Erlangung) der Weisheit, Vernunft und guter Sitten sowie auch zur Verachtung (Ächtung) und Strafe (Kritik) der Narrheit, Blindheit, Irrsal und Torheit aller Stände und Geschlechter (Gattungen) der Menschen«, wohl wissend – der Prolog, gleich die ersten Verse bezeugen es: »Alle Lande sind jetzt voll heiliger Schrift / Und was der Seele Heil betrifft: / Voll Bibeln, heiliger Väter Lehr / Und andrer ähnlicher Bücher mehr, / So viel, daß es mich wundert schon, / Weil niemand bessert sich davon. / Ja, Schrift und Lehre sind veracht't, / Es lebt die Welt in finstrer Nacht.« Paradoxie der Autorexistenz eines satirischen Geistes: Er sieht, dass keine Besserung durch Bücher kommt, und, um diesen Zustand zu verbessern, was macht er? – Ein neues Buch. Worin, beiläufig, das 1. Kapitel betitelt ist: *Von unnützen Büchern.* Keine Selbstironie, sondern das Thema des scheingelehrten Narren, dem »die Bücher der ganzen Welt« zur Verfügung stehen, indes ohne Nutzen, da er sie aufhäuft, ohne ihre Inhalte zu begreifen. Ein Grundmotiv im Narrenschiff: Bücher, guter Rat, nützliche Lehre wären in genügender Menge vorhanden, doch es fehlt wie am Begriffsvermögen so an der Umsetzung im Leben. Bekennt nicht der Buchverfasser selber sich vieler Torheiten schuldig? Also muss er »im Narrenorden prangen«, »der Narr Sebastianus Brant«, obschon ein hochgelehrtes Haus und ausgezeichneter Honoratior.

In seinem Erfolgsbuch gelang es dem Autor, sowohl eigene Erfahrungen zu verarbeiten, wie sie reichsstädtisches Leben mit sich brachte, als auch die Fülle angelesener Motive aus der antiken, mittelalterlichen und humanistischen Literatur. Er bot eine komplexe Schau aller Widrigkeiten und Laster, die aus der Sicht des gebildeten Stadtbürgers dessen Existenz gefährdeten oder ihn belästigten: von den nur lächerlichen Modetorheiten über die bedenkliche Herrschaft des Geldes bis hin zum ernsten Niedergang des Reichs und des Glaubens (dafür: Chiffre von der Ankunft des *Antichrists*). Jeden einzelnen Schaden stellte B. personifiziert als Narren für sich vor, sie alle zusammen in der Mammutmetapher der im Narrenschiff vereinigten sämtlichen Narren (erweiternde Variation: in einer Flotte von Narrenschiffen). Was Abhilfe gewährleisten könnte? Einzig noch die Weisheit, zu erlangen auf dem Wege, den vornehmlich die Humanisten propagierten: durch – theologisch eingefärbte – Wissenschaft (Lehre).

B. entwarf als Gegenbild zum Narrenschiff einen verklärten Zustand vollendeter

Weisheit ohne materielles Eigentum, mit Gütergemeinschaft (nach dem Vorbild der *Apostelgeschichte*) bei allgemeiner Bedürfnislosigkeit, die rückwärts gewandte Utopie eines Goldenen Zeitalters nach antikem Muster. Die simple Konfrontation beider, des Narrentums und seines Gegenbilds, entsprach dem ästhetischen Empfinden des Zeitalters ebenso wie der enzyklopädische Charakter der Narrenrevue und selbst der didaktische Grundzug dieses wie anderer Erfolgsbücher der Epoche.

B.s literarische Laufbahn wurde erzwungen durch die Notwendigkeit, seinen Lebensunterhalt zu verdienen. Aus der Tätigkeit als Herausgeber und Korrektor bei mehreren Basler Verlagen entwickelte sich die eigene Schriftstellerei. Sie umfasst außer rechtswissenschaftlichen Beiträgen erörternde Literatur, religiöse und weltliche, darunter lateinische und deutsche Gedichte, selbst ausgesprochene Gelegenheitstexte (beim Erscheinen eines Meteors, anlässlich sonderbarer Missgeburten u. a.), vor allem aber poetische Manifeste zur Reichspolitik; Adressat war häufig der Kaiser.

In zwei Städten, Mittelpunkten des Geisteslebens im damaligen Deutschland, vollziehen sich nicht weniger als drei Karrieren B.s, des Hochschullehrers, des Autors, des reichsstädtischen Politikers. In Straßburg ist der Vater, Diebolt B., der angesehene Wirt zum »Goldenen Löwen« und langjährig Ratsherr. Der Sohn, bereits früh im Kontakt mit dem oberrheinischen Humanismus (Schlettstadt), bezieht 1475 die Universität Basel und widmet sich humanistischen Studien, bald auch der Rechtswissenschaft. Seit 1484 doziert er am selben Ort als Jurist, amtiert später als Dekan der juristischen Fakultät, erhält jedoch erst 1496 eine besoldete Stelle. Als Basel 1499 der Eidgenossenschaft beitritt, als deren Gegner sich B. betrachtet, der sich als Verfechter der Reichseinheit und Parteigänger des Kaisers Maximilian I. fühlt, lässt er sich in das Amt des Rechtsbeistands seiner Heimatstadt nach Straßburg berufen und ist dort als Stadtschreiber bzw. »Erzkanzler« bezeugt. Hohe Ehrungen bleiben nicht aus, so hat er z. B. den Titel eines kaiserlichen und kurmainzischen Rats erhalten. Die Umstände seiner letzten Lebensjahre allerdings liegen im dunkeln.

Werkausgabe: Kleine Texte. Hg. von Thomas Wilhelmi. 3 Bde. Stuttgart-Bad Cannstatt 1998.

Wolfgang Beutin

Brasch, Thomas
Geb. 19. 2. 1945 in Westow/Yorkshire (England); gest. 1. 11. 2001 in Berlin

»Wenn einer unangepasst war – dann war es Thomas Brasch. Und wenn einer nie seinen Platz gefunden hat – dann war es Thomas Brasch.« Barbara Honigmann, mit ihm eng befreundet in den Jahren der jugendlichen Revolte, porträtiert den Autor und seinen Kreis in ihrem Roman *Alles, alles Liebe!* (2000). Der Aufstand gegen die Väter war zugleich Opposition gegen den Staat: B.s Vater war ein hoher SED-Funktionär, zeitweilig Stellvertretender Minister für Kultur der DDR. Bereits während der Schulzeit fiel B. durch seine literarische Begabung und sein oppositionelles Verhalten auf. Der Student der Journalistik in Leipzig wurde 1964 wegen »Verunglimpfung führender Persönlichkeiten der DDR« und »existentialistischer Anschauungen« exmatrikuliert; 1968 wurde er an der Filmhochschule in Babelsberg relegiert und »wegen staatsfeindlicher Hetze« (B. hatte Flugblätter gegen die Okkupation der ČSSR verteilt) zu einer Gefängnisstrafe von zwei Jahren und drei Monaten verurteilt. Nach der Haftentlassung auf Bewährung wurde ihm ein Arbeitsplatz als Fräser in Transformatorenwerk zugewiesen. B. suchte, gefördert von Helene Weigel, die ihm eine Anstellung im Brecht-Archiv verschaffte, den Kontakt zum Theater. Offiziell mit einer Arbeit über Brecht und das Kino beschäftigt, machte er gemeinsam mit Lothar Trolle, Barbara Honigmann und Katharina Thalbach Theaterarbeit für und mit Schülern. Die damals entstandenen Stücke, uraufgeführt an der Polytechnischen Oberschule Prenzlauer Berg oder dem Ost-Berliner Jugendzentrum »Kramladen«, wurden nach jeweils einer Vorstellung abgesetzt, weitere Aufführungen strikt unterbunden.

Die Gruppe um B. versuchte in der Nischengesellschaft der DDR eine Bohème zu leben, die sich provokativ linksradikal gab: eine Mischung aus literarischem Underground und sozialistischer Jugendkultur, die den Organisationen von Staat und Partei ein Dorn im Auge sein musste. Barbara Honigmann beschrieb B.s zerrissenen Charakter: Er konnte luzide und originell sein, aber auch zynisch, sich in genialischen Posen gefallen und sich hinter ausgeborgten Identitäten verstecken, Eigenheiten, die auch später zu seinem Profil gehörten. B. galt als Geheimtip, eine kleine Sammlung von Gedichten erschien 1975 als *Poesiealbum 89*, zu dem Einar Schleef, damals noch Bühnenbildner, die Umschlagillustration schuf. Zwar erhielt er Aufträge für Märchenbearbeitungen, Kinderschallplatten und Übersetzungen, seine eigenen Theatertexte wurden aber vom einzigen Bühnenverlag der DDR abgelehnt. Die Proben zu dem Stück *Lovely Rita* wurden 1976 nach drei Wochen am Berliner Ensemble abgebrochen. Der Hinstorff-Verlag nahm den Prosaband *Vor den Vätern sterben die Söhne* an, verlangte aber einschneidende Textänderungen, denen sich B. verweigerte. Gleichzeitig erteilte das Büro für Urheberrechte keine Genehmigung, das Buch im Westen zu publizieren. Im Dezember 1976 wurde ihm die »einmalige Ausreise zwecks Übersiedlung aus der DDR« gestattet; B. zog nach West-Berlin.

Dieser »Landwechsel« war nach Heiner Müller, eine Vater-Figur auch für den Dramatiker B., »weder ein Votum gegen die DDR noch für die BRD, sondern zunächst ein Arbeitsplatz-Wechsel«. B. wehrte sich gegen den Dissidenten-Status, profitierte jedoch davon: Die Uraufführung von *Lovely Rita* und die Publikation von *Vor den Vätern sterben die Söhne* fanden nun im Westen statt, die Erzählungen wurden verfilmt und zu einem preisgekrönten Hörspiel verarbeitet; der Sammelband *Kargo. 32. Versuch auf einem untergehenden Schiff aus der eigenen Haut zu kommen* (1977) und der Gedichtband *Der schöne 27. September* (1980) wurden von der Kritik hochgelobt. Der Autor hatte Konjunktur in den Feuilletons und erhielt nach der Übersiedlung zahlreiche Auszeichnungen und Stipendien. Die Bücher waren ein Steinbruch von heterogenen Texten, oftmals Fragmenten, in späteren Jahren neu montiert oder überarbeitet, mit dem Pathos der Verzweiflung oder der Arroganz des Dichters versehen, Bruchstücke einer wechselnden Konfession und unbegrenzten Subjektivität. »Keine Überzeugung haben, die länger vorhält als zwei Minuten«, heißt es in *Lovely Rita*. Ideologisch lassen sich die Texte nicht dingfest machen, obwohl ein anarchistischer Gestus unverkennbar ist. Die fiebrige Nervosität eines Getriebenen, der gegen die Versteinerung der Verhältnisse anschreibt, kennzeichnet diese Literatur, die trotz forcierten Stilwillens zu keiner Form finden kann. »Die Ungeduld, zu warten, bis der Schock Erfahrung wird«, konstatierte Heiner Müller. Literatur verstand B. als Akt des Widerstands, wobei er seine Künstler-Existenz geradezu heroisch stilisierte: »Kunst war nie ein Mittel, die Welt zu ändern, aber immer ein Versuch, sie zu überleben.« (*Kargo*).

Wichtigstes Werk des Dramatikers B. ist *Rotter* (1977), noch in der DDR begonnen und im Westen abgeschlossen. Das Stück zeichnet die Biographie eines Mannes nach, der »sich an die Stromquelle Geschichte anschließt, zum Schluß abgeschaltet wird«. Der Titelheld Rotter macht sich zum Rädchen im Getriebe: SA-Mann im Dritten Reich, Brigadeleiter in der DDR. Ein Stationendrama mit surrealistischen Einsprengseln: B. lässt Traumgestalten (die »Alten Kinder«, zwei »Filosofen«) auftreten, montiert Literaturzitate ein, bietet am Schluss für den Tod des Helden zwei Versionen an. Elemente des Brechtschen Lehrstücks lassen sich wiederfinden, doch die Lehre ist abhanden gekommen: Keine Utopie mehr. Rotters Weg führt ins »Leere«. Die Schlusssätze seines Gegenspielers Lackner: »Wir hatten Fieber. Das war unsre Zeit. Jetzt kommt Papier.«

Damit hatte B. ungewollt auch sein eigenes Dilemma fixiert: Nach der Übersiedlung in den Westen fehlte ihm die Reibungsfläche. Er musste feststellen, dass seine Arbeit in der Bundesrepublik »auf eine andere Weise nicht gebraucht, benutzt oder zu einer Debatte verwendet wird«. *Rotter* wurde von der Zeitschrift *Theater heute* zwar zum »Stück des Jahres« erklärt, aber nur selten nachgespielt. Das Künstlerdrama *Lieber Georg* (1980) um Georg Heym löste bei der Kritik Ratlosigkeit aus; *Mercedes* (1983) mit den Protagonisten Sakko und Oi als Vertreter der No-future-Generation litt unter dem Manierismus der Dialog-Sprache. Als kopflastig und symbolisch überfrachtet bewertete die Theaterkritik *Frauen. Krieg. Lustspiel* (1988). Neben Klassiker-Übersetzungen bzw. Bearbeitungen, vor allem von Tschechow und Shakespeare, war er bald nur noch selten mit ebenso ambitionierten wie prätentiösen Experimenten, oftmals mehrfachen »Übermalungen« tradierter Theatertexte, auf der Bühne präsent. Als Filmemacher konnte er Anerkennung, aber nicht den notwenigen Kassenerfolg verbuchen: *Engel aus Eisen* (1981) griff den authentischen Fall der Gladow-Bande auf; *Domino* (1982) war ein Puzzle aus Bilderrätseln, Metaphern und Tagträumen einer Schauspielerin, gespielt von B.s Lebensgefährtin Katharina Thalbach. *Der Passagier* (1988) beschäftigte sich, in mehrfachen Spiegelungen, mit der Darstellbarkeit des Holocausts im Film und scheiterte an der Thematik.

B., der seine DDR-Staatsbürgerschaft nie aufgab, wurde kurz vor dem Ende der DDR rehabilitiert. Zum Fall der Mauer und der Wiedervereinigung verweigerte er jeden Kommentar: Er wolle dazu nur »unüberhörbar laut schweigen«, sagt der »Dichter«, unverkennbar B., in Klaus Pohls Theaterstück *Wartesaal Deutschland*. Das literarische Schweigen B.s ist begründet in seiner jahrelangen Beschäftigung mit einem Stoff, den er nicht in den Griff bekam: Aus einem umfangreichen Roman-Konvolut – angeblich acht verschiedene Versionen mit jeweils zwischen 700 und 900 Seiten – wurde 1999 der Torso *Mädchenmörder Brunke* veröffentlicht, in der doppelten erzählerischen Rahmung vor allem ein selbstreferentieller Text. Über Jahre wurde ein neuer Lyrikband vom Verlag angekündigt, der dann erst posthum erschien: *Wer durch mein Leben will, muß durch mein Zimmer* (2002). In seinen letzten zu Lebzeiten publizierten Text gehören die Verszeilen: »Weil ich das Eigene verloren habe / kann ich nicht mehr schreiben. Jeder / meiner Gedanken ist mir ganz fremd / und unnütz. Deshalb lasse ich ihn / gleich versinken, wenn er auftaucht.«

Literatur: Häßel, Margaret/Weber, Richard (Hg.): Arbeitsbuch Thomas Brasch. Frankfurt a. M. 1987.

Michael Töteberg

Braun, Volker
Geb. 7. 5. 1939 in Dresden

»Ich bin an einem Sonntag geboren und verfolgt vom Glück: / Nicht zerborsten unter den Bomben, nicht ausgezehrt / Von den verschiedenen Hungern.« So beginnt das Gedicht *Der Lebenswandel Volker Brauns*. Sein Autor, Dresdner wie andere Poeten der »Sächsischen Dichterschule« (Karl Mickel, Heinz Czechowski u. a.), begreift sich als Kind der faschistischen Ära, der er mit Glück entronnen ist. Der Vater war noch in den letzten Kriegstagen gefallen, die Mutter überlebte mit ihren fünf Söhnen – B. war der vorletzte – die Zerstörung Dresdens. B. bemühte sich nach dem Abitur zunächst vergeblich um einen Studienplatz, weil er, entgegen den Erwartungen der »streng sorgenden Gouvernante« DDR-Staat, kein »Muttersöhnchen des Sozialismus« (B. im Rimbaud-Essay 1985) sein wollte. So wurde er 1957/58 Druckereiarbeiter in Dresden, danach für zwei Jahre Tiefbauarbeiter im Braunkohlenkombinat Schwarze Pumpe und Maschinist im Tagebau Burghammer. Er ging sozusagen seinen ganz individuellen »Bitterfelder Weg«, und die Trennung von Hand- und Kopfarbeit, die vertikale Arbeitsteilung, die er in diesen Jahren als Problem auch noch des realen Sozialismus am eignen Leib erfuhr, wurde zu einem bis heute hartnäckig festgehaltenen Thema seiner literarischen Arbeit. 1959 war der Prosabericht *Der Schlamm* entstanden (erst 1972 veröffentlicht). Als B. 1960 an der Karl-Marx-Universität in Leipzig Philosophie studierte, schrieb er weiter, nun vor allem Gedichte. 1962 wurden einige von ihnen auf der berühmt gewordenen Lesung Stephan Hermlins in der Berliner Akademie der Künste vorgestellt, und 1965 erschien der erste Gedichtband *Provokation für mich* (1966 unter dem Titel *Vorläufiges* in der Bundesrepublik). Binnen kurzem war B., der 1964 sein Philosophie-Diplom erworben hatte und 1965 nach Berlin umgezogen war, zu einem der populärsten jungen Poeten der sog. Lyrikwelle geworden.

Er selbst hat seine frühen Gedichte später als »provokatorisches Daherreden« bezeichnet, aber es war doch schon mehr: nämlich der rhetorische Versuch, Lyrik als nichtmonologisches, öffentliches Sprechen zu praktizieren – als »Gegensprache« zur herrschenden, und als »Vorgang zwischen Leuten«. Überkommene Haltungen wurden in der Sprache umgearbeitet und schließlich verworfen. Poesie sollte keine »Darstellung des Gegebenen, sondern Aufbrechen des Gegebenen« sein. Damit war B. der Vorsprecher und Fürsprecher einer ganzen jungen Generation, die folgerichtig in der Literaturgeschichte die »Volker-Braun-Generation« genannt wird.

Auch der Dramatiker B. verfolgte, erkennbar seit 1965, als er auf Einladung Helene Weigels Mitarbeiter am Berliner Ensemble wurde, die erklärte Absicht einer eingreifenden, operativen Literatur. Theaterstücke sollten probedenkend, probehandelnd »Praxis im Versuchsstadium« vorführen. Dass dies nicht risikolos war, zeigte der Umgang der DDR-Institutionen mit B.s Dramen bis zum Ende dieses Staates. Schon das erste große Stück *Die Kipper* (erste Fassung *Kipper Baul Bauch*) musste sieben Jahre bis zur DDR-Erstaufführung 1972 warten. Auch *Hinze und Kunze* (erste Fassung *Hans Faust*, 1968 uraufgeführt) konnte sich nur schwer durchsetzen. Gleiches gilt für die beiden komplementären Frauen-Stücke *Tinka* (1976) und *Schmitten* (entstanden 1969–78; Uraufführung 1982), *Der große Frieden* (1979) und *Simplex Deutsch* (1980). Nicht besser erging es den Stücken *Guevara oder der Sonnenstaat* (BRD 1977 – DDR 1984), *Dmitri* (nach Schillers *Demetrius*; BRD 1982 – DDR 1984), *Siegfried Frauenprotokolle Deutscher Furor* (1986), *Die Übergangsgesellschaft* (BRD 1987 – DDR 1988), *Lenins Tod* (1988) und *T* (wie Trotzki; 1990). Dabei hält *Lenins Tod* mit einer Wartezeit von 18 Jahren zwischen Niederschrift und Uraufführung wohl den (DDR-)Rekord. In seinen Stücken versucht B., einen dritten Weg zwischen dem »glänzenden Hacks« und dem »großartigen (Heiner) Müller« zu gehen. Er »verhöhnt« die »Halbheiten, Schwächen und Erbärmlichkeiten« (Karl Marx) der »Revolution von oben« in seinem Land, ohne ihm doch je die kritische Solidarität endgültig aufzukündigen. Gleiches gilt für die späteren Lyrikbände (*Wir und nicht sie*, 1970; *Gegen die symmetrische Welt*, 1974; *Training des aufrechten Gangs*, 1979; *Langsamer knirschender Morgen*, 1987) und die stärker in den Vordergrund tretende Prosa. Berühmt wurde B.s nach dem Leben geschriebene, sprachlich von Heinrich von Kleist und Georg Büchner inspirierte Erzählung *Unvollendete Geschichte* (1975), deren Titel die eigne Geschichtsphilosophie manifestiert: den realen Sozialismus als noch durchaus »unvollendete Geschichte« zu begreifen. So war es selbstverständlich, dass B. im November 1976 zu den Erstunterzeichnern der Petition gegen die Ausbürgerung Wolf Biermanns gehörte.

In den letzten DDR-Jahren verdüsterte sich B.s Geschichtsbild spürbar. Das zeigt sein satirischer *Hinze-Kunze-Roman* (1981; veröffentlicht 1985) ebenso wie die Komödie *Die Übergangsgesellschaft*, welche die DDR im Spiegel von Tschechows *Drei Schwestern* als auswegs- und zukunftsloses Dauerprovisorium verhöhnt, und der virtuose Prosatext *Bodenloser Satz* (1989). Dennoch hat B. in und nach der Wende 1989/90 melancholisch-trotzig an »seinem Ländchen« DDR und der sozialistischen Utopie festgehalten, manifest u. a. in seinem allzu schlicht allegorischen Stück *Iphigenie in Freiheit* (1992). Ein Schlüsseltext der Wende ist und bleibt B.s mit Hölderlin und Büchner korrespondierendes Gedicht *Das Eigentum* (1990), dessen autobiographische Kernaussage lautet: »Die Hoffnung lag im Weg wie eine Falle.« Nahezu alle Texte B.s aus den letzten 15 Jahren räsonieren über die (Un-) Möglichkeit zu leben, nachdem die Utopie zur fata morgana« geworden ist – das ist die Überzeugung B.s – der Kapitalismus den Osten kolonisiert hat. Diese Weltsicht manifestieren die Theaterstücke *Böhmen am Meer* (1992) und *Limes*. *Mark Aurel* (2002) ebenso wie die gleichfalls allegorisch angelegten Erzählungsbände *Der Wendehals. Eine Unterhaltung* (1995) und *Das Wirklichgewollte* (2000). Bedeutend ist nach wie vor die Lyrik B.s, zuletzt gesammelt in dem Band *TUMULUS* (1999). Sie lässt nicht von der selbstquälerischen geschichtsphilosophischen Reflexion, bewegt aber gleichzeitig unser aller verstörende Gegenwartserfahrung in sprachlich faszinierender Weise. Die Verleihung des Georg-Büchner-Preises im Jahr 2000 war ein Zeichen der großen Anerkennung des Dichters B. jenseits aller ideologischen Gegensätze – und damit auch ein Signal für Besänftigung des literarischen und intellektuellen Nach-Wende-Streits.

Werkausgaben: Texte in zeitlicher Folge. 10 Bde. Halle/ Leipzig 1989–1993; Gesammelte Stücke. 2 Bde. Frankfurt a. M. 1988.

Wolfgang Emmerich

Brautigan, Richard [Gary]

Geb. 30. 1. 1935 in Tacoma, Washington; gest. Oktober 1984 in Bolinas, Kalifornien

»Wenn wir sehr alt sind, werden die Leute vielleicht ›Brautigans‹ schreiben, genauso wie wir heute Romane schreiben«, urteilte ein Kritiker über Richard Brautigans Bücher. Und in der Tat bilden B.s ›Romane‹ beinahe eine eigene Gattung. Extrem kurze, teilweise nur einen Satz lange Kapitel, komische, ironische bis absurde Kapitelüberschriften, Handlungen, die, falls sie denn Handlungen sind, stets eine Parodie ihrer selbst inszenieren, Protagonisten, die sich aus dem Nichts bzw. aus der reinen Textualität entwickeln, ein kindlich naiver, aber auch entwaffnender Stil und eine fast überbordende Imagination kennzeichnen die zehn ›Romane‹, die er neben einer Kurzgeschichtensammlung und mehreren Gedichtbänden verfasst hat. B., der mit Allen Ginsberg, Lawrence Ferlinghetti und anderen Akteuren der San Francisco Renaissance befreundet war, begann seine Karriere im Kontext der »counterculture« der 1960er Jahre, wenn er auch nicht als deren Repräsentant gelten sollte. Denn B. war voller Distanz, Skepsis und Menschenscheu, ein Einzelgänger, und von daher mehr ein Repräsentant der entfremdeten 1950er Jahre als der kommunenbewegten 1960er, wie einige Kritiker meinen, oder gar schon früh ein Teil der distanziert-ironisch-experimentellen 1970er Jahre. Trotzdem wurde er »der letzte Beat« genannt, und sein erster (und berühmtester) Roman *Trout Fishing in America* (1961, veröffentlicht 1967; *Forellenfischen in Amerika*, 1971) avancierte – nachdem B. jahrelang erfolglos war – zum Kultbuch. *Trout Fishing* nimmt das bei Henry David Thoreau, Herman Melville und Ernest Hemingway vorgeprägte Motiv der Auseinandersetzung von Mensch und Natur als Metapher für eine spezifisch amerikanische Identitätssuche auf und reformuliert es im Zeichen einer vollends entzauberten Welt. Der Titel steht dabei für einen amerikanischen Traum, der offensichtlich nur noch in der Phantasie einlösbar ist: »Trout Fishing in America« wird zum Namen eines Protagonisten, der sich u. a. in Lord Byron, Jack the Ripper, einen Krüppel oder gar eine Leiche verwandelt. Es ist gerade diese völlige Unbekümmertheit, mit der hier alle Romankonventionen über Bord geworfen werden, und die fast schon psychedelische Kühnheit, mit der unterschiedliche Bilder und Metaphern miteinander verbunden werden, die das Buch zu einem Klassiker der Jugendkultur werden ließen. Im Gegensatz dazu zeichnet B. *In Watermelon Sugar* (1964, veröffentlicht 1968; *In Wassermelonen Zucker*, 1970) ein sehr ambivalentes Bild alternativen Lebens anhand einer Kommune mit dem sprechenden Namen »iDEATH«. Während iDEATH als pastorale Idylle intakt bleibt, ist sie umgeben von Tod und Bedrohung.

B.s zweite Schaffensperiode begann 1971. Er schrieb fünf Bücher, die man als Genreparodien bezeichnen kann. Besonders in *The Hawkline Monster: A Gothic Western* (1974; *Das Hawkline Monster*, 1986) und in *Dreaming of Babylon: A Private Eye Novel, 1942* (1977; *Träume von Babylon. Ein Detektivroman*, 1986) sorgt B.s konziser Stil für ein äußerst komisches, aber auch unheimliches Leseerlebnis. B. nähert sich in diesen Texten postmodernen Experimentatoren wie John Barth oder Donald Barthelme an. In seinen letzten beiden Romanen, insbesondere in *So the Wind Won't Blow It All Away* (1982; *Am Ende einer Kindheit*, 1989), wendet sich B. schließlich autobiographischen Themen zu, die eine zunehmende Isolierung des Autors widerspiegeln.

B. ist gerade wegen seiner spezifischen Schreibweise, die verschiedene Traditionslinien der 1950er, 60er und 70er Jahre vereint und Schriftsteller wie Ishmael Reed und Raymond Carver beeinflusste, interessant. Seine Stimme geht indes nicht allein in den Tendenzen und Moden jener Jahrzehnte auf. Aus den Büchern spricht etwas Zärtliches, Drängendes, Hoffnungsvolles, aber auch Verzweifeltes. Auch B.s Kurzgeschichten verdienen in ihrem vignettenartigen Stil unsere Aufmerksamkeit; und seine Gedichte, sind sie auch oft eher simple Gemütsbeschreibungen, bergen den einen oder anderen Schatz. B. nahm sich in den ersten Tagen des Oktobers 1984 in seinem Haus in Bolinas, Kalifornien, das Leben.

Martin Klepper

Brecht, Bertolt
Geb. 10. 2. 1898 in Augsburg; gest. 14. 8. 1956 in Berlin (Ost)

Als B. einmal gefragt wurde, was er tun würde, wenn er einen Menschen liebte, antwortete er: »Ich mache einen Entwurf von ihm und sorge dafür, dass er ihm ähnlich wird.« Auf die erstaunte Rückfrage: »Wer? Der Entwurf?« sagte B. ruhig: »Nein, der Mensch.« Die überraschende Antwort korrespondiert mit der Überzeugung B.s, dass der Mensch noch mit dem letzten Atemzug neu beginnen könne, und mit seiner Feststellung: »in mir habt ihr einen, auf den könnt ihr nicht bauen«. Das ist kein Plädoyer für Unzuverlässigkeit, sondern für Veränderung. Die Liebe gilt nicht einem fertigen Menschen, einem »Bild«, das man sich macht, um dann enttäuscht zu sein, dass er – der Mensch – nicht hält, was er versprach (so die üblichen bürgerlichen Zweierbeziehungen). Liebe ist ein produktives Verhalten, das den Geliebten »formt«, ihn entwickelt, mehr und anderes aus ihm macht, als er ist. Obwohl die Frau als Geliebte und Liebende im Werk nur eine geringe Rolle spielt, waren die vielen Liebesbeziehungen, die B. einging, ein wichtiges »Produktionsmittel«. Im Alter von 26 Jahren hatte er drei Kinder mit drei Frauen: Frank mit Paula Banholzer, Hanne mit Marianne Zoff und Stefan mit Helene Weigel, die 1930 noch die gemeinsame Tochter Barbara gebar. Ein Kind, das Ruth Berlau 1944 zur Welt brachte, starb nach wenigen Tagen. »Laßt sie wachsen, die kleinen Brechts«, war sein selbstbewusstes Motto, und Josef Losey überlieferte aus den USA: »Er aß wenig, trank wenig und fickte sehr viel.« Die Liebe zu vielen Frauen, die gemeinsame Produktion (»gegenseitiges Entwerfen«) sowie ständige Veränderungen (nicht zu bleiben, wo und was man ist) sind die Grundkategorien für B.s Leben und vor allem für sein Werk.

Er stamme aus den »schwarzen Wäldern« und sei von seiner Mutter in die Asphaltstädte hineingetragen worden, so hat B. seine Herkunft selbst lyrisch stilisiert (*Vom armen B. B.*). Tatsächlich lebte die Familie des Vaters in Achern (Schwarzwald), seiner Großmutter setzte B. mit der Erzählung *Die unwürdige Greisin* ein literarisches (aber nicht authentisches) Denkmal: Er projizierte die eigenen Veränderungen, seinen Übergang in die »niedere Klasse«, in seine Vorfahren und versuchte, ihnen so historische Legitimation zu geben. B. wurde in Augsburg geboren und lebte zunächst, als der Vater noch kaufmännischer Angestellter war, durchaus in kleinbürgerlichen Verhältnissen. Der Umzug in die Stiftungshäuser der Haindlschen Papierfabrik, die mit dem Aufstieg des Vaters zum Prokuristen und dann zum kaufmännischen Direktor der Fabrik verbunden war, bedeutete ein Leben in proletarischem Milieu, von dem sich allerdings der gutbürgerliche Lebensstil und die Größe der Wohnung der Familie entschieden abhoben. Der junge B. genoss die Vorzüge sehr, zumal er bald auch im eigenen Mansardenzimmer leben durfte.

Er verlebte eine gewöhnliche bürgerliche Jugend, zu der auch die ersten Schreibversuche gehören, für die das *Tagebuch No. 10* von 1913 das früheste erhaltene Zeugnis ist. Vor allem die 80 in ihm dokumentierten Gedichte zeigen, dass der 15-jährige Schüler entschlossen war, das Handwerk zu erlernen, sich die verschiedensten Formen anzueignen und gerade nicht, wie sonst üblich, Dichtung als Ausdruck persönlicher Gefühle zu (miss-)brauchen. Am »väterlichen Aufbruch« (1914) nimmt er literarisch teil, mit begeistert zustimmenden (sicher auf Bestellung geschriebenen) Elogen auf Kaiser, Krieg und Vaterland. Aber er verfügt auch früh schon über andere Töne, die in der B.-Clique, einem von B. dominierten Freundeskreis, – und mit der Gitarre – entwickelt werden. Man zieht bürgerschreckend durch die Straßen und versammelt sich vornehmlich in der Natur (am Lech). Im Typus des Baal, den er 1918 in seinem ersten großen Drama entwirft, erhält die antibürgerliche Einstellung B.s erste gültige Gestalt, auch wenn er ihr nur sehr bedingt entsprochen hat: der genialische Dichtertypus, der sich um die gesellschaftlichen Konventionen nicht kümmert, alle liebgewonnenen Werte negiert und seine »naturhafte« Vitalität auf Kosten der anderen radikal auslebt. Es ist die frühe Studentenzeit (1917–1924), in der er zwischen Augsburg und München hin- und herpendelt. Mit dem ebenfalls 1918 entstandenen Gedicht *Legende vom toten Soldaten* formulierte er wirksam und gültig seine Abneigung gegen den Krieg; das Gedicht soll ihn noch in den 1920er Jahren auf die schwarze Liste der Nazis gebracht haben.

Das Studium in München nahm B. nie richtig auf. Es schrieb stattdessen die wüste Seeräubergeschichte *Bargan läßt es sein*, die, 1921 publiziert, B. in den Berliner literarischen Kreisen zum Geheimtip machte, und er schrieb seinen ersten großen Erfolg, das Drama *Trommeln in der Nacht* (1919), das ihm den Kleist-Preis (1922) einbrachte. Herbert Ihering, der als Endecker des Stückeschreibers B. gelten darf, schrieb enthusiasmiert: »Bert Brecht hat das dichterische Antlitz Deutschlands verändert.« Das Stück kritisiert das sich neu etablierende Bürgertum der Weimarer Republik: Die Bürger sichern sich ihre Anteile, über Leichen gehend. Den Menschentypus der 20er Jahre erfasst B. in der Figur des anpasserischen Galy Gay. Das Stück *Mann ist Mann* (entstanden zwischen 1924 und 1926) plädiert für »Einverständnis«, nämlich mit den gesellschaftlichen Veränderungen, die den Menschen tiefgreifend wandelten – als Mensch, der von Technik abhängig ist und in der Massengesellschaft lebt, womit Vereinzelung, Entfremdung, Anonymität und Gesichtslosigkeit verbunden sind. Das Einverständnis bedeutet dabei keineswegs vorbehaltlose Bejahung der neuen Gegebenheiten, vielmehr kennzeichnet es das notwendige Eingehen auf die gesellschaftlichen Realitäten, damit Veränderung nicht bloße Wünschbarkeit bleibe. Die vielfach mit dem Stichwort »Behaviorismus« beschriebene Lebensphase (zwischen ca. 1924 und 1931) ist keine Zeit, in der sich B. der kapitalistischen Anpassungsideologie verpflichtet, sondern die Zeit – sie beginnt spätestens mit *Trommeln in der Nacht* –, in der B. nicht mehr bloß gegen die bürgerlichen Zwänge revoltiert, sondern ihre Faktizität und ihre prägende Macht einkalkuliert. In Geschichten (z. B. *Nordseekrabben*, 1926), Gedichten (vgl. *Das Lesebuch für Städtebewohner*, 1930) und Stücken (*Im Dickicht der Städte*, 1922) zeigt er immer wieder, dass die gesellschaftliche Entwicklung das autonome bürgerliche Individuum bereits innerhalb des Bürgertums selbst ausradiert hat. Der Mensch ist fremdbestimmt und Mensch nur noch in der Masse; will er sich als Individuum neu gewinnen, so muss er diese Tatsache anerkennen, folglich die Bestimmung des Individuellen aufnehmen. Das Individuum ist nicht mehr als gegeben vorauszusetzen, sondern ist Resultat der gesellschaftlichen Prozesse. Diesen Prozess »einzuverstehen« (verstanden zu haben, bedingt anzuerkennen), ist notwendige Voraussetzung für jegliche Änderung, auch des Menschen, und hat zugleich zur Konsequenz, auf die »Massen«, das heißt in der Klassengesellschaft auf das Proletariat, als historische Kraft zu setzen. Zu B.s Realismus gehört auch die Wahl des angemessenen Produktionsorts. München, wo er bis 1924 arbeitete, beschreiben kritischere Zeitgenossen als verspießertes großes Dorf, das auf die Dauer nur wenig zu bieten hatte. B. bereitete seine Übersiedlung nach Berlin sorgfältig vor, indem er Kontakte knüpfte und seine Stücke zur Aufführung anbot (*Trommeln in der Nacht* wurde im Dezember 1923 am Deutschen Theater gegeben, *Dickicht* hatte ein knappes Jahr später ebenda Premiere). Auch Helene Weigel, seine spätere Frau, lernte er schon 1923 kennen und lieben. B. suchte nicht die einsame Dichterexistenz, die Besinnung auf sich selbst, er benötigte vielmehr den Betrieb, den vielgescholtenen Großstadtdschungel, die Kontakte, die rasche öffentliche Bestätigung seiner Arbeit und viele Mitarbeiter. B. übertrug die (notwendige) Kollektivarbeit am Theater oder Film bereits auf die Text-Produktion selbst. Er nutzte jede Möglichkeit der Information, hörte Gesprächen geduldig zu, sie zugleich rücksichtslos ausbeutend, und beteiligte stets Freunde und Freundinnen – am wichtigsten wurden Elisabeth Hauptmann (ab 1924 bis zu B.s Tod) und Margarete Steffin (ab 1932 bis 1941, ihrem frühen Tod) – als direkte Mitarbeiter. Auch dies erfolgte aus der Einsicht in das veränderte Verhältnis von Literatur und Gesellschaft. Die Zeit war vorbei, in der der einzelne – in Einsamkeit und Freiheit – noch vernünftige Werke zu produzieren vermochte. »Größere Gebäude kennen sie nicht als solche, die ein einzelner zu bauen imstande ist«, heißt es höhnisch am Ende einer *Geschichte vom Herrn Keuner* über die *Originalität*. Von daher ließ ihn auch der Plagiatsvorwurf kalt, den Alfred Kerr nach der Uraufführung der *Dreigroschenoper* öffentlich gegen ihn erhob. Die Übernahme von Vorhandenem war B. selbstverständlich. Es ging nicht – und da folgte B. Goethe – ums Erfinden, sondern ums Finden wichtiger Themen und Stoffe. Er begründete gegen Kerr sein Plagiieren frech mit seiner »grundsätzlichen Laxheit in Fragen

geistigen Eigentums«. Jede Tradition konnte so verarbeitet und im dreifachen Wortsinn Hegels »aufgehoben« (negiert, konserviert, hochgehoben) werden: mit Vorliebe die römische Antike (Horaz), Shakespeare und – in großem Umfang – die Lutherbibel.

1926 gilt als das wichtigste »Umbruchsjahr« der Biographie B.s, das sich inzwischen als legendäres Konstrukt von B.s eigner Hand herausgestellt hat. Er »studierte« angeblich *Das Kapital* von Karl Marx, als er für die Vorgänge an der Weizenbörse, die er im *Jae Fleischhacker*-Projekt dramatisieren wollte, keinerlei vernünftige Erklärung erhielt. In Wirklichkeit handelt es sich um keinen »Bruch«, sondern um das – naheliegende – Resultat seines Realismuskonzepts. B.s Werk wurde immer mehr »Zeitdichtung«, eine Dichtung, die sich mit den aktuellen Fragen der Zeit auseinandersetzte und nicht »Ausdruck der Persönlichkeit« sein wollte. Daran liegt es auch – eine weitere wichtige Eigenheit des Werks –, dass B. seine Dichtungen – für Ausgaben, bei Aufführungen u.a. – immer neu überarbeitete und »aktualisierte«. Zum Beispiel existieren vom *Galilei* drei große Fassungen, deren erste (1938) noch ganz auf die Titelfigur ausgerichtet ist, ihre »Entmachtung« und »Ausmerzung« aufgrund des Verrats der Wissenschaft. Erst mit der 2. Fassung (1944/45), die B. mit Charles Laughton im USA-Exil erarbeitet, kommt das Thema der Atombombe hinzu, während die 3. Fassung (1953) schon mit der Alltäglichkeit der Bombe rechnet und der Tatsache, dass die Wissenschaft wie selbstverständlich an ihrer Herstellung arbeitet. Mit der nur sporadischen Marx-Lektüre war durchaus keine »Ideologisierung« der Dichtung verbunden (und muss es auch nicht), der »Marxismus«, den B. vor allem als Materialismus rezipierte, stellte für ihn nur die beste »Methode« bereit, die gegebenen Realitäten zu erfassen. Die marxistische »Ideologie« (für B. stets vom Idealismus-Verdacht verbunden) interessierte sich B. nicht, da er sich bereits in den 20er Jahren – wie später auch – immer wieder entschieden, gegen jegliche »Weltanschauungen« aussprach. Seine Begründung war, dass er immer wieder habe feststellen müssen, dass die Leute zwar auf ihren Anschauungen bestünden, aber durchaus nicht bereit wären, sie auch in der Praxis anzuwenden bzw. zu leben – im Gegenteil. Selbst Stücke wie *Die Maßnahme* – aus der »Lehrstückzeit« (1928–1931) – sind keine marxistischen Thesenstücke, sondern kunstvoll gebaute ästhetische Kollektivübungen, die der sich ausbreitenden Distribution der Massenmedien durch idiotische Unterhaltung und Einlullung des Publikums eine kommunikative Alternative gegenüberstellen wollte: Das Publikum sollte nicht einseitig »bedient« und damit ruhiggestellt (Passivität der Rezeption von Medien), sondern aktiv herausgefordert und beteiligt werden. »Über literarische Formen muß man die Realität befragen, nicht die Ästhetik, auch nicht die des Realismus«, war B.s ästhetischer Leitsatz.

Entgegen der B. von der Forschung immer wieder unterstellten »Ideologie« betonte er stets, dass Literatur und Kunst in erster Linie Spaß machen müssten und dem Publikum Genuss bereiten sollten. Der Einspruch galt lediglich den bloß vordergründigen Vergnügungen, die keine Einsichten in gesellschaftliche Verhältnisse und in menschliches Zusammenleben vermittelten. Insofern waren die späten 1920er und frühen 30er Jahre die Zeit, in der B. auf zwei »Schienen« die avantgardistischste Form seines Theaters ausprägte: auf »seriöse« Weise mit den Lehrstücken, einem neuen Spieltypus, den er mit den Komponisten Kurt Weill, Paul Hindemith und Hanns Eisler entwickelte und auf der »Deutschen Kammermusik« für neue Musik in Baden-Baden 1929/1930 zu viel beachteten bis Skandale auslösenden Aufführungen brachte; auf »kulinarische« Weise mit den Opern, nämlich der *Dreigroschenoper*, die B. und den Komponisten Weill einen geradezu legendären Erfolg einbrachte und schnell zum Welthit aufstieg, und mit der Oper *Aufstieg und Fall der Stadt Mahagonny*, ebenfalls mit Weill zusammen, die vor allem für nachhaltige Skandale sorgte und Versuche politischer Zensur provozierte. Zwar hatte B. die *Dreigroschenoper* als Affront gegen die Gesellschaft gedacht, die ihm nun begeistert zujubelte, aber er hatte doch die ästhetischen Mittel gefunden, die der Zeit entsprachen. Der Song von *Mackie Messer* wurde, auch von B. mit krächzender Stimme gesungen, zum Schlager, und die Berliner Gesellschaft gab sich mit Vorliebe als Halbwelt der Nutten, Zuhälter und Gangster. Insofern objektivierte der Erfolg doch noch die Kritik des Stücks, freilich von der (besseren) Gesellschaft als kitzlig-anstößige Unterhaltung genossen: die Weimarer Republik kündigte bereits ihr Ende an (1930).

B. gehörte zu den wenigen, die aufgrund ihrer Kenntnis der politischen und wirtschaftlichen Lage dieses Ende illusionslos voraussahen, wenn nicht durch eine starke Arbeiterbewegung ein Gegengewicht geschaffen würde. Mit seinen Lehrstücken, dem Revolutionsstück nach Maxim Gorkis *Die Mutter* oder mit dem sehr genauen Milieufilm *Kuhle Wampe* (beide 1930) versuchte er entsprechend zu agitieren und die Solidarität der Arbeiter zu fördern – ohne Erfolg.

Mit der Machtübergabe an die Nazis ist seiner Arbeit jegliche Grundlage genommen; der Reichstagsbrand (27.2.33), den er in seiner politischen Bedeutung sofort erkennt, zwingt ihn zur sofortigen Flucht aus Deutschland, zunächst nach Prag, nach Wien und Paris und dann nach Svendborg (Dänemark), wo er mit seiner Familie und der Mitarbeiterin Margarete Steffin von 1933 bis 1939 lebt, liebt und arbeitet. B. stellt seine Produktion ganz auf den antifaschistischen Kampf ein und richtet danach Themen und Sprache seiner Werke aus, zunächst noch in der Hoffung, damit in Deutschland die antifaschistischen Kräfte so stärken zu können, dass sie eine politische Chance fänden. Heftig bekämpft er alle – auch »linke« – Strömungen, die im Faschismus nur den »Ausbruch von Barbarei« sehen und meinen, vor ihm die »Kultur« »retten« zu müssen. 1935, auf dem internationalen Schriftstellerkongress zur »Verteidigung der Kultur« in Paris, fordert er als einziger, endlich von den »Eigentumsverhältnissen« zu reden, zu erkennen, dass längst Menschen zu retten sind, wo immer noch von der Rettung der Kultur gehandelt wird. »Dem, der gewürgt wird, / Bleibt das Wort im Halse stecken«, hält B. Karl

Kraus vor, der gemeint hatte, dass das »Wort entschlafen« sei, als »jene Welt erwachte«. B. wusste früh, dass Hitler Krieg bedeutete. Noch in Dänemark, ehe ihn der Krieg zwang, über Finnland (1940) und die Sowjetunion nach den USA zu fliehen, beginnt er mit *Mutter Courage und ihre Kinder* (1941); das Stück führt den Krieg als (mit anderen Mitteln) fortgeführten Handel vor und zeigt – am Beispiel der Courage, die ihre drei Kinder verliert – die mit ihm verbundenen Opfer. Die »Courage«, gespielt von der Weigel, wurde später das Stück, das B.s Weltruhm begründete. Das finnische Volksstück *Herr Puntila und sein Knecht Matti* (1940), das den Typus des scheinbar liebevollen, vitalen, aber brutalen Kapitalisten entwirft, negiert die Möglichkeit der Klassenversöhnung. Mit dem *Aufstieg des Arturo Ui* (1941), schon für die USA gedacht, wollte er seinem neuen Gastland des Exils, »öfter als die Schuhe die Länder wechselnd« – im überschaubaren Gangstermilieu von Chicago – die Zusammenhänge von kapitalistischer Wirtschaft, Gangstertum und politischem Aufstieg des Faschismus, demonstrieren.

B. richtete sich in den USA – er ging nach Santa Monica (Kalifornien) und versuchte sich u. a. auch als Filmeschreiber in Hollywood (z. B. schrieb B. das Drehbuch zu Fritz Langs Filmklassiker *Hangmen Also Die*, 1942) – von vornherein nicht auf Dauer ein. Er wartete vielmehr auf das Kriegsende, setzte früh auf den Sieg der Sowjets und blieb kritischer Beobachter der Emigrantenszene (besonders der des »Frankfurter Instituts für Sozialforschung« von Theodor W. Adorno und Max Horkheimer). Seine Versuche, unter den Emigranten Einigkeit über das ›andere‹ Deutschland zu erzielen und entsprechend unterstützend tätig zu werden, scheiterten an der Kollektivschuldthese. Das Kriegsende diagnostizierte er bereits als Beginn einer neuen – größeren – Konfrontation.

Die Rückkehr nach Deutschland war selbstverständlich. Dort sah B. sein Publikum, aber auch seine Heimat und sein ›Volk‹. Die Annäherung geschieht von außen, über die Schweiz. Auch der österreichische Pass – nach der Gründung der beiden deutschen Staaten

erworben (1950) – ist ein Bekenntnis zur Heimat (zum ganzen Deutschland). Mit Stücken wie *Der kaukasische Kreidekreis* (1945) plädiert er für die Übernahme des Besitzes durch das Volk – »daß da gehören soll, was da ist, denen die für es gut sind« – und mit *Die Tage der Kommune* (1948/49) für eine revolutionäre Lösung, das heißt: für ein sozialistisches Deutschland. Die Entscheidung für die DDR schien da nur folgerichtig, war aber in erster Linie dadurch bedingt, dass man B. dort die besten Arbeitsmöglichkeiten bot, was sich 1949 in der Gründung des Berliner Ensembles unter der Leitung von Helene Weigel manifestierte. B. blieb, auch wenn er einen verordneten Sozialismus immer noch als besser einschätzte als die Restauration eines stets latent mit Krieg einhergehenden Kapitalismus, einer der heftigsten Kritiker des DDR-Sozialismus, der gegen den Willen des Volkes und ohne dessen Beteiligung aufgezwungen wurde. Und ebenso gab er der deutschen Teilung auf die Dauer keine Chance: 1956 notierte er, dass Deutschland »jeder weiß, das wird kommen. Niemand weiß, wann« – ohne Krieg wiedervereinigt werde.

Seine letzten Jahre gelten der praktischen Theaterarbeit im Berliner Ensemble, das im Theater am Schiffbauerdamm residiert, der kritischen Erledigung der Vergangenheit mit Bearbeitungen (Shakespeares, Molières, Sophokles' u. a. gegen die »Beerbung« der bürgerlichen Errungenschaften) und dem Kampf um die Erhaltung des Friedens. Sein Realismus und seine Sehnsucht nach Veränderung machten B. früh weise; mit den *Buckower Elegien* (1953) schrieb er ein »Alterswerk«, vergleichbar nur mit dem *West-östlichen Divan* von Johann Wolfgang von Goethe, im Alter von nur 55 Jahren. Auf dem Totenbett diktierte er: »Schreiben Sie, daß ich unbequem war und es auch nach meinem Tod zu bleiben gedenke. Es gibt auch dann noch gewisse Möglichkeiten.« Er hat recht behalten.

Werkausgabe: Werke. Große Berliner und Frankfurter Ausgabe in 30 Bänden (= 7 Teilbänden). Hg. von Werner Hecht, Jan Knopf, Werner Mittenzwei und Klaus-Detlef Müller. Berlin/Weimar/Frankfurt a. M. 1988–2000 (als

Sonderausgabe in 32 Teilbänden und einem Begleitheft: 2003).

Jan Knopf

Breitbach, Joseph
Geb. 20. 9. 1903 in Koblenz;
gest. 9. 5. 1980 in München

»Das Warum und die Tendenzen meines Schaffens lassen sich in einem Wort ausdrücken: Entlarven. Mein Ziel ist, jeder Erscheinung den Mantel wegzureißen, den sie sich umgelegt hat, weil jede Erscheinung etwas zu verbergen hat. ... Heiligenschein und Märtyrerkronen können mich nicht überzeugen. Hinter dem Heldentum stehen meist Ehrgeiz, Sadismus oder Machtstreben«, schreibt B. im Februar 1930 in der Dresdner Zeitschrift *Kolonne*. Seine ersten Erzählungen, 1928 versammelt in dem Band *Rot gegen Rot*, sind denn auch, trotz der Mitgliedschaft des Autors in der KPD und obwohl einige der Erzählungen zuvor in Sowjetrussland erschienen waren, keine parteikommunistische Prosa. Vielmehr sind deren Helden »mit echten menschlichen Fehlern« ausgestattet, und diese entwickeln sich ohne erzählerischen Kommentar aus ihrem Handeln und Reden. Wenn es in B.s Erzählung *Rot gegen Rot* vom Protagonisten, dem Jungkommunisten Karl, der in einem großen Kaufhaus als Liftboy arbeitet (in B.s Komödie *Die Jubilarin* von 1960 taucht er wieder auf), heißt:»ihm war die Welt einfach und klar«, dann weiß der Leser, dass dieses Weltbild vom Autor unterminiert werden wird: Der kommunistische Held mit hochfahrenden Träumen wird zurückgeschickt in die Schule des Lebens.

Noch vor B.s Emigration nach Paris erschien in Berlin sein erster Roman, *Die Wandlung der Susanne Dasseldorf* (1932). B. betonte immer wieder, wie notwendig für jeden Schriftsteller Erfahrung und Beruf seien; sie sollten aber nicht in der Feuilletonredaktion einer Zeitung oder in der Kulturredaktion eines Rundfunksenders erworben werden, weil das einem Weltbild Vorschub leiste, das die eigenen Beschränkungen verdopple. Hatte er bei den vorangegangenen Erzählungen auf die eigenen Erfahrungen in der Kaufhaus- und Angestelltenwelt zurückgegriffen, so entfaltet er hier das detailgenaue Panorama der amerikanischen Besatzungszeit in Koblenz nach 1918, die Welt der Schieber und Armeelieferanten als Kulisse für eine psychologisch raffinierte wie erzählerisch konventionelle Liebesgeschichte.

Weil er in Paris, wo er schon seit 1931 einen festen Wohnsitz hatte, enge Beziehungen zu Freunden wie André Gide oder Julien Green pflegte und in den folgenden Jahren als französisch schreibender Autor reüssiert hatte, entwickelte sich eine Distanz zu anderen deutschen Emigranten, die durch eine öffentliche Kontroverse mit Klaus Mann, ausgelöst durch einen Artikel B.s in *La Revue Hebdomadaire* (Juni 1934), noch verstärkt wurde. Nachdem in den Kriegsjahren ein umfangreiches Romanmanuskript (*Clemens*) den Nazis in die Hände gefallen war, wandte sich der Autor stärker der publizistischen Arbeit zu. Schon seit 1935 schrieb er für französische Zeitungen über wirtschaftliche und politische Probleme. Nach dem Krieg arbeitete er als Frankreich-Korrespondent für *Die Zeit* und schrieb eine Zeitlang, zum Teil unter dem Mutternamen Saleck, wöchentliche Berichte aus der französischen Metropole (darunter eine neunteilige Reportage über den Kravchenko-Prozess 1949).

Mit seinem Roman *Bericht über Bruno* (1962), seinem ›chef d'œuvre‹, meldete sich B. nach dreißig Jahren in der deutschen Literatur zurück; der Polit-Thriller nahm sich als Fremdkörper in der Landschaft der deutschen Nachkriegsliteratur aus (verwandt allenfalls mit Koeppens Roman *Das Treibhaus*). Der Industriekapitän und spätere Innenminister einer fiktiven westeuropäischen Monarchie (die an Belgien erinnert) gibt in Form eines Berichts Rechenschaft über die Entwicklung seines Enkels Bruno Collignon, durch dessen Machenschaften er schließlich gestürzt wird. B.s gesellschaftlich-politischer Erfahrungshorizont wird hier gespiegelt, die »Chefetagen der Macht« (Horst Bienek) werden von innen besichtigt. Der spannungsreiche Roman entfaltet mit seinem Bogen der Intrigen, Erpressungs- und Bestechungsmanöver und zwielichtiger Affären ein Psychogramm von Machtpolitik, in dem konservativer Liberalismus und terroristischer Nihilismus opponieren. Auch wenn der Leser verführt wird, den Bericht durch die resignativ-rationalistische Perspektive des erzählenden Großvaters zu lesen, wird ihm doch Material an die Hand gegeben, hinter der Omnipotenz des Erzählers, der seine Allwissenheit durch Polizeirapporte zu sichern sucht, die Kälte der Macht wahrzunehmen. In die Entlarvungsstrategie dieses »erzählerischen Kreuzworträtsels« (Manfred Durzak) ist auch der von Ehrgeiz und Machtdrang beherrschte Großvater mit seinem Rachefeldzug wegen gekränkter Eitelkeit und verschmähter Liebe einbezogen. Für die neu geschriebene französische Fassung – *Rapport sur Bruno* erschien im Dezember 1964 bei Gallimard – erhielt B. den Prix Combat, während die deutsche Kritik (die B. »kleinbürgerlich und hämisch gefärbt« nannte) die Unsicherheit gegenüber einem Autor spiegelte, der sich gegen jede literarische Genealogie und Kanonisierung sträubte.

Man kann in B.s feuilletonistischen Arbeiten, aber auch in seinen literarischen Texten eine unermüdliche Auseinandersetzung mit den marxistischen Parteigängern seiner Zeit ausmachen. Zweimal lässt er seine kommunistischen Protagonisten über einen Kasten Bier stolpern: Hätte der sowjetische Botschafter in *Bericht über Bruno* am Abend vor der Treibjagd eine Lage Bier spendiert, dann wäre es den Arbeitern des Chemiewerks nicht in den Sinn gekommen, eine Sabotageaktion zu initiieren, und alles wäre anders gekommen; Brunos Großvater hätte (vorerst) nicht lügen müssen, und der sowjetische Agent in den chemischen Betrieben wäre (vorerst) nicht enttarnt worden. Und hätte in der Komödie *Genosse Veygond* (1970) der Dichter den Bühnenarbeitern einen Kasten Bier spendiert, dann hätte sein Kidnapping durch die Genossen nicht stattfinden können. Denn der eitle Guy Veygond, Galionsfigur des ZK, eilt so oft vor den Vorhang, um sich vor dem davoneilenden Publikum zu verbeugen, bis alle Bühnenarbeiter verschwunden sind – in Veygonds Name (in der Bühnenfassung *Weigon*) sind die von Peter Weiss und Louis Aragon verschmolzen. In dem Drama werden neben dem marxistischen Erfolgsschriftsteller auch die Genossen entlarvt, die mit der Gefangennahme ihre eigene Karriereplanung verbinden. Die Lust, hinter die Masken zu schauen, über das Vordergründige zu spotten, lässt sich an allen literarischen Texten B.s beobachten. Nicht zufällig ist Brunos Großvater, der Meister der Analyse und des Demaskierens, von Beruf Chemiker.

Auch in seinem letzten Buch, dem Roman *Das blaue Bidet oder Das eigentliche Leben* (1978), setzt B. die Auseinandersetzung mit den Marxisten, nunmehr als Repräsentanten der Studentenbewegung, fort. Einer dieser Studenten wird im neunzehnten Kapitel zum Erzähler berufen und muss die Schritte seines eigenen Lernprozesses zu Protokoll geben, zuallererst den, dass er ein jämmerlicher Menschenkenner sei – eine lange Rede gegen marxistische Arroganz und ein Hohelied auf die Produzenten. Dem Autor geht es weniger um eine Entlarvung marxistischer Ideologie, sondern viel mehr um eine Wahrnehmung und Anerkennung realitätsstiftender Faktoren. Erneut wird *Das große Kaufhaus* zum Sinnbild für die komplizierte Welt von Produktion und Distribution.

Ein Hamburger Theater stellte dem Autor 1977 die Frage: »Verstehen Sie sich als politisch engagierter Schriftsteller?« – was dieser der implizierten Zuordnungen wegen verneint; gleichwohl ist B., der in der Literaturgeschichte inzwischen zum »linksliberalen Großbürger« ernannt worden ist, in radikalerem Sinne ein engagierter Schriftsteller als jene, die ein parteiliches Engagement einfordern: »Nein. Ich verstehe mich nur meinem eigenen Begriff von Wahrheit gegenüber engagiert.« Auch seinen Antimodernismus rechtfertigt er mit einem Engagement für den Leser, was so seine Rede über die Frustration der Konsumenten im Staatskommunismus gemahnt. Es sei nichts Schändliches dabei, an den Leser zu denken. Dem Ablauf der Zeit folgende Erzählweise sei die einzig höfliche, und

Rückblenden eine Zumutung für den Leser – auch Brunos Großvater wählt »die um Höflichkeit bemühte Weise« des chronologischen Erzählens. »Man kann das Chaos nicht in chaotischen *Formen* evozieren«, schreibt B. in einem Brief an Günter Herburger.

Bei einem Besuch in Paris bewunderte Karl Korn die »wundervolle altmodische Sprache« seines Gastgebers, ein Lob, das B. tief irritierte. So verbrachte er seine letzten Lebensjahre pendelnd zwischen Paris und München, beunruhigt durch die wachsende Entfremdung von der deutschen Gegenwartssprache – vielleicht war schon die konjunktivische Distanz indirekter Rede im *Bericht über Bruno* auch ein kunstvolles Ausweichen vor den Dialogen.

Michael Rohrwasser

Breitinger, Johann Jakob

↗ Bodmer, Johann Jakob und Breitinger, Johann, Jakob

Brentano, Clemens

Geb. 9. 9. 1778 in Ehrenbreitstein; gest. 28. 7. 1842 in Aschaffenburg

»Seit fünfzehn Jahren lebt Herr Brentano entfernt von der Welt, eingeschlossen, ja eingemauert in seinen Katholizismus ... Gegen sich selbst und sein poetisches Talent hat er am meisten seine Zerstörungssucht geübt ... Sein Name ist in der letzten Zeit fast verschollen, und nur wenn die Rede von den Volksliedern ist, die er mit seinem verstorbenen Freund Achim von Arnim herausgegeben, wird er noch zuweilen genannt.« Heinrich Heines kritische Marginalie in seiner *Romantischen Schule* (1835) ruft den bereits zu Lebzeiten vergessenen Dichterkollegen in Erinnerung, von dessen umfangreichem Œuvre nurmehr noch die frühe Volksliedersammlung *Des Knaben Wunderhorn* bekannt und geschätzt geblieben ist. Die weitere Wirkungsgeschichte von B.s Werk sollte Heines Nachrede auf den verschollenen Poeten bis heute nur bewahrheiten. Die Gründe für diese Vergesslichkeit – »die Leute haben im Leben wenig von ihm gewußt und nach dem Tode ihn kaum vermißt« (Joseph von Eichendorff) – welche die Nation dem »romantischsten ihrer Dichter« (Rudolf Haym) entgegenbrachte, sind kaum in B.s übersteigertem Romantizismus, im Geschmackswandel oder in einer verschütteten Rezeptionsgeschichte zu suchen; vielmehr finden sie sich, wie von Heine vermutet, in B.s »zerrissener« Biographie. Und es ist vor allem nicht der Katholizismus, zu dem sich fast alle Romantiker bekannten, der Heines Kritik herausfordert, sondern die Zerstörungswut, mit der B. im Zeichen der Religion gegen sein poetisches Werk vorgeht und es schließlich verleugnet. Allerdings war B. in seiner katholischen Phase keineswegs als Autor »verschollen«, wie Heine vorschnell annahm, sondern er war als Erbauungsschriftsteller erfolgreicher als alle seine dichtenden Zeitgenossen; seine religiösen Schriften, teilweise anonym erschienen, erreichten hohe Auflagen und wurden in alle wichtigen europäischen Sprachen übersetzt.

Dieser Widerspruch in B.s Schaffen als Gegensatz von Poesie und Leben sollte nicht überbewertet, aber ebensowenig vorschnell harmonisiert werden: es zeigt sich vielmehr die innere Konsequenz eines enttäuschten, auf der Suche nach geistigem Rückhalt befindlichen Lebens, dessen äußere Bizarrie die Zeitgenossen immer wieder faszinierte und gleichzeitig verwirrte. »Die seltsamen Abenteuer, die seine eigene bizarre Ansicht der Welt ihm zuzogen« (Wilhelm Grimm), sie beginnen 1798, als sich der Frankfurter Kaufmannssohn nach dem Tod von Vater und Mutter der aufgedrungenen bürgerlichen Berufsausbildung entzieht; aber auch der Besuch der Universitäten in Bonn, Halle, Jena und Göttingen führt zu keinem abgeschlossenem Studium: Bergwissenschaft, Medizin und Philosophie werden nacheinander betrieben und wieder aufgegeben. In Jena, dem Zentrum der frühromantischen Bewegung, trifft B. auf seine eigentliche Bestimmung; unter dem Einfluss von Johann Gottlieb Fichte, Friedrich Wilhelm Joseph von Schelling, den beiden Schlegel,

Ludwig Tieck und Ernst August Friedrich Klingemann beginnt er »eine freie poetische Existenz«; ein beträchtliches Erbe macht ihn unabhängig. Im Jenaer Kreis lernt er auch seine spätere Frau Sophie Mereau kennen, die er 1803 heiratet. Gemäß dem aufgelösten romantischen Gattungsbegriff setzt seine literarische Produktion auf verschiedenen Gebieten ein: Neben die Lyrik tritt die Literatursatire (*Gustav Wasa*, 1800) die sich hauptsächlich gegen August von Kotzebue richtet, und der »verwilderte Roman« *Godwi oder das steinerne Bild der Mutter* (1801), der in der Nachfolge des frühromantischen Bildungsromans eine verwirrende Formenvielfalt mit Witz und Sentiment verbindet; nach dem Lustspiel *Ponce de Leon* (1804), das die Aufmerksamkeit Johann Wolfgang von Goethes findet, beginnt B. neben der im romantisch-mittelalterlichen Stil gehaltenen *Chronika eines fahrenden Schülers* (1818) mit seinem wohl ehrgeizigsten Jugendwerk, dem Versepos *Die Romanzen vom Rosenkranz* (1810) – »eine Reihe von romantischen Fabeln, in welcher sich eine schwere, alte Erbsünde mit der Entstehung des Rosenkranzes löst« –, dessen labyrintische Handlung zu keinem Abschluss kommt.

Die Übersiedlung des jungen Ehepaares nach Heidelberg mit dem Freund und »Herzbruder« Achim von Arnim in einen Kreis gleichgesinnter Schriftsteller und Gelehrter führt zu einer fruchtbaren Epoche gemeinsamer Arbeit. Aus der Begeisterung für die alte deutsche Poesie geht die berühmte Volksliedersammlung *Des Knaben Wunderhorn* (1805/08) hervor, eine Kontamination von gesammelter, umgearbeiteter und eigener, nachempfundener Lyrik, die den von den Brüdern Grimm vorgegebenen Maßstab von Kunst- und Volkspoesie überspielt. Als Pendant zu der Volksliedersammlung ist eine altdeutsche Prosasammlung geplant, deren ersten und einzigen Band B. 1809 vorlegt, die Neubearbeitung von Jörg Wickrams *Goldfaden*.

Der Tod seiner Frau, eine kurz danach unüberlegt geschlossene Ehe und die Auseinandersetzung mit dem Homerübersetzer Johann Heinrich Voß um die Authentizität der *Wunderhorn*-Sammlung verleiden B. Heidelberg,

das er 1809 zusammen mit Arnim verlässt. Nach einem längeren Aufenthalt in Bayern trifft er in Berlin wieder mit seinem Freund zusammen. Wie in Heidelberg, bewegen sie sich in den gesellig-gelehrten Zirkeln, die sich um die neugegründete Universität gebildet hatten. In Zusammenarbeit mit den befreundeten Brüdern Grimm fasst B. verschiedene Märchenpläne: ein Zyklus von eigenen Rheinmärchen soll neben die Bearbeitung von Giovanni Basiles neapolitanischen Märchen aus dem 17. Jahrhundert treten; ebenfalls wird die Arbeit an den *Romanzen vom Rosenkranz* wiederaufgenommen.

1811 verlässt er Berlin; nach Reisen nach Böhmen – dort entsteht das historisch-romantische Drama *Die Gründung Prags* (1812) – und Wien, wo er in den katholischen Kreisen um den Historiker Adam Müller und den Theologen Clemens Maria Hofbauer verkehrt, kehrt er 1814 wieder nach Berlin zurück. Unter dem Einfluss einer unglücklichen Liebe zu der tiefreligiösen Pfarrerstochter Luise Hensel bricht in B. eine lang angestaute Lebenskrise durch; sie stellt ihn vor die Entscheidung zwischen Ästhetizismus oder einem bewussten, religiösen Leben. 1817 legt er die Generalbeichte ab und vollzieht damit den endgültigen Bruch mit seinem poetischen Vorleben: »Mein ganzes Leben habe ich verloren, teils in Sünde, teils in falschen Bestrebungen. Meine dichterischen Bestrebungen habe ich geendet, sie haben zu sehr mit den falschen Wege meiner Natur zusammengehangen.« Nach der Konversion zum Katholizismus sucht B. eine seinen neuen, rigorosen religiösen Vorstellungen entsprechende Aufgabe. 1819 reist er nach Dülmen, um die Visionen der stigmatisierten Nonne Anna Katharina Emmerick aufzuzeichnen. Diese selbstgewählte »Lebensaufgabe« hält ihn bis zum Tod der Nonne 1824 in Westfalen fest. Auf 16000 Folioseiten hat B. als Sekretär der Emmerick ein Material gesammelt, das er bis zu seinem Tod unter hagiographischen Gesichtspunkten bearbeitet: Er beabsichtigte, das Leben Jesu entgegen der zersetzenden Bibelkritik aus dem protestantischen Lager als historische Tatsache nach den aufgezeichneten Visionen und seinen eigenen religiösen Vorstellungen zu beschreiben: »Alles ließ den großartigen Zusammenhang ahnen, daß die heiligende Vorwelt, die entheiligende Mitwelt und die richtende Nachwelt sich fortwährend als ein historisches und zugleich allegorisches Drama nach den Motiven und der Szenenfolge des Kirchenjahres vor, in und mit ihr abspielten.« 1833 veröffentlichte er anonym *Das bittere Leiden unseres Herrn Jesu Christi*; postum erschienen *Das Leben der Heil. Jungfrau Maria* und *Das Leben unseres Herrn und Heilandes Jesu Christi* (1852/58). Alle Bücher hatten einen unglaublichen Erfolg; sie machten B. zum berühmten katholischen Erbauungsschriftsteller, dessen poetisches Werk allerdings vergessen war und das er selber als »geschminkte, duftende Toilettensünden unchristlicher Jugend« glaubte diskreditieren zu müssen. In seinen letzten Lebensjahren lebt er in München, dem »Hauptquartier der katholischen Propaganda« (Heine), im Kreis seiner Freunde und in enger Beziehung zu dem Jugendfreund Joseph Görres, beschäftigt mit der Ausarbeitung der Emmerick-Papiere. Als man ihn drängte, sein poetisches Werk in einer Auswahl herauszugeben, lehnte er dies ab: »Ich habe zu wenig eine öffentliche Basis, als daß ich ein Flora veröffentlichen könnte; ich zittere vor dem Gedanken der Öffentlichkeit und des Geschwätzes darüber.«

Werkausgabe: Sämtliche Werke und Briefe. Hg. von Jürgen Behrens u. a. 36 Bde. Stuttgart 1975 ff.

Karl-Heinz Habersetzer

Breton, André
Geb. 18. 2. 1896 in Tincheray/Orne (Frankreich); gest. 28. 9. 1966 in Paris

Von dem Grundsatz ausgehend, »in jedem Augenblick [existiert] in unserem Bewusstsein ein unbekannter Satz«, etablierte der Begründer und Hauptvertreter des Surrealismus André Breton ein neues, nonkonformes Denksystem. Den Dimensionen hinter der Fassade der fassbaren, rationalen Wirklichkeit (Traum, Wahnsinn, Halluzination und Wunder) räumte B. einen gleichberechtigten Anspruch für die Existenz des Menschen ein. In *Les champs magnétiques* (1919; *Die magnetischen Felder*, 1981) fand die Technik der »écriture automatique« (automatische Schreibweise) ihre erste Anwendung. Die Sammlung aus Prosatexten, Aphorismen und Gedichten entstand in Kooperation mit Philippe Soupault als »Werk eines Autors mit zwei Köpfen« (Louis Aragon) und gilt als einer der Schlüsseltexte der Moderne. Zusammen mit Aragon und Soupault begründete B. 1919 die Zeitschrift *Littérature*, ein erstes Publikationsorgan im Kampf gegen die borniete Welt der Kriegstreiber und zugleich Sprachrohr zur Abgrenzung gegen die etablierte Literatur, die in den allgemeinen Lobgesang auf den Heldentod einstimmte. Mit der eigentlichen Programmschrift des Surrealismus, dem *Manifeste du surréalisme* (1924; *Manifest des Surrealismus*, 1968), forderte B. die Freiheit des Geistes ein und bestimmte die Imagination zur letzten Bastion gegen die Herrschaft der Logik und des Rationalismus. Als Vorreiter für eine Erneuerung der Imagination, die wieder in ihr altes, angestammtes Recht eingesetzt werden sollte, betrachtete er Sigmund Freud, der wie die Psychoanalyse überhaupt eine ständige Reflexionsfolie für B. blieb. Bei der eingeforderten Auflösung der Verabsolutierung der Realität durch das Herstellen eines Gleichgewichts zwischen Wachzustand und Traum im Idealtypus »des schlafenden Logikers« kommt dem »récrit de rêves« (Traumbericht) eine zentrale Funktion für die Umsetzung der Ziele des Surrealismus zu. B. begriff den Wachzustand als ein Interferenzphänomen und glaubte an eine Synthese der Gegensätze von Wirklichkeit und Traum in einer absoluten Realität: der *Surrealität*. Die Poesiepraxis orientiert sich mit dem »psychischen Automatismus« an diesem Ziel. Der fließende Ablauf des Denkens selbst sollte notiert und damit das Diktat der Vernunft unterlaufen werden. Dem Dichter kam dabei die Funktion einer bescheidenen Registriermaschine zu, womit B. auch den Abgesang seines unumstrittenen Vorbilds auf das Talent aufnahm: »Poesie muß von allen gemacht werden, nicht von einem« (Lautréamont). Programmatisch gibt das *Manifeste du surréalisme* eine allgemeine Anleitung zur Kunstproduktion: Eine bequeme Position, Konzentration auf sich selbst, eine passive, rezeptive Haltung und schnelles Schreiben ohne vorgefasstes Thema brächten eine vorbehaltlose Sprache hervor, die sich durch die Solidarität der aufeinander folgenden Wörter und Wortgruppen auszeichne. Das revolutionäre Gesamtkonzept des Surrealismus verband die literarischen und die politischen Aktivitäten miteinander und war Grundlage für B.s Beitritt zur Kommunistischen Partei Frankreichs 1927, einem Intermezzo bis zum Zerwürfnis und Austritt 1935.

Den ersten großen literarischen Erfolg feierte B. indes mit *Nadja* (1928; *Nadja*, 1960), einer tagebuchähnlichen Niederschrift von Ereignissen tatsächlicher Begegnungen. Allerdings hebt der Text als Kunsttraktat an und entlarvt die Festschreibung des Menschen auf das moderne Leben und auf den Zweckrationalismus als fatalen Fehler. Fotografien und Zeichnungen treten an die Stelle der für den Roman üblichen Beschreibungen. Die Titelheldin Nadja (russ. Hoffnung) charakterisiert die Kommunikationsfähigkeit mit der Welt jenseits des Rationalen, beispielsweise korrespondieren die Lektüren von B. ihren Visionen. Dennoch illustriert der Text den Prozess einer allmählichen Entfremdung, die mit der Einlieferung Nadjas in die Psychiatrie endet und das Scheitern der surrealistischen Lebensform bei Fortbestehen der Grenzen zwischen Traum und Wirklichkeit dokumentiert. Dabei arbeitete B. weder mit der »écriture automatique« noch mit dem »récit de rêves«, sondern etablierte ein weiteres für seine Kunst- und Lebensauffassung entscheidendes Prinzip: ein Leben, das außerhalb der natürlichen Abläufe in den Zufällen Gestalt gewinnt und mit dem Unbewussten eine noch zu entschlüsselnde Korrespondenz eingeht.

Eine rigorose Abrechnung mit den ausgeschlossenen ehemaligen Weggefährten (insbesondere Antonin Artaud) formulierte B. in *Second manifest du surréalisme* (1929; *Zweites Manifest des Surrealismus*, 1968). Hierbei stehen zugleich eine leidenschaftliche Infragestellung der sozialen Ordnung und die intensive Auseinandersetzung mit dem Marxismus im Vordergrund, wobei B. die revolutionäre Kraft des Surrealismus über die des Marxismus stellt. Der Surrealismus wollte Auslöser einer intellektuellen und moralischen Bewusstseinskrise sein und zugleich eine geistige Standortbestimmung initiieren, was letztlich im Streben nach der Rückeroberung des gesamten psychischen Vermögens kulminieren sollte.

L'Amour fou (1937; *L'Amour fou*, 1970) umspielt und umkreist die Themen der romantischen und absoluten Liebe jenseits der bürgerlichen Konventionen. Die Mischung aus scharfsinnigen und sublimen Beobachtungen in essayistischer Form begleitet eine außergewöhnliche Sammlung von Fotografien, die jeweils konkret auf Textpassagen bezogen werden und die Sprache und Vorstellungen ins Bild setzen. Wiederum ergibt sich eine Schwierigkeit bei der Zuordnung zum Kern der surrealistischen Praxis, die der Text thematisiert. B. begründet hier allerdings konkret die Verwandtschaft zwischen dem Zufall und dem Unbewussten: Der »Zufall [wäre] die Gestalt [...], unter welcher die äußere Notwendigkeit sich manifestiert, die im menschlichen Unterbewußtsein am Werk ist«. Aber erst *Anthologie de l'humour noir* (1940; *Anthologie des schwarzen Humors*, 1971) vervollständigt B.s literarisches System. Darin werden ausgewählte Künstler und Gelehrte porträtiert, die mit schwarzem Humor die dunkle und zerstörerische Seite der menschlichen Natur zu bändigen suchten. Zentral für B.s künstlerisches Selbstverständnis ist diese Textsammlung deshalb, weil erst die fruchtbare Umarmung des »objektiven Zufalls« mit dem »objektiven Humor« die Grundlage für alle späteren Hervorbringungen des Menschen bilde. Objektiv genannt werden können Zufall und Humor dann, wenn sie sich in äußeren

Notwendigkeiten manifestieren, die das menschliche Unterbewusstsein ins Werk setzt. Der Kulminationspunkt von B.s Bemühen, Kunst und Leben in Einklang zu bringen, lautet:»Vivre la poésie«.

Angelika Baumgart

Breytenbach, Breyten
Geb. 16. 9. 1939 in Bonnievale, Western Cape/Südafrika

»I am an Afrikaans-speaking whitish male South African temporarily living outside the continent« – dieses Selbstporträt ist typisch für Breyten Breytenbach in seinem ironischen Understatement: Indem er sich als ›weißlich‹ klassifiziert, erteilt er dem rassistischen Reinheitswahn der Apartheidsideologie eine spöttische Absage und erinnert daran, dass in den Adern aller Buren aufgrund der jahrhundertelangen Ausbeutung auch in sexueller Hinsicht – weiße Herren, schwarze Sklavinnen – ein Anteil schwarzes Blut fließt. Seine ›zeitweilige‹ Abwesenheit aus Südafrika war durch den Umstand bedingt, dass er 1962 für Jahrzehnte als Exilant in Paris leben musste, bevor er zu längeren Aufenthalten in sein Heimatland zurückkehren konnte. B.s ambivalente Einstellung gegenüber Südafrika, die sein ganzes Œuvre durchzieht, hat er etwa in *Dog Heart: A Travel Memoir* (1998) dargestellt – einem Text über die Rückkehr, der trotz starker Sympathie für Land und Leute eine merkwürdige Reserviertheit zum Ausdruck bringt. Nicht minder ambivalent hat sich sein Land ihm gegenüber verhalten: Einerseits war er als Mitglied der *sestigers* (60er), einer avantgardistischen Literaturgruppe, die bewusst gegen die Tabus des afrikaansen Kanons verstieß, dem Establishment extrem suspekt; andererseits wurden seine Gedichte mit den höchsten Literaturpreisen ausgezeichnet. Diese Wertschätzung dauerte selbst noch an, als er 1975 bis 1983 wegen umstürzlerischer Umtriebe ins Gefängnis kam. Der Gefängnisaufenthalt war für B. ein Schlüsselerlebnis, das sein Schaffen als Maler und Schriftsteller nachhaltig beeinflusst hat. Ist schon in seiner Malerei und seiner afrikaanssprachigen Lyrik die Anomie des Subjekts als Gewaltopfer das dominante Thema, so rückt vor allem in seinen englischsprachigen autobiographischen Prosatexten die traumatische Gefängniserfahrung vollends ins Zentrum. Die ersten drei Jahre seines Gefängnisaufenthalts verbrachte B. in Einzelhaft in der *death row*, wo er Nacht für Nacht den Gesängen der meist schwarzen Häftlinge für die Todeskandidaten ausgesetzt war. Ohne Lese- und Schreibmaterial, unter der Qual sadistischer Desorientierungsfolter, sagt er rückblickend:»I was going mad.« – Sein erster langer Prosatext, *A Season in Paradise* (1981; *Augenblicke im Paradies*, 1987), legt bereits Zeugnis ab von seinem zerrissenen Hass-Liebe-Verhältnis zu seiner Heimat, und aus dem Garten seines Onkels nimmt er ein Gefäß mit der roten Erde des Boland (Oberland) mit, in der er seine genetischen Wurzeln sieht, um sich am Ende dann von Südafrika loszusagen und der ›zivilisierteren‹ Wahlheimat Frankreich zuzuwenden. Doch schon bei diesem Besuch bekommt er einen Eindruck von der brutalen Allmacht des südafrikanischen Geheimdienstes, als er nach einem Gespräch mit einem schwarzen Widerstandskämpfer von den»dark angels« verhört und mit einer sehr ernsten Verwarnung entlassen wird. B.s eindrucksvollste Texte sind daher wohl seine Gefängnismemoiren. Ein besonders beunruhigendes Dokument dieser Art ist *Mouroir: Mirrornotes of a Novel* (1984; *Mouroir. Spiegelungen eines Romans*, 1990), ein Roman, der die restriktiven Bedingungen im Gefängnis unmittelbar widerspiegelt. So heißt es an einer Stelle, dass der Gefangene B. nach Erlöschen des Lichts im Dunkeln auf kleinen Papierfragmenten, die er erschlichen hat, seine Gedanken niederschreibt, ohne genau unterscheiden zu können, was er bloß gedacht oder tatsächlich geschrieben hat. Das Werk zerfällt so in eine Vielzahl von meist kurzen Episoden, de-

ren Kohärenzprinzip weniger durch die chronologische Verknüpfung als durch die gemeinsame Thematik von Tod, Gewalt und Persönlichkeitszerstörung gebildet wird. In vielfachen *mises en abyme* wird so ein paradigmatisches »writing in circles« von semantisch identischen, immer neu variierten Situationen realisiert. B. konstatiert, dass das Überleben des Ichs in der destruktiven Umgebung des Gefängnisses die Verabschiedung von jeglicher konventionellen, kartesianischen Ich-Konzeption voraussetzt: Das »I unsurvived« deutet an, dass nur in der Abwesenheit des zentrierten Ichs eine Art reduziertes Ich sich behaupten kann. »Absence – that was the very presence«, heißt es entsprechend – dekonstruktivistisch formuliert – in *Memory of Snow and of Dust* (1989; *Erinnerungen an Schnee und Staub*, 1997), einem metafiktionalen Roman über einen Gefängnisaufenthalt, der autobiographische und fiktionale Momente ineinanderblendet. Die Leistung von B. besteht darin, dass er es in seinen Interventionen literarischer wie politischer Art stets vermag, eine theoretische Position europäischer Prägung mit den politisch-gesellschaftlichen Erfordernissen Südafrikas zu verbinden.

Erhard Reckwitz

Brink, André [Philippus]
Geb. 29. 5. 1935 in Vrede, Orange Free State, Südafrika

André Brink gehört zu den international bekanntesten Autoren Südafrikas. B.s Behandlung des moralischen Dilemmas weißer Südafrikaner am Beispiel eines mit der Apartheidpolitik in Konflikt geratenden burischen Geschichtslehrers in *A Dry White Season* (1979; *Weiße Zeit der Dürre*, 1992) ist durch die Verfilmung des Romans weltweit bekannt geworden und hat B.s Ruf als kritische Stimme Südafrikas verstärkt. Dies zeigt zugleich, dass B. es versteht, die Problematik seines Landes in einer Weise darzustellen, die referentielle und ästhetische Anliegen mit einer spannend erzählten Geschichte vereinbart. Wo Nadine Gordimer sich der Schreibweise des *liberal realism* bedient, um die Schwierigkeiten ihrer englischsprachigen weißen Protagonisten in einer rassistischen Gesellschaft darzustellen und die Überwindbarkeit der Rassenschranken durch humanes Verhalten gegenüber Schwarzen aufzuzeigen, geht es B. in seinen Romanen um die persönlichen Konsequenzen, die seine afrikaanssprachigen Akteure aus der Einsicht ziehen, in einer zutiefst ungerechten Gesellschaft zu leben. B., während seines Studiums in Frankreich der 1960er Jahre stark vom Existentialismus beeinflusst, unterlegt seinen Texten ein existentialistisches Paradigma: Einerseits ist der Mensch in eine Situation geworfen, der er sich stellen muss; andererseits hat er die Freiheit der Wahl, die Grenzen seiner Situation zu überschreiten. Die Camus'sche Version dieses Denkansatzes teilt die Welt in die Pest und deren Opfer ein; daraus erwächst die ethische Verpflichtung für das menschliche Subjekt, niemals Teil der Pest zu werden, was stete Wachsamkeit im Umgang mit dem Bösen erfordert. In *The Wall of the Plague* (1984; *Die Pestmauer*, 1993) ist B. explizit in einen intertextuellen Dialog mit Albert Camus' *La Peste* eingetreten. Aber auch die anderen Romane sind von der existentialistischen Selbstfindungsethik durchdrungen: Fast immer stehen Buren im Zentrum, die sich mit der traditionell-rigiden Gesellschaft der Afrikander auseinandersetzen und in einem Individuationsprozess aus dem Kollektivitäts- wie Konformitätsdruck befreien, den Kirche, Familie und andere Institutionen ausüben. B.s eigene Karriere als Mitglied der *sestigers*, einer afrikaanssprachigen Künstlergruppe, die sich in den 1960er Jahren den Themen und Formen der europäischen Avantgarde zuwandte, parallelisiert den Selbstfindungsprozess seiner Romanfiguren, weil hier literarisch ein Bruch mit dem Zwang zum thematischen Dekorum und zur politischen Loyalität gegenüber dem Burenstaat vollzogen wurde, die einem Autor der Afrikander gleichsam in die Wiege gelegt waren: »All significant art is offensive« – diese Erklärung in B.s Essaysammlung *Mapmakers: Writing in a State of Siege* (1983; *Stein des Anstoßes. Als Schriftsteller in Südafrika*, 1990) ist programmatisch für sein Engagement, und nicht von ungefähr sind etliche seiner Romane in der Apartheidära mit dem Publikationsverbot (*banning order*) belegt worden. – Innerhalb dieses thematischen Rahmens hat B., Anglistik-Professor an der University of Cape Town, wiederholt mit diversen, jeweils aktuellen Schreibweisen und Theoriemodellen experimentiert: So finden sich in seinen Texten Techniken wie intertextuelle Dialoge mit berühmten Prätexten, die extreme Multiperspektivität des Erzählens und die daraus resultierende Relativierung der Wirklichkeitskonstitution, konkurrierende *multiple endings* und neuerdings besonders der magische Realismus, dessen Koexistenz unterschiedlicher Wirklichkeitsebenen am ehesten einer multiethnischen, postkolonialen Gesellschaft angemessen scheint.

Erhard Reckwitz

Brinkmann, Rolf Dieter
Geb. 16. 4. 1940 in Vechta;
gest. 23. 4. 1975 in London

»Wenn dieses Buch ein Maschinengewehr wäre, würde ich Sie über den Haufen schießen.« Diese Aggressivität, mit der B. 1968 auf einer Tagung den Literaturkritikern entgegentrat, verdeutlicht den Hass, mit dem er allgemein den Literaturbetrieb in der Bundesrepublik verfolgte, sowie die Verachtung und den Spott, mit denen er seinen Schriftstellerkollegen begegnete. B., ein Außenseiter wegen seiner radikalen Kritik und Lebenshaltung und der daraus folgenden Selbstisolierung, kein berühmter und in der Öffentlichkeit bekannter Autor, aber ein sehr kontrovers diskutierter: einerseits der Vorwurf der »Fluchtträume« (Roman Ritter), der »paranoiden Strategie« (Dieter Wellershoff) und sogar des faschistoiden Sprachgebrauchs und Menschenbildes (Michael Zeller), andererseits Heiner Müllers emphatische Beurteilung: »Ich finde, das einzige Genie in dieser Literatur hier war der Brinkmann. Was er geschrieben hat, ist wirklich ein Dokument dieses Landes (der BRD).«

1959 begann B., seine Gedichte zu veröffentlichen, seit 1962 erschienen mehrere Lyrikbände in kleineren Verlagen (*Ihr nennt es Sprache*, 1962; *Le chant de monde*, 1964) sowie 1967 *Was fraglich ist wofür*, 1965 der erste Prosaband *Die Umarmung*; es folgt 1966 *Raupenbahn* (1985 gesammelte *Erzählungen*). Mit seiner präzisen Realitätswahrnehmung als Spannung von Subjektivität und Wirklichkeitsfragmenten gehört er – beeinflusst vom Nouveau Roman – zu den sog. »Neuen Realisten« um Dieter Wellershoff. Schon Anfang der 1960er Jahre entwickelten sich die zentralen Besonderheiten seiner Literatur: die Großstadt als Sujet (vgl. *In der Grube*, in: *Ein Tag in der Stadt*, 1966; *Nichts*, in: *Alle diese Straßen*, 1965; *Raupenbahn*, 1966; *London: Piccadilly Circus*, in: *Straßen und Plätze*, 1967), Material, »was wirklich alltäglich abfällt« (*Notizen*, in: *Piloten. Neue Gedichte*, 1968), eine Sensibilität des Bilder-Blicks, gerichtet auf die Oberfläche der Wirklichkeit, das filmische Nebeneinander von Eindrücken, Momentaufnahmen.

Diese fotographisch gebannten Alltagssituationen spitzen sich bei dem autobiographischen Roman *Keiner weiß mehr* (1968) in einem wegen seiner Banalität und Auswegslosigkeit brutalen Ehealltag zu, dessen Entfremdung und Gewaltförmigkeit ihre ausgeprägteste Form in der obszönen Darstellung der Sexualität finden.

B.s radikale Selbstkritik steht in Beziehung zur »neuen Sensibilität« (Herbert Marcuse) der Studentenrevolte von 1968. Seine besondere Sympathie gilt dabei der amerikanischen Beat-Szene, deren Texte er herausgibt und übersetzt (*AC I D. Neue amerikanische Szene*, 1969; Ted Berrigan, 1969; Frank O'Hara, 1969; *Silver Screen. Neue Amerikanische Lyrik*, 1969) und sie damit in der Bundesrepublik bekannt macht. Der Alltag wurde wie selbstverständlich und jenseits der Mystifikation literarischer Gegenstand, Kunst und Wirklichkeit gingen bruchlos ineinander über und dokumentierten somit die »Auflösung ... starrer Gattungseinteilungen« (*Der Film in Worten*, in: *ACID*), Sprache wurde gleichsam filmisch in Bilder übersetzt. Poetologische Reflexionen, Sprachkritik und Werkanalysen von B. finden sich

u. a. in *Der Film in Worten* (1982) und vor allem in dem Briefwechsel mit Hartmut Schnell (*Briefe an Hartmut*, 1999).

Mit dem Scheitern der Studentenrevolte und der zunehmenden Vermarktung der Subkultur verändert sich auch B.s Haltung; die Folge ist eine wütende Isolation; obwohl er wie besessen arbeitet, veröffentlicht er von 1970 bis zu seinem Tod so gut wie nichts mehr. »Jeden Tag eine Fülle von Zetteln, klein und eng beschrieben mit seinen Erfahrungen und Imaginationen. In Notizbüchern, Zettelkästen und Heftern hatte er den Rohstoff für noch einige unerhörte Bücher, von denen jedes, so verstand er sich, eine Attacke auf die Gesellschaft werden sollte« (Nicolas Born). Anfang der 1970er Jahre sendete der WDR drei Hörspiele (*Auf der Schwelle*, 1971; *Der Tierplanet*, 1972; *Besuch in einer sterbenden Stadt*, 1973), die schon im Titel eine fortgeschrittene Radikalisierung erkennen lassen, thematisch als Abgesang an die Zivilisation, als extremes Einzelgängertum, als alptraumartig empfundene Mischung von Gewalt und Chaos ausgedrückt, ästhetisch ähnlich der »Neuen Musik« mit Geräusch-Chaos, Anonymität der Stimmen und surrealer Sprechweise experimentierend.

Der Titel des Hörspiels von 1973 verweist auf B.s bekanntesten und wichtigsten Text, *Rom, Blicke*, der 1979 postum erschien und im Kontext des 1987 als Faksimile edierten Tagebuchs *Erkundungen für die Präzisierung des Gefühls für einen Aufstand* und des 1988 als Faksimile veröffentlichten Romanmaterials *Schnitte* (1973) zu sehen ist.

Diese Montage von Tagebucheintragungen, Briefen an seine Frau, Fotos, Zeichnungen, Ansichtskarten, Stadtplänen und »objets trouvés«, »gefrorener Gegenstände«, wie er sie nennt, ist die spezifische, zersplitterte und zerrissene Form von B.s Identitätssuche in einer zerfallenden Welt. In seinen Augen ist bereits alles vergangener Zivilisationsmüll, der nichts mehr mit dem lebendigen, empfindenden Menschen zu tun hat; es bleibt nur der verzweifelte Schritt nach vorn: »Ich will werden, was immer das ist«, schreibt er programmatisch in *Rom, Blicke*. Die Großstadt Rom, deren Geschichte gleichförmig von den Spuren der Gewalt, der Unterdrückung, der politischen Selbstherrlichkeit und der Vergötzung des technischen Fortschritts durchzogen ist, wird B. zu einem Anti-Stilleben von verwester, ekelerregender Natur, zu einem räumlichen Labyrinth von Stadtruinen und – soweit sie überhaupt ins Blickfeld geraten – von gesichtslosen Massenmenschen samt ihrer deformierten Sexualität. Der Mensch ist nur mehr Staffage. B.s Arbeits- und Reisejournal ist nicht nur ein Anti-Italien-Pamphlet, das sich gegen die klassische Italiensehnsucht der Deutschen richtet – es ist auch ein Anti-Geschichtsbuch: Rom erscheint als wahllos aufgeschüttetes Trümmerfeld der Geschichte und mit ihm das Abendland als eine Landschaft des Todes. Zwar kennt das Buch auch ruhige Gegenbilder, diese aber verstärken sich erst in dem noch von B. selbst zusammengestellten Gedichtband *Westwärts 1 & 2* von 1975. Kurz darauf kam B. in London bei einem Verkehrsunfall ums Leben, ein alltäglicher Tod – der Normalzustand als Ausnahmezustand.

Florian Vaßen

Britting, Georg
Geb. 17. 2. 1891 in Regensburg; gest. 27. 4. 1964 in München

»Ich habe mich immer gehütet, und hüte mich, mir während des Schreibens ›klar‹ zu machen, was ›gemeint‹ sei«, notierte B. einmal, als er zu seinem einzigen Roman *Lebenslauf eines dicken Mannes, der Hamlet hieß* (1932) befragt wurde. Diese Abwehr von Deutung bezeichnet auch ein Stilprinzip des als Naturlyriker bekanntgewordenen Bayern. Seine Texte, Gedichte und Erzählungen kommen ohne angestrengte Symbolik aus und behalten dennoch eine Sensibilität für Geheimnisvolles, so dass man B. »einen der letzten Träger des magischen Lebensgefühls« (Lily Gädke) genannt hat. Der Beamtensohn B. studierte in Regensburg. Seit Ende des Ersten Weltkriegs lebte er als freier Schriftsteller in München. In den Krieg war er freiwillig gezogen und war 1918 schwerverwundet heimgekehrt. Er versuchte, in einigen expressionistischen Zeitschriften Fuß zu fassen, edierte auch zusammen mit Josef Achmann eine eigene (*Die Sichel*), doch zog er sich bald endgültig aus dem Literaturbetrieb zurück. Er veröffentlichte zunächst fast ausschließlich Erzählerisches. Erst 1935 erschien seine erste und wohl erfolgreichste Gedichtsammlung, *Der irdische Tag*, die den Durchbruch brachte. Eine kräftige, »barocke« Metaphernsprache und derbe Reimklänge, die Kenntnis der süddeutsch-bäuerlichen Lebens- und Dingwelt, eine idyllische Naturdarstellung, die, stimmungsvoll genug, doch jeden Ton einer süßlichen Erlebnislyrik vermeidet und stattdessen Natur auch in ihrer dämonischen Gestalt erfasst: Das alles schien B. als bayrisches »Naturtalent« abzustempeln und war doch auf der Höhe der Zeit. B. suchte eine sinnlich-unmittelbare Präsenz der Naturdinge in seinen Texten herzustellen, gleichzeitig aber, ihnen ihr »zweites Gesicht« (Walter Höllerer) zu belassen. Unter dem Nationalsozialismus wurden seine Texte geduldet, schon weil sie »die mildernden und sänftigenden, traditionellen Geistlösungen« abwiesen. B. konnte publizieren, ein weiterer Lyrikband erschien (*Rabe, Ross und Hahn*, 1939); Zeitschriften, vor allem *Das Innere Reich*, veröffentlichten verschiedene Texte. In den 1940er Jahren, während des Krieges, zog B. sich wie viele auf einen traditionellen Formästhetizismus zurück, schrieb Sonette, so zur Totentanzthematik (*Die Begegnung*, 1947), und Gedichte in antiken Metren (in *Lob des Weines*, 1944, erweitert 1950, und *Unter hohen Bäumen*, 1951). Altersdistanz und formale Sicherheit nahmen zu, doch blieb das Besondere einer individuellen Erlebnisstruktur erhalten. 1953 erschien der Erzählband *Afrikanische Elegie*, bevor man in der *Gesamtausgabe in Einzelbänden* (von 1957 bis 1961) das Lebenswerk zu sammeln begann.

Werkausgabe: Sämtliche Werke. Kommentierte Ausgabe nach den Erstdrucken. 5 Bde. Hg. von Walter Schmitz. München 1987 ff.

Horst Ohde

Broch, Hermann
Geb. 1. 11. 1886 in Wien; gest. 30. 5. 1951 in New Haven/Conn.

Was verbindet die *poetae docti* des frühen 20. Jahrhunderts miteinander, jene Gruppe wissenschaftlich und philosophisch geschulter Autoren, zu der B. gezählt wird? Nicht allein spezifische Generationserfahrungen, wie die Entstehung der künstlerischen Avantgardebewegungen oder das Auseinanderbrechen der alten Ordnungen im Ersten Weltkrieg, denn diese wurden von vielen geteilt; entscheidend ist vielmehr deren theoretische Verarbeitung, der Versuch, eine Deutung der Epoche in der – selbst seinem Gehalt gegenüber – reflektierten Form des Romans zu geben. Dieses Bedürfnis wurde noch verstärkt, als sich in den 1920er Jahren die Philosophischen Fakultäten in ein Ensemble von Humanwissenschaften aufzulösen begannen. Da eine Gesamterkenntnis der menschlichen Existenz von den einzelwissenschaftlichen Disziplinen, auch der (neopositivistischen) Philosophie, nicht mehr zu erwarten war, konnte diese Aufgabe selbstbewusst von einer Literatur beansprucht werden, die sich von dem Pathos und dem antirationalistischen Affekt des Expressionismus gelöst hatte und unabhängig von jeder links- und rechtsintellektuellen Programmatik die Analyse der eigenen Zeit im erzählerischen Experiment verwirklichte. – Zu den hier angedeuteten Motiven seines Schreibens hat sich B. in zahlreichen Essays, Briefen und werkbegleitenden Schriften geäußert. In einem 1941 verfassten Arbeitsprogramm, das ironisch als *Autobiographie* überschrieben ist, hat er sie zusammengefasst: »Dies ist nur insoweit eine Autobiographie, als damit die Geschichte eines Problems erzählt wird, das zufällig mit mir gleichaltrig ist, so daß ich es – wie übrigens in jeder aus meiner Generation – zu sehen gewillt gewesen war – stets vor Augen gehabt habe: es ist ... das Problem des Absolutheitsverlustes, das Problem des Relativismus, für den es keine absolute Wahrheit, keinen absoluten Wert und somit auch keine absolute Ethik gibt ... und dessen apokalyptische Folgen wir heute in der Realität erleben.« Der

Prozess des »Wertverlustes« hat mit dem Ersten Weltkrieg nur einen Höhepunkt, nicht seinen Abschluss erreicht. Die Gründe seiner Entstehung und die Schilderung seiner Wirkungen im menschlichen Denken und Handeln sind das Thema des dreiteiligen Romans *Die Schlafwandler*, der 1930/32 als erstes Werk B.s erscheint. Der Säkularisierungsprozess der Neuzeit wird als Zerfall der überkommenen Wertordnungen gedeutet und »personifiziert«: die Figuren der Romane dokumentieren allein durch ihr Handeln, dass sie drei Generationen angehören, in deren Abfolge der »Zerfall der Werte« seine Endphase erreicht. B. wollte mit seiner Trilogie einen literarischen Beitrag zu der geschichtsphilosophischen Debatte der 1920er Jahre leisten, in deren Zentrum das Problem der Modernisierung, die historistische Infragestellung überlieferter Normensysteme und die Möglichkeit einer wertbezogenen Geschichtsdeutung stand (Max Weber, Ernst Troeltsch u. a.). Im *Huguenau*-Roman hat er in theoretischen Exkursen die formalen Voraussetzungen seiner Geschichtsphilosophie und damit die erkenntnistheoretischen Grundlagen auch seines Erzählens erläutert. Mit wertphilosophischen Fragestellungen hat sich B. seit Beginn des Ersten Weltkrieges eingehend befasst. Nachdem er auf Wunsch seines Vaters, eines jüdischen Textilgroßhändlers, ein Ingenieurstudium absolviert hatte (1904 bis 1907), war er als Assistenzdirektor in die väterliche Fabrik eingetreten, die er ab 1915 als Verwaltungsrat leitet. Gleichzeitig beginnt er mit einem autodidaktischen Studium der neukantianischen Philosophie und Phänomenologie, publiziert erste literaturkritische und wertphilosophische Abhandlungen (in den Zeitschriften *Brenner* und *Summa*) und verkehrt in den Literatenkreisen Wiens, wo er Franz Blei, Robert Musil und Georg Lukács kennenlernt. Allmählich zieht er sich aus dem Industriellenleben zurück und beginnt 1925 an der Universität die Fächer Mathematik und Philosophie zu studieren, vor allem bei den Vertretern des »Wiener Kreises« (Moritz Schlick, Rudolf Carnap). In die Zeit des Studiums fällt der Verkauf der Textilfabrik und die Entscheidung für die Literatur – eine mehr als nur ideelle Entscheidung, da ihm die Einkünfte aus dem verbliebenen Vermögen kein sicheres Auskommen garantieren. Nach dem finanziell geringen Erfolg der *Schlafwandler* (1931/32) verfasst B. einen kürzeren Roman für den S. Fischer-Verlag (*Die Unbekannte Größe*, 1933), ein Drama, und mehrere Vorträge, die literaturtheoretische Themen behandeln (*James Joyce und die Gegenwart*, 1936). Die »Erkenntnisfunktion« der Dichtung und ihre »ethische Aufgabe«, die B. in seinen Essays reflektiert, bestimmen auch die Romanprojekte der 1930er Jahre, die er – nach einer Verhaftung 1938 in die Emigration gezwungen – im amerikanischen Exil wieder aufgreift. Die Unsicherheit der äußeren Lebensverhältnisse, das Engagement für verschiedene Flüchtlingskomitees (*The City of Man. A Declaration on World Democracy*, 1941), häufige Wohnungswechsel und eine wachsende Arbeitsüberlastung, von der ein umfangreicher Briefwechsel Zeugnis ablegt, unterbrechen jedoch die Kontinuität der schriftstellerischen Produktion. Unterstützung erhält B. von Freunden und akademischen Stiftungen, die auch seine Forschungen zur Massenwahntheorie für einige Zeit finanzieren. Eine literarische Darstellung massenpsychologischer Phänomene findet sich in dem Romanfragment *Die Verzauberung* (drei Fassungen des Romans entstanden zwischen 1934/35 und 1951). Im Genre des Heimatromans beschreibt B. unter Verwendung mythischer und mythenkritischer Bilder in parabelhafter Form die zerstörerische, sich bis zum Ritualmord steigernde Wirkung einer regressiv-irrationalistischen Ideologie, den Mechanismus der Macht, mit der ein einzelner Bewohner einer Dorfgemeinschaft seinem demagogischen Einfluss unterwirft. Gehört die *Verzauberung* zum Typ des antifaschistischen, die Zeitereignisse deutenden Romans (ähnlich wie die 1950 unter dem ironischen Titel *Die Schuldlosen* veröffentlichte Novellensammlung), wendet sich die Frage nach Schuld und Verantwortung in *Der Tod des Vergil* (1945) auf die Literatur selbst zurück, auf ihren das Handeln hemmenden Ästhetizismus, über den der sterbende Vergil, auch er ein

Dichter »am Ende einer Kultur«, nachdenkt. Durch die konsequente Verwendung des inneren Monologs, archetypischer Figuren und einer lyrisch-visionären, bisweilen rhetorisch überlasteten Sprache bei einer formal strengen Komposition des gesamten Werkes, zählt der *Vergil*, wie Thomas Mann urteilte, zu den »ungewöhnlichsten und gründlichsten Experimente(n), das je mit dem flexiblen Medium des Romans unternommen wurde«.

Werkausgabe: Kommentierte Werkausgabe. Hg. von Paul Michael Lützeler. 17 Bde. Frankfurt a. M. 1974–1981.

Friedrich Vollhardt

Brockes, Barthold Hinrich
Geb. 22. 9. 1680 in Hamburg; gest. 16. 1. 1747 in Hamburg

In seiner Autobiographie schildert der Kaufmannssohn, wie er sich sein Leben nach dem erfolgreichen Abschluss seiner Ausbildung vorstellte. Er hatte in Halle von 1700 bis 1702 ein juristisches Studium absolviert, ein halbes Jahr am Kammergericht in Wetzlar verbracht (1702) und am Ende seiner Bildungsreise (Italien, Schweiz, Frankreich, Holland) in Leiden den Titel eines Lizentiaten der Rechte erworben. 1705 war er wieder nach Hamburg zurückgekehrt: »Nachdem ich nun hieselbst die gewöhnlichen Visiten angenommen und gegeben, ging ich mit mir zu Rathe, wie ich nunmehr mein Leben anstellen, ob ich mich auf die Praxin legen, und ein eifriger Advocat werden, oder ein geruhiges Leben führen und mein eigener Herr bleiben wolte. Zu dem letztern hatte ich einen natürlichen Trieb, und ward auch darin je mehr und mehr bestärket durch den Umgang verschiedener Freunde. Meine Absicht war demnach durch eine artige Aufführung zu einer reichen Heyraht zu gelangen.« Sein Vorhaben gelang, nicht zuletzt deshalb, weil er über ein beträchtliches ererbtes Vermögen verfügte. So widmete er sich sechzehn Jahre lang als dilettierender Privatier allein seinen Interessen, der Poesie und den anderen Künsten, und auch als er 1720 mit der Wahl in den Rat seiner Heimatstadt seine politische Karriere begann, änderte sich wenig an seinem Ideal eines beschaulichen Lebens. Gleichwohl bewährte er sich auf einigen Gesandtschaftsreisen, die ihn an die Höfe von Wien, Berlin und Glückstadt (die Residenz der dänischen Könige) führten. In äußerstem Kontrast zu diesen Einblicken in das höfische Leben seiner Zeit steht das geruhsame Landleben, das ihm durch die Ernennung zum Amtmann in der hamburgischen Besitzung Ritzebüttel (Cuxhaven) ermöglicht wurde (von 1735 bis 1741). Auch der andere Punkt seines Programms, die gute Partie, hatte sich 1714 erledigt. Im selben Jahr gründete B. zusammen mit gelehrten Freunden im Stil der Sprachgesellschaften des 17. Jahrhunderts die literarische Vereinigung der »Teutschübenden«, 1724 rief er die »Patriotische Gesellschaft« ins Leben.

Die Spannweite von B.' literarischem Werk ist beträchtlich. Einerseits reicht es mit der Übertragung von Giambattista Marinos epischem *Bethlehemitischen Kinder-Mord* (1715) weit in die europäische Barocktradition zurück (Marinos Text datiert von 1620), andererseits nimmt es mit den Übersetzungen von Alexander Popes *Essay on Man* (*Versuch vom Menschen*, 1740) und James Thomsons *Seasons* (*Jahres-Zeiten*, 1745) Impulse der englischen Aufklärung auf. Diese Spannung, die auch zwischen seinem Oratorientext (*Der für die Sünde der Welt gemarterte und sterbende Jesus*, 1712) und seinen Beiträgen zur Moralischen Wochenschrift *Der Patriot* (1724–26) besteht, wird auch noch in seinem Hauptwerk erkennbar, den neun Bänden des *Irdischen Vergnügens in Gott, bestehend in Physicalisch- und Moralischen Gedichten* (1721–48). Mit seiner Metaphorik und der häufig verwendeten Kantatenform ist es noch barocken Traditionen verpflichtet, während es mit seinem philosophisch-religiösen Grundtenor Gedanken der Aufklärung reflektiert. Die Gedichte sind poetische Manifestationen eines von kei-

nem Zweifel angekränkelten philosophischen Optimismus, ständig variierte »Erweise«, dass die bestehende irdische Welt die beste aller möglichen Welten sei. Dies geschieht in philosophischen Gedichten über allgemeine Themen, vor allem jedoch in den zahlreichen Texten, die von der Anschauung einer Naturerscheinung – Blume, Tier, Naturphänomen –, von der Beschreibung ihrer Schönheit, Zweckmäßigkeit und Nützlichkeit zum Lob des Schöpfers führen:»üm auch in diesen Dingen Sein' Allmacht, Seine Lieb' und Weisheit zu besingen.«

Werkausgabe: Irdisches Vergnügen in Gott. 9 Teile (1735–1748), Nachdruck Bern 1970.

Volker Meid

Brod, Max
Geb. 27. 5. 1884 in Prag; gest. 20. 12. 1968 in Tel-Aviv

Der Spross einer alteingesessenen jüdischen Familie aus Prag und promovierte Jurist vollbrachte gleich mehrere kulturhistorische Heldentaten: Er rettete das nachgelassene Werk seines Freundes Franz Kafka vor der testamentarisch geforderten Vernichtung und machte es als Herausgeber der Weltöffentlichkeit zugänglich; mit zahlreichen Essays, einer Kafka-Biographie (1937) und den autobiographischen Schriften *Streitbares Leben* (1960) und *Der Prager Kreis* (1966) wurde B. zum begriffsprägenden Chronisten der Prager deutschen Literatur; als unermüdlicher Talentsucher förderte er den jungen Franz Werfel, verhalf Leoš Janáček zum Durchbruch und brachte als Erster Jaroslav Hašeks *Schwejk* auf die Bühne.

So hilfreich dieses Auftreten als Kulturmanager für andere war, so tragisch war die Wirkung auf B. selbst: dass er auch Dichter, Philosoph und Komponist war, wurde zur Nebensache. Dabei war sein literarisches Frühwerk mit den programmatischen Novellenbänden *Tod den Toten!* (1906) und *Experimente* (1907), das ganz im Zeichen seiner Schopenhauer-Lektüre und eines an ihr entwickelten »Indifferentismus« stand, von enormer Wirkung auf die Berliner Expressionisten. Im Kreis der »Aktion« wurde sein Erstlingsroman *Schloß Nornepygge* (1908) als ›Bibel‹ verehrt.

Wenig später vollzog B. eine doppelte Wandlung, die sein weiteres Leben bestimmte: Zunächst distanzierte er sich vom fatalistischen Denken und machte die Suche nach dem Mitmenschen zu seinem eigentlichen Thema. Niederschlag dieses »Durchbruchs zur Liebe« war der ›kleine Roman‹ *Ein tschechisches Dienstmädchen* (1909), aber auch der Vortrag von Werfels Gedicht *An den Leser* mit seinem ›O-Mensch-Pathos‹ 1910 bei einer Lesung in Berlin, womit B. laut Kurt Pinthus offiziell das Jahrzehnt des Expressionismus einläutete. In B.s literarischem Hauptwerk, dem historischen Roman *Tycho Brahes Weg zu Gott* (1915), wird das Thema des Suchens politisch und theologisch interpretiert; in der Wendung zum Mitmenschen wird die Schöpfung fortgeführt, besteht der Weg zum Göttlichen. Unter dem Einfluss Martin Bubers gelangte B. zur Überzeugung, diese Tat-Philosophie sei der Kerngedanke des Judentums. B. bekannte sich nun offen zum Zionismus und unterstützte ihn politisch. So wurde er Gründungsmitglied des Jüdischen Nationalrates in der ČSR und trat 1919 bei der ersten jüdischen Großdemonstration als Redner auf. Die Frage der jüdischen Identität bewegte auch seinen Freundeskreis, den er später als ›engeren Prager Kreis‹ definierte: Kafka, der blinde Dichter Oskar Baum und Felix Weltsch, mit dem zusammen er den Essay *Zionismus als Weltanschauung* (1925) verfasste. Aus dieser Konstellation wird B.s strikt theologische Kafka-Exegese verständlich. Wegen seiner Leistungen als jüdischer Denker wurde B. Ende der 1930er Jahre ein Lehrstuhl für Religionsphilosophie am Hebrew Union College, einem Rabbiner-Seminar der jüdischen Reformbewegung in Cincinnati, angeboten.

B. blieb jedoch seiner – im Roman *Rebellische Herzen* (1957) verewigten – Profession als Journalist beim *Prager Tagblatt* treu, die er seit 1924 neben seiner Stellung als Kulturreferent im Ministerratspräsidium der ČSR hauptberuflich betrieb. B.s belletristischen Werke dieser Zeit sind großteils in einer Mischform aus sentimentaler Liebesgeschichte, Bildungsroman und philosophischem Traktat gehalten. Während der Liebesroman *Die Frau, nach der man sich sehnt* (1927) 1929 als Stummfilmmelodram mit Marlene Dietrich verfilmt wurde, sind in *Stefan Rott oder Das Jahr der Entscheidung* (1931) philosophische Probleme so dominant, dass der Roman als »Prager Zauberberg« (Joachim Schoeps) bezeichnet wurde. Daneben entstanden eine Reihe historischer Romane, für deren bekanntesten *Rëubeni, Fürst der Juden* (1925) B. 1930 den tschechoslowakischen Staatspreis erhielt.

Der Einmarsch Hitlers in Prag zwang B. 1939 zur Flucht. Er wählte Palästina, das ihm bereits von einer Reise aus dem Jahr 1928 bekannt war, als neue Heimat und war von 1939 bis 1945 als Dramaturg an der führenden hebräischen Bühne »Habima« tätig. Nach Kriegsende beschäftigte sich B. besonders mit religionsphilosophischen Fragen angesichts des Holocaust, bei deren Beantwortung er immer wieder auf Formulierungen Kafkas zurückgriff. In diesem Zusammenhang entstanden – gleichzeitig mit der ersten Kafka-Rezeptionswelle – B.s Essays *Franz Kafka als wegweisende Gestalt* (1953) und *Verzweiflung und Erlösung im Werk Franz Kafkas* (1957). Kennzeichnend für B.s Denken blieb ein erstaunlicher, bis an sein Lebensende ungebrochener Optimismus, mit dem er auch tagespolitische Ereignisse wie den Sechs-Tage-Krieg kommentierte. Dass B. nach seinem Tode von der israelischen Germanistik in eigenartiger Umkehrung zu den Anfeindungen durch die jüdischen Großkritiker Karl Kraus und Walter Benjamin eine Apotheose erfuhr, hat jedoch einen anderen Grund: Wie kein anderer eignet sich B.s Lebenslauf mit seinem Wandel vom apolitischen Ästheten zum zionistischen Aktivisten, vom Mitteleuropäer zum überzeugten israelischen Staatsbürger als Paradigma für eine ganze Generation von Schriftstellern jüdischer Herkunft.

Stefan Bauer/Red.

Brodskij, Iosif

Geb. 24. 5. 1940 in Leningrad, heute St. Petersburg;
gest. 28. 1. 1996 in New York

Der Lyriker, Essayist und Dramatiker Iosif Brodskij, der 1987 mit dem Nobelpreis für Literatur ausgezeichnet wurde, gilt vielen als der bedeutendste russische Dichter der zweiten Hälfte des 20. Jahrhunderts. Er entstammte einer jüdischen Familie. Die Mutter war Buchhalterin, der Vater Photograph. Im Alter von 15 Jahren verließ B. die Schule und arbeitete unter anderem in einer Maschinenbaufabrik, in einer Leichenhalle und als Hilfsarbeiter auf geologischen Expeditionen. Seit Ende der 1950er Jahre bewegte er sich in Kreisen jugendlicher Literaten und war Mitglied von offiziellen und halboffiziellen Literaturzirkeln. Die ersten Gedichte stehen noch unter dem Einfluss der sowjetischen Nachkriegslyrik. Als Autodidakt brachte sich B. Englisch und Polnisch bei. Mit Texten wie »Na smert' Roberta Frosta« (1963; »Auf den Tod Robert Frosts«), »Na smert' T.S. Ėliota« (1965; »Auf den Tod T.S. Eliots«) sowie dem frühen Meisterwerk »Bol'šaja ėlegija Džonu Donnu« (1963; »Große Elegie für John Donne«) wandte er sich früh dem angloamerikanischen Kulturraum zu. Im Februar 1964 kam es aufgrund eines verleumderischen Zeitungsartikels zu einem Prozess gegen B. Wegen »Schmarotzertums« – man warf ihm vor, dass er mit den Einkünften aus literarischen Übersetzertätigkeiten seinen Lebensunterhalt nicht bestreiten könne – wurde er zu fünf Jahren Zwangsarbeit im Gebiet Archangelsk verurteilt. Nach Protesten sowjetischer und westlicher Künstler und Intellektueller kam er im September 1965 wieder frei. Im selben Jahr erschien in den USA ein erster, ohne Mitwirkung des Autors zusammengestellter Gedichtband *Stichotvorenija i poėmy* (*Gedichte und Poeme*); bereits 1967 lag mit *Elegy to John Donne and Other Poems* eine Auswahl in englischer Übersetzung vor. Der in New York edierte Band *Ostanovka v pustyne* (1970; *Haltestelle in der Wüste*) liefert eine Bilanz des frühen Schaffens. In der Sowjetunion kursierten B.s Texte seit den frühen 1960er

Jahren im sog. ›Samizdat‹, d. h. in Form von im Selbstverlag erstellten illegalen Abschriften, hatten aber wegen ihrer ästhetischen und zunehmend auch politischen Unbotmäßigkeit im offiziellen Literaturapparat keine Chance. Eine 1966 geplante Gedichtsammlung wurde nicht realisiert, nur vereinzelt erschienen Gedichte in Anthologien. 1972 wurde B. von offizieller Seite zur Ausreise genötigt. Er ging in die USA, wo er die Stellung eines Poet in Residence an der Michigan University antrat und Literatur-Dozenturen an verschiedenen Hochschulen im Osten des Landes wahrnahm. 1977 wurde er amerikanischer Staatsbürger. Seit Mitte der 1970er Jahre lebte er v.a. in New York.

Schon die frühesten Gedichte B.s sprechen, oftmals im Genre der Elegie, von Tod, Vergänglichkeit und der Absurdität menschlicher Existenz. In der zweiten Hälfte der 1960er Jahre zeigt sich in Texten wie »Reč o prolitom moloke« (1967; »Rede über die vergossene Milch«) oder »Konec prekrasnoj ėpochi« (1969, »Das Ende einer schönen Epoche«) neben komplexen kulturphilosophischen Überlegungen zunehmend auch eine Neigung zum rhetorisch zugespitzten Sarkasmus. Die Verbindung von Ironie und Lyrismus, von Hohem und Niederem bleibt neben einem ausgesprochenen Anspielungsreichtum – dem subtilen Verweis auf Vorläufer wie Aleksandr Puškin, Boris Pasternak oder Velimir Chlebnikov, aber auch auf andere Kunstgattungen wie Musik und Malerei – ein Markenzeichen der Texte B.s. Formal ist seine Lyrik sehr vielseitig; innovativ wirken insbesondere die oft nur durch lockeren Gleichklang verbundenen Reime. Die Texte der 1960er Jahre sind metrisch streng organisiert; seit der Emigration verwendete B. zunehmend frei rhythmisierte Verse, die zu langen, über die Versenden hinausgehenden Satzperioden ausgreifen. Zentral für sein Werk ist die Form des meditativen Langgedichts, die in den 1970er Jahren mit Texten wie »Osennij krik jastreba« (1975; »Der herbstliche Schrei des Habichts«) oder »Kolybel' naja Treskovogo mysa« (1975; »Wiegenlied von Cape Cod«) ihre größte Reife erreichte. Bilderreiche, ins Allegorische gehende

Reflexionen über das eigene Schicksal verbinden sich mit sentenzhaft formulierten Befunden zur Materialität der poetischen Sprache, zu Raum, Zeit und Sein. Die eigene Biographie versteckte B. schon früh hinter literarischen oder mythologischen Masken, so in dem Gedicht »Odissej Telemaku« (1972; »Odysseus an Telemach«), das auf die eigene Exilierung anspielt. Konkret wird der lyrische Sprecher vor allem in der Gestalt des Reisenden. An die Stelle der sowjetischen ›Randlagen‹, wie Jalta, Litauen oder Kaliningrad, treten dabei später Mexiko, England, Schweden und besonders Italien. Mit dem Essay *Watermark* (1992; *Ufer der Verlorenen*, 1991) lieferte B. eine Hommage an Venedig, das er seit 1972 immer wieder besuchte. Der auf einen mehrmonatigen Rom-Aufenthalt im Jahre 1981 zurückgehende zwölfteilige Zyklus *Rimskie ėlegii* (1982; *Römische Elegien und andere Gedichte*, 1985) feiert das Rom-Erlebnis in scherzhaft ironischer Anlehnung an Catull, Ovid, Properz und Goethe als ein dankbares Eingehen des lyrischen Subjekts in den Text der Kultur.

B.s dramatische Arbeiten, die Stücke *Mramor* (1984; *Marmor*, 1988) und *Demokratija!* (1990; *Demokratie!*), fanden wegen ihres thesenhaften Charakters eine eher skeptische Aufnahme. 1986 legte er die Essaysammlung *Less Than One* (dt. 2 Bde.: *Erinnerungen an Leningrad*, 1987; *Flucht aus Byzanz*, 1988) vor, deren Beiträge er größtenteils in englischer Sprache verfasst hatte: Neben zwei Erinnerungsskizzen über Kindheit und Jugend im Leningrad der Nachkriegszeit enthält der Band vor allem einführende Texte zum Werk geschätzter Autorenkolleg/innen. Seine Nobelpreisrede begann er 1987 mit einer Referenz an fünf Vorläufer/innen, die er als Leitbilder in Leben und Werk betrachtete: Osip Mandel'štam, Marina Cvetaeva, Robert Frost, Anna Achmatova und W.H. Auden. Mit der bewussten Herausstellung poetischer Abhängigkeitsbeziehungen knüpfte er an die Gedächtnispoetik der »Akmeisten« an. Er teilte den hierarchisch grundierten Kulturbegriff dieser literarischen Gruppierung aus den 1910er Jahren, der er sich durch die Bekanntschaft mit Anna Achmatova und Nadežda Mandel'štam, der Witwe des Dichters, auch persönlich verbunden fühlte. In den Texten der Bände *Uranija* (1987, *Urania*) und *Pejzaž s navodneniem* (1996; *Landschaft mit Überschwemmung*) klingen zunehmend kulturpessimistische Töne an. Schon in der Nobelpreisrede hatte B. den erzieherischen Wert der Literatur betont. In seiner Funktion als Poet Laureate der USA 1991–1992 plädierte er für die massenhafte Verbreitung von Lyrikbänden zur Behebung gesellschaftlicher Missstände. Solche und andere Reflexionen zu kulturellen und historischen Fragestellungen finden sich neben höchst einfühlsamen und intellektuell brillanten Versuchen etwa über Rilke, Horaz und Mark Aurel in dem letzten Essayband *On Grief and Reason* (1995; dt. 2 Bde.: *Von Schmerz und Vernunft*, 1996; *Der sterbliche Dichter*, 1998). 1989 schrieb B. in dem Gedicht »Fin de siècle«: »Bald endet das Jahrhundert, doch eher ende ich.« Am 28. 1. 1996 erlag er in seiner New Yorker Wohnung einem Herzinfarkt.

Werkausgaben: Collected Poems in English. Hg. A. Kjellberg. New York 2000. – Brief in die Oase. Hundert Gedichte. Hg. R. Dutli. München 2006.

Jens Herlth

Bronnen, Arnolt
Geb. 19. 8. 1895 in Wien;
gest. 12. 10. 1959 in Berlin

B. war eine durchwegs umstrittene Persönlichkeit, sogar was die Fakten seiner Herkunft betrifft. Als er 1930 wegen seiner angeblich halbjüdischen Abstammung von der Rechten unter Druck gesetzt wurde, behauptete er, mit Hilfe einer eidesstattlichen Erklärung seiner Mutter, dass er nicht der Sohn des jüdischen Gymnasiallehrers und Schriftstellers Ferdinand Bronner sei, sondern in Wahrheit der uneheliche Sohn des protestantischen Pfarrers W. A. Schmidt. Nach Absolvierung seiner Schulzeit in Wien studierte B. an der dortigen Universität Jura, bevor er sich im Mai 1915 freiwillig zum Militärdienst meldete. Nach einer schweren Verwundung im Oktober 1916 an der Tiroler Front verbrachte er drei Jahre in italienischer Kriegsgefangenschaft. 1919 kehrte er nach Wien zurück, von wo aus er ein Jahr später nach Berlin übersiedelte. 1922 wurde das frühe Theaterstück *Die Geburt der Jugend* (geschrieben 1914) veröffentlicht und *Vatermord* (entstanden 1915) mit Erfolg aufgeführt. *Vatermord*, zugleich eine persönliche Rebellion und eine repräsentative Revolte einer ganzen Generation gegen autoritäre Strukturen (wie Walter Hasenclevers *Der Sohn*, Hanns Johsts *Der junge Mensch*, Georg Kaisers *Rektor Kleist*), machte B. für kurze Zeit zu einer berühmt-berüchtigten Figur. Diese Periode war geprägt durch eine intensive Freundschaft mit Bertolt Brecht, die dazu führte, dass man Mitte der 1920er Jahre die beiden in Berlin als ›Dramatiker-Zwillinge‹ bezeichnete.

Die Exzesse (1923) spielt in einer Zeit der Inflation und der Ausbeutung durch Unternehmer. Das Stück verbindet sexuelle und verbale Ausschweifungen mit einem grobschlächtigen Nationalismus: Eine deutsche Nachkriegserfahrung von Stralsund bis Bozen wird dargestellt in Form von sexuellem und finanziellem Missbrauch. B.s literarisches und dramatisches Werk ließ seit Mitte der 1920er Jahre ein Interesse an großen geschichtlichen Figuren erkennen, wie die Novelle *Napoleons Fall* (1924) und das Alexander-Schauspiel *Ostpolzug* (1926) belegen. Die Polarisierung der deutschen Politik der späten Zwanziger zeitigte einen abrupten Wechsel B.s zur äußersten Rechten: er beschrieb sich in einem Interview als »nicht völkisch, aber Faschist«. Sein Interesse an Film und Rundfunk (er arbeitete in den frühen 1920 Jahren für die Ufa, von 1926 bis 1928 für die Funkstunde, Berlin, und ab 1928 für die Reichsrundfunkgesellschaft, vorwiegend als Verfasser von Hörspielen) spiegelt sich in seinem größten finanziellen Erfolg, dem Hollywood-Roman *Film und Leben Barbara la Marr* (1928), wider. 1929 erschien *O. S.*, ein Freikorps- bzw. Oberschlesien-Roman, der von der nationalsozialistischen Presse und von Ernst Jünger hoch gepriesen, von den linken Intellektuellen dagegen tief verabscheut wurde. Paradoxerweise lenkte die Nazi-Presse, obgleich sie B.s politische Einstellung begrüßte, die Aufmerksamkeit auch auf seine jüdische Abstammung. Die daraus resultierende Reihe von Rechtsstreitigkeiten nötigte ihn zu bestreiten, dass er Ferdinand Bronners Sohn sei. In dieser Zeit begann B.s Freundschaft mit Josef Goebbels. Wie um seine rechtsradikale Gesinnung zu belegen, veröffentlichte B. anschließend *Roßbach* (1930), einen Roman über den Freikorpsführer Major Gerhard Roßbach, und wurde in eine öffentliche Auseinandersetzung mit Thomas Mann verwickelt, welche im Oktober 1930 darin gipfelte, dass er Thomas Manns Berliner Rede *Appell an die Vernunft* störte.

B.s Versuche, sich 1933 beim Nazi-Regime beliebt zu machen, waren nur teilweise erfolgreich. Es gelang ihm zwar, eine Entlassung aus der Reichsrundfunkgesellschaft abzuwenden; im Juli 1934 avancierte er zum Dramaturg beim neuen Fernsehdienst. Unterdessen wurden aber seine Bücher im Rowohlt Verlag beschlagnahmt. Alfred Rosenberg attackierte Goebbels dafür, dass er sich vor B. stellte, und obschon dieser 1936 der NSDAP beitrat, wurde er von der Liste der Reichsschrifttumskammer gestrichen und erhielt im Mai 1937 Schreibverbot. Trotz hartnäckiger Bemühungen um Aufhebung dieses Verbots – er war 1941 und 1942 kurzzeitig erfolgreich – sah sich B. zunehmend angefeindet wegen seiner frühen Schriften. Angesichts weiterer Drohungen zog er im August 1943 nach Goisern im Salzkammergut. Er wurde im August 1944 einberufen, schloss sich aber in den letzten Kriegstagen dem Widerstand an. Nach dem Waffenstillstand war er für kurze Zeit Bürgermeister von Goisern. Von 1945 bis 1951 arbeitete er als Kulturredakteur der *Neuen Zeit* in Linz. Er trat der österreichischen Kommunistischen Partei bei, obwohl er sich nunmehr Schwierigkeiten wegen seiner Nazi-Vergangenheit gegenübersah. In seinem Stück *Die Kette Kolin* (1950) verarbeitet er seine Erlebnisse im Widerstand. Nach Abschluss des Staatsvertrags (1955) verließ B. Österreich und siedelte nach Ostberlin über. Vier seiner Bühnenstücke, einschließlich *Gloriana*, welches im Elisabethanischen England spielt (begonnen 1939, aber unter den Nazis verboten), veröffentlichte der Aufbau-Verlag 1958, ein Jahr vor B.s Tod.

Rhys W. Williams/Red.

Brontë, Charlotte
Geb. 21. 4. 1816 in Thornton, Yorkshire; gest. 31. 3. 1855 in Haworth, Yorkshire

Charlotte Brontë ist, gemeinsam mit ihrer jüngeren Schwester Anne, die Hauptvertreterin des frühviktorianischen weiblichen Entwicklungsromans; gleichzeitig verdeutlicht die kritische Rezeption ihres Werkes, die sich in historischer Perspektive als biographisch, didaktisch, feministisch und narratologisch fokussiert nachzeichnen lässt, geradezu paradigmatisch den allgemeinen Perspektivenwechsel der modernen Literaturwissenschaft. – Als drittes Kind des Reverend Patrick Brontë geboren, verbrachte B. den größten Teil ihrer Kindheit in Haworth, Yorkshire, gemeinsam mit ihren Geschwistern Maria (1813–25), Elizabeth (1815–25), Patrick Branwell (1817–48), Emily Jane (1818–48) und Anne (1820–49), dem Vater und nach dem frühen Tod der Mutter (1821) ihrer Tante Elizabeth Branwell. Alle Mädchen mit Ausnahme Annes besuchten die Clergy Daughters' School in Cowan Bridge, wo sie letztlich aufgrund unzureichender Fürsorge unter selbst für viktorianische Verhältnisse katastrophalen Lebens- und Lernbedingungen zu leiden hatten; todkrank kehrten Maria und Elizabeth 1825 nach Hause zurück und starben bald darauf; am 1. 6. 1825 kehrten auch Charlotte und Emily nach Haworth zurück. Obwohl B. ab 1831/32 die Schule von Miss Wooler in Roe Head besuchte, wo sie dann in den

Jahren 1835-38 auch als Erzieherin arbeitete, fand die eigentliche Erziehung ab Mitte der 1820er Jahre im Pfarrhaus von Haworth statt. Dort führte der Vater die Kinder an die Schätze seiner Bibliothek heran (u. a. die Bibel, Homer, Vergil, Shakespeare, John Milton, Lord Byron, Sir Walter Scott) und eröffnete ihnen mit *Blackwood's Edinburgh Magazine*, *Fraser's Magazine* und *The Edinburgh Review* einen weiteren intellektuell-kulturellen Horizont. Im Juni 1826 hatte Mr. Brontë von einem Besuch in Leeds Branwell ein Set von zwölf Holzsoldaten mitgebracht, ein Geschenk, das sogleich zum Schlüsselerlebnis wurde: Über die Empfindungen, Erlebnisse und Abenteuer dieser Figuren erzählten und schrieben die Kinder Geschichten, und sie erfanden eine imaginäre gläserne Stadt. Charlotte und Branwell schrieben eine Chronik der erstaunlichen Geschichte des Königreichs Angria in kaum briefmarkengroßen Heftchen nieder (*Legends of Angria*, 1933; *Erzählungen aus Angria*, 1987), während Emily und Anne sich über Jahre hinweg der Gondal-Saga widmeten. Dokumentieren bereits diese Jugendschriften die unerschöpfliche, melodramatische, phantastische Imaginationskraft B.s und den Gemeinschaftsgeist der Kinder, so werden sie im Rückblick ebenfalls zu einer konzentrierten Schreibschule für das spätere Werk.

In die 1840er Jahre fällt der für B. biographisch so wichtige (und dann in den Romanen *Villette* und *The Professor* literarisierte) Aufenthalt in Brüssel, wo sie zwischen Februar 1842 und 1844 insgesamt 18 Monate im Pensionat von M. Constantin Heger verbrachte, um ihre Französisch- und Deutschkenntnisse zu verbessern. Im September 1845 entdeckte B., die schon seit ihrer Zeit in Roe Head selbst Gedichte schrieb, ein Heftchen mit Gedichten Emilys, und schnell hatte sie ihre widerstrebenden jüngeren Schwestern überzeugt, gemeinsam eine Gedichtsammlung zu veröffentlichen. Diese erschien Ende Mai 1846 – weitgehend unbemerkt von der Kritik und dem Lesepublikum – als *Poems by Currer, Ellis and Acton Bell*, ein schmales, 165 Textseiten umfassendes, schnell produziertes Bändchen mit 19 Gedichten von Currer (Charlotte) und je- weils 21 von Ellis und Acton (Emily und Anne), auf Kosten der Autoren. Literarisch bedeutsam sind im Grunde nur einige der Gedichte Annes und Emilys, während Charlottes Themen gesucht und ihre Gestaltungskraft limitiert erscheinen. Dennoch, ihrem Engagement war diese erste Veröffentlichung zu verdanken, und schon bald wandte sie sich wiederum an die Londoner Verleger, denen sie nun drei Romane der »Gebrüder Bell« anbot; ihr eigener Roman, *The Professor* (*Der Professor*, 1990), wurde immer wieder abgelehnt und erschien erst postum im Jahre 1857. Eine mit freundlicher Aufmunterung versüßte Ablehnung des Romans durch das Verlagshaus Smith, Elder and Co. ermutigte B., ihren inzwischen vollendeten zweiten Roman, *Jane Eyre* (*Jane Eyre*, 1848), einzuschicken; dieser wurde sogleich akzeptiert und erschien im Oktober 1847, zwei Monate bevor Emilys *Wuthering Heights* und Annes *Agnes Grey* bei T.C. Newby veröffentlicht wurden. Plötzlich waren die Romane der Gebrüder Bell Gegenstand des öffentlichen Interesses, insbesondere *Jane Eyre* wurde von der Kritik enthusiastisch gefeiert, wobei die männliche Autorenfiktion zusätzliches Interesse provozierte. Wie schon die ambitionierte B. die treibende Kraft hinter der Veröffentlichung der *Poems* und der Romane war, so war sie auch diejenige, die als erste ihre wahre Identität (und die ihrer Schwestern) preisgab. Die Freude über die literarischen Erfolge im Hause Brontë sollte nicht lange andauern: Im September 1848 starb Branwell, im Dezember 1848 Emily und im Juli 1849 Anne, womit B. zur Nachlassverwalterin auch der literarischen Werke ihrer Schwestern wurde, Werke, deren Qualitäten sie verkannte und die sie demzufolge nur widerstrebend für Neuauflagen freigab.

Im Oktober 1849 erschien B.s Roman *Shirley* (*Shirley*, 1849), gefolgt von *Villette* (1853; *Villette*, 1853), jeweils Achtungs- und Publikumserfolge, die zusammen mit *Jane Eyre* zu den bedeutendsten literarischen Entwürfen weiblicher Existenz im Zeitalter des Viktorianismus gehören. *Jane Eyre* ist die fiktionale Autobiographie einer klugen, nicht übermäßig hübschen jungen Frau. Konzentriert auf die für ihre Selbstfindung im Widerstreit von Gefühl (*passion*) und Vernunft (*reason*) zentralen Phasen ihres Lebens, strukturiert die Ich-Erzählerin ihren Bericht, rafft oder berichtet detailliert: Eingehend geschildert werden die Jahre der entbehrungsreichen Kindheit im Hause ihrer Tante und in Lowood – Waisenhaus und Schule zugleich –, die Begegnung mit dem düsteren – an die Helden der *gothic novel* erinnernden – Gutsherrn Edward Rochester von Thornfield Hall, die Liebe zu ihm, ihre Flucht, nachdem sie am Hochzeitsmorgen erfahren musste, dass Rochesters Ehefrau Bertha als Wahnsinnige im obersten Stock des Gutshauses weggeschlossen ist, der Aufenthalt im Hause von St. John Rivers und seinen Schwestern, der moralische und religiöse Druck, den St. John auf sie ausübt, ihn als seine Ehefrau auf eine Missionsreise zu begleiten, der erneute Aufbruch und die Auflösung aller Verwicklungen, die Heirat mit dem inzwischen verkrüppelten und verwitweten Rochester. Das aus einem zeitlichen Abstand von zehn Jahren (nach der Hochzeit mit Rochester) geschilderte Geschehen wird in deutlicher Parallelität zum fortschreitenden Integrationsprozess der Protagonistin immer häufiger für Reflexionen und direkte Leseranreden unterbrochen, die zum einen der leidenschaftlichen Emotionalität der jungen (erlebenden) Jane die ruhige Ausgewogenheit der gereiften (erzählenden) Jane gegenüberstellen, zum anderen immer wieder prinzipielle Fragen aufwerfen, etwa die Restriktionen, denen Frauen unterworfen sind (Kap. 12). Die ausgefeilte, den ganzen Roman prägende Symbolik (Feuer, Wasser) und Metaphorik, die behutsam angedeutete Parallelität zwischen Jane und Bertha, dies alles verleiht dem zentralen Aspekt der weiblichen Identitätskonstitution im Widerstreit von *passion* und *reason* Tiefe.

Wie die Schilderung von Lowood in autobiographischem Erleben (Cowan Bridge) gründet, so verarbeitet B. ihren Brüsselaufenthalt in *Villette* (*Villette*, 1984), der fiktiven Autobiographie Lucy Snowes, einer – wie Jane Eyre – unscheinbaren, auf sich allein gestellten jungen Frau. Diese bezeichnet am Ende des Romans und nach etlichen Verwicklungen die drei Jahre als selbständige Lehrerin und Leiterin einer kleinen Schule, in denen sie auf die Rückkehr von Paul Emanuel wartete, als die glücklichste Zeit ihres Lebens. Erzählerische Traditionen der *gothic novel* und strukturelle Innovationen, der offene Schluss wie die immer wieder durchscheinende Unzuverlässigkeit der Erzählinstanz, verdichtet B. zu einer präzisen, glaubhaften Darstellung auch in ihrer Liebe durchaus unromantischer Charaktere. Zwei sehr unterschiedliche Frauenfiguren, Caroline Helstone und Shirley Keeldar, stehen im Mittelpunkt von *Shirley*, einem multiperspektivischen historischen Roman, der vor dem fragmentarisch ausgeleuchteten Hintergrund der Ludditen-Unruhen entscheidende Monate im Leben der beiden jungen Frauen schildert. Wie Caroline und Shirley im Rahmen des in den Roman – primär über die Nebenfiguren – integrierten Meinungsspektrums über die Möglichkeiten weiblicher Existenz ihre Zukunftswünsche realisieren, ist vielleicht nicht spektakulär; bedeutsam ist der Roman dennoch, weil er durchgängig strukturell verdeutlicht, dass in einer zunehmend komplexer werdenden Welt keine allgemein akzeptable Repräsentation von Wirklichkeit und Weiblichkeit mehr möglich ist.

Uwe Baumann

Brontë, Emily [Jane]
Geb. 30. 7. 1818 in Thornton, Yorkshire; gest. 19. 12. 1848 in Haworth, Yorkshire

Wuthering Heights (1847; *Die Sturmhöhe*, 1938), der einzige Roman Emily Brontës, gehört zu den wenigen literarischen Texten, die auch noch über 150 Jahre nach Abfassung ihre Leser in Erstaunen, Begeisterung oder Abscheu zu versetzen vermögen. Die Geschichte der Bewohner zweier Gutshäuser in einer entlegenen Gegend Nordenglands bringt Elementaraffekte wie Liebesleidenschaft, Eifersucht und Rachsucht in einer von moralischen Grundsätzen und zivilisatorischen Umgangsformen ungetrübten Reinform zur Anschauung. Im Zentrum steht die Figur Heathcliffs, eines im Alter von etwa sechs Jahren in die auf Wuthering Heights lebende Familie Earnshaw aufgenommenen Findelkindes. Zwischen Heathcliff und seiner ein Jahr jüngeren Stiefschwester Catherine entwickelt sich eine tiefe Zuneigung; von seinem älteren Stiefbruder Hindley hingegen fühlt sich Heathcliff zurückgesetzt.

Als sich die heranwachsende Catherine mit Edgar Linton vom Nachbarhof Thrushcross Grange verlobt, entflieht Heathcliff verbittert, ohne zu wissen, dass Catherine ihn nach wie vor weit mehr liebt als Edgar. Nach seiner Rückkehr einige Jahre später nimmt Heathcliff grausame Rache: Er stört die Ehe von Catherine und Edgar, und Catherine stirbt entkräftet nach der Geburt ihrer Tochter Cathy. Heathcliff gelingt es durch Geschick und Brutalität, sich auch noch des anderen Gutshofes zu bemächtigen. Als er am Ziel ist, wird er jedoch von seiner Sehnsucht zu der verstorbenen Catherine übermannt und führt seinen eigenen Tod herbei. Durch ihre Liebe überwinden Cathy und Hareton, der Sohn Hindleys, die Schatten der Vergangenheit und leiten einen Neuanfang ein. – In einer Rahmenhandlung wird diese Geschichte von der Haushälterin Nelly Dean einem Besucher aus der Großstadt erzählt, der Thrushcross Grange von Heathcliff gemietet hat und gewissermaßen den Leser des Romans vertritt. Der Kontrast zwischen Nellys betont leidenschaftslosem Bericht und dem leidenschaftlichen Geschehen gibt der Erzählung ihren besonderen Reiz. Ein Kontrast besteht auch zwischen der viktorianischen Erzählkonventionen entsprechenden Wirklichkeitsnähe, die etwa in der realistischen Wiedergabe zahlreicher Details zum Ausdruck kommt, und der allegorischen Gesamtanlage des Romans: Die beiden Gutshöfe lassen sich als Veranschaulichung der Gegensätze von Ruhe und Sturm, von Apathie und Leidenschaft, von Zivilisation und Wildnis, aber auch von Himmel und Hölle deuten. Diese Struktur und das offensichtliche Desinteresse der Autorin an sozialen und ökonomischen Fragen haben zahlreiche Kritiker veranlasst, *Wuthering Heights* als Ausnahmeerscheinung in der Geschichte des englischen Romans anzusehen. Diese Einschätzung wird dem Buch jedoch nicht gerecht: Wie Romane von Charles Dickens und Wilkie Collins greift *Wuthering Heights* auf Themen und Motive der *Gothic novel* zurück und thematisiert die menschliche Sehnsucht nach Liebe und Anerkennung und die Erfahrbarkeit von Himmel und Hölle in den bis zum Wahnsinn reichenden Extremen menschlicher Leidenschaft. Ein vielfach angewandtes erzähltechnisches Verfahren ist hierbei der Einsatz von Naturmotiven (wie Jahreszeiten, Landschaft und Wetter) als Spiegel für psychische Prozesse und Situationen, für oft unausgesprochene Elementaraffekte. Auch in dieser Hinsicht steht *Wuthering Heights* in einer Tradition, die von der *Gothic novel* bis zu Thomas Hardy und D.H. Lawrence reicht.

Von der zeitgenössischen Kritik wurde der zunächst unter dem geschlechtsneutralen Pseudonym »Ellis Bell« erschienene Roman bemerkenswert wohlwollend aufgenommen, wenn auch nicht gleich in seiner vollen Bedeutung erkannt. Erst im 20. Jahrhundert avancierte *Wuthering Heights* zu einem der herausragenden Klassiker der englischen Literatur, dessen Popularität auch in mehreren erfolgreichen Verfilmungen deutlich wird. Die spätere Rezeption ist u. a. durch das romantische Bild der in einem einsamen Pfarrhaus inmitten der Moore Yorkshires lebenden Autorin geprägt, ein Bild, zu dem ihr früher Tod (an Tuberkulose) ebenso beitrug wie die Charakterisierung durch ihre Schwester Charlotte als »stärker als ein Mann, einfacher als ein Kind«. Im Haushalt ihres Vaters, des Pfarrers Patrick Brontë, lebte B. allerdings durchaus nicht in Isolation von der Welt; wie ihre Schwestern hatte sie besten Zugang zu Literatur und zu aktuellen Informationen über das politische und literarische Geschehen.

Neben ihrem Roman schrieb B. auch Gedichte, die allerdings zu Lebzeiten lediglich in einem wenig beachteten Privatdruck erschienen. Viele von ihnen stehen in einem Zusammenhang mit den Geschichten von Gondal, einer von Emily und ihrer Schwester Anne in ihrer Kindheit und Jugend ersonnenen und im pazifischen Ozean angesiedelten Phantasiewelt. Andere Gedichte thematisieren das Verhältnis der Autorin zu Umwelt und Imagination und lassen sich als metafiktionale Äußerungen deuten und zur Interpretation von *Wuthering Heights* heranziehen.

Thomas Kullmann

Browning, Robert
Geb. 7. 5. 1812 in Camberwell/London; gest. 12. 12. 1889 in Venedig

Im Unterschied zum Mann auf der Straße, den der Name Robert Browning allenfalls an seine Schulzeit und den Ohrwurm »Oh, to be in England / Now that April's there« erinnern dürfte, ist der Autor des Versepos in zwölf Büchern *The Ring and the Book* und Hauptvertreter der lyrischen Untergattung des *dramatic monologue* (Rollenmonolog) den literarisch Gebildeten in den englischsprachigen Ländern durchaus ein Begriff.

Aufgewachsen in einem begüterten Elternhaus, verdankte B. seine verblüffend frühen Kenntnisse und Fertigkeiten auf vielen Gebieten nicht zuletzt dem pädagogischen Geschick des Vaters und dem Zugang zu dessen mehr als 6000 Bände umfassender Bibliothek. Leicht gefallen ist es dem angehenden Dichter dennoch nicht, mit seinen frühen Gedichten und Dramen in der Manier von Lord Byron und Percy B. Shelley bei einem breiteren Publikum Gehör zu finden, dem die angebliche Dunkelheit seiner Texte zu schaffen machte. Erst die Sammlungen *Dramatic Lyrics* (1842) und *Dramatic Romances and Lyrics* (1845) mit heute so gefeierten Texten wie »My Last Duchess«, »The Bishop Orders His Tomb« und »Sibrandus Schafnaburgensis« bereiteten dann den Durchbruch vor, der spätestens mit *Men and Women* (1855) erreicht war. Bezeichnend ist jedoch, dass noch 1846, zum Zeitpunkt der Heirat mit Elizabeth Barrett und der Flucht des jungen Paares nach Italien, ihr Renommee das ihres Mannes übertraf. Die Jahre 1847 bis 1861 waren glückliche Jahre, doch hielt es B. nach dem frühen Tod seiner Frau nicht länger in der Casa Guidi in Florenz. Wieder in England, erscheinen in rascher Folge der Gedichtband *Dramatis Personae* (1864) und B.s Hauptwerk *The Ring and the Book* (1868–69; *Der Ring und das Buch*, 1927), die ihn beide auf der Höhe seines Schaffens zeigen. Hinfort fehlte es nicht mehr an Anerkennung und Ehrungen. Ein beredtes Zeugnis dafür ist nicht zuletzt die Tatsache, dass B. nach seinem Tod 1889 in der Westminster Abbey beigesetzt wurde. Erstaunlich ist dagegen, dass im Vergleich zur Hochschätzung der Viktorianer sich bereits in der nächsten Generation Vorbehalte gegen B.s Optimismus mehren.

B. gilt heute als Hauptvertreter des *dramatic monologue*, obschon er nicht dessen Erfinder ist. Der Ausdruck ist insofern irreführend, als es sich nicht um einen Monolog in einem Schauspiel, sondern um eine Untergattung der Lyrik handelt, die auf die Rollengedichte früherer Jahrhunderte zurückgeht. In dieser Art Gedicht spricht der Autor nicht in eigener Sache, sondern legt einer Gestalt in einer typischen Situation Gedanken und Empfindungen in der Ich-Form in den Mund, wobei häufig bereits der Titel wie z. B. »The Bishop Orders His Tomb« auf die Besonderheit der Figur und ihr Anliegen verweist. Allerdings treten bei B. stärker als in früheren Rollengedichten Individuen an die Stelle mythologischer und historischer Typen, wie auch die Anlässe durch die Enthüllung von Konflikten und Abgründen in der Person dramatisiert und die poetische Sprache durch umgangssprachliche und lautmalende Elemente eingefärbt werden. Dabei sollen (als Fortentwicklung romantischer Theorien) solche dramatischen Ironien und Zungenschläge die Rede zusätzlich beglaubigen und ihr den Anschein von Spontaneität sichern. So sind die Gesprächspartner des sterbenden Bi-

schofs seine Neffen und Söhne, und über die Lage und Größe seines Grabmals will er sich auch nach dem Tod noch an der Niederlage seines Rivalen weiden. In »My Last Duchess« gesteht der Herzog dem Unterhändler für die neue Heirat, dass er seine Kunstwerke nicht mit jedermann teile; wenn er dann auf die Leutseligkeit seiner vormaligen Herzogin zu sprechen kommt, schwant dem Leser, dass ein ähnlicher Besitzanspruch bei deren frühem Tod im Spiel sein könnte. Für viele Zeitgenossen verwirrend wie diese Techniken war auch B.s Verfahren, zwei oder mehrere Gedichte unter einen Gesamttitel als Leitidee zu bündeln. So erschienen die später unter den Eigentiteln bekannt gewordenen Monologe »My Last Duchess« und »Count Gismond« ursprünglich zusammen unter dem Obertitel »Italy and France«. 1849 erfand B. den beiden Texten den jetzt gebräuchlichen Eigentitel hinzu und ließ 1863 umgekehrt den Obertitel wieder fallen. Der jetzt fehlende Hinweis auf eine engere Beziehung mag in diesem Fall nicht allzu schwer wiegen. Dagegen beeinträchtigt es unser Verstehen empfindlich, wenn heute in fast allen Anthologien das bekannte »Caliban Upon Setebos« ohne sein Pendant »A Death in the Desert« über den Tod des Apostels und Evangelisten Johannes abgedruckt wird. Beide Monologe waren als Stellungnahme zu dem um die Mitte des 19. Jahrhunderts tobenden doppelten Streit über die Gottnatur Christi und Darwins These der Abstammung des Menschen vom Affen gedacht. Auf der Suche nach einer literarischen Vorlage für den Übergang vom Tier zum Menschen wurde B. in Shakespeares *The Tempest* fündig und baute Calibans Gottesbild als Gegenstück zu dem seines Johannes auf.

Mit den eingeschobenen Kommentaren späterer ›Exegeten‹ bedeutet »A Death in the Desert« auch noch einen Schritt in Richtung *The Ring and the Book*, in dem B.s Experimente zur Gattung des dramatischen Monologs gipfeln. Den Beginn der Arbeit an diesem Hauptwerk bildete ein glücklicher Fund. Im Juni 1860 erstand B. bei einem Antiquar in Florenz das *Old Yellow Book*, eine Sammlung von Gerichtsakten und Stellungnahmen zu einem Mordprozess, der 1698 großes Aufsehen erregt hatte. Hauptangeklagter war ein Graf Guido Franceschini aus Arezzo, der in Rom des Mordes an seiner Frau Pompilia und deren Zieheltern für schuldig befunden und hingerichtet worden war. Nachdem B. schon früh den *dramatic monologue* mit der Formel: ›Bewegung in den Seelen statt Charaktere in Aktion‹ umschrieben hatte, erkannte er in den Materialien des *Old Yellow Book* die einmalige Chance, die Stärken der Mischgattung zur Großform eines Epos auszubauen. Er teilte die 12 Bücher auf zehn Sprecher auf, von denen zwei, nämlich Guido (Buch 5 und 11) und der fiktive Autor (Buch 1 und 12) zweimal zu Wort kommen. Zu diesen beiden erfand B. in den Büchern 2–4 drei Sprecher als Verkörperungen der öffentlichen Meinung hinzu, von denen der erste für den Angeklagten spricht, der zweite gegen ihn und der dritte sich der Stimme enthält. Es folgen nach einer ersten Verteidigung Guidos in der Mitte des Ganzen zwei Reden, die gleichzeitig einen ersten Höhepunkt bringen: in Buch 6 die bissige Stellungnahme des der Buhlerei verdächtigten Priesters Caponsacchi, welcher der vom Grafen drangsalierten Ehefrau zu ihrer Flucht nach Rom verholfen hatte, und in Buch 7 die Lebensgeschichte der im Sterben liegenden Pompilia, die B. zu einer Verkörperung der Unschuld in einer verderbten Welt idealisiert hat. Im krassen Gegensatz zu Pompilias rührend schlichter Sprache setzen sich die beiden Juristen, der eine für und der andere gegen den Grafen, wortgewaltig und komisch selbst in Szene (Buch 8 und 9), gefolgt von Innozenz XII. in Person (Buch 10), an dessen Gedankengängen der Leser miterlebt, wie es zur Ablehnung der Begnadigung kommt. Nicht nur stellt sich der Papst auf diesem zweiten Höhepunkt als würdiger Reformator vor, seine Ideen zur Rolle des Bösen in der Welt und zur göttlichen Vorsehung verraten auch unverkennbar die Nähe zu B.s eigenen Anschauungen. Nach Guidos zweiter Rede bildet der Autor am Schluss des Zeitgemäldes. Als Chronist der Hinrichtung und der Reaktionen darauf lässt er noch direkter als im 1. Buch die

Materialien des *Old Yellow Book*, namentlich die Briefe, zu Wort kommen. Sodann bringt er auch die Exegese seines eigenen Vorgehens zu Ende und schlägt damit den Bogen zurück zu dem berühmten Ringvergleich vom Anfang, dem das Werk auch seinen Titel verdankt. Wie reines Gold nur über die Beimischung eines Amalgams zu einem Ring verarbeitet werden kann, so bedürfen auch die Materialien des *Old Yellow Book* des Zutuns der dichterischen Phantasie, wenn sie wiederbelebt und als Kunstwerk überdauern sollen; d. h. wenn die authentischen Niederschriften des *Old Yellow Book* auch die einmalige Chance boten, sie in vielfältiger Brechung in die zwölf Monologe einzubauen und so über dieses Kolorit zu deren Beglaubigung beizutragen, so lässt sich dennoch nicht übersehen, dass B. seine Vorlagen in entscheidenden Punkten verändert und neuen Intentionen dienstbar gemacht hat. Dies lässt sich ebenso an der Idealisierung Pompilias wie an dem finsteren Charakter Guidos beobachten. Daneben wird es in besonderem Maß am Bild des Papstes sichtbar, der sich in seinen Intuitionen keinerlei Illusionen über den ruinösen Zustand seiner Amtskirche und anderer christlicher Institutionen, etwa das Gerichtswesen Roms, macht, gleichzeitig jedoch in dem unorthodoxen, aber tatkräftigen Verhalten Caponsacchis oder den allgemein befehdeten Thesen der Molinisten die Hand der Vorsehung und erste Anzeichen für eine Erneuerung sieht. Diese Abweichungen von der Vorlage und weitere Ergänzungen sind B.s Zutaten und haben den Sinn, über die bloßen Fakten des bejubelten *Old Yellow Book* hinauszuweisen, den Mordprozess und seine Umstände auch noch für eine heilsgeschichtliche Diagnose zu nutzen. Kein Zweifel, dass dieser weltanschauliche Überbau mit B.s Christentum zusammenhängt, an das freilich zu Beginn des 20. Jahrhunderts manche Zeitgenossen nicht mehr glaubten. Dies blieb dann auch nicht lange ohne Folgen für die Rezeption. Denn obschon B.s christlicher Optimismus wenig Zugeständnisse an die menschliche Natur macht, haben nur seine Experimente zur Perspektive, nicht jedoch seine heilsgeschichtlichen Annahmen, den Beifall von Autoren wie Henry James, T. S. Eliot, Ezra Pound und James Joyce gefunden.

Werkausgaben: The Works of Robert Browning. Hg. F.G. Kenyon. 10 Bde. London 1912. – Ausgewählte Gedichte. Bremen 1894.

Rainer Lengeler

Brussig, Thomas
Geb. 1965 in Berlin

Der 1965 in Ostberlin geborene B. gehört der Schriftstellergeneration an, die ihre Sozialisation in der DDR erfahren und sich in den 1990er Jahren als Erzähler des Mauerfalls sowie der Vor- und Nachwendezeit profiliert hat.

1991 legte B. – unter dem Pseudonym Cordt Berneburger – seinen literarischen Erstling vor. *Wasserfarben*, eine episodisch angelegte Bildungsgeschichte, porträtiert die DDR der späten 1980er Jahre aus der Ich-Perspektive des Schülers Anton Glienicke, der nach dem Abitur an der EOS (Erweiterte Oberschule) im verkrusteten DDR-Staat nach einer Lebensperspektive und einer selbstbestimmten Zukunft sucht. Der Entwicklungsroman orientiert sich in der Erzähltechnik vor allem an Jerome D. Salingers *Catcher in the rye* (1951) und an Ulrich Plenzdorfs *Die neuen Leiden des jungen W.* (1973).

Das zweite Buch *Helden wie wir* (1995) erzählt in der Tradition des Schelmenromans (B.: ein »politischer Roman mit sexuellen Mitteln«) die fiktive und zugleich groteske Lebensgeschichte von Klaus Uhltzscht und mit ihr den Untergang der DDR. Als Mitarbeiter der Staatssicherheit will der Protagonist im Sommer und Herbst 1989 die DDR retten und erreicht damit genau das Gegenteil. Er kann am Ende für sich reklamieren, dass er »die Berliner Mauer umgeschmissen« hat. Im großen Finale stellt *Helden wie wir* mit seinem »grotesken Realismus« (Michail Bachtin) die etablierte Ordnung auf den Kopf. Wie im alten Rom stürzt der Held am Höhepunkt des Karnevals mit der Präsentation seines riesigen

Penis die Hierarchie und sprengt damit alle Grenzen. Der Bestseller *Helden wie wir* basiert teilweise auf authentischen historischen Details, die zu einem komisch-satyrhaften Mauerfall-Mythos umgedeutet werden. Dabei rekurriert B. auf zahlreiche literarische (Philip Roth, John Irving) und nichtliterarische Texte (Hans-Joachim Maaz); vor allem aber desavouiert er Christa Wolf als moralische und literarische Leitfigur der DDR-Kultur, speziell deren empfindsame Kassandra-Rhetorik der »subjektiven Authentizität«.

Als ähnlich erfolgreich wie die grotesk-satirische Wendeprosa erwies sich der Episodenroman *Am kürzeren Ende der Sonnenallee* (1999), der aus dem gemeinsam mit Leander Haußmann verfassten Drehbuch *Sonnenallee* entstanden ist. *Am kürzeren Ende der Sonnenallee* verzichtet auf den aggressiv-obszönen Ton von *Helden wie wir* und blickt versöhnlich auf die Lebenssituation der DDR-Jugend in den 1980er Jahren zurück, auf eine farbige Jugend- bzw. Szene-Kultur, die sich im Schatten der Berliner Mauer wesentlich über den Wunsch nach bzw. den Besitz und den Konsum von Westprodukten definiert. Der ironisch-weichzeichnende Erinnerungston führt selbstreferentiell die Entwicklung der Hauptfigur zum Schriftsteller vor und mündet schließlich in eine Märchenvision: halb Travestie von Christi Geburt, halb Hommage an den »Wunderrussen« Michail Gorbatschow.

Als Dramatiker konnte der Erzähler und Drehbuchautor B., der 1999 zusammen mit Leander Haußmann den Drehbuchpreis der Bundesregierung und 2000 den Hans-Fallada-Preis der Stadt Neumünster erhielt, bislang nicht an die Sensationserfolge seiner Prosa anknüpfen. *Heimsuchung*, das 2000 am Staatstheater Mainz uraufgeführte und als Buch vorgelegte »Schauspiel für fünf Personen«, handelt von den Mitgliedern einer Punkband, deren Versuch, früheres Unrecht aus der DDR-Zeit zu sühnen, in eine Gewaltorgie umschlägt. Das lediglich acht Szenen umfassende Lehrstück, das an Kleists *Kohlhaas*, Büchners *Woyzeck* und Hauptmanns Sozialdramen anknüpft, setzt auf holzschnittartige Figurenkontraste und zeigt die Unmöglichkeit, die Differenz zwischen West und Ost zu überbrücken und Gerechtigkeit zu schaffen.

Fortgesetzt werden B.s Hauptthemen – der Mauerfall, die Ankunft des Ostens im Westen und die Frage, wie sich die DDR post festum erzählen und verstehen lässt, – im Monolog eines Fußballtrainers *Leben bis Männer* (2001; uraufgeführt 2001 an den Kammerspielen des Deutschen Theaters Berlin).

Heide Hollmer

Bruyn, Günter de
Geb. 1. 11. 1929 in Berlin

»Nicht nur durch Leben, auch durch Lektüre wird man zu dem, was man ist« – dieser Satz B.s gilt gewissermaßen von Anfang an für ihn selbst. Eingeschränkt durch Krankheit und eine wenig robuste physische Konstitution, entwickelt er als Kind und Jugendlicher eine sehr »ichbezogene Art zu lesen«. Er wächst als jüngstes von vier Kindern in Berlin-Britz auf; seine Jugend verläuft generationstypisch: 1933 wird er eingeschult, 1943 ist er Luftwaffenhelfer, 1944 Soldat. Was er in dieser Zeit erlebt und vor allem empfindet, vertieft sich durch Lektüreerfahrungen, die ihn nachhaltig prägen. In der unmittelbaren Nachkriegszeit liest B. Arnold Zweigs *Sergeant Grischa* und Thomas Manns *Tonio Kröger*, und Jahre später wird er daraus für sein eigenes Schaffen folgern, »daß die oberste Pflicht des Schriftstellers darin besteht, die Wahrheit zu sagen, im Kleinen wie im Großen, in Teilen wie im Ganzen«. Nach 1946 beteiligt sich B., nun zwanzigjährig, am Aufbau der sozialistischen Gesellschaft, deren Entwicklung er als Autor anteilnehmend und kritisch begleiten wird. Einige Jahre arbeitet er als Lehrer auf dem Land, dann wird er – seiner Liebe zu Büchern folgend – Bibliothekar, schließlich wissenschaftlicher Mitarbeiter am Berliner Zentralinstitut für Bibliothekswesen.

Mit 35 Jahren – im Jahr des Mauerbaus 1961 – entschließt er sich zu einem neuen Anfang: Er gibt seine Stellung auf, nimmt sich eine billige Wohnung in einem der Hinterhäuser in der Auguststraße in Berlin-Mitte und macht sich als Schriftsteller selbständig. Seine ersten Erzählungen *Ein schwarzer abgrundtiefer See* (1963) und ein Band mit Parodien *Maskeraden* (1966) sind Versuche, in Auseinandersetzung mit geltenden literarischen Konventionen eine eigene Schreibhaltung zu finden. Unter dem Titel *Der Holzweg* parodiert B. seinen ersten Roman *Der Hohlweg* (1963), dessen Darstellung des »Kriegs als entwicklungsfördernde Katastrophe« – wie sie der offiziellen Literaturauffassung dieser Jahre entspricht – er rigoros als nicht im Einklang mit eigener Erfahrung verwirft. Moralische Unglaubwürdigkeit durch Anpassung und Verzicht auf Authentizität, wie B. sie Jahre später in *Preisverleihung* (1972) am Beispiel eines »ausgezeichneten« Literaten aufdeckt, hat er als mögliche Gefährdung für sich selbst frühzeitig gesehen. Sein sich auf die Frage, wie sich menschliche Echtheit gegenüber steigendem Konformitätsdruck behauptet, konzentrierendes Interesse macht B. zu einem Moralisten – allerdings zu einem, den, wie Christa Wolf bemerkt, sein Humor und seine Menschenfreundlichkeit auszeichnen. Diesen zentralen Konflikt gestaltet B. mit wechselnden erzählerischen Mitteln, aber im gleichbleibenden Grundton heiterer Ironie in seiner mehr zu kleineren als zu romanhaften Formen tendierenden Prosa. In *Buridans Esel* (1968) scheitert der Bibliothekar Karl Erp an seiner kleinbürgerlichen Unfähigkeit, innere Erstarrung und äußere Konformität durch eine neue Liebe zu durchbrechen. *Märkische Forschungen* (1979) beschreibt zwei konträre Aneignungsweisen von Literatur und Geschichte am Beispiel eines (vermeintlichen) legendären Revolutionärs: den bedenkenlosen Karrierismus des Literaturprofessors Menzel, der auch vor der Verfälschung historischer Tatsachen nicht zurückschreckt, und die naiv-positivistische Wahrheitssuche des Dorfschullehrers Pötsch. Das Fontanesche Motiv der wegen Klassenschranken zum Scheitern verurteilten Liebe gibt B.s Roman *Neue Herrlichkeit* (1984) – einer psychologischen, ironisierenden Studie über soziale Unterschiede in der DDR-Gesellschaft am Beispiel einer Liebesgeschichte zwischen einem Stubenmädchen und einem Funktionärssohn – einen ganz besonderen Reiz.

B.s Bücher wurden in der DDR viel gelesen; *Buridans Esel* und *Märkische Forschungen* sind mit großem Erfolg verfilmt worden – dennoch ist es um den Autor eher still. »Es ist schwer, ihn zum Reden zu bringen, am schwersten zum Reden über ihn selbst. Er hört lieber zu und beobachtet« (Karin Hirdina). Will man Persönliches über ihn erfahren, muss man vor allem seine Essays lesen – über seine »Wahlverwandtschaften« zu Theodor Fontane, Thomas Mann, Jean Paul u. a. – oder seine Jean Paul-Biographie (*Das Leben des Jean Paul Friedrich Richter*, 1975), die, wie er gerne eingesteht, ihm von seinen Büchern das liebste ist: »Weil ich mich da am meisten unverstellt selbst geben konnte … In der Biographie ist ja nichts erfunden, alles ist strikt dokumentarisch. Bei Fiktivem besteht für mich ein großer Teil der Arbeit im Verstecken, im Wegrücken von mir. Das war bei Jean Paul nicht nötig.« Dieses Buch, eine Mischung aus sorgfältiger historischer Rekonstruktion und poetischer Darstellung, ist ein Grenzgang zwischen Prosa und Essayistik.

Als Schriftsteller, als Essayist und als (gemeinsam mit Gerhard Wolf) Herausgeber der Reihe *Märkischer Dichtergarten* (u. a. über Ludwig Tieck, Friedrich Nicolai, Friedrich de la Motte Fouqué u. a.) ist B. bis heute ausschließlich auf Geschichte und Tradition seiner engeren Heimat, auf Berlin und die Mark Brandenburg, bezogen (*Im Spreewald. Auf den Spuren von Theodor Fontane zwischen Berlin und der Oder*, 1991). Nach dem Band *Frauendienst. Erzählungen und Aufsätze* (1987) veröffentlichte B. unter dem Titel *Jubelschreie, Trauergesänge. Deutsche Befindlichkeiten* (1991) Essays, in denen die umwälzenden Vorgänge der letzten beiden Jahre kritisch-abwägend bilanzierte. Als Mitherausgeber der Dokumente jener Sitzung des DDR-Schriftstellerverbandes im Juni 1979, die mit dem Ausschluss von Stefan Heym, Adolf Endler, Klaus Schlesinger u. a. endete (*Protokoll eines Tribunals*, 1991) bezog B. – er war von 1965 bis 1978 Vorstandsmitglied des Schriftstellerverbandes der DDR – gemeinsam mit Kolleginnen und Kollegen Stellung in der Auseinandersetzung »um die Freiheit des Wortes und um die Moral der Literatur« (Joachim Walther). 1992 erschien mit *Zwischenbilanz. Eine Jugend in Berlin* der erste Teil von B.s Autobiographie, 1998 legte er mit *Vierzig Jahre. Ein Lebensbericht* den zweiten vor. *Zwischenbilanz* leitete er ein mit den Sätzen: »Mit achtzig gedenke ich, Bilanz über mein Leben zu ziehen: die Zwischenbilanz, die ich mit sechzig beginne, soll eine Vorübung sein: ein Training im Ich-Sagen, im Auskunftgeben ohne Verhüllung durch Fiktion. Nachdem ich in Romanen und Erzählungen lange um mein Leben herumgeschrieben habe, versuche ich jetzt, es diskret darzustellen, unverschönt, unüberhöht, unmaskiert. Der berufsmäßige Lügner übt, die Wahrheit zu sagen. Er verspricht, was er sagt, ehrlich zu sagen: alles zu sagen, verspricht er nicht.« Diesem Anspruch wird die distanziert-reflektierende Prosa gerecht, die den Weg eines Einzelgängers zwischen Anpassungsdruck und einer sanften Verweigerung gegenüber staatlicher Macht und Autorität nachzeichnet. Auch in *Vierzig Jahre* ist B.s Position die des Beobachters; stärker als im ersten Teil stellt er sich der Selbstbefragung, die ihn schließlich zu der Frage führt, warum er in der DDR ausharrte bis zu ihrem Ende: die Bindung an Familie und Landschaft, die zwiespältige Einsicht, dass sein Wirkungsfeld als Schriftsteller in erster Linie eben dort war (trotz Veröffentlichungen auch im Westen).

B., in der DDR ausgezeichnet mit dem Heinrich-Mann-Preis der Akademie der Künste (1964) und dem Lion Feuchtwanger-Preis (1981), erhielt 1989 den Thomas-Mann-Preis, 1990 den Heinrich-Böll-Preis der Stadt Köln, 1993 den Großen Literaturpreis der Bayerischen Akademie der Schönen Künste, 1996 den Literaturpreis der Konrad-Adenauer-Stiftung und den Brandenburgischen Literaturpreis, 1997 den Jean-Paul-Preis, 2000 den Ernst-Robert-Curtius-Preis für Essayistik und 1994 das Bundesverdienstkreuz. Trotz dieser gehäuften Auszeichnungen für sein Lebenswerk in den Jahren seit der Wende ist B., heute in Beeskow in der Mark Brandenburg und in Berlin lebt, ein Autor geblieben, der sich dem wilhelminischen Preußen verbunden fühlt. Seit 1999 legte er mehrere Bücher vor, die beredt und warmherzig von dieser Verbundenheit zeugen: die *Altersbetrachtungen über den alten Fontane* (1999), das Porträt der ›guten Königin‹ Luise, Mutter von zehn Kindern, darunter Wilhelm I., die nach ihrem Tod 1810 zur Legende wurde (*Preußens Luise. Vom Entstehen und Vergehen einer Legende*, 2001), die Geschichte der Finckensteins in dem märkischen Ort Madlitz (*Die Finckensteins. Eine Familie im Dienste Preußens*, 1999) und die kaleidoskopischen Schlaglichter auf die Geschichte der Berliner Prachtstraße Unter den Linden, dem »Zentralpunkt der eleganten Welt«, bis in die NS-Zeit, auf Anwohner wie Max Liebermann, Passanten wie Heinrich Heine (*Unter den Linden*, 2003). Auch das Lese- und Fotobuch *Deutsche Zustände. Über Erinnerungen und Tatsachen, Heimat und Literatur* (1999) wendet sich wieder dem 18. und 19. Jahrhundert in der Mark Brandenburg zu, der Welt der »Dichterhöfe« (Fontane). Ein Beitrag ist dem »Lobe des Lesens« gewidmet (»Um Literatur genießen zu können, muß man sie lieben.«), darin gesteht B., die neuere Literatur zunehmend uninteressant zu finden, wohingegen ihm große Werke der Vergangenheit in unvermindertem Glanz erscheinen. Was große Dichtung ausmache? Sie »ist dazu fähig, im jeweiligen Heute wieder gegenwärtig zu werden; sie muß nur danach sein.«

Sonja Hilzinger

Bryant, William Cullen

Geb. 3. 11. 1794 in Cummington, Massachusetts; gest. 12. 6. 1878 in New York

Als einer der »fireside poets« hoch angesehen, stillte William Cullen Bryant das Bedürfnis seiner Leserschaft nach Gedichten, die in konventioneller Formvollkommenheit mit amerikanischen Themen christlich gefärbte moralische Erbauung am häuslichen Kamin, im Schulunterricht und bei Rezitationen boten. In einer Zeit zunehmender Verstädterung, Industrialisierung und Urbarmachung des gesamten Landes lehrte er die Verehrung der Natur und wurde mit gebührender Demut und postkolonialem Stolz als »amerikanischer Wordsworth« gepriesen.

Seinen literarischen Ruhm begründete 1817 die Veröffentlichung des in jungen Jahren verfassten und verschiedentlich umgearbeiteten Gedichts »Thanatopsis«, in dem die Natur angesichts menschlicher Todesgewissheit lebensbejahenden Trost spendet, indem sie den Menschen das Einswerden mit ihr selbst verheißt. Auch in anderen Gedichten, z. B. in »Inscription for the Entrance to a Wood« (1815), hat die Natur vor allem eine therapeutische Funktion: Sie ist ein Rückzugsgebiet, in dem der kontemplative Mensch Kräfte sammelt, um in der Gesellschaft bestehen zu können. Für den Romantiker B. ist die amerikanische Natur darüber hinaus der Ort des Erhabenen; sie vermag, das Defizit einer historischen Vergangenheit aufzuwiegen, wie B. den Landschaftsmaler der Hudson River School, Thomas Cole – einen verwandten Geist (*Kindred Spirits* nennt Asher Durand sein Bild, das Maler und Dichter zusammen in die Landschaft der Catskill-Berge stellt) –, warnend erinnert, als dieser sich auf die Spuren der Geschichte in Europa begibt. Die Einsamkeit und grenzenlose Weite, die B. im Sonett »To Cole, the Painter, Departing for Europe« als Charakteristikum der amerikanischen Natur hervorhebt, beschreibt er dann nach einem Besuch in Illinois in »The Prairies« (1832). Dieses Naturerlebnis regt allerdings das lyrische Ich auch an, sich die historische Vergangenheit und Zukunft des Raums auszumalen. Der Anblick von Grabhügeln der sogenannten »mount-builders« löst die Vorstellung einer Zivilisation auf amerikanischem Boden aus, die älter und fortgeschrittener als die der griechischen Antike war, jedoch von den barbarischen Indianern zerstört wurde. Die Idee einer geschichtlichen Abfolge der Kulturen bestimmt auch das Zukunftsbild: Die Westwanderung kultiviert die Prärie in Erfüllung jener *translatio imperii*, die auch Cole in seiner Gemäldereihe »The Course of Empire« gemalt hat. Die Indianer müssen – bedauerlicherweise – dem Fortschritt der Geschichte weichen; B. unterstützte die Umsiedlungspolitik unter Präsident Andrew Jackson, sammelte aber auch Zeugnisse indianischer Kultur.

Zum Zeitpunkt seines Besuchs im Mittleren Westen war B. bereits Chefredakteur und Teileigentümer einer großen New Yorker Zeitung. Nach nur einem Jahr College, aber vorangegangenem gründlichen Privatunterricht, u. a. in Griechisch und Mathematik, und einer beruflichen Ausbildung zum Anwalt, hatte er zunächst eine Rechtspraxis im ländlichen, westlichen Massachusetts, bevor er 1825 die Redaktion einer literarischen Zeitschrift in New York übernahm und 1827 zur *New York Evening Post* wechselte, die er von 1829 bis zu seinem Tod leitete und so bedeutenden Einfluss auf die öffentliche Meinung ausübte. Er tritt für den Freihandel ein, wendet sich gegen die Annexion von Texas und die Ausdehnung der Sklaverei. Er unterstützt die Wahl Abraham Lincolns und verlangt nach Ausbruch des Bürgerkriegs die sofortige Sklavenbefreiung.

Wenige Gedichte zeugen von diesem tagespolitischen Engagement; nur etwa ein Fünftel betrifft öffentliche Anliegen und Ereignisse. Der überwiegende Teil des lyrischen Werkes entsteht neben der öffentlichen Tätigkeit des Journalisten. Diese Dichtung richtet sich an Leser der führenden literarischen Zeitschriften und hat, so bereits in den »Lectures on Poetry« (1825), deren moralische wie geistig-seelische Bildung zum Ziel. Der Einfluss der Assoziationspsychologie des 18. Jahrhunderts ist besonders in den frühen Gedichten ebenso unverkennbar wie der William Wordsworths. Aber B. steht auch in der meditativen Tradition, die seit den Puritanern in Amerika heimisch ist: In Erinnerung eines sinnlichen, meist visuellen Eindrucks engagiert die Vorstellungskraft die Gefühle und den Verstand, der auf dem Wege von Analogien und Korrespondenzen der sinnlichen Erscheinung einen Sinn abgewinnt, der über sie hinausweist (»To a Waterfowl«, 1815). Bei B. ist es jedoch eher eine unbestimmte göttliche, z. T. theistische Macht als der biblisch offenbarte Gott der Puritaner, der als Seinsgrund der phänomenalen Welt erkannt wird.

B. hat an der amerikanischen Fortentwicklung der europäischen Romantik zum Transzendentalismus nicht teil. Er bleibt dem Neoklassizismus und dessen Vorstellungen der Ordnung in der Natur und Gedankenwelt sowie der Disziplin der Form verbunden. So wie er allerdings die bloße Didaxe in der Dichtung ablehnt, nimmt er dann auch die sentimentalischen Tendenzen, die in der amerikanischen Literatur ab den 1840ern hervortreten, nicht auf, was ihm den Vorwurf der Kälte einbringt. Zu dem von B. vertretenen Bildungsanspruch gehörte das Kennenlernen fremder Länder und Kulturen. Von seinen häufigen Reisen nach Europa und Mittelamerika berichtete er in seiner Zeitung und danach in drei Sammelbänden (1850, 1859, 1869). Die nicht englischsprachigen Literaturen versuchte er durch eigene Übersetzungen, darunter aus dem Deutschen, zu vermitteln. Am Ende seines Lebens übersetzte er Homers *Ilias* und die *Odyssee*. Zu seinen Lebzeiten wurde B. von den zeitgenössischen Dichtern, darunter Ralph Waldo Emerson, Edgar Allan Poe und Walt Whitman, ebenso wie von einer ehrerbietigen Öffentlichkeit der Rang des bedeutendsten amerikanischen Dichters zuerkannt. Auch international fand er Beachtung; eine deutsche Werkausgabe erschien bereits 1863. Dem ausgehenden 19. Jahrhundert war er nicht mehr ›männlich‹ genug, und seine Dichtung wurde Kindern und Frauen zugedacht. Die modernistische Avantgarde lehnte B.s explizites Moralisieren und die wenig experimentierfreudige formale Glätte ab; gelegentlich wurde seine Handhabung des Blankverses, besonders in »Thanatopsis«, gelobt. So ist es auch dieses Gedicht, das neben wenigen anderen Naturgedichten Aufnahme in die Anthologien gefunden hat. Während B. im 19. Jahrhundert unbestritten eine zentrale Position einnahm, ist er Ende des 20. Jahrhunderts zur Randfigur geworden. Ob ein neuerliches Interesse zu einer ausstehenden Gesamtwürdigung führt, bleibt abzuwarten.

Werkausgaben: Power for Sanity: Selected Editorials, 1829–1861. Hg. W.C. Bryant II. New York 1994. – The Letters. Hg. W.C. Bryant II/T.G. Voss. 6 Bde. New York 1975–1992. – Poetical Works. Hg. P. Godwin. 2 Bde. New York 1883; 1967. – Prose Writings. Hg. P. Godwin. 2 Bde. New York 1884; 1964.

Winfried Herget

Das Buch der Lieder

Das Buch der Lieder (*Shijing*) gehört zu den fünf kanonischen Büchern Chinas. Seine 305 Lieder sind bislang nur ein einziges Mal zur Gänze aus dem Chinesischen ins Deutsche übersetzt worden, und zwar 1880 von Victor von Strauss. Zuvor hatte sich schon Friedrich Rückert (1788–1866) 1833 über eine Zweitsprache an einer Übertragung versucht. Unter den zahlreichen späteren Übersetzungen sind die von Günther Debon am umfangreichsten, zugleich sind sie auch die poetischsten und zuverlässigsten.

Die Entstehungszeit der *Lieder* wird für die Jahrhunderte zwischen 1000 und 600 v. Chr. angesetzt. Angeblich soll Konfuzius die Sammlung aus dreitausend Liedern zusammengestellt haben; dies ist jedoch unwahrscheinlich. Ebenso wenig scheint die Auffassung Vertrauen zu verdienen, dass Beamte Lieder gesammelt hätten, um am Hof der Zhou-Dynastie (1046–221) Auskunft über die Lage des Volkes und Landes geben zu können – dazu sind die *Lieder* in ihrem Charakter zu unterschiedlich. Die *Lieder* als ganzes sind in der Überlieferung eines obskuren Gelehrten namens Mao Gong als *Mao Shi* (Die Lieder in der Version des Herrn Mao) mit dem sehr einflussreichen »Großen Vorwort« (*daxu*) auf uns gekommen. Die Kanonisierung dieser Ausgabe im 2. Jahrhundert, die seitdem immer wieder kommentiert worden ist, signalisiert endgültig das Ende einer rein mündlichen Überlieferung. Trotz der Schwierigkeit, die ihre Lektüre mitunter bietet, haben die *Lieder* in der chinesischen (Geistes-)Geschichte eine lange und tiefe Spur hinterlassen.

Ihre Einteilung in 160 »Landesweisen« (*guofeng*), 74 »kleine« und 31 »große Hofgesänge« (*xiaoya, daya*) und 40 Hymnen (*song*) hat etwas mit ihrer unterschiedlichen Herkunft und Funktion zu tun. Bislang gibt es stark voneinander abweichende Meinungen, nicht nur was ihren Ort in der damaligen Gesellschaft, sondern auch was ihren Ursprung und demzufolge ihre Deutung angeht. Vereinfacht lässt sich sagen, dass die Hymnen Gesänge waren, die Mitglieder des Königshauses im Ahnentempel zur Anrufung der Ahnen sangen, und die ältesten Teile im *Buch der Lieder* darstellen. Daher mag im religiösen Kult der Beginn der chinesischen Dichtkunst gesehen werden. Gleichwohl müssen noch weitere Orte in Betracht gezogen werden, nämlich der Hof und das Leben des Volkes. Der überwiegende Teil der *Lieder* geht auf Gebräuche zurück, die bei den Minderheiten in China immer noch gepflegt werden: Im Frühling rufen Mann und Frau einander im Wechselgesang in der freien Natur, um im Herbst heiraten zu können. Diese Werbegesänge, die stark ritualisiert sind, dürften urtümlich Fruchtbarkeitskulten entstammen und später zweifach durch Literaten gestaltet worden sein – zum einen werden sie, nur von kundiger Hand überarbeitet, ihre endgültige und meisterliche Form gefunden haben, zum anderen sind sie politisch umgedeutet worden, um ihnen ihr erotisches Moment zu nehmen. Statt von Mann und Frau sei in Wahrheit die Rede von Herrscher und Untertan, statt um Liebe und Privates gehe es um Moral und Staatsgeschäfte. So oder ähnlich lautet die im 1. Jahrhundert systematisch einsetzende politische Interpretation vermeintlich lasziver Texte.

Trotz der seit bald 2500 Jahren immer noch anhaltenden Deutungsversuche können die *Lieder* nicht als ausgedeutet gelten. Die konfuzianische Interpretation, die sich als politische auch in der internationalen Sinologie durchgesetzt hat, behindert noch bis heute ihre Einbettung in das Liedgut der Welt. Daher steht Marcel Granets früher Versuch (1919), die Landesweisen als Teil der bäuerlichen Lebenswelt und als Ausgang auch der Hofgesänge und Hymnen anzusehen, weiterhin einzig und meist unbeachtet da. Man hat sich daran gewöhnt, auch die »Volkslieder«, als welche die ersten 160 Gesänge einzuschätzen wären, als Herrscherkritik zu behandeln und sie mit der Einbindung in die Frage nach der rechten Regierungsweise auf eine höhere Ebene zu stellen.

Formal besteht ein »Lied« meist aus drei bis vier Strophen. Seine je sechs Verse weisen in der Regel vier Schriftzeichen auf. Vor allem die Landesweisen werden von einem Natureingang (*xing*) eingeleitet, der oftmals in den folgenden Strophen wiederholt wird. Dabei geht es wesentlich um das Wachsen und das Werden in der Landwirtschaft. Dies ist ein Gedanke, der in anderer Form Gegenstand der Kultgesänge in den Hofliedern und den Hymnen ist, nämlich als die Gründung und Ordnung des Gemeinwesens.

Ausgaben: Schi-king. Übers. V. von Strauss. Nachdruck Darmstadt 1969. – Der Kranich ruft. Chinesische Lieder der ältesten Zeit. Hg. G. Debon. Berlin 2003.

Wolfgang Kubin

Das Buch der Wandlungen (Yijing)

Das Buch der Wandlungen gilt als der bedeutendste Text im chinesischen Schrifttum. Es hat in allen Bereichen des geistigen wie täglichen Lebens tiefe Spuren hinterlassen; seine Wirkung geht weit über den chinesischen Kulturraum hinaus. Es war ursprünglich ein Wahrsagebuch, hat sich dann aber zur Zeit des Konfuzius (551–479) im Rahmen eines gewissen Säkularisierungsprozesses zu einem Weisheitsbuch entwickelt. Seine Anfänge liegen im Dunkeln, sie dürften zu Beginn der Zhou-Dynastie (1046–221 v. Chr.) anzusetzen sein. Einen Urtext hat es nie gegeben, eine erste feste Form dürfte es nicht vor dem 9. Jahrhundert erhalten haben. Entgegen früheren Zuschreibungen zu namhaften Regenten geht man heute von einer Abfassung durch Archivare aus, die bei Hof mit dem Orakelwesen zu tun hatten. Auch eine letztliche Abfassung, Redigierung oder Kommentierung durch Konfuzius, wie oft überliefert, dürfte unwahrscheinlich sein. Die Kommentierung setzt erst zur frühen Han-Zeit (206 v. Chr.–23 n. Chr.) ein, zu einem Zeitpunkt, als *Das Buch der Wandlungen* längst nicht mehr an den Hof gebunden und gleichsam Allgemeingut geworden war.

Das Buch der Wandlungen, das keinerlei Kohärenz aufweist, besteht strenggenommen aus zwei Teilen: aus dem Text, *Zhouyi* (Die ›Wandlungen‹ aus der Zeit der Zhou), und aus dem Kommentar, der unter dem Namen *Shiyi* (Zehn Flügel) bekannt ist. Beides zusammengenommen erst ergibt das *Yijing*, das im deutschen Sprachraum neben dem Namen *Das Buch der Wandlungen* oft noch die alte Umschrift *I Ging* im Titel trägt. Die äußerst erfolgreiche Übersetzung von Richard Wilhelm aus dem Jahre 1923 folgt dieser Zweiteilung. Der Aufbau des *Buches der Wandlungen* folgt den 64 Hexagrammen, die durch eine Kombination von sechs ganzen und gebrochenen Linien möglich sind. Ein Hexagramm stellt eigentlich eine Zusammensetzung aus zwei Trigrammen dar. Ein Trigramm besteht aus drei Linien, welche die Einheit von Himmel, Erde, Mensch symbolisieren sollen. Auch diese Linien können ganz oder gebrochen sein, so dass acht Kombinationsmöglichkeiten bestehen. Auch die acht Trigramme stehen ursprünglich für natürliche Erscheinungen wie Wind, Wasser, Feuer usw. Ob nun Trigramm oder Hexagramm, die Veränderung von jeweils einem einzigen Strich ergibt ein jeweils anderes Zeichen. So steckt in der Struktur der Linien selbst der Gedanke der Wandlung, der nichts anderes besagt, als dass alles Seiende im Wandel begriffen ist und nur hierin und keinesfalls in etwas Stetigem seine Identität hat. Allerdings findet der Wandel in einem Kreislauf statt und legt somit Optimismus und nicht Pessimismus nahe. Wenn nun die acht möglichen Trigramme verdoppelt werden, so laufen ihre Kombinationsmöglichkeiten auf die Zahl 64 hinaus. Und dies sind die 64 Hexagramme, die eine Art Weltformel darstellen. Das Verständnis der Hexagramme ist sehr kompliziert. Oft erfolgt es über die Kommentare, sei es über die »Zehn Flügel«, sei es über Erläuterungen, wie sie fast jeder Gebildete in China über die Jahrhunderte geschrieben hat. Dabei werden spätere Erkenntnisse vor allem des Konfuzianismus und Taoismus in das sehr viel frühere *Buch der Wandlungen* hineingetragen. Man könnte auch sagen, dass man heute eher ein Bild als die Wahrheit vom *Yijing* hat. Ursprünglich sind einem jeden Hexagramm lediglich ein »Name«, eine »Weissagung«, welcher der »Name« entnommen ist, und ein »Urteil« beigegeben. Mit deren Hilfe kann das rechte Handeln des Menschen bestimmt werden. *Das Buch der Wandlungen*, das die beiden elementaren Hexagramme für Himmel und Erde an den Anfang der 64 Hexagramme stellt, gibt Auskunft über den Grund des Lebens. Dieser liegt in dem von Himmel und Erde, vom »Schöpferischen« und vom »Empfangenden« hervorgerufenen Wandel. In diesem Wandel hat sich der Mensch zurechtzufinden, er tut dies, indem er sich ihm anpasst und die der jeweiligen Situation angemessene Handlungsweise bestimmt. Das rechte Tun ist aber dem Weisen vorbehalten, der einzig in der Lage ist, die Einheit des Menschen mit Himmel und Erde herzustellen.

Ausgabe: I Ging. Das Buch der Wandlungen. Übers. u. erläutert v. R. Wilhelm. Düsseldorf/Köln 1973.

Wolfgang Kubin

Büchner, Georg

Geb. 17. 10. 1813 in Goddelau bei Darmstadt; gest. 19. 2. 1837 in Zürich

»Büchners Briefe lesend, muß man sich mitunter mit Gewalt erinnern, daß es nicht die eines Zeitgenossen sind« – so 1978 Volker Braun. Oder 1967, nach der Erschießung des

Studenten Benno Ohnesorg, Heinrich Böll in seiner Büchner-Preis-Rede: »Die Unruhe, die Büchner stiftet, ist von überraschender Gegenwärtigkeit, sie ist da, anwesend hier im Saal. Über fünf Geschlechter hinweg springt sie einem entgegen«. B.s Modernität, seine politische wie ästhetische Aktualität hat durchaus Tradition, auch wenn dies, unter Hinweis auf eine in der Tat fulminante »Spätrezeption«, meist unbeachtet blieb: Schon 1837 ist B. für den Jungdeutschen Karl Gutzkow ein »Kind der neuen Zeit«. 1851 erklärt der demokratische Publizist Wilhelm Schulz, B.s Werke ragten »an tausend Stellen ... frisch und unmittelbar« in die nachmärzlich-reaktionäre »Gegenwart« hinein. Dreißig Jahre später ist er für die deutschen Frühnaturalisten (Gerhart Hauptmann treibt einen regelrechten ›Kultus‹ mit ihm) »unser genialer Georg Büchner«, seine die »Ästhetik des Häßlichen« vorwegnehmenden Dichtungen werden intensiv und auch produktiv aufgenommen. Wiederum eine Generation weiter feiert ihn der Expressionismus als »unerreichtes Vorbild« (Julius Bab). Mit seinem in der kurzen Frist von drei Jahren entstandenen dichterischen Werk ist B. seither für die Weltliteratur wie für das Welttheater richtungweisend geworden, revolutionäre Demokraten erblicken im Mitverfasser des *Hessischen Landboten* einen Vorläufer, das Interesse auch an seinen philosophischen und naturwissenschaftlichen Schriften hält unvermindert an.

Herkunft und Elternhaus plazieren B. in das Spannungsfeld zwischen den Relikten der alten Feudalordnung und den Freiheitsbestrebungen der liberalen Epoche. Während die traditionell im Arztberuf tätigen Vorfahren väterlicherseits den Geist des emanzipierten Bürgertums repräsentieren, ist er durch die Verwandtschaft seiner Mutter eng mit dem Absolutismus des 18. Jahrhunderts verbunden, kennt dessen Privilegien und Schwächen. Seit 1816 leben die B.s in Darmstadt, wo der Vater zum Assessor am Großherzoglichen Medizinalkolleg ernannt wird; seine Heirat mit der Tochter eines leitenden Beamten hat ihn in verwandtschaftliche Beziehungen zu den tonangebenden Familien der Stadt gebracht. Bis zum Alter von sieben Jahren erhält B. vermutlich Elementarunterricht durch seine Mutter, an der er »mit liebender Verehrung« hängt (Ludwig Wilhelm Luck). Vier Jahre lang besucht er dann eine private »Erziehungs- und Unterrichts-Anstalt«, ehe er 1825 in die Tertia des Großherzoglichen Gymnasiums eintritt, das er bis zum Frühjahr 1831 durchläuft und mit einem »Exemtionsschein« verlässt, in dem ihm »gute Anlagen« und ein »klarer und durchdringender Verstand« attestiert werden. Als z. T. durch die Schule vermittelte, gelegentlich sich im Werk widerspiegelnde Lektüre sind für diese Zeit nachgewiesen: Homer, Aischylos, Sophokles, Winckelmann, Bürger, Goethe (*Faust, Werther*), Schiller, Matthison, Jean Paul, die Brüder Schlegel und Platen; Tieck (*Phantasus*), Brentano und andere »Hauptromantiker« sowie »alle Volkspoesie, die wir auftreiben konnten« (Friedrich Zimmermann), daneben Byron, Calderon, Werke der französischen Literatur und, besonders ausgiebig, Shakespeare: v. a. *Hamlet, Maß für Maß, Macbeth, Julius Caesar* und die Heinrichdramen, aber auch *Der Kaufmann von Venedig*. Aus der Gymnasialzeit sind eine Reihe von überwiegend den republikanischen Heroenkult in den Mittelpunkt stellende Aufsätze bzw. Reden überliefert, Plädoyers für patriotische Ehre und Pflicht, Kühnheit und Größe, etwa der *Helden-Tod der vierhundert Pforzheimer* (»Solche Männer waren es, die ... mit dem kleinen Reste des Lebens sich Unsterblichkeit erkauften«) oder eine Rechtfertigung des *Kato von Utika* (»Katos große Seele war ganz erfüllt von einem unendlichen Gefühle für Vaterland und Freiheit, das sein ganzes Leben durchglühte ... Den Fall seines Vaterlands hätte Kato überleben können, wenn er ein Asyl für die andre Göttin seines Lebens, für die Freiheit, gefunden hätte. Er fand es nicht«). In diesen Schülerschriften erweist sich B. bereits als »Vergötterer der Französischen Revolution« (Alexis Muston), wie sich denn

auch in seinem letzten Schulheft neben Notizen über Hieroglyphen heimlich hingekritzelte Verse aus dem *Großen Lied* der radikalen Gießener Burschenschaft finden (»Auf, die Posaunen erklingen, Gräber und Särge zerspringen, Freiheit steht auf«). Die Auseinandersetzung mit den deutschen Verhältnissen wird zunehmend konkreter: Einem unter den etwa 15-jährigen Gymnasiasten gegründeten »Primanerzirkel« bietet nach dem Zeugnis des Schulfreundes Luck der »residenzliche Culturboden« Anlass und »ergötzlichen Stoff zu allerlei kritischem und humoristischem Wetteifer in Beurtheilung der Zustände«.

Am 9. November 1831 immatrikuliert sich B. an der medizinischen Fakultät der Straßburger Académie. Der Studienort ist auf »Wunsch des Vaters« gewählt worden, weil sich hier Aneignung von französischer Lebensart und Wissenschaftsmethode (empirische Schule von Georges-Louis Duvernoy) mit bestehenden verwandtschaftlichen Relationen (Cousins und Cousinen der Mutter) verbinden. Quartier bezieht B. bei der Familie des verwitweten Pfarrers Jaeglé, mit dessen Tochter er sich im Frühjahr 1832 heimlich verlobt. Mit Ausnahme von einem dreimonatigen Ferienbesuch in Darmstadt (Sommer 1832) verbringt B. fast zwei Jahre in Straßburg. Der Aufenthalt gibt Gelegenheit, gesellschaftliche Prozesse in einem gegenüber seiner hessischen Heimat fortgeschrittenen politischen System über einen längeren Zeitraum zu verfolgen. B. erlebt in Straßburg modellhaft die wachsende Macht eines neuen »Geldaristokratismus« und ist überzeugt, damit einen Blick in Deutschlands Zukunft getan zu haben, sofern es nicht gelingt, die Interessen der »niederen Volksklassen« gegen den Egoismus der liberalen Bourgeoisie durchzusetzen. Die bis heute bekannten Zeugnisse belegen nur Teilbereiche von B.s Straßburger Aktivitäten: sie zeigen ihn als »hospes« der (politisch harmlosen) Theologenverbindung »Eugenia« und als nicht unproblematischen, »absprechend spröden« (Edouard Reuss) Begleiter auf einer mehrtägigen Vogesenwanderung, an der ebenfalls überwiegend Theologen teilnehmen. Doch selbst die »Eugenia«-Protokolle spiegeln alles andere wider als nur stille Teilhabe am fidelen Verbindungsleben: »Büchner spricht in etwas zu grellen Farben von der Verderbtheit der deutschen Regierungen«, heißt es am 24. Februar 1832, am 28. Juni verzeichnet das Protokoll eine lebhafte Debatte über »das sittliche Bewußtseyn«, über die Strafgesetze, u. über das Unnatürliche unsers gesellschaftlichen Zustandes, besonders in Beziehung auf Reich u. Arm«, und am 5. Juli wagt sich »der so feurige u. so streng republikanisch gesinnte deutsche Patriot« – so sehen ihn seine Freunde aus dem Theologenkreis um die Brüder Stoeber – sogar an die »constitutionelle Verfassung« unter Louis Philippe, die nach B.s Ansicht »nie das Wohl u. das Glück Frankreichs befördern« werde. Mit der »in neuerer Zeit gelernt[en]« Einsicht, »daß nur das nothwendige Bedürfniß der grossen Masse Umänderungen herbeiführen kann« und »alles Bewegen und Schreien der Einzelnen« dagegen »vergebliches Thorenwerk« sei, kehrt B. im Spätsommer 1833 nach Hessen zurück. Die sich anschließenden beiden Semester an der »Pflichtuniversität« Gießen sind geprägt von den polizeilichen Verfolgungen im Anschluss an den Frankfurter Wachensturm, an dem B. »weder aus Mißbilligung, noch aus Furcht« nicht teilgenommen haben will, sondern weil er »im gegenwärtigen Zeitpunkt jede revolutionäre Bewegung als eine vergebliche Unternehmung« ansehe (April 1833 an die Familie), von den bedrückenden »politischen Verhältnissen«, nicht nur im Großherzogtum (»Das arme Volk schleppt geduldig den Karren, worauf die Fürsten und Liberalen ihre Affenkomödie spielen«; 9. 12. 1833 an August Stoeber), von einem Widerwillen gegenüber dem inzwischen verhassten Brotstudium im »abscheulichen« Gießen (»Ich schämte mich, ein Knecht mit Knechten zu sein, einem vermoderten Fürstengeschlecht und einem kriechenden Staatsdiener-Aristokratismus zu Gefallen«; April 1834, an die Familie), und von einem heimlichen »Heimweh« nach Straßburg und der Freundin, die er Ostern 1834 ohne Wissen der Eltern besucht. Die von hier aus erfolgte Bekanntgabe seiner Verlobung löst bei seinem Vater, der mit seiner Strenge schon früh den Keim zu B.s Opposition gelegt hat, »äußerste Erbitterung« aus.

Inzwischen hat B. den führenden Kopf der oberhessischen Opposition kennengelernt, den Butzbacher Rektor Friedrich Ludwig Weidig, und lebt, bis auf den Umgang mit dem »etwas verlotterten und verlumpten Genie« August Becker, der für Weidig als Emissär arbeitet, sehr zurückgezogen (Carl Vogt). Im Winter 1833/34 vertieft er sich in die Lektüre der französischen Revolutionsgeschichte, die ihn in der Historie einen »gräßlichen Fatalismus« walten sehen lässt, einen – oberflächlich vom Zufall beherrschten – ewigen Kampf zwischen Privilegierten und Unterdrückten, der 1789 wie 1830 zugunsten der Bourgeoisie entschieden worden war. Jede durchgreifende Revolution musste also eine soziale sein, musste gleichsam, wie es in einem späteren Brief an Gutzkow heißt, »von der ungebildeten und armen Klasse aufgefressen werden.« Und obwohl B. wegen der »unabwendbaren Gewalt« und der Unkontrollierbarkeit der weiteren Folgen fast zurückschreckt vor dem revolutionären Handeln, entscheidet er sich im Frühjahr 1834 für die sozialrevolutionäre Agitation: Gründung einer Darmstädter und einer Gießener Sektion der geheimen »Gesellschaft der Menschenrechte« mit strikt republikanischer und egalitärer Zielsetzung bis hin zur »Gütergemeinschaft«, Entwurf und Verbreitung des (von Weidig abgeschwächten und so betitelten) *Hessischen Landboten*: eine »eingreifende Untersuchung« (Thomas Michael Mayer, 1987), mit der B. einerseits »die Stimmung des Volks und der deutschen Revolutionärs erforschen«, andererseits zum Aufstand ermutigen will: »Soll jemals die Revolution auf eine durchgreifende Art ausgeführt werden, so kann und darf das bloß durch die große Masse des Volkes geschehen, durch deren Ueberzahl und Gewicht die Soldaten gleichsam erdrückt werden müssen. Es handelt sich also darum, die große Masse zu gewinnen, was vor der Hand nur durch Flugschriften geschehen kann.« Verrat und erpresste Geständnisse, aber auch Vorbehalte Weidigs und anderer führender Oppositioneller lassen B.s Konzept scheitern.

Im September 1834 kehrt B. nach Darmstadt zurück. Während er sich nach außen hin auf Druck des Vaters mit fachwissenschaftlicher Lektüre beschäftigt, beteiligt sich die von ihm geleitete Darmstädter Sektion der »Gesellschaft der Menschenrechte« an Geldsammlungen für die Anschaffung einer Druckpresse zur heimlichen Flugschriftenherstellung und, vordringlich, an Plänen zur Befreiung der politischen Gefangenen, die schon bis zur Beschaffung eines Betäubungsmittels und von Nachschlüsseln gediehen. Gleichzeitig erfolgt die Niederschrift des Revolutionsdramas *Danton's Tod*, in dem B. ein »wirklichkeitsnahes Bild« der historischen Situation (Fraktionskämpfe unter den Jakobinern), die B. in vieler Hinsicht als modellhaft erkannte, wie der »Gesellschaftstotalität« des Jahres 1794 zeichnet. Widersprüche und Konflikte werden offengelegt, »die Motive der Handelnden erscheinen zweideutig«, dem Zuschauer fällt die Entscheidung über »Recht und Unrecht« schwer (Hans-Georg Werner 1964) – kein Drama der revolutionären Begeisterung, sondern der Probleme und Grenzen einer »politischen« Revolution, welche die Gleichheit aller postuliert und die Grundlage der Ungleichheit, die bürgerlichen Eigentumsverhältnisse, unangetastet lässt: das Volk hungert weiter.

Anfang des Jahres 1835 erhält B. mehrere gerichtliche Vorladungen, denen er jedoch keine Folge leistet; einer Verhaftung kommt er durch Untertauchen zuvor, woraufhin er behördenintern »wegen Hochverrat mit Steckbriefen verfolgt« wird. Noch bevor Ende März der Frankfurter *Phönix*, an dessen Verleger J. D. Sauerländer und Feuilletonredakteur Karl Gutzkow er sich in separaten Briefen gewandt hatte, mit dem auszugsweisen Druck des Dramas beginnt, flieht B. nach Straßburg, wo er zunächst inkognito, mit Papieren eines elsässischen Weinkellners, lebt. Die im Großherzogtum gegen ihn laufenden Ermittlungen werden am 18. Juni durch Steckbrief in der Lokalpresse öffentlich gemacht. Der Buchdruck von *Danton's Tod*, den *Phönix*-Redakteur Eduard Duller mit tendenziös-verharmlosenden Untertitel *Dramatische Bilder aus Frankreichs Schrecken-*

herrschaft versieht, erfolgt ohne B.s Mitwirkung, aber auch ohne behördliche Beanstandung: Umsichtig-zensorische Eingriffe Gutzkows haben das Manuskript druckfähig gemacht.

Ein nachträgliches Verbot erfolgt nicht, obwohl eine pseudonyme Rezension in der Beilage der Dresdner *Abend-Zeitung* (im Zusammenhang der Fehde zwischen Wolfgang Menzel und Gutzkow) geradewegs dazu auffordert.

Im Straßburger Exil übersetzt B. für Sauerländer die Victor-Hugo-Dramen *Lucrèce Borgia* und *Marie Tudor*, Brotarbeiten, die ihm – wie der *Danton* – bescheidene 100 Gulden Honorar einbringen. B.s Übersetzungen sind drastischer, lakonischer, aber auch subtiler als das Original; das Pathos der französischen Schauerromantik wird hier auf ein Minimum reduziert. Eine »Novelle« über den Aufenthalt des Sturm-und-Drang-Dichters Jakob Michael Reinhold Lenz bei dem philanthropischen Pfarrer Johann Friedrich Oberlin im elsässischen Steintal, die Fallstudie eines künstlerischen, psychischen und damit auch sozialen Grenzgängers, in der B. durch die mitempfindende Darstellung einer schizophrenen Psychose und die am Rande formulierten Grundsätze seiner antiidealistischen Ästhetik literarisches Neuland betritt, bleibt trotz mehrfacher Ermunterungen Gutzkows unvollendet. Statt dessen wirft B. sich mit aller Gewalt in das »Studium der Philosophie«: es entstehen die Schriften über Cartesius und Spinoza und Teile seiner kommentierten Auszüge aus Wilhelm Gottlieb Tennemanns *Geschichte der griechischen Philosophie*.

Als Thema seiner Dissertation wählt B. jedoch einen »naturhistorischen Gegenstand«: Für die zuerst in der Straßburger »Société du Muséum d'histoire naturelle« vorgetragene, erst 1837 erschienene Abhandlung *Sur le système nerveux du Barbeau* wird ihm am 3. 9. 1836 von der Philosophischen Fakultät der Universität Zürich die »Doktorwürde« verliehen. Parallel dazu verfasst B., als Wettbewerbsbeitrag zur »Preisaufgabe« des Cotta-Verlags »für das beste ein- oder zweiaktige Lustspiel«, die Komödie *Leonce und Lena*, deren »Grundstimmung« blanker »Haß« (Hans Mayer, 1946)

ist, Wut über die deutschen »Verhältnisse« im System des Spätabsolutismus. Da B., der von Besuchern zu dieser Zeit als nervös-aufgeregt und erschöpft erlebt wird, den Einsendeschluss um zwei Tage verpasst, erhält er sein Manuskript »uneröffnet« zurück.

Gewissermaßen als Gegenstück zum ›höfischen‹ Lustspiel entwirft B. ein »bürgerliches Trauerspiel« (Ludwig Büchner, 1850), in dessen Mittelpunkt – erstmals in der deutschen Literaturgeschichte – die Figur eines »pauper« steht, der Stadtsoldat Woyzeck, der im Zustand physischer wie psychischer Zerrüttung seine Geliebte ersticht. Der sozialen Tragödie liegt, »wie dem *Hessischen Landboten*, ein System zugrunde: das System der Ausbeutung, Unterdrückung und Entfremdung … Es ist seine Armut«, die Woyzeck »rettungslos ausliefert, und es ist die bis zum Extrem gesteigerte entfremdete Arbeit, die ihn erdrückt … Vom ›Mord durch Arbeit‹ haben wir in *Danton's Tod* nur gehört, im *Woyzeck* sehen wir ihn als dramatische Wirklichkeit« (Alfons Glück 1985). Das titellose Fragment bleibt jahrzehntelang ungedruckt und wird erst 1875 von Karl Emil Franzos (aufgrund einer Verlesung als *Wozzeck*) veröffentlicht.

Mit dem unsicheren Status eines politischen Flüchtlings versehen, siedelt B. im Oktober 1836 nach Zürich über. Von den dortigen Professoren, vor allem Lorenz Oken, gefördert und seit einer »Probevorlesung« (über Schädelnerven verschiedener Wirbeltierarten) als Privatdozent zugelassen, gibt B., vor meist nur einem einzigen Zuhörer, »zootomische Demonstrationen«. Neben den Vorbereitungen für das Sommersemester entsteht in Zürich die Fassung letzter Hand von *Leonce und Lena*; eine Weiterarbeit an *Woyzeck* ist nicht belegt. Ein viertes Drama B.s, das erstmals 1850 von seinem Bruder Ludwig erwähnt wird und den Renaissanceschriftsteller Pietro Aretino zum Mittelpunkt gehabt haben soll, ist unter Umständen nur Legende.

In dieser Phase produktivster Anstrengung fällt B. am 19. 2. 1837 einer Typhusinfektion zum Opfer. »Mit einer flüchtigen Bemerkung auf seinem Todesbette: ›Hätte ich in der Unabhängigkeit leben können, die der Reichthum gibt, so konnte etwas Rechtes aus mir werden‹ – wies er selbst auf den tieferen, auf den sozialen Grund seines frühzeitigen Todes. Aber selbst seine nächste Umgebung konnte sein baldiges Ende nicht ahnen; denn B., der Proletarier der geistigen Arbeit und das Opfer derselben, hatte sich lächelnd zu Tode gearbeitet« (Wilhelm Schulz 1851).

Werkausgaben: Sämtliche Werke und Schriften. Historisch-kritische Ausgabe mit Quellendokumentation und Kommentar (Marburger Ausgabe). Hg. von Burghard Dedner und Thomas Michael Mayer. Darmstadt 2000 ff. (geplant sind 14 Bände); Werke und Briefe. Münchner Ausgabe. Hg. von Karl Pörnbacher, Gerhard Schaub, Hans-Joachim Simm und Edda Ziegler. München ⁹2002; Gesammelte Werke. Erstdrucke und Erstausgabe in Faksimiles. 10 Bde. Hg. von Thomas Michael Mayer. Frankfurt a. M. 1987.

Jan-Christoph Hauschild

Bulgakov, Michail
Geb. 15. 5. 1891 in Kiev;
gest. 10. 3. 1940 in Moskau

»[D]as ist ja gerade der Witz! Darin liegt doch die ganze Würze! Einen sichtbaren Gegenstand kann schließlich jeder treffen.« Das Werk des russischen Dramatikers und Romanciers Michail Bulgakov kann auf die Pointe dieser Schießübung aus *Master i Margarita* verdichtet werden. Sie ist Anweisung für die Rezeption und das Verständnis der Aufgabe des Schriftstellers, dessen literarische Ambitionen ständig von der Zensur bedroht waren. Die Strategie gehört zu den Kunstgriffen, die B. etabliere, um die Literatur in einen Gefechtsturm zu verwandeln und ihr das Überleben in der Diktatur zu sichern. Nach dem Medizinstudium und einer kurzen Berufspraxis entschied sich B. 1919 für die Schriftstellerei. Eine Brücke zwischen Beruf und Berufung bilden die ersten in medizinischen Fachzeitschriften publizierten Prosatexte *Zapiski junogo vraca* (1926/27; *Arztgeschichten*, 1917), die die medizinische Anamnese vom Patienten auf die Gesellschaft und die Geschichte übertragen. Frühzeitig entschied sich B. für den Transfer der politischen Aussagen in kultur- und literaturgeschichtliche Bezüge und eröffnete eine im Historischen auffindbare Erkenntnis. Die Erzählungen sind mit der Einschrift in die abendländische Schrifttradition (AT: »Ägyptische Finsternis«) Experimente im Rahmen einer Kampfstrategie.

B.s erster Roman *Belaja Gvardija* (1966; *Die Weiße Garde*, 1969) wurde gleich nach der Teilpublikation in der Zeitschrift *Rossij* (1925) beschlagnahmt. Die Geschichte der Familie Turbin thematisiert die sozialistischen Machtwechsel nationalukrainischer und bolschewistischer Prägung der Jahre 1918 und 1919. Die geschichtsphilosophische Dimension eröffnet die russische Literatur, speziell die sog. »Schockladenbücher« von Fedor Dostoevskij, die eine bessere Zeit in Aussicht gestellt hatten. Das berühmte Moskauer Künstlertheater (MChAT) bat um eine Dramatisierung, die B. unter dem Titel *Dni Turbinych* (1926; *Die Tage der Turbins*, 1928) vorlegte und ihn zum ersten zeitgenössischen Dramatiker machte, dessen Stück inszeniert wurde. 900 Aufführungen in 14 Jahren belegen eindrucksvoll den Erfolg. Selbst 1929, als alle Stücke von B. verboten wurden, erwirkte das MChAT mit einer Privatvorstellung für Stalin die Freigabe von *Dni Turbinych*. Sie gründete sich allerdings auf den kommerziellen Interessen des Theaters und auf der Fehlinterpretation Stalins. Er sah in der Inszenierung einen Beweis für die Übermacht des Bolschewismus. Die Kooperation mit dem MChAT war einerseits Rettungsanker, nicht zuletzt durch die Anstellung als Dramaturg, andererseits jedoch Martyrium, dem B. mit dem Roman *Zapiski pokojnika* (1937, publ. 1965; *Die Aufzeichnungen eines Toten*, 1969) ein Denkmal setzte. Der Romanheld Maksudov fristet ein trostloses Dasein zwischen Broterwerb und Kunst, bis der Besuch des Redakteurs Rudolfi nicht nur seinen Suizidversuch unterbricht, sondern ihm

mit der Herausgabe seines Romans eine ganz neue Welt eröffnet. Die Folgen sind absehbar: Maksudov soll den Roman für das Theater dramatisieren. In unübertroffener Meisterschaft entlarvt B. den international gefeierten Kunsttempel als Jahrmarkt der Eitelkeiten; die berühmte Schauspieltheorie von Stanislavskij und die künstlerischen Ambitionen des Theaters erfahren eine subtile Analyse: So unterliegt die Textfassung nicht dem künstlerischen Programm, sondern orientiert sich an der Altersstruktur des Ensembles. Der weitgehend unbekannte Roman dokumentiert detailreich den historischen Übergang vom Künstler- zum Regietheater.

Bei einer Hausdurchsuchung 1926, als B. mit der Inszenierung von *Dni Turbinych* beschäftigt war, wurden die Erzählung *Sobač'e Serdce* (1925, publ. 1968; *Hundeherz*, 1971) und seine Tagebücher – wie er schreibt – »verhaftet«. Durch die Fürsprache Maksim Gor'kijs erhielt B. die Tagebücher zurück und überantwortete sie seiner sog. »Lieblingsredaktion«, dem Ofen. Eine zentrale Aussage aus *Master i Margarita* wird durch die vor der Rückgabe angefertigte Kopie zur Wahrheit: »Manuskripte brennen nicht.« Die Erzählung *Sobač'e Serdce* beginnt aus der Ich-Perspektive des von Menschen geschundenen Straßenhundes Šarik, der Aufnahme und Wohltat durch den Chirurgen Preobraženskij erfährt. Mit seinem Assistenten Bormental' wagt der Professor einen gravierenden Eingriff, der den freundlichen Hund in den höchst unsympathischen Proleten Šarikov verwandelt. Der Roman entlarvt die Maxime der NEP-Zeit – die Entwicklung eines »Neuen Menschen« – und die zeitgenössischen medizinischen Experimente als ein absurdes Unterfangen. Eine Verbindung von Wissenschafts- und Gesellschaftskritik setzte B. auch in der Erzählung *Rokovye jajca* (1925, publ. 1928; *Die verhängnisvollen Eier*, 1984) um. Einen Rückbezug auf das Historische unternahm er mit *Zivn' gospodina de Mol'era* (1933, publ. 1962; *Das Leben des Herrn de Molière*, 1971), eigentlich ein Auftragswerk. B. arbeitete eng an der Biographie, allerdings führt er einen Erzähler ein, der bereits im Prolog den Grundkonflikt zwischen dem absolutistischen Herrscher Ludwig XIV. und dem Künstler Molière mit einer pointierten historischen Lösung zum Ausdruck bringt:»Molière ist unsterblich.« Außerdem erläutert der Roman eindrucksvoll das künstlerische Prinzip der »Eidexensmethode«: Die Selbstverstümmelung gilt unter dem Grundsatz, das Umarbeiten brauche gar nichts an der erwünschten Wirkung zu ändern, als probates Mittel, das Nadelöhr der Zensur zu passieren. Die Veröffentlichung wurde abgelehnt. In *Kabala svatoš* (1936; publ. 1965; *Die Kabale der Scheinheiligen*, 1970) weicht B. bewusst von der Biographie ab und gestaltet den Tod von Molière als übergeordnete Wahrheit und Folge der Tartuffe-Katastrophe. Das Stück thematisiert wie auch *Poslednie dni* (1955; *Die letzten Tage,* 1948) das Verhältnis von Herrscher und Kunst im totalitären System. Die Inszenierungsarbeit des MChAT begannt im Jahre 1930 und endete 1936 mit der Premiere. Nach sieben erfolgreichen Aufführungen wurde das Stück nach vernichtenden Artikeln in der *Prawda* verboten.

Bereits mit Beginn der Presse- und Hetzkampagne 1928 arbeitete B. am Roman *Master i Margarita* (1966/67; *Der Meister und Margarita*, 1968), den er 1940 auf dem Sterbebett beendete. Eine groteske Bande von Betrügern, so zumindest die offizielle Erklärung des Unerklärlichen, fällt wie die Heuschrecken in Moskau ein und sorgt für aufsehenerregende Skandale. Der Vorsitzende der Kommission für Schauspiel wird wunschgemäß zu allen Teufeln befördert und statt seiner leitet ein schreibender Anzug die Amtsgeschäfte. Der Finanzdirektor des Varietés verschwindet von einer auf die nächste Sekunde nach Jalta, das immerhin anderthalb tausend Kilometer von Moskau entfernt liegt – offiziell die Folge einer Hypnose. Mit anderen Worten: In Moskau ist der Teufel los! Dabei gestaltet der Roman eine kaleidoskopische Einschrift in die literarische Tradition. So repräsentiert der Teufel und seine »Suite« in den Details der Funktionen und Beschreibungen die vielfältigen Vorstellungen vom Teufel in Kultur- und Literaturgeschichte, vor allem aber verschiebt B. den klassischen Teufelspart des Verführens auf die

Ebene der Rezeption. Neben der Moskauhandlung gibt es ein zweites explizit historisches Geschehen im alten Jerusalem. Diese Struktur mit ihren vielfältigen Spiegelungen zwischen den beiden Städten und Zeiten unterstreicht anschaulich die Hauptproblemstellung des Romans: die Geschichtsanalyse. Die Frage der Unsterblichkeit in der Kulturgeschichte rückt nicht nur durch die eigenwillige Darstellung des Evangeliums in den Blick, sondern wird vielfach nuanciert aufgenommen; dabei entsteht ein thematischer Dialog von Ideen der verschiedenen Epochen. So präpariert der Text aus der religiösen Christusgestalt eine historische Persönlichkeit, deren Philosophie durch die Schrifttradition überliefert, vor allem aber entstellt wurde. Diesen Übergang von der realen Person zum Mythos oder zur Legende lotet der Roman in vielfältigen Detailbeispielen aus und greift dabei auf das Prinzip der historischen Synthese zurück. Die weibliche Titelheldin Margarita synthetisiert nicht nur Themen und Problemstellung im Dialog mit Goethes *Faust*, sondern sie kontextualisiert über ihren Spitznamen »Margot« die französische Geschichte. Das Leben und die Mythen über die Tochter von Katharina de Medici, Marguerite de Valois (Margot), bilden die Reflexionsfolie für die erkenntnistheoretische Dimension von *Master i Margarita*. Somit gilt für den Roman ausdrücklich B.s Feststellung:»die Geschichte schwingt weit aus, und Jahrzehnte ›liest‹ sie ebenso leicht wie einzelne Jahre«. Hier liegt die Besonderheit von B.s Poetik, die Verführung zum Lesen und Nachlesen in den Texturen der Weltliteratur und der Geschichte. Sein letztes Drama *Batum* (1939, publ. 1977; *Batum*, 1990) wird häufig zum »hässlichen Fleck« seiner künstlerischen Laufbahn stilisiert. Freunde bedrängten B., anlässlich des 60. Geburtstags von Stalin ein Stück für das MChAT zu schreiben. *Batum* hält Stalin den Spiegel seiner Jugend vor, es liest Hegel, nicht Marx, und kämpft auf der Seite der Gerechtigkeit. Das Stück wurde vom ZK verboten und darf getrost als weiterer Versuch betrachtet werden, einen neuen Gefechtsturm im Kampf um die künstlerische Freiheit zu errichten.

Werkausgabe: Gesammelte Werke. 13 Bde. Hg. R. Schröder. Berlin 1992ff.

Angelika Baumgart

Bunin, Ivan
Geb. 22. 10. 1870 in Woronesch/Russland; gest. 8. 11. 1953 in Paris

Ivan Bunin ist der erste russische Schriftsteller, der mit dem Nobelpreis für Literatur ausgezeichnet wurde (1933). Er stammte aus dem Landadel und arbeitete Anfang der 1890er Jahre als Journalist und Bibliothekar in der Provinz. Um 1890 begann er Gedichte und Erzählungen zu publizieren, 1891 eine erste Gedichtsammlung, 1897 den ersten Band mit Erzählungen. Schon 1894 hatte er die Bekanntschaft Lev Tolstojs gemacht, der für ihn zeitlebens ein zentrales Vorbild blieb. Um die Jahrhundertwende gehörte er dem Kreis der Neorealisten um Maksim Gor'kij an und gewann in der Folge mit seiner Prosa hohes Ansehen – auch über die Grenzen Russlands hinaus. Der Bruch in seiner Biographie kam mit der Revolution von 1917. B. floh 1918 über Odessa und Konstantinopel nach Paris, wo er eine mehrjährige Schaffenskrise durchleben musste. Erst Anfang der 1920er Jahre begann er, wieder in größerem Umfang zu publizieren, machte sein Ferienhaus bei Grasse in der Provence zum Treffpunkt junger russischer Autoren. Der Nobelpreis wurde ihm insbesondere für den ersten Teil seines autobiographischen Romans *Žizn' Arsen'eva* (1931; *Im Anbruch der Tage. Arsjenjews Leben*, 1934) verliehen, dessen Abschluss erst 1939 erschien. Um 1940/41 gab es Bemühungen, B. in die Heimat zurückzuholen, da man sich ein belebende Wirkung auf die immer mehr erstarrende Sowjetliteratur erhoffte. Durch die Kriegsereignisse wurde diese Verbindung zunächst gekappt, aber auch nach Kriegsende,

als führende Sowjetautoren sich erneut um ihn bemühten und man ihm wesentlich bessere materielle Lebensumstände in Aussicht stellte, lehnte B. ab und blieb bis zu seinem Lebensende in Frankreich. Gedruckt wurde er in der Sowjetunion bereits bald nach seinem Tod wieder, wobei die Zensur Texte, die sich kritisch mit dem sowjetischen System auseinandersetzen, oder auch die Tagebücher aus der Zeit des Bürgerkriegs ausgeklammerte.

Die wohl bekannteste Erzählung B.s stammt aus der Zeit vor der Revolution: »Gospodin iz San-Francisko« (1915; »Der Herr aus San Francisco«, 1923). In ihrem Mittelpunkt steht ein reicher amerikanischer Fabrikant, der während einer Weltreise völlig unerwartet in einem Hotel auf Capri stirbt. Der ›Herr‹ repräsentiert die Welt der Reichen und Mächtigen, deren Oberflächlichkeit, Selbstgefälligkeit und Anmaßung in höchst subtiler Weise entlarvt werden. Durch die Arbeit anderer zu Geld gekommen, glaubt der ›Herr‹ all die käuflichen Vergnügungen verdient zu haben, die er sich nun leisten möchte, einschließlich des Rechts, über andere zu befehlen. Seine Welt erweist sich aber als eine Welt des Scheins – die ›vornehme‹ Kleidung ist Maskerade, der vermeintliche Respekt der Bediensteten Pragmatismus, die Aussicht auf Sinnengenüsse eitle Illusion. Durch seinen plötzlichen Tod bleibt diese Einsicht dem ›Herrn‹ selbst freilich verwehrt. Mit dem Thema und dem kritisch distanzierten Blick knüpft B. an die Erzählung »Čaša žizni« (1913; »Der Kelch des Lebens«, 1959) an. Schauplatz ist dort die russische Provinz, und im Zentrum stehen Vertreter verschiedener gesellschaftlicher Gruppen, deren gemeinsamer Nenner die Inhaltsleere ihres Lebens ist – so unterschiedlich diese auch zum Ausdruck kommen mag. Auch hier berühren sich das Satirische und das Parabelhafte, wobei die Darstellung sich bisweilen ins Groteske steigert. Ganz anders gestimmt ist die frühe Erzählung »Antonovskie jabloki« (1900; »Die Antonower Äpfel«, 1903), ein lyrischer Abgesang auf die Welt des alten russischen Dorfes.

In B.s erstem Roman *Derevnja* (1910; *Das Dorf*, 1936) treten die gesellschaftlichen Probleme und Konflikte des untergehenden Zarenreiches stärker in den Vordergrund. Die breite Wirkung verdankt das Werk aber nicht nur dem Thema, sondern auch der stilistischen Meisterschaft. Die wenig später entstandene Erzählung »Suchodol« (1912; »Suchodol«, 1966) verzichtet ebenfalls auf den idealisierend wehmütigen Blick. »Suchodol« handelt von der Geschichte einer Familie aus dem Provinzadel in den 1860er Jahren, wobei B. auf Personen, Konstellationen und Ereignisse der eigenen Familiengeschichte zurückgreift, jedoch die Gestalt der Dienstmagd Natal'ja ins Zentrum stellt. In mehrfacher perspektivischer Brechung werden Ereignisse geschildert, die symptomatisch für die krisenhafte Verfassung des Landes sind: Bruderzwist, Wahnsinn und Totschlag erscheinen als Folge der zerrütteten Familienverhältnisse, während das traurige Schicksal der Bediensteten den zeitüblichen Herrschaftsverhältnissen entspringt. In seinen Erzählungen der Exilzeit verbleibt B. zumeist im Bereich des vorrevolutionären Russlands, jedoch tritt nun die Gesellschaftskritik in den Hintergrund. »Mitina ljubov'« (1925; »Mitjas Liebe«) gilt als eine der besten russischen Erzählungen über die Liebe – allerdings in einer sehr pessimistischen Deutung. Im Zentrum stehen zwei junge Leute von etwa 18 Jahren, beide aus gebildetem Milieu. Mitja ist in Katja, eine Schauspielschülerin, verliebt, kann diese Liebe jedoch nur kurze Zeit genießen, da schon bald der böse Dämon der Eifersucht erscheint und Katja sich in seiner Vorstellung in zwei Gestalten spaltet: die ursprüngliche, die seinem Ideal entspricht, und eine zweite, der er misstraut und deren Verhalten sein Missfallen erweckt. Seine Eifersucht steigert sich zu Wahnvorstellungen. Obwohl er unwiderstehlich von Katja angezogen wird, fügt er sich in eine vorläufige Trennung und fährt aufs Land, wo die blühende Natur des Frühsommers seine Liebessehnsucht ins Unerträgliche wachsen lässt. Nach Erhalt eines Briefes, in dem Katja die Beziehung löst, und einem letzten Traum von der Untreuen erschießt er sich. Zentraler Kunstgriff der Erzählung ist die gegenläufige Entwicklung der Natur bzw. der Jahreszeiten einerseits und des

Gefühlslebens Mitjas andererseits. Durch das wachsende Empfinden des Schönen und Lebendigen in der Natur und der Welt überhaupt treibt Mitjas Gefühlsleben der Katastrophe zu: Der Selbstmord erscheint nicht nur als unausweichlich, sondern geradezu als Erlösung. Ein beträchtlicher Teil der späten Erzählungen ist in dem Band *Temnye allei* (1943; *Dunkle Alleen*) zusammengefasst. Die Titelerzählung ist sehr kurz und erinnert gerade durch die lakonische Form, aber auch hinsichtlich der Thematik an die Prosa Anton Čechovs. Ein älterer Offizier auf Reisen begegnet zufällig einer Jugendliebe wieder, erfährt, dass sie ihre Liebe zu ihm über dreißig Jahre bewahrt und nie geheiratet hat. Der Offizier bedenkt den unglücklichen Verlauf, den sein eigenes Leben genommen hat, nachdem er sie verlassen hatte – er erwähnt eine Ehefrau, die ihm untreu wurde, einen Sohn, der ihn durch seine Charakterlosigkeit enttäuschte –, und ist zutiefst bekümmert über die versäumten Möglichkeiten.

Žizn' Arsen'eva ist ein Roman, der dem Schema der Autobiographie folgt und vielfältiges Material aus B.s eigenem Leben verarbeitet. Dass das Werk jedoch nicht als echte Autobiographie, als Dokument gelesen werden soll, verdeutlicht B. schon durch den fiktiven Namen des Ich-Erzählers Aleksej Arsen'ev. B. operiert mit der in dieser Gattung üblichen Gegenüberstellung von erzählendem und erlebendem Ich. Der Erzähler ist ein älterer russischer Schriftsteller, der im südfranzösischen Exil seine Jugenderinnerungen niederschreibt, wobei man hier – mehr als bei dem jugendlichen Arsen'ev – den Autor selbst erkennt. In der endgültigen Fassung umfasst der Roman fünf Bücher; die Bücher 1–4 bilden den ersten Teil, das 5. Buch den zweiten. Die Handlung wird nur durch die Zentralfigur zusammengehalten, es gibt keine durchkomponierte Fabel, sondern nur eine Reihung von Erlebnissen, Beobachtungen, Begegnungen Arsen'evs und der Darstellung von deren geistiger und emotionaler Verarbeitung. Im ersten Teil steht die Entwicklung der dichterischen Neigung etwas stärker im Vordergrund, im zweiten eine Liebesbeziehung Arsen'evs; zugleich wird aber sein Leben in einer Fülle von Aspekten gezeigt: Das Familienleben in der ländlichen Sphäre, das Verhältnis zur Natur, Schulerlebnisse, der Tod der Schwester, die Verhaftung des Bruders wegen revolutionärer Tätigkeit, die eigene Arbeit bei der Zeitungsredaktion, Reisen, Auseinandersetzungen mit der Literatur und anderen Künsten etc. Diese Struktur bedingt, dass aus der Handlung selbst keine Spannung erwächst. B. konzentriert sich vielmehr auf innere Spannungsverhältnisse. Meist bauen sie sich auf zwischen Erwartungen und Wünschen und dem Bewusstwerden ihrer begrenzten Umsetzbarkeit in der Realität. Der Fluss der Erinnerung, das das Erzählen bestimmt und die Fabel ersetzt, ist – neben der geistigen oder auch physischen Isolation des erinnernden Ich sowie der Ästhetisierung der Welt – eine Gemeinsamkeit mit Marcel Prousts *À la recherche du temps perdu*, ohne dass hier unmittelbare Einflüsse nachweisbar wären. Als autobiographischer Roman steht *Žizn' Arsen'eva* in der Tradition von Werken wie Sergej Aksakovs *Detskie gody Bagrova-vnuka* (*Bagrovs Kindheit*) und Lev Tolstojs autobiographischer Trilogie. Welche Funktion diese Form erinnernden Schreibens für B. hat, macht er am Anfang seines Romans klar: Hier argumentiert der Erzähler, erst das Bewusstsein des Todes und der Vergänglichkeit habe ihn dazu gebracht, die Macht des Wortes zu erkennen und sich dem Schriftstellerberuf zu verschreiben. Nicht in der Erinnerung allein, sondern in der Aufzeichnung des Erinnerten, d. h. der schöpferischen Umformung liegt die Möglichkeit, die Vergänglichkeit zu überwinden. Das Schreiben ist also Anschreiben gegen den Tod. Es ist nicht zuletzt das Niveau schriftstellerischer Selbstreflexion, das *Žizn' Arsen'eva* aus der Masse an Erinnerungsprosa, welche die russische Emigration hervorgebracht hat, heraushebt.

Werkausgabe: Gesammelte Werke in Einzelbänden. 4 Bde. Hg. K. Kasper. Berlin/Weimar 1979–85.

Frank Göbler

Buonarroti, Michelangelo
Geb. 6. 3. 1475 in Caprese;
gest. 18. 2. 1564 in Rom

»Es plant der größte Künstler keine Form, / Die nicht der Marmorblock schon in sich schlösse / Mit seinem Allzuviel, und nur die Hand, / Die sich dem Geiste fügt, dringt zu ihr hin.« So beginnt eines der populärsten Sonette von Michelangelo Buonarroti, in dem dieser das künstlerische Schaffen der Liebe gleichstellt. Als bildender Künstler weltberühmt für Skulpturen wie die Pietà, David und Moses oder für Malereien wie die Fresken der Sixtinischen Kapelle hat M., der eigentlich Michelagniolo di Ludovico di Buonarroto Simoni hieß, auch Gedichte geschrieben. Zwar fehlten ihm eine umfassende literarische Bildung und sprachästhetische Disziplin, aber seine Gedichte – Epigramme, Madrigale, religiöse Lyrik und Liebessonette – entsprachen der lyrischen Konvention seiner Epoche ebenso wie ihrem poetischen Geschmack. M. war Petrarkist, also ein Lyriker, der in der Nachfolge Francesco Petrarcas die Sonettform pflegte. Die meisten seiner etwa 300 hinterlassenen Gedichte sind zwischen 1530 und 1550 in Rom entstanden, wo er sich 1534, nachdem er in den Jahrzehnten zuvor immer wieder zwischen Florenz und Rom gewechselt hatte, endgültig niederließ. Einzelne Gedichte zirkulierten unter Freunden, Bewunderern und Förderern, wurden von diesen in eigenen Schriften erwähnt und bisweilen kommentiert. 1545 stellte Michelangelo eine Auswahl von 89 Gedichten für eine Veröffentlichung zusammen, zu der es schließlich doch nicht kam. Von diesen Gedichten, die er abgeschrieben, durchgesehen und korrigiert hatte, gibt es eine Reinschrift. Die übrigen Gedichte sind auf Zeichen- und Skizzenblättern, auf Rechnungen und Briefbögen erhalten geblieben, oft in mehreren Varianten. Erst 1623 besorgte ein Urneffe M.s die Veröffentlichung einer Auswahl aus den Gedichten; eine erste Gesamtausgabe erschien 1863, eine kritische Ausgabe folgte 1897, aber einen festen Platz in der italienischen Literatur erlangten die Gedichte M.s nicht. Der Lyriker M. wurde stets ambivalent eingeschätzt: Einerseits wurde ihm eine »danteske Würde« (Benedetto Varchi) attestiert, andererseits wurde er eines »poetischen Dilettantismus« (Benedetto Croce) bezichtigt. M. hat die monologische Haltung und das Handlungsgeflecht Petrarcas übernommen, zugleich aber durch eine schwerfällige Syntax, gedankliche Überladung und ein abstraktes Vokabular die sprachstilistische Kontinuität unterbrochen, die von Petrarca ausgehend bis ins 18. Jahrhundert reichte. Kein anderer Lyriker seiner Zeit hat sich so wenig von antiken Quellen inspirieren lassen, stattdessen hat M. neoplatonische Gedanken in seine Verse eingewoben. So wurde er, dessen Themen Liebe, Vergeblichkeit, Alter und Tod waren, zum »Philosophen« deklariert. Dabei war seine Lyrik – ob als Analogien zur Bildhauerei oder als Würdigung großer Dichter, ob religiöse Dichtung oder Seelenbeschreibung – immer auch Liebeslyrik.

Werkausgaben: Gedichte und Briefe. In Auswahl hg. von R.A. Guardini. Berlin 1907. – Lebensberichte, Briefe, Gespräche, Gedichte. Hg. und übers. H. Hinderberger. Zürich 1947. – Sämtliche Gedichte. Italienisch und deutsch. Hg. und übers. Michael Engelhard. Frankfurt a. M. 1992. – Zweiundvierzig Sonette von Michelangelo Buonarroti. Übers. Rainer Maria Rilke. Frankfurt a. M. 2002.

Stefana Sabin

Burger, Hermann
Geb. 10. 7. 1942 in Menziken/Aargau;
gest. 28. 2. 1989 in Brunegg/Aargau

»Um die Konsequenzen von Kleists Aufsatz *Über die allmähliche Verfertigung der Gedanken beim Reden* für die Schreibpraxis zu begreifen, mußte ich nicht Germanistik, sondern Architektur … studieren«. In vier Semestern Architekturstudium inklusive eines Vordiploms hatte B., wie er sagte, das für seine späteren Romane notwendige »Entwerfen« gelernt. Dennoch aber wechselte er, ein »leidenschaftlicher Leser moderner Literatur«, von der Architektur zur Germanistik, Kunstgeschichte und Pädagogik, promovierte bei Emil

Staiger mit einer Dissertation über *Paul Celan – Auf der Suche nach der verlorenen Sprache* und habilitierte sich, mittlerweile auch als Feuilletonredakteur am Aargauer Tagblatt produktiv, mit einer Studie zur zeitgenössischen Schweizer Literatur.

Seine Einlassung auf die Sprache, die ihn, wie er zeit seines Lebens hoffte, dazu befähige, »die Lebensursache herauszufinden«, beschränkte sich von Anfang an nicht nur auf den rezeptiven Umgang mit Literatur. Das Schreiben wurde ihm, der unter schweren Depressionen litt, zur existentiellen Angelegenheit, zur »lebensrettende(n) oder -verlängernde(n) Langzeitmaßnahme als Reaktion auf eine höchste Notsituation«. Noch zur Studienzeit publizierte der Poeta doctus seinen ersten Gedichtband (*Rauchsignale*, 1967) und eine Sammlung von Prosastücken (*Bork*, 1970). Mit seinem Roman *Schilten. Schulbericht zuhanden der Inspektorenkonferenz* (1976, verfilmt 1978 von Beat Kuert) avancierte B. quasi über Nacht zum literarischen Geheimtip. In einer hochartifiziellen, aus enzyklopädischem Fundus gespeisten Fachgelehrtensprache berichtet in *Schilten* ein Aargauer Dorfschullehrer einer imaginären höheren Instanz vom grotesken Unterrichtsbetrieb an seiner Schule, die an den Dorffriedhof grenzt: Die Turnhalle dient primär als Aussegnungshalle; die Schulhausglocke ist zugleich Totenglöcklein; zum letzten Geleit von Verstorbenen wird die komplette Schülerschaft abkommandiert. Der Schulunterricht wird daraufhin von Lehrer Schildknecht umfunktioniert zu einer Arbeitsgemeinschaft mit dem Tod: Statt Heimatkunde gibt er Todeskunde, Biologie verkommt zu einem Exkurs über das Ausstopfen von Vögeln, eine längere Unterrichtseinheit befasst sich mit dem Selbstmord und dem Leben im Tod.

Die Auseinandersetzung mit dem Tod ist B.s zentrales Schreibthema, präsentiert als der immer neue Versuch, »den verlorenen Lebenszusammenhang in der Sprache zu gewinnen« (Elsbeth Pulver). Einzig in der Kunstwelt der Sprache gelingt die Herstellung eines Bezugs zu der als schmerzhaft empfundenen Wirklichkeit. »Einen Gegenstand mit Wörtern anpacken, drehen und wenden, bis er sein anderes, sein wahres Gesicht zeigt«: so formulierte B. in seiner Frankfurter Poetikvorlesung im Wintersemester 1985/86, publiziert unter dem bei Kleist entlehnten Titel *Die allmähliche Verfertigung der Idee beim Schreiben*, sein poetisches Programm. B.s Sprachbesessenheit und Wortakrobatik, seine Vorliebe »für das atemlos Labyrinthische und Verschachtelte, für das ornamental überladene, mit Fremdwörtern gespickte Schmerzens-Esperanto« sowie die Faszination für das Circensische und Magische zeigt sich insbesondere in der Titelgeschichte des Erzählbandes *Diabelli* (1979), in der ein erfolgreicher Zauberkünstler sich vor der eigenen Meisterschaft ekelt, erkennend, ein Leben lang nichts anderes erzeugt zu haben als Scheinwirklichkeit und Illusion: »Habe illudiert und illudiert und dabei mein Selbst verjuxt«. Diabelli, in einem Brief (wiederum) an eine höhere Instanz die Bedingungen für sein Künstlertum reflektierend, erklärt sich auch bezüglich der Künstlichkeit seiner Sprachgebilde: »Woher sollte ich eine sogenannte Muttersprache nehmen, wenn es mir zeitlebens am mütterlichen Element gefehlt hat?« Manifest wird eine solche Mutter-Deprivation gemäß traditionellem psychologischem Erklärungsmuster (Freud) in schwerer Depression und, wie im Roman dargestellt, in schmerzhafter Unterleibsmigräne oder Impotenz, heilbar nur durch eine »Die künstliche Mutter« genannte Therapie in einem unterirdischen Stollen des Schweizer Gotthardmassivs. Einer solchen unterzieht sich in B.s gleichnamigem Roman (1982) der an einem Muttertrauma leidende »Privatdozent für deutsche Literatur und Glaziologie«, Wolfram Schöllkopf. Am Ende seines Genesungsprozesses, nach Wiedererlangung von Potenz und Selbstwertgefühl, schlägt die Depression unheilvoll in ihr Gegenteil um: Anfälle von Euphorie führen zur Verdopplung, dann zur Auslöschung der Identität und in den Tod. Hier wie auch in B.s letztem Roman *Brenner* (1989) – Band I: *Brunsleben*, der auf vier Teile angelegten Geschichte einer Aargauer Zigarrendynastie beschreibt die Suche nach der verlorenen Zeit: nach Kindheit und Jugend – steht das Fiktionale gleichberechtigt neben dem Unverschlüsselten, Privaten. Das postum veröffentlichte Romanfragment *Brenner* Bd. 2: *Menzenmang* (1992) schließt unmittelbar an den ersten Teil an und zeigt in sieben Kapiteln noch einmal die große Begabung B.s, aber auch deren Brechung durch eine Krankheit, von deren Verständnis der Leser auch durch B.s zunehmend hypertrophierte sprachliche Mittel letztlich ausgeschlossen bleibt. Jene Wirkung auf die deutschsprachige Literatur, auf die auch Marcel Reich-Ranicki hoffte, der Burger einst entdeckte und pries, ist leider ausgeblieben. Mit seiner Privatisierung der Kunst und der Ästhetisierung des Privaten verschiebt B. die Grenze zwischen Kunst und Leben nach beiden Seiten und nimmt auch dabei für sich in Anspruch, »das unverschobene Selbstporträt als legitimes Romanmuster zu etablieren« (Hermann Kinder). Das Spiel mit Identitäten nötigte den »Grenzverschieber« immer häufiger zur imaginierten Grenzüberschreitung zwischen Leben und Tod, die im exakt kalkulierten Akt des Suizids als identitätsstiftende Einheit zu erfahren seien. Im *Tractatus logico suicidalis. Über die Selbsttötung* (1988) hat B., knapp ein Jahr vor seinem Tod, auch den eigenen, artistischen Abgang literarisch beglaubigt: »Der Selbstmord als Abschluß einer Krankheitskarriere wäre ein *opus magnum*«.

Josef Hoben/Red.

Bürger, Gottfried August
Geb. 31. 12. 1747 in Molmerswende/Harz; gest. 8. 6. 1794 in Göttingen

»Es ist traurig anzusehen, wie ein außerordentlicher Mensch sich gar oft mit sich selbst, seinen Umständen, seiner Zeit herumwürgt, ohne auf einen grünen Zweig zu kommen. Trauriges Beispiel Bürger.« Diese bedauernden Worte Johann Wolfgang Goethes in seinen *Maximen und Reflexionen* galten einem Mann, der wie kein zweiter in Deutschland den Typus des volkstümlichen Schriftstellers verkörperte. Aus einer ärmlichen Pfarrersfamilie stammend, hatte es B. lebenslang schwer, eine seinen Talenten und Neigungen entsprechende Position zu finden. Nach dem Theologie- und Jura-Studium in Halle (1764) und Göttingen (1768) gelang es ihm zwar, 1772 eine Amtmannstelle in Altengleichen bei Göttingen zu bekommen. Zwistigkeiten mit seinen Arbeitgebern belasteten ihn jedoch, und die Tätigkeit ließ ihm wenig Zeit für seine dichterische Arbeit, mit der er bereits während des Studiums begonnen hatte (Shakespeare- und Homer-Übersetzungen). Ohne offiziell dem »Göttinger Hain« anzugehören, unterhielt er zu den meisten Mitgliedern freundschaftliche Kontakte. In seiner dichterischen Praxis ging er jedoch eigene Wege. Sein 1773 entstandenes Gedicht *Der Bauer. An seinen Durchlauchtigten Tyrannen* (gedr. 1776) stellt ein frühes Beispiel einer volkstümlichen und zugleich sozialkritischen Lyrik dar. Dieses Gedicht machte B. in ganz Deutschland bekannt. Jahrzehnte später nahmen Georg Büchner und Ludwig Weidig einige Zeilen aus diesem Gedicht in ihren *Hessischen Landboten* auf. Volkstümlich sind auch seine Balladen (z. B. *Lenore*, *Des Pfarrers Tochter von Taubenhain*), die starken Eindruck auf die Zeitgenossen machten und die Ballade in den Rang einer anerkannten und populären Kunstform erhoben. Als B. 1778 seine erste Gedichtsammlung erscheinen ließ, fanden sich über 2000 Subskribenten, darunter 19 regierende Fürsten, u. a. die Königin von England. Als Herausgeber des *Göttinger Musenalmanachs* (von 1778 bis 1794) reifte er zu einer in ganz Deutschland anerkannten Instanz heran. Seine berufliche und finanzielle Situation war nichtsdestoweniger desolat. Dazu kamen schwierige persönliche Verhältnisse. Sein außereheliches Verhältnis mit seiner Schwägerin war ein öffentlicher Skandal *(Beichte eines Mannes).*

Erst nach dem Tod seiner ersten Frau (1784) konnte er deren Schwester heiraten, die jedoch bereits 1786 starb. Eine dritte Ehe, 1790 geschlossen, endete 1792 mit einer Scheidung. Bereits 1783 hatte B., zermürbt von den jahrelangen Auseinandersetzungen mit seinen Vorgesetzten, die Amtmannstelle aufgegeben und war als Privatdozent nach Göttingen gegangen, wo er Vorlesungen über Ästhetik, deutsche Sprache und Literatur hielt. Neben Übersetzungen aus dem Englischen und Griechischen (Umarbeitung der jambischen *Ilias*-Übertragung in Hexameter, Übertragung von William Shakespeares *Sommernachtstraum* zusammen mit August Wilhelm Schlegel) verfasste er weiter Balladen, bearbeitete die *Wunderbaren Reisen zu Wasser und Lande, Feldzüge und lustige Abenteuer des Freiherrn von Münchhausen* (2. erw. Ausgabe 1788) und bemühte sich, seine Konzeption von »Volkstümlichkeit« theoretisch auszuarbeiten (*Von der Popularität der Poesie*, Fragment, 1778 f.). Er war der Meinung, dass die Dichtkunst »zwar von Gelehrten, aber nicht für Gelehrte als solche, sondern für das Volk ausgeübt werden müsse« (Vorrede zu den *Gedichten*, 1789). Mit einer solchen Auffassung geriet er in offenen Gegensatz zu den Bemühungen von Goethe und Schiller, die sich unter dem Eindruck der Französischen Revolution von dem alten Sturm- und Drang-Konzept der Volkstümlichkeit abwandten. Schillers scharfes Verdikt *Über Bürgers Gedichte* (1791), mit dem er den eigenen Übergang zum Konzept der *Ästhetischen Erziehung* vorbereitete, konnte jedoch nicht verhindern, dass B. gerade aufgrund seines Konzepts von Volkstümlichkeit immer wieder geschätzt wurde. So schrieb Heinrich Heine in seiner *Romantischen Schule* (1833): »Der Name ›Bürger‹ ist im Deutschen gleichbedeutend mit dem Wort citoyen«, und wies damit indirekt auf die Verwandtschaft zwischen B. und den Autoren der Vormärz-Zeit hin.

Werkausgaben: Sämtliche Werke. Hg. von Günter und Hiltrud Häntzschel. München 1987; Mein scharmantes Goldmännchen. G. A. Bürgers Briefwechsel mit seinem Verleger Dieterich. Hg. von Ulrich Joost. Göttingen 1988.

Inge Stephan

Burgess, Anthony
[John Anthony Burgess Wilson]
Geb. 25. 2. 1917 in Manchester; gest. 22. 11. 1993 in London

Mit über 50 veröffentlichten Büchern gehört Anthony Burgess zum Kreis der produktivsten und erfolgreichsten englischen Schriftsteller des 20. Jahrhunderts. Darüber hinaus machte sich das am Xaverian College und an der Universität von Manchester ausgebildete Multitalent auch als Kritiker und Komponist einen Namen. Neben dem über 30 Titel aufweisenden Romanwerk hinterließ B. diverse musikalische Werke und verfasste u. a. kritische Studien biographischer Natur, Kinderbücher, literaturwissenschaftliche Handbücher für Studenten, eine auf zwei Bände angelegte Autobiographie sowie eine hohe Zahl von Rezensionen, Artikeln und Aufsätzen. Der bisweilen als Vielschreiber gescholtene Autor begann seine schriftstellerische Karriere erst relativ spät, da seine erste Liebe der Musik galt. Der bereits 1949 niedergeschriebene Romanerstling *A Vision of Battlements* wurde erst im Jahr 1965 publiziert. Nach dem Militärdienst ging B. diversen Lehrtätigkeiten in England, Malakka und auf Borneo nach. Die während der Zeit im Fernen Osten gesammelten Erfahrungen verarbeitete B. in den stark autobiographisch gefärbten Romanen *Time for a Tiger* (1956), *The Enemy in the Blanket* (1958) sowie *Beds in the East* (1959), die im Jahr 1964 gemeinsam unter dem Titel *The Malayan Trilogy* veröffentlicht wurden. Nach einer medizinischen Fehldiagnose, die einem Todesurteil gleichkam, verfasste B. mit Blick auf die finanzielle Absicherung seiner Frau in rascher Folge zahlreiche Romane. Der literarische Durchbruch gelang ihm mit der Anti-Utopie *A Clockwork Orange* (1962; *Die Uhrwerk-Orange*, 1972), einer dystopischen Vision, die im Spannungsfeld zwischen Individuum und Gesellschaft

das Thema der Willensfreiheit des Menschen auslotet. Der 15-jährige Protagonist Alex präsentiert sich hier als Figur in einer vom manichäischen Dualismus geprägten Welt, in der das Böse als Wesensmerkmal des Individuums und einzig vitale Kraft erscheint. Die Manipulation und Konditionierung des zu Gewalttaten neigenden Minderjährigen vermittels staatlicher Umerziehung hat das Auslöschen seiner Identität zur Folge. Der von B. ersonnene Teenager-Slang »Nadsat«, eine ingeniöse Mischung von englischem und russischem Wortschatz, zeugt von großer sprachlicher Virtuosität. Einen weiteren Publikumserfolg vermochte B. mit dem 1963 begonnenen populären Romanzyklus um den Dichter Enderby zu erzielen.

Die Verschmelzung von Literatur und Musik war B. ein besonderes Anliegen, konnte er hier doch seine künstlerischen Fähigkeiten zur Geltung bringen. So ist etwa die Handlungsstruktur des Spionageromans *Tremor of Intent* (1966; *Tremor*, 1980) der Sonatenbauform nachempfunden. Ästhetische Strukturierung wie auch die thematische Fragestellung nach der vitalen Notwendigkeit der Entscheidung zwischen Gut und Böse heben den Roman wohltuend von zeitgenössischen Exemplaren der Gattung ab, die bisweilen eine stereotype Figurendarstellung und Handlungsführung aufweisen. Noch deutlicher tritt die Symbiose von Literatur und Musik in *Napoleon Symphony* (1974; *Napoleon-Symphonie: Roman in 4 Sätzen*, 1982) zutage, einer fiktiven Biographie, die – von außermusikalischen Vorstellungen geleitet – den Lebensweg des französischen Herrschers von der Heirat mit Josephine im Jahr 1796 bis zu dessen Tod auf St. Helena 1821 nachzeichnet. Dieser Roman, dem mythologische Strukturen eine überzeitliche Dimension verleihen, korrespondiert sowohl in der äußeren Form als auch thematisch und inhaltlich mit Beethovens Titan unter den Sinfonien, der *Eroica* (1803). In Form einer fiktiven Autobiographie veröffentlichte der stets experimentierfreudige B. mit *Earthly Powers* (1980; *Der Fürst der Phantome*, 1984) sein wohl ambitioniertestes Werk. Zentraler Problembereich dieses farbenprächtigen Porträts der Geschichte des 20. Jahrhunderts ist die Auseinandersetzung des homophilen Katholiken Kenneth Marchal Toomey mit seiner Neigung und der Sexualmoral seiner Kirche. Kontrastiv zu dem »augustinischen« Schriftsteller Toomey, der seine Homosexualität als Manifestation der Erbsünde begreift, ist der vital gezeichnete, von der Fähigkeit des Menschen zum Guten ausgehende »pelagianische« Priester Carlo Campanati angelegt, der die ethische Entscheidungsfreiheit des Menschen betont. Neben der Erörterung moralphilosophischer Fragestellungen durchziehen dichtungstheoretische Äußerungen den Roman, die auf eine Bewusstmachung der poetologischen Selbstreflexivität des Textes abzielen.

Ungeachtet der formalen und inhaltlichen Vielfalt des von pointierter Sozialsatire geprägten B.schen Œuvres, ist den zumeist eine antithetische Struktur aufweisenden Romanen ein tiefschwarzer Humor als charakteristisches Stilmittel gemein. Von der Annahme eines manichäischen Weltbildes ausgehend, entwickelt der Autor ein in drei Phasen unterteiltes zyklisches Geschichtsmodell, welches durch den ständigen Wechsel von autoritären und liberalen Gesellschaftssystemen gekennzeichnet ist. Wiederkehrende Themen in B.' Werk sind der Dualismus von Gut und Böse, die Willensfreiheit des Menschen sowie die Auseinandersetzung mit traditionellen Tabubereichen wie Sexualität und Gewalt. – Der einmal mehr vom verbalen Erfindungsreichtum B.' zeugende Roman *A Dead Man in Deptford* (1993; *Der Teufelspoet*, 1995), in dessen Mittelpunkt Leben und Tod des Dramatikers Christopher Marlowe thematisiert werden, markiert einen weiteren, späten Höhepunkt im literarischen Schaffen dieses ungewöhnlich produktiven Autors.

Peter Nover

Burns, Robert

Geb. 25. 1. 1759 in Alloway, Ayrshire; gest. 21. 7. 1796 in Dumfries

Robert Burns war Sohn eines Kleinbauern (*cotter*). Für seine Verhältnisse hatte er eine gute Schulbildung; darüber hinaus war er Autodidakt. Nachdem er längere Zeit vergeblich versucht hatte, ein Auskommen in der Landwirtschaft zu finden, machte ihn die Veröffentlichung seines Gedichtbuches *Poems, chiefly in the Scottish Dialect* (1786) – die sogenannte Kilmarnock Edition – mit einem Mal zum berühmten Mann. Er wurde zum bedeutendsten Vertreter der Renaissance der schottischen Dichtung im 18. Jahrhundert und ist einer der wenigen Dialektdichter – er schrieb in der nördlichsten englischen Mundart, dem Lowland Scots –, die weltliterarische Bedeutung erreichten. Er wurde in den Salons der Gebildeten und Vornehmen in Edinburgh als Naturgenie und Volksdichter bewundert, als »Heaven-taught ploughman«, wie es Henry Mackenzie ausdrückte. B. hat zu diesem Mythos des Bauern, der, vom Pflügen heimgekehrt, seine Gefühle unmittelbar in lyrischen Versen ausströmen lässt, selbst beigetragen. In dem poetologischen Gedicht »Epistle to John Lapraik, An Old Scotch Bard« stellt er sich als das Gegenbild des *poeta doctus*, des gelehrten Dichters, hin: er beanspruche keine Bildung (»Learning«), er brauche nur die Inspiration durch die Natur (»ae spark o' Nature's fire«), um das Herz anzurühren. Der mit seinem Namen verbundene Mythos wird noch heute touristisch und kommerziell ausgenützt.

B.' Ruhm beruht auf seinen Liedern, die, aus der mündlichen und schriftlichen Tradition schöpfend, die Merkmale der Sangbarkeit und der Gefühlsunmittelbarkeit aufweisen. Berühmt ist das Liebeslied »A red red Rose« (»O my Luve's like a red, red rose«), in dem B. Bilder, Motive, ja ganze Strophen aus zersungenen, d. h. fragmentarischen und entstellten Texten der Tradition übernahm und zu einer Einheit verschmolz. B. leistete für das Volkslied, was Sir Walter Scott einige Jahre später für die Volksballade tun sollte. Er steuerte nahezu 200 Lieder zu James Johnsons *The Scots Musical Museum* (1787–1803) bei, der wichtigsten schottischen Volksliedersammlung der Zeit. Seine Liedkunst besteht darin, elementare Gefühle und Themen wie Liebe, Freundschaft, Abschied, Trauer, Heimatgefühl und Trinkfreude in schlichten, von volkstümlichen Wendungen und Bildern geprägten Versen auszudrücken, in denen sich die melodische Fülle der Sprache in Übereinstimmung mit der Emotionalität des Tons befindet. Solche Lieder sind z. B. »John Anderson my Jo« und »Auld Lang Syne«. B. stellt den anspruchsvollen Gattungen der Ode, der Ekloge und der Pastoraldichtung des Klassizismus das Lied als eine einfache, ursprüngliche Form gegenüber, in der sich die Einheit von Wort und Melodie wie von selbst ergibt.

In der Bettlerkantate *Love and Liberty*, meist als *The Jolly Beggars* (1802) zitiert, legt B. in einen narrativ-rezitativen Rahmen Lieder von in einer Kneipe zechenden Landstreichern und ihren Gefährtinnen ein und wechselt wirkungsvoll zwischen dem Scots English (der schottischen Variante der englischen Hochsprache) und dem umgangssprachlichen Braid Scots (der Mundart von Ayrshire). Einem prahlerischen Soldatenlied folgt das Lied eines Mädchens, das in unbekümmerter Sinnenlust und trunkenem Frohsinn von ihrer Liebe zu diversen »soger laddies« (›Soldatenburschen‹) singt. Nach weiteren Liedern klingt das Gedicht mit einem anarchischen Trinklied aus, dessen Refrain eine übermütige Zurückweisung gesellschaftlicher Institutionen darstellt: »A fig for those by law protected! / LIBERTY's a glorious feast! / Courts for Cowards were erected, / Churches built to please the Priest.« Diese vitalen bacchantischen Verse atmen den Geist der einige Jahre nach ihrer Entstehung ausbrechenden Französischen Revolution, die B. zuerst begrüßte, um sich später von ihr abzuwenden.

Eine berühmte, patriotisch gefärbte Darstellung des schottischen Milieus liefert »The

Cotter's Saturday Night« (1786), ein Genre-Bild in Spenser-Strophen, das den Abend in einer ärmlichen Hütte von der Rückkehr des Landmannes über das gemeinsame Essen bis zur Andachtsstunde und dem Rückzug zur Nachtruhe in genauer Detailschilderung, aber auch in zunehmend verklärender Weise darstellt. Die Schlussstrophen polarisieren das sinnentleerte Zeremoniell der kirchlichen Institution (»poor Religion's pride«, »The pomp of method and of arts«) und die Frömmigkeit der häuslichen Andacht, wo die Sprache der Seele noch ertönt, und des Weiteren die Leerheit und Verlogenheit der fürstlichen und vornehmen Welt sowie die Ehrlichkeit und den natürlichen Adel des einfachen Bauern: »The Cottage leaves the Palace far behind.«

Eine Gattung, in der neuerdings B.' eigentliche Leistung gesehen wird, ist die Verssatire. Die wichtigste Technik seiner Satiren ist die Verwendung einer *persona*, eines fiktiven Sprechers, der die von B. kritisierte und attackierte Position in übersteigerter, deren Unhaltbarkeit und Verlogenheit offenbarender Form artikuliert. In den *kirk satires*, die die etablierte presbyterianische Kirche Schottlands kritisieren, ist der Sprecher meist ein Vertreter oder Anhänger der orthodoxen Glaubenspraxis der Presbyterialkirche. In den politischen Stücken lässt B. ironisch die (in Wahrheit angegriffenen) Whigs oder hartherzigen Landbesitzer zu Wort kommen. Genial gewährt B. z. B. in »Holy Willie's Prayer« Einblick in das Innere eines Pharisäers und macht dessen Erwähltheitsdünkel und Entrüstungsmoral sowie die Selbstgerechtigkeit, Verlogenheit, Scheinheiligkeit und Gehässigkeit seiner Argumentation eindringlich deutlich. – Anders als die klassizistische Satire, die sich der hohen Politik und den generalisierten Schwächen der Menschen zuwendet, bezieht sich B. in seinen *kirk satires* auf den eng lokalisierten Bezirk der Gemeinde, in der Heuchelei, Perfidie und Hartherzigkeit herrschen. – Einen vergleichbaren Wandel markiert seine Naturlyrik, in der an die Stelle der arkadischen Requisiten der klassizistischen Pastoraldichtung die kleine, niedere Kreatur tritt, etwa die Feldmaus in »To a Mouse, On Turning Her Up in her Nest, with the Plough, November, 1785«. Der Philanthropismus des 18. Jahrhunderts ist hier auf das kleine Tier bezogen, dem ein Höchstmaß von liebevoller Zuwendung zuteil wird. Als glänzender Humorist zeigt sich B. dagegen in dem narrativen Gedicht »Tam o'Shanter« (1791; *Tam vom Shanter. Ein Märchen*, 1980), das von Tams Begegnung mit einer Hexenschar nach einem durchzechten Abend am Markttag in Ayr und der sich anschließenden wilden Verfolgungsjagd erzählt, in der sich Tam gerade noch vor den Hexen über den Fluss Doon retten kann. Einen besonderen Reiz dieses Gedichts macht die ironische Unterminierung des didaktischen Erzählerkommentars aus, v.a. des moralisierenden Schlusses. In dieser liebevoll-verschmitzten, ironischen Komposition bleibt der antikalvinistische Satiriker B. spürbar. Die Didaxe ist ironisch, von Sympathie für den Helden getragen.

Werkausgabe: The Poems and Songs. Hg. J. Kinsley. 3 Bde. Oxford 1968.

Wolfgang G. Müller

Burroughs, William S[eward]
Geb. 5. 2. 1914 in St. Louis, Missouri; gest. 2. 8. 1997 in Lawrence, Kansas

Erst als Mittdreißiger, so William S. Burroughs in einem Interview, habe er ernsthaft zu schreiben begonnen. Voraus gingen ereignisreiche Jahre voller Erfahrungen, die zum Teil so schrecklich waren, dass sie sich kaum angemessen in Worte fassen ließen. Sohn eines großbürgerlichen Vaters, der eine renommierte Firma in St. Louis besitzt, und einer sittenstrengen Mutter, die der Familie des Südstaaten-Generals Robert E. Lee entstammt, rebelliert B. schon früh gegen die Wertvorstellungen des Elternhauses. Zwar absolviert er 1936 noch ein Literatur- und Anthropologiestudium an der Harvard University, gerät danach jedoch immer tiefer in ein von Sex, Drogen und Kriminalität beherrschtes Milieu. Eine Gruppe ähnlich exzentrisch Gesinnter an der Columbia University, unter ihnen Jack

Kerouac, Allen Ginsberg und B.' spätere Frau Joan Vollner Adams, bestärken B. einerseits in seiner rebellisch-destruktiven Lebensführung, beeinflussen ihn andererseits aber auch produktiv, indem sie in ihm Interesse am Schreiben wecken. Der Visionär William Blake und der Symbolist Arthur Rimbaud werden zu zentralen literarischen Gesprächsthemen. B. verlässt schließlich New York und lebt – ständig auf der Flucht vor den Drogenfahndern – mal in Texas, mal in Louisiana, mal in Mexiko, wo er – unglücklich mit einem Gewehr hantierend – seine Frau Joan erschießt. Rastlos reist er danach umher; mal ist er in Tanger, dann im Dschungel Kolumbiens auf der Suche nach der halluzinogenen Yage-Droge, ehe er sich ab 1955 für einige Jahre in Tanger niederlässt.

Die Drogenerfahrung ist das alles beherrschende Thema in B.' erster Schaffensphase. Während *Junkie* (1953; *Junkie. Bekenntnisse eines unbekehrten Rauschgiftsüchtigen*, 1963), das er unter dem Pseudonym William Lee veröffentlicht, noch versucht, auf relativ herkömmliche Art in Form einer Ich-Erzählung die Erfahrungen mit Drogen zu vermitteln, bedient sich *Naked Lunch* (1959; *Naked Lunch*, 1962) einer weit radikaleren Erzähltechnik. Nicht mehr Kontinuität zeichnet den Text aus, sondern eine Reihe von Horrorvisionen wird hier eher zufällig und zusammenhanglos aneinandermontiert. Wie besessen hatte B. in Tanger notiert, was er im Drogenrausch erlebt hatte. Er bündelte diese unbearbeiteten, gleichsam »nackten« Notizen und – beraten von Kerouac und dem Maler Brion Gysin – wurden diese »gefrorenen Momente« nun nach dem Zufallsprinzip neu arrangiert. Theoretisch untermauert durch die von Gysin entwickelten neodadaistischen Techniken des Cut-up und Fold-in wird jeder Sinnzusammenhang jetzt bewusst zerstückelt und die narrative Ordnung von Anfang, Mitte und Ende im »atrophierten Vorwort«, das völlig ordnungswidrig am Ende des Buches steht, dementiert. Der Leser wird durch solche Erzählverfahren, die die raum-zeitliche Ordnung gehörig stören, selbst verstört und dadurch gleichsam in ein Textinferno hineingezogen, das an die regellosen Wahrnehmungsweisen in Rimbauds »Saison en enfer« erinnert. Die in rascher Folge erschienenen Romane *The Soft Machine* (1961; *Soft Machine*, 1971), *The Ticket That Exploded* (1962) und *Nova Express* (1964; *Nova Express*, 1970) bewegen sich formal wie thematisch noch sehr stark im Umkreis der dekonstruktivistischen Verfahren von *Naked Lunch*, dessen moralische Absicht B. zwar immer wieder betont, ohne dass diese vom Leser jedoch in jedem Falle erkannt wird.

Dem von ihm selbst beklagten Verlust des Lesers versucht B. in der Folgezeit dadurch zu begegnen, dass er sich in Stil und Struktur nun zunehmend am Medium Film orientiert. So bleibt die Schnitttechnik zwar weiter erhalten, doch werden die Sequenzen länger und die Sinnzusammenhänge deutlicher markiert. Mit *The Last Words of Dutch Schultz* (1970; *Die letzten Worte von Dutch Schultz*, 1971), einer »Fiktion in Form eines Filmskripts«, wie es im Untertitel heißt, und ein Jahr später mit *The Wild Boys* (1971; *Die wilden Boys*, 1980) setzt B. seine Rebellion fort, weitet sie jedoch immer mehr auf das von den USA angeführte ›System westliche Welt‹ aus. So bilden die ›wilden Jungs‹ der Gegenkultur, eine anarchistische Gruppe von Störenfrieden, den Gegenentwurf zum herrschenden System, das sie im Verlauf des Romans ständig unterwandern. B. stellt dies nunmehr jedoch auf leserfreundlichere Art als zuvor dar. Zwar wird die Erzählerfigur in *Wild Boys* immer noch in eine Vielzahl von Figuren aufgelöst, doch hindert ein solches Verfahren den Leser keineswegs daran, eine kohärente Geschichte zu bilden. Die späteren Romane, zu denen auch *Exterminator!* (1974) zählt und mit denen B. freilich nicht mehr annähernd die Reputation von *Naked Lunch* erreicht, begeben sich sogar noch weiter ein ruhigeres narratives Fahrwasser. In B. begegnet dem Leser ein Autor, dessen literarischer Ruhm weitgehend auf einem von Skandalen begleiteten Werk beruht, das freilich aufgrund seiner Hermetik einem breiteren Leserkreis verschlossen bleibt, während dessen zugänglichere Werke ihrer Zeit thematisch bereits ein wenig hinterherhinken.

Joseph C. Schöpp

Busch, Wilhelm

Geb. 15. 4. 1832 in Wiedensahl;
gest. 9. 1. 1908 in Mechtshausen

»In Dankbarkeit für fröhliche Stunden« – so endet ein Telegramm von Wilhelm II. zu B.s 70. Geburtstag. Ähnliche Reaktionen aus Bürgerhäusern und Arbeiterfamilien belegen B.s klassenübergreifende Stellung als populärster Autor und Zeichner seiner Zeit; eine Popularität zu verstehen aus der Spezifik des von B.

entwickelten Genres Bildergeschichte, zu verstehen aber auch aus der deutschen Misere, sprich der gescheiterten Revolution von 1848 und dem »deutschen Spießbürgertum« als dem »allgemeinen deutschen Typus« (Friedrich Engels). Die begeisterte Rezeption B.s – neben wenigen negativen, vor allem moralisch empörten Stimmen – basiert auf einem Missverständnis: die scheinbare Harmonie und Idylle des *Humoristischen Hausschatzes* (1884 ff.) verdeckt B.s »Nachtseite« – Tod und Gewalt, das Böse, das Dämonische und die Unveränderbarkeit der Welt.

Eine Spannung zwischen äußerer Ruhe und scheinbarer Gelassenheit einerseits und innerer Unruhe und tiefsitzender Angst andererseits bestimmt auch B.s Leben, das von immer wiederkehrenden Liebesenttäuschungen und künstlerischen Identitätskrisen bestimmt wird. Seit frühester Kindheit getrennt von seinen Eltern in protestantischer Pfarrhaus-Atmosphäre aufgewachsen, hat er schon mit seiner Berufswahl Schwierigkeiten. B., der im Gegensatz zu vielen malenden Schriftstellern und schreibenden Malern eine wirkliche Doppelbegabung war, ging nach dem abgebrochenen Maschinenbaustudium in Hannover (1847 bis 1851) an die Kunstakademien in Düsseldorf (1851), Antwerpen (1852) und München (1854). Gerade weil er in der Malerei seine eigentliche künstlerische Berufung sah, bedeutete für ihn die niederländische Malerei des 17. Jahrhunderts ein Schlüsselerlebnis, das ihn grundsätzlich verunsicherte. In der Folge beginnt er dreimal ein Studium und bricht es wieder ab: 1856 in München, 1869 in Frankfurt a. M. und 1877 wieder in München.

In der ersten Münchner Zeit von 1854 bis 1868 begann B., neben der Malerei Gedichte, Opernlibretti, Märchen- und Singspiele, z. T. als Gelegenheitsarbeiten für Feste und Feiern, zu schreiben und Karikaturen zu zeichnen. 1858 lieferte er die ersten Beiträge für die *Fliegenden Blätter*, 1859 den ersten *Münchner Bilderbogen: Die kleinen Honigdiebe*. Schon in dieser frühen Zeit ist es typisch für B., dass er im Gegensatz etwa zu den Malern Moritz von Schwind und Ludwig Richter Geschichten erzählt – in Bild und Wort. Beide Teilbereiche stehen für sich und sind doch eng aufeinander bezogen; nahezu gleichwertig, dominiert letztlich doch der Körper im Bild gegenüber der Sprache im Text. Ist der graphische Ausdruck B.s zunächst noch starr und zugleich sehr detailliert, die Sprache noch erzählende Prosa, so wird sein Strich mit der Zeit klarer und auf das Wesentliche reduziert (Holzstichverfahren, ab 1875 Zinkographie), der Text in Versform zumeist als Knittelvers (vierhebig, Paarreim) wird lakonisch prägnant. Er erhält »Schliff und Form«, so dass er sich sentenzenhaft ins Gedächtnis einprägt: »Dieses war der erste Streich, / Doch der zweite folgt sogleich.« Seine Sprachkomik erzielt B. vor allem durch inhomogene, ironisch trivialisierte Reimwörter. B.s Bildergeschichten, beeinflusst von volkstümlicher Literatur (Märchen, Fabel, Schwänke) stehen in der Traditionslinie des komischen Epos, der Verserzählung und der »littérature en estampe« (Kupferstichliteratur) des Karikaturisten und Rhetorikers Rodolphe Töpffer. Auffällig ist dabei die spezifische Verbindung von Schematismus und Stereotypie mit einem grotesken, z. T. surrealen Spielcharakter, sichtbar vor allem in den Körperdeformationen, dem spöttischen Karikaturen und den grausamen Depersonalisierungen (»Qualspirale«). Die Dynamik der Bilder (Bewegung, Abläufe, Simultaneität) verweist eher auf spätere filmische Techniken, besonders sichtbar in den Bildergeschichten ohne Worte, als auf die Comic strips. Berühmt wurde B. jedoch erst – und ist es bis heute – mit *Max und Moritz* (1865). Von dieser Bildergeschichte existieren über hundert Übersetzungen, zahlreiche Bearbeitungen, Vertonungen, Parodien und audiovisuelle Fassungen – sie ist neben dem *Struwwelpeter* (1847) von Heinrich Hoffmann das erfolgreichste und bekannteste deutsche Kinderbuch, dennoch wegen seines angeblich »höchst verderblichen Einflusses« auf die Kinder nicht unumstritten. B.s triebhafte Kindergestalten stehen in scharfem Gegensatz zum unschuldigen Kinderbild des 19. Jahrhunderts, seine bösen Buben sind letztlich nicht erziehungsfähig, zumal die Erwachsenen als ›Erzieher‹ ebenso negativ gezeichnet werden: sie sind selbstzufriedene, hinterhältige, rücksichtslose Spießer, denen jedes Mittel recht ist, um ihre heiligsten Güter – Ruhe, Ordnung und Besitz – wiederherzustellen bzw. zu sichern. Dieses »kleine Kinder-Epopöe« ist demnach weniger ein Kinderbuch als Erziehungsmittel, denn Ironisierung einer unheilvollen Kinder- und Erwachsenen-Welt.

In den folgenden, von 1865 bis 1884 publizierten Bildergeschichten greift B. teils die Erziehungsthematik wieder auf (*Plisch und Plum*, 1882), teils ersetzt er das böse, triebhafte Kind durch vital-aggressive Tierfiguren (*Hans Huckebein*, 1867; *Fipps der Affe*, 1879). Mit dem *Heiligen Antonius von Padua* (1870) beginnen B.s Tendenz-Bildergeschichten.

Kritik an Frömmelei und moralischer Heuchelei (*Die fromme Helene*, 1872) sowie welfischem Partikularismus (*Der Geburtstag oder Die Particularisten*, 1873) steht neben dem politisch problematischen *Pater Filucius* (1872), einer von Bassermann angeregten Arbeit im Kontext des Kulturkampfes. Diese und die nationalistische Bildergeschichte *Monsieur Jaques à Paris während der Belagerung im Jahre 1870* machten B.s geringes politisches Bewusstsein deutlich. Trotz Kritik am Militarismus, an Pomp und Pathos des Wilhelminismus – bei gleichzeitiger Bismarck-Verehrung –, trotz Lektüre des sozialdemokratischen *Vorwärts* und Sentenzen wie »Der Eine fährt Mist, der Andre spazieren; / Das kann ja zu nichts Gutem führen« (*Der Nöckergreis*, 1893) hält B. Distanz zu jeder Art von Politik.

In den meisten Bildergeschichten konzentriert sich B. auf das alltägliche Leben, häufig in Form einer ländlichen oder kleinstädtischen Idylle, örtlich fixiert auf Haus und Garten, zeitlich fixiert auf Feierabend und Freizeit. Soweit überhaupt der Arbeitsprozess thematisiert wird, ist es ein handwerklicher oder bäuerlicher; weder Adel und Großbürgertum noch Arbeiter, weder Großstadt noch Industrialisierung haben einen Platz in dieser engen Welt. Doch die Idylle trügt. Die menschlichen Beziehungen, insbesondere die intimsten in Ehe und Familie, sind extrem entfremdet, und der Mensch unterliegt der »Tücke des Objekts«, d. h. in einer verdinglichten Welt gewinnen die Gegenstände Gewalt über die Menschen. Besonders typisch für B.s Philister-Lebensläufe ist die *Knopp-Trilogie* (1875–77), an deren Ende der Tod, »die schwarze/ Parze mit der Nasenwarze«, steht.

Grauen und Verzweiflung bilden letztlich auch den Ausgangspunkt für B.s Humor; trotz aller Versöhnlichkeit beinhaltet er Schadenfreude – es ist ein böses Lachen. Durch seine Schopenhauer-Studien fühlte sich B. in seinen Ansichten bestärkt und philosophisch gerechtfertigt. Dessen Primat des Willens über den Intellekt, der Wille als das Böse verbindet sich bei B. mit dem Gedanken der Erbsünde, der im Zentrum seiner asketisch-pietistischen Moral (Arbeit und Triebverzicht) steht. Erst im Alter trat bei B. der Erlösungs- und Versöhnungsaspekt der christlichen Religion stärker in den Vordergrund.

Nach *Balduin Bählamm* (1883) und *Maler Klecksel* (1884), deren Thematik nicht zufällig B.s eigene Künstlerproblematik kommentiert, bricht er radikal mit den Bildergeschichten – er trennt wieder diese in Erfolg und ästhetischer Konstitution einmalige Verbindung von Bild und Wort, er schreibt stattdessen Lyrik und Prosa, er zeichnet und malt. Den Traum von einer Künstlerexistenz als Maler hatte b. sich trotz seiner ca. eintausend Ölbilder nicht erfüllt. Aber im Privaten verstärkte er seine Maltätigkeit bis zu deren Ende 1895 und entwickelte in der Porträt-, Genre- und in der zum Schluss dominierenden Landschaftsmalerei eine nichtnaturalistische, fragmentarisch-moderne Maltechnik.

Während B.s Gedichtbände *Kritik des Herzens* (1874), *Zu guter Letzt* (1904) und *Schein und Sein* (postum 1909) in ihrer Mischung aus Gelegenheitsgedichten und Gedankenlyrik, aus sentenzhafter Nüchternheit und satirischer Respektlosigkeit, aus Banalität und Grübelei bei gleichzeitiger poetischer Konventionalität bis heute wenig Beachtung fanden, ragen die Prosaerzählungen *Eduards Traum* (1891) und *Der Schmetterling* (1895) bei aller Parallelität zu den Bildergeschichten aus dem literaturgeschichtlichen Kontext von Realismus und Naturalismus heraus; in der Tradition der Romantik stehend und auf Symbolismus und Surrealismus vorausdeutend, sind sie in ihrer Radikalität – *Eduards Traum* z. B. als eine der ersten deutschsprachigen Antiutopien – einmalig in ihrer Zeit. Im *Schmetterling* erfährt man mehr über B.s Lebensgefühl von Vergeblichkeit als in seinen kurzen anekdotenhaften autobiographischen Texten *Was mich betrifft* (1886) und *Von mir über mich* (1893). Er zeigt »die Weste und nicht das Herz« – gerade diese Abwehrhaltung und Verhüllungstechnik führte zu der bekannten verklärenden Rezeption, sie enthüllt aber auch die Krise des bürgerlichen Zeitalters, die Person B. mit einbezogen; eine Krise, die in den Bildergeschichten ihren adäquaten, heute noch lebendigen Ausdruck fand.

Werkausgabe: Die Bildergeschichten: Historisch-kritische Gesamtausgabe in 3 Bänden. Hannover 2002; Sämtliche Werke. 2 Bde. Hg. von Rolf Hochhuth. München 1999; Historisch-kritische Gesamtausgabe. 4 Bde. Hg. von Friedrich Bohne. Wiesbaden 1960.

Florian Vaßen

Butler, Samuel [der Jüngere]
Geb. 4. 12. 1835 in Langar, Nottinghamshire;
gest. 18. 6. 1902 in London

Samuel Butlers Schriften sind so breit gefächert wie seine Interessen, neben Romanen verfasste er Reiseberichte, Abhandlungen über Evolutionstheorie (in Auseinandersetzung mit Charles Darwin) und Religion, eine Biographie seines Großvaters Dr. Samuel Butler und legte Übersetzungen vor; er komponierte Musik im Stile seines Idols Händel und malte. – Als B. nach dem Studium am St. John's College in Cambridge den Wunsch seines Vaters zurückwies, es ihm gleichzutun und Priester zu werden, stattete dieser, weil er die Neigung seines Sohnes zu den Künsten missbilligte, B. einer Summe Geld aus und schickte ihn auf seinen eigenen Weg, der nach Neuseeland führte. 1859–64 betrieb B. dort erfolgreich eine Schafzucht und kehrte nach fünf Jahren nach London zurück. *A First Year in Canterbury Settlement* (1863) legt ein Zeugnis über diese Zeit ab. Im Anschluss daran folgten Jahre der Beschäftigung mit Malerei, wobei es manche seiner doch eher konventionellen Gemälde bis zu Ausstellungen in der Royal Academy brachten.

Sein erster Roman, *Erewhon, or Over The Range* (1872; *Ergindwon oder Jenseits der Berge*, 1879), ist B.s Abrechnung mit seinem verhassten repressiven Elternhaus und zugleich eine beißende Satire auf das viktorianische England. Erewhon (ein Anagramm von ›nowhere‹) ist ein fiktiver Staat, in dem die viktorianischen Verhältnisse umgekehrt sind: Verbrecher werden wie Kranke behandelt, Kirche gleicht einer Bank, die Geburtenregelung legt nahe, dass Kinder besser ungeboren blieben. Die Gesellschaftskritik B.s artikuliert sich im Modus der Anti-Utopie, deren groteske Zukunftsphantasie B. als einen der originellsten spätviktorianischen Schriftsteller ausweist. B. war sich der Brisanz seiner Gesellschaftsanalyse freilich so sehr bewusst, dass er erst die fünfte Auflage des Romans im Jahre 1873 mit seinem Namen versah. Die Fortsetzung des Romans, *Erewhon Revisited Twenty Years Later* (1901), erreichte den Ruhm und die literarische Qualität seines Vorgängers nicht mehr. 1873 erschien *The Fair Haven*, eine auf Zuspruch seiner Freundin und Ratgeberin Eliza Mary Ann Savage geschriebene Fiktionalisierung seines religiösen Pamphlets *The Evidence for the Resurrection of Jesus Christ*

(1865), in der B. die diskrepanten Darstellungen von Tod und Auferstehung Jesu Christi in den Evangelien untersucht. Zunächst für eine ernstgemeinte Verteidigung des christlichen Glaubens gehalten, macht B.s Vorwort zur zweiten Auflage die satirische Aussageabsicht des Textes deutlich, die ihm die Ächtung durch die viktorianische Leserschaft eintrug. B. ließ sich gleichwohl nicht beirren und begann die Arbeit an seinem erst postum erschienenen Meisterwerk *The Way of All Flesh* (1903; *Der Weg des Fleisches*, 1929). Dieser autobiographische Roman zentriert sich um die Geschichte von vier Generationen der Familie Pontifex und solche Lieblingsthemen B.s wie Familienleben und Unterdrückung, katastrophale Vater-Sohn-Beziehungen und den Prozess der Evolution, welche für den Protagonisten in der vierten Generation, Ernest Pontifex, nur darin bestehen kann, sich gegen die bedrohliche Erbmasse seiner Familiengeschichte zur Wehr zu setzen. Viele der Charakterkonfigurationen scheinen allegorische Gegenüberstellungen von typisierten Gegensätzen zu sein; entscheidend ist, dass B.s Sympathie mit dem Darwinismus gängigen Klischees wie der heilen Welt rigider, patriarchalischer Familienstrukturen rücksichtslos den Garaus macht. B.s Sprache und Figurenzeichnung sind brillant-ironisch, unvergesslich witzig, lebendig und geistreich, der Roman stellt im Ganzen eines der eindrucksvollsten Zeitbilder der im Übergang zur Moderne begriffenen spätviktorianischen Gesellschaft dar. Die persönliche ›Evolution‹ seines Protagonisten beschreibt dabei längst keinen im traditionellen Sinne erfolgreichen Prozess der Selbstfindung mehr, sondern offenbart trotz aller Erkenntnisse, die Ernest Pontifex hat, einen Zustand umfassender Entwicklungslosigkeit. Dieser macht *The Way of All Flesh* zu einem der exponiertesten Beispiele des ›negativen Bildungsromans‹ im ausgehenden 19. Jahrhundert, die Bewusstseinsdarstellung rückt B. nicht nur in die Nähe von Henry James, sondern verweist auch auf James Joyce, der B. schätzte, und dessen *A Portrait of the Artist as a Young Man* (1916).

Viele der in den Romanen verhandelten Ideen tauchen in den nicht-fiktionalen Arbeiten B.s wieder auf: In *Life and Habit: An Essay After a Complete View of Evolution* (1878) verhandelt B. die Beziehung von Vererbung und Gedächtnis. Menschliches Handeln und menschliche Verhaltensweisen wie Atmen, Verdauen, Hören und Sehen werden als Resultate quasi-automatisierter, unbewusst ablaufender Gedächtnisleistungen aufgefasst. B. geht dieser Theorie in Büchern wie *Evolution, Old and New* (1879) und *Unconscious Memory* (1880) weiter nach, zusehends argwöhnisch gegenüber Darwin und T.H. Huxley, von denen er sich, wie von der viktorianischen Leserschaft allgemein, missverstanden und ignoriert fühlte. B. hatte zeitlebens eine große Begeisterung für Reisen und fremde Länder, eine Äußerlichkeit vielleicht, die B.s Glaube an eine auf Veränderung und Evolution abzielende Kraft in der Natur des Lebens jedoch treffend reflektiert. Auf einer Reise nach Sizilien im Jahre 1902 erkrankte B. und musste nach London zurückkehren, wo er starb. Schon rasch nach seinem Tod fand B. die Anerkennung, die ihm zu Lebzeiten verwehrt blieb. Autoren wie George Bernard Shaw, Arnold Bennett oder E.M. Forster würdigten B. als einen der bedeutendsten spätviktorianischen Autoren und Gelehrten – ein Urteil, das bis heute Gültigkeit hat, das aber durch die Forschung noch längst nicht sorgfältig genug bestätigt ist.

Werkausgabe: The Shrewsbury Edition of the Works. Hg. H. Festing Jones/A.T. Bartholomew. 20 Bde. London/ New York 1923–26.

Martin Middeke

Butor, Michel Marie François
Geb. 14. 9. 1926 Mons-en-Barœul bei Lille

Michel Butor trat in seiner ersten Schaffensphase als einer der Hauptvertreter des Nouveau roman in Erscheinung und zählt zu den innovativsten zeitgenössischen Autoren Frankreichs. Seit seiner Kindheit begeistert er sich für Reisen und ferne Länder, zugleich für Malerei und Musik; gleichsam analog hierzu ist sein künstlerisches Schaffen von einem

ständigen Positionswechsel, der raschen Abfolge externer Einflüsse und dem Spiel mit literarischen Formen gekennzeichnet. Nach dem Studium der Philosophie an der Sorbonne arbeitete B. zunächst als Lehrer im In- und Ausland und als Universitätslektor in Manchester. 1958 war er als Lektor für den Pariser Verlag Gallimard tätig, zugleich unterrichtete er als Gastprofessor an zahlreichen ausländischen Universitäten. Ab 1969 lehrte er an der Universität Nizza, 1975 wurde er zum außerordentlichen Professor für Literaturwissenschaft an der Universität Genf ernannt. 1991 wurde er emeritiert.

Das Renommee des Schriftstellers beruht in großen Teilen auf einer Reihe von Romanen, die bereits in den 1950er Jahren veröffentlicht wurden. Ihre Ablehnung von traditionellen Handlungsschemata und Figurendarstellungen war Teil einer avantgardistischen Bewegung, die nach 1945 die Erneuerung des Erzählens und der Wahrnehmung anstrebte. Damit verbunden ist der Abschied vom allwissenden Erzähler, der Verzicht auf eine kausallogisch verknüpfte Intrige und ihre chronologische Linearität, während Gegenstände und Menschen von einer unpersönlich-distanzierten Warte aus geschildert werden. Das dadurch hervortretende Eigengewicht von Objekten und Beziehungsstrukturen, die nicht mehr gedeutet oder kommentiert werden, nimmt in *Passage de Milan* (1954; *Paris – Passage de Milan*, 1965) die Form der Beobachtung eines siebenstöckigen Pariser Mietshauses an. In dem 1956 mit dem Prix Fénéon ausgezeichneten Roman *L'emploi du temps* (1956; *Der Zeitplan*, 1960) verstrickt sich ein französischer Journalist in das mysteriöse Labyrinth einer englischen Industriestadt, als er vergeblich versucht, einem nur bruchstückhaft greifbaren Kriminalfall nachzuforschen. Die im Nebel verschwimmende Stadt wird zum mythischen Gegenspieler des in sie eindringenden Reporters, dessen tagebuchartige Niederschriften zunehmend das augenblickliche Erleben mit dem Erinnerten verschränken. Das Ineinanderverfließen von Vergangenheit, Gegenwart und Zukunft bildet auch den Kern von *La modification* (1957; *Paris – Rom oder Die Modifikation*, 1958), ein Werk, für das B. 1957 den Prix Renaudot erhielt. Unter Verwendung der ungewohnten »vous«- bzw. »Du«-Anrede des Protagonisten wird am Beispiel eines Geschäftsreisenden, der regelmäßig zwischen Paris und Rom, dem eintönigen Familienleben und seiner Geliebten, pendelt, der Prozess einer langsamen Bewusstwerdung beschrieben. Die 20 Stunden währende Zugfahrt bildet den Rahmen für die Verschränkung exakter Sinneswahrnehmungen und schweifender Erinnerungen. Der Roman *Degrés* (1960; *Stufen*, 1964) handelt schließlich von dem Versuch eines Lehrers, das Beziehungsgeflecht innerhalb seiner dreißigköpfigen Schulklasse in einer minutiösen Protokollierung zu erfassen. Diese totalisierende Aufzeichnung aller verfügbaren Informationen über ein Kollektiv ist indes zum Scheitern verurteilt.

Den frühen Romanen B.s steht ein weitläufiges Werk der Folgejahre zur Seite, u. a. seine theoretischen Auseinandersetzungen mit der Literatur und ihren intertextuellen Bezügen zur Malerei, Architektur und Musik (u. a. in: *Répertoire*; 5 Bde. 1960–1982; dt. Teilausgabe: *Aufsätze zur Malerei*, 1970). Noch stärker als zuvor sind die literarischen Texte von einer experimentellen Vielstimmigkeit und Multiperspektivität geprägt, etwa in *Mobile* (1962; *Orte*, 1966), einer Art USA-Reisebericht, in der Wahrnehmung einer Kathedrale (*Description de San Marco*, 1963; *Beschreibung von San Marco*, 1966) oder in der mehrfarbigen Schriftgestaltung in *Boomerang* (1978). Die Beschäftigung mit akustischen Phänomenen fand zudem ihren Niederschlag in Hörspielen (*Réseau aérien*, 1962; *Fluglinien*, 1965) und in der mit dem Komponisten Henri Pousseur kreierten Oper *Votre Faust* (1962; *Euer Faust*, 1964). Weitere Möglichkeiten eröffneten die erfundenen Träume in den fünf Bänden der *Matière de rêves* (1975–85).

B.s Kritiker haben es nicht versäumt, ihn

aufgrund seiner formalen Wagnisse der Unlesbarkeit zu bezichtigen; doch geht es dem Autor, der seine Erzähltechnik immer wieder selbst thematisiert, gerade um die Einbeziehung der Leserschaft in seine Texte, die statt bloß oberflächlicher Lektüre eine aktive Auseinandersetzung mit der künstlerischen Gestaltung erfordern.

Maximilian Gröne

Buzzati, Dino
Geb. 16. 10. 1906 in San Pellegrino bei Belluno; gest. 28. 1. 1972 in Mailand

Dino Buzzati nimmt in der italienischen Literatur seiner Zeit eine Außenseiterstellung ein. Als Quellen für sein ›nordisches‹ Wesen hat man Edgar Allan Poe, Søren Kierkegaard, Martin Heidegger und Franz Kafka ausmachen wollen, doch speist sich sein umfangreiches Erzählwerk vor allem aus der persönlichen Erfahrung einer als scheinhaft empfundenen Wirklichkeit und der Auffassung des Lebens als ein Warten auf das vielleicht nie eintretende außerordentliche Ereignis.

Der in Mailand aufgewachsene B. tritt nach abgeschlossenem Jurastudium und dem Militärdienst 1928 als Mitarbeiter dem *Corriere della Sera* bei, für den er mit Unterbrechungen fast bis zu seinem Tod in verschiedenen Funktionen tätig ist: zunächst als Berichterstatter und Musikkritiker, später als Chefredakteur des Sonntagsfeuilletons und als Kunstkritiker, vor allem aber als Verfasser von Kurzerzählungen auf der berühmten »pagina tre« (Seite drei), die ihn einem größeren Publikum bekannt machen. Schon in seinem ersten Kurzroman *Bàrnabo delle montagne* (1933; *Die Männer vom Gravetal*, 1936) entwickelt B. jene Themen, die für sein Werk charakteristisch sein werden: die verpasste Gelegenheit im Leben, das Warten auf die große Bewährung, das unaufhaltsame Verrinnen der Zeit. Als sich Bàrnabo, der als junger Waldhüter im Kampf gegen Banditen versagt hat und aus dem Dienst entlassen worden ist, nach langen Jahren des einsamen Wartens endlich die Gelegenheit bietet, sich zu rehabilitieren, erkennt er in den Banditen einfache Menschen und verzichtet darauf, auf ihre Kosten zum Helden zu werden. In dem gleichfalls kurzen Roman *Il segreto del bosco vecchio* (1935; *Das Geheimnis des Alten Waldes*, 1986) will Oberst Procolo aus Profitdenken den alten Baumbestand eines geheimnisvollen Waldes abholzen lassen, den sprechende Tiere und Baumgeister bewohnen. Kaltherzig missachtet er deren Bitten und Warnungen und erteilt sogar einen Mordauftrag gegen seinen jungen Neffen, der seinen Plänen im Weg steht. Erst spät gelangt er zur Einsicht und sühnt bei dem Versuch, den Neffen noch zu retten, mit dem Tod. Dieses Kunstmärchen mit ökologischen Zügen verwischt durch die schlichte Erzählweise die Grenze zwischen Realität und Phantasie und zeigt B.s besondere Fähigkeit, mit den Mitteln einer klaren Prosa das Unglaubliche vollkommen glaubhaft wirken zu lassen.

Als seine bevorzugte Ausdrucksform bezeichnet der Autor die Kurzerzählung, die er meisterhaft beherrscht. Häufig wählt er eine vertraute Situation als Ausgangspunkt, lässt diese dann aber in eine aus gleichermaßen realen und irrealen Zügen bestehende Dimension umschlagen und verweist auf die phantastische Seite der Wirklichkeit. B.s bekanntestes Werk ist der 1940 veröffentlichte Roman *Il deserto dei Tartari* (*Die Tartarenwüste*, 1977), dessen Protagonist Giovanni Drogo sich nach dem großen Ruhm sehnt. Als junger Leutnant kommt er in eine abgelegene Wüstenfestung und verbringt sein Leben mit sinnlos anmutender militärischer Routine in der Erwartung eines Angriffs mythischer Tartaren. Als jedoch das lang ersehnte Ereignis tatsächlich eintritt, muss der inzwischen alte Drogo die Festung verlassen und sieht sich, allein und sterbenskrank in einem Herbergszimmer, vor die größte Herausforderung seines Lebens gestellt. Drogo ist einer von B.s schwachen Helden, die erst der Tod aus ihrer Entschlusslosigkeit befreit.

Hinsichtlich der Bewertung seines literarischen Werks divergieren die Kritikermeinungen, denn die Themen, um die viele der Texte B.s kreisen, sind weniger originell als vielmehr Ausdruck des Zeitgeistes; dennoch verleiht B. seinen Erzählungen etwas Unverwechselbares, das den Leser aus der vertrauten Alltäglichkeit entführt und ihn das Geheimnisvolle, Absurde und Paradoxe im Grenzbezirk der Realität erahnen lässt.

Wilhelm Graeber

Byatt, A[ntonia] S[usan]
Geb. 24. 8. 1936 in Sheffield

Die in London lebende Autorin und Kritikerin A.S. Byatt erhielt ihre akademische Ausbildung am Newnham College, Cambridge, wo sie 1954 bis 1957 Englisch studierte, sowie als Postgraduate-Studentin 1957 bis 1959 am Bryn Mawr College, Pennsylvania, und Somerville College, Oxford. Nach ihrer ersten Heirat und der Geburt zweier Kinder arbeitete B. von 1962 bis 1971 in der Erwachsenenbildung an der Universität London und unterrichtete von 1965 bis 1969 zusätzlich an der Londoner Central School of Art and Design. Trotz des Todes ihres Sohnes, ihrer zweiten Heirat und der Geburt zweier Töchter arbeitete B. seit 1972 als Dozentin für Englische und Amerikanische Literatur am University College London und publizierte neben wissenschaftlichen auch literarische Texte. 1983 gab sie ihr Senior Lectureship am UCL auf und zog sich aus dem akademischen Leben zurück, um sich ganz der Schriftstellerei zu widmen. B., die heute eine der erfolgreichsten Schriftstellerinnen Großbritanniens ist, wurden zahlreiche Ehrungen durch Universitäten (unter anderem von London und Cambridge) zuteil; seit 1983 ist sie Mitglied der Royal Society of Literature, seit 1990 CBE (Commander of the Order of the British Empire), seit 1999 DBE (Dame Commander of the Order of the British Empire).

1964 erschien B.s erster Roman, *Shadow of a Sun*, dessen Charaktere und Schreibstil in den späteren Werken wiederkehren. Die Protagonistin Anne Severell ist die Tochter eines berühmten Autors, die ihren Weg finden muss. Es zeigt sich bereits B.s exakte Beschreibungskunst, die sie mit (Farb-)Symbolik und Anspielungen auf literarische Traditionen verknüpft. Ihr zweiter Roman, *The Game* (1967), handelt von einem intellektuellen Kampf zwischen zwei Schwestern, von denen die eine Dozentin in Oxford, die andere Schriftstellerin ist, was Kritiker dazu veranlasste, *The Game* als autobiographischen Roman über B.s Verhältnis zu ihrer jüngeren Schwester, der Autorin Margaret Drabble, zu lesen. Auch in ihrer geplanten Tetralogie, von der 1978 der erste Band *The Virgin in the Garden* (*Die Jungfrau im Garten*, 1998), 1985 der zweite Teil *Still Life* (*Stilleben*, 2000) und 1996 der dritte Teil *Babel Tower* (*Der Turm zu Babel*, 2004) erschienen, verfolgt B. Themen und Techniken, die bereits in den frühen Romanen angelegt waren. Erzählt wird die intellektuelle und emotionale Entwicklung der beiden Schwestern Frederica und Stephanie Potter, zunächst in Yorkshire, dann in Cambridge und London von den 1950er bis in die 1980er Jahre. Durch B.s detailorientierten Blick auf das Alltagsleben und ihre Diskussion philosophischer, kunst- und literaturtheoretischer Ideen und des Zusammenhangs von Kunst und Leben wird ein präzises kulturelles Spektrum der jeweiligen Dekaden entworfen. B. selbst hat ihre früheren Romane, die als Entwicklungs- und Bildungsromane gelesen werden können, in die Tradition eines psychologisch-moralischen Realismus gestellt und in Essays und Interviews die Wichtigkeit einer einfachen, genauen Schreibweise betont. Eine neue Wendung nimmt B.s Werk mit dem Bestseller *Possession* (1990; *Besessen*, 1994), der verschiedene Preise, unter anderem den renommierten Booker Prize, gewann. Dieser hochgradig selbstreflexive Roman mit dem Untertitel *A Romance*, der parallel die Liebesgeschichten zwischen dem viktorianischen Autor und Gelehrten Randolph Henry Ash und Christabel LaMotte und zwischen den LiteraturwissenschaftlerInnen Roland und Maud im 20. Jahrhundert erzählt, spielt mit verschiedenen Geschichts- und Literaturtheorien und Gattungen wie dem realistischen Roman, der Romanze, Lyrik und Märchen, was B. das Etikett einer postmodernen Autorin eintrug. Auch ihr Roman *The Biographer's Tale* (2000; *Geheimnis des Biographen*, 2001) spielt in postmoderner Manier mit der Gattung Biographie und lotet ihre Grenzen aus. In die mit *Possession* aufgegriffene nicht-realistische Erzähltradition gehören auch die erste Novelle »The Conjugial Angel« in *Angels and Insects* (1992; *Geisterbeschwörung*, 1995) sowie die 1994 erschienene Märchensammlung *The Djinn in the Nightingale's Eye* (*Der verliebte Dschinn*, 1995). An den weiteren Geschichtensammlungen, *Sugar and Other Stories* (1987; *Zucker*, 1995), *The Matisse Stories* (1993; *Erzählungen um Matisse*, 1996) und *Elementals: Stories of Fire and Ice* (1998), lässt sich B.s Interesse an visuellen Details und Farben und der Frage, wie diese in Texten wiedergegeben werden können, ablesen. Wie schon in *The Virgin in the Garden* und *Still Life* setzt sich B. darin mit Malerei und den Mediendifferenzen zwischen Text und Bild auseinander – ein Aspekt, den die Forschung bislang vernachlässigt hat.

In B.s literaturkritischen Studien lassen sich neben ihrer Auseinandersetzung mit den Romanen Iris Murdochs (*Degrees of Freedom: The Novels of Iris Murdoch*, 1965) die Romantik und der Realismus des 19. Jahrhunderts als Schwerpunkte ausmachen: 1970 erschien *Wordsworth and Coleridge in Their Time* und 1991 die Essay-Sammlung *Passions of the Mind: Selected Writings*. B.s Interesse am 19. Jahrhundert lässt sich auch an ihrer Herausgabe von George Eliots *The Mill on the Floss* für Penguin Classics (1979) und *George Eliot: Selected Essays, Poems and Other Writings* (1990, gemeinsam mit Nicholas Warren) ablesen. An den 1995 erschienenen (mit Ignês Sodré verfassten) *Imagining Characters*, das weibliche Romanfiguren diskutiert, zeigt sich ein weiterer Aspekt b.s: ihre Auseinandersetzung mit der Rolle der Frau, auch wenn sie es ablehnt, als feministische Autorin zu gelten. Ihr Essayband *On Histories and Stories* (2000) setzt sich mit britischen Geschichtsromanen und der Frage nach der Grenze zwischen Fakten und Fiktion in biographischen und historiographischen Diskursen und der Rolle von Mythos und Märchen in ihren eigenen Werken auseinander.

Gabriele Rippl

Byron, [George Gordon Noël] Lord

Geb. 22. 1. 1788 in London;
gest. 19. 4. 1824 in Mesolongion/Griechenland

Lord Byron, der skandalöse, maskaradierende Lord, der mit einem hehren Heldentod im griechischen Unabhängigkeitskrieg wider die Türken ein ausschweifend promiskuitives Leben wiedergutgemacht habe, spukt seit seinem Tod in Griechenland unverändert in den Köpfen vieler Leser. Doch war weder das Leben des Adligen, traditionell der Bürgermoral enthoben, angesichts seiner Fürsorge für seine (ehelichen und unehelichen) Töchter sowie seine jungen Epheben rücksichtslos, noch war sein Sterben am banalen Sumpffieber ein sühnehafter Heldentod.
– B. war ein Vertreter der »negativen Romantik«, auch »romantischer Desillusionismus« genannt, vergleichbar zu derselben Zeit in Italien Giacomo Graf Leopardi und in Deutschland Heinrich Heine sowie den E.A.F. Klingemann zugeschriebenen *Nachtwachen von Bonaventura* (1804). In der *spoiler's art* (»Kunst des Verderbers«, Paul West) dieser negativen Romantiker ist er ein Vorläufer der Literatur des Absurden.

Typisch für die (»positive«) Romantik war das dialektische Geschichtsdenken, wie schon bei William Blake ausgeprägt. Die Geschichte des einzelnen Menschen wie der Völker und der gesamten Menschheit entwickle sich mit teleologischer Notwendigkeit vom Paradies (These) über das verlorene Paradies (Antithese) zum wiedergewonnenen Paradies oder Millennium (Synthese). Dieses Geschichtsbild fand verschiedene Ausprägungen in der nächsten Generation romantischer Dichter (William Wordsworth, Samuel Taylor Coleridge, Robert Southey) und dann auch in der letzten Generation (Leigh Hunt, Percy Bysshe Shelley, John Keats). Gleich ob diese Dichter und Philosophen der Vision eines bevorstehenden irdischen Millennium (im Sinne des Mythos von *Offenbarung* 20) treu blieben wie Blake, Hunt, Shelley und Keats oder sie aufgaben und ins Jenseits (*Offenbarung* 21) verschoben wie Wordsworth, Coleridge und Southey – ihrer »positiven« Romantik gemein war der Glaube an dialektische Vollendung. Mythopoetisch wurde dieses Geschichtsbild gerne veranschaulicht durch die Odyssee (»the circuitous journey of Ulysses«): Odysseus musste seine Heimat Ithaka (These) verlassen und umherirren in Gefahren und Kriegen (Antithese), um weiser und besser nach Ithaka zurückzukehren (Synthese).

Charakteristisch für die »negative« Romantik B.s, wie auch Heines und Leopardis, war die Leugnung dieser Synthese und ihrer traditionellen Mythen, Bilder und Symbole auf allen Ebenen. Illusionen und Visionen werden nur aufgebaut, um antiklimaktisch zerstört zu werden: *fatae morganae* von bleibender Schönheit, bleibendem Ruhm, bleibenden Reichen wie sinnvollen Lebens- und Geschichtszielen. Das erklärt auch die hohe Popularität B.s zu seiner Zeit, als auf dem Wiener Kongress 1815 die alte Ordnung wiederhergestellt und die Hoffnung auf ein *millennium ante portas* begraben wurde, und als die Industrielle Revolution mit ihrer Versklavung der Menschen und Verschandelung der Landschaft immer schneller voranschritt. Zu den alten Tyrannen (Fürsten und Priestern) kamen statt ihres vielfach prophezeiten Untergangs noch neue (Fabrikbesitzer und Produktionsplaner) hinzu. Die Hochromantik in Europa ging zu Ende, hauptursächlich bedingt durch eben dieses Zeitklima. Daneben liegen biographische und psychoanalytische Erklärungsversuche vor, welche B.s Werk allein aus seiner Persönlichkeit zu begründen suchen. Eine polykausale Erklärung überzeugt wohl am meisten, wobei die Annahme einer durchgehenden literarischen Maskerade angesichts B.s enormer Wirkung durch fast zwei Jahrhunderte Literaturgeschichte am fragwürdigsten sein dürfte.

B.s Vater war ein hochstapelnder, verarmter schottischer Offizier aus adliger Familie, der seinen Geliebten und Ehefrauen davonlief, sobald er ihr Vermögen verspielt hatte. Nach erster Ehe, aus der B.s Halbschwester Augusta hervorgegangen war, lernte er B.s Mutter, Catherine Gordon of Gight, in Bath kennen. Die temperamentvolle Catherine war geblendet von den Uniformen und Posen des gutaussehenden Hauptmanns und wurde seine zweite Ehefrau. Noch bevor ihr Sohn George 1788 geboren wurde, hatte Vater John Mutter Catherines Vermögen durchgebracht und war verschwunden. Der Junge wurde mit einem Klumpfuß geboren, eine Verkrüppelung, die seine kalvinistische Mutter ihm von frühester Kindheit an als Zeichen seiner Verworfenheit deutete. So wurde der ansonsten ungewöhnlich hübsche Junge stets mit dem ihm unbekannten Vater identifiziert. Und die Wechselbäder von Liebe und Hass, mit denen ihn seine Mutter während seiner ersten zehn Lebensjahre in Aberdeen zu überschütten pflegte, mögen sein zentrales dichterisches Bild einer immer wieder erfolgenden Vertreibung aus dem Paradies als antithetischen Endzustand mitgeprägt haben. Die Identifikation mit dem unbekannten Vater erklärt B.s lebenslanges martialisches Posieren und Maskeradieren in verschiedenen Uniformen, in denen er sich mit Vorliebe porträtieren ließ, ohne dass man daraus auch auf die literarische Maske eines zeitmodischen Weltschmerzposeurs schließen sollte. Die von B. immer wieder thematisierte zunehmende Desillusion des Menschen erscheint in diesem Lichte eher als echtes romantisches Bekenntnis denn als zeitmodisches Sprecherkonstrukt. – Im Alter von zehn Jahren erbte B. Titel und Vermögen des verstorbenen fünften Baron Byron. Mutter und Sohn bezogen, nach ihrem armen Leben in Aberdeen, das geerbte große, aber halbverfallene Familienschloss, Newstead Abbey bei Nottingham, heute ein vielbesuchtes B.-Museum. Nun stand Geld zur Verfügung für eine standesgemäße Erziehung, zuerst in der Privatschule Harrow und dann, 1805–08, am Trinity College in Cambridge. In Harrow prägte sich B.s schwärmerische Verehrung für junge Epheben (u. a. Robert Rushton, John Edleston), und in Cambridge zeigten sich dann auch schon B.s programmierte Ähnlichkeiten mit dem gesuchten Vater, sein Lebenshunger und seine Verschwendungssucht. Als B. 1824 im Alter von nur 36 Jahren starb, war Newstead Abbey samt großer Ländereien verkauft und das gesamte Vermögen ausgegeben. In die Studienzeit in Cambridge fiel die Publikation von B.s erstem Gedichtband, *Hours of Idleness* (1807). Es ist eine Sammlung kürzerer lyrischer und erzählender Gedichte in verschiedenen Situationen und Stimmungen, großenteils bekenntnishafte Versuche in romantischen Schreibweisen. Hier sind romantischer Weltschmerz und Todessehnsucht allerdings schon Leiden an der irreparablen Ungerechtigkeit und Willkür der Weltkonstitution. In dieser Manier hat B. kontinuierlich weitergedichtet, so in *Hebrew Melodies* (1815; *Hebräische Melodien*, 1865). Auf eine böswillige Besprechung der ansonsten wohlwollend aufgenommenen *Hours of Idleness* reagierte B. mit einer formalen klassizistisch-augusteischen Verssatire: *English Bards and Scotch Reviewers* (1809). Auch in dieser Gattung schuf B. noch vielgelesene Werke, über *The Vision of Judgment* (1822; *Die Vision des Gerichtes*, 1865) bis hin zu *Don Juan* (1819–24; *Don Juan*, 1837). Die Unvereinbarkeit von romantischer Sensibilität und klassizistischer Satire sowie die Tatsache, dass B. schon in seiner ersten Satire augusteische Dichter (John Dryden und Alexander Pope) lobend wider romantische Dichter (Wordsworth und Coleridge) stellte, scheint das Bild des Poseurs zu stützen. Nur waren für B. elegisch-romantische Klage und rational-satirische Schelte zwei komplementäre Möglichkeiten der Reaktion auf die »false nature« der Schöpfung. Die Romantik als Bezeichnung einer Schaffensperiode kannte, wenn man Romantik als Programm begreift, sehr wohl eine stark ausgeprägte klassizistische Gegenströmung (George Canning, Jane Austen, Thomas Love Peacock), zumal in einem Land, dessen Krieg mit dem revolutionären Frankreich die Romantiker als Hochverräter erscheinen ließ.

1809 war auch das Jahr des Antritts von B.s erster langer, gefährlicher Reise (bis 1811) nach Spanien, Portugal, Malta, Griechenland und die Levante. Auf der Iberischen Halbinsel kam es zu Aufständen gegen die französische Besatzung unter Napoleon, in Griechenland gegen die seit 1461 andauernde türkische Herrschaft. B. wollte diese romantischen Freiheitskriege trotz seines Zweifels am Endsieg der Freiheit erleben. Der Zweifel wird deutlich in seinem gewaltigen Versepos *Childe Harold's Pilgrimage* (1812–18; *Ritter Harolds Pilgerfahrt*, 1836), in dessen beiden ersten Cantos er diese Reise schildert. Sie erschienen 1812 und machten B. berühmt. Es ist ein Ritterepos in neunzeiligen Spenserstrophen und mit Anklängen an Spensers antiquierende Sprache (»Spenserisms«), das die *quest* des fahrenden Ritterschafts-Anwärters Harold als Pilgerreise schildert. Doch konterkariert es das mittelalterliche Motiv der (Lebens-)Pilgerreise insofern, als jedes feste Ziel geleugnet wird. Alle Irrungen und Wirrungen sind zirkulär, alle Mühen und Leiden letztendlich vergeblich. Sie enden im Untergang, im Meer (vgl. die letzten acht Strophen von Canto IV). Harold ist eine leicht durchschaubare Persona B.s, ein melancholischer, noch im Untergang stolzer, Unrecht und Sinnlosigkeit der Welt vergeblich trotzender Charakter und somit der erste der *Byronic Heroes*. Dies umso deutlicher, als B. in Canto IV (Italien) die Persona fallenlässt und in der ersten Person weiterspricht. Cantos III (1816) und IV (1818) reflektieren B.s weitere Reisen wie auch seine unglücklichen Erfahrungen. 1816 heiratete B. Annabella Milbanke, Nichte seiner Geliebten Caroline Lamb, Lady Melbourne, Gattin des Staatssekretärs (und späteren Premierministers). Im selben Jahr veröffentlichte die rachsüchtige Caroline ihren erfolgreichen Schauerroman *Glenarvon*, der B.-Glenarvon als dämonischen Verderber und Ahasverus schildert. Gerüchte über solche Ehebruchsaffären, über Inzest mit der Halbschwester Augusta sowie über Ephebenliebschaften führten bald zur Ehescheidung. Dieser Skandal machte B., der als aktives Mitglied des Oberhauses und »Radical Whig« doppelt im Licht der Öffentlichkeit stand, führte dazu, dass B. 1816 England für immer verließ. Seine Reise den Rhein herauf zur Villa Diodati am Genfer See bildete den Hintergrund für Canto III von *Childe Harold*.

Auch die Rheinstrophen (46–60) mit dem eingefügten Drachenfels-Lied drücken B.s Zweifel an einer besseren Welt aus. In der Villa Diodati, wo B. mit Leibarzt John Polidori und Geliebter Claire Clairmont standesgemäß residierte, besuchte ihn Shelley mit seiner Geliebten Mary Godwin (später Shelley). Die Gruppe veranstaltete in der Atmosphäre tosender Alpengewitter einen Schauerroman-Wettbewerb. B. verfasste ein Romanfragment, Polidori den ersten Vampirroman (*The Vampyre*, 1819) und Mary *Frankenstein, or, The Modern Prometheus* (1818). Am Mythos des Prometheus schieden sich die Geister. In B.s ›Prometheus‹-Hymne (1816) erscheint Prometheus als *Byronic Hero*, der dem Tyrannen trotzend stolz zugrundegeht. Shelleys späteres Lesedrama *Prometheus Unbound* (1820) war der positiv-romantische Gegenentwurf, die Vision des notwendigen Endsiegs des Prometheus über alle Tyrannei. Die häufigen Kontroversen zwischen den beiden Dichtern fanden auch ihren Niederschlag in Shelleys Dialoggedicht *Julian and Maddalo* (Manuskript 1818, publiziert 1824), wo Julian (Persona des Apostaten Shelley) der skeptischen Geschichtssicht Maddalos (Persona des von vielen für wahnsinnig gehaltenen B.) die Gewissheit dialektischer Geschichtsvollendung entgegenhält. – B.s acht Versdramen, darunter die Lesedramen *Manfred* (1817; *Manfred*, 1837) und *Cain* (1821; *Cain*, 1831), zeigen den *Byronic Hero* in Konfrontation mit dem empörenden Unrecht der Welt. Durch die Unbeherrschbarkeit der menschlichen Leidenschaften verdammt zu handeln, wird er von einem zynischen Gott oder Vater bestraft für das, was diese ihm unentrinnbar auferlegt haben. Hier findet B.s (kalvinistisch vorgeprägter) pessimistischer Deismus seinen deutlichsten Ausdruck.

Vom Genfer See aus reiste B. ruhelos weiter durch Italien (z. T. noch von Österreich besetzt), wo er in Venedig Liebhaber der verheirateten Teresa Guiccioli wurde und in Pisa im Kreis der geflohenen englischen *Radicals* (u. a. die Shelleys, Leigh Hunt) verkehrte. 1823 setzte er von dort nach Griechenland über und wurde Galionsfigur der mächtigen philhellenischen Bewegung. 1819–24 entstand B.s unvollendetes Meisterwerk, das Versepos *Don Juan*. Als komplementäres Pendant zu *Childe Harold* war es die satirische Darstellung der »false nature« der Welt, mit einem ironisch spottenden statt lyrisch klagenden *Byronic Hero* (wiederum B. selbst) als Sprecher. Es schildert in komisch-unheroischen Stanzen die fortschreitende Desillusionierung des jungen Don Juan von seiner Verbannung aus Sevilla aufgrund eines inszenierten Moralskandals über seine kurzlebige Liebe in einem scheinbaren Paradies, seine Abenteuer als Sklave und Liebhaber der türkischen Sultana, seine Erfahrungen als Liebhaber der Zarin Katharina und als russischer Soldat bis hin zu seinen Englandabenteuern als schon desillusionierter Schicksalsspötter. Dies geschieht in burlesker Nachahmung des heroischen Stils (»mock-heroic«) des überkommenen komischen Epos. Heroische Themen und Stile finden sich nur anzitiert, um dann parodistisch verkehrt zu werden. So ist in Umkehrung des Stoffmusters Don Juan Opfer statt Verderber der Frauen. »Das Ewig-Weibliche« zieht ihn anders als bei Goethe nicht »hinan«, sondern hinab. *Don Juan* zeigt, auch im Licht von B.s Tagebüchern und Gesprächen mit Lady Blessington, dass der Gelbfiebertod in Mesolongion das *letting go* eines Lebensmüden war. Im Krieg sterben, wenn nicht mehr in der Liebe erfolgreich, war B.s skeptische Variante der adligen Rittertugenden – so das Gedicht »On this Day I Complete My Thirty-Sixth Year« (Manuskript 1824). Die Nachrufe und Totenfeiern in ganz Europa und den USA, auch die inszenierte Überführung der Leiche nach England mit Begräbnis in der Familiengruft der Kirche von Hucknall bei Newstead Abbey (statt in der verweigerten Westminster Cathedral), verfestigten einen politisch gewollten Heldenmythos.

Werkausgaben: The Complete Poetical Works. Hg. J.J. McGann. 7 Bde. Oxford 1980–93. – Byron's Letters and Journals. Hg. L.A. Marchand. 13 Bde. London 1973–94. – The Complete Miscellaneous Prose. Hg. A. Nicholson. Oxford 1991. – Sämtliche Werke. Hg. S. Schmitz. 3 Bde. München 1977–78.

Rolf Lessenich

C

Cabral de Melo Neto, João
Geb. 9. 1. 1920 Recife/Brasilien;
gest. 9. 10. 1999 Rio de Janeiro

João Cabral de Melo Neto, einer der wichtigsten Dichter Brasiliens, wuchs in einer Familie von Großgrundbesitzern im Nordosten des Landes auf, der noch weitere illustre Gestalten des brasilianischen Geisteslebens wie etwa der Lyriker Manuel Bandeira, dem *A Educação pela pedra* (1966; *Erziehung durch den Stein*, 1989) gewidmet ist, oder der Soziologe Gilberto Freyre entstammten. Nach seiner Kindheit auf den Zuckerrohrplantagen der Familie und seiner Jugendzeit in Recife zog es C. im Jahr der Veröffentlichung seines ersten Gedichtbandes *Pedra do sono* (1942; Stein des Schlafs) in die damalige Hauptstadt Rio de Janeiro. Schon 1940 hatte Murilo Mendes ihn in der Metropole mit Carlos Drummond de Andrade und den Intellektuellen des Kreises um Jorge de Lima bekannt gemacht. Drei Jahre nach seiner Ankunft in der Hauptstadt begann C.s Laufbahn im diplomatischen Dienst. Sie bestimmte fortan neben der Poesie seinen Lebensrhythmus und führte ihn im Lauf von 45 Jahren in mehr als ein Duzend Städte Europas, Südamerikas und Afrikas.

Literaturhistorisch gehört C. zur Geração de 45. Im Gegensatz zu den anderen Dichtern dieser Generation, die ihre Produktion hauptsächlich als ästhetische Reaktion gegen die von ihnen angeprangerten formalen Nachlässigkeiten der Modernisten von 1922 verstanden und deshalb verstärkt auf traditionelle Metren und hergebrachte Gedichtformen zurückgriffen, führte C. modernistische Neuerungen wie den freien Vers oder das Prosagedicht konsequent weiter. Sein Werk ist daher auch als Bindeglied zwischen den Avantgarden von 1922 und der ab den 1950er Jahren einsetzenden konkreten Dichtung zu verstehen. Auch thematisch unterscheidet sich die Dichtung C.s von jener der 1945er-Generation. Fern jedes Bekenntnisses äußeren oder inneren Erlebens und der Reflexion des In-der-Welt-Seins steht das kritische Hinterfragen und die rationale Kontrolle der poetischen Produktion im Vordergrund seiner Verse. Gegen die Musik, vor allem die Musikalität des Verses, ist die Poesie hier dem Trockenen, der Plastizität, der materiellen Beschaffenheit und klaren Form der Wortfiguren, ist die Dichtung dem Bild verpflichtet. C. verstand sich selbst als ein Goethesches Augentier, das von außen nach innen schrieb, in dessen Werk jedoch das Prinzip des aktiven Hervorbringens das Prinzip des Kontemplativen, der expressiven Rezeptivität überlagerte: Dichten nicht getragen von Inspiration, sondern als Arbeit am konkreten Wort, als Komposition und Konstruktion.

Ab den Bänden *O cão sem plumas* (1950; *Der Hund ohne Federn*, 1964) und *O rio* (1954; *Der Fluß (Das Triptychon des Capibaribe)*, 1993) konzentriert sich das Zusammenspiel der regionalen und internationalen Einflüsse in C.s Dichtung zunehmend auf die Polarität seines Herkunftsstaates Pernambuco und seiner Wahlheimat Spanien: Kordel-Literatur, Capibaribe und Gespräche mit dem Dichter, Mathematiker und späteren Mitarbeiter des Architekten Oscar Niemeyers Joaquim Cardozo stehen *El Cid*, den Werken Mirós, stehen Stierkampf und Flamenco gegenüber. Auch sein wohl größter Erfolg *Morte e vida Severina* (1965; *Tod und Leben des Severino*, 1975) ist einerseits pernambucanisches Weihnachtsspiel und andererseits Hommage an verschiedene iberische Dichtungen. Immer wieder aber suchte C. das südspanische Sevilla auf. Den schmalen Gassen dieser andalusischen Stadt sowie deren Bewohnern ist auch sein letztes Buch gewidmet: *Sevilha andando* (1990; Der Gang Sevillas).

Markus Lasch

Cabrera Infante, Guillermo
Geb. 22. 4. 1929 in Gibara/Kuba;
gest. 21. 2. 2005 in London

Guillermo Cabrera Infante studierte in Havanna Journalismus und wurde mit 22 Jahren zum Mitbegründer der kubanischen Kinemathek, die er bis 1956 leitete. Nach der Revolution 1959 wurde er zum Direktor des nationalen Filminstituts berufen. Ebenfalls ab 1959 leitete er die Literaturbeilage *Lunes de revolución*. 1962 ging C. I. als Kulturattaché der kubanischen Botschaft nach Belgien, 1965 brach er mit Castro und ging ins Exil nach Madrid und schließlich 1967 nach London, wo er bis zu seinem Tod lebte. C. I. verfasste Erzählungen und Romane und schrieb über das kubanische Kino. 1997 wurde er mit dem Premio Cervantes geehrt.

C. I.s erster Roman *Tres tristes tigres* (1967; *Drei traurige Tiger*, 1987) gilt als eine der bedeutendsten Leistungen der lateinamerikanischen Literatur. Der Roman, der das Leben in Havanna kurz vor der Revolution heraufbeschwört, verzichtet auf eine verlässliche Chronologie und montiert meist kürzere Erzählpassagen mit Dialogen, Protokollen aus psychoanalytischen Sitzungen und Tagebuchnotizen. Dieser »neo-barocke« Roman ist voller Wortspiele und verschiedener graphischer Effekte: geschwärzte Seiten, die den Tod einer Figur bedeuten, Leerseiten, die angekündigte Enthüllungen als nichtig – und nicht vorhanden – entlarven, oder einer Seite in Spiegelschrift. Vom zungenbrecherischen Titel an bestimmen Sprachspiele den Roman, die häufig metonymisch verfahren, etwa bei zahlreichen Kofferwörtern: So setzt sich das Phantasiewort »Bachanal«, der Titel des achten Kapitels, aus »bacanal« und dem Namen des Komponisten Bach zusammen. Mit fragmentiertem, vielperspektivischem und mehrdeutigem Erzählen reiht sich der Roman in die Erzähltradition der Moderne ein: Er stellt die Verlässlichkeit von Sprache in Frage und arbeitet an der Aufhebung der Gattung Roman. Er ist aber auch eine Liebeserklärung an Havanna, an die kubanische Sprache, an die Zeit vor der kubanischen Revolution, an das Sprachspiel und eben an den Roman. Er evoziert den Verfall sozialer Bezüge, das Ende eines Gesellschaftsmodells und den Tod der schillerndsten Figuren und feiert zugleich die Lebensfreude der vier Protagonisten, die als Ich-Erzähler von ihren Streifzügen durch Havanna berichten. Die Protagonisten frönen ihrer rebellischen, lustvoll gelebten Unterhaltungssucht vor dem Hintergrund angespannter politischer Verhältnisse, die immer mit angesprochen sind: der Staatsstreich des Batista-Regimes, die Zensur, die Anfänge der Rebellion Castros. Die Geste des Sowohl-als-auch charakterisiert diesen Text, der sich von den falschen Alternativen Spaß oder Ernst, Trivialität oder Bildungsanspruch, Authentizität oder Unverlässlichkeit fernhält. Seine zentralen Themen sind der Tod und die Sprache. Der Tod trifft einige der herausragenden Figuren, so die Sängerin La Estrella, von der nichts als eine Schallplattenaufnahme bleibt, und das Sprachgenie Bustrófedon, den intellektuellen Mittelpunkt der befreundeten Hauptfiguren. Seine Hinterlassenschaft sind sieben auf ein Tonband gesprochene Texte über den Tod Trotzkis, die als Stilparodien bekannter kubanischer Autoren angelegt sind. Einzelne Erzählstränge führte C. I. in späteren Erzählungen weiter, wie etwa in der aus *Tres tristes tigres* herausgelösten und mit einem Schlusskapitel versehenen Erzählung *Ella cantaba boleros* (1996; Sie sang Boleros); die Intertextualität des eigenen Werkes bereicherte er durch zahlreiche Bezüge zu den Werken anderer Autoren.

Rolf Lohse

Calderón de la Barca, Pedro
Geb. 17. 1. 1600 in Madrid; gest. 25. 5. 1681 in Madrid

Calderón gilt heute neben seinem Vorgänger Lope de Vega als der wichtigste Dramatiker des sog. ›Goldenen Zeitalters‹ (siglo de oro) in Spanien und insbesondere der spanischen Barockliteratur, deren Ende zumeist auf sein Todesjahr festgelegt wird. Geboren als zweiter Sohn des aus der Region um Santander stammenden kleinadligen Ratsschreibers Diego Calderón, wird er für die Priesterlaufbahn vorgesehen. Er folgt den elterlichen Plänen erst im Jahr 1651, das den Übergang in die zweite, ruhigere Lebens- und Schaffensphase markiert. Seine erste Lebenshälfte verläuft unstet. Mit acht Jahren tritt er in die Madrider Jesuitenschule Colegio Imperial ein. Erste Rückschläge sind der Tod der Mutter 1610, dann des Vaters 1615, um dessen nicht sehr opulentes Erbe zwischen der zweiten Ehefrau und den drei Stiefsöhnen Streit entbrennt. C. hatte sich ein Jahr zuvor an der Universität in Alcalá de Henares immatrikuliert, wechselt aber bald nach Salamanca zum Studium der Theologie und des Kirchenrechts, das er 1620 ohne Abschluss beendet, um Schriftsteller zu werden. Die Justiz beschäftigt ihn allerdings in anderer Weise in den folgenden Jahren: 1617 wird er wegen Schulden verklagt, vier Jahre später ist er mit seinen beiden Brüdern in ein Duell mit Todesfolge verwickelt, das zu hohen Schadenersatzforderungen und damit zum Verkauf des väterlichen Amts führt, 1629 wird sein Bruder José von dem Schauspieler Pedro de Villegas angegriffen, bei dessen Verfolgung C. mit einigen Freunden das Sakrileg begeht, in ein Nonnenkloster einzudringen.

Als Dichter debütiert C. 1622 bei einem Wettbewerb, im Juni des darauffolgenden Jahres wird sein erstes Bühnenstück, *Amor, honor y poder* (Liebe, Ehre und Macht) im Palacio Real uraufgeführt. Er zieht in der Folgezeit das Interesse hochadliger Kreise auf sich, wird zunächst 1625 Knappe des Condestable de Castilla, eine Funktion, die es ihm ermöglicht, sich auf das dramatische Schaffen zu konzentrieren: Bis 1630 werden sechs weitere *comedias* uraufgeführt. Im Jahr 1635 erfolgt für C. der endgültige Durchbruch, als König Philipp IV. ihn zum Hofdramatiker, im darauffolgenden Jahr zum Ritter des Santiago-Ordens ernennt. Die damit verbundene Absicherung bildet die Grundlage für eine Phase größter Produktivität, in der die bedeutendsten Stücke C.s uraufgeführt bzw. publiziert (*La vida es sueño*, 1635, *Das Leben ein Traum*, 1816; *El alcalde de Zalamea*, 1636, *Der Richter von Zalamea*, 1822) oder zumindest vorbereitet werden (*El gran teatro del mundo*, UA 1675, *Das Große Welttheater*, 1846). Sie endet 1640, zunächst wegen C.s Teilnahme an militärischen Operationen gegen den katalonischen Aufstand, dann durch die dekretierte Staatstrauer um Königin Isabella, die das kulturelle Leben Madrids bis 1649 zum Erliegen bringt. Die Schließung der Theater bedeutet für C. neuerliche finanzielle Nöte und befördert den Entschluss, sich zum Priester weihen zu lassen und die Kaplanspfründe, die ihm seine bereits 1613 verstorbene Großmutter vererbt hat, zu übernehmen. Die Gunst Philipps IV. ermöglicht auch über dessen Tod (1665) hinaus eine zweite, in wesentlich ruhigeren Bahnen verlaufende Lebens- und Schaffensperiode, die nunmehr überwiegend dem religiösen Theater, insbesondere den sog. *autos sacramentales*, d. h. einaktigen allegorischen Fronleichnamsspielen, die während der Prozessionen auf beweglichen Karren dargeboten wurden, sowie mythologischen Themen gewidmet ist. C.s Stücke werden im Rahmen königlicher Feste mit großem Aufwand inszeniert, das letzte 1680, kurz vor seinem Tod.

C.s Œuvre umfasst etwa 120 *comedias*, 80 *autos sacramentales* und zahlreiche kleinere Stücke. Insbesondere hinsichtlich der typisch spanischen dreiaktigen *comedia* setzt Calderón die Arbeit Lope de Vegas fort, der in seinem 1609 erschienenen Traktat *Arte nuevo de hacer comedias en este tiempo* (*Die neue Kunst der Theaterdichtung in dieser Zeit*) in Abkehr von den Zwängen aristotelischer Regelpoetik ein auf den Publikumsgeschmack hin orientiertes, tragische und komische Elemente sowie sprachliche Stile und gesellschaftliche Schichten mischendes Theater postuliert. C. adaptiert nicht nur eine ganze Reihe von Stücken aus dem reichen Schaffen seines Vorgängers, er orientiert sich auch formal an Lopes Konzeption, so hinsichtlich der Versifikation oder der zu wählenden Sujets, etwa der im *Arte nuevo* besonders empfohlenen Ehrthematik. Dies gilt insbesondere für die populären Mantel- und Degenstücke (*comedias de capa y espada*), wendungsreiche Liebeskomödien mit einem festen Inventar von Theatertechniken (Versteck und Verkleidung, Duell, List und Überführung) und Auflösung in einfacher oder doppelter Heirat. Allerdings überführt C. im Rahmen ernsterer *comedias* den oft populären und leichten Gestus des Lope-Theaters in eine wesentlich strengere und intellektualisierte sprachliche Form sowie auf die Ebene philosophischer Reflexion und folgt damit einer im engeren Sinne barocken und eliteorientierten Literarästhetik. Auch erscheint bei ihm der moralisch-erzieherische Aspekt des Theaters akzentuiert – eine mögliche Reaktion auf den Vorwurf, eine Tätigkeit als Geistlicher sei inkompatibel mit dem (insbesondere weltlichen) Theater, das als latent frivol galt. Hinsichtlich der dramatischen Formen liegt die schöpferische Leistung C.s vor allem im *auto sacramental*, das zu einer der zentralen Gattungen des spanischen Barocktheaters wird. Wenngleich Gattungsgrenzen, auch im Hinblick auf die Chronologie des C.schen Werks, nicht unerheblich sind, bietet sich doch ein Zugang über epochentypische Themen an, die quer zu Textsorten und Schaffensphasen zu exemplarischer Entfaltung kommen.

Einen ersten ›roten Faden‹ stellt das Problem der Ehre (honor, honra) und ihrer Verteidigung dar. Sie ist Programm verschiedener sog. Ehrentragödien wie *El médico de su honra* (1637; *Der Arzt seiner Ehre*, 1840) oder *El pintor de su deshonra* (1650; *Der Maler seiner Schande*, 1827) sowie eines der bekanntesten Stücke C.s, *El alcalde de Zalamea*. Das Stück handelt von der Schändung des Bauernmädchens Isabel durch den adligen Hauptmann Alvaro de Ataide, der sich mit der Vorhut der spanischen Truppen vorübergehend in Zalamea, einem an der portugiesisch-spanischen Grenze gelegenen Dörfchen, aufhält. Der soeben zum Bürgermeister und damit Richter des Ortes gewählte Vater des Mädchens, Don Pedro Crespo, bittet den Hauptmann zunächst auf einer persönlichen Ebene inständig, die Ehre seiner Tochter durch Heirat wiederherzustellen. Als Alvaro das Ansinnen herablassend zurückweist, nutzt Crespo seine Position, lässt ihn verhaften und einen Prozess eröffnen. Dem inzwischen eingetroffenen Kommandanten der Truppen verweigert Crespo die Überstellung Alvaros an die eigentlich zuständige Militärgerichtsbarkeit. Als der König nach Zalamea kommt, ist Alvaro bereits verurteilt und exekutiert worden. Der König heißt das Vorgehen im nachhinein gut und befördert Crespo zum Richter auf Lebenszeit. Auf den ersten Blick scheint das Stück eine nahezu revolutionäre Komponente zu besitzen, denn der Adlige wird im Namen eines übergeordneten Moral- und Ehrbegriffs von einem nichtadligen und nicht zuständigen Richter hingerichtet, der für sein Handeln belohnt wird. Es darf jedoch nicht übersehen werden, dass die Standesgrenzen als solche unangetastet bleiben: So lehnt Crespo es ab, sich durch den Kauf eines Adelsbriefs zu nobilitieren. Grundlage des Handelns des Alkalden sind nicht angemaßte Rechte eines anderen Standes, sondern eine quer zu den Standesgrenzen liegende, in Gott verankerte Ehre. Nicht von ungefähr greift C. hier wie in zahlreichen anderen Stücken auf die Lösung eines *deus ex machina* in Gestalt des Königs zurück, der die gottgegebene Ordnung gerade repräsentiert und im jeweiligen Fall restituiert. Die angebotene Lösung ist konservativ in doppeltem Sinne, denn die bestehende Standesordnung wird auch insofern bestätigt, als die Überschreitung vor allem privilegierter Handlungsspielräume, wie im Fall Alvaros, zurückgenommen wird.

In dieser Hinsicht ist *El gran teatro del mundo*, C.s berühmtestes *auto sacramental*, aufschlussreich: Es eröffnet mit der Verteilung der Rollen durch den Theaterdirektor (*autor*), der im Sinne der Titelmetapher und innerhalb des mehrere verschachtelte Ebenen umfassenden ›Spiels im Spiel‹ zugleich Gott repräsentiert. Die Standesgrenzen sind festgelegt –

in einem fundamentalen Sinne, da der Text den Anspruch erhebt, die göttliche Weltordnung selbst allegorisch auf die Bühne zu übertragen –, aber Handlungsfreiheit ist dennoch gegeben: So werden die Schauspieler aufgefordert, innerhalb ihrer Rolle als König, Bauer, Reicher oder Armer zu improvisieren, geleitet allein von der Stimme des Gesetzes der Gnade, und sich am Ende des Spiels dem Urteil des Jüngsten Gerichts zu stellen, das sich nicht an irdischem Rang, sondern an der davon unabhängigen, ja für einen Armen sogar leichter zu erreichenden Sittlichkeit der Lebensführung orientiert. C. stellt sich hier ganz in die (moderat) gegenreformatorische jesuitische Tradition, die mitunter zum Missverständnis seiner Person als Vertreter des ›schwarzen‹ ultrareaktionären Spaniens führte. *El gran teatro del mundo* greift den seit Molinas *Concordia* (1588) ausgetragenen Streit um das widersprüchliche Verhältnis von göttlicher Vorsehung (Prädestination) und menschlicher Freiheit auf, wobei er mit Molina den Akzent auf Letztere legt: Der Mensch hat die Freiheit, sich der Gnade zu- oder von ihr abzuwenden, und niemand, der sich ernsthaft bemüht, wird von ihr ausgeschlossen (im Gegensatz zur calvinistischen und jansenistischen Konzeption).

Das ambivalente Verhältnis von Realität und Täuschung, wie sie sich hier in der allegorischen Ineinssetzung von Weltwirklichkeit und der Fiktion verpflichtetem Theater sowie der Vermischung der jeweiligen Ebenen zeigt, gehört zu einem weiteren spezifisch barocken Themenbereich, der typischerweise in der Gegenüberstellung von »engaño« (Täuschung) und »desengaño« (Aufhebung derselben, Ent-Täuschung) auf den Begriff gebracht wird. In einem trivialen Sinne ist die Täuschung Grundlage der Handlung in der bereits erwähnten populären Verwechslungskomödie, sie wird von C. aber auch in einem erkenntnistheoretischen und moralpraktischen Horizont erörtert.

Die Titelmetapher von *La vida es sueño* verweist auf die Erfahrung des Königssohns Segismundo, der von seinem Vater Basilio infolge eines unheilvollen Orakels in Unkenntnis seiner Identität in einem Turm festgehalten wird. Er scheint dazu bestimmt, tyrannisch zu regieren und seinen Vater zu demütigen. Dennoch ist Basilio gewillt, die Tragweite menschlicher Freiheit auszuloten: Sein Sohn wird betäubt und erwacht als Herrscher auf Probe im Palast. Als Segismundos unkontrollierte und brutale Art den Sternen recht zu geben scheint, wird er wiederum betäubt und in den Turm zurückgebracht. Der Kerkermeister Clotaldo überzeugt ihn davon, dass das Erlebte nur ein Traum gewesen sei, es allerdings im Traum ebenso wie in der davon nicht unterscheidbaren Wirklichkeit nur eine sichere Handlungsweise gebe, nämlich stets »gut zu handeln« (hier wiederholt sich die obstinate Weisung des Gesetzes der Gnade in *El gran teatro del mundo*). Segismundo folgt dieser Erkenntnis am Ende des zweiten Aktes: »Was ist das Leben? Illusion, / Schatten und Fiktion, / und das größte Gut ist gering, / denn alles Leben ist Traum« – eine Erkenntnis, die ihn in die Lage versetzt, sich unter das sichere, weil jenseitsbezogene Gesetz zu stellen und schließlich als Regent die typisch calderonianische Rolle des Königs als Restitutor der sittlichen Ordnung zu übernehmen.

C.s Bedeutung liegt nicht allein in der exemplarischen Aktualisierung epochenspezifischer Problemlagen und der formalen Geschlossenheit, zu der er das spanische Barocktheater führt, sondern besteht auch in der Fähigkeit seiner Texte, über ihren originären Kontext hinaus fruchtbar zu werden. Sie reicht aus heutiger Sicht über die Wirkung auf die deutsche Romantik (Tieck, Schlegel) bis hin zu aktuellen, etwa psychoanalytischen, Fragestellungen.

Werkausgaben: Schauspiele von Don Pedro Calderón de la Barca. 2 Bde. Hg. A.W. von Schlegel. Leipzig 1845. – Calderóns ausgewählte Werke in zehn Bänden. Hg. W. von Wurzbach. Leipzig 1910.

Frank Reiser

Calvino, Italo

Geb. 15. 10. 1923 in Santiago de las Vegas/Kuba; gest. 19. 9. 1985 in Siena

Der aus einer Familie von Naturwissenschaftlern stammende Italo Calvino zählt zu den herausragenden italienischen Autoren des späten 20. Jahrhunderts. In seinem umfangreichen narrativen Werk spiegelt sich beispielhaft das Bemühen des Intellektuellen der Nachkriegszeit, die Funktion der Literatur in der modernen Gesellschaft neu zu bestimmen. Ebenso exemplarisch ist allerdings C.s Entwicklung vom frühen gesellschaftspolitischen Engagement zu einer wachsenden Skepsis gegenüber den Möglichkeiten der Literatur, die sich im Rückzug auf formale Experimente sowie in kulturkritischen Essays äußert.

In seinem Erstlingsroman *Il sentiero dei nidi di ragno* (1947; *Wo Spinnen ihre Nester bauen*, 1965) verarbeitet C. das Erlebnis des antifaschistischen Widerstands auf so spielerisch leichte Weise, dass ihn Cesare Pavese als »Eichhörnchen der Feder« bezeichnet und ihm damit bereits das Attribut der ›leggerezza‹ (Leichtigkeit) zuspricht, das ein Charakteristikum des ligurischen Autors bleiben wird. Durch den Kunstgriff der kindlichen Erzählperspektive gelingt es C. in diesem frühen Werk aus dem Umfeld des Neorealismus, trotz des politischen Sujets auf die Schwere einer realistisch-ernsten Darstellung zu verzichten. Bei seiner Suche nach einem Freund trifft der vernachlässigte Junge Pin auf eine Partisanengruppe, gescheiterte Existenzen allesamt. Für Pin, der die politischen Motivationen und Zusammenhänge der Resistenza nicht durchschaut, besitzen die Ereignisse etwas Märchenhaftes und Magisches. Diesen naiven Blickwinkel verlässt der Erzähler nur einmal in der Mitte des kurzen Romans, wenn er die für neorealistische Autoren zentrale Frage nach dem angemessenen gesellschaftlichen Engagement des bürgerlichen Intellektuellen stellt, dem die Beweggründe der proletarischen Partisanen fremd bleiben.

Dieses Problem beschäftigt C. auch nach Kriegsende, als er auf das antifaschistische Engagement ein politisch-journalistisches folgen lässt. Die blutige Niederschlagung des Ungarn-Aufstands 1956 stürzt C. jedoch in eine ideologische Krise, veranlasst ihn zum Austritt aus der KPI und findet einen literarischen Ausdruck in dem Roman *Il barone rampante* (1957; *Der Baron auf den Bäumen*, 1960), mit dem er sich von seinen neorealistischen Anfängen distanziert. Der junge Cosimo di Rondò flüchtet aus Protest gegen die starre Lebensform seiner adligen Familie auf die Bäume Liguriens, um nie wieder den Erdboden zu betreten. Was wie ein Rückzug aus der menschlichen Gemeinschaft anmutet, ermöglicht ihm jedoch ein besonders vielfältiges politisches und gesellschaftliches Engagement. Mit dem Baron auf den Bäumen schafft der Autor das Emblem des engagierten Intellektuellen, der gerade im Verzicht auf enge Bindungen ein Höchstmaß an Verantwortlichkeit zu beweisen vermag. In den zwei weiteren kurzen Romanen, die mit *Il barone rampante* die sog. »Antenati«-Trilogie (*Unsere Vorfahren*) bilden, siegt ebenfalls die Fabulierfreude über realistische Erzählverfahren: Auch in *Il visconte dimezzato* (1952; *Der geteilte Visconte*, 1957) und *Il cavaliere inesistente* (1959; *Der Ritter, den es nicht gab*, 1963) behandelt C. die Suche nach dem ›ganzen Menschen‹.

In der folgenden Schaffensphase scheint C. sich seiner naturwissenschaftlichen Ursprünge zu entsinnen und erfindet mit den *Cosmicomiche* (1965; *Kosmokomische Geschichten*, 1969) die Gattung der ›fantascienza‹. In knapper Form stellt er diesen kurzen Erzählungen jeweils eine Theorie der modernen Wissenschaft voran, ehe sich der proteische Erzähler Qfwfq zu Wort meldet, der schon vor dem Urknall existierte und als Augenzeuge der Naturgeschichte die modernen Theorien immer wieder korrigiert. Indem er die Evolution auf höchst menschliche Motive wie Liebe, Rivalität und Familienkonflikte reduziert, substituieren die Erzählungen auf ironisch-humorvolle Weise die abstrakte, der menschlichen

Vorstellung enthobene Wissenschaftssprache durch ein anthropozentrisches Weltbild.

Aus den Begegnungen mit Roland Barthes und mit Mitgliedern der Gruppe OULIPO (Ouvroir de littérature potentielle) während seiner Pariser Jahre (1967–80) resultieren Experimente, in deren narrativer Kombinatorik sich C.s Zweifel an der Darstellbarkeit der *einen* allgemein gültigen Wirklichkeit spiegelt.

In seinem kühnsten Erzählexperiment, *Se una notte d'inverno un viaggiatore* (1979; *Wenn ein Reisender in einer Winternacht*, 1983), wird der Leser selbst zur Figur jenes »Romans«, den er lesen wollte: Das Werk entsteht überhaupt erst durch die Mitwirkung des mit »Du« angesprochenen Lesers und der »Leserin« Ludmilla, die aber zugleich seine Protagonisten sind.

Auf Einladung der Harvard University wollte C. in einer Vortragsreihe zu poetologischen Themen über einige Werte sprechen, die auch künftig allein die Literatur zu vermitteln imstande sei. Er konnte nur fünf der geplanten sechs Vorlesungen (*Lezioni americane*; postum 1988, *Sechs Vorschläge für das nächste Jahrtausend*, 1991) vollenden und erlag 1985 einem Gehirnschlag. Doch nach Jahren wachsender Skepsis, die auch das Schreiben selbst in Frage zu stellen begann, wirkt sein letztes Werk wie das literarische Vermächtnis eines scharfsichtigen und engagierten Zeugen des 20. Jahrhunderts.

Wilhelm Graeber

Camões, Luís Vaz de
Geb. 1524/25 in Coimbra oder Lissabon; gest. 10. 6. 1580 in Lissabon

Viel ist nicht bekannt vom Leben eines der größten Dichter seiner Zeit und Verfassers des portugiesischen Nationalepos *Os Lusíadas* (1572; *Die Lusiaden*, 1806) Luís Vaz de Camões. Mehrere Städte streiten sich um die Ehre, sein Geburtsort zu sein, wahrscheinlich war es Coimbra oder Lissabon. Er selbst gibt an, einen Teil seiner Jugendjahre in der Stadt am Mondego verbracht zu haben, wo er sich in der Obhut seines Onkels Bento de Camões befand, des Kanzlers der dortigen Universität, der sich um C.' Erziehung kümmerte. Später ging C. in die portugiesische Hauptstadt (zurück), aus der sein Vater stammte. Obgleich er in bescheidenen wirtschaftlichen Verhältnissen lebte, verkehrte er in den Palästen Lissabons und sammelte die Lebenserfahrung, die er in seinem reichen dichterischen Werk verarbeitete. Auch wenn er kein förmliches Studium absolviert haben dürfte, beherrschte er zumindest Latein, Italienisch und Spanisch. C. stammte aus dem – niederen – Adel und teilte einerseits dessen feudale Ideale und traditionelle Wertvorstellungen; andererseits hatte er sich, z. T. autodidaktisch, eine klassisch humanistische Bildung erworben – eine Geisteshaltung, die das überkommene Gesellschaftssystem in Frage stellte. Aus diesem Widerspruch lassen sich einige Unstimmigkeiten in C.' Werk erklären. Einerseits wollte er nach dem Vorbild der antiken Heldengedichte von Homer und Vergil Waffentaten besingen; bewusst knüpfte er an die Formulierung der Eingangsverse des römischen Heldenepos an. Er wollte aber nicht wie der Dichter der *Aeneis* einen einzelnen feiern, sondern ein ganzes Volk – lässt dann allerdings doch nur dessen Herrscher und höchste Würdenträger auftreten. C. wählte sich als Gegenstand die Geschichte Portugals, die in den kriegerischen Entdeckungsfahrten gipfelt. Andererseits kritisierte er eben diese Seefahrten, sprach sich stattdessen für die Eroberung Nordafrikas aus und ging später sogar so weit, den Krieg zu verdammen. Er verklärte die Eroberungszüge als Ausbreitung des christlichen Glaubens, schreibt diese aber in der mythologischen Einleitung von *Os Lusíadas* der heidnischen Göttin Venus zu.

Während C.' Zeit in Lissabon entstand ein großer Teil seines lyrischen Werks, das überwiegend aus Gelegenheitsgedichten besteht. Die Versuche, daraus biographische Einzelheiten zu rekonstruieren, sind problematisch. Nicht sicher ist, ob den Liebesgedichten historische Frauengestalten und unglückliche Liebesbeziehungen des Dichters zugrunde liegen oder ob es sich um rein literarische Darstellungen und Versuche handelt, sich mit den Dichtern der italienischen Renaissance, v.a. Petrarca sowie Catull und Ovid, auseinanderzusetzen und diese zu übertreffen. Möglicherweise waren gesellschaftlich nicht akzeptierte Liebesaffären die Ursache für mehrere Verbannungen, u.a. nach Nordafrika, wo C. in einer Schlacht bei Ceuta sein rechtes Auge verloren haben soll. Darauf bezieht er sich in seiner Canção (Lied, Gesang) »Lembrança da longa saudade« (Erinnerung an langes Sehnen). Ein Streit, bei dem er einen Diener des königlichen Palastes verletzte, brachte ihn für einige Monate ins Gefängnis, aus dem er durch einen Gnadenerlass von 1553 freikam. Zwei Jahre nach seiner Entlassung ging er im Dienste des Königs João III. nach Asien.

Während seines etwa 16 Jahre dauernden Aufenthalts in Goa und Macao entstand sein Hauptwerk *Os Lusíadas*, das für Jahrhunderte zur Grundlage des portugiesischen Nationalstolzes wurde. Weniger erfolgreich war C. in seiner militärischen Laufbahn, und auch wirtschaftlich brachten ihm die Jahre im Osten keinen Gewinn. Auf der Rückreise nach Portugal 1569 erlitt er Schiffbruch und rettete nur das Epos, wie er im 10. Gesang erwähnt, während er eine geliebte Frau, vermutlich eine junge Chinesin, verlor. Ihr widmete er das berühmt gewordene Sonett »Alma minha gentil« (1595; »Ein frühes Grab«, 1880; wörtl. Meine geliebte Seele). Das Erlebnis mag ihn noch zu weiteren Sonetten inspiriert haben. Auch in Portugal hatte C. keinen wirtschaftlichen Erfolg; nach dem Zeugnis zweier Freunde, dem Historiographen Diogo de Couto (1542–1616) und dem Dichter Diogo Bernardes (1530–1594/95), starb er in Armut.

C.' lyrisches Werk lässt sich nicht mit Sicherheit fassen, da seine Autographen verlorengegangen sind und zu seinen Lebzeiten nur drei Gedichte gedruckt wurden. Aus den 175 Gedichten der 1595 in Lissabon erschienenen Erstausgabe der *Rhythmas* (in moderner Orthographie *Rimas*; Gereimte Dichtungen) wurden im Laufe der Zeit durch das philologische Durchforsten anderer *Cancioneiros* (Liedersammlungen) 618. Eine kritische Sichtung führte zu keinem eindeutigen Ergebnis, und so gibt es heute Ausgaben sehr unterschiedlichen Umfangs, je nachdem, ob sie alle Gedichte enthalten, die möglicherweise von C. stammen, oder nur diejenigen, die mit Sicherheit von ihm verfasst sind. In Auseinandersetzung mit der italienischen Renaissancedichtung (Petrarca, Sannazzaro, Bembo und Bernardo Tasso) schrieb C. Verse voller Liebesschmerz, in denen er verschiedene von ihm vergötterte, ihm jedoch unerreichbare Damen besingt. Demselben Impuls entsprangen aber auch programmatische Gedichte wie »Enquanto quis Fortuna« (Solange Fortuna wollte), ein Lehrgedicht, in dem er dem Leser die Wechselhaftigkeit des Schicksals vor Augen führt, ihn dadurch ermahnt und zugleich tröstet, und »Eu cantarei de amor tão docemente« (So süß werd' ich von Liebe singen), mit dem er sich auf Petrarcas »Io cantarei d'Amor si novamente« bezieht. Es ist jedoch zweifelhaft, ob er mit diesen Gedichten, wie gelegentlich vermutet wurde, den Rahmen für einen eigenen *Cancioneiro*, eine durchkomponierte Liedersammlung nach dem Vorbild von Petrarcas *Canzioniere*, schaffen wollte. Daneben enthält sein lyrisches Werk Verse in der Tradition der mittelalterlichen Cantigas und solche, die an die Spanier Garcilaso de la Vega, Jorge Manrique und Juan Boscán erinnern, sowie immer wieder Versuche, sich mit den großen lateinischen Dichtern Vergil, Horaz, Catull und Ovid zu messen. Aus all dem entwickelte C. jedoch mit großem Geschick eigene Schöpfungen mit einem unverwechselbaren Stil, geprägt von Sensibilität und Originalität, authentischem Empfinden und Kraft des poetischen Ausdrucks. Besondere Erwähnung verdient schon wegen seines Umfangs das von Psalm 136, der die Gefangenschaft der Juden in Babylon behandelt, inspirierte, 40 Redondilha-Strophen umfassende Gedicht »Babel e Sião« (1572?; »An den Flüssen, die durch Babylon ziehen«, 1880). Darin wird in exemplarischer Weise C.' Weltanschauung deutlich: Ausgehend von der Erkenntnis der Vergänglichkeit alles Irdischen überwindet er die Verehrung diesseitiger Schönheit und gelangt so zur Anschauung absoluter Vollkommenheit.

C. schrieb auch dramatische Werke: Mit

Anfitriões (1587; *Die Amphitryone*, 1885) präsentierte er ein Werk in sich reimenden Kurzversen, das sich an den *Amphitruo* des römischen Komödiendichters Plautus anlehnt. Die Komödie *Filodemo* (1587; *Filodemo*, 1885) wurde vermutlich während des Aufenthalts in Goa verfasst und 1555 vor dem Gouverneur aufgeführt. Das Schauspiel *El-Rei Seleuco* (1645; *König Seleukos*, 1885) verbindet die Geschichte der unglücklichen Liebe des Kronprinzen Antiochos zu seiner Stiefmutter – die dadurch ein gutes Ende nimmt, dass der alte König großmütig zugunsten des Sohnes auf seine Frau verzichtet – mit burlesken Einlagen.

Das aus zehn Cantos (Gesängen) bestehende Epos *Os Lusíadas* beginnt mit der Ankündigung, die Taten der Lusitanier zu feiern, gefolgt von einer Anrufung der Nymphen des Tejo, die um Inspiration gebeten werden, und einer Widmung für König Sebastian (1568–78), bevor die eigentliche Erzählung einsetzt. Die Götter beraten darüber, ob sie die verwegenen Seefahrten der Portugiesen begünstigen oder verhindern sollen. Besonders Venus, die in ihnen die Nachfahren ihres Abkömmlings Aeneas sieht, setzt sich für sie ein. Bacchus, der Gott des Weins, dagegen fürchtet um seinen Ruhm als bislang einziger Eroberer Indiens und versucht, die Entdeckung des Seewegs dorthin zu verhindern – durch Aufstachelung von Afrikanern zu bewaffneten Hinterhalten, durch eine verräterische Einladung des Maurenkönigs in Mombasa usw. Aber Venus und Jupiter, der Göttervater, intervenieren. Vasco da Gama wird durch den König von Melinde freundlich empfangen und erzählt diesem die Geschichte Portugals. Auf der Weiterreise nach Kalkutta entfesselt Neptun auf Drängen des Bacchus einen Sturm, den Venus jedoch besänftigt. In Indien werden die Portugiesen von den Herrschern freundlich empfangen; es folgt eine Beschreibung des Subkontinents, und Vasco da Gamas Bruder erzählt seinerseits von den portugiesischen Helden, angefangen von dem sagenhaften Urvater Luso über Odysseus und Viriatus bis hin zu Afonso Henriques, dem Eroberer Lissabons und Begründer des Königreichs Portugal. Nach neuerlichen Intrigen des Bacchus kommt es zu Kämpfen, aus denen die Portugiesen siegreich hervorgehen; Venus belohnt sie mit einem Besuch auf den Inseln der Liebe, wo die Meernymphe Thetis ihnen zu Ehren ein Fest gibt. Gerade in den mythologischen Teilen zeigt sich C.' dichterische Begabung und seine Stärke als Erzähler. Seine sprachliche Meisterschaft erhob das Portugiesische in den Rang einer weithin anerkannten Literatursprache.

Kurt Scharf

Campe, Joachim Heinrich

Geb. 29. 6. 1746 in Deensen/Holzminden; gest. 22. 10. 1818 in Braunschweig

Am 26. 8. 1792 ernannte die französische Nationalversammlung C. zusammen mit Friedrich Gottlieb Klopstock, Friedrich Schiller, Johann Heinrich Pestalozzi, George Washington und dreizehn weiteren Ausländern zum Ehrenbürger Frankreichs, weil er sich durch »Gesinnung und Werke als Freund der Freiheit, Gleichheit und Brüderlichkeit« erwiesen habe. C. hat diese Ehrung eher geschadet als genützt. Er wurde öffentlich als Revolutionsprediger und Umstürzler denunziert. Nichts war falscher als das. Der aus altem braunschweigischen Adelsgeschlecht stammende C., dessen Vater das Adelsprädikat wegen unklarer Abstammungsverhältnisse nicht führen durfte, war von Herkunft und Temperament ein eher gemäßigter Mann. Nach dem Theologiestudium in Helmstedt und Halle arbeitete er als Hauslehrer bei der Familie Humboldt. Zu seinen Zöglingen Alexander und Wilhelm hatte er lebenslang einen guten Kontakt, mit Wilhelm von Humboldt machte er sich 1789 auf eine Reise nach Paris (*Briefe aus Paris zur Zeit der Revolution geschrieben*, 1790). Obgleich sehr erfolgreich, befriedigte C. weder der Status des Hauslehrers noch des Predigers, für den er ausgebildet war. Seine pädagogischen Interessen waren weitreichender und drängten ihn zur Übernahme größerer Aufgaben. 1776 trat er in die von Johann Bernhard Basedow begründete »Philantropie« in Dessau ein und übernahm als »Educationsrath« noch im selben Jahr die Leitung des angesehenen Instituts. Nach Zerwürfnissen mit Basedow gründete C. eine eigene pädagogische Anstalt in Hamburg, die er 1783 an seinen Freund Trapp übergab. C. konzentrierte sich in den folgenden Jahren auf die Ausarbeitung pädagogischer Reformpläne und Abhandlungen und wurde zu einem der produktivsten pädagogischen Schriftsteller in Deutschland. Seine 16bändige *Allgemeine Revision des gesamten Schul- und Erziehungswesens* (von 1785 bis 1791) schuf die Basis für die Entwicklung der Pädagogik als wissenschaftlicher Disziplin. Daneben arbeitete er als Kinder- und Jugendbuchautor (*Robinson der Jüngere*, 1779/1780; *Hamburgischer Kinderalmanach*, 1779/84; *Sammlung interessanter und zweckmäßig abgefaßter Reisebeschreibungen für die Jugend*, von 1785 bis 1793) und trug dazu bei, dass in Deutschland ein eigenes Genre »Kinder- und Jugendliteratur« entstand. Seine rastlosen pädagogischen Bemühungen trugen jedoch, wie das »pädagogische Jahrhundert« insgesamt, ein Janusgesicht: Die Besessenheit, mit der C. Kindheit und Jugend pädagogisierte und der absoluten Herrschaft des »Vernünftigen« und »Zweckmäßigen« unterordnete, nahm zum Teil aberwitzige Züge an. So fragte sich C. angesichts des Rheinfalls bei Schaffhausen: »Wozu nützen denn die in der Tat schauderhaft schönen Luftsprünge des Rheinstromes? Wird irgend etwas zum Besten der Menschheit dadurch bewirkt?« Im Zentrum der Kontrolle und Nachforschung stand jedoch die kindliche Sexualität. Auch für C. war Onanie ein »Verbrechen«, das er durch »Infibulation« am liebsten gänzlich ausrotten wollte. In den Bereich der »Schwarzen Pädagogik« (nach einem Buch von Katharina Rutschky, 1977, das anhand von pädagogischen Dokumenten die »Folgen und Begleiterscheinungen der Aufmerksamkeit« von Erziehungspersonen aufzeigt, welchen der »Heranwachsende seit dem 18. Jahrhundert ausgesetzt« ist) gehören auch seine Versuche, Erziehung klassen- und geschlechtsspezifisch zu definieren (*Väterlicher Rath für meine Tochter*, 1809), obgleich das Bemühen um Liberalität und Fortschrittlichkeit unüberhörbar ist. In den letzten Lebensjahren widmete er sich vor allem Sprachuntersuchungen (*Wörterbuch zur Erklärung und Verdeutschung der unserer Sprache aufgedrungenen fremden Ausdrücke*, 1801, 2. Aufl. 1813) und gab zusammen mit anderen ein fünfbändiges *Wörterbuch der deutschen Sprache* (1807–1812) heraus. Auf seinem Grabstein stehen die beziehungsreichen Sätze: »Hier ruht nach einem Leben voll Arbeit und Mühe zum erstenmale der Pflanzer Joachim Heinrich Campe. Er pflanzte – wenn gleich nicht immer mit gleicher Einsicht und mit gleichem Glück – doch immer mit gleichem Eifer und mit gleicher Treue Bäume in Gärten und Wälder, Wörter in die Sprache und Tugenden in die Herzen der Jugend. Wanderer! Hast Du ausgeruht unter seinen Bäumen, so geh hin und thue desgleichen!«

Werkausgabe: Briefe von und an J.H. Campe. Hg. von Hanno Schmitt. Wiesbaden 1996.

Inge Stephan

Camus, Albert
Geb. 7. 11. 1913 in Mondovi/Algerien; gest. 4. 1. 1960 in Paris

Albert Camus, Philosoph, Literat und Theaterschriftsteller, wurde in den 1950er Jahren als Existentialist bekannt. Als Mitglied der Kommunistischen Partei engagierte sich C. während seines Studiums in Algier politisch, gleichzeitig entdeckte er seine Liebe zum Theater. Sein Interesse an Philosophie wurde maßgeblich durch Jean Grenier, seinem Lehrer und späteren Universitätsprofessor, geprägt, dem er, wie er in einem Vorwort zu Greniers *Les isles* (1959) schrieb, ein lebenslanges Vertrauen in die Prinzipien des Zweifels, der Ambiguität und der Ironie verdankt. In C.' Werk werden immer wieder Gefühle zwischenmenschlicher Distanz, der Einsamkeit und des Alleinseins thematisiert. Die hier spürbaren philosophischen und literarischen Einflüsse sind vielfältig, besonders relevant für C.' Denken sind die Schriften Nietzsches, Kierkegaards, Heideggers und Schopenhauers.

Sein früher literarischer Stil wurde besonders von André Gide, André Malraux und Henri de Montherlant geprägt.

C.' erstes Buch, *L'envers et l'endroit* (1937; *Licht und Schatten*, 1996), enthält fünf Essays, die auf autobiographischer Basis die Suche nach Glück und seiner Erfüllung in der Armut erörtern. C. folgt hier in vielerlei Hinsicht Gides Konzept des »dénuement«, der Entledigung sozialer Regeln und Maßstäbe. Zwei Jahre später folgt *Noces* (1939; *Hochzeit des Lichts*, 2000), eine weitere Sammlung von philosophischen und politischen Essays, die in lyrischen Landschaftsbeschreibungen die glückliche Verbindung von Mensch und Hoffnungslosigkeit zelebrieren: »Le bonheur naît de l'absence de l'espoir« (»Glück entspringt aus der Abwesenheit von Hoffnung«). Das später in dem langen Essay *Le Mythe de Sisyphe* (1942; *Der Mythos von Sisyphos*, 1986) explizierte Prinzip der ›affirmativen Negation‹ klingt in beiden Bänden bereits deutlich an. Die Zeit vor dem Zweiten Weltkrieg lässt zudem C.' lebenslange Beschäftigung mit den Gattungen Roman und Drama erkennen. In seinem ersten Roman *La mort heureuse* (1938; *Der glückliche Tod*, 1988) versucht er ein Individuum zu beschreiben, das unabhängig von gesellschaftlichen Moralvorstellungen sein Glück sucht und findet. C. erklärt diesen Versuch jedoch selbst als poetisch gescheitert, da der Protagonist Mersault stirbt, ohne je für ein zu rechtfertigendes Ziel gelebt zu haben. Er bleibt somit nichts als ein grundloser »raisonneur«, dem seine Gleichgültigkeit gegenüber den moralischen Werten der Gesellschaft nicht verziehen werden kann.

Erst mit dem aufsehenerregenden Roman *L'étranger* (1942; *Der Fremde*, 2003) und dem Theaterstück *Caligula* (1944; *Caligula*, 1993) findet C. eine Lösung für dieses Dilemma. Beide Texte sind Teil des sog. »Zyklus des Absurden«, zu dem außerdem der Essay *Le Mythe de Sisyphe* gehört. In *L'étranger* erzählt der Angestellte Meursault in zwei Teilen seine eigene Geschichte. Sie beginnt mit dem Tag, an dem seine Mutter stirbt, und endet mit seiner Exekution. Meursault reagiert auf alles, was ihn und andere betrifft, unbeteiligt. Bald nach der Beerdigung der Mutter nimmt er sein ambitionsloses, monotones Leben in Algier wieder auf – eine Variation aus Arbeit, Kino und einer für ihn unverbindlichen Liebesaffäre. Er lernt seinen Nachbarn, den Zuhälter Raymond, kennen, der mit einigen Arabern in einen Konflikt gerät, in dessen Folge Meursault einen der Araber mit mehreren Schüssen tötet.

Der zweite Teil handelt von Meursaults Prozess, seiner Verurteilung und dem Ausharren in der Todeszelle. Meursault steht den gegen ihn vorgebrachten moralischen Vorwürfen – von seiner Teilnahmslosigkeit beim Tod der Mutter bis hin zu dem »kaltblütigen« Mord – indifferent gegenüber und akzeptiert seine Verurteilung. Mit seiner konsequenten Absage an gesellschaftliche Werte, mit seiner »zärtlichen Gleichgültigkeit« gegenüber der Welt, führt er eine stille Revolte gegen die kontinuierliche und vergebliche Sinnsuche der Menschen. Ambiguität und Ironie sind zentrale Strukturmerkmale, die von der zunehmenden Selbst-Bewusstheit und Kritik des Protagonisten zeugen. Meursault wird sich bewusst, dass Absurdität, wenn sie erst einmal als Unmöglichkeit der Antworten auf zentrale Lebensfragen definiert wird, zu einer bewussten Affirmation des individuellen Lebens führen kann, die Glück bedeutet. Anders als sein Vorgänger in *La mort heureuse* stirbt Meursault einen wahrhaft glücklichen Tod. Seine Indifferenz gegenüber gesellschaftlichen Idealen wird durch seine Individualität gerechtfertigt. Die Banalität von Meursaults absurder Tragödie erinnert an Franz Kafkas Helden, die philosophischen Ideen an Nietzsche, Kierkegaard und zentrale Gedanken des Existentialismus.

Le Mythe de Sisyphe erörtert diese Ideen noch einmal detaillierter. Der Text statuiert zunächst die Absurdität, d. h. die Bedeutungslosigkeit der Welt, die der Mensch erkennen und gegen die er für sein eigenes Glück rebellieren muss. Das Prinzip der ›affirmativen Negation‹

ist hier ebenfalls präsent. Die Rebellion des Individuums besteht darin, die Sinnlosigkeit mit größtmöglicher Lebensintensität auszugleichen, in der es sich zugleich selbst realisiert und seine eigenen Werte formuliert. Der Antiheld Meursault ist paradigmatisch für diese Art der Rebellion. Er ist der moderne Sisyphos, der, von der Gesellschaft schuldig gesprochen, dazu verdammt ist, seine Strafe zu verbüßen. Doch statt in der Buße Reue zu zeigen und so die gesellschaftliche bzw. göttliche Ethik zu bestätigen, finden beide, Meursault und Sisyphos, ihr Glück in ihren eigenen Werten. Damit appelliert C. nicht etwa an eine anarchistische Gesellschaft voller Individualisten, denn die Gültigkeit der Werte wird erst anerkannt, wenn sie auf einem möglichst breiten Erfahrungsschatz der Individuen – besonders im Bereich der Kunst – basiert. Die Formulierung dieser Vorstellungen von existentieller Absurdität und Rebellion hatten großen Einfluss nicht nur auf die Philosophiegeschichte, sondern auch auf die Literatur- und Theatergeschichte der Nachkriegsjahre.

1944 publizierte C. zusammen mit *Caligula* sein zweites Theaterstück, *Le malentendu* (*Das Mißverständnis*, 1993), gefolgt von den *Lettres à un ami allemand* (1945; *Briefe an einen deutschen Freund*, 1970), in denen er das Thema eines zweiten Zyklus antizipiert: Noch während er *L'étranger* schrieb, begann er die Arbeit an dem »Zyklus der Rebellion«, zu dem der Roman *La peste* (1947; *Die Pest*, 1998), der philosophisch-politische Essay *L'homme révolté* (1951; *Der Mensch in der Revolte*, 1996) und das Theaterstück *Les justes* (1950; *Die Gerechten*, 1993) gehören. *La peste* wird als fiktionale Chronik über eine Pestepidemie in Oran präsentiert, die die Bewohner in Angst und Isolation gefangenhält. Dr. Rieux, der Erzähler, sowie zahlreiche andere Individuen kämpfen mit jeweils unterschiedlichen Voraussetzungen, Erwartungen und Überzeugungen gegen die Epidemie. In der Konfrontation Rieux' mit Pater Paneloux wird der Glaube an menschliche Fähigkeiten und den temporären Sieg der Medizin dem Glauben an übermenschliche Hilfe und Moral gegenübergestellt. Rieux vertritt – im Gegensatz zu den absoluten des Paters – lediglich relative, der Zeit und den Umständen angemessene Werte. Er repräsentiert damit C.' Haltung in *L'homme révolté*, wo er gegen Totalitarismus in jeder Form argumentiert. Der Kampf gegen die Pest symbolisiert den Kampf des von Gott losgelösten Menschen gegen die Absurdität. Sie erschüttert alle Bewohner der Stadt in ihrer Lethargie und existentiellen Langeweile. Sie zwingt sie, sich auf sich selbst und den solidarischen Kampf zu fokussieren und somit die Revolte gegen die Absurdität aufzunehmen. Der Sieg, den der Mensch in diesem Kampf erringen kann, ist jedoch bestenfalls ein kurzfristiger. Erzähltechnisch stellt *La peste* insofern eine Besonderheit dar, als sich der vordergründige Realismus bei näherer Betrachtung als eine selbstreferentielle Form der Erzählung erweist.

Die theoretische Fundierung des Themas in *L'homme révolté* hat schließlich zum endgültigen Bruch mit Jean-Paul Sartre, Simone de Beauvoir und dem Philosophen Maurice Merleau-Ponty geführt. C. versucht hier systematisch, seine Ideen über Moral und Revolte in eine politische und historische Relation zu stellen. Die Synthese seiner Überlegungen zielt darauf, dass der Mensch bei seiner Revolte gegen die Absurdität zu einem Mittelmaß finden muss, das C. in der harmonischen Lebensweise mediterraner Kulturen verwirklicht sieht, die die menschlichen Grenzen akzeptieren und die Balance zwischen Mensch und Natur halten. Ein Denken, dessen Zweck die Mittel heiligt, sowie totalitäre Ideologien lehnt C. ab, da sie notwendigerweise zum Despotismus führen. So kritisiert er nicht nur rechtsextreme Regimes, sondern auch die radikale Politik der kommunistischen Staaten im Osten, was ihn in den Augen vieler ehemaliger Résistance-Kämpfer und engagierter Kommunisten zum Verräter an der Arbeiterklasse und »Schoßhündchen der Bourgeoisie« gemacht hat. Wegen der geographischen Situierung der idealen Lebensweise in mediterranen Regionen wird ihm ein unhaltbarer, naiver Eskapismus vorgeworfen.

In der letzten Dekade seines Lebens konzentriert C. sich auf Theateradaptionen, schreibt weiter Essays und Prosa. Sein letzter Roman *La chute* (1956; *Der Fall*, 1996) ist die Geschichte des erfolgreichen und vermeintlich selbstlosen Pariser Anwalts Jean-Baptiste Clamence, dessen Versuch, gesellschaftlich noch weiter aufzusteigen, ins Gegenteil umschlägt. Der Schauplatz seines Verfalls ist Amsterdam, wo Clamence auf einer Brücke den Selbstmord einer Frau beobachtet, die Möglichkeit, sie zu retten, aber verwirft – womit er seine Doppelmoral beweist. Fortan hört er jedesmal, wenn er über die Brücke geht oder in einen Spiegel schaut, ein spöttisches Lachen – das Resultat seiner gnadenlosen Selbstreflexion und Selbstanalyse. Bei dem Roman handelt es sich, einzigartig für C., um einen langen Monolog, dessen lediglich impliziter, stummer Zuhörer eine zufällige Kneipenbekanntschaft ist. C. erzwingt auf diese Weise die Identifikation der Leser/innen mit dem imaginierten Zuhörer und fordert sie auf, sich wie Clamence den Spiegel der Selbstoffenbarung vorzuhalten und die eigene Moral zu evaluieren. Clamences Monolog gleicht einer schnellen Abwärtsbewegung: In ein ausweglose Labyrinth aus Bekenntnissen, Lügen und Halbwahrheiten verstrickt, macht sich der Büßer Clamence, motiviert durch das Bedürfnis nach Überlegenheit, zum satanischen Richter über alle anderen. In *La chute* entwickelt C. eine »negative Theologie« (Werner Arnold), in der der Mensch eine im christlichen Sinne pervertierte Gemeinschaft mit anderen Menschen eingeht. Auf *La chute* folgt *L'exile et le royaume* (1957; *Das Exil und das Reich*, 1960), vier Kurzgeschichten, die von der Möglichkeit der individuellen Selbstrealisation durch Transgression handeln und vom Zustand des Exils, was wiederum die existentielle Frage aufwirft, ob Gerechtigkeit und Freiheit, Solidarität und Alleinsein jemals kompatibel sein werden. C. zeigt bis zuletzt, dass sein Hauptanliegen der Kreislauf von Absurdität und Revolte ist, aus dem es kein Entkommen durch diskursives Nachdenken oder Schreiben gibt. Wesensmerkmal dieses Kreislaufs ist die Ambiguität, die zusammen mit der Ironie und dem Paradox C.' Werk zu einem beständigen Fokus des Interesses der Kritik gemacht hat. C. wurde für seinen herausragenden Beitrag zur internationalen Geistesgeschichte 1957 der Nobelpreis für Literatur verliehen. Er starb 1960 bei einem Autounfall auf dem Weg nach Paris; bei sich trug er das unvollendete Manuskript seines Romans *Le premier homme* (1994, *Der erste Mensch*, 2001).

Werkausgabe: Dramen. Hg. G. und G. Meister. Reinbek 1993.

Miriam Havemann

Canetti, Elias

Geb. 25. 7. 1905 in Rustschuk (Bulgarien); gest. 14. 8. 1994 in Zürich

»Mein ganzes Leben ist nichts als ein verzweifelter Versuch, die Arbeitsteilung aufzuheben und alles selbst zu bedenken, damit es sich in einem Kopf zusammenfindet und darüber wieder Eines wird.« Wenn auf einen modernen Autor der Begriff des Dichters im emphatischen Sinn noch passt, dann auf C. Noch einmal verwirklicht sich in seinem Werk die Einheit von Denken und Schreiben, von philosophischer Universalität und künstlerischer Gestaltung. Imponierend schon die äußere Erscheinung C.s: die lebendige Offenheit; die menschliche Wärme, die von ihm ausstrahlt; nicht zuletzt die wache Neugier des Blicks, von dem man sich sofort durchschaut fühlt. Zugleich ist er – wie Susan Sontag schreibt – »auf charakteristisch unpersönliche Weise extrem mit sich selbst befaßt. Er ist ganz davon in Anspruch genommen, jemand zu sein, den er bewundern kann.« Wenn er spricht, gar vorliest – und er war ein hinreißender Rezitator seiner eigenen Werke –, dann scheint die Märchenerzählerin Scheherazade zu neuem Leben erwacht, so sehr vergisst man die Zeit. Imponierend aber auch der Ernst, die Unbedingtheit seines intellektuellen Anspruchs, die nicht nachlassende Begierde,

einen Weg durch das Labyrinth des ausgehenden 20. Jahrhunderts zu finden. C. blieb lange so gut wie unbekannt, ein unbequemer Einzelgänger gegen die Zeit, ein unnachsichtiger Kritiker der herrschenden Lügen.

Erst die 1963 veranstaltete Neuausgabe seines Romans *Die Blendung* (entstanden 1930/31, erstmals erschienen 1935) brachte ihm den Durchbruch zum späten Ruhm (Nobelpreis für Literatur 1981) und das Interesse einer breiteren Leserschaft. Hauptfigur dieses Romans ist der Sinologe Kien, der in einer Art intellektueller Unzucht mit seinen Büchern gegen die Wirklichkeit anlebt (sein Urbild soll ein Wiener Sinologe gewesen sein, der den Ausbruch des Ersten Weltkriegs erst zwei Jahre danach aus einer Pekinger Zeitung erfuhr). Der weltlose, kopfstimmige Gelehrte wird von seiner Haushälterin Therese durch einen Trick – listig zieht sie sich zum Lesen Handschuhe an, das Buch legt sie auf ein Samtkissen – geblendet und zur Ehe verführt. Mit diesem Schritt liefert Kien sich den Niederungen des Lebens aus, banal-grotesken Figuren wie dem Hausbesorger und dem Intriganten Fischerle, in deren Netzen er sich mehr und mehr verfängt. Am Ende des schonungslosen Kampfes zwischen Geist und Wirklichkeit zündet Kien schließlich seine 25 000 Bände umfassende Bibliothek an und verbrennt mit seinen Büchern – ein beklemmendes, vielstimmig erzähltes Panorama über die Entzündbarkeit der Welt, deren kollektiver, totalitärer Wahn hier in hellsichtiger Analyse vorweggenommen ist.

Für den Sohn sephardischer (spanisch-jüdischer) Eltern waren Spagnolisch und Bulgarisch, später, nach der Übersiedlung der Familie nach Manchester 1911, Englisch die ersten Sprachen, die er lernte. 1912 starb der Vater plötzlich, erst 31-jährig – C. wird dieses Ereignis nie vergessen, den Tod immer als den Machthaber über das Leben hassen, ihn zum Angelpunkt und Eckpfeiler seines literarischen Werkes machen (»Mich brennt der Tod!«). Die Mutter übersiedelte mit ihren drei Kindern 1913 zuerst nach Wien, 1916 nach Zürich, 1921 nach Frankfurt a. M. Erst im Alter von acht Jahren lernte C. unter Anleitung der Mutter Deutsch – »eine spät und unter wahrhaftigen Schmerzen eingepflanzte Muttersprache«. Die magische Welt seiner frühesten Jugend, die Bizarrerie und Faszination des Balkans, schließlich die Eroberung der Wirklichkeit durch Sprache und Schrift hat er mit fesselnder Eindringlichkeit in der Autobiographie seiner Kindheit, *Die Gerettete Zunge* (1977), beschrieben. 1924 ging er nach Wien zurück, begann dort das (ungeliebte) Studium der Chemie, das er 1929 mit der Promotion abschloss. Dort lernte er auch Veza Taubner-Calderon (gest. 1963) kennen, die er 1934 heiratete. Seine Entwicklung zum Schriftsteller im Wien der 1920er Jahre, unter der »Leibeigenschaft« des bewunderten Satirikers Karl Kraus, schildert *Die Fackel im Ohr* (1980). Den Abschluss von C.s dreiteiligem Lebensroman bildet *Das Augenspiel* (1985), das mit dem Tod der Mutter 1937 endet. Ein geplanter Band über die englischen Jahre blieb Fragment und erschien unter dem Titel *Party im Blitz* (2003) aus dem Nachlass. Als Schriftsteller, dies zeigen die Bände der Autobiographie, geht C. äußerst behutsam mit seinen Erinnerungen um. In seiner unstillbaren Passion sucht er den Weg zu den »in sich selbst eingebundenen Menschen«, will er »Menschen erlernen«. In ihren Stimmen und Gesten lässt er sie, ein unersättlicher Beobachter und Zuhörer, wieder auferstehen, enthüllt er seine Wahrheit ihres Lebens. Stärker noch als die Galerie berühmter Zeitgenossen, denen er begegnete, prägen sich die überscharf belichteten Gestalten des bürgerlichen Pandämoniums ein: die deformierten, von der »tobsüchtigen Bewegung des Geldes« und der Machtblindheit geknechteten Zimmerwirtinnen, Pensionäre, Hausmeister und Dienstmädchen. Es ist jene groteske Welt, der wir in der *Blendung*, in den beiden frühen – von C. selbst besonders geschätzten – Theaterstücken *Hochzeit* (1932) und *Komödie der Eitelkeit* (entstanden 1933/34) wiederbegegnen. C. bedient sich dabei, wie K. Kraus in seinem Lesedrama *Die letzten Tage der Menschheit*, der Technik des akustischen Zitats, der »akustischen Maske«, die noch die geheimsten Gedanken der Menschen enthüllt.

Zum Schlüsselerlebnis wurde für C. der

Brand des Wiener Justizpalastes, den die empörte Arbeiterschaft am 15. 7. 1927 anzündete. »Die Polizei erhielt Schießbefehl, es gab neunzig Tote ... Es ist das nächste zu einer Revolution, was ich am eigenen Leib erlebt habe ... Ich wurde zu einem Teil der Masse, ich ging vollkommen in ihr auf, ich spürte nicht den leisesten Widerstand gegen das, was sie unternahm.« Das Geheimnis der Masse – und damit von Macht und Überleben – ließ ihn von nun an nicht mehr los, steigerte sich vielmehr durch die immer abschüssigere Fahrt der Geschichte, die Machtübernahme des Faschismus, den Zweiten Weltkrieg, den Holocaust und den Atombombenabwurf auf Hiroshima und Nagasaki zur Erkenntnis der universellen Bedrohung, in welche die Menschheit sich selbst gebracht hatte. In der das Schubkastendenken aller universitären Disziplinen verwerfenden Abhandlung *Masse und Macht* (1960), wie in den diese Arbeit begleitenden aphoristischen Aufzeichnungen *Die Provinz des Menschen* (1973), gelang es C., die Wurzeln der Gewalt zu entschleiern: Triebverdrängung und Aggressivität, Ordnung und Destruktion zeugen und stützen sich wechselseitig. Seit seiner Emigration im Herbst 1938 über Paris nach London hatte C. sich jede literarische Beschäftigung verboten, um ausschließlich an diesem Buch zu schreiben. Eingehende Studien der Anthropologie, der Ethnologie, der Sozialpsychiatrie, vor allem aber der chinesischen Philosophie und der Mythenüberlieferung der Menschheit haben es von Anfang an begleitet. Lange bevor sie Mode wurden, hat C. so die bedrängenden Themen unserer Zeit entwickelt: die Lust zum Untergang, die Zerstörung von Psyche und Umwelt, die Ausrottung der Natur. Am meisten missverstanden wurde seine Besessenheit durch den Tod (*Die Befristeten*, 1952) – er erkennt den Tod nicht an, weil dies hieße, sich der Macht zu beugen. Im Tod verkörpert sich für ihn alles Böse, alles Übel, weil er dem Leben Grenzen setzt, weil er alle Unterschiede gleich macht. Seine Tod-Feindschaft kennzeichne ihn, so Susan Sontag, als einen unverbesserlichen, bestürzten Materialisten, aber auch als einen unerbittlichen Don Quixote: »Denn immer weiß ich zu gut, daß ich gegen den Tod gar nichts ausgerichtet habe.« Als eine archaische, selbst schon mythische Gestalt ragte C. in die Literatur der Gegenwart – ein glänzender Schriftsteller, ein universaler Denker, dem die Menschen so wichtig sind wie die Worte. Denn der *Beruf des Dichters* (so der Titel einer programmatischen Rede, 1976) besteht für ihn in der Kraft zur Verwandlung, in der »Verantwortung für das Leben, das sich zerstört, und man soll sich nicht schämen zu sagen, daß diese Verantwortung von Erbarmen genährt ist«.

Werkausgabe: Werke. 9 Bde. München 1992–1995.

Uwe Schweikert

Cankar, Ivan

Geb. 10. 5. 1876 in Vrhnika/Slowenien; gest. 11. 12. 1918 in Ljubljana

Ivan Cankar gilt als der erste bedeutende Erzähler und der wichtigste Vertreter der slowenischen Moderne. In vielen Novellen, Romanen und Dramen thematisierte er die sozialen Missstände in der slowenischen Gesellschaft zur Zeit der k.u.k Monarchie, unter denen er selbst als Sohn einer verarmten, kinderreichen Handwerkerfamilie und als nicht privilegierter Schriftsteller zeit seines Lebens litt. Bereits 1891 verfasste C. erste Gedichte und wurde noch in der Schulzeit Anführer des Geheimbundes »Zadruga« (Genossenschaft), in dem er gemeinsam mit seinen Freunden, den Autoren Dragotin Kette, Oton Župančič und Josip Murn, neue soziale und literarische Konzepte für ein unabhängiges und sozial gerechtes Slowenien innerhalb einer südslawischen Union diskutierte. C. blieb sozialpolitisch engagiert und wurde später aktives Mitglied der südslawischen sozialdemokratischen Partei. Spätestens mit seinem Umzug nach Wien 1898, wo er Technik studierte, sah sich C. selbst mit den existenziellen Nöten des Proletariats konfrontiert. Gleichzeitig tauchte er in die Welt der europäischen Literatur ein und nannte sich schon nach kurzer Zeit freier Schriftsteller.

Nach dem öffentlichen Skandal um C.s leidenschaftliche Gedichte in *Erotika* (1899) zeigte sich das wahre Talent des jungen Künstlers, seine thematische Ausrichtung und seine ideologische Affinität zum Marxismus erstmals mit der Herausgabe des Bandes *Vinjeti* (1899; Literarische Skizzen aus Wien). In diesen vorrangig skizzenhaften Erzählungen fängt C. die Atmosphäre des armseligen Arbeiterlebens ein und stellt sie dem Luxus der Bourgeoisie gegenüber. Mittels Satire und Ironie enthüllt er falsche Denknormen sowie ungerechte soziale Strukturen und deklariert den sich entfremdeten Menschen als deren Produkt. In diesen Skizzen zeigt sich bereits, dass C., obwohl er den slowenischen Realismus des 19. Jahrhunderts aufgrund dessen angeblicher Beschränkung auf das dörfliche Milieu ablehnte, dem Realismus verhaftet blieb. Stil und Sprache dagegen zeugen von seiner symbolistischen Ausrichtung. Wie die Figuren dieser Skizzen sind auch alle Figuren der späteren Werke C.s Symbole des Positiven oder Negativen, die miteinander im Widerstreit stehen. Die positiven Figuren sind idealisierte Menschen, Vertreter des Proletariats oder missachtete Künstler, die die Sympathie des Erzählers genießen, weil sie unentwegt nach einem besseren Leben streben. Die negativen Figuren stammen dagegen aus dem Bürgertum. Ihre verwerfliche Kaltherzigkeit und Habgier werden offen verpönt und angeprangert. Dieser Kontrast, der den Lesern die Unterdrückung des einfachen Menschen durch das Bürgertum und die Unterdrückung der Gesellschaft generell durch die Habsburger Monarchie in aller Deutlichkeit zeigt, ist charakteristisch für C.s Gesamtwerk, zu dessen bedeutendsten Texten das sozialkritische Drama *Kralj na Betajnovi* (UA 1904; König in Betajnova), der realistisch-symbolistische Roman *Hiša Marije Pomočnice* (1904; Das Haus zur barmherzigen Mutter Gottes) und die Novelle *Jernej in njegova pravica* (1907; Der Knecht Jernej) gehören. Hauptfigur des Dramas ist ein skrupelloser Fabrikant, der aus unersättlichem Machthunger seine Verwandten in den Bankrott treibt, mordet und seine Untaten auf andere abwälzt. Das Werk ist von tiefem Pessimismus durchdrungen, da auch die Nebenfiguren – die Opfer des Fabrikanten – in ihrer Gefügigkeit und Opferbereitschaft überaus negativ erscheinen.

Den künstlerischen Höhepunkt in C.s Schaffens bildet *Hiša Marije Pomočnice*. Es handelt vom düsteren Schicksal 14 todkranker Kinder unterschiedlicher sozialer Schichten, die gelassen ihrem Tod entgegensehen, da dieser für sie den Anfang eines neuen, freien Lebens darstellt. Im Gegensatz zur Realitätsnähe des Romans und des Dramas, in denen die Gesellschaft und ihre Probleme wahrheitsgetreu und ungeschönt beschrieben werden, wirkt die drei Jahre später erschienene Novelle, die ursprünglich für eine Propagandabroschüre vorgesehen war, legendenhaft. Erzählt wird die Geschichte eines unfair behandelten Knechts, der nach vergeblichem Kampf um sein Recht verzweifelt Selbstjustiz übt und daraufhin von der Gesellschaft getötet wird. Die volkstümlichen Elemente der Novelle sind ebenso typisch für C.s Werk wie der schlichte, präzise Stil, der durch eine Vielzahl von Kontrasten, schmückenden Metaphern und biblischen Vergleichen sowie eine scharfsinnige Dialektik lebendig und höchst kunstvoll ausgestaltet wird. C.s früher Tod 1918 – infolge eines Treppensturzes – beendete abrupt das Schaffen des modernen sozialkritischen Autors.

Dajana Bajković

Cantar de Mío Cid
Ca. 1140

Das *Cantar de Mío Cid*, das älteste überlieferte Werk der spanischen Literatur mit literarischem Wert, wurde bereits ca. 1140 von einem anonymen Spielmann komponiert, doch datiert die älteste erhaltene Kopie von 1307 und stammt aus der Hand einer rätselhaften Person namens Per Abbat. Obwohl das Heldenlied eine starke Verbreitung fand und andere Werke beeinflusste, geriet es in Vergessenheit und wurde erst 1779 von Tomás Antonio Sánchez wiederentdeckt und neu herausgegeben. Ausschlaggebend für Sanchez' Edition war vorrangig das Alter des Liedes, nicht aber dessen Bedeutung als »das erste Denkmal der spanischen Literatur« (Germán Bleiberg). Seine heutige Prominenz verdankt das *Cantar* der Anstrengung des spanischen Philologen Ramón Menéndez Pidal, der den Text in einer monumentalen, zwischen 1908 und 1911 veröffentlichten Edition in drei Bänden fixierte. Seine Überlegungen sind immer noch entscheidend für die Bewertung des Liedes, obgleich sie seit den 1980er Jahren von verschiedenen Autoren in Zweifel gezogen wurden. Colin Smith etwa schlug vor, die Entstehung des Liedes auf 1207 zu datieren und seine Autorschaft Per Abbat zuzuschreiben, der Menéndez Pidal nur als Verfasser der Handschrift galt. Smith betonte entgegen der Einschätzung Menéndez Pidals außerdem den fiktiven Charakter des Werks.

Das *Cantar* erzählt Episoden aus dem Leben Rodrigo Díaz de Vivars (ca. 1043–99), genannt »mio Cid« (mein Herr), Vasall von König Sancho II. von Kastilien und, nach dessen Ermordung, im Dienst von dessen Bruder Alfons VI. von León. Seine Erfolge im Kampf gegen die Mauren brachten ihm den Spitznamen »El Campeador« (der Kämpfer) ein, mit dem er schon zu seiner Zeit gefeiert wurde – zunächst in dem lateinischen Lied *Carmen Campidoctoris* (ca. 1094) und später in der *Historia Roderici* (1145–ca. 65). Das *Cantar de Mío Cid* ist Teil eines poetischen Zyklus über Rodrigo, zu dem das *Cantar de Sancho II y cerco de Zamora* und das *Cantar de Rodrigo* gehören, die meist nur in Chroniken der Zeit erhalten sind. Erwähnt wird er darüber hinaus in der *Crónica General* Alfons des Weisen, in der *Crónica de veinte reyes* und vor allem in der *Crónica particular del Cid*. Die Verbreitung dieser Werke im 16. Jahrhundert trug zu der Popularität der Gestalt bei: Der Cid erscheint in ca. 200 Balladen und Theaterstücken wie z. B. in Guillén de Castros *Mocedades del Cid* (1618) und *Las hazañas del Cid* (1618) sowie in Lope de Vegas *Las almenas de Toro* (1620) und Pierre Corneilles *Le Cid* (1636). Im 20. Jahrhundert beweisen Werke wie Eduardo Marquinas *Las hijas del Cid* (1908) und Antonio Galas *Anillos para una dama* (1973) sowie

Filme wie EL CID (1961) von Anthony Mann (mit Charlton Heston in der Hauptrolle) und EL CID: LA LEYENDA (2003), ein Zeichentrickfilm von José Pozo, die anhaltende Popularität des Stoffes.

Das *Cantar* besteht aus drei Teilen: Im ersten Teil wird der Cid nach dem Vorwurf der Veruntreuung von Geldern, die er in Andalusien für den König gesammelt hat, nach Burgos verbannt; von dort aus zieht er mit einer privaten Armee los, um gegen die Mauren zu kämpfen, die er in Toledo, Zaragoza und Valencia, wo er sich schließlich niederlässt, besiegt. Im zweiten Teil verheiratet er seine Töchter mit den Infanten von Carrión, die sich als misstrauisch und feige erweisen und ihre Frauen foltern. Im dritten Teil lässt der Cid die Infanten töten, nachdem der König die Ehen für ungültig erklärt und die Rückgabe der geraubten Mitgift durchgesetzt hat. Seine Töchter verheiratet er sodann mit den Infanten von Navarra und Aragón.

Das Lied ist insbesondere für seine präzisen Landschaftsbeschreibungen berühmt, auch werden die historischen Vorbilder der Figuren respektiert, ohne jedoch die Charakterzeichnung zu vernachlässigen: Der Cid etwa ist als verantwortungsvoller Vater, leidenschaftlicher Ehemann und beispielhafter Vasall dargestellt.

Die Bedeutung des *Cantar de Mío Cid* liegt gleichermaßen in seinem ästhetischen Wert wie in seinem Status als eines der wenigen erhaltenen Cantares de gesta – anonymen Epen, die von Spielmännern bei öffentlichen oder privaten Veranstaltungen aufgeführt wurden und deren Existenz meist nur durch die Chroniken bekannt ist, die als Quelle verwendet haben.

Ausgabe: Das Cid. Das altspanische Heldenlied. Stuttgart 2001.

Patricio Pron

Canth, Minna Ulrika Wilhelmina (eigtl. M. Johnsson)
Geb. 19. 3. 1844 in Tampere/Finnland; gest. 12. 5. 1897 in Kuopio/Finnland

Minna Canth kommt innerhalb der finnischen Literatur die Funktion zu, die in den anderen skandinavischen Ländern Autoren wie Henrik Ibsen oder August Strindberg innehaben. Ihre Dramen, Romane und Erzählungen setzen den Anfangspunkt des modernen, gesellschaftskritischen Realismus, indem sie aktuelle Probleme, insbesondere die Frauenfrage und die soziale Frage, in den literarischen Horizont integrieren und sich dem affirmativ staatstragenden Anspruch, den das nationalistische Bürgertum im Sinne einer genuin finnischsprachigen Kultur erhob, verweigern. Da C. in allen Texten ihres umfangreichen Gesamtwerks weibliche Protagonisten als eigenständig denkende, empfindende und handelnde Individuen ins Zentrum rückt, leistet sie einen wesentlichen Beitrag für die Herausbildung eines differenzierten und egalitären Frauenbildes im Finnland des ausgehenden 19. Jh.s. Insbesondere ihre Theaterstücke bildeten einen öffentlich wirksamen Faktor innerhalb eines gesellschaftlichen Prozesses, der schließlich dazu führte, dass 1906 in Finnland das weltweit erste aktive und passive Wahlrecht für Frauen eingeführt wurde.

C.s Biographie ist bemerkenswert und in mancherlei Hinsicht charakteristisch für eine Frau ihrer Zeit. Sie erhielt die Gelegenheit, ein gerade erst gegründetes Lehrerinnenkolleg zu besuchen, brach die Ausbildung aber ab, um den Heiratsantrag eines ihrer Lehrer anzunehmen. Während einiger Jahre schrieb sie für Zeitungen, ohne dass es ihr erlaubt war, die Beiträge unter ihrem eigenen Namen zu publizieren. Nach dem Tod ihres Mannes im Jahr 1879 zog sie mit ihren sieben Kindern nach Kuopio und übernahm das Kurzwarengeschäft ihres Vaters. Zugleich begann sie ihre schriftstellerische Laufbahn. Noch im selben Jahr erschien ihr erstes Buch *Novelleija ja kertomuksia* (Novellen und Erzählungen). Ein Jahr später wurde ihr erstes Theaterstück *Murtovarkaus* (Der Einbruchdiebstahl) uraufgeführt. Es bildete den Anfang einer mehr als zehn Jahre andauernden Zusammenarbeit mit dem Intendanten des Finnischen Nationaltheaters, Kaarlo Bergbom. Mit ihren Dramen hatte C. maßgeblichen Anteil an der Etablierung dieser ersten rein finnischsprachigen Bühne.

Wie ihr erstes Stück war auch das zweite mit dem Titel *Roinilan talossa* (1885; Im Haus von Roinila) noch von unbeschwertem, volksstückhaftem Charakter. Doch bereits das im selben Jahr aufgeführte Drama *Työmiehen vaimo* (Die Frau des Arbeiters) leitete die Wende zur naturalistisch geprägten Programmdichtung ein. Vorausgegangen war die intensive Auseinandersetzung der Autorin mit den Werken Ibsens, Strindbergs und Zolas sowie mit dem milieutheoretischen Denken Hyppolite Taines. C. zeigt in einer beklemmenden Konstellation die Rechtlosigkeit und finanzielle Abhängigkeit von Frauen innerhalb der Institution Ehe. Das Stück ergreift in plakativer Form Partei für unterdrückte Frauen und erregte in konservativen und kirchlichen Kreisen zornigen Protest. Bürgerlicher Widerstand war es auch, der dafür sorgte, dass ihr folgendes Drama *Kovan onnen lapsia* (1888; Kinder eines harten Schicksals), in dem sich Arbeiter mit ihren Frauen gegen die ungerechte Gesellschaftsordnung zur Wehr setzen, sofort nach der Premiere vom Spielplan genommen wurde.

Auch in den zeitgleich mit den frühen Dramen entstandenen Prosaarbeiten gibt C. ein ebenso transparentes wie trostloses Bild der Lebensumstände in den unteren Gesellschaftsschichten, insbesondere im Hinblick auf das Leben von Frauen, so in den Novellen *Köyhää kansaa* (1886; Armes Volk) und *Lain mukaan* (1889; Nach dem Gesetz). In den engagiert-programmatischen Werken dominieren signifikante Konstellationen als Repräsentationen sozialer Missstände über eine differenzierte Personengestaltung. Doch C. schreibt bereits während ihrer gemeinhin als ›kämpferisch‹ apostrophierten Schaffensphase Novellen, in denen sich eine Schwerpunktverlagerung abzeichnet. In Texten wie den Romanen *Hanna* (1886) und *Salakari* (1887; Die Untiefe) sowie in der Novelle *Agnes* (1892) legt die Autorin größeren Wert auf eine Personenschilderung, die der individuellen Qualität ihrer weiblichen Protagonisten Kontur verleiht. Zu ihrem zentralen Thema erhebt C. hier den Konflikt zwischen individuellem Wollen und gesellschaftlicher Anforderung. Mit dem komödienhaften Familienbild *Papin perhe* (1891; Die Familie des Pfarrers) tritt der programmatische Anspruch auch in den Bühnenstücken in den Hintergrund, ohne jedoch vollkommen zu verschwinden. Nach wie vor bleiben ihre Hauptpersonen Frauen, aber es geht nicht mehr um die Position der Frau schlechthin. In den Blick rückt nun vor allem die Psychologie der weiblichen Hauptfiguren, am markantesten in den Dramen *Sylvi* (1893) und *Anna-Liisa* (1895).

Wenn Frauen in C.s Texten die Gesetze der herrschenden Moral brechen, kann das über Ehebruch und Scheidungswunsch hinaus bis zum Gattenmord führen. Diese Frauen werden als Personen dargestellt, denen ihre nicht zu bändigende starke Natur zum Verhängnis wird. Auf die Solidarität anderer Frauen können sie nur selten zählen, und am Ende müssen sie stets für ihren Konventionsbruch büßen.

Zeitweise wurde C.s Haus in der ostfinnischen Kleinstadt Kuopio, wo sie einen Salon unterhielt, zum Zentrum des literarischen Geschehens in Finnland. Als finnischsprachige Autorin stand C. zu ihrer Zeit indes fast alleine da. Erst nach der Jahrhundertwende festigten Schriftstellerinnen wie L. Onerva (alias Onerva Lehtinen, 1882–1974) und Maria Jotuni (1880–1943) die Tradition weiblichen Schreibens in Finnland.

Stefan Moster

Čapek, Karel
Geb. 9. 1. 1890 Malé Svatoňovice (Kleinschwadowitz)/Böhmen; gest. 25. 12. 1938 Prag

Karel Čapek gehört zu den wenigen tschechischen Schriftstellern, die schon mit ihrem frühen Schaffen national und international bekannt wurden. Sein vielseitiges, thematisch immer noch aktuelles Werk umfasst Kurz- und Langprosa, Romane, Reiseberichte, Dramen, journalistische und philosophische Arbeiten und Übersetzungen. Besonders in seinen utopischen Romanen und Dramen mit ihrer Problematik der technischen und sozialen Entwicklung traf er – z. T. auch humoristisch – den Nerv seiner Zeit.

Č. wuchs als Sohn eines Landarztes im dörflichen Milieu in Úpice in Nordböhmen auf. In Hradec Králové und Brünn absolvierte er das Gymnasium, seine Matura machte er in Prag. An der Prager philosophischen Fakultät studierte er 1909 bis 1915 Philosophie, Ästhetik, Kunstgeschichte, Germanistik, Anglistik und Bohemistik. Längere Studienphasen verbrachte er auch in Berlin (1910/1911) und mit seinem drei Jahre älteren Bruder Josef (1887–1945) zusammen 1911 in Paris. Seine Studien beendete er 1915 mit einer Dissertation über den Pragmatismus in der Kunst. 1920 lernte er die junge Schauspielerin Olga Scheinpflugová (1902–68) kennen, die er 1935 heiratete. Seinen Lebensunterhalt verdiente er zunächst als Hauslehrer und Bibliothekar, nach 1917 als Redakteur verschiedener Zeitungen – darunter, von 1921 bis 1938, von *Lidové noviny* –, für die er Feuilletons, Reiseberichte und Theaterkritiken schrieb. 1921 bis 1923 arbeitete er auch als Dramaturg und Regisseur am Städtischen Theater der Königlichen Vinohrady (Weinberge). 1922 wurde er mit dem Präsidenten des 1918 gegründeten 1. Tschechoslowakischen Republik, T.G. Masaryk, bekannt, mit dem ihn zeitlebens eine enge Freundschaft verband. Č. war 1925 bis 1933 Vorsitzender des tschechoslowakischen PEN-Clubs, wurde 1936 für den Literatur-Nobelpreis vorgeschlagen und wirkte noch 1938, kurz vor seinem Tod, an der Organisation des Weltkongresses des PEN-Clubs in Prag mit. Mit seiner journalistischen und literarischen Tätigkeit stand er Mitte der 1930er Jahre auf dem Höhepunkt seines Erfolgs. Nach dem Münchener Abkommen wurde gegen ihn jedoch eine feindliche Kampagne von der rechten Presse geführt. Am 25. 12. 1938 starb Č. an einer Lungenentzündung.

Seine literarische Laufbahn betrat Č. zusammen mit seinem Bruder Josef 1916 mit kürzeren Prosawerken. 1917 erschienen seine ersten selbständig verfassten Erzählungen *Boží muka* (Gottesmarter, 1918) und 1921 *Trapné povídky* (Peinliche Erzählungen), die metaphysische Themen behandeln. Während des Ersten Weltkriegs – Č. wurde aus gesundheitlichen Gründen nicht eingezogen – widmete er sich für die Entwicklung der tschechischen Poesie bedeutenden Übersetzungen, so z. B. Apollinaires *Zones* (*Pásma*, 1919), und veröffentlichte 1920 die Anthologie *Francouzská poezie nové doby* (Französische Poesie der neuen Zeit). Zu Beginn der 1920er Jahre trat Č., der insgesamt acht Dramen schrieb, mit dem utopischen Drama *R.U.R.* (1920; *WUR*, 1922) über die Schaffung eines künstlichen Menschen-Roboters in die Öffentlichkeit. Das utopische Genre begriff Č. als Voraussetzung für einen bestimmten gedanklichen Versuch, für die Konstruktion eines ideellen Baus und für die Ausführung eines Programms.

Auch weitere Theaterstücke und Romane Č.s haben utopischen Charakter. Das Sujet seines frühen Romans *Továrna na absolutno* (1922; *Das Absolutum oder Die Gottesfabrik*, 1924) z. B. ist eine Erfindung eines besonderen Karburators, der Atome zerschlägt, aber zugleich mit dem Zerschlagen von Materie das Absolutno befreit, eine Kraft, die im Menschen eine Art religiösen Wahn erzeugt und ihn damit in seiner Wahrnehmung erheblich verändert. Einer ebenfalls utopischen Thematik ist der Roman *Krakatit* (1924; *Die große Versuchung*, 1949) gewidmet: Darin geht es um die utopische Erfindung von Sprengstoff, der fähig wäre, die ganze Welt zu zerstören. Wichtiger als das äußere gesellschaftliche Thema in *Krakatit* ist jedoch das innere, persönliche und intime Thema: »Čapek erstaunt und erregt mit einer besonderen scharfen physiologischen Bildlichkeit, und Krakatit ist wohl das subtilste sexuelle Gedicht in der tschechischen Literatur« (O. Králík).

Ende der 1920er Jahre weckte Č. großes Interesse mit seiner humoristischen und anschaulichen Kurzprosa, insbesondere mit Erzählungen im Detektiv-Genre, so z. B. in *Povídky z jedné kapsy* (*Erzählungen aus der einen Tasche*, 1929) und *Povídky z druhé kapsy* (*Erzählungen aus der anderen Tasche*, 1929). Die Enthüllung des Geheimnisses der kriminellen Tat steht dabei immer in Wechselbeziehung mit der Welt der kleinen Leute und ihren moralischen Fähigkeiten. Besonders in diesen Erzählungen zeigt sich Č.s Meisterschaft des Dialogs und sein Anliegen, nicht zu langweilen. Sein Stil fließt natürlich, ohne stockende und scharfe Zäsuren. In den 1930er Jahren kehrte Č. mit der Trilogie *Hordubal* (1933; *Hordubal*, 1981), *Povětron* (1934; *Der Meteor*, 1981) und *Obyčejný život* (1934; *Ein gewöhnliches Leben*, 1981) zum Roman zurück. Mit einem weiteren Roman, *Válka s mloky* (1936; *Der Krieg mit den Molchen*, 1937), reagierte er 1936 auf den sich ausbreitenden Faschismus und die wachsende Kriegsgefahr. Ähnliche Akzente tragen der Roman *První parta* (1937; *Die erste Kolonne*, 1954) und die späten Dramen *Bílá nemoc* (1937; *Die weiße Krankheit*, 1971) und *Matka* (1938; *Die Mutter*, 1955).

Susanna Vykoupil

Capote, Truman

Geb. 30. 9. 1924 in New Orleans, Louisiana; gest. 25. 8. 1984 in Los Angeles, Kalifornien

Truman Capote, der eigentlich Truman Streckfus Persons hieß, zeichnet sich als Erzähler des amerikanischen Südens durch die stilistische und erzählkünstlerische Meisterschaft aus, mit der er, vor allem in seinen frühen Werken, Landschaft, Milieu und Menschen – besonders Kinder und Jugendliche – aus der ihm vertrauten Region des Südens darstellt. Sein erster Roman *Other Voices, Other Rooms* (1948; *Andere Stimmen, andere Stuben*, 1950), der gattungsmäßig als »romance« aufzufassen ist und literarhistorisch in den Kontext des »Southern Gothicism« gehört, machte den jungen Autor aufgrund seiner stilistischen und erzählerischen Brillanz – C. wechselt virtuos zwischen den Stillagen des

Lyrischen, Komischen, Bizarren und Grotesken – und zum Teil auch aufgrund des damals anstößigen Themas der Homosexualität mit einem Schlag berühmt. C. sollte eine skandalträchtige Figur in der amerikanischen Kulturszene bleiben. Der Roman erzählt die Geschichte des 13-jährigen Joel Knox, der nach dem Tod seiner geschiedenen Mutter von New Orleans auf den heruntergekommenen Landsitz seines Vaters in der Nähe des Golfs von Mexiko kommt, auf dem er die Erfahrungen der Isolation und der Freundschaft macht und nach und nach ein schreckliches Familiengeheimnis entdeckt. C. beweist höchste Kunst in der Zeichnung seines sensiblen, phantasiebegabten Protagonisten, dessen sehnlichster Wunsch es ist, geliebt zu werden. C. erreicht eine Balance zwischen der lebendigen, quasi dichterischen Einbildungskraft des sich in der Pubertät befindenden Jungen und dem unheimlichen, bizarren, spukhaften Milieu, mit dem er konfrontiert ist. Humor und treffliche Charakterisierungskunst zeigen sich in der Gestaltung der Nebenfiguren. Eine durchgängige Tendenz bei der Figurenzeichnung ist die Auflösung der starren Grenzen zwischen den Geschlechtern (Maskulinisierung von weiblichen und Feminisierung von männlichen Figuren). Stilistisch überzeugt der Roman durch sein breites sprachliches Spektrum vom Umgangssprachlichen und Dialektalen in der Redewiedergabe bis zur Landschaftsschilderung.

Erzähltechnisches Raffinement und stilistische Brillanz zeichnen auch die Kurzgeschichten aus, die unter dem Titel *A Tree of Night and Other Stories* (1949; *Baum der Nacht*

und andere Erzählungen, 1957) ein Jahr nach dem ersten Roman erschienen. C. zeigt eine Vorliebe für die Darstellung isolierter und exzentrischer Menschen, wobei, ähnlich wie in den zeitgleich entstandenen Kurzgeschichten von Carson McCullers, Kinder und Jugendliche und ihre Macht über Erwachsene immer wieder thematisiert werden. »Miriam« z. B. stellt dar, wie ein sich absolut unkonventionell verhaltendes selbstbewusstes kleines Mädchen einer isolierten Witwe gegen deren Willen zu Gemeinschafts- und Kommunikationsfähigkeit verhilft. Eine düstere Erzählung, die einen in Beruf und Liebesbeziehungen scheiternden Menschen darstellt, ist »Shut a Final Door«. Heiter-komisch ist dagegen »Jug of Silver« mit einer glänzenden Schilderung des Kleinstadtmilieus. Hier gewinnt ein Junge eine schwierige Wette, um seiner Schwester ein künstliches Gebiss zu kaufen, damit sie in Hollywood eine Filmkarriere machen kann. Grotesk ist die Wiedergabe einer scheiternden Liebe und Ehe in »My Side of the Matter«. Eine einfühlsame psychologische Studie ist die Titelgeschichte, »A Tree of Night«, in der ein junges Mädchen in der Begegnung mit einem grotesken Paar von Schmarotzern in einem überfüllten Zug gleichsam unbewusst zu der Einsicht gelangt, dass sie ihren Verlobten verabscheut. Ingeniös erzählt ist »Master Misery«, wo es um den Verkauf und Rückkauf von Träumen geht. Die Erzählungen zeigen durchweg große Kunst in der Handlungsführung mit virtuos erzeugten Überraschungseffekten, Schlusspointen, Epiphanien und Übergängen vom Realen ins Irreale.

Die Spannung zwischen dem Düster-Grotesken und dem Heiter-Komischen, die in C.s Kurzgeschichtenwerk besteht, zeigt sich auch im Vergleich seiner ersten beiden Romane. Nach dem phantastisch-morbiden Erstling ist *The Grass Harp* (1951; *Die Grasharfe*, 1952) trotz seines elegischen Grundtons ein in seinem Zentrum idyllisch-heiteres Werk, in dem das stilistische Können des frühen C. seinen Höhepunkt erreicht. Auch das Interesse an der Darstellung sozialer Beziehungen ist in diesem Werk im Vergleich zu seinem Vorgänger tiefer. Die Ausgangssituation in *The Grass Harp* ist der in *Other Voices, Other Rooms* ähnlich: Der Ich-Erzähler, Collin Fenwick, ruft eine Phase aus seiner Kindheit im Süden der Vereinigten Staaten in seine Erinnerung zurück, als er als Elfjähriger nach dem Tod der Mutter in das Haus seiner beiden unverheirateten Tanten Verena und Dolly Talbo kam. Zwischen den sehr gegensätzlichen Schwestern – Verena ist als hartherzig und habgierig gekennzeichnet, Dolly als altruistisch und liebevoll – kommt es zu einem Konflikt, infolge dessen sich Dolly und Collin zusammen mit anderen Außenseitern der Gesellschaft, namentlich Richter Coole, in ein Baumhaus zurückziehen. Im Hauptteil des Romans versucht die durch Verena aufgehetzte Bürgerschaft, die Flüchtlinge aus dem Baumhaus zurückzuholen. Nach drei Tagen lässt sich Dolly durch ihre Schwester zur Rückkehr überreden; ihr Verhältnis hat sich entspannt. Die Idylle, der Rückzug aus der Gesellschaft, ist in diesem Roman befristet. Der Eskapismus-Vorwurf, den insbesondere John Aldridge C. gemacht hat, verfängt nicht. Den Baumbewohnern gelingt es, dem Leben drei idyllische Tage zu entreißen, und selbst an diesen werden sie von der Außenwelt bedrängt. Eine endgültige Flucht in die Welt der Liebe und Freiheit rückt nur als Traum oder Vision in den Blick, wobei im Roman die Schiffsmetaphorik eine große Rolle spielt. Der Baum wandelt sich zum Schiff, das entlang »der Küste der Träume« segelt. Hier klingt das Thema von Mark Twains *Huckleberry Finn* (1884), die Fahrt auf dem Fluss in die Freiheit, in einer Vision an. Insgesamt negiert der Roman auf der Handlungsebene die Möglichkeit einer Idylle; affirmiert wird aber der Traum der Loslösung von der gesellschaftlichen Wirklichkeit. Das Bild der Grasharfe, das den Roman leitmotivisch durchzieht, vermittelt eine lyrisch-elegische Grundstimmung. C. hat in *The Grass Harp* seine Prosakunst mit ihren rhythmischen, klanglichen und metaphorischen Effekten vervollkommnet. Dasselbe kann von der komischen Komponente der Darstellung gesagt werden. Die Stilkunst des Romans ist nicht als selbstgenügsame Ästhetik zu verstehen, sondern unterstützt die gleichnishafte Behandlung eines sehr ernsten Themas, das der Beziehung von Individuum und Gesellschaft, das hier in einem gewissen Maß zu einer Lösung geführt wird.

In dem noch stärker parabelhaften Roman *Breakfast at Tiffany's* (1958; *Frühstück bei Tiffany*, 1958) fehlt eine derartige Lösung. Die 18-jährige Protagonistin Holly Golightly ist aus der Ehe mit einem viel älteren Tierarzt ausgebrochen und nach New York in die Kreise von Außenseitern geflüchtet. Dort bewahrt sie sich als Quasi-Prostituierte die Unschuld des Herzens und persönliche Integrität. Von ihren Partnern erhält sie 50 Dollar als »powder room change«. Sie hat ein charismatisches Wesen und vermag das Leben der Menschen zu verändern, mit denen sie zusammenkommt. Derartige Frauenfiguren gibt es bei C. seit der Kurzgeschichte »Miriam«. In manchem ist Holly eine originelle Weiterentwicklung von Dolly Talbo in *The Grass Harp*, die sich als »a spirit, a pagan« bezeichnet und auf eine Ehe mit Judge Coole verzichtet. Die spätere Heldin Holly nennt sich selbst »a wild thing« und ist, ihrem Namen entsprechend, ständig unterwegs und kann sich an keine Person binden. Am Ende flieht sie in eine ungewisse Zukunft. *Breakfast at Tiffany's* ist ein stilistisch makelloser Roman, dem allerdings die lyrische Qualität und die bizarre Metaphorik der früheren Werke C.s, deren Schauplatz der Süden ist, fehlen.

Einen beispiellosen Erfolg erzielte C. mit *In Cold Blood. A True Account of a Multiple Murder and Its Consequences* (1965; *Kaltblütig. Wahrheitsgemäßer Bericht über einen mehrchen Mord und seine Folgen*, 1966), einem Werk, in dem der Autor, wie bereits der Untertitel signalisiert, eine neue Gattung zu begründen versuchte, die des Tatsachenromans (»nonfiction novel«). Der ›Roman‹ ist die nach jahrelangen intensiven und minutiösen Recherchen streng faktengetreu erstellte Rekonstruktion eines tatsächlichen Verbrechens, der allem Anschein nach motivlosen Ermordung einer vierköpfigen Farmerfamilie im Westen von Kansas durch zwei ehemalige Häftlinge, den 28-jährigen Richard (Dick) Hickock und den 31-jährigen Perry Smith. Im Unterschied zur Tradition der Gattung des Romans, zu dessen Prinzipien es – besonders markant in einem Werk wie Daniel Defoes *Robinson Crusoe* – lange Zeit gehörte, Fiktionen wie faktengetreue Berichte aussehen zu lassen, kommen hier ausschließlich tatsächliche Fakten zu Wort, eine außerordentliche Selbstverleugnung eines Autors, der zuvor in seinem Werk große Erfindungskraft unter Beweis gestellt hatte. Die Kritik hat sich mit *In Cold Blood* schwer getan. Man hat z. B. die von C. postulierte Gattung als solche in Frage gestellt oder die Faktizität der erzählerischen Darstellung bestritten; oder man hat sich an C.s Umgang mit den beiden zum Tode verurteilten Verbrechern gestört, mit denen er lange Gespräche führte, und gerügt, dass er nicht versucht habe, die offensichtlich in hohem Maße seelisch gestörten Täter vor der Hinrichtung zu bewahren. Viele fanden auch C.s grenzenlose Selbstreklame – »A boy has to hustle his book« – geschmacklos. C. hat sich selbst in diesem Werk, das Fakten sprechen lassen sollte, nicht als Künstler zurücknehmen können. Das zeigt sich z. B. in der kontrapunktischen Technik des Texts, der, zwischen Opfer- und Täterbeschreibung wechselnd, ironische Effekte erzielt, und ein packendes Porträt der Verbrecher, besonders des älteren der beiden, erstellt. Es ist im Grunde nicht verwunderlich, dass der große Sprachkünstler und Erzähler C. nach sechs Jahren intensiver Arbeit an einem Projekt, das die schöpferische Kraft des Erzählers von vornherein ausschließen sollte, in seiner Schaffenskraft gelähmt war und keine weiteren bedeutenden Werke mehr schuf.

Werkausgabe: A Capote Reader. New York 1987.

Wolfgang G. Müller

Cardenal Martínez, Ernesto
Geb. 20. 1. 1925 Granada/Nicaragua

Aufgrund geographischer und familiärer Umstände schien Ernesto Cardenal dazu bestimmt, sich in die dichterische Tradition Nicaraguas einzuschreiben. Wie auch Rubén Darío verbrachte das Kind aus wohlhabender Familie mit spanisch-preußischen Vorfahren einige Jahre in León. Früh begann C., Gedichte zu schreiben und sie in Literaturzirkeln vorzustellen. Er wurde Jesuit und studierte in den 1940er Jahren in Mexiko und New York Philosophie und Literaturwissenschaft. 1950 kehrte er nach Nicaragua zurück, wo für ihn neben der Literatur die Arbeit in der politischen Oppositionsbewegung einen wichtigen Stellenwert erhielt. 1957 wurde C. Novize im Trappisten-Kloster Gethsemane in Kentucky, ging zwei Jahre später in eine mexikanische Benediktinerabtei, um daraufhin in einem kolumbianischen Priesterseminar sein Theologiestudium zu beenden. Ein Jahr nach der Priesterweihe in Managua gründet Cardenal 1966 die christliche Kommune Solentiname. In den 1970er Jahren bereiste er auf der Suche nach der Synthese von Christentum und Marxismus unter anderem Kuba, Chile und die Bundesrepublik Deutschland sowie die DDR. In der Folge seiner Aktivitäten in der Sandinistischen Befreiungsarmee (FSNL) floh C. 1977 nach Costa Rica, wo er sich für die christliche Befreiungstheologie engagierte. Als 1979 die Sandinisten in Nicaragua die Macht übernahmen, wurde C. Kulturminister und organisierte Poesie- und Theater-Workshops. Da er auf sein politisches Mandat nicht verzichten wollte, wurde er 1985 im Anschluss an einen Papstbesuch des Priesteramtes enthoben. Differenzen mit dem autokratischen Führer der FSLN führten 1994 zum Austritt C.s aus der mittlerweile degenerierten Revolutionspartei.

Biographie und Werk C.s zeugen von fruchtbaren Widersprüchen: Obwohl er Priester war, thematisiert sein berühmtestes Gedicht Marilyn Monroe; trotz der Hinwendung zu Katholizismus und Marxismus blieb er ein Freidenker und Freund der präkolumbischen Kultur und Mythologie; obwohl er am sandinistischen Aufstand gegen das US-gelenkte Regime teilnahm, ist sein poetischer Stil stark durch die nordamerikanische Literatur, insbesondere den Dichter Ezra Pound, geprägt. C. gehört zu den am meisten gelesenen Dichtern Lateinamerikas. Sein Werk ist eine Mischung aus politischen Kommentaren, religiöser Leidenschaft und mystischem Utopismus, geschrieben in einer leicht zugänglichen Sprache. Seine Schreibweise aus poetisch-dokumentarischen Collagen nannte er »Exteriorismus«. Die exterioristische Dichtung unterscheidet sich von der herkömmlichen Prosa durch eine gedrängtere, kürzere und effektivere Sprache, jedoch nicht etwa durch lyrische Hermetik oder die Behandlung anderer Themen. Kritiker warfen C. vor, dass seine Verse an Propaganda grenzten, dass seine Spiritualität zu oberflächlich und seine utopischen Sehnsüchte zwar gut gemeint, doch zu naiv seien.

Schon ab 1967 wurden seine in über zwei Dutzend Bänden erschienenen Gedichte und Essays ins Deutsche übersetzt, doch sind die spanischen und die deutschen Anthologien selten identisch. Als Reminiszenz an die durch viele Frauen geprägte säkulare Zeit zieht sich eine erotische Sinnlichkeit durch C.s Dichtung, die rein religiöser Lyrik fremd ist. Mitte der 1950er Jahre entstand, noch vor C.s Klosterleben, der Band *La hora 0* (1960; *Die Stunde Null*, 1979). Das vierteilige Gedicht thematisiert die unter verschiedenen Diktaturen leidenden Völker Zentralamerikas, die ausbeuterische Rolle der United Fruit Company, den Guerilla-Krieg Augusto C. Sandinos gegen die US-Streitkräfte und den gescheiterten Aufstand 1954 in Managua, an dem C. auch teilnahm. Aus der Zeit im Trappistenkloster gingen *Gethsemani, Kentucky* (1960), eine Sammlung von vom japanischen *haiku* inspirierten Gedichten, und der spirituelle Essay *Vida en el amor* (1971; *Das Buch von der Liebe*, 1971) hervor. Der in Kolumbien publizierte Band *Salmos* (1964; *Psalmen*, 1979) trug wesentlich dazu bei, C.s Ruf nach ganz Lateinamerika zu tragen. Den religiösen Nerv der Bevölkerung treffend, enthält *Salmos* zahlreiche Nachdichtungen biblischer Texte und gilt als zentrales Dokument der Befreiungstheologie. Gleichzeitig entstand auch C.s Gedicht, das die kapitalistische Kulturindustrie kritisiert und die Biographie des missbrauchten Waisenkindes Marilyn Monroe nachzeichnet, aus der ein Hollywood-Star gemacht wird (*Oración por Marilyn Monroe y otros poemas*, 1965; *Gebet für Marilyn Monroe*, 1972). Im mehr als 500 Seiten umfassenden *El evangelio en Solentiname* (1975; *Das Evangelium der Bauern von Solentiname*, 1977) gibt C. Gespräche mit tief religiösen Menschen aus der Zeit seiner Lesungen des Evangeliums in Solentiname wieder. Im Jahr, bevor die Sandinisten abgewählt wurden, erschien das mehr als 19 000 Zeilen lange philosophische Gedicht *Cántico cósmico* (1989; *Gesänge des Universums*, 1995), das Religion, Wissenschaft und Lyrik zu vereinen sucht.

David Freudenthal

Carey, Peter
Geb. 7. 5. 1943 in Bacchus Marsh, Victoria/Australien

Peter Carey wird als Anwärter auf die Nachfolge der zentralen Position Patrick Whites in der australischen Literaturgeschichte gewertet, nicht nur weil seine Romane kontinuierlich renommierte Preise erhalten und Gegenstand zahlreicher literaturwissenschaftlicher Untersuchungen sind, sondern gerade auch weil C. wie White ein exakter Analytiker der kulturellen Befindlichkeit und Mythen des Kontinents ist. Anders jedoch als die Werke Whites mit ihrer metaphysischen Ausrichtung beeindrucken die von Werk zu Werk neue Wege einschlagenden Romane C.s durch ihre Kunst des *story-telling*. In wenigen, vom Visuellen bestimmten Sätzen mit sicher gesetzten Details entstehen in klarer Sprache Situation und Spannungsbogen, wie beispielsweise im Rückblick des Ich-Erzählers in C.s bekanntestem Roman *Oscar and Lucinda* (1988; *Oscar und Lucinda*, 1991): »In order that I exist, two gamblers, one Obsessive, the other Compulsive, must meet. A door must open at a certain time. Opposite the door, a red plush settee is necessary. The Obsessive. The one with sixteen bound volumes of eight hundred and eighty pages, ten columns per page, must sit on this red settee, the Book of Common Prayer open on his rumpled lap. The Compulsive gambler must feel herself propelled forward from the open doorway. She must travel towards the Obsessive and say an untruth.« Diese Meisterschaft im Erzählen oszilliert in C.s Werk zwischen einer skurrilen, von schwarzem Humor gefärbten Dimension und einer ausgeprägt menschlichen und moralischen Perspektive.

In den ersten publizierten Werken, den beiden vielbeachteten Kurzgeschichtenbänden *The Fat Man in History* (1974; *Traumflug*, 1982) und *War Crimes* (1979), dominiert das Surreale und Fantastische. In den Geschichten, in denen Menschen sich wegen fehlender Liebe langsam auflösen oder Schatten in Fabriken produziert und in Paketen verkauft werden, entlarven die fantastischen Elemente und die narrative Unbestimmtheit als kafkaeske Verfremdungseffekte die soziale Realität und die sie durchziehenden Macht- und Kontrollmechanismen. Auch die surrealen Elemente in C.s erstem Roman *Bliss* (1981; *Bliss. Das Paradies umsonst*, 1987), dem Porträt eines Werbemanagers, der sich nach einer Nahtoderfahrung in der ›Hölle‹ des zeitgenössischen Sydney wiederfindet, stehen in kritisch kommentierender Verbindung zu der Einsicht des Protagonisten in die zerstörerische Kraft von amerikanischem Vorbild folgenden Werbekampagnen. Die Darstellung der Werbebranche lässt dabei autobiographische Momente vermuten. C. wuchs in einer Autohändlerfamilie in einer Kleinstadt bei Melbourne auf und besuchte das ›Eton Australiens‹, die Geelong Grammar School. Nach einem abgebrochenen Studium der Zoologie und Chemie arbeitete er bis in die 1980er Jahre als Werbetexter (später auch als Miteigentümer einer Agentur), um sein Schreiben zu finanzieren. Seit 1989 lebt er – nach längeren Aufenthalten in Europa und einer in einer alternativen Kommune in Queensland verbrachten Zeit während der 1960er-70er Jahre – mit seiner Familie in New York und unterrichtet gelegentlich *creative writing*-Kurse an renommierten Universitäten.

C.s zweiter Roman *Illywhacker* (1985; *Illywhacker*, 1990) macht die Geschichte und Kultur Australiens zum – von nun an vorherrschenden – Thema. Der Roman hinterfragt das von der ›offiziellen‹ Geschichte geprägte Bild Australiens vom frühen 20. Jahrhundert mit seinem nachwirkenden britischen Imperialismus bis zu den späteren neokolonialen Einflüssen der amerikanischen Kultur und der japanischen Wirtschaft in den pikaresken Erinnerungen eines *unreliable narrator*, des 139-jährigen Herbert Badgery. Als historiographische Metafiktion zweifelt der Roman an der Möglichkeit der Erkenntnis von (historischer) ›Wahrheit‹, einer für C.s Schreiben zentralen Fragestellung. Sie bestimmt auch sein wichtigstes Werk, den Roman *Oscar and Lucinda*, der C. endgültig als international angesehenen Autor etablierte. *Oscar and Lucinda* wendet sich in realistischer Erzählweise der Besiedlungsgeschichte Australiens im 19. Jahrhundert zu und kritisiert in der Schilderung des Transports einer Glaskirche ins unerforschte Landesinnere den unbedingten Fortschrittsglauben der Industrialisierung und das religiöse Sendungsbewusstsein als zentrale Elemente des Kolonialismus.

Nach der Opulenz der beiden mit Geschichte befassten Romane zeigte sich die Kritik verblüfft von der nüchternen Erzählweise und dem düsteren Sozialkritik des im Sydney der Gegenwart spielenden Romans *The Tax Inspector* (1991; *Die Steuerfahnderin*, 1993). Eine ähnlich drastische und an die Kurzgeschichten erinnernde Perspektive, die gleichzeitig großes menschliches Verständnis auszeichnet, bestimmt auch die sich mit dem amerikanischen Neokolonialismus auseinandersetzende Dystopie *The Unusual Life of Tristan Smith* (1994; *Das ungewöhnliche Leben des Tristan Smith*, 1996). Das folgende *re-writing* von Dickens' *Great Expectations*, der Roman *Jack Maggs* (1997; *Die geheimen Machenschaften des Jack Maggs*, 1999), untersucht in Anlehnung an die von Edward Said in *Culture and Imperialism* (1993) analysierte Rolle der Literatur im Kolonisierungsprozess die Wirkung eines literarischen Texts für die Kultur Australiens. Die Sträflingsfigur in Dickens' Prätext wird als negatives australisches Identifikationsmuster durch den energischen Protagonisten Jack Maggs, der sogar den Entstehungsprozess des über ihn zu schreibenden Romans beeinflusst, destruiert. C.s Roman *True History of the Kelly Gang* (2000; *Die wahre Geschichte von Ned Kelly und seiner*

Gang, 2004) gibt einer weiteren Figur der australischen Vorstellungswelt in einem eigenwilligen, von Temperament und Gesellschaftsschicht gefärbten Erzählstil in der ersten Person eine eigene Perspektive: Ned Kelly, dem berühmtesten *outlaw* des 19. Jahrhunderts. Seine menschlichen Schwächen machen, wie durchweg in C.s Werk, eine einfache moralische Deutung unmöglich, obwohl die Verzerrungen der Geschichte der Kelly Gang durch Justiz und Journalismus entlarvt werden. Dieses Sensorium für das Menschliche mit seinen paradoxen Ausprägungen, das auch in C.s Kinderbuch *The Big Bazoohley* (1995; *Der Große Bingobang*, 1997) spürbar wird, bleibt der Faktor in C.s Romanen, von dem sich die Kritiker neben der Lust am Fabulieren und der Auslotung von Australiens kultureller Positionierung am meisten beeindruckt zeigen. C. selbst betont in einem Interview: »it is a writer's responsibility to imagine what it is to be others. It is an act of empathy.«

Sigrun Meinig

Carlyle, Thomas

Geb. 4. 12. 1795 in Ecclefechan, Dumfriesshire; gest. 5. 2. 1881 in London

Thomas Carlyle wuchs als ältester Sohn einer kinderreichen Familie im ländlichen Südwesten Schottlands auf. Sein Vater, ein Steinmetz, und seine Mutter wollten, dass C. Priester wird; C.s vielseitige Interessen an Sprachen, Naturwissenschaften und Mathematik zuerst in der Schule und später an der Universität von Edinburgh ließen ihn jedoch den für ihn vorgesehenen Weg bald verlassen. Er las Edward Gibbon und David Hume, beides Lektüren, die seinen christlichen Glauben nachhaltig erschütterten. Die calvinistische Prägung durch seinen Vater, welche Strenge zu sich selbst, Disziplin und Selbstverleugnung impliziert, verlor C. gleichwohl nie, weshalb er die neugewonnene Freiheit an der Universität zugleich auch als zutiefst belastend empfand. Er verließ die Universität im Jahre 1814 ohne einen Abschluss und begann stattdessen sein literarisches Schaffen, erlernte zunächst die deutsche Sprache und verfasste Übersetzungen, Rezensionen und Beiträge zu Enzyklopädien. Im Jahre 1821 lernte C. die Arzttochter Jane Baillie Welsh kennen, die er 1826 noch in Schottland heiratete. Die beiden stellten ein schwieriges, gleichwohl kongeniales Paar dar, dessen Haus in Chelsea später zu einem beliebten Treffpunkt des intellektuellen Londons wurde. Zu Anfang der 1820er Jahre fand C. in der Lektüre von Schiller und Goethe eine Möglichkeit, die in ihm streitenden Kräfte von calvinistischer Entsagung und individueller Freiheit zu befrieden. Im Jahre 1823 fragte das *London Magazine* bei C. an, ob er eine Kurzbiographie Schillers verfassen könne, ein Unterfangen, das in C.s erster großer literarischer Biographie, *The Life of Friedrich Schiller* (1825), resultierte. In dieser ersten größeren englischen Studie Schillers trifft C. einige fundamentale Feststellungen zu den Aufgaben und Fragestellungen eines Biographen, dessen Ziel es nach C. sein müsse, den Leser praktisch in das Sehen und Fühlen seines Gegenstandes hineinzuversetzen. Der Wert der literarischen Biographie besteht nach C. darin, dass sie überprüfbar machen müsse, ob das Leben eines Dichters die Gedanken und Gefühle, die in dessen Literatur zum Vorschein kommen, bestätige – eine Auffassung, die im Verlauf des 19. Jahrhunderts noch Matthew Arnold und Walter Pater beeinflussen sollte. In den 1820er Jahren stellte C. unter dem Titel *German Romance* (1827) verschiedene Übersetzungen, biographische Skizzen und kritische Kommentare zu den großen deutschen Dichtern der Zeit zusammen, übersetzte Goethes *Wilhelm Meisters Lehrjahre* (1795/96) im Jahre 1824, in dem er viele seiner eigenen Lebensfragen wiederfand: die Suche nach Glauben, nach Orientierung in einem scheinbar sinnlosen Universum, den Konflikt zwischen der Verpflichtung gegenüber Moral und (Selbst-)Erkenntnis. Das Studium deutscher Dichtung führte C. vor Augen, dass diese Probleme – im Sinne des klassischen Bildungs- und Entwicklungsromans Goethescher Prägung – durchaus lösbar sind durch Handeln und Verstehen sowie durch ein pragmatisches Sich-Öffnen gegenüber den Problemen der gesellschaftlichen Wirklichkeit. C.s programmatischer Essay »Signs of the Times« (1829) kann in diesem Zusammenhang als eine der einflussreichsten und bedeutendsten Studien der Industriellen Revolution in England, vielleicht geradezu als Beginn des Viktorianischen Zeitalters noch acht Jahre vor der Thronbesteigung Victorias betrachtet werden. In diesem Essay zeigt C. ironisch die Kehrseite des ›mechanischen‹ Zeitalters von Fortschrittswahn und Industrieoptimismus auf, für welche, wie er meint, der Preis eines gleichfalls mechanisch abgestumpften, utilitaristischen Denkens bezahlt werden müsse – eine Sicht, die in fiktionalisierter Form im Industrieroman des 19. Jahrhunderts Schule machte und z. B. Dickens' *Hard Times* (1854) oder Elizabeth Gaskells *North and South* (1855) nachhaltig prägte. Die menschenunwürdigen Lebensbedingungen der Arbeiterklasse und das unerträgliche Laisser-faire-Denken des Industriekapitalismus attackierte C. nochmals in seinem späteren Essay »Chartism« (1840; »Der Chartismus«, 1895). Während eines London-Aufenthalts zwischen den Jahren 1831 und 1832 freundete sich C. mit John Stuart Mill an, und es entstanden weitere Essays wie »Biography« (1832) und »Boswell's ›Life of Johnson‹« (1832), in denen C. weiterhin die moralische Funktion der Biographie behauptet. James Boswells Biographie ist dabei Ansatzpunkt der von C. vertretenen Poetik der ›Heldenverehrung‹: Das Leben einer großen Persönlichkeit und die Anerkennung dieser Größe in der Biographie durch den Biographen (und den Leser) werden als pädagogische Eckpfeiler von Inspiration und moralischer Bildung aufgefasst. Für C. verkörpert Samuel Johnson einen Helden in einer rundum unheroischen Welt, der seiner Vision gerade in Zeiten des spirituellen Verfalls, von denen sich C. allerorten umgeben sah, treu bleibt.

Hier mag deutlich werden, dass die Einfühlung in den Gegenstand der Biographie für C. zu nicht unbeträchtlichem Maße immer auch Selbst-Auseinandersetzung impliziert, ein Bezug, der noch in viel stärkerem Maße für den bis heute bekanntesten Text C.s, die fiktionale Biographie *Sartor Resartus: The Life and Opinions of Herr Teufelsdröckh* (1833/34; *Sartor Resartus oder Leben und Meinungen des Herrn Teufelsdröckh*, 1855/56), gilt. Jener ›neu geschneiderte Schneider‹, dessen Leben C. der englischen Leserschaft vorzustellen vorgibt, ist der deutsche Professor Diogenes Teufelsdröckh, dessen Biographie v.a. in der Darstellung einer desillusionierten Kindheit und in der von mancherlei privaten und gesellschaftlichen Enttäuschung hervorgebrachten Lebenskrise an C.s eigenen Lebensweg erinnert. Wiederum an der Struktur des deutschen Bildungsromans geschult, löst C.s Protagonist seinen nihilistisch-krisenhaften Eindruck eines tragischen ›ewigen Neins‹ in ein optimistisches, affirmatives ›ewiges Ja‹ auf, wobei der Erkenntnisakt in der Akzeptanz eines über dem Weltgeschick liegenden Gotteswillens besteht. Und wenn schon Abhilfe von einer als riesige Dampfmaschine aufgefassten Wirklichkeit aus Menschenhand geschafft werden muss, dann, C.s Doktrin der Heldenverehrung folgend, von quasi feudalen Führerpersönlichkeiten. So befremdlich, wie dieser Appell an Führerpersönlichkeiten heute auch anmuten mag, so interessant bleibt *Sartor Resartus* als zeitgeschichtliches Dokument und wegen seiner komplizierten Erzählstruktur, in der C. gekonnt mit Erzählkonventionen wie der Herausgeberfiktion und mit diversen sprachlichen Registern auf verschiedenen Erzählebenen operiert, die ein anspruchsvolles, bisweilen selbstreflexives Spiel mit der Lesererwartung in Gang setzen. Zudem weisen die Reflexionen des ›Herausgebers‹ auf die von C. zuvor schon konstatierte Schwierigkeit des Biographen hin, jemals vollständiges Wissen und eine komplette Wahrnehmung des Anderen mittels Sprache vorlegen zu können. Nach einem Treffen mit Ralph Waldo Emerson erschien *Sartor Resartus* auf dessen Fürsprache hin in Jahre 1836 auch in den Vereinigten Staaten. – In den folgenden Jahren arbeitete C. an *The French Revolution: A History* (1837; *Die französische Revolution. Eine Historie*, 1844), bis heute eines der Standardwerke des 19. Jahrhunderts. C. diskutiert die Entstehungsgeschichte der Revolution weniger im Stile eines Historikers, sondern vielmehr entlang des Entwurfs großer Porträts, wie z. B. Jean-Paul Marat, Georges Danton oder Maximilien Robespierre, deren Zeichnung freilich so glanzvoll ausfällt, dass C.s Text wie ein Roman anmutet. C.s Haltung gegenüber der Revolution ist letztlich ambivalent: Einerseits meint er radikal, dass soziale Missstände nur gewaltsam, unter der Führung einer großen Persönlichkeit und keineswegs auf parlamentarischem Wege erreicht werden könnten, andererseits will er England vor der Revolution nicht zuletzt warnen. C.s geschichtsphilosophische Schrift *On Heroes, Hero-Worship, and the Heroic in History: Six Lectures Reported with Emendations and Additions* (1841; *Über Helden, Heldenverehrung und das Heldenthümliche in der Geschichte. Sechs revidierte und erweiterte Vorlesungen*, 1853) verstärkt diesen Eindruck noch einmal insofern, als C. das Heil der Gesellschaft statt in Freiheit, Gleichheit und Demokratie im Nacheifern von hypostasierten Superaristokraten sieht – Führer (»Capitains«) wie z. B. der mythische Odin, Mohammed, Dante, Shakespeare, Luther oder Napoleon. Diese Geschichtsbetrachtung ist, obwohl sie gänzlich un-marxistisch ökonomische Faktoren der Gesellschaftsentwicklung ausspart, einflussreich im 19. Jahrhundert und lässt entfernt auch an Friedrich Nietzsche denken. Führer vom Schlage Hitlers würde sich C.s calvinistische Moral vermutlich verbitten, dennoch sieht Ernst Bloch in C. einen, freilich unfreiwilligen, Zuarbeiter faschistischer Elitevorstellungen. Aus deutscher Sicht kann dieser Eindruck von C.s *The History of Frederick II of Prussia, Called Frederick the Great* (1858–65; *Geschichte Friedrichs II. von Preußen, genannt Friedrich der Große*, 1858–69), die in sechs Bänden erschien, nur nochmals verstärkt werden. Nach jahrelangen Vorarbeiten griff C. hier sämtliche seiner Überzeugungen auf, wobei C.s lebendiges Friedrich-Bild der historischen Persönlichkeit Friedrichs des Großen zuletzt mehr und mehr verlustig geht – eine historiographische Differenz, der sich C. schon beim Schreiben bewusst wird. Im Jahre 1865 wurde C. zum Rektor der Universität von Edinburgh gewählt; Gegenstände und ›Helden‹ weiterer Biographien bis zu C.s Tod im Jahre 1881 sind norwegische Könige und der schottische Reformer und Presbyterianer John Knox.

C. muss ohne Zweifel als einer der bedeutendsten Viktorianer gelten. Seine eindrucksvolle und von humanem Geist getragene Geißelung des Maschinenmenschen der Industriellen Revolution ist von ebenso bleibender Bedeutung wie seine theoretischen und praktischen Beiträge zur literarischen Biographie, welche von C. nicht als Anhäufung von Fakten, sondern als empathische Auseinandersetzung mit ihrem Gegenstand verstanden wird. Diese Verdienste C.s bleiben bestehen, selbst wenn seine gänzlich undialektische Vorstellung von Geschichte als Aneinanderreihung von Leben und Wirken ›großer‹ Persönlichkeiten heute überholt oder kurios erscheinen mag.

Werkausgabe: The Works of Thomas Carlyle. Centenary Edition. Hg. H.D. Traill. 30 Bde. London 1896–99.

Martin Middeke

Carossa, Hans
Geb. 15. 12. 1878 in Bad Tölz;
gest. 12. 9. 1956 in Rittsteig bei Passau

»Raube das Licht aus dem Rachen der Schlange« – das über dem *Rumänischen Tagebuch* (1924) stehende Motto könnte durchaus über das Gesamtwerk gestellt werden. Es signalisiert in der Chronik aus dem Ersten Weltkrieg die Überzeugung, dass hinter Leiden und Tod ein Sinn verborgen bleibt, und gilt für den Autor als Hüter tradierter Ideale und humanistischer Werte in Zeiten tiefgreifender Umwälzungen. Der Blick soll geweitet werden in eine idyllisch versöhnte Welt, die im 20. Jahrhundert zerfallen ist. Johann Wolfgang Goethe, Adalbert Stifter, Eduard Mörike und Gottfried Keller werden als Zeugen aufgerufen, dass dem Bösen auch in schweren Zeiten nicht die Vorherrschaft über das Gute und Schöne einzuräumen sei. C. entzieht sich diesem Dualismus durch Abschottung vom Zeitgeschehen: Während feuerspeiende Panzer den Boden Europas zerpflügen, kreuzt er unbeirrt durch Postkutschengefilde. Aber gerade diese Ausblendung des Chaos bedeutete vielen Lesern stille Besinnung, Trost und Erbauung, obgleich diese isolierte Wunschwelt gelegentlich ins Triviale abgleitet. Die vom Vater bestimmte Arztlaufbahn (1903 Arzt in Passau, dann in Nürnberg und Seestetten a. d. Donau, ab 1914 in München, von 1916 bis 1918 freiwilliger Bataillonsarzt) wurde schon bald als Einschränkung literarischer Ambitionen empfunden, besonders als er beim Studium in München Anstöße in dieser Richtung durch Kontakte mit Richard Dehmel, Frank Wedekind, Karl Wolfskehl u. a. erhielt, ohne sich jedoch einem bestimmten Kreis anzuschließen. Ein festes Honorar des Insel-Verlags milderte den Konflikt zwischen Beruf und Neigung und führte nach erster Lyrik (*Gedichte*, 1910) zur Veröffentlichung einer Reihe autobiographischer Prosawerke (*Eine Kindheit*, 1922; *Verwandlungen einer Jugend*, 1928; *Das Jahr der schönen Täuschungen*, 1931/41; *Ein Tag im Spätsommer*, 1947; *Aufzeichnungen aus Italien*, 1948; *Der Tag des jungen Arztes*, 1955; sowie *Führung und Geleit*, 1933.), in denen er Kindheit, Jugend, Studium und gereiftes Schicksal nachgestaltet. Vorangegangen war ein Goethes *Werther* nachempfundener Roman *Die Schicksale Dr. Bürgers* (1913). 1936 erschien ein weiterer Tagebuchroman, der »die seelischen Erlebnisse und Kämpfe eines älteren Mannes« schildert (*Geheimnisse des reifen Lebens. Aus den Aufzeichnungen Angermanns*) und dem Roman *Der Arzt Gion* (1931) verwandt ist. Dieser in viele Sprachen übersetzte Roman verhalf gemeinsam mit dem Züricher Gottfried-Keller-Preis (1928), dem Frankfurter Goethe-Preis (1938) und anderen Ehrungen zu Ruhm und Erfolg, der sich auch relativ problemlos ins Dritte Reich fortsetzte: Die Nazimachthaber brauchten Aushängeschilder, um das angebliche Kontinuum humanistischer Tradition gegenüber dem skeptischen Ausland nachzuweisen. So wurde ein Unpolitischer gegen seinen Willen von einem totalitären System vereinnahmt. Gelegentlich hat er aber auch Ehrenämter bekleidet (so wurde er 1941 Präsident eines faschistischen europäischen Schriftstellerverbands) und peinliche Beiträge geleistet, wie ein Lobgedicht zu Hitlers Geburtstag, welches 1942 im Verein mit anderen Hymnen an den »Führer« als Tornisterschrift für im Felde stehende Soldaten erschien – und das zu einer Zeit, als C. über Kristallnacht, Euthanasie, die Misshandlung der KZ-Sträflinge und der polnischen Arbeiter informiert war. Daran ändern auch gelegentliche Bittschriften für Verfolgte nichts. Die Schweiz verweigerte ihm 1944 als Nazisympathisant die Einreise. Fragwürdig bleibt sein Anspruch auf »Innere Emigration«, anfechtbar auch ein Rechtfertigungsversuch nach dem Krieg (*Ungleiche Welten*, 1951) über seine Haltung in dieser Zeit: die Emigranten hätten ihr »Seelengleichgewicht verloren« und – sinngemäß – ohne Hitlers Vernichtungspolitik wäre der Staat Israel nicht entstanden; die Juden sollten sich deshalb unter »Verzicht auf Rache« den Deutschen gegenüber großmütig erweisen. Derartige Verharmlosungen rufen erneut Kritik auf den Plan. C.s Werk allerdings hat wegen seiner »unvergleichlich berückenden Prosa« (Stefan Zweig) solche Anfechtungen überstanden.

Werkausgabe: Sämtliche Werke. 2 Bde. Frankfurt a. M. 1968.

Lothar Zeidler

Carpelan, Bo
Geb. 25. 10. 1926 in Helsinki

Der Finnlandschwede Bo Carpelan debütierte 1946 mit dem Gedichtband *Som en dunkel värme* (Wie eine dunkle Wärme) und hat seither ein umfangreiches Werk vorgelegt – vornehmlich Lyrik, aber auch Romane, Kinderbücher, Hörspiele und Dramen, wobei die Grenzen zwischen den Gattungen durchaus fließend sind. Neben seiner schriftstellerischen Arbeit war C. nach dem Studium der Literatur- und Bibliothekswissenschaft in Helsinki als Bibliothekar (bis 1980), Literaturkritiker und Übersetzer tätig.

C.s frühe Lyrik stand unter dem Einfluss der schwedischen Fyrtiotalisten, einer Gruppe von Autoren (u. a. Erik Lindegren und Karl Vennberg), deren Dichtung von Pessimismus und Utopiekritik geprägt war. Die für sie charakteristische Wortmystik, die dichten, schweren Bilder dominieren auch C.s erste Gedichtsammlungen; neben dem Erstlingswerk waren dies die Bände *Du mörka överlevande* (1947; Du dunkler Überlebender) und *Variationer* (1950; Variationen). Seit Beginn der 1950er Jahre löste C. sich allmählich von den Fyrtiotalisten und strebte eine neue Sachlichkeit und Einfachheit des Ausdrucks an, beeinflusst unter anderem durch die »Poetik der Stille« des finnlandschwedischen Lyrikers Gunnar Björling, über den er in diesen Jahren eine Dissertation schrieb. Als herausragendes Werk dieser Schaffensperiode gilt die Sammlung *Den svala dagen* (1961; Der kühle Tag) mit ihrem völligen Verzicht auf Symbole und Vergleiche. »Es ist vielleicht weniger wichtig zu reduzieren / als den unklaren Hintergrund zu eliminieren / aus zwei Worten drei wichtigere zu schaffen« – diese Zeilen aus dem Gedichtband *Källan* (1973; Die Quelle) charakterisieren die Entwicklung, die in C.s lyrischem Werk seit dem Ende der 1960er Jahre, erstmals in *Gården* (1969; Der Hof), zu erkennen ist: eine Annäherung an die Alltagssprache, der Übergang zu einem dialogischen Tonfall und eine deutliche Entspannung des zuvor extrem verdichteten Ausdrucks.

Während C. im Gegensatz zu zahlreichen anderen finnlandschwedischen Lyrikern die Sprachbarriere innerhalb Finnlands überwinden konnte – viele seiner Gedichtsammlungen erschienen, wenn auch anfangs mit fast zehnjähriger Verzögerung, auch in finnischer Übersetzung –, wurde er einem größeren Publikum außerhalb Finnlands zunächst vor allem als Kinder- und Jugendbuchautor bekannt. Sein erstes Buch in dieser Gattung, *Anders på ön* (1959; *Andreas*, 1962) erzählt von einem kleinen Jungen, der den Sommer mit seinen Eltern auf einer Insel verbringt; die Tage sind arm an äußeren Ereignissen und doch voller Erlebnisse, Träume und Erfahrungen. Alle Sinne werden angesprochen, Phantasie und Wirklichkeit gehen nahtlos ineinander über. Zwar wenden sich C.s Kinder- und Jugendbücher eindeutig besonders an junge Leser, doch eine willkürliche Grenzziehung zur Erwachsenenliteratur lehnt der Autor ab.

Das Jugendbuch *Julius Blom, ett huvud för sig* (1982; *Julius Blom oder Der Bücherwurm ist eigentlich der schönste Vogel*, 1984) erinnert mit seiner »Poesie des Schwächeren« denn auch an einen vier Jahre später erschienenen Roman für Erwachsene, *Axel* (1986; *Axel*, 1997). Es handelt sich um das fiktive Tagebuch eines entfernten Verwandten, des Freiherrn Axel Carpelan, der die seelische und finanzielle Unterstützung des Komponisten Jean Sibelius zu seiner Lebensaufgabe machte und sich der bitteren Erkenntnis der eigenen Mittelmäßigkeit stellte, ohne seine Würde zu verlieren. In *Urwind* (1993; Urwind) wiederum, im Erscheinungsjahr ausgezeichnet mit dem Finlandia-Literaturpreis, für den C. zuvor bereits dreimal nominiert worden war, schreibt der Antiquariatsbuchhändler Daniel Urwind wöchentliche, nie abgesandte Berichte an seine Frau, die sich für einige Zeit in den USA aufhält. Aus verschiedenen Zeit- und Erinnerungsebenen, die sich überlagern und ineinander verzahnen, entsteht eine Entdeckungsreise durch das Labyrinth eines Hauses und durch das Bewusstsein des Erzählers, bei der die Grenzen zwischen Traum und Wirklichkeit, zwischen Vergangenheit und Gegenwart aufgehoben sind.

Den ›roten Faden‹ in C.s vielgestaltigem Schaffen bilden die großen Themen, zu denen er immer wieder zurückkehrt, so auch in dem Gedichtband *Diktamina* (2003) und dem ebenfalls mit dem Finlandiapreis ausgezeichneten Roman *Berg* (2005): Wachstum und Leben, Alter und Tod, Leiden, Einsamkeit und Gemeinschaft sowie nicht zuletzt die Frage nach der Art und den Grenzen menschlicher Wahrnehmung und Erinnerung. »Wenn ich zu erklären versuche [...], was ich sehe, versuche ich eigentlich zu erklären, was ich nicht sehe. Das erscheint mir seltsam und fordert weiteres Nachdenken. Ich habe des öfteren versucht, den Mondschein in Worte zu fassen, eine Studie über das Mondlicht zu schreiben.

Doch er begegnet meinen Versuchen abweisend«, schreibt C. in dem Roman *Benjamins bok* (1997; Benjamins Buch).

Gabriele Schrey-Vasara

Carpentier, Alejo
Geb. 26. 12. 1904 in Lausanne (?); gest. 24. 4. 1980 in Paris

Alejo Carpentier ist ein führender Wegbereiter des neuen lateinamerikanischen Romans, der in den 1960er Jahren seinen weltweiten Durchbruch erzielte. Der als Kind französisch-russischer Eltern geborene C. lebte lange Zeit außerhalb Kubas. Aufgewachsen in Havanna, flieht C. in den 1920er Jahren nach Paris, um der politischen Verfolgung durch den Diktator Machado zu entgehen. Im Umfeld des Surrealismus verfasst C. in Paris seinen ersten Roman *Ecué-Yamba-O* (1933), der die Darstellung afrokubanischer Kultur mit Kritik an deren Diskriminierung verknüpft. 1939 kehrt C. nach Havanna zurück und lehrt dort Musikgeschichte, bevor er 1945 ins venezolanische Caracas übersiedelt. Im Jahr darauf erscheint die maßgebliche Abhandlung *La música en Cuba*. Größte Bedeutung erlangte C. aber als Theoretiker einer kulturellen Autonomie Lateinamerikas. Inspiriert durch eine Haiti-Reise von 1943, formuliert C. im Vorwort zum historischen Roman *El reino de este mundo* (1949; *Das Reich von dieser Welt*, 1964) erstmals das Programm des »wunderbar Wirklichen« (»real maravilloso«): Im Gegensatz zu den artifiziellen Vorstellungswelten des europäischen Surrealismus eröffne Lateinamerika die authentische Erfahrung einer durch magische, mythische oder traumhafte Elemente erweiterten Realität. Diese spezifische Seinsweise rühre aus der Historie mit ihrer Verschmelzung afrikanischer, indigener und weißer Kulturen und der Gleichzeitigkeit des Ungleichzeitigen. Der Schriftsteller wirkt dabei als Vermittler. Hier kommt für C. das Barocke mit seiner opulenten Bilder- und Formensprache ins Spiel, das in seiner Vereinigung disparater Welten in späteren Texten als

Essenz lateinamerikanischer Identität an die Seite des Wunderbaren tritt. Problematisch ist, dass C.s Idee eines lateinamerikanischen Anderen letztlich aus eurozentrischer Perspektive abendländische Vernunft gegen exotische Irrationalität stellt.

El reino de este mundo schildert aus der Perspektive des Sklaven Ti Noël den Prozess der Unabhängigkeit Haitis im Rückgriff auf christliche und Voodoo-Motive. Der Roman setzt das Prinzip des »real maravilloso« insofern um, als der kollektive Glaube an die Zauberkräfte des schwarzen Rebellenführers Mackandal als Impuls für historische Veränderung dient. In *Los pasos perdidos* (1953; *Die Flucht nach Manoa*, 1958, *Die verlorenen Spuren*, 1979) vertieft C. die Beschäftigung mit autochthonen Traditionen. Für den Erzähler, einen in den USA lebenden lateinamerikanischen Musikforscher, wird ein Suchauftrag nach altindianischen Instrumenten im Gebiet des Orinoco zur Begegnung mit den eigenen Wurzeln und der vergessenen indigenen Kultur des Kontinents; am Ende scheitern die Flucht aus der Zivilisation wie auch die Rückkehr. 1956 erscheint der Kurzroman *El acoso* (*Finale auf Cuba*, 1960; *Hetzjagd*, 1966), 1958 der Erzählband *Guerra del tiempo* (*Krieg der Zeit*, 1977).

Nach der Revolution kehrt C. nach Kuba zurück und wird unter anderem 1962 Leiter des Nationalverlages. 1966 wechselt er als Kulturattaché an die Botschaft nach Paris. C.s erfolgreichster Roman *El siglo de las luces* (1963; *Explosion in der Kathedrale*, 1964) entsteht bereits vor 1959. Er schildert die Ambivalenz revolutionärer Praxis am Beispiel des französischen Händlers Victor Hugues, der sich nach 1789 vom aufgeklärten Freimaurer zum despotischen Gouverneur von Französisch Guayana wandelt und das kubanischen Geschwisterpaars Esteban und Sofía, die im Gefolge Hugues' vergeblich für die Ziele der Revolution kämpfen. *Tientos y diferencias* (1964/71; *Stegreif und Kunstgriffe*, 1980) enthält Essays zu Literatur und Kunst, etwa »Probleme des zeitgenössischen Romans in Lateinamerika«. *El recurso del método* (1974; *Staatsraison*, 1976, *Die Methode der Macht*, 1989), das satirische

Porträt eines prototypischen lateinamerikanischen Potentaten zu Beginn des 20. Jahrhunderts, zählt zu den großen Diktaturromanen. Mit dem ambitionierten Alterswerk *La consagración de la primavera* (1978; *Le Sacre du Printemps*, 1993) bekennt sich C. offen zur sozialistischen Revolution. Der autobiographisch gefärbte Roman handelt von den Abenteuern eines kubanischen Architekten und einer russischen Tänzerin, die nach dem Spanischen Bürgerkrieg nach Kuba fliehen und dort den befreienden Triumph Castros erleben. Wie in C.s gesamtem Erzählwerk treten – unter dem Leitmotiv des titelgebenden Stravinsky-Balletts – Musik und Historie virtuos in Dialog, so wie auch die Novelle *Concierto barroco* (1974; *Barockkonzert*, 1976) europäische und amerikanische Musiktraditionen vom 18. bis 20. Jahrhundert zusammenführt. *El arpa y la sombra* (1979; *Die Harfe und der Schatten*, 1979) entmythisiert den Entdecker Kolumbus, dessen geplante Seligsprechung vor einem grotesken Tribunal historischer und fiktiver Zeitzeugen verhandelt wird. Die junge spanische Demokratie verlieh C. 1977 als erstem Lateinamerikaner den Cervantes-Preis und zeichnete damit auch dessen Bilanz der aus der Kolonialisierung erwachsenen Kultursynthese aus.

Burkhard Pohl

Carroll, Lewis [Charles Lutwidge Dodgson]

Geb. 27. 1. 1832 in Daresbury, Cheshire; gest. 14. 1. 1898 in Guildford, Surrey

Die Selbststilisierung Lewis Carrolls als bürgerlicher Diakon und Mathematikdozent in Oxford einerseits und exzentrischer Kindernarr und Autor von Nonsens- und Traummärchen andererseits entsprach einer Persönlichkeit, die zwischen rationaler Akribie und intuitiver Sensibilität, pflichtbewusster Ernsthaftigkeit und einfallsreichem Witz, konformistischen Absicherungszwängen und subversiver Phantasie schwankte. C.s Kinderbuchklassiker *Alice's Adventures in Wonderland* (1865; *Alice im Wunderland*, 1963) und *Through the Looking-Glass*, 1871; *Alice hinter den Spiegeln*, 1963) markieren den Beginn des ›goldenen Zeitalters‹ der englischen Kinderliteratur, sind weltweit in Übersetzungen verbreitet, haben als viktorianische Besonderheit moderne Schriftsteller und Künstler angeregt und gehören in der angelsächsischen Welt zum Repertoire der Alltagskultur. – Wenn C. seine Titelheldin in eine Unterwelt schickt, in der sie mit bizarren Wunderlandwesen konfrontiert wird, oder sie durch einen Spiegel in eine Schachspielwelt führt, in der sie ins regelwidrige Spiel mit eigenwilligen Figuren verwickelt wird, inszeniert er die Unterlegenheitsgefühle und Entgrenzungsbedürfnisse, die Selbsterprobung und Rollenübernahme des heranwachsenden Kindes, das sich in der Auseinandersetzung mit einer unzugänglichen Erwachsenenwelt beherzt bewährt. Mit Common Sense begegnet Alice dem dort herrschenden Nonsens, einer durch Inkongruenzen und Inversionen verrätselten Welt voller widersinniger Verstöße gegen Empirie und Logik, einer Welt, in der die Hierarchie von Mensch, Tier und Materie metamorph durcheinandergerät. Ein besonderer Reiz auch für erwachsene Leser liegt in dem spielerischen Umgang mit der Sprache: Die Unberechenbarkeit der Kreaturen und die Verunsicherung der Heldin hängen mit der Unzuverlässigkeit einer Sprache zusammen, in der die Grammatik außer Kraft gesetzt ist. Das dialogische Aneinandervorbeireden, die Neigung zur kalauernden Wortklauberei, das ganze Repertoire spielerischer Sprachmanipulation findet seinen Höhepunkt in der Kinderreim-Figur Humpty Dumpty, die alle linguistischen und literarischen Konventionen unterläuft: Wörter nehmen die Bedeutung an, die ihnen der Sprecher gibt; Gedichte kann man interpretieren, bevor sie überhaupt verfasst sind; und Texte wie die von Mischwortprägungen strotzende Balladenparodie »Jabberwocky« lassen sich mit assoziativer Interpretationslust entschlüsseln. – C. hat auch Abhandlungen zur Mathematik und Logik sowie Pamphlete zum Zeitgeschehen verfasst, aber seine Bedeutung liegt in der Erneuerung der Kinderliteratur nach Merkmalskriterien, die ›Kinder jeglichen Alters‹ Vergnügen bereiten.

Neben den Alice-Büchern, zu deren Erfolg auch die Illustrationen von John Tenniel maßgeblich beitrugen, sind hier das Nonsens-Erzählgedicht *The Hunting of the Snark* (1876; *Die Jagd nach dem Schnark*, 1988) und der zweiteilige Roman *Sylvie and Bruno* (1889/93; *Sylvie und Bruno*, 1986) zu nennen. C.s Kinderbücher reflektieren und konterkarieren zugleich die Zwänge der viktorianischen Gesellschaft auf eine durch ihre fabulöse Komik eingängige Weise.

Werkausgabe: The Complete Works. Hg. A. Woollcott. London 1939 [unvollständig].

Eberhard Kreutzer

Carter, Angela [Olive]

Geb. 7. 5. 1940 in Eastbourne, Sussex; gest. 16. 2. 1992 in London

Angela Carters Romane, Kurzgeschichten und Märchenadaptionen werden oft mit dem Begriff des Magischen Realismus belegt; sie stellen eine exakte Analyse zeitgenössischer Gesellschaften mit ihren Wertesystemen und Ritualen dar. C., die den Begriff der *bricolage* demjenigen des Magischen Realismus vorzog, interessiert die intertextuelle Referenz auf andere Texte in Form von Zitat, Parodie oder Travestie. Eigenen Aussagen zufolge liegt ihr Interesse in der Dekonstruktion von Mythen, die sie als Strategien kultureller Desinformation und gesellschaftlicher Unterdrückung auffasst und denen sie mit ihren Texten einen ironischen und parodistischen Kommentar gegenüberstellen möchte. In ihrem Verständnis von Mythos folgt sie Roland Barthes' Konzept von Mythos als sekundärem Zeichensystem, das im Sinne ideologischer Verklärung die repressive Funktion gesellschaftlicher Bedingungen verschleiern will. Schreiben wird demnach bei C. zur Aufklärungsarbeit. – Das Interesse an politischer Analyse, das sich in ihren Essays sehr deutlich dokumentiert, mag aus ihrer anfänglichen journalistischen Tätigkeit bei einem Londoner Wochenblatt herrühren. Im Anschluss daran studiert sie englische Literatur an der University of Bristol und verfasst kulturkritische Betrachtungen u. a. für *New Society* und *The New Statesman*. 1969–72 reist C. mehrfach für längere Zeit nach Japan. 1980–81 ist sie Visiting Professor for the Writing Programme an der Brown University, Rhode Island, 1984 Writer in Residence an der University of Adelaide in Südaustralien, 1984–87 unterrichtet sie *creative writing* an der University of East Anglia in Norwich.

C. verfasste neun Romane, die allesamt den Gestus naturalistischer Darstellung verweigern. Ihr zweiter Roman, *The Magic Toyshop* (1967; *Das Haus des Puppenmachers*, 1988), erhält den *John Llewellyn Rhys Prize*, in direkter Folge schließt sich der *Somerset Maugham Award* für ihren dritten Roman, *Several Perceptions* (1968), an. Ihre Romane stellen häufig literarische Reflexionen gesellschaftlicher Konstruktionen dar: So spielt *Heroes and Villains* (1969; *Helden und Schurken*, 1989) phantasievoll mit gegensätzlichen Paradigmen kultureller Organisation in einer postapokalyptischen Welt, dargestellt aus der Perspektive einer jungen Frau, die ihre gebildete Enklave rationaler Existenz verlässt, um sich einer Horde ›primitiver Wilder‹ anzuschließen. Auffallend an diesem Text ist die Betonung der semiotischen Aspekte von Kultur: Hier wird deutlich, dass sich Identität und Bedeutung nicht als ontologische Faktoren ergeben, sondern aus den jeweiligen kulturellen Semantiken erschlossen werden müssen. Die Reflexion von Identität v. a. im interkulturellen Kontext findet sich auch in C.s Romanen *The Infernal Desire Machines of Dr. Hoffman* (1972; *Die infernalischen Traummaschinen des Dr. Hoffmann*, 1984) und *The Passion of New Eve* (1977; *Das Buch Eva*, 1996). Erstgenannter Text parodiert das Vertrauen in rationale Ordnung und objektive Organisation von Wissen in der Figur eines rationalistischen Staatsmannes, der sich von einem verrückten Wissenschaftler durch die Aktivierung menschlicher Träume bedroht sieht. Ganz in der Tradition des pikaresken Romans setzt sich Desiderio, der junge Sekretär des Ministers, zum Ziel, den verrückten Wissenschaftler zu entlarven und dadurch Staat und rationale Ordnung vor den Attacken sich materialisierender destruktiver Phantasie zu retten. Auf seiner Suche nach Dr. Hoffmann gerät Desiderio in eine Reihe abenteuerlicher Situationen, die C. mit viel Phantasie und v.a. mit reichhaltigen intertextuellen Referenzen ausstattet: Desiderio trifft auf einen de Sadeschen Libertin mit syphilitischem Diener und auf Swiftsche Zentauren. Obwohl der Text durchaus kontrovers interpretiert wurde, bietet sich jedoch eine Lesart an, die auf die psychoanalytischen Theorien Lacans zurückgreift. Der bezeichnenderweise Desiderio genannte junge Mann folgt seinem Begehren und dessen Manifestationen, die sich von den jeweiligen kulturellen Semantiken nicht loslösen lassen. Den Themenkomplex von Identität und kultureller Semantik behandelt auch *The Passion of New Eve*, allerdings gesellt sich hier noch die Perspektive geschlechtlicher Konstruktion und die Konstruktion von Identität und Weiblichkeit als Medienikonen hinzu: *The Passion of New Eve* berichtet von einem jungen Mann, der auf seinem Weg in den amerikanischen Westen von feministischen Amazonen gekidnappt und in eine Frau umoperiert wird, deren Äußeres eine Manifestation westlicher Männerphantasien darstellt. Diese narrative Wendung ermöglicht C., die Konstruktion von Geschlechtlichkeit anhand einer Figur vorzuführen, bei der Bewusstsein und Körperlichkeit divergieren. C. belässt es jedoch nicht bei dieser Feststellung geschlechtlicher Differenz, sondern hinterfragt das Zustandekommen der jeweiligen Ikonographien. In diesem Zusammenhang spielt der Verweis auf Hollywood und dessen Filmproduktionen eine herausragende Rolle, denn hier werden die zeitgenössischen Ikonographien von Geschlechtszugehörigkeit produziert.

Den Zusammenhang von Medienbildern und Geschlechterikonographien stellt C. ebenfalls in ihrer theoretischen Abhandlung über die Schriften des Marquis de Sade, *The Sadeian Woman: An Exercise in Cultural History* (1979; *Sexualität ist Macht*, 1981) unter Rückgriff v.a. auf die Filme Billy Wilders dar. C. versteht die Schriften de Sades im Gegensatz zur konventionellen feministischen Rezeption als Analyse zeitgenössischer Stereotypen von Weiblichkeit, die weitgehend abhängig von den materiellen Strukturen einer Gesellschaft sind. C.s letzte Romane, *Nights at the Circus* (1984; *Nächte im Zirkus*, 1986) und *Wise Children* (1991; *Wie's uns gefällt*, 1992), bieten zwar wieder eine Vielzahl intertextueller Referenzen, jedoch sind sie insgesamt versöhnlicher, da hier v.a. die beunruhigende Gewalt der vorangegangenen Texte fehlt. Stattdessen bieten sie ein Repertoire der karnevalesken Welt des Zirkus und des Varietés an. Fevvers, der geflügelte Star eines viktorianischen Zirkus, ist gleichzeitig Symbol für die neue Frau, der es gelungen ist, sich aus den Fesseln des Alltags und der Konventionen zu befreien. In *Wise Children* ist es eine fiktive Autobiographie, die Anlass zur Überprüfung der Zeitgeschichte liefert. – Ein weiterer bedeutender Aspekt von C.s Textproduktion ist das große Interesse an Folklore und Mythen. Neben Anthologien diverser Volksmärchen legt C. mit *The Bloody Chamber and Other Stories* (1979; *Blaubarts Zimmer*, 1982) ihre Version europäischer Märchen vor. Der Schwerpunkt dieser Texte liegt in erster Linie auf der Subversion simpler moralischer Lektionen zugunsten einer differenzierten Verschiebung von Bewertungen: So wird das Märchen von Blaubarts achter Frau zu einer pornographische Phantasien zitierenden Studie sexueller Abhängigkeit, und Rotkäppchen befreit sich aus den moralinsauren Fängen der Großmutter, indem es mit den Wölfen davonläuft. Der irische Filmemacher und Autor Neil Jordan hat diese Sammlung unter dem Titel THE COMPANY OF WOLVES (1984; ZEIT DER WÖLFE, 1984) verfilmt.

Angela Krewani

Carver, Raymond

Geb. 25. 5. 1938 in Clatskanie, Oregon; gest. 2. 8. 1988 in Port Angeles, Washington

Raymond Carvers Œuvre von Kurzgeschichten macht deutlich, dass auch nach Ernest Hemingway, mit dem die amerikanische Short Story einen unüberbietbaren Höhepunkt erreicht zu haben schien, noch bedeutsame Innovationen in dieser Gattung möglich sind. C.s Geschichten, die vielfach dem sogenannten »Minimalismus« zugerechnet werden, stellen die Beziehungsprobleme, Existenznöte und Ängste einfacher Menschen aus den unteren sozialen Schichten in einer eindringlich verknappenden, lakonischen und zugleich suggestiven Weise dar. Sie evozieren ein authentisches Milieu, das keinen Raum für den amerikanischen Traum lässt und in dem Stagnation, Hoffnungslosigkeit und Alltagskatastrophen die Norm sind. Es liegt zunächst wohl nahe, C.s Kurzgeschichten auf die Biographie des Autors zu beziehen, der in seinem Elternhaus Arbeitslosigkeit und Bankrott erlebte und nach dem Studium der englischen Literatur schlecht bezahlte Stellen annehmen, das Scheitern einer Ehe ertragen und mit Alkoholproblemen kämpfen musste. Sein letztendlicher Ruhm als Autor und das persönliche Glück einer Ehe mit der Schriftstellerin Tess Gallagher waren wegen eines schweren Krebsleidens nur von kurzer Dauer. Wenn es auch unbestreitbar ist, dass in C.s Kurzgeschichten viel an persönlicher Erfahrung eingegangen ist, so sind diese Texte aufgrund des hohen Grades ihrer künstlerischen Formung doch in einem beachtlichen Maße von ihrem biographischen Kontext losgelöst. C.s Tendenz zur intensiven Arbeit an der sprachlichen Form zeigt sich übrigens auch in seiner Lyrik.

Mit ihrer starken Realitätsbezogenheit treten C. und andere Minimalisten in Widerspruch zu den antimimetischen, selbstreflektiven Erzählformen des Postmodernismus, deren Autoren entweder die Existenz einer objektiven Realität gänzlich abstreiten oder die Wirklichkeit für so komplex halten, dass ihre adäquate Darstellung ein unmögliches Unterfangen ist. Entsprechend wurde (z. B. von John Barth) der Minimalismus beziehungsweise Neue Realismus durch Bezeichnungen wie »Dirty Realism«, »K-Mart Realism«, »TV-Fiction«, »Postliterate Literature« oder »Postmodernist Blue-collar Neo-early-Hemingwayism« abgewertet. Darüber hinaus hat man den Minimalismus, dem C.s frühe Kurzgeschichtensammlungen *Will You Please Be Quiet, Please?* (1976; *Würdest du bitte endlich still sein*, 2000) und besonders *What We Talk about When We Talk about Love* (1981; *Wovon wir reden, wenn wir von Liebe reden*, 1989) zuzuordnen sind, moralisch verurteilt und ihm Angst vor dem Leben, das Fehlen von Visionen und ein zu schwarzes Bild von Amerika vorgeworfen. C.s letzte Sammlung, *Cathedral* (1983; *Kathedrale. Erzählungen*, 1985), tendiert zu einem größeren Umfang der Erzählungen und weniger düsterer Thematik. Neben Versager-Figuren treten hier zunehmend Figuren auf, die sich letztendlich zu behaupten vermögen.

C.s Erzählungen thematisieren ›kleine‹ Katastrophen wie Alkoholismus, finanziellen Ruin, Gewalt im Alltag oder scheiternde Partnerschaften und porträtieren isolierte, kommunikationsunfähige, traurige, verklemmte und obsessive Menschen. Ein Beispiel einer besonders beklemmenden und beunruhigenden Geschichte ist die Erzählung »What Is It?« aus dem Band *Will You Please Be Quiet, Please?*, deren Protagonist Leo, eine typische Versager-Figur, die ihrem Namen gar nicht gerecht wird, hilflos und wortlos den Verlust von Würde und Hoffnung erleiden muss. Leo und seine Frau stehen vor dem finanziellen Ruin. Bevor ihr letzter Besitz, ein rotes Cabriolet, konfisziert wird, versuchen sie, dieses zu Bargeld zu machen. Um den besten Preis zu erzielen, soll die Frau dem potentiellen Käufer gegenüber gefällig sein, was zu Ehebruch und Angst, Panik und Demütigung des Mannes und im unverhüllten Ausdruck der Verachtung seitens der Frau führt, kurz, dem finanziellen Bankrott einen totalen moralischen Bankrott der Partnerbeziehung hinzufügt. C. stellt auch dar, wie aus angepasstem gesellschaftlichem Verhalten plötzlich Aggressionsausbrüche und Gewalttaten hervorgehen können, so etwa in der Geschichte »Tell the Women We're Going«, in der ein verheirateter Mann während einer Zechtour mit seinem Freund scheinbar unmotiviert zwei Mädchen mit einem Felsbrocken erschlägt.

C.s Technik, die wenig expliziert, aber viel impliziert, zielt auf Verkürzung im Sinne von Hemingways »Eisbergtheorie«; C. spricht von einer »theory of ommission«. Seine Kompositionsweise stellte sich so dar, dass er zuerst längere Texte schrieb, die er dann reduzierte. Mehrfach veröffentlichte er Texte in zwei Fassungen unterschiedlichen Umfangs. Später baute er allerdings auch sehr kurze Geschichten zu längeren aus. »Where Is Everyone?« veröffentlichte er z. B. in einer minimalistischen Form unter dem Titel »Mr Coffee and Mr Fixit«, kehrte später aber zu der ursprünglich längeren Form zurück. Die Geschichte »A Bath«, die das Bangen eines Ehepaares um das Leben des Sohnes, der an seinem achten Geburtstag nach einem Unfall ins Koma gefallen ist, zum Gegenstand nimmt, wurde später als längerer Text unter dem Titel »A Small Good Thing« veröffentlicht. Ein besonderer Effekt wird in der Geschichte durch die mysteriösen Anrufe eines Bäckers erzielt, bei dem eine Geburtstagstorte bestellt wurde, an die sich die Mutter nach dem Unfall des Sohnes nicht mehr erinnern kann. Der enigmatisch-suggestiven Kurzfassung mit ihrem offenen Schluss steht die pathetischere Langfassung mit einem versöhnlichen Schluss als ästhetisch gleichwertige Komposition gegenüber. Hier zeigt sich die erzählerische Meisterschaft C.s, der die extreme Kurzform der Short Story genauso beherrscht wie ihre längere Form und beiden Formen unterschiedliche künstlerische Funktionen und Wirkungen zuweist.

In der Dialoggestaltung ist C. Hemingway ebenbürtig. In der extensiven Darstellung nonverbaler Kommunikation geht er indes über sein Vorbild noch hinaus. Mittels Gestik und Mimik stellt C. die Hilflosigkeit, Verzweiflung und Kommunikationsstörungen seiner Figuren noch stärker dar als durch ihre Rede. Hierin steht er in der Tradition des ›behavioristischen‹ Erzählens Ernest Hemingways, Dashiell Hammetts oder Raymond Chandlers. Auch in der Benutzung des für die Short Story charakteristischen Mittels des Ding-Symbols beweist C. höchste Kunst, etwa in der Geschichte »A Serious Talk«, in der ein Mann seine getrennt von ihm lebende Frau und seine Kinder am Weihnachtstag besucht und, bevor sie mit ihrem neuen Liebhaber feiert, ein »ernstes Gespräch« mit ihr führen will. In der Darstellung der wechselnden Gefühlslagen des Mannes, die schließlich in ohnmächtiger Wut und dem Versuch, das Haus anzuzünden, gipfeln, gewinnt ein Aschenbecher, der als Leitmotiv figuriert, symbolische Bedeutung.

C. hat sich nicht zu Unrecht in der Tradition von Lev Tolstoij, Anton Čechov, Gustave Flaubert und Hemingway gesehen. Seine innovative Kraft zeigt sich z. B. auch in »What We Talk About When We Talk About Love«, einem stark dialogisierten Text, der als ein Gespräch über die Liebe in Analogie zu Platons *Symposion* konzipiert ist. Eine Sammlung von C.s Kurzgeschichten, *Short Cuts* (1993), wurde von Robert Altman kongenial verfilmt.

Wolfgang G. Müller

Casanova, Giovanni Giacomo
Geb. 2. 4. 1725 in Venedig;
gest. 4. 6. 1798 in Dux/Böhmen

Nachdem er Theologie in Padua studiert hatte, trat Giovanni Giacomo Casanova in ein Priesterseminar in Venedig ein, wurde aber schon nach kurzer Zeit wegen seines frivolen Benehmens relegiert, und wegen eines Liebesverhältnisses landete er im Gefängnis. Nach seiner Freilassung wurde C. Sekretär eines römischen Kardinals, dann Soldat, danach Geiger im Theater San Samuele in Venedig. 1750 fuhr er über Lyon, wo er einer Freimaurerloge beitrat, nach Paris, wo er für sein mondänes Leben und seine Liebesaffären berüchtigt wurde. Überall, wo er sich aufhielt, erlebte er erotische Abenteuer, von denen er in Venedig, wohin er 1755 zurückkehrte, freimütig erzählte. Aber nicht die Frivolität seiner Lebensführung, sondern die kabbalistischen Lesungen und die esoterisch-mystischen Sitzungen waren es, die ihm eine Gefängnisstrafe wegen Gottlosigkeit einbrachten. C. gelang es, aus dem Gefängnis – den Bleikammern unter dem Dach des Dogenpalastes – auszubrechen, und er reiste wieder nach Paris, wo er erneut in die gehobene Gesellschaft aufgenommen wurde. Geschäftsmann, Diplomat, Magier, Schriftsteller – C., der sich Chevalier de Seingalt nannte, war ein Hochstapler, der sich mit Voltaire und Cagliostro anfreundete und an den Höfen Europas zu Gast war, aber auch immer wieder in die Unterwelt abtauchte.

Als er 1774 nach Venedig zurückkehren durfte, versuchte er sich als Schriftsteller, Übersetzer und Kulturmanager: Er übersetzte Homer und französische Unterhaltungsromane ins Italienische, schrieb einen historischen Roman, gab – auf französisch – eine literarische Monatsschrift und eine wöchentliche Theaterzeitschrift heraus, unterstützte eine Truppe französischer Schauspieler. Aus Geldnot ließ er sich 1781 von der Inquisition als Spitzel rekrutieren, aber die Inquisition schützte ihn nicht, als er wegen eines Streits mit einem mächtigen Geschäftsmann 1783 endgültig aus Venedig fliehen musste. Wieder reiste er durch Europa, fuhr nach Paris, wo er dem amerikanischen Botschafter Benjamin Franklin begegnete, und dann nach Wien, wo er als Sekretär des Venezianischen Botschafters ein Auskommen fand und wo er den Grafen Josef Karl Emanuel von Waldstein – einen Freimaurer mit esoterischen Neigungen – kennenlernte. Als Bibliothekar auf dem gräflichen Schloss in Dux verbrachte er die letzten – unglücklichen – Jahre seines Lebens. Von Dux aus reiste er nach Weimar, wo er vergebens versuchte, am dortigen Hof eine Anstellung zu finden, und mehrmals nach Prag, wo er seinem alten Freund Lorenzo Da Ponte, dem Librettisten Mozarts, wieder begegnete – C. soll an der Endfassung des Librettos zu Mozarts Oper »Don Giovanni« beteiligt gewesen sein, jener Oper, die den Verführer zu einer Gestalt des allgemeinen kulturellen Bewusstseins machte; und bei der Uraufführung soll er anwesend gewesen sein.

In der Abgeschiedenheit des Schlosses in Dux pflegte C. einen umfangreichen Briefwechsel und entfaltete eine rege literarische Tätigkeit: Er schrieb einen protophantastischen Roman, mathematische und literarische Studien, Satiren und Erzählungen, von denen die meisten unveröffentlicht blieben. In der Beschreibung seiner Flucht aus den venezianischen Bleikammern fand er sein Thema: die Rekonstruktion seines abenteuerlichen Lebens. »Jouir par réminiscence«, durch Erinnerung genießen, wurde die einzige (Lebens-)Lust seiner letzten Jahre. 1792 hatte C. eine Fassung der Geschichte, die er sein Leben nannte, beendet, aber er schrieb um, korrigierte und redigierte. In dem Manuskript, das er 1798 kurz vor seinem Tod seinem Neffen Carlo Angiolini überließ, hört diese Geschichte 1774 mit seiner Rückkehr nach Venedig auf. Ob er nicht weitererzählen wollte oder ob er nicht mehr dazu kam, bleibt offen. Unter dem Titel *Aus den Memoiren des Venezianers Jacob Casanova de Seingalt, oder sein Leben wie er es zu Dux in Böhmen niederschrieb* erschien zwischen 1822 und 1828 in Leipzig eine erste deutsche Ausgabe, die aus dem französischen Originalmanuskript übersetzt war; zwischen 1826 und 1838 erschien unter dem Titel *Mémoires de Jacques Casanova de Seingalt. Écrits par lui-même* eine nach dem Original bearbeitete Ausgabe in Paris. Eine vollständige Ausgabe des Manuskripts wurde erst 1960 veröffentlicht: *Histoire de ma vie* (*Geschichte meines Lebens*, 1964).

C.s *Histoire de ma vie* ist Bildungs-, Liebes-, Abenteuer- und Schelmenroman – und ein einzigartiges Sittengemälde Europas während des halben Jahrhunderts vor der Französischen Revolution. Kein anderer Autor des 18. Jahrhunderts war so viel gereist und hatte geographische und gesellschaftliche Details so scharf beobachtet wie er; kein anderer hatte die bedeutenden Gestalten des geistigen, geistlichen und politischen Lebens kennengelernt und sie mit solch beißender Ironie beschrieben; keinem anderen gelang die schelmische Selbststilisierung so nüchternem Stil. C. schrieb Französisch: eine gepflegt spröde und mit Italianismen durchsetzte Sprache. Ob sein

Leben tatsächlich so verlief, wie er es erzählt, ist literarisch unerheblich. Die biographischen Pikanterien und die erotischen Episoden haben seine Lebensgeschichte populär gemacht, ihre anhaltende Wirkung aber entspringt der ausgewogenen Mischung aus einer spannungsreichen Handlung, einer psychologisch plausiblen Darstellung der Charaktere, einer detaillierten, gesellschaftskritischen Beschreibung und nicht zuletzt einer rationalistischen Erzählhaltung, die ihn als Erben der Aufklärung zeigt.

Stefana Sabin

Castelo Branco, Camilo
Geb. 16. 3. 1825 in Lissabon; gest. 1. 6. 1890 in Lissabon

Der Hauptvertreter der zweiten romantischen Generation Portugals war mit den mehr als 260 Werken, die er während seiner 45-jährigen schriftstellerischen Tätigkeit von 1845 (*Pundonores Desagravados*; Gerächte Ehre) bis 1890 (*Nas Trevas*; Finsternis) schrieb, der wohl produktivste und meistgelesene Romancier seines Landes. Seine Parodien des Studentenlebens, pro-revolutionären Chroniken, ultra-romantischen Romane und Satiren zeichnen ein genealogisches Bild menschlicher Gefühle – Hass, Liebe, Barmherzigkeit, Rache etc. – und sozialen Verhaltens, in dem sich letztlich alles um die Liebe dreht, die – und sei es nur im Traum oder im Tod – obsiegt. Mit seiner an Vokabular außerordentlich reichen Sprache formte Camilo Castelo Branco einen unverkennbaren Stil, der ihn, trotz erzählerischer Gemeinplätze, die er mit rhythmisch vorhersehbarer Phraseologie gestaltete, zu einem der großen Meister des Portugiesischen machte.

Sein berühmtester Roman, *Amor de Perdição* (1862; Das Verhängnis der Liebe, 1988), handelt von der verbotenen Liebe zwischen dem Studenten Simão Botelho und Teresa de Albuquerque, Kinder zweier zerstrittener Familien aus Viseu. Ihre Liebe ist gefährdet, denn nach dem Willen ihres Vaters Tadeu soll Teresa ihren Cousin Baltasar Coutinho heiraten, der so auch an das Vermögen seines Onkels gelangen würde. Zwar akzeptiert Teresa das Verbot des Vaters, Simão zu heiraten, nicht aber die Ehe mit Baltasar, da sie nicht gewillt ist, ihre Liebe zu verraten. Simão eilt nach Viseu, um Teresa beizustehen, doch bei der Kontaktaufnahme während des Geburtstagfests von Baltasars Schwester kommt es zu einem Handgemenge, bei dem zwei Diener des Hausherrn getötet werden und Simão verletzt wird. Er findet beim Schmied João da Cruz Unterschlupf, wo er von dessen Tochter Mariana, die ihn liebt, gepflegt wird. Als Simão erfährt, dass Teresa ins Kloster nach Porto geschickt werden soll, entschließt sich Mariana, Simão und Teresa zu helfen. Als Simão Teresa aus dem Kloster entführen will, kommt es zu einer Auseinandersetzung mit Baltasar, bei der Simão Baltasar erschießt. Obwohl João da Cruz Simão zur Flucht verhelfen könnte, stellt dieser sich der Polizei und wird zunächst zum Tode, dann aber zu zehnjähriger Verbannung nach Goa verurteilt. Als er im Gefängnis erfährt, dass João da Cruz ermordet wurde, beschließt er, Mariana nach Indien mitzunehmen, doch während Goa für Mariana Hoffnung bedeutet, bedeutet es für Teresa und Simão so große Verzweiflung, dass sie zum Zeitpunkt seiner Einschiffung im Klosterturm tot zusammenbricht und er seinerseits in so tiefe Trauer verfällt, dass er noch auf der Überfahrt an Liebesschmerz stirbt. Auch Mariana stirbt, als sie sich bei der Übergabe der Leiche Simãos ans Meer über Bord stürzt.

C.B. verwirklicht hier zwei Merkmale des ultra-romantischen Romans: das der (dreifach) unmöglichen Liebe und das des Todes – keiner der Protagonisten erreicht die Erfüllung seines Liebeswunsches. Gegenstück dazu ist *Amor de Salvação* (1864; Liebe der Rettung). Satirisch gibt sich C.B. in dem Roman *Queda dum Anjo* (1966; Der Fall eines Engels), in dem ein tugendhafter Altertumsgelehrter und Provinz, Ehe, Familie und Ehre verteidigender Volksvertreter seinen engelhaften Charakter ablegt und ganz Mensch wird. Die unter Einfluss des beginnenden Naturalismus entstandenen *Novelas do Minho* (1875/76; Novellen des Minho,) zeichnen ein Gesellschafts- und Sittenbild Nordportugals und schildern den Niedergang der alten Oligarchie und den Aufstieg des Handelsbürgertums. Dabei demaskiert der Autor, wie auch in *A Corja* (1880; *Das Pack*), die Arroganz und Heuchelei der in Brasilien reich gewordenen Auswanderer, das Schicksal entehrter Frauen, Raub, Betrug und politische Verfolgung. Obwohl C.B. in seinen Büchern alle nur denkbaren erzählerischen Register zieht, wirken sie oft langatmig, fehlt ihnen der absolute Glanz. Da er kontinuierlich Neues schrieb, fehlte ihm offenbar die Zeit, seine Werke zu überarbeiten und ihnen den letzten Schliff zu geben.

Klemens Detering

Castiglione, Baldassare (Graf)

Geb. 6. 12. 1478 in Casatico bei Mantua; gest. 7. 2. 1529 in Toledo

Baldassare Castiglione stammte aus einer traditionsreichen Adelsfamilie, die in der Gunst des Fürstenhofes von Mantua stand. Seine umfassende humanistische Bildung, die durch das Erlernen der Waffenkunst und der höfischen Umgangsformen ergänzt wurde, erhielt er zum Großteil während seiner Studienzeit in Mailand. Nach dem Tod des Vaters kehrte er 1499 nach Mantua zurück. 1504 wechselte er in den Dienst des Fürsten von Urbino, Guidobaldo di Montefeltro, an dessen Hof sich zahlreiche Gelehrte und Kunstsinnige versammelt hatten, darunter der bedeutende Humanist und spätere Kardinal Pietro Bembo. 1506 besuchte C. als Gesandter den englischen Königshof unter Henry VII. In Urbino begann er mit der Arbeit an seinem Hauptwerk, dem humanistischen Dialogtraktat *Il libro del cortegiano* (*Der Hofmann*, 1565), das in überarbeiteter Form 1528 im Druck erschien. Ihm stehen zahlreiche kleinere lateinische und volkssprachige Dichtungen zur Seite. Der Tod Guidobaldos im Jahr 1508 veranlasste C., sich wieder verstärkt militärischen und diplomatischen Aufgaben zuzuwenden, die ihn unter anderem an den französischen Königshof von

François I. und an den päpstlichen Hof in Rom führten, wo er auf Ludovico Ariost und Raphael traf. 1516 vermählte sich C. in Mantua mit Ippolita Torello. Ab 1519 hielt er sich in diplomatischer Mission erneut in Rom auf, und ab 1525 bemühte er sich als päpstlicher Gesandter in Toledo um einen Ausgleich zwischen Clemens VII. und Kaiser Karl V. Der 1527 von einfallenden deutschen Söldnern verübte Sacco di Roma trübte die letzten Jahre C.s, der sich von päpstlicher Seite dem Vorwurf einer verfehlten Informationspolitik ausgesetzt sah.

Die im *Cortegiano* entworfene Bildungslehre zeichnet im Verlauf von vier Gesprächen, die sich in Teilen an Ciceros *De oratore* anlehnen, das Idealbild des Hofmannes bzw. der Hofdame. Im ersten der vier Bücher werden die Eigenschaften des perfekten Hofmannes vorgestellt: Er ist von edler Abstammung und Erscheinung und beherrscht neben dem Kriegshandwerk auch die schönen Künste und die gebildete Konversation. Auch sollte er sich nicht des fiorentinischen Dialekts, sondern einer italienischen Hochsprache bedienen. Das zweite Buch ist den Verhaltensweisen des Hofmannes gewidmet, seiner Loyalität zum Herrscherhaus, dem eleganten Auftreten in Gesellschaft und dem Leitgedanken der Selbstbeherrschung. Das dritte Buch befasst sich mit der idealen Hofdame: Sie ist als Ebenbild des Hofmannes anzusehen, in ihrer Person ergänzen sich Anmut, Bescheidenheit und Bildung. Das vierte Buch schließlich beschreibt, wie der Hofmann seinem Fürsten beratend zum Wohl des Volkes zur Seite stehen soll. Das im *Cortegiano* vertretene Vertrauen in die Perfektibilität von Untertan und Herrscher kann als Grundlage eines harmonischen Gesellschaftsentwurfs angesehen werden. Sein mentalitätsgeschichtlicher Ort ist das Menschenbild der italienischen Hochrenaissance. Der europaweite Einfluss, den das Werk über Jahrhunderte hinweg ausübte, wirkte noch bis zur Ausformung der Ideale des französischen »honnête homme« wie auch des englischen »gentleman« nach.

Ausgabe: Das Buch vom Hofmann. München 1986.

Maximilian Gröne

Catull
Geb. 87/85 v. Chr. in Verona; gest. frühestens 55 v. Chr.

Mitte des letzten Jh.s v. Chr. macht ein Kreis junger Schriftsteller das von dem alexandrinischen Dichter und Gelehrten Kallimachos geprägte Kunstideal gelehrter und ausgefeilter Dichtung in Rom verbindlich; ihr Schulhaupt ist C. Valerius Cato. Schon Zeitgenossen bezeichnen diese Dichter als *neóteroi*, die Neueren (Neoteriker). Von ihren zahlreichen Werken sind nur wenige Fragmente erhalten; einzig Catulls Dichtungen sind nahezu vollständig überliefert. In Sprache und Metrik weisen sie noch nicht die klassische Glättung auf, die für die augusteische Dichtergeneration kennzeichnend ist, sind aber vielfach geprägt von einer Intensität des Gefühls, die den modernen Leser die große zeitliche Distanz vergessen lässt.

C. entstammt einer begüterten Familie in Verona, die ihm Zugang zu den vornehmen und bedeutenden Männern seiner Zeit verschafft; der einzige Bruder stirbt vor ihm. In Rom verkehrt er im Haus des C. Memmius, des Adressaten von Lukrez' *De rerum natura*, der auch selbst Dichtungen verfasst hat. Als Memmius im Jahr 57 als Proprätor in die Provinz Bithynien geht, ist C. Mitglied seines Stabes. Nach Rom zurückgekehrt, erlebt er noch Pompeius' zweites Konsulat (vgl. *Carmen* 113) und Caesars Rheinübergang und Britannienexkursion im Jahr 55 (vgl. c. 11), lebt also – obwohl Hieronymus angibt, er sei im Jahr 57 im Alter von 30 Jahren gestorben – mindestens bis 55.

In der überlieferten Anordnung von C.s Werk umschließen kürzere *carmina* in wechselndem lyrischem Versmaß (1–60) und Epigramme (69–116) einen Mittelteil aus umfangreicheren Gedichten. Im ersten Teil herrscht metrische Vielfalt; Elfsilber dominieren, nicht selten sind Iamben, doch C. verwendet auch schon die sapphische (c. 11 u. 51) und glykoneische Strophe und den Asclepiadeus maior. Diese Vielfalt der lyrischen Maße ist bedeutsam im Hinblick auf Horaz, der sich rühmen wird, als erster die Weisen äolischer Lyrik von Griechenland nach Rom gebracht zu haben (Horaz, c. III 30) – offensichtlich entsprachen C.s Gedichte nicht den strengen metrischen Forderungen des Augusteers. Die vorliegende Anordnung nach dem Prinzip metrischer und thematischer Variation verrät eine bewusste Buchkomposition; die Widmung an den Historiker Cornelius Nepos im ersten Gedicht belegt auch, dass C. selbst zumindest ein Buch veröffentlichte. Dass dieses Buch das vorliegende Gesamtwerk enthielt und bereits die »Triptychon-Struktur« der Überlieferung aufwies, ist angesichts des Umfangs von immerhin um die 2.300 Versen oft bestritten worden. Zwingende Argumente für eine spätere Redaktion gibt es aber nicht.

Viele Gedichte definieren das eigene an Kallimachos geschulte Kunstverständnis; so belegt das Widmungsgedicht das C.-Büchlein mit dem Titel *nugae* – Possen, Spielereien –, die aber metaphorisch als elegante und ausgefeilte Kleinformen definiert werden. Im Preis der literarischen Leistungen seiner Schriftstellerkollegen wird das Einverständnis innerhalb einer Dichterschule deutlich; spöttisch verurteilt C. die »Unform« annalistischer Dichtung (c. 14; 36; 95), seine Hochachtung gilt den Dichterfreunden Licinius Calvus, Caecilius und Helvius Cinna (10; 14; 35; 50; 53; 95; 96; 113). Dass die Neoteriker den Publikumsgeschmack nicht so recht trafen, der immer noch das große erzählende Werk im Stil des Ennius bevorzugte, geht aus diesen Gedichten freilich auch hervor.

Zahlreiche Gedichte sind der Liebe zu Lesbia gewidmet. Unter dem Pseudonym, das sie mit der berühmtesten Lyrikerin der Antike, Sappho von Lesbos, gleichsetzt, verbirgt sich wahrscheinlich Clodia, eine Tochter des Appius Claudius Pulcher, verheiratet mit Q. Metellus Celer, der im Jahr 59 gestorben ist. Ein autobiographischer Gehalt ist diesen Gedichten nicht abzusprechen; der »Liebesroman« mit all seinen angeblich im Text belegten Umschwüngen und Entwicklungen, den Schriftsteller und Philologen gelegentlich aus C.s Poesie entfalteten, verkennt aber grundlegend die Bedingungen literarischer Produktion in der Antike. Die meisten dieser kleinen Stücke erwachsen nicht aus dem unmittelbaren Erlebnis, sondern aus einem auch durch die Tradition der Liebesdichtung beeinflussten Streben nach einer kunstvollen Gestaltung seelischer Erfahrungen. Reflektierend umkreist C. aus immer neuen Perspektiven die Gefühle von Zuneigung, Leidenschaft und Entfremdung. Selten vermitteln die Lesbia-Gedichte das Glück einer harmonischen Beziehung (so etwa die »Kussgedichte« 5 und 7), weitaus häufiger kreisen sie um unsichere oder enttäuschte Hoffnungen. C.s Ideal der Frauenliebe, das den Vertragscharakter römischer Familienbindung mit der geistigen Qualität von Freundschaft und Wohlwollen (*benevolentia*) vereinigt, wird von Lesbias notorischer Untreue auf die Ebene geschlechtlichen Begehrens zurückgeworfen. Den aus dieser Konstellation erwachsenden Zwiespalt der Gefühle sucht er im Medium seiner Lyrik immer neu zu bewältigen: Er gestaltet ihn in enger Anlehnung an Sappho (c. 51), im Invektiventon des Hinkiambus, dessen jäher Umschlag im letzten Versfuß die seelische Verzweiflung malt (37; 60), in der äußersten Reduktion des Monodistichons (c. 85), in Epigrammzyklen (z. B. c. 70; 72; 109) und in elegischer Klage (c. 76). – Gelegentlich werden die Gattungsgrenzen spielerisch überschritten oder in einer ganz neuen Dynamik von Gedanken und Gefühl missachtet. Das Gedicht auf Lesbias toten Vogel (c. 3) ist Gattungsparodie auf das Grabepigramm. Bereits im 4. Jh. v. Chr. war dieser Epigrammtyp auf Tiere ausgeweitet worden; C. gibt ihm eine grotesk-persiflierende Form. Die Totenklage um den Bruder (c. 101) ist dagegen von einer Subjektivität und gedanklichen Bewegtheit geprägt, die die Grenzen des Epigramms hinter sich lässt; hier bereitet sich die subjektive Elegie vor. – Konventioneller sind zumeist die Gedichte zur Knaben- und Hetärenliebe und die vielfach drastischen Invektiven auf körperliche Defekte oder das Sexualverhalten der Attackierten; ähnliches findet sich auch in der *Anthologia Graeca*. Manches erweckt zudem den Eindruck einer raschen Ausführung, spontaner Gelegenheitsdichtung. – Zum Zeitgeschehen nimmt C. allenfalls auf der Ebene persönlicher Invektiven Stellung. Seine Attacken gegen Caesar, dessen Günstling Mamurra und Pompeius (c. 29; 57) verraten keinen politischen Gestaltungswillen, sondern nur die bittere Resignation des Pessimisten; bestenfalls bringt er den politischen Größen seiner Zeit – auch Cicero – Ironie oder Desinteresse entgegen (49; 54; 93).

Die Gruppe der größeren Gedichte wird durch zwei Hochzeitslieder eröffnet: In c. 61 verweisen die Namen des Brautpaares und Details der Zeremonie auf römischen Hochzeitsbrauch und einen konkreten Anlass. C. 62 ist dagegen allgemein gehalten und von griechischem Kolorit. – An ein nicht erhaltenes Gedicht des Kallimachos schließt sich c. 63 in Thema und Metrum an. Im von Kallimachos zuerst gestalteten Versmaß des Galliambus, das höchste sprachliche Kunst erfordert, ist das Geschick eines griechischen Kybele-Priesters (Attis) dargestellt, der sich im orgiastischen Rasen des Kultes selbst entmannt, kurzfristig zur Besinnung kommt und seine Tat bereut, dann aber von der Göttin erneut im Wahn weitergetrieben wird. Das Erzählinteresse liegt im Psychologischen, wirkungsvoll gesteigert durch den Kontrast zwischen dem wilden Taumel des ersten Teiles und der Klage des zur Besinnung Gekommenen, der sich ein letztesmal an sein früheres Leben in Griechenland erinnert.

C. 64 ist neben der in Autorschaft und Abfassungszeit umstrittenen pseudo-vergilischen *Ciris* das einzige erhaltene lateinische Kleinepos der Neoteriker. In kunstvoller Verschachtelung bettet C. zwei Mythen ineinander: Die Rahmenhandlung ist der Hochzeit von Peleus und Thetis und von den Parzen prophezeiten Heldentaten ihres Sohnes Achill gewidmet, die Binnenhandlung nimmt ihren Ausgang von der das Hochzeitslager schmückenden Decke: Sie stellt die auf Naxos von Theseus zurückgelassene Ariadne dar. Die sich verselbständigende Bildbeschreibung erinnert an die *Europa* des Moschos; das Thema der unglücklich liebenden Frau ist auch von den anderen Neoterikern mit Vorliebe gestaltet worden. Rahmen- und Binnenhandlung stehen zueinander im Verhältnis reziproker Spiegelung: Der von Menschen und Göttern gefeierten Liebe von Thetis und Peleus antworten Furcht, Leid und Zorn Ariadnes. Das Epyllion klingt aus in einer düsteren Kulturklage, in der die Lasterhaftigkeit der römischen Gegenwart mit der Epoche der göttergeliebten Heroen konfrontiert wird. – Mit c. 65 beginnt die Gruppe der Gedichte in elegischen Distichen. C. 66, in c. 65 dem Redner Hortensius Hortalus gewidmet, ist eine enge Übersetzung von Kallimachos' *Locke der Berenike*; c. 67 variiert die Form des Paraklausithyrons: Eine Haustür gibt in einer Art Interview Auskunft über den zweifelhaften Lebenswandel ihrer Besitzerin. Mit c. 68, einer 160 Verse umfassenden kunstvoll komponierten Briefelegie an den Freund Allius, wird C. zum Wegbereiter der subjektiven Liebeselegie. Der Tod des Bruders und die Liebe zu Lesbia bilden zwei subjektive Themenstränge, in die der Mythos von Laodamia und Protesilaos eingeflochten ist: Im Wechsel der Motive kommentiert der Mythos die individuelle Erfahrung von Leid und Liebe und wird seinerseits mit aus der Erfahrung gewonnener Anteilnahme vorgestellt.

C.s Werk repräsentiert einen wichtigen Punkt des Umbruchs in der römischen Literatur. Als mehr oder weniger freier Übersetzer griechischer Dichtung ins Lateinische steht er der vorklassischen Phase der römischen Literatur nahe; in der Orientierung an Kallimachos und seinem Anspruch an Dichtung lässt er sie weit hinter sich. Sein Selbstverständnis, der Lebensentwurf fern von politischer Tätigkeit und das lyrische Bekenntnis zur Verfallenheit an die »Herrin« Lesbia macht ihn zum Vorläufer und Wegbereiter der augusteischen Klassiker, vor allem der Elegiker Properz und Tibull. Seine Lyrik selbst hat aber in der römischen Literatur nichts Vergleichbares. – C.s Epigramme und Elfsilber werden bei Martial öfter zitiert und imitiert, gelegentlich mit ironischer Umdeutung. Quintilian lobt ihn, noch Ausonius steht unter seinem Einfluss. Die gewagte Terminologie und Thematik mancher Gedichte verhindern aber, dass er Schulautor wird, was die Überlieferung seines Werkes hätte sicherstellen können. Im Mittelalter finden sich immer wieder Spuren einer Rezeption einzelner Gedichte; doch scheint das Gesamtwerk nicht bekannt zu sein. Dass C. im 10. Jh. nicht mehr gelesen wird, bezeugt ausdrücklich Bischof Rather von Verona, der eine Handschrift besitzt. Das weitere Schicksal dieser Handschrift ist aber ungewiss. Um 1300 findet sich wiederum in Verona ein wahrscheinlich aus Frankreich stammendes Manuskript; Abschriften davon sind bis heute erhalten. Hierauf geht unsere Textkenntnis des Gesamtwerks insgesamt zurück.

C.s Wirkungsgeschichte seit seiner Wiederentdeckung ist triumphal und umfasst die Literatur wie die Musik. In Italien Petrarca, in Frankreich Pierre de Ronsard, in England Thomas Wyatt und Edmund Spenser, in Deutschland Paul Fleming und Gotthold Ephraim Lessing, in Amerika Ezra Pound bezeugen die epochenübergreifende Bedeutung C.s, vor allem seiner Liebeslyrik. Ariadnes Klage in c. 64 regt Monteverdi zu seiner *Arianna* an, Orffs *Catulli Carmina*, 1931 den *Carmina Burana* vorausgehend, vertonen die Liebes- und Reisegedichte, der *Trionfo di Afrodite* u. a. die Hochzeitsgedichte.

Ausgabe: Sämtliche Gedichte. Hg. W. Eisenhut. München [10]1993 [lat.-dt.].

Dorothea Gall

Cayrol, Jean
Geb. 6. 6. 1911 in Bordeaux;
gest. 10. 2. 2005 in Bordeaux

»Für Cayrol waren die Lager kein historischer Unglücksfall, sie haben in erschütternder Weise das Bild der menschlichen Existenz auf Erden verkörpert: ein Elendsdasein, das ertragen werden muß wie die Passion« (Maurice Nadeau). Für das Erlebnis und das

Überleben der Konzentrationslager hat Jean Cayrol das Bild des Lazarus gefunden, des vom Tod Zurückgekehrten, der bei C. aber nie wieder ganz ins Leben findet. Diese Vorstellung prägt seinen Begriff der »lazarenischen Literatur«, die gehalten sei, »mit größter Genauigkeit die seltsamste Einsamkeit, die der Mensch hat ertragen können, zu beschreiben«. Der lazarenische Held »ist zurückgekommen, wo er doch verdammt schien. [...] Warum ist er zur Rückkehr auserwählt worden? Welchen Sinn hat der Tod der anderen?« In den Essays von *Lazare parmi nous* (1950; *Lazarus unter uns*, 1959) formuliert C. die ethischen Grundfragen und ästhetischen Maßstäbe seines literarischen Schaffens.

C. selbst war der Zurückgekommene. Er studierte Jura und Literatur, arbeitete als Bibliothekar und war ab 1941 als Mitglied des Geheimdienstes in der Résistance tätig. 1942 wurde er verhaftet und in das Konzentrationslager Mauthausen deportiert; er wurde zum Tode verurteilt und zur Zwangsarbeit begnadigt. 1945 kehrte er nach Frankreich zurück, wo er als Berater bei den Editions du Seuil, als Herausgeber (u. a. der Zeitschrift *Ecrire*) und Förderer junger Autoren (Roland Barthes, Philippe Sollers) wirkte.

Die Hauptfigur der 1947 (Teile 1 und 2) und 1950 (Teil 3) erschienenen Trilogie *Je vivrai l'amour des autres* (Ich werde die Liebe der anderen leben) ist einer jener Überlebenden der Konzentrationslager, die sich im Leben nicht mehr zurechtfinden und deren »unsinniges Verlangen nach Liebe« (*Lazarus*) unbefriedigt bleibt. Während er im ersten Teil (»On vous parle«) noch namenlose Stimme eines im unpersönlichen »on« gehaltenen Monologs ist, erhält der Sprecher im – in der dritten Person erzählten – zweiten Teil (»Les premiers jours«) zwar einen Namen, doch bleibt er unfähig, seinem Leben und Liebesverlangen einen Platz in der Welt der anderen zu schaffen. Erst im dritten Teil (»Le feu qui prend«) findet Armand in der Liebe zur Tochter eines Alkoholikers in die, allerdings stets gefährdete und von grundsätzlicher Heillosigkeit geprägte menschliche Gemeinschaft zurück. C.s Protagonisten sind »Deplazierte« (Heinrich Böll im Nachwort zu *Der Umzug*, 1958; frz. *Le déménagement*, 1956), sind Fremdkörper (*Les corps étrangers*, 1959; *Die Fremdkörper*, 1959), Menschen, die aus einem sicher geglaubten Dasein vertrieben sind und nicht zu einer sinnerfüllten Existenz und zueinander zurückfinden. C. zeigt sie in Bewegung, wandernd, um(her)ziehend, (handlungs)reisend (*Le froid du soleil*, 1963; *Die kalte Sonne*, 1965), auf der Flucht vor dem eigenen Leben (*La gaffe*, 1957; *Ein Versehen*, 1963).

C.s Erzählen – ein »schweifendes Erzählen« (Gerda Zeltner-Neukomm) – zielt weniger auf eine (gar psychologische) Entwicklung, auf die Höhe- oder Endpunkt einer Handlung, vielmehr strukturiert die Abfolge der Ereignisse, der Begegnungen den Fortgang der Erzählung. Die Perspektive kann dabei, wie in *L'espace d'une nuit* (1954; *Im Bereich einer Nacht*, 1961) – worin sich ein Sohn auf dem Weg zum Besuch bei seinem Vater im nächtlichen Wald verirrt und auch psychisch in Bereiche gerät, in denen das Vertraute keinen Bestand mehr hat –, unversehens und in kurzen Abständen mehrfach wechseln: vom Selbstgespräch über die Ich-Erzählung zum personalen Erzählen und zur Du-Ansprache. Im Roman *Les corps étrangers*, in dem der Protagonist sein Leben während einer Nacht schreibend festzuhalten versucht, wird sogar der Leser selbst explizit aufgefordert: »Ich habe dir mein Leben anvertraut wie ein verwickeltes Garn. Es ist an dir, es zu entwirren.« C.s Werke der 1970er und 80er Jahre sind zunehmend durch Rückblicke auf die Welt der Kindheit bestimmt; noch in *Il était une fois Jean Cayrol* (1982; Es war einmal ein Mann namens Jean Cayrol) findet sich der Gedanke, dass in Worten sicherer zu wohnen sei (vgl. die Gedichte *Les mots sont aussi des demeures*, 1953) als in einer Welt aus »Trümmern, toten Muschelschalen [...], so als ob das Leben selbst sich daraus zurückgezogen hätte«. Schreiben, so Zeltner-Neukomm, bedeutete für C., »die Leere erschaffen, worin die furchtbare Tatsache, daß das Rettende fehlt, erkennbar wird«. C. hat Filme mit Alain Resnais gedreht – u. a. NUIT ET BROUILLARD (1955; NACHT UND NEBEL), MURIEL (1963; MURIEL ODER DIE

ZEIT DER WIEDERKEHR) – und auch selbst Regie geführt.

Axel Ruckaberle

Čechov, Anton
Geb. 17. 1. 1860 in Taganrog/Russland; gest. 15. 7. 1904 in Badenweiler

Anton Čechov entstammte einer Kaufmannsfamilie, die in Taganrog am Azovschen Meer lebte. Der Vater war noch als Leibeigener geboren und hatte es zum Kaufmann der III. Gilde gebracht: Er durfte einen kleinen Laden führen. Dort arbeiteten die fünf Kinder mit, sie sangen auch im Kirchenchor, den der Vater leitete. Č. – er war das dritte der Kinder – betonte in seinen seltenen Äußerungen über seine Kindheit die räumliche wie intellektuelle Enge des Elternhauses. Das Gymnasium besuchte er mit mäßigem Erfolg, das Stadttheater interessierte ihn mehr. Als der Laden des Vaters Insolvenz anmelden musste, zog die Familie mittellos nach Moskau, Č. aber blieb noch drei Jahre im Süden, um das Gymnasium zu beenden.

Angesichts der Armut der Familie war an eine Karriere in den Künsten nicht zu denken; der Abiturient entschloss sich deshalb, in Moskau ein Medizinstudium aufzunehmen. Seit dem Umzug war der Vater als Ernährer der Familie praktisch ausgefallen, weshalb Č. schon als Schüler von Taganrog aus durch Nachhilfe zum Lebensunterhalt beitrug. Nach seiner Übersiedlung nach Moskau verfasste er kurze witzige Geschichten, die er Zeitungen anbot. Das Unterhaltungsblatt *Strekoza* druckte 1880 die erste humoristische Kurzerzählung zu einem sehr niedrigen Zeilenhonorar, und doch war dies eine bessere Einnahmequelle als die Gehilfeneinkünfte des Vaters. So wurde der 20-jährige Student zum Hauptenährer der Familie. Č. schrieb unter wechselnden Pseudonymen ungezählte humoristische Geschichten, fast alle in einer Länge von 100 Zeilen. Sie erschienen in unterschiedlichen Moskauer Zeitungen und Zeitschriften, z. T. auch renommierten wie den *Oskolki*, und erlaubten der Familie schließlich sogar, Schulden abzubezahlen.

Das hektische Leben – Studium und nächtelanges Schreiben – setzten Č.s Gesundheit zu: Im Dezember 1884 tauchten bei dem frisch promovierten Arzt erste Symptome der Tuberkulose auf. Beruflich ging es 1884 jedoch bergauf: Č. eröffnete eine Praxis, ein erster Sammelband mit ausgewählten Erzählungen erschien, und Petersburger Verleger interessierten sich für ihn. Bei einer Reise in die Hauptstadt lernte er den Herausgeber der Zeitschrift *Novoe vremja*, Suvorin, kennen, fortan schrieb er für ihn. Sein Verhältnis zur ärztlichen Tätigkeit und zur Schriftstellerei beschrieb Č. als Dreiecksbeziehung: Die Medizin sei seine »gesetzliche Ehefrau«, die Literatur seine »Geliebte« – habe er Probleme mit der einen, nächtige er bei der anderen. Was zunächst frivol klingt, verweist jedoch darauf, dass Č. der Wirksamkeit der Literatur nicht recht traute. Große politische Theorien und Literatur als Propaganda waren nie seine Sache. Fortschritt konnte es seiner Meinung nach bestenfalls im kleinen geben, in der Linderung von Leid, in der konkreten Hilfestellung. Daran konnte er als Arzt mitwirken, nicht als Literat, zumal Literatur – wie er sich ausdrückte – nicht die Therapie des gesellschaftlichen Schmerzes sein konnte, sondern nur die Diagnose. Nur einmal versuchte Č. zu eruieren, ob Literatur nicht zumindest zur Anregung für eine Therapie tauge: Im April 1890 reiste er während einer tiefen Schaffenskrise ins östliche Sibirien auf die Sträflingsinsel Sachalin, um sich ein Bild von den dortigen Haftbedingungen zu machen. Nach mehreren Wochen intensiver Beobachtungen kehrte er über Hongkong, Ceylon und den Suez-Kanal im Dezember nach Moskau zurück. Sein 1893 erschienener Bericht *Ostrov Sachalin* (Buchpublikation 1895; *Die Insel Sachalin*, 1931) hatte offenkundig keine direkten Auswirkungen auf die Lebenssituation der Häftlinge.

Die ausbleibende Reaktion auf den Bericht bestärkte Č. in seiner Skepsis gegenüber der politischen Wirksamkeit der Literatur. Schon kurze Zeit nach seiner Rückkehr nach Russland reiste Č. im März 1891 zusammen mit seinem Verleger für acht Wochen nach Westeuropa. Er lernte Italien und Frankreich kennen und befand, dass das russische Landleben seinen Lebensvorstellungen am ehesten entsprach. Er wollte nicht nur *auf* dem Land, sondern auch *für* dieses leben. Im Winter 1891/1892 besuchte er das von einer Hungersnot heimgesuchte Novgoroder Gebiet und warb publizistisch für konkrete Hilfsaktionen. Ähnlich engagiert zeigte er sich einige Monate später, als im Gebiet von Serpuchov die Cholera zu einer Epidemie zu werden drohte. Hier wurde er als Arzt der Kommunalverwaltung (Zemstvo) tätig und ließ später eine Schule bauen. Das Gebiet von Serpuchov wurde seine neue Heimat, nachdem er Anfang 1892 dort das Gut Melichovo gekauft hatte. Die Kombination von medizinischer und literarischer Tätigkeit bestimmte den Alltag. Č. schloss Erzählungen wie »Palata № šest« (1892; »Krankenstation Nr. 6«, 1960) und »Rasskaz neizvestnogo« (1893; »Erzählung eines Unbekannten«, 1966) ab. Die nach der Schaffenskrise von 1889/90 erschienenen Texte werden üblicherweise einer »mittleren Schaffensphase« zugeordnet, in der die resignative Grundstimmung des Autors viel deutlicher zutage getreten sei als in der Frühphase, die – den Schreibanlässen entsprechend – eher humoristisch geprägt war. Die tragisch-pessimistischen Aspekte des russischen Lebens hatten zunächst fast nie Eingang in die Texte gefunden. Das änderte sich in der mittleren Phase: In »Palata № šest« z. B. wird ein Arzt, der sich etwas intensiver um die Patienten des sechsten, des psychiatrischen Krankensaals kümmert, von den missgünstigen Kollegen für verrückt erklärt.

Das mittelrussische Klima war Č.s Gesundheit nicht förderlich, weshalb er die Winter zunehmend im Süden verbrachte: in Italien (1894/95) und später auf der Krim. Um dort leben zu können, verkaufte er 1898 sein Gut Melichovo. Zwischenzeitlich hatte er sich stärker dem Theater zugewandt: Sein von ihm als Komödie bezeichnetes Stück *Čajka* (*Die Möwe*, 1902) war am 17. Oktober 1896 uraufgeführt worden und beim Publikum durchgefallen. Zwei Jahre später nahm das von Nemirovič-Dančenko und Stanislavskij gerade erst gegründete Moskauer Künstlertheater das Stück noch einmal in den Spielplan auf. Nun wurde es ein großer Erfolg, obwohl auch das Künstlertheater Schwierigkeiten hatte, das Stück angemessen in Szene zu setzen. *Čajka* handelt von der Kunst und dem Leben, von gesellschaftlichen Umbrüchen und von missglückenden Beziehungen, und alle Konflikte sind eher angedeutet als ausgetragen. Das erforderte entweder leisere Töne und verhaltenere Gesten, als sie üblich waren, oder eine Übertreibung – auf jeden Fall aber einen Bruch mit der Konvention, dass eine Komödie nicht mit einem Selbstmord enden kann, seien die Motive dafür auch noch so pubertär. Auch mit seinen späteren Stücken, die provozierend anders waren als die des zeitgenössischen Theaters, stellte Č. die Ensembles vor große Herausforderungen. Zwar erkannte das Publikum sich in den Stücken wieder, es wartete aber vergebens auf eine Lösung der Probleme, zumal die Konfliktlinien bis zum Schluss derart ineinander verflochten bleiben, dass weder eine individuelle noch eine gesellschaftliche oder gar kunsttheoretische Problemlösung in Aussicht gestellt wurde. Der Realismus mit seinem Versprechen, »die Welt« zu modellieren, hatte in den 1890er Jahren die Komplexität überwiegend auf einzelne (v.a. soziale) Ursachen zu reduzieren versucht. Č.s Figuren dagegen formulieren zwar noch ihren Anspruch der Welterklärung und -gestaltung, scheitern aber an dessen Umsetzung.

1899 erschien *Dadja Vanja: sceny iz derevenskoj žizni* (*Onkel Vanja. Szenen aus dem Landleben*, 1902), 1901 *Tri sestry* (*Drei Schwestern*, 1902) und 1904 das Stück *Višnevyj sad* (*Der Kirschgarten*, 1912), das Č. wiederum eine Komödie nannte. Darin hindert nicht nur fehlender Pragmatismus die handelnden Figuren daran, ihr Schicksal selbst zu gestalten, meist fehlen ihnen auch objektiv die Möglichkeiten, den Gang der Dinge wirklich zu beeinflussen. Häufig leiden sie an der Unübersichtlichkeit der Moderne und flüchten sich in unerfüllbare Erwartungen an ein zufriedenstellendes Leben. In *Tri sestry* verdichtet sich die Erwartung an ein besseres Leben in der Vorstellung von Moskau, wohin man sich sehnt, in *Višnevyj sad* prallen ähnliche Sehnsüchte und ökonomische Zwänge aufeinander: Der Kirschgarten, Symbol der Kunst und der unbeschwerten Kindheit, wird am Ende erbarmungslos abgeholzt, um zivilisationsmüden Städtern eine Datschenexistenz zu ermöglichen. So wie Č. sich in der Prosa zunächst in den komischen Genres versuchte, verfasste er parallel zu seinen »ernsten« Dramen auch einige kürzere Possen, darunter die Komödien *Medveď* (1888; *Der Bär*, 1903) und *Predloženie* (1889; *Der Heiratsantrag*, 1903).

Was die Prosa angeht, hatte sich Č. seit dem Ende der 1880er Jahre neu zu orientieren versucht: Die Erzählungen sind nun durch eine sehr subjektiv gefärbte Erzählperspektive charakterisiert, wodurch auch die jeweilige Weltdeutung in ihrer Gültigkeit stark eingeschränkt ist. Was vordergründig als objektive Beschreibung erscheint, erweist sich bei genauerer Analyse der Perspektivierung als hochgradig subjektiv. In »Dama s sobačkoj« (1899; »Die Dame mit dem Hündchen«, 1904) z. B. wird die Geschichte eines Ehebruchs aus der Perspektive Dmitrij Gurovs, eines in eine Midlife-crisis geratenen Mannes, erzählt, der anscheinend unbedingt daran glauben möchte, dass er diesmal wirklich das Glück gefunden hat. Durch den Namen der Frau, in die er sich verliebt und die sich auf ihn einlässt, Anna, ergibt sich ein intertextueller Bezug zu Lev Tolstojs Ehebruchsroman *Anna Karenina* – wobei die Unterschiede in der moralischen Wertung kaum größer sein könnten: Tolstojs Roman »missbilligt« den Ehebruch auf den verschiedenen Ebenen, der Autor ist moralisch eindeutig. Č. dagegen verzichtet auf eine Wertung. Es ist nicht einmal eindeutig, ob der Held mit seinen Hoffnungen einmal mehr einer Selbsttäuschung erliegt – sein Verhalten jedenfalls wird nicht moralisch beurteilt. Maksim Gor'kij schrieb in einem Brief an Č., dieser habe mit »Dama s sobačkoj« dem Realismus (als der moralisch eindeutig engagierten Schreibweise) den Todesstoß versetzt.

In »Archierej« (1902; »Der Bischof«, 1924) erzählt Č. in ähnlicher Weise vom Sterben eines Kirchenoberen, dessen Hoffnung auf ein Leben über den Tod hinaus zwar nicht bestritten, aber auch nicht explizit gestützt wird. Der Tod wird als persönliche, private Erfahrung gezeigt. Die Erzählung »Nevesta« (1903; »Die Braut«, 1926) hat die Chance auf Selbstbestimmung zum Thema: Eine junge Frau verlässt ihr Elternhaus in der Provinz, um in der Stadt ihr Glück zu suchen. Nach dem Tod der Mutter kehrt sie noch einmal zurück und reist dann wieder ab, »wie sie annahm für immer«. Es bleibt beim Verweis auf die subjektive Gewissheit – die vielen Hinweise auf die biblische Erzählung vom Verlorenen Sohn aber halten zumindest die Deutungsvariante offen, dass die Annahme der dauerhaften Emanzipation eine Selbsttäuschung ist.

Der noch vor der 1905 beginnenden revolutionären Umgestaltung Russlands verstorbene Č. ist im 20. Jahrhundert international ausgesprochen produktiv rezipiert worden. Sowohl Dramatiker als auch Prosaautoren haben sich immer wieder auf ihn berufen, v. a. die sowjetischen Autoren, die in den späten 1960er und 70er Jahren den Sozialistischen Realismus mit seiner Parteilichkeit überwinden wollten. Auf den Spielplänen der Theater ist Č. nach wie vor präsent, seine Stücke scheinen viele Probleme der Lebenswelt des modernen Menschen geradezu paradigmatisch zu gestalten. Auch Figuren seiner Prosa sind sprichwörtlich geworden – zumindest in Russland nennt man z. B. einen in Konventionen und Vorurteilen befangenen Menschen einen »futlarnyj čelovek« – nach dem Helden der Erzählung »Čelovek v futlare« (1898; »Der Mann im Futteral«, 1926).

Werkausgabe: Gesammelte Werke in Einzelbänden. Hg. G. Dick. Berlin ³1980.

Norbert Franz

Cela Trulock, Camilo José
Geb. 11. 5. 1916 Iria Flavia, La Coruña/ Spanien; gest. 17. 1. 2002 in Madrid

Obwohl noch einige Jahrzehnte vergehen sollten, bis Camilo José Cela den Literaturnobelpreis (1989) erhielt, betrachtete er sich schon als 37-Jähriger als »den bedeutendsten Romancier seit 98« und scheute sich nicht, seine Selbstsicht auch der Öffentlichkeit kundzutun. Seine Neigung zur Selbstinszenierung machte C. zu einer äußerst schillernden Persönlichkeit. Zwar wird er oft als Beispiel für die Symbiose von Leben und Literatur genannt, das heißt aber nicht, dass er sich ausschließlich dem Schreiben widmete: C. war ebenso bildender Künstler, Schauspieler und Politiker.

Seine Kindheit verbrachte er in der Provinz La Coruña, 1925 siedelte die Familie nach Madrid über, wo C. 1934 ein Medizinstudium begann, aber bald nur noch Literaturvorlesungen besuchte. Im Spanischen Bürgerkrieg (1936–39) kämpfte er auf Seiten der nationalen Armee und füllte verschiedene administrative Ämter aus. Während er sich von einer Kriegsverletzung erholte, war er zeitweilig als Zensor tätig; daneben schrieb er Artikel und Erzählungen für die Presseorgane der Nationalisten. 1940 begann er ein Jurastudium, das er 1943 abbrach, um sich fortan ganz dem Schreiben zu widmen. Einen Namen konnte sich C. mit *La familia de Pascual Duarte* (1942; *Pascual Duartes Familie*, 1949) machen. Der Roman erregte nicht so sehr in literarästhetischem Sinne Aufsehen, sondern wegen der darin beschriebenen Gewalt – nichts Ungewöhnliches in der spanischen Literaturgeschichte, aber schockierend in der erzwungenen Stille des frühen Franco-Regimes. Oft wird sogar von einem urknallartigen Effekt gesprochen: Der Roman markiere überhaupt erst den Beginn der Literatur nach dem Spanischen Bürgerkrieg. Eine ganze literarische Strömung, der »tremendismo« (tremendo = furchtbar) wurde deshalb ausgerufen, deren nahezu einziger Vertreter allerdings C. blieb. Wahrscheinlich nur aufgrund der guten Beziehungen, die C. zur Zensurbehörde und zum Franco-Regime unterhielt, konnte *La familia de Pascual Duarte* überhaupt gedruckt und verbreitet werden, bevor es in der zweiten Auflage dann verboten wurde. Weitere Romane, vor allem aber der Reisebericht *Viaje a la Alcarria* (1948; Reise ins Alcarria), verstärkten C.s literarisches Prestige in seinem Heimatland. Mit *La colmena* (1951; *Der Bienenkorb*, 1964), der wegen Problemen mit der Zensur zunächst in Buenos Aires erschien, wurde er schließlich auch international bekannt. C. selbst stellt – auch mit Verweis auf die englischen Wurzeln seiner Mutter – diesen Madrid-Roman gern in die Tradition von James Joyce' *Ulysses*. Geschildert werden die Unterhaltungen und Betätigungen von fast 300 Menschen an drei aufeinanderfolgenden Tagen im Madrid der Nachkriegszeit – so unübersichtlich, dass ein Personenregister am Ende des Romans erforderlich ist. *La colmena* sei nichts anderes als »ein erzähltes Stück Leben«, ganz so als habe er sich auf einen Platz gestellt, das Geschehen um sich herum aufgenommen und die Bilder zu einer Collage zusammengefügt. Weil der Text aber durchzogen ist von grotesken Elementen und Ironie, kann von einem objektiven Blick auf Madrid nicht die Rede sein.

Als sich seine Schwierigkeiten mit dem Regime verstärkten und C. 1952 aus dem Madrider Presseverband ausgeschlossen wurde, begab er sich 1953 kurzzeitig nach Lateinamerika und warb beim venezolanischen Staatsoberhaupt den für ihn lukrativen Auftrag ein, einen Roman über das Land zu schreiben. Einzelne Dialoge und Passagen von *La catira* (1955; Die Catira) sind sogar in venezolanischer Umgangssprache verfasst. 1954 ließ C. sich in Palma de Mallorca nieder. 1957 wurde er zum Mitglied der spanischen Akademie ernannt, 1956 bis 1979 gab er die Zeitschrift *Papeles de Son Armadas* heraus. Als Franco 1975 starb, trat C. als einer der Hauptbefürworter der demokratischen Transition auf; er wurde 1977 von Juan Carlos zum Senator des spanischen Parlaments ernannt, dem er zwei Jahre lang angehörte und in dem er die spanische Verfassung mitgestaltete. Mit der Verleihung des Adelsranges »Conde de Iria Flavia« würdigte der König 1996 C.s Verdienste.

So abwechslungsreich und vielschichtig wie sein Leben ist auch C.s literarisches Werk, das rund 70 Buchveröffentlichungen umfasst. Neben Lyrik, Erzählungen, Memoiren und Reiseberichten, traditionellen Romanen und lexikographischen Werken schrieb C. auch eine Reihe experimenteller Romane, deren bekanntester *Oficio de tinieblas 5* (1973; Offizium der Finsternis 5) ist, der, so C., kein Roman mehr sei, sondern die »Säuberung seines Herzens«. C.s Aussage: »Wer in Spanien Widerstand leistet, der gewinnt«, kann als poetisches Programm seines Werkes verstanden werden, dessen Hauptcharakteristikum die Verschränkung von Traditionalismus und avantgardistischen Vorstößen ist.

Katrin Blumenkamp

Celan, Paul
(d. i. Paul Antschel)
Geb. 23. 11. 1920 in Czernowitz/ Bukowina;
gest. vermutlich 20. 4. 1970 in Paris

»Vielleicht darf man sagen, daß jedem Gedicht sein ›20. Jänner‹ eingeschrieben bleibt? Vielleicht ist das Neue an den Gedichten, die heute geschrieben werden, gerade dies: daß hier am deutlichsten versucht wird, solcher Daten eingedenk zu bleiben? – Aber schreiben wir uns nicht alle von solchen Daten her? Und welchen Daten schreiben wir uns zu?« Entgegen vielen ignoranten Exegeten der 1950er und 60er Jahre, die C. ob seiner vermeintlichen Esoterik und Hermetik abwechselnd lobten und tadelten, hat dieser sich für jeden, der es wissen wollte, von Beginn an von bestimmten Daten herund ihnen zugeschrieben. Das entscheidende persönliche (nicht genau zu ermittelnde) Datum ist die Ermordung seiner Mutter durch Genickschuss im Lager Michailowka östlich des Bug Ende 1942, nachdem der Vater schon Ende September des gleichen Jahres ebenfalls in diesem Lager umgekommen war. Das politische Datum, von dem diese und Millionen andere Morde sich wiederum herschreiben, ist der 20. Januar 1942, an dem von den Nazis auf der sog. Wannsee-Konferenz in Berlin die Ausrottung der Juden planmäßig organisiert wurde. Auf diesen »20. Jänner« bezog sich C. in seiner Büchnerpreis-Dankesrede vom 22. 10. 1960 (es ist das Datum, an dem Georg Büchner seinen Dichter Jakob Michael Reinhold Lenz »durchs Gebirg« gehen lässt), und auf dieses Datum bezog er sich Zeit seines Lebens. Große Teile nicht nur seiner frühen Lyrik sind eine Art imaginäres Gespräch mit der ermordeten Mutter, und in diesem Sinne kann man C. einen eminenten »Erlebnislyriker« (Sieghild Bogumil) nennen.

C. wuchs als einziges Kind jüdischer Eltern (der Vater war Makler im Brennholzhandel) in Czernowitz/Bukowina auf. Das »Buchenland« war bis 1918 Bestandteil der Habsburger-Monarchie, danach Rumäniens. Die Gemeinsprache der Gebildeten – nicht nur der Juden – war das Deutsche. Es wurde für C., wie für andere bedeutende Lyriker der Bukowina (A. Margul-Sperber, R. Ausländer, A. Kittner, M. Rosenkrantz, I. Weissglas, A. Gong) zur lebenslangen Sprache der Poesie, auch wenn man ansonsten Rumänisch sprach. Nach dem Abitur im Juni 1938 ging C. nach Tours in Frankreich, um Medizin zu studieren. Er reiste über Berlin – seine Ankunft dort fiel mit dem 10. 11. 1938 auf den Tag nach der ›Kristallnacht‹. Der Aufenthalt in Frankreich bedeutete für C. vor allem die Bekanntschaft mit der Poesie des Surrealismus, die seine eigene Lyrik (erste Gedichte schrieb er bereits als 17-Jähriger) dauerhaft beeinflussten. Nach Kriegsausbruch im September 1939 war für C. eine Fortsetzung des Studiums in Frankreich unmöglich geworden. Er blieb in Czernowitz und studierte jetzt Romanistik, auch noch nach dem Einzug der Roten Armee in die Stadt im Juni 1940. Der Überfall der Nazi-Wehrmacht auf die Sowjetunion im Juni 1941 brachte die rumänische Armee nach Czernowitz zurück und führte schließlich zu mehreren Deportationsschüben der Juden, deren einer im Juni 1942 auch C.s Eltern erfasste. C. selbst entging ihm, indem er sich versteckte. Seit 1941 hatte er in seiner Heimatstadt Zwangsarbeit leisten müssen, ab Juli 1942 war er bei einem rumänischen Straßenbau-Bataillon. Vom Tod der Eltern hörte er u. a. durch den Freund, Mitschüler und Mitpoeten Immanuel Weissglas, der, anders als C., seine Eltern ins Lager nach Transnistrien begleitet und mit ihnen überlebt hatte. Vermutlich haben Weissglas' Erzählungen (im Haus von Rose Ausländer, 1944) C.s Selbstvorwürfe, am Tod seiner Eltern mitschuldig zu sein, verstärkt. Jedenfalls hat er Motive aus Weissglas' (erst 1970 veröffentlichtem) Gedicht *Er* von 1944 für seine *Todesfuge* – das Gedicht von 1945, das ihn später weltberühmt machte – aufgegriffen, freilich keineswegs plagiiert, sondern völlig verwandelt. Inzwischen liegt C.s Frühwerk 1938– 1948 – einschließlich des Bändchens für seine Geliebte Ruth Lackner (später verheiratete Kraft) von 1944 und seiner Texte in rumänischer Sprache – nahezu vollständig vor, so dass sein Ort im Kontext der literarischen Szenen von Czernowitz und Bukarest bestimmt werden kann.

Im Herbst 1944 nahm C., nachdem er seit Anfang dieses Jahres als Arzthelfer in einer Czernowitzer Klinik gearbeitet hatte, in dieser Stadt das Studium – jetzt der Anglistik – wieder auf. Im April 1945 verließ er Czernowitz, das von der Sowjetunion annektiert worden war, für immer und ging nach Bukarest, wo er als Übersetzer und Lektor tätig war. Drei erste deutsche Gedichte erschienen 1947 in der rumänischen Zeitschrift *Agora*. Auf Anraten des väterlichen Freundes Alfred Margul-Sperber änderte C. seinen Familiennamen Antschel/Ančel anagrammatisch zu »Celan«. Für fast drei Jahre lebte er in der Bukarester Literaturszene, pflegte Kontakte zu den dortigen Surrealisten und veröffentlichte auch Gedichte in rumänischer Sprache (die *Todesfuge* erschien zuerst im Mai 1947 als *Tango-ul mortii*, als *Todestango*, in einer rumänischen Zeitschrift). Im Dezember 1947 überschritt C. die rumänisch-ungarische Grenze und ging nach Wien. Hier erschien 1948 sein erster Gedichtband *Der Sand aus den Urnen* in 500 Exemplaren, den er jedoch wegen zahlreicher Druckfehler wieder zurückzog. Hier begann auch die Liebesbeziehung zu Ingeborg Bachmann. Im Juli 1948 beendete C. seine »postkakanische Existenz« (so er selbst in einem Brief) endgültig und ging nach Paris, wo er seine Studien der Germanistik und Sprachwissenschaft fortsetzte und 1950 abschloss. Ein enger Kontakt zu dem schwerkranken Yvan Goll und seiner Frau Claire entwickelte sich, der freilich nach Golls Tod 1950 zu C.s Ungunsten ausschlug: Claire Goll wurde bis zu ihrem Tod 1977 nicht müde, C. zu diffamieren und des Plagiats zu bezichtigen. Der Höhepunkt dieser Kampagne lag um 1959/60. 1952 heiratete C. die Graphikerin Gisèle Lestrange, 1955 wurde der Sohn Eric geboren. 1952 war auch das Jahr, in dem C. am Treffen der Gruppe 47 in Niendorf/Ostsee teilnahm. Seine Lesung löste ein äußerst kontroverses Echo aus; C. nahm an keiner weiteren Zusammenkunft der Gruppe 47 teil.

Seit 1959 war C. Lektor für deutsche Sprache und Literatur an der École Normale Supérieure in der Rue d'Ulm. Seine Pariser Existenz dauerte 22 Jahre – eine Zeit der scheinbaren Kontinuität, die auf neu gewonnene Heimat und Identität schließen lassen könnte. Doch so war es nicht. Der Zwiespalt zwischen seiner bukowinisch-deutschen Sprach- und Kulturherkunft und seinem »être juif«, seiner jüdischen Existenz (Bezugspunkt vor allem in dem Band *Die Niemandsrose*), war und blieb so traumatisch wie unauflöslich, zumal beide Herkünfte nicht mehr wirklich lebbar waren. So sah sich C., wie er einmal an Margul-Sperber schrieb, »als Person, also als Subjekt ›aufgehoben‹, zum Objekt pervertiert ... als ›herkunftsloser‹ Steppenwolf zumeist, mit weithin erkennbaren jüdischen Zügen«, als den, »den es nicht gibt«. Seine Pariser Isolation war für ihn nach seinem eignen Verständnis die einzige Möglichkeit, ein seinen immer gegenwärtigen traumatischen Erfahrungen der 1940er Jahre angemessenes poetisches Werk zu schaffen. Nur hier, am entferntesten Punkt, war es ihm möglich, »solcher Daten (wie des ›20. Jänner‹) eingedenk zu bleiben«, von denen die Büchnerpreis-Dankesrede spricht. C. reiste wieder und wieder nach Westdeutschland – 1958 erhielt er den Bremer Literaturpreis, 1960 den Büchnerpreis –, doch die deutsche »Unfähigkeit zu trauern« schwand nicht, vielmehr begegnete sie ihm wieder und wieder und verletzte ihn tief. Eine Dichtung der Erinnerung und des Gedächtnisses als eines »scharfen Messers« entstand in den Bänden *Mohn und Gedächtnis* (1952), *Von Schwelle zu Schwelle* (1955), *Sprachgitter* (1959), *Die Niemandsrose* (1963) und *Atemwende* (1967): des Gedächtnisses an die Opfer der Geschichte in den Lagern, in den Revolutionen, in den Exilen. Doch mit zunehmender Zeitdauer wurde C. sein eigenes poetisches Konzept fragwürdig. Es ging, so merkte er, nicht mehr nur um das Problem, ob der »deutsche, der schmerzliche Reim« (*Nähe der Gräber*, 1944), ob die »eisige Mutter-Sprache« (Dieter Schlesak), die »Mördersprache« (Theo Buck) den Greueln der Zeit angemessen sei, sondern um die sprachliche Sagbarkeit des Erfahrenen schlechthin. Deutlich vom Band *Sprachgitter* an rückt die Sprache mit ihrem Eigenleben ins Zentrum von C.s Lyrik. Die Skepsis gegenüber den »Wortkadavern« (E. M. Cioran in C.s Übersetzung), dem »Metapherngestöber«, ja dem Raum pragmatisch-instrumenteller Sprachverwendung überhaupt (»die tausend Finsternisse todbringender Rede«) wurde immer unabweisbarer. »Das Namengeben hat ein Ende«, heißt es schließlich 1967. In den späteren Lyrikbänden (von einem »Verstummen« im wörtlichen Sinne kann keine Rede sein) *Fadensonnen* (1968), *Lichtzwang* (1970), *Schneepart* (1971) und *Zeitgehöft* (aus dem Nachlass 1976) ist denn auch an die Stelle des direkten, abbildenden, »wirklichkeitsmächtigen« Sprechens ein indirektes, uneindeutiges, stockendes, stotterndes Sprechen getreten, in dem Zitate dominieren, Objekt- und Metasprache einander durchdringen und Sprachzeichen aus heterogensten Bereichen in wachsender Reduktion und Komplexität miteinander verknüpft werden. Und so wie sich C. in seiner Poesie immer mehr aus dem Raum menschlich-gesellschaftlicher Kommunikation zurückzog in menschenleere Räume des Vegetabilischen und Mineralischen, um »Lieder … jenseits der Menschen« zu singen, so war es auch im gelebten Leben. Dem »absoluten Gedicht« (das freilich sein Engagement nie aufgab) entsprach das »absolute Exil«, dem auch ein später Besuch Israels im Herbst 1969 keine Wende mehr geben konnte. Ende April 1970 wählte C., der bedeutendste Avantgardelyriker deutscher Sprache, den Freitod in der Seine. Seither wächst, wie sein Ruhm, stetig die Auseinandersetzung um eine angemessene Auslegung seiner Gedichte. Dabei helfen u. a. zwei anspruchsvolle kritische Werkausgaben, die innerhalb weniger Jahre weit gediehen sind, wie auch die 1997 aus dem Nachlass veröffentlichten Gedichte. Mittlerweile liegen zudem bedeutende Briefwechsel (u. a. mit Nelly Sachs, Franz Wurm, Hanne und Hermann Lenz, sowie mit der Ehefrau Gisèle) kritisch ediert vor.

Werkausgaben: Die Gedichte. Kommentierte Gesamtausgabe in einem Band. Hg. von Barbara Wiedemann. Frankfurt a. M. 2003; Die Gedichte aus dem Nachlaß. Hg. von Bertrand Badiou u. a. Frankfurt a. M. 1997; Werke. Tübinger Ausgabe. Hg. von Jürgen Wertheimer. Frankfurt a. M. 1996 ff. (bisher 6 Bde.); Gesammelte Werke in 5 Bänden. Hg. von Beda Allemann und Stefan Reichert unter Mitwirkung von Rolf Bücher. Frankfurt a. M. 1992; Werke. Historisch-kritische Ausgabe. Hg. von der Bonner Arbeitsstelle Paul Celan. Frankfurt a. M. 1990 ff. (bisher 8 Doppelbde); Das Frühwerk. Hg. von Barbara Wiedemann. Frankfurt a. M. 1989.

Wolfgang Emmerich

Celestina, La
↗ Rojas, Fernando de

Céline, Louis-Ferdinand (eigtl. Louis Destouches)
Geb. 27. 5. 1894 in Courbevoie bei Paris; gest. 1. 7. 1961 in Meudon

Louis-Ferdinand Céline gehört zu den umstrittensten Autoren des 20. Jahrhunderts: Seine antisemitischen Pamphlete müssen als integraler Bestandteil seines Werks betrachtet werden, das ab den 1930er Jahren eine literarische Sondersprache (Argot) entwickelte, die als eine der großen Innovationen der französischen Erzählliteratur gilt. Das Pseudonym C. geht auf den Vornamen der Großmutter mütterlicherseits zurück. Die kleinbürgerliche Herkunft – die Eltern führten ein bescheidenes Mode- und Wäschegeschäft, das der Konkurrenz mit den neu entstandenen Kaufhäusern nicht standhalten konnte – wurde immer wieder zur Erklärung von C.s Ressentiments und seinem frenetischen Rassenhass herangezogen. Doch so wie sich der Autor vehement von den konservativen Werten der Bourgeoisie, die populistisch auch das Vichy-Regime unter dem Leitmotto von ›Arbeit, Familie und Vaterland‹ propagierte, in einer rechtsanarchistischen Haltung distanzierte, so ging er auch in der ›Judenfrage‹ weniger mit seinem Herkunftsmilieu konform, sondern übersteigerte subjektiv Stereotypen zeitgenössischer antisemitischer Propaganda. Die Vernachlässigung durch seine Familie hat wohl zur Wahl aggressiver Überlebensstrategien und einem pessimistischen Menschenbild beigetragen, das mit einer ebensolchen Geschichtsauffassung einhergeht. In seiner medizinischen Dissertation über den ungarischen Gynäkologen Semmelweis, dem Entdecker des Kindbettfiebers, unterwarf C. 1924 dessen Lebenslauf einer kulturpessimistischen Fiktionalisierung, die für die Negierung jeglichen Fortschrittsglaubens steht. C.s Werk ist von autobiographischen Bezügen durchwoben.

Sein Erstlingsroman *Voyage au bout de la nuit* (1932; *Reise ans Ende der Nacht*, 1933), in dem in grotesker Weise Stationen aufeinanderfolgen, die C. selbst durchlaufen hatte, war ein sensationeller Erfolg. Lob erntete der Autor vor allem von jungen linksgerichteten Autoren, etwa Jean-Paul Sartre und Paul Nizan, die mit seiner radikalen antikapitalistischen und antiimperialistischen Stoßrichtung sympathisierten. Der Ich-Erzähler Ferdinand Bardamu schildert in dem Roman – der eher Schelmen- als Bildungsroman ist – seine Odyssee als armer Medizinstudent, Soldat im Ersten Weltkrieg, Abenteurer in den Kolonien, Erfinder in Amerika und Rückkehrer nach Frankreich, wo er sich als Armenarzt in der Nähe von Paris niederlässt. Die ideologischen Positionen, die verschiedene Romanfiguren vertreten, werden gegeneinander ausgespielt und schließlich alle der Lächerlichkeit preisgegeben. C. orientierte sich stilistisch stark an der gesprochenen Sprache und scheute vor vulgären Ausdrücken wie vor sprachlichen Neuschöpfungen nicht zurück. Sartres und Jean Genets wie auch Raymond Queneaus und Boris Vians Sprachstil sind in dieser Linie zu sehen.

Der zweite Roman, *Mort à crédit* (1936; *Tod auf Borg*, 1937, *Tod auf Kredit*, 1963), liefert die Vorgeschichte zum ersten, die Kindheit des Protagonisten um die Jahrhundertwende. Am Anfang der Reihe von Pamphleten stand 1936 das antikommunistische *Mea culpa*, das C. nach seinem Besuch der Sowjetunion verfasst hatte. Ihm folgten drei weitere Schmähschriften, von denen *Bagatelles pour un massacre* (1937; *Die Judenverschwörung in Frankreich*, 1938) die schärfste und bekannteste ist. Trotz oder vielleicht gerade wegen ihres zeitweiligen Verbots fanden diese Texte, die gegenwärtig nicht neu aufgelegt werden, reißenden Absatz. In den Augen zahlreicher Intellektueller jedoch, die seine Romane geschätzt hatten, diskreditierten sie C. Als 1944 die Niederlage Deutschlands absehbar wurde, versuchte er, nach Dänemark zu fliehen, um der Rache seiner Gegner und der Justiz zu entgehen. C. und seine Frau bekamen erst nach langen

Umwegen ein Visum ausgestellt: Von Baden-Baden über Brandenburg nach Sigmaringen, der letzten Bastion der Vichy-Anhänger, irrten sie durchs Kriegsdeutschland.

Die ›deutsche Trilogie‹, *D'un château l'autre* (1957; *Von einem Schloß zum andern*, 1960), *Nord* (1960; *Norden*, 1969) und *Rigodon* (postum 1969; *Rigodon*, 1974), die laut C. eine Chronik der Ereignisse ist, zeigt die Schrecken des Krieges, die in ihrer monströsen Unbegreiflichkeit in apokalyptische Visionen und delirante Wortschwälle übergehen. Die für den Autor typischen Ellipsen, die Brüche in der Syntax markieren, den Satz segmentieren, aber auch die Basis zu einer stark rhythmisierten Sprache bilden, sind hier besonders ausgeprägt. Leichter zugänglich als diese Texte ist der während des Krieges entstandene Roman *Guignol's band* (1944; *Guignol's Band*, 1985), der vom Treiben pittoresker Gestalten aus der Londoner Unterwelt handelt. Durch den weitgehenden Verzicht auf eine lineare Erzählung zugunsten der Arbeit an seiner Technik, die den Emotionsgehalt der Sprache in den Vordergrund stellt, kann der erste nach dem Krieg veröffentlichte Roman, *Féerie pour une autre fois* (1952 u. 1954; *Zauber für ein anderes Mal*) – wiederum eine Darstellung von Kriegserlebnissen –, als C.s schwierigstes Werk gelten.

Nach 1945 zeigte der Autor, der zuerst in Abwesenheit – er blieb bis 1951 in Dänemark, wo er von 1945 bis 1947 inhaftiert war – zum Tode, dann zu einer Gefängnisstrafe verurteilt und schließlich 1951 amnestiert wurde, wenig Verständnis für die Forderung, sich seiner politischen Vergangenheit zu stellen; er entzog sich mit maliziösen Possen. Sein Einzelgängertum sowie sein Image als Menschenfeind kultivierte C. in Interviews und mit dem fiktiven Dialog *Entretiens avec le Professeur Y* (1955; *Gespräche mit Professor Y*, 1986), einer Abrechnung mit dem literarischen Akademismus. C. betonte immer wieder die Originalität seines Stils, für den er allein den ›verfemten Dichter‹ François Villon als Vorläufer anerkannte. Seit den 1960er Jahren, als das Tabu einer Beschäftigung mit dem kompromittierten Autor in avantgardistischen Kreisen gebrochen wurde, gehen von dessen Werk starke Impulse für die französische Literaturkritik und -theorie aus. Die subversive Schreibweise C.s trägt bis heute zu dessen Aktualität und – oft provokanter – Aktualisierung bei: »Stets noch hinken unsere Diskurse, Institutionen, Universitäten, Parteien hinter der Musik, dem Lachen Célines her – er zerstäubt sie durch den Stil« (Julia Kristeva).

Michaela Weiß

Celtis, Konrad

Geb. 1. 2. 1459 in Wipfeld bei Schweinfurt; gest. 4. 2. 1508 in Wien

Das Prädikat des gelehrten Dichters, des *poeta doctus* im strengsten Sinne universaler humanistischer Bildung, kommt, für den deutschsprachigen Raum an der Wende zum 16. Jahrhundert, wohl mit dem größten Recht C. zu. Gleichzeitig ist er ebenso sicher derjenige, der, obwohl seine Schriften praktisch ausschließlich in Neulatein verfasst sind, »Deutschland« und deutsche Geschichte zum Gegenstand der Literatur erhoben hat. Und nicht zufällig ist er es auch, der als erster deutscher Autor vom Römischen Kaiser zum gekrönten Dichter, dem *poeta laureatus*, erhoben wurde.

Der Winzersohn C. – sein Geburtsname war Bickel, sein Beiname auch Protucius – absolvierte zunächst in Köln ein Studium der freien Künste, erwarb 1479 das Bakkalaureat, brach ein sodann begonnenes Theologiestudium rasch ab und schloss, nach einer Bildungsreise nach Buda und zu den dortigen Humanistenzirkeln, die Artes liberales 1485 bei dem bedeutenden Heidelberger Frühhumanisten Rudolf Agricola kurz vor dessen Tod mit dem Magistergrad ab. Neben Kenntnissen in griechischer und hebräischer Sprache bildeten schon vor dem Magister Poetik und Rhetorik seinen Studienschwerpunkt, Poetik lehrte er ab 1487 an den Universitäten in Rostock, Erfurt und Leipzig. Schon am 18. 4. 1487 vollzog Kaiser Friedrich III. in Nürnberg die Dichterkrönung.

Seine zweite, viel längere Bildungsreise

brachte C. in engen Kontakt zu den führenden italienischen Humanisten (u. a. zu M. Ficino). Nach Stationen z. B. in Bologna, Florenz, Venedig und Rom zog er 1489 an die Jagiellonen-Universität Krakau, um dort seine Kenntnisse in Mathematik und Astronomie zu vertiefen. Nach einigen Umwegen trat er 1491/92 eine außerordentliche Professur für Poetik und Rhetorik in Ingolstadt an – in seiner Antrittsvorlesung trat er programmatisch für die Erneuerung der ciceronianischen Redekunst ein und entwickelte ein auf Poetik, Rhetorik und Philosophie gründendes Bildungsprogramm. Nach einzelnen Zwischenstationen in Regensburg und Heidelberg berief ihn Kaiser Maximilian I. im Herbst 1497 als ordentlichen Professor für Dichtkunst nach Wien, wo er die letzten zehn Jahre seines Lebens verbringen sollte.

Neben seinen wissenschaftlichen und literarischen Schriften war C. vor allem Vermittler antiker Literatur nach Deutschland und Initiator einer Thematisierung deutscher Geschichte und Kultur (was sich schließlich auch deutlich auf seine großen literarischen (neulateinischen) Werke niederschlug). 1487 veranstaltete er eine Ausgabe von Senecas Tragödien – und beeinflusste damit nachhaltig die dramatische Produktion der Humanisten; neben antiker Literatur edierte er auch spätmittelalterliche: die Dramen der Hrotsvith von Gandersheim (1501) und den *Ligurinus* des Gunther von Pairis, ein Barbarossa-Epos (1186/87, hg. 1507). Vor allem aber die Herausgabe der *Germania* des Tacitus (1500) lenkte sein Interesse und auch das seiner Zeitgenossen auf ›Deutschland‹; seine Beschreibung der Stadt Nürnberg (1502) ist eine der ersten neuzeitlichen Versuche, die deutsche Geschichte zu erforschen; für eines seiner großen (allerdings nicht vollendeten) Projekte, seine *Germania illustrata*, sammelte er etwa auf der Reise durch Böhmen 1504 reichhaltiges Material.

Ein gewichtiger Anteil der Schriften von C. dient der Unterstützung seiner akademischen Lehrtätigkeit. Die Wiederbelebung antiker Rhetorik in der Tradition Ciceros und Quintilians sowie die moderate klassizistische Orientierung an antiker Poetik werden etwa in seiner *Ars versificandi et carminum* (1486) oder seinem ›Auszug aus Ciceros Redekunst‹ (neulat. 1492) betrieben, kulturgeographische, naturwissenschaftliche und historische Schriften treten hinzu. Die zur Ehrung des Wiener Kaisers aufgeführten Festspiele *Ludus Dianae* (1501) und *Rhapsodia* (1504) vermittelten Impulse aus dem italienischen Musiktheater nach Norden.

Größtes Gewicht im Kontext neulateinischer Gelehrtenkultur haben die drei literarischen Werke bzw. Großprojekte von C., Gedichtsammlungen, die er auf Anraten vieler Freunde zum Jahrhundertwechsel 1500 zusammenstellen wollte: die *Vier Bücher Liebeselegien* (1502), die *Vier Bücher Oden; mit einem Epodenbuch und einem Lied zur Jahrhundertfeier* (1513 posthum), die *Fünf Bücher Epigramme*, die zwar gleichzeitig mit den anderen Gedichten entstanden, aber erst 1881 publiziert wurden.

Die *Liebeselegien, Amores* sind, einem in C.' gesamtem Werk immer wieder auftauchenden Prinzip folgend, nach einem geographischen Schema geordnet, das er seiner *Germania illustrata*, der kulturgeographischen Beschreibung Deutschlands, zugrunde legen wollte. Vier (fiktiven) Geliebten, die an vier Hauptflüssen des Reiches, Wechsel, Elbe, Rhein und Donau, wohnen, werden die Elegien gewidmet, ihnen entsprechen die Lebensalter der fingierten Dichterbiographie, die Viererglieder erstrecken sich darüber hinaus auf Tageszeiten, Temperamente, Sternbilder, Elemente, Farben u. a. In den Elegien gelangen C. Texte, die sowohl der antiken Idealform entsprachen als auch seine eigenen Ansprüche aus der *Ars versificandi* realisieren konnten. Zusätzlich zu den Elegien enthält der Band noch den Text des *Dianen*-Festspiels, die Beschreibung Nürnbergs und ein hexametrisches Gedicht mit dem Titel *Germania generalis*, Vorarbeiten zum großen Deutschland-Projekt.

Die vier Bücher des *Oden*-Bandes sind abermals vier Regionen Deutschlands zugeordnet, wiederum vier Geliebten. Auch hier versucht C. die genaue klassische Adaption antiker Odenmuster; neben zwei Oden und einer Epode auf Friedrich III., bei der Krönung C.' zum *poeta laureatus* vorgetragen, enthält der Band Texte zu den unterschiedlichsten Stoffen: Liebesoden stehen neben Oden an antike Gottheiten oder christliche Heiligengestalten, die Freundschaftsoden an Gelehrte stellen jeweils deren Position in der ideellen Gemeinschaft der Humanisten heraus. Wegen der Freizügigkeit einiger Texte und der großen Präsenz antiker Gottheiten strengte die Theologische Fakultät der Wiener Universität einen Inquisitionsprozess an, als dessen Ergebnis die Schriften C.' auf den Index gesetzt wurden. – Dem *Oden*-Band stellte C. sein *Carmen saeculare* bei, ein *Lied zur Jahrhundertfeier*: Auch hier dominiert die Vierzahl, zur Jahrhundertwende bittet C. um göttlichen Segen für Deutschland und seine aufblühende Kultur.

Jeder der fünf Bücher *Epigramme* enthält 100 Gedichte – weitere Epigramme, die C. nach dem Jahrhundertwechsel schreibt, sollten den Band auf acht Bücher anwachsen lassen – allein schon, um gleichsam ein verdoppeltes Viererschema zu realisieren. Die Epigramme sind Gelegenheitsgedichte: Wie die Oden enthalten sie Kaiserlob, sind für Freunde oder zu gelehrten, gesellschaftlichen und freundschaftlichen Anlässen verfasst, richten sich an Heilige und antike Gottheiten, berichten etwa über einen kalten Winter oder dienen der Ankündigung von Universitätsveranstaltungen. Wie schon das *Oden*-Buch konnten die *Epigramme* nicht zu C.' Lebzeiten realisiert werden, fehlendes Geld hinderte C. daran, die zur Jahrhundertwende geplante große Werkausgabe zu realisieren.

Benedikt Jeßing

Cendrars, Blaise

Geb. 1. 9. 1887 in La Chaux-de-Fonds/Frankreich; gest. 21. 1. 1961 in Paris

Einen Hinweis auf eine Möglichkeit, sich seinem Werk zu nähern, gibt der 1887 als Frédéric Louis Sauser geborene Lyriker, Essayist und Romancier Blaise Cendrars selbst: »Schreiben ist weder eine Lüge noch ein Traum, sondern die Wirklichkeit, und vielleicht alles, was wir je an Wirklichkeit erfahren können.« Das gegen jeden Naturalismus gerichtete Bestreben, die Aufgabe der Kunst in einer polyperspektivistischen Neukonstruktion der Realität zu sehen, teilt der 1916 als Franzose naturalisierte gebürtige Schweizer mit vielen avantgardistischen Künstlern seiner Wahlheimat Frankreich wie Marc Chagall, Pablo Picasso, Amedeo Modigliani oder Guillaume Apollinaire, mit denen er schon vor dem Ersten Weltkrieg intensiven Umgang pflegte. Paradigmatisch für C.' schöpferischen Ansatz kann seine Entdeckung des Eiffelturms als künstlerischem Sujet gelten. Dessen mit traditionellen Mitteln schwer darstellbare Ubiquität bedeutet einerseits eine kreative Herausforderung, andererseits erscheint er durch seine Zwecklosigkeit als Ausdruck einer reinen Ingenieurskunst. C. schließt hier an den um 1910 entstandenen Gemäldezyklus von Robert Delaunay an, mit dem er freundschaftlich wie künstlerisch verbunden ist. 1912 debütiert er – unter seinem von den Worten »braise« (Glut) und »cendres« (Asche) abgeleiteten Pseudonym – mit bahnbrechender Lyrik, in der er das auch von den Futuristen behandelte bildnerische Prinzip der Simultaneität sprachlich umsetzt und mit der er ein durch das Tempo der technischen Entwicklung verursachtes dynamisches Lebensgefühl beschwört. Zwei bekannte Gedichte sind *Les pâques à New York* (1912; Ostern in New York), in dem er die Bereiche des Sakralen und des Profanen verbindet, und *Prose du Transsibérien et de la petite Jeanne de France* (1913; Prosa vom Transsibirischen Express und von der kleinen Jeanne de France), in dem er den Leser auf eine Reise im Transsibirienexpress durch das noch zaristische Russland mitnimmt.

Nachdem C. sich 1914 freiwillig in die Fremdenlegion gemeldet hat und 1915 in Kampfhandlungen seinen rechten Arm verlor, erscheint ihm das moderne Leben selbst als eine Art Kriegszustand. Durch die Integration verschiedener Jargons verleiht er seiner Sprache einen neuen rohen, ungeschliffenen, sachlichen Charakter. In seinen wiederholten Kollaborationen mit Künstlerkollegen wie dem Maler Fernand Léger, dem Regisseur Abel Gance oder dem Fotografen Robert Doisneau lässt sich ein anti-individualistischer Ansatz sehen. Auch in der Wahl seiner Ausdrucksmittel ist der an modernen Reproduktionsmedien wie Film, Fotografie und Tonband interessierte C. bereit, neue Wege zu gehen. Seinen teilweise telegrammartigen Stil überträgt er auf die drei Romane, die zwischen den Weltkriegen den Schwerpunkt seiner Arbeit bilden und in denen er sich mit der Absurdität moderner Existenz auseinandersetzt. *L'or, la merveilleuse histoire du Général Johann Auguste Suter* (1925; *Gold. Die fabelhafte Geschichte des Generals Johann August Suter*, 1925) basiert auf dem tatsächlichen Leben des Schweizer Abenteurers, der nach Amerika ausgewandert war, um dann schließlich in Kalifornien eine eigene Kolonie zu gründen. Die Entdeckung von Gold auf seinem Territorium wirkt zerstörerisch auf die Idylle, die sich unaufhaltsam in Chaos und Untergang verkehrt. In *Moravagine* (1926; *Moravagine*, 1928, *Moloch. Das Leben des Moravagine*, 1961) wird mittels drei ineinandergeschachtelter Erzählebenen und einem komplexen textkritischen Apparat die Geschichte des bestialischen Mörders Moravagine und seines ungleichen Wegbegleiters Raymond de la Science wiedergegeben. Im ersten Teil des Doppelromans *Dan Yack* (1929; *Le plan de l'aiguille/Les confessions du Dan Yack*; *Mireilles kleines Tagebuch*, 1930, *Dan Yack*, 1963) begibt sich der gleichnamige Millionenerbe mit drei Künstlern auf eine Polarreise, die nur er überlebt und die ihn zu der Erkenntnis führt, dass keine Kunst etwas taugt außer der Kunst des Lebens. Der zweite Teil spielt in Europa und besteht hauptsächlich aus der Wiedergabe des auf ein Diktiergerät gesprochenen Tagebuchs von Dan Yacks verstorbener Geliebten.

In C.' letzter Schaffensphase – nach dem Zweiten Weltkrieg – rückt das Autobiographische noch deutlicher als bisher in den Vordergrund. Es sind im Wesentlichen die von der Kritik auch als große Memoirenromane bezeichneten Werke *L'homme foudroyé* (1945; Auswahl: *Zigeuner-Rhapsodien*, 1963, *Der alte Hafen*, 1964), *La main coupée* (1946; *Die abgeschnittene Hand*), *Bourlinguer* (1948; Auswahl: *Der alte Hafen*, 1964), *Le lotissement du ciel* (1949; Auswahl: *Sternbild Eiffelturm. Nächtliche Rhapsodie*, 1982). In seinem letzten großen Roman *Emmène-moi au bout du monde* (1956; *Madame Thérèse*, 1962) zeigt C. anhand der Geschichte einer in die Jahre gekommenen Schauspielerin das Leben im urbanen Kontext in all seinen Facetten.

C. war weitgereist. Neben Aufenthalten in Russland, den USA und Afrika sind seine Reisen nach Brasilien zu nennen, wo er mit seinen Vorträgen über moderne Kunst einen nicht unerheblichen Einfluss auf dortige Modernisten wie Mario de Andrade ausübte.

Gabriele Eschweiler

Cernuda, Luis
Geb. 21. 9. 1902 in Sevilla;
gest. 5. 11. 1963 in Mexiko

Der Lyriker und Essayist Luis Cernuda beginnt seine intellektuelle Laufbahn 1919, als er an der Universität Sevilla Literaturkurse bei Pedro Salinas besucht, der bald auf C.s in einer Universitätszeitung abgedruckten Gedichte aufmerksam wird und ihn als Mentor zur Lektüre vor allem der modernen französischen Lyrik anhält. C. beschäftigt sich unter anderem mit Charles Baudelaire, Arthur Rimbaud und André Gide, der ihm zum Vorbild im Hinblick auf einen selbstbewussten Umgang mit der eigenen Homosexualität wird. Nach dem Tod des autoritären Vaters 1920 und dem juristischen Examen 1925 widmet sich C. ganz der Literatur. Mit Hilfe Salinas' veröffentlicht er einen ersten Gedichtband und lernt Juan Ramón Jiménez sowie bei der Feier anlässlich des 300. Todestags Luis de Góngoras in Sevilla, die dieser Dichtergeneration ihren Namen geben wird (Generación del 27), auch Federico García Lorca kennen. Ein Aufenthalt als Lektor in Frankreich bringt ihm den Surrealismus nahe und mündet in die Abfassung des Bandes *Un río, un amor* (1929; *Ein Fluss, eine Liebe*). Die folgenden produktiven Jahre verbringt C.

in Madrid. 1936 erscheint mit *La realidad y el deseo* (Wirklichkeit und Verlangen) eine erste Gesamtausgabe, deren Titel er für alle späteren, laufend erweiterten Ausgaben beibehält. Im Bürgerkrieg kämpft C. auf republikanischer Seite, verlässt jedoch Spanien 1938 definitiv. Sein Weg führt nach England, dann in die USA und nach Mexiko, wo er an Universitäten lehrt und weiter schreibt. Erst kurz vor seinem Tod setzt eine breite Rezeption seines Werks auch in seinem Heimatland ein.

Das lyrische Werk C.s, das neben literaturkritischen Essays den Schwerpunkt seines Schaffens bildet, lässt sich zunächst als »geistige Biographie« (Octavio Paz) lesen, denn mit den wiederkehrenden Themen Außenseitertum, Exil und Einsamkeit, der homoerotischen Akzentuierung und der zunehmend bitteren Spanienkritik scheint sich *La realidad y el deseo* auf C.s eigenes Scheitern an der politischen und sozialen Wirklichkeit seines Heimatlandes zu beziehen. Ähnliches gilt für einzelne Zyklen wie *Los placeres prohibidos* (1931; Die verbotenen Lüste) oder *Como quien espera el alba* (1941–44; Als erwarte man den Morgen), das im Kontext des kein Ende nehmenden Zweiten Weltkriegs entstand. Statt unmittelbarer Bekenntnisdichtung bieten die Texte jedoch allenfalls einen vermittelten, z. B. durch fiktive Instanzen (wie den Zeitgenossen in »Un contemporáneo«) oder dialogische Sprechsituation gebrochenen Blick auf den Autor. Ferner entspricht das ›Verlangen‹ häufig einer platonisierenden Suche nach einem überindividuellen Ideal, dessen Unerreichbarkeit innerhalb der Lebenswirklichkeit eine pessimistische Grundhaltung motiviert: »Das Verlangen ist eine Frage, deren Antwort niemand kennt«, heißt es in »No decía palabras«. Eine vage Annäherung ist allein über die Dichtung möglich, der Dichter damit eine Leitfigur im Konflikt mit der Umwelt, ähnlich dem *poète maudit* der französischen Symbolisten (»La gloria del poeta«, in: *Invocaciones*, 1934/35; Anrufungen, »A un poeta muerto«, Nachruf auf Lorca, in: *Las nubes*, 1937–40; Die Wolken). Entsprechend prekär zeigt sich die idealistische Erwartung eines dauerhaften Fortlebens im dichterischen Werk, das die Stelle verlorener religiöser Transzendenz einnehmen kann (»Las ruinas«, »A un poeta futuro«), aber stets von Vergessen bedroht ist.

All dies sind wiederkehrende Themen einer über dreißig Jahre dauernden Entwicklung. Die frühen Zyklen *Un río, un amor* und *Los placeres prohibidos* sind vom Surrealismus geprägt und aktualisieren vielfach freudianische Motive wie das Wechselverhältnis von Eros und Tod (»Pasión por pasión«) oder Narzissmus, z. T. mit politischem Bezug (Rebellion gegen Vaterfigur und Monarchie in »Diré cómo nacisteis«). Anfangs an konventionellen metrischen Formen orientiert, lösen sich C.s Texte zunehmend vom Vers und entwickeln lange, lexikalisch zugleich schlichte Satzperioden bis hin zu Prosagedichten (*Ocnos*, 1942; Ocnos). *Las nubes* markiert im allgemeinen Urteil C.s Durchbruch zu einem eigenen Stil. Das in Mexiko entstandene Spätwerk behält die Vereinfachung des Ausdrucks bei und widmet sich den Brüchen persönlicher Identität und Zeit sowie erneut dem Kontrast zwischen Ideal und Konkretion anhand ideeller und körperlicher Liebe (*Vivir sin estar viviendo*, 1944–49; Leben ohne zu leben); der letzte Zyklus *Desolación de la quimera* (1956–62; Trostlosigkeit der Chimäre) schließt C.s Œuvre mit kunsttheoretischen Gedichten (»Ninfa y Pastor, por Tiziano«, »Luis de Baviera escucha ›Lohengrin‹«) und einer unzweideutigen Abrechnung mit Spanien. Wenngleich C. bis heute weniger bekannt ist als etwa sein Zeitgenosse Lorca, so gilt er doch als der spanische Lyriker seiner Zeit mit der nachhaltigsten Wirkung auf die folgenden Generationen.

Werkausgabe: Wirklichkeit und Verlangen. Ausw. u. Übers. S. Lange. Frankfurt a. M. 2004.

Frank Reiser

Cervantes, Miguel de
Geb. 29. 9.(?)1547 in Alcalá de Henares/ Spanien; gest. 23. 4. 1616 in Madrid

Noch 400 Jahre nach Erscheinen seines Hauptwerkes ist über den Autor des *Quijote* recht wenig Verlässliches bekannt. Miguel de Cervantes führte ein im wahrsten Sinne romanhaftes Leben, dessen Konstante der Wandel ist. Geboren wird C. als viertes von sechs Kindern eines Wanderarztes, am 9. 10. 1547 wird er getauft. Als junger Mann erhält er in Madrid eine humanistische Ausbildung bei López de Hoyos. Unter dessen Ägide erscheinen 1568 erste Gedichte. Kurz darauf verlässt C. Spanien, vermutlich infolge eines Duells. Im Gefolge des Kardinals Giulio Acquaviva reist er an den Papsthof nach Rom (1569), danach verdingt er sich in Neapel als Soldat der katholischen Liga. C. nimmt unter anderem an der Galeerenschlacht bei Lepanto (1571) teil, in der christliche Truppen den Vorstoß der Türken im Mittelmeerraum beenden. Dabei erleidet er die Verstümmelung seiner linken Hand. Auf der Rückfahrt von Neapel nach Spanien im Jahre 1575 wird sein Schiff von Piraten gekapert, die ihn als Gefangenen nach Algier schaffen, wo er, wie er selbst formuliert, »lernte, im Unglück Geduld zu üben«. 1580 wird C. vom Trinitarierorden freigekauft. Zurück in Spanien, zeugt er eine uneheliche Tochter (Isabel) und heiratet 1584 die sehr viel jüngere Catalina de Palacios.

1585 erscheint der erste Teil des unvollendeten Schäferromans *La Galatea* (*Der Galatea Erster Teil*, 1588). Der sechs Bücher umfassende Roman folgt zumeist den Vorgaben dieser Mitte des 16. Jahrhunderts durch Jorge Montemayor in Spanien etablierten Gattung mit Vorläufern in der antiken und mittelalterlichen Pastoraldichtung. Thema der Haupthandlung ist die unglückliche Liebe der Schäfer Elicio und Erastro zu Galatea. Die handlungsarme Erzählung verläuft dialogisch mit eingestreuten Versen, Briefen und Nebenerzählungen. In der Figur des ›rustikalen‹ Hirten Erastro sowie in den mitunter realistisch gezeichneten Nebensträngen und Schauplätzen konterkariert der Roman allerdings das Schäferidyll und deutet voraus auf die Innovationen des *Quijote*.

Nach der *Galatea* bleibt C. 20 Jahre lang ohne Veröffentlichung. Aus Geldnot arbeitet er als Proviantändler und Steuereinnehmer in Andalusien. Wegen angeblicher finanzieller Unregelmäßigkeiten und einer Mordanklage gerät C. dreimal ins Gefängnis. Nach eigener Aussage nutzt er die Kerkerzeit, »wo jede Unbequemlichkeit ihren Sitz hat«, für die Arbeit am *Quijote*. Erst 1603 vereint C. sich wieder mit der Familie und zieht nach Valladolid in die Nähe des Hofes Philipps III; 1606 folgt er diesem nach Madrid.

C.' Meisterwerke stammen aus den letzten Lebensjahren. Seinen Weltruhm begründen die zwei Teile des *Ingenioso hidalgo Don Quijote de La Mancha* (u. a. *Der sinnreiche Junker Don Quijote von der Mancha*, 1884), deren erster Band 1605 erscheint, als C. bereits 58 Jahre alt ist. Erste Nachdrucke folgen 1607 und 1611 in Brüssel; die erste Übersetzung ins Englische 1612. Die Wirkung des *Quijote* belegt die Publikation einer anonymen Fortsetzung (1614). Der bis heute nicht eindeutig identifizierte Autor des in Tordesillas gedruckten Werkes verbirgt sich hinter dem Pseudonym Alonso Fernández de Avellaneda. Kurz darauf, 1615, veröffentlicht C. den zweiten Teil des *Quijote*, nicht ohne den Autor der anonymen Fassung mit spöttischen Kommentaren zu bedenken.

Die Figur des Don Quijote ist zunächst eine Parodie auf die Helden der im 16. Jahrhundert überaus populären Ritterromane mit ihren Phantasiewelten. Deren Lektüre raubt dem ›guten‹ Alonso Quijano allen Realitätssinn, so dass er als fahrender Ritter Don Quijote auf Abenteuersuche geht. Die ersten sieben Kapitel, ursprünglich wohl als separate Novelle geplant, behandeln Quijotes erste Ausfahrt und die Durchsuchung seiner Bibliothek durch den Dorfpfarrer. Auf seiner zweiten Ausfahrt begleitet ihn der Bauer Sancho Panza, mit dem Quijote Abenteuer mit Windmühlen, Walkestampfen und Weinschläuchen besteht. Auf seinem Weg befreit Quijote unter anderem eine Gruppe von Galeerensträflingen, kämpft erfolgreich mit einem Biskayer und raubt eine Barbierschüssel, die er für einen Helm hält. In die Rahmenhandlung sind mehrere Erzählungen eingeflochten, in denen Hirten und Besucher einer Schenke von ihrem Schicksal berichten. Schließlich gelingt es dem Pfarrer und dem Barbier, Quijote mit einer List ins Dorf zurückzubringen. Im zweiten Teil macht sich Don Quijote mit Sancho zu seiner dritten Ausfahrt auf und trifft auf eine Umwelt, die ihn bereits als literarischen Helden begrüßt und ihn für ihre Späße auszunutzen versucht. Nach Abenteuern wie dem erfolgreichen Kampf mit dem »Spiegelritter« – dem verkleideten Baccalaureus Sansón Carrasco –, der Begegnung mit seiner vermeintlichen Edeldame Dulcinea de Toboso und dem Aufenthalt in der Höhle von Montesinos wird Quijote Gast eines Herzogspaares und dabei Zielscheibe aufwendig inszenierter Possen. Sancho erhält seinerseits zum Schein die ihm von Quijote einst versprochene Statthalterschaft, die er mit unerwartet klarem Verstand ausübt. Nach einem Aufenthalt in Barcelona kehrt Quijote infolge eines zweiten, diesmal verlorenen Duells gegen Carrasco ins Dorf zurück. Dort erliegt er einer tödlichen Krankheit, nicht ohne zuvor noch vor der Lektüre von Ritterromanen zu warnen.

Literarhistorisch bedeutend, beginnt so mit dem zweiten Teil des *Quijote* bereits die kritische Auseinandersetzung mit dem ersten Band von 1605. Den handelnden Figuren sind – als Lesern – nicht nur der erste Teil, sondern auch die Fassung Avellanedas bekannt, und beide Werke werden eifrig kommentiert. In der Häufung von Inszenierungen und karnevalesken Umkehrungen zeigt der zweite Teil eine deutlich barocke Mentalität. Erzähltechnisch ist das Werk sehr komplex angelegt. Die Handlung ist verschachtelt, eingeschobene Geschichten vertiefen und reflektieren das Geschehen; so etwa die Erzählung vom »törichten Vorwitz« (»curioso impertinente«), die der Pfarrer in der Schenke vorliest, während Don Quijote sich im Keller einen Kampf mit Weinschläuchen liefert. Als vielstimmiges Geflecht unterwandert der Text die Instanz des auktorialen und allwissenden Erzählens. Am Ende von Kap. I 8 etwa brechen das Manuskript und damit die Erzählung am dramaturgischen Höhepunkt ab. In I 9 berichtet der »zweite Autor« vom Fund einer arabischen Version des *Quijote*, verfasst von Cide Hamete Benengeli und von einem Mozaraber ins Spanische übersetzt, die nun wiedergegeben wird – unter ständigen Hinweisen auf die Unzuverlässigkeit des maurischen Gewährsmanns. In mehrfacher Hinsicht ist der *Quijote* somit ein metaliterarischer Roman. Die Literatur der Zeit und ihre Protagonisten werden besprochen: Erweisen sich im ersten Band der Wirt oder der Pfarrer als ebenbürtige Experten für Ritterromane, sind viele Figuren des zweiten Bandes Leser des ersten *Quijote* und damit gewissermaßen dessen Rezensenten. In der satirischen Konfrontation und Ablehnung zeitgenössischer Genres – Ritter-, Schäfer-, pikaresker Roman – fungiert der *Quijote* als literaturkritischer und -geschichtlicher Kommentar. Insbesondere die Bücherverbrennung durch den Pfarrer im sechsten Kapitel des ersten Teils, die nur einige wenige Titel verschont – darunter die eher durchschnittliche *Galatea* von Miguel de Cervantes –, vermittelt ein ästhetisches Werturteil über die Literatur des spanischen Spätmittelalters und der frühen Neuzeit. Der Besuch bei einer Druckerei in Barcelona (II 62) gibt Einblicke in den zeitgenössischen Literaturbetrieb und die frühkapitalistische Ökonomie. Darüber hinaus entwirft der *Quijote* ein ungeschminktes Bild der frühneuzeitlichen spanischen Gesellschaft und der Alltagsrealität der Wirte, Gauner, Prostituierten, Studenten. Don Quijote ist als »hidalgo« Alonso Quijano ein kleiner Landadliger mit bescheidenem Besitz und damit die Karikatur der strahlenden Ritter. Historische Figuren treten auf wie der Räuberhauptmann Roque Guinart, der Schiller für Karl Moor inspirierte. Auch fließen autobiographische Erfahrungen des Verfassers C. ein, etwa in der Episode des Sklaven aus Algier (I 39). Die Reichweite des Romans erschöpft sich nicht in der bloßen Gegenüberstellung von Realem und Imaginärem. Vielmehr wird die Trennung beider Bewusstseinsebenen kontinuierlich infrage gestellt, so auch in der Doppelfigur von Don Quijote und Sancho Panza, deren Rollen sich im zweiten Band zeitweise umkehren. Als Geschichte eines komplexen Protagonisten, der eine Entwicklung vom Narren zum Weisen durchläuft, steht der *Quijote* auch in seiner Figurenzeichnung am Beginn der Moderne. In der Figur des fahrenden Ritters vertritt Quijote das ethische Ideal eines »Vorkämpfers für die Wahrheit, wenn auch ihre Verteidigung ihn das Leben kosten sollte« (II 18). Zum Nachleben des *Quijote* müssen Superlative bemüht werden, gilt er doch in der abendländischen Kultur als das nach der Bibel meistrezipierte Buch. Die erste Übersetzung ins Deutsche erschien 1621, unter anderem wurde der Roman von Ludwig Tieck und Ludwig Braunfels übertragen. Stand die frühe Wahrnehmung des *Quijote* noch ganz im Zeichen der Komik und des satirischen Nachweises spanischer Rückständigkeit, avancierte der »Ritter von der traurigen Gestalt« bei Friedrich Schlegel und den Romantikern zum universellen Helden. Spanien deutete den »quijotismo« ab dem späten 19. Jahrhundert (Miguel de Unamuno) als Essenz seiner nationalen Identität. Im 20. Jahrhundert wurde der *Quijote* etwa von Michail Bachtin, Jorge Luis Borges und Carlos Fuentes als Auslöser der literarischen Moderne bewertet. Michel Foucault sieht den *Quijote* am Übergang von Renaissance zu Klassik als epistemologische Wende von Ähnlichkeit zu Repräsentation.

Zwischen den beiden Teilen des *Quijote* erscheinen 1613 die *Novelas ejemplares* (Exemplarische Novellen), die im 17. Jahrhundert über 20 Auflagen in Spanien erlebten und die Gattungsentwicklung entscheidend prägten. Im Vorwort formuliert C. den Anspruch auf Originalität: Entgegen der üblichen Nachahmung ausländischer Vorbilder habe er als erster wahrhaft spanische Novellen geschrieben. Mit den *Novelas ejemplares* werden die »eingeschobenen Geschichten« des *Quijote* zu einem selbständigen Genre weiter entwickelt. Das Exemplarische weist auf die didaktische Absicht im Sinne des horazischen »prodesse et delectare« hin. Das Korpus von zwölf Texten wird gemeinhin in einen eher idealistischen, handlungsreichen Teil mit Liebesthematik einerseits, in einen stärker realistisch-satirischen Teil andererseits unterteilt.

Zum ersten Bereich lassen sich die Novellen »Las dos doncellas« (»Die beiden Nebenbuhlerinnen«), »La señora Cornelia« (»Die Frau Cornelia«), »El amante liberal« (»Der edelmütige Liebhaber«), »La española inglesa« (»Die englische Spanierin«), »La fuerza de la sangre« (»Die Stimme der Natur«) rechnen, die entsprechend der Novellentradition ›unerhörte Begebenheiten‹ erzählen. »La gitanilla« (»Das Zigeunermädchen«), »La ilustre fregona« (»Die erlauchte Dienstmagd«) und »El celoso extremeño« (»Der eifersüchtige Extremadurer«) verknüpfen die Liebeshandlung mit der Milieuschilderung der Unterschichten, »Rinconete y Cortadillo« (»Rinconete und Cortadillo«) zeichnet das satirische Bild der Gaunerwelt als Wohlfahrtsanstalt, in »El licenciado Vidriera« (»Der Lizenziat Vidriera«) reiht der um seinen Verstand gebrachte Protagonist Spruchweisheiten aneinander. Eingebettet in die Rahmenerzählung »El casamiento engañoso« (»Die betrügerische Heirat«) ist der bekannteste Text des Bandes, »El coloquio de los perros« (»Das Zwiegespräch der Hunde«). Die Hunde Berganza und Cipión erlangen für eine Nacht die menschliche Sprache. Gegenstand des Dialogs, der in der literarischen Tradition Lukians steht, sind die pikaresken Erfahrungen Berganzas sowie die metaliterarische Diskussion zeitgenössischer Formen und Gattungen.

Postum erschien der Abenteuerroman *Los trabajos de Persiles y Sigismunda. Historia setentrional* (1617; *Die Mühen und Leiden des Persiles und der Sigismunda. Eine septentrionale Geschichte*), den C. selbst als sein Hauptwerk einschätzte. Das Werk zählt zur Untergattung ›byzantinischer‹ Romane in der Tradition von Heliodors *Aithiopika* (3. Jh.), die von der schicksalhaften Trennung zweier Liebender erzählen, bis zu ihrem Wiedersehen Abenteuer an entlegenen Orten bestehen müssen. Mit dem Motiv der Reise als Bewährungsprobe strebt C. erneut die Mischung von Unterhaltung und moralischer Belehrung an. Die Reise des Liebespaars Persiles und Sigismunda beginnt im Norden Europas, von wo sie unter vielen Gefahren über Lissabon auf spanisches Gebiet gelangen und schließlich in

Rom heiraten. Der verwickelte Erzählfluss variiert zwischen den autobiographischen Berichten von Nebenfiguren und den auktorial erzählten Abenteuern der Helden zu See und zu Lande. Rückwendungen und Vorausdeutungen halten die Spannung aufrecht, Zauberei und phantastische Begebenheiten sind dabei an der Tagesordnung, werden aber christlich überhöht oder, ganz im aufklärerischen Geiste des *Quijote*, rationaler Erklärung bzw. Widerlegung unterzogen. Die geraffte Darstellung im vierten Teil dürfte dem Wissen des Autors um den nahenden Tod geschuldet sein. In der bewegenden Widmung an den Grafen von Lemos, wenige Tage vor seinem Tod datiert (19. 4. 1616), bedankt sich C. bei seinem Gönner und verspricht noch einmal, im Falle einer wundersamen Genesung die *Galatea* zu vollenden.

Wenig erfolgreich blieb C. mit seinem dramatischen und lyrischen Werk. Von den laut ihrem Verfasser ca. 20–30 Theaterstücken der Frühphase sind nur zwei erhalten: Die vielrezipierte Tragödie *El cerco de Numancia* (ca. 1583; *Die Belagerung von Numantia*) hat die heldenhafte Verteidigung und Selbstopferung der Hispanier gegen Scipio zum Thema. *El trato de Argel* (ca. 1585; *Der Liebeshandel von Algier*), in dem auch ein Soldat namens Saavedra auftritt, verarbeitet Erfahrungen aus C.' Gefangenschaft. Kurz vor seinem Tod veröffentlichte C. 1615 je acht »neue und nie aufgeführte« *comedias* (Schauspiele) und *entremeses* (Intermezzi), die der Autor nach eigener Aussage aufgrund ihres literarischen Wertes der Nachwelt nicht vorenthalten wollte. Aus seiner verstreut erschienenen, oft zu Widmungszwecken verfassten Dichtung ragt das Epos *El viaje del Parnaso* (1614; *Die Reise zum Parnaß*) heraus. Der in Terzetten abgefasste satirische Gesang imitiert die in Italien gebräuchliche Gattung des Dichterlobes und passt sie gekonnt der spanischen Gegenwart an. C. nutzt die Vorlage dabei auch zur ironischen Abrechnung mit Dichterkollegen und zur poetischen Autobiographie.

Werkausgabe: Gesamtausgabe in vier Bänden. Übers. A. Rothbauer. Stuttgart 1963–70.

Burkhard Pohl

Césaire, Aimé
Geb. 26. 6. 1913 in Basse-Pointe/Martinique; gest. 17. 4. 2008 in Fort-de-France/Martinique

Aimé Césaires Leben und Werk sind von der Bewusstwerdung der Rassenproblematik sowie von einer Identitätskrise gekennzeichnet, die symptomatisch für die historischen und ideologischen Paradigmenwechsel des 20. Jahrhunderts ist. Gemeinsam mit dem Senegalesen Léopold S. Senghor und Léon G. Damas aus Guayana hat C. die Grundlagen geschaffen für die komplexe Bewegung der sog. Négritude als geistig-kultureller Emanzipationsbestrebung der Schwarzen und deren Entwicklung maßgeblich beeinflusst.

Nach der Schulbildung in Fort-de-France auf der Antilleninsel Martinique gründet C. an der Pariser Universität mit Senghor und Damas 1934 die Studentenzeitschrift *L'étudiant noir* (Der schwarze Student), bevor er mit einem literaturwissenschaftlichen Abschluss 1939 nach Martinique zurückkehrt. 1941 gründet er zusammen mit René Ménil und Aristide Maugée die militante Kulturzeitschrift *Tropiques* (Tropen). Während des Zweiten Weltkriegs trifft er auf den Surrealisten André Breton, der ihn zur Herausgabe der Gedichtsammlung *Les armes miraculeuses* (1946; Die Wunderwaffen) veranlasst. An der Seite von Alioune Diop, Cheikh Anta Diop, Paul Niger, Guy Tyrolien sowie europäischen Intellektuellen wie unter anderem Jean-Paul Sartre, Michel Leiris, Albert Camus und André Breton trägt er zur Gründung der Zeitschrift *Présence Africaine* (Afrikanische Präsenz) bei. 1946 zum Bürgermeister von Fort-de-France gewählt, bekleidet er als Politiker dieses Amt bis zu seinem Rückzug im Jahr 2001. 1948 und 1950 erscheinen die Gedichtbände *Soleil cou coupé* (1948; *Sonnendolche. Lyrik von den Antillen*, 1956) und *Corps perdu* (1950; Den Leib verloren). Ebenfalls 1950 veröffentlicht C. seinen *Discours sur le colonialisme* (*Über den Kolonialismus*, 1968) als leidenschaftliches Pamphlet gegen den europäischen Kolonialismus. 1946 eröffnet sich ihm am Ende seiner revolutionären Frühphase mit *Et les chiens se* taisaient (*Und die Hunde schwiegen*, 1956) eine Theaterkarriere. Seine zivilisationskritisch intendierte Dramenproduktion setzt sich in *La tragédie du roi Christophe* (1963; *Die Tragödie von König Christoph*, 1964) zunächst mit der Geschichte Haitis auseinander, in *Une saison au Congo* (1966; *Im Kongo*. Ein Stück über Patrice Lumumba, 1966) mit dem mysteriösen Tod des Nationalhelden Patrice Lumumba und schließlich in *Une tempête* (1967; *Ein Sturm*, 1970) mit der Bilanz und Neubewertung von Rassenideologien.

C.s Gesamtwerk besteht hauptsächlich aus Lyrik, Theaterstücken und Essays: Ab 1960 folgen auf die genannten Gedichtbände in Überwindung seiner surrealistischen Tendenzen *Ferrements* (1960; In-Eisen-Legen), *Cadastre* (1961; Kataster), *Moi, laminaire* (1982; Algenartiges Ich) und *La poésie* (1994; Gedichte). Seine Lyrik bleibt durchweg bissig, eindringlich, unzweideutig. Durch den kreativen Einsatz multipler kontrastierender Wiederholungen, wie man sie aus oralen afrikanischen Traditionen kennt, entsteht ein origineller Duktus des Widerstands und des Spotts. Ab 1939 publiziert C. sein *Cahier d'un retour au pays natal* (1939, erneut 1947, 1956, 1971); Zurück ins Land der Geburt, 1962), ein Manifest der Négritude und richtungsweisendes Schlüsselwerk, das der literarischen, kulturellen und ideologischen Négritude-Bewegung als Initialzündung dient. Das Prosagedicht ist als Ausgangspunkt und Fortsetzung jedweder Befreiung der Schwarzen afrikanischer Abstammung zu begreifen, deren ursprüngliche, vorkoloniale Menschenwürde C. zurückzugewinnen beansprucht. Auf seinem Höhepunkt wird das *Cahier* zu einem rebellischen Aufschrei gegen Unrecht und Ausbeutung seitens der kapitalistischen Unterdrücker. Der ebenfalls antikolonialistisch ausgerichtete *Discours sur le colonialisme* legt den theoretischen Grundstein für C.s Theaterwerk, das das Schicksal der Schwarzen mittels Darstellung unterschiedlicher schwarzer Heldentypen in ihrer historischen Verantwortlichkeit zeigt. So entwirft C. in seinen weltbekannten Dekolonisationsstücken die Kernvision einer ruhmreichen und triumphierenden afrikanischen Geschichte in Opposition zu der westlichen Auffassung von den Afrikanern als geschichtslosem Volk.

Als Galionsfigur der Négritude verkörpert C. die seelische Malaise einer ungelösten existentiellen Identitätssuche und die innerliche Zerrissenheit zwischen zwei Kontinenten bzw. Traditionslinien ebenso wie ein klares Bekenntnis zu diesem Ursprung, dessen Ambivalenz, Verwirrung und Stolz er sich zu eigen macht. Die Mythen Amerikas und Afrikas vermengen sich in seinem lyrischen und dramatischen Œuvre, das dem von Jean Bernabé, Patrick Chamoiseau und Raphaël Confiant vorangetriebenen Konzept der Créolité den Weg geebnet hat. C. gilt neben Senghor als einer der herausragendsten französischsprachigen Dichter des 20. Jahrhunderts und bislang am meisten analysierten frankophonen Schriftsteller.

Dagmar Reichardt/Kahiudi Claver Mabana

Chajjām, Omar (ʿOmar Ḥayyām)
Geb. zwischen 1021 und 1048 in Nischapur/Iran; gest. zwischen 1122 und 1131 in Nischapur/Iran

Vom Leben des Ġiāsu'd-din Abu'l Fatḥ ʿUmar ibn Ibrāhimu'l-Ḥayyāmi, so sein vollständiger Name auf Arabisch, ist wenig Gesichertes bekannt. Seinen Zeitgenossen galt er als Mathematiker und Astronom. Unter anderem wird ihm die Erfindung eines Kalenders zugeschrieben, der dem Julianischen Kalender an Logik überlegen ist. Er publizierte seine wissenschaftlichen Arbeiten auf Arabisch. Seine Robāʿiyāt (d. h. Vierzeiler) genannten Gedichte verfasste er dagegen auf Persisch. So ist sein Name auch in persischer Form überliefert – als ʿOmar Ḥayyām. Aus dem Beinamen Ḥayyām (Zeltmacher) hat man schließen wollen, sein Vater habe dieses Gewerbe ausgeübt.

Dies scheint aber ein Missverständnis zu sein. Wahrscheinlich handelt es sich dabei um einen Sufinamen. Bei diesen islamischen Mystikern war eine beliebte Art der Verschlüsselung, den Zahlenwert der Buchstaben eines Namens zu addieren und die Summe in Buchstaben zurückzuübersetzen. So kann sein Name als »Verschwender« gelesen werden – ein treffendes Pseudonym für jemanden, dem weltliche Güter nichts bedeuten.

Ch. stammte aus Nischāpur, der damals größten Stadt Irans, und dort verbrachte er die meiste Zeit seines Lebens. 1095 begab er sich auf die Ḥaǧǧ, die Pilgerfahrt nach Mekka, möglicherweise um sich den Anfeindungen orthodoxer Gegner zu entziehen. Grund genug dafür wären in einer Zeit, in der seine Heimatstadt eine Welle von Ketzerverfolgungen erlebte, nicht nur seine Verse gewesen, sondern auch die Einführung eines zivilen, am Sonnenjahr orientierten Kalenders statt des religiösen Mondkalenders. Die fromme Tat rehabilitierte ihn in den Augen der Öffentlichkeit; er erhielt danach eine Stelle an einer Hochschule seiner Heimatstadt, in der er hochgeachtet starb. Seit seinem Tod war sein Grab ein Ort des Gedenkens. 1934 wurde es mit einem Monumentalbau von zweifelhaftem Geschmack erneuert, und es wird auch heute noch viel besucht.

Allerdings erlebte Ch.s Popularität ihre Höhen und Tiefen. Bis vor kurzem glaubte man, die ältesten tradierten Handschriften seiner Verse stammten aus dem 13. Jahrhundert. Bereits damals wurde der Vorwurf der Gottlosigkeit gegen ihn laut. Andererseits hätten Sufis verschiedener Schulen und Länder ihn immer als einen der ihren angesehen und geschätzt, versichert der Iraner Omar Ali-Shah, der Herausgeber einer 1993 veröffentlichten Ausgabe von Ch.s Versen aufgrund einer Handschrift von 1153. In der breiteren Öffentlichkeit des islamischen Kulturkreises jedoch geriet sein Name fast in Vergessenheit, so dass europäische Iranisten schreiben konnten, das Abendland habe den Dichter wiederentdeckt und ihn dem Morgenland zurückgegeben. Bereits Anfang des 17. Jahrhunderts gab es eine lateinische Übersetzung. Der Österreicher Joseph von Hammer-Purgstall gab 1818 die erste deutsche Übersetzung heraus, und Friedrich Rückert veröffentlichte 1827 gelungene Nachdichtungen. Charles Grolleau legte 1822 eine französische Übersetzung vor. Populär wurde Ch. durch die Übersetzungen des englischen romantischen Dichters Edward FitzGerald. Sie waren nicht besonders genau, entsprachen aber dem Zeitgeschmack. FitzGerald sah Ch. als Freigeist an, der sich gleichermaßen gegen Orthodoxie und Sufismus gerichtet habe. Omar Ali-Shah hält das für ein Missverständnis, das FitzGeralds mangelnden Persischkenntnissen geschuldet sei.

Ebenso umstritten ist die Urheberschaft der etwa 2000 Ch. zugeschriebenen Verse. Nicht wenige sind sog. Wandervierzeiler, die sich auch im Werk anderer Dichter finden. Eine kritische Sichtung nahm zunächst der dänische Gelehrte Christensen vor. Er ermittelte aufgrund der stilistischen Merkmale besonders früh und besonders häufig Ch. zugeschriebener Robāʿiyāt einen von ihm für authentisch erklärten Kernbestand seiner Verse; Forschungen in dieser Richtung haben in neuerer Zeit die Iraner Dašti und Foruġi fortgesetzt. Angesichts der mit dieser Methode verbundenen Unsicherheiten verwundert es nicht, dass sowohl diejenigen, die in Ch. den frommen Mystiker sehen, als auch diejenigen, die ihn als Freigeist betrachten, einander vorwerfen, sie wählten aus dem Werk jeweils das aus, was in ihr Bild passe, und blendeten das andere aus.

Robāʿiyāt, wie Ch. sie verfasst hat, sind Vierzeiler, deren erste, zweite und vierte Zeile jeweils denselben Reim haben. Häufig finden sich Echoreime, in denen auf das Reimwort noch ein stets gleiches Wort folgt, oder Kehrreime, in denen sogar mehrere identische Wörter hinter dem Reimwort stehen. Folgende an Friedrich Rosen angelehnte Übersetzung, die formal und inhaltlich typisch für Ch.s Robāʿiyāt ist, mag das verdeutlichen: »Die Rätsel dieser Welt löst weder du noch ich, / Jene geheime Schrift liest weder du noch ich – / Hinter dem Vorhang ist die Rede zwar von dir und mir, / Doch wenn der Vorhang fällt, bist weder du noch ich.«

Kurt Scharf

Chamisso, Adelbert von
Geb. 30. 1. 1781 auf Schloss Boncourt/ Champagne; gest. 21. 8. 1838 in Berlin

»Es ist die alte, gute Geschichte. Werther erschoß sich, aber Goethe blieb am Leben. Schlemihl stiefelt ohne Schatten, ein ›nur seinem Selbst lebender‹ Naturforscher, grotesk und stolz über Berg und Tal. Aber Chamisso, nachdem er aus seinem Leiden ein Buch gemacht, beeilt sich, dem problematischen Puppenstande zu entwachsen, wird seßhaft, Familienvater, Akademiker, wird als Meister verehrt. Nur ewige Bohémiens finden das langweilig.« Thomas Mann würdigt hier das glückliche Ende eines Selbstfindungsprozesses und damit eine eigentlich singuläre Lebensleistung. Louis Charles Adelaide de Ch., der sich später stolz einen »Dichter Deutschlands« nennen wird, erlernt die deutsche Sprache erst mit fünfzehn Jahren, im Exil, in Berlin, wohin es seine Familie nach den Wirren der Französischen Revolution verschlagen hat. Ch. tritt in preußische Dienste, wird 1796 Page der Königin Friederike Luise und zwei Jahre später Fähnrich in einem Berliner Regiment. Durch das Studium der Schriften der in Berlin populären französischen Aufklärer, vor allem Jean Jacques Rousseaus, und die Lektüre Schillerscher Dichtung eignet sich Ch. die Moralvorstellungen des Bürgertums an, die er niemals wieder aufgeben wird. Er entfremdet sich so seinem Stand und damit seiner Familie. 1801, als den Chamissos von Napoleon die Rückkehr nach Frankreich erlaubt wird, bleibt Adelbert, wie er sich bald darauf nennt, in Deutschland. Finanzielle Gründe geben dafür zunächst den Ausschlag. Berlin wird ihm seit 1803 immer mehr auch zur geistigen Heimat: Er hört Vorlesungen August Wilhelm Schlegels und gründet mit Julius Eduard Hitzig, Karl August Varnhagen u. a. den »Nordsternbund«, der den Ideen der Frühromantik verpflichtet ist. Der Freundeskreis gibt von 1804 bis 1806 Musenalmanache heraus, in denen Ch. erstmals deutsche Gedichte veröffentlicht. Nach der Niederlage Preußens 1806 im Krieg gegen Napoleon aber folgen Jahre der Isolation, in denen Ch. den Eindruck hat, dass ihm »die Welt überall mit Brettern zugenagelt« ist. Im besetzten Berlin ist für den gebürtigen Franzosen kein Platz mehr, aus den Gesellschaften der nun deutsch-national gesonnenen Romantiker bleibt er ausgeschlossen. Er quittiert den preußischen Militärdienst und versucht vergeblich, in Frankreich eine Anstellung auf Dauer zu finden. Ch. schließt sich dem Kreis um Frau von Staël an, folgt der von Napoleon Verbannten auch ins Schweizer Exil nach Coppet. Deprimiert, der spekulativen Philosophie der Romantik und des Dichtens überdrüssig, beschließt er hier, im Frühjahr 1812, sein Leben auf eine neue Grundlage zu stellen: »Ich will alle Naturwissenschaften mehr oder weniger umfassen und in einigen Jahren als ein gemachter Mann und ein rechter Kerl vor mir stehen.« Ch. immatrikuliert sich an der Berliner Universität und treibt vor allem botanische Studien, die 1813 schon durch den Befreiungskampf der Deutschen gegen Napoleon unterbrochen werden müssen. Die Verzweiflung darüber hebt er in einer Erzählung auf, der nach ihrer Veröffentlichung 1814 ein sensationeller Erfolg beschert ist: der *Wundersamen Geschichte des Peter Schlemihl*, der dem Teufel zwar nicht seine Seele, aber seinen Schatten verkauft.

Aus der menschlichen Gemeinschaft deshalb verstoßen, heimatlos geworden, wandert Schlemihl mit Siebenmeilenstiefeln durch die Welt und findet erst als Naturforscher und Eremit seine Ruhe wieder. 1815, nach einer erneuten Mobilmachung Preußens, folgt Ch. seinem Helden und heuert auf einem russischen Expeditionsschiff als Botaniker an. Nach der Rückkehr von einer dreijährigen Reise in den Pazifik und in die Arktis findet er freilich die soziale Anerkennung, die Peter Schlemihl versagt bleibt. Die Berliner Universität ernennt Ch. 1819 zum Ehrendoktor, er wird Assistent am Botanischen Garten, Kustos des Königlichen Herbariums und heiratet, zum Verdruss seiner Familie, eine Bürgerstochter. In den Jahren danach publiziert er die wissenschaftlichen Erträge der Expedition und macht sich als Botaniker, Zoologe, Ethnograph und Sprachforscher einen Namen. 1835 wird er zum Mitglied der Berliner Akademie der Wissenschaften gewählt. Die Weltreise hat auch Konsequenzen für die Dichtung Ch.s. Im Reisetagebuch, das erst 1836 erscheint, verurteilt er den »naturphilosophisch-poetischen Kram« der deutschen Dichter, die »die Welt aus dem Halse der Flasche betrachten, in welcher sie eben eingeschlossen sind«, während er »doch durch alle Poren zu allen Momenten neue Erfahrungen« einatme. Der Romantiker wird, mindestens was seine Themen betrifft, zum Realisten, verpflichtet sich der Empirie und dem moralischen Engagement. Unter dem Einfluss von Pierre Jean de Bérangers politischen Chansons schreibt er als erster volkstümliche soziale Gedichte in Deutschland, am bekanntesten: das *Lied von der alten Waschfrau*, und wird damit den Vormärzliteraten ein Vorbild. Deren radikaldemokratische Gesinnung teilt er jedoch nicht, er plädiert für Reformen in einer konstitutionellen Monarchie. Ch.s Gedichte, lange Zeit in seinem *Poetischen Hausbuch* versteckt, erscheinen 1831 in einer Gesamtausgabe und tragen ihm ungeheuren Ruhm ein. Von 1832 bis zu seinem Tod, 1838, redigiert er – zuerst gemeinsam mit Gustav Schwab, dann in alleiniger Verantwortung – den repräsentativen *Deutschen Musenalmanach* und ist dabei, wie sich Heinrich Heines Worten entnehmen lässt, der geeignetste Mittler zwischen den Generationen: »Obgleich Zeitgenosse der romantischen Schule, an deren Bewegungen er teilnahm, hat doch das Herz dieses Mannes sich in der letzten Zeit so wunderbar verjüngt, daß er in ganz andere Tonarten überging, sich als einer der eigentümlichsten und bedeutendsten modernen Dichter geltend machte und weit mehr dem jungen als dem alten Deutschland angehört.«

Werkausgabe: Sämtliche Werke in 2 Bänden. Hg. von Werner Feudel und Christa Laufer. München/ Wien 1982.

Günter Blamberger

Chandler, Raymond [Thornton]
Geb. 23. 7. 1888 in Chicago, Illinois; gest. 26. 3. 1959 La Jolla, Kalifornien

Als Raymond Chandler 1959 starb, schrieb die Londoner *Times* in ihrem Nachruf, dass er einer der wenigen Kriminalschriftsteller gewesen sei, die »in working the vein of crime fiction, mined the gold of literature«. Sie spielte damit auf Ch.s intensives Bemühen um die Gattung der Kriminal- und Detektivliteratur an. Sein erklärtes Ziel war es, das Genre aus dem engen Korsett starrer Regeln zu befreien und den Kriminalroman auf ein gänzlich neues Niveau zu heben. Er wandte sich ab vom Muster des Detektivromans, wie er im »Golden Age«, der Zeit zwischen den beiden Weltkriegen, in England von Autoren wie Agatha Christie, Dorothy Sayers, Ngaio Marsh und Margery Allingham geschrieben wurde, und öffnete die Gattung erfolgreich für Elemente der ›hohen Literatur‹. Ch. gilt – in der Nachfolge von Dashiell Hammett – als der wichtigste Vertreter der »hard-boiled school«, jener spezifisch amerikanischen Spielart des Kriminalromans, die sich als Antwort auf den Detektivroman des englischen »Golden Age« entwickelte und in ihrer Darstellung größtmögliche Wirklichkeitsnähe anstrebt. Dem »ermüdenden Häkelwerk aus öden Indizien« setzte er Romane entgegen, deren Gestalten, Schauplatz und Atmosphäre realistisch sind; er wollte – so Ch. – »das Leben beschreiben, wie es wirklich vor sich geht«.

Ch. wurde 1888 in Chicago geboren. Sein Vater war Alkoholiker, und die Ehe seiner Eltern wurde auf Drängen der Mutter geschieden, als C. sieben Jahre alt war. Mit seiner irischstämmigen Mutter siedelte er daraufhin nach London um, wo er das Dulwich College, eine traditionsreiche Privatschule, besuchte. Nach seinem Schulabschluss verbrachte er sechs Monate in Paris und in Deutschland, seine Fremdsprachenkenntnisse zu vervollkommnen, und trat schließlich einen Posten im britischen Marineministerium an, den er aber – zum Entsetzen seines Onkels – bereits nach sechs Monaten quittierte. Von 1908 bis 1912 lebte Ch. als freier Schriftsteller im Londoner Intellektuellen-Viertel Bloomsbury und verfasste Gedichte, Rezensionen, Essays und satirische Skizzen für verschiedene Zeitungen und literarische Zeitschriften. Allein und mit nur 500 Pfund in der Tasche entschloss er sich 1912, in die USA – das Land seiner Geburt – zurückzukehren. Über New York, St. Louis und Nebraska gelangte er nach Kalifornien und ließ sich in Los Angeles nieder. Er verdiente seinen Lebensunterhalt, indem er eine Reihe schlecht bezahlter Gelegenheitsjobs annahm. Beim Eintritt der USA in den Ersten Weltkrieg meldete er sich als Freiwilliger, diente zunächst bei den kanadischen Gordon Highlanders in Frankreich und trat später in das Royal Flying Corps der britischen Luftwaffe ein. Nach seiner ehrenvollen Entlassung aus der Armee kehrte er 1919 mit seiner Mutter nach Los Angeles zurück, der Stadt, die den Hintergrund seiner Kriminalromane bilden sollte. 1924, unmittelbar nach dem Tod seiner Mutter, heiratete er die 18 Jahre ältere Pianistin Cissy Pascal. Die »Roaring Twenties« brachten auch für Ch. einen steilen Aufstieg. Er machte Karriere als Geschäftsmann, wurde Buchhalter, Vorstandsmitglied und später Direktor mehrerer unabhängiger Ölgesellschaften. Während der großen Wirtschaftsdepression der 1930er Jahre verlor jedoch auch er seinen Job und begann, Geschichten für Kriminalliteraturmagazine zu schreiben, die ihm schnell Anerkennung brachten.

Ausschlaggebend für seine spätere Karriere als Kriminalautor war die Lektüre der »Pulps«, billig aufgemachter Groschenhefte, die sich in den 1920er und 30er Jahren einer enormen Popularität erfreuten und den Markt mit einer Flut von Abenteuer-, Liebes-, Science Fiction- und Kriminalgeschichten überschwemmten. Das bekannteste und angesehenste dieser »Pulps« war das von Joseph T. Shaw herausgegebene *Black Mask Magazine*, in dem Ch. einen Großteil seiner Kriminalerzählungen veröffentlichte. Sein erster Roman, *The Big Sleep* (*Der tiefe Schlaf*, 1950), wurde 1939 veröffentlicht und zeigt Ch.s Talent als Kriminalromanschriftsteller. Auf *The Big Sleep*, den er in nur drei Monaten fertigstellte, folgten sechs weitere Romane, von denen er *Farewell My Lovely* (1940; *Lebewohl, mein Liebling*, 1953) für den besten hielt und mit denen er sich als Meister der »hard-boiled school« etablierte.

Ch.s Werke zeichnen sich durch einen gesellschaftskritischen Milieurealismus aus. Er beschreibt eine von Verbrechen, Gewalt und Korruption beherrschte Welt, in der keinerlei Gesetze gelten, und vermittelt damit ein authentisches Bild der »mean streets« von Los Angeles in den 1930er und 40er Jahren. Philip Marlowe, der zur Kultfigur gewordene Protagonist aller Ch.-Romane, erscheint als realer Held, der in einer realen Welt agiert. Marlowe ist ein »private eye«, ein Privatdetektiv, und verdient sich seinen Lebensunterhalt durch die Übernahme gefährlicher, meist zwielichtiger und wenig lukrativer Aufträge. Er ist ein Einzelgänger ohne soziale Bindungen. Anders als Hammetts Continental Op wendet er Gewalt nur im äußersten Notfall an, und im Vergleich zu den »tough guys« in Hammetts Romanen erweist sich Marlowe als Gentleman mit romantischen Zügen. Er ist »a man [...] who is not himself mean, who is neither tarnished nor afraid« (Ch.). Grundlage seines Handelns bildet ein eigener Moralkodex. Mord und Verbrechen werden geahndet, weil sie eine Bedrohung für die menschliche Gesellschaft darstellen, nicht weil sie wider das Gesetz – das ohnehin als käuflich betrachtet wird – verstoßen.

Internationale Bekanntheit erlangten Marlowe und sein geistiger Vater durch die Verfilmung von *The Big Sleep* (1946) unter der Regie von Howard Hawks, in der Humphrey Bogart – neben Cary Grant Ch.s Wunschkandidat für die Marlowe-Rolle – den Detektiv in idealer Weise verkörperte. Wie zuvor Hammett, so ging auch C. in den 1940er Jahren nach Hollywood, wo er sich als Autor von Drehbüchern für die Paramount Pictures Corporation einen Namen machte. Für das Script von DOUBLE INDEMNITY (1944), einem für zwei

Oscars nominierten Kassenschlager, arbeitete er mit Billy Wilder zusammen, und er verfasste unter anderem die Drehbücher zu THE BLUE DAHLIA (1946) und zu Alfred Hitchcocks Verfilmung von Patricia Highsmiths Psycho-Thriller *Strangers on a Train* (1951).

Seine theoretischen Überlegungen zum Kriminalroman legte Ch. in dem 1944 im *Atlantic Monthly* erschienenen Essay »The Simple Art of Murder« (»Die simple Kunst des Mordes«, 1975) nieder. Im Laufe seiner literarischen Karriere gelang es ihm, sein Ziel, »eine mediokre Form herzunehmen und so etwas wie Literatur daraus zu machen«, umzusetzen. Die Verwendung von literarisch gestaltetem, der Umgangssprache nachempfundenem Slang, fragmentarischer Syntax, Ironie sowie ausgefallener Vergleiche und Metaphern zeichnen Ch.s sachlich-nüchternen Stil aus. Ch.s Kriminalromane sind Sprachkunstwerke, denn er schrieb – wie er selbst sagt – »für Leute, die unter Schreiben eine Kunst verstehen«.

Katrin Fischer

La Chanson de Roland (Rolandslied)
Um 997–1130

Das *Chanson de Roland* besteht aus 4002 zehnsilbigen Versen, die zu 291 durch Assonanz verbundene Strophen (Laissen) unterschiedlicher Länge zusammengefasst sind. Es bezieht sich auf Ereignisse des Jahres 778, als der junge König Karl, der spätere Karl der Große, auf dem Rückweg aus Spanien in den Pyrenäen in der Schlucht von Roncevalle bei einem Angriff baskischer Bergbewohner seine Nachhut verlor. Diese Ereignisse sind in wenigen Zeilen in der *Vita Caroli* des Éginhard überliefert. Im *Chanson de Roland* werden diese historisch belegten Fakten ergänzt, ausgeschmückt und umgedeutet und zu einem Heldengedicht umgeschrieben. Die Vernichtung der 20.000 Mann starken Nachhut unter Roland durch ein kleines, 400 Mann starkes Heer der Sarazenen ist nur durch Verrat möglich. Roland zögert dramatisch lange, bevor er mit dem Blasen des Horns (Olifant) Karl mit seiner Vorhut zur Unterstützung zurückruft. Dieser sieht das vernichtete Heer, verfolgt die Sarazenen und tötet mit Gottes Hilfe den aus Babylon herbeigeeilten Feldherrn Balignant in einem alles entscheidenden Zweikampf. Karl kehrt dann mit den Leichen der Helden Roland, Olivier und Turpin nach Frankreich zurück. Der Verräter Ganelon wird angeklagt und erhält seine gerechte Strafe: Er wird gevierteilt.

Damit ist aus einem historischen Ereignis eine Legende mit Zeichen für Tapferkeit und göttliche Gnade geworden: Kampfszenen unterstreichen den Heldenmut von Roland und seinen Mannen, die Sonne wird für eine Stunde angehalten, so dass Karl die Sarazenen verfolgen und vernichtend schlagen kann. Aus den Fakten der Quelle ohne religiösen Bezug wird ein Epos über den Kampf der treu ergebenen Vasallen gegen die Ungläubigen.

Das Manuskript wurde 1832 in der Bodleian Bibliothek in Oxford gefunden. Es ist eine auf Anglonormannisch, einem französischen Dialekt, der sich nach der Eroberung durch die Normannen im 11. Jahrhundert in England entwickelte, abgefasste Kopie eines vermutlich auf dem Kontinent (in der Île-de-France, der Picardie oder der Normandie) entstandenen Textes eines unbekannten Verfassers. Der letzte Vers der Oxforder Handschrift nennt den Namen (Turoldus) des möglichen Autors, Rezitators, Übersetzers oder des Kopisten. Die Oxforder Handschrift ist wohl zwischen 997 und 1130, d.h. wahrscheinlich vor dem ersten Kreuzzug (1093–99), entstanden. Der Text selber enthält keine Hinweise auf die Kreuzzüge, es handelt sich hier inhaltlich eindeutig um die Rückeroberung (Reconquista) der Iberischen Halbinsel. 1837 erschien die Handschrift in Paris zum ersten Mal im Druck.

Das Rolandslied steht in einer langen Tradition von mündlich überlieferten Heldengedichten (*chanson de geste*), die über Jahrhunderte in ganz Europa tradiert, neu bearbeitet, ergänzt, umgestaltet und umgedeutet wurden, und in jedem Fall erfuhr der Stoff eine Neugestaltung, so in Italien durch Ariost (*Orlando Furioso*, 1516–21) und in Deutschland durch Konrad von Regensburg, der das Rolandslied wahrscheinlich 1172 ins Mittelhochdeutsche übertragen und bearbeitet hat.

Rita Wöbcke

Char, René
Geb. 14. 6. 1907 in L'Isle-sur-la-Sorgue/ Frankreich; gest. 19. 2. 1988 in Paris

War René Char unter dem Eindruck von *Capital de la douleur* (1926; *Hauptstadt der Schmerzen*, 1959) seines Freundes Paul Éluard anfangs den Surrealisten um André Breton und Louis Aragon verbunden, wovon die Kooperation *Ralentir travaux* (1930; *Vorsicht Baustelle*, 1988) und die eigenständige Gedichtsammlung *Le marteau sans maître* (1934; *Der herrenlose Hammer/Erste Mühle*, 2002) zeugen, so distanziert er sich mit *Dehors la nuit est gouvernée* (1938; *Draußen die Nacht wird regiert*, 1959) wieder von deren überbordender Bilderfülle und rückt das Politische und Menschliche in den Vordergrund – Themen, die fortan für Ch.s Dichtung als zentral gelten dürfen. Die Erfahrungen seiner Armeezeit von 1939 bis 1940 finden ihren Widerhall in den später unter dem Titel *Fureur et mystère* (1948; *Zorn und Geheimnis*, 1959) zusammengefassten Anthologien *Le poème pulvérisé* (1947; *Das pulverisierte Gedicht*, 1959) und *Seuls demeurent* (1945; *Es bleiben aber*, 1959). Von 1942 bis 1944 gehört C. der Résistance an. Dieser Zeit entstammt seine wichtigste, Albert Camus gewidmete, Gedichtsammlung *Feuillets d'Hypnos* (1946; *Hypnos. Aufzeichnungen aus dem Maquis (1943–1944)*, 1958), die von Paul Celan ins Deutsche übertragen wurde. In dunklen Aphorismen, die das Erbe der französischen Moralistik wach halten, ringen Angst und Hoffnung in unvergleichlicher dichterischer Intensität miteinander.

Obwohl Ch.s Werk allgemein als esoterisch und schwer zugänglich gilt, bedeutet es doch keinen Rückfall in eine artifizielle Dunkelheit: Es ist Ausdruck einer »Offenbarung der Dichtung« (Maurice Blanchot) oder »essentialistische Dichtung« (Winfried Engler). Ch. sucht im Zeichen des Heraklitschen Zusammendenkens und Aushaltens der Gegensätze, einer unhintergehbaren »gemeinsamen Gegenwart« (*Einen Blitz bewohnen*, 1995), immerfort dasjenige Moment, in dem die ›Unverborgenheit des Seienden‹ wesenhaft in das dichterische Sagen tritt, was den Dichter auch mit Martin Heidegger ins Gespräch brachte. Die visionäre Energie von Ch.s Dichtung kann sich in einem erkennenden Betroffensein, das der elementaren Zerbrochenheit des Seienden in einer kreativen Lektüre abgerungen wird, augenblicklich konkretisieren: »Bewohnen wir einen Blitz, so ist er das Herz der Ewigkeit« (*Zorn und Geheimnis*, 1991). Insofern kommt dem Begriff des ›Fragments‹, der symbolisch für diese Dichtung stehen kann, eine besondere Bedeutung zu, da er nicht nur den Bruch ›mit‹, sondern auch den Bruch ›von‹ etwas anzeigt: Es gilt, in der Spannung von gewusstem Verlust und bleibender Hoffnung – ohne der euphemistischen Sehnsucht der Moderne zu verfallen, noch auf eine Rettung durch die Religion zu vertrauen –, die Grenzen des Sagbaren aufzusuchen und an den Rändern des überhaupt Möglichen nach Neuem zu streben. Diese Forderung verbindet Ch. mit der ins Unsagbare, ins Schweigen gewandten Dichtung Stéphane Mallarmés. Wie diese widersetzt sich seine Dichtung der letztgültigen Interpretation und kündet, ähnlich dem stürmenden Begehren Arthur Rimbauds, von einem »ersehnten Land« (Paul Gauguin), einer unbekannten Zukunft des Gedichts, die immer wieder Aufbrechen, Auflodern, gleich einer »fragenden Fackel« (*Lob einer Verdächtigen*), bedeutet. Zu den wichtigsten Werken Ch.s zählen *Les matinaux* (1950; *Wanderer in den Morgen*, 1968), *La parole en archipel* (1962; *Das Wort als Inselgruppe*, 1968), *La bibliothèque est en feu* (1956; *Die Bibliothek in Flammen*, 1968) und *Éloge d'une soupçonnée* (1988; *Lob einer Verdächtigen*, 1988).

Werkausgaben: Dichtungen/Poésies I. Frankfurt a. M. 1959. – Dichtungen/Poésies II. Frankfurt a. M. 1968.

Sebastian Hartwig

Charrat, Edwar al-
↗ Kharrat, Edwar al-

**Charms, Daniil
(eigtl. Daniil Juvačev)**
Geb. 12. 1. 1906 in St. Petersburg;
gest. 2. 2. 1942 in Nowosibirsk

Daniil Charms ist der Hauptvertreter der spätavantgardistischen Künstlergruppe OBĖRIU (Vereinigung der realen Kunst), die sich 1927 in Leningrad formierte und Anfang 1928 mit einem Manifest sowie der Aufführung von Ch.' Stück *Elizaveta Bam* an die Öffentlichkeit trat. An die experimentelle Dichtung des Futurismus anknüpfend, verfolgten die Obėriuten das Programm einer radikalen Kunstrevolution, mit dem sie sogleich in Opposition zu Partei und Staat gerieten. Angriffe der linientreuen Presse trugen, nachdem Publikationen und öffentliche Auftritte unmöglich geworden waren, zur Auflösung der Gruppe bei (1930), ihre Mitglieder standen fortan unter Beobachtung. Bereits 1928 war Ch. Mitarbeiter der ambitionierten Kinderzeitschrift *Ež* (Der Igel) geworden, als Autor von Kinderliteratur verdiente er seinen Lebensunterhalt bis zum völligen Publikationsverbot 1937. Mit seinem Freund und Mitstreiter Aleksandr Vvedenskij geriet Ch. erstmals 1931 in Haft. 1941 wurde er erneut verhaftet und starb wenige Monate später im Gefängniskrankenhaus.

Von seinem literarischen Werk waren bis in die 1970er Jahre nur Texte für Kinder öffentlich bekannt. Das übrige Werk wurde zunächst im Ausland, ab Ende der 1980er Jahre auch in Russland editorisch aufgearbeitet. Es umfasst Gedichte, Erzählungen und Kurzprosa sowie Dramen und dramatische Skizzen. »Elizaveta Bam« ist am engsten mit dem Programm von OBĖRIU verbunden. Im Manifest wird auf die Realisierung obėriutischer Konzepte in dem Stück verwiesen, die unter anderem in der neuartigen Komposition theatraler Elemente besteht. Anstelle einer stringenten, kausalen Ereignisfolge findet sich ein oft abrupter Wechsel von Stilen, Gattungskonventionen, Rollenidentitäten, von Ernst und Komik, Banalität und Pathos usw. Räume, Figuren und Konstellationen ändern unmotiviert ihre Eigenschaften, die Regeln der Logik sind außer Kraft gesetzt. Den Rahmen bildet die Verhaftung der Titelfigur, der ein zunächst nicht genanntes Verbrechen zur Last gelegt wird, später die Ermordung eines der beiden Männer, die Elizaveta schließlich tatsächlich abführen werden. Solche alogischen Wendungen sind nicht allein als Ausdruck einer absurden Weltsicht zu interpretieren, sie dienen hier vor allem der Befreiung des Theaters von jeglichen nicht-theatralen Regeln. Für den aus kurzen Prosatexten und dramatischen Szenen bestehenden Zyklus »Slučai« (1933–39; »Fälle«) ist eine Haltung völliger Sinnverweigerung kennzeichnend, die bisweilen in hintergründige Komik übergeht. Die einfache, zumeist bilderlose und alltägliche Sprache suggeriert zunächst die Normalität einer sinnbestimmten Welt. Diese wird jedoch unterlaufen durch den Bruch mit den Konventionen von Figurengestaltung und Handlungsführung und durch die extreme Ent-Individualisierung und Ent-Emotionalisierung der Figuren sowie die Eliminierung von Handlungsmotivierungen bzw. von Handlung überhaupt oder deren Überführung in mechanische Wiederholungen. »Starucha« (1939; Die alte Frau) ist eine alptraumhafte Ich-Erzählung über den Versuch, die Leiche der Titelfigur loszuwerden. Im Unterschied zu »Slučai« kann die Darstellung hier als psychologisch bezeichnet werden, denn es geht um das Leiden des Erzählers unter den verstörenden Sinnwidrigkeiten seiner Erfahrungswirklichkeit und den Versuch, diesen zu entrinnen.

Werkausgabe: Alle Fälle. Das unvollständige Gesamtwerk in zeitlicher Folge. Hg. P. Urban. Zürich 1995.

Frank Göbler

Chateaubriand, François-René Vicomte de

Geb. 4. 9. 1768 in Saint-Malo/Frankreich; gest. 4. 7. 1848 in Paris

Der einer alten bretonischen Adelsfamilie entstammende, weitgereiste Autor und Politiker Chateaubriand gilt als maßgeblicher Vorbereiter der literarischen Entwicklung der Romantik in Frankreich. Seine Jugend verbrachte Ch. in Combourg und Rennes, wo er ab 1781 das Collège besuchte. Er leistet seinen Militärdienst im Regiment von Navarra ab und entschließt sich 1791, nachdem er einige Zeit in Paris verbracht, nach Nordamerika zu emigrieren. 1792 kämpft der nach Frankreich Zurückgekehrte im Emigrantenheer, verlässt das Land aber im Anschluss erneut in Richtung Brüssel und London, wo 1797 der konterrevolutionäre Essay *Essai historique, politique et moral sur les révolutions anciennes et modernes* (1797, überarb. 1826; Historischer, politischer und moralischer Essay über die früheren und modernen Revolutionen) erscheint, in dem sich Ch. noch ironisch über die Kirche äußert. Doch schon kurz darauf vollzieht er die Konversion zum christlichen Glauben. 1800 reist er nach Frankreich zurück und veröffentlicht 1802 seine theoretische Schrift *Génie du christianisme ou beautés de la religion chrétienne* (1802; *Geist des Christentums oder Schönheiten der christlichen Religion*, 2004), eine Apologie des Christentums, dem er im zweiten Teil der Abhandlung eine eigene Poetik zuweist. Mit seiner eindringlichen Propagierung des Katholizismus trifft Ch. auf fruchtbaren Boden: 1801 unterzeichnete Napoleon ein Konkordat mit dem Papst, das ihm die Kontrolle über die katholische Kirche zusichern sollte. 1803 wird Ch. unter Napoleon Gesandtschaftssekretär in Rom, seine politische Karriere beginnt. In der Folge der Erschießung des Erzherzogs von Enghien kommt es jedoch zum Bruch mit dem künftigen Kaiser. Nach einer Reise durch die Mittelmeerländer setzt Ch. ab 1811 seine politische Karriere fort: Er wird zum Mitglied der Académie française sowie später der Pairskammer gewählt, versieht in den folgenden Jahren den Posten des Botschafters in Berlin, London und Rom und bekleidet das Amt des Außenministers. Ab 1830 kehrt er der Politik jedoch den Rücken, um sich bis zu seinem Tod verstärkt literarischen Projekten zuzuwenden.

Über die einzelnen Stationen seines bewegten Lebens berichtet der Autor in den *Mémoires d'outre tombe* (1848; *Erinnerungen*, 1968), denen die Fiktion zugrunde liegt, post mortem sich selbst und das eigene Leben mit all seinen Ereignissen, Handlungen und Emotionen zu beobachten. Aus der gewählten Perspektive nimmt Ch. verklärende Darstellungen seiner Kindheit und Emigrationszeit vor, wertet die eigene Person und ihre Handlungen in literarisch versierten Selbststilisierungen auf und unterstreicht immer wieder den persönlichen Einfluss auf historische und politische Ereignisse. Dabei verwischt er oft die Grenzen zwischen persönlichen Befindlichkeiten bzw. den eigenen literarischen oder politischen Ideen und den äußeren historischen Geschehnissen. Die Verklärung und Literarisierung des eigenen Lebens ist ebenso wie die Selbststilisierung Ausdruck eines gesteigerten Selbstwertgefühls, das der Autor zumal in den Schilderungen der tristen, von tiefgründiger Melancholie geprägten Jugendzeit auf dem elterlichen Schloss Combourg im Memoirentext selbst thematisiert.

Für die romantische Bewegung waren vor allem Ch.s Erzählungen *Atalá ou les amours de deux sauvages dans le désert* (1801; *Attala*, 1962) und *René* (1802; *René*, 1962) von Bedeutung. *René* erzählt die Geschichte des gleichnamigen Helden, der, nachdem er eine freudlose Jugend in einem bretonischen Schloss verbrachte, die ihm lediglich durch ein gesteigertes religiöses Empfinden sowie die enge Verbindung zur Schwester erträglicher wurde, auf Reisen geht, um der Langeweile und Melancholie zu entkommen. Doch auch die Reisen nach Italien und Schottland können den Weltschmerz des Protagonisten nicht lindern. Erst die Wiederbegegnung mit der Schwester Amélie nach seiner Rückkehr führt zur Besserung, die jedoch nur von kurzer Dauer ist, da Amélie, in inzestuöser Liebe zu ihm entbrannt, in ein Kloster flieht, um der Welt zu entsagen.

Der Schock treibt René beinahe zum Selbstmord; doch entschließt er sich, Frankreich zu verlassen und nach Amerika zu gehen, wo er – so schildert es die Rahmenerzählung – in der idyllischen Ideal-Gemeinschaft eines Indianerstammes lebt und dem Häuptling seine Lebensgeschichte erzählt. Sowohl Ch.s eigene Jugenderlebnisse als auch die Erfahrungen seiner Amerikareise, die er im Reisebericht *Voyage en Amérique* (1827; Reise nach Amerika) schildert, fließen in die Erzählung seines romantischen, von Selbstzweifeln geplagten Helden ein, deren Motive ebenso wie die Konzeption des Helden von zentraler Bedeutung für die französische Romantik sind. Das Thema des »edlen Wilden« nimmt der Autor in *Atalá* und *Les Natchez* (1826; *Die Natchez*, 1982) wieder auf. Neben der Konzeption des Helden und dem Exotismus der nordamerikanischen Kulisse zeichnen sich die frühen Prosawerke insbesondere durch Naturschilderungen aus, welche die jeweilige Seelenlandschaft der Protagonisten spiegeln, die sich zumeist im inneren Konflikt zwischen emotionalem Begehren und gesellschaftlich-moralisch adäquatem Handeln befinden oder, zur Untätigkeit verdammt, einer andauernden und zermürbenden Langeweile ausgesetzt sind, die in Melancholie und Weltschmerz mündet.

Mit seiner vierteiligen theoretischen Abhandlung *Génie du christianisme* verweist Ch. auf das kulturschaffende Potential des Christentums, indem er dessen kulturellen Praktiken und ästhetischen Erzeugnissen in einer poetischen Sprache huldigt. Er beklagt die religiöse Indifferenz der Epoche der Aufklärung, die für ihn einem Ordnungsverlust gleichkommt, der nun mit Hilfe der christlichen Lehre wieder rückgängig gemacht werden soll, um erneut ein gottgewolltes Gleichgewicht zu etablieren. Zudem weist Ch. dem Christentum eine eigene Poetologie zu, die auf der Analogie zwischen dichterischer Einbildungs- und göttlicher Schöpfungskraft basiert. In der Stimme des christlichen Dichters manifestiert sich die göttliche Stimme, so dass das Ideal des Schönen und Guten in Vollkommenheit über die Literatur zum Ausdruck gebracht werden kann, deren Funktion es ist, Tugendhaftigkeit zu exemplifizieren und die wahre menschliche Natur aufzuzeigen, die sich notwendigerweise in einer christlichen Lebenshaltung ausdrückt.

Katrin Fischer-Junghölter

Chatwin, [Charles] Bruce
Geb. 13. 5. 1940 in Sheffield;
gest. 18. 1. 1989 in Nizza

Bruce Chatwin hat in seinem kurzen Leben der britischen Tradition der Reiseliteratur eine Dimension hinzugefügt, die man die anthropologische nennen könnte. Sein Werk kann als Auseinandersetzung mit dem Wandertrieb, der ›nomadischen Alternative‹ des Menschen gedeutet werden, selbst dort, wo er sich, wie oft in seinen Romanen, mit der Unbeweglichkeit beschäftigt. – Ch. war der Sohn eines Rechtsanwalts. Nach dem Besuch von Marlborough College war er 1958–66 Angestellter bei Sotheby's, wo er durch sein sachkundiges Auge auffiel. Ein verspätetes Studium der Archäologie und des Sanskrit in Edinburgh brach er ab. 1965 heiratete er die Amerikanerin Elizabeth Chanler und wohnte in Gloucestershire und Oxfordshire. Als Rezept gegen vorübergehende Blindheit verschrieb ihm ein Arzt ›Afrika‹ als Heilmittel. Auf langen Reisen durch Afrika, Asien, Südamerika und Australien, von denen er für *Sunday Times* berichtete, sammelte er das Material für seine künftigen Bücher. Zu seinen Reisegefährten gehörten u. a. Salman Rushdie, Peter Levi und Paul Theroux. Eine Kindheitserinnerung an das Hautstück eines Riesenfaultiers führte ihn nach Feuerland. Aus dieser Reise entstand *In Patagonia* (1977; *Patagonien*, 1981), »denn die älteste Form des Reiseberichts ist die, in der der Erzähler seine Heimat verlässt und sich auf die Suche nach einem legendären wilden Tier in ein fernes Land begibt«. In dieser Landschaft am Ende der Welt begegnet er exzentrischen Einwanderern und Sektierern. In *Patagonia Revisited* (1985; *Wiedersehen mit Patagonien*, 1992), das er gemeinsam mit Paul Theroux verfasste, werden literarische Bezüge zu Shakespeare, Edgar Allan Poe, Herman Melville und William H. Hudson sichtbar. Der Roman *The Viceroy of Ouidah* (1980; *Der Vizekönig von Ouidah*, 1982) erinnert in seiner Beschwörung des ›dunklen‹ Afrika an Joseph Conrads *Heart of Darkness* und diente als Vorlage zu Werner Herzogs Film COBRA VERDE (1988). Der nächste Roman, *On the Black Hill* (1982; *Auf dem schwarzen Berg*, 1983), schildert das eng verbundene Leben zweier Zwillingsbrüder vor dem Hintergrund des ländlichen Wales. Mit dem Reisebuch *The Songlines* (1987; *Traumpfade*, 1990) errang Ch. Weltruhm. In Skizzen und Porträts erkundet er das mythische Universum der australischen Aborigines und ihrer Vorstellung einer durch Lieder erschaffenen und zu erhaltenden Welt. Die Berichte und Begegnungen reichert er mit spekulativen Notizen zur Evolution an. In dem Roman *Utz* (1988; *Utz*, 1989) wendet er sich dem Schicksal eines besessenen Porzellansammlers in Prag zu und zeigt die Wechselbeziehungen zwischen Sammeltrieb und der Geschichte des 20. Jahrhunderts. Postum erschien die Essaysammlung *What Am I Doing Here* (1989; *Was mache ich hier*, 1991), in der er Nadeshda Mandelstam, André Malraux, Werner Herzog oder Ernst Jünger porträtiert, über China, Afghanistan und die Wolga oder über die Welt des Kunsthandels schreibt. Weitere Artikel erschienen in *Anatomy of Restlessness* (1996; *Der Traum des Ruhelosen*, 1997). Seine photographische Arbeit belegt der Bildband *Far Journeys: Photographs and Notebooks* (1993; *Bruce Chatwin auf Reisen. Photographien und Notizen*, 1993). – Früh bildeten sich Legenden um den Reisenden, zu denen er gerne beitrug. Nach eigenen Angaben erkrankte er tödlich nach dem Genuss eines seltenen chinesischen Pilzes; nach anderen starb er an AIDS. An die Verwandtschaft mit Arthur Rimbaud erinnert Kevin Volans' Oper *The Man Who Strides the Wind* (1993). Zuletzt plante Ch. einen Roman über Russland. Ch. gehört in die Reihe großer britischer Reisender wie Sir Richard Burton oder Robert Byron, die ihm auch literarische Vorbilder waren. Mehr als die Kunst und die Archäologie interessierten ihn die Menschen.

Elmar Schenkel

Chatzis, Dimitris

Geb. 21. 11. 1913 in Ioannina/Griechenland; gest. 20. 7. 1981 in Saronida

Als einer der ersten griechischen Nachkriegsautoren thematisiert Dimitris Chatzis in seinem erzählerischen Werk die Auswirkungen der Geschichte auf das Leben des einfachen Menschen und den Wandlungsprozess der griechischen Nachkriegsgesellschaft. Seine realistische Prosa verbindet sozialkritische Beobachtung, aus dem Blickwinkel der politischen Linken, mit einem tiefen Humanismus, der sich in der Anteilnahme des Autors am Schicksal seiner Charaktere manifestiert. Aufgrund der gelungenen Kombination von Ideologie und Emotion, seiner z. T. innovativen Erzähltechniken sowie des beispielhaften Umgangs mit der griechischen Sprache zählt Ch. zu den bedeutendsten griechischen Nachkriegsautoren.

Ch.' Leben war einerseits durch die marxistische Ideologie, mit der er Anfang der 1930er Jahre in Berührung kam, andererseits durch die historischen Ereignisse der 1930er und 40er Jahre geprägt. 1935 trat er der Kommunistischen Partei bei. 1936 wurde er während der Diktatur unter Ioannis Metaxas (1936–40) auf die Insel Folegandros verbannt. Im Zweiten Weltkrieg kämpfte er an der albanischen Front gegen Italien und nahm 1941 bis 1944 am Widerstandskampf der Partisanen teil. 1947 wurde er auf die Insel Ikaria verbannt. 1949 – nach der Niederlage des linken Lagers im Bürgerkrieg – ging Ch. ins Exil nach Budapest, wo er byzantinische Geschichte und Philologie studierte. Als Stipendiat der Berliner Akademie der Wissenschaften der DDR weilte er 1957 bis 1962 in Ost-Berlin. Dort gab er zusammen mit der Schriftstellerin Melpo Axioti die Anthologie neugriechischer Erzählungen *Antigone lebt* (1960) heraus. Zurück in Budapest gründete

Ch. das Neugriechische Institut, an dem er 1962 bis 1967 neugriechische Sprache und Literatur lehrte. 1969 wurde er (mit einer Arbeit über ein byzantinistisches Thema) an der Humboldt-Universität promoviert. 1975 kehrte Ch. nach Griechenland zurück. Bis zu seinem Tod galt sein Engagement dem kulturellen Leben des Landes. Neben seinem literarischen Werk verfasste er Essays über die griechische Literatur und Kultur sowie politische Artikel.

In Ch.' erzählerischem Werk lassen sich zwei Tendenzen erkennen: eine offen ideologische, in der – im Sinne des sozialistischen Realismus – gesellschaftspolitische Ideale sowie ein kämpferischer Ton vorherrschen, und eine vorwiegend literarische, wobei die Verknüpfung von ideologischer Intention, realistischer Form und emotionalem Ton einen »humanistischen Realismus« entstehen lässt. Dabei sind lediglich der erste Roman *Fotia* (1947; Feuer), das erste griechische Prosawerk, das den Widerstandskampf thematisiert, und eine Reihe von frühen Erzählungen (1940–50) der ersten Kategorie zuzuordnen. In den Erzählungen der Sammlung *To telos tis mikris mas polis* (1953; Das zerstörte Idyll, 1965) werden die Charaktere als Opfer der Geschichte und der sich wandelnden sozialen Ordnung dargestellt, während die Sammlung *Aniperaspisti* (1965; Die Schutzlosen) ein Bild der niedergeschlagenen und desillusionierten Welt der Nachkriegszeit zeichnet: Die »Schutzlosen« haben jeden Glauben und jede Fähigkeit, ihr Leben zu verbessern, verloren.

In Ch.' wichtigem zweiten Roman *To diplo vivlio* (1976; Das doppelte Buch, 1983) wird die Erzählung von zwei Stimmen getragen: von der des seit vier Jahren in Stuttgart lebenden Gastarbeiters Kostas und der eines anonymen Schriftstellers. Zentrales Thema sind die Einsamkeit und Heimatlosigkeit, die nicht nur die Emigranten, sondern alle Menschen empfinden, sowohl in Griechenland, wo die traditionelle Ordnung in Auflösung begriffen ist, als auch im kapitalistischen Westen. Der Roman mündet zwar in Fragmente, was die Unmöglichkeit, die Geschichte zu Ende zu führen bzw. die Ratlosigkeit des Autors signalisieren soll, lässt aber Raum für Hoffnung auf eine bessere Welt.

Sophia Voulgari/Athanasios Anastasiadis

Chaucer, Geoffrey
Geb. um 1340–45 in London; gest. 25. 10. 1400 in London

Geoffrey Chaucer, der bedeutendste Dichter des englischen Mittelalters, war bürgerlicher Abstammung. Sein Vater war Weinhändler und hatte Beziehungen zum Hof. Dies eröffnete dem jungen Ch. die Möglichkeit, in den Dienst des Adels zu treten. 1357 war er Page bei der Gräfin von Ulster, danach studierte er (mutmaßlich) an einer Londoner Juristenschule. 1366 trat er in den Dienst des Hofes und nahm 1368–73 an mehreren diplomatischen Missionen (nach Frankreich, Flandern, Italien) teil. Von 1374 an hatte er eine Reihe von Ämtern inne; er war u. a. Zollaufseher im Londoner Hafen, Friedensrichter von Kent, Intendant der Königlichen Schlossbauten. Auf diese Weise lernte er alle Schichten des englischen Volkes, aber auch das Leben und die kulturellen Strömungen auf dem Kontinent kennen, was ihm eine Fülle von Themen und Darstellungsmöglichkeiten für seine Erzählkunst erschloss und zugleich eine ausgereifte kritische Weltsicht mit sich brachte.

Die Jugenddichtungen des mittelenglischen Dichters sind von französischen und italienischen Vorbildern beeinflusst (Guillaume de Machaut, Eustache Deschamps, Jean Froissart, Rosenroman; Dante, Boccaccio, Petrarca). Ein strukturelles Grundschema ist zu erkennen: Die Dichtung beginnt im Alltag des Ich-Erzählers, der häufig dem Autor nahesteht, aber stets ironisch gezeichnet wird. Es folgt eine Episode aus der antiken Dichtungstradition, die indirekt auf die Thematik des Werkes aufmerksam macht. Dann folgt – stets in einer Traumvision – ein Mittelteil, der den Weg des Träumers zu seinem Ziel beschreibt; erst danach entfaltet der Dichter die Hauptthematik seines Werkes. Sodann wird die Dichtung schnell zu Ende geführt. Jede der

Jugenddichtungen hat einen thematischen Schwerpunkt: (1) *The Book of the Duchess*: Fortuna (und der Tod); (2) *The House of Fame*: Fama (und das Haus der Neuigkeiten); (3) *The Parliament of Fowls*: Liebe und Natur. Der Anlass für *The Book of the Duchess* war der Tod der Herzogin Blanche, der Gattin von Ch.s Freund John of Gaunt, die 1369 an der Pest starb. Die Jagdszene im Mittelpunkt der Dichtung lenkt den Blick auf die höfische Gesellschaft und führt den Schwarzen Ritter ein, der zunächst in einem Monolog den Tod der geliebten Frau beklagt. Im Dialog lässt der Ritter sich dazu bewegen, ein Porträt der Frau zu entwerfen, die hier ganz nach dem Vorbild einer höfischen Geliebten beschrieben wird. Der Tod wird nicht als ein religiöses Problem verstanden, sondern als Teil des Schachspiels, das der Ritter mit Fortuna spielt.

The House of Fame (um 1372–80; *Das Haus der Fama*, 1883) rückt von Anfang an die Ambivalenz der Fama ins Bewusstsein des Lesers. Aeneas und Dido sind dafür die besten Beispiele aus der antiken Literatur. Ein Weltraumflug mit einem Adler bringt den Träumer zum Haus der Fama, die Nachruhm und Vergessenheit willkürlich verteilt. Auch die Werke der Dichter (von Homer bis Claudian), die zwischen Wahrheit und Illusion stehen, sind von der Ambivalenz der Fama geprägt. Im benachbarten Haus der Neuigkeiten (House of Tydynges) beobachtet der Träumer, wie Informationen über alle Wechselfälle des Lebens eintreffen, eine bestimmte Nachricht (man dachte lange an eine Hofneuigkeit) kommt jedoch nicht an. Am Ende der Dichtung, die Fragment bleibt, heißt es lediglich: »y saugh a man ... a man of gret auctorite«. Wer diese Autorität ist (Boethius oder Christus), bleibt offen.

The Book of the Duchess und *The House of Fame* sind in vierhebigen Paarreimversen geschrieben; für *The Parliament of Fowls* (um 1382; *Das Parlament der Vögel*, 1883) schuf Ch. den »rhyme royal« (auch Chaucerstrophe genannt); die Strophe weist das Reimschema ababbcc auf, die Verse sind fünfhebig. Die Wendung »blisful place« weist in der antiken Episode (im Anschluss an das *Somnium Scipionis*) auf das jenseitige Leben hin, für das ein tugendhaftes Leben im Diesseits die Voraussetzung ist. Für das irdische Leben ist kennzeichnend, dass es bei Ch. antithetisch dargestellt wird. Bereits das Eingangstor zum Liebesgarten weist mit seinen Inschriften auf irdisches Glück und Leid hin. Diese Antithese zeichnet sich auch in der Beschreibung von Venus und Cupido und ihrer Umgebung ab. Stärker noch ist der Kontrast zwischen Venus und der Göttin Natura, die nach Alanus ab Insulis ›Statthalterin Gottes‹ genannt wird. Während bei Alanus die Vögel nur beschrieben werden, sind sie bei Ch. sprechende Figuren: Drei Adler umwerben ein Adlerweibchen; dieses kann sich nicht entschließen, was eine Debatte der Vögel auslöst, wobei die höfische und nichthöfische Sicht der Liebe in dramatischen Dialogen und differenzierter Sprache, von der derben Diktion der niederen Vögel bis zum höfisch-verfeinerten Stil der höheren Vögel, lebendig werden. Schließlich gewährt Natura dem Adlerweibchen ein Jahr Bedenkzeit, während alle anderen Vögel ihren Partner erhalten und mit dem fröhlichen Rondel »Now welcome, somer« davonfliegen.

Bei seinem umfassendsten abgeschlossenen Werk, *Troilus and Criseyde* (um 1385), ließ sich Ch. besonders von Boccaccios *Il Filostrato* inspirieren. Das Material, das Boccaccio in acht Büchern präsentierte, wurde zu fünf Büchern umgeformt, wobei das Werk aber an Umfang gewann, weil Ch. die Charaktere differenzierter zeichnete, die Situationen ausbaute, Dialoge, Monologe und philosophische Kommentare einfügte. Ch. nennt sein Werk gegen Ende »lytel myn tragedye«; streng genommen müsste man von einer ›Tragikomödie‹ sprechen, denn die Bücher I–III gleichen einer Liebeskomödie, in der Troilus, ursprünglich ein Verächter der höfischen Liebe, mit Hilfe von Pandarus, seinem Freund und Criseydes Onkel, die Gunst der Dame gewinnt. Ch. verbindet den lyrischen Stil der Liebesszenen mit dem realistischen Stil der, insbesondere in den Auftritten von Pandarus vorherrscht. Criseyde ist eine lebenskluge Witwe, die zugleich den Wandel aller irdischen Dinge fürchtet. Ihre Befürchtungen werden bestätigt, als (mit dem Beginn des IV. Buches) sich das Rad der Fortuna dreht und die Liebeskomödie zunehmend tragische Züge annimmt. Criseyde wird an die Griechen ausgeliefert und wendet sich schließlich Diomedes zu. Sie weiß, dass sie damit einen der edelsten Menschen verrät. Der Erzähler stimmt diesem Urteil zu, plädiert aber zugleich für sie, weil sie Reue zeigt. Troilus ergibt sich in sein Los und kommentiert seine Situation in einem großen, an Boethius angelehnten Schicksalsmonolog. Ohne Trost fällt er im Kampf gegen Achill. Erst als er aus der achten Sphäre auf die Erde schauen darf, gewinnt er. Ch. ordnet die mittelalterlich-christliche Perspektive über die antik-philosophische und schließt sein Werk mit einem Gebet an die Trinität, ohne damit das irdische Glück, wie er es zuvor beschrieb, völlig zu entwerten.

Die Rahmenerzählung *The Canterbury Tales* (um 1385–92) war auf 100 Erzählungen geplant, 24 wurden nur ausgeführt. In diesem Zyklus kommen Erzähler der verschiedensten Stände zu Wort: Ritter, Geistliche, Vertreter der akademischen Berufe, aber auch des niederen Volkes. Zieht man thematische und stilistische Kriterien heran, dann lassen sich vier Bereiche unterscheiden: der ritterliche, der religiöse, der ethisch-philosophische und derjenige der Fabliaux. An der Spitze der Erzähler steht der Ritter, dessen Erzählung von der Rivalität zweier Freunde berichtet, von denen der eine von Venus, der andere von Mars unterstützt wird. Der Junker bevorzugt eine verfeinerte Stilart, die schon auf die Dekadenz des Rittertums schließen lässt. Ch. selbst trägt die Erzählung von Sir Thopas, eine (in Schweifreimstrophen geschriebene) Parodie der populären Ritterdichtung vor. Die Frau von Bath und der Gutsherr (Franklin) wählen Stoffe aus dem ritterlich-bretonischen Bereich, stimmen aber jede Geschichte auf ihren Lebensstil ab. Während die Frau von Bath die Herrschaft der Frau hervorhebt, bietet der Gutsherr eine idealisierende Synthese von christlicher Ehe und ritterlicher Liebesauffassung. – Die Erzählungen aus dem religiösen Bereich nehmen Motive und Formen auf, die bereits in altenglischer Zeit üblich waren: Die Priorin berichtet vom Märtyrerschicksal eines Christenjungen, die zweite Nonne hebt das Moment der freien Entscheidung Cäcilias hervor, die ihren heidnischen Widersachern trotzt. Die Erzählung des Mönchs besteht aus einer Gruppe von Kurzberichten, in denen im Stil der mittelalterlichen Tragödie vom Sturz hochgestellter Persönlichkeiten (bewirkt durch die Fortuna) berichtet wird. Rein religiöse Didaxis ist der Prosatraktat des Pfarrers, der von der Pilgerfahrt nach Canterbury den Blick auf die sündhaften Verfehlungen im Diesseits und auf Buße und Vergebung richtet. Als religiöses Exemplum lässt sich die Erzählung des Ablasskrämers verstehen, der von drei Schurken berichtet, die den Tod erschlagen wollen. – Die Erzählungen des Rechtsgelehrten (über Konstanze) und des Scholaren (über Griseldis) bezeichnen den Übergang von der religiösen zur philosophisch-ethischen Gattung. Rein philosophischen Charakter hat die Erzählung von Melibeus, der angesichts des Todes seiner Tochter Sophia von seiner Frau Prudentia Trost empfängt. Die Erzählung des Arztes behandelt den Virginia-Stoff. Der Konviktschaffner rückt das Schicksal einer geschwätzigen Krähe in den Mittelpunkt, während der Dienstherr des Kanonikus von einem Priester berichtet, der in die Geheimnisse der Alchemie eingeweiht werden wollte. – Zu den Fabliaux, die stets in komischem Ton und brillanter Erzähltechnik die unverwüstliche Vitalität verliebter Menschen preisen, gehören die Erzählungen des Müllers, des Verwalters, des Kochs, des Bettelmönchs, des Büttels, des Kaufmanns und des Matrosen. – Den Höhepunkt der *Canterbury Tales* bildet die Geschichte des Nonnenpriesters. Mit seiner Tiererzählung vom Hahn und vom Fuchs verbindet er philosophische und religiöse Themen; höfisches Gebaren wird vor dem Hintergrund einer bäuerlichen Umgebung geschildert. – Mit den Erzählungen und den Charakterporträts im »General Prologue« ließ Ch. seine Fähigkeit erkennen, typische Figuren zugleich mit individuellen Zügen auszustatten und den Klang und das Idiom gesprochener Sprache mit den Feinheiten der höfischen Diktion zu verbinden. Ch. wollte zugleich unterhalten und belehren, und er hat mit seiner Fähigkeit, lebendige Menschen zu zeichnen, seine Leser bis in die Gegenwart fasziniert.

Werkausgaben: Werke. 3 Bde. 1883–86. – The Works of Geoffrey Chaucer. Hg. F. N. Robinson. Boston 1957 [1933]. – The Riverside Chaucer. Hg. L. D. Benson. Boston 1987.

Willi Erzgräber

Chen Ruoxi
(Chen Jo-hsi, eigtl. Chen Xiumei, amerik. Lucy H. Chen)
Geb. 15. 11. 1938 in der Nähe von Taipei/Taiwan

»Kulturwüste« hat Chen Ruoxi ihre Heimat Taiwan genannt und damit die intellektuelle und künstlerische Ausdörrung bezeichnet, die das vor den Kommunisten vom chinesischen Festland 1949 auf die Insel Taiwan geflohene Regime der Guomindang mit ihrer restriktiven Kulturpolitik lange Jahre betrieben hat. Die Tabuisierung politischer und sozialkritischer Themen mündete in den Rückzug ins Private oder, mit den Worten Hu Shis (1891–1962), in die »Freiheit des Schweigens« der künstlerisch Schaffenden. – Nach dem Studium der Englischen Literatur an der National Taiwan University (1957–61) flieht Ch., wie viele taiwanesische Intellektuelle, die kulturelle und politische Enge Taiwans. Im amerikanischen Exil engagiert sich Ch. für die kulturelle und politische Zusammenführung Taiwans und der Volksrepublik China auf dem Wege unzensierten und vorurteilsfreien intellektuellen Austauschs. 1966 folgt sie enthusiastisch dem Aufruf der volksrepublikanischen Regierung, ausgebildete Überseechinesen mögen ›heimkehren‹ und am sozialistischen Aufbau Chinas mitwirken. Ihre ernüchternden Erfahrungen in der Volksrepublik während der als politische Kampagne beginnenden Kulturrevolution (1966–76), die sich vor allem gegen Intellektuelle und alte Kader richtet, verarbeitet Ch. seit 1974 in einer Reihe von Erzählungen, deren bekannteste »Yin xianzhang« von 1974 (*Die Exekution des Landrats Yin*, 1979) ist. Sie erzählt ohne Bitterkeit, in einem lapidaren, kommentarlosen Stil, der sehr trocken und witzig sein kann und ihr den Vergleich mit Lu Xun (1881–1936) eingetragen hat. Ch.s Erzählungen über die Kulturrevolution waren die ersten literarischen Verarbeitungen dieser Zeit; mit ihnen erwirbt sie sich internationale Anerkennung: »[...] a microcosmic and unforgettable comédie humaine of Maoland.« Den Prozess der Zerstörung ihres politischen Idealismus, nicht aber ihrer tief empfundenen Sympathie und Solidarität für die kleinen Leute, die in gleicher Weise unter der politischen Willkür leiden, beschreibt Ch. auch in ihrem stark autobiographisch angelegten ersten Roman *Gui* von 1978 (*Heimkehr in die Fremde*, 1991). Anders als die Protagonistin Xin Mei verlässt Ch. mit ihrer Familie 1973 desillusioniert die chinesische ›Urheimat‹.

Nach Stationen in Hong Kong und Vancouver lebt sie seit 1979 in Berkeley, Kalifornien, und ist als Schriftstellerin, Essayistin und Mitherausgeberin verschiedener Zeitschriften sehr produktiv. Ch. engagiert sich nach wie vor für den kulturellen Austausch und die politische Entspannung zwischen Taiwan, dem Festland China und den USA. In weiteren Romanen, z. B. *Tuwei*, 1983 (Ausbruch), thematisiert sie die Eingliederungsschwierigkeiten und die auch selbst empfundene Heimatlosigkeit chinesischer Einwanderer in Amerika. Ch. gehört zu der Gruppe von Auslandschinesen, die vorrangig in ihrer Muttersprache schreiben und ihre literarischen Werke vor allem in Hong Kong, Taiwan, Singapur und der Volksrepublik China publizieren. Mit ihnen teilt sie den Missmut darüber, dass ihre Werke an jedem Erscheinungsort nach den jeweiligen politischen Empfindlichkeiten zensiert werden.

Judith Ammon

Cheney-Coker, Syl
Geb. 28. 6. 1945 in Freetown, Sierra Leone

Syl Cheney-Coker ist zunächst als Lyriker bekannt geworden. Mit *The Last Harmattan of Alusine Dunbar* (1990; *Der Nubier*, 1996) hat er einen historischen Roman vorgelegt, der sich grundlegend von den linear erzählten historischen Romanen der 1960er Jahre unterscheidet. Das Geschichtspanorama, in postmoderner Pluralität der Perspektiven dargeboten, wurde zum erfolgreichen postkolonialen Genre bei Ayi Kwei Armah, Nuruddin Farah, Salman Rushdie und Ben Okri. Ch.s Roman unterscheidet sich durch die Besonderheiten der Geschichte von Sierra Leone, ein Land, das als Siedlerkolonie für befreite Sklaven gegründet wurde. Die Spannungen zwischen der Krio-Bevölkerung und den Einheimischen führten über eine Spirale der Gewalt bis zum Zusammenbruch der gesellschaftlichen Ordnung in den 1990er Jahren. Ch.s Roman beginnt und endet 1980 in der Gefängniszelle eines Putsch-Generals in einem ehemaligen Sklaven-Fort. Von der Gegenwart des kollabierenden Staates springt die Erzählung zurück zum Beginn der Siedlerkolonie: 1786 bricht eine Gruppe befreiter Sklaven von den Plantagen Georgias und Virginias voller Optimismus auf, um in Afrika einen eigenen mustergültigen Staat zu begründen. Zu den Heimkehrern gehört die alte Fatmatta, die kurz vor der Ankunft im gelobten Land stirbt. Sie ist die außereheliche Tochter von Mariamu und Sulaiman, der in den Zentren islamischer Gelehrsamkeit von Timbuktu bis nach Sansibar zu Hause ist. Mariamus Mann pflegt als Kaufmann Handelsbeziehungen bis ins ferne Goldland Orphir. Ch. entfaltet anhand dieser Figuren ein geographisch breites Panorama, gibt seiner Erzählung 400 Jahre historischer Tiefe und verknüpft die kulturellen Traditionen aus Orient und Okzident. Die Lokalgeschichte von Malagueta (Freetown) wird in einen weltgeschichtlichen Rahmen gebettet. Dass der britische Admiral Hammerstone die Afrikaner-Republik mit Waffengewalt dem Empire einverleibt, zeigt die Schattenseite einer eurozentrischen Weltgeschichte. Sulaiman alias Alusine Dunbar tritt in Krisensituationen mit Prophezeiungen auf und strukturiert die Historie durch magische Visionen aus einem die Welt spiegelnden Kristall. Ch.s Roman gewinnt durch intertextuelle Bezüge besondere Bedeutung. Die Siedler, die von Plymouth in ihre neue Welt reisen, repräsentieren das afrikanische Gegenstück zur Reise der Pilgerväter auf der »Mayflower«. Der Siedler Thomas Bookerman entspricht als Chronist von Malagueta Cotton Mather, dem Vater der amerikanischen Geschichtsschreibung. Wie die amerikanischen Pilgerväter sind auch die schwarzen Siedler von einem hohen Ethos geprägt und wollen mit dem Aufbau ihres Gemeinwesens einen »afrikanischen Traum« verwirklichen. Zugleich stellt *The Last Harmattan* eine Absage an die afroamerikanische Sehnsucht nach einer heroischen Vergangenheit in Afrika mit glorreichen Königen und Kriegern dar. Anders als der Afroamerikaner Alex Haley in *Roots* (1974) findet der Afrikaner Ch. seine Wurzeln auf den Sklavenplantagen des amerikanischen Südens und nicht an den Fürstenhöfen von Shongay oder Mali. Das Romanende in der Todeszelle des Putsch-Generals desillusioniert endgültig: Der 200 Jahre währende Traum von der afrikanischen Republik entpuppt sich als Albtraum.

Eckhard Breitinger

Chirbes, Rafael
Geb. 27. 6. 1949 in Tabernes de Valldigna bei Valencia

Am Ende des 20. Jahrhunderts, als sich die Demokratie in Spanien gefestigt hatte, haben sich viele spanische Schriftsteller von der unmittelbaren sozialen und politischen Wirklichkeit des Landes abgewandt. Nicht so Rafael Chirbes: In seinem literarischen Werk behandelt er den Utopieverlust als prägendes Erlebnis der ehemaligen Linken in Spanien und entwirft Bilder der Gesellschaft nach dem Ende des Bürgerkriegs bis in die Zeit der postfranquistischen Demokratie. Die sehr unterschiedlich angelegten Texte Ch.' sind von großer Komplexität und Authentizität in der Figurengestaltung geprägt. Seine überaus lebendigen, als Individuen überzeugenden Figuren hat Ch. gleichzeitig als Repräsentanten der spanischen Gesellschaft gestaltet, was allgemein als große schriftstellerische Leistung angesehen wird, ihm aber auch Kritik eingebracht hat: In Spanien warf man ihm Realismus im Stil der Nachkriegsliteratur vor. Im Ausland hingegen und besonders in Deutschland wird er als einer der wichtigsten spanischen Gegenwartsautoren betrachtet.

Ch. wuchs in der Diktatur auf und gehörte als Kind von Republikanern zu den Verlierern des Spanischen Bürgerkriegs. In den 1960er und frühen 1970er Jahren kämpfte er als Mitglied einer linken Studentengruppe im Untergrund gegen das Regime. Nach Francos Tod im November 1975 musste er feststellen, dass zwar eine Demokratisierung erfolgte, das Schweigen über die Verbrechen der Vergangenheit aber andauerte, um den sanften Übergang in die Demokratie nicht zu gefährden, der wegen seiner Schnelligkeit und des unblutigen Verlaufs gefeiert wurde. In seinen Werken, die er ab 1988 publizierte, wendet sich Ch. gegen dieses Schweigen und damit auch gegen eine neue Zeitrechnung nach 1975, da die ›neue‹ spanische Gesellschaft in seinen Augen ohne die Auseinandersetzung mit dem Franquismus nicht zu verstehen war. Ch.' Eltern waren Eisenbahnarbeiter, sein Vater hatte im Bürgerkrieg gegen Franco gekämpft und starb, als Ch. vier Jahre alt war. Ch. kam in ein Waisenhaus; seine Schulzeit verbrachte er in Internaten. Er studierte Neuere Geschichte in Madrid, arbeitete in einer Buchhandlung und veranstaltete Geschichts- und Literaturkurse in den Arbeitervierteln. In dieser Zeit wurde er mehrmals festgenommen. Nach dem Ende der Diktatur verließ Ch. 1978 Madrid, um in Fès (Marokko) Literatur zu unterrichten, aber auch, weil er von der Entwicklung in Spanien enttäuscht war. Nach zwei Jahren kehrte er zurück und lebte als freier Journalist; er verfasste Film- und Literaturkritiken, später auch Reportagen für das Gourmet- und Reisemagazin *Sobremesa*; eine Tätigkeit, für die er nahezu alle Teile der Welt bereiste.

Ch.' erster Roman *Mimoun* (1988; *Mimoun*, 1990) spielt in Marokko, alle weiteren beschäftigen sich mit der spanischen Gesellschaft seit den 1940er Jahren, was Ch. den Ruf eines ›Chronisten‹ Spaniens einbrachte. Obwohl Historiker, ist er in seinen Texten nie an einer Geschichtsschreibung der ›großen Ereignisse‹ interessiert, sondern an den Details des vermeintlich banalen Alltagslebens seiner Figuren. Die beiden bekanntesten Romane *La larga marcha* (1996; *Der lange Marsch*, 1998) und *La caída de Madrid* (2000; *Der Fall von Madrid*, 2000) sind breitangelegte Gesellschaftsromane, in denen Figuren verschiedener Klassenzugehörigkeiten und politischer Überzeugungen zu Wort kommen. *La caída de Madrid* erzählt vom Vorabend von Francos Tod und zeichnet ein Bild der vielen kleinen Privatbühnen, auf denen sich die Zukunft des Landes entscheidet.

Neben den Romanen hat Ch. Buchausgaben mit seinen sinnlichen, bildkräftigen Reportagen veröffentlicht, die aus der Tätigkeit für *Sobremesa* hervorgegangen sind und sich insbesondere mit dem Mittelmeerraum beschäftigen. Sie sind, ähnlich wie das erzählerische Werk, immer auch eine Spurensuche nach der eigenen Identität.

Leonie Meyer-Krentler

Chlebnikov, Velimir (eigtl. Viktor Vladimirovič)

Geb. 9. 11. 1885 in Malye Derbety im Gebiet Astrachan'/Russland; gest. 28. 6. 1922 Santalovo bei Novgorod

Der von den russischen Avantgarde-Autoren als »Lehrer« und Kultdichter verehrte Velimir Chlebnikov schrieb Gedichte seit dem Beginn seiner Studienzeit (1903–08 Mathematik in Kazan', 1908–11 Biologie und Slawische Philologie in Petersburg), er wurde bekannt als einer der Begründer des russischen (Kubo-) Futurismus, dessen erste provokative Manifeste (u. a. *Poščečina obščestvennomu vkusu,* 1912 [1913]; *Eine Ohrfeige dem öffentlichen Geschmack,* 1988) von ihm mitunterzeichnet sind. Im Gegensatz zu seinen Gefährten, die öffentliche Auftritte und Skandale liebten, war Ch. menschenscheu und wenig geschäftstüchtig, so dass seine Freunde von Anfang an die Publikation seiner Werke übernahmen. 1913 und 1914 erschienen seine ersten drei kleineren Gedichtbände, denen zahlreiche Veröffentlichungen in Zeitschriften, Almanachen und Sammelbänden folgten. Ch. wurde 1916 zum Kriegsdienst eingezogen; nach der Revolution entlassen, reiste er in der Folgezeit durch ganz Russland, arbeitete zeitweilig in Baku für die ROSTA (Russische Telegraphenagentur, die damalige Presseabteilung der Bolschewiki) und als Dozent im Hauptquartier der Roten Armee in Persien. Nach seinem Tod in der russischen Provinz sammelten seine Freunde seine zerstreuten Texte und gaben 1928 bis 1933 eine erste kritische Werkausgabe heraus, die bald durch weitere Texte ergänzt werden musste. Seit dem Jahr 2000 erscheint eine neue kritische Werkausgabe.

Ch. entwickelte die in der russischen Avantgarde einflussreichste Variante des *zaum'* (wörtlich: hinter dem Verstand), der ›transrationalen‹ Sprache, die spielerisch mit Hilfe der Wortbildungsregeln neue Wörter aus vorhandenem Wortmaterial wie Wortstämmen, Suffixen, Präfixen erschafft. Die dadurch entstandenen Neologismen bewahren so einen Rest an verständlicher Bedeutung, die Wörter werden zu Rätseln, die mit Hilfe der Sprachregeln entziffert und gedeutet werden können. Das vielleicht berühmteste Beispiel eines Textes dieser Art ist *Zakljatie smechom* (1910; *Beschwörung durch Lachen,* 1972), ein 13zeiliges Gedicht, das die Wurzel sme- (lach-) mit Präfixen usw. zu neuen Substantiven, Adjektiven, Verben usw. verbindet und Sätze mit ihnen bildet. Ch.s *zaum'*-Konzeption wurde für die nachfolgenden Avantgardegruppen prägend für den Umgang mit dem Wort und ist unter anderem von Vladimir Majakovskij weiterentwickelt worden.

Das Interesse an der Sprache, ihrer Zerlegung und Wiederzusammensetzung verband sich bei Ch. mit großem Interesse an den archaischen Schichten der Volkskultur der Slawen wie der asiatischen und orientalischen Völker Russlands. Hierzu gehört seine Beschäftigung mit Ethnographie, mit den damaligen Aufzeichnungen von Volksüberlieferungen wie Zaubersprüchen, Sagen und Mythen, deren Motive und Redewendungen in seine Texte eingingen und dort z. T. als *zaum'*-Elemente erscheinen. Der thematische und geographische Radius seiner Stoffe reicht von der Ukraine (z. B. die parodistische Version des Rusalka-Mythos in »Noč' v Galicii«, 1914; Nacht in Galizien; 1996 vertont von V. Martynov) bis hin zur Volksgruppe der sibirischen Orotschen, deren Ursprungsmythen Grundlage unter anderem für die *sverchpovest'* (Übererzählung) »Deti Vydry« (1913, *Kinder der Otter,* 1972) wurden. Sind Ch.s frühe Texte zunächst zivilisations- und technikkritisch ausgerichtet – so etwa das berühmte Gedicht »Žuravl'« (1910; »Kranich«, 1972), das die Metamorphose eines Krans in einen riesigen Kranich entwirft, der zum Götzen der Stadt wird –, so rückten nach der Oktoberrevolution die politische und soziale Gegenwart und die Zukunft der Menschheit in seinen Blick. Neben einer Reihe von Verserzählungen über Revolution und Bürgerkrieg (z. B. »Noč' v okope«, 1921; Nacht im Schützengraben) versuchte Ch., die Gesetze der Entwicklung der Menschheit zu erforschen. Die mathematische Formel für die Abläufe der Weltgeschichte glaubte er in der Zahl 365+/-48 gefunden zu haben, wie er etwa in der Abhandlung »Vremja – mera mira« (1916; »Zeit, Maß der Welt«, 1972) anhand eines Ganges durch die Weltgeschichte zu belegen suchte. Zugleich arbeitete Ch. an der Gestaltung einer Universalsprache für die ganze Menschheit und ihre künftigen Ableger im Kosmos, die er »Sternensprache« nannte.

Ch. experimentierte mit Sprache und poetischen Formen, schuf *zaum'*-Gedichte, Dialoge, Stücke, Abhandlungen und rhythmisierte Prosatexte, darunter *sverchpovesti*, die er als Komposition aus verschiedenen Textsorten anlegte, deren Gesamtbedeutung die Semantik jedes Einzeltextes ergänzte und überlagerte.

Seine zum großen Teil auf Sprachspielen basierenden, naturwissenschaftliche und historische Stoffe, Mythen und literarische Prätexte verarbeitenden Texte sind aufgrund ihrer Komplexität und Gelehrsamkeit nicht leicht zugänglich, aber äußerst anregend auch und vor allem für andere Dichter.

Werkausgabe: Werke. 2 Bde. Hg. P. Urban. Reinbek 1972.

Ulrike Jekutsch

Chodasevič, Vladislav
Geb. 28. 5. 1886 in Moskau; gest. 14. 6. 1939 in Billancourt bei Paris

Der Rang Vladislav Chodasevič' als einer der bedeutendsten russischen Lyriker seiner Epoche wurde nur von wenigen Zeitgenossen – dafür so gewichtigen wie Andrej Belyj, Maksim Gor'kij und Vladimir Nabokov – anerkannt. Nachdem er sich vom frühen Einfluss des Symbolismus gelöst hatte, entwickelte er eine individuelle Poetik abseits der neuen Gruppierungen und eine eigentümliche Metaphysik, die Elemente des Platonismus und verschiedener dualistischer Systeme aufnahm. Zwei frühe Gedichtbände lehnte er später als Jugendwerke ab. Das reife Werk gliedert sich in drei Zyklen, von denen nur zwei selbständig erschienen: *Putem zerna* (1920; Der Weg des Korns) und *Tjaželaja lira* (1922; Die schwere Leier). Der dritte, nach der Emigration (1922) entstandene Zyklus »*Evropejskaja noč*'« (1927; Europäische Nacht) erschien zusammen mit den beiden vorigen in der Sammlung *Sobranie stichov* (1927; Gesammelte Gedichte) in Paris. Als modern empfindender Lyriker ist Ch. – erklärter Gegner der Avantgarde – bemüht, die Existenz in einer technisierten, urbanisierten Realität mit den Mitteln konventioneller Verstechnik, klarer Gedankenführung sowie anschaulicher und beziehungsreicher Bildsprache zu gestalten – eine Gratwanderung, deren Gelingen ihn als erstrangigen Dichter ausweist, die ihn aber letztlich in eine unüberwindliche schöpferische Krise führt. Nach 1927 sind nur noch sporadisch Gedichte von Ch. erschienen, als Kritiker und Autor von Memoiren blieb er freilich bis zu seinem Tod produktiv.

Philosophischer Kern seiner Lyrik ist die bis ins Jahr 1909 zurückzuverfolgende Idee von einem gespaltenen Ich, dessen göttliches Element die ›Seele‹ ist, während das ›Herz‹ dem Irdischen, der Materie, den Leidenschaften verhaftet ist. In dem Gedicht »Ėlegija« (1921; Elegie) gestaltet er die Seele als ein Wesen im Exil, das während seiner Bindung an die irdische Existenz nur zeitweilig in ihre heimatlichen Sphäre eintreten kann, einen transzendenten Raum der Musik und des Lichts, der von Geistwesen bevölkert ist. Die Sehnsucht des lyrischen Subjekts nach der Befreiung der Seele durch den Tod wird in zahlreichen Texten variiert und in verschiedene Bilder gefasst. Zumeist aber ist der Weg zum Tod eine Reifezeit, die von Leid und Schmerzen geprägt ist. Vor diesem Hintergrund ist Ch.' bekanntestes, in seiner suggestiven Klanglichkeit in die Nähe von Wortmagie rückendes Gedicht »Ballada« (1921; Ballade) zu sehen. Es schildert die Metamorphose des lyrischen Subjekts zur mythologischen Gestalt des Orpheus, eines Orpheus, der von einer unbekannten Instanz seine schöpferische Gabe verliehen bekommt: in Form der »schweren Leier«, d. h. einer Bürde mehr als eines Geschenks. Ch.' Exil hat die hier anklingende Problematik seines dichterischen Schaffens verschärft, zugleich jedoch einige seiner besten Texte hervorgebracht: Berlin-Gedichte mit teils unheimlich-dämonischen, teils groteskunwirklichen Großstadtbildern, ein längeres erzählendes Gedicht »Sorrentinskie fotografii« (1926; Sorrentiner Fotographien), in dem lichte italienische Landschaften und Russland-Reminiszenzen durchdringen, daneben Impressionen der Großstadt Paris, die deren Banalität und Seelenlosigkeit entlarven und bei denen die Haltung des lyrischen Subjekts zwischen Sarkasmus und philosophischer Resignation schwankt.

Werkausgabe: Europäische Nacht. Ausgewählte Gedichte. Hg. K. Borowsky. Tübingen 1985.

Frank Göbler

Choderlos de Laclos, Pierre Ambroise François
Geb. 18. 10. 1741 in Amiens/Frankreich; gest. 5. 9. 1803 in Tarent

Das literarische Werk von Choderlos de Laclos stellt einen singulären Fall der französischen Literatur dar, da es im Grunde genommen nur aus einem einzigen Text besteht: aus dem weltberühmten, später vielfach literarisch und filmisch adaptierten Roman *Les liaisons dangereuses* (1782; *Gefährliche Liebschaften*, 1783). Zwar hatte Ch. bereits vor 1782 einige literarische Texte verfasst (anakreontische Gelegenheitsgedichte und erotische Erzählungen), aber spätestens seit der misslungenen Aufführung seines Operlibrettos *Ernestine* (1777) vor Marie Antoinette musste man seine literarische Karriere als gescheitert ansehen. Trotz der erfolgreichen Veröffentlichung der *Liaisons dangereuses* schrieb er später keine literarischen Texte mehr, publizierte jedoch noch diverse, z. T. unvollendet gebliebene pädagogische und politische Schriften sowie einen Band mit Memoiren.

Ch. stammte aus einer neuadeligen Familie und schlug früh eine militärische Laufbahn ein, auf der er bis zur Französischen Revolution aber nur mühsam vorankam, nicht zuletzt wegen seiner nicht-altadeligen Herkunft. Der eintönige Alltag in wechselnden Garnisonen veranlasste ihn dazu, sich mit der Literatur zu befassen und Rousseau als literarisches Vorbild zu entdecken. Während der Französischen Revolution, die er begrüßt hatte, war er als Offizier tätig, später als General. 1793 geriet er in Haft, konnte aber nach dem Sturz Robespierres befreit werden. 1799 schloss er sich Napoleon Bonaparte an und wurde erneut zum General befördert. Er starb 1803 im Hauptquartier der französischen Italienarmee an der Ruhr.

Die skandalträchtige Veröffentlichung von *Les liaisons dangereuses* fiel in eine Zeit, als Ch.' militärische Karriere stagnierte und sich die Wende durch die Französische Revolution noch nicht abzeichnete. Der Roman ist vor dem Hintergrund seiner Biographie als Abrechnung mit dem Ancien Régime interpretiert worden. Thema sind die Auswüchse aristokratischer Libertinage. Im Mittelpunkt des Romans stehen die altadelige Marquise de Merteuil und der altadelige Vicomte de Valmont, die durch ihr kaltes Intrigenspiel eine Reihe anderer Figuren im Roman gesellschaftlich ruinieren und die tugendhafte neuadelige Madame de Tourvel sogar in den Tod treiben. Was den Roman noch heute lesenswert macht, sind die differenzierten psychologischen Profile, die Ch. seinen Figuren verleiht und die auch die als boshaft identifizierbaren Figuren ambivalent erscheinen lassen. Dass dies auf überzeugende Weise gelingt, liegt nicht zuletzt an der Briefromanform, die seit Samuel Richardsons *Pamela* (1740) zu den populärsten Genres des 18. Jahrhunderts gehörte. Indem Ch. seine Protagonisten über Briefe kommunizieren lässt, kann er die einzelnen psychologischen Facetten seiner Figuren detailreich entwickeln, zumal wenn von den einzelnen Protagonisten je nach Briefpartnerin bzw. Briefpartner ein anderer Ton angeschlagen wird und damit für den Leser das Spiel um Sein und Schein, Wahrheit und Lüge, Intrige und Liebe durchschaubar wird. Wenn am Ende Valmont stirbt und die Merteuil ihr Vermögen und ihre Schönheit verliert, scheint dies nicht allein dem literarischen Prinzip der »poetical justice« geschuldet zu sein, sondern auch einen äußerst düsteren Schatten auf das Ancien Régime zu werfen, dessen Ende wenige Jahre später durch die Französische Revolution besiegelt wurde.

Uwe Lindemann

Chrestien de Troyes

Geb. um 1140 in Troyes (?), Champagne/Frankreich; gest. ca. 1190

In der ersten Hälfte des 12. Jahrhunderts entsteht in Frankreich mit dem höfischen Roman eine neuartige narrative Gattung in Achtsilblern, die die bis dahin dominierende Heldenepik mehr und mehr verdrängt und deren Entfaltung sich aus dem Übergang von der ersten zur zweiten feudalen Epoche (Marc Bloch) erklären lässt. Die Ritterschaft versucht, ihren durch die Krone und die aufstrebenden Städte bedrohten Einfluss durch ein neues kulturelles Ideal zu kompensieren. In diesem Rahmen kommt es zu einer nachhaltigen Aufwertung der Bildung. Chrestien de Troyes ist der bedeutendste Vertreter des auf diesem Ideal beruhenden höfischen Romans. Seine Texte entfalten rasch in ganz Europa eine enorme Wirkungsmacht und dienen unter anderem Hartmann von Aue und Wolfram von Eschenbach als Vorlage.

Über Ch.s Leben ist wenig bekannt. Alle Versuche, über Chroniken und andere Dokumente einen zuverlässigen biographischen Rahmen zu rekonstruieren, sind bislang gescheitert. Rückschlüsse auf seine Person ergeben sich aus den Texten selbst: Im Prolog zu *Érec et Énide* (Erec und Enide) bezeichnet sich der Verfasser als Chrestiens de Troies (V. 9), wobei diese geographische Fixierung durch Dialektmerkmale des Champagnischen in den Texten gestützt werden kann. Aus den Texten geht ferner hervor, dass Ch. den *Lancelot* der Gräfin Marie von Champagne (V. 1) und den unvollendet gebliebenen *Perceval* dem Grafen Philipp von Flandern gewidmet hat (V. 13). Da Marie seit 1164 Gräfin von Champagne ist und Graf Philipp 1191 gestorben ist, ergibt sich eine rund dreißig Jahre umfassende Schaffensperiode, in der nicht nur die höfischen Romane *Érec et Énide*, *Yvain*, *Cligès*, *Lancelot* und *Perceval*, sondern u. U. auch *Guillaume d'Angleterre* sowie z. T. heute verschollene Übersetzungen und Bearbeitungen von Ovid-Texten sowie ein Tristan-Roman entstanden sind.

Die wegweisende Modernität der höfischen Romane erklärt sich zunächst durch einen bemerkenswerten Grad an Selbstreflexivität: Insbesondere in den Romanprologen wird eine Theorie des Romans erarbeitet, in deren Zentrum die Frage nach der erzählerischen Präsentation steht. Diese soll zwischen einem an der Wirklichkeit angelehnten Stoff und einem abstrakten Ideal vermitteln und ist die Hauptaufgabe eines Dichters, der den Stoff zwar aus antiken und mittelalterlichen Quellen schöpft, jedoch durch eine neue conjointure nachhaltig verändert. Auf diese Weise wird in Ch.s Romanen, die sich konsequent an der psychischen Entwicklung eines jungen Ritters orientieren und somit als Protoform eines Bildungsromans gelten können, der keltisch-bretonische Sagenkreis, die sog. *Matière de Bretagne*, aufgegriffen und mit Liebeskonzeptionen verbunden, die an antiken Idealen, insbesondere an Ovid, orientiert sind. Die Rolle der Liebe ist in diesem Zusammenhang ambivalent: Einerseits birgt sie die Gefahr, dass der Ritter durch sie seine Pflicht vergisst, andererseits kann sie ihm jedoch auch Ansporn sein und somit zu dem werden, was Ch.s Zeitgenosse Andreas Capellanus in seinem Traktat als »fons et origo omnium bonorum« (Quelle und Ursprung aller Tugenden) bezeichnet.

Aus dieser doppelten Bestimmung der Liebe ergibt sich insbesondere in den beiden ersten Romanen *Érec et Énide* und *Yvain* eine charakteristische Handlungsstruktur: Der naive Held kann zunächst Erfolge verzeichnen, verliert sodann alles und muss sich anschließend in einer mühevollen zweiten *quête* bewusster mit gesellschaftlichen Vorgaben auseinandersetzen, sich über zahlreiche Heldentaten (*aventure*) rehabilitieren, um schließlich wieder als gereifter Mann an den Artushof zurückkehren zu dürfen. So heiratet Erec nach ersten Heldentaten die schöne Enide, die sich jedoch bereits kurz nach der prunkvollen Hochzeit über die Pflichtvergessenheit ihres Mannes beklagt. Erec findet alle Erfüllung in der Ehe und vergisst darüber seine ritterlichen Pflichten. Nachdem er Enides Klage hört, beschließt er, mit ihr gemeinsam ins Ungewisse zu reiten.

In diesem zweiten Aventure-Zyklus vollbringt er so viele Heldentaten, dass er nach seiner Rückkehr an den Artushof in Nantes zum König gekrönt wird. In *Érec und Énide* wird das Problem der höfischen Liebe in der Ehe dadurch gelöst, dass die Liebe als Kraft gekennzeichnet wird, die auch und gerade in der Ehe zur Vervollkommnung des Menschen beitragen soll. Enide will »fame« (Ehefrau) und »amie« (höfische Geliebte) sein und somit auch im Rahmen der Ehe zur moralischen Läuterung des Ritters beitragen. In Ch.s *Cligès* wird die Frage nach der Bedeutung der Liebe noch systematischer gestellt. Dabei wird nicht nur auf Ovid und die zeitgenössische Liebeskasuistik zurückgegriffen, sondern auch auf die poetische Praxis der Provenzalen. Ch.s Leistung besteht darin, auf der Grundlage dieser Texte eine elegante und bewegliche Sprache geschaffen zu haben, die für subtile psychologische Analysen geeignet ist. Auch der Gralroman *Perceval* bietet auf dieser Grundlage Erzählern bis weit in die Neuzeit hinein zahlreiche Anschlussmöglichkeiten.

Florian Henke

Christensen, Inger
Geb. 16. 1. 1935 in Vejle/Dänemark

»Biologische Prinzipien auf Wörter angewandt. Ein Gewächs aus Wasser und Stein und Wörter« – so hat Inger Christensen ihre Dichtung beschrieben. Das Verhältnis zwischen Mensch, Sprache und Natur, die Sehnsucht nach Kosmos und Liebe sind ihre wichtigsten Themen. Die sanftesten Klänge der Sprache werden in ihren Strophen hörbar, suggestive Rhythmen bilden hier ein Möbiusband zwischen Mensch und Universum, und Reflexionen über Modernität und Existenz wechseln mit Beschreibungen von Trauer und Liebesfreude. Ch. hat außer Gedichten bedeutende Romane, Essays und Dramen geschrieben.

Sie stammt aus einer Provinzstadt in Jütland, wurde 1958 als Volksschullehrerin ausgebildet und heiratete 1959 den später einflussreichen dänischen Kritiker und Dichter Poul Borum (1934–96). Ihr Sohn wurde 1974 geboren, 1976 erfolgte die Scheidung. Ihre frühen Gedichte »Lys« (1962; Licht) und »Græs« (1963; Gras) sind von Rilke inspiriert, den sie während ihrer Studienzeit las. Als Lehrerstudentin spezialisierte sie sich auf die deutsche Literatur und Sprache.

Ch. war schon als junge Dichterin eine hervorragende Stilistin, in ihrer Poesie geht es aber nicht darum, die Sprache zu beherrschen, sondern von gesellschaftlicher Unterdrückung zu befreien. Sie betrachtet die Sprache als ein lebendiges Material, das den Menschen mit der Natur verbindet. Durch die dichterische Schöpferkraft realisiert sich die Sprache als eine Verlängerung der Natur. Das Gespräch, welches das Universum mit dem Menschen führt, um zum Bewusstsein seiner selbst zu gelangen, wird hörbar. Der Mensch konzentriert sich nicht länger auf sich, sondern befindet sich in dem unermesslichen Labyrinth des Lebens, wo die Strukturen der Sprache und die Strukturen der Natur ein Netzwerk bilden. »Ich denke, also bin ich ein Teil des Labyrinths« – schreibt sie in einem ihrer Essays.

Sie rückt ihre Dichtung damit in die Nähe postmodernistischer Systemdichtung wie die von Per Højholt (1928), Klaus Høeck (1938) und Peter Laugesen (1942), die seit den 1960er Jahren in der dänischen Literatur bedeutend sind.

Hauptwerk der Verfasserschaft ist das Langgedicht »Det« (1969; Es), in dem Ch. die Verfremdung und Angst der modernen Gesellschaft beschreibt und die Hoffnung auf die Liebenden und die Unterdrückten setzt. »Det« wurde eifrig von den Studenten 1968 zitiert. Später begeisterten Gedichte wie »Brief im April« (1979/1990; Brev i April), »Alphabet« (1981/1988; Alfabet) und der Sonettenkranz *Sommerfugledalen* (1992/1994; *Das Schmetterlingstal*, 1998) Leser und Kritiker gleichsam. – Die Gedichte Ch.s sind eine wichtige Quelle der Inspiration für viele dänische Autoren und Autorinnen wie z. B. Pia Tafdrup (1952), Lene Henningsen (1967) und Annemette Kure Andersen (1966), die eine symbolische Strömung in der jungen Literatur repräsentieren.

Anne-Marie Mai

Christie, [Dame] Agatha

Geb. 15. 9. 1890 in Torquay, Devon; gest. 12. 1. 1976 in Wallingford, Oxfordshire

In einem Interview beschrieb Agatha Christie die Detektiverzählung einmal als »direkten Nachfahren des alten Moralstückes. Es ist der Triumph des Guten über das Böse – die Befreiung des Unschuldigen vom Aggressor«. In ihren 66 Kriminalromanen, 144 Kurzgeschichten und 15 Theaterstücken hält Ch., deren Erzählungen zurecht als Prototypen der sog. ›Klassischen Kriminalliteratur‹ gelten, diesen moralischen Anspruch denn auch stets durch. In der Grundstruktur sind ihre Romane eng an die Kurzgeschichten Arthur Conan Doyles angelehnt: Einem scheinbar perfekten Mord (oder – in wenigen Ausnahmen – einem anderen Verbrechen), dessen entscheidende Begleitumstände (Täter, Tatmodus, Motiv) unbekannt sind, folgt ein Ermittlungsteil, in dem alle wesentlichen Elemente der Lösung bereits erscheinen, jedoch durch zahlreiche weitere Rätsel und falsche Kontextualisierung dem Leser in ihrer Bedeutung verborgen bleiben. Im Lösungsteil werden alle im Zuge der Ermittlung aufgetretenen Teilrätsel und die Hauptfrage nach dem Täter gelöst. Ihren eigenen Reiz entfalten Ch.s Werke, weil die Autorin wie kaum eine andere »das Enträtselungsspiel mit ungeheurer Geschäftigkeit auf allen drei Ebenen betreibt, als Täterrätsel, Hergangsrätsel und Enthüllungsspiel« (Ulrich Suerbaum). – Erste literarische Gehversuche machte Ch. bereits als Teenager, als sie – Mitglied der ›upper class‹ und mit viel Freizeit ausgestattet – v.a. kleinere Gedichte schrieb, die, wie sie selbst berichtete, sogar vereinzelt in regionalen Publikationen abgedruckt wurden. 1920 veröffentlichte sie ihren ersten Kriminalroman, *The Mysterious Affair at Styles* (*Das geheimnisvolle Verbrechen in Styles*, 1929, später unter dem Titel *Das fehlende Glied in der Kette*), für den sie lange keinen Verleger gefunden hatte. In ihm stellt sie mit Hercule Poirot einen ganz neuen Ermittlertyp vor: Poirot, ein pensionierter hoher belgischer Polizeibeamter, in Aussehen und Verhalten reichlich unenglisch, führt seine Untersuchungen in der Regel in der britischen Oberschicht durch. Die auffällige Detektivfigur ist geradezu prädestiniert dafür, dem Leser entscheidende Hinweise zu geben, sie aber zugleich falsch einzuordnen. Je feiner Ch.s Techniken im Laufe ihrer über 50-jährigen Karriere als Krimischriftstellerin wurden, desto geringer wurde Poirots Anteil am Verwirrspiel. Bereits 1930 entwickelte sie in *The Murder at the Vicarage* (*Mord im Pfarrhaus*, 1952) mit der 74-jährigen Miss Jane Marple sogar eine ungleich dezentere Hauptfigur, deren wesentliche Waffe zur Enttarnung des Verbrechers der scheinbar unbedeutende *small talk* ist. Ihre Spannung beziehen Ch.s Kriminalgeschichten jeweils aus dem Bruch einer einzigen der sog. ›Limitierungsregeln‹, die die Suche nach dem Täter im Rätselspiel begrenzen: Besonders *The Murder of Roger Ackroyd* (1926; *Roger Ackroyd und sein Mörder*, 1928, später unter dem Titel *Alibi*) gilt in dieser Hinsicht als ein äußerst gelungenes Werk, das freilich unter Ch.s zahlreichen Fans auch eine heftige Kontroverse auslöste: Am Ende entpuppt sich nämlich der Ich-Erzähler des Romans als Mörder. – Im Erscheinungsjahr dieses Krimis wurde Ch., die bereits über eine große Popularität verfügte, auch zum Mittelpunkt eines landesweiten Skandals: Für elf Tage verschwand die Schriftstellerin spurlos; ihren Wagen hatte man verlassen in einer einsamen Gegend gefunden. Tagelang glaubten Polizei und die durch eine bis dahin unbekannte Form der Pressekampagne besorgte Öffentlichkeit, dass die Autorin einem Verbrechen zum Opfer gefallen sei. Hintergrund für das plötzliche Verschwinden war aber offenbar das Zerwürfnis mit ihrem Ehemann Archibald Christie, der sich wegen einer anderen Frau von ihr scheiden lassen wollte. Die Trennung folgte dann tatsächlich nach 14 Jahren Ehe 1928. Ch. heiratete 1930 erneut; mit ihrem zweiten Ehemann, dem berühmten Archäolo-

gen Sir Max Mallowan, bereiste sie ausgiebig den Orient und wurde auch als Mäzenin und Mitarbeiterin von bedeutenden Ausgrabungen bekannt. Nicht selten bildet der Nahe Osten in den folgenden Romanen die Kulisse für die Krimihandlung. – Unter ihren Theaterstücken ragt *The Mousetrap* (1952; *Die Mausefalle*, 1953) besonders heraus, das seit 1952 ununterbrochen in London gespielt wird und damit das am längsten durchgehend aufgeführte Drama in der Literaturgeschichte ist. *Witness for the Prosecution* (1953; *Zeugin der Anklage*, 1959) erlangte durch die Verfilmung Billy Wilders mit Marlene Dietrich in der Hauptrolle (1957) ebenso Berühmtheit. – 1971 wurde Ch., die unter dem Pseudonym Mary Westmacott auch sechs erfolgreiche Romane veröffentlichte, die kein Verbrechen als Mittelpunkt haben, in den Adelsstand erhoben. Ihre Autobiographie erschien 1977 postum.

Werkausgabe: The Greenway Edition. London 1978ff.

Sascha Feuchert

Christine de Pizan
Geb. um 1365 in Venedig; gest. um 1430

Christine de Pizan stammt aus einer norditalienischen Gelehrtenfamilie und wächst ab 1368 in Paris am Hofe des Königs Karl V auf, in dessen Diensten ihr Vater steht. Ihre Kindheit und Jugend verbringt sie in einem privilegierten Milieu, beklagt jedoch später, von dem »väterlichen Schatz des Wissens« nicht genügend profitiert zu haben. Mit fünfzehn heiratet sie den königlichen Sekretär Etienne Du Castel und wird Mutter von drei Kindern. Doch kurze Zeit später vollzieht sich ein radikaler Wandel in ihrer Existenz, hervorgerufen durch den Tod Karls V. (1380), den ihres Vaters (um 1385) und ihres Mannes (um 1389). Ch. muss ihren Lebensunterhalt selbst verdienen und entwickelt sich, dank ihrer symbolischen Verwandlung von einer Frau in einen Mann, zu Frankreichs erster Berufsschriftstellerin. Sie arbeitet zunächst wahrscheinlich als Kopistin, bildet sich als Autodidaktin und überreicht 1399 der Königin Isabeau de Bavière ihre erste Gedichtsammlung, die *Cent Balades*. Ch. gelingt es, die mächtigsten Adligen im Europa jener Zeit als Mäzene zu gewinnen. In rascher Folge entsteht bis 1418 ein gewaltiges Werk von beeindruckender Vielfalt: Frauenverteidigungsschriften wie die *Epistre au dieu d'amours* von 1399 (*Der Sendbrief vom Liebesgott*, 1987); ihre Briefe gegen den *Rosenroman* (1401–03) und *Le livre de la cité des dames* (1404/05; *Das Buch von der Stadt der Frauen*, 1986); politische Texte wie die *Lamentacion sur les maux de la France* (1410; Klage über die unglückseligen Zustände in Frankreich) und *Le livre de la paix* (1412; Das Buch vom Frieden); religiöse Dichtung; Erziehungsbücher für Männer und Frauen wie z. B. *L'epistre Othea* (1399; Brief der Othea) und *Le livre des trois vertus* (1405; *Der Schatz der Stadt der Frauen*, 1996) sowie ihr *Livre des fais et bonnes meurs du sage Roy Charles V.* von 1405 (Das Buch von den Taten und dem vorbildlichen Verhalten des weisen Königs Karl V), bis heute ein historiographisch-biographisches Standardwerk. Eine Sonderstellung nimmt *L'avision Christine* (Ch.s Vision) von 1405 ein, dessen drittes Buch eine Fülle autobiographischer Aussagen enthält. Den Wirren des Hundertjährigen Kriegs und bürgerkriegsähnlichen Verhältnissen in Paris dürfte es anzulasten sein, wenn sich Ch.s Lebensspuren von 1418 bis 1429 verlieren. Im Juli 1429 beendet sie ihr letztes Werk, ein hymnisches Lobgedicht auf die Jungfrau von Orléans. Ch. ist nicht nur Frankreichs erste professionelle Autorin, sondern zugleich die Ahnherrin aller »Bücherfrauen«. Viele ihrer Werke hat sie selbst abgeschrieben. Später beschäftigt sie wahrscheinlich eine Schreibwerkstatt, stets aber kümmert sie sich bis ins Detail um Herstellung und Verbreitung ihrer Bücher. Von keiner anderen Frau des Mittelalters besitzen wir so viele Abbildungen wie von ihr, die deshalb als Schöpferin des (weltlichen) Autorinnen-Bilds gelten kann. Immer wieder setzt sie sich als »Ich, Ch.« nicht nur in ihren Werken, sondern auch auf Miniaturen wirkungsvoll in Szene: als Intellektuelle in ihrer Studierstube, bei der Überreichung einer kostbaren Handschrift an ihre Mäzene oder als eine ihre männliche Zuhörerschaft belehrende Frau. In zwei opulent bebilderten Sammelhandschriften stellt sie um 1410 für Johann von Berry bzw. Isabeau de Bavière ihre wichtigsten Werke zusammen. Ch.s selbstbewusste Prophezeiung einer dauerhaften Wirkung ihrer Schriften erfüllt sich in mehrfacher Hinsicht. Bereits zu Lebzeiten gibt es Übersetzungen ins Englische, später ins Portugiesische und Niederländische; um 1450 entsteht die erste deutsche Übertragung eines Werks von Ch., das *Buoch von dem vechten und von der ritterschafft*. Zahlreiche Schriftsteller des 15./16. Jahrhunderts stehen in ihrer Nachfolge: Charles d'Orléans, der große Melancholiker, und Alain Chartier; Martin Le Franc, der nach dem Vorbild der *Stadt der Frauen* um 1440 den *Champion des dames* (Der Damen-Streiter) schreibt; im 16. Jh. gedenken Jean und Clément Marot der »dame Ch.«. Adlige Frauen wie Anna von Frankreich, Margarete von Navarra, Diana von Poitiers, Margarete von Österreich besaßen Abschriften von Ch.s Werken und vererbten sie an ihre Töchter weiter. Im 17./18. Jahrhundert wird Ch. als historische Schriftstellerin wiederentdeckt und um 1900 im Kontext des ersten Feminismus neu gelesen. Ein geradezu stürmisches Comeback erlebt sie seit den 1980er Jahren mit der Übersetzung ihrer als frühfeministische Streitschrift rezipierten *Cité des dames* in die wichtigsten europäischen Sprachen. Dies geschieht nicht ohne Kontroversen: Ch. provoziert noch immer, und sei es zu Debatten um ihre *political/feminist correctness*.

Werkausgaben: Der Sendbrief vom Liebesgott. Übers. von M. Stummer. Graz 1987. – Das Buch von der Stadt der Frauen. Hg. u. üb. von M. Zimmermann. Berlin 1986. – Der Schatz der Stadt der Frauen. Hg. v. C. Opitz; üb. von C. Probst. Freiburg 1996.

Margarete Zimmermann

Churchill, Caryl
Geb. 3. 9. 1938 in London

Caryl Churchill hat sich nicht nur im *New English Drama*, dem auffallend wenige Frauen zugezählt werden, ihren Platz gesichert, sondern gilt überhaupt als erfolgreichste britische Dramatikerin im europäischen Theater des 20. Jahrhunderts. Im Jahr 1956, das den Anfang des ›NED‹ markiert, begann Ch. ihr Literaturstudium in Oxford, wo auch ihre ersten Dramen aufgeführt wurden. Dennoch erfolgte kein nahtloser Übergang von der renommierten Universität zum etablierten Theaterbetrieb, denn an die ersten Erfolge als Jungdramatikerin schloss ab ca. 1960 eine Zeit spezifisch weiblicher Lebenserfahrung an, die Ch.s künstlerische Möglichkeiten einschränkte. Gerade diese von Mutterschaft und Familie geprägte Phase, in der Ch. ihre schriftstellerische Tätigkeit hauptsächlich in Form regelmäßiger Hörspielbeiträge für die BBC fortsetzte, schärfte jedoch ihren Blick für gesellschaftspolitische Fragen, insbesondere für die Rollen(bilder) der Frau. Schon ab Mitte der 1970er Jahre ist ihre Auseinandersetzung mit gesellschaftlichen Normen und ästhetischen Konventionen in ihrem Bühnenwerk wesentlich deutlicher als bei anderen VertreterInnen des ›NED‹. Ch. stellt sich radikal gegen die affirmativen Strukturen des *well-made play*, indem sie konventionelle Dramentechniken auf kritische und experimentelle Weise neubelebt.

Mit ihrem thematisch wie strukturell sehr heterogenen Œuvre ist es ihr als einer der weltweit meistgespielten Theaterautor/innen der 1980er Jahre gelungen, die das englische Gegenwartstheater kennzeichnende Dialektik von kontrovers-alternativem (Frauen-)Theater vs. kommerziellem Drama in einer einzigartigen Synthese zu überwinden. Keine britische Dramenautorin konnte bislang auf nationalen wie internationalen Bühnen ähnlich reüssieren. Das Spektrum ihres umfangreichen und mit etlichen Auszeichnungen gewürdigten Werks reicht von den frühen Hörspielen über Fernsehstücke bis hin zu rund 30 Bühnendramen, die sowohl Missstände im Bereich geschlechterspezifischer Chancenungleichheit ungeschminkt darstellen als auch allgemeine gesellschaftliche Missstände pointiert offenlegen. Die Einbeziehung epischer Techniken und die offene Handhabung von Zeit, Raum und geschichtlicher Dimension charakterisieren eine Reihe ihrer Dramen. Der häufige Einsatz des *cross-gender casting* bezeichnet die prinzipielle Egalität der Geschlechter und zielt darauf ab, Gender-Stereotypen als kulturell bedingte Konstrukte zu entlarven. Ähnlich dienen Mehrfachbesetzungen dazu, soziale und politische Funktionen einzelner Figuren als – einander zuweilen sogar widersprechende – ›Rollen‹ im gesellschaftlichen Zusammenspiel herauszustellen.

Die Uraufführung von *Owners* (1972; *Besitzer*, 1973) am Royal Court Theatre markiert den Beginn von Ch.s führender Rolle als Gegenwartsdramatikerin, hatte sie doch als erste Frau dort für mehrere Jahre die Position des *Resident Dramatist* inne. *Owners* präsentiert im Konflikt zwischen Hausbewohnern und einer Immobilienmaklerin die Problematik von Grundbesitz und prangert die Degradierung des menschlichen Lebens zum rein kapitalistischen Faktor an. Einen weiteren entscheidenden Schritt bildete Ch.s Zusammenarbeit mit (Frauen-)Theatergruppen. In *Light Shining in Buckinghamshire* (1976), einer gemeinsamen Produktion mit der Joint Stock Theatre Company, widmet sie sich der Darstellung der Unterdrückung von Frauen im englischen Bürgerkrieg. Obwohl die ›Geschichte machenden‹ männlichen Figuren in der Überzahl sind, etablieren die fünf Frauenfiguren die zentrale Perspektive ›von unten‹. Eine prononciert feministische Stoßrichtung kennzeichnet auch das in Kollaboration mit dem Theaterkollektiv Monstrous Regiment entstandene *Vinegar Tom* (1976), das wiederum auf das 17. Jahrhundert zurückgreift und in der episodischen Darstellung einer Hexenverfolgung den Vorwurf der ›Hexerei‹ in den Zusammenhang von Armut, Unterdrückung und Dämonisierung von (homoerotischer) Sexualität stellt. Im äußerst erfolgreichen Zweiakter *Cloud Nine* (1979; *Siebter Himmel*, 1980) werden sexuelle Konformität und Kolonialismus parallelisiert, wobei das Vertauschungs- als dramatisches Veranschauungsprinzip die Dichotomien von Rassen- und Geschlechtszugehörigkeit sowie sexueller Orientierung durchbricht. Der Zweiakter *Top Girls* (1982; *Top Girls*, 1983) rückt in modifizierter Form erneut die Problematik weiblicher Rollen (identifikation) in den Mittelpunkt. Er kontrastiert eine moderne Karrierefrau mit fünf berühmten historischen bzw. bekannten fiktionalen Frauenfiguren, die unterschiedliche Epochen und Kulturen repräsentieren. In den nur partiell dialogisch verknüpften und einander überlagernden Berichten dieser ›Top Girls‹ fällt die grundsätzliche Affirmation bestimmter Frauenrollen auf. Zum Widerspruch provoziert auch und gerade das Modell der ›emanzipierten‹ Gegenwartsfigur Marlene. Diese sichert ihre Karriere nämlich dadurch, dass sie die Mutterrolle für ihr einziges Kind ihrer Schwester überträgt. Die widersprüchlichen Rollenanforderungen innerhalb eines von Profitstreben beherrschten Systems kulminieren schließlich in der Begegnung der erfolgreichen Mutter mit der zur Verliererin prädestinierten Tochter. *Serious Money* (1987; *Serious Money*, 1988), ironischerweise einer der auch finanziell größten Erfolge, setzt diese Kritik am Kapitalismus am Beispiel der Börsenspekulation fort.

Durchgehend charakteristisch für Ch.s Dramatik ist, dass sie die jeweils zentrale Problematik keiner eindeutigen Lösung zuführt, sondern als Fragestellung dem Publikum zur aktiven gedanklichen Bearbeitung überantwortet und simple Polarisierungen vermeidet. So rückt etwa *A Mouthful of Birds* (1986; *Io!*, 1987) auch weibliche Gewaltbereitschaft ins Blickfeld; die Verbindung von Aggression mit nationalen Stereotypen veranschaulicht in *Icecream* (1989) den zunehmenden zwischenmenschlichen Realitäts- und Werteverlust einer postmodernen Gesellschaft. Archaische Formen wie Tanz und Musik, z. B. in *Lives of the Great Poisoners* (1991), oder auch der Rückgriff auf die mittelalterliche Moralität in *The Skriker* (1994; *Skriker*, 1997) signalisieren die Kontinuität selbstdestruktiver Tendenzen als Teil der gesamten Menschheitsgeschichte. Neben der ökologischen Zerstörung thematisiert Ch. – etwa in *Far Away* (2000; *In weiter Ferne*, 2001) – auch verstärkt den fortschreitenden politischen Radikalismus. Insgesamt lässt sich Ch. zwar als feministisch und sozialistisch orientierte Autorin begreifen; über diese Perspektiven hinaus widmet sie ihr experimentelles Potential jedoch immer deutlicher globalen dystopisch-anthropologischen Entwicklungen.

Werkausgabe: Plays 1–3. London 1985–98.

Doris Mader

Cicero

Geb. 3. 1. 106 v. Chr. in Arpinum;
gest. 7. 12. 43 v. Chr. in Caieta

Über keine Epoche der Antike sind wir so gut aus erster Hand unterrichtet wie über das 1. Jh. v. Chr., und in diesem wiederum über die aktive Lebenszeit Ciceros. Dessen eigene Werke sind eine einzigartige Quelle. Sie übertreffen nämlich nicht nur an Umfang die aller lateinischen Autoren bis zu den Kirchenvätern des 4. Jh.s, sondern spiegeln die Zeit aus einer unermüdlichen Teilnahme und Mitwirkung ihres Verfassers an deren Verlauf heraus. Kein Mensch bis ins Spätmittelalter hinein, ja, vielleicht noch darüber hinaus, ist uns in seinem ganzen Wesen so gut bekannt wie C. Die intimsten Zeugnisse darüber liegen uns in C.s Briefen vor. Zwei große und zwei kleinere Sammlungen sind erhalten. Den unmittelbarsten Einblick in die Zeit gewähren die 16 Bücher *Briefe an Atticus*, C.s vertrautesten Freund; sie beginnen – wenn auch anfangs nur mit wenigen Stücken – im Jahre 68 und enden im Jahre 44. Wegen der Brandstiftung an C.s Haus während seiner Verbannung umfassen die 16 Bücher der Briefe *Ad familiares*, die besser »An Verschiedene« genannt würden, nur die Zeit von August 57 bis Juli 43. Hinzutreten drei Bücher an C.s. Bruder Quintus aus den Jahren 60–54; aus dem Jahre 43 stammen die 26 Briefe an M. Iunius Brutus und von ihm; sie wurden aus einer umfangreicheren Sammlung gerettet.

Geboren ist C. im Gebiet von Arpinum, einem kleinen Landstädtchen Latiums, in der Luftlinie etwa 90 km ostsüdöstlich Roms, auf dem Gutshof seines damals noch lebenden Großvaters. C. gehörte zu den Rittern, dem zweiten Stand nach den Senatoren. Die freundschaftlichen, zum Teil verwandschaftlichen Beziehungen zu den Angehörigen dieses Standes besitzen für C.s politische Laufbahn eine nicht abzuschätzende Bedeutung. – Der junge C. erhielt frühzeitig eine seiner Begabung entsprechende Ausbildung, und zwar im fortschrittlichen Sinne. Nach der endgültigen Niederwerfung Griechenlands im Jahre 168 hatte die griechische Bildung ihren Siegeszug in Rom angetreten. So kam C. mit seinem vier Jahre jüngeren Bruder Quintus früh nach Rom, um dort in einer kleinen Gruppe mehr oder weniger Gleichaltriger den besten Unterricht zu genießen. In diesem Kreis lernte er auch seinen besten Freund Atticus kennen, der ihm später in allen Lebenslagen helfen sollte. Er hörte, herangewachsen, die Reden der führenden Politiker und lernte sie auswendig, er wurde dann auch, nach Anlage der Männertoga im Jahre 90, in die Gefolgschaft des damals schon 80-jährigen Augurs Q. Mucius

Scaevola aufgenommen, der Rechtsberatungen erteilte. Nach dem Tode des Augurs kam er zu dessen Neffen (zweiten Grades), dem Pontifex Q. Mucius Scaevola, zu weiterer Ausbildung, bis dieser 82 ermordet wurde. An den Staatsmännern, in deren Umgebung er aufgewachsen war, hatte er sehen können, dass er sein Ziel, zu den Ersten des Staates zu gehören, über die Tätigkeit als Rechtsvertreter auf dem Forum erreichen musste, die ihm den Weg in die Ämterlaufbahn und in den Senat eröffnete.

Für C.s ganzes weiteres Leben ist es schicksalhaft, dass dies nicht in ungehemmter Entwicklung erfolgen konnte, sondern dass die seit der Zeit der Gracchen immer erneut aufbrechenden innenpolitischen Schwierigkeiten des römischen Staates zu bewaffneten Auseinandersetzungen führten. Neben die Erfahrung des Bundesgenossenkriegs, der von 91 an z. T. bis 87 andauerte, trat die noch schwerwiegendere, der Bürgerkrieg zwischen Sulla und Marius, der sich an der Frage des Oberbefehls im Kampf mit Mithridates entzündete. Rom wurde damals zum ersten Mal erobert, und das von einem Römer, Sulla, der sich dort erneut den Oberbefehl im Krieg gegen Mithridates übertragen ließ. Außerdem wurde eine Reihe politischer Gegner zu Feinden des Staates erklärt und, soweit ihnen nicht die Flucht gelang, ermordet. Nach Sullas Abzug in den Osten bemächtigte sich Marius aber wieder der Stadt, wo nun er und seine Anhänger ihrerseits Rache übten; die Rückkehr Sullas nach der Zurückdrängung des Mithridates im Jahre 83 führte dann zu Kriegshandlungen zwischen ihm und den Marianern, die mit dem Sieg Sullas am Collinischen Tor (1.11.82) endeten, aber die äußerst blutigen Proskriptionen zur Folge hatten. – Man hat in der gängigen Meinung über C. sein Erleben dieser Vorgänge nicht genügend gewürdigt. Sein Streben ging dahin, es seinen großen erzieherischen Vorbildern gleichzutun, L. Licinius Crassus und M. Antonius, denen er dann in seinem Werk *De oratore* ein bleibendes Denkmal setzte. Die Ermordung etwa seines Lehrers Q. Mucius Scaevola und des M. Antonius durch die Marianer konnte ihn dieser Richtung nur entfremden.

Das bedeutete gleichzeitig aber eine Trennung von Marius, dem gerade auch von C. vielfach gelobten Germanenbesieger, der gleichfalls aus Arpinum stammte und mit C. verwandt war, und seiner Politik. Die Schrecken der Proskriptionen Sullas sind andererseits C. lebenslänglich im Gedächtnis geblieben. Wie es bei einem Bürgerkrieg fast unausbleiblich ist, steht der Einzelne ja in einer Vielzahl von Fällen zwischen den beiden Parteien – wie kann man es daher C. verargen, dass er bis zuletzt, von Ende 50 bis 49 im Juni, gehofft hat, dass sich der Bürgerkrieg zwischen Caesar und Pompeius vermeiden oder zumindest durch Einsicht beilegen lasse?

Die Zeit unfreiwilliger Muße während der marianisch-sullanischen Wirren hat C. für eine Vertiefung seiner Kenntnisse und eine Verbesserung seiner Fähigkeiten in unermüdlichem Fleiß, der ihn sein ganzes Leben lang auszeichnete, zu nutzen gesucht. Auf der Flucht vor Mithridates hielten sich das Schulhaupt der Akademie, Philon von Larisa, und das der Epikureer, Phaidros, in Rom auf. C. hörte die Lehrvorträge beider, blieb aber insbesondere Philon und seiner Richtung zeitlebens eng verbunden. Von großer Bedeutung war dabei für C., dass Philon die Rhetorik in die Philosophie eingliederte; er zählt daher im Anschluss an ihn (div. 2, 4) seine rhetorischen Schriften zu seinen philosophischen Werken. Zeitlebens hat er auch durch Übersetzungen aus dem Griechischen seinen Stil und seine literarischen Fähigkeiten weiterzubilden gesucht. Etwas später kam der berühmteste griechische Redner seiner Zeit, Apollonios Molon, nach Rom; C. genoss auch dessen Unterricht und konnte daran bei seinem Griechenlandaufenthalt drei Jahre später anknüpfen. Er beherrschte das Griechische so gut, dass er nicht nur lateinisch, sondern in gleicher Weise auch griechisch deklamieren konnte. Im Zuge der Vorbereitung des Verresprozesses hielt er so vor der Ratsversammlung von Syrakus eine griechische Rede, um einen gegen Verres gerichteten Beschluss herbeizuführen.

Für die Entwicklung C.s besitzen wir in seinem Bericht im *Brutus* (303–330) eine einzigartige Quelle, die zugleich in der Geschichte der Autobiographie einen Höhepunkt darstellt. Mit höchster Anspannung hat C. in den Jahren bis zu Sullas Sieg die großen Redner auf dem Forum angehört, um sich an ihnen zu bilden. Er wollte nicht erst durch das Auftreten vor Gericht lernen, sondern schon voll ausgebildet die Aufgabe des *patronus* übernehmen.

So hat er, als das Gerichtswesen nach Sullas Rückkehr wieder aufgenommen wurde, 25-jährig seinen ersten Prozess geführt, errang dann ein Jahr später mit der Verteidigung des Sextus Roscius aus Ameria in einem öffentlichen Prozess wegen Vatermordes einen solchen Sieg, dass es keinen Rechtsstreit gab, für dessen Übernahme er nicht würdig gehalten wurde, und er die Rechtsvertretung in zahlreichen Fällen ausüben konnte.

Der von C. ausgebildete Stil darf in seiner Ausgewogenheit zwischen weiter Periodisierung und knapper Aussage und wegen der Wahrung des jeweils Angemessenen (*aptum*) als klassisch gelten. Die Mode in der Rhetorik ging, schon zu C.s späterer Lebenszeit, z. T. zunächst andere Wege, wie wir an Sallust und dann an den *Controversiae* Senecas d. Ä. sehen können, während andererseits Livius sich an C. ausrichtet. Seneca d. J. entfaltet in seinem Pointenstil eine der maßgeblichen Gegenrichtungen und bringt sie zu einem Höhepunkt. Tacitus nimmt von ihm, auch von Sallust, im *Dialogus de oratoribus* aber selbst von C., um immer mehr seinen ganz eigenen Stil zu entwickeln; dies zu einem Zeitpunkt, an dem durch Quintilian der Ciceronianismus schon in der »Schule« Eingang gefunden und sie erobert hat. Mit Laktanz, dem »Cicero christianus«, und den Kirchenvätern, vor allem Hieronymus und Augustin, wird C.s Stil dann gleichsam verbindlich für Rede und gehobene schriftliche Äußerung. Er bleibt es, wenngleich nicht ganz unbestritten, nach mittelalterlicher Verwilderung und Formlosigkeit, durch die Humanisten bis in die Neuzeit.

C. hat nach seinen eigenen Worten Tag und Nacht an den entsprechenden Reden gearbeitet. Dies in Verbindung mit dem angespannten Studium und einer Redeweise, bei der er sich unausgesetzt verausgabte, führte bei seiner eher schwächlichen Konstitution zu solcher Erschöpfung, dass man um sein Leben fürchtete. C. ging deswegen nach Athen, hörte dort ein ganzes Semester den Nachfolger Philons in der Leitung der Akademie, Antiochos von Askalon, und machte Redeübungen. Er begab sich dann nach Asien zu anderen Redelehrern und schließlich wieder zu Apollonios nach Rhodos, der ihn fast verwandelt, wie C. selbst sagt (Brut. 316), entließ.

Nach seiner Rückkehr nahm C. die Anwaltstätigkeit wieder auf, hatte nun aber auch schon das Alter erreicht, in dem er die Ämterlaufbahn antreten konnte. Es ist c.s Stolz gewesen, dass er, als *homo novus*, also ohne dass einer seiner Vorfahren dem Senat angehört hatte, alle Ämter zum dem Lebensalter nach frühest möglichen Zeitpunkt erreichte: die Quaestur mit 30, die Aedilität mit 37, die Praetur mit 40, den Konsulat mit 43 Jahren. C.s hervorragende Amtsführung als Provinzialquaestor für das westliche Sizilien in Lilybaeum veranlasste die Sizilier, ihn zu ihrem Anwalt gegen den Propraetor Verres in der Rückforderungsklage, dem Repetundenprozess, für das Jahr 70 zu wählen. C. brachte so viel Belastungsmaterial zusammen, dass sich Verres schon nach dem ersten Prozesstag der Verurteilung durch freiwillige Verbannung entzog. Der Umstand, dass Verres durch Bestechung C.s Wahl zum Aedilen hatte verhindern wollen, schlug zu dessen Vorteil aus: Er wurde mit den Stimmen aller Tribus gewählt. Das besaß auch insofern politische Bedeutung, als sein größter Rivale auf dem Forum und Verteidiger des Verres, Q. Hortensius Hortalus, zum Konsul gewählt worden war. C. war dadurch, dass er zugleich auch ihn überwunden hatte, nun in Rom der erste Redner vor Gericht. Die Sizilier bedankten sich durch Spenden billigen Getreides, so dass in der Folge auch die Erinnerung an C.s Aedilität ihm die Wahl zum Praetor erleichterte. Er erlebte dabei den Triumph, von sämtlichen Centurien als erster der acht, und, da die Wahl zweimal unterbrochen wurde, dreimal in ehrenvoller Weise gewählt zu werden (Brut. 321). In dieser Stellung hat er erstmalig in einer wichtigen politischen Frage das Wort ergriffen in der Rede für den Oberbefehl des

Pompeius im dritten mithridatischen Krieg. Die erfolgte Betrauung des Pompeius, die Beendigung der Bedrohung im Osten, die friedliche Rückkehr des Feldherren und die Niederlegung seiner außerordentlichen Befehlsgewalt belegen die Richtigkeit dieses Eintretens; es kann dadurch verständlich, wenn vielleicht auch nicht entschuldbar werden, dass C. im Jahre 56 für die Verlängerung des prokonsularischen Imperiums Caesars in Gallien eintrat. Kein römischer Politiker hat damals auch nur das vorausgesehen, dass Caesar es nicht niederlegen, geschweige denn, dass er letztlich nicht wieder umkehrbare Schritte auf die Alleinherrschaft im römischen Staat hin einleiten würde. Das wesentliche persönliche Ziel der Tätigkeit dieses wie der folgenden Jahre war die Wahl zum Konsul. Bei dem römischen Streben nach Ruhm war dies höchste Amt der Laufbahn, das dem Jahr zugleich den Namen verlieh, von allen das begehrteste. C. erhielt auch bei dieser Wahl wieder als erster die Stimmen sämtlicher Centurien, da die Mitbewerber nicht nur der Senatsaristokratie weitestgehend verhasst, sondern auch politisch höchst anrüchig waren.

Der *consulatus* C.s ist wegen der Catilinarischen Verschwörung berühmt geworden. Diese ist aber nur eine von verschiedenen »revolutionären« Vorstößen, die zu einem nicht unwesentlichen Teil von stark verschuldeten Angehörigen der Nobilität angeführt wurden, welche auf die Weise zu Einfluss und Macht zu kommen hofften, dass sie das Ansehen des Senates schädigten. Es betrifft dies die Ackergesetze, Klagen wegen Missständen bei der Provinzverwaltung, den Angriff des Labienus auf das Recht des Senates, den Beamten Vollmacht zur Niederwerfung einer Revolution zu geben, also das sog. *senatus consultum ultimum*. Ein erster Erfolg C.s bestand darin, dass Catilinas Wahl zum Konsul verhindert werden konnte, so dass der befürchtete populare Umschwung vermieden war. Catilina sah, als seine seit dem Jahre 66 vergeblich unternommenen Versuche, zum Konsul gewählt zu werden, erneut fehlgeschlagen waren, nur noch den Weg der Gewalt. C.s Verdienst ist es, einerseits dem Putschversuch mit aller Energie entgegengetreten zu sein, andererseits das Ausmaß des Konfliktes auf den geringsten möglichen Umfang begrenzt zu haben: Es wurden in Rom fünf als Rädelsführer Überführte am 5. Dezember 63 mit dem Tode bestraft und Catilina von C.s Kollegen im Konsulat, C. Antonius, im Februar 62 in der Schlacht bei Pistoia besiegt; Catilina fand in ihr den Tod. C.s vier *Catilinarische Reden* geben ein starken, wenn auch sicher nicht objektiven Eindruck von der politischen Situation und seinem eigenen Handeln.

Die Römer hatten C. am Abend des 5. Dezember als Retter des Vaterlandes begrüßt, war bereits nach Überführung der Verschworenen durch ihre Festnahme am 3. Dezember »Vater des Vaterlandes« (*parens patriae*) genannt worden, nach der endgültigen Besiegung sogar *pater patriae*. Die Vollstreckung der Todesstrafe ohne Zustimmung der Comitien oder ein ordentliches Gerichtsverfahren war gesetzwidrig, und die Verwandten der hingerichteten Adeligen sowie überhaupt die adelsstolzen Mitglieder der Nobilität ließen den *homo novus*, ebenso wie die Anführer der Popularen, welche die Beseitigung der sozialen Missstände auf ihre Fahnen geschrieben hatten, in dem Augenblick, als die Gefahr vorüber war, diese angreifbare Maßnahme in einer Vielzahl von kleineren und empfindlichen Quertreibereien entgelten. Der Tod der Catilinarier lieferte die Begründung für die Androhung eines Prozesses, dem sich C. durch die Flucht Anfang März 58 entzog. Offiziell verbannt, kehrte C. nach eineinhalb Jahren, die er vielfach in größter Niedergeschlagenheit zugebracht hatte, wieder nach Italien zurück, wobei ihn an allen Orten seines Weges von Brundisium nach Rom Glückwunschabordnungen der Gemeinden empfingen; in Rom selbst erwartete ihn an der Porta Capena eine dichtgedrängte Volksmenge, die ihn unter fortwährenden Beifallskundgebungen zum Kapitol begleitete. So erhebend für C. diese Anerkennung auch sein mochte, so konnte ihm doch nicht verborgen bleiben, dass die wirklichen Entscheidungen im Staat von Caesar und Pompeius, den Inhabern großer auch militärischer Macht, und vielleicht auch dem reichsten Mann Roms, M. Licinius Crassus, getroffen wurden. Von diesen dürfte sich vornehmlich Pompeius für seine Rückberufung eingesetzt haben, die möglich wurde, als Caesar sich ihr nicht mehr entgegenstellte, C. aber gleichzeitig mit der Verpflichtung belastete, deren Politik zu vertreten.

Das, was für C. selbst eine Zurücksetzung und ein Verzicht auf eine führende Mitwirkung in den politischen Angelegenheiten Roms war, ist weltgeschichtlich die erste Stufe für die umfassende Bedeutung C.s geworden. Im Jahre 55 entstanden die drei Bücher *De oratore* (*Vom Redner*), in dem C. sein Ideal in der Gewandung eines fiktiven historischen Dialoges entwickelt. Seine Jugendschrift *Über das Finden des Stoffes für einen Redner* (*De inventione*) wird damit in vollendeter Gestalt wieder aufgenommen. Sie führt im Jahre 46, nach dem Bürgerkrieg also, zu der Darstellung der Geschichte der römischen Beredsamkeit im *Brutus* und dem *Orator*, in dem C. noch einmal, jetzt in Auseinandersetzung mit der aufkommenden Strömung des Attizismus, Wesen und Aufgaben des wahren Redners vorführt. Kleinere Arbeiten zu besonderen Gebieten schließen sich dann noch an. Während im Mittelalter die philosophischen Schriften C.s als heidnisch weitestgehend im Schatten standen, sind es gerade diese rhetorischen Schriften und Quintilians durch sie angeregte *Institutio oratoria*, die fortgesetzte Beachtung erfahren haben. Im Jahre 54 verfasste C. das vielleicht bedeutendste heidnische Prosawerk lateinischer Sprache überhaupt, seinen Dialog *De re publica* (*Über das Staatswesen*), im Anschluss an Platons gleichbetiteltes Werk und gleichzeitig als ein ganz selbständiges Gegenstück. Mit Ausnahme des Schlusses war es bis zum Jahre 1820 verloren. Der Präfekt der Biblioteca Vaticana Angelo Mai entdeckte es in diesem Jahr, wenn auch verstümmelt, auf abgewaschenen, dann mit Augustins Psalmenkommentar neu beschriebenen Pergamentblättern, sog. Palimpsesten, und veröffentlichte es 1822. Die vornehmlich bis ins dritte der ursprünglich sechs Bücher umfassenden Schrift reichenden Fragmente führen das römische Staatswesen zu einem guten Teil historisch und systematisch vor Augen und leiten, Polybios folgend, zu dem Schluss, dass der römische Staat der beste ist, weil in ihm die richtige Mischung von monarchischer, aristokratischer und demokratischer Gewalt gefunden ist. Das sog. *Somnium Scipionis* aus dem 6. Buch der Schrift ist in einem Kommentar des Macrobius durch die Jahrhunderte erhalten geblieben: In einer Traumvision erscheint dem Scipio Aemilianus sein großer Vorfahr Scipio Africanus, der Held des 2. Punischen Krieges, und ermahnt ihn zu einem Leben im Sinne römischer *virtus*. – In der Nachfolge Platons hat C. diesem Dialog einen solchen *Über die Gesetze* (*De legibus*) an die Seite gestellt, von dem fast drei Bücher erhalten, weitere, mindestens zwei, bezeugt sind. Auch in ihnen ist eine Fülle von weit über ihre Zeit hinausgehenden Gedanken, vor allem etwa die Erörterung des sog. Naturrechtes, enthalten.

Die Beauftragung mit der Verwaltung der Provinz Kilikien als Prokonsul für die Jahre 51 und 50, obwohl C. sie nach Möglichkeit verkürzte, verhinderte ein Eintreten für die Auflösung der Spannungen zwischen Caesar und dem Senat, dem sich Pompeius immer stärker anschloss, wenn auch fraglich bleibt, was C. zu erreichen möglich gewesen wäre. Nach der Schlacht bei Pharsalos begab sich C. Mitte Oktober 48 nach Italien zurück, wurde aber durch Caesars Beauftragten, den Magister equitum Marcus Antonius, in Brundisium gleichsam interniert; Antonius teilte ihm mit, dass nach einem Schreiben Caesars kein bisheriger Gegner Italien betreten dürfe. Noch einmal erlitt er alle Schwierigkeiten einer solchen Isolierung, bis Caesar ihm am 25. August 47 in einem längeren Gespräch die Erlaubnis erteilte, sich an dem Ort seines Beliebens aufzuhalten.

Wenn die restliche Lebenszeit C.s den äußeren Ereignissen nach in die Abschnitte unter Caesars Diktatur und, nach seinem Tod, die des letzten Kampfes C.s um die Wiederherstellung und Rettung von *res publica* eingeteilt werden kann, so darf diese Zweiteilung auch für die innere Entwicklung gelten. Der Tod seiner Tochter Tullia Mitte Februar 45 war das einschneidende Ereignis, das C. zu erneuter, eindringlicher Beschäftigung mit der Philosophie hinführte. Hatte er in seiner Verteidigung der Anhänger der Senatspartei und des Pompeius gegen Caesar Schritt für Schritt, von der Rede über die Rückberufung des Marcellus zu der für Q. Ligarius und der für König Deiotarus, immer mehr erkennen müssen, dass Caesar nicht gewillt war, die bisherige Staatsform zu erneuern, so glaubte er nach dessen Tode, in der Hinwendung an den Senat in seinen *Philippischen Reden*, alles an rednerischer Kraft aufbieten zu sollen, das dazu beitragen konnte, die Gelegenheit zur Wiederherstellung der *res publica* zu nutzen. C. geriet schließlich, als Octavian und der Senatsgegner Marcus Antonius sich einigten, auf die Proskriptionslisten und wurde getötet. – Die innere Entwicklung C.s ist gewiss nicht so zu verstehen, dass er erst durch den Tod der Tullia auf die Abfassung philosophischer Schriften verfallen sei. Hatte er doch außer seinen rhetorischen Werken nicht nur die genannten staatstheoretischen Schriften, sondern, dem Verfechter der Stoa, M. Iunius Brutus, zuliebe noch vor dem Tode Catos, wahrscheinlich im Februar 46, ein Werk über die *Widersprüche der Stoiker* (*Paradoxa Stoicorum*) geschrieben. Aber ebenso wenig kann es einem Zweifel unterliegen, dass C. der Tod seiner Tochter immerhin so ergriffen hat, dass er aus dem gesamten Bereich der Philosophie Trost zu finden versuchte und sich mit dem Abfassen der an sich selbst gerichteten (verlorenen) Trostschrift (*Consolatio*) diesem Gebiet erneut und in verstärktem Maße zuwandte. Dann ist es aber folgerichtig, dass, da auch die *Consolatio* für die Veröffentlichung vorgesehen war, die nächste veröffentlichte Schrift eine allgemeine Aufforderung war, sich der Philosophie zuzuwenden: der berühmte *Hortensius*, der nach Augustins eigenen Worten (conf. 3, 4) ihn zur Philosophie gebracht hat. Diese Schrift eröffnet die Reihe der Werke, in denen C., vom politischen Leben praktisch ausgeschlossen, seinem Volk die Inhalte und Ergebnisse der griechischen Philosophie in der eigenen Sprache zu schenken wünscht. Er hat durch Neubildung von Wörtern (*qualitas*: Qualität) und Erfüllung vorhandener Wörter mit neuem, philosophischem Inhalt (*virtus*: ethische Tugend) den Grundbestand einer philosophischen lateinischen Sprache geschaffen, die dann in der Antike noch die Übernahme christlicher Theologie aus dem Griechischen und damit dann auch die mittelalterliche Scholastik ermöglichte.

Das Erkenntnisproblem wird in den *Academici libri* im zweiten Viertel des Jahres 45, die Frage, wonach der Mensch als dem höchsten Gut strebe (*De finibus bonorum et malorum*), im Sommer 45 behandelt. Es folgt die Lehre von der Beherrschung der Gemütsbewegungen in den *Tusculanae disputationes* im Herbst 45, die der Besiegung der Todesfurcht, dem Ertragen des Schmerzes, der Milderung des Leides und der übrigen Leidenschaften, schließlich im 5. Buch der These, dass die Tugend zum glücklichen Leben ausreiche, gewidmet sind. Dürfen so die Fragen der Ethik als geklärt gelten, so kann sich C. danach der Naturlehre im damaligen Sinne zuwenden, was in den Schriften *Über das Wesen der Götter* (*De natura deorum*) und *Über die Weissagekunst* (*De divinatione*), schließlich in dem kleinen, unvollständig erhaltenen Werk *Über das Schicksal* (*De fato*) tut. Damit hat er die drei Gebiete, in die sich die Philosophie damals gliederte, Logik, Ethik und Physik (damaligen Verständnisses) hinreichend behandelt, um mit der an den Stoiker Panaitios angelehnten Pflichtenlehre in *De officiis* im Jahre 44 eine letzte – später von der europäischen Aufklärung besonders geschätzte (Tadeusz Zieliński) – Abhandlung zur praktischen Ethik hinzuzufügen.

Der in ununterbrochener Bemühung um die Gerichtsreden erarbeitete lateinische Ausdruck, C.s Stil, erwies sich dabei als einzigartiges, in seiner Geschmeidigkeit und Möglichkeit zur Wiedergabe feinster Nuancen so nicht wieder erreichtes Medium für die Wiedergabe griechischen Gedankengutes, das jedoch immer von römischer Seite her durchdacht und überprüft wird. C.s Vorbild in der Abfassung von Dialogen geht dann über die christlichen Schriftsteller wie Minucius Felix und Augustin, aber auch den letzten heidnischen Schriftsteller wie Macrobius, in den Grundbestand abendländischer Darstellungsform ein, den Nicolaus von Kues ebenso wie Galilei und zahlreiche andere Philosophen gepflegt haben.

Zusammenfassend wird man sagen können: In der Gegenwart, die in einem demokratischen Staatswesen die menschengemäße Form der Staatsverfassung erblickt, kann man C.s Ringen um die Erhaltung der römischen *res publica*, in der deren Elemente schon in hohem Maße herangebildet waren, überhaupt erst richtig würdigen, ebenso aber auch seine unerhörten Anstrengungen, in den stark aristokratisch bestimmten Kreis ihrer Führer aufgenommen zu werden. Ist er mehrfach auch der nackten militärischen Macht unterlegen, so ist doch sein stets aufrecht erhaltener und, sobald möglich, wieder zur Geltung gebrachter Glaube an dieses Staatsideal für spätere Zeiten gültig geblieben. Sein Freund und Gegner, der Diktator und zugleich der Zerstörer der noch stehenden Mauern des von C. verteidigten Staatswesens, Caesar, hat von ihm geschrieben, dass er einen umso viel höheren Ruhm erreicht habe als alle Triumphe, als es mehr bedeutet, die Grenzen des römischen Geistes als die des Reiches erweitert zu haben (Plinius, *Naturalis historia* 7, 117).

Werkausgaben: Zweisprachige Ausgaben in der Sammlung Tusculum (Artemis & Winkler, Düsseldorf) und bei Reclam, Stuttgart/Leipzig.

Hans-Otto Kröner

Cid
↗ Cantar de Mio Cid

Cioran, Émile Michel
Geb. 8. 4. 1911 in Rășinari/Rumänien; gest. 20. 6. 1995 in Paris

Der Schriftsteller und Philosoph Émile Michel Cioran, der mit Eugène Ionesco, Paul Celan und Mircea Eliade befreundet war, verbringt, infolge der Vertreibung der Familie aus Ungarn, die erste Hälfte seines Lebens in Rumänien. Nach der Erziehung auf einer Privatschule nimmt er 1928 das Studium der Philosophie an der Universität in Bukarest auf. War er bereits in seiner Jugend den Lehren Friedrich Nietzsches und Arthur Schopenhauers zugewandt, so beeinflussen ihn nun Georg Simmel, Ludwig Klages, Martin Heidegger, Lev Šestov und Henri Bergson. Während der 1930er Jahre erscheinen erste Schriften in rumänischer Sprache, wie *Pe culmile disperării* (1934; *Auf den Gipfeln der Verzweiflung*, 1989), das wesentliche Gedanken seines späteren Werkes bereits vorwegnimmt, und *Cartea amăgirilor* (1936; *Das Buch der Täuschungen*, 1990). In diesen Texten tritt insbesondere der Zufall als unmotivierter und moralisch unverzeihlicher Wurf der menschlichen Existenz in den Vordergrund. Ein Stipendium der Philosophischen Fakultät führt C. 1937 nach Paris, wo er die zweite Hälfte seines Lebens als kulturkritischer Essayist verbringt. Nach zahlreichen Revisionen veröffentlicht er schließlich sein erstes Buch in französischer Sprache *Précis de décomposition* (1949; *Lehre vom Zerfall*, 1953), das Paul Celan ins Deutsche übersetzt und das damit wesentlich zum Bekanntwerden des Exilrumänen in Deutschland beigetragen hat.

C., der ›gottlose Mystiker‹, gilt als einer der radikalsten Kulturkritiker des 20. Jahrhunderts, dessen durch den Skeptizismus geprägte, nihilistische Prätentiösität allenfalls noch an das Werk Friedrich Nietzsches und Georges Batailles erinnert. Seine Aphorismen und Essays stellen C. einerseits in die Tradition der französischen Moralisten, insbesondere in die des Herzogs François VI. La Rochefoucauld und Michel de Montaignes, andererseits ahmt gerade diese Aphoristik die Aleatorik des Geworfenseins in die Welt nach: Die isolierte Stellung des Gedankens, der jeweils Beziehungen zu benachbarten oder entfernten Gedanken unterhalten kann, lässt die grundlose Beliebigkeit des Daseins unvermittelt hervortreten. So antizipiert C.s Denken der Absurdität des Daseins (*La tentation d'exister*, 1956; *Dasein als Versuchung*, 1983), in der stilistischen Gestalt des Paradox, wesentliche Gedanken Albert Camus' und Jean-Paul Sartres. Doch entgegen dem französischen Existentialismus erkennt der »Dichterphilosoph« (Peter Kampits) in der Beschäftigung mit Gott und der daran gebundenen Frage nach der Transzendenz eine essentielle Bedeutung: Für C. gestaltet sich das Drama der Moderne, das mit der proklamierten Hinfälligkeit Gottes einhergeht, als schicksalhafte Tragik. Das Aushalten dieser Leere zeigt sich für ihn ausschließlich in der Erfahrung einer »wesentlichen Einsamkeit« (Maurice Blanchot). In diesem Zusammenhang kommt dem »cafard« – ein Wort, das C. zufolge in keine andere Sprache übersetzbar ist – eine entscheidende Bedeutung zu: »Ich habe nur dann geschrieben, wenn ich nichts anderes hätte machen können – aus Notwendigkeit. […] ich schreibe nur, wenn ich deprimiert bin, im Zustand der Verlassenheit und der Verzweiflung. Ich fühle mich dann außerhalb der Welt […] und habe ganz das Gefühl, verdammt zu sein […]« (»Cafard«, 1998). Der »cafard« drückt, dem »ennui« vergleichbar, einen Grundzustand des Seins aus. Er ist ein heterogener Begriff, der nicht nur negativ, sondern auch von einer unheilvollen Sehnsucht bestimmt ist. Diese Passion, die C. als eine Affirmation des Schmerzes, als ein notwendiges Leiden versteht, deutet wiederum auf die Negation der eigenen Existenz: Die empfundene Sinnlosigkeit des Daseins lässt in letzter Instanz nur die Möglichkeit des Selbstmordes oder des Aufgehens in der Kunst zu. Entsprechend äußert sich C. über die Geschichte (*Histoire et utopie*, 1960; *Geschichte und Utopie*, 1965; *Écartèlement*, 1979; *Gevierteilt*, 1982): Er denkt Geschichte konsequent ateleologisch; ihr Zenit besteht in der persönlichen Erfahrung des Todes, von ihr gilt es, nichts zu erwarten, nicht einmal ihr Ende. Damit entzieht sich C. auch der jüngeren Diskussion um das Ende der Geschichte (Posthistoire); vielmehr steht für ihn, ähnlich der Analyse der menschlichen Zivilisation des späteren Nietzsche, eine Zukunft der erneuten Tyrannei in Aussicht. Zu den wichtigsten Werken C.s zählen unter anderem *Syllogismes de l'amertume* (1952; *Syllogismen der Bitterkeit*, 1969), *La chute dans le temps* (1964; *Der Absturz in die Zeit*, 1972), *Le mauvais démiurge* (1969; *Die verfehlte Schöpfung*, 1973) und *De l'inconvénient d'être né* (1973; *Vom Nachteil geboren zu sein*, 1977).

Sebastian Hartwig

Cixous, Hélène
Geb. 5. 6. 1937 in Oran/Algerien

»Mir scheint, daß die Geschichte einer Schrift immer mit der Hölle beginnt. Desgleichen die Geschichte eines Lebens. Zuerst mit der Hölle des ICH, mit unserem allerersten, primitiven Chaos, dieser Finsternis, in der wir uns abmühen, wenn wir jung sind und in der wir uns selbst entwerfen«, heißt es im Essay »Von der Szene des Unbewußten zur Szene der Geschichte: Weg einer Schrift« (1987).

Das Schreiben biete die Chance, dieser Hölle, die eine des Unbewussten, des Formlosen, des Unverständnisses oder eine »reale Hölle« sein könne, zu entkommen; gelinge dies, so schreibe man, um nicht zu vergessen, dass es diese Hölle gibt. Die Romane der frühen Schaffensphase z. B. *Le prénom de dieu* (1967; Gottes Vorname), *Dedans* (1969; Innen), *Portrait du soleil* (1974; Porträt der Sonne), *Angst* (1977) thematisieren die Qualen des weiblichen Ich und variieren die Erinnerung an die »Szene des Unbewußten«, die mit einer ursprünglichen Verletzung einhergeht: die frühkindliche Angst vor dem Verlassenwerden, dem Verlust. *Angst* nimmt in diesen Texten eine zentrale Position ein; das Wort ›Angst‹ gilt Hélène Cixous als unübersetzbar, da es das ›Unheimliche‹ im Sinne Freuds, das rätselhafte Ungewisse, vor dem wir Angst haben, das uns aber zugleich auf erschreckende Weise vertraut sei, evoziere.

C. wurde als Kind jüdischer Eltern in Oran geboren, die Sprache ihrer Mutter war das Deutsche, die des Vaters das Französische. Nach dem Studium in Algerien habilitierte sie sich in Paris mit einer Arbeit über die Bedeutung des Exils bei Joyce (1969) und lehrt seitdem an einer Pariser Universität, wo sie 1977 das Institut für feministische Literaturstudien gründete und sich als Schriftstellerin und Theoretikerin der *écriture féminine* nachhaltig für eine feministische Reflexion des Verhältnisses von Schrift, Weiblichkeit, Feminismus engagiert hat. Ausgangspunkt ist die Geschlechterdifferenz, eine psychoanalytische Konzeption des Weiblichen im Sinne einer »Ökonomie der Verausgabung und der Gabe«, verknüpft mit der Forderung, weibliches Schreiben als subversive Praxis einer anderen Zeichenproduktion jenseits des herrschenden Diskurses zu erproben. Dass es C. weder um eine Festschreibung des Weiblichen geht noch um die Fortschreibung der binären Opposition von Männlichkeit und Weiblichkeit, sondern um deren Überschreitung, um die Vervielfachung der Differenzen, die Betonung der Ambivalenz, der Übergänge, des Austauschs, vermitteln sowohl ihre Essays und Romane als auch ihre Theaterstücke, die seit Mitte der 1980er Jahre in Kooperation mit Ariane Mnouchkine im Pariser Théâtre du Soleil inszeniert werden.

Weibliches Schreiben, konzipiert als ein kulturelles und politisches Projekt, setze die »Kühnheit des Umherschweifens« voraus, »die Kühnheit des Risikos, das die Frau ertragen kann, wenn sie sich auf den Weg macht, um sich im Unbekannten zu suchen.« Die experimentelle Schreibweise C.' lässt sich als ein »Umherschweifen« in der Sprache begreifen: insbesondere ihre poetischen Prosatexte, offene Texte ohne Ende, erforschen die Sprache in all ihren Möglichkeiten, indem sie Faktoren wie Klang, Rhythmus, Emotion, Doppeldeutigkeit ins Spiel bringen, unterschiedliche Diskurstypen vermengen oder mit Mythen und Metaphern experimentieren. Diese Schreibweise vermittelt sich zugleich als eine Suche nach utopischen Entwürfen des Weiblichen – beispielsweise in den Romanen *La* (1976; Die), *Vivre l'orange* (1979; Die Orange leben), *Illa* (1980), *Le livre de Promethea* (1985; Das Buch von Promethea*, 1990). Das von C. privilegierte Mittel gegen das Vergessen stellt die Schrift (*écriture*) dar: »Schreiben ist (oder sollte) sich erinnern (sein) an das, was in diesem Moment ist, an all das, was niemals war, an das, was verschwinden könnte, an das, was verboten, getötet, verachtet werden könnte.«

Brunhilde Wehinger

Clarín (eigtl. Leopoldo García de las Alas y Ureña)

Geb. 25. 4. 1852 in Zamora/Spanien; gest. 13. 6. 1901 in Oviedo

Geläufiger als sein Familienname ist das Pseudonym Clarín, unter dem Leopoldo García de las Alas y Ureña seit 1875 als Journalist des Blattes *El Solfeo* für die Sache der Republik eintritt. Der Deckname kommt einem Programm gleich, erinnert er doch an die Rede des Graciosos, der lustigen Person in Calderón de la Barcas Barockschauspiel *La vida es sueño*: »Daß die Stille hier im Turm / Nun einmal zu mir nicht paßt, / Bin Clarín und kann nicht schweigen.« In seiner Zeit ist er besonders als Feuilletonist und Journalist hervorgetreten, der sich in den vorwiegend republikanischen Gazetten Gehör verschafft. Der Nachwelt aber gilt C., neben dem von ihm geschätzten Pérez Galdós, als größter spanischer Romancier des 19. Jahrhunderts. Wie sein Zeitgenosse Juan Valera erlebt C. drei dramatische Ereignisse der spanischen Geschichte: die liberale Revolution von 1868, die Restaurationsepoche und den Verlust der letzten Kolonien 1898. Er steht für eine Generation von Literaten, deren politische und religiöse Zerrissenheit er in seiner Person geradezu verkörpert; seine Selbstbeschreibung mag dafür charakteristisch sein: Als Philosoph sei er katholischer als der Papst, doch in Hinblick auf den Klerus verwandle er sich zusehends zu einem Anhänger Voltaires. Zwischen seinem katholischen Bekenntnis und seinen liberalen Überzeugungen bestehe eine fragile Harmonie, auf deren Beständigkeit man nicht viel geben könne.

Ganz in diesem Sinne pflegt C. zeit seines Lebens freundschaftliche Beziehungen zu jenen Kontrahenten des politischen Spektrums, die sich gerade hinsichtlich ihres Verhältnisses zur katholischen Kirche auf der politischen Bühne zu bekämpfen pflegen. Seine Nähe zu

Republikanern und Liberalen steht der Freundschaft mit dem akademischen Hauptvertreter der katholischen Rechten Marcelino Menéndez Pelayo nicht im Wege. 1871 bis 1878 studiert C. Rechtswissenschaft in Madrid. In diese Jahre fällt seine Bekanntschaft mit jenen liberal-laizistischen Intellektuellen und Akademikern, die dem Menschen die Fähigkeit zusprechen, in Bildung und Studium zu größerer Vollkommenheit zu gelangen. Aufgrund seiner Mitwirkung an angesehenen Zeitschriften wie *La España moderna*, *El imparcial* und *Revista de España* erwirbt er sich einen publizistischen Ruf. In seinen Artikeln und Aufsätzen versteht er es, die spanische Kultur mit der europäischen Moderne zu verbinden, seine literarischen und satirischen Artikel in der Zeitschrift *Cómico* genießen ungeheure Popularität. Doch mit seinen scharfsinnigen Rezensionen zeitgenössischer Literatur macht er sich auch zahlreiche Feinde. Seine Universitätskarriere führt ihn in die Provinz zurück, zunächst nach Zaragoza, wo er 1882 auf den Lehrstuhl für politische Ökonomie berufen wird. Seine akademische wie literarische Wirkungsstätte aber ist die Hauptstadt Asturiens, mit der er sich seit seiner Jugend besonders verbunden fühlt, denn ein Jahr später wird er Professor für Römisches Recht an der Universität Oviedo, 1888 übernimmt er dort den Lehrstuhl für Naturrecht. Die Stadt wird auch zum Schauplatz seiner Romane, jedoch versieht sie der Erzähler mit dem poetischen Namen Vetusta, die Altehrwürdige. Im Alter von 49 Jahren stirbt C. an Tuberkulose.

Wie der von ihm geschätzte Goethe sieht auch C. die Epoche der Weltliteratur aufkommen – anders als die Mehrheit seiner Zeitgenossen bezieht er sich weniger auf eine nationalliterarische Tradition, sondern auf europäische Autoren wie Shakespeare, Balzac, Victor Hugo, Gustave Flaubert oder Émile Zola. Mit ihm öffnet sich der spanische Roman jenen Strömungen der Moderne, die den Verlust eines einheitlichen Weltbildes erzähltechnisch artikulieren. So weicht gerade bei C. die Selbstgewissheit des auktorialen Erzählers einer vielstimmigen Erzählhaltung, die imstande ist, die Unabgeschlossenheit wechselnder Perspektiven adäquat zur Sprache zu bringen. Vordergründig mag in Romanen wie *La Regenta* (1884/85; *Die Präsidentin*, 1985) und *Su único hijo* (1891; *Sein einziger Sohn*, 2002) zwar die Auflösung ehelicher Beziehungen eine große Rolle spielen, tiefgehender wird hier jedoch die Krise jenes bislang unangefochtenen Bekenntnisses zu einem Schöpfergott wirksam, das fortan mit dem neuen Paradigma der menschlichen Evolution zu konkurrieren hat. Exemplarisch wird dies an der Lebensgeschichte Ana Azores', der Protagonistin in *La Regenta*, deutlich. Ihre tragisch endende Suche nach Identität und Authentizität bewegt sich zwischen Eros und Ecclesia, zwischen religiös aufgeladenem Vitalismus und mystischen Visionen, die unentwirrbar miteinander verknüpft sind. Wussten die Zeitgenossen C.s avancierten Realismus nicht gebührend zu würdigen, so ist die Bedeutung seines Romanwerks heute ebenso unumstritten wie die der Erzählungen *Pipá* (1886) oder *Doña Berta* (1892; *Erzählungen*, 1995). Auch seine Verbindung von wissenschaftlicher, journalistischer und literarischer Tätigkeit findet zunehmend Anerkennung.

Kian-Harald Karimi

Claudel, Paul Louis Charles Marie
Geb. 6. 8. 1868 in Villeneuve-sur-Fère; gest. 23. 2. 1955 in Paris

Die Erfahrungen und Eindrücke des von 1890 bis 1935 als Diplomaten in verschiedene Länder reisenden Paul Claudel, die seine Dichtung, Dramen und Essays als Weltsehnsucht und -fülle beseelen, finden nur noch eine Entsprechung im Werk von Saint-John Perse. 1946 wird C., Bruder der Bildhauerin Camille Claudel, Mitglied der Académie française. In seiner zweiten Lebenshälfte widmet er sich intensiv der Bibelexegese und verfasst nur noch selten Gedichte oder Dramen.

Obwohl anfangs noch vom französischen Symbolismus beeindruckt, bezieht C. mit seiner *Art poétique* (1907; *Ars poetica mundi*, 1926) eine poetisch gewendete thomistische

Position gegenüber der nihilistischen Aleatorik Stéphane Mallarmés. Demgegenüber werden Arthur Rimbauds *Les Illuminations* (1886; *Erleuchtungen*, 1924) für C.s Werk, das in der französischen Literatur des 20. Jahrhunderts neben dem von Charles Pierre Péguy und Georges Bernanos Zeugnis von der »renouveau catholique« ablegt, zum Inbegriff einer Vision von einer neuen Dichtung, dem »Großen Gedicht« aus dem Geiste einer dogmatischen katholischen Religiosität. Die Vorstellung eines poetischen Dramas der Schöpfung erfordert den hohen Stil der *Cinq grandes odes* (1910; *Fünf große Oden*, 1939), in denen C.s Katholizismus eine gänzlich universelle Dimension annimmt: »Ich sehe vor mir die katholische Kirche, und sie umfaßt die Welt!« (Bd. 1, S. 104).

Seine Dichtung erhebt den Anspruch einer bekennenden, mystisch inspirierten Metaphysik, in der dichterisches und prophetisches Sendungsbewusstsein in der Gestalt des Priester-Dichters zusammenfallen: Es gilt, den Vorstellungen der Neuen Mythologie ähnlich, die Welt neu zu erschaffen, sie im Zeichen des Auserwähltseins zu vollenden. Das Gedicht selbst, aus einer vorgängigen Kontemplation heraustretend, ist Schöpfungsakt (co-naissance) der geschauten Erkenntnis (connaissance): »Das werde ich mit einem Gedichte leisten, das […] die Kenntnis der Erde [besingt], / Dem großen Gedichte vom Menschen, der endlich über die Ketten des Schicksals hinweg den ewigen Kräften versöhnt ist, / Dem großen Triumphweg quer durch die versöhnte Erde, auf dem der Mensch, der vom Zufall erlöste, einherzieht!« (Bd. 1, S. 81). Diesem Anspruch kann auf der Ebene der formalen Konzeption die traditionelle Metrik nicht mehr genügen, so dass C. einen neuen reimlosen und langzeiligen Vers erschafft, den »verset«, der auf den Atembewegungen des Sprechens gründet. *Corona Benignitatis Anni Dei* (1915; *Der Gnadenkranz*, 1957) und *Feuilles de Saints* (1925; *Heiligenblätter*, 1963), die das spätere Werk markieren, zeigen das Ergebnis eines intensiven Reflexionsprozesses über das Vermögen der Dichtung: C. verleiht in Form und Inhalt nunmehr der Unmöglichkeit Ausdruck, vermittels innerster Begeisterung unvermittelt die Konvergenz von Subjekt, Welt und Gott herzustellen. Statt des Versuchs einer neuen Kosmogonie entstehen nun Werke, die die Gültigkeit der kosmischen Ordnung verherrlichen. Entsprechend muss die Form der Ode fortan dem Lobgesang, der Hymne, weichen: Der enthusiastische Aufschwung in das Erhabene gibt der Distanz haltenden, preisenden Verkündigung Raum.

C.s Dramen nehmen eine einzigartige Stellung im französischen Theater des 20. Jahrhunderts ein: Wie die Geschichtstrilogie *L'otage* (1911, UA 1914; *Der Bürge*, 1926), *Le pain dur* (1918, UA 1923; *Das harte Brot*, 1926) und *Le père humilié* (1920; *Der erniedrigte Vater*, 1926) eindrucksvoll zeigt, wird der theologische Horizont allen Seins zum Grund und Ziel seines dramatischen Schaffens. Das eine beträchtliche Spieldauer und ein enormes Textvolumen aufweisende *Le soulier de satin* (1930, UA 1943; *Der seidene Schuh*, 1939), das seine weltumspannende Handlung vor dem Hintergrund des spanischen Siglo de oro vollzieht, darf schließlich nicht nur als Hauptwerk seiner Dramen, sondern auch seiner Dichtung und Dichtungstheorie gesehen werden. Sind die anfänglichen Stücke noch vom Widerstreiten der Identität bestimmt, um deren Erkenntnis die Protagonisten ringen, so weicht die psychologisch motivierte Innerlichkeit zunehmend einer religiösen Ergriffenheit, in der sich die Sehnsucht nach der Überwindung der Welt, im Zeichen der christlichen Heilsbotschaft, als poetische Theodizee der Bühne darstellt.

Zu den bedeutendsten Dramen C.s zählen *Tête d'Or* (1890, UA 1924; *Goldhaupt*, 1915), *L'annonce faite à Marie* (1912, UA 1912; *Verkündigung*, 1912), *Le repos du septième jour* (1901; *Der Ruhetag*, 1916), *Partage de midi* (1906, UA 1929; *Mittagswende*, 1918) und das Oratorium *Jeanne d'Arc au bûcher* (1938, UA 1939; *Johanna auf dem Scheiterhaufen*, 1958).

Werkausgabe: Gesammelte Werke. 6 Bde. Heidelberg/Zürich/Köln 1958ff.

Sebastian Hartwig

Claudius, Matthias
Geb. 15. 8. 1740 in Reinfeld/Holstein;
gest. 21. 1. 1815 in Hamburg

Mit seinem Werk wollte er den Lesern »kein Ambrosia, keine raffinierte blähige Konditorware« geben, wie er 1782 in einer Selbstanzeige seiner *Sämtlichen Werke* anmerkte, »sondern ehrlich hausbacken Brot mit etwas Koriander, das dem armen Tagelöhner besser gedeiht und besser gegen Wind und Wetter vorhält«. Aus einem norddeutschen Pfarrhaus stammend, entdeckte C. bereits während seiner Zeit als Theologie- bzw. später Rechts- und Staatswissenschaftsstudent in Jena (von 1759 bis 1763) seine Liebe zur Literatur, und versuchte, sich als Autor zu etablieren. Seinen *Tändeleyen und Erzählungen* (1763), von Friedrich Nicolai später als »plattest Nachahmung Gerstenbergs und Gellerts« getadelt, war zwar kein großer Erfolg beschieden, sie brachten ihn jedoch in Kontakt zu anderen Autoren, die ihm später nützlich werden sollten. Nach verschiedenen vergeblichen Versuchen, sich als Hauslehrer und Sekretär eine bürgerliche Existenz aufzubauen (1764/65), fand C. schließlich als Hilfsredakteur der *Hamburgischen Adreß-Comptoir-Nachrichten* den Einstieg in den Journalismus, dem fortan seine ganze Leidenschaft galt. Bereits hier entwickelte er jenen originellen »Botenstil«, der zu seinem Markenzeichen wurde und dem er über Jahrzehnte treu blieb. 1770 dann übernahm C. die Redaktion des *Wandsbeker Bothen*, der am 1. Januar 1771 mit der ersten Nummer erschien und in wenigen Monaten in Deutschland zu einer der berühmtesten Zeitungen wurde. Das lag nicht nur an der lockeren, witzigen und unkonventionellen Machart, sondern auch daran, dass es C. gelang, Autoren wie Johann Gottfried Herder, Johann Wolfgang von Goethe, Gotthold Ephraim Lessing, Gottfried August Bürger, Ludwig Hölty, Johann Heinrich Voß, Johann Wilhelm Ludwig Gleim und viele andere als Beiträger zu gewinnen. Die Zeitung erschien viermal wöchentlich und hatte in ihrer besten Zeit über vierhundert Abonnenten. Berühmt war der sogenannte »Poetische Winkel« des Blattes. Hier fanden sich Erstveröffentlichungen von Gedichten, Aufsätze, Besprechungen, Kommentare und Rezensionen, z. B. über Goethes *Werther*, Friedrich Gottlieb Klopstocks *Oden*, Lessings *Minna von Barnhelm* und *Emilia Galotti*. C. steuerte vor allem prosaische und poetische Kleinformen bei, die häufig volkstümlich-besinnlich im Ton waren, wie das berühmte Gedicht *Der Mond ist aufgegangen* (1779), manchmal aber auch eine unerbittliche antifeudale Stoßrichtung hatten, wie z. B. das *Schreiben eines parforcegejagten Hirschen an den Fürsten, der ihn parforcegejagt hatte* (1778). Obgleich der *Wandsbeker Bothe* zu den angesehensten Blättern der Zeit gehörte und Redakteur und Titel des Blattes im öffentlichen Bewusstsein zu einer Einheit verschmolzen, musste die Zeitung 1775 ihr Erscheinen einstellen. Ein weiteres Zeitungsprojekt scheiterte ebenfalls an den schwierigen Marktbedingungen. Auch mit seinen *Sämmtlichen Werken* (*Asmus omnia sua secum portans*), die er zwischen 1775 und 1812 in acht Teilen herausgab, blieb C. der große Erfolg versagt. In den letzten Jahrzehnten lebte C. vor allem als anerkannter Mittelpunkt einer vielköpfigen, stetig anwachsenden Familie. Die Sorge für zwölf Töchter und Söhne, von denen zehn die Kinderjahre überlebten, zwang ihn zu immer neuen beruflichen Anstrengungen. So war er 1776/1777 Oberlandeskommissar in Darmstadt, im selben Jahr Erzieher der Söhne Friedrich Heinrich Jacobis, erhielt 1785 sein Gehalt vom dänischen Kronprinzen und arbeitet 1788 schließlich als Bankrevisor in Altona, bis er 1814 nach Hamburg umzog. Literarisch war C. schon zu seinen Lebzeiten zu einer Institution geworden. Seine mystisch-antiaufklärerische Orientierung nach 1789 isolierte ihn jedoch unter seinen Zeitgenossen. Selbst Johann Gottfried Seume, der auf seinen Reisen selten eine Berühmtheit ausließ, verzichtete auf seiner Nordischen Reise 1805 auf einen Besuch bei C.: »In Wandsbek war ich

Willens, Herrn Claudius meine Referenz zu bezeigen: ich hörte aber, daß er sich jetzt ausschließlich mit sehr hohem Mysticismus beschäftigte, so daß er und ich gestöret worden wären. Ich ließ ihn also in seiner Frömmigkeit und wandelte in der meinigen weiter.«

Werkausgabe: Sämtliche Werke. München ⁷1991.

Inge Stephan

Claus, Hugo
Geb. 5. 4. 1929 in Brügge;
gest. 19. 3. 2008 in Antwerpen

Hugo Claus, der in Frankreich, Italien und den Niederlanden gelebt und Klassiker wie Euripides, Shakespeare, Garcia Lorca, Grabbe, Büchner und Beckett ins Niederländische übersetzt hat, ist der international angesehenste unter den flämischen Gegenwartsautoren. Seine Gedichte, Romane und Theaterstücke wurden in etwa 20 Sprachen übersetzt, seine Dramen gehören zum Standardrepertoire auf europäischen Bühnen, und auch die Bilder und Zeichnungen, die C. seit seinem Studium an der Genter Kunstakademie und seit seiner Zusammenarbeit mit der Künstlergruppe COBRA (mit Constant, Appel und Corneille) in steter Folge anfertigt, wurden nicht nur in Belgien, sondern auch in Deutschland und den Niederlanden ausgestellt. Unter dem Einfluss von COBRA und den Dichtern der »Vijftigers« (Fünfziger) um Lucebert entstanden auch die Gedichtsammlungen, mit denen C. als 18-Jähriger debütierte (*Kleine reeks*, 1947; Kleine Serie; *Registreren*, 1948; Registrieren) und in denen er sich plakativ und ironisch (*Tancredo infrasonic*, 1952; *De Oostakkerse gedichten*, 1955) von der Tradition der Naturlyrik absetzte. Sehr viel später hat C. seine Pariser Jahre mit COBRA und den »Vijftigers« rückblickend auch in einem Roman – *Een zachte vernieling* (1988; Eine sanfte Vernichtung) – verarbeitet.

Neben seiner enormen Produktivität verdankt sich C.' Renommee seiner Experimentierfreude. Obwohl er sich dabei auf die klassische Moderne des 20. Jahrhunderts beruft und Künstler wie Ezra Pound, Igor Strawinski und Antonin Artaud zu seinen geistigen Vätern zählt, bezieht C. den Stoff seiner Texte aus der kultur- und mentalitätsgeschichtlichen Tradition Flanderns. Das zeigt auch der folgende Satz, mit dem er seine ästhetische Grundeinstellung 1979 in einem Interview umrissen hat: »Ich glaube nicht an den Realismus. Und ich praktiziere ihn auch nicht.« Damit bringt C. zum Ausdruck, dass er realistische Darstellungsformen wie die Chronik oder den Bericht für journalistische Gattungen hält. Demgegenüber erwartet er von der Literatur, die sich nicht an den Wirklichkeitssinn der Menschen richtet, sondern an ihre Vorstellungskraft und Phantasie, dass sie aus dem simplen Tatsachenmaterial Beispiele oder Modelle konstruiert, die dem Leser neue Sichtweisen eröffnen und ihm neue Möglichkeiten zur Interpretation der Wirklichkeit erschließen. Untergründig besagt der Satz aber auch, dass C. die Literatur wie eine Religion betrachtet, nämlich als etwas, an das man »glaubt« und das man »praktiziert«.

C. überträgt das mystische Denken, das im flämischen Katholizismus von einer kleingeistigen Moral getragen wird, in säkulare Geschichten, die auch die entfesselte andere Seite der Wohlanständigkeit zeigen. Dabei offenbart sich die Umkehrung der Werte, von der die Erzählungen und Romane handeln, auch in deren – von C. als »manieristisch« bezeichneter – Konstruktion. Schon in seinem ersten, 1950 veröffentlichten Roman *De Metsiers* (1950; Die Metsiers) behandelt C. den provinziellen Mief der Nachkriegszeit in einer sarkastischen Parodie auf das Ideal der Heiligen Familie. Das Theaterstück *Vrijdag* (1969; Freitag, 1972), das von einem sexuellen Verhältnis zwischen Vater und Tochter handelt, ist analog zum Ritus einer katholischen Messe aufgebaut. *Omtrent Deedee* (1963; *Das Sakrament*, 1989) stilisiert den psychopathischen Selbstmörder

Claude zur Christusfigur. Und der Roman *Het verlangen* (1978; *Jakobs Verlangen*, 1993), in dem es um die desillusionierende Traumreise der Brüder Jaak und Michel in das vermeintliche Glücksparadies Las Vegas geht, folgt dem Muster der Jakobs-Geschichte aus dem Alten Testament. Etliche von C.' Romanen – wie z. B. *De hondsdagen* (1952; Die Hundstage), *De verwondering* (1962; *Die Verwunderung*, 1979), *Het jaar van de kreeft* (1972; Das Jahr des Krebses) oder *De verzoeking* (1980; Die Versuchung) – sind Heimatromane. Doch statt einer heilen flämischen Bauernwelt in der Tradition Felix Timmermans zeigen sie die psychosozialen Abgründe, die in der kleinbürgerlichen flämischen Gesellschaft nach dem Zweiten Weltkrieg aufreißen. Entsprechend stellen Stücke wie *Een bruid in de morgen* (1954; Reise nach England, 1960), *Suiker* (1958; Zucker, 1960), *De dans van de reiger* (1962; Der Tanz des Reihers), *De vijanden* (1967; Die Feinde) und *Winteravond* (1991; *Winterabend*, 1996) den Bildern eines Bauern-Brueghel Szenarien eines Höllen-Brueghel entgegen.

In seinem bekanntesten Roman, *Het verdriet van België* (1983; *Der Kummer von Flandern*, 1986), erzählt C. die Geschichte der Familie Seynaeve in den Jahren um den Zweiten Weltkrieg. Dabei äußert sich die zwischen Irritation und Ignoranz, Faszination und Abscheu, Kollaboration und Distanzierung schwankende ›Heimsuchung‹ des flämischen Kleinbürgertums durch die nationalsozialistische Kriegsmacht symbolisch in den körpersprachlichen Reaktionen der Familienmitglieder: Während die Mutter hysterische Attacken hat und mit einem deutschen Besatzer fremdgeht, schluckt der Vater Frust, Angst und Verzweiflung mit Süßigkeiten hinunter und quält sich der pubertierende Louis mit sadomasochistischen Phantasien sowie sexuellen Übergriffen seitens älterer Frauen und eines Lehrers. Analog zur kulturellen Identitätskrise der Flamen erlebt der autobiographisch angelegte Louis seine Adoleszenz als psychische und intellektuelle Dauerkrise. Sie reflektiert sich in der Literatur, mit der er aufwächst und mit deren Hilfe es ihm schließlich gelingt, sich von den dumpfen Zwängen von Staat, Kirche, Schule und Familie zu emanzipieren. Unter dem Einfluss von Pater de Launay, der ihn mit Autoren wie dem Genter Symbolisten Karel van de Woestijne bekannt macht, tritt Louis nicht nur aus der Nationalsozialistischen Jugend Flanderns aus, sondern löst sich auch aus dem Schatten des streng patriotisch denkenden Priesters und Schriftstellers Guido Gezelle, dessen Büste im elterlichen Wohnzimmer als Hausheiligem verehrt wird. Nachdem er nach Kriegsende mit seinem Vater eine vom belgischen Widerstand vor der Bücherverbrennung gerettete Bibliothek der Moderne aus einem Brüsseler Bordell geborgen und Heine, Feuchtwanger, Barbusse, Remarque und die Brüder Mann gelesen hat, beginnt Louis selbst zu schreiben. C.' Roman, auf dessen Verständnis als Bildungsroman der Autor großen Wert legt, endet damit, dass Louis eine Novelle mit dem Titel »Der Kummer« in der Brüsseler Literaturzeitschrift »Mercurius« veröffentlicht.

Während *Het verdriet van België* den jungen Louis erwartungsvoll in die ›moderne Zeit‹ entlässt – »Wir werden sehen. Wir werden sehen. Doch.« –, endet das 15 Jahre später erschienene Diptychon aus *De geruchten* (1996; *Das Stillschweigen*, 1999) und *Onvoltooid verleden* (1998; *Unvollendete Vergangenheit*, 2001) mit einer kulturpessimistischen Formel über die Banalität des Bösen: »Man muß mich töten«, sagt der Angeklagte Noël, der zum dreifachen Mörder geworden ist, um die Menschheit aus Ignoranz, Lüsternheit und Brutalität zu retten. »Ist das alles?« fragt ihn darauf der Kommissar, und Noël antwortet: »Das ist alles.« In der Person Noëls rächen sich Instinkt und Begierde an den unmenschlichen Auswüchsen der Zivilisation und erwacht die Mystik als unabgegoltenes Bedürfnis zu neuem Leben. An der Tatsache, dass C. die wertende Einstellung zu seinem Stoff ebenso wechselt wie Gattung und Erzählperspektive, zeigt sich, dass es ihm weniger um das Sujet als um dessen Interpretation und Gestaltung geht. Dabei ist seine Vorliebe für Zitate, Umschriften und Verweise nicht nur Ausdruck einer modernen Auffassung von der Sprache als vorgefundenem Material, sondern außerdem ein Zeichen für die Ersatzfunktion, die er der Sprache als eines mit Sinn belegten, mystifizierten Fetischs zuschreibt. C. ist nicht nur der meistgelesene, sondern auch der meistgeehrte Autor Belgiens. Zu seinen über 50 Auszeichnungen gehören sieben belgische Staatspreise und der belgisch-niederländische Preis der niederländischen Literatur (1986). Des Weiteren hat C. den P.C. Hooft-Preis (1984) sowie zahlreiche internationale Preise erhalten. 2000 wurde er mit dem Preis für Europäische Dichtung der Stadt Münster und 2002 mit dem Leipziger Buchpreis zur Europäischen Verständigung ausgezeichnet. Zahlreiche Romane C.' wurden – meist auf der Basis eigener Drehbücher und teilweise unter eigener Regie – verfilmt.

Barbara Lersch-Schumacher

Clemens, Samuel Langhorne
↗ Mark Twain

Cocteau, Clément Eugène Jean Maurice
Geb. 5. 7. 1889 in Maisons-Laffitte/ Frankreich;
gest. 11. 10. 1963 in Milly-la-Forêt

Der als Journalist, Graphiker, Maler, Bildhauer, Buchillustrator, Lyriker, Dramatiker, Romancier, Filmregisseur und Choreograph tätige Jean Cocteau wurde von den Surrealisten zunächst emphatisch als einer der Ihren reklamiert. Doch seine ganz sich selbst genügende Dichtung, die keinerlei soziales oder politisches Engagement kennt, wendet sich entschieden gegen deren revolutionäre Ideen. Ihn verbanden Bekanntschaften und Freundschaften mit zahlreichen Größen seiner Zeit, etwa mit Erik Satie, Marcel Proust, Guillaume Apollinaire, Pablo Picasso, Igor Strawinsky, Amedeo Modigliani und Jean Marais. Sein Werk zeigt sich von den, oft bildgewaltig inszenierten, Themen des Todes, des Traums und des Schlafs bestimmt. Ihnen gemein ist der sinnbildliche Verweis auf die innere Nacht, die dem Dichter, angelehnt an den Abstieg des Orpheus in den Hades, die einzige Möglichkeit bietet, seine Existenz und Identität zu erfragen. Vor diesem Hintergrund verbannt C. später die frühen Gedichtsammlungen *La lampe d'Aladin* (1909; *Aladins Lampe*), *Le prince frivole* (1910; *Der frivole Prinz*) und *La danse de Sophocle* (1912; *Der Tanz des Sophokles*), die seinen Ruf als wichtige poetische Stimme begründeten. Erst die späteren Dichtungen – die formalistische und historisierende Anthologie *Plain-chant* (1923; *Choral*, 1988) und die sie kontrastierende Sammlung *Opéra* (1927; *Opera*, 1988), zu der das berühmte »L'Ange Heurtebise« (1921; »Der Engel Heurtebise«, 1988) gehört – bestehen vor C.s eigenem Anspruch an seine Dichtung. 1923 wird C. vom Opium abhängig und unternimmt eine Entziehungskur. Die Erfahrungen unter dem Einfluss der Droge reflektiert er in *Opium* (1930; *Opium. Ein Tagebuch*, 1966). Ende der 1920er Jahre entstehen sein erster Film LE SANG D'UN POÈTE (1930; DAS BLUT EINES DICHTERS, 1988) und sein Hauptwerk *Les enfants terribles* (1929; *Enfants terribles*, 1930). Der Text eröffnet einen Raum, der von der verlorenen Erfahrung der Kindheit erfüllt ist, die C. mit dem Genie des Dichters verbindet. Das changierende Halbdunkel des Textes verweist in Gestalt eines gefährlichen Wachtraums auf den existentiellen Grund aller Kunst: C. aktualisiert und interpretiert das lang vertraute Problem zwischen Schein und Sein der Dichtung im Zeichen der Spannung der Welt des Kindes und des Erwachsenen: Der Dichter muss seine Schöpfung, die ihn aus dem Imaginären anruft, als Wirklichkeit begreifen und sie an die Stelle des Realen setzen, sofern er wahre Dichtung vollbringen will. Das tragische Moment dieses kühnen Gedankens besteht darin, dass sich der Dichter, um diesem hohen Anspruch gerecht zu werden, auf einen gefährlichen Seiltanz einlassen muss, auf dem ihm, wie in Jean Genets *Le funambule*

(1957; *Der Seiltänzer*, 1963), jederzeit der Absturz droht. Dichtung bedeutet demzufolge eine gelebte Passion: Sein existentielles, notwendiges Scheitern offenbart dem Dichter die eigentliche Tiefe menschlichen Seins und ermöglicht ihm, die wesentliche Wahrheit der Werte in Kunst zu übersetzen. Damit ist die Dichtung C.s untrennbar einer Ethik verbunden. Die Welt des Halbdunkels, des Grenzgangs, zeichnet das gesamte Werk C.s besonders deutlich in den programmatisch *Clair-Obscur* (1954; *Halbdunkel*, 1988) betitelten Gedichten und zuletzt in seinem autobiographischem Vermächtnis, der Gedichtsammlung *Le requiem* (1962; *Requiem*, 1988), die noch einmal die großen Themen seines Schaffens aufruft und reflektiert. Der Dichter selbst übernimmt die Rolle des Sehers, wie Teiresias sie in dem Drama *La machine infernale* (1934; *Die Höllenmaschine*, 1952), einer Aktualisierung des Ödipus-Stoffs, innehat: »Ich diene niemandem als den Göttern« (Bd. 4, S. 252). Diese Position präzisiert C. mit Hilfe des Mythos um Orpheus: in dem Drama *Orphée* (1927, UA 1926; *Orpheus*, 1959) sowie den beiden Filmen Orphée (1950; Orphee, 1963) und Le testament d'Orphée ou Ne me demandez pas pourquoi (1960; Das Testament des Orpheus oder Fragt mich nicht, warum). Erlebt die Figur des Orpheus seit Gérard de Nerval unter den Dichtern der Moderne als Alter ego, Imago und Persona eine ungeheure Konjunktur, so konzentriert sich in der sehr freien Variation des Theaterstücks schließlich die Summe von C.s Dichtungstheorie: »Lieber Gott, wir danken Dir, [...] daß Du mich erlöst hast, weil ich der Poesie gedient habe und weil die Poesie und Du ein- und dasselbe sind.« Die Identifizierung der Dichtung mit Gott aus dem Munde des Orpheus macht C. zu ihrem Zeugen und Priester und suggeriert, dass das eigentliche Heil, paradoxerweise, nicht im Leben, sondern allein in der Kunst zu finden ist.

Werkausgabe: 12 Bde. Hg. R. Schmidt. Frankfurt a. M. 1988.

Sebastian Hartwig

Coetzee, J[ohn] M[ichael]
Geb. 9. 2. 1940 in Kapstadt

J.M. Coetzee ist einer der international renommiertesten Romanciers Südafrikas, der mit seiner hermetischen Schreibweise im eigenen Lande allerdings nur sehr zögerlich rezipiert worden ist, zumal er sich gegen die zwei dominanten Literaturtraditionen Südafrikas sperrt: den moralisch appellierenden liberalen Realismus überwiegend weißer Autoren und den autobiographisch inspirierten, politisch kämpferischen Realismus überwiegend schwarzer Autoren. C.s Romane setzen sich mit ihrer postmodernen Textualität von solchen Tendenzen einer instrumentalen Ästhetik ab. Dem Vorwurf der formalistischen Indifferenz hat C. wiederholt das Postulat des primär literarischen Diskurses entgegengehalten. *The Master of Petersburg* (1994), ein Künstlerroman über Dostojewski, reflektiert diese Problematik, wenn der Künstler die Rolle des literarischen Propagandisten zurückweist und sein geradezu shandyeskes Verständnis von der absoluten Autonomie der Literatur bekundet (»I follow the dance of the pen«). Gleichwohl sind C.s Romane keine universalistischen Allegorien, keine der »worldliness« (Edward Said) entkleideten ›reinen‹ Kunstwerke. Der Begriff der »situational metafiction« ist am ehesten geeignet, die für C.s Erzählwerk charakteristische Fusion von gesellschaftlicher Abbildungsebene und metafiktionaler Reflektion der Abbildungsmodalitäten zu erfassen. Die soziale Funktion der Metafiktion besteht darin, mit künstlerischen Mitteln ihre eigenen gesellschaftlichen oder literarischen Repräsentationsformen und -modi zu hinterfragen, anstatt sich mit einer hypothetisch wie essentialistisch vorausgesetzten ›Natur‹ des Menschen oder der Gesellschaft zu befassen. Bevor das inhaltliche ›was?‹ in den Blick genommen wird, geht es um deren gesellschaftliches ›wie?‹, ›warum?‹ oder ›wann?‹. Darin liegt die Relevanz der angeblich so realitätsfernen Texte C.s, der als Literaturwissenschaftler, welcher über Samuel Beckett promoviert hat, offenbar nicht umhin kann, seine Romanwelten mit Hilfe der Refle-

xion über die Fremdbestimmtheit des Subjekts und die Macht der Diskurse zu verfremden. So betrachtet inkorporieren C.s Romane sehr wohl die soziohistorischen Entwicklungen im Südafrika der letzten 30 Jahre als einen Subtext, der aufgrund künstlerischer Formgebung in vielfachen Brechungen und Transformationen textualisiert wird. In verschiedenen seiner theoretischen Schriften hat C. wiederholt auf den mythischen Status der Geschichte hingewiesen: »history is nothing but a story people agree to tell each other«. Wenn aber Geschichte nichts als ein Diskurs unter vielen ist, erwächst dem Roman daraus die Aufgabe der »Entmythologisierung der Geschichte«, und der zentrale Geschichtsmythos, der das südafrikanische Selbstverständnis nachhaltig geprägt hat, ist der koloniale Rechtfertigungsdiskurs von der Überlegenheit der europäischen Kolonisatoren bei gleichzeitiger Abwertung der kolonisierten Anderen. Dieser Diskurs konkretisiert sich literarisch in charakteristischen Textsorten, die in Südafrika entstanden oder dort heimisch geworden sind, wie etwa der die Landeroberung thematisierende Abenteuerroman, die Farmhauspastorale vom idyllischen Leben auf dem Lande oder die *pre-* und *post-disaster story* vom Zusammenbruch der (weißen) Zivilisation – alles Genres, die in C.s Romanen parodiert werden.

In den ersten beiden Romanen C.s, *Dusklands* (1974) und *In the Heart of the Country* (1977; *Im Herzen des Landes*, 1987), wird – erstmalig in der südafrikanischen Literatur und im Gegenentwurf zum liberal-realistischen Verbesserungsvorschlag nach Art Nadine Gordimers – der diskursive Charakter der kolonialen Inbesitznahme exponiert. Wie manipulativ dabei mit der Realität umgegangen werden kann, demonstrieren die beiden Teile des ersten Romans: In »The Vietnam Project« figuriert der Protagonist Eugene Dawn, der als Mythograph in Diensten eines Forschungsinstituts (im Auftrag des Pentagon) eine Rechtfertigung für die amerikanische Präsenz in Vietnam konstruiert, wobei der Wissenschaftsdiskurs solcher Regierungsdokumente parodiert wird; »The Narrative of Jacobus Coetzee« handelt von den Abenteuern eines Elefantenjägers aus dem 18. Jahrhundert, der in seiner Eroberungsgier vor keinem gewaltsamen Konflikt mit der indigenen Bevölkerung zurückschreckt. Diese Erzählung von der Frühphase der kolonialen Expansion, deren Legitimation sich allein aus einer überlegenen Waffentechnologie herleitet, hat ihr intertextuelles Echo in den zeitgenössischen Dokumenten der Van Riebeeck Society in Südafrika, deren krude Diktion wiederum perfekt parodiert wird. Beiden Texten, die von scheinbar zeitlich wie räumlich weit auseinanderliegenden Phänomenen euro-amerikanischer Gewalt gegenüber der sogenannten Dritten Welt handeln – dem amerikanischen Imperialismus und dem niederländischen Kaufmannskolonialismus –, liegt das gleiche Diskurssubstrat zugrunde, nämlich der Versuch aller kolonialen Selbstrepräsentation, die ursprünglich gewaltsame Beziehung der Kolonisatoren zum eroberten Land und seinen Bewohnern als harmonisch und zeitenthoben zu naturalisieren. – In dem zweiten Roman wird daher das Genre dekonstruiert, in dem die südafrikanische Landnahme und Enteignung der indigenen Bevölkerung am nachhaltigsten gerechtfertigt worden ist – die Farmhauspastorale. Deren zentrales Moment beruht auf der Annahme, dass der Besitz an Grund und Boden über Generationen hinweg durch Arbeit legitimiert und dadurch ›naturgegeben‹ ist. Dieser diskursive Ansatz wird gleichsam utopisch überhöht, indem die Farm als ein Hort der Ruhe, des Friedens und der Harmonie zwischen den Generationen, Klassen und Rassen dargestellt wird, an dem alle gemeinsam nur um das Wohl der Besitzerfamilie besorgt sind. C. macht aus seiner Farm in der Halbwüste des Karoo einen dystopischen Ort, wo Gewalt, Inzest, Vergewaltigung und Rassenkonflikte herrschen und wo die schizophrene Protagonistin vergeblich versucht, ein Gefühl der Behaustheit zu erlangen. Das Verdienst beider Romane liegt darin, dass sie in einer Phase Südafrikas, in der sich der Rassenkonflikt nach den Ereignissen von Soweto verschärft, jeglichem ideologischen Essentialismus entgegenwirken, indem sie die weiße Dominanz in Südafrika, die in ihrer materialen Faktizität so unverrückbar erscheint, als historisch kontingentes Ereignis und als Produkt eines wirkungsmächtigen westlichen Diskurses erscheinen lassen.

Die nächsten zwei Romane, *Waiting for the Barbarians* (1980; *Warten auf die Barbaren*, 2001) und *Life & Times of Michael K* (1983; *Leben und Zeit des Michael K.*, 1986), die von dem bevorstehenden Ende bzw. dem bereits erfolgten Ende eines Unterdrückungsregimes handeln, stellen dies in beiden Fällen so situationsabstrakt dar, dass der Bezug zum südafrikanischen Kontext nicht unmittelbar hergestellt werden kann, situieren sich aber im ideologischen Klima des in den 1980er Jahren sich verfestigenden *total onslaught*-Diskurses: Der Stellvertreterkrieg zwischen den USA und der UdSSR, der in Angola von der *South African Defense Force* und der *UNITA* sowie den Kubanern ausgefochten wird, tritt in seine heiße Phase ein, und die Verhängung des *State of Emergency* steht kurz bevor. *Apartheid in Decline* – so betitelt eine historische Darstellung diese Phase, und entsprechend versuchen die weißen Protagonisten beider Romane, mit Repräsentanten der kolonisierten und marginalisierten Mehrheit ins Gespräch zu kommen, die aber – ob unter Folterzwang oder im therapeutischen Dialog – die Kommunikation verweigern: *the Other cannot speak*. Auf diese Situation reagieren die Kolonisatoren jeweils, indem sie ›den Anderen‹ entweder dämonisieren als *ante portas* stehenden Barbaren oder, wie im Falle des kafkaesken Michael K, eine Opferrolle aufoktroyieren. Beide Male wird der Andere zum Rätsel, zum semiotischen Problemfall eines Überschusses an Signifikanten, dem die Signifikate fehlen, und der Ausweg aus diesem Dilemma ist die *colonial invention* des Anderen – eine Fiktion, die als solche entlarvt wird.

Ähnliches gilt für den Roman *Foe* (1986; *Mr. Cruso, Mrs. Barton und Mr. Foe*, 1986), in dem *der koloniale Mythos schlechthin*, nämlich Defoes *Robinson Crusoe* (1713), dekonstruiert wird. In C.s Version verweigert Friday den Dialog, indem er, aufgefordert, seine Geschichte zu schreiben, immer nur den Buchstaben O zu Papier bringt und auf des fiktiven Autors Foe Rat, es doch einmal mit dem ersten Buchstaben des Alphabets zu versuchen, nicht reagiert: Die Kolonialgeschichte ist nur resultativ als Geschichte der Kolonisatoren geschrieben worden, wie die völlig einseitige ›Zähmungsgeschichte‹ Freitags in Defoes Roman zeigt. Wie die anfängliche Wirkung des Kolonisationsprozesses von der anderen Seite empfunden wurde – dafür bestand wenig Interesse, weshalb in *Foe* die Großzügigkeit des Autors im Umgang mit der Wahrheit hervorgehoben wird, die der Nachwelt einen angeblich so wirklichkeitsgetreuen Roman beschert hat.

Die Kritiker C.s haben förmlich aufgeatmet, als er mit *Age of Iron* (1990; *Eiserne Zeit*, 1995) und *Disgrace* (1994; *Schande*, 2000) zwei scheinbar realistische und eindeutig auf die südafrikanische Situation bezogene Romane vorlegte. In der Tat gehen beide Texte mehr oder weniger unvermittelt auf das Endzeitsyndrom der weißen Dominanz ein: der erste auf die sogenannte *twilight phase* des allmählichen Machtübergangs, der sich von 1990 bis zu den ersten allgemeinen Wahlen 1994 hinzog; der zweite auf die reduzierte Position der Weißen im mehrheitlich schwarz regierten Südafrika, wo deren Diskurs schlicht nicht mehr relevant ist, wo aber auch ein neuer schwarzer *discourse of empowerment* sichtbar wird, dessen Auswirkungen ähnlich negativ sein können wie der der vorherigen Machthaber. Was häufig übersehen wird, ist die Tatsache, dass C. beide Texte mit Signalen versieht, die deren Textualitätscharakter sichtbar machen und somit ihren Status als *State of South Africa*-Romane mindern, wie C.s etwa ein rätselhafter Todesengel im ersten Roman und eine auffällige narrative Symmetrie im zweiten. C. entzieht sich damit auch hier der erzählerischen Festlegung: Von einer sicheren auktorialen Position aus referenzialisierbare Aussagen darüber zu machen, wie die Wirklichkeit aussieht oder aussehen soll – in diese Realismusfalle begibt sich der Nobelpreisträger von 2003 schlechterdings nicht.

Erhard Reckwitz

Coleridge, Samuel Taylor
Geb. 21. 10. 1772 in Ottery St. Mary, Devon;
gest. 25. 7. 1834 in Highgate, London

Samuel Taylor Coleridge ist einer der einflussreichsten englischen Dichter und Denker des frühen 19. Jahrhunderts und bedeutender Repräsentant der literarischen Romantik. Er wurde 1772 als jüngstes von zehn Kindern des Geistlichen John Coleridge geboren. 1791 begann er das Studium der griechischen Sprache, der Philosophie und Medizin in Cambridge. Aufgrund seiner politischen und religiösen Gedanken und Aktivitäten, v.a. aber wegen seiner demonstrativen Sympathie für die Französische Revolution, verließ er jedoch 1794 die Universität ohne Abschluss. Gemeinsam mit seinem Freund, dem Dichter Robert Southey, fasste er den Plan, in Pennsylvania ein kommunistisches Gemeinwesen (*Pantisocracy*) zu gründen. Nach C.s Hochzeit mit Sara Fricker (1795), der Schwester von Southeys Frau, wurde dieser Plan aufgegeben, und C. wurde unitarischer Prediger, bevor er sich ganz der Dichtung widmete. – Der zweite Lebensabschnitt C.s (1797–1802) war bestimmt von seiner Rezeption deutscher Philosophie und Literatur und v.a. von seiner Bekanntschaft mit den Wordsworths. Dies ist der künstlerisch bedeutsamste Abschnitt seines Lebens. Zusammen mit William Wordsworth gab er 1798 den Gedichtband *Lyrical Ballads* heraus, der auch C.s wichtigstes Gedicht »The Rime of the Ancient Mariner« (1797) enthält und dessen zweiter Ausgabe (1800) ein Vorwort vorangestellt ist, das als Manifest der englischen Romantik angesehen werden kann. Als anregend erwies sich ein zehnmonatiger Deutschlandaufenthalt (September 1798 bis Juli 1799), v.a. in Göttingen. C. erlernte die deutsche Sprache, übersetzte u. a. Schillers Trilogie *Wallenstein* und las die Schriften Kants und Schellings. Die politischen Interessen seiner frühen Phase werden nicht in der Lyrik, sondern in der Prosa (Artikel für die *Morning Post*) behandelt und spiegeln seinen Wandel vom Verfechter zum Feind der Französischen Revolution und ihrer Folgen wider.

Die nächste Lebensphase (1802–16) ist weniger für ihre Dichtung als für C.s Arbeit an seinem kunsttheoretischen Buch *Biographia Literaria* (1817; *Eine Reise von Yarmouth nach Hamburg im Jahre 1798*, 1946) wichtig. Sein rheumatisches Leiden, das er vergeblich mit Opium zu lindern versuchte, hoffte er durch einen zweijährigen Mittelmeeraufenthalt zu heilen. Auf Malta arbeitete er als Sekretär des englischen Gouverneurs Sir Alexander Ball. Nach seiner Rückkehr 1806 folgten die Trennung von seiner Frau und zahlreiche Schwierigkeiten beruflicher wie auch gesundheitlicher Art. Trotzdem unternahm er mit Unterstützung von Freunden, v. a. der Wordsworths, immer wieder Versuche, gegen die völlige Abhängigkeit von Narkotika und Stimulanzien anzukämpfen. Dieser Zustand besserte sich erst 1808, als C. seine vielbeachteten Vortragsreihen über Philosophie und Literatur begann, die besonders die Shakespeare-Rezeption in England beeinflussten. In seiner Hervorhebung der von Jean Paul angeregten Unterscheidung zwischen *imagination* und *fancy* (Einbildungskraft und Phantasie) versucht er v. a. in den Kapiteln 4 und 13 seiner *Biographia Literaria*, das echte Symbol, das die Ordnung einer übersinnlichen Welt in der Empirie wiedererkennt, von der reinen Phantasieschöpfung zu trennen.

In C.s letztem Lebensabschnitt (1816–34) lebte er bei Freunden in Highgate (London) und versuchte in Schriften mit meist theologischem Schwerpunkt, die Hauptinteressen seiner späten Lebensabschnitte – Logik, Metaphysik und Dichtkunst – miteinander zu verknüpfen.

C.s Leistung als Vermittler der deutschen Klassik und Romantik wird häufig überschätzt. So konnte er sich in Göttingen nicht einmal dazu aufraffen, Weimar und Jena zu besuchen. Der 74-jährige Friedrich Gottlieb

Klopstock und der 70-jährige Christian Gottlob Heyne sind die einzigen bedeutenden Deutschen, denen er bei diesem Aufenthalt begegnete. Sein Urteil über die Deutschen (»keine liebenswerte Rasse«) ist reserviert. Im Frühjahr 1806 traf er in Rom mit Wilhelm von Humboldt und Ludwig Tieck zusammen, mit Letzterem auch später in London. C.s praktische Bemühungen, zwischen deutscher und englischer Dichtung zu vermitteln, beschränkten sich im Wesentlichen auf seine *Wallenstein*-Übertragung (1799–1800). Aber er half, den Weg zu bereiten für eine sehr viel intensivere Rezeption deutscher Literatur und Philosophie im Verlauf des 19. Jahrhunderts.

Literaturgeschichtlich bedeutend ist C. v. a. durch seine Zusammenarbeit mit Wordsworth an den *Lyrical Ballads*. Unter dem Eindruck der Veränderungen durch die Französische Revolution überschritten beide auf ihre Weise die vom Klassizismus gesetzten Grenzen und wandten sich dem Rhythmus und der Diktion der Alltagssprache zu (»language really used by men«). Bewusst stellte jeder von ihnen einen der beiden sich ergänzenden Aspekte des Lebens dar: Wordsworth machte das alltägliche Erlebnis, die fundamentalen zwischenmenschlichen Beziehungen einfacher Menschen seiner Umgebung, zum Gegenstand seiner Dichtung und entdeckte darin Poesie, Romantik und das Wunderbare. C. befasste sich dagegen mit dem Wunderbaren selbst und zeigt, wie es real in das Leben hineinwirkt und besonders in Träumen deutlich wird. »Kubla Khan: or a Vision in a Dream« (1798) geht offenbar auf einen tatsächlichen Traum des Dichters zurück, der durch die Wirkung von Opium angeregt wurde. Der Schauplatz ist Xanadu, ein räumlich und zeitlich entrückter Ort, wo auf den Befehl des Herrschers Kubla Khan die Quintessenz der Kunst, ein Palast, errichtet wird, und zwar an der Stelle, an der sich der heilige Fluss Alph ins Meer ergießt. Dem Kunstschönen, dem Palast, werden das Naturschöne und die Quelle des heiligen Flusses als wild, unergründlich und gefährlich gegenübergestellt. Diese Quelle, die aber auch zugleich selbst bedroht ist, könnte für die Kraft der dichterischen Imagination stehen, deren Versiegen in sich selbst C. als ständige Bedrohung empfindet.

Seine drei bekanntesten Gedichte sind mit Dantes *Divina Commedia* verglichen worden, wobei »Christabel« die Hölle, »The Rime of the Ancient Mariner« das Purgatorium und »Kubla Khan« eine Vision des Paradieses darstellt. In »Christabel« (1797), das wie »Kubla Khan« ein Fragment geblieben ist, macht sich das übernatürliche Böse Christabels Mitleid und Unschuld zunutze und schleicht sich bei ihr ein, um ihre behütete Welt zu korrumpieren. Während sein Melusinengedicht »Christabel« das Übernatürliche im Sinne der Schauerballade darstellt, wird es in C.s wichtigstem Gedicht, »The Rime of the Ancient Mariner« zu einer jedermann zugänglichen mythischen Erfahrung. C. erfüllt damit seinen Anteil am Projekt der *Lyrical Ballads*, das Übernatürliche darzustellen, und zwar so, dass beim Lesen »that willing suspension of disbelief for the moment that constitutes poetic faith« entstehen kann (»jenes freiwillige Aufheben von Unglauben, das dem poetischen Glauben zugrunde liegt«). Die Ereignisse um die mutwillige Tötung eines Albatros werden in der Form einer mittelalterlichen Ballade erzählt, die nicht versucht, Ereignisse und Charaktere naturalistisch wiederzugeben, sondern den Realitätsbezug auf eine symbolische Ebene verlegt. Das Gedicht beginnt damit, dass ein Hochzeitsgast von einem Matrosen (dem »ancient mariner«) angehalten wird, der ihm seine Geschichte erzählt, der dieser erst unwillig, dann fasziniert und zum Schluss verstört zuhört. Er verpasst dadurch die Hochzeit, und das Gedicht schließt mit dem Eindruck, den die Erzählung des Matrosen auf Hochzeitsgast gemacht hat: »A sadder and a wiser man he rose morrow morn.« Die Erzählung des Seemanns schildert eine Seereise, die – von den Kräften der Natur begünstigt – zunächst einen glücklichen Verlauf nimmt, die aber schließlich in unwegsame Regionen des Eismeeres führt. Wie durch ein Wunder wird das Schiff durch einen Albatros aus den Regionen von Eis und Nebel herausgeführt. Der Vogel erscheint den Seeleuten wie eine christliche

Seele, die ihnen in ihrer Not beisteht, und sie freunden sich mit dem Tier an. Dann aber erschießt einer der Matrosen (der »ancient mariner«) den Vogel ohne erkennbares Motiv aus reiner Mordlust mit seiner Armbrust. Damit ist die Harmonie mit der Natur mutwillig zerstört worden. Zwar verläuft die Reise eine Zeitlang unverändert erfolgreich weiter, doch dann zeigt sich, dass der Segen durch die Natur ausbleibt und die Besatzung des Schiffs von den Wurzeln des Lebens abgeschnitten ist. Angesichts des begrenzten Vergehens eines Einzelnen ist die Strafe der Natur ungeheuer, und die Folgen sind für die Mannschaft katastrophal. Windstille setzt ein, und bis auf den Erzähler, den eigentlichen Missetäter, kommt die gesamte Mannschaft um, und Letzterer überlebt nur, um seine Schuld zu erkennen und zu büßen und allen Menschen davon zu berichten. Zu diesem Zweck bringt ihn das Geisterschiff in seinen Heimathafen zurück. Was geschehen ist, ist nichts Geringeres als eine Wiederholung des Sündenfalls. Wieder einmal haben die Menschen das leitende Prinzip ihres Lebens mutwillig zerstört und müssen schrecklich dafür büßen. Der tote Vogel wird dem Seemann um den Hals gehängt, wie ein Bleikreuz, von dem er sich selbst nicht mehr befreien kann. Seine physischen Qualen werden als Durst dargestellt (»water, water everywhere nor any drop to drink«), seine psychischen Qualen als Ekel vor den schleimigen Lebewesen, die auf dem faulig riechenden Ozean herumzukriechen scheinen. In diesem Moment segnet der Matrose ganz unwillkürlich auch diese Lebewesen, vor denen er sich zuvor nur geekelt hatte. Da fällt der Albatros von ihm ab und versinkt im Meer. – Das Gedicht hat eine große Wirkung auf die Dichtung des 19. Jahrhunderts ausgeübt, und seine Symbolik hat u. a. religiöse und ökologische Interpretationen gefunden. Die Erzählung des Matrosen stellt eine mythische Erfahrung der Menschheit dar, die offenbar immer wieder neu gemacht werden muss und die über Schuld und Sühne zur Wiedergeburt führen kann. Auf den Zuhörer, den Hochzeitsgast, verfehlt die Geschichte des Seemanns ihre Wirkung nicht. Als traurigerer, aber auch weiserer Mensch steht er am nächsten Morgen auf.

Werkausgaben: The Collected Works. Hg. K. Coburn. London 1969ff. – Gedichte. Stuttgart 1973.

Viktor Link

Colette (eigtl. Colette, Sidonie-Gabrielle)

Geb. 28. 1. 1873 in Saint-Saveur-en-Puisaye, Burgund; gest. 3. 8. 1954 in Paris

»In diesem Wort: das Unerbittliche fasse ich das Bündel der Kräfte zusammen, dem wir nur den Namen ›Sinne‹ zu geben wußten. Die Sinne? Warum nicht *der* Sinn? Es wäre sittsam und ausreichend.« In den Mittelpunkt ihres Schreibens hat die französische Schriftstellerin Colette gleich zweifach die sinnliche Wahrnehmung gestellt: selbst feinsinnig beobachtend, erscheinen bei ihr die Sinne als dominant für das menschliche Lebensgefühl. Dass sie den einen Sinneseindruck bisweilen einfach durch einen anderen beschreibt – eine weibliche Singstimme ist »samtig, spröde und zart wie ein harter, dickpelziger Pfirsich« – zeigt, dass ihr Schreiben auch immer ein Spiel mit den Wörtern ist. – In einem kleinen Dorf im Burgund geboren und aufgewachsen, hat C. drei Ehen gelebt, aber genauso Beziehungen mit Frauen. Durch Nacktauftritte und Darstellung lesbischer Szenen auf Varietébühnen verursachte sie Skandale und wurde später doch in die Académie royale de Belgique, die Académie Goncourt und die französische Ehrenlegion aufgenommen. Sie gilt heute als eine der bekanntesten Schriftstellerinnen des 20. Jahrhunderts und ist eine der wenigen französischen Autorinnen der Zwischenkriegszeit, die noch im Gedächtnis ist. Dabei war es ursprünglich gar nicht C.s Absicht, eine berühmte Schriftstellerin zu werden. Die Ambivalenz ihrer Persönlichkeit und ihres Ver-

hältnisses zum Schreiben spiegelt sich auch in dem Namen, den sie als Künstlerin wählte: Colette – ein gängiger weiblicher Vorname in Frankreich, aber auch der Nachname ihres Vaters, der selbst gerne Schriftsteller geworden wäre.

Mit 20 Jahren heiratet sie den viel älteren Pariser Kritiker Henry Gauthier-Villars (Willy) und geht mit ihm nach Paris. Willy, der unter seinem Namen Werke unbekannter Autoren veröffentlicht, entdeckt das Erzähltalent seiner Frau und bittet sie, Geschichten aus ihrer Schulzeit aufzuschreiben. So entsteht C.s erster, 1900 unter Willys Namen publizierter Roman *Claudine à l'école* (*Claudines Schuljahre*, 1902), dem wegen des großen Erfolgs beim Publikum drei weitere Claudine-Romane folgen. Als sich das Paar 1906 trennt, ist C. fest entschlossen, durch Theaterspielen und Schreiben ihren Lebensunterhalt selbst zu verdienen; sie thematisiert diesen Aspekt 1910 in ihrem Roman *La vagabonde* (*Renée Néré*, 1927). Sie arbeitet als Journalistin, aber auch als Schauspielerin, Tänzerin und Akrobatin in Pariser Varietétheatern. In dieser Zeit geht C. in der Welt der Music-Hall, der sog. Demimonde, ein und aus und frequentiert den Sapphischen Zirkel von Natalie Barney (1876–1972), dem auch die Schriftstellerinnen Renée Vivien (1877–1909) und Lucie Delarue-Mardrus (1874–1945) angehören. Während des Ersten Weltkriegs arbeitet C. weiter als Journalistin, besucht ihren zweiten Mann, Henry de Jouvenel, in Verdun und schreibt einige Berichte von der Front. 1920 publiziert sie den Roman *Cheri* (*Cheri*, 1927). In der Bühnenversion übernimmt C. später selbst die Rolle der alternden Lebedame Léa. 1923 folgt der Roman *Le blé en herbe* (*Phil und Vinca*, 1928), das erste Buch, das sie als ›Colette‹ publiziert. Beide Romane thematisieren ein Liebesverhältnis zwischen einer bereits reiferen, sehr selbstbewussten Frau und ihrem um viele Jahre jüngeren Liebhaber. Neben der Schilderung des sexuellen Erwachens und Erwachsenwerdens wie in dem Roman *La chatte* (1933; *Die Katze*, 1936) und der Erzählung *Gigi* (1944; *Gigi*, 1953) ist diese Thematik für C.s Erzählen charakteristisch.

Das Verhältnis von Leben und Werk ist für das Bild der Schriftstellerin C. zentral. Lange Zeit ist ihr umfangreiches Werk, das mehr als 60 Titel umfasst, vornehmlich als autobiographisch interpretiert und nicht entsprechend gewürdigt worden. Richtig ist, dass Colette für ihr Schreiben aus der gegenwärtigen Lebensrealität oder aus Erinnerungen schöpfte, doch ging es ihr nie darum, durch ihr Schreiben ihr Leben geordnet festzuhalten. So erzählt sie 1932 in *Ces plaisirs* (*Diese Freuden*, 1983), später in *Le Pur et l'Impur* (*Das Reine und das Unreine*) umbenannt, ihre Zeit der Music-Hall, porträtiert Renée Vivien, reflektiert essayistisch Weiblichkeit und Männlichkeit, weibliche und männliche Lust, äußert sich über die Vorzüge der Frauenliebe. Während ihre Zeitgenoss/innen damals nur wenig mit dem Text anzufangen wussten, erscheint er im Rahmen der Gender-Diskussionen in einem neuen Blickwinkel.

Die letzten Jahre ihres Lebens verbringt C., durch eine Arthritis fast gelähmt, nur noch in ihrer Wohnung im Palais Royal. In dieser Zeit entstehen noch literarische Reflexionen und Rückblicke auf ihre reifen Jahre wie 1946 *L'Etoile Vesper* (*Der Abendstern*) und 1949 *Le fanal bleu* (*Blaue Flamme*, 1979). Als Colette 1954 stirbt, erhält sie als erste französische Schriftstellerin ein offizielles Staatsbegräbnis. Sie liegt auf dem Friedhof Père Lachaise begraben.

Werkausgabe: Œuvres complètes. 16 Bde. Paris 1973–76.

Alexandra König

Condé, Maryse
Geb. 1937 auf Guadeloupe

Maryse Condé, aufgewachsen im französischen Übersee-Departement Guadeloupe in der Karibik, hat in Paris Literaturwissenschaften studiert. Dort lernte sie ihren Mann kennen, mit dem sie in sein Heimatland Guinea ging. Zwölf Jahre lang lebte sie in verschiedenen afrikanischen Ländern. Ihre Begegnung mit Afrika, dem »Land der Geburt« (Aimé Césaire), das seit der Négritude-Bewegung der 1930er Jahre zu einem antillanischen Mythos geworden ist, prägt ihre ersten Romane: *Heremakhonon* (1976), 1988 neu aufgelegt unter dem Titel *En attendant le bonheur* (In Erwartung des Glücks), beschreibt die Identitätssuche einer jungen Frau aus Guadeloupe in Afrika. Das ursprüngliche und von der Kolonialisierung unberührte Afrika meint sie in der Person des traditionalistischen Innenministers Sory zu finden. Die Wirklichkeit holt sie jedoch ein, als eine Verhaftungswelle durch das Land geht und Sory einen Freund ermorden lässt, der der Opposition angehört. Die Autorin spielt damit auf politische Ereignisse des Jahrs 1962 in Guinea an.

Auch der Schauplatz ihres zweiten Romans *Une saison à Rihata* (1981) ist ein afrikanisches Land, das, früher unter französischer Kolonialherrschaft, mit der Unabhängigkeit eine sozialistische Staatsform erhielt, die in die Diktatur mündete. Der Wechsel von der Ich-Perspektive in *Heremakhonon* zur auktorialen erlaubt hier eine differenziertere Beschreibung der politischen Verhältnisse, der Ethnien, Religionen und Traditionen. Die Protagonistin aus Guadeloupe erlebt das afrikanische Land, in das sie mit ihrem Mann gezogen ist, als selbstgewähltes Exil, das ihre Hoffnungen auf eine bessere Zukunft zerstört hat. In *Ségou* (1984/85; *Segu*, 1988, *Wie Spreu im Wind*, 1993), ihrem ersten Bestsellererfolg, wendet sich C. dem historischen Afrika zu. Anhand einer Vielzahl von Figuren entwickelt sie exemplarisch die geschichtlichen Ereignisse und geistigen Strömungen des 19. Jh.s: die Ausbreitung des Islam in Afrika, der Sklaven- bzw. Dreieckshandel und die Kolonisierung Afrikas. C. erzählt in der Form der Familiensaga, die zugleich in der europäischen Literaturtradition wie in der afrikanischen mündlichen Überlieferung verwurzelt ist, die Geschichte der Nachkommen eines adeligen Bambara aus dem im heutigen Mali gelegenen Stadtstaat Ségou. Sie begreift die afrikanische Geschichte als Aufeinanderfolge von Krisen und zerstört damit einen antillanischen Traum: Schon vor der Kolonisierung gab es in Afrika Unterdrückung und Sklaverei.

Moi, Tituba, sorcière ... noire de Salem (1986; *Ich, Tituba, die schwarze Hexe von Salem*, 1988) markiert einen Übergang in C.s Werk von der Auseinandersetzung mit Afrika hin zu karibischer Geschichte und Gegenwart. Dieser historische Roman geht auf die Hexenprozesse von Salem 1692 zurück. Aus der Sicht der Sprachlosen, Marginalisierten erzählt die Autorin Titubas Leben einer Sklavin und Rebellin, der einzigen Schwarzen unter den ›Hexen von Salem‹. Zum ersten Mal wählt C. Guadeloupe als Handlungsort in *La vie scélérate* (1987; *Das verfluchte Leben*, 1995). Anhand einer Familiengeschichte, die zu Beginn des 20. Jh.s einsetzt, beschreibt sie die Lebensbedingungen der Schwarzen auf den französischen Antillen, in Lateinamerika, Panama, den USA, Frankreich und Haiti. Doch die Hauptfiguren des Romans bleiben orientierungslos, und ihre Identitätssuche erweist sich als gefährliches Unterfangen. *Les derniers rois mages* (1992; *Requiem für einen schwarzen König*, 1994) erzählt die Geschichte der fiktiven antillanischen Nachkommen des letzten Königs aus Dahome. In der Begegnung von Schwarzen aus den USA und von den französischen Antillen werden ihre gänzlich unterschiedlichen Vorstellungen von schwarzer Identität deutlich. Das Resümee, das einer der Protagonisten zieht, kann als Botschaft der Autorin gelesen werden: »Die Vergangenheit muß umgebracht werden. Ansonsten tötet sie dich.«

C. hat neben weiteren Romanen – *Traversée de la mangrove* (1989; *Unter den Mangroven*, 1991), *La colonie du nouveau monde* (1993) und *La migration des cœurs* (1995) – Theaterstücke und literaturwissenschaftliche Werke über den Roman der französischen Antillen und über die orale Tradition publiziert. Sie arbeitet als Universitätsdozentin und Schriftstellerin in den USA, in Frankreich und auf Guadeloupe.

Astrid Rauße

Congreve, William
Geb. 24. 1. 1670 in Bardsey, Yorkshire;
gest. 19. 1. 1729 in London

Seine Kindheit und Jugend verbrachte William Congreve in Irland, wo er wie sein Zeitgenosse Jonathan Swift am Trinity College Dublin studierte. Die dort erworbene Kenntnis der klassischen Sprachen trug dazu bei, dass er nach seiner Ankunft in London die Aufmerksamkeit John Drydens auf sich zog. Dryden beteiligte C. an der von ihm herausgegebenen Übersetzung der Satiren Juvenals und Persius', und er half dem jungen Kollegen bei der Überarbeitung seiner ersten Komödie, *The Old Bachelor* (1693; *Hagestolz*, 1770). Zur Druckausgabe der zweiten Komödie, *The Double-Dealer* (1693; *Der Arglistige*, 1771), steuerte Dryden das Gedicht »To My Dear Friend Mr. Congreve« bei, in dem er C. zu seinem Nachfolger erklärte und mit keinem Geringeren als Shakespeare verglich. In den nächsten sieben Jahren bemühte sich C., den hohen Erwartungen, die Dryden und andere in ihn setzten, gerecht zu werden. Er verfasste eine Tragödie, *The Mourning Bride* (1697), literaturkritische Texte (darunter eine lesenswerte Replik auf Jeremy Colliers Attacke gegen das Londoner Theater) und zwei weitere Komödien, die zum Besten gehören, was diese Gattung in englischer Sprache zu bieten hat: *Love for Love* (1695; *Liebe für Liebe*, 1766) und *The Way of the World* (1700; *Der Lauf der Welt*, 1787). Dieses zweite Stück ist der Höhepunkt und in gewisser Weise auch der Schlusspunkt von C.s Œuvre, denn danach folgten nur noch wenige und vergleichsweise unbedeutende Werke: zwei Opernlibretti, einige Gedichte und Übersetzungen. Der frühe Abgang des Komödienautors C. hatte sicherlich eine Reihe von Ursachen: die Enttäuschung über die lauwarme Reaktion des Publikums auf *The Way of the World*, die Gicht, die C. zunehmend plagte, und ein indolentes, dem kultivierten Genuss zugewandtes Temperament.

Bei C.s erster Veröffentlichung *Incognita* (1692; *Incognita oder die Versöhnung von Liebe und Pflicht*, 1947) handelt es sich um eine Erzählung, doch auch dieser narrative Text lässt die dramatischen Neigungen C.s erkennen. Bereits im Vorwort weist er darauf hin, dass er sich an den Regeln des Dramas, insbesondere der Komödie, orientiert habe (und nimmt damit einen Gedanken der Romantheorie Henry Fieldings vorweg). Die Erzählung selbst bestätigt die Thesen des Vorworts: der ironisch-spielerische Tonfall, die Begrenztheit des Schauplatzes, die dramatisch zugespitzte Handlung, die von szenenartigen Blöcken geprägte Erzählweise – all dies sind Charakteristika, die der Komödie nachempfunden sind. C.s erster Versuch in dieser Gattung, *The Old Bachelor*, unterscheidet sich von seinen späteren Komödien dadurch, dass hier mehrere, nur lose miteinander verbundene Intrigen nebeneinander herlaufen und dass es vor allem um die Bloßstellung dreier alter Toren geht. In den späteren Komödien stehen dagegen zwei Liebende im Zentrum, die sich durch ihr moralisches Niveau und die Ernsthaftigkeit ihrer Zuneigung deutlich von den übrigen, überwiegend affektierten oder korrupten Charakteren unterscheiden, ohne dabei naiv oder weltfremd zu sein. Alle Episoden und Intrigen sind Komponenten der zentralen Liebeshandlung, die mit der Eheschließung der Hauptfiguren endet.

Die kompositorische Sorgfalt, die diesen Handlungsaufbau charakterisiert, zeigt sich auch in der Dichte der motivischen und thematischen Bezüge, die insbesondere den beiden letzten Komödien eigen ist. *Love for Love* beginnt mit einem Dialog, in dem sich der Protagonist Valentine, der gerade Seneca und Epiktet gelesen hat, auf einige Paradoxa der Stoa beruft: Armut ist Reichtum, Verzicht ist Gewinn. Der romanhafte Schluss des Stücks, der als Antwort auf die Streitfragen des Eingangsdialogs konzipiert ist, gibt Valentine recht. Er gewinnt seine Geliebte Angelica und das väterliche Erbe genau in dem Moment, in dem er auf beides verzichtet. *The Way of the World* kreist um die Frage, welche Rolle Verträge in der Gestaltung zwischenmenschlicher Beziehungen spielen. Der Philosoph Thomas Hobbes hatte in *Leviathan* (1651) die These aufgestellt, der Gesellschaftsvertrag sei das Mittel, mit dem der Mensch seine Wolfsnatur zähmen, den Naturzustand des Krieges aller gegen alle vermeiden und den Kulturzustand des Friedens herbeiführen könne. C.s Antwort fällt weniger eindeutig aus. Zwar werden Verträge in *The Way of the World* in einigen Fällen dazu benutzt, legitime Interessen gegen fremde Habgier zu sichern. In anderen Fällen werden sie dagegen als Mittel der Ausbeutung und Erpressung missbraucht. Eine spielerische Variation auf das Vertragsthema ist die berühmte *proviso scene*, in der Mirabell und Millamant sich die Bedingungen stellen, unter denen sie zur Heirat bereit sind.

Lady Mary Wortley Montagu bezeichnete C. als den geistreichsten Menschen, der ihr je begegnet war (kein unbedeutendes Kompliment, da Lady Mary u. a. Alexander Pope zu ihren Freunden zählte). Von C.s Witz haben auch seine Figuren einiges mitbekommen, nach Ansicht mancher Kritiker sogar zu viel. An diesem Vorwurf ist richtig, dass man auch bei den Dummköpfen C.s wunderschöne Einfälle und unnachahmliche Formulierungen findet. Doch im Dramenkontext sind die Unterschiede zwischen den geistreichen und den geistlosen Figuren unverkennbar. Dies betrifft vor allem die sprachliche Form. Jede Figur C.s hat eine unverkennbare stilistische Physiognomie. Ein beeindruckendes Beispiel für die Kunst, mit der C. Sprache zum Zweck der Figurenzeichnung einsetzt, ist die betagte Witwe Lady Wishfort in *The Way of the World*. Gleich ihre Eingangsszene, in der sie voller Ungeduld auf die Dienerin Foible wartet, ist ein kleines Meisterstück: ein assoziatives Zwiegespräch mit dem Spiegelbild, unterbrochen von barschen Kommandos, mit denen Foibles unerfahrene Vertreterin traktiert wird. Im Gespräch mit dem vermeintlichen Verehrer Sir Rowland dagegen befleißigt sich Lady Wishfort einer hochgestochenen Diktion, die sich haarscharf am Rande des Malapropismus entlangbewegt. In anderen Szenen, in denen sie ihrer Rede keinen Zwang antut, beschimpft sie ihre Gegner mit beeindruckend anschaulicher Phantasie. Allein die sprachliche Gestaltung dieser Rolle sollte genügen, um das immer noch kursierende Vorurteil, die Restaurationskomödie erschöpfe sich im Abspulen stereotyper Zynismen, ein für allemal zu widerlegen.

Werkausgaben: The Complete Works. Hg. M. Summers. 4 Bde. London 1923. – The Complete Plays. Hg. H. Davis. Chicago 1967.

Burkhard Niederhoff

Conrad, Joseph [Józef Teodor Konrad Naleçz Korzeniowski]

Geb. 3. 12. 1857 in Berdicev, Ukraine; gest. 3. 8. 1924 in Bishopsbourne, Kent

In einem Brief vom 2.8. 1901 hat Joseph Conrad die zentrale Idee seines künstlerischen Selbstverständnisses artikuliert, dass Kunstwerke ihre Legitimität einzig in der mutigen Identifizierung all jener unversöhnlichen Widersprüche finden, die unser Leben so rätselhaft, beschwerlich, faszinierend, gefährlich und so voller Hoffnung machen. Alle Texte, die C.s Anerkennung als einen der sensibelsten und hellsichtigsten Schriftsteller der frühen Moderne begründen, sind Darstellungen eben solcher Konflikte (z. B. zwischen Individuum und Umwelt, Treue und Verrat, Entfremdung und Solidarität, Ehre und Korruption). Als künstlerische Resultate einer bedingungslosen Treue gegenüber den eigenen Wahrnehmungen verfolgen sie – wie C. im Vorwort zu *The Nigger of the »Narcissus«* (1897; *Der Nigger vom »Narzissus«*, 1912) schreibt – die zentrale Absicht, die Leser/innen mit Hilfe des geschriebenen Wortes hörend, fühlend, v.a. aber *sehend* zu machen. Wenn ihm das gelinge, würden sie Ermunterung, Trost, Furcht, Charme und vielleicht auch jene Ahnung von Wahrheit finden, um die zu bitten sie vergessen hätten. Allerdings müssten sie sich ebenfalls bedingungslos auf seine Texte einlassen, denn der Autor schriebe nur das halbe Buch – die andere Hälfte sei ihre Aufgabe. Zwar hoffte C. nicht,

dass diese gemeinsame Anstrengung die Welt verbessern könnte, aber sein Werk legt nahe, dass ein ebenso beharrlicher wie unverzagter Blick auf die Unzulänglichkeiten der Menschen ihrem Scheitern die nötige Würde verleihen könnte.

Leidvolle Erfahrungen bestimmten C.s frühe Jugend: Józef Teodor Konrad Korzeniowski wurde 1857 als einziger Sohn von Apollo Korzeniowski (1820–69) und Ewa, geb. Bobrowska (1832–65) in Berdicev (in der ukrainischen Provinz Podolia, die seit 1793 unter russischer Oberherrschaft stand) geboren. Seine Eltern gehörten zum polnischen Landadel, kämpften für die politische Unabhängigkeit Polens und bezahlten diesen Einsatz mit Exil, Krankheit und frühem Tod. Nach dem Tod des Vaters nahm sich der ältere Bruder von C.s Mutter, Tadeusz Bobrowski (1829–94), seiner an. K.s Erfahrungen von politischer Verfolgung, Exil, Krankheit, Tod sowie familiärer und nationaler Heimatlosigkeit wurden kaum dadurch gemildert, dass er in einer intellektuell anregenden Umgebung aufwuchs: Durch seinen Vater, der Shakespeare, Dickens und Hugo ins Polnische übersetzte, kam C. früh und intensiv mit Literatur in Berührung. Obwohl er keine regelmäßige Schulbildung genoss, lernte er doch Französisch und war seit seinem fünften Lebensjahr ein begeisterter Leser. Als er 15 Jahre alt war, äußerte er zum ersten Mal den Wunsch, zur See zu fahren – ein Begehren, das auf den ersten Blick dem typischen (durch Leseerlebnisse geförderten) jugendlichen Drang nach Freiheit und Abenteuern geschuldet scheint, aber im Kontext der allgemeinen polnischen Emigration nach Amerika (2.500.000) und Westeuropa (500.000) zwischen 1870 und 1914 und der besonderen Lage C.s, der als Sohn eines politischen Gefangenen mit einer bis zu 20-jährigen Wehrpflicht in der russischen Armee rechnen musste, eine andere Perspektive erhält. 1874 ging C. nach Marseille; nach drei Fahrten auf französischen Schiffen in die Karibik wechselte er zur britischen Handelsmarine und betrat am 10. 6. 1878 zum ersten Mal englischen Boden. Bis 1894 fuhr er zur See (v. a. nach Indien, Südostasien und Australien), arbeitete sich vom einfachen Seemann zum Kapitän empor und lernte die englische Sprache; 1884 bestand er die Prüfung zum ersten Offizier, 1886 die Prüfung zum Kapitän; im selben Jahr wurde er als britischer Staatsbürger naturalisiert. – Während eines Landurlaubs im Herbst 1889, nachdem er zum ersten (und einzigen) Mal als Kapitän zur See gefahren war, begann C. sein ›drittes Leben‹ als Schriftsteller. Zum neuen Leben gehörte auch ein neuer Name: Joseph Conrad – und als sein erster Roman 1895 erschien, saß C. bereits an seinem zweiten. Selbst das Produkt vielfältiger kultureller Einflüsse, erschrieb er sich in den nächsten 30 Jahren in seiner dritten Sprache eine Welt, wie sie sich vielgestaltiger kaum vorstellen lässt: Sie reicht vom malaiischen Archipel bis ins Innere Afrikas, vom Mittelmeer bis an die Küsten Südamerikas, von Genf nach London und St. Petersburg.

C.s literarisches Schaffen lässt sich in vier Phasen einteilen: (a) Während seiner ›Lehrzeit‹ verfasste er die beiden im malaiischen Archipel angesiedelten, in ihrem Handlungsablauf miteinander verknüpften Romane *Almayer's Folly* (1895; *Almayers Wahn*, 1935) und *An Outcast of the Islands* (1896; *Der Verdammte der Inseln*, 1934), bei deren Gestaltung er – wie auch in den späteren Werken – eigene Anschauungen und Erfahrungen mit den Ergebnissen extensiver Lektüre (u. a. Alfred Russel Wallace, Fred McNair, Rodney Mundy) verwob. Wenngleich beide Romane strukturell der Abenteuerromanze (wie sie sich z. B. bei Robert Louis Stevenson, Rider Haggard und Rudyard Kipling findet) verpflichtet sind, gehen sie doch deutlich über sie hinaus: Ihre Protagonisten Almayer und Willems sind Antihelden, deren Inkompetenz, Illoyalität und moralischer Verfall den kolonialen Prozess in Frage stellen und verurteilen; den Kolonisierten dagegen, denen sich C. verbunden fühlt, ohne sie zu idealisieren, gibt er Raum und Stimme(n), so dass seine Romane nicht nur ein weiteres Kolonialgebiet literarisch ›erschließen‹, sondern auch in seiner kulturellen Vielfalt repräsentieren. – (b) In den folgenden 15 Jahren schrieb C. z. T. unter schwierigsten persönlichen Bedingungen (mit finanziellen

Problemen, Krankheiten, Depressionen und Schreibhemmungen) seine gelungensten Erzählungen und Romane. Am Anfang dieser Phase stand The Nigger of the »Narcissus«, den Stephen Crane für die beste Seegeschichte überhaupt hielt. Aber der Roman ist mehr: Das Meer symbolisiert das Leben in seiner die Menschen herausfordernden Unwägbarkeit, die »Narzissus« einen sozialen Mikrokosmos, in dem sich die Schiffsbesatzung Problemen menschlichen Verhaltens stellen und in ihnen bewähren muss. C. gelingt es, die Aufmerksamkeit auf das Schiff und seine Besatzung zu lenken, weil er einen einheitlichen, seine Perspektive aufdrängenden Erzähler vermeidet, stattdessen mit einem allwissenden Erzähler beginnt, später in die »Wir«-Perspektive eines Mannschaftsmitglieds schlüpft und das Ende der Reise aus der Ich-Perspektive schildert. – Es folgten die Erzählungen »Youth« (1898; »Jugend«, 1926), »Heart of Darkness« (1899; »Das Herz der Finsternis«, 1926) und der Roman Lord Jim (1900; Lord Jim, 1927), denen bestimmte Merkmale (Rahmenerzählung, die vermittelnde Erzählerfigur Marlow) gemeinsam sind. »Youth« ist eine Initiationsgeschichte, die die ›Entdeckung des Ostens‹ thematisiert. »Heart of Darkness«, C.s wohl berühmtester (wenngleich kontrovers diskutierter) Text, ist auf Grund seiner semantischen und erzählerischen Komplexität auf vielen Ebenen lesbar. Marlows Fahrt den Kongo hinauf ist eine Reise in die Finsternis, die an kolonialistischen Greueln vorbei zu der Figur führt, die sie auf extreme Weise verkörpert: dem Handelsagenten Kurtz, der auf Grund seiner Machtfülle regrediert und den ›Verlockungen‹ dieser Regression erlegen ist. Diese Reise ist aber auch eine Reise ins Innere von Marlow, der sich – fasziniert und entsetzt von Kurtzens ›Grenzenlosigkeit‹ – mit Ambivalenzen in seiner eigenen Persönlichkeit konfrontiert sieht. Schließlich führt die Reise nicht nur in das Innere Afrikas, sondern in das gleichermaßen finstere Herz Europas. Lord Jim ist ein Bildungsroman: Ein junger Seemann voller hehrer Ideale will diesen entsprechend leben, seine romantische Idee von sich selbst verwirklichen – und scheitert bereits bei der ersten realen Bewährungsprobe. Er bekommt eine zweite Chance und scheitert abermals: Zusammen mit dem Kapitän und den anderen (weißen) Offizieren bringt er sich in Sicherheit, als sein Schiff voller Mekka-Pilger zu sinken droht. Wieder ist es Marlow, der (vornehmlich, aber nicht allein) diese Geschichte einer Runde von Zuhörern erzählt und versucht, diesem zweifachen Scheitern (dem ein drittes folgen wird) einen möglichen Sinn abzuringen. Dabei ist deutlich, dass sein Wissen nur partiell ist, aus verschiedenen Quellen stammt, die er selektiv nutzt und subjektiv zusammenfügt, wenn er sich auch mit der ihm eigenen Integrität um ›Wahrheit‹ bemüht. Aber selbst wenn es gelänge herauszufinden, ›wie es eigentlich gewesen ist‹, bliebe die Frage nach den Gründen menschlicher Fehlbarkeit unbeantwortet. So müssen die LeserInnen entscheiden, ob sie Jims Ende – er stirbt, um seine Ehre nicht ein drittes Mal zu verlieren – gutheißen oder, da sein Tod die Einsamkeit seiner Frau und den Niedergang von Patusan impliziert, kritisieren. – Die Höhepunkte dieser Schaffensphase werden durch drei Romane markiert: Nostromo (1904; Nostromo 1927) – von vielen als C.s größtes Werk eingeschätzt – ist der Versuch, die »materiellen Interessen«, d. h. den Kapitalismus in seiner alle Lebensbereiche durchdringenden Form darzustellen. C. entwirft hier das vielschichtige, -gestaltige und -stimmige Panorama eines fiktiven südamerikanischen Landes, in dem sich alles um ›das Silber‹ dreht; nicht nur die jeweiligen Regierungen sind von ihm abhängig, sondern auch die Möglichkeiten und Grenzen von sozialem Frieden und Glück. The Secret Agent (1907; Der Geheimagent, 1926) ist C.s ›schwärzestes‹ Buch: Was auf den ersten Blick wie ein Roman über Spionage und Gegenspionage im London des ausgehenden 19. Jahrhunderts aussehen mag (und auch an der Formierung dieses Genres entscheidenden Anteil hatte), ist tatsächlich ein unerbittlicher Blick auf einen repräsentativen Querschnitt der Gesellschaft, in dem der einzige nicht-korrumpierte Mensch das Opfer ist: ein geistig behinderter Jugendlicher. Alle anderen sind – auf je eigene Weise: im politischen wie privaten Leben – Geheimagenten: Sie lügen und betrügen, täuschen und erpressen um des eigenen Vorteils willen. *Under Western Eyes* (1911; *Mit den Augen des Westens*, 1913) hat C. nach eigenen Aussagen größte Probleme bereitet: In diesem Roman, der im sozialrevolutionären Milieu in St. Petersburg und Genf spielt, hat er versucht, sein Bild und seine Erfahrungen des zaristischen Russland künstlerisch zu bewältigen. Der Roman ist im Grunde eine Geschichte von Treue und Verrat, wobei der Verrat des anderen den Verrat der eigenen Identität bzw. Existenz bedeutet, während die Treue zu dem anderen auch Treue zu sich selbst verbürgt. C. hat die Arbeit an diesem Roman (über den Verrat) kurzfristig unterbrochen, um in »The Secret Sharer« (1910; »Der heimliche Teilhaber«, 1955) das Gegenbild (der Treue) zu entwerfen. – (c) Nach einem physischen und psychischen Zusammenbruch unmittelbar nach dem Abschluss von *Under Western Eyes* im Januar 1910, von dem er sich nur langsam erholte, kehrte C. in seiner dritten Schaffensperiode zu bereits früher bearbeiteten Themen zurück: In *Chance* (1913/14; *Spiel des Zufalls*, 1926) begegnen die LeserInnen einem gealterten, aber keineswegs weiseren Marlow, der eine komplexe Intrige erzählt. *Victory* (1915; *Sieg*, 1927) ist – in der Form der Abenteuerromanze – eine philosophische Meditation über die Entfremdung und Isolation des Individuums sowie die Möglichkeiten und Grenzen ihrer Überwindbarkeit durch Mitgefühl, Liebe und Solidarität. *The Shadow-Line* (1917; *Die Schattenlinie*, 1926) ist eine Initiationsgeschichte, die den Übergang vom Jugend- zum Mannesalter und die Relevanz der Übernahme von Verantwortung thematisiert. – (d) In seinen letzten Werken stellt C. geringere Ansprüche an sich und seine Leser/innen. *The Arrow of Gold* (1919; *Der goldene Pfeil*, 1932) ist eine Romanze, die zur Zeit der Carlisten-Aufstände spielt. *The Rescue* (1920; *Die Rettung*, 1931) hatte C. ursprünglich 1896 als dritten Band seiner ›malaiischen Trilogie‹ begonnen, aber nie beenden können. *The Rover* (1923; *Der Freibeuter*, 1930) spielt nahe Toulon um 1800 und stellt die Heimkehr und den ehrenvollen Tod eines alten Freibeuters dar. Es scheint, als habe C. nicht nur Frankreich und seiner Kultur (die Peyrol symbolisiert), sondern auch sich selbst ein literarisches Denkmal setzen wollen. *Suspense* (1925; *Spannung*, 1936), der lange geplante napoleonische Roman, ist unvollendet geblieben.

C.s Werk ist Produkt und Ausdruck einer komplexen Kreuzung verschiedener Diskurse: Es registriert und reagiert auf den Höhepunkt und Niedergang sowohl der Segelschifffahrt als auch des imperialen Zeitalters und stößt dabei an die Grenzen des in den tradierten Formen der viktorianischen Reise- und Abenteuerliteratur Darstellbaren. Seine Mahnung an Arnold Bennett, dass Realismus in der Kunst niemals die Realität zu fassen bekäme, demonstriert C.s Bestreben, durch eine stärker impressionistische, sensualistische Schreibweise seinen Texten ein Element »der Formbarkeit von Skulpturen, der Farbe von Gemälden und des zauberhaften Anspielungsreichtums der Musik« (*Preface* zu *The Nigger of the »Narcissus«*) zu geben. Aber dies reicht C. nicht; die Weltbilder seiner Romane bezeugen und reagieren auf eine zunehmende metaphysische Verunsicherung: Die Handlungsstrukturen sprengen tradierte Wahrnehmungsformen und verlangen angemessene, diskontinuierliche Chronologien. Die Erzähler können nicht behaupten, die Wahrheit zu sagen, weil sie ihnen nur partiell zugänglich ist; deshalb multipliziert C. sie, um sich ihr – wenn überhaupt – durch eine Polyphonie der Stimmen und Perspektiven zu nähern. Oft scheint auch dies nicht möglich, wenn sich verschiedene Stimmen kreuzen, denen nur ihre beißende Ironie gemeinsam ist. Sein unbeirrbares, unvergleichliches Ausloten des Sagbaren, für das ihn das Schreiben in seiner dritten Sprache sensibilisierte, macht C. zu einem der hervorragendsten Vertreter der frühen Moderne.

Werkausgaben: Collected Edition of the Works of Joseph Conrad. London 1946–55. – Gesammelte Werke in Einzelbänden. Frankfurt a.M. 1962–84.

Jürgen Kramer

Constant, Benjamin (eigtl. Henri B. Constant de Rebecque)
Geb. 25. 10. 1767 in Lausanne; gest. 8. 12. 1830 in Paris

1829 schrieb Benjamin Constant: »Vierzig Jahre lang habe ich das eine Prinzip verteidigt, Freiheit in allem, in Religion, Philosophie, Literatur, Wirtschaft und Politik.« C. stammte aus einer in die Schweiz eingewanderten Hugenottenfamilie. Nach Studienzeiten in Erlangen und Edinburgh verschaffte der Vater, Offizier in holländischen Diensten, C. 1788 eine Stellung als Kammerherr in Braunschweig, wo die Freundschaft mit dem Schriftsteller und Aufklärer Jacob Mauvillon Einfluss auf C.s religionsgeschichtliches Interesse nahm. Aus der Begegnung mit Germaine de Staël (1794) erwuchs eine tiefe, sowohl intellektuelle als auch persönliche Bindung, durch die C. zu sich selbst fand, die ihm aber auch zur quälenden Fessel wurde, insbesondere in seinem Verhältnis zu Charlotte von Hardenberg, seiner späteren Frau. 1795 begab sich C. mit Mme de Staël nach Paris. 1799 ließ er sich vom Ersten Konsul in das Tribunat berufen, aus dem er 1802 ausgeschlossen wurde, da er gegen den Machtanspruch Napoleons opponierte. 1803/ 1804 begleitete C. Mme de Staël auf ihrer Deutschlandreise mit Weimar als wichtigster Station. In die Jahre 1811 bis 1814 fällt der Aufenthalt C.s in Göttingen. Die dortige Bibliothek wurde ihm unentbehrlich für die lebenslange Arbeit an seinem großen Werk über die Religion. Napoleons Abdankung 1814, die Hundert Tage und die Rückkehr Ludwigs XVIII. auf den Thron bedeuteten für C. eine dramatische Verwicklung in das politische Geschehen. Er schwankte in seiner Parteinahme, arbeitete aber in der Hoffnung auf einen liberalen Neuanfang des Kaiserreichs am *Acte additionnel aux Constitutions de l'Empire* mit. Von 1819 bis 1830 war er mit kurzer Unterbrechung Abgeordneter in der Chambre des députés. Dort und als vielbeachteter Publizist trat er für die Wahrung der Freiheit des Individuums und die Begrenzung der Macht im Rahmen der konstitutionellen Monarchie ein. Entschieden kämpfte er gegen den Sklavenhandel und verteidigte die Pressefreiheit.

Die persönlichsten Zeugnisse seines Lebens sind die Tagebücher (*Journaux intimes*, 1952) aus den Jahren 1803 bis 1816. Sie haben einen hohen dokumentarischen Wert, ihre Bedeutung liegt aber vor allem in der schonungslosen Offenheit und Luzidität der Selbstbeobachtung. Um 1811/1812 begann C. seine Autobiographie zu schreiben: *Ma vie (1767– 1787)*, erschienen unter dem Titel *Le cahier rouge* (1907). In einem konzisen Stil wirft er einen nüchternen und distanzierten Blick auf die ersten zwanzig Jahre seines Lebens. Autobiographisch geprägt ist auch *Cécile* (1951), entstanden 1811. Der Ich-Erzähler steht zwischen zwei Frauen: Cécile, hinter der sich Charlotte von Hardenberg verbirgt, und Mme de Malbée, dem fiktiven Namen für Germaine de Staël. Seine Unfähigkeit, sich dem tragischen Konflikt zu entwinden, in dem sich die Bindung an die sanfte Cécile und die an die tyrannische Mme de Malbée, die gleichwohl das Ziel seines Lebens verkörpert, gegenseitig bedingen und zu zerstören drohen, ist das Hauptthema der unvollendeten Erzählung. Ohne solchen unmittelbaren autobiographischen Bezug bestimmt das Thema der unglücklichen Liebe in gesteigerter Konzentration den Roman *Adolphe* (1816; *Adolph*, 1818). Der mit außerordentlicher Introspektion in die menschliche Psyche dargestellte Prozess eines Liebeszerfalls vollzieht sich nur in der inneren Sphäre des einen Paars Adolphe und Ellénore. Die Selbstauflösung der Liebe bis hin zu Ellénores Tod als Zentrum der Hauptphase der Geschichte nach Erreichen eines romantisch ins Sakrale gesteigerten Liebesglücks steht im Zeichen einer tragischen ›Logik des Begehrens‹, welches bedingt ist durch trennende Widerstände und dem zugleich Erfüllung zum unaufhaltsamen Verhängnis wird.

Den umfangreichsten Teil von C.s Werk bilden die politischen Schriften (u. a. *De l'esprit de conquête et de l'usurpation dans leurs rapports avec la civilisation européenne*, 1814; *Principes de politique*, 1815) und *De la religion considérée dans sa source, ses formes et ses développements* (5 Bde, 1824–1831). Das Prinzip der Freiheit findet seine tiefste Begründung im ›religiösen Gefühl‹ als unveräußerlichem Wesensmerkmal des Menschen, dem gegenüber alle Manifestationen und Institutionen von Religion infolge ihrer grundsätzlichen Geschichtlichkeit keine Absolutheit beanspruchen können. Die Wahrung der daraus ebenfalls folgenden individuellen Freiheiten muss nach C. als oberstes Prinzip staatlicher Verfassung gelten. So wurde C. zum ersten Theoretiker des politischen Liberalismus in Frankreich.

Werkausgabe: Werke. 4 Bde. Hg. A. Blaeschke/L. Gall. Übers. E. Rechel-Mertens. Berlin 1970–72.

Hermann Krapoth

Cooper, James Fenimore
Geb. 15. 9. 1789 in Burlington, New Jersey; gest. 14. 9. 1851 in Cooperstown, New York

»As property is the base of all civilization, its existence and security are indispensable to social improvement«, so beginnt eines der Kapitel in James Fenimore Coopers *The American Democrat* (1838). C., der zu Lebzeiten als der führende amerikanische Romancier galt und als einer der meistgelesenen Schriftsteller weltweit, ist heute fast nur noch wegen seiner Lederstrumpf-Romane bekannt, mit denen er das Vorbild für den Wildwestroman lieferte. Doch selbst in diesen Büchern ist die Frage nach dem Besitz des Landes, seiner rechtmäßigen oder unrechtmäßigen Inbesitznahme und dem verantwortungsvollen Umgang mit ihm und seinen Geschöpfen ein zentrales Thema.

C. kam schon als Kleinkind nach Cooperstown im damals noch recht wenig erschlossenen oberen Staat New York, in einen Ort, den sein Vater, ein neureicher Bodenspekulant, kurz zuvor gegründet hatte. Hier verbrachte C. insgesamt mehr als die Hälfte seines Lebens. Der Familiensitz bedeutete ihm so viel, dass er ihn später zurückkaufte, nachdem er durch die Misswirtschaft seiner Brüder verlorengegangen war. C.s Vater schickte ihn 1806 zur See, nachdem er wegen ungebührlichen Verhaltens vom Yale College verwiesen worden war. 1808 trat C. in die Kriegsmarine ein, die er 1811 wieder verließ, um Susan De Lancey zu heiraten, eine Frau aus seinen eigenen Gesellschaftskreisen. Die ungewöhnlich glückliche Ehe sollte ihm auch in schwierigen Zeiten Halt geben. Zur Schriftstellerei kam C. erst mit 30 Jahren, nachdem die ökonomische Grundlage seines Lebens als konservativer Gentleman zusammengebrochen war. Sein erster Roman, *Precaution* (1820), war ein wenig überzeugendes Zufallsprodukt in der Nachfolge Jane Austens, deren technische und stilistische Perfektion er nie erreichen sollte. Aber schon der zweite, *The Spy* (1821; *Der Spion*, 1824), übertrug erfolgreich Sir Walter Scotts Modell des historischen Romans auf das Amerika des Unabhängigkeitskrieges und startete C.s Karriere als erster und zunächst überaus populärer amerikanischer Berufsromancier. Bis 1850 folgten weitere 30 Romane, ein Drama, mehr als ein Dutzend nichtfiktionale Bücher, darunter mehrere Biographien, eine lange als Standardwerk geltende Geschichte der amerikanischen Marine sowie fünf Reisebücher über seinen Europa-Aufenthalt 1826–33 (nominell als Konsul in Lyon). C.s Vielseitigkeit und Innovationskraft waren bemerkenswert. Unter den fiktionalen Werken befinden sich außer den historischen Romanen z. T. zu mehrteiligen Generationenromanen verbundene Gesellschaftsromane, Satiren (v.a. *The Monikins*, 1835; *Die Monikins*, 1835) sowie ein utopisch-dystopischer Roman (*The Crater*, 1847; *Das Marcus-Riff oder der Krater*, 1848). C. nutzte seine eigenen Marineerfahrungen und wurde der erste See-Romancier von Rang: Bereits sein dritter Roman, *The Pilot* (1824; *Der Lotse*, 1824), der von den Taten amerikanischer Seeleute im Unabhängigkeitskrieg handelt, etabliert ein Genre, das durch Herman Melville und Joseph Conrad seine künstlerische Gloriole erhalten sollte.

Die amerikanische Vergangenheit von Kolumbus über die englische Kolonialzeit bis in C.s eigene Epoche ist sein wichtigster historischer Gegenstand, doch meistens geht es ihm dabei auch um aktuelle Fragen und gesellschaftliche Wertvorstellungen. Sein Buchessay *Notions of the Americans* (1828) verteidigt den amerikanischen Neubeginn und die demokratischen Institutionen gegen europäische Kritik. Nach seiner Rückkehr in die USA war C. allerdings entsetzt über die gleichmacherischen Tendenzen der Jackson-Ära. *The American Democrat* ist seine Abrechnung mit dem Egalitarismus, aber auch mit der sich abzeichnenden politischen Vorherrschaft einer neuen Geldelite (anstelle der alten Landelite). Zwar verteidigt C. die Demokratie als die gegenüber Monarchie und Feudalismus flexiblere Staatsform, aber er warnt davor, dass die manipulierbare Mehrheitsmeinung mit politischen Prinzipien verwechselt werden könnte. Schutz hiervor biete nur die Gemeinschaft der Landbesitzer, denn in Anlehnung an John Locke gilt ihm Privateigentum als Grundlage von Staat und Zivilisation. C. sprach im eigenen Interesse, denn nach seiner Rückkehr nach Cooperstown 1833 wurde er in Rechtsstreitigkeiten mit den Dorfbewohnern um ein Stück seines Landes verwickelt. Die Romane *Homeward Bound* und *Home as Found* (beide 1838) begründeten seine Ansprüche auch fiktional, und mit der Littlepage-Trilogie – *Satanstoe* (1845; *Satanszehe*, 1846), *The Chainbearer* (1845; *Der Kettenträger*, 1846) und *The Redskins* (1846; *Ravensnest*, 1846) – nahm er Partei für die alteingesessenen Großgrundbesitzer des Staates New York, die damals vergeblich versuchten, ihre quasi-feudalen Rechte gegenüber den aufrührerischen Pächtern zu verteidigen, was C.s Popularität in Amerika weiter beeinträchtigte. Verbittert, streitbar und umstritten wandte er sich in seinen letzten Jahren immer stärker der Religion zu, aber noch sein letzter Roman, *The Ways of the Hour* (1850), attackiert gesellschaftliche Zustände anhand des amerikanischen Rechtswesens.

Und doch ist C.s Werk weniger konsistent als man nach flüchtiger Durchsicht glauben könnte. Der Vorgang der Landnahme durch europäische Einwanderer erschien ihm zeitlebens problematisch; in *The Crater* versucht er, die ethischen Fragen sogar dadurch zu entschärfen, dass er den »Wilden« die Rolle der unrechtmäßigen Eindringlinge zuweist. Und auch das Verhältnis von Landbesitzer-Elite und einfacher Bevölkerung ist in seinen Texten oft komplex. Bereits in *The Spy* führt C. neben den vornehmeren Hauptpersonen und in Abweichung von Scotts Modell mit dem Hausierer Birch eine Zentralfigur von niedrigem Stand ein, die als Spion George Washingtons ihre Existenz für die amerikanische Sache aufs Spiel setzt. Der ›kleine Mann‹ vertritt hier demokratische Prinzipien besser als alle anderen, bleibt jedoch von gesellschaftlichen und privaten Belohnungen ausgeschlossen. Dieser Figurentyp findet seine markanteste Verkörperung in Natty Bumppo, der Zentralgestalt der nach ihm benannten Lederstrumpf-Romane.

Der erste von ihnen, *The Pioneers* (1823; *Die Ansiedler*, 1824), setzt in der Gestalt des patriarchalen Judge Temple und mit der Schilderung dessen Wirkens als Dorfgründer C.s Vater ein durchaus ambivalentes Denkmal. Als repräsentativer Amerikaner kann Temple zwar beweisen, dass er sein Land rechtmäßig erworben hat – direkt von den im Revolutionskrieg zunächst vertriebenen Loyalisten und indirekt von den Indianern –, und der Konflikt zwischen der amerikanischen und der loyalistischen Seite findet mit der Hochzeit der jeweiligen Kinder ein Ende. Auch gelingt es Temple, die unruhige Dorfbevölkerung einigermaßen im Zaum zu halten, obgleich er ihren unvernünftigen Raubbau an der Natur nicht verhindern kann und selbst nicht frei von unüberlegtem Handeln ist. Aber die tragische Seite des Buches offenbart sich am Schicksal derjenigen, die von der Versöhnung ausgeschlossen sind und der gewaltsamen Umwandlung von Natur- in Kulturland im Wege stehen: dem alten Mohikanerhäuptling Chingachgook als letztem Repräsentanten der Indianer und seinem Freund, dem in diesem Buch ebenfalls schon betagten Jäger und Fallensteller Natty Bumppo, der am Ende des Buches weiter gen Westen zieht. Das Schicksal Lederstrumpfs ist es in der gesamten ihm als tragender Gestalt gewidmeten Romanserie – *The Last of the Mohicans* (1826; *Der letzte Mohikaner*, 1826), *The Prairie* (1827; *Die Prärie*, 1827), *The Pathfinder* (1840; *Der Pfadfinder*, 1840) und *The Deerslayer* (1841; *Der Wildtöter*, 1841) –, die Wildnis für die Siedler zu öffnen, deren Lebensweise ihm dann die Existenzgrundlage raubt. Wie die Indianer nutzt er die natürlichen Ressourcen nur für den Eigenbedarf; dies aber ist nicht mit dem Privatbesitz vereinbar, der zwar Fortschritt bringt, doch die als gleichsam mythisch gezeichnete Welt einer Harmonie von Mensch und Natur vernichtet. Diese mythische Welt findet ihren deutlichsten Ausdruck in *The Last of the Mohicans*, das einige Jahrzehnte früher, während der Kolonialkriege, spielt. Da die indianischen Stämme von Engländern und Franzosen in wechselnden Allianzen instrumentalisiert werden, sind die Themen Verrat und undurchschaubare Fremdheit zentral. Dazu trägt die endlose und undurchdringliche Wildnis bei, in der die durchreisenden weißen Protagonisten verloren sind. Nur die diesem Bereich zugehörigen Figuren, die Mohikaner als stereotype »edle Wilde« und ihre blutrünstigen irokesischen Widersacher sowie Natty finden sich hier zurecht. Flucht und Verfolgung dominieren die Handlung. Uncas als letzter Hoffnungsträger der Mohikaner und sein dämonischer Gegenspieler, der Hurone Magua, konkurrieren um die Offizierstochter Cora, die ihrerseits ein Quentchen schwarzes Blut in sich hat. Diese Auseinandersetzung gewinnt heroische Proportionen und ist weit interessanter als die konventionell-sentimentale Verbindung von Coras blonder Schwester mit einem jungen Offizier. Uncas' Liebe hebt ihn über den Status des edlen Wilden noch hinaus und macht ihn den Helden der klassischen Antike ähnlich. Doch er wie Cora und Magua finden den Tod, ein symbolisches Ende, denn darin wird deutlich, dass die Rassenschranken in Amerika nicht überwunden werden können – eine Verbindung der zeitlosmythischen mit der historischen Welt im Sinne der Schaffung einer neuen Menschheit aus der Synthese der besten Eigenschaften aller Ethnien scheitert. Dass die Indianer nicht entwicklungsfähig seien, war damals verbreitete Ansicht und bildet eine der Grundlagen des Romans über die Siedlungsgrenze, eine Gattung, die C. recht eigentlich begründet hat. Weitere Elemente dieser Frühform des Western sind der nicht in die Gesellschaft integrierbare weiße Held und die Einteilung der Indianer in eine gute und eine böse Gruppe. Die Gestalt des Lederstrumpf selbst ist in die neue Mythologie der amerikanischen Kultur eingegangen als edler Helfer und Retter, als Mittler zwischen Weiß und Rot, der die Naturnähe der Indianer teilt, aber zugleich die Werte des christlichen Abendlandes verkörpert. Allerdings repräsentiert er nur ein Übergangsstadium in einer von C. stärker als von seinen Nachfolgern als ambivalent empfundenen Geschichte der amerikanischen Nation.

Werkausgabe: The Writings. Hg. J. F. Beard u. a. Albany, NY, 1980 ff.

Helmbrecht Breinig

Coover, Robert
Geb. 4. 2. 1932 in Charles City, Iowa

Das literarische Schaffen Robert Coovers lässt sich vielleicht am überzeugendsten aus der Spannung zwischen der provinziellen Herkunft des Autors und seinen europäischen Lehr- und Wanderjahren erklären. In einer Kleinstadt in Iowa geboren, verlebt C. seine Kindheit und Jugend im Mittleren Westen, träumt von einer Baseballkarriere, studiert an den Universitäten von Southern Illinois und Indiana, ehe er 1953 seinen Marine-Wehrdienst in Europa ableistet. 1957 nimmt er sein Literaturstudium an der Universität von Chicago auf, reist zwischendurch immer wieder nach Europa, heiratet 1959 in Spanien seine Frau Pilar und pendelt fortan zwischen Amerika, wo er an der Brown University in Providence, Rhode Island, lehrt, und Europa, besonders Spanien und England. Das Leben in der Provinz des Mittleren Westens mit seinen patriotischen Ritualen und seinem unverwechselbaren Zungenschlag wird C. mit dem nötigen populärkulturellen amerikanischen

Material versorgt haben, während die literarische Tradition Europas zur Weltläufigkeit seines Œuvres und zur souveränen Handhabung der literarischen Konventionen beigetragen haben dürfte. C. sieht die Aufgabe seines literarischen Schaffens jedoch nicht vorrangig darin, Rituale, Traditionen und Formkonventionen einfach nur zu kopieren und gleichsam unhinterfragt zu übernehmen; vielmehr möchte er »die überlebten Visionen dieser Welt«, die unsere Sicht auf die Dinge verstellen, einreißen helfen. Solche Einrisse implizieren für C. jedoch immer auch rekonstruktive Aufbauarbeit. Was er einreißt, das arrangiert, transponiert oder transformiert er jeweils neu, wobei er sorgsam darauf achtet, dass die neuen Ordnungsmuster immer unter dem Vorbehalt der Vorläufigkeit und des möglichen Widerrufs entstehen. Sie geben sich im Sinne Nietzsches als metaphorische Konstrukte und nicht als kanonische Wahrheiten zu erkennen.

C.s erster, mit dem William-Faulkner-Preis ausgezeichneter Roman, *The Origin of the Brunists* (1966; *Von den Anfängen der Brunisten*, 1996), nimmt sich exakt dieses Themas an. Nach einem Grubenunglück in West Condon, einer ärmlichen Kleinstadt im Mittleren Westen, wird Giovanni Bruno, dessen Name an Giordano Bruno erinnert, der einst für seine unorthodoxen Überzeugungen den Märtyrertod starb, aufgrund seiner mutmaßlich providentiellen Errettung von seinen Mitbürgern zu einer Art Erlöserfigur stilisiert, die Aussicht auf ein besseres Leben im Jenseits verheißt. C. zeigt, wie Erklärungsmuster sich zu Glaubenswahrheiten verfestigen und das Denken einer ganzen Nation beherrschen können, sobald Metaphern als Dogmen gehandelt werden. Nur Justin Miller scheint den Sprachspielcharakter solcher Metaphern zu erkennen, verkennt jedoch die Macht, die hinter derart dogmatischen Verfestigungen steckt.

The Universal Baseball Association, Inc., J. Henry Waugh, Prop. (1968) bedient sich der biographisch verbürgten Leidenschaft C.s für das Baseballspiel und kreiert mit der Titelfigur, deren Initialen IHVH auf Jahveh anspielen, eine Art allmächtigen Schöpfer, der sich sein eigenes Spiel ausdenkt, seine eigenen Spieler erschafft und diese – wie im Falle Damon Rutherfords – auch wieder gewaltsam beseitigt; dabei wird er freilich selbst immer mehr zum Gefangenen seines Systems, weil er die ontologische Differenz zwischen Spiel und Wirklichkeit nicht mehr durchschaut. Das Schlusskapitel, das ein Jahrhundert später am Damonsday, dem Gedenktag für Damon Rutherford spielt, legt einerseits die zum Ritual geronnenen Zerrformen frei und führt andererseits mit Paul Trench einen neuen Spieler ein, der dem Leser exemplarisch verdeutlichen soll, dass Musterbildungen immer situationsabhängige Konstrukte sind, denen Allgemeingültigkeit abgeht.

Die in *Pricksongs & Descants* (1969; *Schräge Töne. Stories*, 1994) gesammelten kurzen Texte reichen zum Teil bis in die früheste Schaffensphase C.s zurück und können als programmatisch für seine Schreibweise gelten. Von populärkulturellen (Märchen, Fabeln) bis zu hochliterarischen Formen (Miguel de Cervantes) reicht das Spektrum der Vorlagen, die C. aufgreift und neu arrangiert. Sein Kompositionsprinzip wird bereits im Titel deutlich, der neben den unverkennbaren sexuellen Anspielungen auch auf die Kontrapunktik verweist, in der zum *cantus firmus* gegenläufige Tonfolgen komponiert werden. Exakt nach diesem Prinzip werden hier die geläufigen Vorlagen kontrapunktisch verändert. C. verspricht sich von solchen Kompositionsverfahren, wie es in den »Seven Exemplary Fictions« heißt, neue Komplexitäten, mit denen sich erschöpfte Formen revitalisieren lassen.

Der eigentliche Durchbruch bei einem breiteren Publikum gelingt C. jedoch erst mit der Veröffentlichung von *The Public Burning* (1977; *Die öffentliche Verbrennung*, 1983). Die Aussage des Autors, seine Arbeit gelte dem »guten alten Realismus«, wird gerade in diesem Roman bestätigt, der, verglichen mit den artifiziellen Frühwerken, die stellenweise wie Parabeln lesen, weitaus wirklichkeitsnäher erscheint. Die realistische Schreibweise wird jedoch gleichzeitig immer wieder geschickt unterlaufen. Unter die historischen

Figuren, die vom Erzähler Richard Nixon über den Mormon Tabernacle Choir bis zu den Marx Brothers ein breites Spektrum der amerikanischen Kultur repräsentieren, mischen sich comicartig typisierte Kunstfiguren wie Uncle Sam und dessen politischer Gegenspieler, das Phantom. Die historische Hinrichtung von Ethel und Julius Rosenberg auf dem elektrischen Stuhl, die am 19. Juni 1953 im Staatsgefängnis von Sing-Sing stattfand, wird hier an den Times Square verlegt und mündet in ein Spektakel mit Zirkuscharakter, an dem ein tolpatschiger Clown namens Nixon, Verkörperung des damaligen Vizepräsidenten der USA, nicht unwesentlich beteiligt ist. Vietnam und Watergate, die mit Nixons Namen untrennbar verbunden sind, haben mit Sicherheit zur Popularität des Buches in den späten 1970er Jahren ebenso beigetragen wie die zahllosen Anspielungen auf politische und populärkulturelle Mythen der USA, die in einem Karneval der Diskurse regelrecht durcheinanderwirbeln und ein Lesevergnügen besonderer Art bereiten.

In *Gerald's Party* (1985; *Geralds Party*, 1987), dem Genre der englischen Kriminalkomödie nachgebildet, wird eine junge Schauspielerin auf mysteriöse Art und Weise während einer Party ermordet; die Tat bleibt jedoch unaufgeklärt und ist gleichsam nur Vorwand für die Inszenierung immer neuer Figurenkonstellationen, immer neuer Geschichten und Diskurse. Die Idee des Gesellschaftsspiels, nicht die orgiastischen Sex- und Gewaltszenen, die im Übrigen ständig durch neue Figurenarrangements unterbrochen werden, steht hier eindeutig im Vordergrund.

Pinocchio in Venice (1991; *Pinocchio in Venedig*, 1994) bedient sich der Märchenvorlage Carlo Collodis und kleidet diese in ein postmodernes Gewand. In Amerika unter dem Namen Pinenut als Kunsthistoriker alt und berühmt geworden, kehrt Pinocchio in C.s Roman als Hundertjähriger nach Venedig zurück, trifft hier nicht nur auf so manche Figur aus Collodis Original, sondern hat auch eine ganze Reihe pikaresker Abenteuer mit Figuren aus der Weltliteratur zu bestehen, ehe er am Ende in die Holzpuppe des Märchens zurückverwandelt wird. Wie seit *The Public Burning* so hat auch hier für C. die Rabelais'sche Lust an der überbordenden Fülle der Sprache Vorrang. Collodis Vorlage dient, wie dann später der Western Zane Greys in *Ghost Town* (1998) oder die Small-Town-Fiction in *John's Wife* (1997; *Johns Frau*, 1999), lediglich als Aufhänger, um Unausgesprochenes zur Sprache zu bringen und lange Verschwiegenes genüsslich auszufabulieren. Die Lust am Text behält in all diesen späteren Werken eindeutig den Vorrang vor den Details der Handlungsführung. Auch C.s Interesse an den neueren und neuesten Medien, das von den Stummfilmen Charlie Chaplins (*Charlie in the House of Rue*, 1980) über die Klassiker des Tonfilms (*A Night at the Movies*, 1987; *Casablanca, Spätvorstellung*, 1990) bis zum Hypertext reicht, gilt niemals nur dem Medium selbst; das Medium wird vielmehr stets zum Impulsgeber für das eigene Schreiben, das C. als einen unabschließbaren Prozess betrachtet, in dem immer neue Muster gebildet und unablässig neue Geschichten erzählt werden. Wie in Ovids Metamorphosen, die zu C.s Lieblingswerken zählen, transformiert er Geschichte um Geschichte. Nichts ist, so heißt es im Vorspann zu *John's Wife*, je zu Ende; alles ist im Fluss und ändert sich.

Joseph C. Schöpp

Corneille, Pierre

Geb. 6. 6. 1606 in Rouen/Frankreich; gest. 1. 10. 1684 in Paris

Pierre Corneille ist mit 33 Stücken und einer Poetologie des Dramas einer der bekanntesten französischen Dramatiker des 17. Jahrhunderts. Sein Leben und Werk sind eng verwoben mit der Politik und dem Theater der Zeit. Frankreichs *siècle classique*, das »klassische Jahrhundert«, wurde maßgeblich von Kardinal Richelieus Politik und später der Ludwigs XIV. geprägt. Das Theater genoss großes Ansehen am Hof des Sonnenkönigs, doch unterlag es strengen Regeln, die eingehalten werden mussten, um die Gunst des Königs und der öffentlichen Kritik zu erlangen.

Das Theater des *siècle classique* folgte den Vorgaben des von Aristoteles' *Poetik* geprägten antiken Theaters; zu den wichtigsten Regeln gehört die Einhaltung der drei Einheiten von Handlung, Zeit und Raum: Eine funktionell einheitliche und komplette Handlung sollte innerhalb von 24 Stunden weitgehend an einem Ort stattfinden. Zusätzlich mussten die Prinzipien der *vraisemblance* und der *bienséance*, der Wahrscheinlichkeit und der dem Sittenkodex der Zeit entsprechenden Schicklichkeit des Geschehens, befolgt werden. C. hat mit seinen Stücken diese Regeln einige Male herausgefordert und sie nach dem Urteil der Académie française, der höchsten Instanz über Fragen der Kultur und Sprache, mit *Le Cid* (1637; *Der Cid*, 1995) auch überschritten. Seine Ideen hat er in einer späteren Poetik des Theaters, den *Trois discours sur le poème dramatique* (1660), gerechtfertigt und damit einen großen Beitrag zur Erläuterung des Theaters seines Jahrhunderts geleistet.

In jungen Jahren hat C. vornehmlich Komödien in Shakespearescher Manier geschrieben, in denen Verwechslungssituationen meist durch Missverständnisse und Falschinformationen zustandekommen. *L'illusion comique* (1635 uraufgeführt; *Das Spiel der Illusionen*, 1995) und *La place royale, ou L'amoureux extravagant* (1633; Die Place Royal oder Der extravagante Liebhaber) sind die wohl erfolgreichsten Stücke dieser Zeit. Sie stellen das Dilemma zwischen Liebe und Gehorsam dar und antizipieren mit der Glorifizierung von Selbstdisziplin bereits die ernstere Thematik des Kernstückes von C.s Œuvre. Trotz des Erfolgs mit den Komödien hatte C. erst mit der kontrovers diskutierten Tragikomödie (in späteren Ausgaben spricht C. von »Tragödie«) *Le Cid* seinen Durchbruch. Ähnlich wie in Shakespeares *Romeo and Juliet* geht es in *Le Cid* um die Liebe zweier Kinder, Rodrigue und Chimène, die aus rivalisierenden Adelshäusern stammen. Da Rodrigues Vater sich zu alt für ein Duell wähnt, überträgt er seinem Sohn die Aufgabe, Chimènes Vater im Duell zu besiegen. Das junge Paar steht nun vor der Wahl zwischen Liebe und Ehre und entscheidet sich für Letztere, ohne ihre Liebe wirklich vergessen zu können. Das Stück ist paradigmatisch für das *siècle classique*, das sich stark an René Descartes' Dialektik von Geist und Körper orientierte, in der der Geist, die *raison*, den Leidenschaften, den *passions*, weit überlegen ist. Descartes degradierte Leidenschaften zu moralisch regelrecht verwerflichen, animalischen Trieben. Wenn ein junger Liebender die *raison* über seine Leidenschaft zu stellen vermag, beweist er höchste Disziplin und moralischen Wert nicht nur seinem Land, sondern auch seiner Geliebten gegenüber. So erscheinen die Taten im Namen der *gloire* (Ehre), die dem heutigen Publikum unmenschlich vorkommen müssen, als höchst bewundernswert. *Le Cid* nimmt jedoch anders als *Romeo und Juliet* ein gutes Ende: Der kluge und großzügige König bringt Chimène zu einem Liebesgeständnis und befiehlt ihr, das familiäre Ehrgefühl aus Interesse an der Nation, für deren Schutz der Cid, der Nationalheld Rodrigue, unabdingbar ist, zu vergessen.

Die Kontroverse um *Le Cid*, die »Querelle du Cid«, ist in mehreren Aspekten begründet: Zunächst wurde die Darstellung der Liebe zwischen Chimène und Rodrigue seitens der Kirche als infam bezeichnet; andere Theaterautoren erachteten das Stück als nicht konform mit den Anforderungen des klassischen Theaters: Die Einhaltung der Einheiten sei erzwungen und somit nicht mehr *vraisemblable*. Die dargestellte Liebe entspreche nicht der *bienséance*, das gesamte Stück sei schließlich ein Plagiat eines älteren spanischen Dramas. Zudem kritisierte Kardinal Richelieu die Duellszene als politisch subversiv, da er Duelle 1637 als Selbstjustiz hatte verbieten lassen. Auch bemängelte er die Darstellung der Königsmacht als zu sehr von den Soldaten abhängig. Das Stück wurde durch die Académie française tatsächlich als unmoralisch und unplausibel zensiert und liegt heute nur in einer Überarbeitung vor.

C.s folgende Tragödien behandeln ebenfalls, jedoch in weitaus radikalerer Manier, das Dilemma zwischen *gloire* und Liebe. Der Titelheld in *Horace* (1641; *Horatius*, 1994) tötet aus Patriotismus seine Schwester, und der Held in *Cinna, ou La clémence d'Auguste* (1643; Cinna oder Die Milde des Augustus) sieht zunächst nur im Freitod einen Ausweg aus der Zerrissenheit zwischen der Loyalität zu Augustus und seiner Liebe zu Emilie, die eine Gefangene Augustus' ist. Ähnlich wie im *Cid* ist auch hier die königliche Gnade ein zentrales Moment: Augustus wird moralisch vom Tyrannen zum gnädigen Herrscher erhöht, zum wahren Repräsentanten Gottes auf Erden, und fordert zugleich zur Reflexion über die Umsetzung absoluter Macht auf. Diese Art der Selbstbestätigung und Selbstverwirklichung ist auch in anderen Stücken C.s ein wichtiger Aspekt. Im Gegensatz zu Jean Racines jansenistisch geprägter *grâce efficace*, der wirkenden Gnade eines verborgenen Gottes, auf die der Mensch keinen Einfluss hat, steht hinter C.s Darstellung das jesuitische Prinzip der *grâce suffisante*, der verdienten Gnade durch die autonome Durchsetzung der *raison* gegen die Affekte. Das Prinzip des freien Willens als mögliches Heilsmittel für die Erlösung des Menschen ist hierbei entscheidend. Diese glaubensbedingte Ausgangsposition durchzieht C.s gesamtes Œuvre; ihre Kenntnis ist unerlässlich für das Verständnis der Reaktionen der Charaktere auf ihre Umwelt. Dies wird besonders in den beiden religiösen Tragödien *Polyeucte martyr* (1642; *Polyeukt, der Märtyrer*, 1962) und *Théodore, vierge et martyre* (1646; Theodora, Jungfrau und Märtyrerin) deutlich. Vergleichbares lässt sich auch in C.s Komödien *Le menteur* (1644; *Der Lügner*, 1974) und *Don Sanche d'Aragon* (1650; Don Sancho von Aragon) beobachten – und in Abwandlung auch in den Tragödien *Rodogune, princesse des Parthes* (1647; *Rodogune, Prinzessin der Parther*, 1962), *Héraclius, empereur d'Orient* (1647; Herakles, Herrscher des Orients), *Nicomède* (1651) und dem Misserfolg *Pertharite, roy des Lombards* (1652; Partharius, König der Lombarden), nach dem sich C. zunächst vom Theater zurückzog. Erst 1659 kehrte er mit dem antiken Ödipus-Stoff in seinem *Œdipe* wieder auf die Bühne zurück und erzielte neben den *Trois discours* noch einen weiteren Erfolg mit *Sertorius* (1662). Jedoch begann mit einigen Misserfolgen und begleitet von Racines Aufstieg zum erfolgreichsten Theaterschriftsteller der zweiten Hälfte des 17. Jahrhunderts C.s Stern zu sinken. In der letzten Dekade seines Lebens schrieb C. nur noch gelegentlich Verse; er starb mit 78 Jahren in Paris.

Miriam Havemann

Cortázar, Julio
Geb. 26. 8. 1914 in Brüssel;
gest. 12. 2. 1984 in Paris

Wie kaum ein Autor zuvor hat der Argentinier Julio Cortázar der lateinamerikanischen Literatur neue Impulse gegeben. 1914 während einer Geschäftsreise seiner Eltern in Brüssel geboren, in einem Vorort von Buenos Aires aufgewachsen und ab 1951 in Frankreich ansässig, verkörpert seine Biographie den Dualismus von europäischer und hispanoamerikanischer Kultur, mit dem sich auch die Kultur des Einwanderungslandes Argentinien beschreiben ließe. Allerdings ist C.s Werk jeder oberflächliche Synkretismus fremd. Das gilt auch für die Figuren seiner Erzählwerke. Der Gegensatz zwischen den Querdenkern, den Bohemiens und anarchischen Spracherfindern einerseits und den Repräsentanten einer ebenso satten wie verschlafenen bürgerlichen Welt andererseits scheint unüberbrückbar. Ebenso werden die tradierten epischen Formen – insbesondere die des Romans – von C. bis an die Grenzen ihrer Möglichkeiten getrieben, oft geht er sogar über das hinaus, was er an europäischer Experimentierfreude vorfindet, ohne jedoch in die handlungsarme Sterilität zu verfallen, die einen abstrakten Avantgardismus oft prägt. Ausgangspunkt für C. war die tiefe Sprachskepsis, die die Krise abendländischer Kultur seit Beginn des 20. Jahrhunderts ankündigte und die in Hugo von Hofmannsthals poetologisch-sprachkritischem Essay *Ein Brief des Philipp Lord Chandos an Francis Bacon* (1902) ihren ersten Ausdruck fand. Es ist, als triebe die Geschichte selbst C. zu einer permanenten Suche nach neuen sprachlich-literarischen Ausdrucksmöglichkeiten, ohne dass er ein Grundmisstrauen ihnen gegenüber abstreifen konnte.

Da die um 1950 entstandenen Romane *El examen* (1986; Die Prüfung) und *Divertimento* (1986; Divertimento) erst postum gedruckt wurden, ist *Los premios* (1960; Die Gewinner, 1966) C.s erste große epische Veröffentlichung, nachdem er zuvor hauptsächlich mit Erzählungen hervorgetreten war. Eine in der Lotterie gewonnene Schiffsreise wird für die Gruppe der Preisträger, in der alle gesellschaftlichen Schichten Argentiniens vertreten sind, allmählich zu einem Alptraum. Während die Beziehungen zwischen den Gewinnern von geheimen Trieben und diffusen Ängsten gelenkt werden, das Schiff aber ziellos vor Buenos Aires treibt, wird die Kommunikation mit der Mannschaft und der Außenwelt unterbunden. Eine Gruppe von Passagieren begehrt schließlich gegen die Verhältnisse auf. Die Kreuzfahrt endet exakt am selben Ort, an dem das Schiff in See gestochen war. Da C. sich immer wieder als Kritiker der Verhältnisse in Lateinamerika profiliert hat, ließe sich der Roman, vergleichbar Katherine Anne Porters *Ship of Fools* (1962), als Allegorie auf die Situation in Argentinien unter Juan Perón lesen – eine Verkürzung, gegen die sich der Autor in seiner Nachbemerkung selbst ausspricht. Deutlich aber knüpft er an spezifische Metaphern der Moderne an. Zum einen erinnert die Konstruktion der Handlung an das Motiv des geschlossenen Raums, in dem sich in extremer Verdichtung existentielle Grundprobleme darstellen lassen, wie etwa in Jean-Paul Sartres Einakter *Huis clos* (1945). Die labyrinthische Struktur des Schiffes, in dem sich die Passagiere verlaufen, wird zum Abbild der Wirrnisse ihrer eigenen Gefühle. Die aus der Natur drohenden Gefahren, denen die Mannschaften in der Seefahrerepik von Homer bis Daniel Defoe noch konkret ausgeliefert sind, spielen sich nun mit nicht minder tragischem Ausgang auf einer sozialen wie psychologischen Ebene ab.

Die Krise des 20. Jahrhunderts, die mit dem Zusammenbruch des Begrifflichen einhergeht, wird in den folgenden Romanen zum bestimmenden Motiv, insbesondere im experimentellen *Rayuela* (1963; Rayuela. Himmel und Hölle, 1981). Das auf den argentinischen Schriftsteller Macedonio Fernandez (1874–1952) zurückgehende Konzept des Lesers als einem Komplizen, der sich auf die unterirdischen Winkelzüge des Autors einzulassen hat, wird in diesem nach einem verbreiteten Kinder(hüpf)spiel benannten Werk zum bestimmenden Konzept weiterentwickelt. Im Gegensatz zur traditionellen Romanpoetik soll der Leser im wörtlichen Sinne zum Zeitgenossen des Autors werden. Er soll sich nicht einer die Realität abbildenden Romanhandlung hingeben, sondern die Erfahrungen des Autors, genauer: dessen Suche, unmittelbar miterleben. Gemäß einer von C. empfohlenen Anleitung kann man die ersten 56 Kapitel des Romans linear, die anschließenden Abschnitte als Miszellen und Ergänzungen der Handlung lesen, die zunächst in Paris und dann in Buenos Aires spielt und deren Mittelpunkt der Lebenskünstler und gescheiterte Schriftsteller Horacio Oliveira ist. Oder man folgt einer vorgeschlagenen Reihenfolge und hüpft im Buch so lange hin und her, bis man zu zwei Kapiteln gelangt, die in einer Art Endlosschleife aufeinander verweisen. Das Zeiterleben des Autors und der Zweifel daran, dass die Vernunft die Welt beherrscht, findet seine Entsprechung in der formalen Gestaltung. Wie der Leser aufgerufen ist, aktiv in die Linearität einzugreifen, so ist der Mensch generell auf sich selbst zurückgeworfen und hat sich gegenüber den Ereignissen neu zu positionieren. Verschiedene Möglichkeiten werden, auch durch den Rekurs auf zwei zentrale Texte, aufgezeigt, nämlich die des Schweigens (*Chandos-Brief*) und der Weigerung, durch die Entwicklung klarer Charaktereigenschaften kalkulierbar zu werden (Robert Musils *Der Mann ohne Eigenschaften*, 1930–43). Eine Romanhandlung im konventionellen Sinne darf man also nicht erwarten, vielmehr eine Art Abfolge möglicher Verhaltensweisen. Man kann sich, wie die Figur des Travelers in den in Buenos

Aires angesiedelten Kapiteln, jeder Sinnsuche verweigern. Aber es bleibt auch die am Ende angedeutete radikalste Lösung der Inszenierung von Wahnsinn und Selbstmord. Die interaktive Form des Werks deutet jedoch auf die Notwendigkeit eines kollektiven Diskurses hin. In der Überzeugung, dass der Leser als (passiver) Rezipient zu verschwinden hat, lässt sich der Zusammenhang zum politischen Denker C. herstellen.

Das fünf Jahre später veröffentlichte Buch *62. Modelo para armar* (1968; *62/Modellbaukasten*, 1993) stellt eine Fortentwicklung von *Rayuela* dar: Im 62. Kapitel konzipiert darin die Figur des Professor Morelli einen Roman, in dessen Handlung das Verhalten der Personen nicht mehr psychologisch-kausal nachvollziehbar sein soll. *62. Modelo para armar* ist also ein Text aus einem Text. Ähnlich wie Kugeln in einem Billardspiel auf den Weg gebracht, »ohne sonderlich zu ahnen, daß das Leben in ihnen und durch sie und für sie den Code zu ändern versucht«, entzieht sich die Welt der Figuren überlebten Erklärungskonzepten wie Vernunft oder Psychologie. In verschiedenen europäischen Städten zusammentreffend, handeln sie nicht selbst; es sind die Assoziationen des Lesers, der ein weites Feld von Konstellationen frei erzeugt oder erzeugen soll. Mit dem Roman *Libro de Manuel* (1973; *Album für Manuel*, 1976) wendet C. das aktivistische Konzept ins Politische. Eine Gruppe lateinamerikanischer Exilanten in Paris weitet zunächst kleinere, an surrealistische Happenings oder an die deutsche Spaßguerilla der 1960er Jahre erinnernde Mikroagitationen dadurch aus, dass sie schließlich einen Politiker entführt, um die Freilassung politischer Gefangener zu erpressen. Die Romanhandlung, die auch den Prozess der Politisierung einzelner zum Gegenstand hat, wird unterbrochen durch dokumentarische Einschübe, deren Kernstück sich mit den Greueln der Folter, insbesondere des Vietnamkriegs, auseinandersetzt. Ein Album aus Artikeln, Briefen und Gedanken, das die Gruppe für den kleinen Manuel, den Sohn eines beteiligten Ehepaars zusammenstellt, wird zur Manifestation der Rechtfertigung wie der Hoffnung auf eine Änderung der politischen Verhältnisse in Lateinamerika. Mit der Aufnahme authentischer, nicht-fiktionaler Elemente steht C. in der Tradition der Tatsachenromane, die im Gefolge von Truman Capotes *In Cold Blood* (1965) in den 1970er Jahren insbesondere in Lateinamerika in großer Zahl entstanden.

C., der lange Zeit den Brotberuf eines Dolmetschers für die UNESCO ausübte, ist auch in zahlreichen anderen literarischen Genres hervorgetreten. Neben Lyrik, Theaterarbeiten und einer reichhaltigen Essayistik ist zum einen seine Übersetzertätigkeit zu würdigen, insbesondere die Übertragung der Erzählungen Edgar Allan Poes ins argentinische Spanisch. Zum anderen sind seine Erzählungen, die unter anderem in den Sammlungen *Bestiario* (1951; *Bestiarium*, 1979), *Final del juego* (1956; *Ende des Spiels*, 1977) und *Todos los fuegos el fuego* (1966; *Das Feuer aller Feuer*, 1976) erschienen, von herausragender Qualität. Die darin zum Ausdruck kommende Phantastik ist an Franz Kafka, aber auch an Jorge Luis Borges orientiert. Mit seinen Kurztexten über die kreativ-provokanten Cronopien und ihre Widersacher, die eher bürgerlichen Famen (*Historias de cronopios y de famas* (1962; *Geschichten der Cronopien und Famen*, 1965), karikiert C. zwei verschiedene Arten, sich der Realität gegenüber zu verhalten. Stilistisch setzt er mit diesen Texten von jeweils nicht mehr als 50 Zeilen Umfang eine spezifisch argentinische Tradition fort, erinnert zugleich aber auch an den lateinamerikanischen Meister der literarischen Kurzform, den Guatemalteken Augusto Monterroso (1921–2003). In den Essaysammlungen, etwa in *La vuelta al día en ochenta mundos* (1967; Teilübersetzung *Reise um den Tag in achtzig Welten*, 1980), finden sich neben wesentlichen Aussagen zur eigenen Poetik auch zahlreiche Porträts zeitgenössischer Musiker, Sänger und Autoren. Als ein deutliches Plädoyer für revolutionäre Strömungen in Lateinamerika ragt die letzte von C. selbst veranlasste Publikation, das Essaybuch *Nicaragua tan violentamente dulce* (1983; *Nicaragua, so gewaltsam zärtlich*, 1984), aus dem Gesamtwerk heraus.

Gabriele Eschweiler

Ćosić, Bora
Geb. 5. 4. 1932 in Zagreb

1937 zog Bora Ćosić mit seiner aus Kroatien stammenden orthodoxen Familie nach Belgrad, wo er später Philosophie studierte. In den 1950er und 60er Jahren war er Mitarbeiter und Redakteur bei verschiedenen literarischen Zeitschriften, arbeitete als Dramaturg bei Avala Film und war Koautor zahlreicher TV-Dokumentationen. Aus Protest gegen die politischen Verhältnisse verließ Ć. 1992 Serbien und ging nach Rovinj/Kroatien ins Exil. Seit 1995 lebt er überwiegend in Berlin. Sein Werk umfasst über 40 Bände, Romane, Essays, Gedichte.

Bereits in seiner Jugend begeisterte sich Ć. für den Dadaismus und Surrealismus. Anfang der 1950er Jahre schloss er sich der Belgrader Avantgarde an. Er übersetzte Majakovskij und Chlebnikov und schrieb seine ersten surrealistischen Romane. Angeregt von der Pop-art verfasste er in den 1960er Jahren pseudoessayistische Collagenbücher mit Texten über Kitsch, Kunst und die Mythen des Alltags. 1966 erschienen die Erzählungen *Priče o zanatima* (*Wie unsere Klaviere repariert wurden*, 1968). Aus der Perspektive eines unverständigen Kindes werden in grotesker Weise und äußerst lakonisch die Erlebnisse einer Belgrader Familie während der deutschen Besatzung und der Machtübernahme durch die Kommunisten geschildert. Kinderperspektive, Groteske und Lakonismus bestimmen auch seinen bekanntesten Roman, *Uloga moje porodice u svetskoj revoluciji* (1969; *Die Rolle meiner Familie in der Weltrevolution*, 1994). Die erhabene Revolution, in der die Familienmitglieder wie in einem Theaterstück die ihnen zugeteilten Rollen spielen, wird auf die Ebene einer Farce herabgeholt und dem Spott preisgegeben. Das subversive Buch avancierte zum Kultbuch, wurde für das Theater bearbeitet und verfilmt. Doch das Theaterstück wurde abgesetzt, der Film und das Buch wurden verboten. Ein mehrjähriges Publikationsverbot folgte. Das 1978 erschienene Hauptwerk Ć.', *Tutori* (Die Vormünder), eine Familienchronik, ist ein Konglomerat von verschiedenen Textsorten und Sprachstilen mit unzähligen Wortspielen, Reimen und Anspielungen. In *Bel tempo* (1982; *Bel tempo*, 1998) kommentiert eine alte Frau das 20. Jahrhundert, das sie durch das Fernsehen wahrnimmt und in ihrem komischen Kommentar noch einmal verzerrt. Um den Schriftsteller und seine Existenz geht es in *Intervju na ciriškom jezeru* (1989; *Interview am Zürichsee*, 1995) und in *Musilov notes* (1989; *Musils Notizbuch*, 1994). Auf witzige Weise wird die Person des Schriftstellers entmystifiziert und in der Entmystifizierung wieder mystifiziert.

Ć. im Exil entstandenen Werke, darunter zwei Gedichtbände sowie die essayistischen Romane *Carinska deklaracija* (2000; *Die Zollerklärung*, 2001) und *Nulta zemlja* (2002; *Das Land Null*, 2004), durchzieht ein melancholischer Grundton. Das kardinale Verfahren ist die Allegorie. Beim Abschied von seinem Land zieht der Erzähler in *Carinska deklaracija* eine Lebensbilanz, indem er eine Liste der materiellen und immateriellen Dinge erstellt, die er aus seinem bisherigen Leben mit ins Exil nehmen will. In *Nulta zemlja* evoziert Ć. mit eindrucksvollen Bildern die ungeheure Langeweile und Gleichförmigkeit in den Ländern Osteuropas. Dabei geht es ihm nicht um die äußeren Zwänge, sondern um die innere Drangsal der Menschen, um die Absurdität des Daseins.

Katharina Wolf-Grießhaber

Courths-Mahler, Hedwig
Geb. 18. 2. 1867 in Nebra/Thüringen; gest. 26. 11. 1950 in Rottach-Egern

Obschon als »Fourths-Malheur« und »Kotz-Mahler« verspottet und parodiert, Superlative ringsum: Über zweihundert Romane hat sie geschrieben (bei deren Abschluss sie immer geweint haben soll), allein vierzehn Titel im Jahr 1920; ca. 30 Millionen Exemplare betrug die Gesamtauflage, als sie starb; über Jahrzehnte war sie die Nr. 1 aller Leihbüchereien. Die erfolgreichste und reichste deutsche Autorin hat sich »aus dem Dreck herausgeschrieben« (Friede Birkner, die eine ihrer zwei gleichfalls vielschreibenden Töchter): unehelich geboren, die Mutter Prostituierte, bei Zieheltern aufgewachsen, ein paar Jahre Volksschule nur, Dienstmädchen, Lehrmädchen in Leipziger Textilgeschäften, Opfer von Nachstellungen und Entlassungen, ausgebeutet von ihren frühen Verlegern. Theater, Oper und Zirkus als kulturelle Entschädigung, hingerissen von der Pantomime, *Hedwig, die Zigeunerbraut*, deren Namen sie fortan trug. Lieblingslektüre: *Die Gartenlaube*, Eugenie Marlitt vor allem, der sie nacheifern möchte. Mit siebzehn Jahren erste Schreibversuche, traurige Geschichten mit schlimmem Ende, die zum Teil in Zeitungen gedruckt wurden, sie regional bekannt werden lassen. Der große Durchbruch erfolgte spät: mit 38 Jahren erst, in Berlin. Erstmals erschienen ihre Romane in Buchform (ab 1905), viele davon wurden sogleich übersetzt, dramatisiert und verfilmt. Tantiemen bis zu 30000 RM pro Monat waren keine Seltenheit. Stoffe wurden auf den alljährlichen dreimonatigen Reisen erdacht und einem »Stoffbuch« einverleibt, Zeitungen auf Material hin ausgeschlachtet. Gezielt wurde für den und in Abhängigkeit vom literarischen Markt geschrieben, bis auf die Seite genau der gewünschte Umfang geliefert. Dass der Autor sich nach dem Geschmack des Lesers richten müsse (und nicht umgekehrt), war ihr nie zweifelhaft. In ihren Frauenromanen, den »harmlosen Märchen für große Kinder« (C.), dreht sich letztlich alles um den Mann; ihr Zentrum und Ziel ist die Heirat, auf die glückhaft hingesteuert wird, vornehmlich Adelige und Großbürgerliche stellen das schwarz-weiß gezeichnete Personal im erlesenen Ambiente. Die belohnte, leidgeprüfte Tugend ist die moralische Botschaft ihrer stets nach den gleichen trivial vernutzten Versatzstücken zusammengefügten, gesichts- und geschichtslosen Handlungen – mit manch gerissenem Titel (z.B. »*Ich lasse Dich nicht!*« – den die Klassik-Kennerin aus der Kerker-Szene des *Urfaust* geklaut hat). Ihre Heldinnen reagieren nur, bleiben passiv und kultivieren ihre Unterordnung masochistisch bis zur Selbstaufgabe mit stets überdimensioniertem Opfer. Sobald (nach oben) geheiratet wird, gibt die Frau ihre bescheidene Erwerbstätigkeit auf (Blumenmalen z.B.), macht auf Gattin total. Ausgespart wird gerade das, was C. selbst verkörpert: der Typus der selbständigen, aktiven, intellektuell schaffenden, verheirateten Frau und Mutter, mit 14 bis 16 Stunden täglicher Schreibtischarbeit, die durch ihre Tätigkeit für die Familie aufkommt, im Inflationsjahr 1923 ihr Millionen-Vermögen verliert und sich ein neues erschreibt. Fritz Courths, seit 1889 ihr Mann, hatte früh seine Arbeit aufgegeben; alle männlichen Helden, die sie ersann, waren das Gegenbild vom eigenen. Trotz des Erfolgs verlor sie nicht den Blick für eine kritische Selbsteinschätzung. Ihrer vergötterten Asta Nielsen hatte sie anvertraut: »Wenn ich eine Schriftstellerin wäre, die wertvolle Werke geschaffen hätte, dann würde ich Ihnen mein schönstes Buch widmen, aber ich schreibe ja nur eine ganz leichte Unterhaltungslektüre für schlichte Menschen und deshalb unterlasse ich das« (1927). Der »begeisterten Kinobesucherin« wird klar: »Ich habe nie etwas anderes versucht als das, was Sie jetzt im Film machen.« Meist Hand in Hand mit ihren Töchtern, wird das Kino-Erlebnis zur mit Marzipankugeln übersüßten Szene: »Wenn Henny Porten aufs Schafott geführt wird oder Asta Nielsen weint, dann ist es wundervoll, ein bißchen zu knabbern.« Dass im Kino Sehnsüchte ebenso stillgelegt werden wie in ihren Romanen, ist ihr dabei trotzdem nicht entgangen. 1935 verließ C. Berlin und zog sich auf den »Mutterhof« bei Rottach-Egern am Tegernsee zurück. Das NS-Regime enttäuschte C., doch ihm verweigert hat sie sich nicht (wie lange behauptet wurde). 1940 versucht das »fördernde Mitglied der SS« (Mitgliedsnummer 916 398) aus der Reichskulturkammer auszutreten, in die es gleich 1933 eingetreten war: »Man mag meine Art zu schreiben und was hat das in schonungsloser Weise gesagt.« Etwa ein Drittel ihrer Romane bleibt trotzdem bis Kriegsende lieferbar. Ihre Produktion verlangsamte sich und stagnierte: zwischen 1940 und 1947 erschien kein einziger neuer Roman mehr, 1948 dann ihr letzter: *Die Flucht in den Frieden*. Stoffe für weitere 200 Romane hat man im Notizbuch der Verstorbenen gefunden. Ihren Grabstein schmückt als Inschrift ein Romantitel von 1921:»Arbeit adelt.«

Dirk Mende

Couto, Mia (eigtl. António Emílio Leite Couto)
Geb. 5. 7. 1955 in Beira/Mosambik

Der mosambikanische Autor Mia Couto zählt zu den stilistisch innovativsten Autoren der lusophonen Literatur Afrikas. In seiner Prosa hebt er die Grenzen zwischen Realität und Fiktion auf, und mit seiner bildreichen poetischen Sprache bringt er Träume, Ängste und stille Wünsche zum Ausdruck, die seine Helden in einem Alltag aus Zerstörung und Tod, aus Bürgerkrieg und Verwüstung bewegen. Alte, aber noch wirksame, mündlich tradierte Mythen vermischen sich mit surrealen Skizzen der Gegenwart, und vor allem die erfindungsreiche Sprache und Grammatik des mosambikanischen Portugiesisch, das C. literarisiert, spiegeln die Eigenart des Lebens im südöstlichen Afrika wider und schaffen eine reizvolle Atmosphäre. Mit der Unabhängigkeit Mosambiks 1974 wurde der Biologe C., der nebenberuflich Gedichte schrieb, als Journalist in die Reihen der Befreiungsbewegung gerufen. Er leitete nacheinander die staatliche Nachrichtenagentur, ein Wochenmagazin und eine Tageszeitung. Nebenbei publizierte er Poesie und Kurzgeschichten.

O raiz do orvalho (1983; Der Ursprung des Morgentaus) versammelt C.s frühe Lyrik, während *Vozes anoitecidas* (1986; Nächtliche Stimmen, daraus »Die Geschichte von den Wiederauferstandenen« und »Der Tag, an dem Mabata-bata explodierte«, 1992) die ersten Erzählungen enthält. Auch *Cada homem é uma raça* (1988; Jeder Mensch ist eine Rasse), *Estórias Abensonhadas* (1994; Geschichten gesegneter Träume) und *Contos do nascer da terra* (1997; Erzählungen vom Wachsen der Erde) sind Erzählungsbände, während *Cronicando* (1988; Chroniken) journalistische Arbeiten enthält. International bekannt wurde C., der zahlreiche Literaturpreise erhielt, schon mit seinem ersten Roman *Terra sonâmbula* (1992; *Das schlafwandelnde Land*, 1994). Mit der Benommenheit von Schlafwandlern ziehen ein alter Mann und ein Junge durch das vom Bürgerkrieg zerstörte Land und lesen sich abends in einem zerschossenen Omnibus aus dem Tagebuch eines Toten Geschichten von einer früheren Welt vor. Entgegen aller Logik verknüpfen sich unterschiedliche Erzählebenen, und trotz der dargestellten Grausamkeiten und geschilderten Greuel versinken der alte Mann und der Junge nicht in Pessimismus, sondern bewahren sich Fürsorge und Hoffnung.

Humoristisch kommt C.s zweiter Roman *A varanda do frangipani* (1996; *Unter dem Frangipanibaum*, 2000) daher, eine Art Kriminalroman, in dem ein Inspektor den Tod eines Altenheim-Direktors aufzuklären hat. Das Problem ist, dass sich alle Befragten jeweils selbst bezichtigen, der Täter zu sein. Erzählt wird das Geschehen auch aus der Perspektive des Toten selbst, der für seine Seele einen neuen Körper sucht. Wieder mischen sich Legenden in das erzählte Geschehen, verschwimmen Zeitgrenzen und Wirklichkeitsstufen, überlagern sich verschiedene Epochen – von der Zeit des Sklavenhandels bis zu den Jahren des Unabhängigkeits- und Bürgerkriegs – sowie menschliche Schicksale.

In einer mythischen Stadt spielt C.s dritter Roman *O último voo do flamingo* (2002; Der letzte Flug des Flamingos), zu einer Zeit, als der Kolonialismus zwar vorüber, eine neue Regierung aber noch nicht installiert ist. Bürokratie, Entwicklungshilfe und UN-Präsenz wirken wie Schimären aus einer fernen Welt, die von der Erzählerfigur – gleichsam als interkulturellem Dolmetscher – ebenso interpretiert werden wie die Erscheinungen vor Ort.

Für das Teatro Avenida in Maputo erarbeitete C. überdies die Adaption von Schillers *Die Räuber*, *Os bandoleiros de Schiller* (2005), die 2005 auch auf Bühnen in Österreich und Deutschland zu sehen war.

Manfred Loimeier

Crane, Stephen

Geb. 1. 11. 1871 in Newark, New Jersey; gest. 5. 6. 1900 in Badenweiler, Deutschland

1895 erscheint von dem bis dahin weitgehend unbekannten Stephen Crane *The Red Badge of Courage* (*Das Blutmal*, 1954; *Die Flagge des Mutes*, 1955; *Das rote Siegel*, 1962; *Die rote Tapferkeitsmedaille*, 1985). Der kurze Roman schlägt ein »wie eine Granate« (Joseph Conrad), denn er bricht mit dem herkömmlichen Muster des romantisierenden, heroisierenden Kriegsromans seiner Zeit. C. zeigt den jungen Freiwilligen Henry Fleming, wie er erste Erfahrungen mit der schockierenden Realität des amerikanischen Bürgerkrieges macht.  *The Red Badge* wird sogleich von einigen Veteranen als realistisch-authentisch gepriesen, von anderen wegen seiner Infragestellung der traditionellen Vorstellungen von Heldentum, Mut, Ehre und Männlichkeit diffamiert – heute gilt er als ein Meisterwerk der Kriegsliteratur zwischen Naturalismus, psychologischem Realismus und Modernismus. C. stellt aus der verzerrten Sichtweise Henry Flemings – meist nur »the youth« genannt, was seine Erfahrung verallgemeinert – Episoden der Schlacht um Chancellorsville (1863) dar. Aber es geht ihm weniger um die Schilderung des historischen Ereignisses als vielmehr um die Demontage von Henrys kindlich-romantischer Vorstellung vom Krieg, um seine menschlichen Reaktionen der Angst vor und während der ersten Kampfhandlungen, der panikartigen Flucht, der einsetzenden Furcht vor sozialer Stigmatisierung und des Horrors vor den Toten sowie um seine tierhafte Kampfeswut nach seiner Rückkehr. C. entwirft im Roman ein »psychological portrait of fear«. Die Kopfverwundung, die der Deserteur Henry versehentlich erhält, zeichnet ihn für die ahnungslosen Kameraden als Helden aus, und diese Ironie enthüllt die wahre Bedeutung eines solchen Abzeichens (»badge«) sowie die Oberflächlichkeit und Einfalt der Gesellschaft. Oft als Initiationsgeschichte gelesen oder mit romantischen Heldenepen verglichen, verweigert sich der Roman aber einer einfachen Deutung, derzufolge der Junge am Ende ein gestandener Held ist. Zu groß sind C.s Ironie und die Diskrepanz zwischen dem irrationalen Geschehen und Henrys Rationalisierungsversuchen.

C.s oft parodierter Stil nimmt Ernest Hemingway vorweg und ist geprägt von kurzer, einfacher Syntax, Parataxis, photographisch-impressionistischer und expressionistischer Darstellung, von Metaphern, Farbsymbolik und episodenhaften Szenenwechseln. Menschen werden animalisiert, maschinisiert, und Maschinen lebendig; Krieg ist ein Dämon, ein Ungeheuer. Charaktere, Zeit und Ort sind bei C. stereotyp und gewöhnlich; die Komplexität der Texte wird durch eine stark allegorische Sprache erzeugt. Nicht nur *The Red Badge* ist von einer Zerissenheit und Ambivalenz bestimmt, die ironischer Distanz entspringt, modern anmutet und seit jeher recht divergierende Interpretationen hervorruft. C. überarbeitet seine Texte häufig, was bei *The Red Badge* – 1894 zuerst gekürzt als Zeitungsserie erschienen – einen ständigen Disput um die gültige Version zwischen Kritikern entfacht. Bei all dem bleibt erstaunlich, dass der kriegsunerfahrene C. diesen Roman allein aus seiner Einbildungskraft heraus verfasst hat. Er geht von den Emotionen auf einem Fußballfeld und der Einsicht aus, das ganze Leben sei ein Kampf.

C., das jüngste von 14 Kindern eines Methodistenpredigers und einer Anhängerin der Temperenzbewegung, gibt sich als Heranwachsender rebellisch. Er ist wählerisch in seiner Lektüre, übt sich früh an Gedichten und Erzählungen, hilft seinem Bruder, der Journalist bei der *New York Tribune* ist, bei dessen Kolumne und lernt frühzeitig, Menschen genau zu beobachten, Situationen und Schauplätze detailgetreu wiederzugeben und Stimmungen einzufangen. In seinen Reportagen schult er seinen kritischen Blick und seinen prägnanten, pointierten Stil. Literarisch fühlt er sich den Realisten nah; er verschreibt sich dem Motto der subjektiven, »personal honesty« in der Kunst, was ihn auf individuelle, unkonventionelle Pfade lenkt, aber hoffen lässt, der Leser möge die subtile Wahrheit und inhärente Moral aus den Texten herauslesen. Nach dem Besuch einer Kadettenschule, des Lafayette College und der Syracuse University, die er 1891 jedoch wegen mangelnden Interesses verlassen muss, arbeitet C. in New York als Journalist und widmet sich der Kunst und dem Studium der menschlichen Natur. Sein »Experiment in Misery« (*New York Press*, 1894) basiert auf einem Selbstversuch im New Yorker Elendsviertel Bowery. Aus der Perspektive des »outcast« wird die Grenzerfahrung zum Lehrstück: Der Mensch steht stets am Abgrund. C. stellt fest, dass Armut und Elend Resultate einer feigen Gesellschaft seien, geboren aus Gleichgültigkeit, Resignation und Kleingeist. Er schreibt sein Erstlingswerk, den kurzen Roman *Maggie, a Girl of the Streets* (1893, unter dem Pseudonym Johnston Smith; *Maggie, das Straßenkind*, 1897), über ein Mädchen, das im Kreislauf von Armut und Gewalt, ausgenutzt durch gewissenlose Männer und Pseudomoral, in die Prostitution und in den Selbstmord getrieben wird. C.s Skizze spricht klare, harte Worte, die die Brutalität der Gosse schlaglichtartig illustrieren. *George's Mother* (1896) ist ebenfalls in diesem Milieu angesiedelt und handelt von dem verzweifelten Versuch einer frommen Mutter, ihren trunksüchtigen Sohn mit Hilfe moralischer Ermahnungen vor der Selbstzerstörung zu retten. Diese beklemmend realistischen Milieustudien zeigen C.s Zeitgenossen Aspekte des Großstadtlebens, die sie nicht kennen und nicht kennen wollen. C. fällt es folglich schwer, einen Verlag zu finden, er erhält aber die Unterstützung von William Dean Howells und Hamlin Garland. Erst mit *The Red Badge* wird er berühmt; seine Reportagen sind gefragt, und er kann viele seiner mehr als hundert Kurzgeschichten erfolgreich in Magazinen und Zeitungen veröffentlichen.

Was sich in *Maggie* und *The Red Badge of Courage* ankündigt, bleibt auch im weiteren Werk C.s die zentrale Aussage: Das Leben des Menschen ist ein immerwährender Kampf, bestimmt von den Genen und der Natur, gesellschaftlichen Bedingungen und dem Zufall. Die Natur ist dabei z. T. feindselig, das Universum gleichgültig ob des Schicksals und des Leids der Menschen. Der Gott in C.s Texten ist ein zorniger oder abwesender; christliches Moralisieren wirkt in C.s amerikanischer Welt realitätsfern. Das Leben des Autors ist geprägt von Unruhe, Nonkonformismus, Todesfaszination oder gar Todessehnsucht. Der Tod, der C. früh den Vater nimmt, spielt in vielen seiner Texte eine wichtige Rolle: Er ist das Unergründbare, Unfassbare, aber einzig Sichere im Leben, und der Mensch ist klein und ohnmächtig ihm gegenüber. C.s frühzeitiger Erkenntnis, »environment is a tremendous thing«, entsprechend, werden seine Romane und Kurzgeschichten dem Naturalismus zugerechnet, allerdings lassen sich bei näherem Hinsehen nicht so leicht in dieses Schema pressen. C.s Schriften weisen trotz eines gewissen Pessimismus und Fatalismus doch auch Respekt vor dem Menschen und Anerkennung seines freien Willens auf. Trotz ihrer Schwächen bleiben seine Charaktere Menschen, die zwar fallen, aber in ihrer Menschlichkeit nicht degenerieren.

Es sind diese menschlichen Schwächen und die gefährliche Dummheit der Gesellschaft, die C. immer wieder in seinen Kurzgeschichten unter die Lupe nimmt. In »The Monster« (1898; *Das Monstrum*, 1962) rettet der schwarze Diener Henry Johnson den Arztsohn Jimmie aus einem brennenden Haus und wird dabei furchtbar entstellt. Henry und Jimmies Vater, der ihn pflegt, werden gleichsam zu Aussätzigen in dem fiktiven Städtchen Whilomville, in dem Gerüchte, Vorurteile, Aberglaube und moralische Feigheit die Oberhand über Mitleid und Humanität gewinnen. Somit gerät für den Leser nicht der verstümmelte, geistig gestörte Henry, sondern die ihn ausstoßende, kleinbürgerliche Gesellschaft zum gesichts- und gefühllosen Monster. C. gelingt hier die Darstellung der kleinstädtischen Gesellschaft und ihrer Doppelmoral besonders überzeugend.

Auf einer Reise in den amerikanischen Westen (1895) sammelt C. Stoff für Reportagen und Kurzgeschichten, die in diesem Kontext angesiedelt sind. In »The Blue Hotel« (1898; *Das blaue Hotel*, 1936) sind die Vorurteile eines schwedischen Reisenden über den Wilden Westen und die untätige Gleichgültigkeit der Einheimischen die Ursachen für den Tod dieses Fremden, den er – selbsterfüllende Prophezeiung – mit panisch-ängstlichem, provokantem Verhalten heraufbeschwört. Die Frage nach der moralischen Mitschuld der Hotelgäste stellt sich nur ein weiterer Außenseiter von der Ostküste, aber da ist es schon zu spät für den Schweden. Wie schon in *The Red Badge* zeigt sich C. hier als einfühlsamer Beobachter, der die Psyche eines Menschen in der Gefahr darzustellen weiß. In »The Bride Comes to Yellow Sky« (1898; »Die Braut kommt nach Yellow Sky«, 1962) stellt C. mit Hilfe von Multiperspektivität der Zivilisation – in Gestalt der Braut des Sheriffs Potter – das archaische »Frontier«-Gebaren – beispielhaft die Streitsucht des betrunkenen Scratchy Wilson – gegenüber und entmythologisiert damit den »Alten Westen«.

C. kommt immer wieder auf die Themen Krieg und Tod zurück, etwa 1896 mit seinen Kurzgeschichten zum Bürgerkrieg (zusammengefasst in *The Little Regiment and Other Episodes of the American Civil War*, 1896), in denen er einmal mehr die im Krieg mit dem Tode verbundene Sinnlosigkeit, Leere und Ohnmacht verdeutlicht; so z. B. in »The Veteran« in der Gestalt des gealterten Henry Fleming aus *The Red Badge*, der wahren Mut mit der Rettung eines Menschen und mehrerer Tiere aus einer brennenden Scheune beweist und Bürgerkriegserinnerungen entidealisiert. In »A Mystery of Heroism« stirbt der Soldat Fred Collins einen sinnlosen Opfertod, und die üblichen Vorstellungen vom Heldentum werden ironisiert; jedoch ist Collins' Mitleid mit einem Verwundeten wahrhaft heldenhaft zu nennen, weil es menschlich ist. Ein Begräbnis wird zum makabren Horrorszenario, endend mit einem »plop« der Erde auf das Gesicht des Toten, vor dem die Kameraden sich fürchten (»The Upturned Face«). 1897 reist C. mit seiner Lebensgefährtin Cora Taylor, einer ehemaligen Prostituierten, nach Europa, um über den Griechisch-Türkischen Krieg zu berichten. Als Frontberichterstatter erkennt er, dass seine Kriegsdarstellung in *The Red Badge* der Wahrheit entsprach. Mit den Geschichten in *Wounds in the Rain* (1900) zum Spanisch-Amerikanischen Krieg (1898) gibt C. ungeschminkt die Realität dieses Krieges aus Sicht des gemeinen Soldaten und Reporters wieder. Wie auch in seinen Bürgerkriegstexten stellt C. die ideologischen und propagandistischen Ideale in Frage und enthüllt die hässliche Brutalität des Krieges.

Aber C.s Werk, das erst seit den 1920er Jahren wieder Beachtung fand, umfasst auch andere Themenbereiche. In den fabelartigen *Sullivan County Tales and Sketches* (1892) begegnet man typenhaften Figuren wie dem »kleinen Mann«, dessen verzerrte, begrenzte Wahrnehmung und hysterische Angst ihm die Natur feindselig erscheinen lassen. Die *Whilomville Stories* (1900) fangen das Leben in der amerikanischen Provinz um die Jahrhundertwende ein, sind realistische Reminiszenzen an seine Heimat (Whilomville ist das Port Jervis aus C.s Jugend) und skizzieren Episoden aus der Kindheit. Als C. 1897 den Untergang des Schiffes *Commodore* miterlebt, wird aus diesem Stoff »The Open Boat« (1898; *Im Rettungsboot*, 1948). Die Geschichte des Schiffbruchs ist eine Parabel auf das Leben: In einer Schicksalsgemeinschaft rudern vier Männern verzweifelt um ihr Leben, umgeben vom Grau der See und des Himmels, die für die majestätische aber unerbittliche, gesichtslose und gleichgültige Natur stehen, der der Mensch hilflos ausgeliefert ist und welche unbarmherzig Opfer fordert – hier ironischerweise wenige Augenblicke vor der Rettung den stärksten der Männer. Der Verlauf der Geschichte ähnelt dem Wellengang der See; Hoffnungen kommen auf und werden jäh zerstört. Die Geretteten kehren zurück, wissend um die Essenz der menschlichen Existenz und den Wert der »subtle brotherhood of men«.

C. flüchtet sich Ende der 1890er Jahre vor Schulden, Ärger mit der New Yorker Polizei und bigotten Vorurteilen gegenüber Cora nach England. Hier entstehen viele seiner Gedichte und Geschichten, die nun realistischer und weniger abstrakt sind. Er versucht sich an einer romantisch-komischen Burleske; doch er kann sie, gezeichnet von einer Tuberkulose-Erkrankung, nicht mehr vollenden (*The O'Ruddy*, 1903 vollendet von Robert Barr). Weniger bekannt als sein Prosawerk ist heute C.s Lyrik, die sich keiner Schule zurechnen lässt. Zu seiner Zeit indes treffen *The Black Riders* (1895) und *War Is Kind* (1899) auf Erstaunen ob der innovativen Individualität, Kraft und Intensität der Verse. Auch hier sind die zentralen Themen das Mysterium des Lebens, Gott (C. wird Blasphemie vorgeworfen) und Tod sowie menschliche Schwächen und gesellschaftliche Zwänge. Seine Zeilen sind überladen mit Allegorien, Symbolen und Metaphern, der Sarkasmus (»War Is Kind«) ist beißend. Einzelne Kritiker betonen C.s religiösen Symbolismus, aber sowohl in der Prosa als auch in der Lyrik dient dieser C. zunächst als Ausdruck erkenntnistheoretischer Skepsis gegenüber Gott und Universum (»A Man Said to the Universe«), die sowohl in der kritischen Haltung gegenüber der Religiosität seiner Familie als auch in seiner Lebenserfahrung der Kluft zwischen Ideal und Realität begründet liegt. Bei all dem aber liest sich C. nicht unbedingt düster-pessimistisch; er beweist durchaus Humor und Leichtigkeit. Dies wird insbesondere durch die offene (dialogische) Form und natürliche Sprache seiner Gedichte unterstrichen, welche sie in die Nähe von Impressionismus und Imagismus rücken. C. wendet sich desillusionierend, z.T. schockierend gegen Konventionen und erhält sich dennoch Moral und Realitätssinn. Allerdings sind seine Gedichte eher Aneinanderreihungen von Gedanken und daher wenig dynamisch. Sie erreichen nicht die Qualität seiner Prosa, haben aber mit ihr die Experimentierfreude, das Rebellische und Ikonoklastische gemein. »War Is Kind«, *The Red Badge* und einige Kurzgeschichten gelten zu Recht als seine besten Texte.

Werkausgabe: *The Works of Stephen Crane*. 10 Bde. Hg. F. Bowers. Charlottesville, VA, 1969–1976.

Britta Salheiser

Creeley, Robert

Geb. 21. 5. 1926 in Arlington, Massachusetts;
gest. 30. 3. 2005 in Odessa, Texas

Prägnanz, Klarheit und Minimalismus zählen zu den wesentlichen Kennzeichen der Lyrik Robert Creeleys. Sie hängen zusammen mit seiner Besessenheit zu definieren und zu ordnen, den Erfahrungen des täglichen Lebens mit den Mitteln der Sprache Form und Sinn zu verleihen. Sein Bemühen, den Dingen auf den Grund zu gehen, persönliche Motive und Unzulänglichkeiten skrupulös zu erforschen und die ›Wahrheit‹ zu entdecken, führt C. selbst auf seine puritanische Erziehung zurück. Sprache hatte für ihn und seine Familie nichts mit Sinnlichkeit zu tun, und obwohl er von früher Kindheit an ein großes Interesse an Wörtern zeigte, fiel es ihm anfangs schwer, sich als Dichter zu bezeichnen. Obwohl der junge C. nach dem frühen Tod des Vaters in relativ bescheidenen Verhältnissen aufwuchs, besuchte er ein Internat und später das Harvard College, brach aber seine Ausbildung 1947 ein halbes Jahr vor dem Abschluss ab und zog mit seiner ersten Frau zunächst nach Südfrankreich, dann nach Mallorca. Er schrieb Gedichte, die in kleinen Verlagen veröffentlicht wurden, und war Mitherausgeber der japanischen Zeitschrift *Von* sowie der Freiburger *Fragmente*.

Der eigentliche lyrische Durchbruch gelang ihm durch seine Kontakte zum Black Mountain College, das in den 1950er Jahren die Avantgarde der Künstler und Schriftsteller in den USA versammelte. Bevor er 1954 dort zu unterrichten begann und als Herausgeber der *Black Mountain Review* fungierte, hatte er vier Jahre mit Charles Olson korrespondiert. Durch Olson, so C., habe er seine dichterische Freiheit gefunden und seinen eigenen Stil entwickelt. Zusammen erarbeiteten sie das Konzept des »projektiven Verses«, der an keine traditionellen Formen mehr gebunden ist, sondern vom Atem- und Sprechrhythmus des Dichters bestimmt wird. Die lyrische Form entsteht erst im Prozess des Schreibens, den Olson »Feldkomposition« nennt. Die innovative Poetologie C.s steht in deutlicher Opposition zur etablierten Lyrik der 1940er und 50er Jahre. Kritiker, besonders die des »New Criticism«, hielten ein Gedicht für gelungen, wenn eine Analyse subtile Anspielungen, Paradoxien, Ironien, Metaphern und Symbole aufzudecken vermochte. Für Lyriker wie C. aber sollte zum Verständnis eines Gedichtes nicht mehr interpretatorische Findigkeit Voraussetzung sein, sondern das Nachvollziehen eines bestimmten emotionellen Komplexes. Hier war ihm Ezra Pound ein großes Vorbild, der wegen seiner Sympathien für den Faschismus in den 1940er Jahren kaum gelesen wurde. Doch wer anders als Pound, so C., hätte den jungen Dichtern damals beibringen können, dass »nur die Emotion Bestand hat« und dass es einzig auf diese ankomme. Auch bei seinem zweiten Mentor, William Carlos Williams, fand er die Bedeutsamkeit der intensiven emotionalen Wahrnehmung im Gedicht sowie die Vorstellung, dass ein Gedicht *gemacht*, eine »Maschine aus Wörtern«, sei. Die einzelnen Wörter, die keine symbolische oder metaphorische Funktion mehr haben, spielen in C.s Lyrik eine herausragende Rolle. 1960 behauptete er: »I look to words, and nothing else, for my own redemption either as man or poet. [...] I mean then *words* – as opposed to content«. Linguistische Details wie Konjunktionen, Präpositionen und Artikel rücken durch ihre Positionierung am Zeilenende in den Mittelpunkt; konkrete Dinge, die auf nichts anderes verweisen, werden dem Leser präzise und möglichst greifbar präsentiert. Die Plazierung des Wortes auf der Seite ist exakt kalkuliert. Die Anordnung der Zeilen und Strophen zeigt die rhythmische Intention an, auch die Pausen sind effektvoll integriert. Kurze, abgebrochene Zeilen, die Trennung einzelner Wörter, das häufige Fehlen von Relativpronomen lassen C.s Diktion abrupt erscheinen. Sie führt das Gemachte, mitunter gar den mühevollen Entstehungsprozess des Gedichts, spannungsvoll vor Augen und demonstriert ein Denken mit Worten, das gleichzeitig ein Ordnen von Welt ist. Sein persönlicher Rhythmus findet sich – zumindest in der frühen Lyrik, z. B. in *For Love: Poems, 1950–1960* (1962) oder *Distance* (1964) – am ehesten im Zwei- und Vierzeiler, dessen klassische Form er jedoch kreativ abwandelt, inspiriert von den musikalischen Improvisationen der Jazzmusiker Charlie Parker oder John Coltrane. Die Form ist in kein tradiertes Maß gepresst, sie findet sich beim Schreiben, oder, wie C. sagt: »Form is what happens«. Die Betonung der Selbstreferentialität der Wörter sowie die Idee vom Schreiben als Entdeckungsprozess macht C. nicht nur zu einem exemplarischen Schriftsteller der Black Mountain-Gruppe, sondern verbindet ihn auch mit anderen Künstlern der Avantgarde in den 1950er Jahren, vor allem mit den Malern des abstrakten Expressionismus. Entsprechend dienen Jackson Pollock z. B. Farbe und Leinwand nicht mehr als Medium zur Darstellung eines bestimmten Sujets, sondern präsentieren vielmehr direkt die intensive Emotion des Malers im Akt des Malens.

Auch wenn C.s Lyrik einen hohen Abstraktionsgrad aufweist, lassen sich doch bestimmte Interessenschwerpunkte in ihr ausmachen. Gemäß Pounds Maxime, dass nur Emotion Bestand habe, präsentieren die Gedichte immer wieder das Gefühl eines flüchtigen Augenblicks, vor allem solcher Momente, die aus der Komplexität menschlicher Beziehungen heraus entstehen. Besondere Aufmerksamkeit ist dem wahrnehmenden Selbst gewidmet, seinen genauen Beobachtungen kleinster Begebenheiten des Alltags. Sensibilitäten kommen zur Sprache, persönliches Fehlverhalten, Ängste und Spannungen, deren Ergründung auf eine nahezu selbstquälerische Introversion schließen lässt. Die vielen Liebesgedichte, besonders aus den 60er Jahren, sind da keine Ausnahme. Auch in ihnen thematisiert C. emotionale Verletzungen, Schuld und Versagen, Gefühle, die nachhaltige Wirkungen auf das Bewusstsein ausüben. Dennoch geht es ihm nicht nur um diese Gefühle, sondern vor allem auch um Sprache, d. h. um ihre Fähigkeit – oder auch Unfähigkeit –, mit den ihr eigenen Mitteln feinste Regungen aufzuzeichnen und nacherlebbar zu machen.

Im Laufe der Jahrzehnte hat sich C.s Lyrik kontinuierlich weiterentwickelt. Ein deutlicher Wandel ist seit etwa Mitte der 1960er Jahre nachvollziehbar (z. B. in: *Words*, 1967; *Pieces*, 1969). Das wahrnehmende Ich steht nicht mehr allein im Mittelpunkt, scheinbar beliebige Notizen werden nun in die Verse integriert, die geometrisch strenge Form der Zwei- oder Vierzeiler ist aufgebrochen, einzelne Gedichte gehen gar ineinander über. Zehn Jahre später (in: *Later*, 1978) reflektiert C. zunehmend über das Vergehen der Zeit und über das Altern, über Trauer und Verluste. Häufig sind es kleine, alltägliche Dinge, die Kindheitserinnerungen wach werden lassen, Erinnerungen an Familienmitglieder und enge Freunde, an ganz bestimmte Augenblicke, deren Sinn und Bedeutung er über die Sprache auf die Spur zu kommen versucht. Sein Bemühen, diese Momente ›richtig‹ zu erfassen, ist eine Konstante in seiner jahrzehntelangen Lyrikkarriere geblieben, etwa in *Mirrors* (1983), *Memory Gardens* (1986), *Windows* (1990; *Fenster*, 1997) oder *Life & Death* (1998). C. schrieb indes nicht nur Gedichte, sondern auch einen Roman (*The Island*, 1963; *Die Insel*, 1965), Kurzgeschichten und Essays. Nationale und internationale Anerkennung hat er aber fast ausschließlich für seine Lyrik gefunden, seit der Verlag Scribner's 1962 seine frühen Gedichte, *For Love: Poems, 1950–1960*, veröffentlichte. Er erhielt zahlreiche Preise und Ehrungen und sein Ruf als einer der bedeutendsten Lyriker der amerikanischen Nachkriegszeit ist fest etabliert. Eine nachhaltige Wirkung hat er vor allem auf die Dichter der neuen Schlichtheit ausgeübt, die sich in den 1960er Jahren an der Westküste um natürliche Sprachrhythmen bemühten. Die gegenstandslose, auf nichts außer sich selbst verweisende lyrische Sprache C.s war den sogenannten L=A=N=G=U=A=G=E-Poets der 1970er Jahre ein Vorbild.

Werkausgaben: The Collected Prose of Robert Creeley. New York 1984. – The Collected Poems of Robert Creeley, 1945–1975. Berkeley 1982. – Gedichte. Frankfurt a. M. 1967.

Christa Grewe-Volpp

Cruz, Sor Juana Inés de la (eigtl. Juana Ramírez de Asbaje)

Geb. 12. 11. 1648 in San Miguel de Nepantla/Mexiko; gest. 17. 4. 1695 in Mexiko-Stadt

Das Leben der wohl berühmtesten Dichterin Mexikos bleibt auch 300 Jahre nach ihrem Tod noch teilweise rätselhaft: Erst vor kurzem musste man z. B. das bisher angenommene Geburtsdatum 1651 aufgrund neuer Dokumente um drei Jahre vordatieren. Als uneheliche Tochter von Isabel Ramírez de Santillana und Pedro Manuel de Asbaje geboren, lernte Juana mit zwei Jahren lesen und schreiben, indem sie sich zu ihren älteren Schwestern in den Unterricht schwindelte. Später ersann sie diverse Strategien, um den Lerneifer aufrecht zu erhalten: So schnitt sie sich die Haare ab, wenn sie eine Lektion nicht schnell genug lernte, oder sie aß keinen Käse, der damals als verdummend galt. Auf der Hacienda ihres Großvaters in Panoayán, wo sie lebte, seit ihre Mutter eine neue Beziehung eingegangen war, fand sie eine reiche Bibliothek vor; dort schrieb sie angeblich bereits mit sieben Jahren erste Theaterstücke. Nach dem Tod des Großvaters 1656 kam sie zu begüterten Verwandten nach Mexiko-Stadt, wo sie, der als Frau das Studium an der Universität verwehrt war, mit Hilfe eines Privatlehrers in 20 Lektionen Latein gelernt haben soll. Als 1664 ein neuer Vizekönig aus Spanien ankam, wurde man auf die hochbegabte und gutaussehende 16-Jährige aufmerksam, und Juana wurde Hofdame bei der Vizekönigin Leonor Carreto, der Laura ihrer frühen Gedichte. Eine Überlieferung besagt, der Vizekönig habe das Wunderkind von den 40 besten Gelehrten des Landes prüfen lassen, und sie habe sich so souverän bewährt,»wie ein stolzes Kriegsschiff des Königs gegen ein paar elende Schaluppen«.

Bis heute kann niemand sagen, warum Juana trotz dieser Erfolge 1667 plötzlich den Entschluss fasste, der Welt zu entsagen: Sie trat in den Orden der barfüßigen Karmeliterinnen ein, hielt jedoch die strengen Regeln offenbar nicht aus und verließ das Kloster drei Monate später wieder, offiziell wegen einer mysteriösen Krankheit, die als Auflehnung ihres Körpers gegen die Kasteiungen zu deuten sein dürfte. 1669 trat sie dann den Schwestern vom Heiligen Hieronymus bei, einem bekannt weltoffenen Orden, in dem sie für den Rest ihres Lebens bleiben sollte. Nach eigenen Angaben in ihrer autobiographischen Skizze *Respuesta a Sor Filotea de la Cruz* (1691; *Die Antwort an Schwester Filotea*, 1990) lagen die Beweggründe für die junge Frau v.a. in ihrer »absoluten Abneigung gegen den Stand der Ehe« begründet, und weil sie sich vom Klosterleben erhoffte, dort am ehesten ungestört ihren wissenschaftlichen Studien nachgehen und sich der Dichtkunst widmen zu können. Sie schrieb eine Reihe von *villancicos*, religiösen Singspielen mit bemerkenswerten Anleihen an indianische Mythologie und Sprache, großteils Gelegenheitsdichtung und Auftragsarbeiten, wie auch der *Neptuno alegórico* (Allegorischer Neptun) 1680 zu Ehren des neu ankommenden Vizekönigs. Zu dessen Frau María Luisa (in den Gedichten als Lysi verewigt) entwickelte Sor Juana eine innige Freundschaft, die von manchen Kritikern als homoerotisch gedeutet wird. Sie war es auch, die 1689 in Spanien einen ersten Lyrikband der schreibenden Nonne veröffentlichen lassen sollte: *Inundación Castálida de la única poetisa, musa décima ...* Neben den in der Tradition von Lope de Vega und Calderón gehaltenen Dramen *Los empeños de una casa* (1683; Ein Hauswesen in Bedrängnis) und *Amor es más laberinto* (1689; Liebe, das größte Labyrinth), dem *Auto del divino Narciso* (1690; Der göttliche Narziss), an dem besonders die synkretistischen Elemente interessant sind, und dem *Primero Sueño* (1690; *Erster Traum*, 1993), einem anspruchsvollen philosophischen Gedicht, erregte vor allem eine theologische Streitschrift die Gemüter, die *Carta athenagorica* (1690), in der Sor Juana es wagte, die Thesen eines berühmten portugiesischen Jesuiten anzufechten. Aufgrund heftiger Auseinandersetzungen mit ihrem Beichtvater und dem frauenhassenden Erzbischof von Mexiko schrieb ihr Gönner, der Erzbischof von Puebla, unter dem Pseudonym Sor Filotea eine als Warnung zu verstehende Entgegnung. Noch einmal bäumte sich Sor Juana mit ihrer

Respuesta dagegen auf, an ihren ›angestammten Platz‹ als Frau verwiesen zu werden, die in theologischen Fragen keine Berechtigung habe, ihre Stimme zu erheben. Doch als 1692 eine Hungersnot in Mexiko ausbrach, die Seuchen, Volksaufstände und religiöse Hysterie zur Folge hatte, wird auch die »zehnte Muse Mexikos« gezwungen, ihrer Wissenschaft und Dichtung zu entsagen, ihre angeblich 4000 Bände umfassende Bibliothek sowie ihre optischen und mathematischen Geräte zu verschenken. Sie, die einige Jahre zuvor noch respektlose Spottgedichte auf die »törichten Männer« verfasst hatte, denen sie Verlogenheit und Doppelmoral vorwarf (weswegen sie manchmal auch als »erste Feministin Lateinamerikas« bezeichnet wird), unterschreibt 1695, bei der feierlichen Erneuerung ihrer Ordensgelübde, mit »Ich, die Schlechteste von allen«. Am 17. 4. 1695 stirbt Sor J. I. de la Cruz, nachdem sie sich bei der Pflege ihrer Mitschwestern an einer Epidemie angesteckt hatte; fünf Jahre nach ihrem Tod erscheinen noch unveröffentlichte Werke unter dem Titel *Fama y obras posthumas del Fénix de México ...* (Ruhm und postume Werke des Phönix von Mexiko) in Madrid.

Erna Pfeiffer

Cummings, E[dward] E[stlin]
Geb. 14. 10. 1894 in Cambridge, Massachusetts; gest. 3. 9. 1962 in Conway, New Hampshire

E.E. Cummings ist insofern ein Sonderfall unter den amerikanischen Lyrikern des 20. Jahrhunderts, als er, obwohl ein bedeutender Neuerer und Experimentator und von vielen seiner großen Dichterkollegen, etwa Ezra Pound, William Carlos Williams und Allan Tate, hochgeschätzt, nie einer Schule angehörte und auch keine begründete. Seine wichtigste Innovation, die ihm eigene räumlich-optische Strukturierung des Gedichttexts, die in manchem die konkrete Dichtung vorwegnimmt, hängt sicher damit zusammen, dass er ein Maler war und sich auch in seiner Dichtung von der Bildkunst, speziell vom Kubismus, beeinflussen ließ. C. war schon in jungen Jahren ein außerordentlich produktiver Dichter, der zuerst in der Tradition von Henry Wadsworth Longfellow und dann von John Keats und Dante Gabriel Rossetti stand und sich vor allem während seiner Studienzeit in Harvard (1911–1916) eine Fülle unterschiedlicher lyrischer Gattungen von der Ballade bis zum Rondel und Sonett aneignete, bevor er zu experimentieren begann und eigene Wege suchte. Eine wichtige Erfahrung war für ihn der Erste Weltkrieg, an dem er als Sanitäter teilnahm. 1917 wurde er in Frankreich unter falschem Spionageverdacht verhaftet, wovon seine Prosaschrift *The Enormous Room* (1922; *Der endlose Raum*, 1954) Zeugnis ablegt. In diesem Text setzte er sich mit dem Krieg und mit seiner militärischen Ausbildung in Camp Devens (1918) auseinander. Nach dem Krieg lebte er hauptsächlich in Greenwich Village, hielt sich zeitweilig aber auch in Europa auf, besonders in Paris, dessen Stadtlandschaft und Kunstszene ihm viele Anregungen gaben. Ein längerer Aufenthalt des ursprünglich sozialistisch orientierten Dichters in Russland (1931) führte zu Aversion und sogar Hass gegenüber der kommunistischen Staatsform und Ideologie, was sich in seiner Lyrik markant niederschlägt. Auch die amerikanische Kultur generell und speziell liberale Tendenzen wurden dem zunehmend konservativen Dichter immer verhasster.

Es ist kennzeichnend für C.' Dichtung, dass selbst seine kühnsten Sprachexperimente und die für ihn charakteristischen Formen nicht losgelöst von einer intensiven, spezifisch lyrischen Sprachverwendung gesehen werden können, so etwa wenn er das sinnliche Potential der Sprache vom Akustischen bis zur visuellen Gestalt des Texts ausschöpft. Die klanglichen Qualitäten seiner Lyrik zeigen sich in einem Sonett wie »this is the garden«, das mit seinen Synästhesien, Assonanzen und dem Kaleidoskop von Farben und Metaphern eine romantische Stimmung evoziert, die nicht eindringlicher sein könnte. Auch in C.' späterer Dichtung ist das Lyrisch-Musikalische stets präsent, z. B. in »sweet spring is your / time is my time [...]« mit seiner jubelnden Rhythmik und Melodik. C.' experimentelle Kompositionen ruhen entweder auf diesem lyrischen Fundament oder sie erlangen ihre Bedeutung nur als Abweichung von einer Poetizität, die als Norm impliziert bleibt. C.' technische Innovationen betreffen zu einem großen Teil die Präsentation des Texts auf der Seite, was bedeutet, dass seine Gedichte auch visuell erfasst werden müssen. Charakteristische Merkmale seiner »poempictures« sind die Fragmentierung der Wörter und Sätze durch Zeilensprünge, die vielfach Wörter in einzelne Buchstaben aufteilt oder Buchstaben aus dem Wortkörper herauslöst, zu dem sie gehören: In *ViVa, xi* (1931) wird so »rubber questions« zu »rub,/!berq;/:uestions«. Besondere Entzifferungsleistungen vom Leser verlangen auch die häufigen Parenthesen und Klammerbildungen, die Wörter und Sätze innerlich dissoziieren, die Vertauschung in der Reihenfolge von Buchstaben in Wörtern und von Wörtern in Sätzen sowie eine sehr eigenwillige Verwendung von Groß- und Kleinschreibung. In einem Gedicht aus *No Thanks* (1935) wird so der Vollmond durch Großschreibung des »O« auf der ganz elementaren Ebene des ›Buchstäblichen‹ sinnfällig gemacht: »mOOn Over tOwns mOOn«. Durch das Verfahren variierter Groß- und Kleinschreibung wird später der abnehmende Mond gekennzeichnet:

»oNLY THE MooN o«. Ein besonders ingeniöses Sprachspiel findet sich in dem bekannten Heuschreckengedicht von 1935, das Buchstaben und Wörter so im Text verteilt, dass die Bewegung einer Heuschrecke vom Ruhen im Gras über den Sprung bis zur Landung abgebildet wird. Derartige »Bildgedichte« müssen optisch wahrgenommen und wie ein Rätsel aufgelöst werden. Max Nänny findet im Druckbild des »grashopper«-Gedichts sogar eine figürliche Wiedergabe der Gestalt einer Heuschrecke.

Eine Besonderheit von C.' Dichtersprache liegt darin, dass er das Pronomen der ersten Person Singular entgegen der englischen Standardsprache immer klein zu schreiben pflegt – wie übrigens auch seinen Namen e.e. cummings –, was einerseits eine Demutsgeste ist, andererseits durch die damit gegebene Abweichung von der sprachlichen Norm auch ein Beharren auf der Einzigartigkeit des Ich zum Ausdruck bringt. Das Pronomen »ich« ist besonders prominent in C.' Liebeslyrik, die meistens auch erotische Lyrik ist, z. B. »i like my body when it is with your body«, das er für seine erste Frau schrieb. In seinen Liebesgedichten, die zu den schönsten in der englischsprachigen Literatur gehören, benutzt C. vielfach die Sonettform (z. B. »it may not be always so«), erprobt aber auch andere Formen wie die des Dialoggedichts, z. B. in »may i feel said he«, der Darstellung einer Verführung, die am Höhepunkt durch die Verdreifachung von Konsonanten einen besonderen Effekt erzielt: »(cccome? said he / ummm said she)«.

Ein großer Teil von C.' Lyrik ist politisch, vielfach mit einer satirischen Note. Seine Erfahrungen während der militärischen Ausbildung in Camp Devens behandelt er in »i sing of Olaf glad and big / whose warmest heart recoiled at war: a conscientious object-or«, einem seiner schärfsten Anti-Kriegs-Gedichte. Die politischen Gedichte können bei C. auch epigrammatische Kürze annehmen wie der Zweizeiler: »a politician is an arse upon / which everyone has sat except a man«. Vielfach leisten sie auch Kulturkritik wie »Buffalo Bill«, das einen amerikanischen Mythos dekonstruiert, oder »a salesman is an if that stinks Excuse«, das die amerikanische Verkäufer-Mentalität aufs Korn nimmt. In der Regel ist die besondere semantische Akzentuierung der Gedichte das Ergebnis sprachlicher Kunstgriffe oder experimenteller Verfahren. So wird in dem Gedicht »Poem, or Beauty Hurts Mr Vinal« der Satz »let us now sing each and all fortissimo America, I love you« satirisch verfremdet, indem der Vokal am Anfang von »America« isoliert an den Schluss eines Verses gesetzt wird (»A-«) und die restlichen Bestandteile des Wortes auf die nächsten Verse verteilt werden. Ähnlich wird mit »I love You« verfahren. Ein anderes Gedicht führt den Fortschrittsgedanken dadurch *ad absurdum*, dass das Wort selbst zertrümmert wird, indem der velare Vokal herausgeschnitten und der Rest getrennt auf zwei Verse verteilt wird: »o pr / gress [...]«. Der Leser muss während des Lektüreprozesses immer zurück zum Anfang des Gedichts blicken und das vorangestellte »o« ergänzen. Hier liegt eine der Dynamisierungsstrategien vor, die C. benutzt, um die Leseraktivität zu steigern.

C.' Abneigung gegenüber der amerikanischen Kultur war fast so intensiv wie sein Hass auf die kommunistische Ideologie, die er z. B. in dem satirischen Gedicht »kumrads die because they're told« geißelt. Im Vorwort zur Ausgabe seiner *Collected Poems* (1938) spricht er davon, seine Gedichte seien »for you and for me« und »not for mostpeople« geschrieben und fügt hinzu: »You and I are human beings; mostpeople are snobs.« Hier mögen sich Arroganz und Elitedenken ausdrücken, aber C.' Sozial- und Kulturkritik sind glaubwürdig, wenn sie sich in einem Sonett wie »next to of course god america« ausdrücken oder in »ygUDuh«, das den Rassenhass in einer dem Dialekt der Unterschicht phonetisch angenäherten und diesen zugleich parodierenden Weise bloßstellt, wobei die rhythmische Strukturierung des Texts Pointierungen und Durchschlagskraft ermöglicht. Der Schluss des Gedichts – »dem / gud / am // lidl yelluh bas / tuds weer goin // duhSIVILIYEzum« – kann so rekonstruiert werden: »them goddam little yellow bastards we're going to civilize them«. C.' Technik ist auch hier darauf angelegt, den

Leser zu beteiligen, seinen Intellekt und seine Imagination zu stimulieren. C. mochte den Vorwurf, seine Dichtung habe seit den 1930er Jahren keine Entwicklung erfahren, nicht gern hören. Anders als bei Eliot oder Pound kam es bei ihm in der Tat nicht zu größeren Entwicklungen, nachdem er seinen individuellen Stil einmal gefunden hatte. Aber insgesamt muss er als einer der bedeutenden Neuerer der amerikanischen Lyrik des 20. Jahrhunderts gelten, ein Dichter, der ein dynamisch-prozessuales Lyrikverständnis hatte und vom ›Machen‹ besessen war, »obsessed by making« (Is 5, 1926), und der ein thematisch vielseitiges und künstlerisch vielgestaltiges Werk geschaffen hat, das nicht zuletzt Zeugnis ablegt von einer unerschöpflichen Freude am Spiel mit der Sprache. Wenn C. in den i: six nonlectures (1953) im Zusammenhang mit seinen Dichterlesungen von »ecstasy and anguish, being and becoming; the immortality of the creative imagination and the indomitability of the human spirit« spricht, so kennzeichnet er damit sein eigenes Dichten, in dem sich, wenn der Dichter auch ideologisch rechts von der Mitte stand, jederzeit die Freiheit und unbändige Energie eines schöpferischen Geists manifestiert und dessen Grundprinzip das der ständigen Bewegung ist.

Werkausgaben: Selected Poems 1923–1958. London 1997. – Complete Poems 1904–1962. New York 1991.

Wolfgang G. Müller

Cvetaeva, Marina
Geb. 8. 10. 1892 in Moskau; gest. 31. 8. 1941 in Elabuga

»Den Mund hab ich immer als Welt gefühlt: Himmelsgewölbe, Höhle, Schlucht, Untiefe. Ich habe den Körper immer in die Seele übersetzt (*ent*körpert!)«, schreibt Marina Cvetaeva 1926 an Rainer Maria Rilke. Seele versus Körper, Kunst versus Alltag: so resümiert sich C.s romantisch-idealistisches Lebensprogramm, der Dualismus ihres Wesens. Die Gegensätze sind bereits im Elternhaus angelegt: »Wichtigste Einflüsse: die Mutter (Musik, Natur, Gedichte, Deutschland. Passion fürs Judentum. Einer gegen alle. Eroica). Weniger bewußt, aber nicht weniger stark: Einfluß des Vaters (leidenschaftliche Arbeitsliebe, kein Karriere-Ehrgeiz, Schlichtheit, Weltfremdheit). Vaters und Mutters Einfluß zusammengenommen: Spartanertum.« C.s Mutter, die aus baltendeutscher Familie abstammende Pianistin Maria Meyn, stirbt 1906 an Tuberkulose, die Töchter Marina und Anastasija wachsen beim Vater, dem Kunsthistoriker und Museumsdirektor Ivan Cvetaev, in freizügiger Atmosphäre auf. C. schwärmt von Napoleon und gibt 1910 im Selbstverlag ihren ersten Gedichtband *Večernyj al'bom* (Abendalbum) heraus. Die Kritik ist beeindruckt, allen voran Maksimilian Vološin, der C. in seine Künstlerkolonie auf der Krim einlädt. Hier lernt C. Sergej Efron kennen, den sie 1912 heiratet. Im selben Jahr kommt die Tochter Ariadna zur Welt und erscheint der zweite Gedichtband, *Volšebnyj fonar'* (Laterna magica). Von jetzt an gönnt das Leben C. keine Ruhe, doch wird die Herausforderung poetisch fruchtbar. Es entstehen Gedichtzyklen an Sofija Parnok (mit der C. eine kurze, heftige Liaison eingeht), an Anna Achmatova und Aleksandr Blok, Verse, in denen hymnische Exaltation und elliptischer Staccato-Stil sich verbinden. Im Revolutionsjahr 1917 Geburt der Tochter Irina, die während des Bürgerkriegs verhungert; die Spuren Efrons verlieren sich in den politischen Wirren. Von der Armut, der Einsamkeit und dem Wahnsinn jener Tage berichten beredt C.s Moskauer Notizen 1917–1920 (dt. in: *Auf eigenen Wegen*, 1987), während sich die gleichzeitig entstandenen Versdramen wie eine Flucht in eine artifizielle Welt ausnehmen. 1922 folgt C. ihrem Mann in die Emigration. In Berliner Exilverlagen erscheinen 1922 und 1923 ihre Gedichtbände *Razluka* (Trennung), *Stichi k Bloku* (Gedichte an Blok), *Psicheja* (Psyche), *Remeslo*

(Handwerk), in der Tschechoslowakei entstehen einige ihrer besten Werke: die lyrische Satire *Krysolov* (*Der Rattenfänger*, 1982) die Verspoeme *Gedicht vom Berg* und *Gedicht vom Ende* (dt. in: *Gruß vom Meer*, 1994). Nach der Geburt des Sohnes Georgij (Mur), 1925, Übersiedlung in die Nähe von Paris. Enge, finanzielle Schwierigkeiten und Isolation lasten schwer. C., die weder einer literarischen noch einer politischen Gruppierung angehört, wird von der Emigrantenszene geschnitten, zur Außenseiterin gestempelt. Fazit: »Hier bin ich überflüssig, dort [in Russland] unmöglich.« Als Efron in eine Affäre des sowjetischen Geheimdienstes verwickelt wird und Frankreich fluchtartig verlassen muss, sieht C. keinen Ausweg und entschließt sich 1937 zur Reemigration. Einen kurzen Sommer lang ist die Familie in einem Moskauer Vorort vereint, dann wird Ariadna verhaftet, kurz darauf Efron. (Ariadna überlebt die stalinistischen Lager, Efron wird 1941 erschossen.) C. kämpft mit Wohnungsnöten, Arbeitsproblemen, Angst. Nach dem Überfall der Deutschen lässt sie sich mit ihrem Sohn in die tatarische Kleinstadt Elabuga evakuieren. Dort nimmt sie sich am 31. August 1941 das Leben, 49 Jahre alt.

Resignation und Geduld waren C.s Sache nicht. Luzid und rebellisch, stolz und maßlos weigerte sie sich »zu leben im Tollhaus, unter Vieh« und entschied: »Auf diese Welt des Irrsinns / Gibt es nur eins: ich geh.« Der Protestsatz datiert vom Frühjahr 1939, als C. lyrisch-lautstark die Annexion Böhmens durch die Hitlertruppen verurteilte, in der Vorahnung weiterer Katastrophen. Unparteiisch und unideologisch, geradezu schicksalhaft einzelgängerisch, verfügte sie über ein geschärftes Krisenbewusstsein und über eine Sprache, die mit schneidender Lakonie und expressiver Dramatik festhielt, was der Fall ist – radikal subjektiv, emphatisch, leidenschaftlich. Mit welchem Impetus sie Emotionen artikulierte und einforderte, zeigt ihr riesiges Briefwerk, das mehrere »epistolarische Romane« (mit Boris Pasternak, Rainer Maria Rilke u. a.) umfasst und ebensosehr mythomanische Züge trägt wie ihre autobiographische Erinnerungsprosa der dreißiger Jahre (dt. *Mutter und die Musik*, 1987). Formal steht C. den russischen Futuristen (z. B. Majakovskij) weit näher als etwa ihrer Dichterkollegin Anna Achmatova. Schon 1916 findet sie in ihrer Lyrik zu harten Rhythmen und »musikalischer Magie« (Pasternak) sowie zu einer »tragischen Note a priori« (Brodskij). Sie experimentiert mit Elementen der Volksdichtung und bevorzugt – vor allem in den 1920er und 30er Jahren – kurze Verse mit einsilbigen (Reim-)Wörtern, ein hektisches Staccato bei einer maximal elliptischen Syntax. Äußerste Verdichtung auch in der Prosa: substantivischer, aphoristischer Stil voller Wortspiele, Assonanzen, Neologismen, dessen emotionale Geballtheit sich in einer exzessiven, expressiven Zeichensetzung manifestiert. C.s Texte sind Partituren, notiert für den mündlichen Vortrag, für die emphatische Deklamation.

Die Themen ihres Werks: Liebe, Tod, Einsamkeit, Kunst. C. besang die Weiße Armee und ihren Schreibtisch, die Stadt Moskau und einen Holunderstrauch, sie schrieb – 1919, völlig inopportun – über ihr geliebtes Deutschland und immer wieder über (verstorbene) Freunde, sie verfasste brillante poetologische Essays (dt. *Ein gefangener Geist*, 1989) und – in französischer Sprache – eine poetische Abhandlung über die lesbische Liebe (*Mein weiblicher Bruder*, 1995). Kompromisslos, herausfordernd offen und paradox ist C. wohl die aktuellste russische Dichterin des 20. Jahrhunderts. In Ost und West findet ihr – auch formal überragendes – Werk größten Widerhall.

Werkausgaben: Ausgewählte Werke in 3 Bänden. München 1989. – Im Feuer geschrieben. Ein Leben in Briefen. Frankfurt/M. 1992. – Rainer Maria Rilke und M. C. Ein Gespräch in Briefen. Frankfurt/M. 1992.

Ilma Rakusa

Czechowski, Heinz
Geb. 7. 2. 1935 in Dresden

Aus einem Interview vom März 1981 lässt sich die ästhetische Position des heute in

Frankfurt am Main lebenden C., ehemals Zeichner, Absolvent des Leipziger Literaturinstituts »Johannes R. Becher« und zeitweiligen Lektors recht genau erfassen: »Literatur hat mir das Wahrnehmen von Realität geschärft, mich diese intensiver beachten lassen als in der Zeit, da ich Dichtung eigentlich nicht kannte; das heißt, man kann mit Gedichten auf Wirklichkeit reagieren, wenn bestimmte Kunsterfahrungen gegeben sind, mögen sie noch so begrenzt sein am Anfang« (in: *Ich, beispielsweise*). Dabei interessiert C. nie das nur persönlich Subjektive als Moment poetologischer Reflexion, sondern die Objektivierung dieses Prozesses selber, jene sich seit den späten 1960er und verstärkt den 70er Jahren in der DDR entfaltende und gesellschaftlich belangvolle Selbstreflexion des Gedichts als eines »historischen Ortes«. Eine bisweilen melancholische Skepsis im Blick auf die Landschaft und die Stein gewordenen Verhältnisse, nicht mehr aufhebbar, die Akzeptanz des unerlässlich gewordenen literarischen Rollen- und Maskenspiels – die »Folgen des Ichs unerheblich« –, das auch die Züge des Phantastisch-Absurden in das Gedicht zwingt. Hintergründig und auf falsche Spuren führend, nennt er seine lyrischen Erfahrungen »Gelegenheitsgedichte«, »Erlebnisse«, deren Originaleindruck für ihn zunächst und immer wieder Dresden ist; Dresden als geschichtliches und ästhetisches Modell der traumatischen und tragischen Weltaneignung im 20. Jahrhundert. Dem Untergang der Stadt im Bombenhagel gilt eine seiner bewegendsten lyrischen Sequenzen: »Dieses Zusammentreffen von geschichtlich determinierten Ereignissen öffnete einem die Augen, wenn man sehen wollte ... Von dort aus laufen alle Fäden, öffnen sich alle Perspektiven, in welche Richtung ich immer blicke.« Seine Lyrik ist Beschwörung des erlebten Raumes, Interpretation des historisch und zumeist literar-historisch bedeutsamen Ortes durch das unstete, sich selbst und seiner Antriebe nicht gewisse Bewusstsein. C.s sog. Reisegedichte sind subtil gehandhabte Eingriffe in die DDR-Wirklichkeit mitsamt ihrer verordneten und verwalteten Erbe. Neben Wulf Kirsten ist es C., der bereits in den 1970er Jahren auf die ökologische als eine auch die ästhetische Fundamente des Gedichtes beschädigende Endzeitsituation verweist: »Der Jammer eines Zitats, / Der Sermon der Unendlichkeit, / Der mich erreicht / Beim Blick auf die fleischlosen Gärten, / Als wäre der Winter / / Die einzig wirkliche Jahreszeit« (*Tag im Februar*). Zunächst sind, mit wechselnder Notation, Peter Huchel und Bert Brecht prägend für C. Früh adaptiert er den hohen Ton Hölderlins: »Selbst im Verfall noch hatte er schöne Visionen«. Die oftmals polemische, kryptische Zitierung und Wiederbelebung literarischer Leitfiguren und Landschaften im Porträtgedicht – C. muss als einer der Meister in diesem Genre in der Tradition Johannes R. Bechers, Johannes Bobrowskis und auch Peter Huchels gelten – wandelt sich zusehends zu einer Spurensuche in einem imaginären Venedig: »Ich müßte mich schon sehr täuschen, wenn ich mich irre, daß die Landschaft, in der ich mich plötzlich wiederfand, nicht an jene Gegend erinnerte, wie sie um die Müllkippe in unserer Nähe beschaffen ist« – ein keineswegs nur ökologischer Befund! Gerade das Naturgedicht eröffnete Autoren wie C. oder bereits Peter Huchel und Reiner Kunze in der Form der »verdeckten Schreibweise« einen größeren politischen wie ästhetischen Spiel-Raum; wenn C. nicht in die Radikalität des Tones eines Volker Braun vordringt, so hängt er entschieden mit seinem Bekenntnis zu einer anderen, »inneren« Landschaft zusammen, Annihilation des Jetzigen nannte das der von C. porträtierte Novalis, jenen geheimen Widerstand gegen die Wirklichkeit in ihrer normativen Kraft des Faktischen: »Kein Vorhang, / Der überm Brautbett / Zufallen wird, / Auch kein Roman, Der in der Kinderstube / Sich schließt, Fragmente.«

In den letzten Jahren hat C. einen wieder an Brecht gemahnenden lyrischen Lakonismus entwickelt, der den unmittelbaren Eingriff in die Alltagswelt kaum mehr verdecken mag: »Der Freund ist gekommen / Der mir berichtet / Vom Treffen der Dichter in R., / Die inmitten der wie Pilze / Aus dem Boden schießenden Reaktoren / Über Hölderlin sprachen« (*Besuch*).

1962 erschien C.s erster Gedichtband (*Nachmittag eines Liebespaares*), in den Folgebänden (u. a. *Schafe und Sterne*, 1974; *Was mich betrifft*, 1981; *Ich, beispielsweise*, 1982; *An Freund und Feind*, 1983; *Nachtspur*, 1993) finden sich dann die großen Porträt- und Landschaftsgedichte C.s, 1984 erhält er den Heinrich-Mann-Preis der DDR. Die Summe seines bisherigen Schaffens und zusehends auch bei uns beachtet sind die Bände *Ich und die Folgen?* und *Mein Venedig*, (1989) mit den vorausschauenden Versen: »Nun aber wir, entstellt / Von des Nachdenkens Anstrengung und / Unserer Trauer, gezeichnet / Vom Irrtum, der keinem erspart bleibt.« Freier Zeilenstil, nach wie vor die gestische Tonlage Brechtschen Sprechens, die Tendenz zur elliptischen Verknappung, Zurücknahme der auktorialen Position, auch der Zitathäufung, verstärkt die Momente der skeptischen Trauer sind C.s Stilmittel.

Nach der Wende setzt C.s deutschdeutsches Wanderleben ein: Zunächst ist er Stadtschreiber in Bergen-Enkheim (1990/91), später dann in Dresden, seiner Geburtsstadt (1998); zwischenzeitlich lebt er in Limburg an der Lahn, im westfälischen Schöppingen und heute in Frankfurt am Main. Die Spuren sind deutlich abzulesen im Werk. Die Sammlung von Gedichten und Prosa unter dem Titel *Nachtspur* (1993) kann als repräsentativ gelten, sie zeigt den Dichter ›im Zeitenwechsel‹; 1996 erhält er für diesen Band den Hans-Erich-Nossack-Preis. *Wüste Mark Kolmen* (nach einer Landschaft bei Leipzig, die 1813 von Napoleons Truppen verwüstet wurde) kann in gewissem Sinne als Dokument für C.s doppelte Rückkehr in die alte Heimat stehen; es finden sich in dem Band aber auch einige schöne Reise- und Italiengedichte. Der Band *Mein westfälischer Friede* (1998) verarbeitet die Zeit in Schöppingen, darunter die grandiose Hölderlin-Adaption in der *Sauerländischen Elegie*. C.s Liebesgedichte, von Anbeginn an gepflegt und in beinahe allen Bänden zu finden, zeigen verschiedene Tonlagen, sie sind aber auch nach einem Wort des ihm so verwandten Günter Kunert »Signale eines durch die Zeitläufte verstörten Menschen«. Zum 65.

Geburtstag erscheint seine »poetische Biographie« mit den *Ausgewählten Gedichten* (1958–1999) unter dem vielsagenden Titel *Die Zeit steht still*. Der Essayband *Einmischungen* (2000) zeigt den kritisch-melancholischen, bisweilen aber auch zornigen Alltagschronisten C. wie den Literaturkenner; es finden sich literarische Porträts von Klopstock bis Wulf Kirsten. Die zuletzt (2002) unter dem »postmodernen« Titel *Seumes Brille* veröffentlichten Gedichte zeigen keine neuen Töne, spielen die alten Themen, Motive und Formen durch, vielleicht noch etwas resignativer; Landschaft und Geschichte, literarische Bezugsfiguren, subtile, persönliche Alltagsnotate, Anspielungen mitsamt dem Selbstzitat, aphoristisch, bisweilen sogar ein wenig zynisch: »Das Unerreichbare entzieht sich / Jeglicher Gnade.«

Karl Hotz

Dach, Simon
Geb. 29. 7. 1605 in Memel;
gest. 15. 4. 1659 in Königsberg

Dass Preußen die »Kunst der Deutschen Reime« von ihm gelernt habe, daran lässt D. keinen Zweifel: »Zwar man sang vor meinen Zeiten Aber ohn Geschick und Zier.« Er schätzte sich und seine Bedeutung gewiss nicht falsch ein. Seine Königsberger Mitbürger lohnten sein Talent und seinen Fleiß mit Aufträgen und die brandenburgischen Kurfürsten mit Beförderungen und Zuwendungen. So konnte er schreiben: »Mein Gewerb und Handel sind Reime.« Der Weg auf den preußischen Parnass war freilich beschwerlich. Armut, Entbehrungen und Kränklichkeit kennzeichneten die ersten Jahrzehnte von D.s Leben. Sie führten den Sohn eines schlechtbesoldeten Gerichtsdolmetschers von Memel über Königsberg nach Wittenberg und Magdeburg (1621 bis 1626): das erste und letzte Mal, dass er Ostpreußen verließ. In Magdeburg schloss er seine Schulbildung ab und kehrte, auf der Flucht vor Pest und Krieg, nach Königsberg zurück, wo er sein Studium der Theologie und Philosophie durch Privatunterricht finanzierte. 1633 wurde er Lehrer an der »Cathedral-Schule« in Königsberg, eine Tätigkeit, die ihm verhasst war: »O Schule, du hast Schuld, daß schier mein Geist erlieget.« Die Poesie half ihm aus »der Schulen Staub«: 1635 schrieb er den Text für ein opernhaftes Festspiel zu Ehren des polnischen Königs (*Cleomedes*), 1638 begrüßte er den brandenburgischen Kurfürsten Georg Wilhelm und seine Familie mit einer panegyrischen Festdichtung. Die überwiegende Zahl seiner Gedichte – etwa 1500 im ganzen – galt jedoch alltäglicheren Anlässen:

D.s Verse begleiteten die Angehörigen des gehobenen Königsberger Bürgertums und teilweise auch des Adels von der Wiege bis zur Bahre.

Zwei seiner bedeutendsten Gedichte, *Klage über den endlichen Untergang und ruinirung der Musicalischen Kürbs-Hütte und Gärtchens* (1641) und *Danckbarliche Auffrichtigkeit an Herrn Robert Roberthinen* (1647) blieben Manuskript. Beide sind umfangreiche Alexandrinergedichte, die zeigen, dass D. nicht nur den liedhaften Ton beherrscht, wie ihn etwa das Freundschaftsgedicht *Der Mensch hat nichts so eigen* charakterisiert. Die Kürbishütte, deren Zerstörung beklagt wird und die gleichwohl im dichterischen Werk überdauert, war der Ort im Garten des Komponisten Heinrich Albert, an dem sich die Freunde trafen, an dem sie musizierten und ihre Gedicht lasen: neben D. und Albert der kurfürstliche Beamte Robert Roberthin, der Professor Christoph Kaldenbach und andere – der sogenannte Königsberger Dichterkreis. Die Lieder in Alberts *Arien* (1638–50) geben beredt Zeugnis von dieser musikalisch-poetischen Geselligkeit. Das Freundschaftsgedicht an Roberthin verzichtet weitgehend auf die zeitübliche Stilisierung ins Überpersönliche und Exemplarische – und blieb deshalb wohl ungedruckt. Es gewährt dafür einen unverstellten Blick auf einen wenig privilegierten Lebenslauf und verweist zugleich auf ein entscheidendes Thema in D.s Dichtung: die Freundschaft, die allein Trost und Stütze in den irdischen Nöten

bringt und hilft, das »Creutz« gottergeben zu tragen. D.s Situation besserte sich. Er erfuhr allerhöchste Protektion und wurde 1639 auf Druck des Kurfürsten Georg Wilhelm zum Professor der Poesie an der Königsberger Universität ernannt, zu deren Hundertjahrfeier er 1644 das Schauspiel *Sorbuisa* beisteuerte. Georg Wilhelms Nachfolger, Friedrich Wilhelm, so wird überliefert, »liebete den Dachen dermassen, daß er viele seiner Verse auswendig kunte, auch niemahlen in Königsberg eintraff, daß er den Dachen nicht hätte sollen mit seiner Pohlin [Regina Pohl, die D. 1641 geheiratet hatte] nach Hofe hohlen lassen.« 1658 schenkte ihm der Kurfürst ein kleines Landgut als Reaktion auf einen poetischen Bettelbrief.

Werkausgaben: Simon Dach und der Königsberger Dichterkreis. Hg. von Alfred Kelletat. Stuttgart 1986; Gedichte. Hg. von Walther Ziesemer. 4 Bde. Halle 1936–1938.

Volker Meid

Dadié, Bernard Binlin
Geb. 1916 in Assinie/Elfenbeinküste

Der Lehrer, Journalist, Politiker und Kulturberater Bernard B. Dadié aus Elfenbeinküste hat ein sehr umfangreiches Werk geschaffen, dessen geringe literaturwissenschaftliche Rezeption in Widerspruch steht zu seiner Wirkungsgeschichte und zur Häufigkeit seiner Übersetzung. Zu D.s journalistischen Arbeiten, die er unter Pseudonymen wie Mourou Daouda, Bakar Diop oder Appiat N'chot Mart publizierte, gesellen sich einerseits Märchensammlungen wie *Légendes africaines* (1954; Afrikanische Legenden) und Gedichtbände wie *Afrique debout* (1950; Steh auf, Afrika) sowie Theaterstücke und Romane.

Am Anfang von D.s literarischem Schaffen stehen Arbeiten für das Theater. Der Sketch *Les Villes* (1934; Die Städte) ging indes nie in Druck, und *Assémien Déhylé, roi du Sanwi* (1936; Assémien Déhylé, König von Sanwi) erschien vollständig erst 1965. *Assémien Déhylé, roi du Sanwi* beruht auf einer Legende, die vom demokratischen Machtwechsel innerhalb eines afrikanischen Volkes handelt. Als Bibliothekar und Archivar am Institut Français d'Afrique Noire in Dakar, Senegal, war D. mit der mündlichen Überlieferung Afrikas vertraut. D.s Politisierung führte 1949, nach der Rückkehr nach Elfenbeinküste und dem Verbot der Partei Rassemblement Démocratique Africain, in der er sich engagiert hatte, zu seiner Verhaftung. Nach der Freilassung arbeitete D. zunächst als Lehrer, dann im Erziehungs- und im Kultusministerium. Themen wie Korruption, Zensur und willfährige Justiz stehen noch in seinen Lyrikbänden *La ronde des jours* (1956; Der Kreis der Tage) und *Hommes de tous les continents* (1967; Menschen aller Kontinente) im Vordergrund, zunehmend kommen jedoch Eindrücke von Reisen etwa nach Paris und New York hinzu.

Erst 30 Jahre nach seinem ersten Theaterstück veröffentlichte D. wieder Dramen – drei Einakter erschienen in einer Anthologie von Theaterarbeiten aus Elfenbeinküste. D. behandelt darin den Prozess der Verstädterung und, in *Min-Adja-O* (1965; Das ist meine Erbschaft), Konflikte zwischen traditioneller und moderner Rechtsprechung. In den folgenden Komödien – *Monsieur Thôgô-gnini* (1970; Herr Großmaul), *Papassidi maître-escroc* (1975; Papassidi der Meistergauner) und *Mhoi-Ceul* (1979; Ich allein) – karikiert D. Protzerei, skrupellose Händler und selbstgerechte Geschäftemacher; Zielscheibe seines Spottes sind dabei oft Heimkehrer aus Übersee. Historische Stoffe dramatisierte er in *Les voix dans le vent* (1970; Die Stimmen im Wind), das von Tyrannei handelt, in *Béatrice de Congo* (1970; Beatrix aus dem Kongo), das die Kolonisierung thematisiert, und in *Îles de tempête* (1973; Inseln des Sturms), worin es um die Haitianische Revolution von 1804 geht.

Das Feld der Prosa betrat D. mit autobiographisch geprägten Büchern wie dem Bildungsroman *Climbié* (1956; Climbié) und der Reisebericht-Trilogie *Un nègre à Paris* (1959; Ein Neger in Paris), *Patron de New York* (1964; Chef von New York) und *La ville où nul ne meurt: Rome* (1968; Die Stadt in der keiner stirbt. Rom). Möglicherweise aufgrund der

Kritik an *Patron de New York*, dem unter anderem Überlängen und ein Verschleiß des ethnographischen Blicks auf den Westen vorgehalten wurden, verzichtete D., der von 1964 bis 1972 für die UNESCO tätig war, auf die für 1968 geplante Veröffentlichung eines weiteren Buchs über Paris. Allerdings hat D. für *Patron de New York* 1965 den Grand Prix Littéraire de l'Afrique Noire erhalten. Sein berühmtestes Buch ist der Adoleszenzroman *Climbié*, in dem auch eine politische Bewusstwerdung geschildert wird. Die Handlung erstreckt sich über den Zweiten Weltkrieg und thematisiert auch die ihm folgenden politischen Unruhen in Elfenbeinküste. Zur Sprache kommen Konflikte zwischen traditioneller und europäischer Schule, der Wechsel zwischen dörflichem und städtischem Leben und der Hunger nach Bildung.

Als fiktive Prosa D.s lassen sich allein der Kurzroman *Commandant Taureault et ses nègres* (1980; Kommandant Taureault und seine Neger) und der Erzählungsband *Les jambes de fils de Dieu* (1980; Die Beine des Gottessohnes) bezeichnen. *Commandant Taureault et ses nègres* greift, aus der Sicht eines Kolonialoffiziers, wieder die unruhigen Jahre nach Kriegsende auf, die Erzählungen sind dem Alltag der sog. kleinen Leute gewidmet. Zu den autobiographischen Texten D.s gehört sein Gefängnistagebuch *Carnet de prison* (1981; Gefängnistagebuch), das 30 Jahre lang unveröffentlicht blieb. Es enthält auch D.s Verteidigungsrede sowie einen dokumentarischen Anhang. *Carnet de prison* dürfte, da sich dessen Publikation so lange hinzog, als Folie für D.s übriges Schreiben gedient haben, so dass dem Buch eine herausragende Stellung in seinem Werk zukommt. In der Märchensammlung *Les contes de Koutou-as-Samala* (1982; Märchen von Koutou-as-Samala) prangert D. in Form von Parabeln noch einmal Willkür, Gewalt und Krieg an. Seit dem Ende seiner Tätigkeit als Kultusminister von Elfenbeinküste (1977–86) legte er keine neuen Bücher mehr vor, aber noch Mitte der 1990er Jahre erschienen englischsprachige Übersetzungen seiner Reisebetrachtungen.

Manfred Loimeier

Dağlarca, Fazıl Hüsnü
Geb. 26. 8. 1914 in Istanbul

»Andere entsteigen den Büchern eines Nachts, / Bedecken das Weltall, Andere. / [...] Ihre Stirn ohne Zeichen. / Neue Bücher schreiben sie. Andere«, lauten die Anfangs- bzw. Endzeilen der fünf Strophen von »Yeni Yaratıklar« (»Neue Geschöpfe«). Fazıl Hüsnü Dağlarcas Thema ist »die kosmische Endlosigkeit, die jedoch immer wieder im Menschen ausgemacht und an ihm konkretisiert werden muß« (Joachim Sartorius). Soziale Veränderungen und – mit den Mitteln der Sprache – ein Hinübergleiten in die Dimension des Unendlichen, ohne sich je darin zu verlieren, eine Karriere beim Militär und ein Abschied als »Soldat des Friedens«, das sind Eckpunkte im Koordinatensystem der äußeren und inneren Biographie des Dichters.

D. stammt aus einer Offiziersfamilie; als Kind kommt er bei seiner Großmutter in Konya mit islamischer Mystik in Berührung, mit der Dichtung des Mevlāna, d. h. Celalettin Rumī, aus dem 13. Jahrhundert, und den Gedanken des Sich-Versenkens in Gott – oder in das Unendliche. Sein Vater war Oberstleutnant der osmanischen Kavallerie, und daher ist es nur folgerichtig, dass der Sohn das Kuleli-Kadettengymnasium in Istanbul besucht, im Anschluss daran eine militärische Ausbildung absolviert und 1935 Offizier der Infanterie wird. 15 Jahre lang beim Militär in verschiedenen Distrikten Anatoliens eingesetzt, wird er gewahr, wie sich sein Menschenbild von der Perspektive des Großstädters hin zu einer allgemeineren Sicht wandelt. 1935 erscheint sein erster Lyrikband *Havaya Çizilen Dünya* (Die Welt, in die Luft gezeichnet), mit Versen, die noch dem Metrum der osmanischen Diwan-Poesie verpflichtet sind, in einem Stil, der von Symbolen und Allegorien bestimmt ist. Es geht um das Ich und die Natur, um ein träumerisches Verschmelzen von Individuum und Landschaft; nichts wird in Frage gestellt und alles hingenommen. Fünf Jahre später veröffentlicht D. die Gedichtsammlung *Çocuk ve Allah* (Kind und Gott), 1943 folgt *Daha* (Mehr).

Nach dem Abschied vom Militär, 1950, tritt D. eine längere Reise in verschiedene Länder Europas an, unter anderem nach Frankreich und Italien, wird 1952, nach seiner Rückkehr nach Istanbul, Inspektor beim Ministerium für Arbeit, gibt die Beamtenlaufbahn acht Jahre später auf, eröffnet eine Buchhandlung und fungiert von 1960 bis 1964 als Herausgeber der Zeitschrift *Türkçe* (Türkisch). 1963 klebt er zum ersten Mal ein Gedicht an das Schaufenster seines Buchladens; dies zieht so viel Publikum an, dass D. bis Mitte der 1960er Jahre jeden Donnerstag ein neues Gedicht im Schaufenster erscheinen lässt – Lyrik, in der Straßenverkäufer und Schuhputzer sich wiederfinden, in einer Sprache, die sie verstehen. Was er sagen will, reduziert er auf das Eigentliche, wie in »Almanlar Makinaları Sever«: »Die Deutschen lieben die Maschinen / Die laufen / Die blitzend denken, / Ich liebe die Deutschen«, verfasst nach einer Reise durch die Bundesrepublik in den 1970er Jahren.

1970 gibt er die Buchhandlung auf und lebt seitdem als freier Autor; auf Deutsch sind seine Gedichte fast nur in Anthologien zu finden; als Auswahl aus dem über hundert Bände (und Bändchen) umfassenden Werk vermitteln »Komm endlich her nach Anatolien« (1981), »Brot und Taube« (1984) und »Steintaube« (1999) einen Eindruck von der universalen Sprache D.s.

Monika Carbe

Dahn, Felix
Geb. 9. 2. 1834 in Hamburg;
gest. 3. 1. 1912 in Breslau

Im Alter von acht Jahren begann der Knabe Felix, mehrbändige Geschichtswerke gleichsam zu verschlingen; zunächst las er die achtbändige Weltgeschichte von Joseph Annegarn, dann die 14 Bände der Beckerschen Weltgeschichte. Die »geschichtliche Begeisterung« »ich war (ganz besonders gern) König Teja auf dem Vesuv« (*Erinnerungen*, 1890–95) –, die »bilderschauende und gestaltungsbedürftige Einbildungskraft« wurden in kindliche Kampf- und Kostümspiele umgesetzt. Friedrich Schillers poetischer Idealismus, die Anschaulichkeit der Epen Homers und James F. Coopers Indianer- und Siedlergeschichten begeistern den Lateinschüler und Gymnasiasten. Vater und Mutter sind angesehene Schauspieler in München; die Welt des Theaters gehört zum Alltag des Heranwachsenden. 1850 wird die Kindheitsidylle durch die Scheidung der Eltern zerstört und das schöne Haus am Englischen Garten verkauft. D.s »Zug zur Schwermut« verstärkt sich; der angehende Student der Philosophie und Rechte setzt gegen die Gefahr des selbstzerstörerischen Fatalismus eine asketische Arbeits- und Pflichtethik, die »mitleidloseste Selbst-Zucht« (*Erinnerungen*). Mit 23 Jahren wird D. nach der Habilitation an der Münchener Universität zum Privatdozenten für Deutsches Recht, Rechtsphilosophie, Handels- und Staatsrecht ernannt. Neben der wissenschaftlichen Karriere vertiefen sich D.s Verbindungen zum Literaturgeschehen. Während des Berliner Studienjahres (1852/53) verkehrt er im Haus der Dramatikerin Charlotte Birch-Pfeiffer und ist Gast des Dichterbundes »Tunnel über der Spree«, dem u. a. auch Theodor Fontane angehörte; in München zählt er zum Dichterkreis »Das Krokodil« (mit Emanuel Geibel, Paul Heyse, Victor v. Scheffel). Unermüdlich dichtet D. seit seiner Schülerzeit in spätromantischer und klassizistischer Manier; zunächst erscheinen Gedichte, dann Balladen, Versepen und Dramen; bevorzugt werden Stoffe aus der Geschichte. Erst 1863 erhält D. die ersehnte Professur in Würzburg; 1872 wird er nach Königsberg, 1888 nach Breslau berufen. Im Zentrum des breiten wissenschaftlichen Werks steht die elfbändige Darstellung *Die Könige der Germanen* (1861 bis 1907). Als Freiwilliger nimmt der Gelehrte begeistert am Deutsch-Französischen Krieg 1870/71 teil; die Reichsgründung von 1871 begrüßt er enthusiastisch. Im Zeichen von Historismus und Nationalismus trägt sein literarisches Werk nun dazu bei, für »Volk und Reich« eine schicksalsbelastete, aber heroische Vergangenheit zu konstruieren. Bereits 1858 hatte D. mit der Arbeit an dem mehrbändigen Werk *Ein Kampf um Rom* begonnen. Als der Roman über den Verfall des Ostgotenreiches 1876 erschien, erwiderte seine Botschaft von Heldentum und Ethos der Germanen, von der Intriganz der Römer und der Dekadenz im alten Byzanz die aktuelle politische Stimmung der Reichseuphorie, des antikatholischen Kulturkampfes und des vermeintlichen geistigen Aufbruchs. Obwohl die Literaturkritik bald den von D. und Georg Ebers begründeten Typ des historistischen »Professorenromans« verwarf, blieb die Breitenwirkung von *Ein Kampf um Rom* ungebrochen, zumal die Verbindung von Abenteuerhandlung, Geschichtsvermittlung und nationalethischem Gehalt das Buch zu einem »Schmöker« für die heranwachsende Jugend machte. Die ideologisierende Verstärkung der rassistischen und antisemitischen Perspektiven des Textes in der nationalsozialistischen »Literaturpflege« gaben dem Roman vom heldenhaften Kampf und Untergang der Germanen eine neue, unheilvolle Aktualität. D. freilich hatte seinen *Kampf um Rom* im literarischen Wert geringer eingestuft als spätere Erzählungen und Romane aus dem Stoffbereich der germanischen Mythologie, der Heldensagen und Völkerwanderungszeit. Bereits 1899 umfasste die Ausgabe seiner *Sämtlichen Werke poetischen Inhalts* 21 Bände; 1903 folgten vier weitere Bände. Selbstkritisch sah sich der Autor dennoch nur als ein »Dichter dritten Ranges«.

Werkausgabe: Gesammelte Werke. 10 Bde. Leipzig 1921–1924.

Jörg Schönert

Daif, Rashid al-
Geb. 1945 in Ehden/Libanon

Der in der nordlibanesischen Kleinstadt Ehden als eines von acht Kindern eines besitzlosen Landpächters geborene Rashid al-Daif wuchs in dem von strengen Sitten bestimmten ländlichen Milieu maronitischer Christen auf. Später besuchte er die Schule in der Provinzhauptstadt Tripolis; 1965 ging er nach Beirut, um an der Université Libanaise arabische Literatur zu studieren, 1971 setzte er sein Studium in Paris fort. In Beirut wurde sein Interesse an der Politik durch die dort in den 1960er und 70er Jahren heftig tobenden Debatten geweckt; 1972 trat er der libanesischen Kommunistischen Partei bei. Nachdem er 1974 an der Sorbonne seine literaturwissenschaftliche Dissertation abgeschlossen hatte, kehrte er in den Libanon zurück. Als im April 1975 der Bürgerkrieg ausbrach, bezog D. immer wieder Position für die Linke, von der er sich die in seinen Augen längst überfällige Modernisierung der libanesischen Gesellschaft erhoffte. 1983 wurde er von einer Granate getroffen und schwer verletzt. D. lehrt arabische Literatur an der Université Libanaise in Beirut.

Als Angehöriger derjenigen Generation, die am Bürgerkrieg beteiligt war – sei es mit der Waffe in der Hand oder durch politische Verlautbarungen –, ist D. ein Autor, dessen Werk sich vor allem mit Fragen der Verantwortung auseinandersetzt. Die Ideologien und politischen Ideale der 1970er Jahre werden in der Rückschau radikal hinterfragt. Nachdem D. 1979 und 1980 mit Gedichtbänden debütiert hatte, sind seine ersten Romane Antwortversuche auf den jede Normalität sprengenden Wahnsinn des Krieges. Sein Erstling *al-Mustabidd* (1983; Der Tyrann) kontrastiert den äußerlich ungebrochenen Alltag des Erzählers mit dessen ins Wanken geratener Gefühlswelt und lotet die Reaktion des Einzelnen auf die kollektive gesellschaftliche Katastrophe aus. *Fusḥa mustaḥafa bain al-nuʿās wa-l-naum* (1986; Ausgeliefert zwischen Schläfrigkeit und Schlaf) ist eine direkte Auseinandersetzung mit seiner eigenen lebensgefährlichen Verletzung, die Beschwörung einer alptraumhaften Situation, in der der Erzähler sein eigenes Sterben beobachtet.

Nach dem Krieg rücken das Thema der – persönlichen wie kollektiven – Aufarbeitung der Ereignisse und die selbstkritische Auseinandersetzung mit der Frage der Schuld in den Vordergrund. *ʿAzīzī al-sayyid Kawābātā* (1995; Lieber Herr Kawabata, 1998) ist eine über weite Strecken in einem ironischen Plauderton vorgetragene Lebensbeichte des Erzählers Rashid in Form eines Briefes an den japanischen Literaturnobelpreisträger Yasunari Kawabata (1899–1972). Da sowohl die Araber als auch die Europäer von Vorurteilen und vorgefassten Meinungen verblendet seien, wendet er sich mit der Rekapitulation seiner von revolutionärem Elan, Fortschrittsglauben und Weltverbesserungsplänen geprägten Vergangenheit an den lange verstorbenen Japaner. Als bitterböse Abrechnung mit der im Nachkriegslibanon herrschenden Verdrängung der jüngsten Vergangenheit zeichnet der Roman zugleich eine Mentalitätsgeschichte der libanesischen Gesellschaft der 1960er bis 90er Jahre, die nicht zuletzt die gesellschaftliche Modernisierung als naives Wunschdenken entlarvt, da sie bestenfalls eine schnell bröckelnde Fassade gewesen sei.

Seit Ende der 1990er Jahre hat sich D. den zwischenmenschlichen Beziehungen und den sie immer wieder erschwerenden Fallstricken zugewandt. Die Romane *Learning English* (1998), *Taṣṭafil Meryl Streep* (2001; Zum Teufel mit Meryl Streep) und *Insai al-sayyāra* (2002; Vergiss das Auto) handeln vom Verhältnis der Geschlechter und den vielfältigen Möglichkeiten seines Scheiterns, von obsessiver Eifersucht, quälender Scham und der von gesellschaftlichen Sanktionen, insbesondere der tief verwurzelten patriarchalischen Ordnung eingezäunten Sexualität.

Andreas Pflitsch

D'Annunzio, Gabriele

Geb. 12. 3. 1863 in Pescara/Italien;
gest. 1. 3. 1938 in Gardone

Gabriele D'Annunzio war Sohn des wohlhabenden Bauern Francesco D'Annunzio und seiner Frau Luisa. Nachdem er 1880 das Gymnasium ein Jahr vor Ablauf der Regelzeit mit Auszeichnung abgeschlossen hatte, begann er 1881 in Rom Philologie zu studieren. Als Abgeordneter der Konservativen im italienischen Parlament wurde er 1898 bis 1900 erstmals politisch aktiv. Sein literarisches Debüt, der Lyrikband *Primo vere* (1878), steht noch ganz in der Nachfolge von Horaz und Giosuè Carducci. Mit dem Gedichtband *Canto novo* (1882; Neuer Gesang) erlangte D'A. den ersten größeren Erfolg. Die Lyriksammlung stellt die sinnliche Seite des Lebens dar und bewegt sich auf einem hohen stilistischen Niveau. Der Autor versuchte sich auch in der modernen Gattung des Romans. Besondere Beachtung fand die »Trilogie einer schwachen Seele« *Il Piacere* (1889; Lust, 1898), *L'Innocente* (1892; Der Unschuldige) und *Trionfo della morte* (1894; Triumph des Todes, 1899). Darin schildert D'A. in einer nuancierten Sprachgebung die Hypersensibilität, ja Morbidität der aristokratischen Gesellschaft einer zu Ende gehenden Ära. Beleuchtet werden die Verhaltensformen der Mitglieder der adligen Oberschicht, die zwischen Dekadenzgefühl, gesteigerter Sinnlichkeit und emphatischem Selbstentwurf oszillieren. Für den Romancier spielte zudem das ländliche Leben in den Abruzzen eine besondere Rolle. Neben dem europäischen Symbolismus und Ästhetizismus sind als entscheidende literarische und ideengeschichtliche Vorbilder die philosophischen Schriften Friedrich Nietzsches und die Opern Richard Wagners zu nennen. D'A.s Romanhelden wurden wegen der ihnen eigenen Verbindung aus Schönheitssuche und amoralischer Haltung außerdem mit Oscar Wildes *Dorian Gray* verglichen. Auch der französische Erfolgsautor Paul Bourget soll zu den literarischen Orientierungspunkten und Vorbildern D'A.s gezählt haben. Musikalität, stilistische Eleganz, Lebendigkeit, Sinnenfreude verleihen den Prosatexten wie auch den Dramen und Gedichten D'A.s ihre besondere Kontur. Trotz der Bevorzugung einer gehobenen Stilebene vermeidet D'A. durch Variation, stilistische Virtuosität und großes Sprachvermögen die Gefahren der Einseitigkeit, Monotonie und rhetorischen Erstarrung.

Die Schauspielerin Eleonora Duse spielte zwischen 1901 und 1904 Titelrollen in Dramen D'A.s und trug viel zu deren Breitenwirkung bei. Ihr waren einige seiner Stücke gewidmet, besonders die Tragödien *La Gioconda* (1898) und *Francesca da Rimini* (1901), die auf die unglückliche Liebesgeschichte der Francesca da Rimini aus Dantes *Divina Commedia* zurückgeht. Von den Liebenden Francesca und Paolo, die in den zweiten Kreis der Hölle verbannt wurden, hat Dante im fünften Gesang seiner Dichtung berichtet. Zwischen 1897 und 1902 waren D'A. und die Schauspielerin durch eine Liebesbeziehung eng verbunden und entwarfen gemeinsam Pläne für eine Reform des italienischen Theaters. Die lyrischen Dramen D'A.s standen wie seine frühe Lyrik im Zeichen einer verfeinerten Poetik des *l'art pour l'art* und des Fin de siècle und haben deutschsprachige Autoren der Jahrhundertwende, vor allem Hugo von Hofmannsthal, entscheidend beeinflusst. D'A.s Theaterstück *Sogno d'un mattino di primavera* (1899; *Der Traum von einem Frühlingsmorgen*) bildet die poetische Vorlage für Hofmannsthals lyrisches Drama *Die Frau im Fenster*. In den Jahren 1909 bis 1912 kam es zu einer Gemeinschaftsarbeit D'A.s mit dem Komponisten Ildebrando Pizzetti, mit dem er die Oper *Fedra* plante. D'A. war wegen seiner hohen Schulden auf der Flucht vor seinen Gläubigern zeitweilig ins »freiwillige Exil« nach Paris gegangen und verfasste während dieser Zeit einige Werke in französischer Sprache, von denen besonders *Le martyre de St. Sébastien* (1911; *Das Martyrium des heiligen Sebastian*) zu erwähnen ist; dieser lyrisch-dramatische Text wurde von Claude Debussy vertont.

Als politischer Aktivist befürwortete D'A. den Eintritt Italiens in den Ersten Weltkrieg. Seine politischen Aktivitäten werfen einen Schatten auf D'A.s Laufbahn und seine schriftstellerischen Erfolge, da er, offenbar aus innerer Überzeugung, mit den Faschisten um Benito Mussolini zusammenarbeitete. Auch die heutige Rezeption seines umfangreichen und vielseitigen Werks wird von den offensichtlichen faschistischen Tendenzen und Einstellungen des Autors überschattet. Aus der Retrospektive ergibt sich ein eigentümliches Spannungsfeld im Schaffen D'A.s, zwischen einer (vermeintlich) apolitischen, formalästhetischen Schreibintention, die sich in ständiger poetischer Tätigkeit zu perfektionieren suchte, und dem zweifelhaften faschistoiden Denken. D'A. starb am 1. 3. 1938 an den Folgen einer Gehirnblutung; Mussolini nahm an seiner Beisetzung teil.

Annette Simonis

Dante Alighieri

Geb. zwischen 14. 5. und 13. 6. 1265 in Florenz; gest. 13./14. 9. 1321 in Ravenna

Dante stand auf der Höhe der Bildung seiner Zeit, »er war ein großer Gelehrter in jeder Wissenschaft, [...] der größte Dichter und Philosoph, und ein perfekter Rhetoriker« (Giovanni Villani). Über die historische Person gibt es jedoch kaum gesicherte Informationen. Seine erste Ausbildung empfing D. in Florenz bei Brunetto Latini und Fra Remigio; weiterführende Studien in Bologna und Paris sind nicht zweifelsfrei belegt. D. war nicht nur Dichter und Philosoph, er beteiligte sich auch aktiv am politischen Leben. 1300 wurde er in den Priorat, das höchste politische Gremium der Stadt Florenz, gewählt. Der Konflikt zwischen Kaiser und Papst spaltete Florenz in Guelfen und Ghibellinen. D. schloss sich den reformorientierten sog. »weißen Guelfen« an: Er verteidigte die Kirche, kritisierte aber entschieden deren Verweltlichung und politische Machtfülle. 1301 erfolgte ein Machtwechsel, die »schwarzen Guelfen« übernahmen die Regierung. D., der im Auftrag der Stadt Florenz in Rom mit Papst Bonifaz VIII. verhandelte, wurde 1302 in Abwesenheit zum Tod verurteilt. Er wählte das Exil. Bis zu seinem Tod 1321 in Ravenna führte er ein unstetes Wanderleben fernab seiner Heimat.

Die akademische Streitschrift *Questio de aqua et terra* (*Disputation über das Wasser und die Erde*) verrät eine große Vertrautheit mit der aristotelisch-thomistischen Naturphilosophie. D.s physikalisches Weltbild entspricht den naturwissenschaftlichen Standards seiner Zeit. Die 1564 indizierte Thesenschrift *De Monarchia* (*Über die Monarchie*) – das Verbot wurde erst 1881 wieder aufgehoben – entwirft das Ideal einer universalen Weltmonarchie. D. schränkt die päpstliche »potestas directa in temporalibus« durch den Gedanken der Gewaltentrennung ein. Die Unterscheidung von geistlicher und weltlicher Macht führt zu einer doppelten Ausrichtung des Menschen auf Kaiser und Papst als Garanten der irdischen und der himmlischen Glückseligkeit. Die »Zwei-Reiche-Lehre« wird in der *Divina Commedia* weiterentwickelt. »Inferno«, Kapitel V (Inf. 5), prophezeit die Ankunft eines idealen Monarchen in Gestalt eines »veltro« (»Jagdhund«), dessen Vortrefflichkeit das Böse in der Welt besiegen wird. Das Glücksstreben des Menschen kommt jedoch erst in Gott zur Ruhe (»beatitudo perfecta«/»imperfecta«). *De vulgari eloquentia* (entstanden um 1303/04; *Über die Beredsamkeit in der Volkssprache*) schafft die theoretischen Grundlagen der sog. »questione della lingua«. D. betrachtet die künstlerisch nobilitierte Volkssprache (»volgare illustre«) als dem Lateinischen ebenbürtig. Der Traktat selbst ist jedoch noch in lateinischer Sprache verfasst.

La vita nova (entstanden zwischen 1283 und 1293/95; *Das neue Leben*) umfasst 33 lyrische Gedichte (29 Sonette, drei Kanzonen, eine Ballade), die durch einen Prosa-Erzählrahmen zusammengeschlossen werden. Im Mittelpunkt der Erzählung stehen die Begegnung mit Beatrice, ihr früher Tod und die Erinnerung daran. Der lateinische Titel des in italienischer Sprache verfassten Werkes bezeichnet nicht nur das durch die Liebe zu Beatrice erneuerte Leben, sondern auch den »süßen neuen Stil« der Dichtung (»dolce stil novo«). Im Titel verbirgt sich die Zahl 9 (»nova«/»nove«), die in Kapitel 29 mit Beatrice identifiziert wird: »Sie war eine Neun.« Die Liebe zu Beatrice wird symbolisch überhöht; ihr göttlicher Ursprung wird durch die zahlreichen astronomisch-astrologischen Angaben im Text noch zusätzlich authentifiziert. Entsprechend der Liebeskonzeption des »dolce stil novo« sind Lieben und Dichten in der *Vita Nova* in eins verschmolzen. So ist *La vita nova* immer auch »Dichtung über Dichtung« (Winfried Wehle). Das Werk endet mit einer Ankündigung der *Divina Commedia*, die Beatrice angemessener verherrlichen soll. *Il convivio* (entstanden zwischen 1304 und 1307; *Das Gastmahl*) ist ein Torso einer weitaus größeren (auf insgesamt 15 Bücher veranschlagten) populärwissenschaftlichen Einführung in die praktische Philosophie. Formal ist das Werk, wie schon *La vita nova*, eine Mischung von Prosa und Vers; im Zentrum steht die ausführlich kommentierte Lyrik (drei Kanzonen). Inhaltlich folgt D. der Versuchung einer neuen Liebe: Das Frauenlob gilt hier nicht Beatrice, sondern der personifizierten Philosophie in Gestalt der »Donna gentile.«

La Commedia (*Die Komödie*, später von Giovanni Boccaccio mit dem Beiwort »divina« – »göttliche« versehen) ist weitgehend im Exil entstanden. In ihrer einzigartigen formalen und gedanklichen Strenge bildet sie die dichterische Summa des christlichen Mittelalters. Sie ist außerdem eines der ersten und, angesichts ihrer bis heute ungebrochenen Wirkung, eines der bedeutendsten Werke der italienischen Literatur. D. hat mit der *Divina Commedia* das Italienische in den Rang einer Literatursprache erhoben. Schon zu seinen Lebzeiten erkannte man ihre herausragende Bedeutung. D.s Söhne Jacopo und Pietro Alighieri kommentierten das Werk, 1373 bis 1374 hielt Boccaccio in Florenz die erste öffentliche »lectura Dantis«. Barock und Aufklärung reagierten ablehnend auf Sprache und Inhalt, die Romantik dagegen etablierte einen regelrechten D.-Kult. D. wurde zum »magnus parens« (Charles Baudelaire) der modernen Dichtung; auch in der modernen bildenden Kunst (Rodin, Dalí, Rauschenberg u. a.) wird die *Divina Commedia* intensiv rezipiert. Die Bezeichnung »Komödie« nimmt v.a. auf Aristoteles Bezug. Diesem zufolge beginnt eine Komödie mit dem Abstoßenden einer Sache, »aber ihr Stoff wird glücklich abgeschlossen« (D.): Nach Schrecken und Läuterung wird dem Wanderer

Dante schließlich das höchste Glück der »visio Dei beatifica« zuteil. Das erinnerte Ich, der Wanderer Dante, der eine Art ›midlife-crisis‹ zu überwinden hat, durchwandert Hölle, Läuterungsberg und Paradies, während der Dichter, das erinnernde Ich, schon am Ziel seiner Reise angekommen ist, die er von ihrem Ende her erzählt. Der einfache Plot hat »unter dem Schleier der seltsamen Verse« (Inf. IX 63) immer auch eine allegorische Bedeutung. Die allegorische Jenseitsreise meint auch das Unterwegssein des Menschen »in statu viatoris«. Dantes Führer Vergil und Beatrice verkörpern die Vernunft und den Glauben, denen sich der Mensch auf seinem »iter ad felicitatem« anvertrauen muss.

D. entwickelt im *Convivio* die Lehre vom vierfachen Schriftsinn, die er auch auf die *Divina Commedia* anwendet. In Anlehnung an die theologische Hermeneutik unterscheidet er einen »Literalsinn« (plot) und eine sich anschließende Auslegung, die allegorisch, moralisch und anagogisch sein kann. Das *Schreiben an Cangrande* autorisiert den Leser, dieses Verfahren auch auf die *Divina Commedia* anzuwenden, die somit dem Anspruch nach in den Bereich der Theologie gerückt wird. Die *Divina Commedia* besteht, sofern sie allegorisch ist, aus zwei oder mehr Geschichten, von denen die eine direkt erzählt, die andere aber indirekt zu verstehen gegeben wird: »Der Gegenstand des ganzen Werkes, nur buchstäblich aufgefaßt, ist also der Zustand der Seelen nach dem Tod, absolut genommen [= simpliciter sumptus]; denn von diesem handelt und um diesen rankt sich der Gang des ganzen Werkes. [...] Wenn das Werk hingegen allegorisch aufgefaßt wird, ist der Mensch Gegenstand, insofern er aufgrund der Willensfreiheit durch Verdienst und Schuld der belohnenden und bestrafenden Gerechtigkeit unterworfen ist« (D.). Bekanntestes Beispiel ist dafür der 5. Höllengesang: Der Wanderer Dante begegnet dem Liebespaar Paolo und Francesca, das für seinen Ehebruch grausam bestraft wird. Von Mitleid gerührt, fällt Dante in Ohnmacht. Die Episode wurde in zahlreichen Bearbeitungen in Literatur und bildender Kunst (Ingres, Feuerbach, Rodin u. a.) produktiv missverstanden.

D.s Hölle ist ein Instrument der göttlichen Gerechtigkeit, das die Sünder wieder in die moralische Ordnung eingliedert, die sie durch die Sünde verlassen haben. Je tiefer Dante und Vergil in die Hölle hinabsteigen, desto größere Qualen leiden die Sünder; Erd- und Sündenmittelpunkt ist der gefallene Engel Luzifer. Die Wanderer verlassen die Hölle auf einer Insel im Südpolarmeer. Im Unterschied zur Hölle, die eine lange Tradition bildlicher Darstellung kennt, wurde der Glaube an das Fegefeuer erst 1274 zum Dogma erhoben. Die Vorstellung davon blieb jedoch weiterhin unbestimmt; sie ist maßgeblich durch D. geprägt. Er schildert das Fegefeuer als eigenes Jenseitsreich in Form eines kegelförmigen Berges, der das Gegenstück zum Höllentrichter bildet. Neben der ewigen Verdammnis in der Hölle gibt es hier die Möglichkeit der Läuterung durch Bußfertigkeit, die, infolge einer ökonomischen Instrumentalisierung, einen blühenden Ablasshandel hervorrief. Auf dem Gipfel des Läuterungsbergs liegt das Irdische Paradies, das D. mit dem biblischen Garten Eden identifiziert. Aus dem Zustand der »beatitudo imperfecta« erhebt sich die geläuterte Seele schwerelos schwebend zu Gott. Im Paradies trifft Dante schließlich Beatrice wieder, deren himmlisches Lachen ihn blendet. Die Blendung lenkt den Blick auf das wahre, mit sich selbst identische Sein der Gottheit. Die Lichtmetaphysik der *Divina Commedia* wird im »Paradies« (Par.), in einer letzten Aufgipfelung der Synästhesie als Erkenntnisinstrument, mit liturgischen Gesängen untermalt. Die *Divina Commedia* ist eine Reise ins Licht; an ihrem Ziel erkennt Dante das universale Prinzip alles Seienden: »Die Liebe, die bewegt Sonn und Sterne« (Par. XXXIII 145).

Der Aufbau der *Divina Commedia* ist bis in alle Einzelheiten nach Zahl und Maß bestimmt. Die komplexe Zahlensymbolik verleiht dem Werk eine einzigartige formale Geschlossenheit, die den Text um eine poetische Kosmologie ergänzt und bereichert. Zentrale Symbolzahl ist die 3: Das Werk besteht aus drei »Cantiche« zu je 33 »Canti«; jeder Gesang besteht aus unterschiedlich vielen Terzinen, die durch einen dreimal wiederkehrenden

Reim in der Form (aba / bcb / cdc / …) kontinuierlich miteinander verknüpft sind. Die Summe aller »Gesänge« beträgt 33+33+33+1 Prolog = 100. Wilhelm Pötters zufolge beschreiben die gematrisch konnotierten Eigennamen in Relation zur Verszahl einen dreidimensionalen »kosmos in fieri« in Gestalt einer expandierenden Kugel. Die drei Jenseitsreiche sind jeweils in neun konzentrische Höllenkreise/Läuterungsstufen/Himmelssphären untergliedert, die zugleich die ewig festgefügte moralische Ordnung der Welt widerspiegeln. Auch das Übel, »das nach dem Guten strebt mit schlechter Ordnung« (»Purgatorium«, Purg. XVII 126), ist Teil dieser zur Ordnung gefügten Einheit. Es hat jedoch kein ontologisches Fundament, folglich gibt es in der *Divina Commedia* auch kein autonomes Böses, sondern lediglich verschiedene Grade des Guten und der Nähe zu Gott, die sich in einer kontinuierlichen Steigerung der Leuchtkraft und der Sehstärke manifestiert. Ein Hauptmerkmal der *Divina Commedia* ist ihre synästhetische Bildlichkeit. Die sinnliche Erfahrung der Welt bildet nach mittelalterlicher Auffassung die Grundlage aller Erkenntnis, die in der »visio Dei beatifica« gipfelt, dem nach Meinung von T.S. Eliot höchsten Punkt, den die Poesie überhaupt erreichen kann. Die *Divina Commedia* setzt, sofern sie allegorisch ist, ein prinzipielles Vorverständnis dessen voraus, wie die Allegorie richtig zu verstehen sei. Dieses Vorverständnis liegt jedoch außerhalb der Dichtung in der übersinnlichen Wesensschau, die gleichsam den »blind spot« (Paul de Man) der Allegorie in der *Divina Commedia* konstituiert. Damit sprengt das Werk die Grenzen der Literatur.

Werkausgaben: Philosophische Werke. Hamburg 1993ff. – Die Göttliche Komödie. Stuttgart 1949–57.

Adrian La Salvia

Darío, Rubén (eigtl. Félix Rubén Darío Sarmiento)

Geb. 18. 1. 1867 in San Pedro de Metapa, heute Ciudad Darío/Nicaragua; gest. 6. 2. 1916 in León

Rubén Darío ist Initiator des hispanoamerikanischen Modernismus und sein bedeutendster Vertreter. Sein lyrisches Werk besitzt eine weit über Amerika hinausgehende Integrationskraft, da es zeitgenössische französische Modelle (Parnasse, Symbolismus, Fin de siècle) aufgreift, die gesamte hispanoamerikanische Dichtung neuorientiert und seinerseits als Modell auf Spanien (J.R. Jiménez, M. Machado, R. del Valle-Inclán) und Europa zurückwirkt.

Bereits ab 1880 erscheinen Gedichte des bald als »niño poeta« (Dichterkind) bekannten D. 1882 verlässt er Nicaragua und nimmt ein unstetes Leben auf, das ihn zunächst durch Mittel- und Südamerika führt. 1886 wird er Korrespondent der argentinischen Zeitung *La Nación* in Chile. Mit dem Band *Azul* (1888; *Azul*, 1942), der 21 phantastische, z. T. im Stil von Prosagedichten oder Tableaus gehaltene Erzählungen und sechs längere Gedichte umfasst, legt Darío einen ersten, mitunter noch romantisch beeinflussten, aber die Abkehr vom bis dahin maßgeblichen Realismus und Kostumbrismus markierenden Entwurf seiner Dichtung vor, der bereits Breitenwirkung erzielt. So äußert sich der spanische Romancier Juan Valera in zwei Briefen vom Oktober 1888 begeistert über die Durchdringung der französischen Literatur und ihre originelle Aneignung innerhalb traditionell spanischer literarischer Formen. 1892 begegnet D. ihm und anderen namhaften Literaten während seines Aufenthaltes in Spanien, wo er als Vertreter Nicaraguas an der 400-Jahr-Feier der Entdeckung Amerikas teilnimmt. Fünf Jahre lang ist D. Konsul Kolumbiens und erfolgreicher Journalist in Buenos Aires, bevor er für längere Zeit nach Europa zurückkehrt: 1898 als Spanien-Korrespondent von *La Nación*, eine Phase, die er jedoch zum großen Teil in Paris verbringt und für zahlreiche Reisen durch Italien, Belgien, Deutschland und Österreich nutzt, ab 1908 als Botschafter Nicaraguas in Spanien. D.s literarischer Ruhm ist zu diesem Zeitpunkt bereits gefestigt: 1896 hat er zunächst zwei grundlegende Werke publiziert. *Los raros* (Die Außenseiter) vereinigt 19 Schriftstellerporträts mit dem Ziel, den französischen Symbolismus in Lateinamerika bekannt zu machen und zugleich seine eigene Poetik des »modernismo« darzulegen, die er im zweiten Werk, den 33 *Prosas profanas y otros poemas* (Profane Prosen und andere Gedichte), dichterisch umsetzt. Sie entwerfen das phantastische Dekor einer lebensfernen, häufig an die antike Tradition angelehnten Symbolwelt, in der sich die Suche nach einem als absolut verstandenen Schönen, dem Ideal, vollzieht. Dessen eigentlicher Ort liegt freilich in der gleichsam zur Religion erhobenen Dichtung selbst (»Die reine Kunst, wie Christus ruft sie aus: / *Ego sum lux et veritas et vita!*«), die im Sinne des Ästhetizismus dem sprachlichen Ausdruck Vorrang vor dem Ausgedrückten einräumt und zahlreiche Neuerungen in Melodik, Rhythmus und Versbau einführt, wobei auch mittelalterliche spanische Formen modellbildend wirken. Als 1905 schließlich die *Cantos de vida y esperanza* (Gesänge von Leben und Hoffnung) erscheinen, ist der »modernismo« in der spanischsprachigen Welt selbst für seine Gegner zum unumgänglichen literarischen Referenzpunkt geworden.

Die *Cantos*, im allgemeinen Urteil D.s wichtigstes lyrisches Werk, behalten zentrale Stilmerkmale der *Prosas* bei, zeigen dabei jedoch eine deutliche Rückkehr zu lebensweltlichen Bezügen. Einerseits treten auf der individuellen Ebene ästhetische zugunsten von existentiellen Themen zurück, etwa die vom steten Bewusstsein um den unausweichlichen Tod ausgelöste Beklemmung, wie sie sich in einem der bekanntesten Gedichte D.s, »Lo fatal« (Das Verhängnisvolle), artikuliert: »Gibt es doch keinen größeren Schmerz als den Schmerz lebendig zu sein, […] und die Furcht gewesen zu sein und ein künftiger Schrecken… / Und das sichere Entsetzen, morgen tot zu sein.« Andererseits öffnet sich seine Lyrik der aktuellen sozialen und politischen Situation Lateinamerikas, insbesondere der Konfrontation mit den nach Hegemonie strebenden USA, deren Dekadenz er in recht holzschnittartiger Form der eigenen Kultur und ihren spanischen Wurzeln gegenüberstellt – so in der Ode »A Roosevelt« oder in »Los cisnes« (Die Schwäne), wo nunmehr das ursprünglich ästhetizistische Symbol des Schwans in den Kontext der Zukunftsfragen einer am Scheideweg stehenden spanischsprachigen Welt gerückt wird, zu deren Fürsprecher sich der Dichter macht.

Mit den *Cantos* ist D.s Werk weitgehend abgeschlossen; in seinen letzten Lebensjahren, die zunehmend von alkoholbedingtem Verfall geprägt sind, veröffentlicht er kleinere, die *Cantos* fortschreibende lyrische Werke (*Canto errante*, 1907; Irrender Gesang) und eine Autobiographie (1915).

Werkausgabe: Gedichte. Hg. C. Meyer-Clason. Oberschleißheim 1983.

Frank Reiser

Darwish, Mahmud
Geb. 13. 3. 1941 in al-Barwa/Palästina

Mahmud Darwish gehört zu den bedeutendsten arabischen Dichtern der Gegenwart. Seine Popularität und seine Stellung als Symbolfigur des palästinensischen Schicksals sprengten den geläufigen Rahmen von Literatur bei Weitem. Geboren wurde er als zweites von acht Kindern einer einfachen Familie in einem Dorf östlich von Akka. Nach der israelischen Staatsgründung 1948 floh die Familie in den Libanon, kehrte jedoch 1950 illegal nach Galiläa zurück; ihr Heimatdorf war zerstört. Die Heimatlosigkeit bestimmt D.s ganzes Leben. In den 1960er Jahren arbeitete er als Journalist in Haifa; immer wieder wurde er inhaftiert. 1971 entschied er sich für das Exil und ließ sich, nach einem kurzen Aufenthalt in Kairo, in Beirut nieder. Nach der israelischen Belagerung der libanesischen Hauptstadt im Sommer 1982 ging er nach Paris. Seit 1995 lebt er im jordanischen Amman und im palästinensischen Ramallah.

Bereits sein zweiter Gedichtband *Aurāq al-zaitūn* (1964; Olivenbaumblätter) machte ihn schlagartig berühmt. Dessen frischer revolutionärer Elan trat in den folgenden Werken, etwa in *ʿĀšiq min Filasṭīn* (1966; Ein Liebender aus Palästina, 1979) zunehmend hinter symbolischen Verschlüsselungen zurück, die dem wachsenden Druck von israelischer Seite geschuldet waren. Im Beiruter und Pariser Exil profitierte er von der größeren Freiheit. Er begründete den Gang ins Exil damit, dass er sich von seinem Land entfernen musste, um ihm näher zu kommen. D. gilt als palästinensischer Widerstandsdichter par excellence, dabei war sein Verhältnis zur Politik mehreren Wandlungen unterworfen. Ging es in den 1960er Jahren zunächst darum, den heimat- und sprachlosen Palästinensern eine Stimme zu geben, bekam das idealisierte Selbstbild des Dichters als sich für die Sache seines Volkes opfernder Märtyrer bereits in den 1970er Jahren erste Risse, etwa in dem Band *Aʿrās* (1977; Hochzeitsfeiern).

In den 1980er Jahren, in denen sich bei D. eine Tendenz zu Langgedichten abzeichnete, trat die direkte politische Einmischung weiter in den Hintergrund. Aus dem – auch zeitlichen – Abstand des Pariser Exils verarbeitete D. die israelische Belagerung Beiruts 1982 in seinem zwischen den Gattungen stehenden textlichen Mosaik *Ḏākira li-l-nisyān* (1987; Ein Gedächtnis für das Vergessen, 2001). Der Wahnsinn, der damals im Libanon ausgebrochen sei, müsse mit einem »Gegenwahnsinn« beantwortet werden, mit einer das traditionelle Schreiben überwindenden Poetik. Das kämpferische Pathos gab er nun, etwa in dem Band *Ward aqall* (1986; Weniger Rosen, 1996) zugunsten leiserer Töne auf. Seit den 1990er Jahren ist D., etwa in *Li-māḏā tarakta al-ḥiṣāna waḥīdan* (1995; Warum hast du das Pferd allein gelassen, 2000), in *Sarīr al-ġarība* (1999; Das Bett der Fremden) und besonders in *Hālat Hiṣār* (2002; Belagerungszustand, 2005), darum bemüht, die nicht zuletzt in seinen eigenen Werken geschaffenen Helden- und Märtyrermythen zu überwinden, da sie längst der Pervertierung durch Fanatiker anheimgefallen sind. Damit vollzieht D. keine Abkehr vom politischen Anspruch der Literatur, entwickelt aber eine Neuinterpretation ihrer Wirksamkeit.

D.s Sprache zeichnet sich generell durch die Verwendung einer gehobenen, aber ungekünstelten Alltagssprache aus. Die sprachliche Strenge der klassischen arabischen Dichtung beeinflusste sein Werk ebenso wie die moderne Lyrik und die Auseinandersetzung mit der hebräischen Bibel. Immer spiegelt sich in seinem Werk das Ringen der Palästinenser um eine dem kulturellen Gedächtnis entwachsene Identität. Seine Vision sei es, »ein Land in der Sprache zu schaffen«. So erreicht D. in seinem Spätwerk eine Akzeptanz des Exils als existentielle Befindlichkeit; er findet eine Heimat aus Worten.

Andreas Pflitsch

Däubler, Theodor
Geb. 17. 8. 1876 in Triest; gest. 13. 6. 1934 in St. Blasien/Schwarzwald

Man sagt, D. habe »ein Epos von 30000 Versen geschrieben, das nun in München erscheinen soll«, er sei »groß geworden ohne Schule und Schulung« und »allerhöchst intelligent und ein Temperament wie von Shakespeare«, so berichtet 1909 Ernst Barlach über D., den er zu dieser Zeit in der Toscana kennengelernt hat und sich mit ihm befreundet hat. Die Persönlichkeit D.s wird Barlach nie mehr loslassen; immer von neuem wird D., der in seiner monumentalen Körpermasse wie eine von Barlach erfundene Figur anmutet, diesem Künstler zum »Modell« für Zeichnungen und Plastiken, selbst zur Romangestalt. D. hat damals schon ein vieljähriges Wanderleben als Vagabund und Clochard hinter sich: Mit 15 Jahren ist er als Schiffsjunge auf See; nachdem er seinen einjährigen Militärdienst in Wien abgeleistet hat, gaukelt er ab

1898 ruhelos durch die Lande – Neapel, Berlin, Wien, Venedig und Rom sind seine Stationen. Ab 1903 hält er sich längere Zeit in Paris auf, wo er die moderne Malerei kennenlernt.

Unter südlicher Sonne im damals noch österreichischen Triest geboren, dort und in Venedig zweisprachig aufgewachsen, zieht es D. als »mittelländischen Menschen« sein Leben lang in die wärmeren Gefilde. Seit 1921 lebt er in erbärmlicher Armut in Griechenland, einige Zeit sogar unter den Mönchen des Bergs Athos. Von dort aus reist er u. a. nach Konstantinopel, Syrien, Ägypten, Nubien. 1926 muss D. schwerkrank nach Berlin zurückkehren, fährt aber bald wieder nach Neapel und Capri und unternimmt Vortragsreisen quer durch Europa.

Als er Barlach begegnet, ist das eigentliche Hauptwerk gerade abgeschlossen, das großartig-ungeheuerliche und schwer zu lesende Epos *Das Nordlicht* (von 1898 bis 1910). Freunde und Verleger drängten ihn wiederholt dazu, das auf einer privaten Mythologie gründende Epos lesbar und verständlicher zu machen; dies geschah durch eine geeignete Auswahl (*Perlen von Venedig*, 1921), eine erleichternde Einführung (*Die Treppe zum Nordlicht*, 1920), diesen Mythos fassbarer darstellende Gedichtbände (*Hesperien*, 1915; *Hymne an Italien*, 1916). Natürlich zwang die Notwendigkeit, Geld zu verdienen, D. auch zu einfacheren Werken, zu Erzählungen und Romanen wie *Der unheimliche Graf*, 1921; *Der Schatz der Insel*, 1925, oder *L'Africana*, 1928. Barlach ist nur einer von zahlreichen Künstlern, denen D. freundschaftlich verbunden war (George Braque, Marc Chagall, Pablo Picasso, Paul Klee, Oskar Kokoschka, Franz Marc usw.) und über die er begeistert und begeisternd schreibt, einprägsam-ausdrucksstarke Formeln und Interpretationen findend (*Der neue Standpunkt*, 1916; *Im Kampf um die moderne Kunst*, 1919). Trotz öffentlicher Anerkennung und Ehrung – Mitglied der Preußischen Akademie (1928), mehrmals Präsident des deutschen PEN-Clubs (1927 bis 1932), Verleihung der Goethe-Medaille (1932) – bleibt er ohne jeden materiellen Erfolg. 1936 erkrankt D. schwer an Tuberkulose, wird zur Erholung nach Davos und Arosa geschickt. Ein Jahr später erleidet er einen Schlaganfall und kommt in das Sanatorium St. Blasien. D. stirbt, wie er voraussagt, »als schwindsüchtiger Lump, ein Lappen im Wind«, hielt es jedoch für möglich, dass Bücher von ihm »in kommender Zeit gelesen werden«. Auf seinem Grabstein steht der letzte Vers seines großen Epos: »Die Welt versöhnt und übertönt der Geist!«

Ludwig Dietz

Daudet, Alphonse
Geb. 13. 5. 1840 in Nîmes/Frankreich; gest. 16. 12. 1897 in Paris

Die Kindheit von Alphonse Daudet war überschattet vom Bankrott der väterlichen Seidenspinnerei und dem Umzug der Familie nach Lyon. Noch vor dem Abitur verließ D. das Gymnasium und arbeitete vorübergehend als Hilfslehrer, wovon sein autobiographisch inspirierter Roman *Le petit chose* (1866; *Der kleine Dingsda*, 1877) Zeugnis ablegt. 1857 zog er nach Paris und frequentierte Bohème-Kreise und einige Salons. Er wurde Mitarbeiter mehrerer Pariser Zeitungen, unter anderm des *Figaro*. Von 1860 bis 1865 diente er dem Herzog von Morny als Sekretär, bevor er sich ab 1865 als freier Schriftsteller etablieren konnte.

Sein Werk und Nachruhm sollten vor allem durch seine Verbundenheit zur Provence geprägt sein. Seit 1859 war er mit dem okzitanischen Dichter Frédéric Mistral befreundet. Seine prekäre Gesundheit veranlasste ihn immer wieder zur Erholungssuche fern der Hauptstadt. D. interessierte sich in erster Linie für die charakterlichen Eigenarten der Südfranzosen, die er mit Sympathie darstellte. Beispielhaft dafür sind die *Lettres de mon moulin* (1869; *Briefe aus meiner Mühle*, 1892), die Begebenheiten aus dem Provinzalltag schildern, und der burleske Roman *Les aventures prodigieuses de Tartarin de Tarascon* (1872; *Die wunderbaren Abenteuer des Tartarin von Tarascon*, 1882), der mit den Bänden

Tartarin sur les Alpes (1885; *Tartarin in den Alpen*, 1886) und *Port-Tarascon* (1890; *Port-Tarascon*, 1890) zu einer Trilogie ausgeweitet wurde und mit Nachsicht die Prahlsucht des Titelhelden karikiert. Hinzu kommt auch der einzige große Theatererfolg D.s, der viele seiner Prosatexte für die Bühne adaptierte: *L'arlésienne* (1872; *Die Arlesierin*, 1886) mit der Musik von Georges Bizet.

In der Folge widmete sich D. mit psychologischem Feingespür besonders dem Pariser Bürgertum, wobei die dokumentarischen Vorarbeiten für seine Milieuschilderungen einen großen Stellenwert einnahmen, da D. nur persönliche Erlebnisse oder Zeitungsmeldungen zu fiktionalen Texten ausgestaltete. Aus der realistischen Beobachtung der Zeitgenossen heraus entstanden Sittengemälde in der Manier des naturalistischen Romans, so in *Jack* (1976; *Jack*, 1877), *Fromont jeune et Risler aîné* (1874; *Fromont junior und Risler senior*, 1876), *Les rois en exil* (1879; *Die Könige im Exil*, 1880), *Numa Roumestan* (1881; *Numa Roumestan*, 1882), *L'immortel* (1888; *Der Unsterbliche*, 1888). Als mögliche Einflüsse sind in diesem Zusammenhang die Bekanntschaft mit Gustave Flaubert und Émile Zola (seit 1872) und die seit 1873 während enge Freundschaft mit Edmond de Goncourt zu nennen. Im Unterschied zu anderen naturalistischen Autoren ist für D. jedoch sein Mitgefühl mit den Figuren charakteristisch, deren lächerliche, rührende oder auch tragische Schwächen letztlich ebenso wenig verurteilt werden wie die gesellschaftliche Ordnung an sich. Somit weisen D.s Texte auch nicht die für die naturalistische Strömung typische Ideologie auf, eher lassen sie sich als eine Art poetischer Realismus begreifen, der mit seinem Sinn für Humor dem Publikumsgeschmack entgegenkam und D. zu einem der erfolgreichsten Autoren seiner Zeit machte.

Werkausgabe: Werke. München 1972.

Maximilian Gröne

Dauthendey, Max(imilian Albert)
Geb. 25. 7. 1867 in Würzburg;
gest. 29. 8. 1918 in Malang (Java)

Mitte April 1912 erhielt D. für das Versdrama *Spielereien einer Kaiserin*, seinen einzigen Bühnenerfolg, Tantiemen über stattliche 900 Reichsmark. Diese Summe hätte dem hochverschuldeten Dichter aus der finanziellen Klemme geholfen, zu seinem Unglück aber kam die Summe an einem Samstag an – das Geld konnte übers Wochenende nicht angelegt werden. Das unerwartete Gefühl plötzlichen Reichtums beflügelte die Schritte des hochgestimmten Dichters und erweckte, beim Anblick einer herrlichen Waldwiese, in ihm die Sehnsucht nach einem Eigenheim. Zufällig hatte der Besitzer des Grundstücks D.s frommen Wunsch gehört; ehe der Dichter sich's versah, war man handelseinig, und das Honorar hatte einen neuen Herrn gefunden. Aber damit nicht genug. D. ließ sich für 25000 Mark ein Haus bauen. So kamen zu den alten Schulden die neuen; die Hypothek aber, die er für das Haus aufnahm, wurde auf einer sonnigen Italienreise verbraucht. Solch unbürgerlich-lockeres Finanzgebaren ist bezeichnend für den Lebensstil des Gentleman-Poeten, dessen ungebundenes Leben an die Existenz eines Zugvogels erinnert. In Würzburg geboren als Sohn eines preußischen, lange Zeit in Petersburg lebenden Fotografen und einer Deutschrussin, tat sich der verträumte Knabe mit allem Schulzwang schwer. Nach dem mühsam erreichten Einjährigen-Examen sollte er nach väterlichem Wunsch eine fotografische Ausbildung absolvieren, um später das elterliche Geschäft zu übernehmen. Doch D. leistete so lange Widerstand, bis der Vater schließlich überzeugt war, sein Sohn sei zu einem praktischen Beruf untauglich. Die erste größere Talentprobe, der Roman *Josa Gerth* (1893), steht noch in der Nachfolge von Jens Peter Jacobsens Roman *Niehls Lyne*. Auf zahlreichen Reisen durchquerte der junge Dichter Europa; in Schweden lernte er seine künftige Frau kennen. Geheiratet haben die beiden in Paris, wo D. zwischen 1896 und 1905 häufig wohnte und mit zahlreichen zeitgenössischen Literaten zusammentraf. Das ständig von Finanznöten geplagte Paar kam auf die Idee, durch die fingierte Nachricht, der arme Poet sei gestorben, Bestattungsgeld von den Schwiegereltern zu erbetteln. Nach dem Tode seines Vaters verkaufte D. dessen Fotoatelier, der gesamte Erlös wurde für eine ursprünglich als Auswanderung geplante Mexikoreise (1897) verbraucht. Im Jahre 1905 ließ sich D. in Würzburg nieder, begab sich aber schon Weihnachten 1905 auf eine Weltreise, die ihn durchs Mittelmeer über Kairo, Indien, nach Hongkong und Japan, quer über den Pazifik nach Los Angeles, Chicago und zurück nach London führte. D. brauchte das Reisen als Anregung für sein Schreiben. Das miserable deutsche Klima, innere Unrast und nicht zuletzt die Heerscharen seiner Gläubiger trieben den mittellosen Weltenbummler in die Ferne. In Italien, beim Anblick des ewig blauen Mittelmeers, beschloss er, »wieder einmal nach Asien und an den Äquator zu reisen, um recht lange vor dem deutschen Bindfadenregen bewahrt zu bleiben.« So brach er im April 1914 zu seiner zweiten, mit Vorschüssen finanzierten Weltreise nach Sumatra und Deutsch-Neu-Guinea auf. Vom Ausbruch des Ersten Weltkriegs überrascht, wurde er auf Java interniert. Dort starb er an den Folgen einer Malariaerkrankung.

Angefangen hat D. mit Lyrik; seine erste Gedichtsammlung *Ultraviolett* (1893) enthält bereits im Keim die Eigenarten seiner Poesie: die impressionistische Bildkraft, die in Farben und Düften manifeste Sensualität, die Verabsolutierung des synästhetischen Reizes. Stefan George glaubte damals, mit dem Neutöner einen Anhänger für seine Kunstreform gewinnen zu können, freilich hat die spätere Wende D.s zum Volksliedhaften, ja Bänkelsängerischen (*Bänkelsang vom Balzer auf der Balz*, 1905) die Wesensverschiedenheit beider Poeten deutlich gezeigt. D. hat sein Poesieideal in euphorischem Überschwang einem Jugendfreund mitgeteilt: »Wenn man ein Musikstück hört, fragt niemand: Was will das sagen, welche Idee drückt dieses Symphonie aus? Das ist das Nebensächliche, ebenso wie man nicht fragt, wenn man den Sonnenaufgang genießt oder eine Aussicht vom Gebirge: Welche Idee drückt diese Handlung, dieses Morgenrot aus? Man soll einfach nur die Bilder genießen, die Wohl- und Wehlaute, die immer unbewusst im Gehirn anschlagen, wenn man den Duft oder die Farben von Rosen oder Jasmin genießt, oder den Kuckuckruf hört, oder den Regenduft atmet. Diese Wohl- und Wehlaute, die die ganze Stimmung ausmachen, die von Rosen und Jasmin auf uns strömen, will der Dichter durch die traurigen und freudigen Bilder, die er zeichnet, im Lesenden erwecken, um dadurch denselben Wohl- und Wehreiz hervorzurufen, den Rosen und Jasmin ausüben.« Auch in der späteren, immer massenhafter produzierten Natur- und Liebeslyrik dominiert das Sensorium für Farben und Töne, die Verherrlichung des Sinnenhaften und Erotischen und die ›panpsychische‹ Neigung, Leben und Welt als ein Fest zu begreifen (*Das Lied der Weltfestlichkeit*, 1918). D. war der halb naiven, halb überheblichen Meinung, der Besitzbürger solle für Kunst das vom Künstler Verlangte bezahlen, er sei geradezu zum Unterhalt für den Dichter verpflichtet. Da weder Lyrik noch die zahlreichen Dramen den dringend auf Einnahmen angewiesenen Dichter ernähren konnten, blieb ihm nur die verwegene Hoffnung auf den Nobelpreis, die er insbesondere an das umfangreiche binnenreimgespickte Reisetagebuch *Die geflügelte Erde* (1910) knüpfte. War dieses Unternehmen bereits nicht mehr ganz zeitgemäß, so leidet auch der ehrgeizige, die Mexikoreise verarbeitende Roman *Raubmenschen* (1911) unter dem Mangel individueller Personengestaltung und stringenter Handlungsführung. Spielerischer Hang zur Groteske, lyrischer Duktus und erzählerische Lust zeichnen die Novellen aus. Die beiden Sammlungen *Lingam* (1910) und *Die acht Gesichter am Biwasee* (1911) stellen den künstlerischen Höhepunkt seines Werkes dar; hier verbinden sich modische Jugendstilelemente, lyrisch-impressionistische Stimmung mit persönlichen Reiseerfahrungen. Außer den Novellen hat D. lesenswerte autobiographische Schriften (*Der Geist meines Vaters*, 1912; *Gedankengut aus meinen Wanderjahren*; 1913) und Reiseschilderungen

(*Erlebnisse auf Java*, 1924; *Letzte Reise*, 1925) verfasst, alle in der für ihn typischen improvisierenden, Bilder und Szenen farbig aneinanderreihenden Technik. Als Zeugnisse einer für damalige deutsche Verhältnisse seltenen kosmopolitischen Mentalität können sie ebensolches Interesse beanspruchen wie das poetische Werk.

Gunter E. Grimm

Defoe, Daniel
Geb. 1660 in London;
gest. 24. 4. 1731 in London

Außer dem Drama gab es kaum eine literarische Gattung, in der sich der vielschreibende Berufsautor Daniel Defoe, der ›Vater des Romans‹ und ›Vater des Journalismus‹, nicht versucht hätte. Aber nur mit wenigen Schriften hat er Weltruhm erlangt. Es liegt keine Ausgabe seiner gesammelten Werke vor, die mehr als nur einen Bruchteil seines Gesamtwerks enthält. – Geboren als Sohn nonkonformistischer (›puritanischer‹) Eltern aus einer emigrierten flämischen Protestantenfamilie namens Foe, hatte »De Foe«, wie er sich später mit trotzigem Adelsprädikat nannte, besonders zur Herrschaftszeit der Tories (1660–88, 1710–14) unter vielen Diskriminierungen zu leiden. So waren ihm die nur Anglikanern zugänglichen Universitäten Oxford und Cambridge verwehrt; stattdessen genoss er eine zumindest gleichwertige Erziehung an einer der vielen ›dissenting academies‹, Newington Green. – Der vorwiegend nonkonformistische Mittelstand Englands zeichnete sich durch protestantische Geschäftstüchtigkeit aus, die nach Calvins Lehre äußeres Zeichen innerer Auserwählung war. Doch im Unterschied zum offenbaren Geschäftserfolg seines Vaters (Fleischer und Talgkerzenmacher) ging er aus seinen wenig seriösen Geschäfts- und Handelsunternehmen (Schiffsversicherung, Ziegelherstellung usw.) mit Schulden und Gerichtsverfolgung hervor. Dies legte die Ehe mit einer Dissenterin aus reicher Geschäftsfamilie und Geldverdienen mit der Feder nahe, machte ihn jedoch politisch erpressbar. So zwangen die Tories, aber auch radikale Whigs, den moderaten Whig D. in ihre Dienste, als Journalist, Pamphletautor und gar Spion. Unter Königin Anne, die mit ihren Tories gegen die Junto Whigs die 1707 erfolgte politische Union von England und Schottland durchsetzte, wurde er wider seine Überzeugung gezwungen, die Stimmung im Norden auszukundschaften. Dieser Aufgabe entledigte er sich wahrscheinlich als Doppelspion (und Doppelverdiener). So kam zu D.s literarischer Vielfalt und Wendigkeit die politische hinzu.

D. fiel der Politik auf, als er mit Pamphleten zugunsten der Whigs die zum Scheitern verurteilte Rebellion des Herzogs von Monmouth gegen seinen Vater, König Charles II, unterstützte. Nach der Thronbesteigung des römisch-katholischen Königs James II 1685 musste er gar auf den Kontinent fliehen, und in der *Glorious Revolution* 1688 schloss er sich den Soldaten des neuen protestantischen Königs Williams III (of Orange) und seiner englischen Königin Mary an.

1688–1702 war D. der literarische Propagandist und Apologet des Holländers William. Wider die zu den Tories tendierenden Anhänger des im französischen Exil vergeblich auf seine Restauration wartenden Stuarts James (»Jacobites« wie John Dryden), die den ›fremden‹ König aus Holland für ›unnatürlich‹ hielten, schrieb D. seine klassizistische Verssatire *The True-Born Englishman* (1701). Dem alten Königsmythos der Tories setzte er, mit Common Sense und Ironie, das nüchterne Whig-Konzept des Staatsvertrags entgegen, welches schon die Hinrichtung des Stuartkönigs Charles I 1649 gerechtfertigt hatte: Das Volk schließt einen justiziablen Vertrag mit einem tüchtigen und gottesfürchtigen Staatsoberhaupt gleich welcher Herkunft. Lesenswert und lehrreich ist v.a. D.s rationale Widerlegung der unsinnigen Annahme einer natürlichen, eingeborenen (»true-born«) Bevölkerung. Durch die Geschichte sei England ein Einwanderungsland für Pikten, Skoten, Kelten, Römer, Germanen, Normannen, französische Hugenotten, Fürsten und Kaufleute aus ganz Europa: »Fate jumbled them together, God knows how; / Whate'er they were, they're true-born English now. / [...] / A true-born Englishman's a contradiction, / In speech an irony, in fact a fiction.« Als nach Williams Tod 1702 die anglo-katholische Königin Anne den Thron bestieg und sich immer mehr mit hochkirchlichen Tory-Beratern umgab, die ihr Whig-Kabinett bedrohten (und 1710 schließlich stürzten), und Gesetzesentwürfe zur erneuten Diskriminierung der Dissenter einbringen ließ, verfasste D. seine bitter ironische Prosasatire *The Shortest Way with the Dissenters* (1702). Sprecher ist ein fiktiver High Church Tory, der das totale Verbot und gar die Ausrottung der Dissenter befürwortet. Die Satire, mit ihrer ironischen Logik Vorlage für Jonathan Swifts *Modest Proposal* (1729), trug D. eine Prangerstrafe ein, für die er sich mit seiner ebenfalls ironischen *Hymn to the Pillory* (1703) rächte.

Zwei Jahre nach Begründung der ersten Tageszeitschrift (›journal‹) Englands, *The Daily Courant*, startete D. die erste eigentliche Wochenzeitschrift (›periodical‹) Englands, *The Review* (1704). D. verfasste sie fast alleine bis 1713, zuerst in einer, schließlich in drei Wochenausgaben. Es war eine nominell unparteiische Zeitschrift, deren Whig-Autorschaft jedoch in ihrer Betonung der kommerziellen Interessen Englands manifest wurde. Ihre Absicht war, D. zufolge, seine Leserschaft mit literarischer Qualität in einschmeichelnder Weise zu informieren und moralisch zu belehren, bittere Medizin in süßem Zuckerguss. So enthielt sie die ersten Leitartikel wie elegante essayistische Kommentare zu Politik, Liebe und Ehe, Glücksspiel, Duell, Wirtschaft und Handel, Mode, Literatur usw. Die jeweilige Lehre wurde gelegentlich in Predigtart und fiktiven Exempeln veranschaulicht, die in nuce seine Romane vorwegnehmen. So war *The Review* literarische Vorlage für Richard Steeles und John Addisons moralische Wochenzeitschriften *The Tatler* (1709–11) und *The Spectator* (1711–14), die in ganz Europa rezipiert und imitiert wurden.

Die Zeitschrift wäre nicht möglich gewesen ohne die zahlreichen Besuche, auch in Gerichten, Gefängnissen und bei Hinrichtungen, sowie Reisen, die der scharf beobachtende D. unternahm. Ihr weiteres Ergebnis waren u. a. D.s dreibändiger Reiseführer *A Tour through the Whole Island of Great Britain* (1724–26), sein *conduct book* (Erziehungsbuch) *The Compleat English Gentleman* (postum 1890) sowie seine fiktional ausgearbeiteten Justizberichterstattungen in *Applebee's Journal* (1724–26). Hier mischen sich Beobachtung und Quellenstudium zu Erzählungen zwischen Historiographie und Invention. Sie inspirierten die späteren historischen Romane Walter Scotts (1814–32), der D.s Romane zuvor (1810) in zwölf Bänden herausgegeben hatte.

Wenn D. mit *Robinson Crusoe* (1719; *Robinson Crusoe*, 1720) den ersten seiner zahlreichen Romane veröffentlichte, stellte er sich damit mehr in die moralische Tradition des Dissenters John Bunyan als der Anglikanerin Aphra Behn. Henry Fieldings späterer Versuch im Vorwort zu *Joseph Andrews* (1742), den Roman als Prosaepos an die Gattung und Regeln des antiken Versepos anzuschließen, zeugt davon, dass *novel* und *romance* noch lange nicht als literarische Gattung respektiert waren. Man hielt sie, ähnlich den Geschichten in den moralischen Wochenzeitschriften, für Moralexempel. Samuel Johnson bezeichnete sie noch 1750 als weitverbreitete (und darum nützliche) Schriften für Frauen, Kinder, Müßiggänger und Ignoranten. Ihre Stoffe waren aus Leben oder Lektüre geschöpfte, zumeist nicht stoffkreisgebundene (*novel* im Gegensatz zu *romance*), erbauliche oder abschreckende Geschichten. Dabei stand den Dissentern zusätzlich eine Tradition der Selbstkontrolle zur Verfügung, das Seelentagebuch (›spiritual autobiography‹ oder ›spiritual biography‹), derer sich schon Bunyan bedient hatte. Die Dissenter pflegten, gemäß ihrer protestantischen Geschäftsmentalität, ihre täglichen guten und schlechten Taten in Bilanzen festzuhalten, Böse und Gut analog Soll und Haben. So entstanden Aufzeichnungen von Ereignissen des

Alltagslebens, die, weil häufig publiziert, leicht in *novels* fiktionalisierbar waren. Ein solcher bekannter Seelentagebuchautor war Timothy Cruso. Auf ihn verweist der Name von D.s Robinson Crusoe, der auf seiner Insel ebenfalls Doppelbilanzen seines Seelen- und Besitzstandes führt. So schöpft der Roman zugleich aus gewöhnlichen Alltagsaufzeichnungen und ungewöhnlichen Reiseberichten (Freibeuterkapitän W. Rogers' Bericht über den ausgesetzten Seemann Alexander Selkirk). Was D.s Roman von Bunyans unterscheidet, ist die Unaufdringlichkeit der moralischen Allegorie. Dennoch sind Ereignisse und ihre Bezeichnungen so gewählt, dass der Roman auf zwei Ebenen zu verstehen ist. Schiffbruch, Verworfenheit, Einsamkeit, Leiden, Krise und Rettung bezeichnen über die metaphorischen Wortbedeutungen neben physischen Abenteuern auch dialektisches seelisches Heilsgeschehen. Der fiktive Ich-Erzähler Robinson Crusoe schildert diese Ereignisse aus der Retrospektive des reuigen und erlösten Sünders in einem nüchtern buchhalterischen Stil, beginnend mit dem Ungehorsam gegenüber seinem Vater als Gottes Stellvertreter, einem mittelständischen Kaufmann, der ihm für seine Zukunft eben diesen (auch biblisch gerechtfertigten) Mittelstand befohlen hatte. Seine Flucht führt zu mehrfachem Schiffbruch (mit Bezug auf Jonas Ungehorsam gegenüber Gottes Gebot) und, nach missachteten Warnungen, zur ›Verwerfung‹ auf die Insel. Der »castaway« muss über viele Jahre lernen, seine Existenz geschäftsmännisch zu planen, Gott und Bibel zu vertrauen und unchristliche Furcht zu überwinden, bis eine Fieberkrise, aus der er körperlich wie seelisch geläutert hervorgeht, das weitere Heilsgeschehen (»deliverance« im doppelten Sinne) einleitet. Dazu gehört seine Begegnung mit dem Eingeborenen Friday, die ihn zu der Einsicht führt, dass Christus an einem Freitag auch für die Wilden gestorben ist, nicht nur für einige rechtgläubige Auserwählte. Hier zeigt sich der aufgeklärte Puritanismus D.s in rationalistischer Zeit, als Calvins vernunftfeindliche Prädestinationslehre selbst unter den Dissentern unglaubwürdig geworden war. Auch für die sündigen Heldinnen und Helden der folgenden Romane D.s gilt, dass widrige Lebensumstände trotz konsequenten Erbsündenzwangs (›*paradise lost*‹) keine notwendige Verworfenheit beinhalten, sondern sie mit Gottes Hilfe den Weg zurück zum Heil finden können (›*paradise regained*‹). Dieser Ersatz von absolutistischer Prädestination durch gütige Vorsehung brachte D. der Aufklärungstheologie der Anglikaner (›latitudinarianism‹) nahe. – Dieser weltbekannte und oft in ›Robinsonaden‹ imitierte Roman hat viele verkürzte Lesarten erfahren: u. a. als Kinderbuch, marxistisch ökonomische Fallstudie oder Kolonialerzählung. Wenn Robinson am Schluss mit der Insel als seiner mittelständischen Handelskolonie belohnt wird, so ist der koloniale Impetus der dissenterischen Whigs theologisch zu verstehen. In D.s beiden selten gelesenen Fortsetzungen des Romans (1719 und 1720) wird das noch deutlicher. Sie blieben, wie leider alle anderen im Anschluss an diesen Romanerfolg und diese Erzähltechnik verfassten *novels* D.s, im Schatten von *Robinson Crusoe*.

Es sind fast sämtliche ebenfalls retrospektive Erzählungen reuiger Sünder und als solche moralisch theologische Entwicklungsromane, deren Authentizitätsfiktion (»true history«) u. a. durch die stilistisch nüchterne, formlose, unselektiert additive Ereignisreihung bewirkt wird. Dabei schlüpft, wie später bei Scott, der Autor gerne in die Rolle des Quellenherausgebers. Zumeist betitelt nach ihren Helden, der Prostituierten *Moll Flanders* (1722; *Moll Flanders*, 1723), der Kurtisane *Roxana* (1724; *Roxana*, 1966), den Freibeutern *Captain Avery* (1720), *Captain Singleton* (1720; *Captain Singleton*, 1919) und *Charles Johnson* (1724), den Straßenräubern *John Sheppard* (1724; *John Sheppard*, 1968) und *Jonathan Wild* (1725), dem Taschendieb und Sklavenaufseher *Colonel Jack* (1722, Autorschaft zweifelhaft; *Colonel Jack*, 1740), dem Zauberer *Duncan Campbell* (1720; *Duncan Campbell*, 1984), dem sich für Abenteuer und Kriegsruhm verdingenden *Cavalier* (1720; *Kavalier*, 1785) sowie *Captain Carleton* (1728) usw., variieren sie das Grunderzählmuster in doch erstaunlicher Vielfalt und zukunftsträchtiger Hybridität. So wechseln etwa in *Moll Flanders* mit Erzählzeitpunkt und Handlungszeit auch die moralischen Perspektiven derart, dass man geneigt sein könnte, der Heldin lebhaft realistische Schilderung ihres vergangenen Sündenlebens als Rückfälle (statt erzähltechnisch effektvolles Wiedererleben) zu deuten. So stellt *John Sheppard* eine multiperspektivische Montage dar aus einer Magistratsproklamation, der Er-Erzählung eines mit den Gerichtsakten vertrauten Newgate-Gefängnischronisten, eines Briefes des Titelhelden nach einer Flucht und seinen abschließenden reuigen Aufzeichnungen kurz vor seiner Hinrichtung. So mischt sich in den erzählerischen Realismus von *Colonel Jack* die aufkommende Charakterdarstellung der Empfindsamkeit, und so ist ›H. F.‹, der rückblickende bürgerlich-dissenterische Ich-Erzähler des *Journal of the Plague Year* (1722; *Tagebuch aus dem Pestjahr*, 1925), ein unabhängig analytischer, buchhalterisch detailfreudiger, vernunftbetonter Chronist der Lebensumstände in London unter der Katastrophe von 1665, der die Pest dennoch *nostra culpa* als Gottes Strafe für die Exzesse der Restaurationszeit versteht. Die vielfach gestellte Frage, ob die nüchternen Faktenanalysen der Romane (hygienische und scharlatanische Bedingungen von Seuchen, soziale Bedingungen von Verbrechen und Meutereien, parteipolitische Bedingungen von Kriegen, ausbeuterische Bedingungen von Sklavenmissbrauch usw.) bereits Zweifel am theologischen Überbau implizieren, dürfte kaum zu beantworten sein.

Werkausgabe: Novels and Miscellaneous Works. 20 Bde. New York 1973 [1940–41].

Rolf Lessenich

Dehmel, Richard
Geb. 18. 11. 1863 in Wendisch-Hermsdorf/Mark Brandenburg; gest. 8. 2. 1920 in Hamburg-Blankenese

»Wir sind hier Einige, die *lachen* all der fin de siècle-Phrasen: wir *glauben* an die Kraft und die Schönheit, die da kommen wird!« – diese selbstbewusste und zukunftsgewisse Erklärung findet sich in einem Brief D.s vom 26. Nov. 1891 an den einflussreichen dänischen Literaturkritiker Georg Brandes, der in einem Artikel des *Berliner Tageblatts* vom 21. November die deutsche Lyrik als in vielem epigonal kritisiert und dabei auch D.s »sonst verdienstvollen« ersten Gedichtband *Erlösungen* (1891) kurz erwähnt hatte. Dass dieser Gedichtband in manchem noch der von der Klassik herkommenden Tradition und auch dem Vorbild der Naturalisten verpflichtet war, wusste D. selbst sehr genau; er hat ihn für die 2. Auflage 1898 einem rigorosen »Säuberungswerk« unterworfen, das zeigt, wie tief er von der Notwendigkeit einer Überwindung des Hergebrachten überzeugt war. Mit den Bänden *Aber die Liebe* (1893), *Lebensblätter* (1895) und besonders *Weib und Welt* (1896) hatte er in der Zwischenzeit Gedichte vorgelegt, die eben deshalb, weil sie von den Zeitgenossen als konsequent modern empfunden wurden, zu einer ungewöhnlich starken Polarisierung der öffentlichen Meinung über ihn (D. wurde »fanatisch angeschwärmt« oder »fanatisch verlacht«) geführt hatten. – Worin bestand diese Modernität? Inhaltlich und thematisch in eben jenem gegen die »décadence«, aber auch gegen den Pessimismus der Naturalisten gerichteten Lebenspathos, das schon der Brief von 1891 zum Ausdruck bringt. Es ist noch dieselbe Frontstellung, wenn D. 1895 als Mitherausgeber der Jugendstil-Zeitschrift *Pan*, nun gegen Stefan George gerichtet, erklärt: »Jener will die Kunst um Kunst willen; wir wollen eine Kunst für das Leben und das Leben ist vielgestaltig.« Im Spektrum der unterschiedlichen lyrischen Tendenzen vor 1900 ist D. damit der »vitalistische Antipode« Georges. Die von Friedrich Nietzsche beeinflusste vitalistische Grundeinstellung wird thematisch konkretisiert vor allem in den Liebesgedichten. Die rauschhafte Begegnung mit dem »Leben« ereignet sich exemplarisch in der Begegnung zwischen den Geschlechtern, die dann zu einer kosmischen Erfahrung erweitert wird: »Wir Welt«, so die Formel in dem Zyklus *Zwei Menschen* von 1903. Wenn D. als der Verkünder eines »neuen Menschen« gefeiert wurde, dann wesentlich wegen der Enttabuisierung und Neubewertung der Sexualität. – Zu dem Programm einer durch Ästhetisierung zu erreichenden Steigerung des individuellen Lebensgefühls steht nur scheinbar im Widerspruch, dass D. auch »soziale Gedichte« (*Der Arbeitsmann*, *Erntelied*) verfasst hat. Die soziale Thematik war für ihn nur ein anderes Mittel, die »seelische Gesamtentwickelung der Menschheit« voranzubringen; Friedrich Nietzsche und Ferdinand Lassalle erschienen ihm »gleichermaßen« als Gegner des »Bourgeois«, »d. i. der wirklich entartenden Menschenklasse unserer Zeit«. – Als modern haben die Zeitgenossen auch die Form von D.s Gedichten eingeschätzt, die zeitgenössische Formel »Wendung zur Einfachheit« lässt sich zur Beschreibung auch aus heutiger Sicht verwenden. Gemeint ist einmal die Abkehr von dem naturalistischen Detailrealismus, eine Stilisierung im Sinne des Jugendstils, die gleichbedeutend mit einer Reduzierung auf das Typische und einer über die Abbildung des Wirklichen weit hinausgehenden Steigerung ist. Gemeint ist aber auch die Abkehr von der langen bis auf die Empfindsamkeit des 18. Jahrhunderts zurückgehenden Tradition der Erlebnislyrik. Das Erlebnishafte, die »Stimmung« tritt zurück hinter der »ornamentalen« Gestaltung einfacher Bilder. Voraussetzung für »Kunst« ist eine Stilisierung, mit der sich gerade ein »Unpersönlichkeitsbedürfnis« Geltung verschafft, darin war D. mit Stefan George bei aller Gegensätzlichkeit durchaus einig. Die gegen D.s Lyrik nicht nur von den Zeitgenossen, sondern auch von der späteren Literaturgeschichtsschreibung immer wieder vorgebrachte Kritik: sie sei nicht naiv, sondern bewusst, nicht echt, sondern künstlich, nicht erlebt, sondern gemacht, ist in Wahrheit gerade die Bestätigung ihrer Modernität.

Die Gedichtbücher der 1990er Jahre sind einer Zeit großer innerer und äußerer Spannungen abgewonnen. Man erlebt D. als »wilden Mann«, »Berserker«, eine Art »Satyr«, zugleich aber als überaus korrekt gekleideten, disziplinierten, nervösen Großstadtmenschen; als robust und doch zugleich hypersensibel. Zum Kreis der Berliner Bohème gehörig (Strindberg, Munch, Przybyszewski, Scheerbart, Hille, Schlaf, Bierbaum, Meier-Gräfe u. a.) ist D. gleichzeitig (ab 1888) Sekretär des Zentralverbandes Deutscher Privater Feuerversicherungen in Berlin. Der Zwang der beruflichen Tätigkeit führt 1893 zu einer regelrechten Nervenkrise, in der er von einem Tag auf den anderen »den ganzen Kram an die Wand« schmeißt, um von da an als freier Schriftsteller zu leben. Seine Ehe (seit 1889) mit Paula Oppenheimer, mit der er drei Kinder hat, ist vor allem durch die Liebesbeziehung zu Ida Auerbach, geb. Coblenz gestört. Mit der Lösung aus diesen Konflikten (1899 Trennung von seiner Frau, 1901 Heirat mit Ida Auerbach und Übersiedlung nach Hamburg) ist freilich zugleich auch die produktive Phase von D.s schriftstellerischer Existenz beendet. In *Zwei Menschen* (1903) führt der Stilisierungswille Dehmels zu einem bereits von den Zeitgenossen bemerkten Schematismus: »Ich denke noch mit Schauder an die Vorlesung in Bierbaums Münchener Wohnung. Zuletzt fürchtete man sich vor dem Refrain«, so die Erinnerung des D. freundschaftlich verbundenen Kunstkritikers Julius Meier-Gräfe. Die wesentliche Leistung ist die Herausgabe der *Gesammelten Werke* in 10 Bänden im Fischer-Verlag, Berlin 1906–1909, für die D. noch einmal sein gesamtes lyrisches Werk überarbeitet und die zugleich die Bedeutung, die ihm nunmehr zuerkannt wird, dokumentiert. Dramen (*Michel Michael*, 1911; *Der Menschenfreund*, 1917) bleiben Versuche. Das *Kriegs-Brevier* von 1917 enthält Gedichte, bei denen der Wunsch, sich mit dem »Volk« zu solidarisieren, zu peinlichen Entgleisungen führt. Dass D. 1914, über fünfzigjährig, sich als Freiwilliger zum Kriegsdienst meldet, ist Ausdruck eines in den Gedichten immer wieder bekundeten, aber auch im Leben durchgehaltenen, hier zuletzt fehlgeleiteten Aufbruchwillens. Eben dieser Aufbruchwille aber war es, die vielen Vertretern des frühen Expressionismus ermöglicht hat, in D. ihnen selbst Verwandtes zu erkennen. Else Lasker-Schüler hat 1913 ein Erinnerungsbild, bei dem der Eindruck der spannungsgeladenen Person Ds. sich mit der Faszination durch seine streng stilisierten Gedichte verbindet, in Versen festgehalten: »Immer Zickzack durch sein Gesicht, / Schwarzer Blitz. / / Über ihm steht der Mond doppelt vergrößert.«

Werkausgabe: Gesammelte Werke in 10 Bänden. Berlin 1906–1909.

Jürgen Viering

Deledda, Grazia Cosima
Geb. 27. 9. 1871 in Nuoro/Sardinien; gest. 15. 8. 1936 in Rom

Grazia Deleddas umfangreiches Werk, ihre zahlreichen Romane, Erzählungen, Novellen und Gedichte spielen vorherrschend im Ambiente Sardiniens. 1926 erhält sie nach Selma Lagerlöf (1859–1940) als zweite Frau den Nobelpreis für Literatur, hauptsächlich für ihren 1920 erschienenen Roman *La Madre* (*Die Mutter*, 1922). – D. wächst zusammen mit fünf Geschwistern in einem wohlhabenden Elternhaus auf. Sie besucht die Schule bis zum 11. Lebensjahr und bildet sich danach autodidaktisch durch die Lektüre bedeutender Schriftsteller weiter, darunter D'Annunzio, Fogazzaro, Hugo, Flaubert, Dostoevskij, Gogol' und Tolstoj. Um das literarische Geschehen auf dem Festland verfolgen zu können, liest sie sämtliche italienische Zeitungen und Zeitschriften. Schon in ihrer Jugend träumt D. von einer Karriere als Schriftstellerin in Rom, das für sie, im Gegensatz zu dem archaischen Sardinien, den Inbegriff der zivilisierten Welt darstellt. D.s schriftstellerische Ambitionen werden von ihrer Familie nicht gutgeheißen, da sich eine derartige Selbständigkeit für ein Mädchen aus gutem Hause nicht ziemte. Dennoch veröffentlicht sie im Alter von 17 Jahren 1888 ihre erste Erzählung »Sangue sardo« (Sardisches Blut) in der römischen Zeitschrift *L'ultima moda*. Zwei Jahre später erscheint 1890 ihr erster Roman *Stella d'Oriente* (Stern des Orients) als Feuilletonroman in der Zeitung *L'Avvenire di Sardegna* unter dem Pseudonym Ilia di Saint-Ismael. In den folgenden Jahren arbeitet D. bei zahlreichen sardischen und kontinentalen Zeitschriften mit, in denen neben Gedichten und Erzählungen viele ihrer bekannten Romane zunächst als Feuilletonromane erscheinen. Im Januar 1900 heiratet sie Palmiro Madesani, einen hohen Finanzbeamten, und zieht mit ihm nach Rom, in die Stadt ihrer Träume. Sie lebt dort sehr zurückgezogen mit ihrem Mann und den beiden Söhnen und widmet sich neben der Hausarbeit hauptsächlich dem Schreiben.

In den Jahren zwischen 1900 und 1920, der fruchtbarsten Periode ihres Schaffens, entstanden die folgenden Romane: *Elias Portolu* (1900; *Elias Portolu*, 1927), *Canne al vento* (1913; *Schilfrohr im Winde*, 1930), *Marianna Sirca* (1915; *Marianna Sirca*, 1938) und *La madre* (1920; *Die Mutter*, 1922). Sie erzählen vor dem Hintergrund ihrer sardischen Heimat von menschlichen Leidenschaften, die als Triebfedern des Handelns der Protagonisten (Frauen, Diener, Herren, Hirten, Bauern, Banditen) fungieren. Fast immer bringt eine unmögliche oder sündhafte Liebe die Figuren in Konflikt mit den Gesetzen der Gesellschaft oder der Kirche, was sie schließlich zu Außenseitern werden lässt. Ein weiteres, häufig wiederkehrendes Motiv ist das der Mutterliebe, das in *La madre* explizit und sehr eindrucksvoll verarbeitet wird. Vor religiös-christlichem Hintergrund wirkt die Schilderung der Bindung zwischen dem Sohn und der sich aufopfernden Mutter, die von ihrem Sohn als Gegenleistung Dankbarkeit und ebenfalls Opfer erwartet, besonders dramatisch. D. wagt sich in ihren Werken an Tabu-Themen der Gesellschaft heran, betrachtet sie allerdings unter einem moralischen Gesichtspunkt. Die Protagonisten überschreiten zwar gesellschaftliche und religiöse Tabus, geraten dadurch aber in innere Konflikte und verspüren ein dem christlichen Wertesystem entsprechendes Verlangen nach Sühne. Die Stimmungen ihrer Figuren untermalt D. mit einer minutiösen und beeindruckenden Beschreibung der Natur, insbesondere der sardischen Landschaft. Die Insel mit ihren

eher archaischen Sitten und Traditionen behindert nicht selten die persönliche Entfaltung der Figuren und bildet einen Gegensatz zum ›zivilisierten‹ Festland Italiens. D. bleibt ihrer Heimat auch im fernen Rom zeit ihres Lebens verbunden, denn »nur aus der Ferne können wir für Sardinien kämpfen und ihm von dieser Zivilisation geben, die auch wir leben«. 1927 unternimmt D. ihre einzige lange Reise, nach Stockholm, um dort den Nobelpreis für Literatur des Jahres 1926 entgegenzunehmen. Kurz vor ihrer Abreise erfährt sie von ihrem Krebsleiden. Die letzten Jahre ihres Lebens lebt sie völlig zurückgezogen und verarbeitet ihre Krankheit literarisch in dem 1936 veröffentlichten Roman La chiesa della solitudine (Die Kirche der Einsamkeit). Postum erscheint 1937 das einzige autobiographische Werk D.s, Cosima (Cosima, 1942). Darin erzählt sie in der dritten Person unter Verwendung ihres zweiten Namens Cosima von ihrer Kindheit und Jugend und dem archaischen Leben auf Sardinien. – In der Literaturkritik konnte D.s Werk bis heute nicht eindeutig einer literarischen Strömung zugeordnet werden, da es sowohl Anklänge an den Verismus als auch an den Dekadentismus und die Romantik enthält.

Annette Riedel

Delibes, Miguel
Geb. 17. 10. 1920 in Valladolid/Kastilien

Miguel Delibes zählt zu den wichtigsten spanischen Autoren seit Mitte des 20. Jahrhunderts. Er ist Verfasser von mehr als fünfzig Werken, darunter Romane, Erzählungen und Reiseberichte. Als D. das Abitur machte, schloss mit Ausbruch des Bürgerkriegs (1936–39) die Universität, so dass er auf eine Wirtschaftsschule und die Kunstakademie auswich. Seine freiwillige Meldung zur Marine 1938 verhinderte eine Einberufung in die Infanterie. Auf der Suche nach einem Broterwerb fand er 1941 eine Anstellung als Karikaturist bei der Zeitung *El Norte de Castilla* (Nordkastilien), wo er seine Leidenschaft für den Journalismus entdeckte. Ab 1958 leitete er das Blatt, bekam jedoch als kritischer Beobachter der Franco-Diktatur Probleme mit der Zensur. Die konnte er als freier Schriftsteller leichter umgehen.

Rückhalt fand er in der Familie: Seiner Frau Ángeles de Castro, die er 1946 heiratete und mit der er sieben Kinder hat, fühlte er sich innig verbunden. Sie starb 1974. Der Roman *Señora de rojo sobre fondo gris* (1991; *Frau in Rot auf grauen Grund*, 1995) ist eine Hommage an sie.

D.' erste Werkphase etwa bis zur Mitte der 1960er Jahre zeichnet sich durch einen realistisch-deskriptiven Stil, eine konventionelle Erzählhaltung und sozialkritische Themen aus. Bekannt wurde er durch den prestigeträchtigen Premio Nadal für *La sombra del ciprés es alargada* (1947; *Der Schatten der Zypresse wird größer*). Noch stärkere Beachtung fand drei Jahre später *El camino* (1950; *Und zur Erinnerung Sommersprossen*, 1960), in dessen Mittelpunkt Daniel steht, der Sohn eines Käsehändlers, der etwas Besseres werden und aufs Gymnasium in die Stadt gehen soll. Am Vorabend der Abreise lässt Daniel seine Kindheit vor dem inneren Auge Revue passieren – ein Sittengemälde spanischen Landlebens aus der Perspektive eines Kindes. D. erhielt weitere bedeutende Preise: den Premio Nacional de Literatura für *Diario de un cazador* (1955; *Tagebuch eines Jägers*, 1964) und den Premio de la Crítica für *Las ratas* (1962; *Die Ratten*, 1992). Im düsteren Ambiente des Franco-Spaniens überleben der Junge Nini und sein Onkel Ratero in *Las ratas* in einer Höhle vom Fang und Verkauf von Ratten. Die Werke erreichen einen hohen Grad an Authentizität und Originalität, weil D. seine Sprache den jeweiligen Protagonisten anpasst.

Mit *Cinco horas con Mario* (1966; *Fünf Stunden mit Mario*, 1976) erschien einer der ersten experimentellen Romane in Spanien, dessen Erzähltechnik die Zensur des Franco-

Regimes unterlaufen konnte: Der Roman beginnt mit einer Todesanzeige, in der die Witwe Carmen um ihren Ehemann Mario trauert. Während der Verstorbene das linksliberale und laizistische Spanien verkörpert, steht Carmen für Rechtskonservativismus und Katholizismus. Durch Marios Tod scheint der Standpunkt der Opposition von vornherein zum Schweigen gebracht, doch entlarvt Carmens Monolog während der fünf Stunden dauernden Totenwache ihre Borniertheit und Engstirnigkeit.

In der zweiten Werkphase verwendet D. eine reduziertere Sprache. Adjektive, so seine Meinung, bewirken keine höhere Intensität, das Schreiben sei mehr Wegnehmen als Hinzufügen. Die sozialkritische Ader des Autors prägt sich vor dem Hintergrund der problematischen Gegenwart immer stärker aus, gleichzeitig bleibt er seinen Themen treu: Kindheit, Einsamkeit, Leidenschaft und Tod, Natur – es findet sich bei ihm bereits ein besonders ausgeprägter Sinn für Ökologie –, Marginalisierte und Verlierer, Ablehnung des Krieges. Der 1999 mit dem Premio Nacional de Narrativa bedachte Roman *El hereje* (1998; *Der Ketzer*, 2000) ist ein Plädoyer für Toleranz und Gewissensfreiheit. Er setzt mit der Geburt des Protagonisten Cipriano Salcedo am 31. Oktober 1517 ein, dem Tag, an dem Martin Luther seine 95 Thesen an die Kirche zu Wittenberg heftete. Cipriano wird als Anhänger der reformatorischen Bewegung ein Opfer der Inquisition der römisch-katholischen Kirche. Schauplatz ist wie in früheren Romanen Valladolid, D.' Heimat, der er sein Leben lang verhaftet blieb. Bei seinen vielen Reisen kleidete er sich stets gern als Mann vom Land, mit Stiefeln und Baskenmütze. Indem er als Schriftsteller seinen Blick auf die in der Provinz lebenden Menschen richtet, ergründet er die psychologischen Tiefen der Menschheit. Aus dem Kleinen schöpft er seine universalistische Kraft, und so wurde der bodenständige, in seinen Anfängen als provinziell und zu populär unterschätzte D. 1973 Mitglied der Königlichen Akademie und erhielt Ehrendoktorwürden unter anderem in Madrid und Saarbrücken. Seine Bücher sind in mehr als 20 Sprachen übersetzt, mehrere von ihnen wurden verfilmt.

Nicole Witt

DeLillo, Don
Geb. 20. 11. 1936 in New York

Don DeLillo gehört zu den Autoren, die die amerikanische Gegenwartserfahrung literarisch am eindrucksvollsten analysieren. Er entdeckt die amerikanische Psyche in den monumentalen Ereignissen – den Sportsensationen in *End Zone* (1972) und *Americana* (1971; *Americana*, 1995), den multinationalen Verschwörungen in *Running Dog* (1978; *Bluthunde*, 1999) und *The Names* (1982; *Die Namen*, 1994) oder auch in den großen Umweltkatastrophen, wie in dem von der Kritik euphorisch gefeierten Roman *White Noise* (1984; *Weißes Rauschen*, 1987). In diesem Roman, für den D. 1985 den American Book Award bekam, drängt ein weiteres zentrales Thema im Werk D.s an die Oberfläche: die für die amerikanische Gegenwartserfahrung nicht weniger interessante Kehrseite monumentaler Ereignisse, die Banalität des Alltags. Supermärkte und Schnellimbisse sind die Musentempel des Zeitgeistes, und das ›Bad‹ in der ununterscheidbaren Masse wird D.s oft passiven und widerwilligen Protagonisten schnell zur unentbehrlichen Orientierungshilfe. So wie in *White Noise* Jack Gladney, Professor für Hitlerstudien am »College of the Hill«, leben D.s Protagonisten in einer Welt, in der sonntägliche Familienausflüge ins nächste »shopping center« zum wöchentlichen Erlebnishöhepunkt werden und die Erkennungsmelodie der Toyotawerbung den Kindern Ersatz ist für das allabendliche Schlaflied. Begleitet entweder vom »Bildermüll« oder vom »weißen Rauschen« der Bildschirme legt sich ein anästhesierender Schleier über ihre Welt.

Doch immer wieder gelingt es D., diesen Schleier zu zerreißen. Wo man es am wenigsten vermuten würde, tun sich unmerklich Abgründe auf, die weder Resultat politischer Verstrickungen, technologischer Erneuerungen noch intergalaktischer Vernetzungen sind: Im plötzlich verstummten Fernseher oder in der Anordnung der Tomaten auf dem Küchenregal erscheint ein »gap«, ein Riss in der ansonsten spiegelblanken Oberfläche bürgerlicher Existenzen.

Angesiedelt im Spannungsfeld zwischen Monumentalereignis und Massenhysterie einerseits und banaler Alltäglichkeit andererseits verändern sich die Wertigkeiten in D.s Romanen oft drastisch. So auch in dem 1997 erschienenen »opus magnum« und Panorama des Kalten Krieges *Underworld* (*Unterwelt*, 1998). Im ersten Kapitel, »The Triumph of Death«, findet das wohl berühmteste Baseballspiel der amerikanischen Sportgeschichte statt: das Lokalderby zwischen den New York Giants und den Brooklyn Dodgers, in dem Bobby Thomson den Dodgers den sicher geglaubten Titel in letzter Sekunde durch einen sensationellen »homerun« entreißt. Gleichzeitig – und das ist bezeichnend für D.s Collagetechnik in *Underworld* – erfährt J. Edgar Hoover, Chef des FBI, dass die Russen eine Atombombe gezündet haben. Während Hoover über eine angemessene amerikanische Antwort auf die sowjetische Provokation nachdenkt, sieht ein kleiner Junge auf den Rängen des Baseball in hohem Bogen auf sich zufliegen. In dieser Anfangssequenz verbindet D. nicht nur das anscheinend Banale (Spiel) mit dem offensichtlich Ernsten (Krieg), sondern wertet es auch in seiner Gewichtung um: »Das Spiel ändert nichts daran, wie du schläfst oder dein Essen kaust«, bekennt einer der Protagonisten. »Es ändert nichts, nur dein Leben.«

Die genaue Konstruktion seiner Sätze, die penible Anordnung der Wörter, die sorgsam gewählten Assonanzen und Alliterationen sind Zeichen von D.s außerordentlichem Interesse an Phänomenen der Sprache. Auch in *The Names* bildet die Funktion von Sprache (in Form einer kindlichen Geheimsprache, einer wissenschaftlichen Analyse altertümlicher Sprachformen und besonders als scheinbar magisches Machtinstrument eines geheimnisvollen Kults) den roten Faden des Romans. Erst als sich das Geheimnis um den Kult lüftet, wird auch die Begrenztheit seiner Sprache deutlich: Sie gilt den Mördern als ›logische‹ Basis ihrer einzig auf orthographischen Zufällen basierenden Tötungsdelikte. Immer werden Menschen an den Orten hingerichtet, deren Anfangsbuchstaben den Initialen ihrer jeweiligen Namen entsprechen. Verwendet in dieser mechanischen (und tödlichen) Begrenztheit, hat für diesen Kult die Sprache als Mittel der Kommunikation und vorrangiges Mittel der Erlebnisdarstellung ausgedient. Gegen diese eingeengte Verwendung von Sprache setzt D. die Aufzeichnungen eines Kindes: Randvoll mit intuitiven Wortspielen, Zeichensetzungs- und Rechtschreibfehlern, die interessante Doppeldeutungen zulassen, manifestiert sich in der Ungereimtheit und Irrationalität eine unbegrenzte sprachliche Vitalität.

Wiederkehrendes Element in D.s Romanen der 1980er und 90er Jahre ist die allgegenwärtige Präsenz der Medien. Sie sind es, die der Masse ›Wahrheit‹ vermitteln. Erst wenn ein Ereignis durch eine Kameralinse oder ein Teleobjektiv gesehen wird, erscheint es auch im Fadenkreuz des gesellschaftlichen Bewusstseins und wird Realität. Wenn in *Mao II* (1991; *Mao II*, 1992), für den D. den Pen/Faulkner Award erhielt, die Photographin Brita den einsiedlerhaft lebenden, publikumsscheuen Schriftsteller Bill Gray ablichtet, erkennt dieser sowohl Potential als auch Gefahr der Bilder: Durch sein Foto ›real‹, ist er gleichzeitig auch sterblich geworden. Unsterblich sind nur diejenigen, die Geschichte ohne mediale Vervielfachung schreiben, wie Bobby Thomson in *Underworld*. Sein Siegesschlag gewinnt Monumentalstatus, gerade weil er auf Grund fehlender technischer Möglichkeiten *nicht* in x-facher Wiederholung und Zeitlupe im Fernsehen gesendet werden konnte. Die Medientechnik, die jedes Detail haarklein und auf ewig festhält, verdrängt hingegen das eigentliche Erleben: so auch in *Libra* (1988; *Sieben Sekunden*, 1991), einem metahistorischen Roman über die verhängnisvollen Umstände des Kennedy-Attentats, der in den USA zu einer Protestwelle führte, da er die besonders von rechtsgerichteten Politikern negierte Verschwörungstheorie propagiert. In diesem Roman sieht der mutmaßliche Attentäter Lee Harvey Oswald (der Titel der Originalausgabe bezieht sich auf Oswalds Sternzeichen, die Waage) seine eigene Ermordung auf dem Bildschirm: In extremer Weise werden somit die Bilder seines Todes zum zeichenhaften Ersatz des Sterbens selbst. Gleichzeitig wird in Libra jedoch überdeutlich, dass Daten und Fakten, ja selbst die Endloswiederholungen der tödlichen Schüsse auf den Präsidenten, der Wahrheitsfindung nicht dienen. Im Gegenteil: Der Zerfall der Realität ist dort am größten, wo sie scheinbar am lückenlosesten nachgewiesen wird.

Wie die prototypischen Helden der amerikanischen Imagination – vom einsamen Cowboy zum »highway killer« – sind auch D.s Protagonisten Randzonenexistenzen: immer exzentrisch, meistens gefährlich. Auch der von Verschwörungsängsten gepeinigte Einzelgänger (wenn auch nicht unbedingt Einzeltäter) in Libra, Lee Harvey Oswald, verkörpert diesen Grundtypus des einsamen Mannes, beherrscht von dem Wahn, eine Zäsur im Getriebe des Weltlaufs setzen zu müssen. Meistens (wie auch im Fall Oswalds) gelingt dieses Unterfangen, endet jedoch mit dem (tragischen) Tod des Protagonisten. So auch bei Bill Gray, dem von seiner Umwelt gänzlich abgeschotteten Schriftsteller in Mao II. Dieser hat seit Jahren seinen literarischen Höhepunkt überschritten, kündigt aber – sehr zur Sorge seines Managers, der als Chronist seiner literarischen Vergangenheit den schriftstellerischen Ruhm seines Mandanten nicht durch einen ›Romanflop‹ geschädigt sehen will – beständig ein neues Monumentalwerk an. Als Bill Gray beschließt, den Helden seiner Romane einen Helden in der Wirklichkeit, nämlich sich selbst, hinzuzufügen, gerät er in einen unkontrollierbaren Strudel von terroristischen Gewalttaten. Vollkommen unerkannt und ohne Papiere stirbt er an Bord eines libanesischen Passagierschiffs an den Folgen eines eher lapidaren Unfalls. Durch das plötzliche (und anhaltende) Verschwinden des berühmten Schriftstellers, durch die Abwesenheit seiner Person und die gleichzeitige Präsenz seiner Porträts, wird er – medial betrachtet – real: das mythisch überhöhte Objekt zahlreicher und medienwirksamer Spekulationen.

Auf Grund der Erfolge seiner bisherigen Romane wurde Underworld – und damit auch sein Autor – erstmals nach allen Regeln der Verlagswelt (Lesereisen, Interviews, etc.) vermarktet. Doch D. – darin ist er seiner Figur Bill Gray nicht unähnlich – wahrt seine Privatsphäre. Er meidet sowohl die Feuilletons der großen Tageszeitungen als auch das Fernsehen, das er in etlichen Interviews als »Gesichtsräuber« tituliert. Auskunft über den Zustand der (westlichen) Zivilisation geben allein seine Romane, beispielsweise der Montage- und Collageroman Underworld, eine Kulmination von D.s bevorzugten Themen: Sportereignisse, die über das abgesteckte Spielfeld und die vereinbarte Spielzeit hinaus Relevanz besitzen, die Unterfütterung der narrativen Struktur mit teils authentischen, teils fiktiven Film- und Fotodokumenten, die Konfrontation zwischen populärer und elitärer Kunst, zwischen unkontrollierbaren Massen und einem einsam agierenden Individuum. Doch im Gegensatz zu früheren Romanen widmet sich D. diesen Themen in Underworld in eher fragmentarischer Weise. Einzig die Rekonstruktion der Geschichte des Baseballs, der über die Jahrzehnte ständig seine Besitzer wechselt, beschreibt eine nachvollziehbare Chronologie. Neben der Bombe und dem Baseball, die durch die zeitliche und räumliche Koinzidenz auf immer miteinander verbunden sind, ist ein weiteres Leitmotiv des Romans der Müll. Gemäß D.s Obsession mit Sprache infiltriert »Müll« den Roman auch als »Wortmüll«, als »malträtierter Vokal« oder als »Herumlungernde des Akzents«. »Baseball«, »Bombe« und »Müll« bilden das thematische ›Dreigestirn‹ in Underworld: Der Plutoniumkern einer Atombombe hat die Größe eines Baseballs; die Bombe wird unterirdisch gezündet, dort, wo auch der nukleare Abfall gelagert wird. Diese Vernetzung ist jedoch im Roman zu bruchstück- und episodenhaft erzählt, um mehr als ein rein atmosphärisches Moment darzustellen. Mit der »Müll«-Thematik greift D. eine zentrale Metapher der westlichen Gesellschaft im ausgehenden 20. Jahrhundert auf. Kommt nach der abschreckenden Wirkung der Bombe die eher unmerklich schleichende Gefahr einer universellen Verseuchung durch Abfall? Müll, das beweisen zahlreiche Installationen namhafter Künstler (u. a. Claes Oldenburg und Robert Rauschenberg) birgt neben der ekelerregenden Wirkung und der offensichtlichen ökologischen Gefahr indes auch eine ästhetische Komponente. Auch D.s *Underworld* demonstriert zwei Varianten der ›Müllentsorgung‹: einmal das kreative ›Abfallrecycling‹, praktiziert von Klara Sax, die in der Wüste Arizonas 230 ausrangierte B-52-Bomber anmalt; zum anderen das penible Sortieren, Trennen, Bündeln des Abfallspezialisten Nick Shay. Ob als ökologisches Problem oder als kreative Herausforderung, immer birgt Müll ein störendes und ›stören wollendes‹ subversives Element und ist somit einer der ›Störfaktoren‹ in *Underworld*.

Maria Moss

Delius, F(riedrich) C(hristian)
Geb. 13. 2. 1943 in Rom

»Im Grunde wär ich gern ein Romantiker«, gestand D. 1998 bei der Vorstellung in der Deutschen Akademie für Sprache und Dichtung. »Bin aber nun etikettiert als literarischer Chronist der Gegenwart, als politischer Autor gar, geadelt von Literatur-Prozessen bis hoch zum Bundesgerichtshof.« D., dessen literarische Anfänge verknüpft sind mit der Studentenbewegung 1968, arbeitete 1970–1978 als Lektor, zunächst im Wagenbach Verlag und seit der Abspaltung 1973 im Rotbuch Verlag; er promovierte bei Walter Höllerer mit der Arbeit »Der Held und sein Wetter. Ein Kunstmittel und sein ideologischer Gebrauch im Roman des bürgerlichen Realismus« (1971). Der politische Aufbruch und die Literaturfeindlichkeit jener Jahre haben ihn damals »nicht dran gehindert, zehnmal mehr Jean Paul und Fontane zu lesen als Marx«. Sein Werk, vornehmlich Romane und Lyrik, lässt sich lesen als Beitrag zur Mentalitätsgeschichte der Bundesrepublik. D. versteht sich als Autor, der »die Auswirkungen historischer Ereignisse auf die Gemütslage und das Verhalten von Subjekten und Figuren nicht vergisst, ja sogar poetisch mitdenkt«.

Berühmt wurde D. durch die Dokumentarsatiren *Wir Unternehmer. Über Arbeitgeber, Pinscher und das Volksganze* (1966), das die Protokolle eines Wirtschaftstages der CDU/CSU im Originalton nutzt, und *Unsere Siemens-Welt* (1972), eine »Festschrift« zum 125-jährigen Bestehen des Konzerns. Das literarische Prinzip der Nachahmung und Einfühlung – D. bezieht sich in seinen Nachbemerkungen zur Methode auf Brechts Satz von der »Kunst, in anderer Leute Köpfe zu denken« – wird genutzt zur ideologiekritischen Aufklärung: Der Stil, bestimmt durch Euphemismus und Selbstlob, entlarvt sich selbst. Die mit luzidem Sprachwitz gefertigte Satire machte Literatur- und Rechtsgeschichte: *Unsere Siemens-Welt* löste einen dreijährigen Rechtsstreit aus. Walter Jens kommentierte: »Ein Siemens-Konzern, der vor Gericht gehen muss, bestätigt die Wirksamkeit von Literatur«, und der Autor machte eine verblüffende Erfahrung: »Mit der Macht über die Konzern-Wörter hatte ich ein Stück Macht über diesen Weltkonzern gewonnen.« (Nachwort zur Neuausgabe 1995). Auch das Gedicht »Moritat auf Helmut Hortens Angst und Ende« (aus dem Band *Ein Bankier auf der Flucht*) veranlasste den Kaufhaus-Unternehmer zur Klage, die durch mehrere Instanzen geführt und vom BGH schließlich zugunsten von D. entschieden wurde. Der Satiriker D. veröffentlichte, in der Tradition von Jonathan Swift, die Denkschrift »Einige Argumente zur Verteidigung der Gemüseesser« (1985) sowie das Kompendium »Konservativ in 30 Tagen. Ein Hand- und Wörterbuch Frankfurter Allgemeinplätze« (1988), verabschiedete sich dann jedoch von dem Genre, weil es ihm zu eindimensional erschien.

Neues Terrain eroberte sich D. als Romancier, blieb jedoch der Kunst, in anderer Leute

Köpfe zu denken, treu. Der Protagonist seines Romans *Ein Held der inneren Sicherheit* (1981) beherrscht ebenfalls diese Kunst: Er ist Ghostwriter des Arbeitgeberpräsidenten, gehört zum Brain-Trust des Konzerns, wird jedoch durch die Entführung seines Chefs von Terroristen verunsichert: In Gedanken und Alpträumen durchlebt er eine Gegenbiographie, denn wäre er damals nicht in der Studentenpolitik gescheitert, könnte er ebensogut auf der anderen Seite stehen. Der Roman – unverkennbar angelehnt an die Schleyer-Entführung, ohne ein Schlüsselroman zu sein – bildet den Auftakt zur Trilogie *Deutscher Herbst*: *Mogadischu Fensterplatz* (1987), er erzählt aus der Perspektive einer jungen Frau, die zufällig in der von den Terroristen gekaperten Maschine sitzt, den fünftägigen Irrflug, ihre Verzweiflungen und Hoffnungen; *Himmelfahrt eines Staatsfeindes* (1992) schildert in einem grotesken Szenario die Beerdigung dreier RAF-Mitglieder als fröhliches Volksfest. Thema des ambitionierten Romans, der bei der Kritik durchfiel, ist das symbiotische Verhältnis von Terroristen und Staat, die Vereinigung kongruenter Welten – zwischen Himmel und Hölle kommt es sogar zum Zungenkuß zwischen dem BKA-Chef und dem (Andreas Baader nachgestalteten) RAF-Führer.

Auch der Lyriker D. hat den Weg »vom satirischen Widerstand gegen die vorgegebenen, formelhaften Wörter zur Entwicklung einer eigenen Wortwelt, einer freieren Sprache« gefunden. Nach den beiden ersten Bänden *Kerbholz* (1965) und vor allem *Wenn wir, bei Rot* (1969), die deutlich im Kontext der außerparlamentarischen Opposition stehen, kündigt sich in den Gedichten und Reisebildern von *Ein Bankier auf der Flucht* (1975) ein neuer Ton an, der das politische Statement verbindet mit der Subjektivität des lyrischen Ich. Ironische Selbstbefragung, stilistische Prägnanz und sinnliche Präsenz zeichnen die Texte aus; die Aggressivität der frühen Verse ist dem »belustigt ernsten Blick« auf die Welt gewichen. Die allgemeine Desillusionierung der 1970er Jahre fand in dem Band *Die unsichtbaren Blitze* (1981) ihren Niederschlag. Formbewusstsein, nicht als bloße Erfüllung traditioneller Vorgaben, sondern als Moment der Konzentration verstanden, prägt die Tanka-Gedichte *Japanische Rolltreppen* (1989). Der Auswahlband *Selbstporträt mit Luftbrücke* (1992) zieht in das lyrische Resümee souverän auch schwächere, jedoch zeittypische Gedichte mit ein.

Als Erzähler experimentiert D. mit unkonventionellen Konstruktionen, um divergierende Geschichten zu bündeln und eine Polyphonie verschiedener Stimmen zu erzielen. Dies gilt für die Romane *Adenauerplatz* (1984) und in anderer Weise für *Der Königsmacher* (2001), einer Satire auf die literarische Mode des historischen Romans, in die Erzählfragmente und Drehbuchsequenzen eingewoben sind. In einem monologischen, assoziativ zwischen den Zeiten und Ereignissen springenden Sprachfluss, einem einzigen langen Satz über 72 Seiten, wird in der Erzählung *Die Birnen von Ribbeck* (1991) die wechselvolle Geschichte des Dorfes und seiner berühmten Birnbäume lebendig. D., der sich selbstironisch als »Einheitsgewinnler« bezeichnet, hat von Gesprächen mit den Bauern von Ribbeck profitiert, den Rhythmus und die soziale Gestik ihres Sprechens eingefangen. Auch den Helden der Erzählung *Der Spaziergang von Rostock nach Syrakus* (1995) hat D. interviewt: ein Kellner, der nach akribischer Vorbereitung mit der Segeljolle aus der DDR flüchtete, um einmal in Italien auf den Spuren von Seume zu wandeln, und dann in seine mecklenburgische Heimat zurückkehrte. Die wahre Geschichte, ein Schelmenstreich, der Stasi und Grenzschützern ein Schnippchen schlägt, wird im klassischen Chronikstil berichtet. Dagegen war ein realer Vorfall für *Die Flatterzunge* (1999) nur der Anlass, um deutsche Befindlichkeit in eine Momentaufnahme zu bannen. Ein Orchestermusiker, bei D. ein Posaunist, unterschreibt während eines Israel-Gastspiels eine Hotelrechnung mit »Adolf Hitler«, löst mit dieser Entgleisung einen Skandal aus und wird nicht entlassen. Der Mann, kein Nazi oder Antisemit, ist mit seinem dummen Scherz der Versuchung erlegen, ein Tabu zu brechen, dem Reiz, die Mauern von Jericho, die Heldensaga seines Berufsstandes, zum Einsturz zu bringen. Die Entschuldigungen und Argumente, die er sich zu seiner Verteidigung für die Richter zurücklegt, führen zur Bestandsaufnahme eines Lebens, das von beruflichen Kränkungen und Frustrationen, erotischen Demütigungen und Minderwertigkeitskomplexen geprägt ist.

Ein Schlüsselwerk im Schaffen D.' stellt die autobiographische Erzählung »Der Sonntag, an dem ich Weltmeister wurde« (1994) dar: Der stotternde Pastorensohn, in der Enge der hessischen Provinz gefangen, überwindet seine Sprachnot und schafft sich eine befreiende Gegenwelt. Die Thematik hat D. fortgeführt mit dem Roman *Amerikahaus und der Tanz um die Frauen* (1997): Vor dem Hintergrund der ersten Vietnam-Demonstration 1966 lernt der Protagonist, seine Schüchternheit, Scham und Sprachlosigkeit zu besiegen. Aus dem Jungen »mit gelähmter Zunge« wurde ein eloquenter Intellektueller, der als Autor seinen Platz in der Welt behauptete. »Das Potential der Wörter enthält das Potential der Wünsche«, heißt es in D.' Paderborner Poetik-Vorlesungen, denen er den Titel gab: *Die Verlockungen der Wörter* (1996).

Michael Töteberg

Demski, Eva
Geb. 12. 5. 1944 in Regensburg

Von einem »Buddenbrook-Schicksal der Wirtschaftswunderzeit« war bei D.s erstem Roman *Goldkind* (1979) die Rede, von einer »Chronik der Bundesrepublik« sprachen die Feuilletons über das Romanschaffen. Hinter diesen positiven Urteilen der Literaturkritik steht D.s schriftstellerischer Ansatz, Geschichte aufzubewahren, Kenntnisse der Vergangenheit als Erinnerung wachzuhalten und nicht zuletzt somit das »Fortwirken der Vergangenheit in der Gegenwart« (Peter König) zu beschreiben.

Die Biographie D.s ermöglichte diese literarische Aufgabe in besonderer Weise. Ein Jahr vor Kriegsende als Tochter des Bühnenbildners und Theaterregisseurs Rudolf Küfner in Regensburg geboren, verläuft der persönliche Lebensweg zeitgleich mit den Stationen der deutschen Nachkriegsgeschichte. Die 1950er Jahre der restaurativen »Wirtschaftswunderzeit« erlebt sie als Schülerin in einer Regensburger Klosterschule sowie nach dem Umzug der Eltern in einem altsprachlichen Gymnasium in Frankfurt. An den Studentenunruhen seit Mitte der 1960er Jahre nimmt die Studentin der Germanistik, Kunstgeschichte und Philosophie in Mainz und Freiburg als aktives Mitglied des SDS (Sozialistischer Deutscher Studentenbund) teil. Sie heiratet 1967 den Juristen Reiner Demski, der später bis zu seinem Tod 1974 u. a. als Strafverteidiger der Terroristin Gudrun Ensslin auftrat und von den Ermittlungsbehörden zum Sympathisantenkreis der RAF (Rote Armee Fraktion) gezählt wurde. Nach Tätigkeiten als Dramaturgieassistentin und Lektorin arbeitet D. als Journalistin für den Rundfunk und lebt seit 1977 als freie Schriftstellerin in Frankfurt. Aufgrund dieser unmittelbaren Zeitgenossenschaft der Autorin, in der die eigene Biographie und die bundesrepublikanische Geschichte zusammenfallen, verdichten sich in ihren Romanen einzelne autobiographische Elemente immer wieder zu charakterisierenden Schilderungen geschichtlicher Abschnitte.

Der Romanerstling *Goldkind* schildert als Entwicklungsroman das Scheitern eines verwöhnten Jungen. Die hermetische, Geborgenheit vermittelnde, bürgerliche Gesellschaftsform in »R.«, in der das »Goldkind« als Erbe des großväterlichen Geschäftes heranwächst, zerbricht an den neuen Bedingungen des Wirtschaftswunders. Der namenlose »N.« lässt sich treiben und bleibt unfähig, in Beziehung mit der Außenwelt zu leben. Mit dem Porträt des Anti-Helden »N.« entsteht ein Panorama der Nachkriegszeit, das unliebsame Fragen als »nach dem Spuk« verdrängt. Im Gegensatz zu den »Väter-Büchern«, die wenige Jahre nach *Goldkind* von einigen Schriftstellern vorgelegt werden, verzichtet D. in ihrem Roman über eine vaterlose Kindheit auf Anklagen und Vorwürfe. *Goldkind* hält sich in einer Schwebe von melancholischer Sympathie und ironischer Distanz.

Auch in den nachfolgenden Romanen geht

es D. nicht um eine vordergründige Politisierung ihres Ansatzes, obwohl bei der Entwicklung der Figuren immer wieder konkrete politische Ereignisse eine Rolle spielen. In *Karneval* (1981) ist es die Entwicklung von Ulrike Meinhoff zur militanten Terroristin, die von der Erzählerin einmal kurz erwähnt wird und von welcher Losies Tat abgegrenzt wird. Die das Ziel verfehlenden Schüsse der Karnevalsprinzessin Losie auf das Komiteemitglied Dr. Elsbächer bleiben eine Einzeltat. »Eigentlich ist nichts passiert. Aber alles ist anders geworden«, heißt es am Schluss des Romans. Nicht die »Machtmänner« wie Losies Vater, der neureiche Bauunternehmer, und Dr. Elsbächer, der erfolgreiche Chefarzt, ändern sich, sondern Losie und die Erzählerin des Romans, eine aus Ostpreußen stammende adlige Gouvernante. Sie sehen ein, dass ihr »Besonderheitswahn« gescheitert ist.

Ebenso geht D. im Roman *Scheintod* von einer Beziehung aus, um ein geschichtliches Thema zu beleuchten. *Scheintod* sorgte bei seinem Erscheinen 1984 für großes Aufsehen, denn in der Zeit der Terroristenfahndungen erweckte der Roman über den Ehemann Reiner Demski und über mehrere Sympathisanten der RAF durch seine autobiographischen Elemente nicht nur literarisches Interesse. Im Gegensatz zur Lektüre als Schlüsselroman jedoch widmet sich die Autorin vorrangig der Trauer einer jungen Witwe, die sich veranlasst sieht, eine Bestandsaufnahme ihrer Ehe zu vollziehen. In zwölf Tageskapiteln entsteht ein Lebensbild des »Anarchojuristen« mit seinen hochfliegenden Plänen und seiner Todesangst. Erst als stellenweise »aus der Beziehungskiste ein Polit-Krimi« (Lydia Schieth) wird, indem die Mitglieder der »Gruppe« die Witwe bitten, belastendes Material aus der Kanzlei zu entwenden, weitet sich die Biographie zum Psychogramm der terroristischen Vereinigung. *Scheintod* wird an solchen Stellen zu einer literarischen Verarbeitung von Hoffnungen und Weltentwürfen der 68er-Studenten-Generation, die in Hass und Zerstörungswut umschlagen können.

Das gesamte Panorama der deutschen Geschichte von Kriegsende bis in die Gegenwart zeichnet *Afra. Roman in fünf Bildern* (1992) nach. Drei Frauen, Theres, Afra und Nivea, stehen im Mittelpunkt des Romans. Theres hat bei Kriegsende von einem farbigen Besatzungssoldaten ein Kind bekommen, die dunkelhäutige Afra. Dieses Stigma der Hautfarbe wird für Afra zum entscheidenden Lebensantrieb. Zwar leidet sie einerseits an diesem Makel, doch weiß sie umgekehrt diese Besonderheit sehr geschickt zu nutzen. Bei ihrer Tochter Nivea hat sich die dunkle Hautfarbe, das Anderssein und die Exzentrität verloren. Die »bunten Wechselfälle des Lebens« (Walter Hinck), die mit diesem Roman über Frauen – denn Männer kommen in *Afra* nur am Rande vor – geschildert werden, zeichnen mit viel Liebe für Details die Etappen der deutschen Nachkriegswirklichkeit nach.

Obwohl in den für D. charakteristischen Geschichtsromanen immer wieder die Beziehungen der Protagonistin sowie eine subtile psychologische Genauigkeit dominieren, gehört D. keineswegs zu den Autorinnen der Subjektivitätswelle. Streitbar distanziert sich die Schriftstellerin in mehreren Essays gerade von der als weinerlich empfundenen Frauenliteratur (*Abschied von der Larmoyanz*, 1987). D. will das Private und vor allem das Autobiographische rückbinden an ein gesellschaftliches Thema der Zeitgeschichte. Ein Beispiel hierfür ist auch der Roman *Hotel Hölle, guten Tag...* (1987). Zwar beginnen die Liebesbriefe einer Frau an den zurückerwarteten Mann mit dem Satz: »Verzeihen Sie, wenn ich noch etwas genauer versuche, dieser Empfindungen habhaft zu werden«, aber im Verlauf der Geschichte wird die Entdeckung der Nazi-Folterer, die vor Jahren im Keller des Hotels Hölle ihr Unwesen trieben, zum Hauptthema. Das Prosawerk von D. spiegelt insgesamt wider, was die Autorin programmatisch von einem »Roman der Zeit« fordert: »Herstellung einer Literatur, die Mächtige darstellt und damit Macht, die herausfindet, was Moral heute wäre und wohin sie verschwunden ist, in welche kleinen, privaten Welten« (*Der Stoff liegt auf der Straße*, 1985).

Hans-Ulrich Wagner/Red.

Déry, Tibor
Geb. 18. 10. 1894 in Budapest; gest. 18. 8. 1977 in Budapest

Der ungarische Erzähler Tibor Déry hätte auch ein deutscher Schriftsteller werden können, da er immer wieder längere Zeiträume auf deutschem Sprachgebiet lebte und versuchsweise auch deutsch schrieb. Es gibt noch weitere Widersprüche in seiner wechselvollen, geradezu abenteuerlichen Laufbahn: Er war sowohl Avantgardist als auch solider Realist, Kommunist, zeitweise dann aber auch Häftling im Gefängnis der Kommunisten. D. wuchs in einer großbürgerlichen jüdischen Familie auf, besuchte eine Handelsschule und arbeitete 1913 bis 1918 in einem Familienunternehmen. Als Schriftsteller fiel er 1917 mit einem Roman von schwüler Erotik auf. 1919 trat er in die Kommunistische Partei ein und beteiligte sich an der Kommune, nach deren Fall er emigrieren musste. In den 1920er und 30er Jahren lebte er vorwiegend in Wien und Berlin, aber eine Zeitlang unter anderem auch in Prag, Feldafing, Paris, Perugia, Dubrovnik und Palma de Mallorca; von Zeit zu Zeit tauchte er auch in Budapest auf. Neben Publikationen in Ungarn schrieb er für deutschsprachige Zeitschriften. Er hatte enge Beziehungen zu den Expressionisten und den Surrealisten, seine Gedichte und Stücke aus dieser Zeit rebellieren im Sinne des Avantgardismus gegen die bestehenden gesellschaftlichen Zustände und künstlerischen Formen.

1933 begann D. in Wien mit der Arbeit an *A befejezetlen mondat* (*Der unvollendete Satz*, 1954), dessen resümierende Art von Proust und Thomas Mann inspiriert gewesen sein mag. Er beendete den Roman 1938, er erschien jedoch erst 1947. *A befejezetlen mondat* ist ein komplexer Bildungsroman, seine Hauptfigur ein bürgerlicher Intellektueller, der von der Welt seiner Herkunft allmählich enttäuscht wird und seinen neuen Platz in der Arbeiterbewegung findet. In einem umfassenden Tableau werden die beiden sich gegenüberstehenden Klassen und ihre typischen Vertreter in den 1930er Jahren dargestellt. Die Sozialrevolutionäre opfern ihr persönliches Glück, ihr Privatleben für einen zukünftigen Sieg des Proletariats. D. kombiniert klassisch-realistische Erzählverfahren mit modernen Techniken, vor allem mit dem Einblenden von Erinnerungsbildern.

Von der zweiten Hälfte der 1930er Jahre an lebte D. wieder in Budapest, wo er die Judenverfolgung von 1944 nur überlebte, weil er sich verborgen hielt. Nach der Befreiung trat er als prominenter und privilegierter kommunistischer Schriftsteller hervor, geriet aber bald in Konflikt mit der Partei, als sein großangelegter Roman *Felelet 1–2* (1950, 1952; *Die Antwort 1–2*, 1952, 1965) vom führenden Parteikritiker wegen Abweichung von der offiziellen ideologischen Linie in der Darstellung der Arbeiterbewegung und der illegalen kommunistischen Partei scharf kritisiert wurde. D. begann, sich vom realexistierenden Kommunismus zu distanzieren, schrieb Novellen und Stücke, die die diktatorischen Methoden des Stalinismus ironisch kritisierten. 1956 publizierte er *Szerelem* (*Liebe*, 1963), eine seiner schönsten Novellen, die 1970 kongenial verfilmt wurde. *Vidám temetés*, eine Erzählung aus derselben Zeit, die 1990 verfilmt wurde, liefert den Titel zu einer deutschen Auswahl von D.s Novellen: *Ein fröhliches Begräbnis* (1963).

Während der Revolution von 1956 nahm D. an der Bewegung der oppositionellen Schriftsteller teil und wurde daraufhin 1957 zu neun Jahren Haft verurteilt, kam jedoch schon 1960 durch eine Amnestie frei. Im Gefängnis schrieb er den Roman *G. A. úr X-ben* (1964; *Herr G. A. in X.*, 1966), eine groteske negative Utopie über eine Welt, in der die Verwirklichung der aufgeklärten Ideen in einen sinnlosen und bedrückenden Wirrwarr ausartet. *Kiközösítő* (1965; *Ambrosius*, 1968) ist ein pseudo-historischer Roman über das Ende des römischen Reiches, in dem ironische Anachronismen auf zeitgenössische Erfahrungen hinweisen. Die Autobiographie *Ítélet nincs* (1969; *Kein Urteil*, 1972) löste durch umstrittene Enthüllungen einen Sturm von Entrüstung aus. Skepsis und Ironie zeichnen die letzten kürzeren Romane D.s aus: *Képzelt riport egy amerikai popfesztiválról* (1971; *Erdachter Report über ein amerikanisches Pop-Festival*,

1974) und *Kedves bópeer...* (1973; Lieber Schwiegervater, 1976).

Miklós Györffy

Deržavin, Gavrila
Geb. 14. 7. 1743 in Karmači oder Sokura, Gouvernement Kazan'/Russland; gest. 20. 7. 1816 auf dem Gut Zvanka, Gouvernement Novgorod

Gavrila Deržavin ist der bedeutendste russische Dichter des 18. Jahrhunderts. Seine Bekanntheit verdankt er nicht zuletzt einer literarischen Affäre, die ihn in den nächsten Umkreis der Zarin Katharina II. und in hohe Staatsämter brachte. Aus den eher bescheidenen Verhältnissen des Provinzadels stammend, hatte er ab 1768 verschiedene unbedeutende Stellungen bei Petersburger Behörden inne, bis er mit der ohne sein Wissen veröffentlichten Ode »Felica« (1782; »Felize«, 1793) die Aufmerksamkeit der Zarin erregte. Er erhielt in der Folge zwei Gouverneursposten und wurde 1791 Katharinas Sekretär. Persönliche Differenzen zwangen ihn jedoch 1793 zum Wechsel in andere Ämter, als Justizminister (1802–03) beendete er schließlich seine Karriere.

Bereits mit der Ode »Na smert' knjazja Meščerskogo« (1779; »Auf den Tod des Fürsten Meschtscherskij«, 1793) sprengt D. den Rahmen klassizistischer Gattungsregeln. Statt die Verdienste des Fürsten zu preisen, stellt er den aus der europäischen Barockliteratur entlehnten Vanitas-Gedanken in den Mittelpunkt – unter Verwendung entsprechender Metaphorik (Tod als Sensenmann etc.) –, reflektiert er über die Allgegenwärtigkeit des Todes und die Nichtigkeit von Ansehen, Macht und Reichtum. Der Verstorbene erscheint im Gedankengang der Ode nahezu beiläufig – als ein vor allem dem Luxus zugetaner Aristokrat. »Felica« (der Name ist einem pseudoorientalischen Märchen aus der Feder Katharinas II. entlehnt) variiert das Odenschema in der Weise, dass die Zarin in teilweise betont alltäglicher Sprache als natürlich, freundlich, bescheiden, nachsichtig und fleißig charakterisiert wird, während die Überhöhung zu einer gottgleichen Idealgestalt im Geiste konventioneller Panegyrik lediglich im Schlussteil der Ode erscheint. Als auf menschliches Maß herabgestimmtes Lob der Herrscherin in Verbindung mit satirischer Kritik an den lasterhaften Höflingen ist das Werk später als Keimzelle des russischen Realismus gedeutet worden. Mit der Ode »Bog« (1784; »Gott«, 1793) konnte russische Dichtung erstmals auch außerhalb der Landesgrenzen Ruhm erlangen. D. greift hier – angesichts des erhabenen Gegenstands – noch einmal auf den von Michail Lomonosov für die Ode geforderten ›hohen Stil‹ zurück. Durch hohes Formbewusstsein und den meisterhaften Einsatz der rhetorischen Mittel gelangt er zu einer Ausgewogenheit, die der Tiefe der Reflexion über das Verhältnis von Gott und Mensch in eindrucksvoller Weise gerecht wird: Der Mensch ist klein und unbedeutend im Vergleich mit Gott, er existiert nicht aus sich selbst, sondern ist dessen Geschöpf, zugleich ist er aber selbst ein gottgleicher Schöpfer und Gestalter der Welt.

»Vodopad« (1791–94; Der Wasserfall) ist eine wortgewaltige, 74 Sechszeiler umfassende Ode, deren Rahmen eine von den Ossian-Dichtungen inspirierte Naturschilderung bildet, die im Kern aber den verstorbenen Fürsten Potemkin als bedeutenden Staatsmann würdigt und in ihren Reflexionen über Zeit, Vergänglichkeit, weltlichen Ruhm etc. die Naturerscheinung als Bild vielfältig wiederaufnimmt. Den Kern des Spätwerks bildet intime Lyrik – teilweise im antikisierenden Stil. Sie wurde erstmals 1803 unter dem Titel *Anakreontičeskie pesni* (»Anakreontische Lieder«) zusammengefasst.

Werkausgabe: Gedichte des Herrn Staatsraths von Derschawin. Übers. A. von Kotzebue. Leipzig 1793.

Frank Göbler

Desai, Anita
Geb. 24. 6. 1937 in Mussoorie/Indien

Anita Desai entstammt einer indisch-deutschen Ehe und gilt als bedeutendste Vertreterin der englischsprachigen Frauenliteratur Indiens, deren Profil sie seit ihrem ersten Roman, *Cry, the Peacock* (1963), entscheidend mitgeprägt hat. Bislang erschienen in regelmäßigen Abständen weitere Romane, mehrere Erzählsammlungen und Jugendbücher, darunter der teilweise in Indien und den USA spielende Roman *Fasting, Feasting* (2000). Aufgewachsen mit Deutsch und Hindi, wandte sich D. mit Beginn ihrer Schulzeit der englischen Sprache zu, der für sie einzig möglichen Ausdrucksform ihrer Erzählungen. Die Kritik hat einhellig positiv auf die außergewöhnlich lyrische Textur ihrer Werke und ihren klaren und visuell anschaulichen Stil verwiesen, ein subtil eingesetztes Instrument der Gestaltung insbesondere des Innenlebens ihrer meist weiblichen, zur urbanen Mittelschicht zählenden Hauptfiguren. – In den bis 1980 erschienenen Romanen steht deren emotionales Spannungsverhältnis zu ihren Familien im Mittelpunkt, das immer wieder zur schmerzhaften Erfahrung führt, sich unter dem Druck sozialer Erwartungen individuell nicht verwirklichen zu können. Teils endet ihr Leben tragisch – wie in *Cry, the Peacock*; *Voices in the City* (1965) oder *Fire on the Mountain* (1977; *Berg im Feuer*, 1986) –, teils in Resignation (*Where Shall We Go This Summer?*, 1975). Erst mit *Clear Light of Day* (1980; *Im hellen Licht des Tages*, 1992) gelangt die Protagonistin zur Einsicht, dass ein individuelles Leben in die Familiengeschichte, ja in einen historischen Zusammenhang eingebettet ist, in dem Vergangenheit und Gegenwart unauflöslich miteinander verknüpft sind. – In den folgenden Romanen wendet sich D. anderen Aspekten der indischen Gegenwart zu, so der untergehenden Tradition der islamischen Urdukultur und -literatur (*In Custody*, 1984; *Der Hüter der wahren Freundschaft*, 1987); dem Schicksal eines deutsch-jüdischen Emigranten in Indien (*Baumgartner's Bombay*, 1988; *Baumgartners Bombay*, 1989); und der Erfahrung deutscher ›Pilger‹ auf der Suche nach Lebensverwirklichung *(Journey to Ithaca*, 1995; *Reise ins Licht*, 1996). Die wechselnden Großstädte in D.s eigenem Leben – Delhi, Kalkutta, Bombay – liefern den Hintergrund der atmosphärisch dicht gestalteten Erzählungen mit ihren Farben, Geräuschen und Gerüchen, ihrem Verfall und Elend und nicht zuletzt ihrer Gewalt. D.s klar strukturierte Romane lassen sich als literarisch eindrucksvolle soziokulturelle ›Kommentare‹ zum modernen städtischen Leben in Indien lesen, die besonders aus weiblicher Perspektive entwickelt werden. Wie *Fasting, Feasting* belegt, unterscheidet sich Indien allerdings in einigen Aspekten nicht von den USA, die D. durch regelmäßige Aufenthalte als Gastprofessorin seit den 1990er Jahren kennengelernt hat.

Dieter Riemenschneider

Devi, Mahasweta
Geb. 14. 2. 1926 in Ḍhākā/Indien (heute Bangladesch)

Die indische Schriftstellerin Mahasweta Devi (Mahāśvetā Debī) wuchs in einer ostbengalischen Künstlerfamilie auf. 1936 bis 1939 besuchte sie die von Rabīndranāth Tagore gegründete Schule in Śāntiniketan. Ihre Schulzeit beendete sie in Kalkutta, wo sie auch das College besuchte. Danach studierte sie an der Universität in Śāntiniketan englische Literatur. Sie schloss ihr Studium 1946 mit dem B.A.-Examen ab. 1947 heiratete sie den Dramatiker Bijan Bhaṭṭācārya; die Ehe wurde 1962 geschieden. 1948 wurde ihr einziger Sohn Nabāruṇ Bhaṭṭachārya geboren, der auch ein bekannter Schriftsteller wurde. 1949 bekam D. eine Stelle als höhere Angestellte im Post- und Fernmeldeministerium, die sie ein Jahr später jedoch wieder verlor. 1956 erschien mit *Jhāsir Rāṇi* (Die Königin von Jhāsi) ihr erstes Buch, eine Biographie der Königin von Jhāsi, einer der großen Frauengestalten in der indischen Geschichte, die 1857 an der Spitze ihrer Truppen heldenhaft gegen die britischen Kolonialtruppen gekämpft hatte. Das Besondere an diesem Buch ist, dass D. nicht nur schriftliche Quellen benutzte, sondern nach Jhāsi reiste und dort Volkslieder und mündlich überlieferte Geschichten über die Königin sammelte.

Von 1957 bis 1971 veröffentlichte D. 22 Romane und eine noch größere Zahl von Erzählungen, doch einer größeren Öffentlichkeit wurde sie erst mit dem Roman *Hājār curāśir mā* (1974; Die Mutter von 1084, 2003) bekannt. Darin trauert eine Mutter um ihren Sohn, der sich den linksradikalen »Naxaliten« angeschlossen hatte. Sie findet ihn als Toten mit der Nummer 1084 in einem Leichenschauhaus und erfährt, dass er von der Polizei erschossen wurde.

Zwischen 1977 und 1989 schrieb D. ihre besten Werke. 1977 erschien der historische Roman *Aranyer Adhikār* (Aufstand im Munda-Land, 2005), in dem, angeführt von dem charismatischen Bīrsā Muṇḍā, die nordindische Stammesgemeinschaft der Muṇḍās 1899 gegen die Briten rebelliert. Die Rebellion wird niedergeschlagen, doch lebt Bīrsā in der Erinnerung der Muṇḍās weiter. Es folgten zwei Bände mit Kurzgeschichten. *Agnigarbha* (1978; Umgeben vom Feuer) enthält die Erzählung »Draupadī« (die 1991 unter demselben Titel in deutscher Übersetzung erschien), die sich wie *Aranyer Adhikār* mit der Situation von Adivasis (Stammesangehörigen) beschäftigt. Ein Jahr später erschien der Sammelband *Nourhite megh* (1979; Wolken am südwestlichen Himmel) mit der Erzählung »Rudālī« (Klagefrau): Eine arme Frau namens Śanicarī muss viel erleiden, doch gelingt es ihr, die Tradition der Reichen, pompöse Todesfeiern auszurichten, dazu zu nutzen, als erfolgreiche Klagefrau ein akzeptables Einkommen zu erlangen.

Bemerkenswert ist auch der Roman *Daulati* (1985; Daulati, 2002), in dem wieder eine Angehörige der untersten Gesellschaftsschicht im Mittelpunkt steht: Die junge Daulati wird von einem betrügerischen Menschenhändler entführt und gezwungen, als Prostituierte zu arbeiten. Eine besondere Stellung im Werk D.s nimmt der Roman *Teroḍyāktil, pūraṇsahāy o pirthā* (1989; Pterodactylus, 2000) ein, den die Autorin selbst als »Quintessenz meiner Erfahrung mit den Adivasis« bezeichnet. Darin reist ein Journalist in ein abgelegenes Adivasi-Gebiet, um für eine Reportage zu recherchieren. Er spürt nicht nur eine unüberwindbare Distanz zwischen sich und den Adivasis, sondern erlebt Dinge, die für ihn rational nicht erklärbar sind.

Auch nach 1989 schrieb D. zahlreiche Romane, Erzählungen und Essays, in denen sie gesellschaftliche Missstände thematisierte, und setzte sich weiterhin für besonders diskriminierte Gruppen ein. Sie erhielt zahlreiche Preise und Auszeichnungen und wird zu den bedeutendsten indischen Gegenwartsautoren gezählt.

Christian Weiß

Dib, Mohammed

Geb. 21. 7. 1920 in Tlemcen/Algerien; gest. 2. 5. 2003 in La Celle-Saint Cloud/Frankreich

Der algerische Schriftsteller Mohammed Dib zählt als Vertreter der sog. Generation 1952 zu den Gründern der antikolonialen Nationalliteratur französischer Sprache während der Unabhängigkeit seines Landes. Sein Werk umfasst Romane, Erzählungs- und Essaybände, Lyrik- und Kinderbücher sowie ein Theaterstück.

D. debütierte als Lyriker mit dem Band *Vega* (1947; Vega), dem die Gedichtbände *Ombre gardienne* (1961; Schattenwächter), *Formulaires* (1970; Formulare), *Omnéros* (1975; Omneros), *Feu beau feu* (1979; Feuer schönes Feuer), *O vive* (1987; Oh lebe) und *Le cœur insulaire* (2000; Das vereinsamte Herz) folgten, die hymnisch die Liebe besingen. Am Anfang seiner Prosa steht die vom algerischen Fernsehen verfilmte Algerien-Trilogie mit den Romanen *La grande maison* (1952; Das große Haus, 1956), *L'incendie* (1954; Der Brand, 1956) und *Le métier à tisser* (1957; Der Webstuhl, 1959). Mit ihr wurde D. der erste moderne maghrebinische Autor, der ins Deutsche übersetzt wurde. Als erster Maghrebiner erhielt er 1994 den Grand Prix de la Francophonie. Mit der Algerien-Trilogie liefert D. eine kritisch-realistische Chronik des algerischen Alltags zu Beginn des Zweiten Weltkriegs. Wegen seines vierten Romans *Un été africain* (1959; Ein afrikanischer Sommer), in dem D.

ein Panorama der Gesellschaft unter dem Schock des Befreiungskriegs entwirft, wurde er aus dem Land ausgewiesen, bis zu seinem Tod lebte er in der Nähe von Paris. Mit dem Exil änderte sich D.s Stil vom Realismus zum Surrealismus; der Roman *Qui se souvient de la mer* (1962; *Und ich erinnere mich an das Meer*, 1992) schildert eine apokalyptische Vision von Algerien im Unabhängigkeitskrieg. In den Romanen *Cours sur la rive sauvage* (1964; Wildwasserfahrt), *La danse du Roi* (1968; Der Tanz des Königs), *Dieu en barbarie* (1970; Gott in der Barbarei) und *Le Maître de chasse* (1973; Der Jagdführer) wiederholt D. seine spöttische Kritik an vermeintlichen Revolutionshelden und seelenlosen Technokraten aus *Un été africain*. *Habel* (1977; *Habel*, 1991) spielt erstmals in Paris und bildet das Leben in der Metropole als labyrinthischen Albtraum ab. Es folgt eine als nordische Tetralogie bekannt gewordene Romanfolge aus *Les terrasses d'Orsol* (1985; *Die Terrassen von Orsol*, 1991), *Le sommeil d'Eve* (1989; Evas Schlaf), *Neiges de marbre* (1990; Marmorschnee) und *L'infante maure* (1994; *Die maurische Infantin*, 1997), in der D. eine märchenhafte Gegenwelt entwirft – eine in den Wäldern Finnlands spielende Utopie interkultureller Toleranz. Er nutzt dafür Elemente sowohl der skandinavischen als auch der jüdisch-christlich-islamischen Mythologie und plädiert mit ihnen für eine Moral der Verantwortung. Als Groteske verfasste D. den Roman *Le désert sans détour* (1992; *Wüsten*, 1993) über den ersten Golfkrieg. Er formuliert darin die Frage nach der persönlichen Identität, die er anlässlich der Bürgerkriege in Algerien im Roman *Si diable veut* (1998; Wenn der Teufel will) und dem Essayband *Simorgh* (2003; Simorgh) aus Kindersicht neu stellt. Globalisierung und Kapitalisierung schilderte D. mit Zitaten aus Musiktexten im Roman *Comme un bruit d'abeilles* (2001; Wie Bienensummen). Im Internet publizierte er zweisprachig die kalifornischen Impressionen *L.A. Trip* (2003; Reise nach L.A.), die auf seine Lehrtätigkeit in der Mitte der 1970er Jahre in Kalifornien zurückgehen.

Manfred Loimeier

Dickens, Charles
Geb. 7. 2. 1812 in Landport, Portsmouth; gest. 9. 6. 1870 in Gad's Hill, Rochester

Nicht selten kommt heute die Frage auf, wie ein Autor der Vergangenheit auf das Potential der medialen Informationswelt angesprochen hätte, oder, genauer gesprochen, ob er den traditionellen Weg literarischer Kommunikation durch den Buchdruck vorgezogen oder sich durch die elektronischen Medien an ein Massenpublikum gewandt hätte. Nun mögen solch anachronistische Überlegungen wenig sinnhaft erscheinen, bei Charles Dickens haben sie indes ihre Berechtigung. Für das überaus große Lesepublikum – seine Beliebtheit ging durch alle Schichten der Gesellschaft – war D. der »unnachahmliche« Entertainer im besten Sinne, ein Geschichtenerzähler, wie er vor dem Einsetzen der Schriftkultur die Zuhörer in seinen Bann zieht. Dabei kam ihm ein Modus der Buchproduktion zugute, den er selbst allerdings zwiespältig beurteilte: Seine Erzählungen kamen, einer zeitgenössischen Praxis folgend, im Verlauf von ein bis anderthalb Jahren in Fortsetzungsdrucken heraus, um erst dann in Buchform angeboten zu werden. Das gab ihm die Möglichkeit, die Meinung seiner Kritiker und Leser zu jeder Nummer einzuholen und den Fortgang einer Erzählung auf ihre Reaktionen hin abzustimmen. Der Vergleich mit dem *Rating System* drängt sich hier auf, obschon die Struktur der Einzelnummer bei D. wenig mit den manipulierten Folge einer TV-Serie gemein hat. Die Annahme, dass diese Art der Vermittlung Spannung wie Engagement hervorrief, ist nicht von der Hand zu weisen. Gleichwohl wäre es verfehlt, die damit dokumentierte literarische Professionalität gegen D. in die Waage zu werfen. Vielmehr belegt die für ihn charakteristische Umsetzung der Publikationsweise, die auch nachträgliche Korrekturen zuließ, wie sehr er um die endgültige Form seiner Werke bemüht war, die er, ohne einen Handlungsplan ausgefeilt zu haben, gleichsam einer schöpferischen Eingebung gehorchend hervorbrachte.

Damit wäre D.' literarischer Werdegang

angeschnitten, der offenkundig auf bescheidenen Voraussetzungen gründete. Gleichwohl wird man die Zurücksetzungen, unter denen er in der Jugend zu leiden hatte, aus heutiger Sicht anders bewerten wollen. Seine Herkunft aus dem Kleinbürgertum verwehrte ihm die klassische Bildung eines Gentleman; doch mag der knappe Schulunterricht, der ihm gewährt wurde, einen Sinn für das Praktische erweckt haben. So schmerzhaft ihn die Verschuldung des Vaters, die den Zwölfjährigen zur erniedrigenden Lohnarbeit zwang, treffen musste, rief sie doch eine erhöhte Sensibilität für soziale Missstände bei ihm wach. Die damals noch verbreitete Ausbeutung von Kindern hat ihn immer wieder beschäftigt. Zweifellos waren die Jahre, die er dann als Schreibkraft in einer Anwaltskanzlei verbrachte, von einiger Wichtigkeit für den Schriftsteller, der fast in jedem seiner Romane Rechtsprobleme anspricht. Endlich scheint es offensichtlich, dass die spätere Tätigkeit als Berichterstatter seinen Blick für das politische Geschehen geschärft haben muss. Schon von Kindheit an war D. ein unbändiger Leser gewesen, der sich neben Märchen und Räubergeschichten bald die großen Erzählungen der Weltliteratur und die nun bereits klassischen englischen Romane des 18. Jahrhunderts aneignete. Und so wird es verständlich, wieso er, anstatt eine journalistische Laufbahn einzuschlagen, zum Berufsschriftsteller wurde. Die erstaunliche Reife, mit der er als ein solcher an die Öffentlichkeit trat, ist freilich so nicht zu erklären.

Die ersten literarischen Arbeiten des jungen D. waren Skizzen aus dem Volksleben (*Sketches by Boz*, 1833–36; *Londoner Skizzen*, 1839). Doch dann – er war erst 24 Jahre alt – konnte er eine große Chance wahrnehmen. Ein prominenter Künstler hatte es übernommen, die vergnüglichen Abenteuer einer Philisterrunde in einer Bilderserie darzustellen, für die ein Begleittext benötigt wurde. Das Resultat waren die *Pickwick Papers* (1836/37; *Die Pickwickier*, 1837/38), eine Folge von Begebenheiten, welche der Selbstkritik ihres Verfassers widersprechend bereits Ansätze zur Geschlossenheit aufweist und in dem gütigen Mr. Pickwick und dem pfiffigen Sam Weller ein Herr-Diener-Paar einführt, das auf Cervantes rückverweist. Darüber hinaus hat D. hier zwei jener so profilierten Figuren geschaffen, die von nun an jeden seiner Romane auszeichnen. *Oliver Twist* (1837/38; *Oliver Twist*, 1838), in dem ein Waisenkind sich gegen eine sehr realistisch geschilderte Verbrecherbande behaupten kann, und die pikaresken Abenteuer des ungestümen *Nicholas Nickleby* (1838/39; *Leben und Schicksale Nikolas Nickelbys und der Familie Nickelby*, 1838–1840) folgten rasch aufeinander. Ganz England, so möchte man glauben, empfand den Tod der rührenden Little Nell in *The Old Curiosity Shop* (1840/41; *Der Raritätenladen*, 1852) als persönlichen Verlust. *The Life and Adventures of Martin Chuzzlewit* (1843/44; *Leben und Abenteuer Martin Chuzzlewits*, 1843/44), der nun schon mehrschichtige Roman einer ganzen Sippe, verschlägt seinen Helden in ein satirisch verzerrtes Amerika, von wo er geläutert in ein Glück im Winkel zurückfindet. Doch nicht der blässliche Held, sondern der heuchlerische Pseudo-Architekt Pecksniff und die vulgäre Mrs. Gamp (deren Namen als Jargonausdruck für den Regenschirm weiterlebt) begeisterten das Lesepublikum. Besonders in der Frühphase des Autors waren es die *Dickensian characters*, jene markanten Figuren, welche stets den Gefallen der Leser wie die Zustimmung der nicht immer wohlwollend gesinnten Kritiker fanden. So unverkennbar diese Gestalten sein mögen, fällt es schwer, die Eigenart der D.schen Charakterkunst aus ihnen auszufällen. Mit ihr erreicht eine der englischen Erzähltradition eigene drastische Charakterzeichnung einen Höhepunkt. Realistisch bis grotesk überzeichnet wie bei Tobias Smollett nehmen die meist als Nebenfiguren eingesetzten Personen durch ihre Komik für sich ein, obschon sich asoziale Elemente und wahre Unholde unter ihnen finden. So vereinigt *Dealings with the Firm of Dombey and Son*

(1846/48; *Dombey und Sohn*, 1847/48) die grimmige Mrs. Pipchin, den gutmütig-dämlichen Captain Cuttle und den durchtriebenen Major Bagstock, dessen Selbstinszenierung als biederer Veteran der hochmütige Geschäftsmann Dombey nicht zu durchschauen vermag. Sie alle treten als ins Extreme gesteigerte Individualfiguren auf, die eben dadurch wieder Universalien verkörpern. Wenngleich ihre Funktion im Roman nicht zu bestreiten ist, vermögen sie über den jeweiligen Kontext hinauszutreten, um als kulturelle Ikone weiterzuwirken. Wen darf es da verwundern, dass der heimtückische Uriah Heep aus *David Copperfield* (1849/50; *David Copperfield*, 1849/51) seinen Namen einer Pop-Gruppe leihen musste? D. selbst hat den autobiographisch bestimmten Bildungsroman *David Copperfield* als seine Lieblingsschöpfung bezeichnet. Und doch ist der liebenswürdige Held und glaubhafte Erzähler nicht mit dem eigentlichen Autor gleichzusetzen, der selbst die dunkelsten Seiten der menschlichen Persönlichkeit als die eigenen empfunden haben muss. Der Jahre später verfasste zweite Ich-Roman *Great Expectations* (1860/61; *Große Erwartungen*, 1862) ist denn auch härter und schärfer angelegt. Wo ein David Copperfield noch seine Zukunftserwartungen zu verwirklichen vermag, muss ein Pip Pirrip erkennen, dass die seinen reine Illusion gewesen sind. Mit welcher Hingabe D. auch an dem Schicksal dieser Romanfigur Anteil nahm, beweisen die alternativen Schlüsse, mit denen er die Handlung abzurunden suchte. Wir vermögen nicht zu entscheiden, ob die so stimmungsvolle, symbolische Schlussszene einen konventionell ›glücklicheren‹ Ausgang anzeigt, als dies die andere, nüchterne, realistischere Schilderung nahelegt.

Doch dieses Werk gehört bereits einer späteren Phase an, die nun nicht mehr die ungeteilte Zustimmung des Lesepublikums fand. Der sich so heimelig gebärdende Erzähler der Weihnachtsgeschichten (*A Christmas Carol*, 1843; *Der Weihnachtsabend*, 1844) schien ein anderer geworden zu sein. Wo die zeitgenössischen Kritiker noch Mangel an Gestaltung, ja Leichtfertigkeit in den frühen Romanen festzustellen meinten, stieß man sich nun an der weit komplexeren düsteren Thematik, der strukturellen Vielschichtigkeit und Vielstimmigkeit seines Schaffens. Auch der moderne Leser vermag die narrative Struktur von *Bleak House* (1852/53; *Bleakhaus*, 1852/53), in der sich ein übergeordneter Erzähler und eine in das unabwendbare Geschehen verwickelte Ich-Erzählerin ergänzen, mitunter jedoch zu widersprechen scheinen, nicht ohne weiteres nachzuvollziehen. *Hard Times* (1854; *Schwere Zeiten*, 1855) greift die Not des Industrieproletariats auf, die in diesem Fall mit der Thematik der unglücklichen Ehe verschränkt wird. *Little Dorrit* (1855/57; *Klein Dorrit*, 1856/57) stellt dem exzessiven Materialismus das krasse soziale Elend der Epoche entgegen. Wo die früheren Romane mit einem Ausblick in eine gedeihliche Zukunft ihren Abschluss finden, drängt sich hier ein Ton von Skepsis und Bitterkeit in den Ausklang ein. Auch in diesen Werken konnte der Leser noch den beliebten D.schen Charakteren begegnen, wie sie uns etwa in *Our Mutual Friend* (1864/65; *Unser gemeinschaftlicher Freund*, 1867) in den so gegensätzlich gearteten Eheleuten Mr. und Mrs. Wilfer und ihrem Gegenstück, den harmonisch verbundenen, simplen Boffins entgegentreten. Es muss freilich dahingestellt bleiben, ob ein solcher Zugang die volle Sinnhaftigkeit des komplexen Romans zu erschließen vermag. Es ist wohl eher die Aura der Großstadt London, und hier v.a. die düsteren Szenen, in denen der trübe Fluss Verfall und Verderben zu verheißen scheint, die eine Einsicht in die Bedeutungstiefe des Werks zu eröffnen vermag. Der durch Komödienelemente aufgehellte Realismus der Frühphase hat sich zu einer vielschichtigen Darstellung gewandelt, die jenseits der fassbaren, gegenständlichen Wirklichkeit eine höhere Seinswelt erahnen lässt.

Neben dem sozialen Kritiker hat D. auch als politischer Denker keineswegs an Aktualität eingebüßt. Seine ambige ideologische Position kommt am nachhaltigsten in den historischen Romanen zur Geltung. Während *Barnaby Rudge* (1841; *Barnaby Rudge*, 1852) die bürgerkriegsartigen Ausschreitungen des auslaufenden 18. Jahrhunderts beschreibt, als ein aufgehetzter Pöbel ganze Teile von London verwüstete, ist *A Tale of Two Cities* (1859; *Zwei Städte*, 1859/60), in dem London und Paris gegenübergestellt werden, dem gewaltigen Ereignis der französischen Revolution gewidmet. Wo das Frühwerk die Unruhen als Folge politischer Aufwiegelung begreift, geht der spätere Roman den Ursachen des Umsturzes nach. Doch auch hier setzt sich der Autor vornehmlich mit der erschreckenden Gewalttätigkeit, dem Zerfall von Sitte und Ordnung auseinander, wie sie im benachbarten England mit Entsetzen registriert wurden. Der mit enormem Eifer zu sozialen Reformen drängende, radikale D. war sich augenscheinlich bewusst, wie dünn die Schicht ist, die Zivilisation von Bestialität trennt.

Auch der reife D. geht nicht davon ab, der moralischen Komponente seiner Erzählungen Nachdruck zu verleihen. Während der didaktisch ausgerichtete Erzählerkommentar zurücktritt, ist die exemplarische Funktion vieler Einzelszenen und ganzer Handlungsketten nicht zu übersehen. So stark sich die dem untersten Milieu entstammende Lizzie Hexam von dem jungen Lebemann Eugene Wrayburn angezogen fühlt, bekennt sie sich erst dann zu ihm, als sie die Pflege des schwer Verletzten antreten kann. Ihre Fürsorge bringt ihn wieder dazu, allem Standesdünkel zu trotzen und einen ehelichen Bund mit ihr einzugehen. Der Ablauf einer der beiden Haupthandlungen von *Our Mutual Friend* mag verdeutlichen, wie sehr D. sich seiner Rolle als Repräsentant bürgerlicher Moral eingedenk war. Der Erfolgsschriftsteller war zu einer Leitfigur geworden, die sich ihrer Mission nicht mehr entziehen konnte, ohne die Grundsätze der viktorianischen Gesellschaft in Frage zu stellen.

Diese Überlegungen sind angebracht, wenn D.' Scheidungsaffäre und seine langjährige Verbindung mit einer jungen Schauspielerin erörtert werden. Es blieb einer weniger restriktiven Zeit vorbehalten, eine gewisse Aufklärung der geheimgehaltenen Beziehung zu erlangen und aus dieser Perspektive die thematische Struktur seiner Spätwerke zu hinterfragen, allerdings ohne damit wesentlich neue Interpretationsansätze gewinnen zu können. Immerhin heben schon die Jugendwerke den Lebensbund gleichgesinnter Partner von der Misere landläufiger Ehen ab. Nach wie vor werden Selbstsucht und Heuchelei angeprangert, Selbstentsagung und Offenheit als Tugenden herausgestellt. D.' letztes Werk, das Romanfragment *The Mystery of Edwin Drood* (1870; *Edwin Drood. Eine geheimnisvolle Geschichte*, 1870), über dessen vermutlichen Ausgang noch immer spekuliert wird, stellt einen Charakter in den Mittelpunkt, der die Abgründe seiner Persönlichkeit vor der Umwelt zu verbergen weiß; doch gerade dieses Motiv hatte den Autor schon mehrfach beschäftigt. Dass der sensible Dichter sein Doppelleben als Heimsuchung empfand, reflektieren wohl eher die ausgedehnten Vortragstourneen der letzten Jahre, deren enormer Verschleiß seinen frühen Tod herbeigeführt haben mag. Es mag nicht nur seine Neigung zum Performativen gewesen sein, die ihn in diese populären Auftritte trieb. Vielleicht wurzelten sie in einem uneingestandenen Drang, einem verunsicherten Publikum die Stirn zu bieten. Wie dem auch sei, gewiss bleibt, dass D. den weiten Bogen menschlicher Gefühle, Begierden, Sorgen und Beklemmungen, den er so unnachahmlich erfasste, selbst erlebt hat. Damit ist allerdings wieder nur eine Seite seines Dichtertums erfasst. Die unendliche Phantasie und unerschöpfliche Gestaltungskraft des genialen Erzählers gestattet keine kategorische Bestimmung.

Werkausgaben: Sämtliche Werke. Leipzig 1839–62 [unvollständig]. – The Clarendon Dickens. Hg. J. Butt. Oxford 1966ff. [unvollständig].

Herbert Foltinek

Dickinson, Emily [Elizabeth]
Geb. 10. 12. 1830 in Amherst, Massachusetts; gest. 15. 5. 1886 in Amherst, Massachusetts

Zu ihren Lebzeiten als Dichterin unbekannt (nur eine Handvoll ihrer Gedichte erschien vor ihrem Tod im Druck), hat Emily Dickinson im 20. Jahrhundert einen bedeutenden Platz in der amerikanischen Literaturgeschichte errungen; sie wird heute nicht nur als Gegenpart zu Walt Whitman anerkannt, sondern auch als Begründerin einer autonomen weiblichen Traditionslinie gesehen. So hat eine neuere, feministisch orientierte Literaturkritik in Gedichten wie »Her face was in a bed of hair« (Nr. 1722) die homoerotische Komponente betont und D.s Leben als eine Absage an männliche Autoritäten – seien es Gott, Vater, ein Liebhaber, Ehemann oder der literarische Mentor – interpretiert, die Adrienne Rich als direkten Akt des Widerstandes gegen das Patriarchat charakterisierte.

Mit der Ausnahme eines Schuljahres am nahegelegenen Mount Holyoke Female Seminary und einer Reise nach Washington, DC, wo sie ihren Vater besuchte, verbrachte D. ihr ganzes Leben in Amherst. Stadtbekannt als das exzentrischste Mitglied einer exzentrischen, aber einflussreichen Familie, lebte D. die letzten zwölf Jahre in selbstgewählter Isolation in ihrem Elternhaus, kleidete sich ganz in Weiß und kommunizierte mit Freunden und Besuchern nur indirekt – hinter einem Wandschirm verborgen oder durch Geschenke und Mitteilungen in einem Korb, den sie aus ihrem Fenster in den Garten hinunterließ. Den neurotischen Rückzug aus dem äußeren Leben kompensierte D. durch Bücher – gekauft vom Vater, der ihr aber gleichzeitig davon abriet, sie zu lesen – und natürlich ihre Gedichte, von denen kaum jemand in ihrer Umgebung wusste. Wie ihre Schwester Lavinia heiratete D. nicht, doch spielten mehrere Männer in ihrem Leben eine Rolle: Benjamin Franklin Newton, der sie mit der zeitgenössischen englischen und amerikanischen Literatur, insbesondere mit den Werken von Ralph Waldo Emerson, vertraut machte; Samuel Bowles, der Herausgeber des *Springfield Republican*, der ein paar ihrer Gedichte veröffentlichte; Charles Wadsworth, den sie auf der Rückreise von Washington in Philadelphia kennengelernt hatte und mit dem sie eine starke emotionale Beziehung verband; Thomas Wentworth Higginson, den sie um literarischen Rat und Hilfe bei der Veröffentlichung ihrer Gedichte bat, der aber so in den Konventionen des »genteel age« befangen war, dass er D.s Genie nicht erkannte; schließlich Otis Phillips Lord, den D. als väterlichen Freund verehrte und später liebte. Eine besondere Beziehung hatte D. zu ihrer Schwägerin Susan Gilbert, die wohl – wie es manche Passagen in ihrem Briefwechsel nahelegen – das Objekt der Begierde in den homoerotischen Gedichten war.

Als D. im Mai 1856 an der Brightschen Krankheit starb, war man überrascht von der Fülle der hinterlassenen Gedichte, die zum Teil in Faszikeln zusammengefasst waren; die 40 Hefte mit Reinschriften repräsentieren allerdings keine thematische Ordnung, wie manchmal vermutet worden ist. Auf Bitten von D.s Schwester veröffentlichte Mabel Loomis Todd, die sich in den letzten Monaten vor D.s Tod mit der Dichterin angefreundet hatte, 1890 mit Hilfe von Higginson eine Auswahl der Gedichte, der 1891 und 1896 zwei weitere Bände folgten; darin passten hinzugefügte Titel, Einteilung in konventionelle Rubriken (»Leben«, »Liebe«, »Natur«, »Zeit«, »Ewigkeit«) und Glättungen mancher von D.s Eigenheiten die Texte dem zeitgenössischen Geschmack an.

In Form und Thematik greift D. auf bekannte Muster und Themen zurück. Formale Basis ist das sogenannte »common meter«, die Hymnen- oder Balladenstrophe, bestehend aus vier Zeilen in alternierendem vier- bzw. dreihebigen jambischen Metrum, von denen die zweite und vierte Zeile sich reimen. Dieser konventionelle Rahmen wird durch Experimente mit Reim, Rhythmus und Enjambement auf vielfältige, überraschende Weise verfremdet; wenn D. auch weitgehend an der Umgangssprache festhält, so ist ihre Wortwahl doch innovativ und variationsreich; die ohne syntaktischen Zusammenhang vermittelten Gedankenassoziationen, als Ergebnis der erstrebten Verdichtung, werden häufig durch Gedankenstriche voneinander abgesetzt, ein typisches äußeres Zeichen von D.s Gedichten.

Folgt man William Wordsworths Unterscheidung von Gedichten über private Herzensangelegenheiten und Gedichten über öffentliche Themen, so ist D.s dichterisches Werk ganz der ersten Kategorie zuzuordnen. Ihre Gedichte sind die intensiven Erkundungen eines Ich, das die Wahrheit über die Natur, über Leben und Tod, über Zeit und Ewigkeit, über Gott und Unsterblichkeit, über Liebe, Schmerz und Verzweiflung sucht und – indirekt – sagt. D.s frühe Jahre waren geprägt von dem orthodoxen Puritanismus, der in ihrer Umgebung – im Gegensatz zum unitarisch geprägten Boston – noch vorherrschte, doch löste sie sich zunehmend von den Vorstellungen von Hölle, Verdammnis und einem unbarmherzigen Gott, so dass sie sagen konnte, »That odd old man is dead a year« (Nr. 1130). Wenn sie auch die puritanische Vergangenheit nicht ungeschehen machen konnte, so gewann sie doch durch Emerson und den Transzendentalismus auch Perspektiven, die ihr den Blick auf »Eternity« und – ihre eigene – »Immortality« (Nr. 1231) eröffneten. Trotz des gelegentlichen transzendentalistischen Optimismus ist D.s Weltsicht jedoch zutiefst von einer existentiellen Angst beherrscht, die Tod und Leben gleichermaßen hassenswert macht (»We hated Death and hated Life«, Nr. 1136).

D.s Auffassung von Dichtung basiert – wie die Whitmans – auf Emerson, doch definiert sie den Dichter nicht als jemanden, der den Umkreis des Kosmos abschreitet, sondern als jemanden, der die Essenz überraschender Weisheit aus gewöhnlichen Auffassungen destilliert (»Distills amazing sense / From ordinary Meanings«, Nr. 448), so wie man ätherische Öle aus Rosenblättern herauspresst. Neben dieser Verdichtung – »condensation«, die auch Ezra Pound später als Aufgabe der Dichtung beschreiben wird – ist es das indirekte Sprechen, das D. vom Dichter fordert (»Tell all the Truth but tell it slant«, Nr. 1129), da nur so die ganze Wahrheit gesagt werden könne.

Werkausgaben: The Poems of Emily Dickinson. Hg. R.W. Franklin. Cambridge, MA, 1999. – Gedichte. Hg. G. Liepe. Stuttgart 1970. – The Letters of Emily Dickinson. 3 Bde. Hg. Th.H. Johnson/T. Ward. Cambridge, MA, 1958. – The Poems of Emily Dickinson. 3 Bde. Hg. Th.H. Johnson. Cambridge 1955.

Volker Bischoff

Diderot, Denis
Geb. 5. 10. 1713 in Langres/Frankreich; gest. 30. 7. 1784 in Paris

»Oft muß man der Weisheit das Aussehen des Wahnsinns geben, um ihr Eingang zu verschaffen.« Diese Maxime, die Denis Diderot in einem Brief an Sophie Volland (31. 8. 1769) verteidigt, wirft insofern ein interessantes Licht auf den Autor, als er selbst sie kaum je umgesetzt hat. In genauem Gegensatz zu jener Devise steht die Programmatik des Enzyklopädieprojekts, das sich keineswegs hinter der Maske der Unwissenheit verbirgt, sondern mit dem selbstbewussten Anspruch auftritt, eine für seine Zeit gültige Summe der Erkenntnis zu ziehen: »Ziel einer Enzyklopädie ist es, die über die Oberfläche der Erde verstreuten Kenntnisse zu sammeln, damit die Arbeiten der vergangenen Jahrhunderte nicht nutzlos gewesen sind und wir nicht sterben, ohne uns um die Menschheit verdient gemacht zu haben.« Im Widerspruch zwischen den beiden Zitaten bekundet sich die Aporie eines Ansatzes, der, indem er seinem eigenen Imperativ folgt, notwendig in Konflikt gerät zu den Schranken eines überkommenen gesellschaftlichen und politischen Systems.

Dieser Widerspruch, der gleichsam das Signum von D.s Autorschaft bildet, äußert sich biographisch in den zahlreichen Kämpfen und

Skandalen, die von Anfang an das Erscheinen seiner Schriften umgeben. Mit Abschluss seiner Studien in Langres und Paris im Jahr 1728 entscheidet sich der junge D. gegen die Absicht seiner Familie, ein Leben als Schriftsteller in den Intellektuellenkreisen der Pariser Bohème zu führen. Die Bekanntschaft mit d'Alembert, Grimm und Rousseau bestärkt D. in seinem Projekt eines von allen Vorgaben der Gewohnheit und Autorität sich lösenden, allein aus der kritischen Selbstreflexion sich konstituierenden Schreibens. Doch schon der Beginn seiner Karriere ist prekär; die *Pensées philosophiques* (1746; Philosophische Gedanken) werden bei ihrem Erscheinen sogleich vom Parlament verboten und verbrannt. Auch das Projekt der *Encyclopédie* (1750–80), das, maßgeblich von D. vorangetrieben, als Gemeinschaftsarbeit der profiliertesten Denker des 18. Jahrhunderts entsteht, stößt immer wieder auf Schwierigkeiten mit den Behörden und der Zensur. Wenngleich zunächst nur als Übertragung der englischen *Encyclopedia* von Ephraim Chambers geplant, ist der Ansatz des Werks ein eigener: Als *Dictionnaire raisonné des sciences, des arts et des métiers* will es nicht nur eine Gesamtsicht des Wissens auf den verschiedenen Feldern der Philosophie, Literatur, Naturwissenschaften, Künste und Techniken bieten, sondern überdies in der reflexiven Durchdringung jenes Wissens die Prinzipien der Erkenntnis erkunden und neue Wege des Denkens eröffnen. 1749; als die Arbeit an der *Encyclopédie* ihre Hauptphase erreicht, wird D. verhaftet und ins Gefängnis der Festung Vincennes gebracht. Anlass der Festnahme ist die Veröffentlichung der von der Zensur verbotenen Abhandlung *Lettre sur les aveugles* (1749; Brief über die Blinden). D. äußert darin, indem er den von Geburt an blinden Mathematiker Saunderson als fiktiven Verteidiger seiner Ideen auftreten lässt, skeptizistische Ideen, die in dem Bekenntnis »um an Gott zu glauben, müßte ich ihn ertasten können« kulminieren.

Der gleiche kritische Impuls prägt auch die literarischen Texte D.s. Schon der frühe Roman *Les bijoux indiscrets* (1748; *Die geschwätzigen Kleinode*, 1776) lässt Grundzüge seiner fiktionalen Erzählweise erkennen. Grundkonzept ist ein Vorgang der Enthüllung: Ein afrikanischer Herrscher besitzt einen magischen Ring, der die Damen des Hofs dazu veranlasst, ohne es zu wollen, ihre Liebesaffären zu erzählen. Die sprechenden Schmuckstücke, die die skandalösen Abenteuer aufdecken, sind nicht nur Emblem der Libertinage, sondern, als Instrumente der Erkenntnis, die ein verborgenes Wissen aufdecken, auch Zeichen von Aufklärung. Noch subtiler verfährt D. in *Jacques le fataliste et son maître* (1778–80; *Jacob, der Fatalist, und sein Herr*, 1792). Im fiktionalen Rahmen des Reiseromans entspinnen sich Gespräche zwischen dem Diener Jacques und seinem adligen Herrn, die philosophische Probleme (Kontingenz, Freiheit/Notwendigkeit) erörtern. Dass dem Diener der aktivere Part des Dialogs zukommt, steht in Kontrast zu seiner fatalistischen Position. Bemerkenswert ist vor allem die Art des Erzählens: Dem Herr-Diener-Gespann zur Seite steht ein Erzähler, der die Figurenrede durch eine weitere (ironische) Perspektive ergänzt. Die Dialogform teilt *Jacques le fataliste* mit *Le neveu de Rameau* (1774; *Rameaus Neffe*, 1805). Der satirische Text, insbesondere durch Goethes Übersetzung bekannt, beleuchtet anhand der ›verrückten‹ Titelfigur die Widersprüche von Ideal und Desillusion, Sozialität und Misanthropie. Neben dem Prosawerk steht D.s Engagement als Theaterautor, das im 1778 verfassten *Paradoxe sur le comédien* (Paradox über den Schauspieler) theoretisch reflektiert wird. Hervorzuheben sind zudem die kunstkritischen und ästhetischen Arbeiten D.s: die Beschreibungen der Pariser Kunstausstellungen in den *Salons* (1759–81) sowie die beiden Briefessays *Lettre sur les aveugles* und *Lettre sur les sourds et muets* (1751; Brief über die Taubstummen), die, in einem subtilen Vergleich der Medien des Visuellen, Auditiven und des Tastsinns, das Verhältnis von Wahrnehmung und Kunst erörtern.

Werkausgaben: Das erzählerische Gesamtwerk. 4 Bde. Hg. H. Hinterhäuser. Frankfurt a. M./Berlin 1987. – Ästhetische Schriften. 2 Bde. Hg. F. Bassenge. Berlin 1968. – Philosophische Schriften. 2 Bde. Hg. Th. Lücke. Berlin 1967.

Linda Simonis

Didion, Joan
Geb. 5. 12. 1934 in Sacramento, Kalifornien

Joan Didion ist eine stilistisch gewandte Chronistin, die in fiktionalen wie expositorischen Texten soziale und kulturelle Veränderungen erfasst. Ihren Romanen und Erzählungen stehen zahlreiche Arbeiten auf dem Gebiet des literarischen Journalismus zur Seite, die von der lyrischen Reportage bis zum persönlichen Essay reichen. Hinzu kommen Rezensionen und Filmkritiken sowie, in Zusammenarbeit mit ihrem Ehemann, John Gregory Dunne, mehrere Drehbücher. Wenngleich D. mit unterschiedlichen Ausdrucksformen experimentiert und dabei in die Grenzbereiche des Erzählens vorstößt, weist ihr Werk doch durchgehende Grundmuster auf. Hierzu gehören Situationen und Themen, die ihren Ursprung in D.s kalifornischer Erfahrungswelt haben, das Verhältnis zwischen Individuum und Gesellschaft sowie epistemologische Fragen. D.s Beschäftigung mit Kalifornien ist indes nicht allein Ausdruck ihrer Heimatverbundenheit, sondern erklärt sich auch aus der Bedeutung dieses Staates als Inbegriff des »amerikanischen Traums«. D. entlarvt diese Vorstellung jedoch als Mythos und setzt ihr ein ambivalentes Kalifornien entgegen, so etwa in »Some Dreamers of the Golden Dream« (»Sie träumen vom Goldenen Traum«), das ihre erste Essaysammlung, *Slouching towards Bethlehem* (1968; *Stunde der Bestie. Essays*, 1996), einleitet. Die Welt erscheint in den Texten D.s als zentrumloses, fragmentarisches Gebilde, in dem traditionelle Werte ihre Gültigkeit verloren haben und die Kommunikation zwischen den Menschen zusammenzubrechen droht. Dieses scheinbar ungeordnete Nebeneinander spiegelt sich auch in der Struktur einiger Texte wider. So ist der Titelessay »Slouching towards Bethlehem«, der die alternativen Lebensweisen der Hippies in San Francisco vorstellt, durch episodische Reihungen und eine asynthetische Syntax gekennzeichnet. Eine Sinngebung, so macht D. wiederholt deutlich, lässt sich in der atomisierten Welt lediglich auf individueller Ebene erzielen, sei es durch eine Flucht in Träume und Illusionen oder aber durch die Übernahme einer Verpflichtung, die die Aufmerksamkeit lenkt und somit Ordnung stiftet. Hierzu rechnet D. auch den Schreibprozess. Während *Slouching towards Bethlehem* einen Beitrag zur Gesellschafts- und Kulturgeschichte der 60er Jahre leistet, setzt sich D. in ihrer zweiten Essaysammlung, *The White Album* (1979; *Das weiße Album*. Kalifornische Geisterbeschwörung, 1983), mit den 70er Jahren auseinander. Der Titel *The White Album* spielt auf die gleichnamige Schallplatte der Beatles an, deutet durch die Farbe weiß aber auch auf die Leere und die Widersprüchlichkeiten in der modernen Gesellschaft hin.

Kalifornien ist nicht nur zentraler Gegenstand von D.s Essays, sondern diente bereits als Handlungsort für ihren ersten Roman, *Run River* (1963; *Menschen am Fluß*, 1995), der die Auswirkungen des Zweiten Weltkriegs und der industriellen Expansion auf die Bevölkerung des Sacramento Valley skizziert. D.s Charaktere sind durch den Ort und die Zeit, in der sie leben, definiert. Diese Beziehung ist z. T. so eng, dass Landschaften die Psyche der Charaktere widerzuspiegeln scheinen. Dies gilt insbesondere für D.s überaus erfolgreichen Roman, *Play It As It Lays* (1970; *Spiel dein Spiel*, 1980), der sich mit der Traumfabrik Hollywood auseinandersetzt. Maria Wyeth, Schauspielerin und Protagonistin, zerbricht an einer Welt, in der nur Erfolg, Schönheit und äußerer Schein zählen, für dauerhafte Beziehungen oder auch nur eine echte Kommunikation zwischen den Menschen aber kein Raum mehr bleibt. Das Leben wird zum Spiel, die Identität zur Rolle. Mit seinen kurzen, montageartig zusammengesetzten Szenen erinnert *Play It As It Lays* an Erzählstrategien des Films. In *A Book of Common Prayer* (1977; *Wie die Vögel unter dem Himmel*, 1978) verlegt D. den Haupthandlungsort in den fiktiven lateinamerikanischen Staat Boca Grande, in dem politische Unruhen, Korruption und soziales Chaos herrschen. Die USA bleiben dennoch im wichtiger Bezugspunkt des Romans, als Nebenschauplatz und Heimat von Protagonistin und Erzählerin. *A Book of Common Prayer* enthält zwei eng miteinander verknüpfte Handlungslinien: zum einen das durch Selbsttäuschungen geprägte Leben von Charlotte Douglas, zum anderen Grace Strasser-Mendanas sich verändernde Haltung gegenüber ihrem Erzählgegenstand Charlotte. So muss Grace am Ende des Romans erkennen, dass sie einer Illusion erlag, als sie glaubte, Charlottes Leben rational erklären zu können. Der im Stil des literarischen Journalismus verfasste Essay *Salvador* (1983; *Salvador*, 1984) bietet D.s persönlichen Blick auf das vom Bürgerkrieg zerrissene Land und seine Atmosphäre des Terrors. Es wird die konkrete Realität hinter den abstrakten politischen Äußerungen aufgedeckt, die das Engagement der USA in El Salvador fragwürdig erscheinen lässt. Zu D.s jüngeren Arbeiten gehört die Sammlung *After Henry* (1992; *Nach Henry. Reportagen und Essays*, 1995, *Überfall im Central Park. Eine Reportage*, 1991), die neben einer prologartigen Hommage an D.s früheren Redakteur Henry Robbins Essays zu gesellschaftlich symptomatischen Begebenheiten aus Washington, D.C., Kalifornien und New York enthält. In ihrem Roman *The Last Thing He Wanted* (1996; *Nach dem Sturm*, 1999) greift D. ein politisch brisantes Thema der 1980er Jahre auf: die Waffenlieferungen in die Krisenregion Nicaragua. Gleichzeitig geht sie auf die Frage der journalistischen Informationsbeschaffung und den Akt des Erzählens ein und thematisiert somit jene Verfahren, durch die sich der literarische Journalismus von den anderen Mediendarstellungen unterscheidet.

Jutta Ernst

Dinescu, Mircea
Geb. 11. 11. 1950 in Slobozia/Rumänien

Der Dichter Mircea Dinescu hatte, als er mit 21 Jahren seinen ersten Gedichtband in Bukarest publizierte, weder einen Schulabschluss noch einen nennenswerten Beruf vorzuweisen; er war das Enfant terrible, das aus kleinsten Provinzverhältnissen in die Hauptstadt kam und sich mit jugendlicher Überbietungsgeste als Poet gebärdete. *Invocație nimănui* (1971; Anrufung an niemand) nannte er programmatisch den Band, in dem er volksliedhafte, in einfachen – jambischen oder trochäischen – Rhythmen geschriebene, ironische und melancholische Gedichte versammelte, die, bei souveräner Stilbeherrschung, von einer beeindruckenden Kraft getragen sind. Er hatte an die Tradition der sangbaren Volkspoesie angeknüpft, wie sie durch den verspäteten Romantiker und rumänischen Nationaldichter Mihai Eminescu (1850–89) aufgefrischt und weitervermittelt worden war. D.s nächster Band, *Elegii de cînd eram mai tinăr* (1973; Elegien aus einer Zeit, da ich jünger war), versammelt Gedichte, die von der Melancholie des Abschieds aus einer nur scheinbar unbeschwerten Jugendzeit sprechen. Mit dem dritten Gedichtband *Proprietarul de poduri* (1976; Der Besitzer der Brücken) beginnt sich auch in den Gedichten jener politisch-polemische Geist abzuzeichnen, der mehr als ein Jahrzehnt später aus dem Dichter D. den bedeutenden politischen Oppositionellen gegen das Ceaușescu-Regime machte. In den 1980er Jahren verschärft sich der kritische Ton der Gedichte, jedoch ohne dass diese im engeren Sinne der politischen Lyrik zugerechnet werden könnten. Dafür ist der anarchistische, surrealen Sprachbildern und melodischem Wohlklang zugeneigte Poet viel zu eigensinnig, karnevalesk-verspielt und humorvoll. Nun häufen sich auch die Anrufungen »personifizierter Naturdetails« (Werner Söllner) und eines ins Diesseits herabgeholten, zum Komplizen und Gesprächspartner des Dichters auserkorenen Gottes: *Teroarea bunului simț* (1980; Der Terror des Anständigseins), *Democrația naturii* (1981; Die Demokratie der Natur), *Exil pe-o boabă de piper* (1983; *Exil im Pfefferkorn*, 1989) und *Rimbaud negustorul* (1985; Rimbaud, der Kaufmann) sind die in kurzer Folge erschienenen Gedichtbände jener Jahre. Ab Mitte der 1980er Jahre äußerte D. sich auch in Interviews und auf Auslandsreisen kritisch gegenüber der Diktatur in seinem Land, was ihm, nach dem in Amsterdam in rumänischer Sprache veröffentlichten Gedichtband *Moartea citește ziarul* (1988; Der Tod liest Zeitung) und einem Interview mit der französischen Zeitung *Libération* im Sommer 1989, bis zum Sturz der Diktatur im Dezember desselben Jahres Hausarrest eintrug. Nach dem Ende der Ceaușescu-Diktatur engagierte D. sich zeitweilig im rumänischen Parlament, war Vorsitzender des Schriftstellerverbandes und Beirat in der rumänischen Behörde zur Aufarbeitung der Securitate-Unterlagen. In seinem eigenen Verlag (Editura Seara) veröffentlichte er 1996 den Gedichtband *O beție cu Marx* (Ein Besäufnis mit Marx), Vorwiegend widmete er sich aber seiner journalistischen Tätigkeit. D. ist Begründer und Inhaber mehrerer Zeitungen und Zeitschriften, darunter einer rumänischen Trash-Version des *Playboy, Plai cu Boi* (Waldwiese mit Ochsen), die neben anspruchsvollen Texten bekannter Autoren und Politiker Satiren und eigenwillige, ironisch kommentierte Nacktfotos publiziert. Gedichtbände von D. wurden ins Ungarische, Englische, Deutsche, Französische und Niederländische übersetzt. Auf Deutsch erschien neben *Exil im Pfefferkorn* der ebenfalls von Werner Söllner herausgegebene und übersetzte Sammelband *Ein Maulkorb fürs Gras* (1990).

Ernest Wichner

Ding Ling
(eigtl. Jiang Bingzhi)
Geb. am 12. 10. 1904 im Kreis Linli, Provinz Hunan/China;
gest. am 4. 3. 1986 in Peking/China

Kaum eine chinesische Autorin hat im Ausland so viel Aufmerksamkeit erregt wie Ding Ling. Ihre literarischen Werke zählen zu den meistübersetzten der chinesischen Moderne. – Aufgewachsen in einer aufgeklärten Intellektuellenfamilie, erhielt D. eine westlich orientierte Schulbildung und wurde als junge Frau von ihrer Mutter in ihrem Streben nach Unabhängigkeit und persönlicher Verwirklichung unterstützt. Mit der Veröffentlichung des Kurzromans *Suofei nüshi de riji* (1928; Das Tagebuch der Sophia, 1980) erlangt D. als Schriftstellerin schlagartig Berühmtheit. In der hier thematisierten Identitätssuche einer kränklichen jungen Frau, die, hin- und hergerissen zwischen zwei Männern, in einen nervösen Zustand von Handlungslähmung verfällt, wird die Sehnsucht nach freier weiblicher Sexualität mit für damalige Verhältnisse skandalöser Offenheit angesprochen.

Nach der Hinrichtung ihres Lebensgefährten, des Kommunisten und Dichters Hu Yepin, in Shanghai 1931 durch die Guomindang, engagiert sich D. zunehmend politisch. Bereits 1930 tritt sie der Chinesischen Liga Linker Schriftsteller bei, 1932 wird sie Mitglied der Kommunistischen Partei. Den persönlichen Wendepunkt hin zu einem aktiven politischen Leben verarbeitet sie auch literarisch, etwa in *Muqin* (1933; Jahreszeiten einer Frau, 1991). 1933 von der Guomindang entführt und unter Hausarrest gestellt, gelingt es D. erst 1936 zu entkommen und sich in die von der Roten Armee besetzten Gebiete durchzuschlagen. Nun stellt sie sich ganz in den Dienst der Kommunistischen Revolution, beteiligt sich aktiv an der Propagandaarbeit der Partei und wird mit mehreren relevanten Ämtern im Kultursektor betraut, u. a. mit der Redaktion der Literaturseite der *Jiefang ribao* (Tagesblatt der Befreiung). Währenddessen entstehen meisterhafte Erzählungen, in denen D. kein Blatt vor den Mund nimmt und sich mit der Parteiarbeit kritisch auseinandersetzt: »Wo zai Xiacun de shihou« von 1940 (»Aufenthalt im Dorf der Morgenröte«, 1987) und »Zai yiyuan zhong« von 1942 (»Im Krankenhaus«, 1980) sind nur zwei Beispiele. In ihrem im März 1942 formulierten feministischen Essay »Sanbajie yougan« (»Gedanken zum 8. März«) kreidet sie die auch im kommunistischen Yan'an; dem Hauptquartier der Roten Armee, fortbestehenden patriarchalischen Strukturen an. Die doppelte Moral der Männer verunmögliche den Frauen eine aufgeklärte und freie Lebensführung, die im Übrigen auch von der Parteiführung nicht hinreichend unterstützt werde. Ihre vehemente Kritik bleibt nicht folgenlos.

D. wird von der Parteiführung zurechtgewiesen und diszipliniert. Während der ›Ausrichtungskampagne‹ 1942 zementieren die Parteitheoretiker eine utilitaristische Literatur- und Kunstauffassung. D. schickt man zunächst zum ›Studium‹ zu den Bauern aufs Land. Ihre Literatur passt sich immer mehr den geforderten propagandistischen Inhalten an. 1948 schließt sie den mit dem Stalin-Literaturpreis ausgezeichneten Roman *Taiyang zhao zai Sangganhe shang* (*Sonne über dem Sangganfluß*, 1954) ab. Nach der Gründung der Volksrepublik rückt D. zunächst in einflussreiche kulturpolitische Ämter auf. Jedoch steht sie im Jahre 1957, nach dem Ende der Hundert-Blumen-Kampagne, während der Mao Zedong zu offener Kritik an der Partei aufgefordert hatte, erneut im Zentrum der Kritik. Mit dem Vorwurf der Linienuntreue, des extremen Individualismus und einer zerstörerischen burgeoisen Einstellung wird »Fräulein Sophia« aller Ämter enthoben und aus der Kommunistischen Partei ausgeschlossen. Bei dieser Gelegenheit setzt man auch gleich ihre wichtigen literarischen Werke auf den Index. Mit einem Schreibverbot belegt und zur ›Umerziehung durch Arbeit‹ in die Provinz Heilongjiang verschickt, muss D., zeitweise in Isolationshaft, bis 1979 auf ihre Rehabilitierung und eine Neuauflage ihrer Werke warten. Die Mundtotmachung D.s bedeutete für die moderne chinesische Literatur den Verlust ihrer vielleicht bedeutendsten Stimme.

Judith Ammon

Dingelstedt, Franz (von)

Geb. 30. 6. 1814 in Halsdorf bei Marburg; gest. 15. 5. 1881 in Wien

»Er hat zeitlebens Glück gehabt, doch glücklich ist er nie gewesen.« Diesen Satz wünschte sich einer als Grabspruch, der es in einer politisch umkämpften Zeit vom kurhessischen Schullehrer zum bayerischen Freiherrn und vom radikalen Poeten zum Intendanten der wichtigsten deutschsprachigen Bühne, dem Wiener Burgtheater, gebracht hatte. Diese einmalige Karriere, quer zum üblichen Lebensweg der liberal-demokratischen Intelligenz im 19. Jahrhundert, lag wie ein Schatten über D.s Wirken und liegt noch heute über seinem Werk und dessen Rezeption. Man weiß nicht recht, ob D. schon immer ein Opportunist gewesen war und deswegen sein Schriftstellertum von vornherein entwertet ist oder ob er trotz aller Anpassung seine jungdeutsch-liberale Herkunft nie verraten hat.

D. debütierte als zeitkritischer Lyriker schon 1837, angelehnt an Adelbert von Chamisso, Anastasius Grün und vor allem Heinrich Heine. Mit dem 1841 anonym veröffentlichten Gedichtzyklus *Lieder eines kosmopolitischen Nachtwächters* stand er neben Hoffmann von Fallersleben und Georg Herwegh sogleich an der Spitze der politischen Lyrik. Der Zensur reichte schon das von dem französischen (Revolutions-)Lyriker Jean Pierre de Béranger entlehnte Motto:»Eteignons les lumières et rallumons le feu!«, um die Sammlung zu verbieten, die eigentlich kaum über eine witzige Karikatur duodezfürstlicher Borniertheit hinausging. D. quittierte dennoch vorsichtshalber den Schuldienst und ging 1842 als Korrespondent der Cotta'schen *Augsburger Allgemeinen Zeitung* nach Paris. Heine achtete den Kollegen wegen seines ironischartistischen Talents, mit dem er sich von der gesinnungsstarken Polterigkeit eines Hoffmann von Fallersleben abhob. Er durchschaute aber auch die Doppelnatur dessen, der für den dauerhaften Erfolg die Seiten zu wechseln bereit war (vgl. Heines Gedichte »Bei des Nachtwächters Ankunft zu Paris« und »An den Nachtwächter«). Robert Prutz urteilte später schärfer, als er die Gedichte D.s als Ergötzung für »ästhetische Feinschmecker« kritisierte. D. trat 1843 mit dem Titel ›Hofrat‹ als Bibliothekar und Vorleser in den Dienst des württembergischen Königs, was Heine als »Verhofräterei« verspottete. Dennoch behielt der Staatsschutz ihn noch ein paar Jahre im Auge. 1846 wechselte D. als Dramaturg ans Stuttgarter Hoftheater. Das oppositionelle Element seines Dichtens verflüchtigte sich nun mehr und mehr in leicht selbstironischen Sarkasmus und mondän angedeutete Frivolität, gepaart mit einer handfester werdenden Ablehnung der demokratisch-revolutionären Bewegung vor, in und nach der Revolution von 1848: »Geht linkswärts Ihr, uns lasset rechtswärts gehen.« So ließ sich D. 1851 zum Intendanten des Münchener Hoftheaters berufen und rückte damit auch in die Nähe des kulturkonservativen Münchener Dichterkreises um Emanuel Geibel, Paul Heyse u. a., mit dem der bayerische König Maximilian die Isarstadt zum »Weimar des 19. Jahrhunderts« machen wollte. Wenn auch erst 1876 geadelt, war D. spätestens jetzt dort angekommen, worüber er sich als poetischer Nachtwächter lustig gemacht hatte: am Hofe und bei »seid'nem Lumpenpack«. Er blieb bis zu seinem Lebensende Theaterleiter (1857–64 in Weimar, 1867–70 an der Hofoper, 1870–81 als Nachfolger Heinrich Laubes am Burgtheater in Wien). D.s Arbeit an diesen für das bürgerliche Bildungstheater wichtigen Stätten hatte maßgeblichen Anteil daran, das Theater zu entpolitisieren und die Bühne zum Kunsttempel zu veredeln, in dem opulente Ausstattung, regiebetonte Inszenierung und klassisches Repertoire (Goethe, Shakespeare) dominierten. Gegenüber seiner Theaterarbeit dürfte das schriftstellerische Werk nach 1848 (*Das Haus der Barneveldt*, Drama, 1850; Novellen; *Münchener Bilderbogen*, Selbstbiographie, 1879) von geringerem Belang sein. Eine nennenswerte D.-Forschung existiert nicht.

Werkausgabe: Sämtliche Werke. Erste Gesamtausgabe in 12 Bänden. Berlin 1877.

Peter Stein

Diwan-Poesie
11. bis 20. Jahrhundert

Die *Diwan*-Poesie – benannt nach dem *Diwan*, der Sammlung von Einzelgedichten eines Poeten – entwickelte sich neben der Volksdichtung nach der Islamisierung der türkischen Stämme ab dem 11. Jahrhundert. Die Trennung zwischen den beiden lyrischen Traditionen, die anfangs noch auf gemeinsamen volkstümlichen Grundlagen fußten, vertiefte sich im Laufe der Jahrhunderte. Die Volksdichtung bevorzugte Silben gleicher Länge, das silbenzählende Versmaß und vierzeilige Strophen; ihre Themen kamen häufig aus dem Bereich volkstümlicher Heldenverehrung. Die *Diwan*-Poesie hingegen orientierte sich an anderen islamischen Literaturen, überwiegend an persischen Vorbildern. Ihre formale Basis war das arabische Versmaß des Aruz, das die im Türkischen unübliche Verwendung langer und kurzer Silben in einer festgelegten Abfolge vorschreibt. Auch die Gesetze der türkischen Vokalharmonie konnten in dem fest abgesteckten Rahmen nicht angewendet werden. Neben der Metrik waren sprachliche Reinheit und dichterische Schönheit unabdingbare Kriterien für das *Diwan*-Gedicht. Um den Vorgaben des Aruz folgen zu können, wurden Wörter wie auch grammatische Strukturen aus dem Persischen und Arabischen in die Sprache der Poesie integriert – die gleiche Entwicklung vollzog sich bei der Herausbildung des Osmanischen, das sich zur offiziellen Staatssprache, zur Sprache des Hofes entwickelte, die weiten Teilen der Bevölkerung nicht verständlich war.

Osmanische Texte und damit auch die Werke der *Diwan*-Poesie enthielten in ihrer Blütezeit (16.-18. Jh.) vielfach nicht mehr als zehn Prozent türkische Wörter, denen häufig lediglich die Funktion einer syntaktischen Klammer zukam. Die poetische Sprache des *Diwan*-Gedichts beschränkte sich auf die Verwendung eines Repertoires von nur wenig mehr als hundert Schlüsselbegriffen. Diese Chiffren sind die am häufigsten gebrauchten Topoi: Seele/Leben, Herrscher, Herz, Liebe, Gesicht, Welt, Geliebte/r, Seufzer, Auge, Kummer und Mond.

Ein hervorragender Dichter der *Diwan*-Poesie ist Şeyhi (1375–1431) aus Kütahya, der stark von der persischen Literatur beeinflusst war und am Hof von Sultan Murat II. lebte. Manche Kritiker werfen ihm vor, er habe lediglich die Werke bedeutender persischer Dichter imitiert. Şeyhi arbeitete bis zu seinem Tod an der Verserzählung *Hüsrev ü Şirin* (Hüsrev und Schirin), die sein Neffe Cemali beendete. Die Gunst Fatih Sultan Mehmets (des

Eroberers) gewann Ahmet Paşa (?-1497) aus Bursa. Er wurde in höchste Staatsämter berufen, fiel jedoch später in Ungnade. Ahmet Paşa entwickelte das *Diwan*-Gedicht durch den Gebrauch neuer, türkischer Formen des Aruz weiter. Seine Poesie ist durch einen makellosen, harmonischen Ausdruck gekennzeichnet. Er gilt als hervorragender und prägender Poet in der Zeitspanne vor Baki. Als Sekretär bei Hof wirkte Necati (?-1509), der sich von den bekannten persischen Vorlagen entfernte. In der Region des heutigen Irak lebte Fuzulî (1495-1556), der besonders durch sein Epos über das berühmte Liebespaar Leyla und Mecnun – Thema zahlreicher Dichter des Orients – weithin bekannt wurde. Fuzulî glaubte an eine von den historischen Wechselfällen nicht zu beeinflussende lyrische Wahrheit, wandte sich weltlichen Inhalten zu und spielte überaus kunstvoll mit den poetischen Tonlagen, was sich einmal in verschwenderischen Tonkaskaden, einmal in traurigem Murmeln zeigt. Der Dichter Baki (1526-1600) stammte aus Istanbul und hatte als hoher Regierungsbeamter Zugang zu den Sultanen seiner Zeit, besonders zu Kanunî Sultan Süleyman (der Gesetzgeber/ Prächtige). Seine Poesie orientiert sich thematisch weniger an Fragen der Religion und Mystik, wie sie von vielen *Diwan*-Dichtern bevorzugt wurden; seine meisterhaften Verse von größter Harmonie handeln vielmehr durchaus von weltlichen Freuden. Nef'î (1572-1635), ein Günstling von Sultan Murat IV, war für seine Schmähgedichte bekannt und wurde deshalb ermordet. Auf gesellschaftliche Ereignisse geht Nabi (1642-1712) in seinen Werken ein; er wurde damit zum Vorbild nachfolgender Dichtergenerationen. Nedim (?-1730) ist der Dichter der Lâle Devri (Tulpenzeit, 1718-1730). Das verspielte Luxusleben dieser kurzen Epoche spiegelt sich in seinen Werken. Şeyh Galib (1757-1799) ist der Verfasser des Epos *Hüsn-ü Aşk* (Schönheit und Liebe). Es ist sein Verdienst, die tradierten Formen des *Diwan*-Gedichts formal und inhaltlich bereichert zu haben. Die Dichter Ziya Paşa (1825-1880), Namık Kemal (1840-1880) und Tevfik Fikret (1867-1915) versuchten, ihre Lyrik weiterzuentwickeln, indem sie neue Inhalte einführten.

Sie griffen gesellschaftliche Fragen auf, sprachen von Freiheit und Gleichheit und gingen auf die aktuellen Lebensbedingungen ein.

Zeitgleich mit dem Ende des Osmanischen Reiches – die türkische Republik wurde 1923 ausgerufen – ging auch die Epoche der *Diwan*-Poesie zu Ende. Ausgehend von der Tradition der *Diwan*-Dichtung versuchten aber Yahya Kemal Beyatlı (1884-1958) und Ahmet Haşim (1885-1933), eine der politischen Entwicklung adäquate, inhaltlich und formal erneuerte poetische Sprache zu entwickeln. In Yahya Kemals Gedichten spiegelt sich noch einmal der alte osmanische Glanz – doch in aller Vergänglichkeit. So sind seine Motive auch der Herbst, das Ende des Tages und der Sonnenuntergang. Ahmet Haşim, der letzte *Diwan*-Dichter, erfand für sich eine eigene symbolische Redeweise und verwendete ein neues Repertoire an Chiffren. Er wurde von den modernen Lyrikern der Türkischen Republik heftig angegriffen und schließlich sogar parodiert. Das Gedicht »Karanfil« (»Die Nelke«) soll einen kurzen Eindruck seiner lyrischen Arbeiten vermitteln: »Von den Lippen der Geliebten gebracht / Ist diese Nelke ein Flammentropfen, / Mein Herz spürt es an ihrer Bitterkeit. // Die ringsumher von ihrem wilden Duft / Wie schlagen die Schmetterlinge fallen, / Ist auch mein Herz ihr zum Falter geworden« (Übers. Yüksel Pazarkaya).

Ausgabe: Aus dem goldenen Becher. Türkische Gedichte aus sieben Jahrhunderten. Hg. u. Übers. Annemarie Schimmel. Köln 1993.

Wolfgang Riemann

Djebar, Assia (eigtl. Fatma-Zohra Imalayen)
Geb. 1936 in Cherchell/Algerien

Die in Paris lebende algerische Schriftstellerin, Historikerin und Filmemacherin, die 1996 mit dem renommierten Neustadt International Prize for Literature ausgezeichnet wurde, gilt als bedeutendste weibliche Stimme der frankophonen Literatur des modernen Maghreb. Ihr Frühwerk besteht aus einem Romanquartett klassischer Faktur: *La soif* (1957); *Die Zweifelnden*, 1993); *Les impatients* (1958; *Die Ungeduldigen*, 1959); *Les enfants du Nouveau Monde* (1962); *Les alouettes naïves* (1967).

Assia Djebar gibt hier die Aufbruchstimmung der algerischen Jugend der frühen Unabhängigkeit wieder und reiht sich neben Kateb und Dib, Memmi und Chraïbi in die ›Generation von 1952‹ ein. Schon in diesen Romanen klingt das für ihr Schreiben bestimmende Thema femininer Selbstfindung und Selbsterfahrung an: »Ich bin zwar eine Autorin französischer Sprache, zuallererst aber fühle ich mich als arabische Frau.« Als solche wird ihr in den 1970er Jahren das Französische zum Problem. Parallel zur ›Dekolonisierung des Bewusstseins‹, wie sie zeitgleich von der literarischen Avantgarde Marokkos postuliert wird, fängt sie mit Tonband und Kamera Stimme und Sprache, Leben und Lebensgefühl algerischer Frauen ein, wie es sich über Generationen hinweg im Verborgenen artikuliert, in der Mündlichkeit des Dialekts, in der abgeschlossenen Welt der Frauenhäuser, abseits einer durch Kolonialismus und Patriarchat doppelt fremdbestimmten Gesellschaft: LA NOUBA DES FEMMES DU MONT CHENOUA (1979) und LA ZERDA ET LES CHANTS DE L'OUBLI (1982) sind zwei Dokumentarfilme, die die Brücke schlagen zu ihrem späteren Werk, das 1980 mit den *Femmes d'Alger dans leur appartement* (*Die Frauen von Algier*, 1994) beginnt und das sich versteht als Annäherung an den offenen Blick, den freien Gang, als minutiöses Protokoll vom Aufbruch der arabischen Frau. Es ist ein Werk, das um weibliche Solidarität und Selbstbestimmung kreist, um die Entdeckung des Körpers, die Neudefinition der Paarbeziehung (*Ombre sultane*, 1987; *Die Schattenkönigin*, 1988). So führt der Film zurück zur Literatur, die fortan geprägt ist vom Moment der Mündlichkeit, der Mehrstimmigkeit, filmischer Montagetechnik; vor allem aber von der Reflexion über feminines Schreiben im postkolonialen Kontext, im Spannungsfeld zwischen Dialekt, klassischem Arabisch und modernem Französisch, das in D.s Wahrnehmung von der »Sprache der Macht« zur »Sprache der Marginalität«, »der Entschleierung«,

der Kreativität und des freien Ausdrucks mutiert. In kunstvoller Verschränkung von Fakt und Fiktion, Indivual- und Sozialgeschichte, autobiographischem Fragment und historischem Dokument entsteht ein nuanciertes, vielschichtiges Tableau der komplexen kulturellen Identität Algeriens: des frühen Islam (*Loin de Médine*, 1991; *Fern von Medina*, 1994), der franko-algerischen Kolonialgeschichte (*L'Amour, la fantasia*, 1985; *Fantasia*, 1989), der berberischen Wurzeln des Maghreb (*Vaste est la prison*, 1995; *Weit ist mein Gefängnis*, 1997) oder des Zweiten Weltkriegs (*Les nuits de Strasbourg*, 1997). Die jüngeren, aus tragischem aktuellen Anlass verfassten Publikationen, 1996 der Erinnerungs-Essay *Le blanc de l'Algérie* (*Weißes Algerien*, 1996) und der Erzählband *Oran, langue morte* (1997; *Oran – Algerische Nacht*, 2001), setzen D.s Werk nachdenkliche, melancholische Akzente auf.

Regina Keil-Sagawe

Djilas, Milovan

Geb. 12. 6. 1911 in Podbišće, Kolašin/Montenegro; gest. 20. 4. 1995 in Belgrad

Milovan Djilas »war einer der härtesten Vorkämpfer des Kommunismus und einer seiner rigorosesten Gegner« (*Die Zeit*) und gleichermaßen als Politiker und politischer Analytiker wie als Erzähler begabt mit genauer Beobachtungsgabe und reichem historischen Wissen. Darüber hinaus übersetzte er *Paradise Lost* von John Milton in Serbokroatische.

Der Sohn eines Polizeioffiziers des Königreichs der Serben, Kroaten und Slowenen studierte ab 1929 Rechtswissenschaften in Belgrad, wurde ein führender Funktionär der Kommunistischen Partei Montenegros und saß deshalb 1933 bis 1937 erstmals im Zuchthaus. Danach wurde er ein enger Mitarbeiter Titos, organisierte den Widerstand gegen die deutschen Besatzer und wurde nach Kriegsende zum Minister ohne Geschäftsbereich ernannt. Er war Generalsekretär der KP Jugoslawiens sowie Stellvertretender Ministerpräsident und befürwortete als maßgeblicher Parteitheoretiker 1948 nach einem Besuch bei Stalin den Bruch mit Moskau. Sein Eintreten für eine sozialistische Demokratie führte 1954 zum Ausschluss aus dem Politbüro und zu seinem Austritt aus der Partei. Seine kritische Opposition zu Tito brachte ihn als »Revisionisten« mit Unterbrechungen bis 1966 hinter Gitter. Im Gefängnis Sremska Mitrovica schrieb er trotz härtester Haftbedingungen – z. B. wurde seine Zelle auf besondere Anordnung Titos nicht beheizt – z. T. auf Toilettenpapier zahlreiche erzählerische und politische Werke. Stets gelang es ihm, seine Manuskripte aus der Haftanstalt ins Ausland zu schmuggeln. Trotz heftigster öffentlicher Anfeindungen kehrte D. 1968 von einer Reise nach Großbritannien und einer mehrmonatigen Gastvorlesung in Princeton wieder in seine Heimat zurück. 1973 erklärte er, er sei kein Kommunist mehr.

Heftige Diskussionen im In- und Ausland löste seine Analyse *Nova Klasa/The New Class. An Analysis of the Communist System* (1957; *Die neue Klasse. Eine Analyse des kommunistischen Systems*, 1957) aus. Darin entlarvt er das verschwenderische, korrupte System der Funktionärsdiktaturen und deren gedankliche Irrtümer. In der Biographie *Druženje s Titom* (1980; *Tito. Eine kritische Biographie*, 1980), den *Politischen Essays* (Untertitel) in *Idee und System* (1982) und anderen Werken nutzt er sein Insiderwissen weiter aus, das er bereits 1962 mit *Susreti sa Staljinom* (1962; *Gespräche mit Stalin*, 1962) unter Beweis gestellt hat. In autobiographischen Werken wie *Memoir of a Revolutionary* (1973; *Der junge Revolutionär*, 1976), *Revolucionarni rat* (1990; *Der Krieg der Partisanen 1941–1945*, 1977), *Vlast* (1983; *Jahre der Macht: Kräftespiel hinter dem Eisernen Vorhang. Memoiren 1945–1966*, 1983) und *Ideen sprengen Mauern: meine Jahre zwischen Folter und Freiheit* (1984) distanziert er sich von den politischen Fehlentwicklungen und Verbrechen, an denen er Anteil gehabt hat.

Montenegrinische Erzählungen in meist historischem Rahmen liegen auf deutsch gesammelt in den Originalzusammenstellungen *Die Exekution* (1968) und *Der Wolf in der Falle* (1981) vor. D.' zweiter großer Roman *Izgubljenie bitke* (1971; *Die verlorene Schlacht*, 1971) spielt 1878/79 nach dem Russisch-türkischen Krieg in Montenegro, stellt nach dem Vorbild von Lev Tolstojs *Vojna i mir* erfundene Familien in ein historisches Schlachtengemälde und handelt vom Gegensatz zwischen islamischen und christlichen Montenegrinern, zwischen türkischen Feudalherren und einfacher Bevölkerung. Ein von Nationalisten angezettelter Aufstand gegen die Türken führt zu einer vernichtenden Niederlage der allzu tollkühn auftrumpfenden Montenegriner. Dies schafft eine offene Rechnung, deren versuchte Begleichung D.' erster großer Roman *Svetovi i mostovi* (entst. 1964/65; *Welten und Brücken*, 1987) erzählt – eine exemplarische Studie über die Entstehung von Gewalt in einem Vielvölkerstaat. In Dabar bei Cetinje löst der Mord an dem montenegrinischen Volkshelden Bulat Bulatović eine Folge brutaler Bluttaten aus. Für die Tat, begangen von zwei Angehörigen von Bulatovićs Sippe, werden Moslems – bei denen es sich genaugenommen um konvertierte Serben handelt – verantwortlich gemacht. Auf deren Kosten wollen Serben und Montenegriner nun ein Großreich errichten und planen ein Massaker. Den Ausbruch eines offenen Bürgerkriegs nach weiteren Morden und organisierten Plünderungen verhindert ein beherzter Offizier an der Spitze seiner Soldaten. Wie 70 Jahre später im Balkankrieg sind es auch hier die Angehörigen der Oberschicht, die nationalistische Emotionen schüren, und die Besonnenen und Gemäßigten sind zu schwach, um gegen den Druck aufzubegehren. »Die Säer und die Ideen wechseln, aber die Frucht ist mehr oder weniger die gleiche: Kriege, Unterdrückung, Massaker, Raubzüge. Immer im Kreis herum.« 1969 erhielt D. den amerikanischen Freedom Award.

Klaus-Peter Walter

Döblin, Alfred

Geb. 10. 8. 1878 in Stettin; gest. 26. 6. 1957 in Emmendingen

»Ich führe immer zwei Leben. Das eine schlägt sich mit den Dingen herum, will hier ändern und da ändern. Es phantasiert, quält sich, erreicht nichts. Es ist wie das Feuer am feuchten Holz, qualmig und gibt kein Licht. Das andere ist wenig sichtbar. Ich gebe mich ihm wenig hin, obwohl ich weiß, es ist das wahre. Es ist merkwürdig: ich weiß das und möchte mich ihm, um es anzufachen und zu steigern, widmen. Aber ich werde immer daran verhindert. Der Qualm hüllt mich ein« (*Schicksalsreise*, 1949). Die amphibische Entschluss –, ja Entwicklungslosigkeit, dies Sowohl-als-auch wurde zum Prägestempel von Leben und Werk. D. war Arzt und Dichter, Naturwissenschaftler und Phantast, deutscher Jude und preußischer Sozialist; dem Rationalen verschworen und zugleich offen für das seelisch Labile, für Stimmungen, für das Irrationale; von politischer Passion und religiösem Eifer gleichermaßen erfüllt. Von den ersten, im Nachlass erhaltenen Texten, die um die Jahrhundertwende entstanden, bis zu den Diktaten des Schwerkranken zieht sich die eine Konstante durch D.s Werk: das lebenslange Schwanken zwischen Aufruhr und Mystik, zwischen luzider Vergeistigung und sexueller Pathologie. Handeln oder Nichtwiderstreben, Schwimmen oder Treibenlassen – auf diese Formel hat er die widersprüchlichen Elemente in seinem ersten großen Roman *Die drei Sprünge des Wang-lun* (1915) gebracht.

Kindheit und Jugend D.s standen unter dem Bann eines Ereignisses, das er als seine »Vertreibung aus dem Paradies« bezeichnet hat: als er zehn Jahre alt war, ging der Vater, ein musisch begabter Schneider, mit einer seiner Schneidermamsells auf und davon und ließ Frau und fünf Kinder im sozialen Elend zurück. »Ich erinnere mich ungern daran«, wird der Sohn vierzig Jahre später schreiben, »es führt geradewegs zu mir.« Der Vater verkörperte für ihn das Lust-, die Mutter das Realitätsprinzip – Lebenshaltungen, zwischen denen er ständig schwankt und, von Frauen angezogen und sie zugleich fliehend, affektiv hin- und hergetrieben ist. Die Familie als Brutstätte allen gesellschaftlichen Unheils hat er in den beiden autobiographisch grundierten Romanen *Pardon wird nicht gegeben* (1935) und *Hamlet oder Die lange Nacht nimmt ein Ende* (1956) dargestellt. Der *Hamlet*-Roman ist D.s Lehrstück über die Schuld der Väter, welche die Söhne abtragen müssen. Erst als er »der Beherrschung durch das Bürgerlich-Familiäre« entkommt, tritt Edward – die Hauptfigur, der Hamlet des Romans – in ein Leben jenseits der inneren Gefängnisse und Särge, das nicht mehr von Unfreiheit und leibhaftiger Bedrohung bestimmt ist.

Die Mutter zog mit den Kindern 1888 nach Berlin, der Stadt, deren leidenschaftlicher Liebhaber, später auch Chronist und Epiker D. bis 1933 ist. Hier hatte er in der Schule seine erste Begegnung mit dem preußischen Obrigkeitsstaat, mit dem deutschen Ordnungsdenken. Hier lernte er aber auch in der Begegnung mit Philosophie und Kunst, wie man widersteht; er las Friedrich Hölderlin und Heinrich von Kleist – »meine geistigen Paten. Ich stand mit ihnen gegen das Ruhende, gegen das Bürgerliche, Gesättigte und Mäßige«. Er las Friedrich Nietzsche und Arthur Schopenhauer, Baruch de Spinoza und Buddha, verlor sich in der Musik Richard Wagners. Nach dem Abitur (1900) studierte er Medizin, insbesondere Neurologie und Psychiatrie, und legte 1905 in Freiburg sein Doktorexamen ab. Als Assistenzarzt praktizierte er in den Irrenanstalten Prüll bei Regensburg (von 1905 bis 1906) sowie in Berlin-Buch (von 1906 bis 1910). In diesen Jahren entstanden die ersten literarischen Arbeiten – darunter 1902/1903 der Roman *Der schwarze Vorhang*, eine psychographische Studie über Triebunterdrückung und sexuelle Befallenheit, über »die Frau als Erlöserin im Tod« (Robert Minder), sowie jene zwölf Erzählungen, die er 1913 unter dem Titel *Die Ermordung einer*

Butterblume als Buch veröffentlichte. Schon für diese Anfänge gilt, was D. später als ästhetisches Bekenntnis formulierte: »Ich legte beim Schreiben Wert darauf, nicht mit der Natur zu konkurrieren. Es war mir von vornherein klar, daß man dieser Realität gegenüberstand. Es galt, nachdem überall naturalistische Prinzipien als Forderungen verkündet wurden, dies Gegenüberstehen zu zeigen.« Mit dieser Überzeugung war D. ein Bahnbrecher des Expressionismus. Nicht zufällig, dass er, der schon lange mit Herwarth Walden befreundet war, 1910 zum Mitbegründer des Künstlerkreises »Der Sturm« wurde und bis 1915 einer der Hauptbeiträger der gleichnamigen expressionistischen Zeitschrift blieb. Sein Erzählen reflektiert die Erkenntnisse der Naturwissenschaften und die Erfahrungen der modernen Psychiatrie. Seine Schreibweise ähnelt einem »Kinostil«, der nicht langatmig und psychologisch abgesichert erzählt, sondern baut in harten, abgehackten, oftmals japsend sich überschlagenden Fügungen – ein Prinzip, das seine Parallelen in der gleichzeitig entstehenden abstrakten Malerei sowie in der atonalen Musik fand und das D. als »Futuristische Worttechnik« bezeichnet hat: »Wir wollen keine Verschönerung, keinen Schmuck, keinen Stil, nichts Äußerliches, sondern Härte, Kälte und Feuer, Weichheit, Transzendentales und Erschütterndes, ohne Packpapier.«

Als Hauptwerk dieser Ästhetik darf der Roman *Wang-lun* gelten. 1911 machte D. sich als Kassenarzt für Neurologie selbständig; 1912 heiratete er die Medizinstudentin Erna Reiss, nachdem er im Jahr zuvor Vater eines unehelichen Kindes geworden war. Durch vier Söhne (1912, 1915, 1917 und 1926 geboren) und das Menetekel seiner eigenen Jugend fühlte er sich an seine soziale Verantwortung erinnert. Er entfloh daher der »wahren Strindberg-Ehe« (Robert Minder) nicht – trotz der Verlockung, in Yolla Niclas, die ihm später auch in die Emigration folgte, 1921 eine Seelenführerin kennengelernt zu haben, von der er sich und sein Werk verstanden fühlte. 1915 wurde er als Militärarzt eingezogen und im Elsass stationiert. Angesichts der Realität des Krieges wandelte D., der bis dahin mit nationalistischer Propaganda und futuristischer Maschinenbegeisterung sympathisiert hatte, sich schnell zum entschiedenen Kriegsgegner und Sozialisten. Während der Weimarer Republik, zu deren repräsentativen Schriftstellern er schließlich gehörte, trat er mit Wort und Tat – als Autor, als Vorsitzender des »Schutzverbandes deutscher Schriftsteller«, seit 1928 auch als Mitglied der »Preußischen Akademie der Künste« – für den Fortbestand der Demokratie, für die Freiheit der Kunst ein. Er sprach der Kunst eine kämpferische Rolle, eine eingreifende Funktion zu. Über die halbherzige Revolution (»eine kleinbürgerliche Veranstaltung im Riesenausmaß«), über die Kompromissgesinnung der deutschen Sozialdemokratie (von 1919 bis 1921 war er Mitglied der USPD, von 1921 bis 1928 der SPD) machte er sich dennoch keine Illusionen. Seine eigene Haltung wird man zutreffend als individualanarchistisch-linksradikalen Aktivismus umschreiben können. Trotz einer deutlichen Wendung zur Naturmystik, die sich in seinem Werk bereits anfangs der 1920er Jahre ankündigt, griff D. in der Endphase der Weimarer Republik wieder aktiv handelnd und schreibend (*Wissen und Verändern!*, 1931) in die Tagespolitik ein.

Bereits 1929 war der Roman *Berlin Alexanderplatz* erschienen – jenes Buch, das D. populär machte und bis heute sein auflagenstärkstes und meistgelesenes geblieben ist. So sehr sich diese Wertschätzung rechtfertigen lässt, so sehr verdeckt sie, dass *Berlin Alexanderplatz* den konsequenten Abschluss einer Entwicklung darstellt. Die futuristische Epik, die nicht den Einzelnen, sondern die Masse in den Mittelpunkt stellte, hatte in dem visionären Zukunftsroman *Berge, Meere und Giganten* (1924) ihren Höhepunkt erreicht. Den »Menschen und die Art seiner Existenz« gestaltete D. erstmals in dem wenig bekannten, mit großer Sprachmusikalität geformten Vers-Epos *Manas* (1927). Dass *Berlin Alexanderplatz* dort einsetzt, wo das indische Epos endet, der ehemalige Transportarbeiter Franz Biberkopf ein ins Proletarische gewendeter Manas sei, hat D. selbst bestätigt: »Jedes Buch endet (für mich) mit einem Fragezeichen. Jedes Buch wirft am Ende einem neuen den Ball zu … Die Frage, die mir der *Manas* zuwarf, lautete: Wie geht es einem guten Menschen in unserer Gesellschaft? Laß sehen, wie er sich verhält und wie von ihm aus unsere Existenz aussieht.« *Berlin Alexanderplatz* ist ein religiöses Lehrgedicht – mit einer realistisch erzählten und einer mythisch deutenden Handlungsebene, eine Kontrapunktik, die ihre formale Bestätigung in der Montagetechnik findet. Gezeigt wird, ähnlich Bertolt Brechts Lehrstücken, wie ein Mensch so oft gebrochen wird, bis er schließlich funktioniert.

Unmittelbar nach dem Reichstagsbrand floh D. am 2. 3. 1933 in die Schweiz. Von dort aus übersiedelte er im Sommer 1933 nach Paris. Er erhielt 1936 als einer der wenigen Emigranten die französische Staatsbürgerschaft. Nachdem er bereits 1924 auf seiner Polenreise (*Reise in Polen*, 1926) das Ostjudentum kennengelernt hatte und damit zum erstenmal in Berührung mit seinem jüdischen Erbe kam, engagierte er sich in den ersten Jahren der Emigration für die jüdische Landnahme in Übersee, die sogenannte Frejland-Bewegung (*Jüdische Erneuerung*, 1933; *Flucht und Sammlung des Judenvolks*, 1935). Das Exil hat auch ihn entwurzelt, schließlich zerbrochen. Es hat ihm die weitere Ausübung des Arztberufs unmöglich gemacht, dessen er als Korrektiv des Schreibens immer bedurfte, hat ihn, den sesshaften Großstädter, aus Berlin vertrieben, das seine Heimat war. Der Hölle Europa im Sommer 1940 gerade noch entronnen, musste er endlich in den USA das Elend des Exils erfahren – in einem Zustand des Nichtmehrlebens und Nochnichtgestorbenseins. Keines seiner Werke wurde während dieser fünf Jahre gedruckt; auch der mehrbändige, 1937 begonnene und 1943 abgeschlossene Roman *November 1918* blieb Manuskript – ein Werk, von dem Brecht rühmend sagte, es stelle »einen neuen triumph des neuen typus eingreifender dichtung dar«.

Die 1941 vollzogene Konversion zum Katholizismus entfremdete ihn auch seinen alten Freunden und Bekannten. Vollends gerieten die Jahre nach 1945 zum Satyrspiel der Döblinschen Lebenstragödie. Als einer der ersten Exilierten kehrte er im November 1945 in das vom Faschismus befreite Deutschland zurück. Als Mitarbeiter der französischen Militäradministration war er, im Rang eines Offiziers, für die literarische Zensur verantwortlich: »Gejätet wird, was den Militarismus und den Nazigeist fördern will.« Er wollte aktiv mitwirken am geistigen Wiederaufbau und an der Demokratisierung, wollte den »Realitätssinn im Land stärken«. Eine bis heute nicht wiederaufgelegte Broschüre über den Nürnberger Kriegsverbrecherprozess (*Der Nürnberger Lehrprozeß*, 1946) kam, unter dem Pseudonym Hans Fiedeler, in einer Massenauflage an die Kioske. Der prominente Remigrant fand, trotz der Herausgabe der Zeitschrift *Das goldene Tor* (von 1946 bis 1951), trotz der Mitbegründung der Mainzer »Akademie der Wissenschaften und der Literatur«, keinen Anschluss mehr an die deutsche Literatur. Er fühlte sich verdrängt – »verurteilt, weil nämlich emigriert, zu dem Boykott des Schweigens«. Auch politisch ging er in Distanz zur bundesdeutschen Restauration, die sich seit 1949 formierte. Der bereits 1946 abgeschlossene *Hamlet*-Roman, für den kein westdeutscher Verleger mehr interessierte, erschien schließlich 1956 in Ostberlin. D. starb, nach langer, schwerer Krankheit, verkannt und vergessen; nicht einmal die Religion konnte ihm mehr Trost spenden angesichts des »ungeheuren abscheulichen Schutthaufens« (16. 2. 1957), zu dem Welt, Leben und Werk ihm zusammengeschrumpft waren.

Werkausgabe: Ausgewählte Werke in Einzelbänden. Begr. von Walter Muschg, fortgef. von Anthony W. Riley. 28 Bde. Olten/Freiburg i. Br. 1960 ff.

Uwe Schweikert

Doctorow, E[dgar] L[awrence]
Geb. 6. 1. 1931 in New York

Der jüdisch-amerikanische Schriftsteller E.L. Doctorow, dessen Vorfahren aus dem zaristischen Russland in die Vereinigten Staaten eingewandert waren, gehört zu den bedeutendsten gesellschaftskritischen Stimmen in der amerikanischen Literatur. Durch den phänomenalen Erfolg seines Romans *Ragtime* (1975; *Ragtime*, 1976) erwuchs D. in der literarischen Öffentlichkeit der USA der Status eines vielbeachteten revisionistischen Chronisten der neueren amerikanischen Geschichte, dessen metahistoriographische Romane zur geschichts- und fortschrittspessimistischen Debatte der Post-Vietnam-Ära einen erheblichen Beitrag leisteten. »Everything that has happened will happen again« – dieser Hegelianische Satz, den der Protagonist Edgar aus D.s Theaterstück *Drinks before Dinner* (1978) äußert, kann als Quintessenz von D.s Geschichtsauffassung gelten. Der zyklische Charakter menschlicher Bemühungen und deren Frustration definieren immer wieder die Befindlichkeit von D.s Romanfiguren als geschichtlichen Wesen, und es ist sein besonderes Anliegen, seinen Lesern das Fortwirken spezifischer historischer Zusammenhänge zu vergegenwärtigen.

Nach seinem vierjährigen Philosophiestudium am Kenyon College und der Beschäftigung mit dem englischen Drama an der Columbia University, dem späteren Schauplatz seines Romans *The Book of Daniel* (1971; *Das Buch Daniel*, 1974), arbeitet D. zunächst als Lektor für Filmproduktionsgesellschaften und macht dann Karriere als Chefherausgeber der Dial Press. Von den beiden in dieser Zeit entstandenen Romanen fand *Welcome to Hard Times* (1960; *Willkommen in Hard Times*, 1987) als dekonstruktivistischer Anti-Western späte Beachtung durch die akademische Kritik. Nach seinem Abgesang auf den Mythos der »Frontier« wendet sich D. in *The Book of Daniel* der öffentlichen Paranoia der McCarthy-Zeit in den 1950er Jahren und der studentischen Protestbewegung der 1960er Jahre zu. Der Roman behandelt den Spionagefall um Julius und Ethel Rosenberg, die Pläne zum Bau der Atombombe an die Sowjetunion weitergegeben haben sollen und die nach einem aufsehenerregenden Indizienprozess wegen Hochverrats 1953 verurteilt und auf dem Elektrischen Stuhl hingerichtet wurden. Anders als Robert Coover, der denselben Stoff in seinem Roman *The Public Burning* (1977) zu einer vernichtenden Aburteilung des Amerika der 50er Jahre verarbeitete, berichtet in *The Book of Daniel* der Sohn der hier in Paul und Rochelle Isaacson umbenannten Hochverräter, Daniel, rückblickend vom Schicksal seiner Eltern und verknüpft diese autotherapeutische Analyse seiner Familiengeschichte mit Betrachtungen über die politische Kultur der 1960er Jahre.

D. ist ein Abkömmling jener Generation von Einwanderern, deren Verlangen nach der großen Verschmelzung der amerikanischen Nation der jüdische Autor Israel Zangwill in seinem Drama *The Melting Pot* (1909) mit großem Pathos beschrieben hat. In *Ragtime* verfasst D. seine Abrechnung mit dem amerikanischen Traum, und so lässt er – mit hintersinnigem Humor – in diesem Roman Sigmund Freud während dessen Besuch in den Vereinten Staaten den Satz sagen: »America is a mistake, a gigantic mistake«. Die aus der titelgebenden Musikform entlehnten synkopischen Handlungsstränge behandeln die Schicksale der Protagonisten und ihrer entsprechenden sozialen Gruppen. Auch im darauffolgenden Roman *Loon Lake* (1980; *Sterntaucher*, 1982) geht es – wie schon in *The Book of Daniel* – um die Suche eines jungen Mannes nach seiner Identität. Vor dem Hintergrund der amerikanischen Depressionszeit gelingt es dem Protagonisten, der ursprünglich – und in einer Anspielung auf Joseph Conrad – den Namen Jozef Korzeniowski trägt, sich gleichsam neu zu erschaffen. Aus einer komplizierten Erzählperspektive, die nicht nur zwischen erster und dritter Person wechselt, sondern auch von eingefügten Computerdateien ergänzt ist, wird von der chamäleonartigen Anpassungsfähigkeit und dem an F. Scott Fitzgeralds Jay Gatsby erinnernden Versuch des Protagonisten berichtet, seiner proletarischen Herkunft und Existenz mit allen Mitteln zu entfliehen. Als Joe Paterson wird er schließlich von dem Industriemagnaten F.W. Bennett adoptiert, und der Roman erweist sich letztlich als Autobiographie des Protagonisten. Der Sammlung von Kurzgeschichten *Lives of the Poets* (1984; *Das Leben der Dichter*, 1985) folgt D.s fünfter Roman, *World's Fair* (1985; *Weltausstellung*,

1987). In diesem semi-autobiographischen Werk, das zugleich eine Variation auf James Joyces *Portrait of the Artist as a Young Man* (1914/15) darstellt, wird die Kindheit des Protagonisten Edgar, der dasselbe Geburtsdatum wie D. hat und dessen Eltern ebenso wie D.s Eltern Rose und David heißen, im New Yorker Stadtteil Bronx in den Jahren 1934 bis 1941 geschildert. Wie häufig in D.s Werk, geht es in *World's Fair* um das Erwachsenwerden eines Jungen und seine Suche nach einem Platz in der Gesellschaft. Auch in seinem nächsten Roman, *Billy Bathgate* (1989; *Billy Bathgate*, 1990) beleuchtet D. eine weitere Dekade der amerikanischen Geschichte: die Depressionszeit der 1930er Jahre. In dieser ausgehenden ›Blütezeit‹ des organisierten Verbrechens erhält der 15-jährige Protagonist Billy Bathgate – als ›Auszubildender‹ der Organisation von Arthur Flegenheimer alias »Dutch« Schulz – Einblick in die mafiosen Substrukturen des amerikanischen Wirtschafts- und Geschäftslebens.

The Waterworks (1994; *Das Wasserwerk*, 1995) ist einem anderen dunklen Kapitel der amerikanischen Geschichte gewidmet. Der Roman, eine Mischung aus Detektiverzählung, Schauergeschichte und Historie, behandelt die skandalösen Machenschaften des New Yorker Gewerkschaftsführers »Boss« Tweed und seiner skrupellosen Komplizen aus der Geschäftswelt Manhattans nach dem amerikanischen Bürgerkrieg. Erneut beweist D. seine Fähigkeit, aus historisch verbürgten Versatzstücken und soziologischen Daten ein Sittengemälde der amerikanischen Gesellschaft zu zeichnen. Sein Konzept, mit jedem neuen Roman ein weiteres Kapitel der amerikanischen Sozialgeschichte zu literarisieren, wirkt indessen allzu vorhersehbar und schematisch. Dennoch ist D.s engagierte Widerborstigkeit in der Tradition der sozialkritischen Literatur der »red decade« zu sehen, deren Vertreter beschrieben, »what we had and what we didn't have and what was wrong and what right«. Aus dieser Perspektive ist auch seine Aufsatzsammlung *Jack London, Hemingway, and the Constitution: Selected Essays, 1977–1992* (1993) zu lesen. Von Edgar Allan Poe, nach dem D. benannt wurde, heißt es in *The Book of Daniel*: »It's Poe who ruined us, that scream from the smiling face of America«. Anders als Poe jedoch versucht D., auf die moralische Befindlichkeit Amerikas einzuwirken. Sein Werk weist sich durch ein konsequentes Fordern und Fördern der Nachdenklichkeit aus. Gerade in einer Zeit, in der die Medien eine Pax Americana als Grundlage einer neuen Weltordnung prognostizieren, gibt es hierzu Anlass und Bedarf in gleich hohem Maße, und in Zeiten eines nivellierenden, vordergründigen nationalen Konsens behält D.s Forderung nach einer »democracy of perception«, einer »multiplicity of witnesses«, Aktualität und Brisanz.

Michael Porsche

Doderer, Heimito von

Geb. 5. 9. 1896 in Weidlingau bei Wien; gest. 23. 12. 1966 in Wien

»Schreiben ist die Entschleierung der Grammatik durch ein schlagartig eintreffendes Erinnern. Die Gegenwart des Schriftstellers ist so eine wiedergekehrte Vergangenheit. Was ich anstrebe, das ist der »stumme Roman« – französisch würde man sagen »roman muet«. Keine Aussage, keine Dichterworte, keine Sentenzen, keine Randbemerkungen, nichts von alledem! Aber Gestalt – Gestaltung des Lebens!«

Innerhalb der europäischen Tradition der realistisch-psychologischen Romans ist D.s Werk auch seiner Bedeutung nach in die Nähe Marcel Prousts zu rücken. Beiden Romanciers der Pariser und Wiener Gesellschaft des Fin de siècle wandelt sich die Suche nach der verlorenen Zeit zum Aufbruch in die gegenwärtige Vergangenheit der eigenen Existenz. Erinnerung – mémoire, ästhetische und moralische Instanz im Schreibprozess –, wird schöpferisches, geistiges Prinzip, das den Bewusstseinsstrom gliedert und auf seine wechselnden Bedeutungen hin sichtbar macht. Die Aufgabe des Schriftstellers besteht deshalb für D. in unbeschränkter Wahrnehmungsbereitschaft, im interesselosen Erinnern, im »lebensgemäßen Denken« alles Welthaltigen. Dagegen bedeutet die Auslieferung des Ästhetischen an die modernen Ideologien bewusste Wahrnehmungsverweigerung: Politik als »äußerste Verflachung des Menschen«.

D. wächst in Wien als Sohn eines Architekten auf. Mit dem Schreiben beginnt er in der russischen Kriegsgefangenschaft (von 1916 bis 1920). Nach Wien zurückgekehrt, veröffentlicht er seinen ersten und einzigen Gedichtband *Gassen und Landschaft* (1923). Es folgen Erzählungen und kleinere Romane, die das Trauma der Gefangenschaft zu bewältigen versuchen (*Das Geheimnis des Reiches*, 1930).

Mit dem psychologisierenden Kriminalroman *Ein Mord, den jeder begeht* (1938) findet D. zum zentralen Thema seines weiteren Schaffens: der Menschwerdung des an seiner Bürgerlichkeit erstickenden Individuums. Der Zweite Weltkrieg, den er als Hauptmann der Luftwaffe mitmacht, unterbricht die Arbeit an seinem großen Roman der Menschwerdung. Das Werk erscheint 1951 unter dem bezeichnenden Doppeltitel, der die Entwicklung eines k. u. k. Leutnants mit dem geheimnisvollen Flair Wiens verknüpft: *Die Strudlhofstiege oder Melzer und die Tiefe der Jahre*. Mit diesem Roman, dem ersten Satz eines großangelegten epischen Zyklus über die Wiener Gesellschaft vor und nach dem Ersten Weltkrieg, polyphonisch strukturiert, wird D. berühmt, obwohl der ersehnte Nobelpreis für Literatur ausbleibt. Der Roman enthält D.s später nurmehr noch variierte Lebensphilosophie: Der Umweg als Schicksal der Menschwerdung. Wie die Strudlhofstiege im Wiener Alsergrund zwei Stadtteile zufällig miteinander verknüpft, so wird das Leben des Leutnant Melzer auf nach oben angelegten Kaskaden zur Sinnerfüllung geleitet – Stiegenmetaphysik als Vorherbestimmung des Schicksals. Der ebenfalls 1951 erscheinende kleine Roman *Die erleuchteten Fenster oder die Menschwerdung des Amtsrates Zihal* bietet eine humorvolle Reprise der *Strudlhofstiege*. Beide Werke sind die »Rampe« für den bereits 1931 skizzierten Roman *Die Dämonen* (1956), dessen Titel sich nicht nur zufällig an F. M. Dostojewskij anlehnt. Um den Brand des Justizpalastes in Wien 1927 gruppieren sich mit der *Strudlhofstiege* verwandte und fortgeführte Personenkonstellationen, eine »Synopsis des Lebens« von barocken Ausmaßen. Hauptthema des Romans ist die Darstellung moderner Ideologien, die Heraufkunft der Dämonen, kaschiert als Faschismus, Romantizismus und Sexismus und die Gegenwehr von einzelnen und Gruppen gegen diese »Lebensvereinseitigungen«. Der Brand des Justizpalasts symbolisiert in diesem Widerstreit nicht nur den Ausbruch dämonischer Gewalt, sondern zugleich den Abschied von der »Welt von Gestern«. In den *Merowingern* (1962) treibt D. dieses Thema auf seinen grotesken Höhepunkt.

Ein neues, auf vier Teile angelegtes Romanprojekt – Arbeitstitel war *Nr. 7* – sollte D.s Vorstellung vom »Roman als reiner Kunstform« endgültig verwirklichen. Bis zu seinem Tod erschien der erste Teil dieser viersätzigen Symphonie, *Die Wasserfälle von Slunj*; der zweite Satz, *Der Grenzwald*, das vorweggenommene Todeserlebnis, blieb Fragment.

Karl-Heinz Habersetzer

Domin, Hilde
Geb. 27. 7. 1912 in Köln

D. ist eine gut zugängliche Hermetikerin, denn den Großteil ihres Werkes, auch die überraschendsten Bilder, kann der Leser aus der Biographie erschließen: einer Kette immer entlegenerer Exilstationen von Italien (von 1932 bis 1939) über England (1939/40) bis Santo Domingo in den Antillen (von 1940 bis 1952) und den USA (1953/1954). So geschieht auch ihr Durchbruch zum Verfassen von Gedichten, den sie als eine zweite Geburt beschreibt, aus der Notwendigkeit heraus, sich selbst »am Rande der Welt« überhaupt noch zu spüren: »verwaist und vertrieben, … stand ich auf und ging heim, in das Wort … Von wo ich unvertreibbar bin. Das Wort aber war das deutsche Wort. Deswegen fuhr ich wieder zurück« (1964). Die Bilder der Flucht und Vertreibung, des Wohnendürfens, aber nur auf Abruf, übernimmt sie von den französischen, italienischen und spanischen Symbolisten und Surrealisten. Ihr erstes Gedicht (im November 1951, nach dem Tod der Mutter) übersetzt die 39-Jährige bezeichnenderweise sofort ins Spanische, um seine Wirkung zu prüfen, so sehr ist sie dem Idiom Jorge Guilléns, Garcia Lorcas (dessen Freunde sie traf), André Bretons (den sie im Krieg auf Santo Domingo erlebte) und Guiseppe Ungarettis (den sie übersetzte) verhaftet. Als einen Auftakt für das Werk kann man die paradoxe Titelmetapher des ersten Lyrikbandes lesen, *Nur eine Rose als Stütze* (1959): Spannung zwischen Exil und Heimkehr, wiederentdeckte Muttersprache (im Beruf der Deutsch-Dozentin), Halt am fragilen poetischen Grundmotiv, zugleich Wiederentdeckung des Ich:»Und eine große Blüte stieg / leuchtend blaß / aus meinem Herzen« (1951).

Zusammen mit dem jüngeren Bruder wächst D. in einer großbürgerlichen Wohnung in Köln auf, schwänzt schon mit zwölf die Schule, um mitzuerleben, wie der bewunderte Vater, ein republiktreuer jüdischer Anwalt, der im Ersten Weltkrieg das Eiserne Kreuz erhalten hatte, vor Gericht einen »unschuldig Angeklagten bis an die Grenzen des beruflichen Ruins« verteidigt. Sie kann nicht vergessen, dass gerade dieser Mann, für den der Anwalt bei Reichspräsident Hindenburg ein Gnadengesuch erwirkte, zu den ersten gehörte,»die, nach 1933, aufhörten, meinen Vater auf der Straße zu grüßen.«

Dass der Vater nach der Emigration im November 1933 berufs- und mittellos in England leben muss, dort interniert wird und 1940, nach der Überfahrt nach New York, stirbt, ohne ein Grab zu haben, vergisst sie nie; lang wirkt die Szene nach, als die zur Sängerin ausgebildete Mutter (»Mein Julilaub, mein Windschutz«) nach Ende des Ersten Weltkriegs englische Lieder am Flügel singt: »Da gingen die Gäste türeschlagend davon.« Selbst auf dem Gymnasium unterdrückt man bis zu ihrem Abitur 1929 die Begeisterung der »abgehenden Hochbegabten für »Paneuropa« und Fremdsprachen. Die Heidelberger Studentin der Rechte und Sozialwissenschaften erlebt Karl Jaspers und Karl Mannheim, bevor sie mit dem künftigen Mann, Erwin Walter Palm (der klassische Archäologie studiert), nach Rom und darauf nach Florenz geht; das Auslandsstudium wird zur Emigration. Die junge Doktorandin (über *Pontanus als Vorläufer von Machiavelli*, 1935) entgeht in Rom, wo sie seit 1932 als private Sprachlehrerin arbeitet, mehrfach nur knapp einer Verhaftung, bevor sie 1940, nach einem sechsmonatigen Englandaufenthalt und dem Abschied von den Eltern, in die Domäne des berüchtigten Diktators Raffael Trujillo fortzieht:»Viele Flüchtlinge verdanken ihm das Leben. Er nahm sie auf, um sein Land aufzuweißen, ohne Ansehen ihres politischen Glaubens oder der Religion und ›Rasse‹.« Aber das Leben bleibt bedroht und entfremdet – »wir verzweifelten dauernd, ...veränderten viel« –, bis sie 1954, nachdem sie sechs Jahre an der Universität Santo Domingo als Lektorin für Deutsch tätig war, nach Deutschland und Spanien zurückkehrt; erst 1961, nach der Berufung Palms an die Universität Heidelberg, haben beide einen festen Wohnsitz.

Die Liebe zu der Köln, das im Zweiten Weltkrieg untergegangen ist und Stätte einer ungetrübten Jugend war, und zu »Paneuropa« (noch 1985 geht sie als Stipendiatin an die Villa Massimo, wo neue Gedichte entstanden) bleiben Konstanten. In der »versunkenen Stadt« »schwimmt das Ich mit den Toten«. D. schreibt über die gerade durchstandene Situation: das Erlebnis des Ausgesetztseins bis zur *Rückkehr der Schiffe* (1962) und einer immer zeitkritischen und vorläufigen Ankunft im *Hier* (1964):»Freiheit ich will dich / aufrauhen mit Schmirgelpapier / du geleckte« (1968, nach dem Prager Frühling). Auch Erzählprosa und Literaturkritik sind autobiographisch gefärbt: *Das zweite Paradies* (1968) wird in der *Rückkehr* (dem Untertitel 1980) erlebt, die sie am ehesten in der Sprache fand, wie in der Dichtung von Rafael Alberti, Vicente Aleixandre, Paul Celan oder der Freundin Nelly Sachs (*Aber die Hoffnung*, 1982). Im Wintersemester 1987/88 hielt D. die Poetik-Vorlesungen in Frankfurt a. M., die 1988 unter dem Titel *Das Gedicht als Augenblick von Freiheit* in München erschienen. D. ist Mitglied der Deutschen Akademie für Sprache und Dichtung und erhielt zahlreiche Preise, u. a. den Rilke-Preis (1976), den Nelly-Sachs-Preis (1983) und zuletzt den Friedrich-Hölderlin-Preis (1992).

Werkausgaben: Gesammelte autobiographische Schriften. Fast ein Lebenslauf. München/Zürich 1992; Gesammelte Essays: Heimat in der Sprache. München 1992; Gesammelte Gedichte. Frankfurt a. M. 1991.

Volker Wehdeking

Donne, John
Geb. 22. 1. (?) 1572 in London; gest. 31. 3. 1631 in London

John Donnes Werk als Lyriker und Prosaschriftsteller ist geprägt von den Spannungen und Brüchen der Schwellenepoche zwischen der Renaissance und (in kontinentaler Terminologie) dem Barock. In Übereinstimmung damit ist das Paradox die Grundfigur seines Denkens und Stils. Verstärkt wird die bei D. manifeste Sensibilität für Widersprüchlichkeiten durch die Spannung von weltlichem und religiösem Denken und durch den Konflikt zwischen Katholizismus und Protestantismus. D. entstammte einer Familie, die eng mit dem römisch-katholischen Glauben verbunden war, was seine Aussichten auf eine erfolgreiche gesellschaftliche Laufbahn stark beeinträchtigte. In seiner Jugend wurde er mit mittelalterlichen Denk- und Glaubenstraditionen vertraut gemacht, was sich in seinem gesamten Werk bezeugt. Ebenso wichtig ist seine Schulung auf dem Gebiet der Dialektik, die er während seines Studiums in Oxford erhielt, und die Fähigkeit des rhetorischen Arguments und Plädoyers, die er während seines Jura-Studiums in London (Lincoln's Inn) entwickeln konnte. In den 1590er Jahren schrieb er an paradoxem Witz reiche Liebesgedichte, Satiren und Epigramme, deren Manuskripte unter Gleichgesinnten kursierten. Sein Streben nach einer weltlichen Laufbahn führte 1597 mit seiner Anstellung als Sekretär bei Sir Thomas Egerton zu einem verheißungsvollen Erfolg. Er machte seine Karriere aber durch die heimliche Heirat mit Anne More, der 17-jährigen Nichte von Egertons verstorbener Frau, zunichte. Er wurde entlassen und kam sogar für kurze Zeit ins Gefängnis. Er soll das Geschehen so kommentiert haben: »John Donne, Anne Donne, Un-done.« 1602–15 folgte ein ungesichertes Leben. Er schrieb, v.a. zwischen 1605 und 1607, einige seiner bedeutenden Liebesgedichte und geistliche Gedichte, aber auch Prosawerke wie *Biathanatos* (1608), eine Verteidigung des Suizids, und *Pseudo-Martyr* (1610), eine Schrift, die sich gegen das von den Jesuiten propagierte Märtyrertum wandte. In Sir Robert Drury fand er schließlich einen neuen Gönner. 1615 trat er in den Staatskirchendienst ein, nachdem er sich zur anglikanischen Kirche bekannt hatte. Seine Laufbahn als Geistlicher gipfelte 1621 in der Berufung zum Dean of St. Paul's, als welcher er eine bedeutende Predigertätigkeit entfaltete. 160 Predigten erschienen postum in drei Ausgaben der *Sermons* (1640, 1649, 1660) im Druck. Auch ein Großteil von D.s Lyrik erschien nicht zu seinen Lebzeiten. Erste Auswahlsammlungen boten die Ausgaben der *Poems* (1633, 1635).

D. hat – wie *An Anatomy of the World* (1611), seine große lyrisch-philosophische Bestandsaufnahme der Welt, explizit formuliert – ein geschärftes Bewusstsein für die Zeitenwende, in der alles in Frage gestellt wird und jeder Zusammenhang verlorengeht: »And new Philosophy calls all in doubt«; »Tis all in pieces, all coherence gone«. Wie seine weltliche Dichtung, die Satiren, die Liebeselegien, die Epigramme und speziell die unter dem Titel *Songs and Sonnets* (1635; *Alchimie der Liebe*, 1986) zusammengefasste Liebeslyrik, veranschaulicht, neigt er dazu, etablierte Denkformen aufzubrechen und gängige Vorstellungen in Frage zu stellen. In seinem frühen Prosawerk *Paradoxes and Problems* (1633) vertritt er unorthodoxe und widersinnige Thesen. Eines der Paradoxe trägt den Titel »A Defence of Women's Inconstancy«. Ihm entspricht in *Songs and Sonnets* das Gedicht »Woman's Constancy«, dessen Sprecher die Untreue seiner Geliebten am nächsten Tag voraussieht und ihr eine sophistische Rechtfertigung ihres Treuebruchs unterstellt. Am Höhepunkt seiner Argumentation bricht er aber abrupt ab, da er einsieht, dass er morgen möglicherweise genauso denken wird wie sie. Hier drückt sich ein geradezu Montaigne vergleichbares Bewusstsein der Wandelbarkeit der Identität aus. Dass sich bei der ständigen Präsenz des Paradoxes bei D. auch ein Gedicht findet, »The Paradox«, welches das Lügner-Paradoxon originell abwandelt, verwundert nicht. Hier äußert sich der Sprecher über seine vergangene Liebe im Wissen, dass er einen unmöglichen Sprechakt vollzieht, weil nämlich der Verlust der Liebe für ihn gleichbedeutend mit dem Tod ist und er somit quasi als Toter spricht.

Die *Songs and Sonnets* sind auch im kolloquialen Stil und in der Abwendung vom petrarkistischen und höfischen Liebesideal innovativ. D. verzichtet entgegen dem Titel der Sammlung auf die Sonettform und nimmt sich Freiheiten im Metrum. Ziel ist nicht Schönheit und Glätte der Form. Er singt nicht, wie es in einem Versbrief heißt, wie Sirenen, um zu betören, er sei schroff: »I sing not, Siren like, to tempt; for I / Am harsh.« Neben dem Paradoxon ist für D.s Lyrik das *conceit* (italienisch *concetto*) kennzeichnend, das ausgeklügelte sprachliche Bild, das heterogene Seinsbereiche zusammenführt. Samuel Johnson hat dieses Verfahren im 18. Jahrhundert kritisiert: »The most heterogeneous ideas are yoked together by violence.« Umgekehrt fand T.S. Eliot darin im 20. Jahrhundert die Essenz des Poetischen, die Fähigkeit, im dichterischen Ausdruck Gefühl und Verstand zu verbinden, die, wie er meinte, seit Milton verlorengegangen sei (*dissociation of sensibility*). Ein bekanntes Beispiel für das *conceit* ist das Zirkelgleichnis am Schluss zu »A Valediction: Forbidding Mourning«, mit dem der Sprecher seiner Geliebten den Abschiedsschmerz hinweghelfen will. Die Analogie der Seelen mit den beiden Schenkeln eines Zirkels soll das Aufeinanderbezogensein der Liebenden auch in der Situation der Trennung verdeutlichen. Der Anfang des *conceit* lautet: »If they be two, they are two so / As stiff twin compasses are two, / Thy soul the fixed foot, makes no show / To move, but doth, if th'other do.«

Die emotionale und intellektuelle Amplitude der *Songs and Sonnets* ist groß. Vertreten sind z. B. ein erotisches Gedicht wie »The Flea« mit seinen überraschenden argumentativen Kehrtwenden und ein scherzhaft misogynes Stück wie »Go, and catch a falling star«, das wie die meisten der *Songs and Sonnets* eine quasi dramatische Unmittelbarkeit der Anrede an ein Gegenüber hat. Daneben stehen aber ernste Gedichte wie »The Ecstasy«, das die paradoxe Einheit zweier Personen in der Liebe in einem »dialogue of one« eindringlich zur Sprache bringt, und das Nachtgedicht »A Nocturnal upon S. Lucie's Day, Being the Shortest Day«, das in einer radikalen Selbst-Anatomie das Ich in der Situation des Verlusts der Geliebten in immer neuen negativen Bestimmungen als »Quintessenz aus dem Nichts« definiert. Hier zeigt sich der Blick ins Innere, das Phänomen der ›Interiorität‹, das D. mit Shakespeare (*Hamlet*) verbindet.

Wie sich der Sprecher in der Liebeslyrik ständig in der Art des rhetorischen Plädoyers an die Geliebte wendet, so spricht der Dichter in seiner religiösen Lyrik Gott leidenschaftlich an und argumentiert mit ihm so, als sei er persönlich gegenwärtig. Diese rhetorische Qualität ist in seiner ersten religiösen Dichtung, dem kunstvollen Sonettkranz *La Corona* (1606), noch nicht sehr ausgeprägt, sie tritt aber in den *Holy Sonnets* (1633; *Geistliche Gesänge*, 1961), einer Folge von 19 Sonetten, markant hervor. So erinnert D. im ersten Sonett Gott an seine Verantwortung für seine Schöpfung: »Thou hast made me, and shall thy work decay?« Oder er fordert Gott auf, möge sich in sein Herz einschlagen (»Batter my heart«), und begründet dies paradox damit, dass er sich nur erheben könne, wenn er von Gott niedergeworfen werde, und nur frei sein könne, wenn er von Gott gefesselt sei. »Death be not proud« konfrontiert in vehementer Anrede den Tod damit, dass er (beim Übergang der Seele in die Ewigkeit) selbst sterben, tot sein werde: »Death thou shalt die.« D.s theologische Position wird besonders deutlich in *The Litany* (zwischen 1608 und 1610), wo er in Abweichung von den katholischen, aber auch von Thomas Cranmers englischer Version der liturgischen Form der Litanei (1544) die Heiligen, speziell Maria, nicht mehr anredet, wenn er sie auch erwähnt. Er bittet Gott um Befreiung vom Vertrauen in die Gebete der Heiligen, obwohl er deren Inbrunst anerkennt: »O Lord deliver us / From trusting in those prayers, though pour'd out thus.«

Einige von D.s großen religiösen Gedichten wie »Goodfriday, 1613. Riding Westward« und »A Hymn to God the Father« sind an einen biographischen Kontext gebunden, dem sie sich durch ihre künstlerische Verdichtung allerdings zugleich entziehen. »A Hymn to Christ, at the Author's Last Going into Germany« zeigt D.s argumentative Potenz. Er fordert von Gott eine Beziehung ein, an der beide Partner mit gleicher Intensität beteiligt sind: »Thou lov'st not, till from loving more thou free / My soul«. Das späte Gedicht »Hymn to God my God, in my Sickness« bedient sich eines komplexen geographisch-kartographischen *conceit*, das der alten Vorstellung der Erde als einer planen Fläche die neue Vorstellung der Rundheit der Erde entgegensetzt, um die Widersprüchlichkeit des Todes auszudrücken, der nach dem christlichen Glauben zugleich Ende und Anfang, Verlust und Gewinn ist. Mit diesem Paradox hat sich D. auch in seinen Predigten beschäftigt, die – wie die *Devotions Upon Emergent Occasions* (1624) – zu den bedeutendsten Prosawerken der englischen Literatur gehören. Wie D. den Tod in sein Leben hineinnahm, zeigt sich darin, dass er seinem Biographen Izaak Walton zufolge einige Wochen vor seinem Ableben Modell stand für eine Statue von sich als Totem, in ein Leichentuch gehüllt, mit geschlossenen Augen und auf einer Graburne stehend. Er soll sich im Moment des Sterbens auch selbst die Augen geschlossen haben. D.s letzte und berühmteste Predigt, die kurz nach seinem Tod unter dem Titel *Deaths Duell* erschien, enthält auf dem Frontispiz den Anweisungen des Dichters zufolge einen Stich mit dem Totenbild von D. und einem für sich selbst geschriebenen lateinischen Epitaph, das Helen Gardner so übersetzt: »May this shroud of the body be (i.e. typify) the shroud of the soul: the shroud of Jesus.« Selbst als Toter wollte der Dichter, dessen gesamtes Werk von der Liebeslyrik über die Vers- und Prosabriefe bis zur religiösen Lyrik eine intensive kommunikative Qualität hat, noch zu den Lebenden sprechen.

Werkausgaben: The Poems of John Donne. Hg. H.J.C. Grierson. Oxford 1912. – Selected Prose. Hg. E.M. Simpson et al. Oxford 1967.

Wolfgang G. Müller

Dorst, Tankred
Geb. 19. 12. 1925 in Oberlind bei Sonneberg/Thüringen

Dorothea Merz, die früh verwitwete Mutter, »ändert sich überhaupt nicht«. Noch am Ende ihrer Geschichte (*Auf dem Chimborazo*, 1974), dem Schlussteil des diskontinuierlichen »großen epischen Teppichs aus Lebensläufen« und »Lebensfragmenten« um die Familie eines thüringischen Maschinenfabrikanten, »in denen sich die Zeit« von der zweiten Hälfte der Weimarer Republik bis zu den frühen 1970er Jahren »reflektiert«, ist sie unfähig dazu, »ihre Illusionen, die Illusionen der bürgerlichen Klasse, aufzugeben«. In den sechs je zur Hälfte aus erzählten Filmszenarien und Dramen bestehenden *Deutschen Stücken* (gesammelt im ersten Band der *Werkausgabe*, 1985) erweitert D. sein großes Thema der Selbststilisierung, eines »schauspielerischen« Verhältnisses der Wirklichkeit gegenüber, das bis dahin, »in ›Stoffe‹ verwandelt«, alle seine Texte durchzieht, zum kritischen sozialpsychologischen Panorama, indem er es am Beispiel der eigenen Herkunft konkretisiert. Die Auseinandersetzung mit dem »bürgerlichen Anspruch« und den psychischen »Zerstörungen«, welche dieser hervorruft, dient dem Ziel, sich selbst »ein bißchen näher« zu kommen. Es geht um den Prozess einer schrittweisen Identitätsfindung, nachdem schon der Heranwachsende seine Andersartigkeit erfährt: »Ich bin nicht wie ihr! ... Ich will nicht so werden wie ihr!« Die Hauptfigur des im Wuppertal der jungen

Bundesrepublik spielenden Films *Mosch* (1980) – »Jetzt baun sie überall auf wie verrückt ... und es ist doch wieder das alte« –, der im Künstlermilieu einen »Neuen Anfang« sucht, lässt mit der geerbten Seifenfabrik zugleich die Normen der »idealistisch« verbrämten, bürgerlich-protestantischen Welt von »Leistung« und »Besitz« hinter sich. Noch ein zweiter Grundzug von D.s Stücken erhellt aus diesem Zyklus verarbeiteter Autobiographie. Mit 16 zum Militär eingezogen (*Heinrich oder die Schmerzen der Phantasie*, 1985), »um Härte zu lernen, Gehorsam, Gemeinschaftsgeist«, und nach der Entlassung aus amerikanischer Gefangenschaft »illegaler« Grenzgänger zwischen Thüringen und Oberfranken, erkennt sein Protagonist die Brüchigkeit der großen »Weltentwürfe«: »Die anderen haben ihre Überzeugung, die wissen wie es weitergehen soll. Ich habe längst keine mehr«. Am Ende des Stücks *Die Villa* (1980) aus der unmittelbaren Nachkriegszeit nimmt er die Haltung des skeptischen Beobachters ein. Wiederholt bekennt D. sich zu »einer Dramatik des ›Ich-weiß-nicht‹«. Er zieht es vor, »Irritationen weiterzugeben«, statt eine unumstößliche »Wahrheit« zu verkünden: »Mich hat in allen Stücken die Frage bewegt: wie soll man leben? Was soll man tun? Eine Patentantwort habe ich nicht gefunden, solchen Antworten mißtraue ich auch immer mehr«.

Das 1951 in Bamberg aufgenommene und ein Jahr später in München fortgesetzte Studium der Germanistik, Kunstgeschichte und Theaterwissenschaft bleibt ohne Abschluss. Seinen Lebensunterhalt verdient er zeitweise mit Gelegenheitsarbeiten: »Es ging mir sehr schlecht in den ersten Jahren. Ich hab da in Schwabing in so einer Bude gesessen und hab Marionettenstücke geschrieben, die nichts eingebracht haben. Und ich konnte mir wirklich nicht vorstellen, wie man in seinem Leben Geld verdient. Und dann bekam ich einen Preis in Mannheim – 1959 – für das erste Stück *Gesellschaft im Herbst*. Von da an ging es einigermaßen«. Die parabelhaften »kleinen Stücke« der frühen Phase (darunter *Die Kurve*, 1960; *Große Schmährede an der Stadtmauer*, 1961; *Der Kater oder Wie man das Spiel spielt*, 1963) »sind noch von diesem Marionettentheater beeinflußt die Personen haben keine Psychologie, es sind Typen, Allegorien, sie führen etwas vor«.

Toller (1968), die auch international vielbeachteten »Szenen« um die zwiespältige Rolle des Intellektuellen in der Revolution (am Beispiel der Münchner Räterepublik von 1919), bringt demgegenüber mit der offenen »Revueform« und einer realistischen Figurenkonzeption »etwas entscheidend Neues«. Für D., der auch Texte von Molière, Denis Diderot und Sean O'Casey neu übersetzt, ist das Ereignis Theater wichtiger als der literarische Text. Die Bühnenfassung seiner Werke realisiert er von da an verstärkt mit namhaften Regisseuren: Peter Palitzsch inszeniert neben dem Stück um den politisch dilettierenden Dramatiker des Expressionismus noch *Goncourt oder Die Abschaffung des Todes* (1977) und den Fernsehfilm *Sand* (1971); Peter Zadek, dem er schon früh wichtige Impulse für seine Abwendung von der »geschlossenen Form« verdankt, leitet u. a. die Aufführungen von *Eiszeit* (1973, wo D. mit der Figur des Dichters und Nazisympathisanten Knut Hamsun sein wohl unauslotbarster Charakter gelungen ist), und der Revue *Kleiner Mann – was nun?* nach Hans Fallada (1972), die, als »eine Art neues Volkstheater« geplant, »ein möglichst großes Publikum ansprechen« sollte. Seit den frühen 1970er Jahren arbeitet D. mit seiner Frau Ursula Ehler zusammen. Ihr nach wie vor spektakulärstes Unternehmen ist das beinahe zehnstündige Schauspiel *Merlin oder Das wüste Land* (1981), welches am mythologischen Modell des Artushofes das Scheitern der Utopien vor der Geschichte zum Inhalt hat. Großes Aufsehen erregt die *Parzival*-Inszenierung von Szenen aus diesem Stoffkreis durch den amerikanischen Regisseur Robert Wilson (1987).

Mit den in dichter Abfolge entstehenden Arbeiten der letzten beiden Jahrzehnte festigt sich D.s Ruf als wahrscheinlich beständigster Autor des deutschsprachigen Gegenwartstheaters. Die innerste Mitte seines weitverzweigten und facettenreichen Schaffens besteht für ihn selbst in der »Vorstellung von einem einzigen Werk ..., das aus vielen Fragmenten besteht. Kein Stück ist ›fertig‹, es enthält oft Motive für das nächste, es bedarf der Ergänzung, auch der Verbesserung, es ist Teil eines größeren Ganzen, das ich im großen Umriß sehe und zu schreiben versuche.« Entsprechend kennzeichnet die Ausdifferenzierung sich vielfach überlagernder Themen seine Werke, denen bei verschiedenen dramaturgischen Mustern in der Regel das Zurücktreten linearer Handlung zugunsten von Diskontinuität und Assoziation gemeinsam ist. Neben phantasmagorischen Erweiterungen »unserer zu engen Ansichten von Welt und Wirklichkeiten« (z. B. *Karlos*, 1990; *Wie im Leben wie im Traum*, 1990; *Die Legende vom armen Heinrich*, 1997) stehen kritische Bestandsaufnahmen zeitgenössischer Mentalitäten (etwa in *Die Schattenlinie*, 1995; *Wegen Reichtum geschlossen*, 1998; *Große Szene am Fluß*, 1999; oder *Die Freude am Leben*, 2002). Stücke über D'Annunzio (*Der verbotene Garten*, 1983), Heinrich Heine (*Harrys Kopf*, 1997) und Leo Tolstoi (*Was sollen wir tun*, 1997) vertiefen nicht nur D.s Interesse an der (im doppelten Wortsinne) »Fragwürdigkeit der Kunst«, sondern unterstreichen seine Überzeugung, »daß wir mit Psychologie und Soziologie auch unsere Vorstellung vom Menschen sehr verengt haben, daß diese beiden Wissenschaften nicht ausreichen, um zu erklären, was ein Mensch ist, was in einem Menschen vorgeht.« Ein gewichtiger Teil des Werks zielt daher nachgerade auf Erkundungen der »dunklen Geheimnisse unserer Existenz« ab. Hier verbindet sich eine Art negative Theologie (*Ich, Feuerbach*, 1986; *Korbes*, 1988) mit dem Bewusstsein der Offenheit metaphysischer Fragen (u. a. *Die Geschichte der Pfeile*, 1996; *Nach Jerusalem*, 1994).

Auch als Förderer junger Talente ist D. hervorgetreten. Seit 1991 leitet er die »Bonner Biennale«, ein Festival zumal für neue Bühnenautoren aus Europa.

Werkausgabe: Werkausgabe. 7 Bde. Frankfurt a. M. 1985 ff.

Hans-Rüdiger Schwab

Dos Passos, John [Roderigo]
Geb. 14. 1. 1896 in Chicago, Illinois;
gest. 28. 9. 1970 in Baltimore, Maryland

Als Jean-Paul Sartre 1938 erklärte, er halte Dos Passos für den größten Schriftsteller seiner Zeit, gab es wohl viele andere Autoren und Kritiker, die diese Ansicht teilten. D. stand damals im Zenit seines Ruhms. Zwar gilt er auch heute noch als ein Klassiker der Moderne, doch im Kanon amerikanischer Schulen und Universitäten und in der Beliebtheit beim Lesepublikum wird er von seinen Zeitgenossen und Freunden F. Scott Fitzgerald und Ernest Hemingway inzwischen deutlich überragt. Dieser Statusverlust liegt indes nicht so sehr an einer veränderten Wertschätzung der Qualität der Prosa D.', sondern vielmehr an der Art der Lektüre, die seine Texte verlangen. Heutigen Lesern fällt der Zugang zu D.' Meisterwerken *Manhattan Transfer* (1925; *Manhattan Transfer*, 1927), und *U.S.A.* (1938; *U.S.A.*, 1939), ohne historisches Vorwissen und erklärende Fußnoten nicht leicht, da die Texte auf anspielungsreichen Verknüpfungen basieren, die lediglich von den zeitgenössischen Rezipienten noch ohne große Mühe erkannt werden konnten. Der ursprüngliche Vorteil der Anbindung an das Alltägliche und Aktuelle gerät den Texten somit zum Nachteil. Dies ist vor allem deshalb zu betonen, da in diesem Aspekt auch einer der Gründe für die eigentümliche ästhetische Herausforderung von D.' literarischen Collagen zu sehen ist. Diese erfordern einen aktiv gestaltenden Leser, der aus unkommentiert montierten Passagen die lediglich angedeuteten Bezüge erst interpretierend erstellt. Gelingt dem Leser diese ›Transferleistung‹ nicht mehr, ist D.' Prosa ein Großteil ihrer Faszination und Wirkung genommen. Es wird dann schwierig, den ästhetisch bewusst gestalteten Widerspruch wahrzunehmen, der darin begründet liegt, dass D. sein Plädoyer für selbstbestimmte Individuen vorrangig durch die innovative Form des »collective novel« präsentiert. Wie auch schon Sartre betonte, besteht die große Leistung D.' darin, dass die Lesenden im Akt der Lektüre unwillkürlich in das Geschehen verwickelt werden und nun dort Stellung gegen eben jene Kräfte beziehen müssen, die den Freiheitsdrang und die Selbstverwirklichung des Individuums unterminieren bzw. zerstören.

D.' Biographie bietet vielfältige Anhaltspunkte dafür, warum in seinen Werken die Lektüre oft als umfassende Sinnfrage und -stiftung gestaltet wird und warum darin Figuren auftreten, die sich auf Identitätssuche begeben, dabei scheitern, ihre Niederlagen überleben und zu erneuten Versuchen aufbrechen. John Roderigo Madison wurde als uneheliches Kind 1896 in einem Chicagoer Hotel zur Welt gebracht. Da sein Vater, John Randolph Dos Passos, ein bereits verheirateter und in der Öffentlichkeit angesehener Anwalt, aus finanziellen und gesellschaftlichen Gründen seine Geliebte Lucy Addison Sprigg Madison zunächst nicht ehelichen wollte, wuchs D. in Hotels auf, in denen sich seine Mutter mit ihm auf ihren Reisen durch Mexiko, Belgien und England einquartierte. Diesem Muster der notgedrungenen Mobilität und Heimatlosigkeit blieb D. in seinen jungen Jahren verhaftet. Nach einem Studium in Harvard ging er 1916 nach Spanien, um dort Architektur zu studieren, meldete sich dann 1917 als Kriegsfreiwilliger zum Sanitätsdienst, den er zuerst in Italien und dann in Frankreich leistete. Künstlerisch wirkte D. in den 1920er Jahren zwar vorrangig in der Avantgarde New Yorks, doch war er auch als Publizist in Europa, im Nahen Osten und in der Sowjetunion tätig. Sein Engagement für die Rechte des Individuums in den Vereinigten Staaten wurde besonders 1927 beim Justizskandal um die Hinrichtung der Anarchisten Sacco und Vanzetti deutlich. D. nahm an Mahnwachen teil und ergriff als aktiver Intellektueller in einer Streitschrift Partei gegen die Barbarei der Todesstrafe. Damit etablierte er sich als einer der wichtigsten Sprecher der literarischen Linken in den 1920er und 30er Jahren. Seine grundlegende, auf einer radikalliberalen Gesinnung fußende Zurückhaltung gegenüber der zentralistischen Ausrichtung der kommunistischen Politik schlug 1937 allerdings in offene Feindschaft um, als im Spanischen Bürgerkrieg einer seiner Freunde Opfer stalinistischer Umtriebe wurde. Der Kampf gegen eine nun als menschenverachtend verstandene kommunistische Ideologie und die Rückbesinnung auf die freiheitlichen Werte der amerikanischen Gründerväter bestimmten danach immer stärker D.' intellektuelles Schaffen. Die Dekaden nach dem Zweiten Weltkrieg verbrachte D. – nun sesshaft geworden – bis zu seinem Tod im Jahr 1970 auf der Familienfarm in Westmoreland County, Virginia.

D.' erste Veröffentlichungen sind durch einen in Harvard angeeigneten Ästhetizismus und durch den Schock der Kriegserlebnisse in Europa geprägt. *Three Soldiers* (1921; *Drei Soldaten*, 1922), behandelt in für die »Lost Generation« der 1920er Jahre beispielhafter Weise das Zerbrechen des Individuums an der Militärmaschinerie. Sein Meisterwerk *Manhattan Transfer* widmet sich den Kräften, die den Moloch Großstadt erzeugen und prägen. Die überaus erfolgreiche Rezeption und die literarhistorische Wirkung des Werks rühren wohl hauptsächlich daher, dass hier D. eine für sein Thema kongeniale Form entwirft. Die »simultane Chronik« New Yorks in den ersten beiden Jahrzehnten des 20. Jahrhunderts verzichtet in der Gestaltung von Raum, Handlung und Figuren bewusst und gekonnt auf viele der Bauelemente eines konventionellen Romans. Gleichsam wie Neuankömmlinge in der Stadt erfahren und entdecken Leser die Metropole erst prozesshaft im Verlauf der Lektüre. D.' verwirrend vielgestaltiges New York ist aus unzähligen Episoden zusammengesetzt, die erst nach und nach eine dichte Textur aus parallelen und kontrapunktischen Beziehungen entstehen lassen. Die fügende und gleichzeitig verunsichernde Technik der Collage, die Liedfragmente, Schlagzeilen und Werbeslogans in den Erzähltext integriert, stellt dabei sicher, dass entsprechend der darzustellenden Großstadterfahrung kein einheitliches Ganzes zustande kommt. Zwar bleiben die Leser durch die mal satirisch, mal dadaistisch inspirierte Technik des ›kommentarlosen Kommentars‹ der Montage nicht orientierungslos, doch offerieren die so nebeneinandergestellten Erzählsegmente das fiktive New York letztlich als ein nicht zu bewältigendes, gleichsam überwältigendes steinernes Verhängnis und als einen grausamen Umschlagplatz und Sackbahnhof der Hoffnungen und Illusionen seiner Bewohner. Die Trilogie *U.S.A.*, bestehend aus den Romanen *The 42nd Parallel* (1930; *Der 42. Breitengrad*, 1930), *1919* (1932; *Auf den Trümmern*, 1932) und *The Big Money* (1936; *Der große Schatten*, 1939), weitet D.' Perspektive aus. In den Blick kommen nun die gesamtgesellschaftlichen Verhältnisse, die das Individuum nicht zur Entfaltung und zur Erfüllung seines Glücksstrebens kommen lassen. Die Romane entwerfen ein Panorama der amerikanischen Geschichte von der Jahrhundertwende bis zur Weltwirtschaftskrise. Im Vordergrund stehen dabei wie schon in *Manhattan Transfer* die Schicksale von Figuren, die aus der Mittelschicht stammen. In den verschiedensten Facetten und Tonlagen beklagt der Roman immer wieder das Ende des amerikanischen Traums im Scheitern der Selbstverwirklichung des Individuums. Die Collage der Romane ist zusammengesetzt aus vier wiederkehrenden, immer neu verschachtelten Segmenten. Diese bestehen aus fiktiven Lebensläufen von Figuren, die im Verlauf der Handlung mal interagieren, mal kollidieren, dann wieder einander nur touchieren; aus ›Wochenschauen‹, d. h. aus lyrisch gehaltenen Zitatteppichen, die Fragmente aus Zeitung und Werbung, Reden und Songs thematisch verbinden; aus in der Technik des »stream of consciousness« gestalteten, autobiographischen Erinnerungsfetzen; und schließlich aus skizzenhaften Porträts von Personen des öffentlichen Lebens. Dargestellt werden Politiker, Industrielle, Erfinder und Künstler wie beispielsweise Frank Lloyd Wright, Isodora Duncan, Henry Ford, Thorstein Veblen und Woodrow Wilson. D.' Absicht war es, in der Trilogie die Sprache des Volkes und die dominanten Diskurse der Gesellschaft umfassend zu dokumentieren und durch ihre möglichst getreue Reproduktion selbst als kritischer »Architekt der Geschichte« zu fungieren. Die Synthese des Dargestellten wird jedoch auch in diesen Romanen wiederum den Lesern abverlangt. In der Lektüre mit den subjektiven und unscharfen Perspektiven der Figuren konfrontiert, werden sie durch das Prinzip der Montage angeregt, sich aktiv mit deren gesellschaftlichen und politischen Benachteiligungen auseinanderzusetzen. D.' Spätwerke halten an der Großform fest – wie etwa die 1952 abgeschlossene Trilogie *District of Columbia* –, widmen sich aber nun verstärkt den Werten der Gründergeneration, z. B. in Publikationen zu Thomas Paine und Thomas Jefferson. Oft fehlt diesen späten Schriften eine kritische Offenheit, da aus dem Suchen nun vielfach ein Finden und Bestätigen geworden ist. Aber auch hier ist das Engagement D.' gegen freiheitszerstörende Machtkonstellationen gerichtet.

D.' Leistung liegt bei aller zum Elitären neigenden Innovations- und Experimentierfreudigkeit hauptsächlich darin, mit seiner Prosa doch einen demokratischen literarischen Modernismus geschaffen zu haben. Wie kein zweiter Autor der ersten Hälfte des 20. Jahrhunderts hat er virtuos die Techniken der modernen Malerei und der neuen Massenmedien Fotografie und Film auf die Literatur übertragen. In seinem Kampf gegen jene Kräfte, die der politischen Selbstbestimmung und kreativen Selbstverwirklichung des Einzelnen im Wege stehen, hat sein Werk nichts an Aktualität verloren.

Gerd Hurm

ZEIT-Aspekte

Das Beste aus der ZEIT zu ausgewählten Autoren dieses Bandes

Hans Christian Andersen: »Märchen« 559
Aus der Reihe »ZEIT-Bibliothek der 100 Bücher«
Von Egon Monk

Das Böse ist da 562
Ein Gespräch mit der kanadischen Kultautorin Margaret Atwood: Über das machtvolle Böse, über die Klimakatastrophe und den zum Leben notwendigen Optimismus
Von Bernadette Conrad

Das Wichtigste: Dass ich eine Frau bin 567
Simone de Beauvoir hat wie keine vor ihr untersucht, was es für Frauen bedeutet, vom Mann gegängelt, idealisiert, penetriert zu werden. Die Debatte darüber brodelt bis heute
Von Ursula März

Die weißen Barbaren 570
Tahar Ben Jelloun erzählt in seinem Roman »Verlassen« von den großen Dramen der Migration
Von Walter van Rossum

Das Ende der Resignation 573
Die Königlich-Schwedische Akademie hat den Nobelpreis für Literatur in diesem Jahr an Heinrich Böll verliehen
Von Rudolf Walter Leonhardt

Das prophetische Trio 577
Vor einhundertfünfzig Jahren erschienen die drei Romane der Schwestern Brontë: »Jane Eyre«, »Wuthering Heights« und »Agnes Grey«
Von Elke Schmitter

»Die Pest« von Albert Camus 583
Aus der ZEIT-Reihe »Mein Jahrhundertbuch«
Von Lars Gustafsson

Lewis Carroll »Alice im Wunderland« 586
Aus der Reihe »ZEIT-Bibliothek der 100 Bücher«
Von Dieter E. Zimmer

Weißes Licht **588**
Der Literaturnobelpreisträger J. M. Coetzee schreibt in seinen Romanen von einem unversöhnten Südafrika. Ein Ungeliebter wird gefeiert
Von Bartholomäus Grill

Eine Geschichte, nie erzählt **591**
In jedem Mai treffen sich die Verehrer der Lyrikerin Emily Dickinson an ihrem Grab in Amherst
Von Elmar Schenkel

John Dos Passos: »Manhattan Transfer« **594**
Aus der Reihe »ZEIT-Bibliothek der 100 Bücher«
Von Siegfried Lenz

Die Verzauberung der Welt **596**
Rüdiger Safranski macht uns glanzvoll mit der Romantik und dem Romantischen vertraut
Von Ulrich Greiner

Warum gerade das Sonett? **599**
Aus der Reihe »Fragen zum Gedicht«
Von Robert Gernhardt

Hans Christian Andersen: »Märchen«

Aus der Reihe »ZEIT-Bibliothek der 100 Bücher«

Von Egon Monk

Im Dezember 1932 schenkte der Gefion-Verlag (Berlin–Kopenhagen–Malmö) dem Direktor einer Berliner Lackfabrik dreißig Heftchen mit Hans Christian Andersens gesammelten Märchen. Die Heftchen sollten, so stand's auf der Rückseite, für den Beitritt zu dem schon »nach Hunderttausenden zählenden Leserkreis« des Verlags werben und die Beschenkten geneigt stimmen, sogleich den Roman »Der tanzende Tor« von Baron Palle Rosenkrantz zu bestellen, mit Goldschnitt und »Bildern vom Film gleichen Namens, für nur 2,75 zuzüglich Porto«. Ob der Direktor den Roman gekauft hat, weiß ich nicht, die Märchen hat er jedenfalls nicht behalten. Anscheinend hat niemand sie haben wollen. »Wie Andersens dänischer Silber-Schilling in der Fremde müssen die Heftchen in der Lackfabrik von Hand zu Hand gegangen sein, unerkannt und ungeachtet, bis sie zum Geringsten der Firma gelangten, der keinen mehr unter sich hatte. Das war der Lehrling, mein älterer Bruder, und der schenkte sie mir. Nun hatte ich die Heftchen, aber was stand drin? Ich konnte noch nicht lesen. Das mußte meine Mutter für mich tun. Sie hat mir die Märchen Abend für Abend vorgelesen, vom ersten bis zum letzten, alle hundertsechsundfünfzig. Draußen wurde das Dritte Reich ausgerufen, drinnen waren wir da vielleicht bei der Stopfnadel, die sich so fein vorkam, daß sie sich einbildete, eine Nähnadel zu sein; draußen wurde es Frühling, Sommer, Herbst und wieder Winter, drinnen hatten wir da vielleicht »Tante Zahnweh« ausgelesen und fingen mit dem »Feuerzeug« wieder von vorn an: »Es kam ein Soldat die Landstraße dahermarschiert: Eins, zwei! Eins, zwei! Er hatte einen Tornister auf dem Rücken und einen Säbel an der Seite, denn er war im Kriege gewesen und wollte nun heim.« Manchmal, wenn es spät geworden war, übersprang meine Mutter einen Absatz oder überschlug auch eine ganze Seite. Das merkte ich. Da fehle was. Und wenn meine Mutter entgegnete, da fehle nichts, ich müsse mich irren, wußte ich meistens auch, was da gefehlt hatte. »Aber Junge«, rief sie dann, »du kennst die Geschichten doch schon auswendig!« Eben darum gefielen sie mir immer besser. Noch heute liebe ich jeden Satz.

Kann man nur als Kind Andersen lieben lernen? Das glaube ich nicht. Wer als Kind niemanden hatte, der sich zu ihm ans Bett gesetzt und ihm die Märchen vorgelesen hatte, der geniere sich nicht und hole als Erwachsener das Versäumte nach. Andersens Welt ist lebenslänglich und für alle Lebensalter geöffnet. Als die Märchen neu waren, als Andersen selbst sie zum erstenmal erzählt hat, vor fast hundertfünfzig Jahren, bemerkte er bald, daß ihm nicht nur die Kinder zuhörten. Sein Freund Thorvaldsen, der Bildhauer, ließ sich die Geschichten sogar während er arbeitete von ihm vorlesen, am liebsten die vom häßlichen Entlein und die vom Ball und dem Kreisel. Und wenn sie abends im Kreis der Familie zusammensaßen, fragte Thorvaldsen: »Bekommen wir Kleinen heute keine Märchen?« Brauchen wir zum Märchenlesen günstige Umstände?

Muß uns poetisch zumute sein? Sind Ort und Zeit von Belang? Das glaube ich auch nicht. Zwar empfiehlt Ernst Bloch die Abendstunde als die geeignete fürs Erzählen, zwar ist nicht zu leugnen, daß es schön ist, wenn dazu noch Winter herrscht, mit früher Dunkelheit draußen und einem richtigen Ofen mit einem richtigen Feuer drinnen, so einem mit langem Hals und blanker Messingtrommel, wie er uns aus dem »Schneemann« bekannt ist, aber wirklich nötig ist das alles nicht. Die Märchen können auch ohne förderliche Umstände gelesen werden. Im Frühling, Sommer, Herbst, morgens, mittags, nachmittags, in der U-Bahn, im Hotelzimmer, ja sogar am Strand. Ich habe es ausprobiert. Nötig sind nur die Märchen selber. Sie haben Kraft genug, uns zu allen Jahres- und Tageszeiten, wo immer wir sind und wie immer wir gelaunt sind, sofort – ja, was? Gefangenzunehmen. Das altmodische Bild paßt. Wir merken das gar nicht, blättern, lesen eine Überschrift, einen ersten Satz und sind gefangen. Andersens erste Sätze sind die schönsten und listigsten der Weltliteratur.

Können also die Märchen überall und jederzeit und von allen gelesen werden? Überall und jederzeit, aber nicht von allen. Philister, zum Beispiel, lesen keine Märchen, sie könnten es gar nicht, selbst wenn sie wollten. Sie glauben den Märchen nicht. Sie verwechseln Wunder mit Illusionen. Sie denken, das Märchenerzählen sei nichts weiter als erlaubtes Lügen für Kinder. Sie halten Märchen und Wirklichkeit für Gegensätze. Ihnen wird nie aufgehen, was Andersen meinte, als er in der »Geschichte aus den Dünen« die Fahrt des kleinen Jörgen durch die blühende Heide so beschrieb: »Ihm war es, als führe er mitten in das Märchenland hinein, und es war doch die Wirklichkeit.« Aber wäre es überhaupt wünschenswert, würde Andersen von allen verstanden? Es spricht, finde ich, sehr für die Märchen, wenn wir uns vorstellen, wer alles sie mit Gewißheit nicht liest, Leute nämlich, mit denen wir lieber nichts gemeinsam haben wollen.

Wir halten es mit den Märchenlesern. Mit Heinrich Heine, der Andersen sein Gedicht »Lebensfahrt« schenkte und sich, selbst Fachmann auf dem Gebiet des Koboldwesens, von ihm ausführlich über die besondere Anhänglichkeit der dänischen Kobolde unterrichten ließ. Mit Charles Dickens, der, als er eine Sammlung arabischer Sprichwörter herausgab, eins davon hervorhob (»Als des Kaisers Roß goldene Hufeisen bekam, hielt auch der Mistkäfer das Bein hin«) und dazu anmerkte: »Wir empfehlen Hans Christian Andersen, darüber ein Märchen zu schreiben.« (Was Andersen tat.) Mit Theodor Fontane, der schon 1889 Andersens Märchen auf eine Liste der »besten Bücher« setzte. Mit Wladimir Majakowski, der den Märchen in seinem Anti-Kriegs-Poem »Krieg und Welt« den Vorzugsplatz zu Füßen des Friedenstages anwies: »Aufbrach ein Tag, Zaubers so voll, / das Andersens Märchen zu seinen Füßen so froh / sich balgten, wie junge Hunde, vor Übermut toll.« Mit Kurt Tucholsky, der die Märchen von Herzen geliebt haben muß, denn sie fallen ihm zu oft ein, als daß das ein Zufall sein könnte.

Die frischeste Spur fand ich in Martin Walsers neuem Roman »Seelenarbeit«. Xaver Zürn, der Chauffeur, der von seiner Herrschaft selten beachtet und nie gelobt wird, hat ein Lieblingsmärchen, das vom Gärtner und der Herrschaft, in dem der Gärtner von der Herrschaft selten beachtet und nie gelobt wird, und dieses Märchen ist natürlich von Andersen.

Ob es den Gefion-Verlag (Berlin–Kopenhagen–Malmö) noch gibt, weiß ich nicht,

»Der tanzende Tor« von Baron Palle Rosenkrantz ist so vergessen wie der Film gleichen Namens, mein älterer Bruder fiel im Krieg, meine Mutter ist gestorben. Von den dreißig Heftchen habe ich noch an die zwanzig, aber vielen Geschichten fehlt entweder der Anfang oder der Schluß. Dennoch kommt es mir ein bißchen wie Verrat vor, wenn ich neue Bücher benutze. Bei uns zu Hause bin jetzt ich der Vorleser.

27.7.1979

Das Böse ist da

Ein Gespräch mit der kanadischen Kultautorin Margaret Atwood: Über das machtvolle Böse, über die Klimakatastrophe und den zum Leben notwendigen Optimismus

Von Bernadette Conrad

»Ich würde Sie anschauen und sagen: Hi, wie geht's? Wie ist das Wetter in Deutschland? Sie können jetzt einfach mein Buch unter den Bildschirm schieben. Was soll ich reinschreiben? Soll ich noch eine kleine Katze dazumalen?« Wenn ich hier verschaukelt werde, dann findet dies auf die charmanteste Art statt, die ich mir vorstellen kann. Die elegante Lady mit den blitzblauen Augen unter der breiten schwarzen Hutkrempe, die mit mir im Café sitzt, kommt gerade von einer Verlagssitzung, Thema Longpen. Longpen? Ja, ein interaktiver Videobildschirm. Sie malt eine kleine Skizze in mein Notizbuch, erklärt:»Jemand wie ich soll ständig zur selben Zeit überall sein. Die Flugreisen, die Zeit, in der man zu nichts anderem kommt ... Vor ein paar Jahren starteten wir also diese Initiative: Man sitzt an einem Bildschirm, kann mit der Autorin reden, sie sehen, sein Buch signieren lassen.« Wäre dies eine Werbeveranstaltung, Margaret Atwoods anmutiger Schalk in Verbindung mit ihrer präzis-knappen, wortwitzigen Sprache und ihrer Lust am Beschreiben technischer Sachverhalte hätte den Longpen längst etabliert. Zumindest aber die Botschaft vermittelt: Hier räumt jemand den Ressourcen Zeit und Umwelt oberste Priorität ein.

Die Geschichte mit dem Longpen ist also ernst gemeint. Aber wie mit den viel ernsteren Themen, mit denen Margaret Atwood ihre Bücher und Arbeitstage füllt, geschieht dies *in a very funny way;* mit Wort- und Augenwitz und einer Stimme, die vom vielen Lachen ganz jung und biegsam geblieben ist. Es ist Mittagszeit, in der vielspurigen Bloor Street, einer der Hauptverkehrsadern von Toronto, herrscht konzentriertes Menschen- und Autogewimmel; hier liegt die Bar, die Margaret Atwood als Treffpunkt vorgeschlagen hat, chromglänzend, italienisch, gut besucht und inmitten imposanter steinerner Klötze. Hier ist verdichtete kanadische Bildungslandschaft; Museen, Philharmonie, Universität, urbane Vielfalt unter strahlend blauem Himmel. Irgendwo in dem ruhigen Wohnviertel hinter der Bloor Street muss auch das Haus von Margaret Atwood und ihrem Mann, dem Schriftsteller Graeme Gibson, liegen. Dort wollte sie sich nicht verabreden – zu Hause ist ein privater Ort. Zu Hause ist aber auch ein komplexer Ort, und was Toronto betrifft, sind Margaret Atwoods Wurzeln nicht auf ein Haus beschränkt, sondern gehen in die Breite einer ganzen Kindheit und Jugend, reichen bis in jene tiefere Zone, in der die Schriftstellerin gerade das, was ihr vertraut ist, infrage stellt. Was Toronto betrifft, zum Beispiel, erinnert sie in ihrem neuen Buch daran, dass die Stadt, die heute Bewohner aus mehr als 120 Nationen in sich vereint, ihren Namen ihren ersten Bewohnern verdankt; den – heute First Nations genannten – Indianern. In deren Sprache heißt Toronto »Versammlungsplatz«. In Atwoods neuem Band mit Prosastücken *(Das Zelt)* schreibt sie: »Was sie [die Indianer] betrifft, so haben unsere Hauptstädte Namen, die auf ihre Namen zurückgehen, das gilt auch für unsere Biermarken ... Manchmal tauchen sie in den Museen auf, ohne Hüte, in den alten farbigen Trachten, und singen authentische Lieder und tun so, als wären sie sie selbst. Damit verdienen sie Geld. Aber in bestimmten Momenten, dann und wann, in der Abenddämmerung vielleicht, wenn die Nachtfalter und die nachts blühenden Pflanzen herauskommen, riechen unsere Hände nach Blut. Das haben wir ihnen angetan.«

Vom Verkehr umtost, hatte man in der Bar gesessen, in den Händen *Das Zelt*. Den Band ziert eine ungewöhnliche Umschlagzeichnung: ein Zelt, aus Wörtern geformt, an denen zwei archaische rote Höllengeschöpfe mit feurigem Schweif nagen. Wieder einmal präsentiert Margaret Atwood Kürzestprosa, diesmal gar mit eigenen Bildern. Schon in *Gute Knochen* hatte die Kanadierin die harte Logik von Machtverhältnissen in parabelhaft zugespitzten Texten durchdekliniert; rätselhafte Traumbilder in Prosagedichte gebannt.»Oh nein. Nicht schon wieder. Das ist der Kleidertraum. Den hab ich schon seit fünfzig Jahren. Gang um Gang, Schrankvoll um Schrankvoll, Metallständer um Metallständer mit Kleidung ... Alles ist schon getragen worden. Nichts passt. Zu klein, zu groß, zu magentafarben. Diese Polster, Reifen, Raffungen, Drahtkrägen, Samtkapuzen – keine der Verkleidungen ist meine. Wie alt bin ich in diesem Traum? Habe ich Brüste? Wessen Leben lebe ich? Wessen Leben vermag ich nicht zu leben?«

Dann war Margaret Atwood, zierlich und wunderschön, mit kräftigen Schritten hereingekommen. Sie, die zwischen Dingen wie einer Longpen-Kampagne, Interviews, Reisen und Lesungen, dem Verein zur Rettung bedrohter Vögel, den Grünen, intimem Familien- und reichem geselligem Leben unterwegs ist, wann schreibt sie eigentlich? »Fast immer, wenn ich nichts anderes tue. Aber regelmäßig, das leider nicht. Neulich hab ich mal wieder mit einiger Belustigung Kurzgeschichten von Henry James gelesen, die in etwa so beginnen: Mr. Soundso hat ein bescheidenes Haus mit hübschem Garten und eine reizende Frau. Wie bescheiden sein Anwesen ist, kann man daran sehen, dass er nur vier Angestellte hat – lucky Mr. Soundso! Er konnte sein ganzes Leben seiner Arbeit widmen, kein Telefon störte ihn. So läuft's einfach heute nicht mehr, auch bei mir nicht. Möchten Sie meinen Planer sehen? Hier wären wir bei 2008 – nein, ganz so schlimm ist es nicht.« Wenn sie an einem Roman sei allerdings, werde das Leben für eine Weile anders. Dann schreibe sie acht Stunden täglich und an nichts anderem. Sonst, wie jetzt gerade, wenn sie vier oder fünf Schreibbaustellen gleichzeitig habe, könne sie an allem ohne Unterbrechung weiterschreiben.»Das war immer so. Sonst hätte ich nie was zustande gebracht. Vermutlich habe ich aus dem dauernden Mangel an Zeit heraus eine Art Tagtraumleben entwickelt – so kann ich fast nahtlos vom einen Leben ins andere übergehen.«

Bei uns ist Margaret Atwood als Verfasserin von Romanwelten, in denen die (Über-)Macht des Bösen, die gewalttätige Verfasstheit der Welt so provokativ wie komplex thematisiert wird, nicht nur bekannt, sondern zum Mythos geworden. 20 Bände Prosa-Fiction, darunter elf Romane. Deren Heldinnen: Elaine, die von ihren Kinderfreundinnen grausam Verletzte aus *Katzenauge;* Offred aus dem *Report der Magd*, die in einem bizarren christlich-fundamentalistischen Staat zum Brutgefäß der Herrenmänner wird; Zenia in der *Räuberbraut*, die das Leben gleich dreier Frauen, Tony, Charis und Roz, aus den Angeln hebt; Iris und Laura, die ungleichen Schwestern, auf ungleiche Weise Misshandelten im *Blinden Mörder;* die vermeintliche jugendliche Mörderin in Alias Grace; zuletzt die merkwürdig ambivalente, schillernde Oryx im kalten Schreckensuniversum von *Oryx und Crake* – sie alle sind in einem allgemeinen literarischen Bewusstsein verankert. Atwood erzählt, wie sie nach der *Räuberbraut* von zahllosen Frauen hörte, sie wären gern wie Zenia. Sie wollten nicht die Identifikation mit einer der drei Frauen, aus deren empathischer Perspektive der Roman erzählt ist – sondern mit der atemberaubend bösen Schönen: »She's got the power« – sie hat die Macht. Atwoods jahrzehntelange, beharrliche Öffnung auf die Thematik des Bösen, die Dimensionen Skrupellosigkeit und Vernichtungsbereitschaft hin geschieht nicht um deren moralischer oder psychologischer Befragung willen. Es ist der vitale, verführerische Aspekt des Dämonischen, den sie aus Tabuzonen herausbefördert und jenen gründlichen Untersuchungen unterzieht, als die man ihre Romane auch ansehen kann. Das Böse ist da – immer schon übrigens –, aber wie kam es an die Macht? Und wieso bleibt es dort? »Es gibt ein Sprichwort über Hexen«, sagt Margaret Atwood mit Rückbezug auf die Räuberbraut Zenia, »sie können nicht in dein Haus, es sei denn, du lädst sie ein. Jeder lädt sie ein. Aber wir haben Entscheidungsspielräume – immer wieder Möglichkeiten, so oder so zu wählen.« Als Autorin hat Atwood ihre Wahl getroffen. Wie sagte es Michael Ondaatje? »Margaret Atwood ist die stille Mata Hari, die geheimnisvolle, gewalttätige Gestalt, die sich wie eine Brandstifterin gegen die geordnete, zu saubere Welt wirft.«

Doch Margaret Atwoods Spektrum ist größer. Kaum etwas verdeutlicht so klar die Ausschnitthaftigkeit der hiesigen Wahrnehmung wie der Umstand, dass jenes Buch, mit dem sie gleichsam über Nacht zu Kanadas Autorin Nummer eins wurde (was sie bis heute ist), niemals in die anderen europäischen Sprachen übersetzt wurde. 1972 erschien *Survival. A Thematic Guide to Canadian Literature,* ein brillantes »Bestimmungsbuch« (Atwood) zur kanadischen Literatur, mit dessen Witz und Prägnanz, Mut zu provokativen Behauptungen und verblüffenden Kombinationen Atwood schon damals ihren Ton gefunden hat. *Survival* ist nicht nur die erste (Selbst-)Behauptung kanadischer Literatur überhaupt, sondern schält das Motiv des Überlebens als Schlüssel zur kanadischen Identität heraus. Kanada, sagt Atwood, sei das Land, in dem die Frage »Wer bin ich?« fast gleichbedeutend sei mit der Frage nach topografischer Orientierung, »Was ist hier?«; das Lebensgefühl eines im weiten und unüberblickbaren Raum verlorenen Menschen. Womit der geistige Raum des einerseits kolonisierten, anderseits im »Hinterland Amerikas« angesiedelten Kanada gemeint ist. »Unsere Literatur ist unsere Landkarte – ohne Landkarte aber sind wir verloren.« Mit *Survival* hatte eine politisch beunruhigte, die Natur immer mitdenkende Schriftstellerin die Stimme erhoben, und sie würde sie nicht mehr senken – weder was Kanada noch was politische und literaturtheoretische Reflexion betraf.

Margaret Atwood ist seit damals – ganz angelsächsisch – in allen Genres unterwegs. Neben ihrem Prosawerk hat sie 13 Gedicht- und sechs Essaybände sowie sechs Kinderbücher verfasst. Womit sich die Frage, ob *Das Zelt* eine Art Skizzenbuch oder Vorstufe zu einem Roman sei, eigentlich erübrigt. »Ich wollte für die Texte genau diese minimalistische Form. Sonst hätte ich sie nicht publiziert.« Und tatsächlich bringt diese lapidare Kurzprosa, die eher Handlungsskizzen liefert als Handlung entwickelt, die parabelhaft Gedanken zuspitzt, mit Sprachen spielt und probeweise in verschiedene Stimmen schlüpft, das typisch Atwoodsche Pathos der provokativen Verkürzung auf den Punkt – ja schafft diesem Pathos seine eigene Form. Einem Pathos, das sie in *Das Zelt* mehrfach für jene Endzeitszenarien und Schreckensvisionen nutzt, die schon ihren letzten Roman *Oryx und Crake* besetzt haben. »Du erwachtest aus deinem Albtraum, und es war schon geschehen. Alles war weg. Alles und jeder – nichts bleibt außer dem ausradierten Strand und dem Schweigen.«

Im Gespräch sagt sie nun: »Oft bin ich erstaunt darüber, wie überrascht die Leute von neuen Katastrophenmeldungen sind. Vielleicht liegt es daran, dass ich so viel historisches Material lese. Was uns heute passiert, ist hochalarmierend – aber neu kann ich es nicht finden. Menschen werden immer bis zur Grenze ihrer Möglichkeiten gehen.« Kurzzeitgedächtnisse. Kontextvergessenheit. »Der Vulkan, auf dem wir heute sitzen, kommt ja nicht aus dem Nichts. 1984 lebte ich in Berlin, ich schrieb den Anfang vom *Report der Magd*. Was wir jetzt haben, geht noch weiter zurück als bis zum Fall der Mauer. Ich sehe 1978 als ein Schlüsseljahr: Afghanistan, die Rolle der Sowjetunion veränderte sich, die USA kamen ins Spiel; sie unterstützten die Mudschahedin, Osama bin Laden legte los ... Damals fing dieser politische Umbau an, aber wohin geht er? Eines scheint mir trotzdem sicher zu sein: Diese begrenzten Kriege, die wir momentan noch haben, sind nicht das große Thema. Das große Thema ist die Klimaveränderung. Wenn die nicht gestoppt wird, geht es irgendwann nirgends mehr hin mit uns. In Kriegen gibt es Waffenstillstände.«

»Jetzt gehen wir mal los«, sagt Margaret Atwood energisch und stiefelt mit großen Schritten voraus, »ich muss noch in den Supermarkt.« Vorher aber eine schnelle Runde durch nahes Vergangenheitsgelände, Victoria College, und nun bleibt man stehen, schließt kurz die Augen und stellt sich – 45 Jahre zurück – eine zierliche junge Frau vor mit einem breiten Lachen im aparten Gesicht; sie ist eine der wenigen Literaturstudentinnen, die statt Kaschmirtwinset und Flanellrock dunkle Hosen und Rollkragenpulli trägt, die statt mit bedeutsam raunender Poesie mit grimmig-unflätigem Humor auftritt und sich mit Passion über die Bücher wirft: eine gefährliche Mischung, die man zu jener Zeit auch »Artsie-Fartsie« nennt. Dies Artsie-Fartsie Margaret Atwood also, mit dem krausen dunklen Lockenkopf und den schönen schrägen Augen, das viel, viel Zeit lesend in der Cafeteria verbringt, statt in Kursen zu sitzen, besitzt bereits eine unerschütterliche Sicherheit darüber, was sie sein wird in diesem Leben: Schriftstellerin. Und dann öffnet man die Augen wieder und steht vor der Studentenkneipe mit dem Namen Cat's Eye, was einem doch kurz den Atem verschlägt. »Ach was«, lacht die 66-jährige Autorin und rennt schon wieder voraus, »hier in Kanada sind wir gut dran. Bevor man überheblich wird, kriegt man eins auf die Finger. Dann wird man sofort zu einer Talkshow eingeladen und als Eishockey-Goalie eingekleidet, und alle dürfen sich totlachen über dich.«

Dass sie sich als Optimistin begreift, hätte man nicht extra zu erfragen brauchen. Hinter Margaret Atwoods vitaler, ja leidenschaftlicher Lebens- und Schreibkreativität leuchtet etwas auf wie eine geglückte Geschichte; eine glückliche Verbindung auch so unterschiedlicher Dinge wie Spielfreude und Konfrontationsbereitschaft. Vielleicht hat das doch mit ihrer Kindheit in den kanadischen Wäldern zu tun? Die Tochter eines Insektenforschers war, bis sie neun war, mehr als die Hälfte des Jahres nomadisch unterwegs und zwölf Jahre alt, als sie ihr erstes ganzes Jahr in der Schule verbrachte.

In der belebten Stille der Wälder wuchs der Büchermensch heran; »das Einzige, was wir immer hatten, waren Bücher, Stifte und Papier. Ich bin bis heute jemand zwischen Wildnis und Stadtleben geblieben.« Kommt auch von dorther die Kraft, ins Dunkel zu gehen? Räume des Schreckens auszuloten, Geschichten vom Bösen zu Ende zu erzählen – vielleicht schafft das ja über so lange Zeit nur jemand, der eigentlich sehr guten Mutes ist. Auf eine Weise, die sie vor 33 Jahren nicht hätte ahnen können, hat Margaret Atwood aus jenem Thema, das sie zum kanadischen Leitmotiv erklärte – Überleben –, mittlerweile ihr eigenes Herzstück gemacht.
[…]

16.11.2006

Das Wichtigste: Dass ich eine Frau bin ...

Simone de Beauvoir hat wie keine vor ihr untersucht, was es für Frauen bedeutet, vom Mann gegängelt, idealisiert, penetriert zu werden. Die Debatte darüber brodelt bis heute

Von Ursula März

Entscheidende Erkenntnisse der Kulturgeschichte kulminieren häufig in griffigen Sätzen. Der Satz »Und sie bewegt sich doch«, gerne Galileo Galilei zugeschrieben, gehört dazu. Oder die Formulierung eines bärtigen Revoluzzers, der im 19. Jahrhundert postulierte: »Das Sein bestimmt das Bewusstsein.« Auch das 20. Jahrhundert hat einen solch unhintergehbaren Satz, der unabhängig von seiner Richtigkeit das Denken in ein Davor und ein Danach teilt. Wir verdanken ihn einer im Jahr 1908 geborenen französischen Intellektuellen und Schriftstellerin, die 41 Jahre alt war, als sie ihn, mit großer Wahrscheinlichkeit am Tisch eines Pariser Kaffeehauses, zu Papier brachte. Er lautet: »Man wird nicht als Frau geboren, man wird es.«

Diese Französin, Tochter aus gutem, aber recht mittellosem Haus – ein gesellschaftlicher Nachteil, der sich in den individuellen Vorteil eines eminenten Bildungseifers und einer emanzipierten Bildungslaufbahn verwandelte –, Simone de Beauvoir also, ist die Urheberin einer Schrift, die sich universalistischer und radikaler als jede andere je zuvor mit der Frage befasst, was es eigentlich für die eine Hälfte der Menschheit bedeutet, von der anderen gegängelt und idealisiert, unterdrückt und mythisiert, definiert und penetriert und alles in allem für ziemlich dumm verkauft zu werden; sowie mit der Frage, wie sich das Verhältnis der Geschlechter aus dieser Asymmetrie lösen, wie die weibliche Hälfte über Kochen, Bügeln und Gebären hinaus- und in die Lage transzendenten Seins hineinwachsen kann. Die Schrift, deren Veröffentlichung einschlug wie eine Bombe, vom Vatikan auf den Index gesetzt wurde, von ausgewiesenen Reaktionären ebenso verabscheut wurde wie von Albert Camus und noch drei Jahrzehnte später abstruse Alliancen zwischen sexualfeindlichen Saubermännern und feministischen Anhängerinnen des Differenzprinzips schuf, trägt den Titel *Le Deuxième Sexe,* im Deutschen *Das andere Geschlecht,* und liegt mit rund 1000 Seiten als exzentrisches Gewicht in der Hand.

Liest man den Brocken heute, fallen bald zwei Dinge auf. Erstens: Die empirische Geschlechterwelt, die hier beschrieben wird, ist einfach nicht mehr unsere. Beauvoirs sachlich-sezierende Polemik gegen die bürgerliche Ehe beispielsweise verpufft in einer Zeit, die nicht mit der gesetzlichen Diskriminierung von Ehefrauen ihre Not hat, sondern mit undiskriminierten Menschen, die sich am Geburtstag selbst zuprosten und im Internet auf Partnersuche gehen. Zweitens: Das zeitlose Weiblichkeitstheorem »Man kommt nicht als Frau zur Welt, man wird es«, dieser Kerngedanke des *Anderen Geschlechts,* er steht bis heute rumorend zur Debatte. Denn dieser Satz spukt durch die Kulissen, wann immer das Frauenthema oder einer seiner Aspekte auf der Bühne erscheint. Während das Problem des Heliozentrismus seit Galilei als erledigt gelten kann und das Problem, ob das Sein das Bewusstsein bestimmt oder umgekehrt, auf der Reservebank Platz genommen hat und die Halbzeitergebnisse der Pränatal- oder der Hirnforschung abwartet, hält uns das Problem, wie wir Mann und Frau sind und werden, wie sich Natur und Kultur, Biologie und Sozialisiertheit im Geschlechterentwurf jeweils durchsetzen, ziemlich auf Trab. Ob wir es merken oder nicht.

Weiblichkeit ist heute wie damals das Ziel permanenter Kommentierung

»Man wird nicht als Frau geboren, man wird es.« Stimmt das denn? Diese Frage unterfüttert jeden privaten Beziehungsstreit zum Thema Haushalt und Erziehung, sie schwingt im Reflexionsraum jeder raffinierten Gendertheorie. […] Wie auch immer der Kommentar politisch ausfällt (Hurra, wir haben eine Bundeskanzlerin! Oder: Wir haben verlernt, es den Männern zu Hause gemütlich zu machen!), lässt sein reflexhafter Auftritt darauf schließen, dass die Moderne bis heute am Thema *Sitte und Sexus der Frau*, so der Untertitel des *Anderen Geschlechts*, heftig laboriert.

[…] Simone de Beauvoir hat das Modell abgeleiteter Weiblichkeit nicht erfunden. Die Idee, dass es sich bei Frauen um defizitäre Geschöpfe mit Lücken in Hirn und Hose handelt, ist ein uralter Schuh. Beauvoir hat ihn allerdings scharf aufpoliert. Sie stellte die krude Idee vom Kopf auf die Füße einer antipatriarchalen Philosophie. Einer Philosophie, die sich auf der Wellenlänge existenzialistisch-ontologischen Denkens bewegt und für ihre Befreiungsbotschaften ein materialistisch-marxistisches Programm bemüht – unter Einbeziehung psychoanalytischer Bewertung des sexuellen Erlebens. Das war und ist als Gesamttheorie des anderen Geschlechtes ein wenig viel des Guten. Zumal in der Verbindungskonstruktion von Existenzialismus und Marxismus knirscht es. Es ist – was ja schon oft bemängelt wurde – einfach nicht ganz klar, wer eigentlich die Kinder kriegen soll, wenn die Befreiung aus materiell-gesellschaftlicher Ausbeutung und die Befreiung vom dumpfen, unkreativen, zyklisch in sich kreisenden An-sich-Sein biologischer Gebärlast als gegenseitige Bedingung und gegenseitige Konsequenz auftreten. Simone de Beauvoir hat diesen blinden Fleck durchaus bemerkt und an einigen Stellen ihres Buches versucht, die körperliche Mütterlichkeit, die sie an anderen Stellen als schiere ontologische Umnachtung abtat, in ein etwas helleres Licht zu rücken. Aber eine überzeugende Utopie, eine Utopie, bei der Physis und Politik sich nicht im Wege stehen, kam letzten Endes nicht heraus.

Viele Aspekte, viele Einschätzungen, auch einzelne Formulierungen wirken heute zwangsläufig historisch, überholt, ja auch verschroben. Wenn Beauvoir über geschlechtliche Intima berichtet, schleichen sich Sätze ein, die, wüsste man nicht um ihre Autorschaft, auch von einem Nachfahren Otto Weiningers stammen könnten. Sei's drum.

Ihre Arbeiten über Geschlecht und Alter zielen ins Herz der Moderne

Wesentlich ist etwas anderes: Mit den beiden Büchern, die die Säulen des theoretisch-philosophischen Werks Simone de Beauvoirs darstellen – neben dem *Anderen Ge-*

schlecht steht ebenso gewichtig und enzyklopädisch das Buch über *Das Alter* aus dem Jahr 1970 –, hat die Französin aus gutem, mittellosem Haus zwei zentrale Baustellen der Moderne erschlossen, an denen wir werkeln und werkeln werden. Die eigentliche Konjunktur der Altersfrage, des Umgangs mit einer veraltenden Gesellschaft, steht wohl noch bevor. Das Frauenthema ist ein Dauerbrenner, mitsamt seinen Widersprüchen.

Wir haben heute, so wir der Mittel- und Oberschicht angehören, faktisch alle unser Bankkonto für uns allein. Und fragen uns zugleich, ob Frausein ohne die symbolische Ordnung des Anders-als-ein-Mann-Seins überhaupt denkbar ist. Und: ob wir was davon hätten, wenn es so wäre. An Aktualität hat *Das andere Geschlecht* einiges eingebüßt. An Virulenz nicht. Es ist eine Pionierarbeit. Unerhört, epochal und auf der Suche. Auch wenn die glasklare Bestimmtheit des Schreibtons keinerlei Unsicherheit verrät, besitzt die Schrift alle Eigenschaften des Pionierhaften. Beauvoir erforschte, verwendete, verwertete, was auch immer sie an Material zum Thema Frau finden konnte und wo auch immer: in der Ethnologie, der Mythologie, der Literaturgeschichte, den medizinischen und psychologischen Wissenschaften, nicht zuletzt im höchstpersönlichen Erfahrungsschatz und dem der Frauenwelt um sie herum. Allein vor der Literaturliste geht der Leser in die Knie. Und fragt sich, ob die 41-Jährige, die das Werk in knapp zwei Jahren auf die Beine brachte, nebenher ein Leben mit Jean-Paul Sartre führte, in der Redaktion von *Les Temps Modernes* arbeitete, reiste, von ihrem amerikanischen Geliebten Nelson Algren träumte, Berge von Briefen schrieb, sich morgens im Café, nachmittags in der Bibliothek, abends in Gesellschaft und in Bars aufhielt – ob dieser intellektuelle weibliche Energiemensch wohl über 48-Stunden-Tage verfügte.

Erkundigt man sich im Jahr 2007 bei zehn einigermaßen gebildeten Leuten, was sie von Simone de Beauvoirs theoretischem Hauptwerk inzwischen halten und wann es ihrer Erinnerung nach veröffentlicht wurde, dann antworten sieben: Ach, na ja, *Das andere Geschlecht*, das war zu seiner Zeit mal wichtig und ist inzwischen anachronistisch. Und neun antworten: Tja, *Das andere Geschlecht*, das erschien wohl so Anfang der sechziger, vielleicht Ende der fünfziger Jahre. Da man es die »Bibel des Feminismus« nennt, wird es wohl in dessen allerersten Frühzeiten verfasst worden sein. Eben nicht. Diese Frühzeiten waren längst nicht in Sicht, als sich Simone de Beauvoir zwischen 1946 und 1949 an die Arbeit machte. In diesem Jahr kam *Das andere Geschlecht* auf den Markt, und nichts an dem Werk ist so erstaunlich, ja mirakulös wie der Zeitpunkt seiner Entstehung. Nichts verdeutlicht so die Singularität des Vorhabens.

[...] Beauvoir hatte mehrere Romane, eine Reihe von Essays verfasst, unter anderem den Aufsatz *Für eine Moral der Ambiguität* beendet, der, wie Toril Moi in ihrer Beauvoir-Studie zeigt, eine wesentliche Spur zum *Anderen Geschlecht* legt, als sie sich im Frühjahr 1946 fragte, wo ihr Schreibweg eigentlich hinführen sollte. Sie wollte, das war die Uridee, einmal nur über sich selbst schreiben. Nie hatte sie vorgehabt, über sich als Frau zu schreiben oder über das weibliche Geschlecht im Allgemeinen. Nun ergab es sich aus schierer Konsequenz. Denn als sie überlegte, was es als Wichtigstes über sie selbst festzustellen gäbe, war dies: »Dass ich eine Frau bin.«

3.1.2008

Die weißen Barbaren

Tahar Ben Jelloun erzählt in seinem Roman »Verlassen« von den großen Dramen der Migration

Von Walter van Rossum

In einer groben Erstvermessung könnte man die Topografie der irdischen Verhältnisse etwa so skizzieren: Nach den Jahrhunderten eines durch und durch barbarischen Kolonialismus und den nicht weniger perfiden Jahrzehnten des Neokolonialismus im Zeichen der sogenannten Unabhängigkeit hat die westliche Moderne den Rest der Welt fast vollständig im Würgegriff. Das heißt – weiter im Grobschnitt: Die Moderne hat die autochthonen Strukturen der Fremde total verwüstet, die den Umständen entsprechend bis dahin einigermaßen funktioniert hatten. Die Moderne hat sich Länder Untertan gemacht, die auf diese Sorte Zivilisation nicht im Geringsten vorbereitet waren und auch nie die Chance hatten, sich darauf vorzubereiten, geschweige denn eine eigene Moderne hervorzubringen. Ein winziger Teil der einheimischen Bevölkerung hat an den Gewinnen der Moderne partizipiert und sie gegen ihre Landsleute vollstreckt. Der Rest der Menschen hatte und hat die Wahl zwischen Vernichtung, Überlaufen oder Widerstand. Wenn diese Skizze nicht vollständig trügt, dann sieht es so aus, als wäre der weiße Mann der wahre Barbar – und zwar nicht zu knapp. Diese Speerspitze der Menschheit, der fantastische Klon aus Aufklärung und Humanismus steht schlecht da. Damit niemand auf die Idee kommt, die Dinge so oder so ähnlich zu sehen, haben ideologische Messerschleifer wie der Historiker Hans-Ulrich Wehler oder der Schriftsteller Hans Magnus Enzensberger volle Auftragsbücher. Diese Sorte Pressesprecher der Freien Welt sorgt dafür, dass wir niemals die real existierenden politischen oder ökonomischen Verhältnisse betrachten, sondern uns in die Schlachten um religiöse oder kulturelle Differenzen stürzen. Seitdem darf in jeder Talkshow der Türke oder ein anderer Muselmann als Sicherheitsrisiko dargestellt und geprüft werden, ob er den Idealen der Moderne entspricht. Das Ergebnis dieses »getürkten« Spiels steht von vornherein fest. Im Eifer seiner Mission vergisst der weiße Mann vor allem, dass er seit Langem die Kriterien selbst nicht mehr erfüllt. Oder wie will man es nennen, wenn der westliche Humanismus sein Füllhorn über dicht besiedelten Wohngebieten öffnet und mit Streubomben »befreit«? Je platter die Verhältnisse, umso dreister die Ideologie.

In dieser Situation kann man sich fragen, was könnte ein Roman auf diesem rüden Schlachtfeld noch ausrichten? Die Frage lässt sich so beispielhaft wie musterbildend an dem Roman *Verlassen* von Tahar Ben Jelloun beantworten: einfach die Welt zeigen. Globalisierung heißt unter anderem ja auch: die Fremde nicht mehr zu sehen – außer in Gestalt einer präparierten Folklore des Einheimischen. Der marokkanische Schriftsteller, der seit Langem in Frankreich lebt, beschreibt bloß die Schicksale einer Hand voll von Figuren in Tanger, deren Leben sich darum dreht, Marokko zu verlassen, um in Europa ein besseres Leben zu beginnen.

Im Mittelpunkt steht Azz el Arab, genannt Azel, ein hübscher Mittzwanziger, der nach seinem Jurastudium wie so viele seiner Generation keine Stelle gefunden hat, in den Cafés von Tanger rumlungert, gelegentlich einen Job hat, Mädchen verführt, einen Joint raucht und von der Polizei verprügelt wird. Der weiße Mann liebt Marokko, weil seine Majestät den Islam unter Kontrolle zu haben scheint und Europäer sich unter seinem Schutz ungestört den Wonnen ihrer exklusiven Parallelgesellschaft hingeben können. Dafür übersehen diese Außenposten der Freiheit gern, dass Marokko nach wie vor ein düster autoritäres und komplett korruptes Regime ist. Von den angeblichen Fortschritten der Demokratie, die unsere Leitartikler gern beschwören, haben Azel und die Seinen noch nichts gemerkt. Im Gegenteil: Von den Segnungen der Moderne sind sie weitgehend ausgeschlossen. Im Alltag ringen sie mit der Trias des Überlebens: Untergehen, Überlaufen, Widerstand. Und Tahar Ben Jelloun zeigt, wie nahe diese Möglichkeiten beieinanderliegen, wie rasch sie ausgetauscht werden können und dass in Wirklichkeit keine dieser Möglichkeiten angemessen auf die Umstände antwortet.

Tanger, auf Sichtweite zu Europa, ist sozusagen die Abschussrampe aller Afrikaner auf dem verzweifelten Weg ins europäische Exil. Tanger ist seit Langem aber auch der Brückenkopf für Europäer auf dem Weg nach Afrika. Hier landeten viele europäische Juden in Zeiten des Nationalsozialismus, die in Marokko Asyl fanden. Hier strandeten viele Republikaner während der franquistischen Diktatur. Und hier übten vor allem amerikanische Schriftsteller und Künstler den Blick in die Abgründe des Orients, manche sind darin verschwunden. Heute ist Tanger (neben Marrakesch) erste Anlaufstation für Europäer, die ihr Glück in Marokko suchen. (Übrigens haben Mark Terkessidis und Tom Holert über diesen seltsamen Zusammenhang von Tourismus und Migration gerade ein wahrlich aufregendes Buch geschrieben: *Fliehkraft. Gesellschaft in Bewegung,* Kiepenheuer & Witsch Verlag). Zu diesen Wohlstandsemigranten gehört auch der Spanier Miguel, ein alternder Schwuler, eine großartig schillernde Figur in diesem Roman. Der schwerreiche Galerist repräsentiert den Überdruss des weißen Mannes an der europäischen Moderne und seine Flucht in den Hedonismus, in die inszenierten und schwer bewachten Burgen der Ausschweifungen, dafür ist Marokko ein Land der unbegrenzten Möglichkeiten. Miguel, in gewisser Weise selbst ein suchender Migrant, verliebt sich in Azel und erkauft sich seine Liebe. Er verschafft ihm Papiere, nimmt ihn mit nach Barcelona und bietet ihm großzügig alle Möglichkeiten. Und Azel scheitert erbärmlich. Für unsere Zivilisationstheoretiker wäre der Fall natürlich klar, umso beeindruckender, wie Tahar Ben Jelloun den Fall diesem Interpretationsradius entzieht. Er erzählt von einem Entgleiten. Azel beginnt eine Reihe von Fehlern, an denen er selbst Schuld zu haben scheint, in Wahrheit war er unfähig »überzulaufen«. In Marokko verstand er es, entlang der zivilisatorischen Brüche zu improvisieren, in Barcelona zerbricht er an diesen Brüchen.

Man glaubt, die Geschichte von Azel und die Geschichten der vielen anderen in diesem Roman schon mal irgendwo gehört zu haben. Und es ist wahrscheinlich ein ausgezeichneter Trick des Autors, gängige Vorstellungen aufzugreifen, um sie von innen zu sprengen. Nach wenigen Seiten sind wir außerhalb der uns bekannten Welt. Und obwohl Tahar Ben Jelloun nur von Individuen erzählt, erleben wir die kollektiven Dramen der Migration. Und ganz beiläufig erfahren wir, woraus der »Kampf der Kulturen« in Wirklichkeit besteht.

Wer einen Roman liest, wird nicht unbedingt Antworten auf aktuelle politische Probleme erwarten. Doch wer *Verlassen* (französisch *Partir*) gelesen hat, wird gegen die irren Debatten über Migration und Integration geimpft sein. Am Ende erleuchtet das hinreißend schöne Schlusskapitel den Leser de profundis. Da dampfen einige der Figuren aus Tahar Ben Jellouns Roman nebst anderen berühmten historischen Romanfiguren auf einem Geisterschiff als Flaschenpost nach Hause in die Fremde.

7.12.2006

Das Ende der Resignation

Die Königlich-Schwedische Akademie hat den Nobelpreis für Literatur in diesem Jahr an Heinrich Böll verliehen

Von Rudolf Walter Leonhardt

»Nett sein ist alles, der Rest ödet an« (W. H. Auden, von Heinrich Böll gern zitiert)

Man mag der schwedischen Akademie Jahr für Jahr von neuem ankreiden, daß Tolstoi, Joyce und Proust nie den Nobelpreis bekommen haben; aber die Wahl Bölls als gezieltes Störmanöver zu Bundestagswahlen zu interpretieren, wie Strauß und sein Anhang es taten, setzt totale Unkenntnis der Welt voraus, in der solche Preise verliehen werden.

Nicht weniger sonderbar muß es erscheinen, wenn sich nun ausgerechnet konservative Politiker und ihre schreibenden Anhängsel Sorgen machen um die literarischen Urteile der schwedischen Akademie überhaupt und um den literarischen Rang Heinrich Bölls im besonderen.

Nach den Direktiven des Dynamitmillionärs, der tätige Reue übte, indem er sein Vermögen im Fortschritt des Menschengeschlechts anlegen wollte, wäre eine Erweiterung der literarischen Ausdrucksmöglichkeiten, wie wir sie Joyce und Proust verdanken, nicht preiswürdig gewesen. Wie immer man jenes »hervorragendste Werk von idealistischer Tendenz« verstehen mag, das Alfred Nobel nach seinem Testament von 1895 preisgekrönt wissen wollte: es sind bisher nur bei den Wahlkampftaktikern der Opposition und sonst nirgendwo auf der Welt Zweifel daran laut geworden, daß Heinrich Böll und sein Werk *gerade* diese Bedingungen auf das vorbildlichste erfüllen.

Für besonders perfide halte ich es, ausgerechnet jetzt Günter Grass, der bisher in jenen Kreisen doch *immer* nur als der »schweinische Trommler für die Es-Pe-De« abgekanzelt wurde, gegen Böll auszuspielen. Vielleicht wäre eine Teilung des Preises zwischen Böll und Grass wirklich »gerechter« gewesen. Böll selber hatte offenbar, wenn überhaupt mit dem Nobelpreis, dann nur mit dem halben gerechnet. Und für Grass ist die schwedische Entscheidung natürlich hart; denn bis ein Deutscher wieder in Frage kommt, werden viele Jahre und viele Bücher ins Land gehen. Wobei diese »Literaturpolitik des Ausgleichs«, die der schwedischen Akademie so oft angekreidet worden ist, doch von der Sache her völlig gerechtfertigt erscheint. Es gibt schlechterdings kein Koordinatensystem, das es erlaubte, die literarischen Verdienste etwa eines afrikanischen Lyrikers gegen die eines japanischen Romanciers abzuwägen. Alle Preisverleihungen sind ungerecht; und geteilte Preise können verdoppelte Ungerechtigkeit bedeuten, jedenfalls auf einem Gebiet wie dem der Literatur, wo so wenig meßbar ist.

Lesen wir die Begründung richtig, wonach Böll der Nobelpreis zuerkannt wurde »für eine Dichtung, die durch ihren zeitgeschichtlichen Weitblick in Verbindung mit ihrer von sensiblem Einstellungsvermögen geprägten Darstellungskunst erneuernd im Bereich der deutschen Literatur gewirkt hat«, dann kann auch eine verspätete, aber darum nicht weniger berechtigte Ehrung der Gruppe 47 (seligen Angedenkens) herausgelesen werden.

Ich zitiere aus der ZEIT vom 24. Mai 1951: »Nach der diesjährigen Tagung der ›Gruppe 47‹ wurde der junge niederrheinische Erzähler Heinrich Böll mit dem Preis ausgezeichnet ... Ob dieser eigenwillige Autor auch zu einer größeren Form wird finden können, bleibt abzuwarten.«

Tatsache ist: daß der »Preis der Gruppe 47« für Böll eminent wichtig war; daß dieser Preis ihn bekannt machte, Neugier weckte, die dann erfüllt wurde mit den drei ersten Romanen: »Wo warst du, Adam?« (1951, also vorher geschrieben, aber danach erst von vielen gelesen), »Und sagte kein einziges Wort« (1953), »Haus ohne Hüter« (1954); daß der Preis gerade im richtigen Augenblick kam und den so wichtigen Entschluß, ein »freier Schriftsteller« zu werden, entscheidend beeinflussen konnte. Tatsache ist aber auch: Wenn man den Konsensus der Sachverständigen, die einem anderen westdeutschen Nobelpreis-Kandidaten vor Böll den Vorzug hätten geben mögen, als Vorschlagsliste ausgewertet hätte, dann stünden auf den ersten fünf Plätzen ehemalige »Mitglieder« oder sogar »Preisträger« der Gruppe 47: Grass, Lenz, Walser, Johnson, Enzensberger. Keiner von ihnen sympathisiert übrigens mit der CDU/CSU.

Es kann hier und heute nicht möglich sein, Heinrich Bölls literarisches Werk zu würdigen. Vielleicht, hoffentlich, wäre das auch ein wenig verfrüht. Diese Zeitung hat den Schriftsteller Böll von seiner Gruppen-Preis-Geschichte »Die schwarzen Schafe« bis zu seinen umstrittenen Äußerungen in Sachen Baader-Meinhof (auch gelegentlich mit Verrissen) begleitet. Unser Literaturkritiker Marcel Reich-Ranicki gab 1968 das aufschlußreiche Lesebuch »In Sachen Böll« heraus. Theodor W. Adorno, zum Beispiel, schrieb da: »Mit einer in Deutschland wahrhaft beispiellosen Freiheit hat er den Stand des Ungedeckten und Einsamen dem jubelnden Einverständnis vorgezogen.« Und Georg Lukács schrieb: »Ich protestiere als philosophischer Materialist gegen eine theoretische Versöhnung mit Christus als Prinzip X, ich betrachte aber jeden, der sich weigert, sich vor dem ›Sakrament des Büffels‹ zu beugen, der dem ›Sakrament des Lamms‹ praktisch die Treue hält, als Verbündeten in jenem großen Kampf, der für das Menschbleiben, für das Menschwerden des Menschen noch ausgefochten werden muß.«

Und Dieter E. Zimmer interpretierte mit kaum verborgenem Enthusiasmus »Doktor Murkes gesammeltes Schweigen«, diese höchst tiefgründige Gesellschaftssatire, von der die Londoner »Times« jetzt zu berichten weiß: »Tom Rosenthal ... sagt, er habe gewußt, daß Böll ein Genie ist, seit er vor mindestens fünfzehn Jahren Gilbert Harding im Rundfunk die Geschichte von Doktor Murkes gesammeltem Schweigen habe lesen hören.«

Von denen, die Bölls Werk von Anfang an richtig, jedenfalls im Sinne der Nobelpreisverleiher richtig, gesehen haben, muß einer hier auf jeden Fall genannt werden, nämlich Karl Korn, Senior-Kulturchef der »Frankfurter Allgemeinen Zeitung«. »Und sagte kein einziges Wort« feierte er in der FAZ vom 4. April 1953: »Der Roman darf ein Ereignis genannt werden, weil er ... nicht gescheit sein will, nur wahr, nichts als wahr, rücksichtslos wahr.« Die FAZ hat viel für Böll getan, Karl Korn vor allen. Ein wenig resigniert schloß er jetzt eine Laudatio über »Heinrich Bölls Weg zum Nobelpreis für Literatur« mit den Sätzen: »Man darf von der guten lauteren Art des Heinrich Böll erwarten, daß die neue Rolle, die ihm mit dem Nobelpreis zuwächst, begreift.

Wir meinen nicht die Rolle eines Poeta laureatus ... Aber Böll wächst jetzt eine Verantwortung zu, die seinen Hang zum Sektierertum zügeln sollte.«

Karl Korn war es auch, der Böll dazu brachte, sich die Welt einmal von außerhalb des Rheinlands anzusehen, der ihn nach Irland schickte, wenn man es auf diese Kurzformel bringen darf. Bölls »Irisches Tagebuch« (1957) ist ihm gewidmet. Ich nahm es zum Anlaß, in der ZEIT vom 22. August 1958 über eine Unterhaltung mit einem wißbegierigen amerikanischen Verleger zu schreiben: »Gespannt warte ich auf Bölls nächsten Roman und damit auf meine Chance, einem Ausländer auf die Frage nach doch wenigstens *einem* jüngeren deutschen Autor, der auch außerhalb Deutschlands konkurrieren kann, ein Antwort zu geben, die jedenfalls mich selber überzeugt.«

Wir haben uns dann sehr bemüht, Heinrich Böll als Mitarbeiter dieser Zeitung zu gewinnen. Und alte ZEIT-Leser erinnern sich noch recht deutlich an die Briefe von »Lohengrin« und »Loki«, die einen »aus dem Rheinland« geschrieben, die anderen »an einen Freund jenseits der Grenzen« gerichtet; sie erschienen vom 21. Dezember 1962 bis zum 17. Juli 1964.

Ich erinnere mich: Es gab viel Krach. Wir haben damals niemandem verraten, wer »Lohengrin« ist oder »Loki«: Eine Redaktion hat einen etwas festeren Panzer als ein Einzelkämpfer. Wie ungeheuer irritierbar, und wie schutzbedürftig daher, so ein Einzelner, ein »freier Schriftsteller« ist, hatte Böll seit langem gewußt. »Wer mit Worten Umgang pflegt«, sagte er 1958 in Wuppertal, »auf eine leidenschaftliche Weise, wie ich es von mir bekennen möchte, wird, je länger er diesen Umgang pflegt, immer nachdenklicher, weil nichts ihn vor der Erkenntnis rettet, welch gespaltene Wesen Worte in unserer Welt sind. Kaum ausgesprochen oder hingeschrieben, verwandeln sie sich und laden dem, der sie aussprach oder schrieb, eine Verantwortung auf, deren volle Last er nur selten tragen kann ...«

Oh, sein prophetisches Gemüt! Verantwortung wurde ihm dieses Jahr dafür aufgeladen, daß er Ulrike Meinhof nicht als schlichte Verbrecherin sehen konnte; daß er so altmodische Auswege wie »freies Geleit« und »Gnade« ins Spiel brachte; daß er Zeitungen und Rundfunksendern, von denen er sich mißverstanden fühlte, die Mitarbeit aufkündigte; daß er eine Solidarität *aller* für möglich hielt, die jemals, wann auch immer, wie auch immer, warum auch immer, sich gehetzt und verfolgt fühlten. Daß dabei nicht Verfolgungswahn im Spiel war, belegt die vorbildlich sachliche Dokumentation »Heinrich Böll: Freies Geleit für Ulrike Meinhof« (Verlag Kiepenheuer & Witsch).

Ja, Böll hat sogar gesagt, in diesem Lande könne ein freier Schriftsteller nicht arbeiten. Und er, der niemals Anmaßende, hat für seine Kollegen »das Ende der Bescheidenheit« gefordert. Wer über gewisse Dinge den Verstand nicht verliert, schrieb einst Deutschlands erster (relativ) freier Schriftsteller, der hat keinen zu verlieren. Ein weites Feld – so der zweite große Kollege in Bölls Ahnenreihe.

Ein dritter – weniger frei? mehr angepaßt? ganz unvergleichbar? – stellte einmal fest, nach dem Wert von Orden (oder Nobelpreisen) befragt, sie hätten doch das Gute, daß sie manchen Puff abhielten im Gedränge. Und Bertrand Russell akzeptierte den ihm sonst eher peinlichen Uradel mit der Begründung: Dann wird man in Gefängnissen wenigstens anständig behandelt.

Was man sich von Heinrich Bölls Nobelpreis versprechen kann, ist nicht so sehr eine Beihilfe zum Wahlsieg der SPD/FDP-Koalition, so sehr einige von uns auch geneigt wären, diese als eine höchst erfreuliche Begleiterscheinung hinzunehmen. Zu hoffen ist vielmehr, daß Bölls ebenso offenkundige wie verständliche Resignation durch die höchste Anerkennung, die für Literaten in dieser Welt vergeben wird, aufgefangen werden kann; daß er sich wieder besinnt auf jene Waffen des Humanisten, die ihm gegeben sind und zu denen er sich zwanzig Jahre lang immer einmal wieder bekannt hat: die entwaffnende Nettigkeit, den metaphysischen Humor und die zersetzende Höflichkeit.

27.10.1972

Das prophetische Trio

Vor einhundertfünfzig Jahren erschienen die drei Romane der Schwestern Brontë: »Jane Eyre«, »Wuthering Heights« und »Agnes Grey«

Von Elke Schmitter

Es gab einmal eine Zeit, da war der Autor Teil seiner Gesellschaft. Nicht ihr verquälter Ausgestoßener, nicht ihr kokettes Maskottchen, sondern einer, der durch die Kunst seines Schreibens Kritik im erträglichen Maße übte mit Hilfe von Geschichten, die nachzuerzählen auch schön war. Der Autor war Mensch, Bürger und Mann.

In dieser Zeit gaben drei Jungfrauen aus England drei Bücher in die Welt, um die ein stetes Gemurmel entstand, anschwellend bis heute. Die drei nannten sich Currer, Ellis und Acton Bell; es waren die tuberkulösen Töchter des Alkoholikers Reverend Patrick Brontë, geboren neben dem Friedhof, auf dem sie jung begraben wurden. Es war das Jahr 1847, und ihre Bücher hießen »Jane Eyre«, »Wuthering Heights« und »Agnes Grey«. Sie stehen in jeder Bibliothek; ihre Autorinnen sind gänzlich unverzichtbar für das Wachsfigurenkabinett der Kunst, wie wir es heute bevölkern. Denn sie waren Außenseiter, trostlose Fragmente ihrer Möglichkeiten: wohlfeile Objekte der schaudernd entzückten Entrüstung, also für Gesellschaften, die das Subjekt befreit zu haben sich als historisches Verdienst anrechnen.

»Jane Eyre« war ein Erfolgsroman. Seine Aufnahme, die enthusiastische und kritische Töne hören ließ, war intensiv und schnell; William Makepeace Thackeray selbst ließ sich herbei, für den Verleger ein positives Gutachten zu erstellen. Möglicherweise hatte seine Verfasserin aus ihren bisherigen Mißerfolgen gelernt: Wir wissen nicht, was der Lektor William Smith Williams in der kommentierten Absage ihres Romanerstlings »Der Professor« Charlotte Brontë zu bedenken aufgab, aber sein Brief war immerhin das erste Zeichen wohlwollenden Interesses nach einer Unzahl einfacher Rücksendungen des Manuskripts (dessen Verpackung die Autorin, naiv und sparsam, einfach um die neuen Adressen ergänzte, so daß jeder Verleger die erfolglose Reise des Werks auf den ersten Blick zur Kenntnis nehmen mußte). Schon dies allein schien Charlotte hinreichend zu befeuern, gleich mit der Niederschrift der nächsten Prosa zu beginnen. Ihr Thema war wieder das gleiche, jedoch machte sie keine Umschweife mehr: Es war ihr Leben, nun von ihr selbst erzählt und keinem Mann in den Mund gelegt. Aber natürlich ergänzt: um Feuersbrunst und Leidenschaft, Gefahr und Entscheidung, Unabhängigkeit und Geld. Und Glück.

Charlotte Brontë war einunddreißig Jahre alt, als »Jane Eyre« erschien, eine gescheiterte Gouvernante und mäßig erfolgreiche Lehrerin. »Ich bin ganz grau, alt, verbraucht, ausgeschöpft bis zum Grunde. Ich werde bald einunddreißig Jahre alt, meine Jugend ist wie ein Traum verschwunden, und ich habe sie nutzlos verstreichen lassen.« Ihr Leben begann wie das ihrer Geschwister im Pfarrhaus auf der Heide; sie verlor ihre Mutter mit neun Jahren und war, nachdem zwei Schwestern noch als Kinder an Vernachlässigung und Tuberkulose gestorben waren, die Älteste – vor Emily, Agnes und

Bruder Branwell. Vernachlässigung war nicht das Manko ihres Zuhauses: Dort waren die Wände und Fußböden feucht, das Wasser war vermutlich verseucht, die Ernährung dürftig und das Klima nicht heiter, aber all das war noch paradiesisch zu nennen, vergleicht man Haworth mit jenem wohltätigen Institut für die Erziehung von Pastorentöchtern, in dem alle Töchter Patrick Brontës Jahre ihrer Kindheit verbrachten und das Charlotte in »Jane Eyre« so realistisch geschildert hatte, daß man nach der Veröffentlichung dem Leiter kündigte und das Internat an einen anderen Ort verlegte: Zum Essen gab es angebrannten Haferbrei, faulige Kartoffeln, trockenes Schwarzbrot, die Betten waren klamm, die Schlafräume zugig. »Unsere Kleidung vermochte uns nicht vor der strengen Kälte zu schützen: wir hatten keine Stiefel, der Schnee drang in die Schuhe und schmolz dort; unsere Finger ohne Handschuhe wurden starr und bekamen Frostbeulen wie unsere Füße; ich erinnere mich nur zu gut, wie sehr sie mich jeden Abend brannten, und was für eine Pein es morgens war, die geschwollenen Wunden und steifen Zehen in die Schuhe zu zwängen.« Die Mädchen trugen eine unansehnliche Uniform, wurden mit Predigten über Gottesfurcht und Demut traktiert, mit der Rute gezüchtigt und mit vereinten Kräften von korrupter Leitung und verängstigtem Personal auf ein freudloses Leben vorbereitet, gefestigt allenfalls in einem Glauben, der Masochismus, Abtötung aller Sinne und stabile Selbstverleugnung vereinigte. In diesem Internat starb Charlottes älteste Schwester Maria; Elizabeth nur Wochen später zu Hause, und endlich durften die jüngeren Geschwister auch zurückkommen – ihr Vater war ein Protestant seiner Zeit, aber kein Sadist.

»Jane Eyre«, an Düsternis kein armes Buch, beschreibt den Tod der kleinen Helen Burns, die als ein Portrait der ältesten Brontë-Tochter gelesen werden kann, aus der Erinnerung der Hauptfigur: empörend, weil ein vermeidbares Ereignis, tragisch, weil es die Unschuld selber traf – und doch nicht weltzerstörend, weil eine gute Seele (die Oberlehrerin des Internats) die Sünden aller anderen in ihrem Maß und ihrer Art erst sichtbar macht. Und außerdem: »Ein Mensch mit einem regelmäßigen Lebenswandel und vernünftigen Ansichten verzweifelt niemals.«

Die furchtlose Jane Eyre (wie ihre Erfinderin nach ihrer Schulzeit zunächst eine glücklose, leicht zu verdrießende, eher säuerliche Gouvernante) verläßt die Lebensbahn Charlottes niemals moralisch, aber praktisch: Sie heiratet ihren Liebsten. Derselbe ist im Buch »ihr Herr« (bereits zurückblickend auf einen unerhört lasterhaften Lebenswandel) und war in ihrem Leben, aller Recherche und ihren Briefen nach, Charlottes Schulmeister in Brüssel, wo sie mit ihrer Schwester Emily so etwas wie ein normales Leben probierte – in einer nächsten geschlossenen Anstalt nach dem Gefängnis ihrer Kindheit und diversen Herrenhäusern, wo sie die Kinder im Park beaufsichtigte, im Schulzimmer zum Lernen bettelte und quälte, in ihrer Dienstbotenkammer ein bißchen weinte und sehr viel schrieb.

Charlottes Brüsseler Liebster war allerdings verheiratet und offenbar auf harmloseste Weise desinteressiert an dieser stillen, von Selbstkritik zermarterten, nicht eben hübschen Engländerin, die ihm noch Jahre nach ihrem Aufenthalt in seiner Anstalt ungemein zarte, ihn nicht im mindesten rührende Briefe schrieb. Seine Frau, eher auf dem Quivive, unterband schließlich den Kontakt – kann es bei alldem erstaunen, daß die schauerlichsten Elemente des Erfolgsromans »Jane Eyre« sich lesen wie nach Freuds »Traumdeutung« (und jeder Traum ist Wunscherfüllung!) diktiert? Der erfahrene, geheimnisvolle Mr. Rochester – bis zum Wahnsinn in seine bescheidene, aber stolze Gouvernante vernarrt. Seine Frau – eine bösartige Irre, weggesperrt auf den Dachboden, in ihrer Grausamkeit vital wie eine ganze Büffelherde. Die sittsame, doch leidenschaftlich liebende Jane Eyre – der Versuchung der Erfüllung (die Bigamie hieße) widerstehend und im Verzicht (Einsamkeit, tapfere Klage) schließlich doch siegend: Die Irre hat das Schloß entzündet, Rochester ist ein Witwer und versehrter Mann (verkrüppelt, ohne Augenlicht), ihre Liebe ist ein Pflegefall geworden. Und Jane Eyre kann, rund zehn Jahre vor dem Siegeszug Florence Nightingales durch die Militärlazarette Englands, Liebe und den Sadismus der Mildtätigkeit, Leidenschaft und Keuschheit, Demut und Herrschsucht aufs allerschönste verbinden.

Das Buch brachte Charlotte 500 Pfund und eine Menge Aufregung und ihren Schwestern die Chance ihres Lebens ein. Im Jahr zuvor hatten die drei ihre Gedichte unter dem Brüderpseudonym der Bells drucken lassen, um eine kleine lobende Erwähnung im »Atheneum« und den Verkauf von insgesamt zwei Exemplaren verzeichnen zu dürfen. Doch nun gedachte der clevere Verleger, bei dem die Manuskripte von Anne und Emily seit längerem schmorten, dem Erfolgsroman von »Currer (lies: Charlotte) Bell« die Werke seiner Brüder »Ellis« (Emily) und »Acton« (Anne) nachzuschicken – freilich auf Kosten und Risiko seiner Verfasser, die ihren Druckkostenvorschuß nie wiedersahen. Allerdings gab es auch keinen Gewinn.

»Wuthering Heights« und »Agnes Grey« erschienen praktisch unbemerkt; der Erfolg von Charlottes Erstling änderte einzig ihr Leben. Dabei sind, von heute aus gesehen, die Unterschiede zwischen Charlottes Gothic-Novel-Schlager und Annes gesitteter Studie nicht übermäßig groß:

»Agnes Grey« fängt, wie »Jane Eyre«, traurig an und geht gut aus; es dauert aber. Miss Grey, allein auf der Welt, schlägt sich in der besseren Gesellschaft durch, kostet alle Erniedrigungen, Kümmernisse und Erbitterungen aus, welche die Wohlgeborenen für die armen Gebildeten bereithalten, verzweifelt aber nicht (»ein Mensch mit einem regelmäßigen Lebenswandel und vernünftigen Ansichten verzweifelt niemals«). Die ihr anvertrauten Kinder sind abgefeimte, brutale und verlogene Geschöpfe, die, wo ausnahmsweise noch nötig, von den Erwachsenen verdorben worden sind; ihre größte Lust besteht darin, die rechtlose Gouvernante zu quälen und ihre angeborene Macht mit höllischem Eifer auf deren geradem Rücken auszutoben. Es gibt aber ein Licht am Ende des Tunnels, in Schönheit und Selbstzucht verkörpert von einem jungen Pfarrer, der – allen Intrigen trotzend, die von den eitlen halbwüchsigen Zöglingen unserer Gouvernante kaltlächelnd gesponnen werden – Miss Grey zu Mrs. Weston macht, und natürlich ist damit die Geschichte zu ihrem bestmöglichen Ende gekommen.

Die Erzählerin ihres Schicksals zeichnet sich (wie ihre Schwester im Schmerz, Jane Eyre) eher durch analytische Schärfe als durch Großmut aus, eher durch Belesenheit denn durch weiblichen Liebreiz, eher durch stille, durchaus erbarmungslose Beobachtungsgabe als durch muntere Präsenz. Ihre Bescheidenheit ist eine hart erworbene Tugend, und alle Selbstgerechtigkeit, die mittels einer nie nachlassenden Erziehung zur Selbstverleugnung nur zu erreichen ist, ist beiden Figuren geschenkt: Gar niemals fehlen sie. Freilich wird kaum ein Satz mit Mut und Hoffnung begonnen, der nicht ins Gegenteil kippte, aber immer sind es die anderen gewesen. Größere, bessere, klügere und kompetentere Opfer hat womöglich die gesamte viktorianische Literatur nicht aufzuweisen, mit Sicherheit aber nicht beredtere, wo es die Wertschätzung der Erziehung (trotzdem!) und die mißmutige Betrachtung der Leidenschaften betrifft.

Zweifellos sind die Autorinnen Charlotte und Anne Brontë ganz Kinder ihrer Epoche, und die Differenz zwischen ihren gleichzeitigen Veröffentlichungen ist in der Rückschau marginal, besteht aus Rüschen der Erzählung, der Beigabe von Blut und Schrecknis, dem Mehr an Schicksal, das »Jane Eyre« zu bieten hat. Als Bekenntnisschrift sind beide Bücher identisch, aber allein Charlottes Roman hat das Publikum aufmerksam gemacht auf die elende Lage der arbeitenden jungen Frauen Englands, ihre peinliche Not, das ungelenke Dazwischen ihrer trostlosen Biographien, eingeklemmt zwischen Herrenrasse und Dienstbotenklasse, zu arm für die einen und zu gebildet für die anderen. Die stille Wut, mit der Jane Eyre um ihre Liebe kämpft, der offene Konflikt zwischen den Geboten des Anstands und ihren tiefsten Wünschen, die Anfechtung und schließliche Eigenrettung ihrer bibelfesten Moral – das war, im Gegensatz zu der allzeit musterhaft fühlenden und sich betragenden Agnes Grey, einer heutigen Vorabendserie würdig in Würze und Dramatik und gab den Zeitgenossen Stoff genug für Anbetung und Empörung. Wie die Romane Dickens' und Zolas erzählt das Werk Charlotte Brontës (die insgesamt vier Romane schrieb) von Lebenswelten, die der Aufmerksamkeit der gebildeten Kreise bis dato entgangen waren; von der Sozialreportage trennt ihre Bücher jedoch die einfühlsame Konzentration auf das psychologische Erleben einer Hauptfigur und die Begrenzung ihres Stoffs auf das Autobiographische. »Jane Eyre« war ein Schrittmacher für das viktorianische Herz, eine Verhältnisse kritisierende Geschichte, verständlich und rührend erzählt – also der Idealfall eines schnell veraltenden Buches. »Agnes Grey« war nicht einmal das, denn seine Heldin befindet sich nicht nur im Einklang mit den moralischen Idealen ihrer Zeit (wie Jane), sondern auch in Eintracht mit geltender Sittlichkeit.

So sind die beiden Bücher im flachen und im tiefen Sinn ganz einfach viktorianisch: »Agnes Grey« in seiner fibelhaften, glanzbildermäßigen Abbildung der Ideale ihrer Zeit, »Jane Eyre« in der spannungsvollen Auflösung der allgemeinen Tünche in (individuelle) Wirklichkeit und (gesellschaftlich-sittliches) Ideal.

Und »Sturmhöhe«, »Wuthering Heights«? Nun, das ist etwas ganz anderes. Man muß es beileibe nicht mögen, aber es ist die reine Kunst. Und auch nur als solche zu ertragen.

Zwei Generationen, die sich das Leben zur Hölle machen, bis spät, am allerletzten Schluß, ein bescheidenes blaues Band Himmel zur milden und schönen Aussicht leuchtet: das ist in rüder, aber durchaus statthafter Kürze die Geschichte von »Wuthering Heights«. Denn deren Kunst besteht in ihrer Wiederholung, in ihrer zähen Abfolge des Immergleichen, in der geduldigen Beschreibung jener großen langen Liebesqual, die Menschen einander bereiten können, wenn sie sich durchaus nicht ablenken lassen. Die Welt steht still auf den »Wuthering Heights«; es gibt sie nicht. Auch wenn einzelne Bewohner dieses Romans sie vorübergehend aufsuchen – sie kommen ohne Geschichten zurück, ohne Erinnerungen, wie Tiere, mit einer Beute: ein akademischer Titel, Geld oder eine Frau. Im Buch zählt nur der Kosmos dieses Buches: die große unglückliche Liebe des verwahrlosten Knaben Heathcliff zu seiner Ziehschwester Catherine und der gnadenlose Verfolg dieser Liebe, der mit Stumpf und Stiel auszurotten sucht, was ihr im Wege stehen könnte, was Zeuge ist und was nicht hilft. Länger als die

Wirklichkeit der Möglichkeit dieser Liebe währt jene Zeit, in der die verwirkte Vergangenheit die Gegenwart verschattet, untergräbt und, in beiderlei Sinne, unansehnlich macht – die Zeit, in der die früh verstorbene Catherine als Geist und als Erinnerung die Überlebenden verfolgt. Nur in der oberflächlichsten Weise stellt dieses Element des Schauerromans eine Verbindung zu »Jane Eyre« und anderen zeitgenössischen Veröffentlichungen dar, denn anders als in der Gothic Novel geht es hier nicht um das Jenseitige als Nervenkitzel und Wahn, sondern um die Ontologisierung des Gefühls: Die Seinsweise dieser Elementarkraft, welche die Hauptpersonen von »Wuthering Heights« antreibt, lebendig erhält und tötet, ist den Erscheinungen der Natur und dem »normalen« Modus des Lebens (in dem man Kuchen backt und Pferde reitet, Briefe schreibt und flucht und betet) ganz einfach gleichgestellt.

Diese Parallelisierung der Welten ist Emily Brontës Schreiben eigen: in disziplinierter und kunstvoller Sprache bannt »Wuthering Heights« die Aufmerksamkeit seiner Leser durch das Nebeneinander vertrauter und trivialer Details mit Spuren und Zeichen der im Hintergrund lauernden, das Triviale bedrohenden Welt, in der das ungelebte Leben der Verstorbenen, ihre Wünsche und Triebe, fortexistieren. Es gibt auf dem Landsitz Wuthering Heights rohe, ursprüngliche Gefühle sowie deren Pervertierung (in Glaubensfanatismus, Trunksucht, Spielleidenschaft, Sadismus), aber keinerlei Sublimierung. Eine Andeutung von Zivilisation und Kultur ist durch die Familie Linton des Herrensitzes Trushcross Grange vertreten – allerdings werden deren Abkömmlinge, als reine gute Menschen, auch früh zu Engeln. Die Welt von »Wuthering Heights«, die im wesentlichen vom Triebleben der Hauptfigur Heathcliff bestimmt wird, ist eine düstere, nach Maß gebaute Hölle für Menschen, die so lange Auge um Auge zahlen, bis alle Beteiligten blind sind.

Die völlige Abwesenheit von moralischen Bedenken und einer nicht einmal anspruchsvollen Sittlichkeit, die nachgerade reine und unschuldige Weise, in der das Böse in Absicht und Tat »Wuthering Heights« durchherrscht (indem es nicht ein, womöglich wesentliches, Element darstellt, sondern die Höhle des Geschehens ist, der Beutel seiner Existenz), hat die Aufnahme des einzigen Romans von Emily Brontë von jeher bestimmt. Die Zeitgenossen der Brontës waren möglicherweise verstört, zogen es aber insgesamt vor, das Buch nicht zur Kenntnis zu nehmen. Das Publikum der folgenden Epochen hatte es leichter, denn es war in wesentlichen Momenten, auch unbewußt, »Wuthering Heights« nähergerückt: Im ausgehenden 19. und in unserem Jahrhundert hat die Geistesgeschichte dem Bösen einen anderen Rang zugeteilt, dem Triebleben einen Sitz mitten im Humanum, der Trostlosigkeit eine Berechtigung ihrer ästhetischen Darstellung, der Wiederholung einen Spannungswert, der Höllenfahrt eine gewisse, zärtliche Zuneigung. Was von Freud und Nietzsche, Hamsun und Beckett ins allgemeine Bewußtsein gesickert ist, ermöglicht es, »Wuthering Heights« zu lesen als – ein Kunstwerk. Es ist das einzige dieser drei Bücher, das die etwaige Befreiung des Subjekts nicht idealisiert, nicht nach ihren historischen Bedingungen erschöpft; es ist gleichsam autistisch, desinteressiert an der Emanzipation der Frau, der Bürgerin, des Herzens, es ist moralisch gleichgültig wie ein Stein. Es ist der einzige Brontë-Roman, der Menschen bloß zeigt, ohne sie bloßzustellen.

Schön ist das nicht. Und taugt, wie seine Autorin, nicht für das Wachsfigurenkabinett des 19. Jahrhunderts, wie wir es mit Vorliebe bestücken. Dort steht Emily zwischen ihren Schwestern: das tuberkulöse, tragische Trio, das Wehmut und Pilgerfahrten nach Haworth auslöst, literaturhistorische Debatten und feministische Rührung. Aber das Trio täuscht. Denn vermutlich wäre weder Emily Brontë noch eine ihrer Figuren heute dem, was wir uns unter Glück vorstellen, um eine Schuhspitze nähergerückt. Wahlrecht, Vermögensrechte für die Frau, die Ausrottung der Schwindsucht, die allgemeine Krankenkasse: sehr feine Sachen, die Agnes Grey sowie Jane Eyre manches hätten ersparen können. Heathcliffs Liebestobsucht allerdings, Catherines wilde Freude am Verhängnis, die Möglichkeit der Selbstzerstörung, der freie Wille zum Wahn: all das, was den Aufenthalt in Wuthering Heights so ungemütlich macht und, ohne Programm und somit reaktionär zu sein, der Selbstzufriedenheit der Aufgeklärten widerspricht, ist zeitlos, ist fortschrittsimmun. Man kann dieses Buch schrecklich finden, furchtbar, irrlichternd und pedantisch-destruktiv, humorlos, trostlos, erbarmungslos. Aber vergessen kann man es nicht, sowenig wie ein Bild von Goya, weil es denselben Schrecken enthält.

In allerdings anderer Hinsicht gehören »die taubengrauen Schwestern«, wie ihr Verehrer Arno Schmidt sie nannte, dennoch zusammen: Wie die drei Schicksalsfäden spinnenden Nornen haben Charlotte, Emily und Anne in ihrem Werk die kommende Literaturgeschichte vorweggenommen, ihre Teilung vollzogen. Charlottes und Annes Werk gehört zum Fundament jenes identifikatorischen und sozialreformerischen Schreibens, das in Autoren wie Dickens, Zola, Ibsen, Lewis und Fallada unmittelbare Vertreter fand und, spannt man den Bogen weit genug, auf Brecht und Walser, George Orwell, John Updike und Christa Wolf zuläuft: Literatur der Aufklärung, historisch in ihrem Material, psychologisch interessant und der formal beruhigenden geschlossenen Erzählform nahe. Diese Art von Literatur geht in Sozialgeschichte über und wird durch sie erübrigt, wenn sie schlecht oder mittelmäßig ist; andernfalls bleibt sie als Dokument einer Lektüre vorbehalten, die zwangsläufig einen historisierenden Beigeschmack hat, ein selbstzufriedenes Gruseln des modernen Subjekts, dem Besuch eines Inquisitionsmuseums ähnlich. »Wie herrlich weit haben wir's doch gebracht!«

Emily Brontës »Wuthering Heights« begründet mit, was vom 19. Jahrhundert in unsere Gegenwart hineinreicht (eine Art Gothic Novel der Ideengeschichte, die Rückmeldung aller Gespenster): die Ausleuchtung des Kreatürlichen, das keiner Erziehung erreichbar, keiner Moral zu verpflichten, keinem Fortschritt zuführbar ist. Erben ihres Erzählens sind Kafka und Tschechow, die Surrealisten und Djuna Barnes, Henri de Montherlant, Ingmar Bergman und Vladimir Nabokov. Erst nach dem Zweiten Weltkrieg entwickelt sich eine ganz neue literarische Tradition – bar jener Gnade von Optimismus und Theorie, in der das 19. Jahrhundert stand, ohne es zu wissen, und beschwert mit einer Erfahrung des Bösen, die zuvor völlig undenkbar war. Die Bücher dieser Dialektik der Aufklärung, die auf einen den Brontës noch unbekannten Schrecken ästhetisch reagiert, heben die Teilung, an deren Anfang ihre Romane standen, wieder auf. Aber das ist eine andere Geschichte.

10.10.1997

»Die Pest« von Albert Camus

Aus der ZEIT-Reihe »Mein Jahrhundertbuch«

Von Lars Gustafsson

Es ist ungefähr das Jahr 1947 – es könnte im Prinzip jedes beliebige Jahr sein –, und in der Stadt Oran in Algerien bahnt sich etwas Unangenehmes an. Die Ratten verhalten sich plötzlich merkwürdig. Man sieht sie auf einen Schlag überall, sie kommen mit blutenden Schnauzen aus ihren Verstecken, sterbend. Bald wimmelt es überall von toten Ratten. Das Ganze hat etwas Peinliches, und man vermeidet es, darüber zu sprechen. So beginnt Albert Camus' Roman *Die Pest* von 1948. Alles, was dieser Schriftsteller verfasst hat, ist und bleibt interessant. Nach menschlichem Ermessen wird er in das eingehen, was Harold Bloom »*the western canon*« nennt, die unerlässlichen Schriften. Er stellt die großen, tiefen Fragen. Und er stellt sie mit ungewöhnlicher Konkretion und Direktheit. Und stets mit einer dumpfen Angst im Hintergrund, einer Angst, die offenkundig eher die von Kierkegaard beschriebene ist als die von Freud. Es ist die Angst, die unsere Existenz uns einflößt und die ihren Ursprung in dem schwindelerregenden Erlebnis hat, dass wir frei sind. Aber sie ist auch eine Ratlosigkeit angesichts der Tatsache, dass wir uns in einer Welt befinden, die wir nicht zu handhaben verstehen.

Die Romane von Camus sind sehr verschieden, was oft ein Zeichen wirklicher Meisterschaft ist. Hoffentlich ist es kein voreiliges Urteil, wenn man *Die Pest* zu seinem besten Werk erklärt. Sowohl die außerordentliche Folgerichtigkeit wie das Vermögen, eine vollständig realistische, fast reportagehafte Erzählung in eine philosophische Lebenserforschung zu verwandeln, machen es so imponierend.

Doktor Rieux gehört zu den Ersten, die argwöhnen, dass diese toten und sterbenden Ratten vielleicht der Anfang von etwas Größerem sind, von etwas Grauenhaftem. Beginnt nicht genau so die gefürchtete asiatische Beulenpest? Bei den Ratten. Und breitet sich von ihnen zu den Menschen aus, die erkranken, mit hohem Fieber und schmerzhaft geschwollenen Lymphknoten, bis hin zu Krämpfen, die sie binnen weniger Tage dahinraffen.

Doktor Rieux ist ein gelehrter Mann. Er kennt die alten Erzählungen von der Pest. Von Konstantinopel, wo nach dem Geschichtsschreiber Prokop an einem einzigen Tag zehntausend Menschen sterben. Von der Pest in Kanton, in Mailand, von den Leichenkarren, die bei Daniel Defoe Tag und Nacht in einem schreckensstarren London unterwegs sind. Von Städten, in denen sich das solide Netz der sozialen Beziehungen, Sitten und Moralgesetze, das gesamte gesellschaftliche Leben in seltsamen, erschreckenden Schauspielen auflösen.

(In seinem bemerkenswerten Essay *Das Theater und sein Double* hatte Antonin Artaud 1938 das erste Kapitel einer großartigen Schilderung der Pest und ihrer Auswirkungen in einer mittelalterlichen Stadt geliefert. In dem Moment, in dem die soziale Ordnung zusammenbricht, da die Lebenden nicht mehr ihre Toten zu beerdigen vermögen, da Horden von Plünderern und Scharen sonderbar erregter Büßer durch die Straßen ziehen, in diesem Moment, heißt es bei Artaud, »wird das Theater geboren«.)

Die erste Hälfte des Romans handelt von den Schwierigkeiten, auf die Doktor Rieux trifft, als er versucht, seine Umgebung dazu zu bringen, die Sache ernst zu nehmen. Ein entscheidender Schritt ist erreicht, als die Stadt insgesamt unter Quarantäne gestellt und von ihrem Umland abgeschnitten wird. Die Menschen begreifen, dass sie in eine neue Situation geraten sind. Die äußeren und inneren Fluchtwege sind versperrt. Man hat keinen Ort mehr, zu dem man flüchten könnte. Jeder ist jetzt voll und ganz sich selbst überlassen.

Rambert, ein Mann, der aus Zufall in der Stadt gelandet ist, füllt einen Antrag nach dem anderen aus, um die Behörden davon zu überzeugen, dass er in Oran nichts zu suchen hat. Er sehnt sich nach seiner Geliebten, einem Mädchen, das er kurz vor der Reise nach Oran kennen gelernt hat und mit dem er sich um jeden Preis wieder vereinen will. Er weiß nicht einmal, ob seine Briefe sie erreichen. Als alle Möglichkeiten, auf legalem Weg auszureisen, erschöpft sind, probiert Rambert illegale Auswege. Verschiedene Menschenschmuggler bieten ihre Dienste an. Doch die Flucht wird von Mal zu Mal aufgeschoben. Als es endlich so aussieht, als würde sie doch noch gelingen, wählt Rambert im letzten Moment etwas anderes. Er entscheidet sich, in dem lebensgefährlichen Job als freiwilliger Helfer von Doktor Rieux in einer der provisorischen Pestkliniken zu bleiben.

Rambert verhält sich wie der ideale existenzialistische Held. Er erkennt seine Situation und wählt sein Projekt. Hier sind wir nicht weit entfernt von der Lehre von Freiheit und Absurdität, die Camus in seinem verzwickten, aber sehr konsequenten Essay *Der Mythos von Sisyphos* sechs Jahre zuvor entwickelt hatte. Wenn wir zur Einsicht über den Wert des Lebens gelangen wollen, müssen wir uns fragen, was uns vom Selbstmord trennt. Camus' Helden sind hellsichtig – oder werden gezwungen, es zu sein. Sie haben erkannt, dass alle irdische Erhabenheit (Macht, Ehrentitel, Orden, Porträts im Sitzungssaal der Stadtverordneten) die dünne Regenbogenhaut ist, die uns von der Einsicht in das Absurde unserer Existenz trennt. »Sie streben nicht danach, besser zu sein, sie versuchen, konsequent zu sein.« So steht es an einer Stelle im *Sisyphos*-Essay.

Der Journalist Rambert gewinnt durch die Pest eine Art Weisheit. Er lebt von dem, was er hat, statt sich um das zu sorgen, was er nicht hat. Diese Art von moralischem Minimalismus sollte Camus zu einem Werterealismus führen, der ihn in einen unversöhnlichen Konflikt mit Jean-Paul Sartres späterer Philosophie brachte (mit deren starken hegelianischen Zügen) und ebenso mit dem Kreis um *Les Temps Modernes*. Die französische intellektuelle Linke, welche die stalinistischen Lager damit entschuldigen wollte, dass sie irgendwie aufseiten der Geschichte stünde, konnte nicht länger zu Camus' Verbündeten gehören.

Eine Situation ganz anderer Art, die ebenfalls das Absurde beleuchtet, repräsentiert der Rentier, Monsieur Tarrou. Er ist ein Mann mit einer diffusen Vergangenheit. Und als die Pest ausbricht, wird er von der Polizei gesucht. Tarrou ist vielleicht der einzige Mensch in Oran, der sich in der Pest vollständig heimisch fühlt. Es ist ein Zustand, mit dem er von Anbeginn seines Lebens vertraut ist. Er hat gelebt, als wäre immer Pest.

Und sich immer als Pestkranker gefühlt. Die Pest bedarf keiner symbolischen Deutung. Man kann sie natürlich zu einer Metapher für den Nationalsozialismus oder dergleichen machen. Aber im Wesentlichen ist die Pest in Camus' Buch wirklich eine Pest. Ungefähr wie der mächtige Steinblock des Sisyphos wirklich ein Steinblock ist.

Unsere Zeit, die Dinge wie Aids, das Ebola-Virus und all die anderen epidemischen Bedrohungen erlebt, die aus der Überbevölkerung der Großstädte, den weltumspannenden Transportnetzen und dem immer deutlicheren und schnelleren sozialen und medizinischen Verfall der sogenannten Dritten Welt entstehen, hat vielleicht keine so großen Schwierigkeiten, diese Geschichte buchstäblich zu nehmen. Aber der Roman braucht keine solche Interpretation.

Die Pest in diesem Roman soll etwas entlarven. Sie soll die Aufmerksamkeit auf die elementaren Bedingungen lenken. Die Pest ist die absurde Situation, die Sisyphos-Situation, von der Camus bereits 1942 spricht. Sie macht keinen Unterschied zwischen Arm und Reich, ebenso wenig wie zwischen Verurteilten und dem Richter. (Einer der ergreifendsten Abschnitte in der *Pest* handelt von dem Richter Othon, der seinen kleinen Sohn verliert. Und auch der Richter selbst entgeht nicht der Einsperrung mit den anderen Pestkranken im Sportstadion.) Genau wie der Selbstmord etwas über das Leben sagt, sagt die Pest etwas über die Gesundheit. Der einzige Unterschied, den sie eigentlich macht, ist der zwischen denen, die verstanden haben, und denen, die noch nicht ...

So gesehen, kann Camus' Roman einen düsteren Eindruck erwecken. Aber das Eigentümlichste daran ist doch die paradoxe Hoffnung, die er enthält. Doktor Rieux gibt nicht auf. Er nimmt die Herausforderung an. Rambert geht nicht zugrunde, weil er ohne seine Geliebte leben muss. Monsieur Tarrou findet endlich zu sich selbst. »Wir müssen uns Sisyphos als einen glücklichen Menschen vorstellen«, hieß es in dem Mythos von Sisyphos.

Der Versuch, Mythen zu schaffen, ist selten erfolgreich. Sie bestrafen ihre Urheber gewöhnlich dadurch, dass sie zu Kitsch werden, das heißt zu parodistischen Wiederholungen von Mythen, die es bereits gibt. Es ist, als könnten bestimmte Dinge nicht mehr als einmal gesagt werden. Camus' Stärke (nicht nur in der *Pest*) besteht darin, dass er einen Mythos schafft, der nicht Kitsch ist. Zu den Besonderheiten gehört es, dass er ihn mit durch und durch realistischen Mitteln gestaltet. In der *Pest* geschieht nichts, was mit Wissenschaft oder empirischer Erfahrung unvereinbar wäre. Man könnte sogar behaupten, dass der Roman jetzt, am Ende des Jahrhunderts, eine düstere neue Aktualität gewonnen hat.

Dieser Realismus gehört jedoch nur zur äußeren Schicht des Romans. Im Grunde will Camus zeigen, dass wir die Gefangenen dieser Welt sind. Und dass sich tatsächlich etwas machen, wenn auch nicht gegen, so doch aus dieser Hilflosigkeit machen lässt.

16.9.1999

Lewis Carroll »Alice im Wunderland«

Aus der Reihe »ZEIT-Bibliothek der 100 Bücher«

Von Dieter E. Zimmer

Es spricht der Kartenkönig. Er spricht über ein gerade verlesenes Dichtwerk unklaren Sinns. Sonst nicht der Hellste, macht er diesmal eine nicht unerleuchtete Bemerkung: »Wenn es keinen Sinn hat, dann können wir uns eine Menge Mühe sparen, weil wir dann nämlich gar nicht erst versuchen müssen, einen zu finden.«

Lewis Carrolls »Alice im Wunderland« (1865) ist eine der großen Pioniertaten der Nonsens-Phantastik. Sie erfreut sich unverwüstlicher Beliebtheit vielleicht bei vielen Kindern, gewiß bei noch mehr Eltern dieser Kinder, die verliebt sind in den Gedanken, daß ihre Kinder die »Alice« lieben, und nachweislich bei vielen Schriftstellern, insbesondere den Surrealisten (Aragon und Breton), die gleichsam programmatisch eine Verkindlichung der Menschen wünschten: »All jene, die sich den Sinn für Auflehnung bewahren, werden in Lewis Carroll ihren ersten Lehrer im Schuleschwänzen sehen«, schrieb Breton (es war die Zeit, als das Wünschen noch geholfen hat). Allen zusammen aber dürfte die »Alice« auch darum immer so lieb gewesen sein, weil sie, als approbierter klassischer Nonsens, davon dispensierte, mühsam einen Sinn in ihr zu suchen.

Doch mit dem Nonsens verhält es sich so: Je reiner und haltloser er ist, je befreiter die Phantasie, desto beliebiger und öder wirkt er auch; die freie Assoziation ist allenfalls noch von klinischem Interesse. Nur jene Phantastik kann auf größeres Einverständnis hoffen, die eine untergründige Liaison zur Rationalität und zum Rationalitätsprinzip unterhält. Die verkehrte Welt, in die das Mädchen Alice gerät, in die es – durch die bewährte Tunnelröhre – ein zweites Mal hineingeboren wird, ist nicht einfach nur irgendwie verkehrt. Sie ist ein verzerrtes Spiegelbild von Alices viktorianischem Alltag. Und es läßt sich, meine ich, auch genauer angeben, was es ist, das das Bild für Alice verzerrt: Es sind die erschrockenen Befürchtungen einer etwa Zwölfjährigen vor dem Älterwerden, die aufkommenden Bedenken gegen die Absonderlichkeiten der Erwachsenenwelt.

Nicht umsonst besteht das erste Wunder, das Alice nach ihrem Sturz durch den Brünnen zustößt, darin, daß sie unvermutet abwechselnd größer und kleiner wird. Bald ist sie winzig, bald riesig: Sie verliert das Bewußtsein ihrer richtigen Größe, eine Art Größenschwindel tritt an seine Stelle, und der zwingt sie, immerfort ein verstörtes Augenmerk auf ihre Größe zu haben. Vor ihrem Sturz war ihr Schatz von Kinderversen harmlos und unschuldig; jetzt, im Wunderland, kommen sie ihr alle verkehrt aus dem Mund, und bei der Verkehrung haben sie viel von ihrer früheren Unschuld eingebüßt – plötzlich handeln sie vorwiegend vom Fressen und Gefressenwerden.

Was Alice dann aber am meisten verwundert und auch plagt, sind die Sprüche, die all jene so besonders kränkbaren oder besonders unkränkbaren Phantasietiere und Phantasiemenschen im Munde führen, die sie im Wunderland antrifft. Entweder sind sie von einer irritierenden wörtlichen Logik, oder sie sind von einer irritierenden sprunghaften Unlogik – in jedem Fall gibt es ihre normale Verständigungsebene nicht mehr. Es klingt alles bedrohlich, was diese verkappten Erwachsenen ihr und sich mitzuteilen haben; kein Satz will mehr die vertrauten Wendungen nehmen. Alice hat sich unversehens in einer Welt zu bewähren, deren Spielregeln sie noch nicht kann und die ihr vorerst auch schlechterdings absurd erscheinen. Sie hat gelernt, daß Etikette schrecklich wichtig ist; zunächst scheint ihr diese aber vor allem schrecklich unverständlich. Wohl ist dieses Wunderland noch voller Reflexe ihrer viktorianischen großbürgerlichen Kinderwelt: ungeliebte Grammatikstunden, Teegesellschaften, Krockettspiele, fröhliche Katzen, lange Sommernachmittage auf sonnigem Rasen, aber es ist durchschossen von mehr als einer Ahnung des Erwachsenenlebens, in dem, hört man, gerichtet und geköpft wird.

Christian Enzensberger, der »Alice« 1963 ins Deutsche übersetzt hat, beschrieb ihr *predicament* genau: »Carrolls Bücher handeln von der Gesellschaft. In den Ländern, die Alice durchwandert, stirbt man die Tode der Verlegenheit und des Verstummenmüssens; man wird nicht ermordet, sondern mundtot gemacht; und nicht die Gurgel wird einem abgeschnitten, wohl aber die Antwort. Unversehens ist Alice in einen Irrgarten, in ein Vexierspiegelkabinett des schicklichen Verhaltens geraten.«

Das Wunderland macht ihr Angst; trotzdem ist ihre Reise kein Horrortrip. Jene neue Welt lockt sie auch; und sie begegnet ihr mit wachsendem Selbstvertrauen, wachsender Vernünftigkeit. Als sie am Ende erwacht, ist ihre Angst vollends besiegt. So wenig wie ihr jene Gerichtsverhandlung noch imponierte, in der die Vernunft so kurzgehalten wurde, daß die Gerechtigkeit nicht die geringste Chance hatte, so wenig, meint man, wird ihr nun die Erwachsenenwelt noch imponieren. Sie kann nun selber erwachsen werden: Sie hat erfahren, daß sie in dem Konzert der Unsinnigkeiten sich selber vertrauen muß und nur sich selber vertrauen kann.

So ist denn »Alice im Wunderland« ein durch und durch optimistisches Buch, und was es für mich besonders anrührend macht, ist die Vermutung, daß seinem Verfasser gar nicht so optimistisch zumute war. Dem Oxforder Mathematikdozenten und Pfarrerssohn Charles Lutwidge Dodgson alias Lewis Carroll, der diese Geschichte für die Tochter seines *dean*, für Alice Liddell, erfand, blieb schließlich gar nichts anderes übrig, als Alice optimistisch Mut zu machen. Denn in jedem Wort ist seine Geschichte eine Werbeschrift: Er wirbt um die Zuneigung eines heranwachsenden Mädchens, das zu lieben ihm verboten ist. Seine umwegreichen Avancen treffen auf die Unbarmherzigkeit eines Kindes, das in seine – wie er meint glückliche – Welt eingesponnen ist. Mit seiner Geschichte versuchte er schmeichlerisch in sie einzubrechen. Wohl nie hat eine hoffnungslose Liebe zu aller Strafe sich unbeschwerter und munterer gegeben.

2.5.1980

Weißes Licht

Der Literaturnobelpreisträger J. M. Coetzee schreibt in seinen Romanen von einem unversöhnten Südafrika. Ein Ungeliebter wird gefeiert

Von Bartholomäus Grill

Es gibt Bücher, die man vor einer Reise nach Südafrika gelesen haben sollte. *Mein Verräterherz* von Rian Malan gehört zu diesen Büchern, Allister Sparks' *The Mind of South Africa* und natürlich Nelson Mandelas *Der lange Weg zur Freiheit*. Und *Schande* von J. M. Coetzee, der brillanteste Roman nach dem Untergang der Apartheid. Und dennoch lässt sich diese Pflichtlektüre nur mit einer Vorwarnung empfehlen, denn sie verdunkelt den Blick auf das Land und seine Leute. Es geht darin um die kollektive Gemütslage der Weißen, der Nachfahren jener Kolonialisten, deren Ankunft unermessliches Leid über die Afrikaner bringen sollte. Es geht um Schuld und Scham. Und um die Vergeblichkeit wirklicher Versöhnung.

Vielleicht ist das der eigentliche Grund, warum J. M. Coetzee den Nobelpreis erst jetzt bekam, obwohl er seit Jahren ganz oben auf der Liste der Schwedischen Akademie stand. Er zwingt uns, in Abgründe zu schauen, in die wir eigentlich nicht schauen wollen, aber vor denen wir unseren Blick nicht mehr abwenden können. Seine Topoi wollen nicht in die epochale Wende am Kap passen, in das weltweit gefeierte »Wunder« der friedlichen Selbstauflösung eines rassistischen Wahngebildes. Coetzee entlarvt die Vision von der neuen, farbenblinden *rainbow-nation* als schönen Mythos. Weiß und Schwarz sind keine Farben des Regenbogens.

Schande zählt zu den düstersten Romanen, die am Ende des düsteren 20. Jahrhunderts geschrieben wurden. Coetzees Protagonisten ergeht es wie den Untoten in Samuel Becketts *Spiel,* die im Licht der Erinnerung dazu verdammt sind, ihre eigene Vergangenheit zu durchleben, immer wieder von vorne, bis zum Ende aller Zeiten. Nur den erlösenden Trost, den der Ire Beckett spendet, das Komische, Groteske, Aberwitzige, das allem Unglück anhaftet, erhalten sie vom Südafrikaner Coetzee nicht. Seine Ästhetik des Scheiterns ist absolut.

J. M. Coetzees »intellektuelle Ehrlichkeit zersetzt alle Grundlagen des Trostes und distanziert sich vom billigen Theater der Reue und des Bekenntnisses«, schreibt die Akademie in Stockholm. Die schonungslose Ehrlichkeit hat ihm eine mitunter feindselige, im besten Falle gleichgültige Haltung seiner Landsleute eingetragen. Im Ausland wurden seine Werke preisgekrönt, den Booker Price, Englands begehrteste Literaturtrophäe, erhielt er als einziger Schriftsteller gleich zweimal. Daheim in Südafrika löste die Veröffentlichung von *Schande* eine erbitterte Debatte im Parlament aus. Der Roman lege den Weißen nahe, das Land zu verlassen, weil es nicht mehr das ihre sei, erklärte die Regierungspartei African National Congress vor zwei Jahren. Nun fordert die Opposition eine Entschuldigung, und Präsident Thabo Mbeki tut sich schwer, dem Laureaten zu gratulieren.

Wie einfach war es doch gewesen, als Nadine Gordimer anno 1991 die höchste

Schriftstellerehre zuteil wurde. Der großen alten Dame mangelte es zwar an literarischem Glanz, aber sie war eine furchtlose Vorkämpferin gegen das Unrechtssystem. Man liebte oder man hasste sie. Coetzee aber, der zweiflerische Philologe und Schriftsteller, steht zwischen allen Fronten. In den Augen des alten Regimes war er ein Staatsfeind im Gewand des Dichters. Der spärlichen schwarzen Leserschaft hingegen schrieb er zu »weiß«. Heute halten ihn viele Weiße für einen Misanthropen und Defätisten, ja für einen Scharlatan, der »nichts kann«, wie ein Kritiker vier Tage vor der Verleihung des Nobelpreises giftete. [...]

Coetzees erster Schlüsselroman, *Warten auf die Barbaren*, erzählt von einem geschichtsfernen, ortlosen Reich, dessen Herrscher foltern und morden, um ihre heilige Zivilisation zu bewahren. Die Untertanen leben in ständiger Furcht vor den Wilden, und ein jeder ist unauflösbar verstrickt in das kafkaeske System des Terrors. Dieser Roman ist eine Parabel über die Dialektik zwischen Herr und Knecht, Unterdrücker und Aufständischem. Schöngeister haben ihn gern als Allegorie, Fabel oder gar Legende gelesen. Allein das grausame Reich hat einen Namen: Südafrika. *Warten auf die Barbaren* entstand 1980, in jenem Jahr, als Apartheid-Polizisten den schwarzen Studentenführer Steve Bantu Biko totprügelten.

Die ewigen Albträume am Kap

Doch der Zeitzeuge Coetzee verfasst kein empörtes *J'accuse*. Er seziert die Herrschaftsmaschinerie mit der Präzision eines Mathematikers, indem er die Verrohung und Niedertracht freilegt, die es in den Menschen anrichtet. Sein Stil ist kühl, klar, lakonisch. Die Rationalität und der Irrsinn, das Politische und das Poetische werden gleichsam lautlos verzahnt. Am Ende steht eine universelle Anatomie über das Wesen totalitärer Macht. [...]

Es ist, als laste ein ewiger Fluch auf diesem Land. Wenn wir hinter seine Kulissen schauen, entdecken wir das alte Südafrika. Wir hören Geschichten von weißen Schulen, die dunkelhäutige Kinder abweisen. Von weißen Krankenschwestern, die sich weigern, schwarze Babys zu baden. Von Ambulanzen, die schwarze Verkehrsopfer liegen lassen. Von Farmern, die ihre Arbeiter totschlagen. Von weißen Polizisten, die per Video aufzeichnen, wie ihre Kampfhunde schwarze Einwanderer zerfleischen. Von einem schwarzen Mädchen, das des Diebstahls bezichtigt, ihrer Kleider beraubt und mit weißer Ölfarbe angestrichen wird. Es sind Lynchgeschichten wie aus William Faulkners *Licht im August*. Dieses grelle, gnadenlose Licht des Südens leuchtet in allen Romanen von J. M. Coetzee. Er legt die Albträume der Südafrikaner bloß, die seelischen Deformationen in einem rassischen Kastenwesen, Sediment um Sediment. In *Schande* erreicht er eine Tiefenschicht, unter der nur noch immerwährende Trostlosigkeit zu liegen scheint.

Coetzee erzählt das Schicksal des weißen Literaturprofessors David Lurie aus Kapstadt, der wegen eines Techtelmechtels mit einer Studentin seine Stellung verliert und sich auf die Farm seiner Tochter zurückzieht. Lurie ist eine zerrissene Existenz. Er lebt mit Byron, Joyce, Musil, Rilke in einem abendländischen Illusionstheater, die Außenwelt aber bleibt ihm fremd. Die Sprache der Afrikaner versteht er nicht, ihre Kultur

erscheint ihm rätselhaft, ja abstoßend, zugleich erweckt sie Sehnsüchte und Lüste, manchmal auch Schamgefühle über die Destruktivkräfte der eigenen Zivilisation. [...]
Dieser David Lurie ähnelt seinem Schöpfer. Auch Coetzee ist Literaturprofessor in Kapstadt, auch er lebt in einer hybriden Sphäre irgendwo zwischen Europa und Afrika, ein weißer Homme de Lettres, aufgewachsen in einer Burenfamilie, leidend unter einem Säufervater, britisch erzogen und ausgebildet. Er studiert Literatur und Mathematik, arbeitet als Programmierer bei IBM in London, wird Sprachwissenschaftler in Amerika, promoviert über den Prosastil von Beckett, lehrt in Chicago, Harvard und New York, kehrt als angesehener Philologe zurück ans Kap. Und beginnt, die Perversionen der Apartheid literarisch zu durchdringen. [...]
Das Œuvre von Coetzee durchzieht eine untergründige Empathie mit den Leidenden, Unterdrückten. Aber der Herr kann den Knecht nicht zum Sprechen bringen. Nur in *Leben und Zeit des Michael K.* leiht Coetzee einem verfolgten Mischling seine Stimme. Diese Enthaltsamkeit hat ihm das Misstrauen der Antiapartheidbewegung eingetragen. »Ich hatte nie die Ehre, dass eines meiner Bücher verboten wurde«, bekennt er in einem der raren Interviews, »sie waren zu indirekt, zu fein gewoben, um als Bedrohung der Ordnung empfunden zu werden.« Coetzees tagespolitische Askese, sein scheinbar unterentwickeltes Engagement hatte eine andere Ursache: Er bezweifelt die Lesbarkeit der afrikanischen (Seelen-)Landschaft, sie könne nur in einer autochthonen Sprache geschildert werden. Seine Prosa zeichnet eine ganz andere Landschaft nach, die Topografie der inneren und äußeren Verwüstungen, die die weiße Zeit der Dürre hinterließ.

So wartet das neue Südafrika weiterhin auf den großen Postapartheidroman, der die beiden widerstreitenden großen Erzählungen dieses Landes spiegelt, das schwarze Epos und das weiße. Aber ein Chinua Achebe (Nigeria) oder ein Ngugi wa Thiong'o (Kenia), der sie niederschreiben könnte, ist am Kap nicht in Sicht. J. M. Coetzee hat in seinem Hauptwerk *Schande* nur eine europäische Version der großen Erzählung geliefert. Er spielt auf der Klaviatur kolonialer Urängste, die die Eroberung und Unterwerfung von Anfang an begleiteten. David Lurie, sein Held, glaubt, im befreiten schwarzen Land kein Recht, keine Würde, keine Zukunft mehr zu haben. Fast möchte man meinen, er antizipiere das Ende des weißen Mannes in Afrika.

Der bedeutendste Romancier, den Südafrika hervorgebracht hat, wanderte im vorigen Jahr nach Australien aus – in eine Siedlergesellschaft, in der die Eroberer in der Mehrheit sind. Er zog die radikale Konsequenz eines David Lurie. Im Land seiner Geburt ist der Nobelpreisträger ein Fremder geworden.

9.10.2003

Eine Geschichte, nie erzählt

In jedem Mai treffen sich die Verehrer der Lyrikerin Emily Dickinson an ihrem Grab in Amherst

Von Elmar Schenkel

Auf den schmucklosen puritanischen Gräbern des Friedhofs, gleich hinter Ren's Mobil Station, sitzen entspannt ein paar Dutzend Leute und singen zur Gitarre: »*Oh Emily Dickinson, words so fine, oh Emily Dickinson, friend of mine...*« Danach sagt der eine oder die andere ein Gedicht auf, ein Japaner, eine Italienerin, zwei aus dem Ort, während die Zuhörer Ginger-Ale schlürfen. Im heiter-melancholischen Plauderton löst sich die Veranstaltung auf, der Nachmittag schwebt davon: eine federleichte, poetische Geisterbeschwörung, wie sie alljährlich in Amherst, dem College-Städtchen des westlichen Massachusetts, stattfindet.

Denn hier verbrachte die Lyrikerin Emily Dickinson von 1830 bis 1886 ihr Leben. Jedes Jahr am 15. Mai, ihrem Todestag, nähern sich der charakteristisch neuenglischen Villa auf der Main Street heimlich rezitierende Gestalten, denn das beste Geschenk an ihrem Grab ist ein auswendig gelerntes Gedicht. Vom Haus durch die Hintertür folgt man dem Weg, auf dem ihr Sarg an jenem Maitag im Jahre 1886 zum Friedhof getragen wurde.

Die Legende weiß, daß ihm ein Schwarm Schmetterlinge folgte. Vielleicht waren es aber ihre Gedichte, die so manches mit Schmetterlingen gemeinsam haben, seien es die zarten Ornamente und drohenden Augen, die Buchstaben des Todes und die Signaturen der Unsterblichkeit oder einfach das Flügelschlagen. Wenn uns die Chaos-Theorie bescheinigt, daß ein bayerischer Schmetterling einen Taifun in China auslösen kann, so trifft dies sicher auf Dickinsons Gedichte zu.

Zu Lebzeiten erschienen nur sieben Gedichte, die restlichen, über 1700, waren späteren Generationen vorbehalten, und erst mußte der Zweite Weltkrieg vergehen, bevor das ganze Ausmaß ihrer Genialität erkannt wurde und einen Wirbelsturm in der Forschung auslöste.

Für ihre zeitgenössische Umgebung war sie die kleine Emily gewesen, die »auch Gedichte schrieb«, eine Exzentrikerin, die sich mehr den Blumen und Insekten widmete und sich aus der Gesellschaft zurückzog und allenfalls ihrem Vater, dem verehrten und gefürchteten, Brot backte und Gelees machte, denn »*people must have puddings*«, wie sie einmal bemerkte.

Ein nicht ganz untypisches Schicksal des 19. Jahrhunderts, wert nur, dem Vergessen anheimzufallen, in das sie sich einzuüben schien. Den meisten war sie bald ein Geist zu Lebzeiten. Glücklich, wer ihr weißes Kleid, das heute noch zu besichtigen ist, durch die Dämmerung huschen sah. Mit Menschen verkehrte sie über Zettel und Zeichen. Als Emerson, der große Philosoph aus dem nahen Concord, einmal ins Nachbarhaus kam, um einen Vortrag zu halten, ging sie nicht hin.

Mit Briefen, in denen sie wie in den Gedichten gnomischen Witz und Metaphysik mit häuslichpraktischer Weisheit verbindet, erhielt sie sich die Welt. Ihre Dichtung bezeichnete sie als »*my Letter to the World*«. Während sie für manche alteingesessene Amherster noch immer die eigenbrötlerische Jungfer ist, wird sie weltweit als größte amerikanische Lyrikerin gelesen und gefeiert.

Seit Studenten in den sechziger Jahren den Grabgang begannen, ist die Sitte zu einem festen Bestandteil des Jahreskreislaufs in dem College-Nest geworden, das bei aller Winzigkeit kulturelle Bedeutung errang. Noah Webster, der Vater des großen Wörterbuchs, lebte hier. Dickinsons Großvater begründete Amherst College, das heute zu den besten des Landes gehört; drei weitere Colleges und eine Universität befinden sich hier im Pioneer Valley am Connecticut, darunter Smith College, wo nicht nur Präsidentenfrauen wie Barbara Bush erzogen wurden, sondern auch Emily Dickinsons dichterische Nachfahrin Sylvia Plath.

In Amherst wohnte eine Zeitlang Robert Frost (eine alte Dame gibt sich unwissenden Besuchern gerne als Witwe des Dichters aus und zieht damit regelmäßig Aufmerksamkeit auf sich), und auch heute noch leben und lehren viele Schriftsteller und Schriftstellerinnen im Tal, so John Edgar Wideman an der University of Massachusetts oder Joseph Brodsky und Anita Desai am Mount Holyoke College, das Emily eine Zeitlang besuchte, bevor sie sich auf immer in das Vaterhaus zurückzog.

Inzwischen gibt es natürlich schon eine Dickinson-Industrie, die das Städtchen zu einem internationalen Knotenpunkt der Forschung gemacht hat. Vielleicht waren die Schmetterlinge hinter dem Sarg also Vorboten einer überaus wachstumsfreudigen Sekundärliteratur. Man hat in ihrem Werk Mystik ebenso entdeckt wie Religionskritik, man hat sie als frühe Feministin ebenso wie als späte Rokokodichterin gesehen. Ihre Verse finden sich in Kinder- und Lesebüchern, in Naturgedichtanthologien oder in philosophischen Werken. Eine ihrer bekanntesten Zeilen »*I'm nobody! Who are you?*« ist humoristisch ebenso wie existenzialistisch gedeutet worden.

Eins ist aber sicher: Ihre besten Interpreten sind Frösche, Mücken und Mäuse, in die sie sich und andere gerne verwandelte. Kinder und Tiere verstehen ihre Dichtung, denn »sie wissen, aber sagen nicht«. Die Suche nach den verschollenen Geliebten Emilys wird wohl endlos bleiben. Fred Marks, der auf die Lyrikerin spezialisierte Antiquar von Amherst, erzählt von den vielen Kunden, die jahraus, jahrein Dickinson-Literatur suchen, einige von ihnen seien recht »*spooky*«, da sie sich schon selbst für »ED« halten.

Besonders in Japan florieren die Studien zu ihrem Werk, und dort existiert auch die lebendigste Dickinson-Gesellschaft. Es ist wohl vor allem die Haiku-ähnliche Kürze der Gedichte, die zu der Vorstellung führte, man habe es hier mit einer Verwandten von Basho oder Issa zu tun. Bei aller Verschiedenheit der Traditionen – neuenglischer Puritanismus und japanischer Zen-Buddhismus – springen doch immer wieder Funken vom Atlantik zum Pazifik.

Zur Industrie gehören inzwischen nicht nur ED-Poesiealben und andere Trivialitäten, sondern auch ein Krimi mit dem Titel »*Is Emily Dickinson Dead?*« von Jane Langton, die sich auf Thriller mit neuenglisch-literarischem Hintergrund spezialisiert hat. Die Autorin erhielt Hausverbot.

Bei der diesjährigen Grabbegehung war Eleanor Evans dabei, deren Urgroßvater zu den Sargträgern gehörte. Es war ihre Familie, die die Schmetterlingslegende überliefert hat. Das Lied, das wir am Grab sangen oder murmelten, stammte von Joann Duncanson, die durch die Schulen und Colleges zieht, um Emily Dickinson bekannt zu machen. »Ich hoffe, es verletzt Emily nicht. Wenn ich sterbe, werde ich sie das fragen«, bekannte sie. Es hat in der Tat etwas Paradoxes, das Werk und das Leben einer Frau im Gedächtnis zu bewahren, die so sehr das Verschwinden erstrebte. Ihre Gedichte erscheinen wie gymnastische Übungen des Kleinerwerdens und der Verflüchtigung:

Beendet, eh' begonnen –
Kaum war der Titel erwähnt,
Als aus dem Gedächtnis das Vorwort
schwand:
Eine Geschichte, nie erzählt.

3.4.1992

John Dos Passos: »Manhattan Transfer«

Aus der Reihe »ZEIT-Bibliothek der 100 Bücher«

Von Siegfried Lenz

Sinclair Lewis war bereit, etwas zu riskieren: »Ich halte ›Manhattan Transfer‹« – so schrieb er – »in jeder Hinsicht für bedeutender als sämtliche Werke von Gertrude Stein oder Marcel Proust oder sogar für bedeutender als den Großen Weißen Eber, Mr. Joyce' ›Ulysses‹.« Und der Autor von »Babbitt« und »Main Street«, der ein einzigartiges Beispiel dafür gegeben hat, wie Zorn und Liebe in delikateste Balance gebracht werden können, lieferte zum Bekenntnis die Begründung: »In ›Manhattan Transfer‹ bringt Mr. Dos Passos eine Sache fertig, die, wie wir alle häufig genug bewiesen haben, unmöglich sein sollte. Er gibt das Panorama, das Wesen, den Geruch, die Klangfarbe, die Seele von New York.«

»Manhattan Transfer«, zum erstenmal 1925 erschienen, ist ohne Zweifel der Roman, in dem die Großstadt New York – als Existenzform, als Verheißung, als Anfall und Delirium – literarische Wirklichkeit geworden ist. Sehr gute Schriftsteller haben sich an ihr versucht; Fitzgerald etwa, James und O. Henry spürten ihren Offenbarungen nach, suchten nach den Ausdrucksformen und Symbolen des neuen Babylon, doch keinem gelang es, die überwältigende Polyphonie der Riesenstadt in gleichem Maße einzufangen wie John Dos Passos. Sein Roman ist die Totalansicht eines steinernen Verhängnisses, aus dem es für die meisten kein Entrinnen gibt. Er ist die Beschreibung eines täglichen Kampfes, einer täglichen Jagd nach Erfolg, Liebe und Prestige in Straßenschluchten, Mietskasernen und Wolkenkratzern. »Manhattan Transfer« ist ein epischer Krankheitsbericht vom »Gipfel der Welt«, wo allen Schicksalen am Ende nur eines bewiesen wird: ihre Belanglosigkeit. Und schließlich ist dieses Buch die geglückte Annäherung an die Wahrheit Manhattans: Die Spielregeln, auf die der einzelne sich in allen Phasen der Selbstbehauptung festgelegt sieht, werden mit ihrem ganzen Folgenreichtum aufgedeckt.

Es ist müßig zu fragen, wieviel Dos Passos (geb. 1896 in Chicago) dem dokumentarischen Realismus Dreisers zu verdanken hat oder gar Joyce' »Ulysses«, der 1922 erstmals erschien. Um sein kolossales Werk zu meistern, erfand er sich selbst eine ganze Skala von Erzähl- und Darstellungsmöglichkeiten. So virtuos wie er hat wohl kein anderer Schriftsteller die Technik des Films auf die Epik übertragen. Das »Kameraauge«, wie man ihn nannte, versuchte dem Wesen der Stadt mit Hilfe von Schwenks und Überblendungen, von Perspektivenwechsel und Schnitten beizukommen. Der Kraft der für sich selbst sprechenden Bilder vertrauend, verzichtete Dos Passos souverän auf jede traditionelle Kontinuität im Erzählprozeß. Hart setzte er Großaufnahmen gegeneinander, und damit entsprach er bereits dem Lebenstempo des Giganten. Die große Bewährungsprobe für jeden Schriftsteller – nämlich die Bewirtschaftung epischer Zeit –, bestand er auf seine Art: durch methodischen Verzicht auf Übergänge.

Seine Personen entkommen ihrer Anonymität nur solange, wie sie »im Bild« sind.

Leidenschaftliche Deskription reicht aus, um diesen Personen ihre Tiefe, der Großstadt selbst ihre mythische Dimension zu verschaffen: Rom und Konstantinopel, Babylon und Ninive heben ihre Silhouetten in die Dämmerung. Der Erzähler reagiert auf die Spannung von Nähe und Ferne durch einen Wechsel vom Imperfekt zum Präsens.

Das Wesen einer Stadt kann nicht anders, es muß an ihren Bewohnern dargestellt werden, an ihren Ängsten und Erwartungen, an ihren spezifischen Haltungen und Erfahrungen. Das galt für das Petersburg von Dostojewski und für das London von Dickens, für Döblins Berlin und für Kafkas Prag. In den Handlungen der Menschen wird das Gesetz der Stadt erkennbar.

Was Dos Passos von den Leuten in Manhattan erzählt, läßt sie ausnahmslos, ohne Rücksicht auf soziale Höhenlage, als Bewohner eines ungeheuren Umschlagplatzes erscheinen (Manhattan Transfer: eine Umsteigestation der New Yorker Untergrundbahn). Sie sind allesamt auf vielfältige Weise unterwegs. Zu städtischer Existenz verurteilt (»Das Schreckliche, wenn einem New York zuwider wird, das Schreckliche ist, daß man nirgendwo anders hin kann«), zeigen sie dennoch kein Verlangen nach definitiver Seßhaftigkeit. Jeder wird irgendwann vom Aufbruchsfieber erfaßt: der Matrose und der Kellner, der Anwalt und der Milchmann, der Schmuggler und der Bankrotteur und schließlich auch die Schauspielerin und der Reporter – sie besonders, die Letztgenannten, von denen man mitunter wünscht, sie möchten sich als veritable Hauptpersonen bestätigen.

Es gibt in diesem Sinne keine Hauptperson, keine alles übergreifende Schicksalsspur, nach deren Verlauf sich das Übrige dienstfertig organisiert. Fitzgerald (sein »Großer Gatsby« erschien ebenfalls 1925), Sherwood Anderson, Dreiser und auch Lewis: Sie vertrauten der Signalhaftigkeit, der Demonstrationseigenschaft einer Hauptperson, deren Schicksal das Nein zu den Verhältnissen begründete. Im kunstvoll gelenkten Figurengewimmel von Manhattan Transfer, wo sich alles wie zufällig kreuzt, verschränkt, überschneidet, schrumpfen die Schicksale zu Episoden. Die Auflehnungen, die Aufbrüche, die zahlreichen Versuche, verkorkstes Dasein noch einmal einzurenken, müssen verloren und episodenhaft anmuten angesichts des steinernen Riesen, der gleichmütig über alles hinweggeht. Vergeblichkeit: das ist, was Dos Passos an seinen hundert Charakteren demonstriert; Vergeblichkeit der Entwürfe, der Handlungen.

Das Einzelne verweist auf das Allgemeine, die Episode charakterisiert das Übergreifende, die vielfarbigen Fäden verbinden sich zum Muster der Großstadt. Nicht nur zum Muster: auch das Wesen der Großstadt mit aller Pracht und Verruchtheit wird gegenwärtig. Hier, wo der Gewinner leer ausgeht und die Lektion der Geschichte keinen erreicht, wo der jeweilige Tag die Ziele setzt und das Scheitern zum Woolworth-Erlebnis wird – hier, in dieser monströsen Gründung, triumphiert zum Schluß nur dies: Bewegung. Die Bewegung von Leuten und Fährbooten, von Feuerspritzen und Rettungswagen – eine betäubende Bewegung, die sich als letzter Inhalt aufdrängt.

»Manhattan Transfer«: mit diesem Roman reagierte John Dos Passos nicht allein auf die Herausforderungen der Großstadt. Er entwarf zugleich seine Vision einer Auflösung aller menschlichen Beziehungen unter dem Gesetz von Metropolis.

16.2.1979

Die Verzauberung der Welt

Rüdiger Safranski macht uns glanzvoll mit der Romantik und dem Romantischen vertraut

Von Ulrich Greiner

Als Johann Gottlieb Fichte 1791 die Kritik der reinen Vernunft liest, ist er so begeistert, dass er sich nach Königsberg aufmacht, um den berühmten Immanuel Kant zu besuchen. Er findet aber nur einen alten, desinteressierten Mann, der ihn wieder nach Hause schickt. Dort schreibt Fichte in genau fünf Wochen den *Versuch einer Kritik aller Offenbarung,* sendet ihn an Kant, der ist begeistert und besorgt ihm einen Verleger. Aus Angst vor der Zensur erscheint das Buch anonym. Der Kritiker der *Allgemeinen Literatur-Zeitung* in Jena schreibt, jeder, der auch nur ein bisschen Kant kenne, werde erraten, dass dieses neue Werk nur von ihm sein könne. Kant erklärt in einem Leserbrief, nicht er sei der Autor, sondern ein gewisser Fichte. Der wurde so über Nacht berühmt. Rüdiger Safranskis grandioses Buch über die Romantik erschöpft sich keineswegs in solchen Erzählungen, aber es verbindet philosophische Analyse mit anekdotischer Anschauung derart gekonnt, es wechselt derart geschmeidig von der tiefgründigen Reflexion in die biografische Pointe, dass wir etwas Seltenes vor uns haben: spannend erzählte deutsche Geistesgeschichte. *Romantik. Eine deutsche Affäre* lautet der Titel. Damit ist beides gemeint: einerseits die Epoche, die erstaunlich kurze rund dreißig Jahre währte; andererseits das Fortwirken des romantischen Gedankens und seine nicht selten gefährliche Mutation ins Politische hinein. 1798 hatte Novalis geschrieben: »Indem ich dem Gemeinen einen hohen Sinn, dem Gewöhnlichen ein geheimnisvolles Ansehen, dem Bekannten die Würde des Unbekannten, dem Endlichen einen unendlichen Schein gebe, so romantisiere ich es.« Diese Präambel der romantischen Verfassung ist in den späteren Dunkelmänner- und Dumpfmeister-Ideologien unheilvoll radikalisiert worden. Goebbels hat den Begriff der »stählernen Romantik« geprägt. Und bei Ernst Jünger sieht Safranski »die bellizistische Version des Dionysischen«, das bei Nietzsche (auch er ein romantischer Renegat) die entscheidende Rolle spielte.

War die Romantik Ursache der deutschen Katastrophe? Safranski findet zwei namhafte Zeugen, die das glauben: Isaiah Berlin und Eric Voegelin. »Berlins These lautet so: Die Romantik hat durch ihren Subjektivismus der ästhetischen Einbildungskraft, der ironischen Spielfreude, des enthemmten Tiefsinns mitgewirkt, die tradierte moralische Ordnung zu untergraben. Ähnlich argumentiert Voegelin, nur dass er diese unterminierte Ordnung als eine theomorphe identifiziert und die Kritik am Subjektivismus um den Vorwurf erweitert, dass die Romantik eine Selbstvergöttlichung des Subjekts betrieben habe. Ein Vorwurf, den bereits Heinrich Heine erhoben hatte, als er die Romantiker gottlose Selbstgötter nannte.«

Aber wenn es je einen Zauber, je eine Unschuld des Anfangs gegeben hat, dann in der Romantik. Sie waren ja alle so jung wie nie! Fichte war 29, als er seinen *Versuch einer Kritik aller Offenbarung* aufs Papier warf; Friedrich Schlegel 23, als er seinen weithin beachteten Essay *Über das Studium der griechischen Poesie* veröffentlichte; Schleiermacher 31, als er seine Reden über die Religion verfasste; Novalis 26, als er seine *Hymnen an die Nacht* dichtete; Ludwig Tieck 22, als er sich in seinen dreibändigen Roman *William Lovell* hineinbegab.

All dies ereignete sich in den letzten Jahren des 18. Jahrhunderts, und Safranski gelingt es, diese genialische Explosion und ihren fortwährend sich neu erzeugenden Enthusiasmus anschaulich zu machen. Er selber scheint von ihm entzündet. Er versäumt aber nicht, die sozialen, politischen Umstände zu skizzieren. Zwischen 1750 und 1800, sagt er, verdoppelt sich die Zahl derer, die lesen können. Man liest nicht mehr ein Buch viele Male, sondern viele Bücher einmal. Zwischen 1790 und 1800 erscheinen zweieinhalbtausend Romantitel, so viele wie in den neunzig Jahren zuvor. Und dann natürlich die Französische Revolution, die Napoleon-Begeisterung, schließlich der Napoleon-Hass, der zum Patriotismus führte, die Politisierung der Romantik einleitete und der Anfang vom Verlust der Unschuld war.

Was also war die Romantik? Unter anderem, so Safranski, eine »Fortsetzung der Religion mit ästhetischen Mitteln«. Man kann auch sagen: eine Überbietung der Religion durch die Entfesselung der Einbildungskraft, die auf spielerische Weise die Welt neu erfindet. Eine, politisch gesehen, lediglich geistige Welt. Also kann man sagen: Die Romantik war Handlungsersatz. Deshalb konnte sie in dieser Form nur in Deutschland, in beengten, politisch fruchtlosen Verhältnissen entstehen. Safranski: »Wenn es an einer äußeren großen Welt mangelt, so erzeugt man sie sich selber aus Bordmitteln.« Die Bordmittel findet das Ich in sich selber. Safranski zeigt aber auch, dass die Romantiker so naiv nicht waren, dass sie die Gefahren, die Abgründe, die dort lauerten, nicht bemerkt hätten. Einige wie E.T.A. Hoffmann haben sie sogar gesucht. Schon Tiecks William Lovell (1795), »der sich selbst unablässig beobachtet und reflektiert, entdeckt am Ende, wie hohl und leer er doch ist«. Und Jean Paul wird später bemerken: »Ach, wenn jedes Ich sein eigner Vater und Schöpfer ist, warum kann es nicht auch sein eigner Würgengel sein?« Der Würgengel hat dann in den selbstzerstörerischen Exzessen des 20. Jahrhunderts sein Werk vollendet.

Aber die Romantik war nicht nur die Fortsetzung der Religion mit ästhetischen Mitteln, sondern bei einigen Dichtern auch die Absicherung des Ästhetischen durch die Religion. »Der Krieg im Inneren und im Äußeren wird nie aufhören«, so schrieb Novalis, »wenn man nicht den Palmzweig ergreift, den allein eine geistliche Macht darreichen kann.« Damit war der katholische Glaube gemeint. Über Eichendorff, den größten Dichter der Romantik, sagt Safranski: »Mit seinem Gott ist er seit der Kindheit bekannt geblieben, es ist der Gott seiner heimatlichen Wälder, kein Gott der Spekulation und Philosophie. Es ist ein Gott, den man nicht zu erfinden braucht, man kann ihn wiederfinden, wenn man den Träumen seiner Kindheit die Treue hält. Unter dem Schutz dieses Gottes kann man fromm sein und frech, zugleich entfesselt und gebunden.« So ist seine Lyrik. Wenn Novalis die Theorie der Romantik verfasst hat, dann hat Eichendorff sie realisiert. Sein Gedicht *Wünschelrute* bildet seit eh und je die Beschwörungsformel der romantischen Sehnsucht.

Schön, mit welcher Genauigkeit und Hingabe Safranski sich den Dichtern nähert. Hölderlin und Heine treten uns deutlich vor Augen. Zu Kleist findet er das scharfsinnige Urteil, sein Hass sei wie die Liebe, »eine Ekstase der Hingabe«. Was die romantische Ironie bedeutet, wie unterschiedlich sie von Schlegel, Eichendorff oder Heine verstanden wird, das erzählt uns Safranski. Und wann zuletzt hat es jemanden gegeben, der einem Fichtes Ich-Philosophie so zu erklären vermochte, dass man sie (annähernd) verstehen kann? Safranski ist kein waghalsiger Entdecker, der Neuland beträte, sondern ein Synthetiker, der es infolge seiner Sagazität (wie E.T.A. Hoffmann gesagt hätte), seiner Belesenheit und seiner Sprachkraft versteht, die Schatzkammer der Geistesgeschichte gangbar zu machen. Und damit wir nicht allzu ehrfürchtig werden, gestattet er sich zuweilen kleine Saloppheiten und nennt etwa Novalis den »Mozart der Romantiker« oder Thomas Mann einen »Dionysiker mit Bügelfalte und Stehkragen«.

Rund vierhundert Seiten sind für eine Geschichte der Romantik und des Romantischen nicht viel. Das ist auch die Folge zweier bedeutender Schnitte, die Safranski gemacht hat. Der eine: Malerei kommt gar nicht vor, Musik nur in der Gestalt Richard Wagners. Der zweite: Safranski beschränkt sich ganz auf die deutsche Szene. Die Romantiker aber fühlten sich als Weltbürger, sie übersetzten zum Beispiel Shakespeare. Und Ossian, der sogenannte Homer des Nordens (in Wahrheit ein Schwindler namens James Macpherson), hat die deutsche Debatte über das Erhabene erst in Gang gebracht. Hier wären Seitenblicke vor allem auf die englische Romantik nützlich gewesen.

Warum aber ist die Romantik kein abgeschlossenes Kapitel? Safranski schreibt an einer Stelle: »Mit ihrem Unbehagen an der Normalität nehmen die Romantiker jenes Unbehagen an der Entzauberung der Welt durch die Rationalisierung vorweg, das Max Weber ein Jahrhundert später kritisch zur Sprache bringen wird.« Der Siegeszug des technisch-industriellen Denkens und seines geheimnislosen Materialismus war unaufhaltsam. Die Deutschen sind Max Webers klugem Rat, sie sollten mit der Entzauberung leben lernen, nicht gefolgt. Teils konnten, teils wollten sie nicht, und das gilt bis heute. Denn die Moderne, die sich aufs Rationale beruft und bestenfalls im Rationellen endet, hat ihr Tempo immer mehr gesteigert. So kehrt also das Romantische als Sehnsuchtsort immer von Neuem zurück, leider allzu oft in finsterer Form. Umso wichtiger ist es, sich des hellen, strahlenden Beginns zu erinnern, dieser schönen Jünglinge und ihrer intelligenten Frauen. Was sie waren und schrieben, bildet den unbestreitbaren Höhepunkt der deutschen Geistesgeschichte.

6.9.2007

Warum gerade das Sonett?

Aus der Reihe »Fragen zum Gedicht«

Von Robert Gernhardt

Zwei Nachrichten, das Sonett betreffend, eine gute und eine bessere. Zuerst die gute: Das Sonett ist wohlauf. Sodann die bessere: Das Sonett ist nicht unumstritten – ein probater Beleg für seine Lebendigkeit. Nicht dass in diesem unserem Lande ein Sonettstreit wogte. Doch ist es sicherlich kein Zufall, dass der Lyrikwart kurz nacheinander zwei dezidierte Meinungen zum Sonett zu Gesicht bekam. Ruth Klüger preist es. In ihrer Dankesansprache zur Verleihung des Preises der Frankfurter Anthologie sagt sie: »Wie ein Schachspiel an und für sich ein ästhetisches Vergnügen ist, weil die Regeln aufeinander abgestimmt sind und sich zu einem Ganzen schließen, selbst da, wo gar nicht aufregend gespielt wird, so hat zum Beispiel das Sonett einen Reiz, der auch dem mittelmäßigsten Produkt der Gattung einen erfreulichen Anstrich gibt. Darum ist es so unverwüstlich.«

Dem widerspricht Jakob Stephan, ohne sich auf Ruth Klüger zu beziehen – die hielt ihre Rede erst nach Erscheinen des Hefts 2 der Neuen Rundschau. Jakob Stephan? Der firmiert dort als »Ihr allzeit dienstbarer Lyrikdoktor«. Lyrikdoktor? Ja, Lyrikdoktor. Denn seit 1996, lange bevor der Lyrikwart erstmals zur Feder griff, veröffentlicht der Lyrikdoktor Stephan in besagter Dreimonatsschrift die Befunde seiner Lyrischen Visiten. Hartnäckig schürt der Fischer Verlag das Gerücht, der alte Herr Doktor, »1928 in Greifswald geboren«, veröffentliche unter dem Namen Steffen Jacobs und als deutlich jüngeres Semester selber Lyrikbände – halten wir uns lieber an die Tatsache, dass der in der zwölften seiner durchweg bedenkenswerten Visiten befindet: »Ein Sonett zu machen ist eine einfache Sache ... Gerade die vergleichsweise rigide Formvorschrift macht es dem Bastler einfach: Man wähle ein Thema, assoziiere zwei nicht allzu ausgefallene Wörter dazu und finde für jedes der Wörter drei Reimwörter. Dann stelle man einen möglichst logischen Zusammenhang zwischen den insgesamt acht Reimwörtern her« – und schon hat man laut Stephan die zwei Quartette im Sack, denen nur noch die beiden Terzette zu folgen brauchen, und fertig ist das vierzehnzeilige Werk, der um 1350 von Petrarca zu erster Blüte geführte »kleine Tonsatz«, das Sonett.

Was nun ist das Sonettschreiben? Ein dem Schach vergleichbares »Spiel«? Eine »einfache Sache«? Auf jeden Fall ist es umstritten, mal wieder, und das ist dieser Gedichtform seit je gut bekommen, da die Sonettgegner ihren Sonettärger gern in Sonettform niedergelegt haben, was naturgemäß die Sonettmenge regelmäßig hat wieder anschwellen lassen. So geschehen auch zu Beginn des 19. Jahrhunderts, als die Romantiker eine regelrechte »Sonettwut« in die deutsche Literatur eingeschleppt hatten. Das beflügelte Johann Heinrich Voss, den Homer-Übersetzer und Feind allen neumodisch welschen Tands, zur konzisesten Sonettverspottung deutscher Zunge:

Mit
Prall-
Hall
Sprüht
Süd
Tral-
Lal-
Lied.
Kling-
Klang
Singt;
Sing-
Sang
Klingt.

Der wackere Voss stritt für antike Versmaße und Strophenformen, die jungen Dichter focht das nicht an. Sie grasten mit wachsendem Eifer auf südländischen, ja orientalischen Lyrikauen, banden Stanzen, Terzinen, Ritornelle und Ghaselen zu den anmutigsten Sträußen – mittlerweile ist das alles Herbarium, und heute wäre die deutsche Lyrikwiese frei von allen tradierten und fremdländischen Gewächsen, wüchse da nicht ständig dieses staunenswert unverwüstliche Sonett nach.

Nicht erst Ruth Klüger begründete dessen Zähigkeit mit seiner Regelmäßigkeit. Schon Goethe, selbst ein Opfer der »Sonettwut« um 1800, beschloss ein Sonett mit der programmatischen Sentenz: »In der Beschränkung erst zeigt sich der Meister, / Und das Gesetz nur kann uns Freiheit geben.« Rund 150 Jahre später ist Johannes R. Becher in seinen Überlegungen nicht sehr viel weitergekommen. In seinem – vom Sozialismus – *Trunkenen Sonett* lässt er das Sonett zunächst agitieren: »Ich möchte Stimme sein auch eurer Zeit«, dann lamentieren: »Ich fühle mich bedrängt in meinen Engen«, sodann delirieren: »Ich möchte sein ein trunkener Gesang« - und schließlich weise resignieren: »Sagt: oder leb ich viele Leben lang / Der Kürze wegen und dank meiner Strenge?!«

Doch streng ist auch die achtzeilige Stanze, kurz auch das zweizeilige Distichon – was hat das Sonett, was sie nicht haben? Ich vermute: Dreierlei. Den ersten, wichtigsten Grund fand ich in Wolfgang Kaysers *Kleiner deutscher Versschule:* »Echte Gedichtformen gibt es wenige.« Neben dem Sonett nennt er lediglich Sestine und Glosse, beides ziemlich langatmige Gedichtformen: Der klassischen Sestine verlangt es nach 39 Zeilen, die Glosse tut es nicht unter 44. Aber Stanze, Terzine, Ritornell und so weiter? Alles Strophenformen, zwar regelmäßig gebaut, doch ohne Regel für den Bau, also die Länge des Gedichts.

Ein weiterer Grund für die anhaltende Beliebtheit des Sonetts könnte der sein, dass es dem Dichter trotz aller Regelmäßigkeit erlaubt, den Schwierigkeitsgrad – darin einem Heimtrainer vergleichbar – je nach Bedürfnis und Vermögen individuell einzustellen. Der Lyrikdoktor hält es für eine »einfache Sache«, vierzehn Zeilen mit dem Minimum von vier Ausgangswörtern zu bestreiten? Da kann der Lyrikwart nur zweifelnd das Haupt schütteln. Er hat's versucht, und siehe: es war doch eine ziemliche

Arbeit. Einfacher jedenfalls macht es sich, wer nicht abba abba cdc cdc cdc reimt, sondern abba cddc efg efg und was dergleichen Varianten mehr sind.

Der dritte Grund dafür, dass immer noch Sonette geschrieben werden, könnte darin liegen, dass bereits so viele von so vielen berühmten Dichtern geschrieben worden sind. Petrarca, Michelangelo, Shakespeare, Goethe – sie alle haben ihre Kräfte am Sonett gemessen, mit ihnen misst sich daher auch noch der letzte Reimeschmied, der sich am Sonett versucht.

Welch – in der Literatur, ja auch in allen anderen Künsten – einzigartige Arena! Da treten die Künstler grosso modo noch immer nach den italienischen Regeln von 1350 an, während das Volk auf den Rängen das rare Vergnügen hat, Gelingen und Misslingen der Kunstwerke wie zu Zeiten der real existierenden normativen Ästhetik prima vista erkennen, beklatschen oder ausbuhen zu können: Wer sein Sonett bereits mit der zwölften Zeile beschließt, wird gnadenlos disqualifiziert, mag dessen Inhalt noch so unerhört und mögen seine Metaphern noch so kühn sein.

All das hätte in den Händen von Hobbysonettisten und Lyriknostalgikern enden und verenden können. Dass dem Sonett ein solches Schicksal erspart geblieben ist, belegt ein Blick in so unverfängliche wie beweiskräftige Quellen, in Lyrikanthologien jüngeren Datums. Unverfänglich, weil alle Anthologisten nachweislich keine rückwärts gewandte Lyrikblütenlese im Sinn hatten, beweiskräftig, weil keiner der Anthologisten auf das Sonett verzichten konnte. Harald Hartung hat sein »Jahrhundertgedächtnis« der deutschen Lyrik in Zeitabschnitte gegliedert; mit Sonetten sind vertreten *Im neuen Jahrhundert* Rainer Maria Rilke, Rudolf Alexander Schröder und Rudolf Borchardt; Paul Zech und Georg Heym in *Das expressionistische Jahrzehnt;* Franz Werfel und Bert Brecht in *Die zwanziger Jahre;* Erich Arendt und Reinhold Schneider in *Hitlerreich und Emigration.* Erst im Kapitel *Nachkrieg und kalter Krieg* fehlt das Sonett, taucht jedoch mit Robert Schindel und Ulla Hahn *Zwischen Mauer und Mauerfall* wieder auf. Und auch in Lyrikanthologien der achtziger und der neunziger Jahre wuchert es weiter. In Hans Benders Sammlung *Was sind das für Zeiten* finden sich Sonette von Thomas Rosenlöcher und Ludwig Harig; *Das verlorene Alphabet* von Thill und Braun bringt abermals Harig sowie Heiner Müller und Franz Josef Czernin – sie hätten auch eines der Sonette Peter Maiwalds aus Springinsfeld oder eines der November-Sonette des Günter Grass aufnehmen können. Zu spät für derlei Anthologien, doch rechtzeitig zum Jahrhundertende ist auch Durs Grünbein mit *Nachbilder,* einem elfteiligen Sonettzyklus, in die Arena gestiegen, nachzulesen in seinem Gedichtband *Nach den Satiren.*

Wenn man es denn nachlesen kann. Der Spanier – Paul Ingendaay beklagte es unlängst in der *FAZ* – könne es nicht, da von Durs Grünbein noch nichts ins Spanische übersetzt worden sei. Ein Befund, der den Lyrikwart zu einem – nein, nicht: Sonett, aber immerhin: Distichon angeregt hat, auf dass auch dieser altehrwürdige Schlauch mal wieder mit neuem Inhalt gefüllt werde:

Nichts, der Schreiber beklagt es, weiß der
Hispanier von Grünbein.
Ihm, der Leser beseufzt's, fehlt's wohl an
Wissensdurs.
Oder hätte ich besser »Schönheitsdurs« schreiben sollen?

29.7.1999